Lechner / Egger / Schauer
Einführung in die Allgemeine Betriebswirtschaftslehre

Einführung
in die
Allgemeine Betriebswirtschaftslehre

19., überarbeitete Auflage
in Fortführung: Lechner, Betriebswirtschaftslehre

Dr. Karl Lechner † **Dr. Dr. h.c. Anton Egger Dr. Reinbert Schauer**
o. Univ. Prof., Graz   o. Univ. Prof., Wien   o. Univ. Prof., Linz

LINDE
VERLAG

Die Deutsche Bibliothek – CIP-Einheitsaufnahme

Lechner, Karl:
Einführung in die allgemeine Betriebswirtschaftslehre / Karl Lechner ; Anton
Egger ; Reinbert Schauer. – 19., überarb. Aufl. – Wien : Linde, 2001
ISBN 3-7073-0203-2

Auflagen

Lechner K.,	1. Auflage, Wien 1967	Lechner K., Egger A., Schauer R.,	8. Auflage, Wien 1981
Betriebswirtschaftslehre,	2. Auflage, Wien 1970	Einführung in die Allgemeine	9. Auflage, Wien 1983
	3. Auflage, Wien 1972	Betriebswirtschaftslehre,	10. Auflage, Wien 1986
	4. Auflage, Wien 1973		11. Auflage, Wien 1987
	5. Auflage, Wien 1975		12. Auflage, Wien 1989
	6. Auflage, Wien 1978		13. Auflage, Wien 1990
	7. Auflage, Wien 1980		14. Auflage, Wien 1992
			15. Auflage, Wien 1994
			16. Auflage, Wien 1996
			17. Auflage, Wien 1997
			18. Auflage, Wien 1999
			19. Auflage, Wien 2001

ISBN 3-7073-0203-2

© LINDE VERLAG WIEN Ges.m.b.H., Wien 2001
1210 Wien, Scheydgasse 24, Tel.: 01 / 278 05 26
www.lindeverlag.at

Druck: Hans Jentzsch & Co. Ges. m. b. H., 1210 Wien, Scheydgasse 31

INHALTSVERZEICHNIS

6

7

13

17

23

Vorwort zur 8. Auflage

Das vorliegende Buch geht auf eine Publikation Karl Lechners zurück, die erstmals im Jahre 1967 und zuletzt 1980 in 7. Auflage unter dem Titel „Betriebswirtschaftslehre (Einzelwirtschaftliche Grundfragen)" herausgebracht wurde.

Dass in Fortführung der 7. Auflage der „Betriebswirtschaftslehre" nunmehr als 8. Auflage die „Einführung in die Allgemeine Betriebswirtschaftslehre" der Unterzeichneten veröffentlicht wird, beruht auf zwei Überlegungen. Zum einen ist im Falle erforderlicher Überholungen der Schrift durch Arbeitsteilung raschere Anpassung möglich. Zum anderen leistet die Spezialisierung der Autoren in bestimmten Sachbereichen der Einführung zusätzlich nützliche Dienste. Die Publikation übernimmt Bewährtes des Grundkonzeptes aus Lechners „Betriebswirtschaftslehre"; in allen Kapiteln wurden jedoch maßgebliche Eingriffe bzw. Erweiterungen vorgenommen, was wohl zu Recht von einer „neuen" Darstellung sprechen lässt.

Die Verfasser wenden sich an Studenten der Wirtschaftswissenschaften, der Rechtswissenschaften und des Wirtschaftsingenieurwesens, sie hoffen aber auch, dass die Einführung den Betriebswirtschafts-Praktikern nützliche Dienste leisten wird.

Im Mai 1981

Karl Lechner   Anton Egger   Reinbert Schauer

Vorwort zur 9. Auflage

Mit der Erweiterung des Autorenkreises für die 8. Auflage „wurden von **Karl Lechner** bereits unbewusst die Voraussetzungen dafür geschaffen, dass sein Werk nach seinem zu frühen Tod fortleben kann" (Erwin Grochla). Die Unterzeichneten sehen die Fortsetzung und Weiterentwicklung dieses Lehrbuches als eine innere Verpflichtung an, mit der sie dem Vermächtnis Karl Lechners als akademischer Lehrer und Freund in Hinkunft gerecht werden wollen.

Die überaus rege Nachfrage nach der vollständig überarbeiteten und erweiterten achten Auflage macht schon nach relativ kurzer Zeit eine Neuauflage notwendig. Diese Neuauflage ist im Wesentlichen als ein Nachdruck der achten Auflage aufzufassen. Nur in einigen wenigen Details wurden kleinere Änderungen vorgenommen. Soweit es notwendig war, wurden Änderungen in der Gesetzeslage (etwa die Anpassung von Wertgrenzen sowie die Neuordnung des Insolvenzrechtes) berücksichtigt.

Wien, im Juni 1983

Anton Egger   Reinbert Schauer

Vorwort zur 11. Auflage

Die vorliegende elfte Auflage wurde gegenüber der zehnten Auflage vollständig überarbeitet und in wesentlichen Teilen erweitert. Zum einen erschien es sinnvoll, die Schrift in den Darstellungen der betrieblichen Funktionalbereiche weiter abzurunden und an die laufende Entwicklung des Faches anzupassen. Zum anderen gaben die Vorbereitungen zur Neugestaltung der Rechnungslegungsvorschriften in Österreich Anlass, die zu erwartenden Änderungen im Bereich der Bilanzierung darzustellen und zu kommentieren.

Im Abschnitt A wurden in Bezug auf die methodischen Grundlagen und die wichtigsten Forschungsansätze der Betriebswirtschaftslehre wesentliche Änderungen vorgenommen. Das Kapitel „Unternehmensbewertung" im Abschnitt D (Finanzwirtschaft) wurde unter Darlegung der wichtigsten Methoden neu gestaltet. Erweitert wurde auch das Kapitel über die Finanzplanung. Die zunehmende eigenständige Bedeutung der Beschaffungsfunktion war richtungsweisend, die entsprechenden Ausführungen in einem eigenen Abschnitt zusammenzufassen. Wesentlich erweitert wurden im Abschnitt G (Absatz) die Ausführungen zur betriebswirtschaftlichen Logistik. Das Thema „Internationales Marketing" wurde erstmals behandelt. Der Abschnitt „Verwaltung" wurde wegen des in diesem Funktionsbereich liegenden Rationalisierungspotentials, aber auch wegen seiner Bedeutung als betrieblicher Integrationsfaktor neu aufgenommen.

Im Abschnitt über das Rechnungswesen erfolgte, abgesehen von der Anpassung an die derzeitige Rechtslage, eine weitgehende Überarbeitung der Kapitel „Kostenrechnung" und „Bilanzanalyse". Der im Gang befindlichen Rechnungslegungsreform in Österreich wurde breiter Raum gewidmet, um eine frühzeitige Befassung mit den kommenden Bilanzierungsvorschriften zu ermöglichen. Die in öffentlichen Verwaltungen immer mehr zur Anwendung kommende Mehrphasenbuchführung wurde in ihren Grundzügen ebenfalls in die Schrift aufgenommen.

Die Verfasser hoffen, dass die dem derzeitigen Stand der Betriebswirtschaftslehre entsprechende Arbeit den Interessen des angesprochenen Leserkreises, Studenten, Praktikern und jenen, die ihr betriebswirtschaftliches Wissen auffrischen wollen, entsprechen wird.

Im August 1987

Anton Egger   Reinbert Schauer

Vorwort zur 18. Auflage

In den letzten Jahren wurde versucht, die Rahmenbedingungen für das Wirtschaften der Unternehmen in Österreich neu zu regeln und den internationalen Entwicklungen, insbesondere im Binnenmarkt der Europäischen Union, anzupassen. Während in der 16. Auflage dieses Buches die Bestimmungen des Strukturanpassungsgesetzes 1996 mit einer Reihe steuerverschärfender Maßnahmen ebenso Berücksichtigung fanden wie die Resttransformation der vierten und siebenten EG-Richtlinie in das österreichische Jahresabschlussrecht im Wege des EU-Gesellschaftsrechtsänderungsgesetzes, waren auch in der 17. Auflage (1997) verschiedene handelsrechtliche und steuerrechtliche Änderungen sowie das Unternehmensreorganisationsgesetz für eine Überarbeitung des Buches maßgeblich.

Die Einführung des Euro gab Anlass, in der vorliegenden 18. Auflage die Auswirkungen der Währungsumstellung auf das Gesellschaftsrecht und das Rechnungswesen zu berücksichtigen. Ebenso wurden die Auswirkungen der Steuerreform 2000 eingearbeitet. Die Gelegenheit wurde benutzt, um eine Reihe betriebswirtschaftlicher Aussagen auf ihre weitere Gültigkeit zu überprüfen und, falls notwendig, der Entwicklung anzupassen. Neu aufgenommen wurden Ausführungen über die Organisation der Wiener Börse und über die Grundlagen der Unternehmensbesteuerung.

Die Verfasser hoffen, dass auch diese Auflage den Studierenden wie auch den Praktikern die Betriebswirtschaftslehre in verständlicher Form nahe bringen und einen raschen Zugang zu jenen betriebswirtschaftlichen Informationen eröffnen kann, die sie zur Unterstützung ihrer Arbeit brauchen.

Im August 1999

Anton Egger   Reinbert Schauer

Vorwort zur 19. Auflage

In die vorliegende Auflage wurden die aus dem Budgetbegleitgesetz 2001 resultierenden steuerlichen Auswirkungen auf die Rechtsformwahl, auf Investition und Finanzierung sowie auf den Jahresabschluss bzw. die Konzernrechnungslegung eingearbeitet. Ebenso fanden das Euro-Steuerumstellungsgesetz, handels- und gesellschaftsrechtliche Aspekte der Euro-Umstellung, das Übernahmegesetz sowie die betriebswirtschaftlich relevanten Bestimmungen der Kartellrechtsnovelle 1999 Beachtung. Andere Teile des Buches wurden überarbeitet und an aktuelle Entwicklungen angepasst (z. B. grundlegende Aspekte der Unternehmensgründung, Mitarbeiterbeteiligungsmodelle, Unternehmenswertermittlung, E-Business/E-Commerce, Managementmodell für Nonprofit-Organisationen, Wissensmanagement, neue Ansätze von Ertragskennzahlen in internationalen Jahresabschlüssen). Einer Richtlinie des Verlages folgend wurde auf die neue deutsche Rechtschreibung umgestellt.

Das Buch fand bisher eine sehr erfreuliche Aufnahme in Wissenschaft und Praxis. Die Verfasser hoffen, dass auch die 19. Auflage eine gute Aufnahme bei den Lesern finden wird.

Im Juli 2001

Anton Egger   Reinbert Schauer

A. Die Betriebswirtschaftslehre: Gegenstand, Gliederungen, Geschichte

I. Der Gegenstand der Betriebswirtschaftslehre

1. Der wissenschaftliche Standort der Betriebswirtschaftslehre

Als **Wissenschaft** ist ein dynamisches System von allgemeingültigen Aussagen über reale Sachverhalte (Phänomene) zu verstehen. In diesem Aussagensystem sollen Sachverhalte, die den Menschen interessieren, in ihren Beziehungen zwischen Ursache und Wirkung (Kausalbeziehungen) in einer verstandesmäßig fassbaren Form erklärt werden, so dass auch die Möglichkeit zur Beeinflussung dieser Sachverhalte eröffnet wird. Die Erklärung und Prognose von Sachverhalten im Rahmen eines Aussagensystems wird auch als **Theorie** bezeichnet. Die systematische Erforschung dieser Kausalbeziehungen ist dann als wissenschaftlich zu bezeichnen, wenn die Aussagen auf ihre logische und materielle Richtigkeit hin überprüft werden können. Von wissenschaftlichen Aussagen erwartet man, dass sie laufend auf ihre Richtigkeit überprüft werden. Als unrichtig erkannte Aussagen sind durch (dem Forschungsstand entsprechende) richtige Aussagen zu ersetzen. **Wissenschaft** ist daher als ein Prozess anzusehen, der in der Regel von zunächst schwach abgesicherten Aussagen (Hypothesen) zu in der Folge stärker überprüften Aussagen bis hin zu wissenschaftlichen Gesetzen (nomologischer Hypothesen) führt (K. Popper).

Die Betriebswirtschaftslehre ist nach überwiegender Meinung als eine selbständige **wirtschaftswissenschaftliche** Disziplin aufzufassen. Als gemeinsames Untersuchungsgebiet (Phänomen) aller Wirtschaftswissenschaften ist die **Wirtschaft** anzusehen. Mit diesem Begriff ist jenes Feld menschlicher Aktivitäten angesprochen, das der Erfüllung menschlicher Bedürfnisse und Wünsche dient. Die menschlichen Bedürfnisse können an sich als unbegrenzt angesehen werden, die zu ihrer Erfüllung geeigneten Güter sind jedoch in der Regel nur in begrenztem Ausmaß verfügbar. Diese **Güterknappheit** ergibt ein Spannungsfeld zwischen Bedarf und Deckungsmöglichkeit. Der Mensch beginnt **zu wirtschaften**, wenn er die verfügbaren Mittel so einzusetzen trachtet, dass ein möglichst hohes Maß an Bedürfnisbefriedigung erreicht wird. Er **disponiert** über die Güter, die aus seiner Situation heraus knapp, aber verfügbar und übertragbar sind und eine gewünschte Eignung zur Erfüllung seiner Wünsche aufweisen. Insoferne handelt es sich um **Wirtschaftsgüter**. Freie Güter brauchen hingegen nicht bewirtschaftet zu werden, da sie in beliebiger Menge zur Verfügung stehen. Diese Klassifizierung ist allerdings an räumliche, zeitliche und situative Verhältnisse gebunden. Ein Gut (z. B. Luft oder Wasser) kann an einem Ort oder zu einer bestimmten Zeit ein freies Gut sein, bei geänderten Verhältnissen aber beschränkt verfügbar oder rar sein und damit zu einem Wirtschaftgut von hohem Wert werden.

Im Spannungsfeld zwischen den Bedürfnissen und ihrer Erfüllung ist ein **Entscheidungsprozess** über die **Herstellung** (**Produktion**) und den **Verbrauch** von Gütern eingebettet. Als Wirtschaftsgüter sind anzusehen:

1. **Materielle** Güter (Sachgüter) und **immaterielle** Güter (Arbeitsleistung des Menschen, Dienste, Rechte, Lizenzen).

2. **Realgüter** (materielle und immaterielle Güter) sowie **Nominalgüter** (Geld oder Anrechte auf Geld).

3. **Konsumgüter** (zur direkten Bedürfnisbefriedigung) und **Produktionsgüter** (zur indirekten Bedürfniserfüllung, indem Güter für nachgelagerte Produktionsprozesse bereitgestellt werden).

4. **Inputgüter** (Einsatzgüter für Produktionsprozesse, wie Rohstoffe oder menschliche Arbeit) und **Outputgüter** (Ergebnisse des Produktionsprozesses).

5. **Gebrauchsgüter** (wie Maschinen, Anlagen usw., die für die Produktion genutzt werden) und **Verbrauchsgüter** (wie Materialien, Energie, die im Produktionsprozess aufgebraucht werden).

Bei der Entscheidung über den Gütereinsatz (Mitteleinsatz) zur Bedürfnisbefriedigung ist das menschliche Handeln wie bei jeder auf bestimmte Zwecke ausgerichteten Tätigkeit am **allgemeinen Vernunftprinzip** (**Rationalprinzip**) ausgerichtet.

Dieses Handlungsprinzip lässt zwei Alternativen offen:

1. Ein vorgegebenes, bekanntes Ergebnis (Ziel) ist mit dem geringstmöglichen Mitteleinsatz zu erreichen (**Minimalprinzip**).

2. Mit verfügbaren, gegebenen Mitteln ist ein bestmögliches Ergebnis zu erreichen (**Maximalprinzip**).

Im Bereich des Wirtschaftens sind für „Einsatz" und „Ergebnis" **wirtschaftliche Größen** anzusetzen. Als Einsatzgrößen kommen Mengen an Produktionsfaktoren, Aufwand oder Kosten (bewertete Produktionsfaktoren) in Frage, Ergebnisgrößen sind Leistungsmengen, Erträge, Nutzenelemente.

Die wirtschaftsbezogene Auslegung des Rationalprinzips wird als **ökonomisches Prinzip** bezeichnet. Es verlangt, dass ein möglichst günstiges Verhältnis (eine optimale Relation) zwischen den ökonomischen Einsatz- und Ergebnisgrößen anzustreben ist. Damit soll eine Handlungsempfehlung abgegeben werden, wie das Problem der Güterknappheit auf der einen Seite und der über den verfügbaren Güterbestand hinausgehenden Bedürfnisse auf der anderen Seite einer Lösung zugeführt werden kann. Insoferne ist das ökonomische Prinzip ein **normatives** Prinzip; es besagt nicht, dass die Menschen generell diese Empfehlung beachten und von welchen Motiven sie sich leiten lassen.

Die Verwirklichung des ökonomischen Prinzips hängt auch wesentlich vom verfügbaren **Wissen** (vom Stand an Informationen) und von der **Risikoneigung** zur Überwindung des persönlichen Unsicherheitsproblems ab.

Die **Wirtschaftswissenschaften** werden traditionell in die **Volkswirtschaftslehre** (Nationalökonomie, Politische Ökonomie) und in die **Betriebswirtschaftslehre** gegliedert.

Die **Volkswirtschaftslehre** untersucht in erster Linie die gesamtwirtschaftlichen Zusammenhänge der von den einzelnen Wirtschaftsteilnehmern (Wirtschaftssubjekten) ausgehenden Aktivitäten. Aus der übergeordneten Perspektive einer Wirtschaftsregion, eines Staates oder Staatenverbandes sollen das Wesen der Wirtschaft aus ganzheitlicher Sicht erkannt und ihre Strukturen und Abläufe gestaltet werden.

Die **Betriebswirtschaftslehre** orientiert sich hingegen an den einzelnen Organisationseinheiten (Einzelwirtschaften) und untersucht die mit dem Aufbau und Ablauf der Einzelwirtschaften (Betriebe) zusammenhängenden Tatbestände und Vorgänge. Im Mittelpunkt der Betrachtungen stehen die wirtschaftlichen Sachverhalte der Leistungserstellung und Leistungsabgabe bzw. der Leistungsinanspruchnahme in diesen Wirtschaftseinheiten. Gesamtwirtschaftliche Bezüge werden nur insoweit berücksichtigt, als sie für die einzelwirtschaftliche Betrachtungsweise von Bedeutung sind. Da die wirtschaftlichen Sachverhalte in den einzelnen Organisationseinheiten aber kein Eigenleben führen, fließen in die einschlägigen Analysen auch technische, soziologische, juristische und andere Komponenten insoweit ein, als sie mithelfen, betriebliche Entscheidungsprozesse zu erklären.

Betriebe entstehen nicht von selbst, sie werden gegründet, sie wachsen, sie müssen sich an veränderte Umweltbedingungen anpassen, sie schließen sich mit anderen Betrieben zusammen oder sie schrumpfen und beenden schließlich freiwillig durch **Liquidation** oder zwangsläufig im Wege des **Konkurses** ihre Tätigkeit. Diese Entwicklung der Betriebe wird vom Menschen **gestaltet**, er hat daher ein Interesse an der Kenntnis der Kausalbeziehungen, die diese Entwicklungsvarianten kennzeichnen. Das Wissen um diese Kausalbeziehungen soll ihm die bewusste und zielgerichtete Gestaltung der Entwicklung des Betriebes (der Einzelwirtschaft) ermöglichen.

2. Der Betrieb als Objekt der Betriebswirtschaftslehre

In allen Entwicklungsphasen ist eine Wirtschaftseinheit (die Einzelwirtschaft) durch ein mehr oder weniger geordnetes Zusammenwirken von Menschen, Sachgütern und immateriellen Gütern gekennzeichnet. Dieses Zusammenwirken bedarf einer Ordnung, bedarf dauerhafter Regelungen, es muss eine **Organisation** geschaffen werden, die die Betriebsstruktur (**Aufbau**organisation) und den Ablauf der Leistungsprozesse in diesem Rahmen (**Ablauf**organisation) festlegt.

Für den Leistungsprozess in den einzelnen Wirtschaftseinheiten ist die Fragestellung bedeutend, **was**, **wie** und **für wen** produziert werden soll. Die betriebliche Leistungserstellung ist damit von der staatlichen Wirtschaftsordnung vorbestimmt.

In **marktwirtschaftlichen** Wirtschaftssystemen wird unter Beachtung staatlicher Rahmenbedingungen dem freien Spiel der Marktkräfte der Vorzug gegeben.

Auf den **Märkten** kommt es zum Zusammentreffen von Angebot und Nachfrage, der Ausgleich erfolgt dezentral über die Preisbildung. Die einzelne Wirtschaftseinheit trägt dabei das Wagnis des Gelingens dieses Austausches. Die Märkte sind insoferne als Bindeglieder in einer arbeitsteiligen Wirtschaft anzusehen.

In **planwirtschaftlichen** Wirtschaftssystemen werden die genannten Fragestellungen von zentralen Planungsinstanzen beantwortet, die die Planung und Koordinierung aller Wirtschaftsaktivitäten wahrzunehmen haben. Dabei entsteht die Schwierigkeit, die Bedürfnisse der einzelnen Wirtschaftssubjekte zu erkennen und ausreichend erfüllen zu können.

Private Haushalte erstellen wirtschaftliche Leistungen primär für den Eigenbedarf. Sie werden deshalb auch als **Konsumtionswirtschaften** bezeichnet und vereinzelt als **originäre** Betriebe klassifiziert. Die übrigen Wirtschaftseinheiten produzieren für den Fremdbedarf, wobei für den Leistungsaustausch eine funktionierende Geldwirtschaft von wesentlicher Bedeutung ist. Fremdbedarfsdeckende Wirtschaftseinheiten stellen **Produktionswirtschaften** dar und werden im Allgemeinen als (derivative) **Betriebe** bezeichnet. Diese Betriebe erbringen Leistungen für Dritte und stellen das vornehmliche Untersuchungsobjekt der Betriebswirtschaftslehre dar. Die Betriebswirtschaftslehre wird von einer Reihe von Autoren als Lehre von den Produktionswirtschaften verstanden (z. B. Gutenberg, Heinen, Ulrich, D. Schneider, Schierenbeck). Die einzelwirtschaftliche Analyse privater Haushalte ist hingegen kaum entwickelt (siehe Becker, Raffée), die meisten Autoren erkennen ihnen keine Betriebseigenschaft zu.

Ein **Betrieb** ist demnach eine organisierte Wirtschaftseinheit, in der verfügbare Mittel (Vermögen) unter Wagnissen zur Erstellung von Leistungen und Abgabe dieser Leistungen an außenstehende Bedarfsträger eingesetzt werden.

Begrifflich wird der **Betrieb** sehr oft mit dem **Unternehmen** gleichgesetzt. Auch die Begriffe „Unternehmen" und „Unternehmung" werden vielfach synonym verwendet. Es haben sich im institutionellen Sinne in der Literatur auch verschiedene Unterscheidungsmerkmale herausgebildet. So bezeichnet man den Betrieb als den Ausdruck für die Tätigkeit, die Leistungserstellung (Bankbetrieb, Transportbetrieb, Handelsbetrieb, Erzeugungsbetrieb) und das Unternehmen (bzw. die Unternehmung) als den Rechtsrahmen, in dem diese Tätigkeit ausgeübt wird (Einzelunternehmen, OHG, KG, OEG, KEG, GmbH, AG). Nach Meinung vieler Autoren wird ein Betrieb dann zum **Unternehmen**, wenn er gewinnorientiert handelt und einem Bestandsrisiko ausgesetzt ist, also den Bestand des Unternehmens überwiegend aus Markterlösen sichern muss. Hier liegt nach heutiger Auffassung ein eingeschränkter Unternehmensbegriff vor, der bedarfs- und kostendeckend ausgerichteten Betrieben nicht gerecht wird. Im Handelsrecht (Aktienrecht) wie auch im Steuerrecht werden **Betrieb** und **Unternehmen** teils begrifflich gleichgesetzt, teils mit unterschiedlichen Inhalten belegt (z. B. Unterordnung des Betriebsbegriffs unter den Unternehmensbegriff im Umsatzsteuerrecht und im Verfahrensrecht).

Nach anderen Auffassungen wird der Unternehmensbegriff nicht institutionell, sondern eher aufgabenbezogen und damit funktionell gesehen. L. Illetschko

(Unternehmenstheorie, Wien 1967, S. 45) bezeichnet als „Unternehmen" ein Feld von einzelwirtschaftlichen Aktivitäten.

Im allgemeinen Sprachgebrauch werden auch die Bezeichnungen Firma, Geschäft, Werk und Fabrik verwendet. **Firma** ist ein juristischer Begriff und bezeichnet den Namen, unter dem ein Kaufmann seinen Betrieb führt. Als **Geschäft** wird entweder ein Handelsbetrieb oder der kaufmännische Bereich eines Industriebetriebes angesehen. **Werk** und **Fabrik** kennzeichnen im technischen Sinne Stätten der Leistungserstellung.

E. Gutenberg (Grundlagen der Betriebswirtschaftslehre, Band I, Die Produktion, 24. Auflage, Berlin/Göttingen/Heidelberg 1983, S. 457 ff.) weist darauf hin, dass Betriebe sowohl in marktwirtschaftlichen Systemen als auch in einer zentral geleiteten Wirtschaft anzutreffen sind. In beiden Wirtschaftssystemen müssen Betriebe folgende Merkmale erfüllen, die auch als (wirtschafts-)**systemindifferente Tatbestände** bezeichnet werden.

1. Die Leistungserstellung erfolgt durch eine zielgerichtete Kombination von Produktionsfaktoren (Arbeit, Betriebsmittel, Werkstoffe).

2. Jede Leistungserstellung unterliegt dem Prinzip der Wirtschaftlichkeit (ökonomisches Prinzip).

3. Jeder Betrieb muss in der Lage sein, seine fälligen Schulden jederzeit ohne wesentliche Störung des Betriebsablaufes abstatten zu können (Prinzip des finanziellen Gleichgewichts).

Zusätzlich ist der Betrieb durch (wirtschafts-)**systembezogene Tatbestände** gekennzeichnet. Der spezielle Betriebstyp in marktwirtschaftlichen Systemen wird von Gutenberg als **Unternehmung** bezeichnet. Er ist gekennzeichnet durch

1. die Möglichkeit zur Selbstbestimmung des Wirtschaftsplanes (Autonomieprinzip);

2. das Streben nach möglichst hohem Gewinn unter Beachtung des Marktrisikos, um auf Dauer bestehen zu können (erwerbswirtschaftliches Prinzip);

3. das Prinzip des Privateigentums und des daraus abgeleiteten Anspruchs auf Alleinbestimmung.

Der Unternehmung steht der **planwirtschaftlich orientierte Betrieb** gegenüber. Er ist gekennzeichnet durch

1. die Einbindung in einen zentralen (Volks-)Wirtschaftsplan (Organprinzip), in dem die Art der Leistung und damit der Wirtschaftsplan für den Betrieb festgelegt werden;

2. das Streben nach bestmöglicher Erfüllung dieses Planes (Prinzip der Planerfüllung);

3. das Prinzip des Gemeineigentums und des daraus abgeleiteten Anspruchs der Mitglieder des Gemeinwesens auf Mitbestimmung.

Es ist anzumerken, dass die Nichteinhaltung des Prinzips des finanziellen Gleichgewichts für die erwerbswirtschaftliche (marktwirtschaftliche) Unternehmung existenzvernichtend sein kann. Beim plandeterminierten Betrieb hat die zentrale Planungsinstanz für das finanzielle Gleichgewicht zu sorgen, der Betrieb kann nur durch eine Entscheidung der planerstellenden Zentralinstanz beendet werden.

Betriebstypen dieser Art sind nicht allein in den planwirtschaftlich (von Zentralverwaltungen) dominierten Staaten, sondern auch in den Systemen der sozialen Marktwirtschaft zu finden, in denen der Staat infrastrukturelle Vorleistungen für die Funktionsfähigkeit der Märkte, aber auch Leistungen zur Funktionsfähigkeit des gesellschaftlichen Systems erbringt (gemischtwirtschaftliches System). Es handelt sich dann bei diesen Betrieben um **öffentliche Unternehmen** (öffentliche Betriebe) und um **öffentliche Verwaltungen** (Verwaltungsbetriebe). Sie werden als Organe der Gesamtwirtschaft vom Staat (Bund, Länder, Gemeinden, andere Selbstverwaltungskörper) getragen und sollen den gesellschaftlichen Bedarf nach bestimmten Gütern (z. B. öffentliche Straßen) und Dienstleistungen (z. B. Altersversorgung) über den Markt oder kollektiv befriedigen.

Öffentliche Unternehmen werden mit und ohne eigene Rechtspersönlichkeit tätig und erbringen vor allem im Bereich der Verkehrs- und Versorgungswirtschaft Leistungen, die in der Regel über den Markt gegen Entgelt an einzelne Bedürfnisträger abgegeben werden (**Individualgüter**). Das Prinzip der Planerfüllung ist in marktwirtschaftlichen Ordnungen dann im Sinne eines Strebens nach einem „angemessenen" Gewinn, der sozialen Rücksichtnahmen entspricht, oder nach bloßer Kostendeckung zu interpretieren. Reichen die Marktentgelte nicht aus, den Leistungsprozess im Rahmen des bedarfswirtschaftlich ausgerichteten Leistungsplanes (Wirtschaftsplanes) sicherzustellen, muss das Überleben dieser Betriebe im marktwirtschaftlichen System durch (dauernde) öffentliche Zuschüsse gesichert werden. Diese Zuschüsse sind dann gerechtfertigt, wenn öffentliche Unternehmen bei ihrer Leistungserstellung neben einzelwirtschaftlichen Interessen auch Aufgaben im öffentlichen Interesse (wie z. B. im Interesse der Beschäftigungspolitik, Strukturpolitik, Konjunkturpolitik) zu übernehmen haben. Diese Instrumentalfunktion (T. Thiemeyer, Wirtschaftslehre öffentlicher Betriebe, Reinbek bei Hamburg 1975) führt die Betriebe in ein Spannungsfeld zwischen einzel- und gesamtwirtschaftlichen Interessen.

Öffentliche Verwaltungen stellen hingegen aus wirtschaftlicher Sicht Betriebe dar, die **Kollektivgüter** produzieren und damit politisch gewünschte Zustände, wie z. B. innere und äußere Sicherheit, Bildung, soziale Wohlfahrt, Kultur, Rechtssicherheit u. ä., gewährleisten. Sie werden auch als **Gewährleistungsbetriebe** (K. Oettle) bezeichnet. Die kollektive Art der Bedarfsdeckung ergibt sich teils aus historischen Gründen und teils aus Zweckmäßigkeitsüberlegungen. Die Leistungen werden der Allgemeinheit ohne direkte Gegenleistung und in bestimmten Fällen (z. B. Schulpflicht) auch zwangsweise zur Verfügung gestellt. Sie sind aus dem Steueraufkommen zu finanzieren.

Da öffentliche Verwaltungen Wirtschaftsgüter für Dritte erstellen, sind sie als **Produktionswirtschaften** anzusehen. In älteren Darstellungen werden sie als öffentliche Haushaltungen noch den Konsumtionswirtschaften (wie die privaten

Haushalte) zugerechnet. Zum Leistungsbereich öffentlicher Verwaltungen zählen auch die Institutionen des öffentlichen Bildungsbereiches (wie öffentliche Schulen und Universitäten, öffentliche Theater und Museen).

Diese Art von Betrieben, die vorrangig ein bestimmtes Leistungsprogramm zu erfüllen hat und keinen Rentabilitätszielen unterliegt, wird auch als **Nonprofit-Organisation (NPO)** bezeichnet. Entsprechend ihrer Trägerschaft werden sie in **staatliche** NPOs (Verwaltungsbetriebe, öffentliche Unternehmen), **halbstaatliche** NPOs (Kammern und Sozialversicherungsanstalten mit Pflichtmitgliedschaft als Selbstverwaltungskörper) und **private** NPOs (mit wirtschaftlichen, soziokulturellen, politischen und karitativen Zielsetzungen) untergliedert. Relativ früh wurde die Zusammenarbeit von Wirtschaftssubjekten in Form von **Verbänden** (Wirtschaftsverbände, wirtschaftliche NPOs) einer ersten betriebswirtschaftlichen Analyse unterzogen. Wirtschaftsverbände erbringen ihren Mitgliedern gegenüber zunächst zahlreiche Dienstleistungen, wie Informationsvermittlung, Beratung, Schulung oder Versicherung mit dem Zweck, deren wirtschaftliche Tätigkeit unmittelbar zu fördern und zu verbessern. Neben dieser einzelwirtschaftlichen Funktion erfüllen sie weiters eine gesellschaftlich-politische Funktion, indem sie die Interessenwahrnehmung für ihre Mitglieder im politischen Willensbildungsprozess besorgen. Durch Verhandlungen, Abmachungen und Normen wird schließlich eine Verhaltenskoordination der Mitglieder wahrgenommen und eine volkswirtschaftliche Funktion erfüllt (E.-B. Blümle/W. Wittmann, Verbände, Stuttgart 1976; P. Schwarz, Erfolgsorientiertes Verbands-Management, St. Augustin 1984). Hingegen ist die Analyse von **karitativen** NPOs (z. B. Hilfsorganisationen für Betagte, Behinderte, Süchtige usw.) und von **soziokulturellen** Einrichtungen (alle Arten von Vereinen zur Förderung kultureller, sportlicher und gesellschaftlicher Interessen) erst Gegenstand jüngster Forschungen (P. Schwarz, Management in Nonprofit-Organisationen, Bern 1992). Dieser auch als „Third Sector" (nach Staat und Markt) bezeichnete Bereich gewinnt in der heute erkennbaren Tendenz zur dienstleistungsorientierten Gesellschaft zunehmend an Bedeutung. Zum Gegenstandsbereich der NPO-Forschung gehören auch die **politischen** NPOs (z. B. politische Parteien und Gruppierungen, Umweltschutzorganisationen, Bürgerinitiativen).

3. Die grundsätzliche Orientierung betrieblicher Aktivitäten

Für die wirtschaftliche Tätigkeit in Betrieben ergeben sich aus den obigen Merkmalsbeschreibungen folgende grundsätzliche Zielsetzungsmöglichkeiten:

1. **Erwerbswirtschaftliche** Orientierung: Sie bietet die Möglichkeit, das **Wirtschaftsprogramm** auf der Grundlage einer gegebenen Marktsituation **selbst bestimmen** zu können. Durch Ausnützen der Marktchancen und unter Bedachtnahme auf das Marktrisiko wird **Gewinnerzielung** angestrebt. Das Leistungsprogramm hat sich den Möglichkeiten der Gewinnerzielung unterzuordnen. Die Bedarfsdeckung ist gegenüber dem Gewinnstreben nachrangig.

2. **Bedarfswirtschaftliche** Orientierung: Für das Wirtschaftsprogramm ist in erster Linie die Abdeckung eines vorhandenen Bedarfs an Leistungen ausschlaggebend (z. B. in der Energieversorgung oder bei öffentlichen Krankenhäusern). Dabei ist das finanzielle Gleichgewicht zu beachten, die Erzielung eines Überschusses (Gewinnes) ist dabei nachrangig. Gegebenenfalls hat der Träger des Unternehmens (z. B. Gebietskörperschaft) für die Substanzerhaltung im Wege von Subventionen oder Verlustabdeckungen zu sorgen.

3. **Förderwirtschaftliche** Orientierung: Bei Wirtschaftsverbänden und Genossenschaften steht die Förderung der Mitgliederinteressen im Vordergrund. Diese können im wirtschaftlichen Bereich (z. B. Beschaffungs- oder Absatzsicherung), aber auch im außerwirtschaftlichen (metaökonomischen) Bereich (z. B. gesellschaftliche oder kulturelle Bildung) liegen. Einen Sonderfall stellt die **karitative** Ausrichtung des Leistungsprogrammes von Betrieben im Sozialhilfebereich dar.

4. **Privatwirtschaftliche** Orientierung: Der Betrieb wird im Interesse seiner privaten Träger (Eigentümer) tätig.

5. **Gemeinwirtschaftliche** Orientierung: Der Betrieb wird im öffentlichen Interesse bzw. im Interesse eines Gemeinwesens (und damit einer den Einzelpersonen übergeordneten Personengesamtheit) tätig. Dieses Interesse kann von Bund, Ländern und Gemeinden, aber auch von Selbstverwaltungskörpern (z. B. Kammern), Arbeitnehmervertretungen (z. B. Gewerkschaften), kirchlichen Organisationen (z. B. Ordensgemeinschaften) und anderen gesellschaftlichen Institutionen (z. B. politischen Parteien) ausgehen.

Diese grundsätzlichen Orientierungen lassen sich in zwei Dimensionen gegenüberstellen:

a) **Erwerbswirtschaftliche – bedarfswirtschaftliche – förderwirtschaftliche** Orientierung:
   Den auf Gewinn ausgerichteten erwerbswirtschaftlichen Unternehmen stehen die primär nicht auf Gewinn ausgerichteten bedarfswirtschaftlichen und förderwirtschaftlichen Unternehmen gegenüber. Diese beiden Unternehmenstypen werden deshalb auch als **Nonprofit-Organisationen** bezeichnet.

b) **Privatwirtschaftliche – gemeinwirtschaftliche** Orientierung:
   Das Interesse des Trägers von betrieblichen Aktivitäten ist ausschlaggebend. In einer funktionalen Sichtweise wird **Gemeinwirtschaft** als das Verhalten wirtschaftender Einheiten bezeichnet, deren Tätigkeit auf die dauernde Versorgung der Menschen mit Gütern und Diensten ausgerichtet ist und dabei nicht vom Ziel einer Gewinn- und Vermögensmehrung für Einzelpersonen bestimmt ist. Vielmehr ist das wirtschaftliche Interesse einer Personengemeinschaft als Ganzes zu beachten.

Zwischen diesen begrifflichen Dimensionen bestehen an sich vielfältige Verknüpfungsmöglichkeiten. Unternehmen im Privateigentum werden zwar in der Regel erwerbswirtschaftlich orientiert sein und damit privatwirtschaftliche Interessen verfolgen. Dem **Subsidiaritätsgedanken** folgend sollten öffentliche Unternehmen primär dort tätig werden, wo private Wirtschaftssubjekte nicht oder nicht in ausreichendem Ausmaß vertreten sind. Sie werden daher primär bedarfswirtschaftliche Zielsetzungen (z. B. Deckung des Bedarfes an elektrischer Energie) zu verfolgen haben und damit gemeinwirtschaftlichen Interessen verpflichtet sein. Es ist jedoch umgekehrt durchaus realistisch, wenn öffentliche Unternehmen erwerbswirtschaftliche Zielsetzungen verfolgen (z. B. im Industriebereich oder im Luftverkehr) oder private Unternehmen bedarfswirtschaftlichen Zielsetzungen Vorrang einräumen (z. B. Nahversorgung in Randgebieten aus sozialen Bindungen heraus).

Aus den bisherigen Ausführungen zu den Merkmalsausprägungen von Betrieben im wirtschaftlichen System lassen sich folgende wesentliche Aspekte ableiten, die in Abb. 1 (S. 40) einander gegenübergestellt werden. Daraus wird deutlich, dass sich Wesensunterschiede zwischen privaten und öffentlichen Betrieben nur aus den Zielsetzungen (aus dem Sinn der Unternehmen) und den Leistungsformen, nicht jedoch aus dem Eigentum (der Trägerschaft) heraus ergeben.

4. Die Gliederung der Betriebswirtschaftslehre

Ziel einer Gliederung der Betriebswirtschaftslehre ist es, das Fach in seinen großen Untersuchungsbereichen abzustecken, um über eine brauchbare und umfassende Grundlage für die Erforschung einzelwirtschaftlicher Tatbestände und Vorgänge zu verfügen. Mit der (in der Folge darzustellenden) Gliederung der Betriebe hingegen wird bezweckt, einzelwirtschaftliche Sachverhalte verschiedenster Ausprägungen hervorzuheben, um damit entweder auf arteigene Probleme zu verweisen, die im Rahmen der Betriebswirtschaftslehre zu erörtern sind, oder praktischen Anliegen Rechnung zu tragen, welche erst durch Hervorhebung diverser Einteilungsmerkmale ausreichend umrissen werden.

Hinsichtlich eines Ansatzpunktes zur Gliederung der Betriebswirtschaftslehre ist festzuhalten, dass es Fragestellungen gibt, die sich für alle Betriebe in gleicher Weise stellen, unabhängig davon, welchem Wirtschaftszweig sie angehören; daneben treten aber auch solche Probleme auf, die arteigen die Betriebe einzelner Wirtschaftszweige betreffen. Das empfiehlt folgende Anordnung:

1. Allgemeine Betriebswirtschaftslehre,
2. Besondere (Spezielle) Betriebswirtschaftslehre (Sonderzweiglehre):

        der Industriebetriebe,
        der Handelsbetriebe,
        der Bankbetriebe,
        der Transportbetriebe,
        der Handwerksbetriebe,
        der Versicherungsbetriebe,
        der Fremdenverkehrsbetriebe,
        der landwirtschaftlichen Betriebe
        usw.

Wirtschaftssubjekte / Merkmale	Privater Haushalt	Unternehmen (Unternehmung)	Verband	Verwaltung
Leistungsprogramm	Eigenbedarfsdeckung	Individuelle Fremdbedarfsdeckung	Bedarfsdeckung für Mitglieder	Kollektive Fremdbedarfsdeckung
Zielsetzungen	Individuelle Wohlfahrt durch a. Einkommenserzielung b. Selbstwertgefühl	Erwerbsstreben für Eigentümer und Manager; Leistungsmaximierung bei Kostendeckung; Nutzenstiftung	Deckung des Leistungsbedarfes von Gruppen; Wahrnehmung der Interessen der Gruppenmitglieder	Gemeinwirtschaftliche Bedarfsdeckung der Allgemeinheit oder großer Teile davon
Art der Leistungsabgabe	Eigenleistung	marktfähige Güter; Absatz gegen Entgelt	teils kollektive Güter, teils marktfähige Güter; Abgabe vielfach unentgeltlich	nicht marktfähige, kollektive Güter; überwiegend unentgeltlicher Absatz
Ökonomische Selbständigkeit durch	Einkommen	Umsatzerlöse	Umlagen	Abgaben
Eigentum (Träger)	Ein- oder Mehrpersonenhaushalte	private und öffentliche Unternehmen	private und öffentliche Vereine/Verbände, z. B. Kammern	Staatliche (öffentliche) Verwaltungen und nichtstaatliche Verwaltungen (z. B. Kirchen

Abb. 1

In der **Allgemeinen Betriebswirtschaftslehre** steht die Beschreibung und Erklärung von betrieblichen Sachverhalten im Vordergrund, die allen Betrieben eigen sind, und zwar unabhängig von ihrer Wirtschaftszweigzugehörigkeit, ihrer Rechtsform und ihrer Eigentümerschaft. Sie ist in die **betriebswirtschaftliche Theorie** und in die (angewandte) **Betriebspolitik** zu gliedern. Die betriebswirtschaftliche Theorie ist auf die Erkenntnis des Betriebsprozesses ausgerichtet, die Betriebspolitik auf dessen Gestaltung (G. Wöhe, Einführung in die Allgemeine Betriebswirtschaftslehre, 19. Aufl., München 1996, S. 19).

Die **speziellen Betriebswirtschaftslehren** haben die betrieblichen Sachverhalte zum Gegenstand, die sich aus den spezifischen Problemstellungen der einzelnen Wirtschaftszweige ergeben (siehe die obigen Beispiele). Neben den Wirtschaftszweiglehren haben sich im Laufe der Zeit auch andere Zweiglehren etabliert, die Besonderheiten von Betrieben durch die Verschiedenheit in der **Rechtsform**, durch die **Art der Verflechtung** mit anderen Betrieben (z. B. Konzern) oder durch **Unterschiede im Eigentum** und der daraus abgeleiteten Entscheidungsmacht behandeln. Es sind dies die Betriebswirtschaftliche Steuerlehre, die Betriebswirtschaftliche Prüfungslehre (Betriebswirtschaftslehre des Revisions- und Treuhandwesens), die Betriebswirtschaftslehre der öffentlichen Verwaltungen und der öffentlichen Unternehmen (Öffentliche Betriebswirtschaftslehre), die Betriebswirtschaftslehre von Verbänden (Verbandsbetriebslehre) und die Betriebswirtschaftslehre der Genossenschaften.

Eine **andere Vorgangsweise** bietet sich insofern an, als es zweckmäßig sein kann, neben der Allgemeinen Betriebswirtschaftslehre jene Bereiche herauszustellen, die auf den prozessualen Betriebsablauf und demgemäß auf die betreffenden **Funktionen** Bedacht nehmen. Dies führt zu nachstehender Gliederung:

1. Allgemeine Betriebswirtschaftslehre,

2. Funktionale Betriebswirtschaftslehren:
   Führungsfunktion,
   Finanzierungsfunktion,
   Investitionsfunktion,
   Leistungserstellungsfunktion,
   Leistungsverwertungsfunktion,
   Logistikfunktion,
   Verwaltungsfunktion,
   Überwachungsfunktion
   usw.

Man darf in den vorstehenden Einteilungen nicht einen unvereinbaren Gegensatz erblicken, doch ist die Betrachtungsweise in einer **besonderen Betriebswirtschaftslehre** zwangsläufig anders als in einer **funktionalen Betriebswirtschaftslehre**. In einer besonderen Betriebswirtschaftslehre müssen sämtliche Funktionen des untersuchten Betriebszweiges analysiert werden, in einer funktionalen Betriebswirtschaftslehre die Probleme der betreffenden Funktion in den Betrieben aller Wirtschaftszweige. Dabei zeigt sich, dass für die betrieblichen Funktionen gewisse Gemeinsamkeiten in allen Wirtschaftszweigen bestehen, während daneben für dieselben Funktionen Eigentümlichkeiten in einzelnen

Wirtschaftszweigen existieren, die sich von jenen in anderen Wirtschaftszweigen abheben.

Graphisch ergibt sich das nachstehende Bild, das die Zusammenhänge zwischen **funktionalen** und **speziellen** Betriebswirtschaftslehren zeigt. Es ist einsichtig, dass es eine institutionelle Betrachtung ohne Berücksichtigung funktionaler Gesichtspunkte ebenso wenig gibt wie eine funktionale Darstellungsweise ohne Einschluss institutioneller Aspekte. Ob die eine oder andere Betrachtungsweise vorzuziehen ist, hängt von der im Einzelfall vorliegenden Fragestellung ab.

Allgemeine Betriebswirtschaftslehre					
Institutionell / Funktionell	Industrie	Handel	Banken	Transport	Gewerbe usw.
Betriebsführung					
Investition					
Finanzierung					
Leistungserstellung					
Leistungsverwertung					
Kontrolle usw.					
Betriebswirtschaftliche Techniken					

Abb. 2

Die Theorie vom Betrieb beschränkt sich auf die Behandlung der Probleme im Betriebsaufbau und Betriebsablauf. Die Lehre vom Betrieb hat jedoch auch die **betriebswirtschaftlichen Techniken** (Buchhaltung und Bilanz, Kostenrechnung, Finanzmathematik, Organisationstechniken, Planungs- und Entscheidungstechniken usw.) einzuschließen. Mit deren Hilfe werden Daten erarbeitet und verarbeitet, die der allgemeinen und speziellen betriebswirtschaftlichen Analyse bedürfen. Verschiedene Problembestände der betriebswirtschaftlichen Techniken sind übrigens auch Problembestände der Allgemeinen Betriebswirtschaftslehre und der Besonderen Betriebswirtschaftslehren, vor allem solche der Bilanz und der Kostenrechnung.

Somit sind **lehrmäßig zu unterscheiden**:

       1. Allgemeine Betriebswirtschaftslehre,
       2. Spezielle Betriebswirtschaftslehren,
       3. Betriebswirtschaftliche Techniken.

       bzw.

       1. Allgemeine Betriebswirtschaftslehre,
       2. Funktionale Betriebswirtschaftslehren,
       3. Betriebswirtschaftliche Techniken.

5. Die Gliederung der Betriebe

Eine häufig verwendete Gliederung der Betriebe ist die **nach dem Wirtschaftszweig**, wobei zwischen

> Industriebetrieben,
> Handelsbetrieben,
> Bankbetrieben,
> Transportbetrieben,
> Handwerksbetrieben,
> Fremdenverkehrsbetrieben,
> Versorgungsbetrieben
> usw.

unterschieden wird.

Für die Betrachtung der Betriebe kann auch die **Betriebsgröße** nützliche Hinweise liefern. Es bietet sich dafür die Gliederung in

> Kleinbetriebe,
> Mittelbetriebe und
> Großbetriebe

an. Diese Einteilung bezieht sich entweder auf die Betriebe ohne Unterschied des Wirtschaftszweiges oder auf die Betriebe eines bestimmten Wirtschaftszweiges.

Die Kategorisierung nach der Betriebsgröße ist oft schwierig und problematisch, weil dafür verschiedene, in der Aussagekraft sehr unterschiedliche Richtzahlen in Frage kommen, u. a. die Zahl der Beschäftigten, der Umsatz, das Kapital und die Bilanzsumme.

Die Europäische Kommission hat den Mitgliedstaaten der EU eine einheitliche Definition von **kleinen und mittleren Unternehmen (KMU)** empfohlen. Damit will sie unterschiedliche Auslegungen hinsichtlich der Gemeinschaftsprogramme der EU und auch mögliche Wettbewerbsverzerrungen verhindern. Nach dieser Empfehlung gilt ein Unternehmen als KMU, wenn

a. es weniger als 250 Beschäftigte hat;

b. sein Jahresumsatz 40 Mio. € (etwa 550 Mio. S) nicht übersteigt;

c. die Gesamtsumme der Jahresbilanz nicht höher als 27 Mio. € (etwa 372 Mio. S) ist; und

d. es nicht einem oder mehreren Großunternehmen gehört (diese eine Beteiligung von mehr als 25 % halten), die nicht mehr in die Kategorie der KMU fallen.

Außerdem wurden die Kriterien festgelegt, die eine Unterscheidung zwischen **sehr kleinen, kleinen und mittleren** (mittelständischen) Unternehmen ermöglichen. Ein Unternehmen wird als „sehr klein" angesehen, wenn es unabhängig vom Umsatz weniger als zehn Beschäftigte zählt. Als „kleines" Unternehmen gilt ein Unternehmen, wenn es weniger als 50 Beschäftigte hat und sein Jahresumsatz 7 Mio. € (etwa 96 Mio. S) bzw. die Gesamtsumme der Jahresbilanz

5 Mio. € (etwa 69 Mio. S) nicht übersteigt. Ein Unternehmen wird folglich als „mittelständisch" angesehen, wenn es über 50 und unter 250 Beschäftigte hat und sein Jahresumsatz 40 Mio. € bzw. die Gesamtsumme der Jahresbilanz 27 Mio. € nicht übersteigt.

Die Abgrenzung der Betriebe nach dem Wirtschaftszweig oder nach der Betriebsgröße lässt offen, um welche **Art von Leistungen** es sich handelt. Deshalb wird bei Gliederungsversuchen auch auf den Gegensatz zwischen

> Sachleistungsbetrieben und
> Dienstleistungsbetrieben

Bezug genommen. **Sachleistungsbetriebe** gewinnen Rohstoffe oder erstellen Güter. **Dienstleistungsbetriebe** erbringen keine materiellen Leistungen, sondern, wie ihr Name sagt, Dienste; man denke z. B. an Transportbetriebe, an Handels- und an Bankbetriebe.

Doch auch dieses Einteilungskriterium ist für einzelwirtschaftliche Analysen nicht immer ausreichend, denn sowohl die Dienstleistungsbetriebe wie auch die Sachleistungsbetriebe können nach dem dominierenden Produktionsfaktor im Betriebsgeschehen voneinander abweichen. Wird deshalb der im Betriebsprozess im Vordergrund stehende **Produktionsfaktor** für die Betriebsgliederung herangezogen, dann ist zwischen

> arbeitsintensiven Betrieben,
> betriebsmittelintensiven (anlagenintensiven) Betrieben und
> werkstoffintensiven (materialintensiven) Betrieben

zu unterscheiden. Beim **arbeitsintensiven** Betrieb herrscht der Arbeitskostenanteil im Gesamtkostengefüge vor, beim **betriebsmittelintensiven** Betrieb sind die Anlagenkosten von großer Bedeutung, der **werkstoffintensive** Betrieb weist vornehmlich Rohstoffkosten im Gesamtkostenbild auf. Die eine Intensität muss die andere nicht ausschließen. Arbeitsintensive Betriebe können auch betriebsmittelintensiv sein, das sind z. B. Transportbetriebe, bei welchen ein großer Anlagenapparat notwendig ist, gleichzeitig können aber auch hohe Personalkosten anfallen.

Die angeführten Abgrenzungskriterien sind nicht vollständig; sie sollen nur zeigen, dass es viele Einteilungsmerkmale gibt und dass jedes einzelne von ihnen zu bestimmten einzelwirtschaftlichen Einsichten führen kann.

II. Die Methoden der Betriebswirtschaftslehre

Als betriebswirtschaftliche **Methoden** sind systematisch aufgebaute Verfahrensregeln zur Darstellung von betrieblichen Sachverhalten und zur Lösung der sich daraus ableitenden Probleme anzusehen. Die Verfahrensschritte müssen nachvollziehbar und die Methodenanwendung sowie die mit Hilfe der Methode erzielten Ergebnisse müssen überprüfbar sein. H. Raffée folgend (Gegenstand, Methoden und Konzepte der Betriebswirtschaftslehre, in: Vahlens Kompendium der Betriebswirtschaftslehre, Band 1, München 1984, S. 12 ff.) bestimmen die allgemeinen **Grundlagenmethoden** die wissenschaftliche Strategie des betriebswirtschaftlichen Forschens. Es sind dies die Methoden der Hermeneutik, der Induktion und der Deduktion. Daneben bestehen **konzeptionelle und empirische Techniken** zur Lösung spezieller Probleme in den verschiedenen betriebswirtschaftlichen Fachrichtungen.

Die Hermeneutik

Die hermeneutische Methode kann als Methode des Wahrnehmens und **Verstehens von Sachverhalten** im Hinblick auf deren äußere Ordnung und deren Sinngehalt angesehen werden. Sie erhält ihren besonderen Wert in **heuristischen** Forschungsbemühungen, die vorläufige Annahmen zum Zweck eines besseren Verständnisses eines Sachverhaltes benutzen, um sich schrittweise dem beabsichtigten Forschungsziel zu nähern. Das Verstehen beschreibender (deskriptiver) Sachverhalte vermag erklärende (explikative) Untersuchungen anzuregen und zu steuern. Insoferne wird der Verstehensmethode die Eigenschaft als Grundlagenmethode mehrfach abgesprochen, indem sie nur als Vorstufe für die Erklärungsmethode angesehen wird. Im „Konstruktivismus" der Erlanger Schule in der Betriebswirtschaftslehre (Steinmann) wird versucht, die Hermeneutik zu einer Erklärungsmethode weiterzuentwickeln.

Die Induktion

In der Methode der Induktion wird versucht, aus Beobachtungen **von Einzelfällen auf das Allgemeine** zu schließen und auf diese Weise zum Nachweis von Gesetzmäßigkeiten zu gelangen. Die Methode bietet keine Gewähr, dass aus den Einzelbeobachtungen heraus nicht falsche Schlüsse gezogen werden. Sie hat aber für die Gewinnung von Hypothesen (Grundannahmen) eine herausragende Bedeutung, weil sie überprüfungsbedürftige Erweiterungen des bisherigen Wissenshorizontes schafft. Man spricht deshalb auch von **empirisch-induktivem** Vorgehen.

Die Deduktion

In der Methode der Deduktion wird versucht, mit Hilfe eines logischen Schlusses aus allgemeinen Annahmen und Gesetzmäßigkeiten eine Aussage über einen Einzelfall abzuleiten. Die Deduktion läßt also nur **Schlüsse von allgemeinen auf besondere Sätze** zu. Ein zusätzlicher Informationsgehalt kann aus einer deduktiven Schlussfolgerung nicht gewonnen werden. Man spricht auch von **logisch-deduktivem** Vorgehen.

In der Betriebswirtschaftslehre sind mehrere Varianten des deduktiven Vorgehens entwickelt worden.

Die **axiomatisch-deduktive** Methode geht von grundlegenden Annahmen aus, die empirisch nicht weiter überprüft werden (Axiome). Durch logische Verknüpfung werden aus diesen Annahmen Schlussfolgerungen abgeleitet, die im Sinne einer logischen Möglichkeitsanalyse besagen, was empirisch gelten müsste, wenn die getroffenen Annahmen empirisch gehaltvoll wären. Die Prüfung dieser Ergebnisse an der Realität ist daher ein unabdingbarer nächster Schritt. Wird dieser nicht unternommen, ist die Kritik als **„Modellplatonismus"** gerechtfertigt. Viele betriebswirtschaftliche Entscheidungsprobleme werden mit dieser Methode zu lösen versucht, ihr heuristischer Wert zur Hypothesenbildung ist unübersehbar.

In der **realtheoretischen Modellanalyse** werden empirisch gehaltvolle Theorien, wie sie vor allem in den verhaltensorientierten Wissenschaften (z. B. Psychologie) entwickelt wurden, auf betriebswirtschaftliche Probleme übertragen. Es handelt sich dabei um **Erklärungsmodelle** (z. B. für das Konsumentenverhalten) sowie um **Entscheidungsmodelle** (z. B. für die Einführung neuer Produkte). Diese Modelle bauen auf der Abbildung von realen Situationen auf und haben einen mehr oder weniger breiten theoretischen Hintergrund. Dabei entsteht jedoch die Gefahr, dass die Betriebswirtschaftslehre in die Rolle des „Theorienverwenders" aus anderen Disziplinen gedrängt wird und die Notwendigkeit zur Grundlagenforschung und damit zur eigenständigen Entwicklung von betriebswirtschaftlichen Theorien übersehen wird.

Die **deduktiv-nomologische** Erklärungsmethode entstammt dem kritischen Rationalismus (K. Popper). In dieser Methode wird ein zu erklärender Sachverhalt (Explanandum) aus einer erklärenden Aussagenmenge (dem Explanans) logisch abgeleitet und damit erklärt. Die erklärende Aussagenmenge besteht aus einer **nomologischen** Feststellung (Gesetzeshypothese), die in der Regel als Wenn-dann-Aussage formuliert ist, und zumindest einer beschreibenden (deskriptiven) Aussage, die als sog. **Anfangs- oder Randbedingung** das faktische Vorliegen der vorher behaupteten nomologischen Feststellung belegen kann. Als Gesetzeshypothese würde z. B. der folgende Satz gelten: „Wenn Unternehmen eine strategische Planung betreiben, dann sind sie erfolgreicher als ihre Konkurrenten, die keine strategische Planung betreiben." Als Randbedingung wird festgestellt: „Unternehmen A betreibt im Gegensatz zu seinem Konkurrenzunternehmen B eine strategische Planung." Aus diesen beiden Sätzen kann dann der Schluss gezogen werden: „Unternehmen A ist erfolgreicher als Unternehmen B." Diese Erklärungsmethode dient in hohem Maße der Aufklärung und Steuerung betrieblicher Prozesse und stellt Leitlinien für den betriebswirtschaftlichen **Forschungsprozess** zur Verfügung. Danach muss zuerst ein zu erklärender Sachverhalt deskriptiv festgestellt werden. Dann ist nach einem Erklärungshintergrund in Form von nomologischen Hypothesen und Randbedingungen zu suchen, aus denen dann die zu erklärenden Sachverhalte logisch abgeleitet werden können (H. Raffée, a.a.O., S. 18 f.).

Die Anwendbarkeit dieser Methode in der Betriebswirtschaftslehre erscheint (noch) begrenzt, weil zuverlässige Gesetzeshypothesen zur Erklärung und Prognose von Sachverhalten nicht in ausreichendem Maße vorliegen. Sehr oft muss man sich mit nicht-nomologischen Prognoseverfahren und mit heuristischen Gestaltungshilfen in der Praxis zufrieden geben. Auch können Fragen ethischer Wertungen in diese Modelle keinen Eingang finden. Aus systemtheoretischer Sicht (siehe die folgenden Ausführungen zum systemtheoretischen Ansatz) ist diese Methode ungeeignet, weil Unternehmen derart komplexe Systeme darstellen, dass sie sich einer logisch umfassenden Erklärung entziehen. Stattdessen wird für die **Methode der Muster-Erkennung** plädiert, die nach typischen Merkmalen sucht, die für sehr viele Einzelfälle gelten können. Sie möchte damit nur allgemeine Strukturen von Situationen und Sachverhalten voraussagen oder erklären. Naturwissenschaftliche Erkenntnisse zum „Überleben" ganzer biologischer Arten und Populationen sollen damit analog in der Betriebswirtschaftslehre Anwendung finden.

Zweifel an der Übertragbarkeit von Erklärungsschemata aus dem Bereich der Naturwissenschaften in den Bereich der Sozialwissenschaften und damit auch der Betriebswirtschaftslehre führten zur Entwicklung **deduktiver Deutungsansätze**. Sie bedienen sich zwar allgemeiner, jedoch nicht gesetzesartiger Aussagen, aus welchen die interessierenden Sachverhalte gefolgert und damit auch erklärt werden sollen. Dem Handeln des Menschen sei damit besser zu entsprechen, weil er von bestimmten und durchaus unterschiedlichen Absichten geleitet ist, die sich nicht in nomologische Aussagen fassen lassen (Steinmann, Kieser, Kubicek, Schwemmer).

Die Auswahl einer geeigneten Forschungsmethode

In der wissenschaftlichen Diskussion um die geeignete Methodik des Erforschens betrieblicher Sachverhalte ist ein einseitiges Festhalten oder Bevorzugen einer bestimmten Methode wenig sinnvoll. Jede der hier nur im groben Überblick aufgezeigten Methoden geht von **Grundannahmen** aus, um das Wissen über betriebliche Sachverhalte zu erweitern und zu festigen. Diese Grundannahmen implizieren gleichzeitig auch Nachteile, die in Kauf genommen werden müssen bzw. derer man sich als Forscher bewusst sein muss. Die gewonnenen Erkenntnisse sind aus dieser Sicht zu relativieren. Es ist deshalb angebracht, einen **Methodenpluralismus** zu unterstützen, der es erlaubt, Sachverhalte unter verschiedenen methodischen Aspekten zu ergründen. Dieser Methodenpluralismus lässt erwarten, dass die gewonnenen Erkenntnisse miteinander verglichen und damit auch überprüfbar werden.

Aus dieser Sichtweise ist auch die Frage zu beurteilen, inwieweit sich die **Betriebswirtschaftslehre** besonders gegenüber den **verhaltenswissenschaftlichen** Nachbardisziplinen **öffnen** soll oder muss. Das **sozialwissenschaftliche** Grundkonzept sieht die Betriebswirtschaftslehre als eine spezielle, interdisziplinär geöffnete Sozialwissenschaft an, die von der **Idee der Bedürfnisbefriedigung** getragen ist und wirtschaftliche Vorgänge als das Ergebnis des Strebens nach Bedürfnisbefriedigung mit Hilfe wirtschaftlicher Güter begreift. Die sozialwissenschaftliche Grundlegung wird als notwendig erachtet, weil Wirtschaften ein spezieller Ausschnitt sozialen Handelns sei, wozu eine ausreichende Erklärungstiefe notwendig wird, die auch Wirkungsverbünde im menschlichen Verhalten aufzeigen könne. Die Arbeitsteilung zwischen Betriebswirten und etwa den Psychologen werde damit nicht aufgehoben, sondern es werde lediglich für eine bessere wissenschaftliche Kooperation im Sinne **interdisziplinären** Vorgehens vorgesorgt. Die Erfolge dieser **verhaltenswissenschaftlichen Öffnung** der Betriebswirtschaftslehre seien auf den Gebieten des Marketing (siehe Abschnitt G.), der Organisationslehre und der Personalwirtschaftslehre besonders deutlich zu sehen. Dieser Öffnungsprozess kann sicherlich noch nicht als abgeschlossen betrachtet werden.

Demgegenüber wird die Betriebswirtschaftslehre aus dem Gesichtspunkt des **ökonomischen** Grundkonzepts als eine eigenständige, autonome Wirtschaftswissenschaft gesehen, die von der **Idee der Einkommensorientierung** getragen ist und wirtschaftliche Vorgänge als **einen** von vielen Aspekten des menschlichen Handelns sieht, der der Einkommenserzielung und -verwendung dient. Es stehen damit die wirtschaftlichen Tatbestände und **Auswirkungen** des menschlichen Verhaltens im Vordergrund, **nicht** jedoch das **Verhalten** selbst.

Inwieweit sich eine **Öffnung** der Betriebswirtschaftslehre gegenüber Elementen aus den sozialwissenschaftlichen Nachbardisziplinen bzw. gegenüber naturwissenschaftlichen Elementen als zweckmäßig erweist, kann nur aus einer **längerfristigen** Perspektive beurteilt werden. Sie kann erst eine Wertung erlauben, die die Zweckmäßigkeit des Forschungsbemühens, das immer nur ein Suchen nach besserem Verständnis der Wirklichkeit sein kann, belegen lässt. Aus der **Geschichte** der Betriebswirtschaftslehre wird die Vielfältigkeit dieser Bemühungen deutlich.

III. Zur Geschichte der Betriebswirtschaftslehre

Der Nachholbedarf der Betriebswirtschaftslehre

Die stürmische Entwicklung der Betriebswirtschaftslehre im 20. Jahrhundert ist in einem großen Nachholbedarf begründet. Wer sich mit dem Werden der wirtschaftswissenschaftlichen Theorie befasst, stellt fest, dass es bis zur Jahrhundertwende überwiegend Nationalökonomen waren, die ihr System und Inhalt gaben. In Verbindung mit der Analyse gesamtwirtschaftlicher Sachverhalte befassten sich Volkswirtschafter auch in begrenztem Umfang mit einzelwirtschaftlichen Anliegen.

Es wurde allerdings von betriebswirtschaftlichen Forschern (im späteren Selbstverständnis des Begriffs) seit dem Mittelalter immer wieder der Versuch unternommen, in eigenständigen Ansätzen, zumindest in einzelwirtschaftlichen Teilgebieten, wissenschaftliche Klärung herbeizuführen. Dass dabei die Verrechnungstechniken und der theoretische Hintergrund des Ablaufs einzelner Geschäftsvorgänge im Vordergrund des Interesses standen, überrascht nicht, da die betriebliche Erfolgsmessung und vertretbares Verhalten bei der Abwicklung des „Geschäftsverkehrs" stets zentrale Anliegen des Kaufmannes waren (sind).

Die Anfänge der Betriebswirtschaftslehre

In der Problemgeschichte dessen, was nach heutiger Wissenschaftskonvention in den Bereich der Disziplin Betriebswirtschaftslehre fällt, nimmt Luca **Paccioli** in seinem 1494 erschienenen Werk „Summa de Arithmetica Geometria Proportioni et Proportionalita" eine wichtige Stellung ein. Er setzt sich mit der Doppelten Buchhaltung und mit Fragen des Handels auseinander. Seinen Überlegungen fehlt zwar die Strenge der Systematik und die Tiefe der Ableitungen, doch ist sein Versuch der deutlich registrierbare Beginn eigenständiger Bemühungen, einzelwirtschaftliche Sachverhalte und Zusammenhänge zu erklären und aufzuhellen.

Ein Rückblick sollte auch an Jacques Savary, Karl Günther Ludovici und Johann Michael Leuchs nicht vorübergehen. Jacques **Savary** verknüpft in der Schrift „Le parfait négociant" (1675) bei der Schilderung betrieblicher Abläufe betriebswirtschaftliche und rechtswissenschaftliche Betrachtungen. Karl Günther **Ludovici** bringt in der Mitte des 18. Jahrhunderts eine handelswissenschaftliche Publikation unter dem Titel „Eröffnete Akademie der Kaufleute oder vollständiges Kaufmannslexikon" heraus. Johann Michael **Leuchs** legt 1791 sein „System des Handels" vor, in dem er den Handel sowohl von der betriebswirtschaftlichen als auch von der volkswirtschaftlichen Perspektive her analysiert, ohne dass er beide Aspekte vermengt.

Die Schwierigkeiten der Betriebswirtschaftslehre im 19. Jahrhundert

Alle genannten Versuche – die noch recht unsystematischen Pacciolis ebenso wie die verhältnismäßig gut entwickelten von Savary, Ludovici und Leuchs – vermochten es nicht, das Fach nachhaltig zu fundieren. Ganz im Gegenteil geriet die Betriebswirtschaftslehre (oder, wie man unter Berücksichtigung der bis dahin erfolgten Entwicklungsphasen des Faches wohl richtiger sagen sollte, die Handelswissenschaft) im 19. Jahrhundert in eine Periode weitgehenden theoretischen Desinteresses. Als Motiv dafür wird meist das Dominieren staatswirtschaftlicher Interessen genannt, aber auch die Orientierung an kaufmännischen Techniken, die die wissenschaftliche Auseinandersetzung mit den einzelwirtschaftlichen Grundfragen weitgehend verdrängte.

Die Betriebswirtschaftslehre im 20. Jahrhundert

Hochschulgründungen

Die progressiv wachsenden durchschnittlichen Betriebsgrößen, die eine zunehmende Komplexität der Entscheidungs- und Realisierungsprozesse zur Folge hatten, veranlassten Ende des 19. bzw. Anfang des 20. Jahrhunderts dann aber doch die Errichtung von Handelshochschulen in einer Reihe deutschsprachiger Städte, so z. B. in Wien (1898), wo unter der Bezeichnung „Exportakademie" (später Hochschule für Welthandel, heute Wirtschaftsuniversität) eine wirtschaftswissenschaftlich orientierte akademische Ausbildungsstätte eingerichtet wurde. Genannt seien u. a. auch Leipzig (1898), Aachen (1898), St. Gallen (1899), New York (1900), Frankfurt/Main (1901), Köln (1901), Berlin (1906), Tokio (1906), Mannheim (1908), Harvard Business School (1908) und München (1910).

Die Neuorientierung des Faches durch wissenschaftliche Grundlegungen

Die erwähnten Hochschulgründungen und auch die ungefähr um diese Zeit erscheinenden wissenschaftlichen Abhandlungen betriebswirtschaftlicher bzw. handelswissenschaftlicher Art markieren einen neuen Anfang. Von einem Anschluss an das Wirken der Autoren bis in das 18. Jahrhundert kann aber keine Rede sein, waren doch die Probleme, zu deren Lösung die jeweiligen Arbeiten beitragen sollten, andere geworden.

Als wichtige Abhandlungen in der Neuorientierung des Faches gelten jene von Léon **Gomberg**, „Handelsbetriebslehre und Einzelwirtschaftslehre", 1903, von Josef **Hellauer**, „Allgemeine Welthandelslehre", 1910, von M. **Weyermann**/ H. **Schönitz**, „Grundlegung und Systematik einer wissenschaftlichen Privatwirtschaftslehre und ihre Pflege an Universitäten und Fach-Hochschulen", 1912, sowie von Heinrich **Nicklisch**, „Allgemeine kaufmännische Betriebslehre als Privatwirtschaftslehre des Handels und der Industrie", 1912.

Rudolf **Seyffert**, der die Entwicklung des Faches in mehreren verdienstvollen Studien, vor allem in der „Geschichte der Betriebswirtschaft und der Betriebswirtschaftslehre", 1935, ausführlich beschreibt, weist darauf hin, dass die angeführten Darstellungen den entscheidenden Anstoß zum Ausbau der Handelstechnik zur Betriebswirtschaftslehre gaben.

Nicht zu übersehen sind bei den Versuchen zur Neugestaltung der Betriebswirtschaftslehre wichtige Analysen auf verschiedenen Teilgebieten, die die Denkweise vieler Betriebswirtschafter maßgeblich beeinflussten. Es handelt sich vor allem um bilanztheoretische Publikationen, wie jene Eugen **Schmalenbachs** zur Dynamischen Bilanz, 1919, Fritz **Schmidts** zur Organischen Tageswertbilanz, 1929, Walter **Le Coutres** zur Statischen Bilanzauffassung, 1934, Erich **Kosiols** zur Pagatorischen Bilanz, 1940. In der Zeit vom Ende des Ersten Weltkrieges bis zur Beendigung des Zweiten Weltkrieges wendet sich die betriebswirtschaftliche Forschung überhaupt bevorzugt Fragen des Rechnungswesens zu, insbesondere auch der Kostenrechnung.

Die Fundierung des Faches nach dem 2. Weltkrieg: Die Bedeutung Erich Gutenbergs

Der entscheidende Durchbruch zu einer modernen Betriebswirtschaftslehre ist nach dem Zweiten Weltkrieg gelungen.

Den größten Anteil an der Konzipierung einer als modern zu bezeichnenden Betriebswirtschaftslehre hat Erich **Gutenberg**. In seinen „Grundlagen der Betriebswirtschaftslehre, Erster Band: Die Produktion", 1. Auflage, 1951, stellt er den betrieblichen Kombinationsprozess in den Mittelpunkt der Überlegungen. Gutenberg überträgt Erklärungs- bzw. Interpretationsschemata und wissenschaftliche Vorgangsweisen von der neoklassischen Mikroökonomie auf das Erkenntnisobjekt Betriebswirtschaft. Ergänzung findet „Die Produktion" durch den zweiten Band der „Grundlagen der Betriebswirtschaftslehre" „Der Absatz", 1954, und den dritten Band „Die Finanzen", 1968. Diese Arbeiten haben eine Reihe von Auflagen erfahren.

Den durch Gutenberg gesetzten Beginn bezeichnen einzelne Autoren auch als Abschluss jener Periode betriebswirtschaftlicher Entwicklung, deren Merkmal in weit verstreuten Erklärungsversuchen mikroökonomischer Vorgänge liegt, ohne dass es vor Gutenberg gelungen wäre, sie im Zusammenhalt aufzuzeigen. Es ist Gutenbergs Verdienst, darauf aufbauend ein geschlossenes System der Bereiche der Leistungserstellung, der Leistungsverwertung und der Finanzen entwickelt zu haben.

Gutenbergs Grundlegung hat die Aufmerksamkeit der Fachwelt in außerordentlichem Maße gefunden. Er hat Gegner, mehr aber noch Anhänger, die den von ihm entwickelten Ansatz ausbauten.

Die Entwicklung des Faches nach Gutenberg

Nach Gutenberg sind, was die **Beiträge zur wissenschaftstheoretischen Entwicklung** der Betriebswirtschaftslehre im deutschsprachigen Raum betrifft, mehrere Forschungsansätze zu erwähnen. Sie gehen in der Regel von einem

Fachvertreter aus, der eigenständige Wege beschreitet und damit in Anspruch nehmen kann, betriebswirtschaftliche Gesamtzusammenhänge arteigen aufzuzeigen. Neben diese Fachvertreter stellen sich jeweils eine Zahl anderer Autoren mit verschiedenen bemerkenswerten Untersuchungen, die sich mit graduellen Abweichungen in die aufgezeigten Richtungen einordnen lassen. Hierauf wird in den Grundzügen im Abschnitt IV. näher eingegangen.

Die Wandlung der betriebswirtschaftlichen Problemfelder im Laufe der Jahrzehnte

Die **Objekte betriebswirtschaftlicher Forschung** sind deutlich geprägt von den jeweiligen Wandlungen des Wirtschaftsbildes im deutschsprachigen Raum, wodurch der Betriebswirtschaftslehre als **Wissenschaft** eine signifikante Dynamik verliehen wurde. Im Zeitraffer betrachtet sind es einige bezeichnende Phänomene, die das **Wirtschaftsbild** der einzelnen Jahrzehnte unseres Jahrhunderts schlagwortartig kennzeichnen (vgl. Leopold L. Illetschko, Unternehmenstheorie, 1. Aufl., Wien 1964, S. 13 ff., dessen damalige Darstellung hier weitergeführt wird):

Für 1910 ist das Vorherrschen des freien Welthandels unter Währungen, die der Goldautomatik unterworfen waren, prägend: für 1920 sind es die Folgen der Papiergeld-Inflationen in der Nachkriegsepoche, für 1930 die große Rationalisierungswelle unter dem Einfluss amerikanischer Vorbilder, für 1940 die dirigistische Kriegs- und Rüstungswirtschaft. 1950 ist von der Konsolidierungsepoche nach dem Zweiten Weltkrieg geprägt und bringt wieder Produktivitätsbestrebungen in Fluss. 1960 treten die Integrationsprobleme der größeren Märkte und der Entwicklungshilfen in den Vordergrund, 1970 sind die konjunkturellen Wechsellagen und Rezessionsprobleme, u. a. im Gefolge des Erdöl-„Schocks", zu bewältigen, 1980 gewinnt die Profilierung gegenüber den Hauptkonkurrenten an Bedeutung, die zu verstärkten Unternehmenskonzentrationen auf internationaler Ebene führt. 1990 sind die Globalisierung der Wirtschaft und eine verstärkte Umfeldorientierung (Ökologie, gesellschaftliche Verantwortung) kennzeichnende Elemente des Wirtschaftsbildes. Die Bewältigung der zunehmenden Dynamik und Komplexität der Märkte erscheint für 2000 als Hauptproblem des Wirtschaftens.

Jede dieser Perioden gab der betrieblichen Wirklichkeit eine besondere **Dimension von Problemen**, die von Forschung und Lehre der Betriebswirtschaftslehre als Wissenschaft aufgegriffen wurden und zu einer markanten Prägung des Faches führten. So dominiert um 1910 eine weit ausholende Beschreibung und Materialsammlung (Welthandelslehre). 1920 bewirken die Inflationserscheinungen Überlegungen zum „Wert"-Begriff als Basis für Wertschöpfungsvorstellungen und zur Ergebnisbildung im dokumentierenden Rechnungswesen (Bilanz und Erfolgsrechnung). 1930 rücken technisch-ingenieurmäßige Rationalisierungsvorstellungen in den Mittelpunkt und begünstigen infinitesimale Schichten- und Grenzbetrachtungen. Eugen Schmalenbachs Lehre vom proportionalen Satz beeinflußt die Theorie der „Kosten" und deren optimale Gestaltung wesentlich. Die Kriegswirtschaft um 1940 reduziert das Fach auf die Interpretation dirigistischer Normen und daraus abgeleiteter rechnungsorganisatorischer Einheitsregelungen (z. B. LSÖ). Im Zuge des Marshall-Planes setzen 1950 breit angelegte industrielle Produktivierungsprogramme ein, die das Fach stark in die Richtung einer „Produktions"-Theorie lenken, wobei man sich sehr viel von der mathematischen Formulierung und Analyse von Problemen versprach (siehe „Operations Research"). Eine Änderung ergibt sich noch vor 1960, als mikroökonomische Betrachtungen aus der Nationalökonomie in das Fach übernommen werden, um dem Übergang zu größeren Märkten mit der geforderten Elastizität und der Orientierung an Marktformen und Marktverhalten gerecht werden zu können.

1970 ist geprägt von einem tendenziellen Überangebot an Leistungen, das den Endabnehmer zum Engpassfaktor werden lässt. Die betriebliche Zielforschung und die Analyse der Entscheidungsprozesse im Unternehmen stehen daher im Vordergrund. 1980 gewinnt die verhaltenswissenschaftliche Organisationsanalyse an Bedeutung, die sich unter anderem mit dem Einfluss situativer Faktoren auf das Verhalten von Organisationsmitgliedern beschäftigt. Die verstärkte Umfeldorientierung führt 1990 zur starken Betonung ökologischer Faktoren (Umweltschutz) und der Innovationsforschung (Technologiedynamik), aber auch zu einem gesellschaftlichen Wertewandel, der von immer widersprüchlicheren Werthaltungen geprägt ist. Die weltumspannenden Märkte veranlassen dazu, sich mit den Problemen der Internationalisierung und der Globalisierung betrieblicher Aktivitäten auseinander zu setzen. Für 2000 wird die wachsende Komplexität und Dynamik der Märkte zum Hauptproblem und erfordert eine stärkere interne und externe Integration des unternehmerischen Handelns. Strategische Konzepte zur Verbesserung der Flexibilität und der Anpassungsfähigkeit von Organisationen sind gefragt. Die Wettbewerbsstärke von Unternehmen wird in der Zukunft vor allem von den immateriellen Fähigkeits- und Wissenspotentialen der Mitarbeiter bestimmt. Das Interesse der betriebswirtschaftlichen Forschung muss sich dabei sowohl auf die Steigerung der Mitarbeiterqualifikation, der Mitarbeiterzufriedenheit und der Mitarbeiterloyalität als auch auf Strategien eines zielführenden (aber auch Effizienzkriterien entsprechenden) Wissensmanagements richten.

Kopiert man diese beiden Skalen aufeinander, so wird erkennbar, dass **aktuelle Wirtschaftsphänomene** den jeweiligen **Problembestand** der Betriebswirtschaftslehre maßgeblich beeinflussten:

Jahrzehnt	Wirtschaftsbild	Vorherrschender betriebswirtschaftlicher Problembereich
1910	Freier Welthandel	Beschreibende Welthandelslehre
1920	Inflation/Wirtschaftskrisen	Wertvorstellungen/Bilanztheorien
1930	Technische Rationalisierungsmaßnahmen	Kostentheorien
1940	Rüstungswirtschaft	Rechnungsorganisatorische Einheitstendenzen

Jahrzehnt	Wirtschaftsbild	Vorherrschender betriebswirt-schaftlicher Problembereich
1950	Industrielle Konsolidierung	Produktionstheorie
1960	Marktintegration	Absatztheorie/Marketing
1970	Übergang zu Käufermärkten/ Konjunkturelle Einbrüche	Zielforschung/Entscheidungs-theorie
1980	Unternehmenskonzentrationen	Verhaltenswissenschaftliche Organisationsanalyse
1990	Globalisierung/Umfeldorien-tierung/Technologiedynamik	Innovationsforschung/Sozio-ökonomisches Rationalprinzip
2000	Wachsende Komplexität und Dynamik der Märkte	Strategien zur Komplexitäts-bewältigung, Human Ressources, Wissensmanagement

IV. Die betriebswirtschaftlichen Forschungsansätze

Gegenstandsbereich der Betriebswirtschaftslehre sind Institutionen und darin tä-tige Personen, deren Verhalten auf wirtschaftliche Güter bezogen ist. Die Art dieser Beziehungen ist Inhalt verschiedener Ansätze, die die Gegenwart des be-triebswirtschaftlichen Forschens wesentlich bestimmen und insoferne als „mo-derne" Forschungsansätze der Betriebswirtschaftslehre angesehen werden kön-nen.

Der faktortheoretische Ansatz

Erich **Gutenberg** sieht den Betrieb als ein **System produktiver Faktoren** an (siehe im Detail die Ausführungen im folgenden Abschnitt B.). Die Kombina-tion dieser Faktoren führt zu betrieblichen Leistungen und in der Folge zum Er-trag aus dem Faktoreinsatz. Bei der Darstellung des betrieblichen Kombinations-prozesses geht es um die Klärung jener Probleme, die sich aus der Sicht von Entscheidungs- und Realisierungsprozessen im Hinblick auf deren wirtschaftli-che Optimierung ableiten lassen. Vorrangig ist es dabei, die funktionale Produk-tionsbeziehung aufzuzeigen, die sich aus dem Verhältnis von Faktorertrag und Faktoreinsatz ergibt. Die Produktions- und Kostentheorie in der Betriebswirt-schaftslehre (siehe Abschnitt F.), aber auch die Absatzlehre als Vorläuferin der Marketinglehre (siehe Abschnitt G.) haben durch Gutenberg wesentliche Impul-se erfahren. Gutenberg versuchte auch, sein Konzept von der Kombination pro-duktiver Faktoren im Bereich der betrieblichen Finanzwirtschaft anzuwenden.

Der entscheidungstheoretische Ansatz

Edmund **Heinen** sieht in den Systementwürfen Heinrich Nicklischs und Erich Gutenbergs These und Antithese des Wissenschaftsprogramms der Betriebswirt-schaftslehre.

Nicklisch, führt Heinen aus, betrachte die Betriebswirtschaften als Gruppen arbeitender Menschen, deren Zusammenwirken auf ethisch-normativer Grundlage zu gestalten sei.

Die Antithese stamme von Erich Gutenberg, dessen Systementwurf auf dem Kombinationsprozess der Produktionsfaktoren mit der Herausstellung der Produktivitätsbeziehung von Faktorertrag und Faktoreinsatz beruhe.

Heinen bezeichnet seinen Systementwurf der entscheidungsorientierten Betriebswirtschaftslehre als eine „gewisse" Synthese der beiden aufgezeigten Wege. Auf der Grundlage einer **deskriptiven Theorie menschlichen Entscheidungsverhaltens** versucht er, eine Erklärung über die in Unternehmen vor sich gehenden Abläufe von Entscheidungsprozessen zu geben.

Daneben werden durch seinen Ansatz Empfehlungen angestrebt, wie sich die **Entscheidungsträger** in konkreten betrieblichen Situationen **zielrealisierend verhalten** sollen. In das Zentrum der Analysen rückt er Betrachtungen, die die Prozesse der Willensbildung und der Willensdurchsetzung betreffen.

Damit wird es unumgänglich, die der Betriebswirtschaftslehre lange Zeit gezogenen Grenzen zu überschreiten und ein **interdisziplinäres Zusammenwirken** herbeizuführen (z. B. Zusammenwirken mit der Soziologie und der Sozialpsychologie).

Der systemtheoretische Ansatz

Das Anliegen der systemorientierten Betriebswirtschaftslehre, deren bedeutendster Vertreter Hans **Ulrich** mit seinem Werk „Die Unternehmung als produktives soziales System", 1968, ist, liegt in der Ausarbeitung von Gestaltungsmodellen, die sich für zukünftige Wirklichkeiten eignen.

Die systemorientierte Betriebswirtschaftslehre begnügt sich nicht mit der Erklärung des Seienden, sondern **versucht aufzuhellen, was zukünftig sein wird**. Bevorzugte **Vorgangsweise ist die Kybernetik**, die sich mit dem Funktionieren von Systemen auseinander setzt. Können die allgemeine Systemtheorie sowie die Kybernetik als formale Regelungs- und Steuerungstechniken bei der Erklärung und Prognose des Verhaltens unterschiedlicher Systeme einen Beitrag leisten, so müsse es auch möglich sein, mit dem formalen Erkenntnisapparat soziale Systeme zu entwerfen (und die Betriebe seien soziale Systeme).

Der **systemorientierte Ansatz** bemüht sich um die Schaffung einer Gestaltungslehre, versucht nicht, wie die Naturwissenschaften, Erklärungen, sondern strebt **Zukunftsgestaltungen** an. Da auch der systemorientierte Ansatz der Betriebswirtschaftslehre die Betriebe primär als Koalition von Menschen bzw. sozialen (Klein-)Gruppen deutet, versteht dieser Ansatz das **Unternehmen** als **produktives soziales System**.

Die **Interdisziplinarität**, der die Betriebswirtschaftslehre nach dem entscheidungsorientierten Ansatz bedarf, wird auch durch die Systemtheorie nicht in Frage gestellt. Systemtheoretisch zu argumentieren bedeutet, den Anspruch aufzugeben, die Betriebswirtschaftslehre in ein nach den üblichen Kriterien geordnetes Wissenschaftssystem einzugliedern. Der Systemansatz unterstützt eine ganzheitliche Sichtweise zur Lösung von betrieblichen Problemstellungen und fordert zu einer Abkehr von isolierten und damit zusammenhanglosen Analysen.

Die systemorientierte Betrachtungsweise wird unter anderem als Voraussetzung für ein **evolutionäres** Management (F. Malik) im Rahmen des St. Galler Management-Modells angesehen.

Der verhaltenswissenschaftliche Ansatz

Vertreter jener Richtung, die den verhaltenswissenschaftlichen Aspekt in den Vordergrund rückt, ist Werner **Kirsch** mit seinen drei (eine Einheit bildenden) Büchern über „Entscheidungsprozesse", die 1970 und 1971 erschienen sind. Kirsch versucht die Schaffung einer **deskriptiven Entscheidungstheorie**. Er setzt sich damit in bewussten Gegensatz zu den (nach seiner Auffassung) üblichen normativen Überlegungen der Entscheidungstheorie.

Kleinste Betrachtungseinheit der Analyse des Entscheidungsverhaltens ist für ihn die **Entscheidungsprämisse**. Für die Entscheidungstheorie sei deutlich zu machen, wie sich die Handlungsweise des Individuums aus den Entscheidungsprämissen ergibt (**individuelle Entscheidungslogik**). Die Theorie habe offen zu legen, inwieweit die Entscheidungsprämissen des Menschen durch Einflüsse der sozialen Umwelt und aus der Mitwirkung an kollektiven Entscheidungsprozessen in multipersonalen Organisationen, als die Kirsch die Betriebe auffasst, bestimmt sind. Damit ist die Entscheidungsprämisse Bindeglied zwischen Entscheidungs- und Organisationstheorie.

In der verhaltenswissenschaftlichen Konzeption wird die **Informationsverarbeitung** in den Rahmen der Entscheidungs- bzw. der Problemlösungstheorie gestellt. Mit Hilfe des Informationsverarbeitungs-Ansatzes versucht Kirsch den Nachweis zu erbringen, dass die begriffliche Konzeption der Entscheidungsprämisse verfeinert werden könnte, um insbesondere **Erkenntnisse der Psychologie** und der **soziologischen Kleingruppenforschung** zu verwerten. Es gehe darum, die „sozialen Einflüsse der organisatorischen Umwelt des Individuums einzubeziehen". Auf der Basis der individuellen Entscheidungsprozesse werden diese als Elemente der kollektiven, multipersonalen Entscheidungsprozesse in Organisationen dargelegt.

Unter Zuhilfenahme der Aussagen der modernen **verhaltenswissenschaftlichen Organisationstheorie** arbeitet Kirsch das Informations- und Entscheidungssystem heraus, das der Steuerung und Regelung der Systemprozesse dient und in dem sich die Entscheidungsprozesse vollziehen, die komplex und kollektiv zu verstehen sind.

Der situative Ansatz (Kontingenz-Ansatz)

Aus der stark empirisch ausgerichteten **vergleichenden** Organisationsforschung, die sich im angloamerikanischen Sprachraum seit den Sechzigerjahren entwickelte, wurden in der deutschsprachigen Betriebswirtschaftslehre die Grundlagen für den situativen Ansatz abgeleitet, wie er von Alfred **Kieser** und Herbert **Kubicek** („Organisationstheorien", 1978) formuliert wurde. Im Mittelpunkt dieses Forschungsansatzes steht zunächst die Frage, wie reale Organisationsstrukturen beschrieben und gemessen werden können und welche Einflüsse **situative Faktoren**, wie Technologie, Größe der Organisation oder Umweltdynamik, auf die formale Organisationsstruktur haben und wie sich Unterschiede zwischen Organisationsstrukturen erklären lassen. Der **Einfluss situativer Faktoren auf das Verhalten** der Organisationsmitglieder und die Organisationsstrukturen bestimmen letztlich die Effizienz einer Organisation, die Zusammenhänge sollen mit einem umfassenden empirischen Forschungsprogramm erfasst und erklärt werden.

Die Bedeutung des situativen Ansatzes liegt vor allem in der Bereitstellung der in der deduktiv-nomologischen Erklärungsmethode erforderlichen Randbedingungen und verkörpert eine Leitidee, die viele Forschungsarbeiten der neueren Zeit geprägt hat. Eine Kombination mit stärker inhaltlich ausgeprägten Ansätzen, wie etwa mit dem systemtheoretischen Ansatz oder mit dem entscheidungstheoretischen Ansatz, wird vielfach für sinnvoll gehalten.

Der Ansatz der Arbeitsorientierten Einzelwirtschaftslehre

Der vorherrschenden Konzeption der Betriebswirtschaftslehre wird von einer Projektgruppe des Deutschen Gewerkschaftsbundes (Projektgruppe WSI) vorgeworfen, dass sie primär kapitalorientiert sei und Arbeitnehmerinteressen nur unzureichend berücksichtige. Deshalb wurde das Konzept der Arbeitsorientierten Einzelwirtschaftslehre (AOEWL) entwickelt. Es enthält Vorstellungen zur stärkeren Berücksichtigung von Aspekten der Lebensqualität, der Arbeitsmotivation und der Konsuminteressen. Es bewertet jedoch die Leistungsfähigkeit des marktwirtschaftlichen Systems einseitig negativ und plädiert für starke planwirtschaftliche Elemente im Rahmen der Wirtschaftsordnung. Insoferne wird dieses Konzept als Fremdkörper in der marktorientierten Betriebswirtschaftslehre empfunden. Die zunehmende Bedeutung ökologischer und allgemeiner gesellschaftlicher Probleme für betriebswirtschaftliche Fragestellungen lässt es ratsam erscheinen, sich mit einzelnen Anregungen dieses Ansatzes auseinander zu setzen und sie im Rahmen der hohen Gestaltungsfähigkeit des Entscheidungs- oder Systemansatzes aufzugreifen und zu integrieren.

Der Marketing-Ansatz

Die bewusste Ausrichtung des betrieblichen Handelns an den Bedingungen der Märkte, in die ein Unternehmen eingebettet ist, und an den dort zu beachtenden Engpässen führt zu einer marktorientierten **Führungskonzeption für die gesamte Unternehmung**. Stand anfänglich die Kundenorientierung und damit der Absatzmarkt als zentrale strategische Leitidee im Mittelpunkt des Interesses (z. B. bei Nieschlag/Dichtl/Hörschgen), so führte die Erkenntnis, dass auch andere Umwelt- und Unternehmensbereiche zum dominierenden Engpass werden können, zur Entwicklung eines Gleichgewichtsmarketing (H. Raffée, a.a.O., S. 42). Die Berücksichtigung von nicht erwerbswirtschaftlich handelnden Organisationen (P. Kotler), von gesamtwirtschaftlichen Bezügen und von Fragen der Ethik bzw. des sozialverantwortlichen Handelns führte zur Entwicklung einer Theorie der **gesellschaftsorientierten Unternehmensführung**, die begrifflich etwas missverständlich auch als gesellschaftsbezogenes Marketing oder Sozio-Marketing bezeichnet wird (siehe im Detail die Ausführungen im Abschnitt G.).

Der kulturtheoretische (historische) Ansatz

In der betriebswirtschaftlichen Diskussion ist nicht zuletzt wegen des wirtschaftlichen Erfolges japanischer Unternehmen auf den Weltmärkten ein steigendes Interesse am Phänomen „Unternehmenskultur" festzustellen. Diesen Erfolgen wird eine behauptete Sinn- und Orientierungskrise in den hochentwickelten Volkswirtschaften Amerikas und Europas gegenübergestellt. Es wird deshalb die These aufgestellt, dass ein ausschlaggebender Faktor für den unternehmerischen Erfolg in einer stark ausgeprägten **Unternehmenskultur** zu sehen ist. Darunter wird ein Gefüge von gemeinsamen Wert- und Normenvorstellungen verstanden, die ihre Verkörperung in charakteristischen Symbolen (Riten, Mythen, Sprache usw.) finden, die nur aus ihrem **geschichtlichen** Hintergrund heraus verstanden werden können. Sie prägen das Handeln des Einzelnen wie seine Einbindung in die verschiedenen Gruppen eines Unternehmens. Diese Wert- und Normenvorstellungen beziehen sich beispielsweise auf Einstellungen zum Kunden, zum Gewinn, zu Kosten, zur Gesellschaft und führen zu **gemeinsamen Denk- und Verhaltensmustern** im Rahmen der betrieblichen Entscheidungsprozesse.

Die kulturtheoretischen Überlegungen erweisen sich als eine spezifische Erweiterung des **entscheidungstheoretischen** Ansatzes in der Betriebswirtschaftslehre. Es zeugt vom großen Realitätsgehalt und von der Gestaltungsfähigkeit des entscheidungstheoretischen Ansatzes, dass er Probleme der Unternehmenskultur, des Wertewandels in der Gesamtgesellschaft, des Umweltschutzes und der Fortschrittsfähigkeit in seine Analyse aufnehmen kann. Die Betriebswirtschaftslehre steht erst am Anfang der Erforschung der Unternehmenskultur. „Die Ergründung des Phänomens Unternehmenskultur kann ein Schlüssel sein zu einem umfassenden Menschenbild, welches auch die Bedeutung von Symbolen und das Streben des Menschen nach Sinn beinhaltet" (E. Heinen, Unternehmenskultur, in: ZfB 1985, S. 980).

Der österreichische Beitrag zur Entwicklung der Betriebswirtschaftslehre

In einem Überblick, der sich der Entwicklung der Betriebswirtschaftslehre widmet, soll auch der österreichische Beitrag dazu nicht übersehen werden.

Mit einer (begründeten) Ausnahme wird dabei auf die unmittelbare Gegenwart nicht Bezug genommen. Zum einen deshalb, weil zu den Arbeiten der gegenwärtig in der betriebswirtschaftlichen Forschung tätigen Personen jene zeitliche Distanz fehlt, die Voraussetzung für ein abgewogenes Urteil ist. Zum anderen muss sich in den Fällen hervorragender wissenschaftlicher Analysen aus der Gegenwart, deren es nach Auffassung der Autoren dieses Buches verschiedene gibt, erst herausstellen, inwieweit sich diese in der Theorie so durchsetzen werden, dass sie das Fach im Ganzen beeinflussen.

Berücksichtigt man diese Einschränkungen, dann sind als die die deutschsprachige Betriebswirtschaftslehre in ihrer Entwicklung erkennbar beeinflussenden Persönlichkeiten wohl Karl **Oberparleiter**, Willy **Bouffier**, Leopold L. **Illetschko** und Erich **Loitlsberger** zu nennen. Dies betrifft sowohl den Bereich der Allgemeinen Betriebswirtschaftslehre bzw. ihre wissenschaftstheoretische Grundlegung (auf welche Gebiete in den vorstehenden Darlegungen in erster Linie eingegangen wurde) als auch den Sektor der Funktionalen bzw. Speziellen Betriebswirtschaftslehren.

Karl **Oberparleiter** veröffentlichte bereits am Ende des Ersten Weltkrieges „Die Funktionen des Handels" (Wien 1918). Durchbruch erzielte er jedoch erst mit der „Funktionen- und Risikolehre des Warenhandels" (Berlin 1930), der eine 2. Auflage folgte (Wien 1955). Das Verdienst Oberparleiters besteht in der Darstellung der Funktionen des Warenhandels in einem gesamtwirtschaftlichen Sinn, nachdem der Handel in der Zeit des Ersten Weltkrieges dem Vorwurf der Funktionslosigkeit („Kettenhandel") ausgesetzt war. Die Analyse der räumlichen Funktion, der zeitlichen Funktion, der Quantitätsfunktion, der Qualitätsfunktion, der Kreditfunktion und der Informations-(Werbe-)funktion des Handels bildet den Ausgangspunkt seiner Betrachtungen über das Risiko.

Oberparleiters Funktionen- und Risikolehre hat nicht nur die Handelsbetriebslehre stark beeinflusst; sie ist auch in die diesbezüglichen Überlegungen der Allgemeinen Betriebswirtschaftslehre eingegangen. Vom Funktionsbegriff ausgehend entstand auch allmählich eine auf das Phänomen der „Leistung" ausgerichtete **„Wiener Schule" der Betriebswirtschaftslehre** (siehe hierzu die verdienstvollen Ausführungen von J. Mugler, Die Wiener Schule der Betriebswirtschaftslehre, in: Journal für Betriebswirtschaft, 1998, Heft 2, S. 45 – 87, sowie die mit diesem Beitrag ausgelöste Diskussion in der gleichen Zeitschrift, 1999, Heft 2).

Willy **Bouffier** kennzeichnete als „wirtschaftliche Leistung" jede Tätigkeit, deren Ergebnis eine Konsumnäherung darstellt und damit zum Ausgleich der Spannungen zwischen den Bedürfnissen der Menschen und ihrer Befriedigung beiträgt. Tragende Elemente dieser Spannungen sind „Subjekte" (Personen und Institutionen mit Bedürfnissen), „Objekte" (Sachgüter und Dienstleistungen) und „Beziehungen" zwischen Subjekten und Objekten. Aber auch Maßnahmen im Bereich des bedürfenden Subjekts selbst (z. B. Bedürfnisweckung) sind Gegenstand wirtschaftlicher Überlegungen. Das universalistische Konzept eines „Gliederbaus der Wirtschaft", wie es das ganzheitliche Lehrgebäude der Volkswirtschaftslehre (Othmar Spann, Walter Heinrich) prägte, ließ sich auf betrieblicher Ebene im Funktionen- und Leistungsdenken der Wiener Schule der Betriebswirtschaftslehre konsequent fortsetzen und führte später (etwa ab 1950) zur ganzheitlich orientierten Konzeption der Betriebswirtschaftslehre als **Leistungslehre** (Josef Kolbinger, Erich Hruschka, Ernest Kulhavy).

Für eine zur Wiener Schule alternative Konzeption der Betriebswirtschaftslehre plädierte Leopold L. **Illetschko**. Er stellte bereits 1955 die Managementlehre als notwendiges Teilgebiet der Betriebswirtschaftslehre vor und führte den Begriff „Management" in die deutschsprachige betriebswirtschaftliche Literatur ein. Illetschko befürwortete wie auch Erich Gutenberg einen Methodenpluralismus. In seiner „Unternehmenstheorie" (Wien 1964, 2. Auflage 1967) rückt er die rationale Betriebslenkung (Steuerung) in den Mittelpunkt seiner Betrachtungen und sieht in der Systemtheorie die Chance für einen Brückenschlag zwischen naturwissenschaftlich-technologischen Erklärungsversuchen, die zu mathematisch formulierbaren Aussagen führen, und den geisteswissenschaftlich fundierten Analysen, die zu nur verbal darzustellenden Sinnzusammenhängen führen. Damit ebnet Illetschko etwa zeitgleich mit Hans Ulrich in St. Gallen den Weg zum systemtheoretischen Ansatz in der Betriebswirtschaftslehre.

Illetschko ist auch der erste Wissenschafter des deutschsprachigen Raumes, der sich in einer Gesamtdarstellung mit dem Transportbetrieb (Verkehrsbetrieb) in ausschließlich einzelwirtschaftlicher Sicht auseinander setzt. Zunächst erschien die „Transport-Betriebswirtschaft im Grundriß" (Wien 1957), sodann die Schrift „Betriebswirtschaftliche Probleme der Verkehrswirtschaft" (Wiesbaden 1959) und schließlich die „Transport-Betriebswirtschaft im Grundriß" in 2. Auflage unter dem Titel „Transport-Betriebswirtschaftslehre" (Wien 1966). Im deutschsprachigen Raum erfuhr die Transport-Betriebswirtschaftslehre (Verkehrsbetriebslehre) durch die Arbeiten Illetschkos den das Fach konstituierenden Anstoß.

Erich **Loitlsberger** zählt zu den in der unmittelbaren Gegenwart tätigen betriebswirtschaftlichen Theoretikern. Er nimmt eine seine Heraushebung rechtfertigende Stellung ein. Loitlsbergers „Treuhand- und Revisionswesen" (Stuttgart 1961), das 1966 in 2. Auflage erschien, gibt nämlich die erste geschlossene Darstellung des Treuhandwesens, die den Ansprüchen exakter (hier: reiner) Theorie genügt. Loitlsberger hat heute schon viele Epigonen gefunden und wird im einschlägigen Schrifttum in einem Umfang zitiert, dass mit Fug und Recht seine schulebegründende Stellung behauptet werden kann.

Die Betriebswirtschaftslehre als Ergebnis der Forschungsbemühungen einer unübersehbaren Zahl von Fachvertretern

Bewusst wird im vorliegenden Zusammenhang auf eine detaillierte Auseinandersetzung mit den skizzierten Ansätzen zur Konzipierung einer modernen Betriebswirtschaftslehre verzichtet.

Derjenige, der sich mit den behandelten Fragen zum erstenmal befasst, soll nur darauf aufmerksam gemacht werden, dass die Betriebswirtschaftslehre nach wie vor kein kompaktes System ist, daher auch nicht von einem Ende ihrer Einsichten ausgehen kann. Der Fortgeschrittene, der sich mit betriebswirtschaftlichen Systementwürfen auseinander setzt, kann umgekehrt nicht umhin, sich mit den grundlegenden Untersuchungen eingehend zu befassen. Er wird finden, dass es für die Konzipierung einer Betriebswirtschaftslehre nicht nur einen einzigen Weg gibt. Vielmehr stehen viele Möglichkeiten offen, die Vorgänge zu erhellen, welche den Betrieb im Ganzen, in seinen Elementen und in deren Kommunikations- und Informationsbeziehungen kennzeichnen. Dass sich zeitweilig bestimmte Richtungen deutlicher bemerkbar machen als andere, soll dadurch nicht in Abrede gestellt werden. Was für den einzelnen Fachvertreter „richtig" ist, hängt hinsichtlich der Systementwürfe vom jeweiligen wissenschaftstheoretischen Standpunkt, von höchstpersönlichen Basiswerturteilen und von praktischen Erfahrungen ab.

Die vorstehende Auswahl von Autoren soll daher nicht dazu veranlassen, die Zahl und die Vielschichtigkeit möglicher Betrachtungsweisen zu übersehen. Sie soll auch nicht verdecken, dass es eine schon unübersehbare Zahl von Fachvertretern gibt, die das Gesicht der Betriebswirtschaftslehre, insbesondere durch Beiträge in deren substanzwissenschaftlichem Teil, prägen halfen und helfen. Sie namentlich nicht zu nennen heißt nicht, ihre Verdienste zu übersehen oder gar gering zu schätzen. Ohne sie gäbe es ganz gewiss nicht das, was die Betriebswirtschaftslehre als moderne wirtschaftswissenschaftliche Disziplin von heute ist.

B. Das Unternehmen als ein auf die Umwelt ausgerichtetes sozio-ökonomisches System

I. Allgemeines

Im Allgemeinen ist das Unternehmen durch folgende Kriterien gekennzeichnet:

1. Es ist ein künstliches, nach allen Seiten offenes soziales System (Ulrich).

2. Es ist wirtschaftlich tätig, indem es Leistungen für Dritte erbringt.

3. Es tritt in einer privatrechtlichen, seltener auch in einer öffentlich-rechtlichen Form nach außen auf.

4. Es verliert seine Existenzgrundlage, wenn es ihm nicht gelingt, soviel an Gegenleistungen zu erhalten, als an Mitteleinsatz notwendig ist, um die Leistungen zu erstellen. Zur Gegenleistung gehören auch jene Beiträge, die von anderen als dem unmittelbaren Leistungsempfänger gegeben werden (öffentliche Subventionen, Kostenzuschüsse etc.).

   Abgesehen von der Gewährung vorübergehender Zuschüsse zur Sanierung Not leidend gewordener Unternehmen werden öffentliche Zuschüsse in allen jenen Fällen gewährt werden, in denen die Leistungen aus gesellschaftspolitischen Gründen zwar notwendig sind (Gesundheits- und Kulturwesen), die Abnehmer der Leistung aber nicht in der Lage sind, für die unmittelbare Leistungsinanspruchnahme den vollen Gegenwert selbst zu erbringen (gemeinwirtschaftliche Unternehmen).

5. Die Aufrechterhaltung des finanziellen Gleichgewichtes ist eine unabdingbare Nebenbedingung der Existenz eines Unternehmens.

6. Das Wirtschaftlichkeitsprinzip hat für ein Unternehmen insoweit große Bedeutung, als seine Einhaltung helfen kann, die Existenz des Unternehmens im Sinne des Punktes 4 abzusichern. Ist jedoch die erzielbare Gegenleistung größer als der (wirtschaftlich oder unwirtschaftlich) getätigte Mitteleinsatz, wird das Wirtschaftlichkeitsprinzip häufig vernachlässigt.

II. Die Unternehmensführung

1. Die Produktionsfaktoren

Gutenberg hat versucht, die betriebliche Leistungserstellung durch ein umfassendes System der **produktiven Faktoren**, bestehend aus dem **dispositiven Faktor Geschäfts- und Betriebsleitung** und den **Elementarfaktoren menschliche Arbeitsleistung**, **Betriebsmittel** und **Werkstoffe**, darzustellen.

Die Geschäfts- und Betriebsleitung als **originärer dispositiver** Faktor wird durch die **derivativen dispositiven** Faktoren **Betriebsorganisation** und **Planung** unterstützt (E. Gutenberg, Grundlagen der Betriebswirtschaftslehre, Band I: Die Produktion, 24. Auflage, Berlin/Heidelberg/New York 1983, S. 5 ff.).

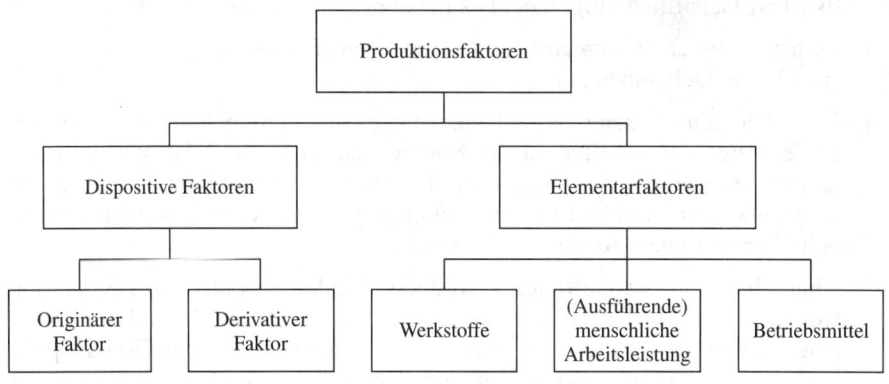

Abb. 1

Zu der von Gutenberg getroffenen Einteilung ist zu bemerken, dass die menschliche Arbeitsleistung nicht mit den anderen Produktionsfaktoren in einer Gruppe zusammengefasst werden sollte, da der Mensch als denkendes Wesen auch dann, wenn er ausschließlich mit ausführenden Arbeiten beschäftigt ist, in mehr oder weniger großem Ausmaß dispositive Tätigkeiten ausübt.

Die Produktionsfaktoren Werkstoffe und Betriebsmittel bilden einen Teil des Vermögens.

Aus den vorigen Ausführungen ergibt sich somit folgende Einteilung:

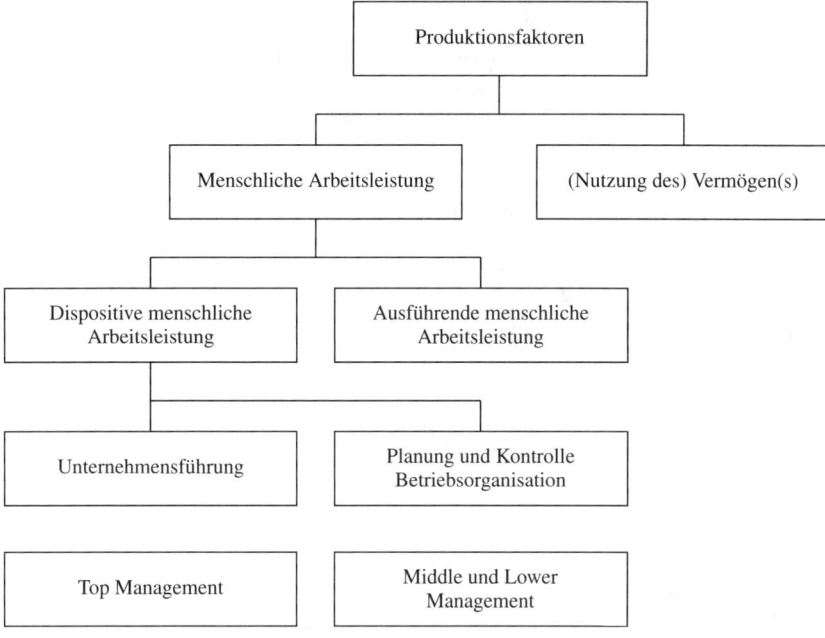

Abb. 2

2. Das Management als Träger von Entscheidungen

Erst durch eine zielgerichtete und planvolle Zusammenfassung (dispositive Tätigkeit) aller im Unternehmen vorhandenen produktiven Kräfte (Mensch und Vermögen) vermag das Unternehmen jene Leistungen zu erbringen, die es ihm ermöglichen, seine Stellung innerhalb der gesellschaftlichen Umwelt zu behaupten.

Die Gesamtheit der mit überwiegend **dispositiven Aufgaben** beschäftigten Personen bezeichnet man als **Management**, wobei die oberste Unternehmensführung als **Top-Management** (mitarbeitender Eigentümer, Geschäftsführer, Vorstand), die Leiter der einzelnen Funktionsbereiche des Unternehmens (Einkauf, Produktion, Verwaltung, Finanzen) als **Middle-Management** und die unterste Führungsschicht (Abteilungsleiter, Meister, Vorarbeiter) als **Lower-Management** bezeichnet werden.

Grundsätzlich führt jeder im Unternehmen tätige Mensch sowohl dispositive als auch ausübende Tätigkeiten aus, wobei jedoch die ausführenden Tätigkeiten mit steigender Managementebene abnehmen und auf der obersten Führungsebene weitgehend entfallen (sollten):

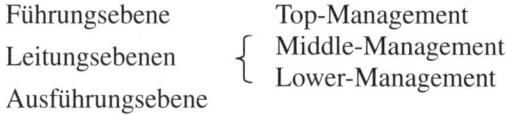

Zur **Unternehmensführung** gehört das auf der Führungsebene tätige Top-Management, da nur dieses richtungweisende, das ganze Unternehmen betreffende Entscheidungen trifft, die von keiner vorgesetzten Instanz abhängig sind. Es handelt sich um **originäre**, nicht an untere Instanzen delegierbare Entscheidungen, die auch als **Führungsentscheidungen** bezeichnet werden (zu diesen und den folgenden Ausführungen siehe E. Gutenberg, Unternehmensführung, Wiesbaden 1962, S. 59 ff.).

Merkmale der Führungsentscheidungen:

1. **Führungsentscheidungen** sind für den Bestand des Unternehmens von grundlegender Bedeutung;
2. **Führungsentscheidungen** betreffen das ganze Unternehmen und sind daher im Gegensatz zu „Ressortentscheidungen" (Entscheidungen, die einzelne Abteilungen oder Unternehmensbereiche betreffen) **„Ganzheitsentscheidungen"**. Führungsentscheidungen können daher nur aus der Kenntnis aller Zusammenhänge heraus getroffen werden;
3. **Führungsentscheidungen** sind grundsätzlich **nicht** an untere Instanzen **delegierbar.**

Katalog der Führungsentscheidungen:

1. **Vorgabe der** anzustrebenden **Unternehmensziele.**
2. Festlegung der **Unternehmenspolitik** auf weite Sicht. Durch unternehmenspolitische Entscheidungen sollen auf weite Sicht anzustrebende Unternehmensziele erreicht werden. Zu den unternehmenspolitischen Entscheidungen gehören beispielsweise Entscheidungen über den Erwerb von Beteiligungen, die Wahl neuer Standorte, die Wahl oder Änderung der Rechtsform, der Zusammenschluss mit anderen Unternehmen (siehe auch Kapitel C., Die konstitutiven Rahmenentscheidungen des Unternehmens).
3. **Koordination** der großen betrieblichen **Teilbereiche.** Erst durch die Koordinierung der großen betrieblichen Teilbereiche (Einkauf, Produktion, Verwaltung, Vertrieb und Finanzen) kommt das Unternehmen in die Lage, seine Ziele auch tatsächlich zu erreichen. Mangelnde Koordination kann zum Beispiel zu falschen Einkäufen oder zu einer unterschiedlichen Produktions- und Absatzpolitik führen. Die Koordinierungsfunktion der Unternehmensführung soll auch erreichen, dass alle Teilziele dem Gesamtziel des Unternehmens untergeordnet werden.
4. Bestimmung der Grundlagen und Grundzüge der **Personalpolitik.** Dazu gehören in erster Linie die Besetzung der Führungsstellen im Unternehmen, die Lohn- und Gehaltspolitik, die betriebliche Sozialpolitik, das betriebliche Fortbildungswesen.
5. **Geschäftliche Maßnahmen** von außergewöhnlicher Bedeutsamkeit. Wegen der unterschiedlichen Auffassungen, welche Maßnahmen von außergewöhnlicher betrieblicher Bedeutung sind, kann die Unternehmensführung einen **Zustimmungskatalog** herausgeben, der alle Geschäfte enthält, die über ei-

nen bestimmten Rahmen hinausgehen. In diesem Katalog wird bestimmt, welche Geschäfte der Abteilungsleiter allein erledigen kann, für welche Geschäfte er die Zustimmung seines unmittelbaren Vorgesetzten (Bereichsleiter) benötigt und welche Geschäfte der Zustimmung der Unternehmensführung bedürfen.

6. Die Bestimmung der Grundlagen für wirksamen **Umweltschutz**. In einer Zeit zunehmender Umweltverschmutzung gehört es zu den Aufgaben jedes Unternehmens, dafür zu sorgen, dass es durch seine Tätigkeit zu keiner Beeinträchtigung der Umwelt, sei es durch Wasser- oder Luftverschmutzung oder durch Geruchs- und Lärmbelästigung, kommt.

Während die Unternehmensführung **originäre Entscheidungen** in Form der Führungsentscheidungen trifft, sind die Entscheidungen des mittleren und unteren Managements Entscheidungen, die im Rahmen der von der Unternehmensführung vorgegebenen Richtlinien getroffen werden. Sie werden daher als **derivative Entscheidungen** bezeichnet. Die Aufgabe des mittleren und unteren Managements besteht darin, die von der Führungsspitze vorgegebenen Ziele und Grundsätze der Unternehmenspolitik durch konkrete Anweisungen in die Tat umzusetzen.

Zu den wichtigsten Aufgaben des Managements gehören vor allem die **Zielentscheidungen** (Zielsetzungsentscheidungen), die, soweit sie langfristig den Bestand des Unternehmens berühren, zu den nicht delegierbaren Führungsentscheidungen gehören. **Planung** und **Organisation** legen jenes Instrumentarium fest, mit dem versucht wird, die Unternehmensziele zu realisieren. Entscheidungen im Rahmen der Planung und Organisation sind aus den Unternehmenszielen abgeleitete **Mittel- bzw. Zielerreichungsentscheidungen**.

Die durch die Planung und Organisation vorgegebenen Aufgaben und Verhaltensregeln bedürfen naturgemäß ständiger Überwachung, weil Plan und Organisation in ihrer Gestaltung die Erfüllung der Vorgaben allein nicht sichern. Es ist deshalb notwendig, Soll und Ist ständig miteinander zu vergleichen. Wird durch die **Überwachung** festgestellt, dass **Unternehmensziele** nicht erreicht werden, muss entweder der **Weg der Zielerreichung** geändert oder, wenn auch dadurch die Zielerreichung nicht mehr gewährleistet wird, es müssen die gesetzten Ziele den veränderten Umständen angepasst werden, womit der **Zielbildungsprozess** wieder neu in Gang gesetzt wird. Der sich immer wiederholende Vorgang

Zielsetzung → Planung → Organisation → Überwachung → Zielsetzung

wird allgemein als **Managementkreis** bezeichnet.

Die **dispositive menschliche Arbeit** planender, organisierender und überwachender Art widmet sich dem Betriebsprozess im engen Sinn, aber auch den Menschen, die ausführenden Aufgaben nachgehen. Sich auf die im Betrieb Tätigen richtig einzustellen, sie in der rechten Weise einzusetzen, auf ihre Eigenschaften Rücksicht zu nehmen und eine Übereinstimmung zwischen deren Fähigkeiten und den auszuführenden Arbeiten zu suchen, bildet eine der echten Führungsaufgaben, welche das Management zu erfüllen hat.

3. Die Zielsetzung

a) Die Zielbildung im erwerbswirtschaftlichen Unternehmen

Für die Frage der Festlegung der obersten **Unternehmensziele** ist das Wirtschaftssystem, in dem sich ein Betrieb befindet, von ausschlaggebender Bedeutung. Die Zielsetzung eines Unternehmens in einer Zentralverwaltungswirtschaft wird in der Regel auf Erfüllung der von den Zentralstellen vorgegebenen Leistungspläne abgestellt sein (**Organprinzip** = Prinzip der plandeterminierten Leistungserstellung). In dem in einem marktwirtschaftlich ausgerichteten Wirtschaftssystem tätigen Unternehmen entscheidet die Unternehmensführung normalerweise selbst über Art und Umfang ihrer Leistung (**Autonomieprinzip** = erwerbswirtschaftliches Prinzip) (E. Gutenberg, Die Produktion, a.a.O., S. 464 ff.).

Die in der Betriebswirtschaftslehre lange Zeit hindurch herrschende Diskussion, welches das tatsächliche Ziel des (erwerbswirtschaftlich tätigen) Unternehmens sei, die Gemeinschaft optimal mit Gütern und Dienstleistungen zu versorgen (z. B. Nicklisch) oder in erster Linie Gewinn zu erzielen, wobei die Bedarfsdeckung sich zwangsläufig als Nebeneffekt ergibt (Rieger), wurde von den meisten Autoren zunächst dahin gehend beantwortet, dass das **Streben nach maximalem Gewinn** das einzige Ziel des Unternehmens sei.

Gegen die Aussage, das Streben nach „maximalem Gewinn" bzw. „**Gewinnmaximierung**" sei das einzige Ziel des erwerbswirtschaftlichen Unternehmens, wurden in der Folge erhebliche Einwendungen vorgebracht.

Die Erzielung eines „maximalen" Gewinnes verlangt bei vollkommener Information und unendlich rascher Anpassungsfähigkeit eine ausschließlich rationale Handlungsweise, basiert also auf der Vorstellung des „**homo oeconomicus**". Diesen gibt es in der Realität aber nicht, da der Mensch weder über alle Informationen verfügt noch in der Lage ist, vorhandene Informationen jederzeit zielgerecht auszunützen. Er entscheidet daher in der Regel unter Unsicherheit und ist darüber hinaus von persönlichen Vorstellungen und Zielen beherrscht, die häufig seine unternehmerischen Entscheidungen mitbestimmen.

Das Prinzip der **Gewinnmaximierung** ist wegen seiner allgemeinen Aussage nicht konkretisierbar und kann damit auch nicht handlungsdeterminierende Wirkung haben. Abgesehen von der fehlenden inhaltlichen Bestimmung der Gewinngröße spielt die Frage der **Fristigkeit** eine erhebliche Rolle. Selbst bei klarer Gewinndefinition bilden Bestrebungen nach kurz- oder langfristiger Gewinnmaximierung häufig unvereinbare Ziele. Kurzfristige Gewinnmaximierung bedeutet die Vernachlässigung von Maßnahmen zur langfristigen Sicherung des Unternehmens. Langfristige Gewinnmaximierung bedeutet Verzicht auf die Möglichkeit, kurzfristig höhere Gewinne zu erzielen, etwa durch den Verzicht auf Forschungs- und Entwicklungstätigkeit. Aber selbst das Streben nach langfristiger Gewinnmaximierung hat seine Grenze im Planungshorizont, über den hinaus lediglich vage und unsichere Voraussagen getroffen werden können; damit fehlt aber auch die Möglichkeit der Feststellung von Konsequenzen alternativer Strategien.

Die **Zielbildung** im Unternehmen ist kein **unipersonaler**, sondern ein **multipersonaler** Vorgang, an dem eine Mehrzahl von Menschen im Unternehmen aktiv mitwirkt. Dabei werden die einzelnen Organisationsteilnehmer sowohl im **Zielbildungsprozess** als auch bei der Durchsetzung der gesetzten Ziele von persönlichen und Gruppeninteressen beeinflusst. Das Ergebnis dieses Zielbildungsprozesses sind **Zielinhalte**, die je nach den Eigentumsverhältnissen und der Machtstellung der einzelnen Zentren der Willensbildung sowie den vorhandenen Mitteln stark variieren können.

Führen die Eigentümer selbst die Geschäfte (**Eigentümerunternehmen**), liegt das Schwergewicht der Zielbildung bei diesen. Dies ist vor allem bei Einzelunternehmen und bei Personengesellschaften der Fall.

In Unternehmen, in denen nicht die Eigentümer selbst, sondern von diesen beauftragte Personen die Geschäfte führen (**Managerunternehmen**), liegt der Schwerpunkt der Zielbildung bei diesen, wobei die Eigentümer in vielen Fällen nur mehr die großen Leitlinien vorgeben können, von der Unternehmensführung aber ausgeschlossen sind (AG, teilweise GmbH).

Die Größe des Einflusses der **Arbeitnehmer** als das dritte Willensbildungszentrum in einem Unternehmen hängt davon ab, wie weit gesetzliche und kollektivvertragliche Regelungen bzw. Betriebsvereinbarungen eine Mitwirkung am Zielbildungsprozess ermöglichen.

Auch außerhalb des Unternehmens tätige Willensbildungszentren, wie etwa **Banken** und andere **Großgläubiger** oder **öffentliche Auftraggeber**, wirken in größerem oder kleinerem Umfang an der Zielbildung mit.

Auch innerhalb des **Managements** (gleichgültig, ob Eigentümerunternehmen oder Managerunternehmen) sind eine Reihe von Personen bis hinunter zur untersten Managementstufe in irgendeiner Form, sei es formal oder informal, an der Zielbildung beteiligt.

R. Marr (Betrieb und Umwelt, in: Vahlens Kompendium der Betriebswirtschaftslehre, Band 1, München 1984, S. 63) zeigt in der nachfolgenden Darstellung (Abb. 3), durch welche persönlichen Ziele der „systeminternen und systemexternen **Koalitionspartner** der **Zielbildungsprozess** in der Unternehmung" beeinflusst und gesteuert wird.

b) Die Zielsysteme

Das Ergebnis des jedenfalls von der Unternehmensführung getragenen und von allen übrigen **Willensbildungszentren** mitbeeinflussten Zielbildungsprozesses bildet das jeweilige **Zielsystem** des Unternehmens. Der **Zielbildungsprozess** ist allerdings nie abgeschlossen, sondern wird durch den **Zielerreichungsgrad** vorhergehender Ziele, durch Veränderungen in der Umwelt und innerhalb des Unternehmens beeinflusst. Es kommt daher immer wieder zu neuen **Zielvorstellungen** und **Zielsystemen**. Zielsysteme werden grundsätzlich aus **Formalzielen**, das sind die unabhängig von den **unternehmensspezifischen materiellen Ziel-**

Koalitionspartner		typische Ansprüche = Ziele, die durch Leistung von Beiträgen an das System erreicht werden sollen
systeminterne Koalitionspartner	• oberste Systemleitung (Top-Management)	Einfluss auf das System und seine Umwelt (Macht); Prestige; hohes Einkommen; Verwirklichung schöpferischer Ideen
	• Leitung von Subsystemen (Bereichsleitung) und Spezialisten	Einfluss auf andere Subsysteme und auf die oberste Systemleitung (Macht); Anwendung und Erweiterung professioneller Kenntnisse und Fähigkeiten; Prestige; hohes Einkommen
	• übrige Systemmitglieder („Belegschaft")	hohes Einkommen; soziale Sicherheit; Selbstentfaltung am Arbeitsplatz; zufrieden stellende Arbeitsbedingungen und zwischenmenschliche Beziehungen
systemexterne Koalitionspartner	• Eigenkapitalgeber	hohe Gewinnausschüttung; Teilnahme an Wertsteigerungen durch Kursentwicklung und günstige Angebote bei Kapitalerweiterungen; Einfluss auf oberste Systemleitung
	• Fremdkapitalgeber (Gläubiger)	hohe Verzinsung; pünktliche Rückzahlung und Sicherheit des zur Verfügung gestellten Kapitals
	• Lieferanten von Material und Maschinen	günstige Lieferkonditionen; Zahlungsfähigkeit; anhaltende Liefermöglichkeiten
	• Kunden	qualitativ hochstehende Leistung zu günstigen Preisen; Nebenleistungen (Konsumentenkredite, Service, Ersatzteile, Beratung usw.); gesicherte Warenversorgung
	• regulatorische Gruppen – Kommunalbehörden	Bereitstellung von Arbeitsplätzen; Beiträge an die Infrastruktur und an Kultur- und Bildungsinstitutionen
	– Staat	Einhaltung gesetzlicher Vorschriften; Export; Steuereinnahmen
	– Gewerkschaften	Anerkennung von Gewerkschaftsvertretern als Verhandlungspartner und faire Verhandlungstechnik; Möglichkeiten, Gewerkschaftsanliegen innerhalb der Unternehmung zu propagieren, Mitglieder zu werben usw.
	– Unternehmerverbände, politische Parteien, Kartellpartner usw.	Ausrichtung unternehmerischer Entscheidung an den Interessen solcher Gruppen; Leistung von finanziellen Beiträgen

Abb. 3

vorstellungen (Sachziele der Leistungserstellung) in allen Unternehmen in abstrakter Form auftretenden Ziele, gebildet.

Um die innerhalb eines **Zielsystems** bestehenden Ziele eindeutig abgrenzen zu können, sind sie nach ihrer
    Dimension
    und ihrer
    Stellung im Zielsystem
festzustellen (vgl. E. Heinen, Grundlagen betriebswirtschaftlicher Entscheidungen, 2. Auflage, Wiesbaden 1971, S. 59 ff.).

aa) Zieldimension

Die **Dimension** eines Zieles wird durch
    ihren Inhalt,
    ihr angestrebtes Ausmaß und
    ihren zeitlichen Bezug
bestimmt.

Inhalt eines Zieles

Bezüglich des in Währungseinheiten messbaren Inhaltes können die Formalziele nach **quantifizierbaren**, **nicht quantifizierbaren** und **sonstigen** quantifizierbaren und nicht quantifizierbaren Zielen eingeteilt werden.

Quantifizierbare Ziele:	Streben nach Gewinn Streben nach Sicherung des Unternehmens- potentials Wirtschaftlichkeits- und Produktivitätsstreben Streben nach Sicherung der Liquidität
Nicht quantifizierbare Ziele:	Unabhängigkeit Vereinigung, Kooperation Prestige, Macht Ethische und soziale Bestrebungen
Sonstige quantifizierbare und nicht quantifizierbare Ziele:	Gute Beziehungen zu Geschäftsfreunden, Behörden und Umwelt Flexibilität und Elastizität Minderung der Steuerbelastung etc.

Egal, welche Zielvorstellungen im Einzelnen vertreten werden und welche Zielkombination auch herrschen möge, zwei **Grundziele** müssen verfolgt werden, ohne deren Erreichung der Bestand eines jeden Unternehmens auf Dauer gefährdet erscheint: das **Streben nach ausreichendem Gewinn** (erfolgswirtschaftliche Komponente) und das **Streben nach Aufrechterhaltung des finanziellen Gleichgewichts** (finanzwirtschaftliche Komponente).

Ausreichende Gewinnerzielung ist (nach A. Deyhle/M. Bösch, Arbeitshandbuch Gewinnmanagement, München 1979, S. 35 f.) notwendig:

– Bei Einzelunternehmen und Personengesellschaften zur Sicherung eines angemessenen Familienunterhaltes.

- Bei Kapitalgesellschaften, damit trotz des Einbehaltes von Selbstfinanzierungsmitteln die Ausschüttung einer Dividende möglich ist, die es den tatsächlichen und potentiellen Kapitalgebern sinnvoll erscheinen lässt, ihre Mittel im Unternehmen anzulegen.
- Wenn das Gewinnziel vor Fremdkapitalzinsen definiert ist, zur Abdeckung der an die Fremdkapitalgeber zu bezahlenden Zinsen.
- Als Grundlage für die Erhaltung des Unternehmens; es sind insbesondere die Kosten für Forschung und Entwicklung und die Kosten für Investitionen in die Mitarbeiter abzudecken, da gerade für diese beiden Bereiche, die letztlich für die Zukunft eines Unternehmens den Ausschlag geben, von Fremdkapitalgebern nur schwer Mittel zu bekommen sind.
- Zur Schaffung eines Risikopolsters, um auch in Zeiten sinkender Umsätze die finanzielle Stabilität sicherzustellen.
- Zur Sicherung der Unabhängigkeit gegenüber externen Gruppierungen (Lieferanten, Banken, sonstige Kreditgeber).

Die **Aufrechterhaltung des finanziellen Gleichgewichts** bedeutet, die fälligen Schulden jederzeit und ohne Störung des Betriebsablaufes bezahlen zu können. Gelingt dies eine bestimmte Zeit lang nicht, dann reichen auch beste zukünftige Gewinnaussichten nicht mehr aus, die Insolvenz zu verhindern und den Bestand des Unternehmens zu gewährleisten. Dem Liquiditätsstreben kommt daher – obwohl niemand ein Unternehmen nur deshalb betreibt, um die dabei entstehenden Schulden zu bezahlen – eminente Bedeutung zu. Die Sicherung der Zahlungsfähigkeit ist auf die Dauer nur durch eine **fristenkongruente Finanzierung** möglich.

Wegen der hervorragenden kurz- und langfristigen Bedeutung stellen Gewinn und Zahlungsfähigkeit, letztere als Restriktion in Form einer Minimalanforderung definiert, zentrale Größen des Zielbildungsprozesses dar. Erst die Erfüllung dieser Ziele ermöglicht es, alle übrigen Ziele zu erfüllen.

Das Gewinnstreben

Wie bereits hingewiesen, kommt dem Gewinnstreben grundlegende Bedeutung zu. Es besteht nicht darin, dass jedes Unternehmen jede Chance, die der Markt einräumt, auch tatsächlich nutzt; doch ist es sicher so, dass vor allem die auf Erhaltung und die auf Wachstum gerichteten Unternehmen nach dem erwerbswirtschaftlichen Prinzip mit den durch die Realität gebotenen Einschränkungen vorgehen.

Solche Einschränkungen liegen z. B. darin, dass ein Unternehmen auf eine Gewinnchance verzichtet, wenn das damit verbundene Risiko zu groß ist. Bestimmte Gewinnchancen werden oft gar nicht erkannt. Rücksichtnahmen auf einen bestimmten Kundenkreis können ein weiterer Anlass sein, durchsetzbare Preisforderungen nicht zu realisieren und sich mit geringeren Erlösen zu begnügen. Wirtschaftliche oder politische Entwicklungen veranlassen vielleicht, Marktkonstellationen, die bestimmte Preisforderungen gestatten, nicht auszunützen, um bestimmte Kundenkreise nicht zu verärgern und für spätere Krisenzeiten als Abnehmer zu erhalten.

Das **erwerbswirtschaftliche Prinzip** (**Gewinnstreben** unter Berücksichtigung der vom Markt gebotenen Chancen und unter Beachtung der dabei auftretenden Risiken) gilt also nur mit Einschränkungen der erwähnten Art, die beispielhaft verstanden sein sollen.

Die Rentabilität

Der Begriff

Rentabilität ist das Verhältnis des Gewinnes einer Rechnungsperiode zum eingesetzten Kapital (**Kapitalrentabilität**) bzw. zum eingesetzten Vermögen (ROI) oder das Verhältnis des Gewinnes zum leistungsbedingten Erlös. In letzterem Falle wird, terminologisch nicht ganz zutreffend, von **Umsatzrentabilität** (**Umsatzgewinnrate**) gesprochen.

Je nachdem, ob das Gesamtkapital (Gesamtvermögen) oder das Eigenkapital als Bezugsgrundlage herangezogen wird, spricht man von **Gesamtkapital-(Vermögens-)Rentabilität** oder von **Eigenkapitalrentabilität.** Wird das Gesamtkapital der Rentabilitätsberechnung zugrunde gelegt, ist auch der Ertrag des Gesamtkapitals, Gewinn + Zinsen, in die Rechnung einzubeziehen.

Grundsätzlich erscheint es besser, von **Vermögensrentabilität** als von **Gesamtkapitalrentabilität** zu sprechen, da der Ertrag des Unternehmens nicht durch den Einsatz des Kapitals, sondern durch den Einsatz des Vermögens erzielt wird. Aus diesem Grund wird im angloamerikanischen Bereich auch vom ROI (Return on **Investment**) oder vom ROA (Return on **Assets**) gesprochen.

Die **Eigenkapitalrentabilität** ist lediglich eine Restgröße, die sich nach Abzug des Anteiles der (des) Fremdkapitalgeber(s) ergibt. In diesem Zusammenhang ist auch der **Leverage-Effekt**, der sich durch den Einsatz von Fremdkapital sowohl in positiver als auch negativer Form zeigt, zu sehen.

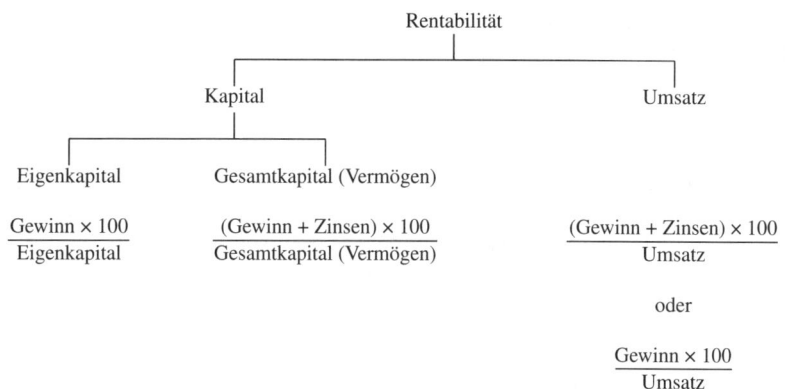

Bezüglich der Bezugsgrundlagen Kapital, Vermögen, Umsatz und der in der Rentabilitätsrechnung zu verwendenden Gewinngröße siehe den Abschnitt I. VIII. Betriebliche Kennzahlen unter besonderer Berücksichtigung der Jahresabschlussanalyse, S. 840 ff.

Abb. 4

Die Beziehungen zwischen Kapital- und Umsatzrentabilität

Ein Beispiel soll die Beziehungen zwischen Kapital- und Umsatzrentabilität aufzeigen.

Das Gesamtkapital eines Unternehmens belaufe sich auf 2,400.000,–, der Umsatz im abgelaufenen Wirtschaftsjahr auf 3,000.000,–, der buchmäßige Reingewinn auf 550.000,–, die Fremdkapitalzinsen auf 50.000,–.

Auf Grund dieser Angaben beträgt

die **Rentabilität des Gesamtkapitals** (550.000 + 50.000) × 100 : 2,400.000 = 25 %,

die **Umsatzrentabilität** (550.000 + 50.000) × 100 : 3,000.000 = 20 %.

Die **Umschlagshäufigkeit des Kapitals** ist 3,000.000 : 2,400.000 = 1,25.

Die Zahlen zeigen, dass das Produkt aus Umsatzrentabilität und Umschlagshäufigkeit des Kapitals gleich der Kapitalrentabilität ist, nämlich 20 × 1,25 = 25 %.

An diesem einfachen Beispiel wird erkennbar, dass die **Kapitalrentabilität (Return on Investment)** bei Abnahme der Umsatzrentabilität unverändert bleibt, wenn diese von einer entsprechenden Steigerung des Kapitalumschlages begleitet ist. Dieser Zusammenhang wird in der betrieblichen Praxis oft nicht erkannt, was zu unvertretbarer Preispolitik führen kann.

Das Streben nach Produktivität

Der Begriff

Produktivität ist das Verhältnis der hervorgebrachten Leistungen zu den eingesetzten Faktormengen. (Produktivitätsmessung ist Messung der technischen Leistung; dabei beziehen sich die im Zähler und Nenner ausgewiesenen Größen auf bestimmte Zeitperioden.)

Formen der Produktivitätsmessung

Da es verschiedene Produktionsfaktoren gibt, liegen mehrere Möglichkeiten vor, Produktivitätsmessungen anzustellen. Üblicherweise wird zwischen **Arbeitsproduktivität** und **Materialeinsatzproduktivität** unterschieden. Erstere ergibt sich aus der Gegenüberstellung des Arbeitsergebnisses und des Arbeitseinsatzes (für den es verschiedene Maßzahlen gibt), letztere zeigt im Zähler das Arbeitsergebnis und im Nenner den Materialeinsatz.

Im Zähler des die Produktivität ausdrückenden Quotienten wird demnach die hervorgebrachte Leistung in Kilogramm, Metern, Litern, Stückzahlen usw. angegeben; im Nenner, der sich auf den Faktor-Einsatz bezieht, finden sich die Angaben für die Anzahl der Arbeiter, der Fertigungsstunden, der Laufstunden, der installierten PS, der installierten kW usw., auf die die hervorgebrachten Leistungen zurückgehen.

Die **Arbeitsproduktivität** könnte z. B. wie folgt gemessen werden:

$$\frac{\text{Anzahl der erzeugten Einheiten}}{\text{Anzahl der Arbeiter}}$$

Die **Produktivität des Materialeinsatzes** wäre u. a. ausdrückbar durch den Ansatz:

$$\frac{\text{Anzahl der erzeugten Einheiten}}{\text{verarbeitetes Material}}$$

Probleme der Produktivitätsmessung und des Produktivitätsvergleiches

Bei Produktivitätsmessungen ist zu beachten, dass eingesetzte Faktoren wie auch hervorgebrachte Leistungen häufig unterschiedlicher Art sind. Bei gestreuten Fertigungsprogrammen ist eine Addierbarkeit der einzelnen Leistungsergebnisse in technischen Maßgrößen ausgeschlossen und die Ermittlung von Gesamtproduktivitäten nur bedingt möglich. Bei differenziertem Leistungsprogramm begnügt man sich deshalb meist mit der Messung von Teilproduktivitäten.

Ein Weg zur Ermittlung der Gesamtproduktivität bestünde darin, die Angaben über technische Größen in Währungseinheiten umzurechnen. Das aber führt zu Unsicherheiten in der Produktivitätsmessung, wie sie jede „Preisrechnung" kennzeichnen.

Erfolgen die Produktivitätsmessungen mit dem Ziel zwischenzeitlichen und/oder zwischenbetrieblichen Vergleichs, dann ist bei der Beurteilung der Ergebnisse auf die unterschiedlichen Gegebenheiten in den einzelnen Rechnungsjahren und den einzelnen Betrieben Bedacht zu nehmen. Diese Unterschiede können mannigfacher Art sein. Im Besonderen sind sie in der Ausstattung der Betriebe, in den verwendeten Verfahren, im eingesetzten Material und in der Belegschaftszusammensetzung (Intelligenz, Leistungsbereitschaft, Leistungsvermögen, Alter usw.) zu suchen.

Das Streben nach Wirtschaftlichkeit

Der Begriff

Wirtschaftlich zu sein heißt, mit einem gegebenen Mittelbestand einen möglichst großen **Bedarfsdeckungseffekt** zu erzielen bzw. einen gegebenen Bedarfsdeckungseffekt mit möglichst geringem Mitteleinsatz zu realisieren. Das solcherart definierte **Wirtschaftlichkeitsprinzip** (**Rationalprinzip, ökonomische Prinzip**) zählt zu den Grundprinzipien betriebswirtschaftlichen Handelns.

Dabei darf allerdings nicht übersehen werden, dass der Wirtschaftlichkeitsbegriff nichts über die Realisierung der Stellung des Unternehmens in seiner Umwelt (im Markt) aussagt.

Die **Wirtschaftlichkeit** ist nur ein Ausdruck der Sparsamkeit, mit der das Unternehmen seine Leistungen erstellt, nicht aber dafür, ob und in welcher Höhe das

Unternehmen hiefür Einnahmen zu erzielen in der Lage ist. Letzteres wird durch die **Rentabilität** ausgedrückt. Aus dieser Aussage lässt sich ableiten, dass die Einhaltung des **Prinzips der Wirtschaftlichkeit** wohl mithilft, die **Rentabilität** zu erhöhen, dass letztlich aber nur die Erzielung einer ausreichenden (**Eigenkapital-)Rentabilität** existenzentscheidend ist.

Die Messung der Wirtschaftlichkeit

Das Prinzip der Wirtschaftlichkeit ist grundsätzlich ein Auswahlprinzip derart, dass im Rahmen der betrieblichen Zielsetzung stets die günstigste von mehreren Möglichkeiten gewählt wird. Gutenberg drückt aus, dass nach dem Prinzip der Wirtschaftlichkeit nur vorgegangen werden könne, wenn mehrere Faktorkombinationen vorlägen, die es gestatten, neben die tatsächliche Kosten-(Aufwands-)Situation die „günstigste" Kosten-(Aufwands-)Situation zu stellen, so dass sich die Wirtschaftlichkeit bei gegebener Produktionsleistung durch die Formel

$$\frac{\text{Ist-Kosten(-Aufwand)}}{\text{Soll-Kosten(-Aufwand)}}$$

ermitteln lasse.

Ob es dem Betrieb gelinge, die Soll-Kosten-Situation zu erreichen, hänge von der Ausnutzung vorhandener **Substitutionsmöglichkeiten** ab, d. h. davon, ob etwa die Erkenntnis, dass Maschinenarbeit der Handarbeit vorzuziehen wäre, ein Verfahren dem anderen Verfahren überlegen sei usw., auch realisiert werde. Der vollständige Ersatz eines Faktors durch einen anderen Faktor (z. B. Handarbeit durch Maschinenarbeit) wird als **alternative Substitution** bezeichnet. Werden nur Teile von Faktoren durch Teile anderer Faktoren ersetzt (z. B. Handarbeit teilweise durch Maschinenarbeit), liegt **periphere Substitution** vor.

Das Qualitätsniveau der Produktionsfaktoren

Ergänzend ist zu bemerken, dass die Durchsetzung der als notwendig erkannten **Substitutionsvorgänge** allein nicht genügt, um zur „idealen" Soll-Kosten-Situation zu gelangen. Ist die Entscheidung nach dem geschilderten Auswahlprinzip erfolgt, entsteht bei der Ermittlung der Soll-Kosten-Situation eine weitere Aufgabe dadurch, dass jeder Produktionsfaktor bezüglich seiner Qualität Differenzen zwischen dem Soll und Ist aufweisen kann. Die tatsächliche menschliche Arbeitsleistung etwa kann beträchtlich von der Soll-Leistung abweichen. Das kann z. B. darauf zurückzuführen sein, dass die Arbeitsbedingungen nicht entsprechen. Dass der Leistungswille kleiner ist als die Leistungsfähigkeit, kann seine Ursache auch in behebbaren Gründen haben, die außerhalb des Betriebes liegen.

Die Feststellung der **Abweichungen** zwischen dem Soll und dem Ist wird nach den Möglichkeiten ihrer Behebung forschen lassen. Die Erreichung der idealen Soll-Kosten-Situation hängt schließlich davon ab, ob das qualitative Niveau von Material und Betriebsmitteln voll ausgenützt wird.

Das Streben nach Liquidität

Der Begriff

Unter Liquidität des Unternehmens versteht man dessen Fähigkeit, den einzelnen Zahlungsverpflichtungen fristgerecht zu entsprechen.

Liquiditätspolitik

Die betriebswirtschaftlichen Kennzahlen, durch welche überprüft wird, ob die unternehmerische Tätigkeit nachhaltig gesichert ist, müssen auch auf die **Liquidität** eingehen. Diese lässt mehr als andere Richtwerte erkennen, ob das Unternehmen über hinreichende Stabilität verfügt.

Eine maßgebliche unternehmerische Aufgabe liegt nun darin, jenes Maß an **Liquidität** herzustellen, das Zahlungsstockungen ausschließt, jedoch auch Liquiditäten mit **Barreserven** vermeidet, die die Rentabilität unvertretbar hemmen. Ein über die Erfordernisse hinausgehender Bestand an nicht ertragbringend angelegten liquiden Mitteln mindert die Rentabilität. Es ist darauf zu achten, dass er bis zu jener Grenze abgebaut wird, die noch dem Erfordernis ordnungsmäßiger Erfüllung von **Rückzahlungsverpflichtungen** entspricht. Das schließt Fälle nicht aus, bei welchen aus Gründen straffer **Liquiditätspolitik** eine Überschreitung der Zahlungsziele erfolgt, doch wird es sich dabei immer nur um Ausnahmen handeln, die das Prinzip der termingerechten Einhaltung der Zahlungsverpflichtungen im Grunde nicht in Frage stellen.

Die Messung der Liquidität

Da allgemein gesagt werden kann:

$$\text{Liquidität} = \frac{\text{flüssige Mittel im Betrachtungszeitraum}}{\text{Zahlungsverpflichtungen im Betrachtungszeitraum,}}$$

ist zu folgern, dass das Unternehmen liquide ist, wenn der Quotient einen Wert von 1 oder darüber hat; ist er kleiner als 1, dann liegt **Illiquidität** vor.

Illiquidität bedeutet nicht automatisch Ausgleichs- oder Konkursreife. Entscheidend ist das Maß an Illiquidität und, im Zusammenhang damit, ob es dem Unternehmen gelingt, nach und nach in den durch die Gläubiger allenfalls erstreckten Zahlungsfristen die Liquidität wieder herzustellen. Kurzfristige Beurteilungen reichen deshalb nicht aus, wenn geprüft wird, ob der Bestand eines Unternehmens unter Liquiditätsgesichtspunkten nachhaltig gesichert ist.

Je nach den zugrunde gelegten Zeitspannen unterscheidet man verschiedene Liquiditätsgrade:

$$1. \text{ Liquiditätsgrad} = \frac{\text{sofort verfügbare Zahlungsmittel}}{\text{sofort fällige Ausgaben}}$$

$$2. \text{ Liquiditätsgrad} = \frac{\text{sofort bis kurzfristig verfügbare Zahlungsmittel}}{\text{sofort bis kurzfristig fällige Ausgaben}}$$

$$3.\ \text{Liquiditätsgrad} = \frac{\text{sofort bis mittelfristig verfügbare Zahlungsmittel}}{\text{sofort bis mittelfristig fällige Ausgaben}}$$

Eine weiter gehende Gliederung in Liquiditätsgrade kann sich als ratsam erweisen. Die Bestimmung der den Ermittlungen zugrunde zu legenden Zeitspannen hängt vom Ziel der **Liquiditätprüfung** ab. Ebenso bestimmt das Ziel der Liquiditätsprüfung, ob in die Rechnung nur jene verfügbaren Zahlungsmittel und fälligen Ausgaben einbezogen werden, die betragsmäßig in der Bilanz erfasst sind, oder ob auch kurz-, mittel- und langfristige Barerträge und Baraufwendungen zu berücksichtigen wären.

Die modernen Methoden der Liquiditätsprüfung gehen über die rein vermögensbilanzorientierten Betrachtungen hinaus und schließen Erfolgsüberlegungen ein.

Nicht quantifizierbare Ziele

Zu den nicht quantifizierbaren Zielen gehören vor allem das **Streben nach Unabhängigkeit, Vereinigung, Kooperation, Prestige, Macht, ethische und soziale Bestrebungen** sowie sonstige, durch persönliche Motivation beeinflusste, nicht in Geld oder Mengen erfassbare Ziele.

Das **Unabhängigkeitsstreben** ist durch das Streben des Unternehmers gekennzeichnet, von jeder äußeren Einflussnahme, sei es durch Kunden, Lieferanten, Kreditgeber und Partner, unabhängig zu sein, während das **Vereinigungs-** bzw. **Kooperationsstreben** das Sicherheitsbedürfnis bzw. Expansionswünsche befriedigen soll. Dieses Streben findet im Zusammengehen mit Partnern, im Zusammenschluss oder einer engen Zusammenarbeit mit anderen Unternehmern seinen Ausdruck.

Während das **Prestigestreben** dem gesellschaftlichen Bedürfnis der Unternehmensführung entspricht und häufig durch die Ausstattung mit so genannten Statussymbolen (kostspielig eingerichtete Büroräume, teures Auto, Auftreten als Sponsor bei Wohltätigkeitsveranstaltungen, Gewährung von Spenden an Vereine verschiedener Art) ausgedrückt wird, äußert sich das **Machtstreben** durch das Verlangen, andere Wirtschaftssubjekte zu beeinflussen, zu kontrollieren oder zu beherrschen. Dies geschieht z. B. durch den Versuch, einen beherrschenden Marktanteil zu erlangen. **Ethische** und **soziale Bestrebungen** äußern sich durch Spenden an wissenschaftliche Einrichtungen, durch Versuche, die soziale Lage der Belegschaft zu verbessern, indem neue Wohnräume geschaffen, die betriebliche Altersvorsorge ausgebaut und den Arbeitnehmern durch die Schaffung entsprechender Betriebseinrichtungen eine bessere Freizeitgestaltung ermöglicht wird.

Angestrebtes Ausmaß eines Zieles

Hinsichtlich des **angestrebten Ausmaßes** der Zielerreichung sind **unbegrenzt formulierte** und **begrenzt formulierte** Ziele zu unterscheiden.

Bei **unbegrenzt formulierten** Zielen werden sämtliche Alternativen untersucht und wird jene herangezogen, die den höchsten Zielerreichungsgrad erwarten lässt. **Begrenzt formulierte** Ziele liegen vor, wenn ein Informationsgewinnungsprozess abgebrochen wird, sobald sich eine als zureichend angesehene Handlungsmöglichkeit erkennen lässt. Dieser durch das so genannte **Anspruchsniveau** ausgelöste Abbruch des Informationsgewinnungsprozesses durch den Entscheidenden ergibt sich nicht zuletzt aus der Tatsache, dass Entscheidungen in der betrieblichen Praxis in der Regel unter unvollständigen, fehlerhaften und teilweise sogar widersprüchlichen Annahmen getroffen werden.

Zeitlicher Bezug eines Zieles

Durch den **zeitlichen Bezug** wird die Frist bestimmt, innerhalb derer ein Ziel erreicht werden oder permanent erfüllt sein soll. Letzteres gilt beispielsweise für die Liquidität eines Unternehmens, die zu jedem Zeitpunkt vorhanden sein muss.

Unternehmensziele können **kurz-**, **mittel-** und **langfristig** sein. Kurzfristige Ziele, auch als Nahziele bezeichnet, bilden die Grundlage für die Beurteilung der Aktionen in unmittelbarer Zukunft (Wochen-, Monats- und Jahresziele), während mittel- und langfristige Ziele mehrere Planperioden (über ein Jahr) betreffen.

Die Unternehmensführung hat die kurzfristigen Ziele grundsätzlich den langfristigen Zielen unterzuordnen, wobei der Entscheidungsträger vor dem Problem steht, dass die meisten langfristigen Ziele nicht oder nur bedingt operational sind. Die bedingte Operationalität beruht darauf, dass mit zunehmender Länge des Zeitraumes immer weniger Informationen über die möglichen Strategien und deren Konsequenzen vorhanden sind und auch die Prognosemöglichkeiten infolge der zunehmenden Ungewissheit immer mehr abnehmen. Langfristige Unternehmensziele bilden daher vielfach nur einen unter heutiger Sicht und heute vorhandenen Informationen erstellten Rahmen, innerhalb dessen die kurz- und mittelfristigen Ziele gesetzt werden.

bb) Ziele nach ihrer Stellung im Zielsystem

Geht man davon aus, dass im erwerbswirtschaftlichen Unternehmen das Streben nach Gewinn die wichtigste Antriebskraft unternehmerischen Handelns ist, erhält das Gewinn- bzw. Rentabilitätsstreben in allen Zielsystemen eine zentrale Stellung (E. Heinen, Grundlagen betriebswirtschaftlicher Entscheidungen, 2. Auflage, Wiesbaden 1971, S. 126 f.).

Davon ausgehend leitet Heinen für die Ordnung der übrigen Unternehmensziele folgende Einteilung ab:

1. Das relative Zielgewicht
   a) Begrenzte Formulierung der übrigen Ziele
   b) Unbegrenzte Formulierung jeweils eines der übrigen Ziele
2. Die Mittel- und Zweckbeziehung zwischen den Zielen
   a) Deduktiv orientiertes Mittel-Zweck-Schema
   b) Induktiv orientiertes Mittel-Zweck-Schema

Das unter 1. a) genannte Zielsystem besteht in der Zielfunktion **Gewinnmaximierung** unter Einhaltung bestimmter Nebenbedingungen, wobei diese Nebenbedingungen jeden Umstand umfassen, der die Handlungsfreiheit des Unternehmens einengt, wie z. B. Informationsmangel, Umweltfragen, konkurrierende quantifizierbare und nicht quantifizierbare Ziele. Alle übrigen Ziele stellen eine begrenzende Nebenbedingung zur Gewinnmaximierung dar und müssen in einem Mindestmaß erfüllt werden (wie z. B. Umsatz, Kapitalerhaltung, Liquidität, Unabhängigkeit usw.). Heinen sieht im Zielsystem **„Gewinnmaximierung unter Nebenbedingungen"** die Präferenzstruktur eines **Eigentümerunternehmens**.

Betrachtet man die Zielsetzungssysteme dahingehend, dass unter der Nebenbedingung einer **begrenzten Gewinnerzielung** eines der übrigen Ziele maximiert oder minimiert werden sollte, liegt ein Zielsystem nach 1. b) vor.

Derartige **Zielkombinationen** sind nach Heinen:

> Streben nach Umsatzmaximierung unter der Voraussetzung eines bestimmten Mindestgewinnes.

> Maximierung des Marktanteiles unter der Voraussetzung, dass der Gewinn eine bestimmte Mindestgröße nicht unterschreitet.

> Maximierung des Kapital- bzw. Vermögenswachstums unter der Voraussetzung, dass ein Mindestgewinn bzw. eine Mindestrendite erzielt wird.

> Bestmögliche Versorgung der Arbeiter und/oder Abnehmer unter Wahrung einer bestimmten Mindestrendite.

> Maximierung von Macht und Prestige in Verbindung mit der Erzielung eines Mindestgewinnes.

Die mit einem Mindestgewinn kombinierten Zielfunktionen entsprechen in der Regel der Präferenzstruktur von **Geschäftsführerunternehmen**.

Aus dem unter 2. a) genannten deduktiv orientierten Mittel- und Zweckschema ergibt sich die Unterscheidung von **Ober-**, **Zwischen-** und **Unterzielen**.

Zur Erreichung der von der Unternehmensführung gesetzten Ziele (**Oberziele**) müssen für die Entscheidungsträger der darunter liegenden Leitungsebenen arbeitsfähige (operable) **Teilziele** (Zwischen- und Unterziele) in Form von **Bereichszielen** (z. B. Ziele der Produktion, Vertrieb, Verwaltung) und **Abteilungszielen** (z. B. Ziele der Werkstätte, Buchhaltung, Werbeabteilung) abgeleitet werden. Zwischen- und Unterziele sind, vom Oberziel her betrachtet, Mittel. Das Unterziel ist nicht Selbstzweck, sondern ein angemessenes Mittel zur Erlangung des Oberzieles.

Die Bestimmung der Zwischen- und Unterziele ist allerdings keineswegs allein durch die logische Ableitung aus dem jeweiligen Oberziel durchführbar, sondern erfordert eine Reihe von Zusatzentscheidungen, wobei aus mehreren möglichen Kombinationen von Unterzielen eine zur Realisation ausgewählt werden muss. Solcherart entsteht eine **Zielpyramide**, deren einzelne Ziele ein Mittel zur Erreichung des jeweiligen Oberzieles darstellen. Erst durch ein derartiges hierarchisch gegliedertes **Zielsystem** verfügen die betrieblichen Teilsysteme über Ziele, „die operational genug sind, dass auf ihrer Grundlage Aktivitäten bezeichnet werden können, die die Erreichung der Ziele sicherstellen sollen".

Die Operationalität eines inhaltlich festgelegten Zieles ist auch von der Führungs- oder Leitungsebene abhängig: Ein Verkaufsleiter kann beispielsweise mit der Zielsetzung einer „Rentabilität von 20 % des Vermögenseinsatzes innerhalb eines Jahres" nichts anfangen. Für ihn würde das Gewinnziel in operationale Teilziele zerlegt werden müssen, die etwa so aussehen: Verkaufe 1,000.000 Stück mit variablen Herstellkosten von 4,–/Stück zu einem Gesamtpreis von 10,000.000,–. Dabei darf kein längeres Zahlungsziel als 2 Monate eingeräumt werden und die Verkaufsabteilung keine höheren Fixkosten als 500.000,– verursachen.

Die Zielsetzung des Produktionsleiters würde etwa folgendermaßen lauten: Erzeuge in der Periode 1,000.000 Stück mit variablen Herstellkosten pro Stück von 4,–, Produktionsfixkosten von 3,000.000,– und einem Produktionsdurchlauf von 1½ Monaten.

Die Zielsetzung des Produktionsmeisters der Teilefertigung würde etwa so lauten: Es sind auf den Maschinen A, B und C je 1,000.000 Teile mit einer Vorgabe von 10,–/1.000 Stück in der 35. bis 39. Arbeitswoche herzustellen.

Damit erhält das Oberziel durch die Zerlegung in Teilziele auf jeder **Leistungsebene** seinen **operationalen Inhalt**.

Die Ableitung der Teilziele kann **autoritär** durch die Unternehmensführung oder aber **kooperativ** gemeinsam mit den Bereichs- oder Abteilungsleitern erfolgen. Eine autoritäre Vorgabe von Zwischen- und Unterzielen bringt die Gefahr mit sich, dass einzelne Mitarbeiter ihre abweichende Meinung bzw. Ideen durch die Verfolgung eigener Ziele durchzusetzen versuchen. Außerdem wird eine autoritäre Zielvorgabe als Zwang empfunden, wodurch die Motivation zur Zielerreichung relativ gering ist.

Beispiel für die Ableitung von Zwischen- und Unterzielen:

Oberziel:	**Unternehmensführung** Gewinnerzielung, Erhöhung der Rentabilität		
Zwischenziele:	**Produktionsbereich** Senkung der Produktionskosten	**Finanzbereich** Verbesserung der Kapitalstruktur	**Absatzbereich** Steigerung des Umsatzes
Unterziele:	Senken der Lohnkosten	Beschaffung langfristiger Kredite	Verbesserung des Vertriebssystems
	Senkung des Materialverbrauches	Beschaffung zinsgünstiger Kredite	Besseres Sortiment
	Verbesserung des Instandhaltung der Maschinen	Gutes Mahnwesen	Niedrige Einführungspreise

Abb. 5

Das bereits 1919 von der Firma Du Pont nach der Mittel-Zweck-Beziehung entwickelte und seither in vielen Unternehmen angewandte Zielsystem, das als Oberziel die **Gesamtkapitalrentabilität** bzw. den **Return on Investment** (siehe auch Abschnitt I. VIII., Betriebliche Kennzahlen) beinhaltet, zeigt einerseits die Ableitung der Zwischen- und Unterziele bis zur Ebene der operationalen Teilziele und andererseits die Verflechtung der gesamten Zielstruktur. Daraus geht auch hervor, dass Ziele, isoliert betrachtet, im Vergleich zu anderen Zielen indifferent sind, über den Umweg darüber gelagerter Ziele jedoch in einem Komplementär- oder Konkurrenzverhältnis zueinander stehen.

Dieses Zielsystem stellt sich folgendermaßen dar (nach D. Mandl/R. Bertl, Betriebs- und Bilanzanalyse-Handbuch, Wien 1981, S. 163):

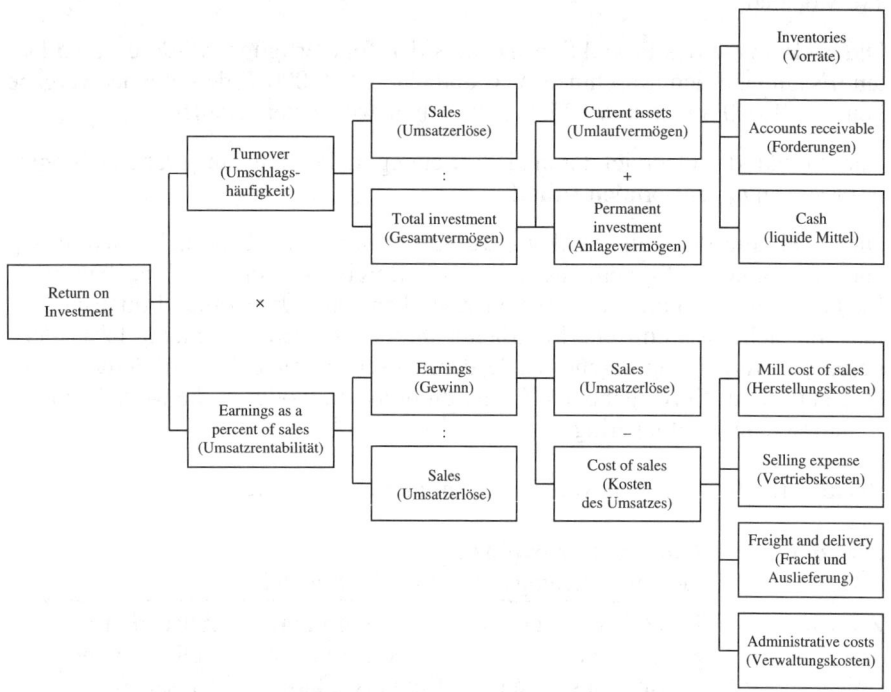

Abb. 6

80

Baut man das Du Pont'sche Zielsystem nach den Grundsätzen der Direktkostenrechnung aus, ergibt sich folgendes Bild (nach A. Egger/M. Winterheller, Kurzfristige Unternehmensplanung. Budgetierung, 10. Auflage, Wien 1999, S. 151):

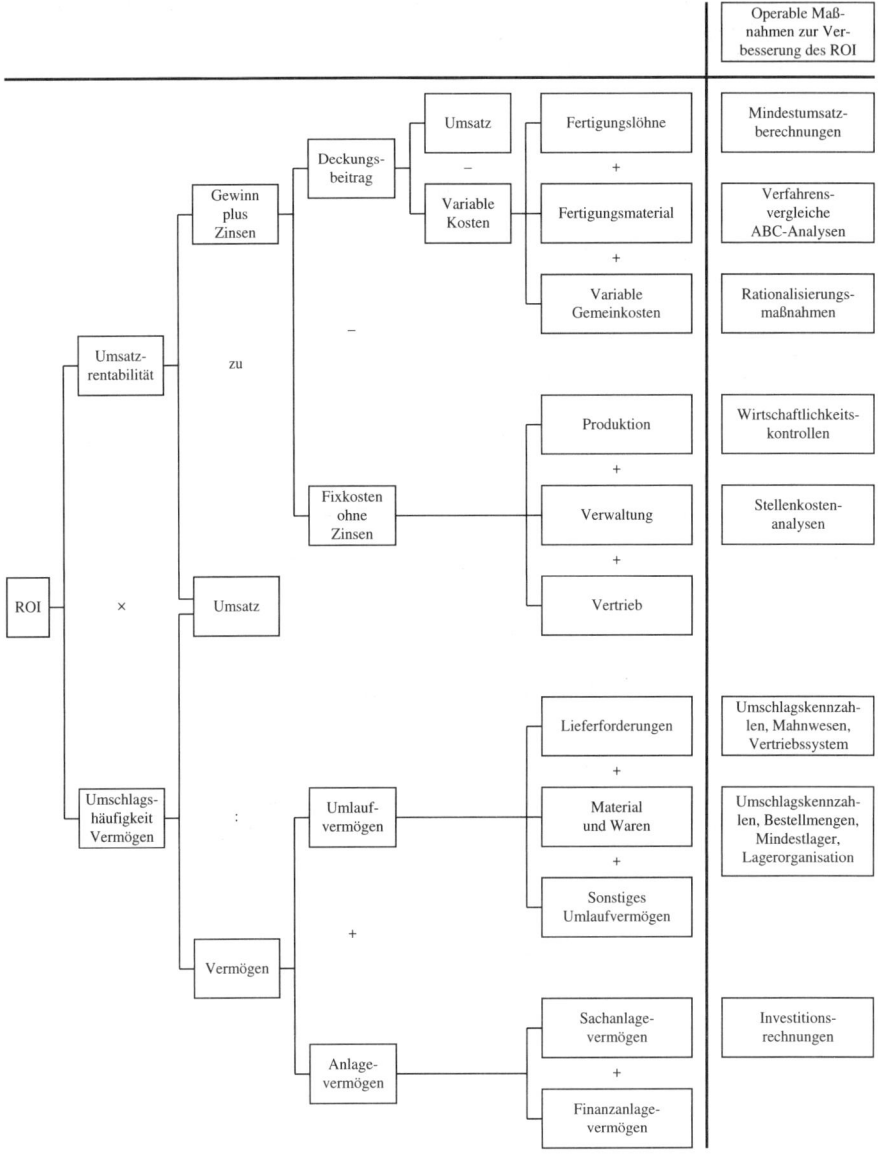

Abb. 7

Heinen sieht die im Du Pont'schen Zielsystem als Oberziel angesetzte **„Steigerung der Gesamtrentabilität"** als wenig realistische Interpretation des Erwerbsstrebens an und betrachtet die auf Grund „definitionslogischer Überlegungen abgeleiteten Zielbeziehungen" dieses Zielsystems lediglich als schwache Mittelzweckvermutung. Er stellt diesem System daher ein weiteres, unter 2. b) genanntes, mit Hilfe induktiv orientierter Mittel-Zweck-Überlegungen entwickeltes Zielsystem gegenüber, in dem die Eigenkapitalrentabilität das betriebswirtschaftlich relevante Oberziel darstellt:

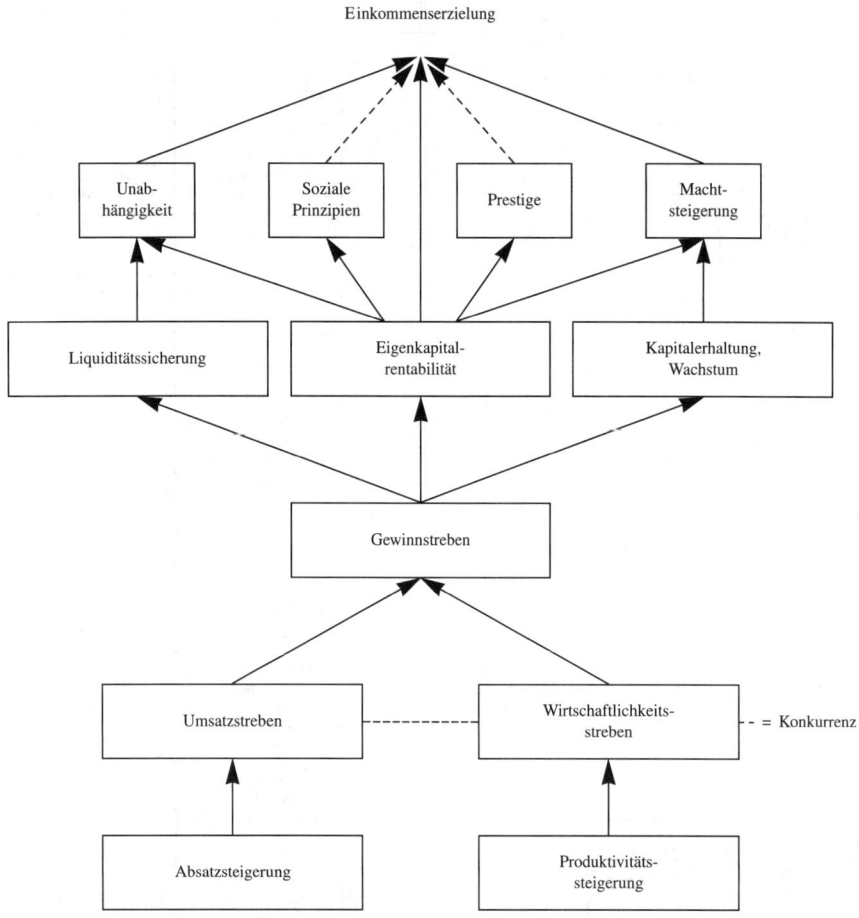

(aus: E. Heinen, Grundlagen betriebswirtschaftlicher Entscheidungen, 2. Auflage, Wiesbaden 1971, S. 130)

Abb. 8

Das von Heinen dargestellte induktiv orientierte Mittel-Zweck-Schema gilt im Hinblick auf die Verwirklichung der Imperative höherer Ordnung (Unabhängigkeit, soziale Prinzipien, Prestige, Machtsteigerung) und die Einkommenserzielung des Individuums in erster Linie für Eigentümerunternehmen.

82

Eine in der Literatur häufig getroffene Einteilung der Ziele in **Haupt-(Primär)-** und **Neben-(Sekundär-)Ziele** kann insoweit in das Zielsystem eines Unternehmens einbezogen werden, als sich Nebenziele nicht aus einer Mittel-Zweck-Betrachtung, sondern ausschließlich auf Grund entscheidungsträgerbedingter Merkmale ergeben. Nebenziele werden gleichzeitig mit einem Hauptziel angestrebt, besitzen jedoch erheblich geringere Bedeutung als dieses. Zu den Nebenzielen gehören vor allem nicht quantifizierbare Ziele, wie Prestige, Ruf des Unternehmens und Wohlergehen der Belegschaft.

c) Die Einteilung der Ziele nach ihrer gegenseitigen Verträglichkeit

Unter der Vielzahl der möglichen Ziele des Unternehmens gibt es solche, die einander **ergänzen**, die **voneinander unabhängig** sind, die **miteinander konkurrieren** und solche, die gegenseitig **unverträglich** sind.

Bei **Komplementärzielen** hat die Steigerung des Erfüllungsgrades eines Zieles auch die Erhöhung des Erfüllungsgrades eines anderen Zieles zur Folge: Die Erhöhung der Wirtschaftlichkeit bedingt in der Regel eine Gewinnsteigerung; steigender Umsatz hat bei unverändertem Gesamtmarkt einen steigenden Marktanteil zur Folge.

Ziele sind **indifferent** (neutral), wenn Einzelziele voneinander unabhängig sind, so dass sie sich in der Zielerreichung weder beschränken noch fördern, Anspruchsüberschneidungen also nicht entstehen. Die Zielneutralität gilt jedoch nur in einem bestimmten Zeitpunkt und in einem begrenzten Bereich. Jede auftretende Datenänderung kann zwischen bisher neutralen Zielen Komplementaritäts- und Konfliktbeziehungen entstehen lassen. **Indifferente** Ziele sind beispielsweise das Streben nach Wirtschaftlichkeit und Unabhängigkeit.

Bei **konkurrierenden** Zielen bedingt der steigende Erfüllungsgrad bei einem Ziel einen sinkenden Erfüllungsgrad bei einem anderen Ziel. Klassische konkurrierende Ziele sind das Streben nach **Rentabilität** und **Liquidität**. Durch die Investition vorhandener flüssiger Mittel in Anlagegegenstände und Vorräte kann die Rentabilität gesteigert werden, während die Liquidität sinkt. Umgekehrt steigt die Liquidität, je mehr flüssige Mittel bereitgehalten werden, wogegen die Rentabilität sinkt. In ähnlicher Weise kann das Streben nach **Unabhängigkeit** ein konkurrierendes Ziel zum Streben nach **Gewinn** oder **Umsatz** sein, weil der Unternehmer, um seine Unabhängigkeit zu bewahren, auf die Aufnahme von Krediten bzw. auf Kapitaleinlagen durch neue Partner verzichtet und deswegen eine mögliche Umsatzausweitung nicht durchführen kann. Obwohl **Umsatz-** und **Gewinnstreben** in der Regel Komplementärziele sind, kann auch hier eine Konkurrenzbeziehung entstehen, wenn beispielsweise ein (aus Marktanteilsgründen) angepeilter größerer Umsatz nur mit einem geringeren Deckungsbeitrag zu erreichen oder mit hohen zusätzlichen Kosten verbunden ist.

Zielantinomie liegt vor, wenn sich Ziele überhaupt nicht vertragen. Es steht das Streben nach **Unabhängigkeit** im Widerspruch zum Streben nach **Vereinigung bzw. Kooperation** (vgl. diese und die folgenden Ausführungen insbesondere mit J. Bidlingmaier, Zielkonflikte und Zielkompromisse im unternehmerischen Entscheidungsprozeß, Wiesbaden 1968, S. 47 ff.).

d) Zielkonflikte und Zielkompromisse

Jeder Entscheidungsprozess, wie ihn die Zielbildung darstellt, ist zwangsläufig mit Konflikten verbunden, die, abgesehen von den **intrapersonellen Zielkonflikten,** die sich im Inneren einer Person abspielen, in den verschiedenen Interessen der einzelnen Organisationsteilnehmer ihren Ursprung haben (**interpersonelle Zielkonflikte**).

Zielkonflikte entstehen als Konflikte

1. zwischen lang- und kurzfristigen Zielvorstellungen,

2. als horizontale Konflikte und

3. als vertikale Konflikte.

Zu 1.: Bei der Festlegung **kurzfristiger Ziele** kommt es zu immanenten Konflikten zwischen den auf unterschiedliche Planungszeiträume bezogenen Zielkomponenten, wenn beispielsweise bei intensiven Bemühungen um die Verbesserung gegenwärtig angebotener Erzeugnisse oft die Anstrengungen für Forschung und Entwicklung hinsichtlich des zukünftigen Angebotes vernachlässigt werden, so dass die kurzfristige mit der langfristigen Gewinnpolitik in Kollision gerät.

Zu 2.: **Horizontale Konflikte** entstehen zwischen Ranggleichen als **bereichsbezogene** oder **personenbezogene** Zielkonflikte. Sie können sich in der obersten Führungsebene als personenbezogene Konflikte bei der Festlegung des oder der Oberziele abspielen, werden aber in der Regel als **Bereichskonflikte** in Fragen der Investition, Sortimentsgestaltung, Lagerhaltung, zwischen Technikern, Finanzleitern und Vertriebsmanagern auftreten.

Horizontale Zielkonflikte treten beispielsweise auf, wenn der Finanzleiter des Unternehmens nach einer möglichst hohen Liquidität strebt und dadurch dem Produktionsleiter die notwendigen Investitionen für eine wirtschaftlichere Produktion vorenthält. Zielkonflikte zwischen Vertriebsleiter und Produktionsleiter können entstehen, wenn der Vertriebsleiter zur Erfüllung des Umsatzzieles ein möglichst großes Sortiment verlangt, während der Produktionsleiter im Interesse einer wirtschaftlichen Fertigung das Sortiment möglichst klein halten will. Zwischen Buchhaltung und Vertreter entstehen dann Zielkonflikte, wenn der Vertreter im Interesse seines Absatzes gegen die Bestrebung des Buchhalters auftritt, den durch Kunden widerrechtlich abgezogenen Skonto einzumahnen oder eine überfällige Forderung einzuklagen.

In den unteren und mittleren Führungsschichten kommt es häufig dann zu horizontalen Konflikten, „wenn diese nicht hinreichend über das Unternehmensziel informiert sind und damit Teilziele verfolgen, die mit anderen gleichrangigen Teilzielen konkurrieren oder unvereinbar sind. Schließlich ist zu berücksichtigen, dass die Abteilungsleiter zwar oft über die Zielinhalte des Unternehmens und über die daraus resultierenden Folgerungen für ihren Verantwortungsbereich unterrichtet sind, aber aus Ressortegoismus, Prestigestreben, Oppositionslust usw. Ziele verfolgen, durch welche sie mit anderen Teilbereichen in Konflikt geraten" (J. Bidlingmaier, Zielkonflikte und Zielkompromisse, a.a.O., S. 113).

Zu 3.: **Vertikale** Zielkonflikte entstehen dadurch, dass die Ziele der einzelnen Teilbereiche nicht mit den Zielen des Gesamtunternehmens übereinstimmen. Ursachen für das Entstehen solcher Konflikte liegen in der nicht genügenden bzw. nicht hinreichend genauen Weitergabe der Informationen über das Unternehmensziel, aber auch darin, dass Individuen und Gruppen entweder gar nicht oder nur in geringem Ausmaße an der Zielbildung beteiligt werden. Ein weiterer Grund für vertikale Zielkonflikte liegt schließlich im Streben der Untereinheiten nach Festigung ihrer Existenz, nach Wahrung der Karriereinteressen ihrer Organisationsmitglieder, was zu einer stärkeren Bindung an die Teilziele als an die Gesamtziele führt.

Es gehört zu den Aufgaben der Unternehmensführung, **Zielkonflikte** nach Möglichkeit zu verhindern und, sofern dies nicht möglich ist, einer einvernehmlichen Lösung zuzuführen. Die Art der **Konfliktbereinigung** ist in hohem Ausmaß eine Frage des **Führungsstils**.

Im Rahmen des **autoritären Führungsstils** können Zielkonflikte infolge genereller organisatorischer, auf dem Grundsatz des Befehlens und Gehorchens aufgebauter Regelung in der Planungsphase weitgehend vermieden werden. Allerdings versuchen die Organisationsmitglieder später, innerhalb des ihnen bei der Zielerfüllung verbleibenden Spielraumes ihre eigenen Präferenzen durchzusetzen. Der Zielkonflikt spielt sich dann unter der Oberfläche ab und führt häufig zu Auswüchsen, die dem Unternehmen schweren Schaden zufügen können. Treten trotzdem offene Konfliktsituationen auf, werden diese im Rahmen der **dirigistischen Betriebsführung** durch eine sehr harte Form der **Konfliktbereinigung**, und zwar durch Zwang oder Druck, gelöst, wodurch ein Mitarbeiter oder eine Gruppe durch die Unternehmensführung oder den unmittelbaren Vorgesetzten gezwungen wird, ihre Bestrebungen wider besseren Wissens aufzugeben. Diese Form der Konfliktbereinigung drängt den unter Druck gesetzten Mitarbeiter oder Partner in eine Oppositionsrolle, aus der er nur sehr schwer herauszubringen ist.

Hingegen werden im Rahmen einer **kooperativen Betriebsführung** „Interessenkonflikte bereits weitgehend im Planungsstadium ausgetragen. Soweit eine befriedigende Lösung zustande kommt, bemühen sich die Mitarbeiter im besonderen Maße um die Realisierung der Unternehmungsziele, da deren Erfüllung zugleich dem eigenen Interesse dient" (J. Bidlingmaier, Zielkonflikte und Zielkompromisse, Wiesbaden 1968, S. 131).

Im Falle von Zielantinomien vollzieht sich die friedliche Konfliktlösung nicht selten in Form der **Abstimmung**. Diese Form der Lösung insbesondere horizontaler Konflikte führt wohl zu einem raschen Ergebnis, gewährleistet aber nicht, dass die unter Umständen erhebliche Minderheit von der Richtigkeit der Entscheidung überzeugt werden konnte.

Als die wichtigste Variante der Konfliktbereinigung sieht Bidlingmaier den **Kompromiss,** der dann vorliegt, „wenn sich die beteiligten Parteien dadurch einigen, daß sie sich bei mindestens zwei konkurrierenden Zielvorstellungen mit einer nur teilweisen Erfüllung ihrer ursprünglichen Forderung begnügen" (J. Bidlingmaier, Zielkonflikte und Zielkompromisse, a.a.O., S. 140).

Kompromisse setzen aber **Flexibilität** und **Kooperationsbereitschaft** nicht nur bei den **Entscheidungsträgern** der mittleren und unteren Führungsebenen, sondern insbesondere auch bei der Unternehmensführung selbst voraus. Die Erzielung von **Verhandlungskompromissen** in einem Unternehmen bedeutet somit ein Abgehen von jeder autoritären Betriebsführung, die ja dadurch gekennzeichnet ist, dass der Unternehmer seinen Willen den Untergebenen aufzwingt und Zielkonflikte autoritär löst.

e) Das Anspruchsgruppen-Konzept (Der Shareholder-Value und die Stakeholder)

Hinter dem **Shareholder-Value-Konzept** (A. Rappaport, Shareholder Value – Wertsteigerung als Maßstab für die Unternehmungsführung, Stuttgart 1995) steht die Erwartung, dass unter marktwirtschaftlichen Wettbewerbsbedingungen Unternehmungen eine nachhaltige Rentabilität des Eigenkapitals erarbeiten, die deutlich über dem Zinssatz für langfristiges Fremdkapital liegt. Dieses Ziel gilt an sich für Unternehmungen jeder Größe, wird aber in erster Linie für börsennotierte Unternehmungen und deren Aktionäre diskutiert. Die nachhaltige Steigerung der Eigenkapitalrentabilität lässt sich mehrfach messen. Als angemessener **Return on Equity (ROE)** gilt ein Satz, der dem Zinssatz von Obligationen zuzüglich eines firmenspezifischen Risikozuschlags entspricht. Damit ergibt sich eine starke Abhängigkeit von der Kapitalstruktur. Seit einigen Jahren wird deshalb auf den **diskontierten Free Cashflow** abgestellt, der sich aus dem Cashflow nach Steuern und nach Abzug aller Investitionen in das Anlage- und das Netto-Umlaufvermögen ergibt (siehe auch den Abschnitt über den „Wert des Unternehmens als Ganzes"). Auch der **Added Value** gibt einen guten Maßstab ab. Darunter ist ein Saldo zu verstehen, der sich aus dem operativen Betriebsergebnis (Operating Profit) vor Abzug von Zinsen, aber nach Abzug von Abschreibungen und Steuern ableitet, indem man einen Zinsbetrag subtrahiert, der sich aus dem betriebsnotwendigen Vermögen (Operating Assets), multipliziert mit einem langfristigen Zinssatz für Industrieobligationen, ergibt. Mit dieser für den angloamerikanischen Bereich „neuen" Berechnungsmethode ist offensichtlich der mehr als 100 Jahre alte kalkulatorische Zinssatz der betrieblichen Kostenrechnung „wiedererfunden" worden (W. Hill, Der Shareholder Value und die Stakeholder, in: Die Unternehmung 6/96, S. 411 ff.). Der Added Value liefert ein von der Kapitalintensität und Finanzstruktur unabhängiges Maß für die Rentabilität. Die Kapitalisierung dieser Überschüsse drückt den immateriellen Wert einer Unternehmung, ihrer Marken und Patente, ihrer Organisation, ihres Knowhow und ihrer Kundenbeziehungen aus.

Unter dem Aspekt des Shareholder-Value genügt es nicht, sich mit steigenden Marktanteilen und Gewinnen zufrieden zu geben. Vielmehr wird verlangt, dass jedes Konzerngeschäftsfeld einen positiven freien Cashflow bzw. einen genügend hohen Added Value erzielt. In einem mehrdivisionalen Konzern muss der Gesamtwert der Organisation größer sein als die Summe seiner Einzelwerte, d. h. es müssen Synergien nutzbar sein, die zur Werterhöhung des Gesamtbereiches beitragen. Ansonsten wäre es besser, den Konzern aufzuteilen und jede Einheit selbständig auf den Absatz- und Kapitalmärkten auftreten zu lassen. Ein nachhaltiger Unternehmungserfolg führt zu einer Aktienentwicklung, die über dem Gesamt- bzw. Branchenindex der Börsenkurse zu liegen kommt. Dieser Erfolg geht deutlich spürbar auf Rationalisierungsbemühungen zurück, die sehr oft mit dem Abbau von Arbeitsplätzen, in welchen Routinetätigkeiten verrichtet werden, verbunden sind. Rentabilitätssteigerungen im Sinne der nachhaltigen Existenzsicherung der Unternehmung und damit zugunsten der Anteilseigner (Shareholder) geraten allenfalls in Widerspruch mit den Interessen anderer Gruppen (Stakeholder), die in den Wertschöpfungskreislauf der Unternehmung eingebunden sind.

Als **Stakeholder** bezeichnet man alle Personen, Gruppen und Institutionen, die Einfluss auf die Erreichung der Unternehmungsziele nehmen oder deren eigene Zielerreichung von der Unternehmung beeinflusst werden kann. Als **interne** Stakeholder sind das Management und die Mitarbeiter anzusehen. **Externe** Stakeholder sind neben Kunden, Lieferanten, Aktionären und Fremdkapitalgebern der Staat, die Kammern, die Gewerkschaften, die Verbände und weitere Gruppen des institutionellen Umfeldes. Indirekt hat die Unternehmung aber auch Einfluss auf das allgemeine gesellschaftliche Umfeld und die Ökosphäre. Mit dem **Stakeholder-Konzept** ist gemeint, dass das Management bzw. die Unternehmung zur Erreichung von Zielen und zur Durchsetzung von Strategien auf die Beiträge oder Ressourcen der verschiedenen Stakeholder-Gruppen angewiesen ist. Diese Anspruchsgruppen (Stakeholder) beanspruchen für ihre Leistungen Gegenleistungen, um ihre eigenen Ziele verwirklichen zu können. Ein dauernder Verhandlungsprozess mit den relevanten Anspruchsgruppen und eine permanente Positionierung in der Gesellschaft gehören damit zu den zentralen Aufgaben des Managements (Politik als Managementaufgabe).

Das Verhalten der Unternehmungen wirkt sich nicht nur auf die unmittelbaren Partner, sondern auch auf das weitere soziale und ökologische Umfeld aus. Insbesondere Großunternehmungen werden als quasi-öffentliche Institutionen wahrgenommen. Auf Grund ihres Machtpotentials wird ihnen eine besondere moralische Verpflichtung und gesellschaftliche Verantwortung zugewiesen. Erwartet werden nützliche Beiträge an die Bedürfnisdeckung, hohe Sicherheitsstandards für Produkte und Produktionsprozesse, faires Verhalten gegenüber Mitarbeitern, Lieferanten und Konkurrenten, Anstrengungen zur Schonung natürlicher Ressourcen, die über die gesetzlichen Auflagen hinausgehen, sowie eine offene Informationspolitik und Gesprächsbereitschaft (W. Hill, a.a.O., S. 418). Das Stakeholder-Konzept wird damit zum Synonym für die **soziale Verantwortung** der Unternehmung. Negative externe Effekte auf den Menschen, auf die Gesellschaft und die natürliche Umwelt sollen vermieden oder auf offen kommunizierte klare Ziele hin reduziert werden.

Zwischen dem Shareholder-Value-Konzept und dem Stakeholder-Konzept können somit Spannungsfelder entstehen, die nur im Sinne ausgleichender, Kompromisse bildender Entscheidungen gelöst werden können. Eine Entscheidung für den einen und gegen den anderen Ansatz ist wenig vernünftig.

4. Die Planung

Unternehmensführung bedeutet das Treffen von Entscheidungen unter Unsicherheit. Die Qualität derartiger Entscheidungen, das heißt, die Wahrscheinlichkeit, dass die erwünschten Konsequenzen tatsächlich eintreten, ist abhängig von den zur Verfügung stehenden, vom Entscheidungsträger qualitativ und quantitativ verarbeitbaren Informationen (vgl. H. Kraus, Informationsplanung, in: H. Ulrich, Unternehmensplanung, Wiesbaden 1975, S. 177–196, hier S. 181). Die Gewinnung, Aufbereitung und Verarbeitung aller Informationen unter dem Gesichtspunkt der bestmöglichen Realisierung der Unternehmensziele ist Aufgabe der **Unternehmensplanung**.

Mit Hilfe der **Planung** sollen zunächst die Alternativen gefunden werden, die zur Zielerreichung möglich sind. Fehlen Alternativen, entfällt auch der Planungsprozess, weil die Konsequenz der Planung, die Entscheidung, auf welchem Weg und mit welchen Mitteln das Ziel zu erreichen ist, bereits vorweggenommen ist. Sind die Alternativen bekannt, wird der Entscheidungsträger jene Alternative auswählen, die ihm als die günstigste zur Erreichung der gesetzten Ziele erscheint.

Planung kann man daher als gedankliche Vorwegnahme zielgerichteten zukünftigen Handelns durch Abwägen verschiedener Handlungsalternativen und Entscheidung für den günstigsten Weg definieren (vgl. G. Wöhe, Einführung in die Allgemeine Betriebswirtschaftslehre, 19. Aufl., München 1996, S. 125).

Von der **Improvisation** unterscheidet sich die Planung dadurch, dass man als Improvisation alle Entscheidungen bezeichnen kann, die aus gegebenen Augenblickssituationen nach Eintritt jener Periode getroffen werden, an deren Datenkonstellation sich der Entscheidende anzupassen hat.

Von der **Prognose** unterscheidet sich die Planung dadurch, dass die Prognose von gegenwärtigen Zuständen ausgeht und zukünftige Zustände in Form von begründeten Erwartungen beschreibt. Wenn durch äußere Umstände kein Einfluss auf bestimmte zukünftige Größen möglich ist, kann auch nicht geplant, sondern nur prognostiziert werden. **Prognosen** sind Informationen für eine realitätsnahe Planung, somit **Planungshilfsmittel**.

Allerdings darf unter Planung nicht eine bloß auf rationaler Grundlage erfolgende Tätigkeit verstanden werden. Obwohl auf Grund verbesserter Methoden der Informationsgewinnung, insbesondere aber der Informationsverarbeitung, z. B. jene des Operations Research in Verbindung mit gut ausgebildeten Instrumenten des Rechnungswesens, die auf Intuition und Erfahrung allein begründeten unternehmerischen Entscheidungen nach und nach in bedeutsamem Umfang durch Maßnahmen ersetzt werden, die auf exakten Dispositionsgrundlagen beruhen, verbleibt die Tatsache, dass es bei jeder Entscheidung Einflussgrößen nicht rechenhafter Art gibt und dass zukünftige Entwicklungen nur vermutet, nicht aber mit Sicherheit bestimmt werden können. Dies zwingt zu Annahmen in der Planung, welche weder mathematisch begründbar noch aus bestimmten betrieblich verwendbaren Verfahren ableitbar sind. Sie sind ganz einfach die Folge notwendiger Vorausschau, zu der der Unternehmer gezwungen ist, will er den Betrieb in bestimmte Bahnen lenken. Die unternehmerische Eigenverantwortlichkeit für derartige Entscheidungen, die fehlende Gewissheit, dass die betrieblichen Abläufe so eintreten werden, wie dies angenommen wird, verleiht der Planung den Charakter dispositiver menschlicher Arbeit, bei der die exakten Dispositionsgrundlagen nur ein Teil der Entscheidungshilfen sind.

a) Die Bedeutung der Planung für die Unternehmensführung

1. Zwang zur klaren Zielformulierung

Planung kann erst dann einsetzen, wenn das zukünftige Ziel klar formuliert ist; anderenfalls lassen sich die zu seiner Erreichung im Laufe der **Planperiode** notwendigen Handlungen nicht bestimmen.

2. Denken in Systemzusammenhängen

Jede Entscheidung in einem Bereich des Unternehmens hat mittelbare oder unmittelbare Auswirkungen auf die anderen Bereiche. Eine **Entscheidungsvorbereitung**, die derartige bereichsübergreifende Zusammenhänge nicht in ihre Überlegungen einbezieht, führt zwar möglicherweise zu einer bereichsoptimalen Vorgangsweise, läuft aber gleichzeitig Gefahr, in anderen Bereichen negative Auswirkungen auszulösen, die möglicherweise schwerer wiegen als die Erfolge in einem Bereich und solcherart das Gesamtoptimum in Frage stellen. Nur durch eine **integrierte Gesamtplanung** des Unternehmens ist es möglich, den Beitrag jedes einzelnen Unternehmensteiles zum Gesamtunternehmensziel aufzuzeigen, innerbetriebliche Zusammenhänge deutlich werden zu lassen und dadurch derartige bewusste oder unbewusste **Ressortegoismen** zu vermeiden (A. Egger/M. Winterheller, Kurzfristige Unternehmensplanung. Budgetierung, 10. Auflage, Wien 1999, S. 14).

3. Erhöhung der betrieblichen Flexibilität

Kündigen sich gegenüber dem durch die Planung vorgegebenen Soll Abweichungen an, können bereits frühzeitig Gegensteuerungs- bzw. **Anpassungsmaßnahmen** gesetzt werden. Voraussetzung hiefür ist allerdings ein möglichst rasch reagierendes System der Erfassung auch der Istdaten.

4. Die Planung verlangt Wahrscheinlichkeitsüberlegungen

Entscheidungen der Unternehmensführung sind wegen der Vielzahl der zu berücksichtigenden Einflussfaktoren **Entscheidungen unter Unsicherheit**. Aus diesem Grund zwingt die Planung zu einer intensiven Auseinandersetzung mit den Chancen und Risiken der Zukunft. Jeder am Planungsprozess Beteiligte muss sich seiner subjektiven Wahrscheinlichkeitsverteilung bewusst werden, womit Zukunftserwartungen diskutierbar werden.

b) Die Grundsätze der Planung

Zu den Grundsätzen der Planung gehören Vollständigkeit, Eindeutigkeit, Kontinuität, Elastizität und Wirtschaftlichkeit.

Vollständigkeit: Eine Planung muss alle für das zukünftige Geschehen belangvollen Daten miteinbeziehen. Es kommt nicht so sehr auf die **Planungstiefe** (Zerlegung der Daten bis ins letzte Detail), sondern auf die **Planungsbreite** (Verwendung weniger, aber alle Bereiche umfassender Daten) an.

Eindeutigkeit: Jeder der im Unternehmen tätigen Mitarbeiter sollte die ihm vorgegebenen Pläne verstehen können und dadurch jederzeit in der Lage sein, das Planungsoptimum zu erfüllen.

Kontinuität: Die Planung darf nicht nur als ein gelegentliches Hilfsmittel verwendet werden. Nur als ständige Einrichtung kann sie zur optimalen Steuerung des Unternehmens beitragen.

Elastizität: Da jede Planung in die Zukunft gerichtet ist und je nach dem **Planungshorizont** (jener Zeitraum, über den sich die Planung erstreckt) und den vorhandenen Informationen über die Zukunft mit einer mehr oder weniger großen Ungewissheit belastet ist, muss ein guter Plan für eventuelle in der Zukunft eintretende Änderungen alternative Zielsetzungen und die dazu notwendigen Maßnahmen ihrer Verwirklichung vorsehen. Dies kann durch den Einbau von **Planungsreserven**, durch die Erstellung von **Eventualplänen** und durch **zeitlich überlappte Pläne** geschehen.

Grundsatz der Wirtschaftlichkeit: Der Aufwand einer Planaufstellung muss in einem vertretbaren Verhältnis zur Aussagefähigkeit und Anwendbarkeit des Planes stehen. Man kann daher als Grenzen der Planung jene Kosten ansehen, die den Effekt übersteigen, den sie auslösen. Planung findet auch dort Grenzen, wo ein geordnetes Rechnungswesen fehlt, nur ungenügende Marktkenntnisse bestehen, das technische und wirtschaftliche Leistungsvermögen nicht klar erkennbar ist, die organisatorischen Regelungen nicht entsprechen und dergleichen mehr.

c) Die Gliederung der betrieblichen Planung

Mögliche Gliederungskriterien der betrieblichen Planung sind insbesondere die Gliederung nach dem zeitlichen Bereich, dem Ausmaß an Operationalität und dem Geltungsbereich.

Der Planungszeitraum

Nach dem **zeitlichen** Ausmaß unterscheidet man die kurz-, mittel- und langfristige Planung. Langfristige Pläne umfassen einen Zeitraum von mehr als einem Jahr und beeinflussen die Entwicklung des Unternehmens durch Fixierung der grundlegenden Unternehmensziele in den nächsten 3–10 Jahren, wobei die Dauer von der Art des Betriebes abhängt. Der langfristige Plan einer Schiffswerft wird auf längere Zeit abgestellt sein als etwa derjenige einer Damenoberbekleidungsfabrik.

Für die **Planungshorizonte** der **langfristigen Planung** sind grundsätzlich die Lebensdauer und die Anpassungsfähigkeit des Leistungsprogrammes ausschlaggebend.

Die **Kurzfristplanung**, in die regelmäßig die **Mittelfristplanung** einbezogen wird, wird normalerweise betriebsunabhängig auf ein Jahr (mit Unterteilung in Teilperioden) festgelegt. Sie hat mit einer Reihe von fixen Daten (langfristige Verträge, vorhandenes Anlagevermögen, nur partiell anpassungsfähiges Leistungsprogramm) zu rechnen, die im Rahmen einer langfristigen Planung noch variabel sind.

Das Ausmaß an Operationalität

Die Einteilung nach dem Ausmaß an **Operationalität** entspricht im Wesentlichen der Einteilung nach der Gültigkeitsdauer. Es steht jedoch nicht die Zeit, sondern die konkrete handlungsmäßige Relevanz der erarbeiteten Pläne im Mittelpunkt des Interesses. Üblich ist die Unterteilung in **strategische Planung**, **operative Planung** und **taktische Planung** (vgl. H. Koch, Betriebswirtschaftliche Planung, in: HWB, 4. Auflage, Stuttgart 1975, Sp. 3001 ff.). Diese Stufen werden auch als **Strategieplanung**, **Rahmenplanung** und **Detailplanung** bezeichnet.

Im Rahmen der **strategischen Planung** werden wegen des weiten Planungshorizontes und der damit verbundenen Unsicherheit nur relativ grobe Zahlenwerte geplant, die in der **operativen Planungsphase** detailliert werden müssen. Eine Aufspaltung dieser Sollwerte auf die einzelnen Bereiche erfolgt erst in der **taktischen Planung**.

Der Geltungsbereich

Die Einteilung der Planung nach dem Geltungsbereich ergibt sich aus der Teilung des Unternehmensgesamtplanes in **Teil- oder Bereichspläne**. Wegen der engen Beziehungen zur Kompetenz- und Verantwortungsverteilung stellen die bereichsbezogenen Teilpläne ein Spiegelbild der Organisation des Unternehmens dar.

Im Falle einer **funktionalen Organisation** lassen sich die bereichsbezogenen Pläne nach den betrieblichen Funktionen **Leistungserstellung**, **Leistungsverwertung** und **Finanzierung** einteilen:

- Pläne der **Leistungsverwertung**, detailliert nach Leistungseinheiten, Absatzgebieten, erzielbaren Preisen, Kundengruppen, Vertretern etc.
- Pläne der **Leistungserstellung** und **Leistungsbereitschaft**. Dazu zählen Produktionspläne nach Leistungseinheiten mit ihren variablen (direkten) Kosten, Personalpläne, Beschaffungspläne, Investitionspläne, Stellenkostenpläne für die einzelnen Bereiche.
- Pläne der **Finanzierung** zur Steuerung des Zahlungsmittelbedarfes.

Im Falle **divisionaler Organisation** lassen sich die Bereichspläne zumindest in Pläne der Zentralabteilungen (Unternehmensleitung, EDV, Betriebswirtschaft, Personal etc.) und Pläne der **Divisionen (Sparten)**, die ihrerseits wieder funktionell unterteilbar sind, gliedern.

Die **Bereichspläne** sind weiter zu untergliedern, bis für jeden Entscheidenden operationale Handlungsanweisungen abgeleitet werden können. Zentrale Merkmale für die Einteilung nach dem Geltungsbereich sind **Verantwortung** und **Kompetenz**. Nur Ergebnisse, deren Erreichung ein Mitarbeiter beeinflussen kann, motivieren ihn zu zielbewussten Maßnahmen und ermöglichen im Nachhinein eine Analyse entstandener Abweichungen. Wenn Ziele und betriebliche Kompetenz nicht übereinstimmen, also mehrere Personen in unterschiedlicher Weise für die Erreichung eines Zieles verantwortlich sind, werden positive Abweichungen über zahlreiche Väter verfügen, negative Abweichungen aber nur schwer einen Schuldigen finden (A. Egger/M. Winterheller, a.a.O., S. 40).

d) Die Planungskoordination

Infolge der praktischen Unmöglichkeit einer simultanen Gesamtplanung, die alle **Unternehmensvariablen** dem Unternehmenszweck entsprechend bestimmt und damit zu einer Totalentscheidung führt, muss die **Unternehmensplanung** in eine Reihe nebeneinander bzw. nacheinander gelagerter **Bereichsplanungen** zerlegt werden, die jeweils nur wenige Unternehmensvariablen zugleich betreffen. Die Gesamtplanung eines Unternehmens stellt also keine Simultanplanung, sondern ein System aus „sukzessiven Teilplanungen dar, ... die aber in ein hierarchisch geordnetes System gebracht werden" (H. Koch, Betriebliche Planung, Grundlagen und Grundfragen der Unternehmenspolitik, Wiesbaden 1961, S. 36).

Obwohl sich die Aufstellung der **Bereichspläne** nach den Zielvorstellungen des gesamten Unternehmens richten muss, wird sie doch stark durch bestimmte Vorstellungen der Verantwortlichen in den Teilbereichen beeinflusst. So wird die Produktion mit dem Verkauf bezüglich des Umfanges des Sortiments häufig in Konflikt kommen. Während der Verkauf an einem möglichst breiten Sortiment interessiert ist, wird die Produktionsleitung aus Gründen der Produktionsvereinfachung (Kostendegression) ein möglichst enges Sortiment vorschlagen. Die Verkaufsabteilung versucht infolge der Ungewissheit der Absatzerwartungen die Pläne so kurzfristig wie möglich zu erstellen; die Produktion verlangt, um ausgeglichen produzieren zu können, einen möglichst langen Planungszeitraum. Während die Produktionsleitung an großen Zwischenlagern, sogenannten „Pufferlagern", interessiert ist, um eventuelle Stockungen leichter auffangen zu können, ist die Finanzabteilung des Betriebes auf eine geringe Kapitalbindung und damit auf kleine Zwischenlager bedacht. Diese (teilweise entgegengesetzt verlaufenden) Bestrebungen gilt es durch die **Planungskoordination** auszugleichen.

Durch die Planungskoordination sollen die auf verschiedene Teilbereiche aufgespalteten Teilaufgaben auf das Unternehmensziel hin ausgerichtet werden.

Die notwendige Folge ist die Koordination der einzelnen Teilpläne in möglichst viele Richtungen:

Zeitliche Koordination zur Übereinstimmung der lang- und kurzfristigen Planung.

Vertikale Koordination zur Einordnung der Pläne aller nachgeordneten Unternehmensbereiche in den Gesamtplan.

Horizontale Koordination zur Herstellung des Zusammenhanges zwischen den Plänen der Leistungserstellung und Leistungsverwertung einerseits und dem Finanzplan andererseits.

Koordination von Planungsrechnung und Istrechnung zur Gewährleistung der Möglichkeit der Feststellung des Zielerreichungsgrades.

Die **Koordination** der **Teilpläne** wird kurzfristig von den im Betrieb vorhandenen Engpässen beeinflusst. Der **Engpasssektor**, der in außerbetrieblichen und innerbetrieblichen Bereichen liegen kann, wird häufig wechseln. Wenn auch versucht werden wird, den Engpass zu überbrücken, beispielsweise durch Lohnarbeiten außer Haus, durch Preissenkungen oder Werbemaßnahmen zur Erhöhung des Absatzes, durch den Versuch der Aufnahme weiterer, wenn auch teurer Kredite, so bestimmt doch der Engpass kurzfristig die Gesamtplanung. Gutenberg bezeichnet „dieses Ausgleichsgesetz der Planung" als „Dominanz des Minimumsektors" (E. Gutenberg, Grundlagen der Betriebswirtschaftslehre, Band I: Die Produktion, 24. Auflage, Berlin/Heidelberg/New York 1983, S. 163 ff.).

Langfristig wird sich die Koordination jedoch nach den Erfordernissen des **Vorrangbereiches** ausrichten, der sowohl in der Leistungserstellung (Produktion) als auch in der Leistungsverwertung (Absatz) liegen kann.

Entscheidungen, die für einen kurzfristigen Zeitraum getroffen werden, müssen nicht immer vollkommen mit der langfristigen Zielvorstellung übereinstimmen. Es werden durch **Umwelteinflüsse** oftmals **kurzfristige Maßnahmen** verlangt, die der **langfristigen Zielsetzung widersprechen**. Trotzdem ist für alle kurzfristigen Entscheidungen grundsätzlich das langfristige Ziel maßgeblich. Planungskoordination ist daher auch Koordination **kurz- und langfristiger** Planung.

Durch die **vertikale Koordination** sollen die Pläne der einzelnen Unternehmensbereiche sowohl nach oben als auch untereinander so verknüpft werden, dass sich daraus der Gesamtplan ergibt.

Im Rahmen der **vertikalen Koordination** gilt es, vom Gesamtunternehmensziel abweichende Bereichsinteressen auszuschalten und die bestmögliche Zielerreichung nicht nach den Teiloptima, sondern nach dem Gesamtoptimum auszurichten, wobei unter Umständen in verschiedenen Bereichen nicht der beste Wirkungsgrad erzielt wird. Außerdem ist der **Minimumsektor** unter Berücksichtigung möglicher Anpassungsmaßnahmen zu beachten.

Die **horizontale Koordination** tritt durch die Koordination der gleich gelagerten **erfolgswirtschaftlichen** und **finanzwirtschaftlichen** Pläne in Erscheinung.
Beide Planungsbereiche, **Erfolgsplanung** und **Liquiditätsplanung**, werden in
der Praxis in vielen Fällen isoliert nebeneinander bearbeitet. Grundsätzlich beziehen sich aber beide auf dieselben Daten, nur dass diese einmal in Bezug auf
ihren Beitrag zum Erfolg und einmal in Bezug auf ihre Auswirkungen auf die
Liquidität untersucht werden müssen.

Durch die **Koordination von Planungsrechnung und Ist-Rechnung** werden
eine laufende Überwachung der **Realisationsphase** und damit rasche Reaktionen auf unerwartete Entwicklungen ermöglicht. Deshalb ist einerseits bereits in
der Planungsrechnung auf die Istrechnung Bedacht zu nehmen, andererseits aber
auch die Istrechnung für die Zwecke des Soll-Ist-Vergleiches den Erfordernissen
der Planung entsprechend zu modifizieren, etwa durch die Wahl gleicher Teilperioden, durch die Gleichstellung des Kostenartenplanes, durch die Trennung fixer und variabler Kostenbestandteile etc., aber auch durch die Verwendung gleicher Terminologie, Gliederung und Inhalte gleich benannter Positionen in der
Planungs- und Istrechnung.

e) Der Planungsprozess

Durch die Planung soll der günstigste Weg zur **Zielrealisierung** gefunden werden. Planung bedarf daher der vorhergehenden Festlegung der zu erreichenden
Ziele. Der Planungsprozess besteht somit aus der **Zielplanung** und der **Maßnahmenplanung**, die beide für eine Vielzahl einzelner Planungsschritte stehen, welche in Abhängigkeit von der Komplexität des zu lösenden Planungsproblems,
der Anzahl der am Planungsprozess Beteiligten und anderer Einflussfaktoren variieren. Dennoch sind aber in allen Fällen zwei Phasen zu unterscheiden (vgl. zu
den folgenden Ausführungen A. Egger/M. Winterheller, a.a.O., S. 19 ff.):

> 1. **Entscheidungsvorbereitung**
>
>   Analyse des Istzustandes
>   Analyse der realisierbaren Möglichkeiten
>
> 2. **Entscheidung**

Die Grenze zwischen den **Planungsphasen** Analyse des Istzustandes, Analyse
der realisierbaren Möglichkeiten und Entscheidung ist in vielen Fällen fließend,
die Gewichtung unterschiedlich. Außerdem sind die einzelnen **Planungsschritte**
nicht nur in der dargestellten Richtung miteinander verbunden, sondern zusätzlich durch die Möglichkeit der **Rückkoppelung**, die dann wahrzunehmen ist,
wenn sich herausstellt, dass ein bereits als abgeschlossen betrachteter Planungs-
schritt nochmals zu durchlaufen ist, um neue Daten zu erheben oder weitere Alternativen zu erarbeiten. Immer aber sind die Grundgedanken einer intensiven
Durchleuchtung der Gegenwart, einer Beschäftigung mit den Einflussfaktoren
und Möglichkeiten der Zukunft und einer eindeutigen Entscheidung für eine verbindliche Sollvorgabe unverzichtbare Bestandteile jeder Planung.

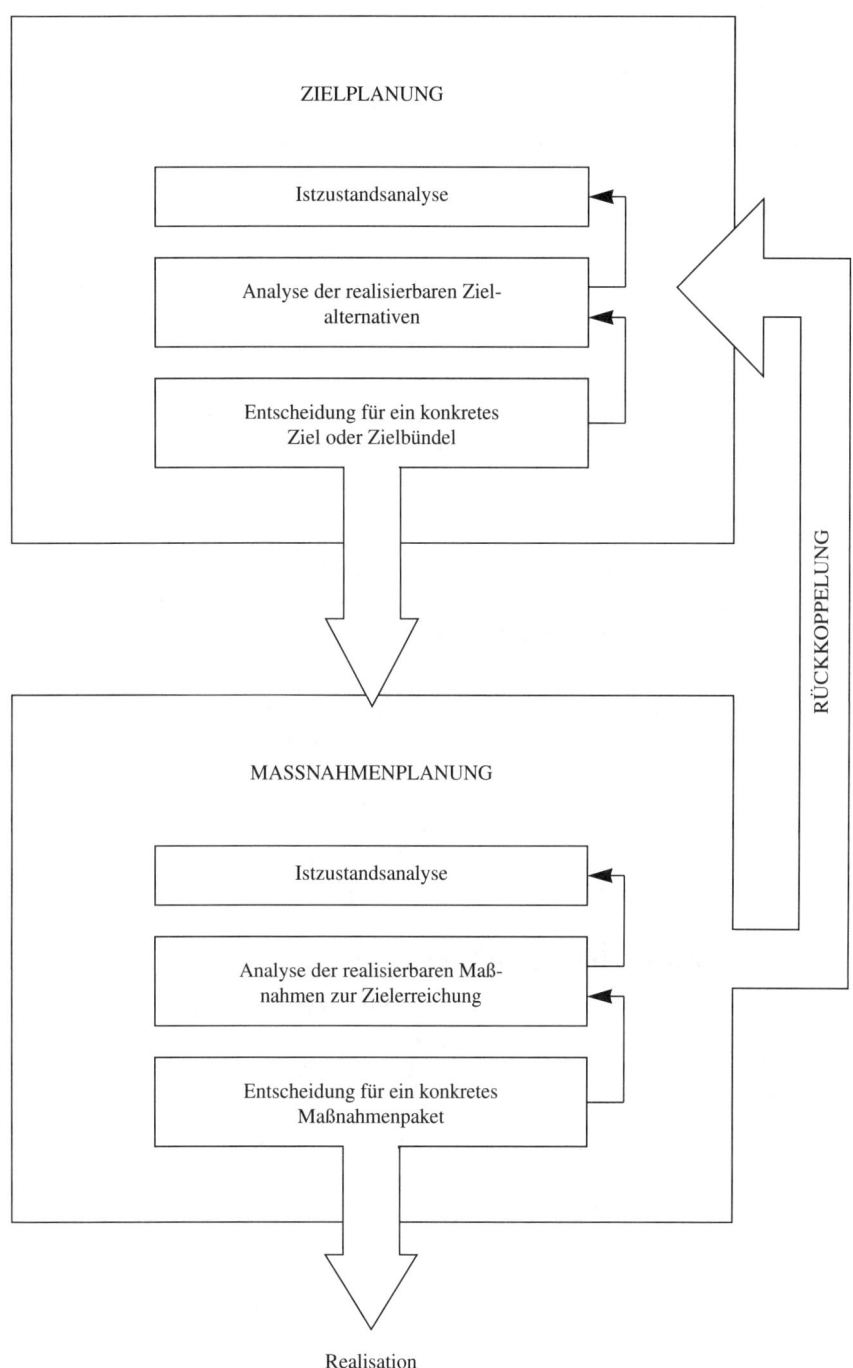

Abb. 9

95

aa) Zielplanung

Die Zielplanung ist ein eigenständiger Planungsprozess, der mit der Entscheidung für ein bestimmtes Ziel oder Zielbündel abschließt, jederzeit aber durch Rückkoppelung im Zuge der Maßnahmenplanung beeinflusst werden kann.

Analyse des Istzustandes

In den Unternehmenszielen sollen sowohl die Stärken und Schwächen des Unternehmens selbst als auch die Möglichkeiten und Gefahren der Unternehmensumwelt ihren Niederschlag finden. Die **Analyse des Istzustandes** hat daher möglichst alle relevant erscheinenden externen und internen Bereiche zu erfassen. Es sind insbesondere zu berücksichtigen:

Analyse der Unternehmensumwelt: Es sind der **Absatzmarkt** (Marktvolumen, Marktanteile, Absatzverteilung auf Regionen, Kundengruppen, Vertriebswege, Konjunkturentwicklung, Wettbewerbsverhältnisse), der **Beschaffungsmarkt** für Roh-, Hilfs- und Betriebsstoffe und Handelswaren (Lieferantenstruktur, Preisentwicklung, Abhängigkeiten von Monopolisten, Substitutionstendenzen), der **Investitionsgütermarkt** (Lieferantenstruktur, Preisentwicklung, technischer Fortschritt), der **Finanzmarkt** (Rechtsform des Unternehmens, Zinsentwicklung) und **gesetzliche Bestimmungen** (Steuern, Wettbewerbsvorschriften, Sozialgesetzgebung, Konzentrationsverbote etc.) einzubeziehen.

Analyse des Unternehmens: Es sind die **Unternehmensführung** (Personen, Führungsstil, Planungs- und Kontrollsystem), der **Einkauf** (Mitarbeiter, Organisation, Effizienz, Lieferantenstruktur), die **Produktion** (Mitarbeiter, Organisation, Effizienz, Patente, Lizenzen, maschinelle Situation), der **Verkauf** (Mitarbeiter, Sortimentstruktur, Absatzwege, Marketinginstrumente), die **Forschung und Entwicklung** (Mitarbeiter, Projekte, Patente, Effizienz) und die **finanzielle Situation** (Gewinn-, Umsatz-, Liquiditätsentwicklung) einzubeziehen.

Analyse der realisierbaren Möglichkeiten

Im Rahmen der **Analyse der realisierbaren Möglichkeiten** sind alternative realisierbare Zielbündel zu erarbeiten. Die spezifischen Auswirkungen jeder Alternative sind zur Ermöglichung der Beurteilung und Auswahl in der nachfolgenden Entscheidungsphase ebenfalls zu prognostizieren.

Die Planung der XY-AG lässt beispielsweise folgende Zielalternativen realisierbar erscheinen:

Zielbündel 1:   Das Produkt X soll innerhalb Jahresfrist zur Serienreife gebracht werden. Wegen der damit verbundenen hohen Investitionen in Forschung und Entwicklung wird die Liquidität äußerst angespannt, der ausschüttbare Gewinn beträgt 3 Mio.

Zielbündel 2:   Das Produkt X soll innerhalb der nächsten 2 Jahre zur Serienreife gebracht werden. Diese Zeitspanne entspricht der branchenspezifischen Entwicklungszeit. Der ausschüttbare Gewinn des nächsten Jahres beträgt 8 Mio.

Als Auswirkungen können prognostiziert werden:

Bei Verwirklichung des Zielbündels 1 wird die XY-AG ihrem Ruf als technologischer Marktführer gerecht. Durch den zeitlichen Vorsprung vor der Konkurrenz könnte der Marktanteil im zweitfolgenden Jahr von derzeit 30 % auf 35 % erhöht werden. Allerdings reichen 3 Mio. nur für eine Ausschüttung, die weit unter dem gewohnten Niveau liegt. Da die positiven Auswirkungen erst im darauf folgenden Jahr in Erscheinung treten, könnte das relativ schlechte Ergebnis des Planjahres für Unruhe unter den Kapitalgebern sorgen.

Das Zielbündel 2 erlaubt demgegenüber eine Ausschüttung, die im Rahmen der bisherigen Dividenden liegt. Es gibt keine Anzeichen dafür, dass ein Konkurrenzunternehmen vor Ablauf von 2 Jahren mit einem vergleichbaren Produkt auf den Markt kommt, es kann allerdings auch nicht ausgeschlossen werden.

Entscheidung

Die **Entscheidung** besteht in einem Abwägen der dargestellten Vor- und Nachteile unter besonderer Berücksichtigung der Realisierbarkeit der Ziele. Häufig werden die Entscheidenden auch von anderen Wahrscheinlichkeiten ausgehen als die Entscheidungsvorbereiter. Dies wird besonders dann der Fall sein, wenn zwischen beiden keine Personalunion besteht, was in der Zielplanung den Regelfall darstellt, da die Entscheidungsvorbereitung bei Stabsstellen, die Entscheidung aber bei der Unternehmensführung selbst liegt.

Beispielsweise könnte die Führung der XY-AG im obigen Beispiel das Risiko, dass ein Konkurrent bereits nach Jahresfrist mit einem vergleichbaren Produkt auf den Markt geht, so hoch einschätzen, dass sie sich trotz des schlechten Jahresergebnisses für Zielbündel 1 entscheidet. Sie könnte darauf vertrauen, dass sie den Kapitalgebern die großen Chancen, die in einer raschen Verwirklichung des Produktes X liegen, klar machen kann.

bb) Maßnahmenplanung

Allgemeines

Maßnahmen sind Leistungsbeiträge der Mitarbeiter eines Unternehmens; **Maßnahmen-(Ausführungs-)Planung** ist „die systematische Erarbeitung aller konkreten Aktionen, Programme, Projekte und Tätigkeiten, die insbesondere in der unmittelbaren Zukunft in den einzelnen Funktionsbereichen (Forschung und Entwicklung, Produktion, Marketing, Finanzen usw.) wie auch von der Führung selbst für die Sicherung des gesamten Zielspektrums zu vollziehen sind" (A. Gälweiler, Unternehmensplanung, Frankfurt/New York 1974, S. 73).

Die Grenze zwischen Zielplanung und Maßnahmenplanung ist fließend. Es ist u. a. eine Frage der Betrachtungsebene, was als Ziel anzusehen ist und was als Maßnahme.

Für den Verkaufsleiter ist es eine Maßnahmenplanung, wenn er für den Monat Mai eine verkaufte Stückzahl von 800 Einheiten eines Produktes zu einem bestimmten Preis vorsieht, um sein Deckungsbeitragsziel zu halten. Für den einzelnen Verkäufer dagegen stellt diese Zahl ein Ziel dar, das es zu erreichen gilt. Seine Maßnahmenplanung beschäftigt sich mit Kundenbesuchen, Telefonaten etc.

Innerhalb jeder Betrachtungsebene unterscheiden sich Ziele und Maßnahmen dadurch, dass jedes Ziel einen erwünschten Zustand darstellt, den Maßnahmen selbst aber kein eigenständiger Wert zukommt. Sie erlangen ihre Bedeutung erst durch ihren **Beitrag zur Zielerreichung**.

Der Verkauf von 800 Stück des Produktes aus obigem Beispiel ist für den Verkaufsleiter deshalb wesentlich, weil er damit sein Deckungsbeitragsvolumen erhöhen kann. Ebenso wird der Verkäufer einen schwierigen Kundenbesuch nicht um des Besuches willen tätigen, sondern weil er auf einen Auftrag hofft, der ihn der Erreichung seiner Zielvorgabe und damit unter Umständen einer höheren Provision näher bringt.

Das Ausmaß der zu planenden Maßnahmen hängt von der Differenz zwischen prognostizierter und geplanter Unternehmensentwicklung ab. Die prognostizierte Unternehmensentwicklung beruht auf einer Trendverlängerung der bisherigen Entwicklung unter Berücksichtigung erwarteter Veränderungen der Unternehmensumwelt. Sie gibt Antwort auf die Frage, welchen Zustand das Unternehmen zum Ende der Planperiode erreicht, wenn es die Maßnahmen der Vergangenheit und Gegenwart auch in der Zukunft durchführt.

Die durch Gegenüberstellung von Ziel und Prognose ermittelte Fehlgröße, also der Unterschied zwischen dem, was sich die Unternehmensführung als Ergebnis wünscht, und dem, was sie als Entwicklung erwartet, wenn sie den Kurs nicht in Richtung Zielerreichung beeinflusst, ist die „**Maßnahmenlücke**". Das Schließen dieser Lücke ist Aufgabe der **Maßnahmenplanung**.

Maßnahmen werden in der Regel für überschaubare Bereiche und für einen kurzen Planungszeitraum festgelegt. Dadurch bereiten die drei Planungsstufen Analyse des Istzustandes, Analyse der realisierbaren Möglichkeiten und Entscheidung meist weniger Mühe als die entsprechenden Phasen in der Zielplanung (siehe Abb. 10).

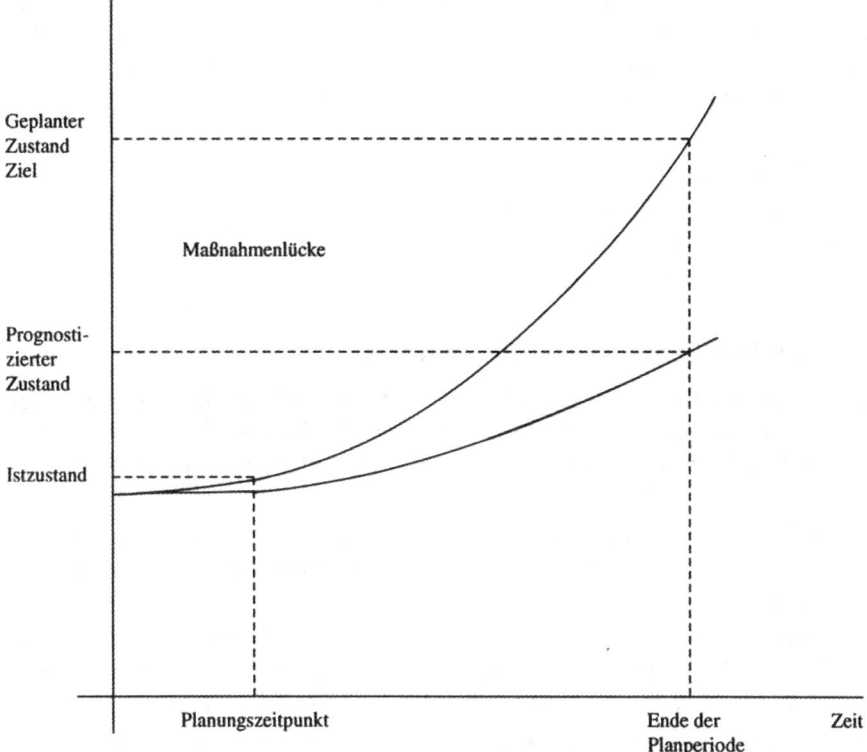

Abb. 10

Analyse des Istzustandes

Die **Analyse des Istzustandes** umfasst in der Maßnahmenplanung den Istzustand zum Planungszeitpunkt und die Feststellung der Lücken, die es zu überwinden gilt. Dadurch wird auch das zu erreichende Ziel in die Istzustandsanalyse eingebracht. Das Ziel ist Bestandteil des Datenkranzes der Maßnahmenplanung.

Analyse der realisierbaren Möglichkeiten

Im Rahmen der **Analyse der realisierbaren Möglichkeiten** sind alternative realisierbare Maßnahmen zur Überwindung der Lücke zu erarbeiten. Dabei ist darauf Rücksicht zu nehmen, dass die prognostizierte Entwicklung, wie jede Aussage über die Zukunft, mit Unsicherheit behaftet ist. Es sind alle in der Planperiode notwendigen Maßnahmen für die Zielerreichung, somit auch die prognostizierten Maßnahmen, in die Planung aufzunehmen. Nur dadurch ist eine Kontrolle des gesamten Zielerreichungsprozesses möglich.

Der Verkäufer in obigem Beispiel gehe davon aus, dass sich bei Fortsetzung der bisherigen Verkaufsmaßnahmen in der Planperiode 650 Stück verkaufen ließen

99

(Prognose). Bei einem geplanten Verkauf von 800 Stück (Ziel) beträgt die Maßnahmenlücke 150 Stück. Für diese zusätzliche Stückzahl sind besondere Maßnahmen zu planen. Der Maßnahmenplan weist sämtliche zur Erreichung von 800
verkauften Einheiten realisierbaren Maßnahmen aus.

Entscheidung

Die **Entscheidung** besteht in der Auswahl einer bestimmten Maßnahme oder eines bestimmten Maßnahmenpaketes. Seine Durchführung wird dadurch verbindlich vorgeschrieben.

f) Entscheidungen unter Unsicherheit

Je nach dem **Unsicherheitsgrad** bzw. **Wahrscheinlichkeitsgrad**, unter dem
Entscheidungen getroffen werden, werden in der Ungewissheitstheorie unter-
schieden (vgl. hiezu W. Korndörfer, Unternehmungsführungslehre, 8. Auflage,
Wiesbaden 1995, S. 69 ff.):

1. **Sichere Erwartungen:** Der Entscheidende kann bei Einsatz einer bestimmten Strategie mit Sicherheit mit dem Eintreffen des erwarteten Ereignisses
   rechnen.

2. **Risikoerwartungen:** Dem Entscheidenden ist die Wahrscheinlichkeitsfunk-
   tion des Ereigniseintrittes bekannt. Die Unsicherheit ist messbar. (Die Wahrscheinlichkeit, dass bei einem Würfel die Zahl 1 erscheint, liegt bei $1/6$.)

3. **Unsichere Erwartungen** (Entscheidungen bei Unsicherheit): Über die Ein-
   trittswahrscheinlichkeit der Ereignisse und Konsequenzen können keine de-
   finitiven Aussagen gemacht werden. Es wird zwischen **subjektiv unsicheren** Erwartungen und **objektiv unsicheren** Erwartungen unterschieden.

   Bei **subjektiv unsicheren** Erwartungen rechnet der Entscheidende auf Basis
   ungenauer und lückenhafter Informationen mit dem Eintritt eines Ereignisses lediglich auf Grund einer subjektiven Wahrscheinlichkeit bzw. Glaubwürdigkeit. Bei **objektiv unsicheren** Erwartungen liegt überhaupt kein An-
   haltspunkt über den Ereigniseintritt vor.

Sichere und Risiko-Erwartungen gelten als **einwertige**, unsichere Erwartungen
als **mehrwertige** (mehrdeutige) Erwartungen.

Während Entscheidungen bei Sicherheit kaum reale Relevanz besitzen, ergeben
sich Risikoerwartungen in jenen Fällen, in denen Entscheidungen auf der Grundlage statistischer Errechnungen getroffen werden (Schadensentwicklungen,
Marktentwicklung, Verkaufsprognosen, Ausschussentwicklung etc.).

Die häufigsten Entscheidungssituationen ergeben sich auf der Grundlage unsicherer Erwartungen, wobei das Management (der Entscheidende) grundsätzlich
bestrebt ist, seiner Entscheidung eine **subjektive Wahrscheinlichkeit**, das heißt
Glaubwürdigkeit, zu unterlegen.

Für Entscheidungen bei **subjektiv unsicheren** Erwartungen wurden in der Literatur folgende **Entscheidungsregeln** erarbeitet:

1. Die verschiedenen als glaubhaft angesehenen Alternativen werden auf die in den Augen des Entscheidenden wahrscheinlichste reduziert und jene Entscheidung getroffen, die bei der wahrscheinlichsten Alternative das beste Ergebnis abwirft (**Irving Fisher** und **J. M. Keynes**).
2. Ermittlung des **Gesamterwartungswertes** aus der Multiplikation des Wahrscheinlichkeitsgrades des Eintrittes der jeweiligen Alternative mit dem dabei erzielbaren Ergebnis. Die Entscheidung mit dem höchsten **Gesamterwartungswert** wird gewählt (**Albert G. Hart**).

Für Entscheidungen bei **objektiv unsicheren** Erwartungen haben sich folgende Entscheidungsregeln entwickelt:

1. **Minimax-Regel**
   (John V. Neumann, Oskar Morgenstern und Abraham Wald):
   Diese als die Politik „eines vorsichtigen Pessimisten" bezeichnete Entscheidungsregel wählt aus den möglichen Alternativen jene, deren minimales Ergebnis größer ist als die minimalen Ergebnisse aller anderen Alternativen. Der Eintritt jeder anderen Konstellation würde ein besseres Ergebnis bringen.

2. **Minimax-Risiko-Regel**
   (Leonard Savage und Jürg Niehans):
   Die maximale Enttäuschung soll minimiert werden. Diese auch als Politik eines „ängstlichen Geschäftsführers" bezeichnete Regel trifft jene Entscheidung, bei der die mögliche Enttäuschung am geringsten ist.

3. **Pessimismus-Optimismus-Kriterium**
   (Leonid Hurwicz):
   Die jeweils möglichen Minimal- und Maximalgewinne, die bei den einzelnen Entscheidungen eintreten können, werden mit einer sich auf 1 ergänzenden Konstante (z. B. Minimum $2/3$, Maximum $1/3$ oder $1/4$–$3/4$), dem so genannten **Pessimismus-Optimismus-Index**, multipliziert und die Entscheidung mit dem höchsten Gesamtwert gewählt.

4. **Kriterium des unzureichenden Grundes**
   (Pierre Simon de Laplace):
   Es werden allen Alternativen die gleichen Wahrscheinlichkeiten zugeordnet und die Summe der sich bei den einzelnen Datenkonstellationen ergebenden Gewinne durch die Anzahl der möglichen Konstellationen dividiert. Die Entscheidung mit dem höchsten Quotienten wird gewählt.

5. **Koch'sche Regel:**
   Helmut Koch geht davon aus, dass durch die Einführung so genannter **Sekundärkomponenten**, das heißt Sicherheitsmaßnahmen (Liquiditätsreserven, Elastizität der Produktionsmittel, sonstige risikopolitische Maßnahmen), bei jeder möglichen Datenkonstellation ein Mindestgewinn gewährleistet werden sollte.

   Koch entscheidet sich dann für jene Variante, bei der der Gewinn unter Berücksichtigung der Gewinnminderung durch die Sekundärkomponente am größten ist.

g) Operative und strategische Unternehmensführung

Die bisherigen Ausführungen zur Planung sind vor allem im Lichte der **operativen** Führung eines Unternehmens zu sehen. Sie sind geprägt von der unmittelbaren Sicherung von zeitlich dimensionierten Sach- und Formalzielen. Die Liquidität und der Erfolg eines Unternehmens sind insoferne operative Führungs- und Steuerungsgrößen. Demgegenüber ist es Aufgabe der **strategischen** Unternehmensführung, „so früh wie möglich und so früh wie notwendig für die Schaffung und Erhaltung der besten Voraussetzungen für anhaltende und weit in die Zukunft reichende Erfolgsmöglichkeiten, das heißt für ‚Erfolgspotentiale' zu sorgen" (A. Gälweiler, Strategische Unternehmensführung, Frankfurt/New York 1987, S. 23 f.). Als **Erfolgspotential** ist ein Gefüge von erfolgsrelevanten produkt- und marktspezifischen Voraussetzungen anzusehen, die spätestens dann gegeben sein müssen, wenn die Erfolgsrealisierung stattfinden soll. Hiezu gehören insbesondere Produktentwicklungen, der Aufbau von Produktionskapazitäten, die Entwicklung von Marktpositionen und Marktanteilen, der Aufbau von kostengünstig arbeitenden Organisationen in den unternehmerischen Funktionsbereichen u. ä. Allen diesen Voraussetzungen ist gemeinsam, dass für ihre Schaffung eine mehr oder weniger lange Zeit gebraucht wird, die von der Sache her nicht beliebig verkürzt werden kann. Diese Voraussetzungen sind nicht mehr nachholbar, würde ihr Fehlen erst im Zeitpunkt der Erfolgsrealisierung auf Grund erkennbarer negativer Wirkungen in der Kurzfristplanung bemerkt werden. Fehlentscheidungen und Versäumnisse in der Unternehmensführung sind dann nicht mehr korrigierbar bzw. nachholbar.

Ausgangspunkt für die strategische Unternehmensführung ist ein leitender Gedanke, ein **unternehmerisches Konzept** (business idea), „mit dem sich die Unternehmung mit einer bestimmten Geschäfteinheit in einem Marktsegment von ihren Konkurrenten abheben und eine Position der Einzigartigkeit erreichen kann" (H. Hinterhuber, Strategische Unternehmungsführung, Band 1, 5. Auflage, Berlin/New York 1992, S. 7).

Für die strategische Unternehmensführung sind vier Grundelemente typisch:

1. Die **Analyse** der strategischen Ausgangsposition: Sie umfasst die Stärken und Schwächen der verschiedenen Leistungsbereiche in Bezug auf die Konkurrenten, die Leistungsabnehmer und die Chancen und Risken der unternehmerischen Umwelt.

2. Die **Bestimmung der zukünftigen Stellung der strategisch** bedeutsamen **Geschäfteinheiten** (**SGE**) und des Unternehmens als Ganzes in der Umwelt: In den Beziehungen zu den Leistungsabnehmern mit ihren Bedürfnissen, den Mitarbeitern im Unternehmen als Humanpotential, den Kapitalgebern, den Lieferanten, verbündeten Unternehmen und zur Gesellschaft sind kontinuierliche Austauschbeziehungen wesentlich, die von der gegenseitigen Nutzenstiftung geprägt sein sollen. Für die Positionierung der strategischen Geschäfteinheiten im künftigen Leistungsprogramm wird vielfach von der **Portfolio-Technik** als Instrument der Visualisierung und der Kommunikation Gebrauch gemacht (siehe H. Hinterhuber, a.a.O., S. 106 f.).

3. Die **Schaffung relativer Wettbewerbsvorteile** gegenüber den Konkurrenten: Dies setzt die Auswahl von geeigneten Technologien und die Entwicklung von sach- und dienstleistungsbezogenen Fähigkeiten voraus, mit welchen sich das Unternehmen gegenüber den Wettbewerbern profilieren kann. Hiezu bedarf es einer adäquaten Ressourcenzuteilung, damit die gewünschte Zielposition in der gewünschten Zeit erreicht werden kann. Dabei erweist es sich als vorteilhaft, nach außen hin durch die Konzentration auf wenige Bereiche dauerhafte Wettbewerbsvorteile zu erreichen. Nach innen hin können dadurch Synergieeffekte entstehen und gefördert werden. In den anderen Beziehungsebenen, in denen keine Wettbewerbspräferenzen erreichbar sind, müssen befriedigende Anspruchsniveaus erreicht werden, die die wesentlichen Strategiefelder unterstützen oder sich zumindest mit ihnen vereinbaren lassen.

4. Die **Festlegung von Kriterien und Standards**, womit der Erfolg der Strategien gemessen und mit den erwarteten Zielerfüllungsgraden verglichen werden kann.

Die strategische Führung setzt also ein Leitbild, eine unternehmerische „Vision" voraus, die in Grundsätzen für die **Unternehmenspolitik** in Form von Werten, Idealen und Normen den Mitarbeitern im Unternehmen, aber auch der Unternehmensumwelt gegenüber zu verdeutlichen ist. Die Strategien auf der Ebene einzelner strategischer Geschäftseinheiten und für das gesamte Unternehmen führen zu **Direktiven für die einzelnen Funktionsbereiche.** Ihr besonderer Wert liegt in der selektiven Konzentration auf funktionale Schwerpunkte (z. B. Forschung und Entwicklung oder Preis-Leistungs-Verhältnis). Jede Änderung in den Strategien des Unternehmens und in den Schwerpunkten seiner Funktionsbereiche erfordert eine entsprechende Anpassung der **Unternehmensorganisation** („structure follows strategy"). Die Umsetzung der Strategien erfordert konkrete **Aktionspläne**, eine Fortschrittskontrolle und eine permanente Überwachung der Strategien selbst auf deren Zweckmäßigkeit bei sich ändernden Umweltbedingungen. Vom Inhalt her müssen diese mit den Denkhaltungen und Wertvorstellungen der Unternehmenskultur verträglich sein. Gegebenenfalls ist es im Sinne einer Wechselwirkung notwendig, auf eine Veränderung der **Unternehmenskultur** einzuwirken, um eine Verträglichkeit mit den Zielen der strategischen Unternehmensführung zu gewährleisten (siehe auch Abschnitt A. IV. zur Unternehmenskultur und Abschnitt C. IV. zur Unternehmensverfassung).

Empirische Untersuchungen belegen vor allem für den industriellen Bereich die hohe Bedeutung von Marktanteilen für strategische Erfolgspotentiale. Die sog. „Erfahrungskurve" bringt zum Ausdruck, dass mit jeder Verdoppelung der kumulierten Mengen eines Produktes oder einer Leistung ein Kostensenkungspotential von rund 20–30 % entsteht. In nicht mehr wachsenden Märkten (und damit bei Verdrängungswettbewerb) sind Kostensenkungen von etwa 10–15 % zu erwarten (A. Gälweiler, a.a.O., S. 37 f.). Der Kostenrückgang tritt nicht automatisch ein, sondern das Senkungspotential muss von der Unternehmensführung erkannt und bewusst genützt werden. Kennt man die kumulierten Leistungsmengen der Konkurrenten, so kann man näherungsweise ermitteln, wie für einen bestimmten Zeitpunkt die potentiellen Stückkosten der einzelnen Konkurrenten zueinander liegen. Wer die höchsten Marktanteile besitzt, hat demzufolge die niedrigsten potentiellen Stückkosten. Es bestehen dann **Kostensenkungsmöglichkeiten** in einem Ausmaß, die ein Konkurrent mit niedrigeren Marktanteilen nicht haben kann. Kosten lassen sich nicht spontan senken, sondern je nach dem Charakter ihrer Bindung nur über einen längeren Zeitraum. Wer also laufend um eine Kostensenkung bemüht ist, obwohl er von der Ertragsseite hiezu nicht gezwungen wird, erlangt die beste Ausgangsposition (**Kostenführerschaft**) für die denkbaren Preisentwicklungen im Wettbewerb auf den Märkten.

Eine ähnliche Bedeutung wie das Erfahrungskurvenkonzept erlangte das Phänomen der **Substitutionszeitkurve**. Sie stellt eine wichtige Komponente für die Beurteilung des langfristigen Marktwachstums und die Möglichkeit zur Verlängerung von Produktlebenszyklen dar. Jede Innovation löst eine Substitution bisheriger (alter) Produkte aus. Es können aber auch Marktaufspaltungen entstehen, wenn für einen Teil der Produktanwender die bisherige Problemlösung die geeignetere bleibt.

Bei allem Vorzug für wachstumsorientierte Überlegungen muss die Unternehmensführung auch bewusst Möglichkeiten des **Rückzuges** und damit auch eines **geplanten Endes** einer unternehmerischen Aktivität ins Kalkül ziehen. Eng damit verbunden ist die Sensibilität des Managements gegenüber **Unternehmenskrisen** (siehe U. Krystek, Krisenbewältigungs-Management und Unternehmungsplanung, Wiesbaden 1980). Jede Krise birgt die Chance einer Veränderung in sich. Aufgabe der Unternehmensführung ist es, potentielle bzw. latente Krisen durch eine antizipierende Gedankenführung zu erkennen und organisatorische Maßnahmen zu setzen, um im Falle einer akut werdenden Krise rasch handeln zu können. Ansonsten läuft man Gefahr, dass die Veränderungskraft der Krise nicht genutzt werden kann und ein Gewöhnungsprozess an die Krise die kreative Entfaltung von Problemlösungen im Unternehmen (Krisenbewältigungspotential) behindert.

h) Planung und Planungsrechnung

Obwohl die Begriffe Planung und Planungsrechnung oft synonym verwendet werden, bestehen wesentliche Unterschiede: **Planung** ist eine Funktion des Managements, ein Prozess der Vorwegnahme künftiger Handlungsmöglichkeiten.

Die **Planungsrechnung** ist ein Instrument der Planung. Sie hat zwei Funktionen:

1. Die **Planungsrechnung** zeigt die zahlenmäßigen Auswirkungen der geplanten Maßnahmen auf. Erst dadurch ist eine Überprüfung dahingehend möglich, ob das geplante Ziel, das speziell im kurzfristigen Bereich immer als Zahlenwert fixiert wird, erreicht wird.

2. Nach Abschluss des **Planungsprozesses** speichert die Planungsrechnung die geplanten Maßnahmen und ihre erwarteten Auswirkungen. Dadurch ist sie einerseits Kommunikations- und Informationsinstrument und andererseits ein Maßstab zur ständigen Überprüfung der Realisationsphase.

Die **Planungsrechnung** ist ein Bestandteil des Rechnungswesens; es gibt für sie aber noch kein allgemein anerkanntes Verfahren, wie etwa die Doppik in der

Buchhaltung. Dies mag unter anderem auch daran liegen, dass die Planungsrechnung als innerbetriebliches Entscheidungsinstrument wesentlich spezifischer auf Besonderheiten des jeweiligen Unternehmens abzustimmen ist als die auf externe Rechnungslegung spezialisierte Buchhaltung.

i) Planung und Steuerung des Unternehmensgeschehens (Controlling)

Das betriebliche **Planungssystem** bedarf zu seiner Verwirklichung eines institutionalen Rahmens, innerhalb dessen festgelegt wird, wer die einzelnen Planungsstufen durchführt, überwacht und koordiniert, die Realisierung kontrolliert und bei Abweichungen Korrekturmaßnahmen in Gang setzt.

Mit der Entwicklung der entscheidungsorientierten Verfahren hat sich, von den Vereinigten Staaten ausgehend, eine eigene Berufsgruppe gebildet, deren Aufgabe in der Umsetzung der Managementfunktionen in ein integriertes Steuerungsinstrument des Unternehmens besteht. Vom Leiter des Rechnungswesens unterscheidet sich der „**controller**" durch zukunftsorientierte, umfassende Handlungsweise.

Bereits 1931 haben sich die Angehörigen dieser Berufsgruppe zu einem Institut zusammengeschlossen und einen Funktionenkatalog entwickelt, wonach der „**controller**" folgende wesentliche Aufgaben zu erfüllen hat:

1. **Planning function:** Diese besteht in der Mitwirkung bei der Aufstellung, Koordination und Realisation des Unternehmensgesamtplanes. Der controller hat diesen in operable, integrierte Teilpläne zu übersetzen und gleichzeitig alle dabei entstehenden Ressortegoismen (Verkauf – Produktion, Einkauf – Finanzen) auszugleichen.

2. **Controlling function:** Diese besteht in der eigentlichen Kontrollfunktion, der ständigen Überwachung der Unternehmensziele und -pläne, Durchführung der Ergebniskontrolle und der Abweichungsanalyse.

3. **Reporting function:** Die Informationsfunktion wird durch Aufbau eines entsprechenden Berichtswesens und die laufende Information der Führungsspitze als Grundlage für die Unternehmenssteuerung ausgeübt.

4. **Accounting and tax function:** Abgesehen von den traditionellen Aufgaben des Rechnungswesens als Instrument der Dokumentation (Vermögen und Erfolg) und Grundlage für die Besteuerung hat der **controller** die Aufgabe, dieses zu einem entscheidungs- und funktionsorientierten Instrument auszubauen.

Von diesen amerikanischen Vorstellungen unterscheidet sich das **Controlling**-Konzept deutscher und österreichischer Unternehmen hauptsächlich durch die Trennung in **internes und externes** Rechnungswesen, wobei das externe Rechnungswesen (Finanzbuchhaltung) nicht zu den Aufgaben des **Controllers** gerechnet wird.

Controlling ist als jene betriebliche Funktion anzusehen, die für eine ausgewogene Bereitstellung und Verwendung von Informationen im Rahmen des betrieblichen Führungssystems zu sorgen hat. Controlling bedeutet die Koordination von Informationsversorgung einerseits und Informationsverwendung andererseits bei der Führung von Unternehmen und Verwaltungen.

Der **Controller** steht als **Vermittler** zwischen der Geschäftsführung und den einzelnen Fachbereichen, d. h. er hat einerseits gegenüber den einzelnen Bereichen die Interessen der Geschäftsführung zu vertreten und andererseits gegenüber der Geschäftsführung die Aufgabe, nicht realisierbare Ziele aufzuzeigen. R. Mann spricht in diesem Zusammenhang vom institutionalisierten, gewollten Konflikt, der in einem organisatorisch geregelten Prozessablauf ausgetragen werden soll, um Innovationen zu erreichen (R. Mann, Die Praxis des Controlling, München, o. J., S. 37). Der **Controller** hat daher immer dann in den Planungsprozess auch inhaltlich einzugreifen und Änderungen anzuregen, wenn die Zusammenstellung der von den einzelnen Bereichen vorgeschlagenen Planzahlen die Erreichung des von der Geschäftsführung vorgegebenen Unternehmenszieles in Frage stellt. Er hat außerdem dann inhaltlich zu den Planzahlen Stellung zu nehmen, wenn er in den Diskussionen mit den Bereichsleitern feststellt, dass durch eine im Lauf der Planperiode nicht beeinflussbare und deshalb auch nur prognostizierbare, aber nicht planbare Umweltsituation das von der Unternehmensführung vorgegebene Ziel nicht erreichbar scheint.

Der **Controller** ist die **zentrale Planungsinstanz**, bei der sämtliche Bereichspläne gesammelt und verdichtet werden. Er hat sämtliche eingereichten Pläne unter Beachtung aller zwischen ihnen bestehenden Interdependenzen auf ihre Kompatibilität zu überprüfen. Der **Controller** hat daher auch dann inhaltlich in den Planungsprozess einzugreifen, wenn einzelne Pläne miteinander unvereinbar sind, wenn also z. B. der Verkauf von einem Produkt eine höhere Absatzstückzahl geplant hat, als die Produktion unter Beachtung sämtlicher Halb- und Fertiglager zur Verfügung stellen kann.

1993 hat ein Arbeitskreis des österreichischen Controller-Instituts (R. Eschenbach, Hrsg.: Österreichisches Controlling-Institut, Leitbild-Controlling in Österreich, Wien, o. J.) unter dem Eindruck des Strukturumbruches, der durch die zunehmende Internationalität und Stärke des Wettbewerbs, die sich laufend verkürzenden Produktlebenszyklen, die fortschreitende informationstechnische und leistungswirtschaftliche Vernetzung, vor allem aber durch die politische Neuordnung Europas ausgelöst wurde, ein diesen Umständen gerecht werdendes Leitbild des Controllings erarbeitet (R. Eschenbach, a.a.O., S. 1).

Der Arbeitskreis ist zu folgendem Ergebnis gekommen:

Voraussetzung für den Erfolg des Controllings ist eine controllinggerechte Führung, die folgende Kriterien zu erfüllen hat:

> zielorientiert,
> planungsorientiert (antizipativ),
> adaptiv und
> flexibel.

106

Controlling ergänzt die Führung durch

Führungsdienstleistungen in Form der Führungskräfteinformation und der betriebswirtschaftlichen Beratung sowie der Integration des Führungsprozesses durch Vor- und Rückkoppelung (Unterstützung der Unternehmensplanung und -steuerung durch feed-back und feed-forward informations) und durch **Führungsleistungen**, die in erster Linie in der Wahrnehmung der Koordinationsfunktion für das Führungssystem bestehen. Das Controlling leistet bei Erfüllung seiner führungsergänzenden Funktion auf folgenden Aufgabenfeldern Hilfestellung:

Ebene	Aufgabenfeld	Instrumentelle Ausstattung
Normative Ebene	Sinngebung und Verwirklichung	Leitbild
Strategische Ebene	Strategieplanung und -entwicklung	– „Strategischer Planungs- und Kontrollkalender" – Stärken-/Schwächenanalyse – Potentialanalyse – Strategische Bilanz – Portfolio-Analyse – Kostenstrukturanalyse – Strategie-Bewertung (Shareholder-Value-Analyse) – Strategische Budgets – Operationalisierte Maßnahmenpläne
	Strategische Kontrolle und Frühaufklärung	– Durchführungs-, Ergebnis- und Prämissenkontrolle – Strategisches Frühaufklärungssystem (Radar)
Operative Ebene	Operative Unternehmensplanung und Budgetierung	– „Budgetfahrplan" – Leistungsbudget – Finanzplan – Plan-Bilanz – Flexible (Grenz)Plan-Kostenrechnung (kurzfristige Entscheidungsrechnung) – Stufenweise Fixkostendeckungsrechnung (Verantwortungsrechnung) – Prozesskostenrechnung für indirekte Leistungsbereiche – Target Costing zur marktgerechten konstruktionsbegleitenden Kalkulation – Benchmarking zur wettbewerbsorientierten Zielplanung
	Operative Erwartungsrechnung Soll-/Ist-Vergleich)	– Erwartungsrechnung (Soll-Ist-Vergleich)
	Investitionsplanung und Steuerung	– „Investitionscontrolling-Leitfaden" – Dynamische Investitionsrechnungsverfahren – Sensitivitätsanalysen – Investitions- und Abschreibungsbudgets – Soll-Ist-Vergleich und Alternativrechnung
	Projektplanung und -steuerung	– „Projektcontrolling-Leitfaden" – Projektbudgets – Terminplan/Ablaufplan – Einsatzmittelplan – Integrierte Kosten-, Zeit- und Fortschrittskontrolle – Projektdokumentation
	Führungskräfteinformation	– DV-gestütztes FIS (Führungskräfteinformationssystem) – Interventions-, Kommunikations-, Moderations- und Präsentationstechniken

Abb. 11

Über alle Aufgabenfelder hinweg hat das Controlling bei seiner Aufgabenerfüllung folgende Anforderungen an eine zeitgemäße Unternehmensführung zu beachten:

- Wertorientierung (langfristige Optimierung des ökonomischen Wertes des Unternehmens)
- Kunden-/Wettbewerbsorientierung (Umfeldorientierung)
- Prozesseffizienzorientierung

j) Performance-Measurement (Balanced Scorecard)

Der wirtschaftliche Erfolg eines Unternehmens kann nur dann gewährleistet werden, wenn aus der gewählten Unternehmensstrategie klar formulierte, messbare und kontrollierbare Steuerungsgrößen abgeleitet werden und diese in den erfolgbestimmenden Perspektiven gleichsam „ausbalanciert" dem Management und den Mitarbeitern im Unternehmen die Richtung weisen. Dies ist der Grundgedanke der von Robert S. Kaplan und David P. Norton entwickelten **Balanced Scorecard**-Managementkonzeption (Kaplan/Norton, The Balanced Scorecard – Translating Strategy into Action, Boston 1996). Mit dieser Konzeption sollen die gesamten Planungs-, Steuerungs- und Kontrollprozesse eines Unternehmens gestaltet werden. Durch die vernetzte Mehrdimensionalität der Steuerungsgrößen werden finanzwirtschaftliche Aspekte mit den sie auslösenden leistungsbezogenen Struktur- und Prozesselementen verknüpft.

Die Erfolgswirksamkeit einer Unternehmensstrategie ist regelmäßig und systematisch zu überprüfen. Mit Hilfe des **Performance-Managements** können strategische Ziele in operative, prozessorientierte Messgrößen transferiert und das unternehmerische Handeln an diesen Größen im Hinblick auf kritische Erfolgsfaktoren und Leistungsindikatoren ausgerichtet werden. Die Balanced Scorecard erweist sich als ein strategieorientiertes Führungsinstrument und soll die operative Messbarkeit der Umsetzung von Strategien ermöglichen. Sie zielt auf eine Ausgewogenheit zwischen kurzfristigen und langfristigen Zielen, monetären und nicht-monetären Kenngrößen, zwischen Frühindikatoren und Spätindikatoren und zwischen externen und internen Performance-Perspektiven ab.

Der **strategische Handlungsrahmen** der Balanced Scorecard umfasst vier Elemente:

1. Formulierung der unternehmerischen Vision und Entscheidung über die anzuwendende Strategie;
2. Kommunikation der strategischen Zielsetzungen, verbunden mit der Vorgabe von Leistungsanreizen;
3. Bestimmung der Planungsvorgaben (Abstimmung strategischer Maßnahmen, Ressourcenverteilung, Festlegung von Meilensteinen);
4. Strategisches Feedback und Lernen (systematische Strategierevision mit Ermöglichung von Lernprozessen und Rückkoppelung zu 1.).

Die **Umsetzung einer Strategie in operative Größen** umfasst vier Perspektiven, wobei jedes dieser Perspektivenfelder in die Dimensionen Ziele, Kennzahlen, Vorgaben und Maßnahmen unterteilt wird:

1. Kundenorientierung: „Wie sollen wir gegenüber unseren Kunden auftreten, um unsere Vision zu verwirklichen?"
2. Finanzieller Erfolg (Beziehung zu Eigentümern): „Wie sollen wir gegenüber den Teilhabern (Shareholder) auftreten, um finanziellen Erfolg zu haben?"
3. Interne Geschäftsprozesse: „In welchen Geschäftsprozessen müssen wir die Besten sein, um unsere Teilhaber und Kunden zu befriedigen?"
4. Lernen und Entwicklung: „Wie können wir unsere Veränderungs- und Wachstumspotentiale fördern, um unsere Vision zu verwirklichen?"

Die Konzeption der Balanced Scorecard füllt eine Lücke, die sich zwischen dem Shareholder-Value-Ansatz und dem traditionellen Instrumentarium des Kosten- und Erlösmanagements aufgetan hat.

Die Beratungsorganisation Arthur Anderson hat den Ansatz zum sog. **„wertorientierten Performance-Management"** weiterentwickelt. Das Steuerungsmodell erstreckt sich dabei über drei Ebenen. Auf Konzernebene erfolgt die strategische **Portfoliosteuerung**. Sie umfasst Aussagen über die Geschäftsfeldsteuerung, langfristige Investitionen und Desinvestitionen, die Ressourcenallokation und die Bestimmung der Kapitalstruktur. Auf der zweiten Ebene erfolgt ein **Werttreiber**-Management zur Geschäftsfeldsteuerung. Die Steuerung erfolgt dabei über finanzielle und nicht-finanzielle Werttreiber, welche aus den strategischen Vorgaben abgeleitet werden und deren Wirkung auf den Unternehmenswert aufzuzeigen ist. Dies erfolgt üblicherweise in Form der Balanced Scorecards zur Verankerung von Vision und Strategie im operativen Tagesgeschäft. Die Wertgenerierung erfolgt letztlich auf der dritten Ebene durch eine effiziente, strategiekonforme **Prozessgestaltung**. Die erfolgskritischen Geschäftsprozesse haben die größte Hebelwirkung auf die strategischen Erfolgsfaktoren wie auch auf den Unternehmenswert. Die permanente Prozessoptimierung berücksichtigt die Dimensionen Zeit, Qualität und Kosten. Instrumentell kann diese Ebene durch Benchmarking oder Activity Based Management unterstützt werden. **Benchmarking** impliziert einen systematischen Organisationsvergleich anhand von Kennzahlen mit anderen Organisationen und soll einen Lernprozess vom als Besten erkannten Vergleichspartner auslösen. **Activity Based Management** rückt das aufgabenlösende und prozessgestaltende Kostenmanagement in der Vordergrund.

5. Die Organisation

Die **Organisation** dient der Verwirklichung (Realisation) der zeitlich vorgelagerten Planung. Sie verleiht der Planung ihren konkreten Niederschlag. Die **Organisation (Betriebsorganisation)** ist gleichbedeutend mit der Struktur des Betriebsaufbaues und der Arbeitsabläufe im Betrieb. Die Normen (allgemeinen Regelungen) hiezu hat die Unternehmensführung zu schaffen. Diese können ein für alle Mal festgelegt werden, also Dauercharakter besitzen; es kann sich auch um Normen handeln, die nur fallweise gelten.

Grundsätzlich werden mit der Zunahme der Gleichartigkeit, Regelmäßigkeit und Wiederholbarkeit betrieblicher Prozesse die allgemeinen Regelungen zu Lasten der fallweisen Regelungen zunehmen. Gutenberg bezeichnet diese Tendenz als das **„Substitutionsprinzip der Organisation"** (E. Gutenberg, Grundlagen der Betriebswirtschaftslehre, Band I: Die Produktion, 24. Aufl., Berlin/Heidelberg/New York 1983, S. 240).

Der durch die dauerhafte Strukturierung der betrieblichen Vorgänge und Beziehungen geschaffene systematische Rahmen für das zielgerichtete Unternehmensgeschehen (Organisation) ist **Bestandteil des Produktionsfaktors Vermögen**. Der Vorgang der Strukturierung, das heißt die Schaffung der Normen bzw. dauerhaften Regelungen, die Auflassung oder Anpassung an veränderte Umstände, ist die **dispositive Tätigkeit**, die in den Aufgabenbereich der Unternehmensführung fällt.

Entsprechend den beiden zentralen Aufgabenbereichen der Organisation, Betriebsaufbau und Arbeitsablauf im Betrieb, unterscheidet man **Aufbauorganisation und Ablauforganisation**.

Während durch die **Aufbauorganisation** eine klare Verteilung und Abgrenzung der betrieblichen Aufgaben herbeigeführt und damit eine bestimmte Ordnung der Zuständigkeit und Verantwortung erreicht werden soll, versteht man unter **Ablauforganisation** die Ordnung der Arbeitsabläufe in zeitlicher und räumlicher Hinsicht.

Die **Aufbauorganisation** befasst sich daher mit **Institutionen** (Stellen, Instanzen, Abteilungen), die **Ablauforganisation** mit den **Arbeitsabläufen** innerhalb und zwischen diesen Institutionen. Da der Organisationsaufbau weitgehend auch den Ablauf bestimmt und dieser sich nur in den Formen des Aufbaues vollziehen kann, bestehen zwischen beiden enge Interdependenzbeziehungen. Kosiol weist darauf hin, dass die Trennung in **Ablauf-** und **Aufbauorganisation** deswegen fragwürdig sei, weil es sich lediglich um unterschiedliche Betrachtungsweisen ein und desselben betrieblichen Tatbestandes handle (vgl. E. Kosiol, Organisation der Unternehmung, Wiesbaden 1962, S. 168 f.). Auf diesen Tatbestand verweisen auch andere Autoren mit dem Bemerken, „daß die gedankliche Differenzierung des von Haus aus einheitlichen Phänomens Organisation in eine Aufbau- und eine Ablauforganisation weder von der Natur der Sache aus vorgegeben, noch in der Praxis als zweckmäßig erscheint" (W. Korndörfer, Unternehmensführungslehre, Wiesbaden 1995, S. 160). Trotz der allgemeinen Kritik an der vorgenannten Trennung wird diese in der Lehre aus methodischen und didaktischen Gründen beibehalten.

a) Die Aufbauorganisation

aa) Vertikale Aufbauorganisation

Durch die **Aufgabenanalyse** als erste Aufgabe der Aufbauorganisation wird die Gesamtaufgabe des Betriebes in Einzelaufgaben (Teilaufgaben, Elementaraufgaben) zerlegt, die dann mittels der **Aufgabensynthese** zu arbeitsteiligen Einheiten (Stellen) kombiniert werden. Diese bilden in ihrer Verknüpfung die **organisatorische Struktur** des Betriebes. Die Gesamtdarstellung aller Stellen des Unternehmens erfolgt im Stellenplan.

Die mit der einzelnen Stelle verbundenen **Aufgaben** und **Kompetenzen** (sachliche Zuständigkeit und Verantwortung, die sich aus den jeweiligen Aufgaben der Stelle ergeben) sowie die Eingliederung der Stelle in die Organisationsstruktur des Unternehmens wird in der **Stellenbeschreibung** wiedergegeben. Jede Stelle mit Leitungsbefugnis, das heißt mit Befehlsgewalt über andere Stellen, wird als **Instanz** bezeichnet. Der Instanzenaufbau ist dokumentiert durch die **hierarchische Rangordnung** der einzelnen Stellen. Die Anzahl der Rangstufen, auch als **Instanzentiefe** bezeichnet, hängt in der Regel von der Unternehmensgröße ab.

Die **Lenkungsspanne** oder **Leitungsspanne** gibt an, wie groß die Zahl der Stellen sein soll, die einer gemeinsamen **Leitungsinstanz** unterstellt werden sollen. Die Leitungsspanne ist von der Aufgabenstellung der einzelnen Stellen sowie von den Kommunikations- und Kontrollmöglichkeiten abhängig. Sie wird überdies auf höheren Rangstufen geringer sein als auf unteren.

Obwohl Henry Fayol (französischer Mineningenieur, 1841 bis 1925), der Begründer des unten beschriebenen Liniensystems, versucht hat, allgemeine Richtlinien für die Leitungsspannen zu geben, wonach der untersten Instanz 15 Stellen (Personen) und der jeweils höheren Instanz 4 Stellen unterstehen sollten, hängt dies sehr von der Art des Betriebes ab und wird von einer Reihe mehr oder weniger objektiver Faktoren beeinflusst.

Die **Leitungsspanne** wird vor allem durch nachstehende Faktoren beeinflusst:
– die Stellung der Instanz in der Unternehmenshierarchie;
– die Qualifikationen der unterstellten Mitarbeiter;
– die Aufgaben der Instanz sowie die Art und Schwierigkeit der Arbeitsverrichtung in der Instanz.

Instanzenbreite und **Instanzentiefe** stehen insoweit in einem engen Zusammenhang, als eine Verminderung der Leitungsspanne (Instanzenbreite) mit einer Vermehrung der Rangstufen in der Organisationsstruktur (Instanzentiefe) verbunden ist.

Betrachtet man die Verteilung der Leitungsaufgaben nach dem Rangmerkmal, erhält man das Leitungssystem.

Leitungssysteme

Durch das Leitungssystem in dem Unternehmen werden deren **Befehlswege** (der Instanzenzug) und in bestimmter Form das Verhalten derjenigen festgelegt, die an die im **Instanzenzug** übermittelten Anordnungen gebunden sind. Der Instanzenzug ist von oben nach unten, d. h. vertikal, gegliedert; er beschränkt sich nicht allein auf den Personalbereich, sondern betrifft auch, wie neuere Untersuchungen erweisen, selbsttätige Sacheinrichtungen. Die durch das Leitungssystem gegebene hierarchische Ordnung besteht aus der an der Spitze des Unternehmens tätigen obersten **Leitungsstelle** (Führungsstelle) einerseits – sie kann direktorial oder kollegial gestaltet sein – und den **Ausführungsstellen** auf der untersten Ebene andererseits. Zwischen oberster Leitungsstelle und untersten Ausführungsstellen gibt es, gegebenenfalls in mehreren Ebenen, **Zwischenstellen**, die Anordnungsbefugnisse nach unten besitzen, aber auch Ausführungsaufgaben zu erfüllen haben, die sich für sie durch Weisungen von oben ergeben. Das **Leitungssystem** des Unternehmens gewährleistet die Verbindung zwischen den Verrichtungsträgern und sichert den organischen Zusammenhalt der einzelnen den betrieblichen Leistungsprozess bestimmenden Faktoren.

Typische Leitungssysteme sind das **Liniensystem** und das **Funktionssystem**. Häufig anzutreffende Mischformen sind das **Stablinien-System** und das **kombinierte Linien-Funktions-System**.

Das Liniensystem

Beim **Liniensystem** (**Einliniensystem**) liegt ein durchgehender **Befehlsweg** von der obersten unternehmerischen Leitungsstelle bis zum Verrichtungsträger auf der untersten Ebene vor. Jeder in Zwischenstellen und unteren Ausführungsstellen Tätige hat den Anordnungen nur jeweils eines Vorgesetzten zu folgen. Das **Weisungsrecht** der übergeordneten Instanz bedeutet gleichzeitig Ausführungspflicht für die untergeordnete Stelle. Die Anordnungen gehen von Stufe zu Stufe, durchlaufen diese also von oben nach unten, d. h. vertikal.

Das Liniensystem gilt als besonders straffe Organisationsform, dessen hervorstechende **Vorteile** die eindeutig geklärten Über- und Unterordnungsverhältnisse, die präzise Kompetenzregelung und der das System kennzeichnende übersichtliche Gesamtzusammenhang sind. Diesen Vorteilen stehen, insbesondere in größeren Betriebseinheiten, nicht geringe **Nachteile** gegenüber, z. B. eine gewisse Schwerfälligkeit infolge des zuweilen langen Befehlsweges über eine Reihe von Instanzen. Von den Leitungsstellen wird ferner ein weitreichendes Fachwissen vorausgesetzt, das in einer Zeit der zunehmenden Spezialisierung oft nicht gefordert werden kann. Dies führt da und dort zu einer Fülle nicht zu bewältigender Arbeitsverpflichtungen. Die fachliche Überforderung der Führungsstellen ist oft mit deren Überbelastung gekoppelt, die infolge Konzentration der übertragenen Verpflichtungen auftritt.

Die Konstruktion der Befehlslinie verdeutlicht die graphische Darstellung:

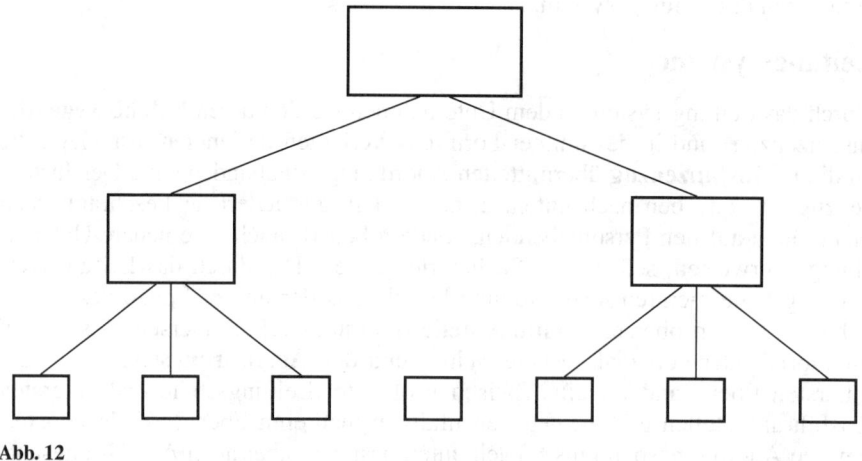

Abb. 12

112

Das Funktionssystem

Das dem Liniensystem extrem entgegengesetzte Leitungssystem wird als **Funktionssystem** (**Mehrliniensystem**) bezeichnet, als dessen Begründer allgemein Taylor gilt. Sein „**Funktionsmeistersystem**" sieht vor, dass ein Arbeiter durch verschiedene auf bestimmte Fachgebiete spezialisierte Meister Aufgaben im Rahmen ihrer Fach-(Kompetenz-)Bereiche zugeteilt erhält (Taylors System kannte acht **Funktionsmeister**: den Arbeitsverteilungsmeister, den Unterweisungsmeister, den Kosten- und Zeitmeister, den Verrichtungsmeister, den Geschwindigkeitsmeister, den Prüfmeister und den Instandhaltungsmeister sowie den Aufsichtsmeister). Der sämtliche Sachbereiche beherrschende **Universalmeister** wird bei Anwendung dieses Systems vollständig verdrängt. Das Funktionssystem gibt die einheitliche Auftragserteilung auf und ersetzt sie durch die gestreute Auftragserteilung mit kurzem Befehlsweg. Diese muss in sich dennoch geschlossen sein, wie auch die einzelnen Auftragserteilungen aufeinander abzustimmen sind, wenn Reibungserscheinungen vermieden werden sollen. Der mehrfachen Überordnung, die auf die Spezialisierung der Führungskräfte bzw. auf die Entscheidungsabgrenzung Bedacht nimmt, entspricht die mehrfache Unterordnung. Überschneidungen spezialisierter Weisungsrechte mit allgemein gültigen Weisungsrechten sollen unterbleiben. Die das Funktionssystem kennzeichnende mehrgliedrige Leitungsebene ist in reiner Form selten anzutreffen; auf der mittleren Ebene existiert sie kaum, bei den obersten Leitungsinstanzen kommt sie in unterschiedlich entwickelten Formen eher vor.

Vorteile des Funktionssystems sind verbesserte Arbeitsleistungen der einzelnen Vorgesetzten, die ihre Aufgabenbereiche infolge möglicher Spezialisierung gut beherrschen, und die kurzen Wege im Leitungssystem. **Nachteile** ergeben sich u. U. aus Abgrenzungsschwierigkeiten zwischen den Funktionsbereichen und aus den Problemen, die sich für die obersten Leitungsinstanzen gegebenenfalls bei der Koordinierung der Funktionsbereiche bzw. bei der Gestaltung des Leistungsprozesses einstellen. Diese Nachteile sind Grund dafür, dass das Stablinien-System stark an Bedeutung gewonnen hat.

In graphischer Darstellung ergibt sich für das Funktionssystem (Mehrliniensystem) nachstehendes Bild:

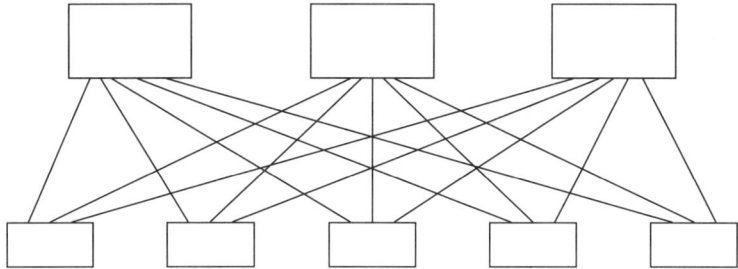

Abb. 13

Mischsysteme

Die „reinen" Leitungssysteme in der Form des Liniensystems und des Funktionssystems treten in der Praxis im Verhältnis zu Mischsystemen stark zurück. Als
solches zu nennen ist das Stablinien-System, daneben das kombinierte Linien-
und Funktionssystem. Es gibt aber auch noch andere Übergangsformen.

Das Stablinien-System (Linienstab-System)

Das Stablinien-System (Linienstab-System) beruht im Grundsätzlichen auf der
Konstruktion des Liniensystems. Der durchgehende Befehlsweg von oben nach
unten wird beibehalten. Den obersten Leitungsinstanzen und den Zwischeninstanzen werden jedoch **Stabstellen** beigegeben, welchen bestimmte Aufgaben
zur **Entscheidungsvorbereitung übertragen** werden. Die **Stabstellen** sind bei
den obersten Leitungsinstanzen häufiger zu finden als bei Zwischeninstanzen.
Zweck des Stablinien-Systems ist es, oberste und mittlere Leitungsinstanzen zu
entlasten. Die Stabstellen nehmen den Instanzen, welchen sie zugeordnet sind,
die Entscheidungen aber nicht ab. Über Anordnungsrechte verfügen die Stabstellen üblicherweise nicht. Werden sie ausnahmsweise doch gewährt, geschieht
dies grundsätzlich nur in Vertretung der Stelle, der der Stab beigeordnet ist. Die
vornehmliche Aufgabe des Stabes, dessen faktische Macht oft groß ist, besteht
darin, Entscheidungsmöglichkeiten auszuarbeiten, um die von der jeweiligen Instanz zu erbringenden Leistungen qualitativ und quantitativ zu verbessern. Das
Stablinien-System sichert als Vorteile neben der Entlastung der Entscheidungs-
instanz die Verbesserung der Qualität der Entscheidung des Linien-Systems in
Verbindung mit der Spezialisierung, die die Aufnahme des Stabes in das Leitungssystem zwangsläufig mit sich bringt. Die nachstehende Graphik trägt dieser Beschreibung Rechnung (Stäbe auf mehreren Ebenen):

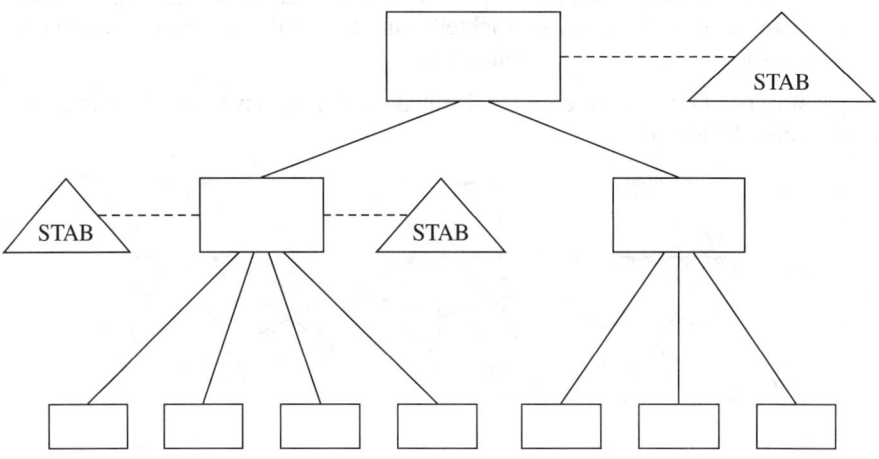

Abb. 14

114

Es gibt aber auch andere Konstruktionsformen des Stablinien-Systems als jene, die das vorstehende Schema zeigt; z. B. das Stablinien-System mit einer Stabstelle, die für mehrere Ebenen zuständig ist:

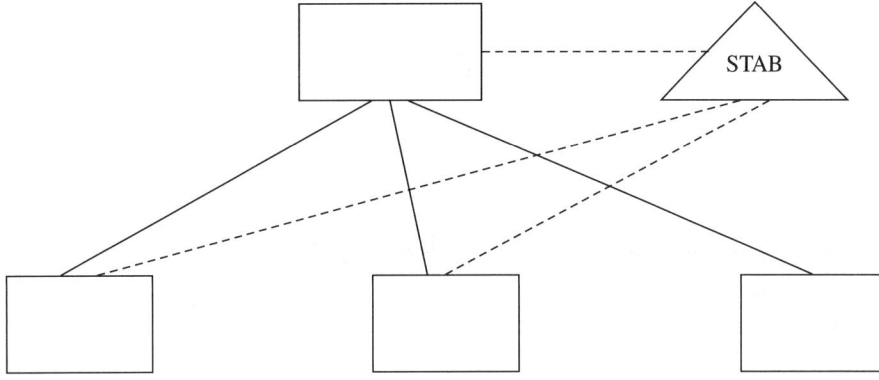

Abb. 15

Das Stablinien-System kann auch so aufgebaut sein, dass Stäbe auf verschiedenen Ebenen tätig und selbst wieder hierarchisch gegliedert sind. Dem Stab der oberen Ebene sind gegenüber den Stäben auf unterer Ebene Anordnungsbefugnisse übertragen. Man spricht vom Stablinien-System mit hierarchisch gegliederten Stäben:

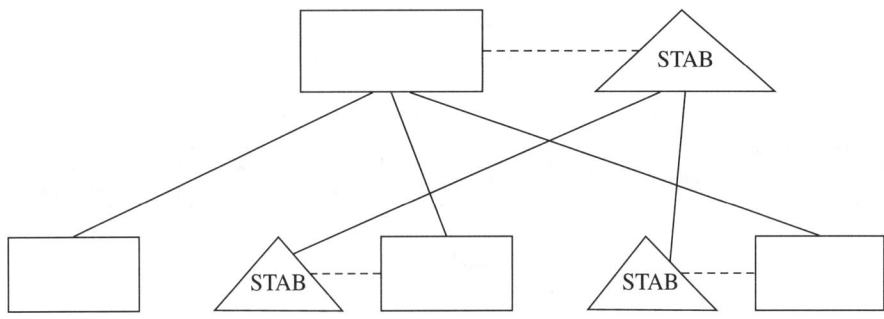

Abb. 16

Das kombinierte Linien- und Funktionssystem

Das kombinierte Linien- und Funktionssystem besteht aus einer Verbindung in der Weise, dass innerhalb des ganzen Leitungssystems sowohl das reine Liniensystem als auch das reine Funktionssystem nebeneinander vorkommen. Sie sind im Ganzen in das betriebliche Gesamtgefüge organisch eingebaut. Dieses System bietet vielfältige Möglichkeiten zur Gestaltung der Befehlswege. Es berücksichtigt die unterschiedlichen Erfordernisse auf Grund der Eigenart der betrieblichen Teilbereiche. Graphisch lässt es sich wie folgt darstellen:

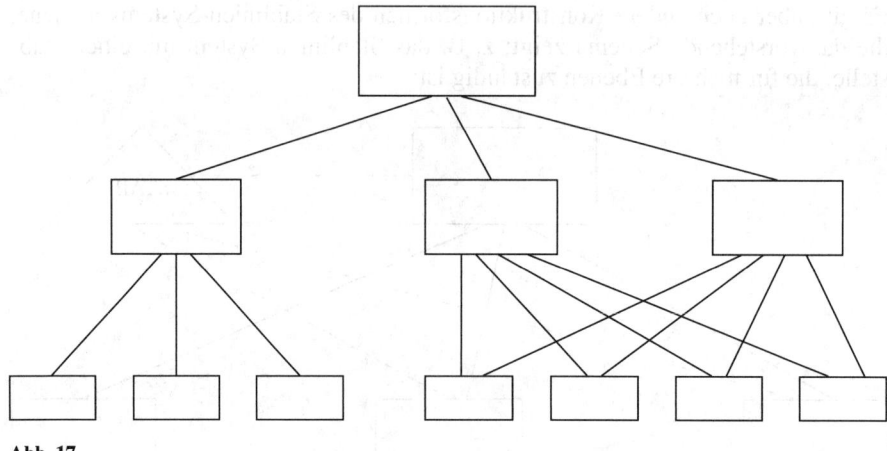

Abb. 17

bb) Horizontale Aufbauorganisation

Die traditionelle **horizontale Gliederung** (Gliederung der unmittelbar der Unternehmensführung unterstellten Bereiche) erfolgt in der Regel nach den wichtigsten **Funktionen** im Unternehmen.

Funktionaler Aufbau

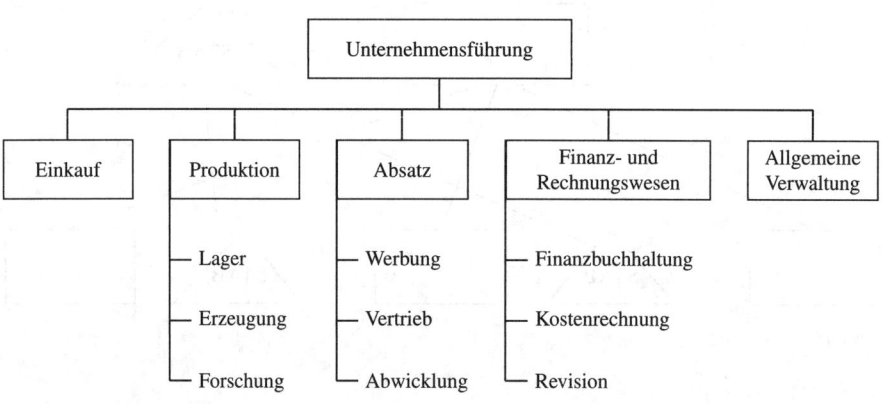

Abb. 18

Auf Grund fortschreitender **Diversifikationen** (unterschiedliche Leistungserstellung) und räumlicher Verzweigung sind insbesondere Großbetriebe von der **Funktionalorganisation** auf die **Spartenorganisation** (**Divisionalorganisation**) übergegangen. Im Rahmen dieser Organisationsform werden jeder Sparte gewisse Funktionen, wie beispielsweise Einkauf, Erzeugung und Absatz, zugeordnet, während bestimmte Funktionen, z. B. Finanzwesen und Personalwesen, **zentral** geführt werden.

116

Divisionalorganisation

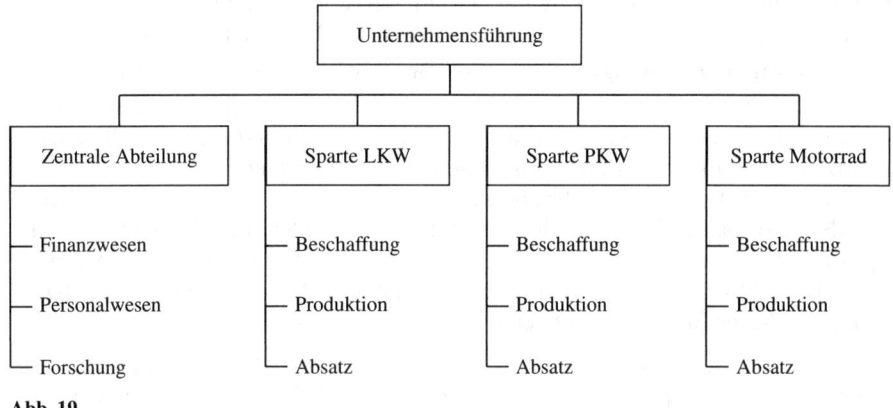

Abb. 19

Matrixorganisation

Werden funktionsorientierte Sparten und spartenorientierte Strukturen überlagert, kommt es zur **Matrixorganisation**.

Matrixorganisation eines EDV-Unternehmens

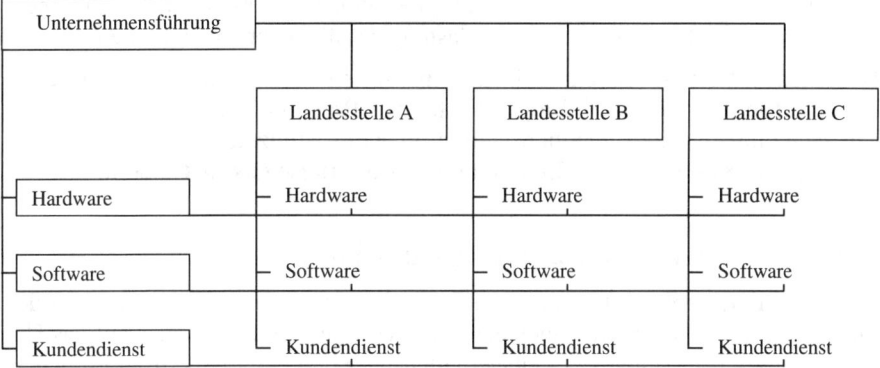

Abb. 20

Die Kooperation der einzelnen Landesstellenbereiche (Hardware, Software, Kundendienst) mit den Zentralbereichen funktioniert so, dass die übergeordnete Unternehmensführung nicht eingeschaltet werden muss. Jede Sparte wendet sich mit ihren Problemen unmittelbar an die zuständige Abteilung.

Der **Vorteil** der Divisionalorganisation und der Matrixorganisation liegt in der dezentralen Führung in sich abgeschlossener Verantwortungsbereiche mit eigener Ergebnisrechnung (**Profitcenter**). Daneben werden jene Bereiche, die ähnliche oder gleichartige Arbeiten für alle Sparten leisten, weiterhin zentral geführt.

cc) Zentrale – Dezentrale Organisation

Insbesondere im Zusammenhang mit der Divisionalorganisation ergibt sich grundsätzlich die Frage einer **zentralen oder dezentralen Unternehmensführung**.

Für die **zentrale Führung** sind jene Bereiche geeignet, die gleichartige oder ähnliche Arbeiten erledigen. Es wird dadurch möglich, hochqualifizierte Arbeitskräfte zu beschäftigen, die Interessen auf das Unternehmen und nicht auf die einzelnen Bereiche zu konzentrieren, einheitliche Entscheidungen zu erreichen und gegenüber einer dezentralen Führung dieser Stellen Kostenersparnisse zu erzielen. Mit der **Zentralisation** sind jedoch **Nachteile** verbunden, die sich dann ungünstig auswirken, wenn die Zentralstellen infolge der Größe des Unternehmens kaum Kontakt mit den einzelnen Bereichen haben und dadurch die unmittelbaren Probleme dieser Bereiche nicht verstehen.

Das Gleiche gilt, wenn ein mittlerweile groß gewordenes Unternehmen nach wie vor nach dem Prinzip der Zentralisation geführt wird. Weitere Gefahren der Zentralisation liegen in der sich verstärkenden Bürokratie und in der Beeinträchtigung der Initiative und Verantwortungsfreudigkeit der nachgeordneten Stellen, die im Extremfall zu bloßen Befehlsempfängern werden.

Dezentralisation bedeutet, dass Aufgaben an mehrere Stellen bzw. Verantwortungs- und Befehlsbefugnisse an untergeordnete Funktionsträger delegiert werden. Infolge der Erhöhung des Verantwortungsgefühles und der besseren beruflichen Befriedigung kommt es zu besseren Arbeitsleistungen. Da der Entscheidungsträger unmittelbar mit den auftretenden Problemen konfrontiert wird und wesentlich rascher reagieren kann als eine Zentralstelle, wird die **Elastizität** des Unternehmens vergrößert. Hinzu kommt die Entlastung der übergeordneten Stellen.

Dezentralisation ist jedoch auch mit **Nachteilen** verbunden, die sich in einer **uneinheitlichen Willensbildung** (gleichartige Probleme werden in den einzelnen Abteilungen unterschiedlich gelöst), in **Kompetenzstreitigkeiten** (positive und negative Kompetenzkonflikte) und im **Abteilungsegoismus** äußern.

dd) Führungsstil und Aufbauorganisation

Unter **Führungsstil** versteht man die Form, in der die Personalführung von den Führungskräften im Unternehmen ausgeübt wird, um ein bestimmtes auf das Unternehmensziel gerichtetes Arbeitsverhalten bei allen Mitarbeitern zu erreichen. Der Führungsstil hängt insoweit mit der Aufbauorganisation zusammen, als zentralistische Strukturen eher zu einem **dirigistischen** Führungsstil und dezentralistische Strukturen eher zu einem **kooperativen** Führungsstil neigen.

Der dirigistische Führungsstil findet seine Herkunft im **patriarchalischen** Führungsstil, der die Herrschaftsausübung aus der Persönlichkeit des Unternehmers und seiner sozialen Verantwortung gegenüber den Untergebenen ableitet. Der im mittelalterlichen Zunftwesen fast ausschließlich angewendete Führungsstil existiert heute kaum mehr (gelegentlich in Kleinbetrieben), tritt aber in moderner, abgewandelter Form im **autoritären** Führungsstil auf. Dieser des patriarchalischen Gewandes (soziale Verantwortung) entkleidete Führungsstil geht von klaren Anweisungen mit beschränkten Verantwortungsbereichen der Untergebenen, detaillierten Leistungskontrollen und strengen bürokratischen Regelungen aus. Die **Autorität** ist im Gegensatz zum patriarchalischen Führungsstil nicht an die Person, sondern an die Instanz gebunden.

Der **autoritäre Stil** ist von der Unternehmensführung her gesehen ein sehr bequemer Führungsstil, nicht in der Hinsicht, dass der Vorgesetzte (Unternehmer) weniger Arbeit hat (tatsächlich fördert dieser Stil die Arbeitsüberlastung), sondern weil er dem Vorgesetzten erspart, auf Argumente seiner Mitarbeiter eingehen bzw. versuchen zu müssen, in Verhandlungen mit ihnen einen gemeinsamen Weg zu finden.

Der **dirigistische Führungsstil**, der zunehmend von unterschiedlich ausgeprägten **kooperativen Führungsstilen** verdrängt wird, existiert nur in Sonderfällen in reiner Form. In der betrieblichen Praxis dominieren Übergänge, die sich vom überwiegend dirigistisch ausgerichteten Verhalten der Führungsinstanzen stark entfernt haben.

Gilt also für den **dirigistischen Führungsstil**, dass er meist nur mehr mit verschiedenen Durchbrechungen gehandhabt wird, so gibt es auch für den **kooperativen Führungsstil** verschiedenste Konstruktionsformen. Ihre Konkretisierung hängt von betrieblichen Gegebenheiten ab, wie der Mentalität der Führungsspitze und der Verrichtungsträger, den durchzuführenden Arbeiten und dgl. mehr.

Die Versuche, den einzelnen Führungsstilen eine eindeutige und für alle Gegebenheiten geltende Beurteilung zu geben, sind fragwürdig. Was im einen Fall funktioniert, kann in anderer Situation vollständig versagen. Dennoch dürfte es richtig sein, dass eine extrem **dirigistische Verhaltensweise** der Führungsinstanzen die Untergebenen veranlasst, der Erreichung der Unternehmensziele die volle Unterstützung zu versagen, diesen sogar entgegenzuwirken. Die Intensität eines derartigen Widerstandes hängt u. a. davon ab, in welcher Weise die Verrichtungsträger in das betriebliche Anordnungssystem eingefügt sind, welches Betriebsklima herrscht und von welcher grundsätzlichen Auffassung sich die Verrichtungsträger der Unternehmen in ihren Handlungen leiten lassen.

Vom Idealtyp des **kooperativen Führungsstils** wird erwartet, dass sich sämtliche am Leistungsprozess beteiligten Personen mit dem Unternehmen als Ganzes identifizieren, ihr Leistungsvermögen voll entfalten und die Erreichung der Unternehmensziele uneingeschränkt anstreben. Lässt sich generell auch nicht sagen, wieweit diese Vorstellungen der Realität entsprechen, so kann auf Grund von Beobachtungen zumindest abgeleitet werden, dass ein ausgeprägt dirigistischer Führungsstil theoretisch und praktisch begründeter Kritik nicht mehr standzuhalten vermag.

Die Frage, welcher Führungsstil den Vorzug verdient, hängt unmittelbar mit dem Problem der **Willensbildung** zusammen. In kaum einem Unternehmen gibt es grundsätzlich nur einsame Entschlüsse von oben. Meist wird auf den Rat und auf die Vorstellungen mittlerer Leitungsinstanzen bzw. des ausführenden Personals in irgendeiner Form Rücksicht genommen. Dies ist erfahrungsgemäß unumgänglich. Man muss auch bedenken, dass die Verfolgung des – eingeschränkt zu verstehenden – erwerbswirtschaftlichen Prinzips regelmäßig in ein ganzes **Zielbündel** (**Zielkombination**) eingebettet ist, dessen Formulierung auf dem Einwirken aller am **Willensbildungsprozess** Beteiligten beruht. Der Grundsatz der Einheit der Willensbildung, der die Schlagkraft der unternehmerischen Aktivitäten bestimmt, wird dabei aufrechterhalten. Das ist eines der Motive dafür, dass auch beim kooperativen Führungsstil hierarchische Ordnungen unumgänglich sind.

In jedem Fall wird ein Unternehmen nur erfolgreich sein, wenn es von einer starken Unternehmensspitze gelenkt wird, die es versteht, mit allen Verrichtungsträgern, auf welcher betrieblichen Ebene diese auch wirken mögen, ein brauchbares Einvernehmen und ein zielentsprechendes Zusammenwirken herzustellen.

ee) Managementformen

Aus den Grundsätzen kooperativer Führungsstile haben sich Managementprinzipien entwickelt, deren Ziele sich folgendermaßen darstellen:

1. Steigerung der Effizienz des Managements durch Freistellung des Top-Managements von täglichen Routinearbeiten, damit mehr Zeit für echte unternehmerische Aufgaben verbleibt.
2. Steigerung der Effizienz der Mitarbeiter dadurch, dass diesen mehr Selbständigkeit zugestanden wird.
3. Bessere Anpassungsfähigkeit des Unternehmens an Veränderungen des Marktes durch rasche Entscheidungen.

Zu den Mitteln der Verwirklichung der Managementprinzipien gehören die **Delegation von Entscheidung und Verantwortung** auf nachfolgende Ebenen (**Management by delegation**), die klare Vorgabe operationaler betrieblicher Ziele, mit denen sich die Mitarbeiter identifizieren sollen, und detaillierte **Leistungskontrollen**.

Die **Managementformen** sind zwar zweckmäßigerweise idealtypisch zu betrachten, in der betrieblichen Praxis jedoch untereinander weitgehend verflochten.

Management by delegation

Das **Management by delegation** ist an sich keine eigene Managementform, da die Delegation von Entscheidung und Verantwortung mehr oder weniger allen Managementformen eigen ist. Die Grundlage besteht darin, dass die oberste Unternehmensspitze nicht alle Entscheidungen selbst trifft, sondern mit dem Treffen von Entscheidungen möglichst viele Mitarbeiter betraut. Das hängt zum Teil damit zusammen, dass manche Unternehmensleitungen bei anderer Vorgangsweise die diversen Aufgaben allein nicht bewältigen können.

Das **Management by delegation** kommt aber auch dann vor, wenn eine Überlastung der Unternehmensspitze nicht vorliegt, die Mitarbeiter aber an Verantwortung und Verantwortungsbewusstsein herangeführt werden sollen. Ferner führen fachliche Gründe zur Delegation von Entscheidungen; dies ist dann der Fall, wenn Mitarbeiter in bestimmten Bereichen über bessere Sachkenntnisse verfügen als der Vorgesetzte. Voraussetzung für die Delegation von Entscheidung und Verantwortung ist eine klare **Kompetenzabgrenzung**.

Management by objectives (Unternehmensführung durch Zielvorgabe)

Im Rahmen der Zielkonzeption des Unternehmens leiten sich die einzelnen Verrichtungsträger die entsprechenden Subziele entweder selbst ab, oder diese werden gemeinsam von Unternehmensführung und Mitarbeitern erarbeitet. Die Mitarbeiter sollen durch das **Management by objectives** in besonderer Weise zur optimalen Durchführung ihnen übertragener Aufgaben veranlasst werden. Durch laufenden Soll-Ist-Vergleich werden auftretende Abweichungen festgestellt, analysiert und, wenn notwendig, entweder der Weg der Zielerreichung oder aber die Ziele angepasst.

Anforderungen an das **Management by objectives**:

1. **Klare Unternehmensziele** mit daraus abgeleiteten operablen Teilzielen; uneingeschränkte Transparenz des Unternehmenskonzepts für die Mitarbeiter;
2. Ständiger Prozess der **Zielüberprüfung** und Neufestsetzung der Ziele für die jeweils kommende Planperiode;
3. Aufbau eines entsprechenden **Kontroll- und Bearbeitungssystems**;
4. Klare **Kompetenzabgrenzung**;
5. **Verantwortungsübernahme** seitens der Mitarbeiter bezüglich getroffener Entscheidungen und deren Folgen.

Management by exception (Unternehmensführung nach dem Ausnahmeprinzip)

Aufgaben und Entscheidungen zur Erreichung bestimmter Teilziele werden an nachfolgende Managementebenen delegiert. Die Unternehmensführung greift in den Entscheidungsprozess nur dann ein, wenn außerordentliche Abweichungen vom angestrebten Ziel auftreten.

Der Zweck des **Management by exception** liegt in der Entlastung der Unternehmensspitze und der Zunahme des Leistungswillens und verstärkter Motivation bei den mittleren und unteren Managementebenen.

Anforderungen:

1. **Klare Definition** der delegierten **Kompetenzen** (Vollmacht und Verantwortung);
2. **Richtlinien**, nach denen die einzelnen Stellen zu entscheiden haben;
3. Definition des Begriffes „**außergewöhnliche Abweichung**";
4. Wirksame Überwachung der beauftragten Stellen.

Nachteilig wirkt sich aus, dass nur **negative Abweichungen** der Unternehmensführung gemeldet werden. Der Mitarbeiter kommt mit dem Vorgesetzten nur dann in Berührung, wenn er etwas schlecht gemacht hat. Dadurch besteht auch die Gefahr, dass der Mitarbeiter unangenehme Informationen in Form größerer negativer Abweichungen einfach nicht rückmeldet.

Sonstige Managementformen

Ein unterschiedlicher Vorstellungsinhalt wird dem **Management by system** zugeordnet. Meist wird darunter die Festlegung von Grundsätzen verstanden, nach denen sich die im Betrieb Tätigen auszurichten haben; z. B. Investitionsgrundsätze, in deren Rahmen die für die Investitionsanschaffungen verantwortlichen Instanzen ihre Handlungen setzen. Die Grundsätze gewähren üblicherweise einen gewissen Spielraum. Die konsequente Anwendung dieser Methode entlastet die Führungsspitze, weil viele Entscheidungen auf mittlere Führungsinstanzen übertragen werden. Manche Autoren verstehen unter dieser Managementform allerdings auch ein unternehmerisches Handeln, das sich weitgehend auf verfahrensmäßig gesicherte Informationen mittels EDV stützt. Das soll die Fehlerquellen ausschalten, die bei Nichtverwendung der EDV auftreten.

Das **Management by alternatives** sieht für jede Problemstellung verschiedene Lösungswege vor. Dies ist kein neuzeitliches Erfordernis. Jede Unternehmensführung muss überlegen, wie sie sich zu verhalten hat, wenn bestimmte erwartete Entwicklungen nicht eintreten.

Das **Management by innovation** geht davon aus, dass der Betrieb seine Leistungen und die bei der Leistungserstellung angewendeten Verfahren stets verbessern muss, um wettbewerbsfähig zu bleiben. Auch das ist kein neuer Gesichtspunkt. Stete Anpassung an die Erfordernisse des Marktes ist seit jeher Voraussetzung für nachhaltigen Unternehmensbestand.

Das **Management by motivation** sucht uneingeschränkte Entfaltung der Arbeitskraft der Mitarbeiter durch Anerkennung, höhere Entlohnung, Sicherung gewisser Mitwirkungsrechte und dgl.

Beim **Management by participation** werden die Fachkenntnisse von Mitarbeitern optimal dadurch genutzt, dass sie um ihre Meinung gefragt und umgekehrt verhältnismäßig umfassend über die Betriebsvorgänge informiert werden. Das erfordert ein entwickeltes Vertrauensverhältnis zwischen Führungs- und Ausführungsinstanzen. Auseinandersetzungen können entstehen, wenn sich die Mitarbeiter in ihren Empfehlungen übergangen fühlen.

Beim **Management by results** verpflichten sich die Verantwortlichen der Funktionsbereiche zur Erzielung von Gewinnen in bestimmter Mindesthöhe.

Das **Management by teaching** besteht in der ständigen Schulung und Weiterbildung aller Mitarbeiter.

Als dirigistisches Führungsprinzip versteht sich das **Management by direction and control**, bei welchem nach dem Motto „Anweisen, Durchführen und Kontrollieren" vorgegangen wird.

Die angeführten **Managementformen** sind nichts grundsätzlich Neues. Die Vorgabe von Zielen, die Delegation von Entscheidungen, das Vorbehalten bestimmter Entscheidungen für die obersten Leitungsinstanzen usw. sind den Unternehmensführungen zu keiner Zeit fremd gewesen. Die Managementformen waren in der Praxis jedoch im Laufe der Zeit unterschiedlich ausgeprägt. Die Entwicklung von Idealtypen hat den Zweck, Prinzipielles aufzuzeigen und auf die Möglichkeiten einer Verbindung von Führungsstilen zu verweisen, die den am Leitungsprozess Beteiligten angemessen ist.

Das **Projektmanagement** ermöglicht die Lösung auftretender Probleme, die unterschiedliche Funktionsbereiche betreffen, dadurch, dass man unabhängig von der bestehenden Organisation ein Team aus mehreren Ressorts zusammenstellt; dieses Team hat in einer bestimmten Frist eine Lösung für das anstehende Problem zu erarbeiten. Nach Lösung des Problems wird das „Projekt-Team" wieder aufgelöst und bei Bedarf neu zusammengestellt.

b) Die Ablauforganisation

Unter **Ablauforganisation** versteht man die **Ordnung des Arbeitsablaufes in zeitlicher und räumlicher Hinsicht.** Durch die Ablauforganisation sollen die von der Unternehmensführung vorgegebenen Gesamtpläne und die daraus abgeleiteten Teilpläne so realisiert werden, dass alle Arbeitsabläufe im Unternehmen unter Einhaltung höchster Wirtschaftlichkeit, Schnelligkeit und Terminsicherheit ablaufen.

Die engen Beziehungen zwischen **Aufbau- und Ablauforganisation** lassen es geraten sein, Aufbau und Ablauf simultan zu organisieren. Wegen der praktischen Schwierigkeiten geschieht der Organisationsprozess in der Praxis jedoch stufenweise in gegenseitiger Anpassung.

Die **Ablauforganisation** regelt unter anderem folgende Probleme:
1. Aneinanderreihen geeigneter Arbeitsschritte, bis eine Aufgabe gelöst ist;
2. Bestmögliche Unterstützung des Arbeitsablaufes mit Geräten und Hilfsmitteln;
3. Zuordnung bestimmter Aufgaben zu bestimmten Stellen (Personen);
4. Herausfinden des günstigsten Verfahrens für bestimmte Aufgaben.

Zu den Aufgaben der **Ablauforganisation** gehören beispielsweise die Organisation des Materialflusses, die Steuerung von Fertigungsprozessen, die Behandlung eingehender Rechnungen von der Übernahme bis zur Verbuchung, die Organisation der Auslieferung von Produkten bis zu deren Fakturierung, die Organisation der Arbeitszeiterfassung bis zur Lohnauszahlung etc.

Zu den wichtigsten **Darstellungsmitteln** der Ablauforganisation gehören Ablaufpläne, Datenflusspläne, Programmablaufpläne, Balkendiagramme und Netzpläne.

Ablaufpläne zerlegen den Arbeitsablauf in einzelne Arbeitsschritte und dokumentieren die dabei beteiligten Personen und Stellen.

Während **Datenflusspläne** die Herkunft und Verarbeitungsreihenfolge der einzelnen Datenbestände aufzeichnen, stellen **Programmablaufpläne (Blockdiagramme)** Aufzeichnungen über den logischen Ablauf eines EDV-Programmes dar.

Balkendiagramme enthalten eine Liste über alle durchzuführenden Tätigkeiten eines Projektes, wobei in horizontaler Richtung ein Terminkalender aufgetragen ist. Werden Balkendiagramme zu Soll-Ist-Vergleichen herangezogen, wird je ein Balken für die geplante Tätigkeitsdauer und für den tatsächlichen Fortgang verwendet.

Netzpläne kommen insbesondere zur Planung, Kontrolle und Steuerung einzelner Projekte, die in sich abgeschlossen oder abgrenzbar sind, sich über einen größeren Zeitraum erstrecken und aus einer Vielzahl einzelner Vorgänge mit gegenseitigen Abhängigkeiten bestehen, zur Anwendung (siehe Abschnitt I. IX. 4., Grundzüge der Netzplantechnik).

c) Die Kommunikation

Ablauf- und Aufbauorganisation bestimmen auch die **formalen Kommunikationssysteme** im Unternehmen. Darunter versteht man die auf Grund der bestehenden Organisation vorgesehenen **Informationswege**. Häufig ergeben sich neben den **formalen** Kommunikationssystemen **informale** Systeme, die in der Organisationsstruktur nicht berücksichtigt sind.

Derartige **informale** Kommunikationssysteme haben sowohl innerbetriebliche als auch außerbetriebliche Ursachen. Innerbetriebliche Ursachen sind z. B. die räumliche Nähe am Arbeitsplatz, außerbetriebliche Ursachen sind gleiches Alter, gemeinsamer Weg zum Arbeitsplatz, soziale Herkunft, gleiche Interessen etc.

Die **Vorteile** informaler Kommunikationssysteme liegen in der Ergänzung und Verbesserung des formalen Kommunikationssystems durch schnellere Informationsweitergabe. Nachteile entstehen daraus, dass informale Kommunikationsprozesse unzuverlässig sind und dauernden Wandlungen unterliegen. Darüber hinaus besteht die Gefahr der Weitergabe von Gerüchten, der Weitergabe vertraulicher Nachrichten und des Entstehens von Konflikten.

6. Die Überwachung

Auch die **Überwachung** des betrieblichen Geschehens, die Feststellung, ob die Ergebnisse der Realisationsphase mit der Planung übereinstimmen (**Soll-Ist-Vergleich**) und ob die organisatorischen Regelungen wirksam sind und eingehalten werden, gehört zu den **Managementfunktionen**. Als Schlusspunkt des Managementkreises ist die Überwachung gleichzeitig Vorstufe für die Managementfunktion Zielsetzung.

Dem Oberbegriff Überwachung sind die beiden Unterbegriffe Kontrolle (im engeren Sinn) und Prüfung (Revision) zuzuordnen:

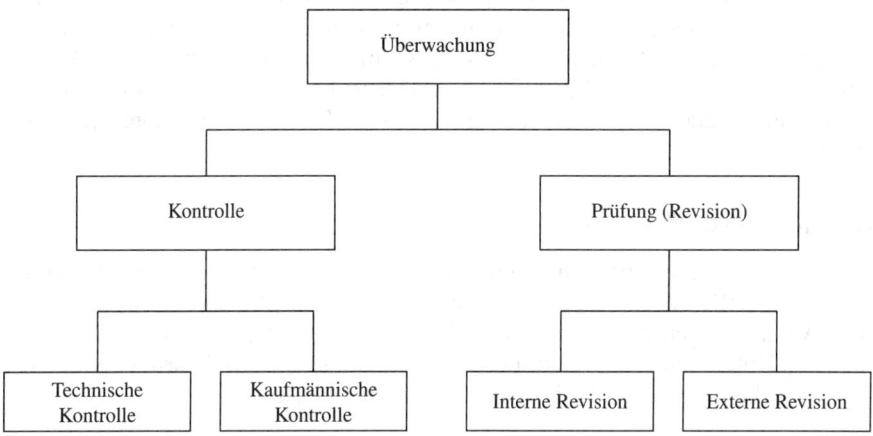

Abb. 21

a) Die Kontrolle

Die **Kontrolle** ist die ständige, gegenwartsnahe Beaufsichtigung betrieblicher Vorgänge durch direkt oder indirekt prozessabhängige Personen oder durch automatische, z. B. maschinell wirkende Verfahren. Kontrolle ist ein laufender Vergleich zwischen Soll und der Wirklichkeit (Soll-Ist-Vergleich), dem in der Folge Abweichungsanalyse und – nach Möglichkeit – die Einleitung von Korrekturmaßnahmen folgen.

Die **Kontrolle** kann sich auf technische und kaufmännische Arbeitsvorgänge (Materialkontrolle, Qualitätskontrolle, Ausschussüberwachung, Kontrolle von Vorgabewerten, Rechnungskontrolle etc.) beziehen. Sie kann aber auch als Teil der **Managementfunktionen** mit der ständigen Überwachung der Unternehmensziele, Planung und Organisation, der Durchführung von Ergebniskontrollen und den damit zusammenhängenden Aufgaben, wie Abweichungsfeststellung und Abweichungsanalyse, betraut sein.

In der Unternehmensplanung liegt das Schwergewicht der Kontrolle in der Beeinflussung der Zukunft. Durch den die Realisierungsphase begleitenden Soll-Ist-Vergleich soll die Kontrolle durch frühzeitiges Erkennen von Fehlentwicklungen steuernde Eingriffe in den Prozessablauf ermöglichen.

125

Planung und Kontrolle bedingen und ergänzen sich gegenseitig innerhalb des betrieblichen Planungssystems. Planung setzt Vorgaben, deren Erreichung durch die Kontrolle überprüft wird. Kontrolle bedarf daher unbedingt der Planung; ohne Sollobjekt läßt sich die Qualität des Istobjektes nicht beurteilen. Umgekehrt ist auch Planung ohne Kontrolle nicht sinnvoll.

Die **Aufgaben der Kontrolle** im betrieblichen Planungssystem lassen sich zu drei Grundfunktionen zusammenfassen:

aa) Sicherungsfunktion

Kontrolle ist in Abhängigkeit vom praktizierten Führungsstil ein mehr oder weniger zentraler Bestandteil des Führungsprozesses. In autoritär geführten Gruppen erleben sich die Mitglieder als fremdbestimmt und lassen daher bei Wegfall der Kontrolle von ihrer Tätigkeit ab, während bei kooperativer Führung die Gruppenmitglieder eher bereit sind, das gesetzte Ziel auch ohne Kontrolle anzustreben.

bb) Korrekturfunktion

Durch einen die Realisierungsphase begleitenden Soll-Ist-Vergleich können zahlreiche Differenzen zwischen Soll und Ist so rechtzeitig erkannt werden, dass ihre Auswirkungen durch geeignete Gegenmaßnahmen eliminiert werden können, das Unternehmensziel somit erreicht werden kann. Ein derartiges Vorgehen lässt sich durch das Regelkreisschema veranschaulichen:

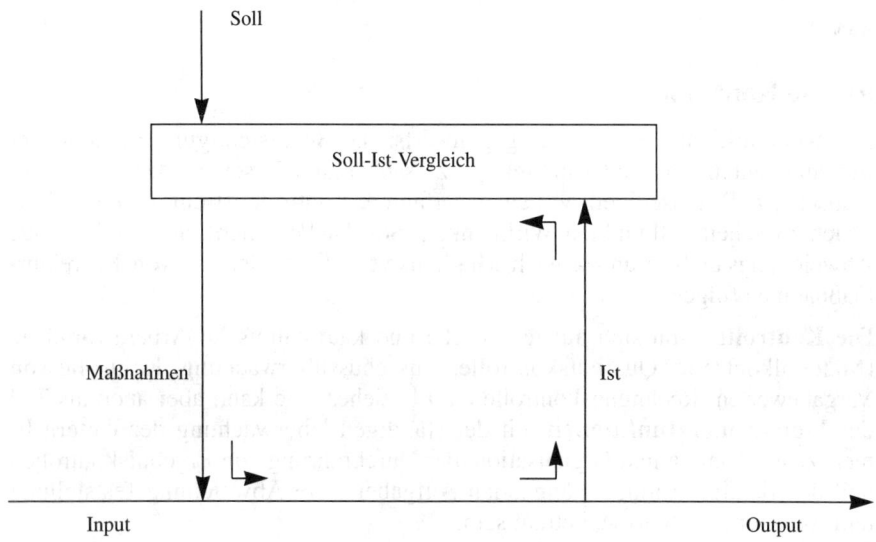

Abb. 22

Sobald der Istwert des Output vom vorgegebenen Zielwert abweicht, werden in Abhängigkeit von der Richtung und Höhe der Differenz Korrekturaktionen ein-

126

geleitet, deren Wirksamkeit wiederum kontrolliert und gegebenenfalls korrigiert wird.

cc) Planungsbeurteilungsfunktion

Nicht alle Differenzen zwischen Soll- und Istwerten können der Realisierungsphase angelastet werden. Die Gründe für Abweichungen können auch in der Planung liegen. Unrealistische Planzahlen sind auf ihre Ursachen hin zu untersuchen.

Unvorhersehbare Entwicklungen sind ein Risiko jeder Planung und nicht zu vermeiden. Die Analyse realisierter Abweichungen vermag aber die Kenntnis über betriebliche Zusammenhänge zu erweitern und solcherart die folgenden Planungen effizienter zu gestalten. Die **Sicherungsfunktion** entspricht dem umgangssprachlichen Begriffsinhalt der Kontrolle. Durch das Wissen der Kontrollierten um die Existenz der Kontrolle sollen Abweichungen zwischen Soll und Ist bereits im Voraus vermieden werden. Durch **Korrekturfunktion** und **Planungsbeurteilungsfunktion** wird das betriebliche Kontrollsystem zu einem entscheidungsorientierten Instrument der Unternehmensführung. Nicht mehr die Frage „Wer ist schuld?", sondern die Frage „Was können wir besser machen?" steht im Vordergrund.

Die **Kontrolle** geht in drei Einzelschritten vor sich:

> Erhebung der Istdaten,
> Vergleich zwischen Soll und Ist (Abweichungsfeststellung),
> Analyse der Abweichungen.

Bei der **Erhebung der Istdaten** ist auf die Vergleichbarkeit mit den Solldaten der Ziel- und Maßnahmenplanung zu achten. Die zeitliche und sachliche Abgrenzung der Kontrollbereiche hat daher in Anlehnung an die Planung zu erfolgen.

Wenn z. B. die Planung der Umsätze in Artikelgruppen getrennt nach den einzelnen Artikeln erfolgte, ist es notwendig, auch die Istaufzeichnungen in diesem Detaillierungsgrad durchzuführen. Ansonsten ist es nicht möglich, die genauen Ursachen von Abweichungen zu ermitteln.

Die **Istdaten** werden in der Regel der Finanzbuchhaltung entnommen werden können, die zu diesem Zweck mit der Planung abzustimmen ist (Zwischenabschlüsse, Kontenrahmen etc.), wie umgekehrt auch im Planungsprozess auf die Kontrollphase Rücksicht zu nehmen ist.

Der **Vergleich zwischen Soll und Ist** dient der Feststellung von Richtung und Ausmaß der Gesamtabweichung, die **Abweichungsanalyse** ihrer Zerlegung nach **Abweichungsursachen** zur Ermittlung von **Gegen- und Korrekturmaßnahmen**.

Hierarchie der Kontrolle

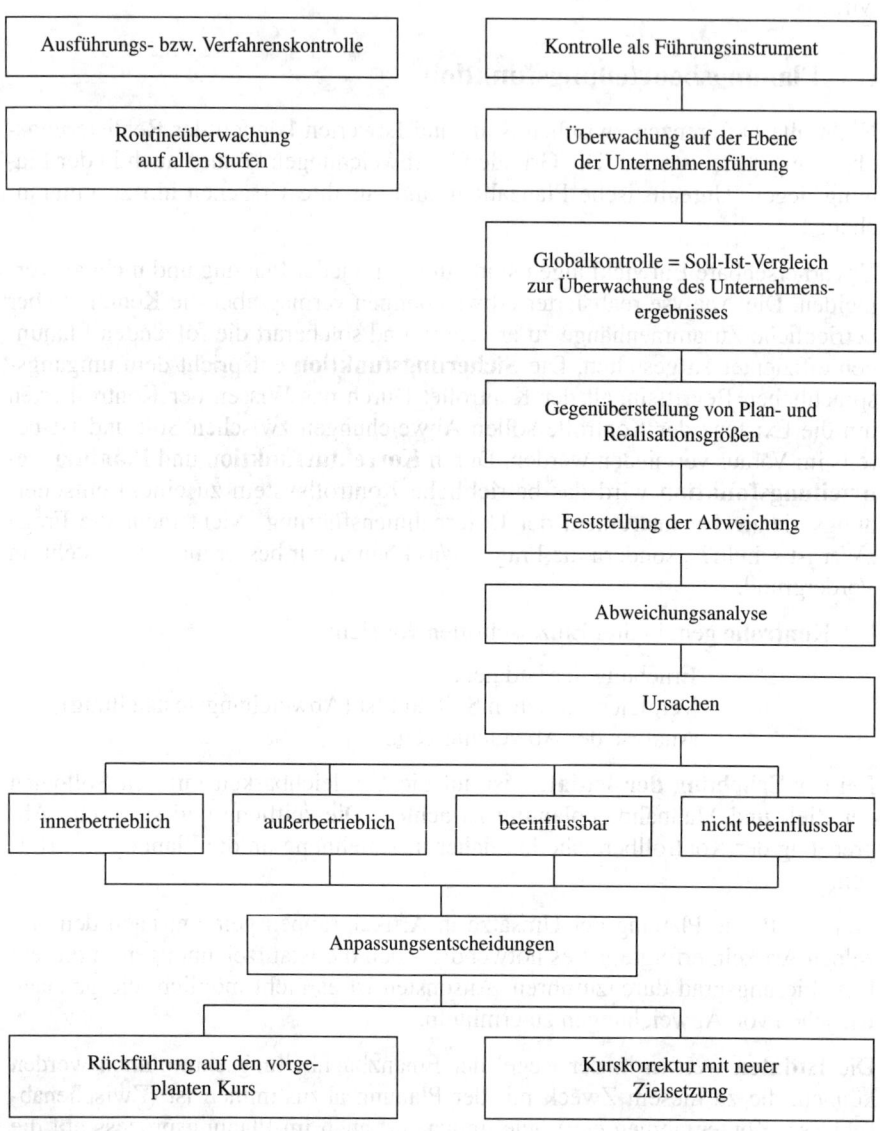

Abb. 23

b) Die Prüfung

Prüfung (Revision) ist eine auf die Vergangenheit gerichtete rückschauende Untersuchung bestimmter in mehr oder weniger regelmäßigen Abständen wiederkehrender oder auch einmaliger Vorgänge oder Anlässe. Während die **Prüfung** in der Regel die Tätigkeit beschreibt, ist der Begriff **Revision** der Ausdruck für die Institution.

Interne Revision

Die Prüfung erfolgt durch eine eigene, dem Unternehmen angehörende **Revisionsabteilung**, die in der Regel direkt der Unternehmensführung unterstellt ist (Stabstelle).

Externe Revision

Die Prüfung erfolgt durch unternehmensfremde Institutionen (zum Beispiel Wirtschaftsprüfer).

Die Tätigkeit der **internen Revision** erstreckt sich auf die drei Bereiche **Financial Auditing**, **Operational Auditing** und **Management Auditing**. Diese drei – international gebräuchlichen – Begriffe zeigen gleichzeitig die stufenweise Entwicklung der **internen Revision**.

Financial Auditing als die älteste Aufgabe der internen Revision ist im Wesentlichen Buch- und Bilanzprüfung sowohl hinsichtlich der **Ordnungsmäßigkeit** als auch der **Gebarung**.

Operational Auditing, welches in den letzten Jahrzehnten eine stürmische Entwicklung nahm, hat die Aufgabe, durch eine unabhängige und systematische Beurteilung aller betrieblichen Tätigkeiten die Wirtschaftlichkeit zu verbessern und die Zielerreichung zu fördern. Das **Operational Auditing** ist daher eine auf die Zukunft ausgerichtete Tätigkeit.

Das **Management Auditing**, das allerdings bisher nur in Ansätzen vorliegt, soll durch die zukunftsorientierte und systematische Beurteilung der Tätigkeit aller Führungsstufen dazu beitragen, dass die Zielerreichung durch Verbesserung der Ausübung der Führungsfunktionen gefördert wird.

III. Die menschliche Arbeitsleistung im Betrieb (Grundlagen des Personalwesens)

1. Das qualitative Niveau der ausführenden menschlichen Arbeitsleistung

Eines der monetären Ziele des Unternehmens ist die konsequente Einhaltung des Prinzips der Wirtschaftlichkeit. Dieses Prinzip kann wohl beim Produktionsfaktor Vermögen restlos eingesetzt werden, wird aber bei der menschlichen Arbeitsleistung Grenzen finden, da hier neben technischen und wirtschaftlichen immer auch humane und soziale Probleme vorhanden sind.

– Der Mensch ist kein passiver Gegenstand, sondern als selbständiger Träger von Handlungen mit eigenem Denkvermögen, eigenem Willen und Initiative ausgestattet;

– die Tätigkeit im Betrieb ist nur ein (wenn auch erheblicher) Bestandteil seines gesamten Lebens;

– seine Tätigkeit ist in der Regel fremdbestimmt (Arbeitnehmer);

– seine persönlichen Ziele und Ansprüche werden im Unternehmen nicht genügend beachtet.

Grundlage für das qualitative Niveau der Leistungsabgabe (Arbeitsleistung) bilden die **Leistungsfähigkeit** und der **Leistungswille**.

Während sich die **Leistungsfähigkeit** aus der Begabung für die zu verrichtende Arbeit, dem Ausbildungs- und Bildungsniveau, dem Lebensalter und der körperlichen Verfassung ergibt, hängt der **Leistungswille** von der Gestaltung der **Arbeitsbedingungen** und der Befriedigung der **Individual- und Sozialbedürfnisse** des arbeitenden Menschen ab.

Die Schaffung entsprechender **Arbeitsbedingungen** erfolgt durch die Gestaltung einer menschengerechten Arbeitsumwelt, von menschengerechten Arbeitsplätzen und Arbeitstechnologien (Humanisierung der Arbeit) sowie durch die Zuweisung von Verrichtungen an den einzelnen Menschen, die seinem Leistungsvermögen entsprechen, da Arbeiten naturgemäß nicht an sich schwierig oder leicht sind, sondern nur in Bezug auf die einzelne Person, ihre Fähigkeiten und ihre Kenntnisse.

Abgesehen von der Notwendigkeit der Gestaltung menschengerechter Arbeitsbedingungen gilt es, jene **Bedürfnisse** (**Motive**) der Mitarbeiter zu befriedigen, deren Zusammentreffen die grundlegende **Motivation** für ihre Leistungsabgabe bildet.

Die **Motivationstheorie**, zu deren Entwicklung die beiden amerikanischen Psychologen Maslow und Herzberg maßgeblich beigetragen haben, versucht einerseits zu beantworten, wodurch das menschliche Verhalten schlechthin begründet ist, und andererseits zu klären, wodurch der Mensch in der Arbeitswelt motiviert, d. h. wie sein Verhalten (unternehmens-)zielgerecht gesteuert werden kann.

Maslow unterscheidet insgesamt fünf hierarchisch geordnete **Bedürfnisse** (**Motive**), denen er die entsprechenden Möglichkeiten der Bedürfnisbefriedigung gegenüberstellt.

Bedürfnisse (Motive)	Möglichkeiten der Befriedigung
1. Grundbedürfnisse (Hunger, Durst, Wohnung)	Entgelt, freiwillige soziale Leistungen
2. Sicherheitsbedürfnisse (Schutz vor Willkür, Schutz vor Armut im Alter)	Sicherheit am Arbeitsplatz, Altersversorgung, Versorgung bei Krankheit, Unfall
3. Sozialbedürfnisse	Kommunikation, Information, Gruppenzugehörigkeit
4. Bedürfnis nach Anerkennung	Übertragung von Kompetenzen, Erlangung eines bestimmten Status
5. Bedürfnis nach Selbstverwirklichung	Mitbestimmung bei der Arbeit, Aufstiegsmöglichkeiten, Weiterbildung

Abgesehen von dem Problem, ob die von Maslow festgelegte Reihenfolge der Bedürfnisse für jeden Mensch gleich zwingend zutrifft, wurde seine Theorie bis heute nicht empirisch bestätigt.

Herzberg begründete aufgrund empirischer Untersuchungen die erstmals 1959 veröffentlichte **Dualitätstheorie**, nach der für die **Arbeitszufriedenheit** im Unternehmen zwei Ergebniskategorien entscheidend seien:

1. Ereignisse, die hauptsächlich zur Zufriedenheit beitragen (**satisfiers**), die sog. **Motivatoren**: Selbstbestätigung, Anerkennung, Aufgabe, Verantwortung, Beförderung.

2. Ereignisse, die hauptsächlich zur Unzufriedenheit beitragen (**dissatisfiers**), die sog. **Hygienefaktoren**: Unternehmenspolitik, Organisation und Management, Führungstechnik und Führungsstil, Arbeitsbedingungen, persönliche Beziehungen zu Vorgesetzten und Arbeitskollegen, Sicherung des Arbeitsplatzes, Privatleben.

Während das Vorhandensein oder Fehlen der **Hygienefaktoren** Unzufriedenheit bei der Arbeit schafft oder verhindert, schafft oder verhindert das Vorhandensein oder Fehlen der **Motivatoren** Zufriedenheit.

Obwohl die **Motivationstheorie** Herzbergs bereits auf empirischen Untersuchungen aufbaut, gilt diese auch heute noch nicht als völlig gesicherte arbeitswissenschaftliche Erkenntnis, weil Bedürfnisse einerseits keine objektiven Tatbestände sind, sondern subjektiv empfunden werden, und andererseits die Bedürfnisstruktur der einzelnen Mitarbeiter unterschiedlich gestaltet ist. Darüber hinaus fehlt eine allgemeingültige Definition des Begriffes **Arbeitszufriedenheit**.

Grundsätzlich kann jedoch die Motivierung der Mitarbeiter, die Identifikation ihrer persönlichen Ziele mit dem Unternehmensziel, nur mit Hilfe der **Motivatoren** erfolgen, wogegen die **Hygienefaktoren** langfristig gesehen nur negative Konsequenzen, wie sinkende Leistungen, Fehlzeiten, Fluktuation etc., verhindern können.

Die **Motivatoren** Aufgabenstellung, Aufstiegsmöglichkeiten, Führungsstil, Mitsprachemöglichkeiten, Gehaltsentwicklung, Weiterbildung, kollegiale Atmosphäre, Information, Arbeitsbedingungen, Sicherung der Position, Erfolgsbeteiligung, Betriebsklima, Anerkennung, Status, Image des Unternehmens und Sozialleistungen werden je nach Stellung des Mitarbeiters unterschiedlich gereiht. Während für angelernte und ungelernte Arbeiter die **Verdienstmöglichkeiten** und die **Arbeitsbedingungen** an erster Stelle stehen, sind es für gehobene Arbeitskräfte vor allem die **Arbeit** selbst, die **gute Zusammenarbeit** und die **Aufstiegsmöglichkeiten**, die als primäre Kriterien für die Beurteilung des Arbeitsplatzes gelten.

2. Die Grundprinzipien des Personalwesens

Der vom Produktionsfaktor „menschliche Arbeit" benötigte Leistungsbeitrag zur Realisierung der Unternehmensziele ist untrennbar mit der Person der in den Leistungsprozess eingebundenen Menschen verbunden. Daraus leitet sich der **personale Charakter** des betrieblichen Leistungsprozesses ab, der die grundlegenden Prinzipien für die Gestaltung des **betrieblichen Personalwesens** bestimmt.

Dem Wirtschaftlichkeitsstreben folgend wird aus ökonomischer Sicht erwartet, dass die Relation zwischen Personalaufwand und Leistungsbeitrag des Faktors Arbeit im Unternehmen optimiert wird. Diese **ökonomische** Dimension wird mit der Bezeichnung **Personalwirtschaft** hervorgehoben. Wegen der Bindung des Faktors Arbeit an die menschliche Person kann man ihn nicht ausschließlich als Kostenfaktor betrachten. Vielmehr sind in gleicher Weise die **speziellen Erwartungen der Mitarbeiter** und die **allgemeinen Forderungen der menschlichen Gesellschaft** an den Arbeitseinsatz von Menschen im Betrieb („Humanisierung der Arbeit") zu berücksichtigen, was durchaus zu einem Spannungsfeld zwischen individuellen und sozialen (gesellschaftlichen) Erwartungen und ökonomischen Anforderungen führen kann. Die Mitbestimmung der Arbeitnehmer und ihrer Vertreter gemäß dem Arbeitsverfassungsgesetz (Betriebsrat, Arbeitnehmervertreter im Aufsichtsrat von Kapitalgesellschaften) in sozialen, personellen und wirtschaftlichen Angelegenheiten kennzeichnen dieses Spannungsfeld. Dieser umfassenderen Sichtweise wird mit der Bezeichnung **Personalwesen** entsprochen (auch als Personalmanagement, Personalarbeit oder Human Resource Management bezeichnet).

Das Ziel der **Personalwirtschaftslehre** sind nach heutiger Auffassung (H. J. Drumm, Personalwirtschaftslehre, 3. Auflage, Berlin 1995, S. 9) Aussagen über Gestaltungsbeiträge zum Einsatz von Personal in Unternehmen gemäß unternehmerischen, sozialen und individuellen Zielen. Gegenstand der Personalwirtschaftslehre sind Aussagen über die Bedingungen und die Alternativen des Einsatzes von Personal in arbeitsteilig organisierten Unternehmen unter Beachtung mehrfacher Zielsetzungen. Mit dem Einsatz von Personal ist dabei ein weites Spektrum von Aktivitäten angesprochen. Es reicht von der Beschaffung, Aus- und Fortbildung über die Personalverwendung bis zur Freisetzung von Personal, es erstreckt sich auf die Motivation und Führung von Personal bis hin zu seiner Vergütung durch Lohn, soziale Leistungen, Erfolgs- oder Vermögensbeteiligungen. Die Zielsetzungen des Personaleinsatzes sind insoferne mehrdimensional, als bei der Erstellung marktfähiger Unternehmensleistungen die ökonomischen Ziele des Unternehmens, allgemein akzeptierte soziale Ziele und die individuellen Ziele der Mitarbeiter Berücksichtigung finden müssen.

Die **Entwicklung des Personalwesens** in der betrieblichen Praxis kann historisch in vier Entwicklungsschritten gesehen werden. (1) Bis in die 50er-Jahre prägte die Konzeption des „**Scientific Management**" das betriebliche Personalwesen, sie war stark auf die Rationalisierung des Personaleinsatzes ausgerichtet. (2) In den 60er-Jahren entwickelte sich die „**Human-Relations-Konzeption**", die die Pflege der zwischenmenschlichen Beziehungen (Interaktionen) im Unternehmen zur Förderung der Arbeitszufriedenheit und Arbeitsproduktivität in den Vordergrund rückte. (3) Etwa zeitgleich entwickelte sich die Konzeption einer „**kooperativ-partnerschaftlichen Personalarbeit**", die in der vertrauensvollen Zusammenarbeit der Arbeitnehmer mit der Unternehmensführung die Basis für die auch rechtlich abgesicherte Mitbestimmung sieht (Arbeitsverfassungsgesetz; in Deutschland: Betriebsverfassungsgesetz). (4) In den 80er-Jahren gewann die

„Human-Resource-Konzeption" an Bedeutung. Die Unternehmen sehen dabei die menschliche Arbeit als einen gewichtigen Wettbewerbsfaktor an und entwickeln strategische Konzeptionen für ihr Personalwesen (Strategisches Personalmanagement). Der starke Anstieg der Personalkosten und die Verschärfung des Wettbewerbs auf nationalen und internationalen Märkten veranlassten dazu.

Diese Entwicklung des Personalwesens führte im einschlägigen Schrifttum zu einer **Vielfalt von Ansätzen und Theorien,** die vielfach funktionalistischen, aber auch informationstheoretischen, entscheidungs-, interessen- und konfliktorientierten Ansätzen zuzuordnen sind. K. F. Ackermann und G. Reber (Personalwirtschaft, Stuttgart 1981, S. 3 ff.) ordneten die für das Personalwesen relevanten Theorien in einer dreigliedrigen Struktur, die der Differenzierung zwischen „Individuum", „Gruppe" und „Organisation" entspricht:

1. **Individualistische** Ansätze
    a. Arbeitsphysiologische Problemperspektiven
    b. Arbeitspsychologische Problemperspektiven
    c. Lernorientierte-arbeitspädagogische Problemperspektiven
2. **Mikrosoziale** Ansätze
    a. Sozio-emotionale Problemperspektiven (Human-Relations-Ansätze)
    b. Führungsorientierte Problemperspektiven
    c. Kommunikationsorientierte Problemperspektiven
    d. Konfliktorientierte Problemperspektiven
3. **Makrosoziale (innerorganisatorische)** Ansätze
    a. Funktionalistische Problemperspektiven
    b. Planungsorientierte Problemperspektiven
    c. Institutionell-aufbauorganisatorische Problemperspektiven
    d. Ziel- und interessenorientierte Problemperspektiven

3. Teilgebiete des Personalwesens

Das betriebliche Personalwesen kann, im Wesentlichen E. Gaugler folgend (Personalwesen, in: HWB, 5. Auflage, Stuttgart 1993, Sp. 3146 ff.), in insgesamt neun Aufgabenfelder unterteilt werden:
– Personalpolitik
– Personalplanung
– Personalbeschaffung
– Personaleinsatz
– Personalführung
– Personalentlohnung (einschließlich der betrieblichen Sozialpolitik)
– Personalentwicklung
– Personalverwaltung
– Personal-Controlling

a) Die Personalpolitik

Die Personalpolitik bildet einen Teilbereich der Unternehmenspolitik. Sie soll dazu beitragen, dass die unternehmenspolitischen **Entscheidungen** in Entsprechung mit den Bedingungen für einen sinnvollen Einsatz der menschlichen Arbeit stehen und die verfügbaren **Potentiale** des personalen Faktors im Unternehmen bei den unternehmenspolitischen Entscheidungen in ausreichendem Maße Berücksichtigung finden. Zur Personalpolitik gehört auch die Aufgabe, ein **Leitbild** für den Einsatz des Faktors Arbeit im betrieblichen Leistungsprozess zu formulieren. In diesem Leitbild können Aussagen über das Selbstverständnis des Unternehmens, über die angestrebte Arbeitsproduktivität, über die beabsichtigte Persönlichkeitsentfaltung der Mitarbeiter und über die Erfüllung gesellschaftspolitischer Erwartungen an das Unternehmen sowie grundlegende Orientierungen für die Mitarbeiterführung enthalten sein. Aus dem Leitbild sind **Richtlinien** und **Grundsätze** für die einzelnen Teilbereiche des Personalwesens abzuleiten, etwa generelle Richtlinien für die Personalplanung, für die Personalbeschaffung, für den Personaleinsatz und die Mitarbeiterführung, für die Personalentlohnung und für die betriebliche Sozialpolitik, für die Personalentwicklung und für das Personal-Controlling.

Die **Träger** der betrieblichen Personalpolitik sind zunächst die obersten Leitungsgremien eines Unternehmens (Vorstand, Geschäftsführung; Aufsichtsrat), die oberen Führungskräfte und der Betriebsrat. Im Weiteren nehmen auf die Personalpolitik die Gewerkschaften, die Unternehmensverbände, Kunden, Lieferanten, aber auch Fremdkapitalgeber, Kapitaleigner und die Mitarbeiter des Unternehmens selbst Einfluss. Die Entwicklung der Mitbestimmung von Arbeitnehmern auf allen unternehmerischen Ebenen hat das Zustandekommen personalpolitischer Entscheidungen im Zeitablauf deutlich verändert. Diese Dimension von Entscheidungen wird auch dem **Strategischen Personalmanagement** zugerechnet. Es stützt sich dabei entweder auf die Portfolio-Analyse (Human-Ressourcen-Portfolio mit Normstrategien) oder auf Zukunftsszenarien über die Entwicklung des Unternehmens und seiner Umwelt, wobei die personalrelevanten Faktoren in der Abschätzung der zukünftigen Entwicklung eine herausragende Rolle spielen.

b) Die Personalplanung

Die Personalplanung umfasst Konzepte und Methoden zur Erreichung der personalpolitischen Ziele. Im Mittelpunkt der Entscheidungsfindung stehen im wesentlichen folgende Problemkreise:

1. Wieviel Personal mit welcher Qualifikation wird in der Zukunft bis zu einem bestimmten Planungshorizont benötigt (qualitative und quantitative Festlegung des **Personalbedarfs**)?

2. Welches Personal steht zu einem bestimmten Verwendungszeitpunkt, der zwischen Planungszeitpunkt und Planungshorizont liegt, zur Verfügung (erwarteter Personalbestand) bzw. soll zur Verfügung stehen (erwünschter **Per-**

sonalbestand)? Die qualitative und quantitative Personalbestandsprognose ist somit mit Elementen der Personalbestandsplanung verknüpft.

3. Wie, wo und zu welchen Zeitpunkten soll Personal beschafft werden (**Personalbeschaffungsplanung**)?

4. Wie soll Personal ausgebildet und weiterentwickelt werden (**Aus- und Weiterbildungskonzept**)?

5. Auf welche Stellen soll wann Personal zugewiesen werden (**Personalzuweisungsplanung**)?

6. Welches Personal ist wann freizusetzen, und welche Verwendungsalternativen einschließlich der Entlassung sollen überlegt werden (**Personalfreisetzungsplanung**)?

Die Folge der Personalplanung ist die Realisierung des Personaleinsatzes durch die notwendigen Einstellungen, Umschulungen, Kündigungen usw.

c) Die Personalbeschaffung

Die Personalbedarfsplanung und die Personalbeschaffungsplanung bilden zusammen mit der betrieblichen Arbeitsmarktforschung eine wichtige Voraussetzung für eine optimale Beschaffung des benötigten Personals. Die Personalbeschaffung kann **intern** aus dem Kreis der vorhandenen und verfügbaren Belegschaft oder **extern** am Arbeitsmarkt erfolgen. Die damit verbundenen Maßnahmen können entweder vom Unternehmen selbst getroffen oder zu einem mehr oder weniger großen Anteil an Dritte (Arbeitsmarktservice, externe Experten, Personalberater usw.) ausgegliedert werden. Es lassen sich vier Teilgebiete der Personalbeschaffung unterscheiden:

1. Die **Bewerbersuche** dient der Anbahnung des Kontaktes mit geeignet erscheinenden interessierten Personen. Hiebei kommen unterschiedliche Kontaktmittel auf verschiedenen Kommunikationswegen je nach Besonderheiten der anzusprechenden Zielgruppe und der Personalbeschaffungsmöglichkeiten als Formen der **Personalwerbung** zum Einsatz.

2. In der **Bewerberauswahl** wird bei einer größeren Zahl von vorliegenden Bewerbungen in der Regel eine Vorauswahl getroffen. Die in die engere Wahl einbezogenen Bewerber werden in unterschiedlichen fachbezogenen und verhaltensorientierten Bewertungsverfahren auf ihre derzeitige und künftig erwartbare Qualifikation geprüft. Ihr Fähigkeitsprofil soll dem Anforderungsprofil für die zu besetzende Stelle bestmöglich entsprechen (Personalauswahlverfahren oder Personalselektionsverfahren).

3. Die **Personaleinstellung** umfasst im Wesentlichen die arbeitsrechtlichen und die sozialrechtlichen Dimensionen der Personalbeschaffung. Es ist zwischen dem Abschluß eines Einzelarbeitsvertrages (bei Lehrlingen eines Ausbildungsvertrages) und der Ausrichtung auf kollektivvertragliche Bestimmungen für einen Unternehmenssektor bzw. eine Wirtschaftsbranche und auf freie Betriebsvereinbarungen gemäß dem Arbeitsverfassungsgesetz (in Deutschland: Betriebsverfassungsgesetz) in einem konkreten Unternehmen zu unterscheiden.

4. Die Personalbeschaffung schließt mit der **Einarbeitung und Einführung** neuer Mitarbeiter ab. Im Vordergrund stehen die Eingliederung des Mitarbeiters in die betreffende Arbeitsgruppe, die Vermittlung spezieller Arbeitskenntnisse und Fertigkeiten sowie das Kennenlernen betriebsspezifischer Gepflogenheiten.

Durch die **Mitarbeiterauswahl** sollen die für die verlangte Leistung entsprechend geeigneten Mitarbeiter gefunden werden. In gleicher Weise wie der **Arbeitnehmer** verschiedene Anforderungen hinsichtlich der Befriedigung seiner Bedürfnisse an das Unternehmen stellt, lässt sich die **Unternehmensführung** (die Personalabteilung) bei der Aufnahme neuer Mitarbeiter von unterschiedlichen Vorstellungen leiten. Diese Vorstellungen werden weitgehend von der Art der zu erbringenden Leistungen bestimmt.

Während bei vornehmlich manuellen (ausführenden) Tätigkeiten in erster Linie die körperliche Eignung, die Einstellung zur Arbeit (Leistungswille) und die Vermeidung unnötiger Fehlzeiten beachtet werden, werden für die Auswahl von **Fach- und Führungskräften** im allgemeinen folgende **Leistungsmerkmale** herangezogen: Fachwissen(-kenntnisse), Arbeitseinteilung, geistige Fähigkeiten, Belastbarkeit, Planungs- und Dispositionsfähigkeit, Kooperationsbereitschaft, Führungsverhalten. Während die ersten drei genannten Merkmale für **alle Fachkräfte** gelten, werden die anderen Merkmale vor allem von **mittleren** und **höheren Führungskräften** verlangt.

d) Der Personaleinsatz

Der Personaleinsatz im Unternehmen kann einer kurzfristigen und einer langfristigen Betrachtung unterzogen werden. Kurzfristig ist die **optimale Zuordnung** der verfügbaren Mitarbeiter zu den für den Leistungsprozess relevanten Arbeitsplätzen von Bedeutung. Im Spannungsfeld zwischen dem mehr oder weniger stark variierenden Arbeitsanfall und der zeitlichen Verfügbarkeit des Personals ist eine zufriedenstellende Lösung zu finden. Veränderungen in den arbeitsbedingten und in den personellen Voraussetzungen können Veränderungen des Personaleinsatzes bewirken. Vertretungen, Versetzungen und bei anhaltenden Verschiebungen in der Nutzung der Personalkapazitäten auch Personalfreisetzungen sind zu disponieren.

In der längerfristigen Perspektive müssen die Mitarbeiter für ihre Verwendung im Leistungserstellungsprozess qualifiziert werden und andererseits die betrieblichen Arbeitsbedingungen an den personalen Gegebenheiten der menschlichen Aufgabenträger ausgerichtet werden. Dazu gehören die auf Erkenntnissen der **Arbeitswissenschaften** aufbauenden Bemühungen zur bestmöglichen Gestaltung von Arbeitsverfahren und Arbeitsmitteln, des Arbeitsraumes, des Arbeitsplatzes und der Arbeitszeiten (z. B. ergonomisch richtige Ausstattung von Bildschirmarbeitsplätzen und Einhaltung der notwendigen Arbeitspausen). Auch die Gestaltung der Arbeitsorganisation, im Besonderen die Arbeitsstrukturierung (z. B. Einrichtung von flexiblen Arbeitsgruppen in der Fertigung), erfährt eine zunehmende Bedeutung.

e) Die Personalführung

Mit dem Personaleinsatz eng verknüpft ist die **Personalführung** zu sehen. Sie kann als Anleitung der Mitarbeiter zu einem geordneten, arbeitsteiligen Vollzug jener Teilaufgaben verstanden werden, die von den Führungskräften im Unternehmen zur Erreichung der Unternehmensziele ausgewählt und disponiert wurden. Die **Führungsorganisation** schafft dabei die Rahmenbedingungen für die Anleitung der Mitarbeiter durch ihre Führungskräfte zu dem von ihnen erwarteten Beitrag zur Leistungserstellung des Unternehmens. Sie konkretisiert sich in der Aufbauorganisation des Unternehmens. Neben der Führungsorganisation wird auch im **Führungsverhalten der Vorgesetzten** ein entscheidendes Element für die Qualität der Personalführung gesehen. Das Verhältnis zwischen Führungskräften und Mitarbeitern ist vielfältig gestaltbar und kommt in unterschiedlichen **Führungsstilen** zum Ausdruck. In der Gegenwart wird häufig ein situativer Führungsstil für angemessen gehalten, der den Führungserfolg in Abhängigkeit von unterschiedlichen Führungssituationen und von unterschiedlichem Führungsverhalten sieht und demgemäß situationsabhängig eine bestimmte Ausprägungsform entweder eines kooperativen oder eines autoritären Führungsstils präferiert. Eine Reihe von **Führungskonzeptionen** (Führungsmodelle, Management-Modelle) sollen eine Orientierungshilfe für die Personalführung geben (siehe hiezu im Detail die Ausführungen im Abschnitt B. II. „Die Unternehmensführung").

f) Die Formen der Personalentlohnung (Lohnformen)

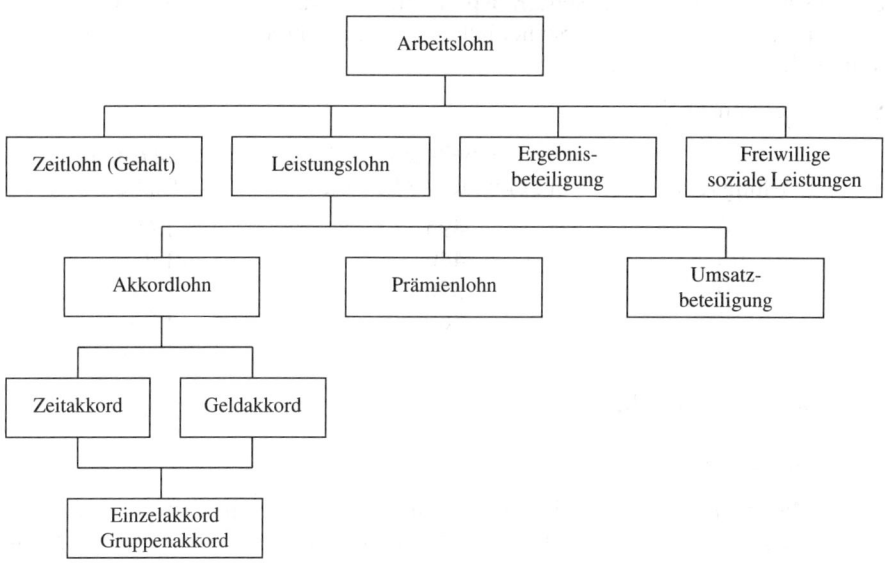

Abb. 24

aa) Der Zeitlohn

Zeitlohn liegt vor, wenn als Bemessungsgrundlage der Entlohnung die vom Arbeitnehmer **aufgewendete Zeit** im Dienste des Betriebes herangezogen wird. Der Lohn wird für Stunden, Tage, Wochen oder Monate errechnet. Darin liegen gewisse **Nachteile**. Der Zeitlohn bewirkt keinen Leistungsanreiz, da die Mengenleistung außer Betracht bleibt. Dennoch kommt die Zeitentlohnung häufig vor, z. B. bei Angestellten, deren Leistungen nicht oder nur schwer messbar sind, und bei Arbeitern, die Qualitätsarbeiten auszuführen haben. Bei derartigen Arbeiten kommt ein Leistungslohn von vornherein deswegen nicht in Frage, da er zu einem Arbeitstempo führen könnte, das der Qualität der Arbeit abträglich wäre.

Auch **Dienstleistungsbetriebe** (Banken, Versicherungsunternehmen, Transportbetriebe, Beherbergungsbetriebe, Friseure usw.) wenden das Zeitlohnsystem an, weil bei ihnen **Leistungsbereitschaft** und **Beschäftigung** auseinander fallen, die Entlohnung sich jedoch nicht nur auf die Beschäftigungszeit beziehen kann.

Zeitentlohnung wird anderen Entlohnungsformen auch vorgezogen, wenn es sich um die Vergütung gefährlicher Arbeiten handelt (z. B. Arbeiten, die mit Brandgefahr, Explosionsgefahr usw. verbunden sind), um sicherzustellen, dass die Verrichtungen mit Umsicht durchgeführt werden. Zeitentlohnung findet schließlich Anwendung, wenn die Ermittlung von Akkordlöhnen auf Schwierigkeiten stößt, was für Fertigungsprozesse gilt, deren Arbeitsverrichtungen nur durch komplizierte Abrechnungsverfahren gemessen werden können.

Das anschließende rechnerische **Beispiel** zeigt die Veränderung der Lohnkosten je erzeugter Einheit bei unterschiedlichem Leistungsgrad, wenn die Entlohnung mittels Zeitlohnes erfolgt.

Stundenverdienst € 12,–

Leistungsgrad	Arbeitszeit in Sekunden je Einheit	Lohnkosten je Einheit
80	495	1,65
90	440	1,47
100	396	1,32
110	360	1,20

bb) Der Leistungslohn

aaa) Akkordlohn

Akkordlohn (Proportionallohn, Stücklohn) liegt vor, wenn ein unmittelbarer Zusammenhang zwischen Leistung und Entlohnung besteht, wenn also das Mengenergebnis der Arbeit und nicht die aufgewendete Arbeitszeit Vergütung findet.

Voraussetzung für die Akkordentlohnung ist die Möglichkeit der **Leistungsmessung** und der **Leistungsvorgabe**. Als Maßeinheit dienen Mengenleistungen wie Stück, Kilogramm, Kubikmeter, Quadratmeter etc.

Nach den angewendeten Verrechnungsverfahren unterscheidet man **Zeitakkordlohn** und **Geldakkordlohn**.

Bei dem in der betrieblichen Praxis bevorzugt angewendeten Zeitakkordsystem wird die Leistung in Zeit (Minuten) pro Leistungseinheit (Kilogramm, Stück) vorgegeben. Durch die Multiplikation der Leistungsmenge (M) mit der Vorgabezeit je Leistungseinheit (t_e) und dem der Vorgabezeit zugrunde gelegten Geldfaktor (f_g) ergibt sich der Verdienst (V):

$$V = M \cdot t_e \cdot f_g$$

Beispiel: Der Geldfaktor (**Minutenfaktor** = Lohn/Minute) an der Bohrmaschine beträgt € 0,2 (das entspricht einem Stundenverdienst von € 12,–). Der Arbeiter hat in 100 Blechstücke je 5 Löcher zu bohren. Die Vorgabe pro Blechstück beträgt 10 Min. Er benötigt für die Arbeit 16 Stunden.

1. Wieviel hat der Arbeiter in 16 Stunden verdient?

2. Wieviel Prozent hat der Arbeiter in bezug auf seinen normalen Stundenlohn (Akkordgrundlohn) von € 12,– verdient?

Lösung:

Der Arbeiter hat (100 Stück à 10' = 1.000' à € 0,2) verdient.	€ 200,–
Der normale Stundenlohn für 16 Std. beträgt (960' à € 0,2)	€ 192,–
Daraus ergibt sich ein Mehrverdienst von	€ 8,–

Der Arbeiter hat damit 104,2 % des Akkordgrundlohnes verdient.

Die Ermittlung des tatsächlichen Verdienstes im Vergleich zum Akkordgrundlohn ist deswegen von Bedeutung, weil in Zeiten, in denen der Arbeiter nicht im Akkord, sondern im Zeitlohn arbeitet, der bisher erreichte **Durchschnittsverdienst** bezahlt werden muss.

Der **Akkordlohn** wird folgendermaßen errechnet:

tariflicher Mindestlohn (Zeitlohn)
+ 15- bis 25%iger Akkordzuschlag
_____

Akkordgrundlohn oder Akkordrichtsatz
: 60
_____

= Minutenfaktor

Bei Anwendung des **Geldakkordsystems** erhält der Arbeiter je Leistungseinheit eine bestimmte Summe Geldes ausbezahlt.

$$V = M \cdot g_e$$

M = verarbeitete Menge
g_e = Geldsatz je Mengeneinheit, auch Stücklohn genannt

Vorteile des Zeitakkordes gegenüber dem Geldakkord:

1. Im Falle von Lohnänderungen muss nicht die Vorgabe für jedes Stück, sondern lediglich der Geldfaktor verändert werden. Hingegen ist beim Geldakkordsystem der Geldsatz je Mengeneinheit neu zu berechnen.

2. Der Zeitakkord ermöglicht dem Unternehmen eine bessere Fertigungsablaufplanung, da aus der Multiplikation der zu produzierenden bzw. zu bearbeitenden Stückzahl mit der jeweiligen Vorgabezeit je Stück sofort der Zeitbedarf für einen bestimmten Auftrag und damit die zeitliche Arbeitsplatzbelegung festgestellt werden kann.

Aus den beiden genannten Gründen wird in der industriellen Fertigung in der Regel der Zeitakkord angewandt.

Die Akkordentlohnung kann sich auf eine Person bzw. auf mehrere Personen beziehen, dementsprechend unterscheidet man zwischen **Einzelakkord** und **Gruppenakkord**. Beim Einzelakkord wird die Mengenleistung des einzelnen Arbeitnehmers entlohnt.

Beim **Gruppenakkord** erfolgt die Entlohnung der Arbeitsleistung mehrerer Arbeiter. Den **Vorteilen** des Gruppenakkordes (weniger leistungswillige Arbeiter werden angespornt, die Gemeinschaftsarbeit führt zu höheren Arbeitsergebnissen) stehen dessen **Nachteile** gegenüber (ungünstige Arbeitsergebnisse durch nicht geeignete Gruppenführer, Spannung zwischen älteren und jüngeren Arbeitskräften auf Grund des unterschiedlichen Leistungsvermögens). Der Gruppenakkord setzt, soll er zu den gewünschten Folgen führen, eine Abstimmung der Gruppenmitglieder, der Arbeitsplätze und der Arbeitszeiten voraus.

Was die Unterschiedlichkeit des Verhältnisses von Lohn und Leistung betrifft, gibt es Sonderakkordformen, nämlich den **Degressivakkord** und den **Progressivakkord**.

Degressivakkord bedeutet, dass der Stücklohn für zusätzlich erzeugte Einheiten ab einer bestimmten Mengenleistung relativ abnimmt. Diese Sonderakkordform soll dem übermäßigen Einsatz körperlicher Leistungsreserven und der Schädigung der Gesundheit der Arbeitnehmer entgegenwirken.

Progressivakkord führt dazu, dass für jede zusätzliche Mengenleistung ein höherer Stücklohn als für die vorhergehenden Mengenleistungen gewährt wird. **Progressivakkord** wird meist abgelehnt, weil die Gefahr übermäßiger Anstrengungen und gesundheitlicher Schädigungen besteht.

Der Bestimmung des der Vorgabezeit zugrunde liegenden Geldfaktors (Minutenfaktor) dienen in der Regel die jeweiligen **Kollektivverträge**. Die **Zeitvorgabe** hingegen wird auf Grund der Auswertung von Arbeits- und Zeitstudien, manchmal auch durch den Vergleich mit ähnlichen Arbeiten ermittelt.

Die meisten **Kollektivverträge** enthalten Bestimmungen, nach denen auch bei Nichterreichen einer bestimmten Durchschnittsleistung (z. B. 80 % der Vorgabe) der tarifliche Mindestlohn bezahlt werden muss, wobei es jedoch nicht auf die einzelne Leistung, sondern auf die wöchentlich oder monatlich erzielte Durchschnittsleistung ankommt.

Die **Nachteile des Akkordlohnes** liegen in der höheren Abnützung der Anlagen, der Vernachlässigung der Qualität, in möglichen gesundheitlichen Schäden durch zu große körperliche Belastung, die **Vorteile** vor allem im Leistungsansporn und in der unmittelbaren Leistung-Lohn-Beziehung.

Die folgende Tabelle zeigt beispielhaft für die Akkordentlohnung die Veränderung der Stundenverdienste bei sich ändernden Leistungsgraden:

Akkordgrundlohn pro Stunde € 12,– (Minutenfaktor € 0,2), Vorgabe je Einheit 10':

Leistungsgrad	Arbeitszeit in Minuten je Einheit	Stundenverdienst
80	12,5	9,6
90	11,11	10,8
100	10	12,–
110	9,09	13,2

Interessante Ergebnisse zeigt der Vergleich der Lohnkosten und Stundenverdienste der Zeit- und Akkordentlohnung bei **unterschiedlichen Leistungsgraden** der Arbeitnehmer. Bleibt beim **Zeitlohn** der Arbeitsverdienst vom Leistungsgrad unabhängig, so steigen die Lohnkosten des Betriebes mit abnehmendem Leistungsgrad, sie fallen hingegen mit zunehmendem Leistungsgrad. Beim **Akkordlohn** sind die Lohnkosten des Betriebes je Einheit vom Leistungsgrad unabhängig; der Verdienst des Arbeiters fällt mit abnehmendem Leistungsgrad, er steigt mit zunehmendem Leistungsgrad.

Während sich gute Leistungsgrade für den Betrieb beim Zeitlohnverfahren kostenmäßig vorteilhafter auswirken als beim Akkordlohnverfahren, führen schlechte Leistungsgrade beim Zeitlohnverfahren zu einer größeren Kostenbelastung als beim Akkordlohnverfahren.

Die graphischen Darstellungen beziehen sich auf Stundenverdienst und Lohnkosten je Einheit bei sich änderndem Leistungsgrad:

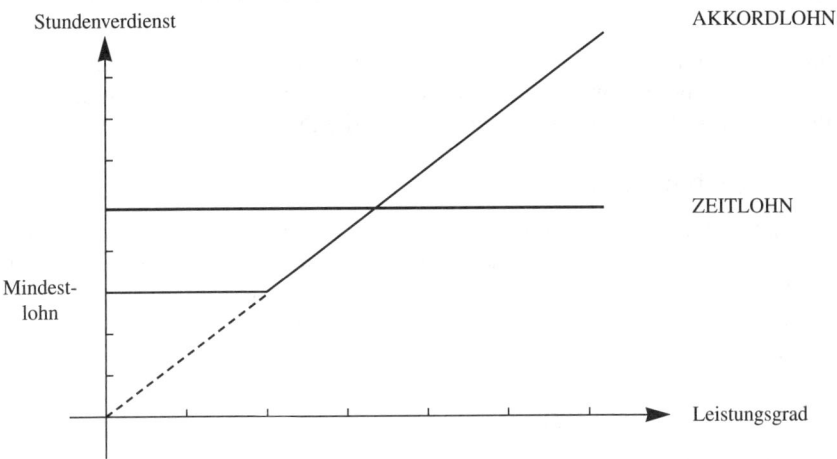

Abb. 25

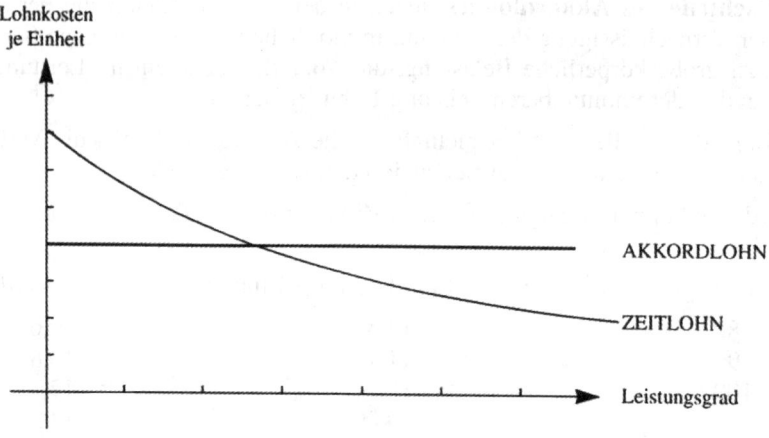

Abb. 26

bbb) Prämienlohn

Die zweite Form des Leistungslohnes ist der **Prämienlohn**. Im Falle des Prämienlohnes wird ein **Grundlohn** gezahlt, der dem Tariflohn entspricht, aber auch über diesem liegen kann; ergänzt wird der Grundlohn durch eine **Vergütung (Prämie)**, die für feststellbare und über der Norm liegende Leistungen der Arbeitnehmer gewährt wird. Es handelt sich also um messbare Leistungen, die die erarbeitete Menge, eingehaltene Termine, erzielte Qualitäten, bewirkte Einsparungen usw. betreffen, so dass auch zwischen Mengenprämien, Terminprämien, Güteprämien, Ersparnisprämien usw. unterschieden wird.

Beim Prämienlohn bleibt der Grundlohn unberührt, wenn die für die Prämienzahlung vereinbarten Bedingungen nicht erfüllt werden, es geht lediglich die eigentliche Prämie verloren. Im Gegensatz zum Akkordlohn kommt dem Arbeitnehmer beim Prämienlohn nicht immer der volle Gegenwert für seine Mehrleistung zu.

Prämienlohnsysteme sollen so gestaltet sein, dass ein möglichst gleitender Übergang vom Grundlohn zur Prämie gesichert ist, da das sprunghafte Steigen der Prämien jene Probleme nach sich zieht, wie sie die Progressivakkorde zeigen.

ccc) Umsatzbeteiligung

Die **Umsatzbeteiligung** ist eigentlich ein Prämienlohn, da dem Arbeitnehmer neben seinen festen Bezügen ein bestimmter Prozentsatz des erreichten Umsatzes als Prämie bezahlt wird. Diese Form der Entlohnung kommt besonders bei Vertretern in Frage. Die Höhe der Umsatzbeteiligung richtet sich häufig nach dem erzielten Deckungsbeitrag.

cc) Die Ergebnisbeteiligung

Zu den Formen der Arbeitszeitentlohnung werden auch bestimmte Arten der **Ergebnisbeteiligung** gezählt. Als Ergebnis im Sinne betriebswirtschaftlicher Über-

142

legungen gelten vor allem der Umsatz, die Wertschöpfung und der Gewinn. Sofern es sich um umsatzabhängige Ergebnisbeteiligung handelt, liegt eine enge Verwandtschaft zu den Leistungslöhnen vor. Auch bezüglich der wertschöpfungsorientierten Entlohnung sind nahe Beziehungen zur Leistungsentlohnung festzustellen.

Bezüglich der **Gewinnbeteiligungen** sind die Diskussionen in vollem Gang. Die Gewinnbeteiligung wird von manchen Autoren befürwortet, von anderen wieder abgelehnt. Zu den Befürwortern zählt u. a. Nicklisch, der das Recht der Belegschaft auf Gewinnteile daraus ableitet, dass der Wert einer Leistung sich erst feststellen lässt, wenn sie verkauft wird. Das aber geschehe zumeist erheblich später als die Erstellung der Leistung. Für den Betrieb wäre es eine kaum zu lösende Aufgabe, bereits am Leistungstag den vollen Wert der Leistung und das Ausmaß der Fähigkeit des Unternehmens, Lohn zu zahlen, festzustellen. Deshalb seien die regelmäßig gewährten Arbeitsvergütungen nur als Lohnvorschüsse aufzufassen, die Zahlungen auf Grund später festgestellter Gewinne als abschließende Restleistungen. Fritz Schmidt ist im Gegensatz dazu in seiner Überlegung davon beeinflusst, dass sich die meisten Gewinnbeteiligungsversuche nicht bewährten. Er steht auf dem Standpunkt, dass – besonders in großen Betrieben – die Beziehung zwischen der Arbeit der Beschäftigten und dem Gesamtgewinn gering sei. Außerdem wäre die anspornende Wirkung eines Anteiles am Jahresgewinn unbedeutend, wenn die Auszahlung der Gewinnbeträge erst nach Ablauf eines Jahres erfolge, weil durch die Länge der Zeitspanne das Gefühl des Zusammenhanges zwischen Leistung und Lohn weitgehend verlorengehe. Deshalb meint Schmidt, dass es wichtiger wäre, den **Produktivitätsgrad** der Arbeitsleistung festzustellen, was den gerechten Leistungslohn viel eher ermitteln lasse. Damit wäre das Lohnproblem ohne Gewinnbeteiligung lösbar.

Gewinnbeteiligungen auf Grund von Arbeitsverhältnissen sind bisher nur auf freiwilliger Basis zu finden. In der Mehrzahl der bekannt gewordenen Fälle sind Verlustbeteiligungen ausgeschlossen. Werden Gewinnbeteiligungen gewährt, so wird deren Höhe meist in fester Relation zu den Nominallöhnen bestimmt, sie werden auch von der Dauer der Betriebszugehörigkeit und anderen Bestimmungsgründen abhängig gemacht.

Da das betriebswirtschaftliche Problem der Gewinnbeteiligung nicht allein von der Seite der betriebssozialen Aspekte zu sehen ist, kommt dem Rechnungswesen in diesem Zusammenhang große Bedeutung zu, haben doch auf der Klärung dessen, was rechnerisch verteilbarer Gewinn ist, alle Überlegungen zu beruhen. Im Falle von Gewinnbeteiligungen wird meistens von den auf Grund gesetzlicher Bestimmungen des Handels- oder des Steuerrechtes ermittelten Gewinnen ausgegangen, weil durch die Zwangsläufigkeit des Systems und den hohen Vollständigkeitsgrad der Aufzeichnungen und des Zahlenmaterials die Ergebnisermittlung erleichtert wird. Allerdings bedarf der Buchhaltungsgewinn für die Zwecke der Gewinnbeteiligung zuerst der Korrektur um die **Scheingewinne**, die infolge Preisanstiegs durch Kaufkraftverfall entstanden sind. Weiters sind jene Gewinnbestandteile von der Ausschüttung an die Arbeitnehmer zurückzuhalten, die als **Zusatzkosten** auftreten, in den Aufwandsrechnungen aber nicht enthalten sind. Gleiches gilt für die im Gewinn enthaltene **Prämie** für das **allgemeine**

Unternehmerwagnis. Das heißt, dass der Buchhaltungsgewinn um jene Bestandteile zu kürzen ist, die ihn verzerren bzw. an welchen die Arbeitnehmer eindeutig keinen Anteil haben. Welche Teile des verbleibenden Gewinnrestes den Arbeitnehmern bzw. den Unternehmern zuzurechnen sind, hängt von den Umständen ab. Eine messerscharfe Zurechnung ist in keinem Fall möglich.

Auf Grund der angeführten Nachteile ist die Ergebnisbeteiligung entweder nur für jene Personen, die der Unternehmensführung angehören und damit unmittelbar auf die Höhe des Gewinnes Einfluss nehmen können, oder bei relativ kleinen, für jedes Mitglied überschaubaren Betrieben sinnvoll.

Arten der Gewinnbeteiligung

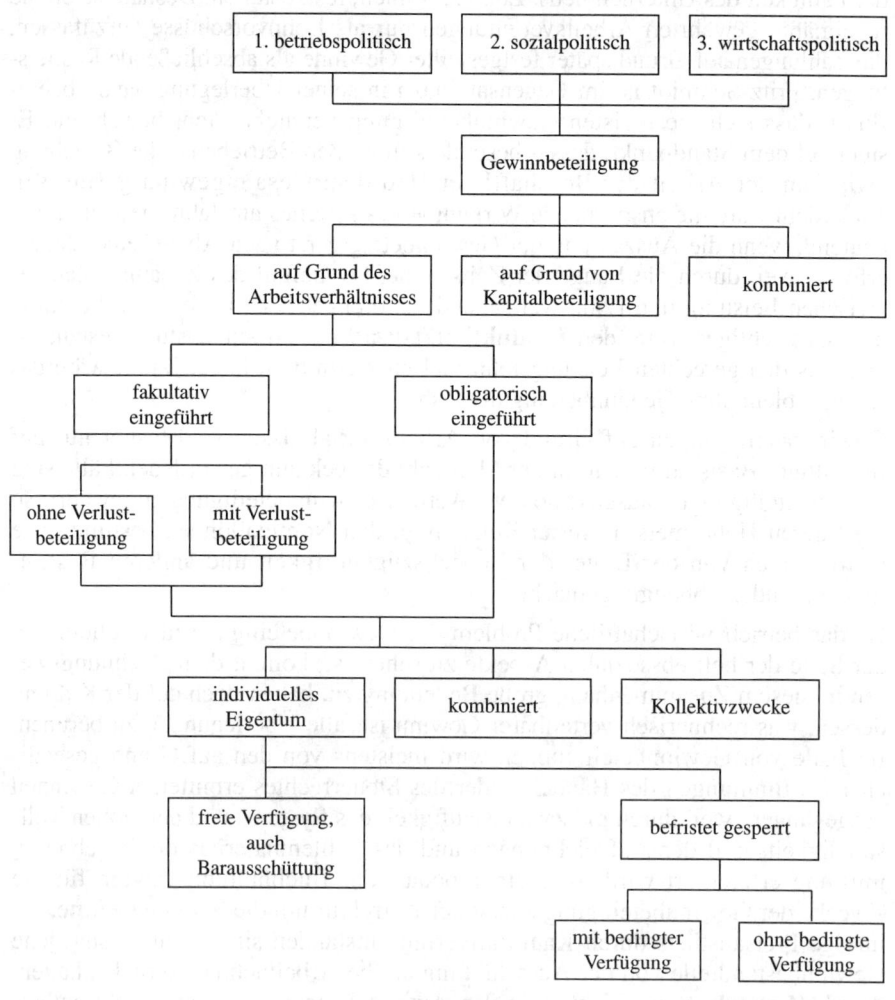

Abb. 27

dd) Die unternehmenswertorientierte Entlohnung

In letzter Zeit ist (von den USA ausgehend) die Entwicklung erkennbar, Mitarbeiter am Unternehmenswert des Arbeitgeberunternehmens zu beteiligen. Diese **Mitarbeiterbeteiligungsmodelle** stellen eine **Sonderform der Entlohnung** dar, die eine Motivationssteigerung und damit auch stärkere Bindung des Arbeitnehmers an das Unternehmen bewirken sollen. Sie sind vor allem für jene Führungskräfte interessant, die durch ihre Entscheidungskompetenz an der Kursentwicklung eines an der Börse notierten Unternehmens teilhaben können. Die unternehmenswertorientierte Entlohnung kann in folgenden Formen erfolgen:

- Belegschaftsaktien
- Virtuelle Aktien (Phantom Stocks)
- Aktienoptionen (Stock Options)
- Virtuelle Aktienoptionsmodelle (Stock Appreciation Rights)

Diese Mitarbeiterbeteiligungsmodelle sind auch bei Unternehmen, deren Aktien kurz vor der Börseneinführung stehen, zur Regel geworden. Mit dem Kapitalmarktoffensive-Gesetz (BGBl. I 2/2001) wurden in Österreich (vergleichbar mit Großbritannien und Frankreich) für Aktienoptionen steuerliche Begünstigungen vorgesehen.

Bei der Ausgabe von **Belegschaftsaktien** wird für alle Mitarbeiter im Wege eines begünstigten bzw. unentgeltlichen Aktienerwerbes die Möglichkeit einer direkten Beteiligung geschaffen (z. B. wird beim Kauf von vier Aktien eine Gratisaktie gewährt oder die Mitarbeiter erhalten einen Preisabschlag vom Kurswert der erworbenen Aktien). Die Mitarbeiter können – üblicherweise nach einer Sperrfrist – über die Aktien frei verfügen und gegebenenfalls aus der Kurssteigerung der gekauften Aktien bzw. aus dem gesamten Wert der unentgeltlich abgegebenen Aktien Nutzen ziehen.

Die Zuteilung **virtueller Aktien** ist mit einer zeitlich befristeten Kapitaleinlage der Arbeitnehmer bis zur Höhe des aktuellen Aktienkurses verbunden. Am Ende der Laufzeit wird der Gegenwert der virtuellen Aktien an die Arbeitnehmer ausbezahlt, wobei die Höhe des Auszahlungsbetrages von der positiven bzw. negativen Aktienkursentwicklung abhängt. Der Vorteil für das Unternehmen besteht darin, dass es zu keiner gesellschaftsrechtlichen Änderung des Eigenkapitals kommt. Ihm steht als Nachteil ein Mittelabfluss in Höhe der ausbezahlten Kursgewinne gegenüber.

Bei den **Aktienoptionen (Stock-Option-Modelle)** wird dem Mitarbeiter in der Regel unentgeltlich das Recht auf einen späteren Aktienerwerb zu einem festgelegten günstigen Preis (Ausübungspreis) eingeräumt. Der Zeitraum zwischen der Optionsgewährung und dem Zeitraum oder Zeitpunkt der Ausübung dieser Option wird als Sperr- oder Wartefrist bezeichnet. Der Mitarbeiter ist berechtigt, aber nicht verpflichtet, die Aktien zum Ausübungspreis zu erwerben und kann somit den Vorteil einer Kurssteigerung im Zeitpunkt der Optionsausübung nutzen. Diese Form der Mitarbeiterbeteiligung wird häufig zur Entlohnung für

Führungskräfte konzipiert, steht aber grundsätzlich auch für die Beteiligung aller Mitarbeiter offen. Mit Hilfe von Aktienoptionen wird der künftige Unternehmenserfolg an die Mitarbeiter weitergegeben und nicht der bereits vorhandene Unternehmenswert zu Lasten der Altaktionäre umverteilt.

Bei **virtuellen Aktienoptionsmodellen** wird statt einer tatsächlichen Beteiligung der Kursgewinn zu einem bestimmten Zeitpunkt bar ausbezahlt oder eine Tantiemezahlung von der Höhe der Kursentwicklung abhängig gemacht. Somit kommt es zu keinen Kapitalerhöhungen und auch zu keinem Kauf eigener Aktien. Es kommt zu keiner Veränderung der Aktionärsstruktur, der abzugsfähige Personalaufwand in Höhe der Zahlungen ist unbestritten. Diesen Vorteilen steht jedoch der Mittelabfluss in der Höhe der Kurssteigerungen gegenüber, wodurch diese Form der Mitarbeiterbeteiligung nur bei liquiditätsstarken Unternehmen in Erwägung zu ziehen ist.

Bei der Mitarbeiterbeteiligung im Wege von Belegschaftsaktien sowie beim Erwerb von Aktien im Rahmen der Stock-Option-Modelle hat der Mitarbeiter einen **Liquiditätsbedarf** in der Höhe des (allenfalls begünstigten) Kaufpreises der Aktien bzw. in Höhe des Ausübungspreises der Aktienoption. Hinzu kommt, dass der beim Aktienerwerb gewährte Vorteil als Vorteil aus dem Dienstverhältnis gewertet wird und damit der Lohnsteuerpflicht unterliegt. Der Arbeitgeber kann diesen Finanzierungsbedarf durch Gehaltsvorschüsse oder Arbeitgeberdarlehen überbrücken helfen. Bei Aktienoptionsmodellen wird auch vom Unternehmen die Möglichkeit eingeräumt, durch Einbehaltung von (bereits versteuerten) Gehaltsbestandteilen (z. B. 13. und 14. Monatsbezug oder Prämien) zwischen der Optionsgewährung und der Optionsausübung für den späteren Aktienkauf im Unternehmen anzusparen (Ansparmodell).

Aus der Sicht des **Arbeitgebers** wird von Mitarbeiterbeteiligungsmodellen vor allem eine Steigerung der Produktivität, eine höhere Motivation und damit eine geringere Fluktuation der Arbeitnehmer und daraus folgend eine günstigere Position am Arbeitsmarkt erwartet. Ebenso sind die Wahrung der steuerlichen Abzugsfähigkeit des Beteiligungsaufwandes sowie die mit den Modellen verbundenen Finanzierungseffekte und die Verbesserung der Liquiditätsstruktur von Interesse. Die **Arbeitnehmer** erwarten sich von Mitarbeiterbeteiligungsmodellen vor allem eine Verbesserung ihrer Einkommenssituation und ihres Informationsstandes über die Unternehmensentwicklung sowie Vorteile aus einem günstigeren Betriebsklima, der Arbeitsplatzsicherung sowie der ermöglichten Vermögensbildung (siehe im Detail: V. Trenkwalder, M. Tumpel (Hrsg.), Stock Options – Die Möglichkeit der Mitarbeiterbeteiligung aus Sicht der Praxis, SWK-Sonderheft, April 2001).

ee) Freiwillige Sozialleistungen und qualitative Sozialpolitik

Mit Einschränkungen sind auch die **freiwilligen Sozialleistungen** als Entlohnungsform zu betrachten. Es zählen dazu Leistungen in barem Gelde, die verbilligte Abgabe von Speisen in Werkskantinen, die Vergütung von Fahrtspesen für Fahrten von der Wohnung zur Arbeitsstätte und zurück usw. Die Höhe der freiwilligen Sozialleistungen richtet sich nach dem Familienstand, dem Alter der Beschäftigten, der Dauer der Betriebszugehörigkeit und ähnlichen Faktoren. Zu den freiwilligen Sozialleistungen gehören auch vom Unternehmen den Mitarbeitern zur Verfügung gestellte Sport- und Erholungsanlagen, die verbilligt oder gratis benützt werden können.

Mit den Überlegungen zu einer sogenannten **qualitativen betrieblichen Sozialpolitik** will man die Objektstellung der Arbeitnehmer im betrieblichen Leistungsprozess beseitigen. Diese Art von Sozialpolitik will zu einer neuen, geänderten Qualifizierung der menschlichen Arbeit im Unternehmen beitragen. Hiezu zählen beispielsweise eine verstärkte innerbetriebliche Information, systematische Weiterbildungsmaßnahmen für die Belegschaft, die Übernahme von Arbeitern in das Angestelltenverhältnis und schließlich die Orientierung der Beschäftigungsbedingungen an den besonderen Bedürfnissen von Familien.

ff) Die Messung der menschlichen Arbeitsleistung

Um das Entlohnungsproblem befriedigend zu lösen, wäre es grundsätzlich notwendig, die einzelnen Arbeitsleistungen zu **messen** und zu **bewerten**. Da jede Arbeitsverrichtung an das ausführende Organ bestimmte Anforderungen stellt, müssen deren Schwierigkeitsgrade in Maßzahlen, so genannten Arbeitswerten, festgelegt werden.

Der Arbeitsbewertung dienen die **summarische** und die **analytische Methode**. Ziel der **summarischen** Methode ist die Messung und Bewertung der Arbeitsverrichtungen ohne Aufgliederung in ihre Einzelelemente. Bei der **analytischen** Methode wird dagegen die gesamte Arbeitsverrichtung in ihre Teilverrichtungen gegliedert. Diese Teilverrichtungen werden gemessen und bewertet, so dass aus der Addition der Teilwerte der Wert der gesamten Arbeitsverrichtung errechnet werden kann.

Nicht immer kommt es jedoch zu einer individuellen Leistungsbewertung. In einer Reihe von Fällen erfolgt die Entlohnung auf Grund eines angenommenen Leistungsvermögens nach der in den **Kollektivverträgen** festgelegten Lohnhöhe, die sich nach bestimmten Merkmalen der Arbeitsverrichtung orientiert. (Kollektivverträge sind Vereinbarungen, die die aus dem Dienstverhältnis entspringenden Rechte und Pflichten der Arbeitnehmer und Arbeitgeber regeln. Sie werden zwischen den Interessenvertretungen bzw. Berufsvereinigungen abgeschlossen und stellen zwingende Normen dar, die durch Sondervereinbarungen nur abgeändert werden dürfen, wenn dadurch für die beschäftigten Dienstnehmer günstigere Bedingungen entstehen. Die in den Kollektivverträgen angeführten Lohnsätze geben daher die untere Grenze der Entlohnung in den einzelnen Wirtschaftszweigen an.)

g) Die Personalentwicklung

Die Personalentwicklung umfasst alle betrieblichen Maßnahmen zur beruflichen und persönlichen Förderung der Mitarbeiter, die zur weiteren Qualifizierung dienen und sich auf Informationen über Personen (Eignungs- und Fähigkeitsprofile, Leistungspotentiale), Organisationseinheiten (Anforderungsprofile) und relevante Bildungs- und Arbeitsmärkte beziehen. Die Personalentwicklung versteht sich einerseits **mitarbeiterorientiert**, indem sie die persönlichen Zielvorstellungen berücksichtigt, und andererseits **unternehmensorientiert**. Sie umfasst Konzepte zur **Laufbahnförderung** und zur **Karriereplanung**, bei welchen neben Weiterbildungsangeboten auch Möglichkeiten zum Arbeitsplatzwechsel und zu Auslandseinsätzen sowie die persönliche Förderung durch Vorgesetzte einen gewichtigen Stellenwert einnehmen können. Auch die Aktivitäten der betrieblichen **Bildungsarbeit** zielen auf die Qualifizierung einzelner Mitarbeiter ab, sie erstrecken sich vornehmlich mit zielgruppenspezifischen Bildungskonzepten auf einen größeren Personenkreis, wenngleich auch gezielte Bildungsmaßnahmen für einzelne Nachwuchskräfte möglich sind.

Die Dynamik der wirtschaftlichen Entwicklung veranlasst viele Unternehmen zur **Weiterbildung** ihrer Mitarbeiter, um die Qualifikation der Mitarbeiter aufrechtzuerhalten bzw. weiterzuentwickeln. Häufig geschieht dies nach einer Änderung in den Anforderungen an die Mitarbeiter in Form der **nachholenden** Qualifizierung. Vorteilhafter wäre eine **antizipierende** oder zumindest **synchrone** Qualifizierung, doch setzt dies voraus, dass der Anforderungswandel hinreichend prognostiziert werden kann.

Handlungsgrößen der Personalentwicklung sind einerseits **informatorische** Elemente, wie Personalbeurteilungen, Förderkarteien, das betriebliche Vorschlagswesen, Organisationspläne und Stellenbeschreibungen, Arbeitsmarktinformationen und die Analyse des Bildungsmarktes. Andererseits stehen **bildungs**bezogene Elemente (berufliche Ausbildung, Fort- oder Weiterbildung, Umschulung) und **stellen**bezogene Elemente, wie die Verwendungsplanung und -steuerung (horizontaler Stellenwechsel), die Aufstiegsplanung und -steuerung (vertikaler Stellenwechsel) und Stellvertretungsregelungen zur Auswahl.

h) Die Personalverwaltung

Mit der strategischen Ausrichtung des betrieblichen Personalwesens haben die **administrativen** Aufgaben des Personalwesens relativ an Bedeutung verloren. Hiezu zählen die Agenden der Personalstandsführung (Führung des Stellenplanes, der Personalkartei und der Personalakten), die Lohn- und Gehaltsabrechnung, die Anweisungen der Gehaltszahlungen (meist bargeldlos durch Überweisungen), die administrative Abwicklung von Personaleinstellung, Versetzung, Umgruppierung bzw. Entlassung sowie die Führung von Personalstatistiken.

i) Das Personal-Controlling

Das **Personal-Controlling** umfasst die laufende Überprüfung der Effektivität und der Effizienz personalwirtschaftlichen Handelns und zieht im Falle unerwünschter Abweichungen steuernde (korrigierende) Eingriffe nach sich. Es ist als ein Teil des umfasserenden Unternehmens-Controlling anzusehen und hat die erfolgsorientierte, laufende Steuerung des Personaleinsatzes zum Inhalt. Dies setzt voraus, dass (1) ein Erfolg, der durch den Personaleinsatz erreicht werden soll, definiert werden kann; (2) Personalpläne zumindest für die Aufgabenfelder Personalbeschaffung, Ausbildung, Entwicklung und Freisetzung vorliegen; (3) Störgrößen bestehen, die auf die Formulierung und Umsetzung dieser Pläne wirken; und (4) eine Unternehmenskultur besteht, in der ein ökonomischer Erfolg als ein positiv erachteter Wert akzeptiert wird.

Für das Personal-Controlling besteht das Problem, dass es in der Personalwirtschaft mehr qualitative als quantitative Ziele zu verfolgen gibt und deshalb Zielabweichungen schwerer zu erkennen sind. Ziele und Prämissen des personalwirtschaftlichen Handelns ändern sich weiters im Zeitablauf, sodass die Führungsgrößen bei einer Regelkreisbetrachtung (siehe Abschnitt I. IX. 5.) selbst wieder der Regelung unterworfen werden müssten. Schließlich ist zu berücksichtigen, dass sich Menschen in ihren Personalentscheidungen irren bzw. opportunistisch handeln können.

Gegenstände des Personal-Controllings sind zunächst (1) die Bestimmung von quantitativen und qualitativen Zielbeiträgen (Effektivität) personalwirtschaftlicher Aktivitäten; (2) die Zurechnung von Mitteleinsätzen (Kosten, Aufwendungen oder qualitativen Inputs) auf personalwirtschaftliche Zielbeiträge (Effizienz); (3) korrigierende Eingriffe bei Zielabweichungen zur Verbesserung von Effektivität und Effizienz; (4) die Abstimmung (Koordination) des unternehmerischen Handelns auf den verschiedenen Funktionsfeldern (in den verschiedenen Aufgabenbereichen) des Personalwesens; (5) die Abstimmung (Koordination) personalwirtschaftlicher Aktivitäten mit den übrigen Aufgabenbereichen im Unternehmen, wenn diese Koordinierungsleistung nicht schon bei der Gesamtplanung des Unternehmens erbracht wurde.

Die **Methoden** des Personal-Controllings können in outputorientierte Methoden (hier ist in erster Linie die Wirkungsanalyse zu nennen), in inputorientierte Methoden (Überprüfung von Kosten- oder Zahlungsbudgets sowie die Entwicklung von Humanvermögensrechnungen) und in input- und output-orientierte Methoden (Prüfung der Wirtschaftlichkeit personalwirtschaftlichen Handelns, Entwicklung und Verfolgung von Kennzahlen bzw. Kennzahlensystemen, aber auch Mitarbeitergespräche) unterteilt werden.

Das Personal-Controlling ist in jenen Aufgabenfeldern des Personalwesens vorteilhaft voranzutreiben, die eine unmittelbare Auswirkung auf die Maßgrößen des Unternehmenserfolges haben bzw. vermuten lassen und damit den Charakter des Personals als „Investitionsgut" (H. J. Drumm, Personalwirtschaft, 3. Auflage, Berlin 1995, S. 583) oder als Engpassfaktor besonders hervorheben. Es sind dies in erster Linie die Aufgabenfelder der Beschaffung und der Auswahl von Personal, der Personalfreisetzung und der Personalausbildung und Personalentwicklung.

4. Zukunftsperspektiven des Personalwesens

Eduard Gaugler (a.a.O., Sp. 3145 f.) vertritt die Auffassung, dass für die weitere Entwicklung des Personalwesens folgende Aspekte relevant sein können:

1. Betonung der unternehmerischen Ausrichtung des Personalwesens, was beispielsweise im strategischen Personalmanagement und in der funktionsüberschreitenden Rotation der Führungskräfte im Personalwesen zum Ausdruck kommt.

2. Zuwachs der Bedeutung von personalwirtschaftlichen Dimensionen im Unternehmen (Personal-Controlling, Bildungsinvestitionen usw.).

3. Internationalisierung und Globalisierung der Personalarbeit in Verbindung mit der Ausweitung der internationalen Geschäftstätigkeit und der Entwicklung der Weltmärkte.

4. Dezentralisierung der Kompetenzen für Personalentscheidungen durch Übertragung von Personalführungsverantwortung an Linienvorgesetzte.

5. Ausgliederung von Teilfunktionen des Personalwesens an darauf spezialisierte externe Personal- und Unternehmensberater, Personal-Leasingfirmen usw.

6. Zunehmende Professionalisierung der Aufgabenträger des Personalwesens im Einklang mit einem zunehmenden Akademikeranteil in diesen Bereichen.

Neben den Wirtschaftswissenschaften wird für das Personalwesen eine Reihe weiterer Disziplinen relevant, wie etwa die Arbeitswissenschaften, die Arbeitsmedizin, die Ergonomie, das Arbeits- und Sozialrecht, die Arbeits- und Organisationspsychologie, die Betriebssoziologie, die Arbeits- und Betriebspädagogik oder die Wirtschafts- und Unternehmensethik. Die Komplexität des betrieblichen Personalwesens fordert zu einer **interdisziplinären** Betrachtungsweise und zu einer vielfältigen wissenschaftlichen Behandlung in der betriebswirtschaftlichen Forschung heraus.

IV. Das Vermögen (Die Nutzung des Vermögens)

1. Das sachliche Anlagevermögen und sein Einsatz

a) Der Einsatz des sachlichen Anlagevermögens

Zum **Sachanlagevermögen** zählen Grundstücke, Gebäude, Maschinen, maschinelle Anlagen, Werkzeuge, sonstige Erzeugungshilfsmittel sowie die Betriebs- und die Geschäftsausstattung.

Die Gesamtheit der dem Betrieb dienenden Sachanlagen ergibt dessen **technische Leistungskraft**. Kennzeichen des Sachanlagevermögens ist, dass es nicht in einem einzigen Produktionsvorgang verbraucht wird, sondern, je nach Art und Beschaffenheit des jeweiligen Gutes, für eine mehr oder minder große Zahl von

Leistungsvorgängen zur Verfügung steht. lm Gegensatz dazu gehen die Roh- und Hilfsstoffe in jenem Produktionsvorgang unter, dem sie zugeführt werden.

aa) Nutzung und Wertminderung

Für **Aufwandsverrechnungen, Kostenermittlungen und investitionspolitische Überlegungen** ist es notwendig, Lebens- bzw. Nutzungsdauer der einzelnen Gegenstände des Anlagevermögens zu kennen bzw. zu schätzen, weil davon die Abschreibungsverrechnung in Bilanz und Kostenrechnung abhängt und die Aufstellung von Investitionsprogrammen beeinflusst ist.

Das Anlagevermögen ist nach der Tatsache, ob die Nutzung zu einer Wertminderung führt (zeitlich begrenzte Nutzung) oder nicht, in **abnutzbares** und **nicht abnutzbares** Anlagevermögen zu gliedern. Während **abnutzbares Anlagevermögen** einer **ordentlichen und außerordentlichen Wertminderung** unterliegen kann, kann **nicht abnutzbares Anlagevermögen** nur einer **außerordentlichen Wertminderung** unterliegen.

Ordentliche Wertminderung:

Die verbrauchsbedingte (technische) Abnutzung wird unter anderem durch die **Beanspruchungsdauer** (einschichtig, mehrschichtig, gefahrene Kilometer eines Lkw), durch die **Beanspruchungsintensität** (Drehzahl der Maschine, Geschwindigkeit des Lkw, Härte des zu bearbeitenden Materials), durch die **Art der Bedienung** (Fachkenntnis, Sorgfalt) und durch die **Anlagenpflege** beeinflusst.

Der **natürliche Verschleiß** entspricht der **Wertminderung**, die **durch äußere Einflüsse**, wie **klimatische Bedingungen** (Feuchtigkeit, Temperatur), **Standortbedingungen** (Bodenbeschaffenheit), **Anfälligkeit der Anlage** (Rost, Feuchtigkeit) und den **Verschleißschutz** (Art und Pflege), entsteht.

Die **Substanzverringerung** ist eine Wertminderung, die in Gewinnungsbetrieben (Bergbau, Steinbrüche, Sand-, Gips- und Tongruben) anfällt.

Eine **wirtschaftlich bedingte Wertminderung** gehört dann zur ordentlichen Wertminderung, wenn diese bei Inbetriebnahme der Anlage zeitlich vorhergesehen werden kann.

Die **zeitlich bedingte Wertminderung** stellt eine Wertminderung bei immateriellen Wirtschaftsgütern dar, die sich aus dem **Ablauf der vertraglich oder gesetzlich festgesetzten Nutzungszeit** ergibt.

Zu den wichtigsten Fällen der zeitlich bedingten Wertminderung gehören:
– Ablauf der Miet- und Pachtverhältnisse
– Ablauf der Schutzfrist für Erfindungen
– Ablauf von Konzessionen

Außerordentliche Wertminderung:

Die außerordentliche Wertminderung kann sowohl **abnutzbare als auch** (in bestimmten Fällen) **nicht abnutzbare Anlagegegenstände** betreffen:

Wirtschaftlich bedingte Wertminderung: Diese ergibt sich aus der Wertminderung infolge des technischen Fortschrittes; werden Anlagen und Produktionsverfahren entwickelt, die mit geringeren Kosten als die alten Anlagen arbeiten, so wirkt sich das als Wertabfall der alten Anlagen aus.

Nachfrageverschiebungen: Infolge von Verschiebungen in der Bedarfsstruktur ändert der Betrieb zwangsläufig sein Produktionsprogramm. Die dadurch hervorgerufene Umstellung in der Fertigung führt dazu, dass die vorhandenen Anlagen nicht mehr voll genutzt werden können. Der technisch noch vorhandene Leistungsvorrat ist also wirtschaftlich nicht mehr voll verwertbar.

Fehlinvestitionen: Infolge falscher Einschätzung der wirtschaftlichen Entwicklung kann der technische Leistungsvorrat in Form von Anlagen überhaupt nicht ausgenützt werden.

Sinken der Wiederbeschaffungskosten: Kann der in den vorhandenen Anlagen enthaltene Nutzungsvorrat am Markt billiger wiederbeschafft werden, so vermindert sich der Wert der vorhandenen Anlagen.

bb) Berücksichtigung der Wertminderung im Rechnungswesen

Die **Wertminderung** des Anlagevermögens findet im **Rechnungswesen** (Bilanzierung und Kostenrechnung) in Form der **Abschreibung** ihren Niederschlag.

Während der **ordentlichen Wertminderung** durch die **planmäßige Abschreibung** (im Steuerrecht: **Absetzung für Abnutzung** = AfA) Rechnung getragen wird, wird der **außerordentlichen Wertminderung** durch die **außerplanmäßige Abschreibung** (im Steuerrecht: Abschreibung auf den niedrigeren Teilwert) Rechnung getragen.

Die buchmäßige (ordentliche und außerordentliche) Abschreibung führt zu Gewinnminderung bzw. Verlusterhöhung im Ausmaß der für den jeweiligen Rechnungsabschnitt angesetzten Abschreibungsquote. In der **Kalkulation** gelten (ordentliche) Abschreibungen als Werteinsatz zur Leistungserstellung. Sie erhöhen den Wert der erstellten Leistungen.

Dass die Abschreibungen in der Gewinn- und Verlustrechnung zu **Anschaffungspreisen** und in der Kostenrechnung (häufig) zu **Tagespreisen** erfolgen, ergibt sich aus den unterschiedlichen Aufgaben, welche die beiden Rechnungskreise zu erfüllen haben.

Bei den **planmäßigen Abschreibungen** entsteht die Frage nach der **Abschreibungsbemessung**. Sie beruht entweder auf zeitlichen Merkmalen oder kann unmittelbar von der Inanspruchnahme des Gutes abhängig gemacht werden, also leistungsbezogen sein.

Was das zeitliche Merkmal bei der Abschreibungsbemessung anlangt, ist zwischen **Lebensdauer** und **Nutzungsdauer** eines Gutes zu unterscheiden. Die **Lebensdauer** ist durch technische Merkmale bestimmt. Sie gibt jene Zeitspanne an, in der ein Vermögensgegenstand, vom technischen Standpunkt aus betrachtet, Leistungen überhaupt abgeben kann. Die **Nutzungsdauer** dagegen hängt von wirtschaftlichen Überlegungen ab und umfasst jenen Zeitraum, in dem die Nutzung eines Gutes vom wirtschaftlichen Standpunkt aus als vertretbar gilt.

Das ist eine zwar allgemeine Formulierung, doch lässt sie deutlich den Unterschied zwischen Lebensdauer und Nutzungsdauer eines Gutes erkennen. Die Nutzungsdauer kann nicht länger sein als die Lebensdauer, wohl aber wird die Nutzungsdauer die Lebensdauer oft beträchtlich unterschreiten. Die Abschreibungsbemessung in Bilanz und Kostenrechnung erfolgt nach dem Ausgeführten nach der Nutzungsdauer.

Die Bestimmung der Nutzungsdauer erfolgt entweder für jedes **einzelne Gut** gesondert oder sie wird für **artähnliche Güter** in pauschaler Form festgelegt. So hat sich z. B. die Übung durchgesetzt, Büromaschinen innerhalb von fünf Jahren abzuschreiben, und zwar unabhängig von Type und Güte der Maschinen. Dieser Vorgang wird gewählt, um nicht in jedem einzelnen Fall Begründungen für die festgelegte Nutzungsdauer und damit die Höhe der Abschreibungssumme erbringen zu müssen. Man spricht dann von **konventioneller Nutzungsdauer**, die mit dem steuerrechtlichen Begriff der **betriebsgewöhnlichen Nutzungsdauer** weitgehend identisch ist.

Wir unterscheiden zusammenfassend zwischen **technischer Lebensdauer, wirtschaftlicher und konventioneller Nutzungsdauer**. Die konventionelle Nutzungsdauer orientiert sich an der wirtschaftlichen Nutzungsdauer und kommt durch vereinfachende Annahmen zustande.

cc) Formen der Abschreibung

aaa) Lineare (konstante) Abschreibung

Die **lineare (konstante) Abschreibung** geht von der Voraussetzung aus, dass die Gebrauchsfähigkeit eines Anlagegutes während der Nutzungsdauer **konstant** bleibt, dass keine oder zumindest **gleichmäßige jährliche Reparaturen** anfallen und dass die **Beschäftigung konstant** bleibt; weiters werden keine Wertminderungen berücksichtigt, die sich durch den technischen Fortschritt oder durch Bedarfsverschiebungen am Markt ergeben.

Steuerrechtlich sind für die Gebäudeabschreibung folgende Regelsätze vorgesehen (§ 8 Abs. 1 EStG 1988):

Gebäude von Gewerbetreibenden bzw. Land- und Forstwirtschaften, die zumindest zu 80 % unmittelbar der Betriebsausübung dienen:	bis zu 3 %
Bank- und Versicherungsgebäude:	bis zu 2,5 %
(bei mindestens 80 % Kundenverkehr:	bis zu 4 %)
Andere Betriebsgebäude:	bis zu 2 %

Ein höherer Satz für die Absetzung für Abnutzung muss im Einzelfall besonders begründet sein (z. B. 3 % bei einem Bürogebäude mit feuchten Mauern).

bbb) Degressive Abschreibung

Die Abschreibungen sinken mit zunehmender Nutzungsdauer, d. h. die Abschreibungsquote ist im ersten Jahr am höchsten, im letzten Nutzungsjahr am niedrigsten.

Betriebswirtschaftlich wird die **degressive Abschreibung** folgendermaßen begründet:

Bei vielen Wirtschaftsgütern ist die Leistungsfähigkeit in den ersten Nutzungsjahren am höchsten; diese können daher auch mit den höchsten Abschreibungsquoten belastet werden. In den späteren Nutzungsjahren sinkt die Leistungsfähigkeit des Wirtschaftsgutes infolge stärkerer **Reparaturanfälligkeit,** durch die ungenauere Arbeit der Anlagen und die höheren Betriebskosten. Es treten sogenannte **Alterungskosten** auf, also Kosten, die mit zunehmendem Anlagenalter progressiv ansteigen.

Außerdem wird durch die Anwendung dieses Verfahrens eine gleichmäßige Aufwandsbelastung erreicht, da die Verringerung der Abschreibungsquote durch die Zunahme des Reparaturaufwandes kompensiert wird.

Durch die **degressive Abschreibung** wird die Gefahr der **technischen oder wirtschaftlichen** Überholung berücksichtigt. Tritt eine Wertminderung des Anlagegutes durch den technischen Fortschritt oder durch Bedarfsverschiebungen ein, ist es in diesem Fall nicht mehr erforderlich, zusätzliche Abschreibungen vorzunehmen. Die degressive Abschreibung berücksichtigt damit besonders das **Prinzip der kaufmännischen Vorsicht.**

Formen der degressiven Abschreibung sind die **arithmetisch degressive** und die **geometrisch degressive Abschreibung.**

Die **arithmetisch degressive** Abschreibung kann in der Form der **gleichmäßig fallenden Abschreibungssätze auf den Anschaffungswert** oder in Form der **digitalen Abschreibung** angesetzt werden.

Arithmetisch degressive Abschreibung mit gleichmäßig fallenden Abschreibungssätzen auf den Anschaffungswert:

a_1 = Abschreibungsquote des 1. Jahres
a_2 = Abschreibungsquote des 2. Jahres
d = Gleichbleibende Differenz zwischen den einzelnen Abschreibungsquoten
a_n = Abschreibungsquote des letzten Jahres = $a_1 - (n - 1) \, d$
Summe der Abschreibungsquoten = 100%

Summenformel:

$$100 = \left(a_1 + a_n\right)\frac{n}{2} = \left(a_1 + a_1 - (n - 1)\, d\right)\frac{n}{2} = \left(2a_1 - (n - 1)\, d\right)\frac{n}{2}$$

Beispiel:

Eine Maschine mit Anschaffungskosten von 90.000,– und einer Nutzungsdauer von 10 Jahren soll in fallenden Prozentsätzen vom Anschaffungswert abgeschrieben werden, wobei die Abschreibungsdifferenz zwischen den Abschreibungsquoten der einzelnen Jahre 2 % beträgt.

Wie hoch sind die Abschreibungssätze des ersten und letzten Jahres?

$$100 = \left(2a_1 - (10 - 1)\, 2\right)\frac{10}{2}$$
$$100 = 10a_1 - 90$$

$10\,a_1 = 190$

$a_1 = 19$

$a_n = 19 - 9 \times 2 = 1$

Digitale Abschreibung

Die Abschreibungsquote des letzten Jahres entspricht der Abnahme der jährlichen Abschreibungsquoten. Die Abschreibungsquote des letzten Jahres ergibt sich daher aus der Division der Gesamtabschreibung durch die Summe der Abschreibungsquoten =

$$\frac{\text{Gesamtabschreibung}}{1 + 2 + 3 + 4 + \ldots + n}$$

n = Nutzungsdauer des Gegenstandes

Beispiel:

Die im vorliegenden Beispiel angeführte Maschine soll digital über 10 Jahre abgeschrieben werden:

$$\text{Abschreibungsquote des letzten Jahres} = \frac{\text{Gesamtabschreibung}}{1 + 2 + 3 + \ldots + 10} = \frac{90.000}{55}$$

Die Abschreibungsquote des letzten Jahres beträgt 1.636,36 oder 1,818 %.

Wenn der Abschreibungsprozentsatz des letzten Jahres direkt errechnet werden soll, lautet die Rechnung:

$$\frac{100}{1 + 2 + 3 + \ldots + 10} = \frac{100}{55} = 1,818 \%$$

Geometrisch degressive Abschreibung

In diesem Fall wird der gleichbleibende Abschreibungssatz auf den jeweiligen Restbuchwert angewendet.

Dieses Abschreibungsverfahren kann nie zum Wert null führen; es muss daher immer ein Restwert festgesetzt werden, der mit Ablauf des letzten Nutzungsjahres erreicht werden soll. Wenn dieser Restwert niedrig ist, ist ein sehr hoher Abschreibungsprozentsatz erforderlich. Dieser kann dabei nach folgender Formel errechnet werden:

$$p = 100 \left(1 - \sqrt[n]{\frac{R_n}{A}} \right)$$

Die Symbole dieser Formel bedeuten:

p   = Abschreibungssatz,

R_n = Restwert nach n Jahren,

n   = Nutzungsdauer,

A   = Anschaffungs- oder Herstellungskosten.

Die **degressive Abschreibung** ist nach § 7 Abs. 1 EStG 1988 steuerlich nicht mehr zugelassen. Sie hat daher nur mehr für innerbetriebliche (kalkulatorische) Überlegungen sowie für die Ermittlung der Abschreibungen nach den handelsrechtlichen Bestimmungen eine Bedeutung. Unterliegen abnutzbare Güter des Anlagevermögens in den ersten Geschäftsjahren einer erhöhten technischen oder wirtschaftlichen Abnutzung, so ergeben sich in der Praxis folgende Abschreibungssätze:

Nutzungsdauer (Jahre)	Buchwertabsetzung (v. H. des Buchwertes)
4	50
10	30
15	21
20	18
30	13
40	11

Im letzten Jahr der präliminierten Nutzungsdauer ist der noch vorhandene Restwert auf den Erinnerungswert oder Schrottwert abzuschreiben.

ccc) Progressive Abschreibung

Die **progressive Abschreibung** hat keine praktische Bedeutung. Sie ist dann berechtigt, wenn im Hinblick auf die künftige Entwicklung überdimensionierte Anlagen erst langsam in ihre volle Ausnutzung hineinwachsen, wie dies zum Beispiel bei Verkehrsunternehmen und Kraftwerken der Fall sein kann.

Der **Haupteinwand** gegen die progressive Abschreibung liegt im Widerspruch zum Prinzip der kaufmännischen Vorsicht (Gefahr der technischen Überholung, plötzliche Nachfrage- oder Preisänderungen).

ddd) Abschreibung nach der Beanspruchung (Leistung)

Bei diesem Verfahren wird nicht die Lebensdauer, sondern die mögliche Leistungsabgabe geschätzt. Es wird ein **Abschreibungsbetrag je Leistungseinheit** ermittelt. Grundlagen dafür sind die Anschaffungs- oder Herstellungskosten, dividiert durch die Anzahl der mutmaßlichen Erzeugungseinheiten oder durch die Stunden, die ein Gut genutzt werden kann, bis es nicht mehr verwendungsfähig ist. Auch die leistungsabhängige Absetzung für Abnutzung (sog. Leistungs-AfA) ist nach § 7 Abs. 1 EStG 1988 steuerlich nicht mehr zulässig.

Kalkulatorisch werden dadurch die Abschreibungen zu proportionalen Kosten; Wertminderungsfaktoren, wie zum Beispiel der technische Fortschritt oder der natürliche Verschleiß, werden dadurch nicht berücksichtigt.

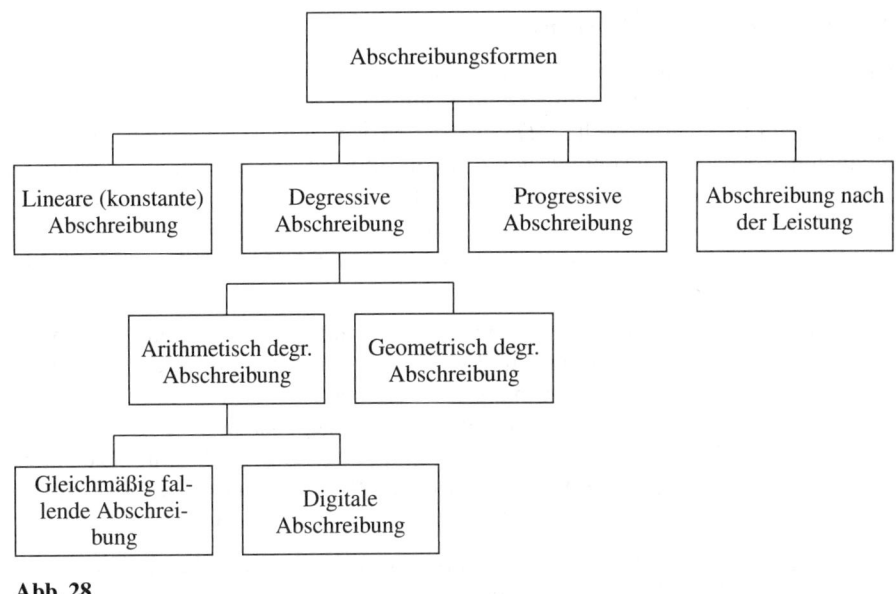

Abb. 28

dd) Funktionen der Abschreibung

aaa) Bewertungsfunktion (statische Interpretation)

Die Abschreibung soll die **Wertminderung** zum Ausdruck bringen, die ein Wirtschaftsgut im Betrieb erleidet; diese Interpretation der Abschreibung ergibt sich aus der **statischen Bilanztheorie**, die die Bilanz als Mittel einer richtigen Vermögensdarstellung sieht.

bbb) Aufwandsverteilungsfunktion (dynamische Interpretation)

Da Gegenstände des Anlagevermögens dem Unternehmen in der Regel über mehrere Rechnungsperioden zur Verfügung stehen, sind die Ausgaben für solche Anlagegüter auf ihre Nutzungszeit aufzuteilen. Die Abschreibung dient daher der **periodengerechten Erfolgsermittlung**.

Die **Aufwandsverteilungsfunktion** kommt besonders in der steuerrechtlichen Definition für die AfA zum Ausdruck: „Bei Wirtschaftsgütern, deren Verwendung oder Nutzung durch den Steuerpflichtigen zur Erzielung von Einkünften sich erfahrungsgemäß auf einen Zeitraum von mehr als einem Jahr erstreckt (abnutzbares Anlagevermögen), sind die Anschaffungs- oder Herstellungskosten **gleichmäßig verteilt** auf die betriebsgewöhnliche Nutzungsdauer abzusetzen" (§ 7 Abs. 1 EStG 1988).

157

ccc) Finanzierungsfunktion

Die Abschreibungsquoten werden kalkulatorisch in die Kosten und damit in die Preise der Betriebsleistung eingerechnet, sind also in den Verkaufserlösen und damit in den Erträgen enthalten. Da den in den Verkaufserlösen enthaltenen verrechneten Abschreibungsquoten der Aufwandsposten Abschreibung gegenübersteht, erscheinen die Abschreibungswerte nicht als Gewinn und werden daher weder besteuert noch ausgeschüttet. Es kommt somit zu einer allmählichen Umschichtung von Anlagevermögen zu Umlaufvermögen (**Kapitalfreisetzungseffekt der Abschreibungen**).

Aus den angesammelten Abschreibungsquoten müssen nach Ablauf der Nutzungsdauer **Ersatzinvestitionen** durchgeführt werden; bis zu diesem Zeitpunkt stehen die freigesetzten Abschreibungsquoten aber dem Betrieb zur Verfügung und können zur Anschaffung zusätzlicher Anlagegegenstände verwendet werden, ohne dass dem Betrieb zusätzliches Kapital zugeführt wird. Man bezeichnet diesen Vorgang als **Kapazitätserweiterungseffekt (Lohmann-Ruchti-Effekt)**. Ein Beispiel hiezu befindet sich im Kapitel D. II. 2. „Innenfinanzierung".

Erfolgt die **Finanzierung** des Anlagevermögens durch **Fremdkapital** und entsprechen die Rückzahlungsquoten den Abschreibungen, tritt der Kapazitätserweiterungseffekt insoweit nicht ein, als das Fremdkapital in gleichem Umfang zurückgezahlt wird, als die Abschreibungsquoten eingehen. Die Wirkung der Abschreibung besteht aber nunmehr darin, dass innerhalb der Nutzungsdauer das Fremdkapital kleiner wird, ohne dass die Kapazität eine Verkleinerung erfährt. Es muss allerdings dafür gesorgt werden, dass zum Zeitpunkt der notwendigen Ersatzinvestition wieder genügend Fremdkapital zur Verfügung steht. Insgesamt gesehen ist jedoch der durchschnittliche Fremdkapitalbedarf kleiner, als es der zur Verfügung stehenden Kapazität entspricht.

b) Die Nutzung des sachlichen Anlagevermögens

Die Kosten der hervorgebrachten Leistungen hängen weitgehend vom Grad der Nutzung des sachlichen Anlagevermögens ab. Je mehr Leistungen bei einem fixierten technischen Leistungsvermögen hervorgebracht werden, umso niedriger ist die Fixkostenbelastung der einzelnen Leistung. Die betriebswirtschaftliche Aufgabe liegt darin, für eine möglichst günstige Ausnützung des Sachanlagevermögens (der Betriebsmittel) zu sorgen.

Die Ausnützung der Betriebsmittel ist von der Art und dem Umfang des Produktionsprogramms, vom Leistungsvermögen in den verschiedenen betrieblichen Teilbereichen, insbesondere von den Engpässen im Betrieb, ferner von den Gegebenheiten des Marktes, seiner Aufnahmefähigkeit, seinem Interesse an den Produkten des Betriebes und von der Fähigkeit des Betriebes, sich an veränderte Situationen auf dem Absatzmarkt anzupassen, abhängig.

Für die Gliederung der die Ausnützung des Sachanlagevermögens beeinflussenden zeitlichen Faktoren bietet sich die Unterscheidung in **Nutzungszeit** und **Brachzeit** an. Die **Nutzungszeit** zerfällt in die **Nutzungshauptzeit** und die **Nut-**

zungsnebenzeit. Die Nutzungshauptzeit betrifft die Zeitspanne, in der unmittelbar effektive Leistungen erbracht werden, während in der Nutzungsnebenzeit die Anlagen für den Einsatz vorbereitet werden, so dass auch von Rüstzeit gesprochen wird. Bei der **Brachzeit** wird zwischen arbeitsablaufbedingter, störungsbedingter, durch die Arbeiter bedingter und außerbetriebnahmebedingter Brachzeit unterschieden.

Da sowohl das Fertigungsprogramm wie auch die Verhältnisse auf dem Markt je nach Wirtschaftszweig und konjunktureller Situation steten Änderungen unterworfen sind, erweisen sich laufende, die optimale Ausnutzung des Sachanlagevermögens sichernde Maßnahmen als notwendig.

c) Die Kapazität und das wirtschaftliche Optimum

Unter Kapazität wird allgemein ein **Leistungsvermögen** verstanden. Übertragen wir diese Auffassung auf den Betrieb und versuchen wir, für diesen einen Kapazitätsbegriff zu formulieren, dann müssen wir davon ausgehen, dass die Leistungskraft des Betriebes von dem vorhandenen Sachanlagevermögen und der Möglichkeit seines Einsatzes determiniert ist. Deshalb folgen wir Alfred Walther (Einführung in die Wirtschaftslehre der Unternehmung, Band I: Der Betrieb, 2. Aufl., Zürich 1959, S. 230 ff.), der als **Kapazität die technische Möglichkeit bezeichnet, eine gegebene Leistungskraft einzusetzen, die durch Art und Größe der Anlagen bestimmt ist**.

Nach Walther beruht die Kapazität demnach auf den vorhandenen Maschinen, Gebäuden, Einrichtungen und Werkzeugen, die den an der Leistungserstellung mitwirkenden Menschen dienen. Zur näheren Bestimmung führt er aus, dass die Maßeinheiten, mit denen die Kapazitäten gemessen werden, nur im Einproduktbetrieb die Leistungen selbst sind, „im allgemeinen sind es die direkten **Maschinenstunden, Apparatestunden, Arbeitsplatzstunden** usw. pro Periode. Die Periode kann ein Tag, ein Monat oder ein Jahr sein; wir werden aber die Kapazität am besten auf ein Jahr beziehen" (A. Walther, a.a.O., S. 230). Nicht zu verwechseln ist die Kapazität (die Möglichkeit, eine Leistungskraft einzusetzen) mit der Leistungserstellung selbst.

Die Unterscheidung in **Maximal-**, **Optimal-** und **Minimalkapazität** ist nach diesen Ausführungen nicht zielführend. Bringt nämlich die Kapazität im dargestellten Sinne die technische Leistungskraft des Betriebes zum Ausdruck, so weisen Begriffe wie Optimal- und Minimalkapazität bereits auf die Ausnutzung hin, die über die Kapazitätsbetrachtung im engen Sinn hinausführt.

Wird an die Ausnutzung gedacht, empfiehlt es sich, den Begriff des wirtschaftlichen Optimums einzuführen. Das **wirtschaftliche Optimum** bewegt sich in den durch die Kapazität gezogenen Grenzen und ist in gewisser Weise durch das Wirtschaftlichkeitsprinzip bestimmt. Das wirtschaftliche Optimum, ausgedrückt in technischen Maßgrößen, kann nicht größer sein als die technische Kapazität, es wird in vielen Fällen darunter liegen. Kapazität und wirtschaftliches Optimum gehen somit auf unterschiedliche Grundtatbestände zurück. Als die Sachlage erläuterndes Beispiel möge der Einsatz eines Kraftfahrzeuges dienen, bei dem die

Ausnutzung der vollen technischen Leistungskraft (z. B. 160 km/h) hohe Kosten auslöst, während das wirtschaftliche Optimum (z. B. bei 90 km/h) zu weit darunter liegenden Kosten führt. Wird das Fahrzeug bis an die Grenze seines technischen Leistungsvermögens (seiner Kapazität) genutzt, dann sind der Treibstoffverbrauch, der Ölverbrauch und die Abnutzung wesentlich höher als bei niedrigerer Geschwindigkeit. Wird eine bestimmte Geschwindigkeitsgrenze unterschritten, steigen die Einheitskosten ebenfalls. Das wirtschaftliche Optimum liegt bei jener Geschwindigkeit, bei der die Kosten am niedrigsten sind. Für die Bestimmung des wirtschaftlichen Optimums können aber nicht immer derart isolierte Betrachtungen angestellt werden. Zum Beispiel kann der Verlust an Zeit durch die Herabsetzung an Geschwindigkeit schwerer wiegen als die Verminderung der Kosten infolge einer verringerten Geschwindigkeit.

In der betrieblichen Praxis kann es notwendig sein, eine Aufgliederung der betrieblichen **Gesamtkapazität** in **Teilkapazitäten** vorzunehmen, wodurch vertiefte einzelwirtschaftliche Einsichten möglich sind. Es werden dann die Teilkapazitäten Untersuchungsgegenstand.

2. Das immaterielle Anlagevermögen und sein Einsatz

a) Umfang

Zum immateriellen Anlagevermögen gehören Konzessionen, Patente, Lizenzen, Marken und sonstige Rechte sowie der Geschäfts- oder Firmenwert.

Konzessionen sind eine (befristete oder unbefristete) behördliche Genehmigung zur Ausübung eines konzessionspflichtigen Gewerbes.

Ein **Patent** ist das im Patentregister eingetragene Recht der alleinigen gewerblichen Auswertung einer Erfindung. Das Patent wird maximal auf 18 Jahre erteilt.

Die **Lizenz** stellt ein vom Patentinhaber erteiltes Recht der gewerblichen Auswertung einer fremden Erfindung dar.

Marken sind in das Markenregister eingetragene Herkunfts- oder Qualitätszeichen, die eine bestimmte Ware oder Warengruppe von anderen gleichartigen Waren unterscheiden sollen; eine Marke wird auf 10 Jahre und, sofern es sich um eine internationale Marke handelt, auf 20 Jahre erteilt, wobei deren Gültigkeit beliebig oft verlängert werden kann.

Zu den **sonstigen Rechten** gehören immaterielle Güterrechte, wie **Gebrauchsmuster, Urheberrechte, Mietrechte, Strombezugsrechte, Zuteilungsquoten** etc.

b) Einsatz

Zu jenen Teilen des **immateriellen Anlagevermögens**, dessen Nutzung zeitlich befristet und nicht verlängerbar ist, gehören **Patente** und **Lizenzen**. Patente können durch die Anmeldung eigener Erfindungen (dazu gehören auch Diensterfindungen) beim Patentamt eingetragen oder aber (vor oder nach der Eintragung) vom Erfinder (Patentinhaber) erworben werden.

Die Aktivierung von Patenten führt bei ihrem nachfolgenden Einsatz zu einer Abschreibung, deren Dauer von der rechtlichen oder, wenn diese kürzer ist, der wirtschaftlichen Laufzeit abhängt.

Die Bedeutung des Patentes als Produktionsfaktor besteht im Schutz gegenüber Eingriffen von Dritten in Form der Nachahmung der durch das Patent geschützten Erzeugungsverfahren und daraus folgend einem Wettbewerbs- und Ertragsvorteil.

Den gleichen, allerdings unter Umständen seitens des Patentinhabers auf bestimmte Gebiete oder eine bestimmte Zeit eingeschränkten Schutz bieten **Lizenzen**.

Soweit Lizenzen durch **Einmalzahlungen** erworben werden, wird die Einmalzahlung aktiviert und über den Zeitraum der Lizenzgewährung abgeschrieben. Werden Lizenzen in Form **laufender Zahlungen**, die vom Verkauf bzw. der Produktion des lizenzierten Produktes abhängig gemacht werden, bezahlt, treten diese Zahlungen an die Stelle der Abschreibungen.

Sowohl Patente als auch Lizenzen können bei unerwarteter Wertminderung außerplanmäßig abgeschrieben werden.

Bei jenen **immateriellen Wirtschaftsgütern**, die nicht durch zeitlichen Ablauf ihren Wert verlieren, weil sie entweder zeitlich nicht beschränkt sind oder trotz zeitlicher Beschränkung jederzeit verlängert werden können, entfällt eine nutzungs-(zeit-)bedingte Abschreibung. Sinkt jedoch ihr Wert, weil ihre Ertragsfähigkeit zurückgeht oder weil etwa das Gewerbe, für das die Konzession verliehen wurde, von der Konzession befreit wird, ist eine außerordentliche Abschreibung vorzunehmen.

c) Firmenwert und Organisationsstruktur

Zum Produktionsfaktor Vermögen gehören auch der **Firmenwert (Goodwill)** und die **Organisationsstruktur** des Unternehmens als das Ergebnis der aus vergangenen Perioden stammenden und noch gültigen **Entscheidungen** und **organisatorischen Regelungen**.

Der **Firmenwert** (siehe auch den Abschnitt D. V. 3., Der Wert des Unternehmens als Ganzes) als die Differenz zwischen dem Gesamtwert eines Unternehmens (Ertragswert) und dessen Substanzwert (Nettosubstanzwert) spiegelt die Stellung des Unternehmens in der Umwelt, insbesondere den Beschaffungs- und Absatzmärkten, sowie die Beziehungen zu den Behörden und sonstigen Institutionen wider. Die Ursache seiner Entstehung liegt im wachsenden Ruf des Unternehmens auf Grund des Auftretens seiner Mitglieder nach außen, seiner Vertragstreue, der Qualität seiner Leistungen etc.

Ist der **Firmenwert** einmal vorhanden, gehört er zum Produktionsfaktor Vermögen. Durch seine Nutzung ist der Bestand des Unternehmens besser abgesichert als der eines gleichartigen Unternehmens, welches etwa neu gegründet wurde oder sich aus verschiedenen Gründen keinen Firmenwert aufbauen konnte.

Aus ähnlichen Gründen bildet die **Organisationsstruktur** einen Bestandteil des Produktionsfaktors Vermögen. Die bestehende Organisation ersetzt im Rahmen der betrieblichen Abläufe den ständigen Einsatz des Menschen mit seinen dispositiven Fähigkeiten. Infolge der dadurch eingesparten Kosten trägt die Organisation zur Steigerung des Ertrages und damit zum Bestand des Unternehmens bei.

Im Gegensatz zur **bestehenden** Organisationsstruktur als Bestandteil des Vermögens gehören nicht reglementierte **Planungsmaßnahmen**, die Schaffung neuer organisatorischer Regelungen und Überwachungsmaßnahmen zu den Aufgaben des dispositiv tätigen Menschen.

3. Das finanzielle Anlagevermögen und sein Einsatz

a) Umfang

Zum **finanziellen Anlagevermögen** (Finanzanlagevermögen) gehören **Beteiligungen und Wertpapiere (Wertrechte)**, soweit sie nicht in Beteiligungsabsicht erworben wurden, aber dennoch über längere Zeit hinweg im Unternehmen verbleiben sollen.

Beteiligungen sind gesellschaftsrechtliche Kapitalanteile an anderen Unternehmen (Kapitalgesellschaften oder Personengesellschaften) und ihnen wirtschaftlich gleichstehende gesellschaftsähnliche Kapitalanlagen (z. B. stille Beteiligung), die dauernd im Unternehmen bleiben sollen und eine mehr oder weniger enge **wirtschaftliche Verbindung** mit dem beteiligten Unternehmen bezwecken.

Andere **Wertpapiere des Anlagevermögens** sind jene Wertpapiere, die nicht nur für einen vorübergehenden Zeitraum angeschafft wurden, sondern die, ohne Beteiligungen zu sein, dazu bestimmt sind, **langfristig** dem Unternehmen zu dienen. Dazu gehören etwa festverzinsliche Anleihen, die zur Deckung der Abfertigungsvorsorge dienen, oder Aktien, die nicht als Beteiligung klassifiziert werden können, weil die Beteiligungsabsicht fehlt oder die Quantität Beteiligungsaktivitäten nicht zulässt.

b) Einsatz

Das **finanzielle Anlagevermögen** gehört zum nichtabnutzbaren Anlagevermögen, das heißt, es verliert durch den zeitlichen Ablauf nicht seinen Wert. Es entfällt somit eine **zeitbedingte** oder **nutzungsbedingte Abschreibung.**

Sinkt der Wert des **finanziellen Anlagevermögens** durch Rückgang der Ertragsfähigkeit oder durch Verlust oder Wertminderung des durch das finanzielle Anlagevermögen verkörperten Unternehmenswertes (z. B. Insolvenz des Unternehmens, an dem die Beteiligung besteht, Insolvenz des Schuldners, der die Anleihen emittiert hat, oder Rückgang des Aktienkurses), ist eine **außerordentliche Abschreibung** vorzunehmen.

4. Das Umlaufvermögen und sein Einsatz

Das Umlaufvermögen wird auch als Beschäftigungsvermögen bezeichnet. Dadurch wird zum Ausdruck gebracht, dass das Umlaufvermögen Voraussetzung für die Ingangsetzung des Betriebes im Sinn der von ihm zu erbringenden Betriebs- und Marktleistungen ist.

Das Umlaufvermögen – der Begriff stammt aus dem Handelsrecht und findet allgemeine Anwendung – besteht seiner Zusammensetzung nach aus zwei Gruppen, dem **Sachumlaufvermögen** und dem **Finanzumlaufvermögen**. Zum **Sachumlaufvermögen** gehören Roh-, Hilfs- und Betriebsstoffe, halbfertige Erzeugnisse, Fertigerzeugnisse und Waren sowie noch nicht abgerechnete Leistungen. Zum **Finanzumlaufvermögen** sind Umlaufwertpapiere, Forderungen, Wechsel, Schecks, Kassenbestände, Bankguthaben und ähnliche Positionen zu zählen.

Die Bezeichnung bestimmter Vermögensgegenstände als Umlaufvermögen bzw. Beschäftigungsvermögen darf nicht darüber hinwegtäuschen, dass ein (nicht mit dem eisernen Bestand zu verwechselnder) wertmäßig bestimmbarer **Mindestbestand** jederzeit vorhanden ist. Während aber das **Anlagevermögen** dadurch gekennzeichnet ist, dass die einzelnen Gegenstände über einen längeren Zeitraum oder dauernd vorhanden sind, ändert der vorhandene Bestand des **Umlaufvermögens** laufend seine Zusammensetzung. Dies ist die Folge der sich aus dem Betriebsprozess ergebenden Bewegungen: flüssige Mittel werden zur Anschaffung von Roh-, Hilfs- und Betriebsstoffen verwendet; diese gelangen zur Verarbeitung und zum Verkauf; daraus entstehen Forderungen, die dem Betrieb wieder flüssige Mittel bringen. Dieser Kreislauf führt zu einer festen Bindung im Umlaufvermögen, dessen Umfang Liquidität und Rentabilität wesentlich beeinflusst.

In dem auf solche Art gebundenen Umlaufvermögen nimmt der **eiserne Bestand** insofern eine Sonderstellung ein, als er den Mindestbestand an Roh-, Hilfs- und Betriebsstoffen und Waren angibt, der zur Sicherung eines reibungslosen Betriebsablaufes in keinem Fall unterschritten werden soll.

a) Die Messung des Einsatzes des Sachumlaufvermögens

Den Rohstoffen, Hilfsstoffen und fertig bezogenen Teilen, die man zusammen auch als **Werkstoffe** bezeichnet, kommt im **Kombinationsprozess** eine spezifische Aufgabe zu, da sie unmittelbar in die erstellten Leistungen eingehen.

Betriebsstoffe gehören nicht zu den Werkstoffen. Sie gehen nicht direkt in die erzeugten Produkte ein, sondern sichern den Produktionsprozess in seinem Ablauf. Zu den Betriebsstoffen zählen die Treib- und Brennstoffe, Elektrizität, Kohle, Holz, Wasser u. dgl.

Als **Rohstoffe** bezeichnet man jenes Material, das den wesentlichen Bestandteil der erzeugten Produkte bildet (z. B. Holz für Möbel), die **Hilfsstoffe** werden ebenfalls unmittelbar Bestandteil der Erzeugnisse, jedoch nicht als deren wesentliches, sondern als das der Verbindung und Sicherung der Produkte dienende Material (z. B. Leim und Nägel in der Möbelerzeugung). Die einzelnen Materialien können losgelöst vom jeweiligen Betriebszweck nicht von vornherein auf Grund ihrer Art und Beschaffenheit als Roh- oder Hilfsstoff deklariert werden. Was Roh- und Hilfsstoff ist, hängt von der Stellung des verwendeten Materials im Produktionsprozess und seiner kalkulatorischen Behandlung ab. So ist das Rundholz Rohstoff für den Sägewerker, das vom Sägewerker aus dem Rundholz hergestellte Schnittholz wieder ist Rohstoff für den Tischler.

Die Analyse der betrieblichen Leistungserstellung, die ein Kombinationsprozess ist, lässt die unterschiedliche Bedeutung der Werkstoffe in Abhängigkeit vom Betriebszweck erkennen. Da nur bei den **Fertigungsbetrieben** Rohstoffe und Hilfsstoffe, bei **Veredelungsbetrieben** in der Regel nur Hilfsstoffe verarbeitet werden, bei den Gewinnungsbetrieben weder Roh- noch Hilfsstoffe (sondern nur Betriebsstoffe) nötig sind, ist zu folgern, dass besonders in den Fertigungsbetrieben die Werkstoffe im Kombinationsprozess ein bedeutsamer Faktor sind, der zunächst als **Kostenelement** interessiert, letztlich jedoch den umfassenden Bereich der **Materialwirtschaft** betrifft, welcher Gegenstand eingehender wissenschaftlicher Untersuchungen geworden ist.

Der **Werkstoffeinsatz** kann direkt und indirekt gemessen werden. Je nachdem, ob der Einsatz dadurch ermittelt wird, dass man von der Summe aus Anfangsbestand und Zukäufen den durch Inventur ermittelten Endbestand abzieht, oder ob man direkte Aufschreibungen über den Verbrauch führt, spricht man von **direkter** oder **indirekter Verbrauchs-(Einsatz-)Ermittlung**.

Bei **indirekter Verbrauchsermittlung** wird der Einsatz schematisch auf folgende Weise ermittelt:

> Anfangsbestand
> + Zukäufe
> – Endbestand
> Verbrauch

Der Verbrauch enthält auch alle Minderungen durch Schwund und sonstige Verluste, ohne dass diese Verlustquellen gesondert ausgewiesen werden. Aus Kontrollgründen ist daher jedenfalls die direkte Verbrauchsermittlung vorzuziehen.

Direkte Verbrauchsermittlung liegt vor, wenn ein Betrieb eine **Materialbuchhaltung** oder eine Lagerkartei besitzt, und die Entnahmen vom Lager durch Materialausfolgescheine festgehalten werden.

Die **direkte Verbrauchsermittlung** ermöglicht durch den Vergleich von Soll- und Istbestand die Feststellung von Fehlmengen.

Schema:
> Anfangsbestand
> + Zukäufe
> – direkt erfasster Verbrauch
> Sollendbestand
> – Istendbestand lt. Inventur
> Fehlmengen oder Überschuß

Für die Ermittlung des **wertmäßigen Einsatzes** gibt es folgende aus Anschaffungswerten abgeleitete Bewertungsmöglichkeiten:

aa) Identitätspreisverfahren

Kann man feststellen, zu welchem Preis das jeweils entnommene Material tatsächlich eingekauft wurde, wird die Bewertung zu den tatsächlichen Anschaffungskosten durchgeführt. Man spricht vom **Identitätspreisverfahren**.

bb) Durchschnittspreisverfahren

Beim **gewogenen Durchschnittspreisverfahren** wird ein Durchschnittspreis für den Gesamtzugang einer bestimmten Materialart innerhalb einer Periode ermittelt und die Entnahmen (Abfassungen) werden zu diesem einheitlichen Durchschnittspreis bewertet. Da der **Durchschnittspreis** aber erst am Ende des Jahres festgestellt werden kann, bedeutet dies, dass eine kontinuierliche Verbuchung des Materialverbrauchs wertmäßig während des Jahres beim gewogenen Durchschnittspreisverfahren nicht möglich ist.

cc) Gleitendes Durchschnittspreisverfahren

Beim **gleitenden Durchschnittspreisverfahren** wird nach jedem Einkauf, der zu einem von dem bisherigen Durchschnittspreis verschiedenen Preis erfolgt, ein neuer Durchschnittspreis für den gesamten Lagerbestand einer bestimmten Materialart ermittelt. Die Abgänge bis zum nächsten Einkauf werden mit diesem Durchschnittspreis bewertet.

dd) FIFO-Verfahren

Beim **FIFO-Verfahren** (first in – first out) wird der Materialverbrauch so ermittelt, als ob die zuerst erworbenen Werkstoffe auch zuerst verbraucht würden, d. h. der Endbestand wird mit den Anschaffungskosten der zuletzt angeschafften Güter bewertet.

Bei steigender Preistendenz führt dieses Verfahren zu einer niedrigen **Verbrauchsbewertung** und zu einer hohen **Bestandsbewertung**.

ee) LIFO-Verfahren

Beim **LIFO-Verfahren** (last in – first out) werden die zuletzt beschafften Werkstoffe rechnerisch stets zuerst verbraucht, so dass die zuerst gekauften Werkstoffe im Bestand verbleiben.

Bei steigender Preistendenz kommt es zu einer hohen **Verbrauchsbewertung** und zu einer niedrigen **Bestandsbewertung**, da die mit niedrigen Preisen beschafften Güter als Endbestand erhalten bleiben.

ff) HIFO-Verfahren

Beim **HIFO-Verfahren** (highest in – first out) werden die mit den höchsten Anschaffungskosten erworbenen Materialmengen zuerst als Verbrauch verrechnet, so dass bei der Bewertung des Endbestandes stets die niedrigsten Anschaffungskosten verwendet werden, während die Verbrauchsermittlung zu den höheren Einkaufspreisen durchgeführt wird.

Dieses Verfahren entspricht daher jedenfalls dem Grundsatz der **kaufmännischen Vorsicht**.

In Erzeugungsbetrieben ergibt sich neben der Aufgabe der Verbrauchs- bzw. Wareneinsatzermittlung noch die Notwendigkeit, die **Bestandsveränderungen** der Halb- und Fertigfabrikate zu ermitteln. Die Bestandsermittlung erfolgt in vielen Fällen indirekt durch Bestandsvergleich.

b) Die Lagerwirtschaft (Materialwirtschaft)

Im Rahmen der Lagerwirtschaft spielt die Frage der **Bestellmenge** und des optimalen **Bestellzeitpunktes** eine erhebliche Rolle. Zu klären ist, zu welchen Terminen welche Menge an Werkstoffen bestellt werden soll (siehe Abschnitt E. Die Beschaffung).

C. Die konstitutiven Rahmen- entscheidungen des Unternehmens

I. Die Wahl der Rechtsform des Unternehmens

1. Allgemeines zur Frage der Bestimmungsgründe für die Wahl der Rechtsform des Unternehmens

Die Wahl der Unternehmensform liegt, von einzelnen rechtlichen Beschränkungen abgesehen, im freien Ermessen der Gründer. Die Ausnahmen betreffen Hypothekenbanken, die nur in der Rechtsform der AG betrieben werden können; der Betrieb der verschiedenen Arten der Lebensversicherung sowie der Betrieb der Unfall-, Haftpflicht-, Feuer- oder Hagelversicherung ist nur Versicherungsvereinen auf Gegenseitigkeit und Aktiengesellschaften erlaubt; für das Bausparkassengeschäft bedarf es der Rechtsform der AG oder GmbH, desgleichen für das Investmentgeschäft; das Bankwesengesetz präferiert allgemein für Kreditinstitute die Rechtsform der AG.

Die einzelnen die Wahl der Rechtsform beeinflussenden Faktoren haben in konkreten Situationen (Wirtschaftsaufschwung bzw. Wirtschaftsabschwung, politische Konstellationen u. dgl. mehr) unterschiedliches Gewicht. Je nach Gegebenheit wirken sie aufeinander neutral, verstärkend oder konkurrierend. In letzterem Fall ist eine Gewichtung der verschiedenen Einflussgrößen und eine daraus abgeleitete Gesamtwertung erforderlich. Zum Teil ist die Gewichtung auf monetärer Basis möglich, zum anderen Teil geht sie in Punktwertverfahren oder verbal durch Hervorhebung und vergleichende Zusammenfassung der Vor- und Nachteile der Bestimmungsgründe vor sich.

Ähnlich wie bei der Wahl des Standortes ist die Wahl der Rechtsform des Unternehmens in der wirtschaftlichen Wirklichkeit innerhalb bestimmter Grenzen insofern arteigen umklammert, als dabei neben rechenhaften bzw. rational erklärbaren nicht rechenhaften Bestimmungsgründen persönliche Präferenzen der Entscheidungsträger wirksam werden, die auf bestimmte Vorlieben und Abneigungen zurückgehen.

Sieht man von Präferenzen dieser Art für bestimmte Rechtsformen ab, gelten als entscheidende Bestimmungsgründe rational erklärbare **persönliche Interessen**, einschlägige **Rechtsvorschriften** und **betriebswirtschaftliche Erfordernisse**. Diese drei Gruppen von Einflussgrößen sind voneinander nicht immer klar abgrenzbar, oft sind die Grenzen fließend. Ein persönliches Interesse kann sich z. B. auf bestimmte Möglichkeiten in der Geschäftsführung beziehen, gegebenenfalls sind diese jedoch in gesetzlichen Bestimmungen näher geregelt. Das betriebswirtschaftliche Erfordernis einer bestimmten Kapitalstruktur ist auf Grund rechtlicher Vorschriften vielleicht nur teilweise erfüllbar.

Bei der Darstellung der Bestimmungsgründe für die Wahl der Rechtsform des Unternehmens empfiehlt sich daher eine beispielsweise Aufzählung ohne systematische Gliederung, weil diese wegen der beschriebenen Überlappungen unübersichtlich werden bzw. zu Wiederholungen führen müsste. In einer derartigen Aufzählung sind dann vor allem zu nennen: Geschäftsführungsrechte, Haftungsverhältnisse, Gewinnansprüche, Publizitätsvorschriften, Finanzierungserfordernisse und Finanzierungsmöglichkeiten, unternehmensspezifische Steuerbelastungen sowie Aufwendungen, die von der Rechtsform abhängig sind.

2. Wichtige Bestimmungsgründe

a) Handelsrechtliche Geschäftsführungs- und Vertretungsrechte

Während man unter dem **Vertretungsrecht** das Recht versteht, das Unternehmen nach außen zu vertreten, versteht man unter **Geschäftsführungsrecht** die Anweisungsbefugnis (Leitungs- und Lenkungsbefugnis) nach innen. Das Recht des Eigenkapitalgebers auf Vertretung ist weitgehend von der gewählten Rechtsform abhängig. Es gibt jedoch auch dort, wo der Eigenkapitalgeber von der rechtlichen Konstruktion her zur Vertretung von vornherein nicht vorgesehen ist, verschiedene praktische Gestaltungsmöglichkeiten, ihm diese einzuräumen. Dem Kommanditisten, der von der Vertretung ausgeschlossen ist, kann diese in den durch Gesetz gezogenen Grenzen durch Erteilung der Prokura übertragen werden. Unter Umständen kann auch der Aktionär seinen Willen auf Vertretung durch Bestellung zum Vorstandsmitglied auf verschiedenen Wegen durchsetzen. Es ist auch zu bedenken, dass Vertretungsrechte als Bestimmungsgrund für die Wahl der Rechtsform des Unternehmens nicht isoliert, sondern meist nur in Verbindung mit anderen Einflussgrößen wirksam werden (z. B. Haftung, Gewinnansprüche, Besteuerung).

Im **Einzelunternehmen** ist für die Vertretung der Geschäftsinhaber zuständig, der jedoch Prokuristen und Handlungsbevollmächtigte bestellen kann.

In der **offenen Handelsgesellschaft** ist gem. § 125 HGB jeder Gesellschafter zur Vertretung der Gesellschaft ermächtigt, wenn er nicht ausdrücklich durch Gesellschaftsvertrag von der Vertretung ausgeschlossen ist.

In der **Kommanditgesellschaft** sind nur die Komplementäre zur Vertretung berufen; die Kommanditisten sind von der Vertretung und Geschäftsführung ausgeschlossen. Den Handlungen der Komplementäre können die Kommanditisten nicht widersprechen, außer in dem Fall, dass diese über den gewöhnlichen Betrieb des Handelsgewerbes der Gesellschaft hinausgehen (§ 164 HGB).

Die **Gesellschaft mit beschränkter Haftung** wird durch den (die) Geschäftsführer (den Vorstand) gerichtlich und außergerichtlich vertreten. Sie muss einen oder mehrere Geschäftsführer haben. Die Bestellung erfolgt durch Beschluss der Gesellschafter oder durch Gesellschaftsvertrag. Als Geschäftsführer kommen nur physische, handlungsfähige Personen in Frage, die nicht unbedingt Gesellschafter sein müssen.

Auch die **Aktiengesellschaft** wird durch einen Vorstand gerichtlich und außergerichtlich vertreten (§ 71 AktG), der aus einer oder mehreren Personen bestehen kann. Er wird auf höchstens fünf Jahre durch den Aufsichtsrat bestellt, muss nicht aus dem Kreise der Aktionäre stammen und hat – wie das AktG es formuliert – unter eigener Verantwortung die Gesellschaft so zu leiten, wie das Wohl des Unternehmens unter Berücksichtigung der Interessen der Aktionäre und der Arbeitnehmer sowie des öffentlichen Interesses es erfordert. GmbH und AG beruhen zwar auf dem Gedanken der Trennung von Eigenkapitalbesitz und Leitungsfunktion, doch sind die beiden Interessen bei entsprechender Konstruktion der Leitungsinstanzen oft eng miteinander verflochten, insbesondere bei Gesellschaften m. b. H. und Familien-Aktiengesellschaften.

Die **Genossenschaft** muss einen aus der Zahl der Gesellschafter zu wählenden Vorstand haben (§ 15 GenG), der sie gerichtlich und außergerichtlich vertritt. Er kann aus einem oder mehreren Mitgliedern bestehen.

Seit 1991 kann eine **eingetragene Erwerbsgesellschaft** (EEG; BGBl. 257/1990) für alle selbständigen Erwerbstätigkeiten gegründet werden, bei denen wegen ihrer Art oder ihres geringen Umfanges des Geschäftsbetriebes keine Personengesellschaft (OHG, KG) gegründet werden kann. Sie ist als **offene Erwerbsgesellschaft (OEG; „Klein-OHG") oder als Kommandit-Erwerbsgesellschaft (KEG; „Klein-KG")** einzurichten und soll die **Gesellschaft nach bürgerlichem Recht** ablösen. Sie kommt in erster Linie für die freien Berufe, aber auch für die Landwirtschaft sowie für Gewerbebetriebe in Frage, deren Betrieb über den Umfang eines Kleingewerbes nicht hinausgeht (z. B. Kleinhandel) bzw. nach Art und Umfang keinen in kaufmännischer Weise eingerichteten Geschäftsbetrieb erfordert (z. B. kleiner Dienstleistungsbetrieb).

Eine **stille Gesellschaft** liegt nach § 178 HGB vor, wenn ein Gesellschafter durch Leistung einer Vermögenseinlage sich an einem Handelsgewerbe, das ein anderer betreibt, beteiligt und diese Einlage in das Vermögen des Inhabers des Handelsgewerbes übergeht. Die stille Gesellschaft ermöglicht eine Beteiligung mit begrenztem Kapitaleinsatz, setzt keine Mitarbeit in der Geschäftsführung voraus, sieht keine unmittelbare Haftung gegenüber Gläubigern vor und führt auch zu keiner Offenlegung im Firmenbuch. Die stille Gesellschaft verfügt als reine Innengesellschaft über keine eigene Rechtspersönlichkeit, sie entsteht mit dem Abschluss des Gesellschaftsvertrages. Stiller Gesellschafter kann jede natürliche Person, jede juristische Person, eine Personenhandelsgesellschaft, eine Gesellschaft bürgerlichen Rechts oder eine Erbengemeinschaft sein. Die stille Beteiligung kann bei jedem Vollkaufmann bzw. Minderkaufmann erfolgen. Es kommen daher der Einzelkaufmann (das Einzelunternehmen), die OHG, KG, GmbH, AG (hier im Besonderen Mittelstandsfinanzierungsgesellschaften), bestimmte Genossenschaften und die EEG in Frage. Die **echte (typische)** stille Gesellschaft ist dadurch gekennzeichnet, dass der stille Gesellschafter nicht am Gesellschaftsvermögen und an den stillen Reserven, sondern nur am Gewinn und Verlust des Handelsgewerbes beteiligt ist. Eine Verlustbeteiligung kann dabei ausgeschlossen werden. Der stille Gesellschafter hat nur ein Forderungsrecht, im Konkursfall hat er demnach die Stellung eines Gläubigers. Die **unechte (atypische)** stille Gesellschaft sieht hingegen auch eine Beteiligung am Geschäftsvermögen und damit am Firmenwert und an den stillen Reserven vor, der unechte stille Gesellschafter hat eine dem Kommanditisten ähnliche Stellung.

Eine neue Möglichkeit zur Rechtsformgestaltung besteht seit 1. September 1993 nach dem Privatstiftungsgesetz (PSG, BGBl. 694/1993). Eine **Privatstiftung** ist eine juristische Person, die vom Stifter befristet oder unbefristet mit einem Vermögen (Bar- und/oder Sachvermögen) ausgestattet wurde, um durch Nutzung, Verwaltung und Verwertung dieses Vermögens der Erfüllung eines erlaubten Zweckes (erwerbswirtschaftliche oder gemeinnützige Ausrichtung) zu dienen. Das Vermögen muss mindestens € 70.000 (S 1 Mio.) betragen. Die Privatstiftung basiert auf einer einseitigen Willenserklärung des Stifters (Stiftungserklärung) und entsteht mit der Eintragung ins Firmenbuch. Sie hat keine Firma, sondern einen „Namen", in dem das Wort Privatstiftung aufscheinen muss. Sie hat zum Unterschied von Handelsgesellschaften keine Mitglieder oder Eigentümer, hingegen Begünstigte, die entsprechend dem Stifterwillen Anspruch auf eine Ausschüttung haben. Eine Selbstbegünstigung des Stifters ist möglich. Die Privatstiftung zielt auf eine Verselbständigung von Vermögen ab und bietet Eigentümern bzw. Hauptgesellschaftern von Unternehmen die Möglichkeit, den Fortbestand ihres Unternehmens bzw. der von ihnen in den Unternehmen verfolgten Ziele auch über den Tod hinaus zu sichern. Dies mag beim Fehlen von geeigneten Nachfolgern oder bei der Gefahr der Unternehmenszersplitterung durch die Erbfolge bzw. durch Pflichtanteilsansprüche bedeutsam sein. Ein weiteres Motiv kann die wirtschaftliche Absicherung bestimmter Personen oder Personengruppen sein (z. B. Familienangehörige und Erben).

Die Privatstiftung darf selbst keinen Gewerbebetrieb führen, wohl aber Tätigkeiten in der Land- und Forstwirtschaft (z. B. Gutsverwaltung) ausüben. Sie kann aber Anteile an einer Kapitalgesellschaft halten, welche einen Gewerbebetrieb führt (**mittelbare** Unternehmensträgerschaft). Somit kann die Privatstiftung auch eine Konzernleitung und **Holding-Funktionen** übernehmen. Sie darf jedoch kein persönlich haftender Gesellschafter in einer Personengesellschaft sein und auch nicht die Geschäftsführung in einer Handelsgesellschaft übernehmen. Zwingend vorgesehene Organe sind der Stiftungsvorstand (zumindest drei Mitglieder, wovon zwei ihren gewöhnlichen Aufenthalt im Inland haben müssen), der Stiftungsprüfer (Prüfung von Jahresabschluss einschließlich Buchführung und Lagebericht) und gegebenenfalls ein Aufsichtsrat. Dieser ist in Analogie zur GmbH einzurichten, wenn die Anzahl der Arbeitnehmer bei der Privatstiftung oder bei den von ihr beherrschten Unternehmen 300 im Jahresdurchschnitt übersteigt.

Um die grenzüberschreitende Tätigkeit in der Europäischen Union zu fördern, wurde die **Europäische wirtschaftliche Interessenvereinigung (EWIV)** als neue Gesellschaftsform mit dem EWIV-Ausführungsgesetz (BGBl. 521/1995) auch in Österreich eingerichtet. Die EWIV soll insbesondere kleinen und mittleren Unternehmen eine grenzüberschreitende Kooperation innerhalb des EWR ermöglichen bzw. sie durch vereinheitlichte gesellschaftsrechtliche Regelungen dazu anregen. Die psychologischen Hemmnisse, die mit der Unterordnung unter bislang fremde nationale Rechtsordnungen verbunden waren, können durch die Wahl der EWIV in Zukunft vermindert, wenn nicht gar ausgeschlossen werden. Die EWIV verfolgt den Zweck, die wirtschaftliche Tätigkeit ihrer Mitglieder zu erleichtern oder zu entwickeln sowie die Ergebnisse dieser Tätigkeit zu verbessern oder zu steigern. Sie ist selbst nicht gewinnorientiert. Aus betriebswirtschaftlicher Sicht soll sie nur unternehmerische Teilfunktionen übernehmen, zur eigenen wirtschaftlichen Tätigkeit ihrer Mitglieder also nur Hilfsfunktionen ausüben (z. B. Forschungskooperation, Werbegemeinschaft, Kundendienstgemeinschaft, Beschaffungskooperation). Damit ist nicht nur der traditionelle Bereich von Industrie, Handwerk und Handel erfasst, sondern über die Landwirtschaft hinaus auch die freiberufliche Tätigkeit. Die EWIV gilt als Handelsgesellschaft im Sinne des HGB und hat die Eigenschaft eines Vollkaufmannes. Als Organe der EWIV sind einerseits die gemeinschaftlich handelnden Mitglieder und der bzw. die Geschäftsführer zwingend vorgesehen. Die Bildung weiterer Organe (z. B. Aufsichtsrat) ist möglich. Die Haftung der Mitglieder ist gesamtschuldnerisch, aber nicht primär, sondern erst nachdem die Zahlungsaufforderung an die Vereinigung innerhalb einer angemessenen Frist erfolglos verstrichen ist. Die EWIV kann somit verallgemeinernd als Mittelding zwischen OHG und GmbH eingestuft werden. Sie ist im Firmenbuch einzutragen.

b) Haftungsverhältnisse

Der **Einzelunternehmer**, die **Gesellschafter der OHG** und die **Komplementäre der KG** haften für die Unternehmensverbindlichkeiten mit ihrem gesamten Vermögen direkt und solidarisch. Gläubiger der Gesellschaft können für ihre gesamten Forderungen jeden Gesellschafter in Anspruch nehmen. Es ist dann Sache des betroffenen Gesellschafters, gegenüber den Mitgesellschaftern Regressforderungen zu erheben.

Auch der Gesellschafter einer **Gesellschaft bürgerlichen Rechts** haftet mit seinem ganzen Vermögen, allerdings nur im Verhältnis seines Kapitalanteils. Diese eingeschränkte Quotenhaftung kommt allerdings deswegen selten zur Anwendung, weil die Gesellschafter einer Gesellschaft bürgerlichen Rechts gemäß Art. 8 Nr. 1 der 4. Einführungsverordnung zum HGB und § 1203 Satz 2 ABGB solidarisch haften, wenn sie auch nur ein Minderhandelsgewerbe betreiben; dasselbe gilt auch, wenn zwar der Unternehmensgegenstand dieser Gesellschaft kein Handelsgewerbe darstellt, aber die Betreiber die GesbR im Zusammenhang mit ihrem Handelsgewerbe führen, also die Beteiligung zum Betrieb ihres eigenen Handelsgewerbes gehört. Bei **Erwerbsgesellschaften** gilt eine Regelung analog zur OHG und KG.

Der **Kommanditist der KG** haftet bis zur Höhe seiner Einlage. Die Haftung erlischt, wenn die Einlage voll einbezahlt ist. Dies gilt auch für den **stillen Gesellschafter**, der jedoch insofern begünstigt ist, als er im Falle des Ausgleichs oder Konkurses Gläubigerstellung hinsichtlich jenes Teiles seiner Einlage einnimmt, der nach Verlustabzug noch vorhanden ist.

Gesellschafter einer GmbH bzw. einer AG sind im Regelfall von einer persönlichen Haftung ausgeschlossen, eine Verlustbegrenzung ergibt sich aus der betragsmäßigen Höhe des jeweiligen Anteils.

Die Bereitschaft bestimmter Haftungsübernahmen ist sehr verschieden. Ein Gesellschafter, der ein hohes Privatvermögen hat, wird u. U. versuchen, die Haftung durch Wahl einer geeigneten Rechtsform einzuschränken. Dieses Bemühen wird oft verstärkt, wenn die Mitgesellschafter nur über ein geringes Privatvermögen verfügen. Auch erkennbar hohe Risiken, die mit einer bestimmten Geschäftstätigkeit zusammenhängen, können Anlass sein, einer Unternehmensform mit eingeschränkter Haftung den Vorzug zu geben.

Die Bedeutung der Haftungsbeschränkung wird für einzelne Gesellschafter eher zurücktreten, wenn ihnen Geschäftsführungsrechte zustehen, weil sie die internen und äußeren Geschäftsverhältnisse überblicken und die Möglichkeit haben, die Unternehmensgeschicke eigenständig zu beeinflussen.

c) Gewinnansprüche

Die gesetzlichen Bestimmungen über die Gewinnverteilung sind durchwegs abdingbares Recht. In der Mehrzahl der Fälle wird vertraglich bzw. in der Satzung festgelegt, nach welchen Kriterien die Verteilung der Gewinne zu erfolgen hat.

Für die **Einzelfirma** gibt es keine rechtlichen Bestimmungen. Der Eigentümer kann über den erzielten Gewinn frei verfügen. Er kann auch über diesen hinaus Entnahmen tätigen.

Der Gesellschafter der **offenen Handelsgesellschaft** hat gem. § 121 HGB Anspruch auf zunächst 4 % seines Kapitalanteils. Bei der Ermittlung des einem Gesellschafter zukommenden Gewinnanteils sind Privatentnahmen und Privateinlagen kontokorrentmäßig zu berücksichtigen. Ergibt sich nach der „Verzinsung" der Kapitalanteile ein Gewinnrest, ist er (wie ein Verlust) auf die Gesellschafter nach Köpfen zu verteilen.

Auch die Gewinnanteile der Gesellschafter einer **Kommanditgesellschaft** bestimmen sich nach § 167 HGB zunächst durch Zurechnung von 4 % der Kapitalanteile. Gewinne, die sonach übrigbleiben, werden (wie Verluste) nach einem angemessenen Verhältnis verteilt.

Bezüglich des **stillen Gesellschafters** legt § 181 HGB fest, dass ein den Umständen nach angemessener Teil als bedungen gilt. Dieses angemessene Verhältnis bezieht sich auf den gesamten Gewinn, ein Anspruch auf Vorwegverzinsung, wie er für die Gesellschafter der OHG und KG besteht, existiert nicht. Der Gesellschaftsvertrag kann im Übrigen bestimmen, dass eine Verlustbeteiligung ausgeschlossen sein soll. Ein Gewinnausschluss ist nicht statthaft. Es wäre auch nicht erlaubt, dem stillen Gesellschafter statt der Beteiligung am Gewinn ein fixes Gehalt bzw. eine Verzinsung einzuräumen.

Gem. § 82 des Gesetzes über die **Gesellschaften mit beschränkter Haftung** erfolgt die Verteilung des Reingewinnes nach dem Verhältnis der eingezahlten Stammeinlagen, wenn der Gesellschaftsvertrag besonderer Bestimmungen ermangelt.

Der Gewinnanspruch des **Aktionärs** (§ 53 AktG) bestimmt sich nach dem Verhältnis der Aktien-Nennbeträge. Sind die Einlagen auf das Grundkapital nicht auf alle Aktien in demselben Verhältnis geleistet, erhalten die Aktionäre aus dem verteilbaren Gewinn vorweg einen Betrag im Ausmaße von 4 % der geleisteten Einlagen. Reicht dazu der Gewinn nicht aus, so bestimmt sich der Betrag nach einem entsprechend niedrigeren Satz. Wurden Einlagen im Laufe des Geschäftsjahres geleistet, so sind sie nach dem Verhältnis der Zeit zu berücksichtigen, die seit der Leistung verstrichen ist. Die Satzung kann jedoch eine andere Art der Gewinnverteilung festlegen.

Schließlich bestimmt § 27 des Gesetzes über **Erwerbs- und Wirtschaftsgenossenschaften**, dass die Gewinnverteilung von der Gesamtheit der Gesellschafter in der Generalversammlung vorgenommen wird.

In der Mehrzahl der Fälle erfolgt, worauf hingewiesen wurde, die Gewinnverteilung jedoch nicht nach den gesetzlichen Bestimmungen. Die Wahl der Rechtsform hängt damit, soweit Gewinnansprüche darauf Einfluss haben, eher selten von den angeführten Regelungen ab. Dass sich allgemein verwendbare Vorschriften über die Gewinnverteilung kaum formulieren lassen, ist leicht erklärbar. Die mögliche Unterschiedlichkeit von Arbeitsleistungen der Gesellschafter in qualitativer und quantitativer Sicht, die schwankende Bedeutung des Kapitaleinsatzes, die spezifischen „Persönlichkeitswerte" einzelner Gesellschafter lassen es kaum zu, Normen von genereller Gültigkeit zu schaffen.

Eine vertretbare und dem Einzelfall angemessene Ergebniszurechnung erfordert daher die Prüfung aller Einflussgrößen, die die besonderen Umstände im Unternehmen, welche die Gewinnansprüche berühren, entsprechend hervorheben und berücksichtigen lassen.

d) Publizitätsvorschriften

Die Meinungen über die Veröffentlichung der Rechnungsabschlüsse (Vermögensbilanzen und Gewinn- und Verlustrechnungen) sind bei den einzelnen Unternehmensleitungen unterschiedlich ausgeprägt.

Nur selten wird in der Offenlegung der Umsatzentwicklungen, der Kapital- und Vermögensstrukturen, der erzielten Gewinne usw. eine Form der Werbung erblickt, und ebenso selten werden daher Bilanzen ohne gesetzlichen Zwang interessierten Kreisen zugänglich gemacht. Meist wird in der Bilanzveröffentlichung eine Gefährdung der Wettbewerbsfähigkeit gesehen, so dass die betriebsrechnerischen Ergebnisse als streng zu hütendes Betriebsgeheimnis gelten.

Schließen sich die Gründer einer Gesellschaft letzterer Auffassung an, werden sie, wenn es die Nebenumstände zulassen, Rechtsformen vermeiden, welche zur Veröffentlichung der Jahresabschlüsse verpflichtet sind. Ein solcher Zwang besteht für die **AG**, deren Vorstand gem. § 277 HGB den Jahresabschluss unverzüglich zum Firmenbuch einzureichen und zu veröffentlichen hat. Der Jahresabschluss ist in allen Veröffentlichungen und Vervielfältigungen vollständig und richtig mit dem vollen Wortlaut des Bestätigungsvermerkes des Wirtschaftsprüfers (der Wirtschaftsprüfungsgesellschaft) wiederzugeben.

Eine Pflicht zur Offenlegung des Jahresabschlusses durch Hinterlegung beim Firmenbuch besteht auch für große **Gesellschaften m.b.H.** Die Veröffentlichung des Jahresabschlusses in der Wiener Zeitung kann durch die Veröffentlichung eines Hinweises auf die Einreichung des Jahresabschlusses zum Firmenbuch ersetzt werden; man spricht vom sog. „Einsichtsprinzip" (§ 278 Z 3).

e) Finanzierungserfordernisse und Finanzierungsmöglichkeiten

Die Wahl der Rechtsform eines Unternehmens wird auch von den betrieblichen Finanzierungserfordernissen bzw. Finanzierungsmöglichkeiten beeinflusst. Wer über ausreichende Eigenmittel verfügt, Unabhängigkeit in der Geschäftsführung sucht und das Vermögensrisiko nicht scheut, braucht nicht die Rechtsform einer Kapitalgesellschaft zu wählen, sondern wird sich für das Einzelunternehmen entscheiden bzw. Gesellschafterstellung in Personengesellschaften suchen. Sind nur geringe Eigenmittel vorhanden und besteht für die betrieblichen Aktivitäten ein großes Kapitalerfordernis, das im notwendigen Umfang nur auf dem Kapitalmarkt erlangbar ist, wird sich vorrangig die Rechtsform der Kapitalgesellschaft empfehlen.

Die Kreditwürdigkeit des **Einzelunternehmens** beruht auf betrieblicher Ertragskraft und Liquidität bzw. auf der Einschätzung der Persönlichkeit des Unternehmers durch die Kreditgeber. Für die Fremdfinanzierung sind damit von vornherein Grenzen in bestimmter Weise gezogen.

Ähnliches gilt auch für die **OHG** trotz des Umstandes, dass stets mehrere Gesellschafter vorhanden sind.

Bei der **KG** ergibt sich ein Charakteristikum für die Kapitalbeschaffung dadurch, dass ein Teil der Gesellschafter (die Kommanditisten) nur bis zur Höhe der vertraglich übernommenen Einlageverpflichtung haftet. Neue Kommanditisten im Zusammenhang mit der Aufbringung zusätzlichen Kapitals gefährden die Geschäftsführungsrechte der Komplementäre juristisch nicht. Doch sollte die faktische Macht einer starken Gruppe von Kommanditisten in indirekter Einflussnahme auf die Geschäftsführung nicht unterschätzt werden.

Die **AG** räumt üblicherweise die größten Möglichkeiten ein, die Kapitalbasis breit zu gestalten. Für Großunternehmen bietet sich häufig von vornherein keine andere Rechtsform an.

Eine Stellung zwischen Personengesellschaft und Kapitalgesellschaft nimmt in Bezug auf die Finanzierung die **GmbH** ein. Ist sie stark auf die Person der Gesellschafter (des Gesellschafters) abgestellt, gelten für die Beschaffung von Fremdmitteln weitgehend die Kriterien der Personengesellschaften. Was die Eigenmittel betrifft, liegen bei einer GmbH Ähnlichkeiten mit der KG insofern vor, als auch die Kommanditisten im Wesentlichen nur die Funktion von Eigenkapitalgebern erfüllen.

Die Frage, inwieweit die Rechtsform des Unternehmens die Fremdmittelaufbringung im Geschäftsablauf erleichtert oder erschwert, lässt sich generell nicht beantworten. Es darf nicht übersehen werden, dass sich Lieferanten, Darlehens- und

Kreditgeber bei der Beurteilung eines Schuldners nicht allein an dessen Rechtsform ausrichten, sondern bevorzugt die Bonität, die Ertragskraft, die Liquidität und die Persönlichkeit des Kontrahenten in den Mittelpunkt der Überlegungen rücken.

f) Steuerbelastungen

Oft wird davor gewarnt, die Wahl der Rechtsform allzu sehr von deren spezifischen Steuerbelastungen abhängig zu machen. Es sei notwendig, wirtschaftliche und rechtliche Analysen verschiedenster anderer Art anzustellen. Man müsse auch bedenken, dass eine Rechtsform, die in einer bestimmten Zeitspanne aus steuerlichen Vorteilen interessant scheint, wegen einer Änderung rechtlicher Bestimmungen später einmal verschiedene steuerliche Nachteile mit sich bringen kann.

Vorstehender Auffassung ist grundsätzlich beizupflichten. Das Problem kann sicher richtig nur gesehen werden, wenn rechtliche, wirtschaftliche und persönliche Einflüsse im Ganzen miteinander verglichen und abgewogen werden.

aa) Die Steuerreformgesetze 1993, 1996 und 2000

Beginnend mit 1989 wurde das österreichische Steuerrecht in mehreren Etappen bis zum Jahre 2000 weitgehend verändert.

Die Steuerreformschritte der Jahre bis 1994 waren von der Auflassung verschiedener Steuern, verbunden mit erheblichen Vereinfachungen und Steuersenkungen, geprägt.

Seit 1.1.1994 werden die **Vermögensteuer**, das **Erbschaftssteueräquivalent** sowie die **Gewerbeertragsteuer** nicht mehr eingehoben. Die Gewerbesteuer vom Kapital wurde bereits nach einer etappenweisen Herabsetzung 1986 völlig aufgelassen. Die ebenfalls im Gewerbesteuergesetz 1994 geregelte **Lohnsummensteuer** wurde gleichfalls 1994 aufgehoben, aber durch die **Kommunalsteuer** ersetzt.

Die wesentlichste Änderung der Einkommensbesteuerung ergab sich durch die 1992 auf Zinserträge von Bank- und Sparguthaben sowie von Forderungswertpapieren (festverzinsliche Wertpapiere) eingeführte **Endbesteuerung** in Form einer Abzugssteuer (Kapitalertragsteuer = KESt), die 1994 auf Dividenden von Kapitalgesellschaften und Erwerbs- und Wirtschaftsgenossenschaften ausgedehnt wurde.

Durch den Abzug einer Kapitalertragsteuer von Kapitalerträgen aus Geldeinlagen bei Banken und sonstigen Forderungen gegenüber Banken, Kapitalerträgen aus Forderungswertpapieren, wenn sich die kuponauszahlende Stelle im Inland befindet, Kapitalerträgen aus Ausschüttungen inländischer Kapitalgesellschaften oder Erwerbs- und Wirtschaftsgenossenschaften sowie aus Genussrechten, aus Ausschüttungen auf Partizipationskapital im Sinne des Bankwesengesetzes oder des Versicherungsaufsichtsgesetzes, aus Rückvergütungen aus Anteilen an Erwerbs- und Wirtschaftsgenossenschaften, aus Zuwendungen jeder Art von Privatstiftungen gilt die Einkommensteuer (Körperschaftsteuer) für natürliche Personen (gleichgültig, ob es sich um Betriebseinnahmen oder um private Kapitalerträge handelt) und für Körperschaften, soweit diese Einkünfte aus Kapitalvermögen beziehen, als abgegolten.

Mit dem Strukturanpassungsgesetz 1996 wurde die Endbesteuerung von Forderungswertpapieren insoweit eingeschränkt, als diese nur noch für solche Wertpapiere gilt, die bei ihrer Begebung sowohl in rechtlicher als auch in tatsächlicher Hinsicht einem unbestimmten Personenkreis angeboten werden. Diese Bestimmung gilt auch für in der Vergangenheit begebene Forderungswertpapiere.

Die Endbesteuerung gilt auch für im Inland bezogene Kapitalerträge aus Forderungswertpapieren, die nicht der Kapitalertragsteuer unterliegen, wenn die kuponauszahlende Stelle über Antrag des Empfängers der Kapitalerträge einen Betrag in Höhe der KESt einbehält und an die Finanzbehörde abführt. Wird kein entsprechender Antrag gestellt, unterliegen diese Kapitalerträge der normalen Einkommensbesteuerung.

Die Wirkungsweise der KESt besteht darin, dass sie direkt bei der die Zinsen bzw. Dividenden auszahlenden Stelle (Bank) einbehalten und an die Finanzbehörde abgeführt wird. Mit dem Einbehalt und der Abfuhr der KESt gilt die Einkommensteuer als abgegolten. Eine Angabe in der Einkommensteuererklärung des Empfängers der Zinsen bzw. Dividenden ist nicht erforderlich. Bei Zinsen aus Bank- und Sparguthaben sowie aus festverzinslichen Wertpapieren gilt auch die Erbschaftssteuer als abgegolten, was bedeutet, dass solche Guthaben und festverzinsliche Wertpapiere im Falle des Todes ohne Erbschaftssteuer auf den Erben übergehen. Der Erwerb von Anteilen an in- und ausländischen Kapitalgesellschaften ist von der Erbschaftssteuer befreit, wenn der Steuerpflichtige nachweist, dass der Erblasser im Zeitpunkt des Entstehens der Steuerschuld unter 1 % am gesamten Nennkapital der Gesellschaft beteiligt war. Werden derartige Guthaben oder Wertpapiere unter Lebenden in Form einer Schenkung übertragen, ist die normale Schenkungssteuer zu bezahlen. Es gilt allerdings eine befristete Schenkungssteuerbefreiung für Bank- und Sparguthaben bis 30. Juni 2002.

Der Steuersatz für die KESt beträgt seit 1. Juli 1996 25 % (bis 30. Juni 1996 22 %). Auf Grund der verfassungsrechtlichen Bestimmung im Endbesteuerungsgesetz darf der Satz mindestens 20 %, höchstens aber die Hälfte des für natürliche Personen geltenden höchsten Einkommensteuersatzes (derzeit 50 %) betragen.

Für Kapitalgesellschaften und Erwerbs- und Wirtschaftsgenossenschaften, bei denen die Zinsen aus den Bankguthaben und festverzinslichen Wertpapieren Betriebseinnahmen sind, wird die einbehaltene KESt auf die Körperschaftsteuer angerechnet. Zur Vermeidung unnötiger Verwaltungsarbeiten kann der KESt-Abzug durch eine Erklärung des Unternehmens der Bank gegenüber, dass die Zinsen Betriebseinnahmen darstellen, vermieden werden (**Befreiungserklärung**).

Einkünfte aus der Beteiligung als echter stiller Gesellschafter unterliegen ebenfalls der 25%igen KESt, die allerdings nicht als Endbesteuerung gilt, sondern auf die Einkommensteuer des Empfängers in gleicher Weise wie die Lohnsteuer angerechnet wird.

Gem. § 37 Abs. 4 Z 1a EStG unterliegen Gewinnanteile jeder Art, soweit es sich nicht um offen ausgeschüttete Dividenden handelt, also auch **verdeckte Gewinnausschüttungen**, beim Empfänger dem halben Durchschnittssteuersatz.

Im **betrieblichen Bereich** ergaben sich folgende Änderungen (ohne steuerliche Investitionsbegünstigungen, die im Abschnitt VI. 3. a) „Steuerliche Einflüsse auf die Innenfinanzierung" dargestellt sind):

Pauschalwertberichtigungen auf Forderungen dürfen gemäß § 6 Z 2 lit. a EStG mit steuerlicher Wirkung nicht mehr gebildet werden.

Eine sehr einschränkende einkommensteuerrechtliche Regelung erfuhren die Rückstellungen.

Gemäß § 9 dürfen als **Rückstellungen** nur

die Pensionsrückstellung gemäß § 14,

die Abfertigungsrückstellung gemäß § 14 und

Steuerrückstellungen sowie

sonstige Rückstellungen für ungewisse Schulden

gebildet werden.

Für die Bildung von Jubiläumsrückstellungen, Anwartschaften auf Abfertigungen und laufende Pensionen sowie Anwartschaften auf Pensionen gilt § 14 EStG.

Rückstellungen für sonstige ungewisse Verbindlichkeiten und drohende Verluste aus schwebenden Geschäften dürfen gem. § 9 Abs. 3 nicht pauschal gebildet werden. Ebenso dürfen gem. § 9 Abs. 4 keine Rückstellungen für die Verpflichtung zu einer Zuwendung anlässlich eines Firmenjubiläums gebildet werden.

Die handelsrechtliche Verpflichtung zur Bildung auch jener Rückstellungen, die steuerlich nicht mehr anerkannt werden, bleibt unberührt.

Eine ausführliche Darstellung der Rückstellungen befindet sich im Abschnitt Rückstellungen innerhalb des Kapitels über die Gliederung des Jahresabschlusses.

Zur Vermietung bestimmte **geringwertige Wirtschaftsgüter** dürfen ab 1994 steuerlich nicht mehr sofort abgeschrieben werden (§ 13 EStG). Dies gilt nicht, wenn die Miete nur eine Nebenleistung darstellt (z. B. Vermietung von Gasflaschen zur Verwendung des Gases).

Das bisherige Höchstausmaß der **Abfertigungsrückstellung** wurde ab 1994 für Arbeitnehmer, die das 50. Lebensjahr vollendet haben, auf 60 % angehoben.

Im Rahmen der Körperschaftsbesteuerung wurde der Körperschaftsteuersatz auf 34 % angehoben. Die mit der Steuerreform 1993 eingeführte Mindestkörperschaftsteuervorauszahlung beträgt nunmehr jeweils 5 % der gesetzlichen Mindesthöhe des Grund- oder Stammkapitals (€ 3.500,– bzw. € 1.750,– [S 50.000,– bzw. S 25.000,–]). Für Kreditinstitute und Versicherungsunternehmen gilt eine Mindestkörperschaftsteuervorauszahlung von € 5.452,– (S 75.000,–). Im ersten Jahr der Steuerpflicht ist die Vorauszahlung auf jeweils € 1.092,– (S 15.000,–) ermäßigt. Die Mindestkörperschaftsteuer kann, soweit sie im Jahre der Bezahlung die errechnete Körperschaftsteuerbelastung übersteigt, unbefristet vorgetragen werden.

Eine Abschreibung von inländischen Beteiligungen und internationalen Schachtelbeteiligungen ist bei Kapitalgesellschaften gesetzlich nicht mehr möglich (§ 12 Abs. 3 KStG), wenn die Wertminderung auf Ausschüttungen zurückzuführen ist (**ausschüttungsbedingte Teilwertabschreibung**). Das Gleiche gilt für Verluste aus der Veräußerung von Beteiligungen, wenn diese auf Ausschüttungen zurückzuführen sind (**ausschüttungsbedingter Verlust**).

Diese mit dem Steuerreformgesetz ab 1994 eingeführte Regelung wurde durch das Strukturanpassungsgesetz insoweit verschärft, als abzugsfähige Abschreibungen auf Beteiligungen oder Verluste aus der Veräußerung oder eines sonstigen Ausscheidens nunmehr auf 7 Wirtschaftsjahre aufgeteilt werden müssen. Über Antrag können Zuschreibungen oder im selben Wirtschaftsjahr steuerwirksam aufgedeckte stille Reserven anlässlich der Veräußerung dieser oder einer anderen Beteiligung gegenverrechnet werden.

Die betriebsgewöhnliche Nutzungsdauer für neue PKW wurde ab 1996 mit 8 Jahren festgelegt (§ 8 Abs. 6). Die Nutzungsdauer von erworbenen gebrauchten Fahrzeugen muss insgesamt 8 Jahre betragen. Übersteigen im Falle eines PKW-Leasings die auf die Anschaffungs- oder Herstellungskosten entfallenden Teile des Nutzungsentgelts die Absetzung für Abnutzung des Vermieters, hat der Steuerpflichtige einen Aktivposten anzusetzen, der so abzuschreiben ist, dass der auf die Anschaffungs- oder Herstellungskosten entfallende Gesamtbetrag der Aufwendungen jeweils den Abschreibungssätzen einer 8-jährigen Nutzungsdauer entspricht.

Mit dem Strukturanpassungsgesetz wurden alle zu Beginn des Wirtschaftsjahres 1996 (1995/96) bestehenden **Verlustvorträge** (mit Ausnahme der IFB-Wartetastenverluste) für die Jahre 1996 und 1997 ausgesetzt, das heißt, sie können mit Gewinnen dieser beiden Jahre nicht verrechnet werden. Dafür wird die Vortragsfrist für noch nicht verrechnete Verlustvorträge ab 1991 verewigt. Noch nicht verrechnete Verlustvorträge aus 1989 und 1990 sind bei der Veranlagung 1998 – 2002 in jedem Jahr zu einem Fünftel abzuziehen. **Ab dem Jahr 2001** können Verlustvorträge nur im Ausmaß von 75 % des Gesamtbetrages der Einkünfte abgezogen werden. Darüber hinausgehende Verlustvorträge sind in den folgenden Jahren unter Beachtung der Vortragsgrenze abzuziehen (§ 2 b EStG). Die Vortrags- und Verrechnungsgrenzen (Ausgleich mit anderen Einkünften im selben Jahr) gelten nicht für Sanierungs-, Veräußerungs- und Aufgabegewinne (Siehe auch den Abschnitt cc) Budgetbegleitgesetz 2001).

Sanierungsgewinne, die bisher gem. § 36 EStG steuerfrei waren, unterliegen ab 1998 der normalen Ertragsbesteuerung, wobei, wie gerade dargelegt, die Verlust-vortrags- und -verrechnungsgrenzen von 75 % nicht gelten.

Mit dem Abgabenänderungsgesetz 1996 (Steuerreparaturgesetz 1996) wurden mehrere steuerliche Bestimmungen verschärft:

Mit einer ab der Veranlagung für 1996 gültigen Ergänzung des § 6 Z 2 a EStG 1988 wurden die Herstellungskosten erstmals steuergesetzlich definiert. Demnach gehören zu den Herstellungskosten auch angemessene Teile der Materialgemeinkosten und der Fertigungsgemeinkosten. Diese Gesetzesbestimmung stellt eine Reaktion auf das EU-Gesellschaftsrechtsänderungsgesetz dar, mit dem der Mindestansatz der Herstellungskosten auf die Einzelkosten herabgesetzt wurde.

Gem. § 6 Z 13 EStG 1988 ist bei Beteiligungen im Sinne des § 228 Abs. 1 HGB, die zum Anlagevermögen gehören, der höhere Teilwert anzusetzen, soweit nach Maßgabe der handelsrechtlichen Grundsätze ordnungsmäßiger Buchführung eine Zuschreibung zulässig ist. Damit gilt für derartige Beteiligungen die Bestimmung des § 208 Abs. 1 HGB, wonach bei Wegfall der Gründe für eine in einem früheren Geschäftsjahr vorgenommene außerplanmäßige Abschreibung der Betrag dieser Abschreibung im Umfang der Werterhöhung zwingend zuzuschreiben ist. Diese Bestimmung gilt für außerplanmäßige Abschreibungen ab dem Veranlagungsjahr 1998.

Gem. § 12 Abs. 3 EStG ist eine Übertragung stiller Reserven auf die Anschaffungskosten von Finanzanlagen ab dem 31.12.1996 nicht mehr zulässig.

Im Juli 1999 (Steuerreform 2000) wurden in einem umfangreichen Reformpaket 22 Gesetze novelliert und ein neues Gesetz zur Förderung von Unternehmensneugründungen (Neugründungs-Förderungsgesetz – NEUFÖG) verabschiedet. Wurden auf dem Gebiet der steuerlichen Investitionsförderung bislang ausschließlich Begünstigungen im Bereich der Sachgüterinvestitionen vorgesehen, werden ab 2000 erstmals auch Investitionen in den Einsatz der menschlichen Arbeitskraft gezielt gefördert. Die Neuerungen betreffen unter anderem die Möglichkeit des Ansatzes folgender (fiktiver) Betriebsausgaben für:

1. **Forschungsfreibetrag** für Aufwendungen zur Entwicklung oder Verbesserung volkswirtschaftlich wertvoller Erfindungen (§ 4 Abs. 4 Z 4 EStG): Der Freibetrag wird grundsätzlich von 12 % (bei Fremdforschung) bzw. 18 % (bei Eigenforschung) auf einheitlich 25 % angehoben. Ein Satz von 35 % kann beansprucht werden, wenn die Forschungsaufwendungen eines Jahres das arithmetische Mittel der Forschungsaufwendungen der letzten drei Wirtschaftsjahre übersteigen.

2. Aufwendungen für **Aus- und Fortbildungsmaßnahmen** im Zusammenhang mit der vom Steuerpflichtigen ausgeübten oder einer damit verwandten betrieblichen oder beruflichen Tätigkeit (§ 4 Abs. 4 Z 7). Damit sollen nicht nur Fortbildungsmaßnahmen (wie bisher), sondern auch Umschulungsmaßnahmen in artverwandten Berufsbereichen steuerlich begünstigt werden. Die Aufwendungen zur Ausbildung und Erlangung eines Berufes sind weiterhin nicht abzugsfähig.

3. **Bildungsfreibetrag** (§ 4 Abs. 4 Z 8): Mit dem für die Anschaffung oder Herstellung von abnutzbaren Anlagengegenständen bis 2000 möglichen Investitionsfreibetrag vergleichbar kann der Arbeitgeber einen Bildungsfreibetrag in Höhe von höchstens 9 % der Aufwendungen, die ihm von (im Gesetz näher bezeichneten) externen Aus- und Weiterbildungseinrichtungen in Rechnung gestellt werden und die im betrieblichen Interesse der Arbeitnehmer getätigt werden, steuermindernd zum Ansatz bringen. Diese Möglichkeit steht auch Einnahmen-Ausgaben-Rechnern zu.

4. **Verzinsung des Eigenkapitalzuwachses** (§ 11 EStG): Bilanzierende Steuerpflichtige können eine Förderung der Eigenkapitalbildung durch eine steuerliche Begünstigung des Eigenkapitalzuwachses in Anspruch nehmen. Vom steuerlichen Gewinn wird zunächst eine angemessene Verzinsung des in einem Wirtschaftsjahr eingetretenen Eigenkapitalzuwachses als Betriebsausgabe in Abzug gebracht. Der abgezogene Betrag wird andererseits als Sondergewinn einer gesonderten Besteuerung nach § 37 Abs. 8 (25 %) zugeführt. Voraussetzung ist die Führung eines Eigenkapital-Evidenzkontos, das den gewichteten durchschnittlichen steuerlichen Eigenkapitalstand in einem Wirtschaftsjahr ermitteln lässt. Es hat den Anfangsstand, die Zu- und Abgänge, den Endstand und den Betrag sowie die Berechnung des gewichteten durchschnittlichen Jahresstandes, für das der Betriebsausgabenabzug geltend gemacht wird, zu umfassen. Der Eigenkapitalzuwachs wird durch den Vergleich dieses Durchschnittswertes mit dem Wert jenes Vorjahres ermittelt, in dem der höchste Durchschnittsstand seit Beginn des Betriebes, zumindest aber der letzten sieben Wirtschaftsjahre, aufgetreten ist. Wirtschaftsjahre, die vor dem 1.1.1998 geendet haben, sind jedoch nicht zu berücksichtigen. Als angemessener Zinssatz wird der Durchschnitt der Sekundärmarktrenditen für inländische Renten eines Kalenderjahres, erhöht um 0,8, angenommen und durch Verordnung des Bundesministers für Finanzen festgesetzt. Diese Begünstigung wird somit erst dann wirtschaftlich vorteilhaft, wenn für die Gewinnbesteuerung ein Grenzsteuersatz von mehr als 25 % zum Tragen kommt. Dies ist bei Einzelunternehmen und Personengesellschaften ab einer Höhe von S 100.000,– der Fall, bei Kapitalgesellschaften (die einem KSt-Satz von 34 % unterliegen) ist somit immer eine Steuerersparnis von 9 % der als Betriebsausgaben geltend gemachten fiktiven Zinsen des Kapitalzuwachses zu erlangen.

5. **Lehrlingsfreibetrag** (§ 124 b Z 31): Der bereits 1998 befristet eingeführte Lehrlingsfreibetrag von S 20.000,– (nunmehr € 1.460,–) für Steuerpflichtige, die mit einem Lehrling gemäß § 1 des Berufsausbildungsgesetzes ein Lehrverhältnis beginnen, wird auf insgesamt S 60.000,– (nunmehr € 4.380,–) angehoben, soferne ein erfolgreicher Lehrabschluss erreicht werden kann. Der Freibetrag kann ab dem 1. Jänner 2000 und nur für Lehrverhältnisse in Anspruch genommen werden, die vor dem 1. Jänner 2003 beginnen.

6. **Neugründungs-Förderungsgesetz** (NEUFÖG): Zur Förderung von Unternehmensneugründungen werden für die unmittelbar durch die Gründung veranlassten Vorgänge Steuer- und Gebührenbefreiungen vorgesehen (Stempelgebühren und Bundesverwaltungsabgaben für die durch eine Neugründung unmittelbar veranlassten Schriften und Amtshandlungen, Grunderwerbsteuer

für die Einbringung von Grundstücken, Gerichtsgebühren für die Eintragung ins Firmenbuch bzw. ins Grundbuch, Gesellschaftsteuer). Überdies sollen bestimmte lohnabhängige Abgaben bzw. Beiträge im Gründungsjahr entfallen (Dienstgeberbeiträge zum Ausgleichsfonds für Familienbeihilfen, Wohnbauförderungsbeiträge, Beiträge zur gesetzlichen Unfallversicherung, für beschäftigte Arbeitnehmer anfallende Wirtschafts-Kammerumlage). Die Förderung wird allen Neugründungen von Betrieben gewährt, die nach dem 1. Mai 1999 und vor dem 1. Jänner 2003 erfolgen.

bb) Das Budgetbegleitgesetz 2001

1. Einschränkung der Verlustverrechnung und des Verlustvortrages

Gem. § 2 Abs. 2 b EstG können ab der Veranlagung für das Jahr 2001:

a) Mit anderen Einkünften verrechenbare Verlustvorträge nur bis 75 % der positiven Einkünfte verrechnet werden (Verrechnungsgrenze). Insoweit Verluste im laufenden Jahr nicht verrechnet werden können, sind sie in den folgenden Jahren unter Beachtung der Verrechnungsgrenze zu verrechnen.

b) Vortragsfähige Verluste können im Sinne des § 18 Abs. 6 und 7 EStG nur im Ausmaß von 75 % des Gesamtbetrages der Einkünfte abgezogen werden (Vortragsgrenze). Insoweit Verluste im laufenden Jahr nicht abgezogen werden können, sind sie in den folgenden Jahren unter Beachtung der Vortragsgrenzen abzuziehen.

c) Die Einschränkung von 75 % gilt nicht für in den positiven Einkünften oder im Gesamtbetrag der Einkünfte enthaltene Sanierungsgewinne, Veräußerungsgewinne und Aufgabegewinne.

2. Ansatz eines aktiven oder passiven Ausgleichspostens bei Leasinggesellschaften

Gem. § 6 Z 16 EStG kann bei Leasinggesellschaften der Unterschiedsbetrag zwischen dem Buchwert sämtlicher vermieteter Wirtschaftsgüter und dem Teilwert sämtlicher Forderungen aus der Vermietung als aktiver oder passiver Ausgleichsposten angesetzt werden. Als Teilwert der Forderungen ist dabei der Barwert der diskontierten Forderungen aus der Vermietung anzusetzen.

Der Ansatz des Unterschiedsbetrages kann bei bestehenden Betrieben bereits für die Veranlagung 2000, für alle neu eröffneten Betriebe ab 2001 erfolgen, wobei der Steuerpflichtige diese Entscheidung nur bei Betriebseröffnung (bzw. bei bestehenden Betrieben anlässlich der Veranlagung 2000) treffen kann und in der Folge daran gebunden ist.

3. Verkürzung des AfA-Satzes für Betriebsgebäude

Die bisher gem. § 8 Abs. 1 geltenden AfA-Sätze von 4 % für unmittelbar der Betriebsausübung eines Land- oder Forstwirtes oder Gewerbetreibenden dienenden Gebäude werden ab 2001 auf 3 % herabgesetzt. Diese Regelung gilt nicht nur für neu angeschaffte, sondern auch für bereits bestehende Gebäude.

4. Ansatz bestimmter Rückstellungen mit 80 % des Teilwertes

Rückstellungen für sonstige ungewisse Verbindlichkeiten und für drohende Verluste aus schwebenden Geschäften sind mit 80 % ihres Teilwertes anzusetzen. Rückstellungen, deren Laufzeit am Bilanzstichtag weniger als 12 Monate beträgt, sind ohne Kürzung des maßgeblichen Teilwertes anzusetzen.

Rückstellungen, die bereits in der Bilanz des Wirtschaftsjahres 2000 (1999/2000) enthalten sind, dürfen in der Bilanz des Wirtschaftsjahres 2001, sofern ihre Laufzeit zu diesem Zeitpunkt mindestens 12 Monate beträgt, nur mit 80 % angesetzt werden. Soweit durch diesen erstmalig gekürzten Ansatz ein Gewinn entsteht, darf dieser einer steuerfreien Rücklage zugeführt werden, die im Jahr ihrer Bildung und den folgenden 4 Jahren mit jeweils mindestens 20 % aufzulösen ist. Eine höhere Auflösung in den Jahren des Auflösungszeitraumes ist jederzeit möglich.

Beispiel (entnommen aus den Gesetzesmaterialien):

Prozesskostenrückstellung 31.12.2000	50.000	
Prozesskostenrückstellung 31.12.2001	50.000	80 % = 40.000

Die Differenz von 10.000 kann der steuerfreien Rücklage zugeführt und über 5 Jahre aufgelöst werden.

Prozesskostenrückstellung 31.12.2000	50.000	
Prozesskostenrückstellung 31.12.2001	40.000	80 % = 32.000

Da von dem aufzulösenden Betrag von 18.000 10.000 auf den gesunkenen Teilwert entfallen, dürfen nur 8.000 der steuerfreien Rücklage zugeführt werden.

Die Auflösungsrücklage ist handelsrechtlich unter den unversteuerten Rücklagen zu führen. Die Bildung und die Auflösung erfolgt, wie bei allen steuerfreien Rücklagen, nach dem Jahresüberschuss.

5. Entfall des Investitionsfreibetrages

Für Anschaffungen ab dem 1.1.2001 darf kein Investitionsfreibetrag mehr gebildet werden. Bei abweichendem Wirtschaftsjahr können im Wirtschaftsjahr 2000/2001 somit noch Investitionsfreibeträge für Anschaffungen bis 31.12.2000 geltend gemacht werden. Bei langfristigen Anlagenerrichtungen, bei denen der IFB erst bei Fertigstellung in Anspruch genommen wird, kann dies für alle bis 31.12.2000 angefallenen Anschaffungs- bzw. Herstellungskosten auch in späteren Wirtschaftsjahren geschehen. Bestehende Investitionsfreibeträge sind normal weiterzuführen und bei Fristablauf steuerfrei aufzulösen.

cc) Die Steuerbelastung der Unternehmung

Auf Grund des **Kommunalsteuergesetzes 1993** unterliegen die Arbeitslöhne (Gehälter), die jeweils in einem Kalendermonat an die Dienstnehmer einer im Inland gelegenen Betriebsstätte des Unternehmens gewährt worden sind, einer 3%igen Kommunalsteuer, die an die Gemeinde, in der die Betriebsstätte liegt, abzuführen ist. Zu den Dienstnehmern im Sinne des Kommunalsteuergesetzes zählen auch dem Unternehmen zur Dienstleistung überlassene Arbeitskräfte (Leihpersonal). Von der Kommunalsteuer sind lediglich die ÖBB mit 66 % der Bemessungsgrundlage und gemeinnützige Unternehmen, soweit sie der Gesundheitspflege und der Kinder-, Jugend-, Familien-, Kranken-, Behinderten-, Blinden- und Altenfürsorge dienen, befreit. Liegt die monatliche Bemessungsgrundlage unter € 1.460,– (bisher S 20.000,–), werden von ihr € 1.095,– (bisher S 15.000,–) abgezogen.

Die Ertragsteuerbelastung der Einzelunternehmung und Personengesellschaft beträgt nunmehr maximal 50 % des steuerpflichtigen Einkommens, wobei die Einkommensteuer unabhängig davon, ob die Gewinne entnommen werden oder nicht, von dem für den einzelnen Gesellschafter festgestellten Gewinnanteil direkt bei diesem eingehoben wird.

Die Körperschaftsteuer beträgt 34 %. Offen an die Gesellschafter ausgeschüttete Gewinne unterliegen, soweit diese natürliche Personen sind, der Kapitalertragsteuer in Höhe von 25 % als Endbesteuerung. **Verdeckte Gewinnausschüttungen** an natürliche Personen unterliegen dem halben Durchschnittssteuersatz.

Soweit es sich um Beteiligungen zwischen juristischen Personen handelt, wird eine Doppel- oder Mehrfachbelastung durch die Körperschaftsteuer überdies durch die Institute der **Organschaft** und des **Schachtelprivilegs** vermieden.

Von **Organschaft** ist im Allgemeinen zu sprechen, wenn eine (formell selbständige) juristische Person derart in Abhängigkeit von einem anderen Rechtsträger gerät, dass sie ihre wirtschaftliche Selbständigkeit verliert. Organschaften setzen demnach eine herrschende Gesellschaft (**Muttergesellschaft, Organträger**) und eine dienende Gesellschaft (**Tochtergesellschaft, Organgesellschaft**) voraus. Das Steuerrecht verlangt für die Anerkennung einer Organschaft durchwegs die finanzielle, wirtschaftliche und organisatorische Abhängigkeit der Organgesellschaft vom Organträger (§ 9 KStG; § 1 Abs. 2 GewStG; § 2 Abs. 2 UStG). Die **finanzielle Abhängigkeit** kommt dadurch zum Ausdruck, dass die Muttergesellschaft entweder sämtliche Anteile oder eine so große Mehrheit von Anteilen der Tochtergesellschaft in Händen hat, dass sie jeden von ihr gewünschten Beschluss durchsetzen kann. **Wirtschaftliche Abhängigkeit** besteht dann, wenn die dienende Gesellschaft der herrschenden Gesellschaft wie eine Filiale eingegliedert ist und ihr in wirtschaftlicher Hinsicht dient. Die **organisatorische Abhängigkeit** findet ihren Ausdruck darin, dass die effektive Geschäftsführung des Organs dem Willen des Organträgers entspricht.

Im Körperschaftsteuerrecht ist zusätzliche Voraussetzung für die Anerkennung der Organschaft der Abschluss eines **Ergebnisabführungsvertrages**, in dem sich die Organgesellschaft verpflichtet, ihren gesamten Gewinn an den Organträger abzuführen. Sind diese Voraussetzungen gegeben, so wird das Ergebnis der Organgesellschaft (Gewinn **oder** Verlust) dem Organträger zugerechnet und (nur) bei ihm versteuert.

Die **körperschaftsteuerliche Organschaft** setzt auf Seiten des Organträgers die Rechtsform der Kapitalgesellschaft, des Versicherungsvereins auf Gegenseitigkeit bzw. (mit Einschränkungen) der Genossenschaft und auf Seiten der Organgesellschaft die Rechtsform der Kapitalgesellschaft oder Genossenschaft voraus.

Auf dem Gebiet der **Umsatzsteuer** kann Organträger jeder Unternehmer sein, Organgesellschaft jede beliebige juristische Person. Unternehmereigenschaft kommt hiebei nur dem Organträger zu, so dass Umsätze innerhalb des Organkreises nicht der Umsatzsteuer unterliegen.

Beim **Schachtelprivileg** (§ 10 KStG) geht es um die Vermeidung von Doppelbelastungen mit Ertragsteuern im Fall von Verschachtelungen zwischen juristischen Personen. Das Schachtelprivileg wurde in der Steuerreform 1989 neu gestaltet. Gemäß § 10 KStG sind Beteiligungserträge, das sind Gewinnanteile jeder Art auf Grund einer Beteiligung an inländischen Kapitalgesellschaften und Erwerbs- und Wirtschaftsgenossenschaften, sowie Gewinnanteile jeder Art auf Grund einer **internationalen Schachtelbeteiligung** von der Körperschaftsteuer befreit.

Das bedeutet, dass seit 1989 das Ausmaß der Beteiligung an einer inländischen Kapitalgesellschaft für die Körperschaftsteuerbefreiung nicht mehr relevant ist (§ 10 Abs. 1 KStG). Ist die dividendenbeziehende Gesellschaft nicht mit mindestens 25 % an der ausschüttenden Gesellschaft beteiligt, hat Letztere die KEST einzubehalten. Die erhaltende Gesellschaft kann die KEST von der Finanzbehörde zurückfordern oder anrechnen lassen. **Bei internationalen Schachtelbeteiligungen gelten die folgenden Bestimmungen:** Es muss sich um eine unmittelbare Beteiligung in Form von Gesellschaftsanteilen handeln, die ununterbrochen mindestens 2 Jahre gehalten wird und deren Ausmaß zumindest 25 v. H. ausmacht. Allerdings wird die Steuerbefreiung nachträglich auch für Ausschüttungen gewährt, die vor Ablauf der Behaltefrist bezogen werden, sobald insgesamt die Behaltefrist erfüllt ist (§ 10 Abs. 2 Z 3).

Diese auf das steuerrechtliche Detail verzichtenden Hinweise zur Organschaft und Schachtelgesellschaft zeigen deutlich, dass sich die Wahl der Rechtsform im Einzelfall auf Überlegungen stützen muss, die mit schematischen Betrachtungen nicht das Auslangen finden.

Steuerliche Gegebenheiten haben im Verlaufe der Zeit auch zu neuen **Rechtsformkombinationen** geführt. Dies gilt vor allem für die **Gesellschaft mit beschränkter Haftung & Co**, die offene Handelsgesellschaft oder Kommanditgesellschaft sein kann und eine Mischung personen- und kapitalgesellschaftlicher Elemente ist. Sie hat sich in der Praxis als Folge unterschiedlicher ertragsteuerlicher Belastung von Personengesellschaften bzw Kapitalgesellschaften durchgesetzt. Bedeutung hat jedoch nur die **GmbH & Co KG** erlangt. Die **GmbH & Co OHG** ist kaum anzutreffen, bietet auch keine speziellen Probleme. Die GmbH & Co KG ist nicht Körperschaftsteuersubjekt, sondern gilt, was die Steuern vom Einkommen betrifft, als Personengesellschaft. Die mit der Wahl der Rechtsform einer GmbH & Co KG angestrebte Haftungsbeschränkung ergibt sich dadurch, dass die Komplementär-GmbH zwar unbeschränkt haftet, während ihre Gesellschafter aber nur beschränkt haften. Es gibt bei der GmbH & Co KG, obwohl sie Personengesellschaft ist, keine unbeschränkte Haftung einer physischen Person, ist doch auch die Haftung der Kommanditisten auf den registrierten Betrag der Hafteinlage beschränkt.

Zu beachten ist allerdings, dass die Kapitalgesellschaft und Co für den Fall, dass keine natürliche Person voll haftender vertretungsbefugter Gesellschafter ist, gemäß § 221 HGB bilanzrechtlich wie eine Kapitalgesellschaft behandelt wird.

Grundsätzlich muss jedoch festgestellt werden, dass zwischen Personen- und Kapitalgesellschaften kaum mehr Unterschiede in der Ertragsteuerbelastung existieren. Durch die Begünstigung der nicht ausgeschütteten Gewinne bei der Kapitalgesellschaft ist diese heute bei **Übersteigen der Progressionsgrenze** (€ 51.000,–) sogar gegenüber der Personengesellschaft und dem Einzelunternehmen im Vorteil. Während bei der Personengesellschaft und beim Einzelunternehmen der Gewinn, gleichgültig ob entnommen oder nicht, sofort mit 50 % besteuert wird, unterliegt der Gewinn der Kapitalgesellschaft, solange er nicht ausgeschüttet wird, lediglich der 34 %igen Körperschaftsteuer. Erst bei Ausschüttung an die Gesellschafter wird die Kapitalertragsteuer in Höhe von 25 % des ausgeschütteten Betrages einbehalten.

Im Zusammenhang mit der Betrachtung steuerrechtlicher Regelungen als Bestimmungsgrund für die Wahl der Rechtsform des Unternehmens ist schließlich noch die **Doppelgesellschaft** zu erwähnen. Sie ist an sich ein einheitlicher Betrieb, der sich zur Durchsetzung seiner Ziele aber auf zwei rechtlich selbständige Gesellschaften abstützt. Durch die Doppelgesellschaft werden Ergebnisverlagerungen zwischen den beiden Unternehmen ermöglicht, so dass beispielsweise die Progression der Steuerbelastung gemildert werden kann.

Doppelgesellschaften treten in Form von **Besitz-Gesellschaft** und **Betriebs-Gesellschaft** auf bzw. als **Betriebs-Gesellschaft und Vertriebs-Gesellschaft**.

Bei der Kombination von Besitz-Gesellschaft und Betriebs-Gesellschaft verbleibt erstere Eigentümer des Anlagevermögens, während die Betriebsgesellschaft als Pächter auftritt. Die Gewinnverlagerung auf die Besitz-Gesellschaft entsteht u. a. durch Pachtverrechnung und durch Verrechnung von Geschäftsführergehältern für die Gesellschafter in der Betriebsgesellschaft.

Die Doppelgesellschaft gewann in der letzten Zeit unter der Bezeichnung „**Betriebsaufspaltung**" aus steuerlichen Motiven, aber auch als Konstruktionsform für die Risikobegrenzung und aus wirtschaftlichen Überlegungen heraus an Bedeutung. Die häufigste Form der Betriebsaufspaltung (besser: Unternehmensaufspaltung) ist bei einer Aufspaltung der Unternehmung in eine Rechtsform der Personengesellschaft (meist: Besitzgesellschaft) und in eine Rechtsform der Kapitalgesellschaft (meist: Betriebsgesellschaft) gegeben. Ein bisher unter einheitlicher Firma geführtes Unternehmen wird in zwei rechtlich selbständige Gesellschaften aufgeteilt (typische Betriebsaufspaltung). Es besteht aber auch die Möglichkeit, beide Gesellschaften von Anfang an als rechtlich selbständige Unternehmungen zu errichten und dann durch Verknüpfung eine wirtschaftliche Einheit zu erreichen (atypische Betriebsaufspaltung).

Eher selten ist die Einrichtung der Besitz- wie auch der Betriebsgesellschaft als Personengesellschaften. Häufiger hingegen kommt eine Aufspaltung auf zwei Kapitalgesellschaften vor. In der Praxis ist diese Gestaltungsform meist in einer begrenzten Ausgliederung einzelner betrieblicher Funktionen anzutreffen, wie etwa in Form einer Vertriebs-, Werbe- oder Datenverarbeitungsgesellschaft (vgl. W. Platzer, Betriebsaufspaltungen, Wien 1984, S. 17).

Für die **Betriebsaufspaltung** sind nicht allein steuerliche Gesichtspunkte ausschlaggebend, wenngleich sie sehr oft überwiegen. Vielfach soll mit einer Betriebsaufspaltung eine **Haftungs- und Risikobeschränkung** erreicht werden und damit auch ein erhöhter **Rationalisierungsdruck** auf die Geschäftsleitung im Sinne einer **Profit-Center-Bildung** ausgeübt werden. Dies ist vor allem dann der Fall, wenn die Eigenkapitalausstattung der zu einem **Kleinkonzern** zusammengefassten Mittelbetriebe, im Speziellen der Betriebsgesellschaften, bewusst gering gehalten wird, um so den Wirtschaftlichkeitsdruck zu verstärken. Auch bei risikoreichen Forschungs- und Großprojekten empfiehlt sich die Einrichtung als Sondergesellschaft, da ein Fehlschlagen des Projekts den Bestand des ganzen Unternehmens gefährden könnte.

Auch **arbeits- und sozialrechtliche** Gründe sprechen gegebenenfalls für eine Betriebsaufspaltung. Da die Betriebsführung von der Gesellschaftsfunktion getrennt werden kann, ist eine weitgehende Spezialisierung der Geschäftsführer möglich. Andererseits kann bestimmten arbeitsrechtlichen Informations- und Mitbestimmungsrechten entgegengewirkt werden. Bereiche, die die Eigentümer nicht gerne offenlegen wollen, werden eher in die Personengesellschaft verlagert, publizitätspflichtige Tätigkeiten werden der Kapitalgesellschaft zugeordnet. Schließlich können bei Betriebsaufspaltungen auch Vorteile für die Erbfolgeregelung realisiert werden.

Die Betriebsaufspaltung ist sicher keine einfach zu handhabende Konstruktion in der Rechtsformgestaltung, die generell zu empfehlen wäre. Stets ist im Einzelfall zu prüfen, inwieweit die Vorteile bzw. Einsparungen die nachteiligen Wirkungen bzw. den Mehraufwand (im besonderen Rechts-, Verwaltungs- und Beratungskosten) rechtfertigen können.

g) Rechtsformabhängige Belastungen

Zu unterscheiden sind **Belastungen einmaliger** und **laufender Art.**

Zu Ersteren zählen z. B. bestimmte Eintragungsgebühren und Vertragsgebühren.

Laufende Belastungen ergeben sich z. B. bei Aktiengesellschaften für Pflichtprüfungen, für die Veröffentlichung der Jahresabschlüsse, für Leistungen an Aufsichtsräte (Sitzungsgelder und Aufsichtsratsgebühren). Auch für große und mittelgroße Gesellschaften mit beschränkter Haftung gemäß § 221 HGB sowie für kleine GmbHs mit einem vom Gesetz vorgeschriebenen Aufsichtsrat besteht Prüfungs- und Testatpflicht. Große und mittelgroße GmbHs haben ihre Jahresabschlüsse sowie die Lageberichte überdies beim Firmenbuch zu hinterlegen. Kleine GmbHs haben nur eine verkürzte Bilanz und den Anhang, soweit er die Bilanz erläutert, beim Firmenbuch zu hinterlegen.

Das Gewicht dieser rechtsformabhängigen Belastungen als Bestimmungsgrund für die Wahl der Rechtsform des Unternehmens lässt sich meist nur aus den besonderen Gegebenheiten des einzelnen Falles heraus beurteilen.

II. Konzentrationsformen (Unternehmenskonzentrationen)

1. Wesen und Motive der Unternehmenskonzentrationen

Für Unternehmenskonzentrationen gibt es zwei Wege.

Der eine Weg besteht im Zusammenschluss zweier oder mehrerer Unternehmen, die ihre rechtliche und wirtschaftliche Selbständigkeit aufgeben, zu einer rechtlichen Einheit. Man spricht von **Verschmelzung (Fusion)**.

Der andere Weg besteht darin, dass die sich „zusammenschließenden" Unternehmen rechtlich zwar selbständig bleiben, die wirtschaftliche Selbständigkeit jedoch mehr oder minder einschränken oder sogar zur Gänze aufgeben. Für diese Art von Konzentration gibt es verschiedene Formen, wie die des **Kartells**, des **Konzerns**, der **Interessengemeinschaft**, der **Partizipation** usw.

Unternehmenskonzentrationen beruhen auf **verschiedenen Motiven**: z. B. Streben nach Marktbeherrschung; Bemühen um Beschränkung oder Regelung des Wettbewerbs; Einsicht, dass „zusammengeschlossene" Unternehmen Rationalisierungsvorhaben leichter bewerkstelligen können, als dies dem einzelnen Unternehmen allein möglich ist; steuerliche Begünstigungen; Steigerung der Kreditwürdigkeit durch das vergrößerte und vielleicht risikomindernde Leistungspotential; Verbesserung der Produktionsabläufe durch Verwertung der Erfahrungen und Kenntnisse anderer.

Konzentrationen auf bloß wirtschaftlicher, nicht auch rechtlicher Ebene beeinflussen die unternehmerische Autonomie unterschiedlich, je nach Form des Zusammenschlusses und je nach Intensität der eingegangenen Bindungen.

Die diversen Konzentrationsformen lassen sich im Für und Wider nicht pauschal werten. Eine sachgerechte Beurteilung erlaubt nur der einzelne Fall unter Berücksichtigung der Besonderheiten seiner Gestaltung, d. h. seiner inner- und außerbetrieblichen Wirkungen. Aus diesem Grunde kann man Konzentrationsvorgänge von vornherein generell weder befürworten noch ablehnen. Es gibt Zusammenschlüsse, die den Bestand einzelner Unternehmen sichern, in anderen Fällen möglicherweise bedrohen.

Auch volkswirtschaftlich ist ein ausschließliches Pro oder Kontra abzulehnen. Dort, wo der Unternehmensverbund die Leistungskraft der ökonomischen Einheiten steigert, z. B. wegen Vermeidung ruinöser Konkurrenz, ist, wirtschaftspolitisch gesehen, die Konzentration förderungswürdig. Umgekehrt ist ein Unternehmenszusammenschluss volkswirtschaftlich bedenklich, wenn er zur Schaffung von Marktformen führt, die den Wettbewerb ausschalten und Preise zur Folge haben, die mit dem betriebswirtschaftlichen Erhaltungsstreben nicht begründbar sind.

Wer von Konzentration spricht, muss also wissen, dass es sie in verschiedenartigsten Formen gibt, die sich von wenig einschneidenden Vereinbarungen, etwa auf Kartellebene, bis zur Verschmelzung von Unternehmen erstrecken. Die richtige Einschätzung eines Unternehmenszusammenschlusses ist nur möglich, wenn man dessen Art und die Vereinbarungen kennt, die ihn begründen. Ob eine Gesellschaft die juristische **und** die wirtschaftliche Selbständigkeit aufgibt oder ob sie nur auf die wirtschaftliche Selbständigkeit verzichtet, total oder partiell, zeitlich begrenzt oder auf Dauer, bestimmt das Maß der Einschränkung der unternehmerischen Autonomie. Diese Einschränkung kann, im Ganzen gesehen, wenig tief greifend sein, sie kann für die Unternehmensführung auch Behinderungen zur Folge haben, die ein dynamisches und selbstverantwortliches Handeln weitgehend ausschließen.

Konzentration ist stets auch Kooperation. Nicht jede Kooperation bedeutet umgekehrt Konzentration, ist es doch ohne förmlichen „Zusammenschluss" möglich, in bestimmter Weise zusammenzuarbeiten (zu kooperieren). Tauschen z. B. Unternehmen Erfahrungen über Inlands- und Auslandsmärkte aus, so ist das Kooperation, nicht auch schon Konzentration. Von bloßer Kooperation ist wohl auch zu sprechen, wenn sich Unternehmen gegenseitig über Neuerungen auf dem Produktionssektor informieren. Desgleichen sind gemeinsame Maßnahmen zur Kreditbeschaffung Kooperation und nicht Konzentration. Kooperationen sind aus der Praxis auch auf dem Gebiete des Rechnungswesens (z. B. Schaffung gemeinsamer Kontenrahmen, Ausarbeitung eines vergleichbaren Formularwesens), der Werbung, der Betriebsraumbeschaffung usw. bekannt. Trotz dieser Abgrenzung ist einzuräumen, dass zwischen Konzentration, die immer Kooperation ist, und Kooperation, die nicht Konzentration darstellt, die Grenzen fließen.

2. Die Konzentrationsformen

a) Rechtlich/wirtschaftliche Konzentration: die Verschmelzung

Unter Verschmelzung (Fusion) versteht man allgemein den Zusammenschluss zweier oder mehrerer Unternehmen zu einer rechtlichen Einheit. § 219 AktG bestimmt, dass **Aktiengesellschaften** unter Ausschluss der Abwicklung (d. h. unter Ausschluss der Liquidation) in Form einer Gesamtrechtsnachfolge vereinigt werden können.

Das Aktienrecht unterscheidet die Verschmelzung durch Aufnahme und die Verschmelzung durch Neubildung. Die **Verschmelzung durch Aufnahme** geht durch Veräußerung des gesamten Vermögens der übertragenden Gesellschaft an die übernehmende Gesellschaft gegen Gewährung von Aktien dieser Gesellschaft vor sich. Die Verschmelzung durch Bildung einer neuen Aktiengesellschaft erfolgt dergestalt, dass auf sie das Vermögen jeder der sich vereinigenden Gesellschaften als Ganzes übergeht, und zwar gegen Gewährung von Aktien dieser neuen Gesellschaft (**Verschmelzung durch Neubildung**).

Die **Verschmelzung durch Aufnahme** ist nur zulässig, wenn die Hauptversammlungen der betroffenen Gesellschaften sie beschließen. Eines Beschlusses der Hauptversammlung der übernehmenden Gesellschaft bedarf es nicht, wenn der Gesamtbetrag der zu gewährenden Aktien 10 % des Grundkapitals dieser Gesellschaft nicht übersteigt. Wird zur Durchführung der Verschmelzung das Grundkapital erhöht, so ist der Berechnung das erhöhte Grundkapital zugrunde zu legen. Der Beschluss bedarf einer Mehrheit, die mindestens drei Viertel des bei der Beschlussfassung vertretenen Grundkapitals umfasst. Die Satzung kann diese Mehrheit durch eine größere Kapitalmehrheit ersetzen und noch andere Erfordernisse aufstellen (vgl. § 220 Abs. 1 und 2 AktG).

Auch die Verschmelzung von Aktiengesellschaften durch Bildung einer neuen Aktiengesellschaft (**Verschmelzung durch Neubildung**) ist nur zulässig, wenn die Hauptversammlungen der betroffenen Gesellschaften sie beschließen. Diese Beschlüsse bedürfen gleichfalls einer Mehrheit, die mindestens drei Viertel des bei der Beschlussfassung vertretenen Grundkapitals umfasst. Die Satzung kann diese Mehrheit durch eine größere Kapitalmehrheit ersetzen und noch andere Erfordernisse aufstellen. Der Gesamtrechtsnachfolger ist neues Rechtssubjekt, das aus den sich zusammenschließenden Aktiengesellschaften besteht. Übernehmende Gesellschaft ist das neue Rechtssubjekt; jede der sich vereinigenden Aktiengesellschaften gilt als übertragende Gesellschaft.

Gemäß § 224 AktG hat die Verschmelzung durch Aufnahme ohne Gewährung von Aktien durch die übernehmende Gesellschaft zu erfolgen, soweit die übernehmende Gesellschaft Aktien der übertragenden Gesellschaft oder die übertragende Gesellschaft eigene Aktien besitzt.

Die Verschmelzung kann ohne Gewährung von Aktien durch die übernehmende Gesellschaft erfolgen, soweit die Gesellschafter sowohl an der übernehmenden als auch an der übertragenden Gesellschaft im gleichen Verhältnis unmittelbar oder mittelbar beteiligt sind, es sei denn, dass dies dem Verbot der Rückgewähr der Einlagen und der Befreiung von der Einlageverpflichtung widerspricht oder Gesellschafter der übertragenden Gesellschaft auf die Gewährung von Aktien verzichten.

Leistet der übernehmende Gesellschafter bare Zuzahlungen, so dürfen diese den 10. Teil des Gesamtbetrages der gewährten Aktien der übernehmenden Gesellschaft nicht übersteigen.

Das Aktiengesetz regelt weiters die Verschmelzung einer **Gesellschaft mit beschränkter Haftung mit einer Aktiengesellschaft**. Eine GmbH kann mit einer AG durch Veräußerung des Vermögens der Gesellschaft als Ganzes an die AG gegen Gewährung von Aktien dieser Gesellschaft verschmolzen werden (§ 234 Abs. 1 AktG). Der Verschmelzungsbeschluss der Generalversammlung bedarf einer Mehrheit von drei Vierteln der abgegebenen Stimmen. Der Gesellschaftsvertrag kann diese Mehrheit durch eine größere ersetzen und noch andere Erfordernisse aufstellen.

Auch **Genossenschaften** gleicher Haftart können gemäß dem Genossenschaftsverschmelzungsgesetz unter Ausschluss der Liquidation in der Weise vereinigt (verschmolzen) werden, dass das Vermögen der einen Genossenschaft (übertragende Genossenschaft) als Ganzes an eine andere Genossenschaft (übernehmende Genossenschaft) übertragen (Verschmelzung durch Aufnahme) oder eine neue Gesellschaft gebildet wird, auf die das Vermögen jeder der sich vereinigenden Genossenschaften als Ganzes übergeht (Verschmelzung durch Neubildung). Die Verschmelzung ist auch zulässig, wenn die übertragende Genossenschaft aufgelöst ist, die Verteilung des Vermögens unter die Genossenschafter aber noch nicht begonnen hat. Die Verschmelzung ist nur möglich, wenn diese die Generalversammlung jeder Genossenschaft mit einer Mehrheit von wenigstens zwei Dritteln der abgegebenen Stimmen beschließt. Vor der Beschlussfassung der Generalversammlung ist ein hiefür nach den Rechtsvorschriften für die Revision von Genossenschaften zu bestellender Revisor darüber zu hören, ob die Verschmelzung mit den Belangen der Genossenschafter und den Belangen der Gläubiger beider Genossenschaften vereinbar ist.

Außer den angeführten Rechtsnormen gibt es noch andere Bestimmungen, die die Vereinigung von ihre rechtliche Selbständigkeit aufgebenden Unternehmen betreffen. Nach § 96 GmbH-Gesetz z. B. unterbleibt die Liquidation, wenn das Vermögen einer **Gesellschaft mit beschränkter Haftung** als Ganzes einschließlich der Schulden **an eine Aktiengesellschaft** gegen Gewährung von Aktien oder an eine andere **Gesellschaft mit beschränkter Haftung** gegen Gewährung von Gesellschaftsanteilen übertragen wird und beide Teile auf die Durchführung der Liquidation verzichten. Was die Verschmelzung der GmbH mit einer AG betrifft, sind die Bestimmungen des § 234 AktG und die Regelungen, auf die Bezug genommen wird, anzuwenden; bezüglich der Verschmelzung von Gesellschaften mit beschränkter Haftung sind § 96 GmbH-Gesetz bzw. die §§ 219 ff. AktG anzuwenden.

Bezüglich der steuerlichen Bestimmungen über Verschmelzungsvorgänge siehe den Abschnitt über Sonderbilanzen.

b) Wirtschaftliche Konzentrationsformen

aa) Konzern

Eine auch für den Sprachgebrauch der Wirtschaftswissenschaften zweckmäßige Definition dessen, was unter einem Konzern zu verstehen ist, gibt das Aktiengesetz. Nach § 15 Abs. 1 AktG bilden rechtlich selbständige Unternehmen, die zu wirtschaftlichen Zwecken unter einheitlicher Leitung zusammengefasst sind, einen Konzern; die einzelnen Unternehmen sind Konzernunternehmen. § 15 Abs. 2 AktG bestimmt, dass, steht ein rechtlich selbständiges Unternehmen auf Grund von Beteiligungen oder sonst unmittelbar oder mittelbar unter dem beherrschenden Einfluss eines anderen Unternehmens, das herrschende und das abhängige Unternehmen zusammen als Konzern und einzeln als Konzernunternehmen gelten.

Die beiden Bestimmungen liegen nur teilweise auf einer Ebene: der Konzern ist gem. § 15 Abs. 1 AktG auf eine **einheitliche Leitung** abgestellt, gem. § 15 Abs. 2 AktG auf den **beherrschenden Einfluss** eines Unternehmens auf das andere Unternehmen. Die gleiche Bestimmung befindet sich wortgleich im § 115 GmbH-Gesetz.

Die Konzernbildung ist nicht allein Aktiengesellschaften möglich. Die Rechtsform der sich auf die beschriebene Art zusammenschließenden Unternehmen ist unerheblich.

Die einheitliche Leitung im Konzern obliegt entweder einem der Konzernunternehmen oder sie befindet sich in den Händen einer sog. **Holdinggesellschaft (Dachgesellschaft)**. Die Holdinggesellschaft entsteht dadurch, dass sie (die) Anteile der einzelnen Unternehmen erwirbt bzw. dass ihr diese übertragen werden und sie somit den nach der Konzerndefinition notwendigen beherrschenden Einfluss besitzt. Die Holdinggesellschaft kann bloße Leitungsfunktion innehaben, ohne im produktionstechnischen Sinn selbst Betrieb zu sein. Das Beherrschungsverhältnis gem. § 15 Abs. 2 findet stärksten Ausdruck bei hundertprozentiger Beteiligung; denkbar ist es auch bei Mehrheitsbeteiligungen, die den beherrschenden Einfluss gewährleisten. Im Sonderfall reichen sogar Minderheitsbeteiligungen aus. Dies kann der Fall sein, wenn sich die restlichen Aktien oder Anteile des beherrschten Unternehmens im Streubesitz befinden.

Der Konzern ist entweder horizontal (gleiche Produktions- bzw. Leistungsstufen) oder vertikal (hintereinander gelagerte Produktions- bzw. Leistungsstufen) strukturiert. Früher dominierte der vertikale Zusammenschluss, der auf produktionstechnische Interessen bzw. auf Rationalisierungsanliegen zurückgeht. In der Gegenwart gewinnen horizontal strukturierte Konzerne an Bedeutung. Sie ermöglichen Produktionsbereinigungen, Ausschaltung ruinösen Wettbewerbs, Rationalisierung im Finanzierungs- und Investitionsbereich u. dgl. mehr.

Dass der weitergehende Schritt der Unternehmenskonzentration, nämlich die Herbeiführung der Fusion, zugunsten der Konzernbildung unterlassen wird, kann auf verschiedenen Überlegungen beruhen, z. B. darauf, dass ein Interesse an der Erhaltung traditionsreicher Firmennamen besteht.

Die Bezeichnung **Trust** bezieht sich auf das Ergebnis einer Konzernbildung unter Zuhilfenahme einer Holding- bzw. Dachgesellschaft. Unter einem Trust wird in den USA aber auch das Resultat einer Verschmelzung von Unternehmen zu einer rechtlichen Einheit verstanden. Üblicherweise wird dem Trust Rationalisierungsstreben und Streben nach Marktbeherrschung durch Schaffung einer monopolistischen Marktform unterstellt. Der Begriff des Trusts wird im deutschsprachigen Raum wegen seiner Zweideutigkeit (monopolistisch wirkender Konzern oder Verschmelzung) im wissenschaftlichen Sprachgebrauch kaum verwendet; es gibt auch keine gesetzlichen Regelungen, die den Ausdruck Trust verwenden.

Die Gründe zur Konzernbildung wurden im Zusammenhang mit der Darlegung der Motive, die Unternehmenskonzentrationen allgemein auslösen, bereits angeführt; sie seien für den besonderen Fall kurz wiederholt: Ausnutzung steuerlicher Begünstigungen; produktionsbedingte Interessen eines Unternehmens an einem anderen; Verbesserung der Produktionsabläufe durch Rationalisierung, die durch Zusammenfassung mehrerer Leistungsapparate erleichtert wird; Marktbeherrschung; Produktionsabsprachen usw.

bb) Kartell

Der Zielsetzung und der Konstruktion nach unterscheidet sich das Kartell grundlegend vom Konzern. Das Kennzeichen des Konzerns, die Unterordnung eines Unternehmens unter ein anderes Unternehmen, ist beim Kartell unbekannt (sieht man von einzelnen Formen der Kartelle höherer Ordnung ab). Im Vordergrund des Interesses steht beim Kartell auch nicht ein produktionstechnisches Interesse.

Kartelle sind Zusammenschlüsse von rechtlich selbständig bleibenden Unternehmen oder Verbänden von Unternehmern, die durch vertragliche Bindungen

(Kartellvereinbarungen) eine **Regelung oder Beschränkung des Wettbewerbs** bewirken sollen, insbesondere in Ansehung der Erzeugung, des Absatzes oder der Preise.

Üblicherweise erfolgen Kartellvereinbarungen freiwillig; doch gibt es aus der Vergangenheit auch Beispiele für staatliche Zwangskartelle. Die Kartellvereinbarungen beseitigen die Risken der unternehmerischen Betätigung nicht, engen sie aber z. T. ein.

Je nach der Art der Vereinbarungen unterscheidet man zwischen Kartellen niederer und Kartellen höherer Ordnung. **Kartelle niederer Ordnung** sind Konditionskartelle, Preiskartelle, Gebietskartelle und Produktionskartelle. Konditionskartelle bezwecken Vereinheitlichung der Zahlungsziele, der Lieferfristen und des Ausmaßes zu gewährender Skonti und Rabatte. Preiskartelle gehen zwar auch auf Zahlungsmodalitäten ein, zielen aber vornehmlich auf Preisfestlegungen. Gebietskartelle legen Absatzgebiete fest; dabei geht es um die Sicherung des Absatzes in einem regional begrenzten Raum und um Transportkostenersparnisse. Das Produktionskartell richtet sich auf Beschränkung der Produktionsmenge und sucht damit eine Preisbeeinflussung (Preisstabilisierung) zu erreichen.

Kartelle höherer Ordnung sind Kontingentierungskartelle (auch Quotenkartelle genannt), Kalkulationskartelle und Gewinnverteilungskartelle. Kontingentierungskartelle sind in Bezug auf Auftragsverteilung und Anbotsverteilung unterschiedlich zu sehen. Bei der Auftragsverteilung werden die einlangenden Bestellungen an die Kartellmitglieder auf Grund vereinbarter Schlüssel aufgeteilt. Die Angebotsverteilung besteht hingegen unter Berücksichtigung der Betriebsgrößen der Kartellmitglieder in der Zuweisung von Mengen, die produziert, angeboten bzw. abgesetzt werden dürfen. Im Kalkulationskartell erfolgen unter Berücksichtigung der Ergebnisse einheitlich gestalteter Selbstkostenrechnungen Preisfestlegungen, in Verbindung damit zwangsläufig auch die gemeinsame Festlegung von Lieferbedingungen. Im Gewinnverteilungskartell (**Pool**) werden die von den Unternehmen erzielten und zentral erfassten Gewinne nach festgelegtem Schlüssel verteilt. Kombinationsformen der Kartelle sind keine Seltenheit. So sind z. B. aus der Praxis Preis-Quotenkartelle bekannt.

Eine Spezialkonstruktion der Kartelle stellt das **Syndikat** dar, durch welches die direkte Beziehung zwischen leistungserstellendem Unternehmen und Konsument aufgehoben wird. Das Syndikat, Kartell höherer Ordnung, tritt als selbständiges Unternehmen auf, das für die Kartellmitglieder den Verkauf einschließlich der damit zusammenhängenden Zahlungsmanipulation durchführt.

Die **Einstellung zu den Kartellen** ist in den einzelnen Staaten sehr unterschiedlich, was abweichende gesetzliche Regelungen nach sich zieht. Zu unterscheiden ist dabei zwischen Verbotsgesetzen, Missbrauchsgesetzen und Registrierungsgesetzen. **Verbotsgesetze** stellen sich gegen jede Art von Kartellbildung bzw. den Versuch dazu. **Missbrauchsgesetze** sind dazu bestimmt, gewisse Kartellpraktiken zu unterbinden. **Registrierungsgesetze** werden in der Erwartung erlassen, dass die Publizität der Vereinbarungen eine „ungerechtfertigte" Ausnutzung der verbesserten Marktstellung ausschließt.

Das **österreichische** Kartellrecht (Kartellgesetz 1988, BGBl. 600/1988 idgF) gestattet grundsätzlich die Kartellbildung, sieht aber eine staatliche Kontrolle vor. Es unterscheidet folgende Arten von Kartellen:

1. **Vereinbarungskartell**: Es beinhaltet Vereinbarungen von wirtschaftlich selbständigen Unternehmen oder zwischen Unternehmensverbänden, durch die im gemeinsamen Interesse eine Beschränkung des Wettbewerbs, insbesondere bei der Erzeugung, dem Absatz, der Nachfrage oder den Preisen, bewirkt werden soll (**Absichtskartell**) oder, ohne dass dies beabsichtigt ist, tatsächlich bewirkt wird (**Wirkungskartell**). Diese Vereinbarungen kommen entweder durch Verträge (**Vertragskartell**) oder durch Absprachen (**Absprachekartell**) zustande.

2. **Verhaltenskartell**: Die Marktregelung erfolgt durch ein aufeinander abgestimmtes und damit weder zufälliges noch marktkonformes Verhalten der Unternehmen bzw. Unternehmensverbände. Die Beschränkung des Wettbewerbs kann auch hier beabsichtigt sein (**Absichtskartell**) oder, ohne dass dies beabsichtigt ist, bewirkt werden (**Wirkungskartell**).

3. **Empfehlungskartell**: Es werden Empfehlungen zur Einhaltung bestimmter Preise, Preisgrenzen, Kalkulationsrichtlinien, Handelsspannen oder Rabatte abgegeben.

4. **Kartell durch Ankündigung**: Ein Kartell dieser Art liegt vor, wenn gegenüber dem Letztverbraucher mit Preisangaben versehene Ankündigungen von Waren und Leistungen (besonders im Hörfunk und Fernsehen) durch den Produzenten oder Zwischenhändler bekannt gemacht werden. Ein solches Kartell liegt nicht vor, wenn die Ankündigung vom Letztverkäufer bzw. vom Erbringer der Leistung stammt oder wenn der angegebene Preis ausdrücklich als unverbindlich bezeichnet wird.

Zu den Kartellen gehört auch die sog. **vertikale Preisbindung**. Sie liegt vor, wenn ein Produzent die Einhaltung eines Endverkaufspreises gegenüber dem Konsumenten durch Vereinbarungen mit Groß- und Einzelhändlern sicherstellt. Hält ein Händler diese Vereinbarungen nicht ein, so setzt der Produzent die Belieferung aus. Formal ist ein Vertragskartell gegeben.

Das Kartellgesetz ist auch auf Kartelle anzuwenden, die im Ausland zustande kommen, jedoch den inländischen Markt betreffen.

Kartelle sind von einem im Inland wohnenden Kartellbevollmächtigten beim Kartellregister **anzumelden**. Soweit das Kartell **volkswirtschaftlich gerechtfertigt** ist, bewilligt das Kartellgericht die Eintragung ins Kartellregister. Kartelle können auf unbestimmte Zeit oder unter Berücksichtigung von Verlängerungsbestimmungen auf länger als zwei Jahre abgeschlossen werden. Das Kartellgesetz ist in verschiedenen Wirtschaftszweigen (z. B. Forstwirtschaft, Buch- und Musikalienhandel) **nicht** anzuwenden. Den zuständigen Ressortministern wird weiters das Recht eingeräumt, auf dem Verordnungsweg Ausnahmen zu bestimmen, soweit diese volkswirtschaftlich wünschenswert sind.

Besondere Vorschriften sind für **Verbandsempfehlungen** (Empfehlungen von gesetzlichen beruflichen Interessensvertretungen, z. B. Kammern oder von einem Verein von Unternehmern, z. B. Industriellen-Vereinigung) hinsichtlich von Preisen, Preisgrenzen und Kalkulationsrichtlinien zu beachten. Sie werden im Kartellregister gesondert ausgewiesen.

Ähnliches gilt für **marktbeherrschende Unternehmen** (§§ 34 ff.). Als marktbeherrschend gilt ein Unternehmen, wenn es als Anbieter oder Nachfrager

1. keinem oder nur unwesentlichem Wettbewerb ausgesetzt ist; oder
2. eine im Verhältnis zu den anderen Wettbewerbern überragende Marktstellung hat; dabei sind insbesondere die Finanzkraft, die Beziehungen zu anderen Unternehmern, die Zugangsmöglichkeiten zu den Beschaffungs- und Absatzmärkten sowie die Umstände zu berücksichtigen, die den Marktzutritt für andere Unternehmer beschränken.

Ein Unternehmer hat nachzuweisen, dass die genannten Voraussetzungen für ihn nicht zutreffen, wenn er als Anbieter oder Nachfrager am gesamten inländischen Markt oder einem anderen örtlich relevanten Markt

1. einen Anteil von mindestens 30 % hat; oder
2. einen Anteil von mehr als 5 % hat und dem Wettbewerb von höchstens zwei Unternehmern ausgesetzt ist; oder
3. einen Anteil von mehr als 5 % hat und zu den vier größten Unternehmern auf diesem Markt gehört, die zusammen einen Anteil von mindestens 80 % haben.

Als marktbeherrschend gilt auch (3.) ein Unternehmer, der eine im Verhältnis zu seinen Abnehmern oder Lieferanten überragende Marktstellung hat. Eine solche liegt insbesondere vor, wenn diese zur Vermeidung schwerwiegender betriebswirtschaftlicher Nachteile auf die Aufrechterhaltung der Geschäftsbeziehung angewiesen sind.

In allen diesen Fällen besteht Meldepflicht beim Kartellregister. In den meisten im Kartellgesetz vorgesehenen Fällen kann das Kartellgericht auch von Amts wegen einschreiten, wenn es dies im öffentlichen Interesse für notwendig hält. Hiezu gehört auch ein sachlich nicht gerechtfertigter Verkauf von Waren unter dem Einstandspreis. Bei einem marktbeherrschenden Unternehmen unterliegt dieses der Beweislast für die Widerlegung des Anscheins eines Verkaufs unter dem Einstandspreis sowie für die sachliche Rechtfertigung eines solchen Verkaufs.

Beim Kartellregister sind auch **Zusammenschlüsse** von Unternehmen (§§ 41 ff.) anzumelden. Als Zusammenschluss gelten:

1. der Erwerb eines anderen Unternehmens (besonders durch Verschmelzung und Umwandlung) zur Gänze oder zu einem wesentlichen Teil;
2. der Erwerb von Anteilen an einem anderen Unternehmen, wenn dadurch eine Beteiligung von mindestens 25 % erreicht wird;
3. Betriebsüberlassungs- und Betriebsführungsverträge über Betriebsstätten anderer Unternehmen;
4. die Herbeiführung der Personengleichheit (zu mindestens 50 %) in den Organen der Geschäftsführung oder des Aufsichtsrates von zwei oder mehreren Unternehmen;

5. jede sonstige Verbindung von Unternehmen, womit ein Unternehmen unmittelbar oder mittelbar einen beherrschenden Einfluss auf ein anderes Unternehmen ausüben kann.

6. die Gründung eines Gemeinschaftsunternehmens, das auf Dauer alle Funktionen einer selbständigen wirtschaftlichen Einheit erfüllt und keine Koordinierung des Wettbewerbsverhaltens der Gründerunternehmen im Verhältnis zueinander oder im Verhältnis zum Gemeinschaftsunternehmen mit sich bringt (ausgenommen die Bildung eines Gemeinschaftsunternehmens innerhalb eines Konzerns).

Das Kartellgesetz sieht auch eine **Zusammenschlusskontrolle** (Fusionskontrolle) vor. Sie erstreckt sich auf anmeldebedürftige Zusammenschlüsse und Medienzusammenschlüsse. Eine **Anmeldung** beim Kartellgericht wird notwendig, wenn die beteiligten Unternehmen im letzten Geschäftsjahr vor dem Zusammenschluss insgesamt weltweit zumindest 300 Mio. € (4,2 Mrd. S) Umsatzerlöse, im Inland insgesamt 15 Mio. € (210 Mio. S) und mindestens zwei der Unternehmen weltweit jeweils 2 Mio. € (28 Mio. S) Umsatzerlöse erzielt haben. Anmeldepflichtige Zusammenschlüsse sind beim Kartellgericht vor ihrer Durchführung anzumelden. Jeder Unternehmer, dessen rechtliche oder wirtschaftliche Interessen durch einen Zusammenschluss von Unternehmen berührt werden, kann binnen 14 Tagen ab Bekanntmachung (im Amtsblatt zur Wiener Zeitung) eine schriftliche Äußerung abgeben. Die Durchführung des Zusammenschlusses ist ohne Freigabe durch das Kartellgericht verboten, unter Strafe gestellt und zivilrechtlich nichtig. Für **Medienzusammenschlüsse** gelten besondere Vorschriften.

Das Kartellrecht sieht auch eigenständige Regeln für **vertikale Vertriebsbindungen** vor. Als solche sind Verträge zwischen einem Unternehmen und einem oder mehreren wirtschaftlich selbständig bleibenden Unternehmen anzusehen, durch die diese im Bezug oder Vertrieb von Waren beschränkt werden. Dasselbe gilt bei der Inanspruchnahme oder der Erbringung von Dienstleistungen. Es besteht eine **Anzeigepflicht vor** der Durchführung derartiger vertikaler Vertriebsbindungen. Das Kartellgericht kann diese auf Antrag eines Dritten untersagen, wenn Rechtsnormen verletzt werden (auch Verstoß gegen gute Sitten) oder derartige Vertriebsbindungen volkswirtschaftlich nicht gerechtfertigt sind.

Das in der **BRD** geltende Kartellrecht geht von einem grundsätzlichen **Verbot** von Kartellen aus, weil der uneingeschränkte Wettbewerb eine der wesentlichsten Voraussetzungen der freien Marktwirtschaft darstellt (vgl. G. Wöhe, Einführung in die Allgemeine Betriebswirtschaftslehre, 19. Aufl., München 1996, S. 341 ff.). Ausnahmen bestehen für sechs Kartellarten, die keine unmittelbare Beeinträchtigung des Wettbewerbs zum Ziel haben. Sie müssen jedoch bei der Kartellbehörde angemeldet werden und unterliegen deren Aufsicht. Es sind dies:

1. Konditionskartelle (für Lieferungs-, Zahlungs- und Kreditbedingungen);

2. Rabattkartelle (um Missbräuche im Rabattwesen zu beseitigen);

3. Spezialisierungskartelle (zur Rationalisierung des Produktionsprozesses);

4. Normungs- und Typungskartelle (zur Rationalisierung);

5. Kooperationserleichterungen (zur Förderung der Zusammenarbeit von kleineren und mittleren Unternehmen);
6. Exportkartelle (wenn sie auf Auslandsmärkte beschränkt bleiben).

Vier weitere Kartellarten können auf Antrag von den deutschen Kartellbehörden erlaubt werden. Es sind dies:

1. Strukturkrisenkartelle (zur planmäßigen Verringerung der Kapazitäten der beteiligten Unternehmen an eine nachhaltige Verminderung der Nachfrage);
2. Rationalisierungskartelle (die über Normung und Typung hinausgehen);
3. Exportkartelle (wenn die Wirkung auch auf das Inland gegeben ist);
4. Importkartelle (zur Regelung des Wettbewerbs auf Auslandsmärkten ohne wesentliche Beeinflussung des Inlandsmarktes).

Auch in der BRD ist eine Reihe von Ausnahmen für bestimmte Wirtschaftsbereiche gegeben. Die vertikale Preisbindung ist nur bei Verlagserzeugnissen zulässig, sonst ist sie verboten.

cc) Interessengemeinschaft

Auch bei der Interessengemeinschaft (IG) behält das einzelne der beteiligten Unternehmen die rechtliche Selbständigkeit. Der Zusammenschluss ist wirtschaftlicher Art und zielt auf Wahrung bestimmter gemeinsamer Interessen ab. In Abhängigkeit von der Art der Vereinbarungen erfährt die wirtschaftliche Selbständigkeit unterschiedliche Einschränkung. Typische Formen von Interessengemeinschaften sind **Gewinngemeinschaften** (Gewinnverteilung nach festgelegten Schlüsseln), **Finanzierungsgemeinschaften** (gemeinsame Beschaffung erforderlichen Kapitals), **Produktionsgemeinschaften** usw.

Interessengemeinschaften sind Kartellen sehr ähnlich. In der BRD sind sie auch durch die kartellrechtlichen Regelungen erfasst. Dennoch besteht ein Unterschied zwischen beiden, weil die unternehmerische Unabhängigkeit bei der IG meist stärker beschnitten ist als beim Kartell. Außerdem geht es bei der Interessengemeinschaft in erster Linie nicht um Wettbewerbsregelung bzw. Wettbewerbsbeschränkung, sondern, wie dies etwa das Finanzierungskartell zeigt, um die Stärkung der Unternehmensbasis auf spezifischem Wege. Die Grenzen zwischen Kartell und Interessengemeinschaft sind in bestimmten Fällen dennoch nicht leicht zu ziehen.

Vom Konzern unterscheidet sich die Interessengemeinschaft außer durch die unterschiedliche Konstruktion dadurch, dass die IG ein tendenziell größeres Maß an wirtschaftlicher Selbständigkeit besitzt.

dd) Gelegenheitsgesellschaft

Wie der Name sagt, handelt es sich bei der Gelegenheitsgesellschaft um einen wirtschaftlichen Unternehmenszusammenschluss, welcher – zeitlich begrenzt – der Abwicklung bestimmter Geschäfte dient.

Typische Gelegenheitsgesellschaften sind **Arbeitsgemeinschaften**, die, insbesondere im Baugewerbe, zur gemeinsamen Durchführung von Aufträgen gebildet werden, meist als Gesellschaften bürgerlichen Rechts.

Auch das **Konsortium** ist ein auf wirtschaftlicher Ebene zeitlich befristeter Zusammenschluss von Unternehmen zur gemeinsamen Abwicklung bestimmter Geschäfte. Meist wird der Ausdruck Konsortium jedoch für den zeitlich befristeten Zusammenschluss von Bankunternehmen im Zusammenhang mit der Emission von Wertpapieren (Emissionskonsortium) verwendet. Das gemeinsam abzuwickelnde Geschäft wird, was die Rechnungslegung betrifft, einem der Unternehmen, dem sogenannten Konsortialführer, übertragen. Den einzelnen Mitgliedern (Konsorten) wird nach Rechnungsabschluss der ihnen zustehende Gewinn bzw. Verlust zugebucht. Eine Beeinflussung der vom Konsortialgeschäft nicht berührten Unternehmenssparten findet nicht statt. Nach außen hin tritt das Konsortium für die Dauer der Abwicklung des Geschäftes als Gesellschaft bürgerlichen Rechts in Erscheinung. Die Gründe für die Bildung eines Konsortiums liegen u. a. in der Suche nach einer breiten Kapitalbasis, in der Erwartung der Steigerung der Absatzchancen und im Streben nach Risikobeschränkung.

Eine weitere Form der Gelegenheitsgesellschaft stellt die sog. **Partizipation** in Form des Metà-Geschäftes (Zusammenschluss von zwei Unternehmen), des Terzo-Geschäftes (Zusammenschluss von drei Unternehmen) usw. dar. Nach außen hin ist die Partizipation nicht erkennbar. Sie bezweckt die gemeinsame Durchführung bestimmter Geschäfte. Die Vereinbarungen sind auf das spezifische Leistungsvermögen der Unternehmen abgestellt; z. B. führt ein Unternehmen den Einkauf, das andere Unternehmen den Verkauf durch.

ee) Investment-Trust

Der Investment-Trust (**Kapitalanlagegesellschaft**) gibt Wertpapiere, die sog. **Investment-Zertifikate**, aus und erwirbt mit den dabei erzielten Mitteln Wertpapiere anderer Gesellschaften (Aktien, Obligationen).

Folgt der Investment-Trust seiner Zwecksetzung, dann übt er keinen herrschenden oder kontrollierenden Einfluss auf die Unternehmen aus, von welchen er Anteile erwirbt, sondern ist nur an deren Erträgnissen interessiert. Bei der Anlage der Mittel wird nach dem Prinzip der Risikobegrenzung in Hinsicht auf branchenmäßige und wirtschaftsregionale Streuung vorgegangen. Um dem Prinzip der Risikobegrenzung zusätzlich Rechnung zu tragen, ist satzungsmäßig der Erwerb von Wertpapieren eines Unternehmens meist doppelt beschränkt: auf wenige Prozente der anzulegenden Mittel des Investment-Trusts sowie auf wenige Prozente des Grundkapitals der Gesellschaft, deren Papiere ins Portefeuille genommen werden.

Mit dem Trust hat der Investment-Trust keine Ähnlichkeit und keine Verwandtschaft.

III. Der Standort der Betriebe

Die Standortfrage ist für die Betriebe je nach dem Wirtschaftszweig, dem sie angehören, und in bestimmter Weise in Abhängigkeit von der Betriebsgröße von unterschiedlicher Bedeutung.

Grundsätzlich bedarf es bei Betriebsgründung und bei Errichtung von Filialen genauer Wägung der mit der Standortwahl verbundenen Vor- und Nachteile. Nur zum Teil lassen sich diese rechnerisch ausdrücken. Aus verständlichen Gründen wurde dennoch versucht (Weber), quantitativ begründete Aussagen zu treffen. In der jüngsten Zeit wurden die Probleme der Standortwahl sogar verstärkt der quantitativen Analyse zugeführt. Das gilt z. B. für den Ansatz in Form von Investitionsmodellen (Liebmann). Einer derartigen Vorgangsweise liegt das Bemühen zugrunde, die Standortentscheidung unter weitgehender Berücksichtigung der im Informationsprozess gewonnenen quantitativen Daten und deren Verknüpfung durch einen simultanen Kalkül herbeizuführen. Falls der Modellumfang des zu verarbeitenden Zahlenmaterials eine simultane Optimierung nicht mehr erlaubt, sind Näherungsverfahren bzw. heuristische Verfahren einzusetzen.

Erste bemerkenswerte Darstellung auf dem Gebiete der Standorttheorie ist die Untersuchung Heinrich von Thünens (Der isolierte Staat in Beziehung auf Landwirtschaft und Nationalökonomie, 1826), welche auf der Annahme einer **isolierten Stadt** beruht, die Konsumzentrum ist.

Besondere Aufmerksamkeit hat das Buch Alfred Webers gefunden (Über den Standort der Industrie, 1. Teil: Reine Theorie des Standortes, 1909). Es vermittelt heute noch wichtige Einsichten. Weber geht davon aus, dass der Standort des Betriebes besonders von der Lohn- bzw. der Transportkostenkomponente abhängig ist. **Arbeitsorientierung** liege vor, wenn der Lohnkostenvorteil am Platze des niedrigsten Lohnniveaus gegenüber dem Transportkostenvorteil am Platze des günstigsten Materialpreisniveaus größer ist. Umgekehrt wäre von **Transportorientierung** zu sprechen, wenn der Transportkostenvorteil am Platze des günstigsten Materialpreisniveaus den Lohnkostenvorteil am Platze des niedrigsten Lohnniveaus übersteigt.

Die Betrachtungen Webers werden zu Recht als einseitig bezeichnet, da sie die **Absatzseite** völlig außer Acht lassen. Eine Vergleichsrechnung zur Standortwahl kann sich nämlich nur davon leiten lassen, wie der betrieblichen Zielsetzung unter Berücksichtigung von Kosten **und** Erlösen insgesamt optimal entsprochen wird.

Im zeitlichen Anschluss an Weber bemühten sich daher verschiedene Autoren, das Standortproblem unter neuem Blickwinkel theoretischer Klärung zuzuführen. Das gilt vor allem für Andreas Predöhl. In mehreren Untersuchungen betrachtet er die Frage der Standortwahl als **Sonderfall des Substitutionsproblems**. Ein Wechsel des Standortes bedeute eine Änderung im Verhältnis der erforderlichen Leistungen an Boden, „Kapital", Arbeit und Transport. Der Übergang von einem Standort auf einen anderen führe stets zu Substitutionsprozessen.

Karl Christian Behrens (Allgemeine Standortbestimmungslehre, 1961) wieder will seine Betrachtung als **empirisch-realistische Standortlehre** verstanden wissen. Er bezieht seine Standortüberlegungen auf die Betriebe aller Wirtschaftszweige (mit Ausnahme der Haushalte und der öffentlichen Verwaltungsbetriebe). Deshalb zeigt Behrens nicht nur die in allen Wirtschaftszweigen geltenden Bestimmungsfaktoren, sondern auch die in einzelnen Wirtschaftsparten vorkommenden Einflussgrößen auf. Durch Anwendung dieser Methode wird (vorteilhafterweise) isolierende Abstraktion vermieden. Die Standortfrage ist damit Teil des allgemeinen Wirtschaftlichkeits- und Rentabilitätsproblems.

Einen originären Weg beschreitet schließlich Hans-Peter Liebmann (Die Standortwahl als Entscheidungsproblem, 1971). Charakteristisches Merkmal seiner Untersuchung ist der Aufbau **differenzierter Modellstrukturen**, in welche die verschiedenen Standortbestimmungsgrößen eingehen. Die Lösung sucht Liebmann zum Teil durch rechnerische Ansätze, die auf empirische Erhebungen abgestützt sind.

Für die **moderne Theorie** ist die Wahl des optimalen Standortes somit ein Kosten- **und** ein Erlösproblem, das in Gewinn- bzw. Rentabilitätsüberlegungen mündet. Die Verwendung der Methoden des Verfahrensvergleiches erleichtert dabei die Entscheidungsfindung. Da es bei der Standortwahl meist auch nichtmonetäre Einflussgrößen zu berücksichtigen gibt, sind für diese spezielle Gewichtungen vorzunehmen.

Die anzustellenden Überlegungen bewegen sich aber auch noch in eine andere Richtung:

a) Die für eine Standortwahl in Frage kommenden Orte haben bestimmte **vorgegebene Eigenschaften (Merkmale)**, die die erforderlichen Analysen oft von Anfang an in bestimmte Bahnen lenken. Dazu zählen diverse **rechtliche Regelungen, geographische Bedingtheiten** und **ökonomische Größen.**

Die Merkmale rechtlicher, geographischer und wirtschaftlicher Art sind insofern wieder in zwei Richtungen zu sehen, als sie zum Teil zeitlich unbegrenzt, zum anderen Teil nur temporär wirken (was vor allem für bestimmte rechtliche Regelungen und wirtschaftliche Größen gilt). Standortentscheidungen haben die dauerhaften bzw. die zeitlich begrenzten Standorteigenschaften in adäquater Weise zu berücksichtigen. Das heißt, dass zu überlegen ist, ob allenfalls notwendige Marktanpassungen infolge Änderung von Standorteigenschaften in der den betrieblichen Zielvorstellungen entsprechenden Weise überhaupt möglich sein werden. Manche der angeführten Standorteigenschaften wirken dabei hemmend oder fördernd auf alle, andere nur auf einzelne Betriebe.

b) Die in den Verfahrensvergleich im Einzelnen eingehenden Einflussgrößen lassen sich systematisch am zweckmäßigsten erfassen, wenn man sie von den rechtlichen, geographischen und wirtschaftlichen Gegebenheiten der Standorte ableitet.

In rechtlicher Sicht sind als standortbeeinflussende Größen z. B. Regelungen anzuführen, die in verschiedenen Gebieten unterschiedlich hohe Abgabenbelastungen auslösen (Gewerbesteuer). Daneben sind arbeitsrechtliche Bestimmungen, Normen über Baurechte, Anordnungen über Öffnungs- und Schließungszeiten von Handelsunternehmen und dgl. zu nennen. Politische Konstellationen sind mit zu berücksichtigen.

In geographischer Sicht ist auf Bodenflächen und Bodenqualitäten, auf Flusssysteme und klimatische Gegebenheiten hinzuweisen.

In ökonomischer Sicht geht es um das (quantitativ und qualitativ) vorhandene Arbeitskräftepotential und unmittelbar damit um das Lohnniveau. Zu erwähnen sind weiters Verkehrssysteme und Verkehrsträger. Auch die Bodenschätze (Rohstoffvorkommen) sind ein wirtschaftlicher Tatbestand (Abgrenzungsschwierigkeiten zu den geographischen Bedingtheiten). Zu den die Standortwahl beeinflussenden wirtschaftlichen Größen zählen vornehmlich aber die Absatzmöglichkeiten und die Konkurrenzbedingungen.

Nicht selten ergibt sich eine Einflußgröße unmittelbar aus einer anderen. Das gilt etwa für Bodenschätze, die Industrieansiedlungen bewirken und Absatzmöglichkeiten durch neue Bevölkerungsballungen schaffen.

Das wirtschaftswissenschaftliche Schrifttum bringt die skizzierten Sachverhalte durch „Kurzformeln" zum Ausdruck. Danach liegt **Materialorientierung** vor, wenn Rohstoffvorkommen derartige Kostenvorteile versprechen, dass alle anderen Einflussgrößen an Gewicht verlieren und die Standortwahl rohstofforientiert erfolgt. Im vergleichbaren Sinne wird von **Bodenorientierung, Arbeitskraftorientierung, Abgabenorientierung, Transportorientierung, Absatzorientierung usw.** gesprochen.

Man sollte nicht übersehen, dass in der Praxis der Standortwahl höchstpersönlichen (rational oft nicht erklärbaren) Anliegen der Entscheidungsträger bedeutendes Gewicht zukommen kann. Das heißt, dass die rechenhaften und die rational erklärbaren nichtrechenhaften Bestimmungsgründe eine starke kategoriale Umklammerung erfahren. Insoweit handelt es sich bei der Standortwahl um einen komplexen Problemlösungsprozess.

IV. Die Unternehmensverfassung

1. Der Begriff der Unternehmensverfassung

Die Gesamtheit aller grundlegenden, das Wesen eines Unternehmens bestimmenden (konstitutiven) und langfristig gültigen Strukturregeln wird als **Unternehmensverfassung** bezeichnet. Gegenstand der Regelungen sind

1. die Grundrechte und -pflichten der Unternehmensmitglieder (Anteilseigner, Manager, Arbeitnehmer);
2. die Zwecksetzung, die Struktur und die Kompetenzen der Unternehmensorgane als Entscheidungsträger (z. B. Vorstand, Aufsichtsrat, Hauptversammlung);
3. die Festlegung der Unternehmensziele (Sachziele wie z. B. das Leistungsprogramm, Formalziele wie etwa Rentabilität und Liquidität).

200

Die Unternehmensverfassung findet auf gesamtwirtschaftlicher Ebene eine Analogie in der Wirtschaftsordnung (Wirtschaftsverfassung) und auf gesamtstaatlicher Ebene in der Staatsverfassung. In der betriebswirtschaftlichen Forschung wurden die Grundsatzfragen der Organisation (**Organisationsverfassung**) lange Zeit vorrangig behandelt, die Diskussion um die gesetzlich geregelte Mitbestimmung von Arbeitnehmern im Unternehmen (Arbeitsverfassungsgesetz) nahm zuletzt einen breiten Raum ein. K. Chmielewicz (Grundstrukturen der Unternehmungsverfassung, in: Zukunftsaspekte der anwendungsorientierten Betriebswirtschaftslehre, Festschrift für E. Grochla zum 65. Geburtstag, hrsg. von E. Gaugler, H. Meissner und N. Thom, Stuttgart 1986, S. 8 ff.) weist darauf hin, dass auch der Marktbereich des Unternehmens (**Marktverfassung**) sowie der Bereich des Finanz- und Rechnungswesens (**Finanzverfassung**) langfristige und konstitutive Fragen aufwerfen. Die Unternehmensverfassung ergibt sich aus den Abhängigkeiten und Wechselwirkungen zwischen Markt-, Finanz- und Organisationsverfassung und verlangt eine ausgewogene Abhandlung der im Prinzip gleichrangigen Fragestellungen. Die Lehre von der Unternehmensverfassung ist deshalb als eine funktionsübergreifende Querschnittslehre anzusehen. Dieser Bereich wurde zu einem bedeutenden Forschungsanliegen in der Betriebswirtschaftslehre (siehe K. Bohr/J. Drukarczyk/H.-J. Drumm/G. Scherrer [Hrsg.], Unternehmungsverfassung als Problem der Betriebswirtschaftslehre, Berlin 1981).

Die Regelungen zur Unternehmensverfassung sind zum Teil in verschiedenen **Gesetzen** (z. B. Handelsrecht, Wettbewerbsrecht, Arbeitsrecht) zu finden, zum Teil entspringen sie **vertraglichen** Vereinbarungen auf überbetrieblicher (z. B. Kollektivvertrag im Lohnbereich) und einzelwirtschaftlicher Ebene (z. B. Gesellschaftsvertrag). Daneben bestehen ungeschriebene **faktische** Regeln, die insbesondere die Trennung von Eigentum und Unternehmensleitung sowie die Machtausübung des Managements betreffen.

Der auf dem systemtheoretischen Ansatz der Unternehmensverfassung begründete Informations- und Interessenaustausch zwischen Unternehmen und Umwelt wird im angloamerikanischen Bereich als **Corporate Governance** bezeichnet: „... the whole system of rights, processes and controls established internally and externally over the management of a business entity with the objective of protecting the interests of all the stakeholders."

2. Die Marktverfassung

Im Mittelpunkt der Regelungen zur Marktverfassung steht das **Prinzip des Leistungswettbewerbs**. Im Absatzmarkt bestehen Beschränkungen und zum Teil Verbote bei Monopolen und Kartellen. Der Arbeitsmarkt ist im Gegensatz hiezu von einem bilateralen Monopol (siehe die Ausführungen zu den Marktformen im Abschnitt G.) gekennzeichnet, da im Regelfall überbetriebliche Tariflohnvereinbarungen zwischen Arbeitgeberverbänden und den Gewerkschaften ausgehandelt werden.

K. Chmielewicz (a.a.O., S. 9 ff.) weist darauf hin, dass als Konsequenz des Leistungswettbewerbs das **Postulat der Konkurrenzfähigkeit** in allen Märkten des Unternehmens angesehen werden muss, damit dessen Existenzfähigkeit gesichert werden kann. Eine mangelnde Konkurrenzfähigkeit wäre bei einer schlechten Relation zwischen Qualität und Preisen auf den Absatzmärkten gegeben, die Leistungsabnehmer würden dann zu anderen Konkurrenten abwandern. Auf dem Arbeitsmarkt zeigte sich in den Zeiten der Vollbeschäftigung sehr deutlich die Abwanderung von Arbeitnehmern, wenn die Lohn- und sonstigen Arbeitsbedingungen nicht zusagten. Die Konkurrenzfähigkeit ist weiters für den Fremdkapitalmarkt bedeutsam, da sonst ungünstige Kreditkonditionen oder die Kreditverweigerung erwartet werden müssen. Ähnliches gilt schließlich auch für den Eigenkapitalmarkt. Bei niedrigen Renditen bzw. hohen Risken ist mit einer Abwanderung der Anteilseigner zu besser bewerteten Unternehmen zu rechnen.

Als dritter Teilbereich der Marktverfassung ist die **staatliche Regulierung** der Märkte anzusehen. Im Absatzmarkt besteht für das Unternehmen in vielen Fällen die Autonomie, das absatzpolitische Instrumentarium ungehindert einzusetzen und im Besonderen eine freie Produkt- und Preiswahl zu treffen. Einschränkungen bestehen allerdings in einer Reihe von Wirtschaftssektoren (z. B. Lebensmittelkodex, Preisgesetz und hier insbesondere die Preisgenehmigungspflicht bei Versorgungsunternehmen und Verkehrsunternehmen, Wettbewerbsverbot für freie Berufe wie Ärzte, Rechtsanwälte, Wirtschaftstreuhänder). Staatliche Regulierungen sind im Arbeitsmarkt aus sozialstaatlichen Gründen hingegen der Regelfall (z. B. Urlaubsregelung, Mutterschutz, Kündigungsschutz).

3. Die Finanzverfassung

Für die Finanzverfassung sind zunächst **staatliche** Rahmenregelungen bedeutsam. Sie beruht einerseits auf der staatlichen **Geldordnung**, die das Geld als Währungseinheit, Zahlungs- und Wertaufbewahrungsmittel definiert, und andererseits auf der staatlichen Ordnung des (Privat-)**Eigentums an Produktionsmitteln**. Das Unternehmen ist drittens als **Besteuerungsobjekt** für Umsatz-, Einkommen-, Ertrag- und Vermögensteuern anzusehen und erhält im Idealfall eines marktwirtschaftlichen Systems **keine** staatlichen **Subventionen**. In der Realität ist dieser vierte Aspekt jedoch in einer Reihe von Fällen nicht verwirklicht. **Öffentliche** Unternehmen sind zum Teil steuerbegünstigt oder erhalten oft erhebliche Subventionsbeträge zur Erfüllung wirtschaftspolitisch gewünschter Aufgaben. Aber auch **private** Unternehmen erhalten Subventionen (z. B. in Krisenbranchen oder -regionen) und erfahren im Wege der **Investitionsförderung** und der **Außenhandelsförderung** (siehe die Ausführungen im Abschnitt D.) staatliche Begünstigungen.

Wenn **Subventionseinnahmen** die Markteinnahmen ersetzen, ändert sich die Finanzverfassung des Unternehmens, was unmittelbare Auswirkungen auf die Markt- und Organisationsverfassung haben muss (vgl. K. Chmielewicz, a.a.O., S. 12):

1. Die Interessen der Leistungsabnehmer (Konsumenten) werden unter dem Einfluss des Subventionsgebers durch staatliche und gesellschaftspolitische Interessen überlagert.
2. Fließen in die betriebliche Mitbestimmung Interessen ein, die die Situation auf den Absatzmärkten geringer bewerten als arbeitsplatzbezogene Aspekte,

und haben von außen ins Unternehmen getragene arbeitsmarktpolitische und sonstige politische Interessen Vorrang, so werden Absatzmarkt-Aspekte durch Arbeitsmarkt- und Nichtmarkt-Aspekte überlagert. Führt dies zu betrieblichen Verlusten, wird dann staatliche Hilfe beansprucht.

3. Die tendenzielle Abwendung vom Absatzmarkt und Hinwendung zum „Markt" für Subventionen bedeutet, dass dem Prinzip der Konkurrenzfähigkeit weniger Beachtung geschenkt und der Leistungswettbewerb im Absatzmarkt durch einen Subventionswettbewerb verzerrt wird.

Nach den staatlichen Rahmenregelungen sind für die Finanzverfassung eines Unternehmens die Regelungen zur **Erzielung** und zur **Verteilung von Markteinnahmen** von Bedeutung. Im Allgemeinen ist ein Unternehmen in einer marktwirtschaftlichen Wirtschaftsordnung finanziell vom Absatzmarkt abhängig und trägt ein **Markteinnahmenrisiko** (Absatzrisiko und Zahlungsausfallsrisiko). Dies ist die Folge der Fremdbedarfsdeckung und der freien Verkäuferwahl durch den Abnehmer. Das Unternehmen trägt dieses Risiko nicht allein, da nur in einem begrenzten Umfang Risikokapital (Eigenkapital) zur Verfügung steht. Ist es aufgebraucht, wird das Markteinnahmenrisiko auf Einkommen oder Vermögen von Unternehmensmitgliedern und Außenstehenden übertragen. Externe Lieferanten, Fremdkapitalgeber und Arbeitnehmer erhalten vertraglich fixierte **Kontrakteinkommen** und sind damit im Regelfall vom Markteinnahmenrisiko nicht betroffen. Als Risikoträger verbleiben dann nur die Empfänger von **Residualeinkommen** (Anteilseigner, Manager mit ihren erfolgsabhängigen Gehaltsteilen) bzw. der Staat mit seinen Gewinnsteuern. K. Chmielewicz führt dazu aus (a.a.O., S. 13): „Je dominanter aber das Sicherheitsstreben der Unternehmungsmitglieder und je größer bei den heutigen Verteilungsstrukturen der Wertschöpfung der Anteil der Kontrakteinkommen ist, desto weniger kann das Markteinnahmenrisiko der Unternehmung durch Residualeinkommen absorbiert werden. Je weniger Residualeinkommensempfänger in der Finanzverfassung der Unternehmung vorgesehen sind und je weniger Residualeinkommen pro Kopf für sie anfällt …, desto größer wird die Wahrscheinlichkeit, daß in Krisensituationen entgegen dem Soll der Finanzverfassung doch Kontrakteinkommensempfänger negativ betroffen werden." Die geordnete Abwicklung dieser Schadensfälle macht staatliche Regelungen für **Insolvenzen** (Ausgleich und Konkurs) hinsichtlich der Gläubigeransprüche sowie der Arbeitnehmeransprüche bei noch ausständigen Lohn- und Gehaltszahlungen notwendig (siehe auch die Ausführungen zur Unternehmenssanierung in Abschnitt I.). Mit 31. Mai 2002 tritt eine **Verordnung der EU über Insolvenzverfahren** in Kraft, die auf zahlungsunfähige Unternehmen anzuwenden ist, die über Vermögenswerte in verschiedenen EU-Staaten verfügen und deren Insolvenz einen zumindest teilweisen Vermögensbeschlag des Schuldners samt Verwalterbestellung zur Folge hat (Amtsblatt der EU, L 160/1 vom 30.6.2000).

Unter Beachtung des Markteinnahmenrisikos und der Risikoverteilung vollzieht sich im Unternehmen die **Einkommensverteilung**. Sie ist in wesentlichen Punkten überbetrieblich geregelt (z. B. Marktpreise für notwendige Vorleistungen, Zinssatzübereinkommen der Kreditinstitute, Lohntarife, Steuertarife), ist aber auch auf Unternehmensebene durch die zugehörigen Mengendispositionen und ergänzende einzelbetriebliche Vereinbarungen (z. B. übertarifliche Ist-Löhne, Gewinnausschüttung oder -einbehaltung, Konzernverrechnungspreise) gestaltbar.

Ein weiteres Element der Finanzverfassung ist die Einhaltung von **Gleichgewichtsbedingungen** im Rahmen des betrieblichen Leistungsprozesses. So hat das Unternehmen aus dem güterwirtschaftlichen Kreislauf zwischen Beschaffung und Absatz und damit in der Innenfinanzierung einen **finanziellen Überschuss** zu erzielen. Ein Unternehmen kann zwar freiwillig auf Gewinne verzichten, aber dabei wegen der Marktrisken nicht zuverlässig auch Verluste ausschließen. Ein freiwilliger Gewinnverzicht würde dieser Ungleichheit wegen auf Dauer zu Verlusten und damit zur Eigenkapitalauszehrung und in der Folge zum Ende der Unternehmensexistenz führen. Bei sozialreformerischen Unternehmungsverfassungen (z. B. bei bestimmten Genossenschaften oder bei von Arbeitnehmern selbstverwalteten Betrieben) kann es deshalb zu einem dauernden Konflikt zwischen Finanz- und Organisationsverfassung kommen.

Die Erhaltung der betrieblichen Liquidität und die ausreichende Ausstattung des Unternehmens mit Eigenkapital sind zwei weitere Anliegen im Rahmen des Gleichgewichtspostulates. Die **Liquidität** im Sinne der Fähigkeit, Zahlungsverpflichtungen rechtzeitig und in voller Höhe nachkommen zu können, ist notwendig, um die vertraglichen Ansprüche auf Kontrakteinkommen gegen das Unternehmen sicherzustellen. Die **ausreichende Eigenkapitalausstattung** ist notwendig, um die Markteinnahmenrisiken auffangen zu können und gegenüber den Fremdkapitalgebern kreditfähig zu sein, soferne nicht von anderen Stellen (z. B. Staat) Haftungsübernahmen zu erwarten sind (siehe die entsprechenden Ausführungen im Abschnitt D.).

Schließlich gehört zur Finanzverfassung auch die gesetzlich auferlegte Pflicht zur Veröffentlichung (**Publizität**) der Jahresabschlüsse, wie sie rechtsformabhängig bei AG und GmbH, aber auch branchenabhängig (z. B. bei Kreditinstituten) vorgesehen ist. Ein Unternehmen kann aber auch im eigenen Wirkungsbereich für eine freiwillige Veröffentlichung der gesamten Jahresabschlussdaten oder nur der wichtigsten Kennzahlen Sorge tragen.

4. Die Organisationsverfassung

Die **Organisationsverfassung** regelt das Zusammenwirken von Menschen im Rahmen der Entscheidungsprozesse im einzelnen Unternehmen sowie die strukturelle Einbindung des Unternehmens in das staatliche Umfeld, soweit die Entscheidungsfindung im Unternehmen davon betroffen ist. K. Chmielewicz (a.a.O., S. 17 ff.) folgend, sind dabei drei Betrachtungsweisen möglich.

1. Die Organisationsverfassung geht von den **Mitgliedern** (**Personengruppen**) eines Unternehmens und deren Interessen aus. Sie reicht dann von der kapitalistischen Unternehmung, die durch die Alleinbestimmung der Anteilseigner mit oder ohne Eigenkapitalstreuung (Publikums- oder Einmann-Gesellschaft) geprägt ist, über die Dominanz der Manager im Unternehmen bis zur Mitbestimmung der Arbeitnehmer und im Grenzfall bis hin zur Arbeitnehmerselbstverwaltung. Aus der Ansicht über die Unternehmensmitglieder (nur Anteilseigner oder

auch Manager und Arbeitnehmer) ergibt sich ein mehr oder weniger großer Kreis von **Nicht-Mitgliedern** (Personengruppen und Institutionen wie Banken, Abnehmer, Zulieferer, Arbeitgeberverbände, Gewerkschaften, Staat). Dabei kann der Staat die marktwirtschaftliche Autonomie durch **öffentliche Bindungen** (z. B. Konzessionszwang) unterschiedlich stark einschränken. Auch Gewerkschaften nehmen in Fragen der Lohn- und Gehaltspolitik sowie in Fragen der Mitbestimmung (z. B. hinsichtlich der Sozialpolitik oder der Standortpolitik) eine gewichtige Position im Rahmen der Organisationsverfassung ein.

2. Die Organisationsverfassung kann weiters von den **Informations- und Entscheidungsgremien** her bestimmt werden. Für diese Gremien sind Fragen der Zwecksetzung, der Größe und personellen Besetzung mit Anteilseignern, Managern und Arbeitnehmern, Wahl-, Abwahl- und Beschlusserfordernisse, Kompetenz und Verantwortung, Vorsitzführung, Informations- und Beratungsrechte sowie die Entscheidungsbefugnisse zu klären. Die Organisationsverfassung wird im Allgemeinen in Abhängigkeit von der Rechtsform durch Gesetz (z. B. Organe einer AG) oder durch Satzung bestimmt. Die Mitbestimmung durch Arbeitnehmer ergibt sich aus dem Arbeitsverfassungsgesetz oder aus freien Betriebsvereinbarungen.

3. Schließlich kann sich die Organisationsverfassung auch auf verschiedene **Organisationsebenen** beziehen. Bezugspunkt ist zunächst die (konzernfreie Einheits-)Unternehmung. In der Organisationsverfassung ist auf die Bildung von **Teilsystemen** wie Geschäftsbereiche (Sparten, Divisionalorganisation) und auf die Einbindung des Unternehmens in einen **Konzern** unter einheitlicher Leitung der Konzernspitze sowie auf die Mitwirkung in den verschiedenen Formen der **Unternehmenskooperation** abzustellen. Die Gruppen- und Gremienprobleme sind auf diesen Organisationsebenen unterschiedlich strukturiert und auch komplex (z. B. die Rolle von Konzernmanagern im Aufsichtsrat von Tochterunternehmen).

Die Organisationsverfassung kann nun aus verschiedenen Gründen **fehlerhaft** und damit unzweckmäßig sein. Dies ist der Fall, wenn in den Entscheidungsprozessen im Unternehmen kein ausreichendes „**Machtgefälle**" zwischen Vorgesetzten und zugeordneten Mitarbeitern besteht und der **Arbeitsteiligkeitsaspekt** in der Aufgabenerfüllung zu keiner Entsprechung in der Entscheidungsstruktur führt. „Basisdemokratisch" geprägte Vollversammlungen aller Betriebsmitglieder als oberstes Entscheidungsgremium widersprechen dann diesem Grundsatz, wenn kein Ausgleich zwischen Aufgabe, Kompetenz und Verantwortung in den einzelnen hierarchischen Ebenen bei der Entscheidungsfindung gewährleistet wird.

Ist die Organisationsverfassung zu wenig auf die Nachfrager und die Überlebensfähigkeit im Wettbewerb hin ausgerichtet, treten **Konflikte mit der Marktverfassung** auf, die Anpassungsvorgänge verzögern sich und die Konkurrenzfähigkeit des Unternehmens leidet. Im Zweifelsfalle müsste der Wettbewerbs- und damit Leistungsfähigkeit des Unternehmens der Vorrang vor der perfekten Machtausübung im Unternehmen eingeräumt werden.

Wenn den Mitgliederinteressen in der Organisationsverfassung mehr Stellenwert eingeräumt wird als dem Interesse am Unternehmensbestand und seiner Fortentwicklung selbst, sind irreparable **Fehler in der Finanzverfassung** als Folge zu erwarten, die den Bestand des Unternehmens gefährden. Dies ist auch der Fall, wenn die Organisationsverfassung Maßnahmen zur Überwindung von finanziellen Krisensituationen nicht zulässt (z. B. Abbau von freiwilligen Sozialleistungen, „Null-Lohnrunde", Verlegung von Produktionsstätten als Sanierungsbeitrag). Umgekehrt sind Konflikte von der Markt- und Finanzverfassung her gegeben, wenn realisierte Marktchancen in der Verteilung der betrieblichen Wertschöpfung den Arbeitnehmern anteilig nicht zugute kommen und kein Konsens in der Aufteilung zwischen Kapitaleignern, Managern und Arbeitnehmern gefunden werden kann.

„Demokratisierungsmodelle betonen in der Regel die Rolle und Gleichberechtigung des Menschen und damit die Organisationsverfassung; sie vernachlässigen mehr oder weniger stark die Markt- und vor allem die Finanzverfassung der Unternehmung" (K. Chmielewicz, a.a.O., S. 20). Darin sind nicht zu unterschätzende Gefahrenquellen für den Unternehmensbestand zu erblicken. Die Unternehmensverfassung ist daher auf den **Ausgleich** der Anliegen **im Spannungsfeld** zwischen Markt-, Finanz- und Organisationsverfassung hin zu konzipieren.

5. Die Theorie der Verfügungsrechte

Im amerikanischen Raum führten wirtschaftstheoretische Arbeiten („Neue" Mikroökonomie; New Institutional Economics) zu einer Vielzahl von Forschungsansätzen, die als „Theorie der Verfügungsrechte" (Property Rights Theory) zusammenfassend gekennzeichnet werden. Ihnen allen liegt die in erster Linie volkswirtschaftlich geprägte Frage zugrunde, welchen Einfluss verschiedene institutionelle Regelungen auf das Handeln von Wirtschaftssubjekten haben. Die Verfügungsrechtstheoretiker erheben den Anspruch, **den Weg zu effizienten Institutionen** weisen zu können. Sie berühren in ihrem institutionellen Denken daher auch den einzelwirtschaftlichen Problembereich der **Unternehmensverfassung**. Die Theorie der Verfügungsrechte wurde im deutschsprachigen Raum nur zögernd aufgegriffen, da institutionelle Analysen in der Betriebswirtschaftslehre traditionell eher unter pragmatischen (als theoretischen) Aspekten entwickelt wurden (D. Budäus/E. Gerum/G. Zimmermann [Hrsg.], Betriebswirtschaftslehre und Theorie der Verfügungsrechte, Wiesbaden 1988, S. 9).

Aus der Sicht der Theorie der Verfügungsrechte ist nicht das Eigentum oder der Besitz eines Gutes von ökonomischem Interesse, sondern die mit den Gütern verbundenen Rechte:

1. das Recht, ein Gut zu nutzen;
2. das Recht, die Erträge aus der Nutzung eines Gutes einzubehalten;
3. das Recht, ein Gut formal und materiell zu verändern;
4. das Recht zur vollständigen oder teilweisen Veräußerung eines Gutes.

Ein unterschiedliches Wirtschaftshandeln wird als das **Ergebnis unterschiedlicher Verfügungsrechtsstrukturen** erklärt, die das Handeln von Individuen bestimmen. Kollektive Entscheidungen werden auf die Entscheidungen von Individuen zurückgeführt, die von der Nutzenmaximierung geleitet werden und mehr oder weniger rational erfolgen.

Die Bildung, die Nutzung und der Tausch von Verfügungsrechten ist mit einem Ressourcenverbrauch verbunden, der wertmäßig als **Transaktionskosten** dargestellt wird („Transaction-costs Economics"). Transaktionskosten entstehen demnach nicht durch die Produktion von Gütern, sondern durch die Übertragung eines Vermögenswertes (eines Verfügungsrechtes) von einem Wirtschaftssubjekt auf ein anderes. Sie werden durch verschiedene Informations- und Interaktionsvorgänge zwischen den Individuen verursacht. Zu den Transaktionskosten gehören z. B. Kosten für Vertragsabschlüsse, Transportkosten, Kosten für die Prüfung von Vermögenswerten (Aktiva), Kosten für die rechtliche Übertragung von Eigentumstiteln usw.

Aus der Verteilung der Verfügungsrechte von Individuen werden in Verbindung mit deren Nutzenfunktionen und Transaktionskosten Aussagen über die (allokative) Effizienz verschiedener Verfügungsstrukturen abgeleitet. Sie sollen **Erklärungen** für den erkennbaren Wandel von Verfügungsrechten liefern sowie Empfehlungen zur Wahl zwischen alternativen Verfügungsrechtsstrukturen und empirisch gehaltvolle **Aussagen** über deren Wirkung und Gestaltungsmöglichkeiten eröffnen. Das Konzept wurde in der Betriebswirtschaftslehre nicht ohne grundlegende Kritik aufgenommen. So wurden z. B. schlüssige Aussagen zum technischen Fortschritt oder zum Machtproblem vermisst.

Eine andere Dimension dieses Forschungsbereiches eröffnet die „Agency"-Theorie. Sie behandelt im Speziellen das Delegationsproblem von Verfügungsrechten in Organisationen. Effizienzanalysen für staatliche und gesellschaftliche Institutionen werden unter dem Titel von **„Public Choice"** (bzw. „Institutional Choice") entwickelt (vgl. A. Picot, Der Beitrag der Theorie der Verfügungsrechte zur ökonomischen Analyse von Unternehmungsverfassungen, in: K. Bohr u. a., Unternehmungsverfassung …, a.a.O., S. 153 ff.).

6. Die Potentiale für Unternehmensgründungen

Unternehmensgründungen stellen ein einzelwirtschaftliches und ein gesamtwirtschaftliches Problem dar. Aus **einzelwirtschaftlicher** Sicht geht es um die Entscheidung für die Gründung eines Unternehmens und um die Einschätzung der Chancen für das Überleben im Marktwettbewerb. Aus **gesamtwirtschaftlicher** Sicht geht es um die Frage, welchen Beitrag Unternehmensgründungen zur Lösung von Problemen am Arbeitsmarkt leisten können. Auch geht es um die Frage, ob die Anzahl der Existenzgründungen durch staatliche Förderungen verbessert werden kann. Schließlich ist von Interesse, welcher Veränderung von Rahmenbedingungen es bedarf, um Existenzgründungen zu erleichtern.

Die **ökonomische Bedeutung** von Unternehmensgründungen wurde lange Zeit unterschätzt. Die derzeit betriebene Redimensionierung des öffentlichen Sektors und die Verluste an Arbeitsplätzen in den traditionellen Industriezweigen als Folge mehrfacher Rationalisierungsanstrengungen führten zu einer bedeutsamen

Belastung des Arbeitsmarktes, dem durch eine unternehmerfreundliche wirtschaftspolitische Grundhaltung entgegnet werden soll. Die Idee einer „Neuen Selbständigkeit" wird in der öffentlichen Diskussion vielfach unterstützt. Man erwartet, dass in der Zukunft die Arbeitswelt wesentlich mehr als bisher auf dem Prinzip der Selbständigkeit aufbaut, sei es durch vernetzte selbständige Unternehmenseinheiten mit flachen Hierarchien an Stelle tief strukturierter traditioneller Konzernstrukturen, sei es durch projektbezogene Beschäftigungen oder durch den verstärkten Übergang vom „Angestellten-Unternehmer" in die Position des Eigentümer-Unternehmers, beispielsweise im Rahmen der Regelungen zur Unternehmensnachfolge.

Für Unternehmensgründungen ist zunächst ein **Potential an kreativen Menschen** notwendig. Die fünf Erfolgsfaktoren für Innovationen sind auch die relevanten Erfolgsfaktoren für Unternehmensgründer:

- Wissen
- Kompetenz
- Integration
- Drang nach Freiräumen, Unabhängigkeit und Selbständigkeit
- Hingabe an die Sachaufgabe (Commitment)

Die praktische Erfahrung lehrt, dass nur derjenige Unternehmensgründer erfolgreich sein kann, der über das erforderliche Fachwissen verfügt und dieses kompetent anwenden kann. Er muss darüber hinaus die Fähigkeit besitzen, Wissen aus anderen Fachbereichen zu integrieren. Wissen, Kompetenz und Integrationsfähigkeit können als **Humankapital** zusammengefasst werden. Nicht jeder, der über das notwendige Humankapital verfügt, ist auch von dem Wunsch besessen, es in eigener Verantwortung und auf eigenes Risiko einzusetzen. Das erfordert den Willen zur Selbständigkeit und eine bedingungslose Hingabe an die gewählte Sachaufgabe. Es erfordert aber auch die Kraft, durchzuhalten und das angestrebte Entwicklungsziel nicht aufzugeben, auch wenn die Umstände des unternehmerischen Handelns bedrohlich erscheinen. Die Verbindung des Strebens nach Unabhängigkeit mit der Hingabe an die gewählte Sachaufgabe wird (H. Albach folgend) als Bereitschaft zum **Unternehmertum** bezeichnet.

Der Erfolg einer Unternehmensgründung hängt sehr wesentlich von einer **sorgfältigen Gründungsvorbereitung** ab. Sie umfasst im Wesentlichen drei Teilschritte:

- die Entwicklung der Gründungsidee;
- die Sammlung von Informationen über den Gründungsprozess;
- die Integration in ein Gründungsteam.

Die **Entwicklung der Gründungsidee** hat Überlegungen zum Inhalt, mit welchem innovativen Leistungsprogramm Marktlücken geschlossen oder neue Bedürfnisse befriedigt werden können. Praktische Erfahrungen belegen andererseits, dass es für eine erfolgreiche Unternehmensgründung durchaus keiner zündenden neuen Produktidee bedarf. Sehr oft genügte einem Gründer profundes Fachwissen, der Wunsch nach Unabhängigkeit und das Selbstvertrauen, vieles besser machen zu können als der bisherige Arbeitgeber.

Kein Gründer kann über das gesamte Wissen verfügen, das heute erforderlich ist, um ein Unternehmen mit Aussicht auf Erfolg zu gründen. Er bedarf somit einer umfassenden Beratung bei der **Sammlung von Informationen über den Gründungsprozess**. Dabei geht es sowohl um die Information und Beratung von Gründungsinteressenten als auch um gezielte Förderprogramme und Trainings- und Beratungsaktivitäten, um die Gründer in der Gründungs- und Aufbauphase ihres Unternehmens zu begleiten. In den letzten Jahren wurden von Verwaltungseinrichtungen auf Bundes-, Landes- und Gemeindeebene, von Wirtschaftskammern, Banken und Spezialkreditinstituten, vom Arbeitsmarktservice, von Gründungsberatern und Innovationsagenturen vielfältige Aktivitäten gesetzt, um die Unternehmensgründung und Unternehmensentwicklung zu fördern (siehe N. Kailer, H. Pernsteiner, R. Schauer, Initiativen zur Unternehmensgründung und Unternehmensentwicklung, Wien 2000). Ein koordiniertes Auftreten gegenüber den Informationswilligen erscheint vordringlich, es gilt, dem Informationswilligen ein geschlossenes und (so weit als möglich) leicht verständliches Informationsangebot zu unterbreiten.

Die Beratungen in Österreich zeigen dabei durchaus respektable Erfolge. Eine Studie der Wirtschaftskammer zeigt auf, dass 72 % der Betriebe nach fünf Jahren noch im Besitz des Unternehmensgründers sind. 5 % der Betriebsgründer verkaufen, verpachten oder vererben in den ersten 5 Jahren ihr Unternehmen. 18 % der Betriebsgründer stellen ihr Unternehmen innerhalb der ersten 5 Jahre freiwillig ein und nur 5 % werden insolvent und müssen ihre Geschäftstätigkeit einstellen. In Deutschland hingegen gingen in den vergangenen Jahren etwa 50 % der Gründungen in den ersten zwei Jahren in Konkurs, weil sie entweder schlecht oder gar nicht beraten wurden (Ergebnisse der Schmalenbach-Tagung 1998 zum Thema Unternehmensgründungen).

Die erforderlichen Maßnahmen zur Unternehmensgründung umfassen

- die Entwicklung der unternehmerischen Vision (Unternehmenskonzept mit realistischer Einschätzung der Marktchancen und Marktrisiken);
- die Planung der grundlegenden betrieblichen Funktionen (Beschaffung, Leistungserstellung, Absatz, Organisation);
- die Ermittlung des Kapitalbedarfes und der Finanzierungsmöglichkeiten einschließlich der anzusprechenden Förderungen;
- die Beschaffung der Erstausstattung an Kapital, an Personal, an Betriebsmitteln bzw. an Waren;
- den Aufbau der inneren und äußeren Organisation (Gewerberechtliche Voraussetzungen, Wahl der Rechtsform, Standortwahl, Aspekte der Sozialversicherung);
- die Beurteilung der steuerlichen Aspekte; das Neugründungs-Förderungsgesetz (NEUFÖG) unterstützt die Schaffung neuer Betriebsstrukturen durch bestimmte steuerliche Erleichterungen und Befreiungen (siehe auch S. 180).

Ein sog. **Businessplan** sollte daher die folgenden Aspekte der zukünftigen Geschäftstätigkeit beschreiben, eine Anleitung zu seiner Entwicklung wird in Österreich im Rahmen eines „ideas to business (i2b)"-Businessplan-Wettbewerbs angeboten:

- Unternehmen
- Produkt oder Dienstleistung
- Branche und Markt
- Marketing
- Management und Schlüsselpersonen
- Umsetzungsplanung
- Planung für die kommenden fünf Geschäftsjahre
- Chancen und Risiken
- Finanzbedarf

Der Businessplan ist ein Schlüsseldokument für die Beurteilung, aber auch für die Steuerung der künftigen Geschäftstätigkeit. Er soll belegen, dass der oder die Unternehmensgründer imstande sind, aus einer Unternehmensidee ein reales Unternehmen entstehen zu lassen. Der Businessplan ist für mögliche Geschäftspartner, für Banken und insbesondere für Risikokapitalgeber (Venture Capitalists) die Basis für jegliche Kooperations- bzw. Investitionsentscheidung.

Es ist ohne Zweifel überlegenswert, dass sich Gründungswillige, deren Kenntnisse sich ergänzen, zusammenschließen und eine **Teamgründung** vornehmen. Erfahrungen bei technologieorientierten Unternehmensgründungen belegen, dass die Wahrscheinlichkeit des Gründungserfolges steigt, wenn das Unternehmen nicht von einem Einzelnen, sondern von einem Team von Personen mit technischem und kaufmännischem Fachwissen gegründet wird.

Der Drang nach Selbständigkeit und das Commitment, die Gründungsidee auch zum Erfolg zu führen, somit das Konzept des **Unternehmertums**, ist in unserer Gesellschaft durchaus vorhanden bzw. kann gerade jungen Menschen überzeugend vermittelt werden. Ein großer Teil der Gründungen im deutschsprachigen Raum ist in den letzten Jahren allerdings vor dem Hintergrund der drohenden Arbeitslosigkeit erfolgt. Die Möglichkeit, bei geänderter Wirtschaftslage wieder eine abhängige Beschäftigung aufzunehmen, war für viele Unternehmensgründer Anlass, die selbständige wirtschaftliche Existenz wieder zu beenden. Die Erfahrung zeigt, dass Unternehmen, die aus Angst vor Arbeitslosigkeit gegründet wurden, nur geringe Erfolgschancen haben. Diesen Gründern fehlt meistens der Wille zur Selbständigkeit und die Entschlossenheit, das Gründungskonzept zielstrebig durchzusetzen.

Die erkennbaren Lücken im Potential „Bereitschaft zum Unternehmertum" lassen sich durch eine bessere Arbeitsmarktorganisation schließen. So gibt es heute eine Reihe von Großunternehmen, die Mitarbeiter, die eine Produktidee haben, diese aber im eigenen Unternehmen wegen anderer Unternehmenspläne nicht mit ausreichendem Erfolg umsetzen können, fördern, sich selbständig zu machen. Dies kann mit finanzieller Unterstützung des Unternehmens oder einer eigenen Venture Capital Gesellschaft geschehen. Dabei handelt das Unternehmen durchaus eigennützig, da damit ein Prozess des Outsourcing von Produktions- oder Dienstleistungen verbunden ist, der zu einem gewünschten Ersatz von fixen Kapazitätskosten durch leistungsabhängige Fremdbezugskosten führt. Es gibt auch gründungsbereite Menschen, die gerne ein Unternehmen übernehmen möchten, aber das geeignete Unternehmen nicht finden. Andererseits gibt es Unternehmersöhne und -töchter, die das Familienunternehmen gerne fortführen möchten, hiezu auch das nötige Selbstbewusstsein haben, jedoch keine Gelegenheit finden, diese Bewährungsprobe in einem anderen Unternehmen unter gleichen Bedingungen wie familienfremde Arbeitnehmer zu bestehen. Es fehlt somit an einem Arbeitsmarkt für Selbständige.

Ein zweites, nicht zu übersehendes Potential für Unternehmensgründungen sind die **Bildungseinrichtungen** (berufsbildende Schulen, Fachhochschulen und Universitäten). Viele von ihnen haben den Unselbständigen als Leitbild, einige vermitteln das Fachwissen und die Zugangsberechtigungen zur Gründung eines eigenen Unternehmens. Dies trifft auf viele wirtschaftswissenschaftliche Fakultäten zu, wenn sie z. B. Marketing-Fachleute, Unternehmensberater, Wirtschaftstreuhänder oder Wirtschaftsinformatiker ausbilden. Am Leitbild als selbständiger Unternehmer hat sich diese Ausbildung in den seltensten Fällen orientiert, die Förderung des Willens zur Selbständigkeit wurde bisher kaum als ein Bildungsziel angesehen. In letzter Zeit ist hier ein deutliches Umdenken erkennbar. An der Universität Linz wurde ein eigenes Institut für Unternehmensgründung und Unternehmensentwicklung mit einem entsprechenden Lehr- und Forschungsprogramm begründet, ähnliche Entwicklungen sind an der Universität Klagenfurt und an der Wirtschaftsuniversität Wien erkennbar. Aus Deutschland werden erfolgreich verlaufende Gründungstrainings aus Nürnberg, Ulm, Kaiserslautern, Koblenz, Magdeburg und Berlin berichtet. Amerikanische Universitäten gründeten „Centres for Entrepreneurship" (Harvard, Northwestern).

Das dritte, für Unternehmensgründungen bedeutsame Potential ist das verfügbare **Kapital**. Die Hauptquelle zur Deckung des Kapitalbedarfes von Existenzgründern sind Eigenkapital sowie Förderungs- und Kreditprogramme der öffentlichen Hand. Eine meist noch verbleibende Finanzierungslücke ist durch marktübliche Bankkredite abzudecken. Einzufordern ist eine möglichst effiziente Organisation des Kapitalmarktes, auf dem Venture Businesses (kapitalsuchende Unternehmensgründer) und Venture Capitalists (in Unternehmensgründungen investitionsbereite Kapitalanleger) zusammengeführt werden können. Der **Venture Capital Markt** hat die Aufgabe, innovativen Unternehmen (das sind vor allem solche, die nach einer erfolgreichen Gründungsphase einen erheblichen Kapitalbedarf für den Ausbau von Forschung und Entwicklung, für die Anmeldung von Patenten, für den Aufbau eines breiten Vertriebssystems bzw. für die erfolgreiche Einführung neuer Produkte am Markt haben) den Zugang zu einem geregelten Kapitalmarkt mit Börsencharakter zu ermöglichen. Der Venture Capital Markt hat somit für potentielle Anleger die Aufgabe, risikobereites Kapital zu sammeln und Unternehmen mit guten Entwicklungschancen zuzuführen. Hiefür müssen intensive Investor Relations, d. h. eine ausgeprägte Informationspolitik über das Unternehmen und den Unternehmer gegenüber den Kapitalgebern, betrieben werden.

In Österreich wurde mit dem von der Wirtschaftskammer Österreich und anderen Beteiligten getragenen Projekt „ideas to business (i2b)" eine Initiative gesetzt, Risikokapitalpartner (sog. „Business Angels") und kapitalsuchende Unternehmer über eine Informationsbörse zusammenzubringen. **„Business Angels"** sind private Kapitalanbieter, die einschlägige Berufs-, Branchen- und Managementerfahrung einbringen und als Finanz- und Know-how-Partner des Unternehmens frühzeitig die Weichen für eine erfolgreiche Unternehmensentwicklung stellen können. Die „i2b Business Angel Börse" bietet einem kapitalsuchenden Unternehmensgründer die Möglichkeit, seine Idee einem Kreis von Venture Capital Gesellschaften zu präsentieren, und einem Business Angel die Gelegenheit, interessante Ideen aus erster Hand kennen zu lernen. Ähnlich ist die „i2b Venture Capital Börse" ausgerichtet, das Interesse der Kapitalgeber beschränkt sich jedoch auf die Kapitalinvestition. Das Projekt zeigt bereits konkrete Ergebnisse, ein Markt für Risiko- und Wachstumskapital ist im Entstehen.

D. Die Finanzwirtschaft

I. Grundlegende Darstellungen

1. Der betriebliche Wertekreislauf

In unserer arbeitsteiligen Wirtschaft können die betrieblichen Prozesse der Leistungserstellung und Leistungsverwertung nur ablaufen, wenn Geldmittel (Zahlungsmittel) zur Verfügung stehen. Einerseits werden Geldmittel benötigt, um auf den Beschaffungs- und Arbeitsmärkten die einzusetzenden Produktionsfaktoren bezahlen zu können. Andererseits fließen der Unternehmung durch den (in der Regel mit zusätzlichen Ausgaben verbundenen) Absatz ihrer Produkte und Dienstleistungen wieder Geldmittel zu. Es entsteht ein leistungsbezogener **Wertekreislauf** in der Unternehmung.

Zur Produktion und zum Absatz von Produkten und Dienstleistungen werden Vermögensgegenstände unterschiedlicher Art benötigt: Grundstücke, Gebäude, Maschinen, Geschäftseinrichtungen, Fahrzeuge, Beteiligungen, Rechte, Vorräte an Rohstoffen, Halb- und Fertigerzeugnissen, Bestände an finanziellen Mitteln usw. Die Gesamtheit aller materiellen und immateriellen Vermögensgegenstände wird als **Vermögen** bezeichnet.

Eine Unternehmung kann mit Vermögen ausgestattet werden, indem entweder

1. **Anteilseigner (Eigentümer)**

   a) **Bareinlagen** leisten, die für den Ankauf oder zur Erstellung von Vermögensgegenständen verwendet werden;

   b) Vermögensgegenstände direkt einbringen (**Sacheinlagen**);

   c) auf die Ausschüttung erwirtschafteter Gewinne verzichten; oder

2. die benötigten Mittel von (externen) **Kreditgebern** beschafft bzw. Vermögensgegenstände von **Vermietern** gemietet werden.

Anteilseigner und Kreditgeber (einschließlich Vermieter) werden als **Kapitalgeber** bezeichnet.

In der Betriebswirtschaftslehre versteht man unter **Kapital** die Geldwerte des Gesamtvermögens einer Unternehmung. **Kapital** ist also als wertmäßiger Ausdruck für die gesamten Sach- und Finanzmittel zu verstehen, die der Unternehmung zu einem bestimmten Zeitpunkt zur Verfügung stehen. Das **Vermögen** zeigt umgekehrt an, in welchen konkreten Formen das Kapital in der Unternehmung verwendet wird.

Für die **Bereitstellung von Kapital** erwarten die Kapitalgeber Gegenleistungen:

213

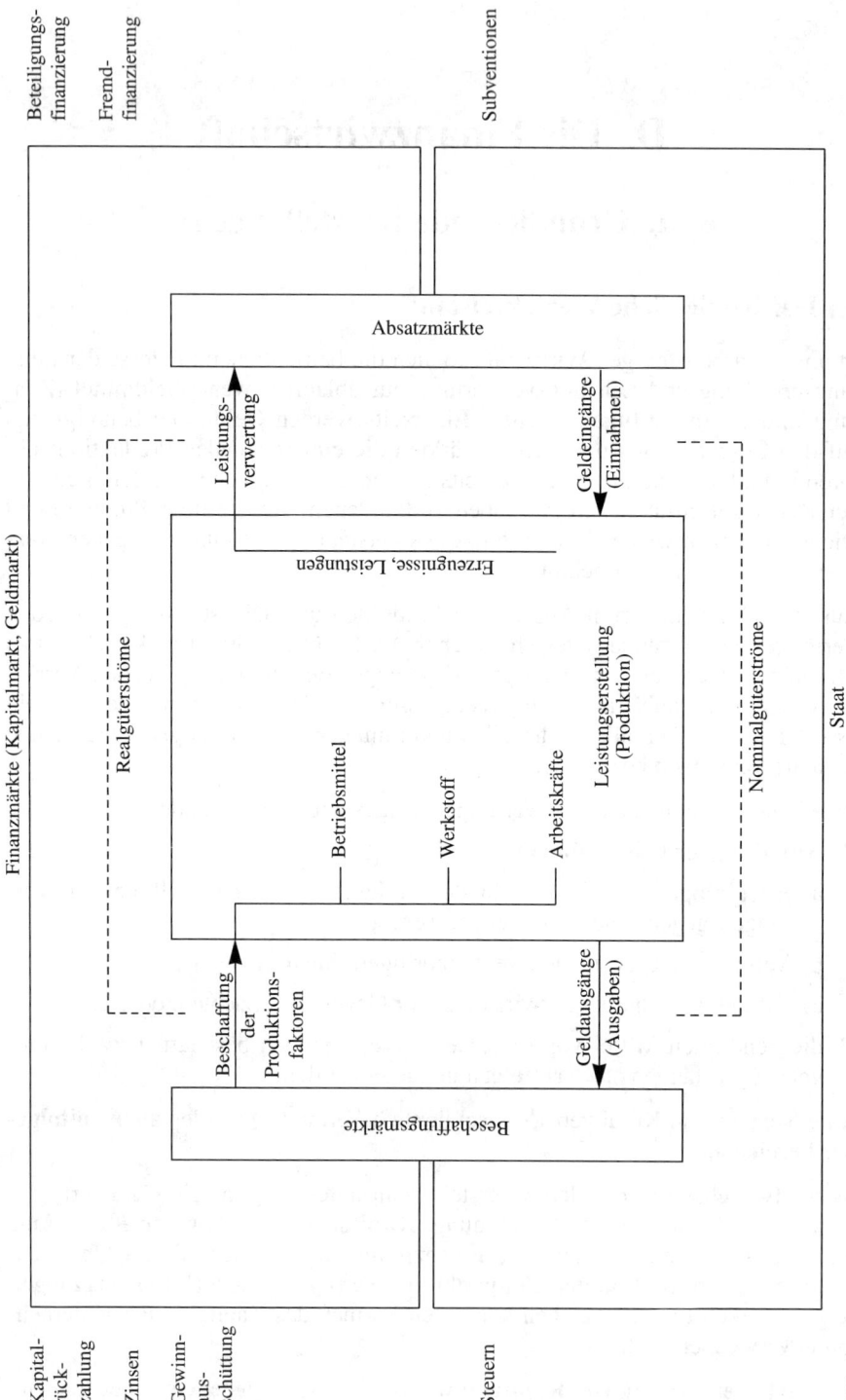

214

Abb. 1

1. Die Anteilseigner erwarten Gewinnausschüttungen sowie Kapitalrückzahlungen bzw. einen Liquidationserlös bei der Auflösung der Unternehmung.

2. Die Kreditgeber erwarten Zinszahlungen, Kredittilgungen bzw. Mietzahlungen.

Über den Wertekreislauf des unternehmerischen Leistungsprozesses hinausgehend sind auch selbständige Kredit- und Kapitalbeziehungen zwischen der Unternehmung und ihren Finanzmärkten möglich, auf denen Kapital und Kredit angeboten bzw. nachgefragt werden (**„reine" Finanzbewegungen**).

Schließlich müssen in Verbindung mit staatlichen Einrichtungen in der Regel noch Steuer- und Subventionszahlungen berücksichtigt werden.

Über den Finanzierungsbegriff gibt es unterschiedliche Auffassungen. Dies ist u. a. darauf zurückzuführen, dass zwischen Finanzierung und Finanzwirtschaft oft nicht ausreichend unterschieden wird, wodurch die differenzierten Vorstellungsinhalte der beiden Wörter verdeckt werden.

Finanzierung („Finanzieren") heißt nun im Allgemeinen, der Unternehmung in Abhängigkeit von bestimmten Erfordernissen Kapital zuzuführen, das einerseits zur Begründung von Vermögen dient, andererseits aber auch bloßen Kapitalumschichtungen bzw. Steuerzahlungen gewidmet sein kann. Derartige Erfordernisse ergeben sich vor allem bei der Gründung, beim Ablauf, bei der Erweiterung und bei der Sanierung einer Unternehmung.

Der Begriff der betrieblichen **Finanzwirtschaft** ist umfassender und bezieht sich auf alle Maßnahmen, die mit der Gestion von Kapital zusammenhängen. „Finanzwirtschaft" umfasst demnach (nicht nur)

1. die **Aufbringung** des Kapitals; (sondern auch)

2. die **Verwendung** von Kapital in den verschiedenen betrieblichen Teilbereichen sowie

3. dessen **Rückerstattung**.

Die Verwendung von Kapital bedeutet eine **Bindung von Kapital** in bestimmten Vermögensgegenständen. Diese Bindung wird als Investition (im weiteren Sinne) bezeichnet. Durch Investitionen wird die (Produktions- und Absatz-)Kapazität einer Unternehmung quantitativ und qualitativ bestimmt bzw. verändert.

Vom finanziellen Standpunkt aus betrachtet, stellen **Investitionen Kapitalverwendungsvorgänge** dar, **durch die freies Kapital in gebundenes Kapital umgewandelt wird**. Dadurch werden Umfang und Struktur des Vermögens verändert.

Umgekehrt ist es auch möglich, Vermögen z. B. durch Verkauf oder Nutzung freizusetzen und in Kapital (zurück) zu verwandeln. Dann liegen **Desinvestitionen** vor.

Desinvestitionen sind demnach **Vermögensverwendungsvorgänge**, **durch die gebundenes Kapital in freies Kapital umgewandelt wird**.

In der Praxis wird der Investitionsbegriff meist enger gefasst. Unter **Investition** wird dann in der Regel nur der **Einsatz von Mitteln für Anlagegüter** verstanden. Bezüglich der Umlaufgüter (Vorräte) empfiehlt es sich, an Stelle des Begriffes Investition den Ausdruck **Beschaffung** zu verwenden.

Durch die Rückzahlung von Schulden (Krediten), durch Gewinnausschüttungen, Privatentnahmen oder andere Formen der Rückzahlung von Eigenkapital wird der Unternehmung **Kapital entzogen**. In diesen Fällen spricht man von **Definanzierung**.

Im deutschsprachigen Schrifttum wird Finanzierung im Wesentlichen als Kapital- bzw. Geldbeschaffung verstanden (**kapitalwirtschaftlicher** Finanzierungsbegriff). In einer engeren Auslegung wird unter Finanzierung nur der Zugang von disponiblen liquiden Mitteln verstanden (z. B. Karl Hax; **monetärer** Finanzierungsbegriff). Die amerikanische **theory of finance** kennt eine weitere Auslegung, da sie neben einer Theorie der Kapitalbeschaffung auch eine Theorie der Kapitalverwendung umfasst. Letztere ist im deutschsprachigen Schrifttum speziell als Investitionstheorie entwickelt (vgl. P. Swoboda, Betriebliche Finanzierung, Würzburg 1981, S. 13 ff.).

2. Finanzierungs- und Investitionsentscheidungen

Peter Swoboda folgend (Investition und Finanzierung, 5. Aufl., Göttingen 1996, S. 15) sind **Finanzierungsentscheidungen** als Entscheidungen über die Beziehungen, insbesondere Zahlungsbeziehungen, zwischen der Unternehmung und ihren Kapitalgebern aufzufassen. Sie betreffen Höhe, Termin und Sicherung der Zahlungen und sonstigen Lieferungen und Leistungen zwischen der Unternehmung und den Kapitalgebern und schließen auch Mitsprache- und Informationsrechte der Kapitalgeber mit ein.

Investitionsentscheidungen sind demgegenüber Entscheidungen über den Umfang und/oder die Struktur des Vermögens einer Unternehmung. Sie betreffen einerseits das Anlagevermögen, indem z. B. über den Kauf und Verkauf von Grundstücken, Gebäuden, Maschinen oder Beteiligungen entschieden wird. Sie betreffen andererseits auch das Umlaufvermögen, indem z. B. bestimmte (Durchschnitts-)Bestände an Rohstoffen, Halb- und Fertigerzeugnissen, Forderungen und an liquiden Mitteln (Geldmitteln) angestrebt werden.

3. Das finanzielle Gleichgewicht als Zielsetzung

Da es sich bei Investitionen um eine bestimmte Art von Kapitalverwendungsvorgängen handelt, so müssen diese Kapitalien auch bereitgestellt werden, und es gilt die Forderung: **Investitionen sind zu finanzieren**. Insoweit der Investitionsbegriff (nur) im engeren Sinne Verwendung findet, bedeutet **Investitionsfinanzierung** die Bereitstellung von finanziellen Mitteln für Anlagegüter.

Da Investitionen die Notwendigkeit von Finanzierungen herbeiführen, können dadurch Liquiditätsprobleme entstehen. Für alle Finanzierungsmaßnahmen gilt das Leitmotiv, dass das **finanzielle Gleichgewicht** und damit die **Liquidität** der Unternehmung zu gewährleisten ist.

Eine Unternehmung befindet sich dann in einem finanziellen Gleichgewicht, wenn sowohl die Erfüllung der finanziellen Ansprüche der Kapitalgeber als auch die Existenz der Unternehmung selbst kurz- und längerfristig gesichert erscheinen.

Für das finanzielle Gleichgewicht sind drei Aspekte maßgeblich:

1. Der **kurzfristige Liquiditätsaspekt**:

   Liquidität ist hier als **Fähigkeit** der Unternehmung zu definieren, die zu einem bestimmten Zeitpunkt **zwingend** fälligen Zahlungsverpflichtungen **uneingeschränkt** erfüllen zu können. Ist sie nicht gegeben, wird die Unternehmung regelmäßig in Frage gestellt (Ausgleich bzw. Konkurs).

2. Der **langfristige Liquiditätsaspekt**:

   Hier stehen die strukturellen Zusammenhänge zwischen Kapitalausstattung und Kapitalverwendung im Vordergrund. Die Zahlungsfähigkeit erscheint zumindest langfristig gefährdet, wenn die finanzielle Struktur der Unternehmung (z. B. gemessen am Verschuldungsgrad oder an der Art der Investitionsfinanzierung) bestimmten Grundregeln (Finanzierungsregeln) widerspricht. Die Einhaltung dieser in der Praxis verbreiteten (in der Theorie jedoch zum Teil angezweifelten) Grundregeln hebt die Bonität für Kreditvergaben an diese Unternehmungen.

3. Der **Rentabilitätsaspekt**:

   Hier ist ein Ausgleich zwischen den Ansprüchen der Kapitalgeber an die Unternehmung und den Bedürfnissen zur Substanzerhaltung und Existenzsicherung für die Unternehmung selbst zu finden. Ein Gleichgewicht herrscht, wenn der Ertrag aus dem eingesetzten Kapital einerseits für eine angemessene Gewinnausschüttung und andererseits für Rücklagenbildungen (Thesaurierung) bzw. zur Substanzerhaltung ausreicht.

4. Arten von Finanzbewegungen

Aus dem Kapitalbegriff lassen sich vier Arten von Finanzbewegungen (Zahlungsströmen) ableiten:

1. Kapital**bindende** Ausgaben:

   a) Ausgaben für die Bezahlung von Produktionsfaktoren (Menschliche Arbeit, Betriebsmittel, Werkstoffe, Fremdleistungen, Fremdrechte);

   b) Ausgaben für Kapitalgewährungen an andere Wirtschaftssubjekte einschließlich des Erwerbs von Finanzvermögen (Beteiligungen, Darlehen);

   c) Bildung von Kassenreserven.

2. Kapital**freisetzende** Einnahmen:

   a) Einnahmen aus der entgeltlichen Leistungsverwertung von Gütern und Dienstleistungen auf den Absatzmärkten (zu Selbstkostenpreisen);

b) Einnahmen aus der Veräußerung sonstigen Sach- und Finanzvermögens (zu Buchwerten) sowie aus Kapitalrückzahlungen (zu Nennwerten);

c) Auflösung von Kassenreserven.

3. Kapital**zuführende** Einnahmen:

   a) Finanzielle Überschüsse aus,
      - der Leistungsverwertung auf den Absatzmärkten (2. a)
      - der Vermögensveräußerung bzw. Kapitalrückzahlung (2. b);

   b) Zins- und Dividendeneinnahmen aus Kapitalgewährungen und Finanzvermögen;

   c) Einnahmen aus Subventionen;

   d) Einnahmen aus der Aufnahme von
      - Beteiligungen (Beteiligungsfinanzierung)
      - Fremdkapital (Fremdfinanzierung).

4. Kapital**entziehende** Ausgaben:

   a) Finanzielle Fehlbeträge zur Abdeckung von Verlusten aus,
      - der Leistungsverwertung auf den Absatzmärkten (2. a)
      - der Vermögensveräußerung bzw. Kapitalrückzahlung (2. b);

   b) Dividenden- und Zinszahlungen für aufgenommenes Beteiligungs- und Fremdkapital;

   c) Ausgaben für Steuern und Subventionen;

   d) Ausgaben für Kapitalrückzahlungen.

5. Arten von Investitionen

Investitionen sind allgemein in

Realinvestitionen und
Finanzinvestitionen

zu unterscheiden. Realinvestitionen haben eine **güter**wirtschaftliche Komponente (z. B. Anschaffung von Grundstücken, Gebäuden, Maschinen; Beschaffung von Vorräten usw.). Finanzinvestitionen sind nur mit **finanz**wirtschaftlichen Kategorien zu fassen (z. B. Erwerb von Beteiligungen).

Bei der Gliederung der Anlagenanschaffungen (**Investitionen** im engeren Sinn) unterscheidet man zweckmäßig zwischen Investitionen in der Gründungsphase einer Unternehmung und solchen im Verlaufe der Betriebstätigkeit, weil sich unterschiedliche Zielsetzungen und Finanzierungsvoraussetzungen damit verbinden.

Gründungsinvestitionen,
Investitionen im Verlaufe der Betriebstätigkeit:
    Ersatzinvestitionen
    Rationalisierungsinvestitionen
    Erweiterungsinvestitionen
    Umstellungsinvestitionen

(siehe im Detail Abschnitt V.).

II. Die Kapitalbeschaffung

1. Die Finanzierungsformen

Die Finanzbewegungen, mit welchen eine Unternehmung mit Finanzmitteln versorgt wird, unterscheiden sich durch mehrere Merkmale voneinander. Finanzierungsvorgänge mit gemeinsamen Merkmalen werden als **Finanzierungsformen** oder **Finanzierungsarten** zusammengefasst.

Am häufigsten werden die Einteilungen in Eigen- und Fremdfinanzierung (nach der Rechtsstellung der Kapitalgeber) sowie in Innen- und Außenfinanzierung (nach der Herkunft des Kapitals) verwendet.

In der **traditionellen** betriebswirtschaftlichen Gliederung wird unterschieden zwischen:

1. **Eigenfinanzierung** (im weiteren Sinn)

   a) **Beteiligungsfinanzierung** oder Eigenfinanzierung im engeren Sinn (Zufuhr von Eigenkapital durch die Anteilseigner von außen in Form von Bar- und Sacheinlagen);

   b) Selbstfinanzierung (Zurückbehaltung des Gewinnes oder von Teilen des Gewinnes; sie wird auch als **Überschussfinanzierung** bezeichnet);

2. **Fremdfinanzierung** (Finanzierung durch Kreditkapital).

Eine Sonderform der Finanzierung stellt die **Verwendung freigesetzter** (d. h. durch Verkaufserlöse gedeckter) **Abschreibungen** dar. Es besteht Verwandtschaft mit der Selbstfinanzierung, doch ist die Finanzierung aus Abschreibungen weder der Eigen- noch der Fremdfinanzierung eindeutig zuzuordnen. Sie beruht lediglich auf der Umschichtung eines insgesamt dem Eigen- und Fremdkapital gegenüberstehenden Vermögens.

Da außerdem die Finanzierungsvorgänge aus dem Umsatzprozess heraus nur unvollständig darzustellen sind, bevorzugt die **moderne Theorie** daher folgende Gliederung:

1. **Außenfinanzierung**

   a) **Eigenfinanzierung (Beteiligungsfinanzierung)**

   b) **Fremdfinanzierung (Kreditfinanzierung)**

   c) **Subventionsfinanzierung**

2. **Innenfinanzierung**

   a) aus dem Umsatzprozess heraus (**Überschussfinanzierung**)

      a. Finanzierung aus Gewinnen (**Selbstfinanzierung**)

      b. Finanzierung aus **Rückstellungen**

      c. Finanzierung aus **Abschreibungen**

b) aus **Vermögensumschichtungen** außerhalb des normalen Umsatzprozesses

  a. Kapitalfreisetzung im **Anlagevermögen**

  b. Kapitalfreisetzung im **Umlaufvermögen**

Die Finanzierung aus Rückstellungen und die Finanzierung aus Abschreibungen werden gerne unter der Bezeichnung **Aufwandsfinanzierung** zusammengefasst.

Außenfinanzierung bedeutet, dass das Kapital der Unternehmung von außen zufließt. Es kommt also nicht aus dem betrieblichen Umsatzprozess, sondern aus Kapitaleinlagen bzw. Kapitalbeteiligungen oder aus Kreditgewährungen.

Unterscheidungsmerkmale	Finanzierungsform
Herkunft des Kapitals	Außenfinanzierung Innenfinanzierung
Rechtsstellung der Kapitalgeber	Eigenfinanzierung Fremdfinanzierung

Dauer der Finanzmittelbereitstellung	Unbefristete Finanzierung
	Befristete Finanzierung
	   O langfristig
	   O mittelfristig
	   O kurzfristig

Anlass des Finanzierungsvorganges	Gründungsfinanzierung
	Umsatzfinanzierung
	  (Finanzierung des laufenden Umsatzprozesses)
	Erweiterungsfinanzierung
	  (Ausbaufinanzierung)
	Sanierungsfinanzierung

Form der Aufbringung der Finanzmittel (nur bei Außenfinanzierung)	Geldfinanzierung Sachfinanzierung Kreditleihe
Angemessenheit der Ausstattung mit Finanzmitteln	Normalfinanzierung Unterfinanzierung Überfinanzierung

Abb. 2

Einlagen bzw. **Beteiligungen** werden bei Einzelunternehmungen und Personengesellschaften vom Unternehmer bzw. von den Gesellschaftern vorgenommen. Auch stille Beteiligungen (z. B. über Genussscheine und die entsprechenden Beteiligungsfonds) kommen in Frage. Bei Kapitalgesellschaften erfolgt die Finanzierung durch den Erwerb von Anteilen (z. B. Aktien). Bei der **Kreditfinanzierung** wird der Unternehmung von außen Fremdkapital (z. B. Bankkredite) zur Verfügung gestellt. Eine **Subventionsfinanzierung** erfolgt etwa über Investitionszuschüsse, Zinszuschüsse und Ähnliches.

220

Von **Innenfinanzierung** spricht man, wenn die finanziellen Mittel aus dem Umsatzprozess – aus den Entgelten (Preisen) für die veräußerten Güter und Dienstleistungen – stammen. Auch diese Mittel kommen natürlich von außen in die Unternehmung, sie stellen jedoch den Rückfluss früher investierter Mittel dar.

Das Maß der Innenfinanzierung aus dem Umsatzprozess einer Unternehmung ist durch den **Cashflow** bestimmt. Der Cashflow setzt sich aus dem **Gewinn** (bzw. Verlust), zuzüglich der **Abschreibungen** und aller übrigen **Nicht-Ausgaben in den Aufwendungen** (z. B. Dotierung von Rückstellungen), abzüglich der **Nicht-Einnahmen in den Erträgen** (z. B. positive Bestandsveränderungen), zusammen. Der (positive) Cashflow kann hauptsächlich für Investitionen, Kredittilgungen und Gewinnausschüttungen bzw. Kapitalentnahmen verwendet werden.

Die **Überschussfinanzierung** (Finanzierung aus dem Umsatzprozess heraus) ist im Falle von Gewinnen mit einem **Vermögenszuwachs** (Bilanzverlängerung) verbunden. Sie kann aber auch zu Umschichtungen auf der Kapitalseite führen (Umschichtung von Fremdkapital in Eigenkapital).

Die Finanzierung aus Gewinnen (**Selbstfinanzierung**) hat den Charakter einer **Eigenfinanzierung** (im weiteren Sinne), weil durch die Nicht-Ausschüttung von Gewinnen Eigenkapital gebildet wird. Die Finanzierung aus Rückstellungen hat den Charakter einer **Fremdfinanzierung**, weil die finanziellen Mittel, die etwa aus der Dotierung der Abfertigungsvorsorge oder der Pensionsrückstellung langfristig gebunden werden, später an die berechtigten Arbeitnehmer ausgezahlt werden müssen. Bis zu diesem Zeitpunkt können diese aus dem Umsatzprozess stammenden Beträge für Investitionen zur Verfügung stehen. Sinngemäß ist auch bei kurzfristigeren Rückstellungen zu argumentieren. Da sowohl das Vermögen als auch das Kapital eine Erweiterung erfährt, ist eine Bilanzverlängerung gegeben. Die disponierbaren Mittel können aber auch zur Rückzahlung von Fremdmitteln verwendet werden (Kapitalumschichtung auf der Passivseite der Bilanz).

Die **Finanzierung aus freigesetzten Abschreibungen** bewirkt Vermögensumschichtungen. Wenn der Aufwand für die Anlagennutzung in den Verkaufserlösen seine Deckung findet, führt dies in den einzelnen Perioden zu Einnahmen, welchen erst zum Zeitpunkt der Wiederbeschaffung einer Anlage (Reinvestition) entsprechende Ausgaben gegenüberstehen. Werden diese bis zum Ablauf der Anlagennutzungsdauer frei verfügbaren finanziellen Mittel in andere Anlagen oder Vorräte investiert, so kommt es zu einer Umschichtung von Geld- in Sachvermögen. Da sich der Kapitalbereich bei dieser Finanzierungsform nicht verändert (nur Aktivtausch), ist eine eindeutige Zuordnung dieser Finanzierungsart zur Eigen- oder Fremdfinanzierung nicht möglich.

Das Ausmaß der Innenfinanzierung ist gegebenenfalls um die Veränderungen im Vorratsvermögen an Halb- und Fertigerzeugnissen (Bestandsveränderungen) zu korrigieren.

Beispiel:

Anfangsbilanz

Vermögen		Kapital	
Anlagevermögen	900	Eigenkapital	500
Umlaufvermögen:		Rückstellungen	0
Vorräte	0	Kredite	450
Sonst. Umlaufvermögen	50		
	950		950

Schlussbilanz

Vermögen		Kapital		
Anlagevermögen	600	Eigenkapital:		
Umlaufvermögen:		Anfangskapital	500	
Vorräte	50	Gewinn	100	600
Sonst. Umlaufvermögen	450	Rückstellungen		50
		Kredite		450
	1.100			1.100

Erfolgsrechnung

Aufwand		Ertrag	
Material	450	Umsatzerlöse	1.650
Personalaufwand	800	Bestandsveränderungen	50
Abschreibungen	300		
Dot. v. Rückstellung	50		
Gewinn	100		
	1.700		1.700

Die Posten des Rechnungsabschlusses entstanden durch:

Eigenfinanzierung (Beteiligungsfinanzierung):	500
Fremdfinanzierung (Kreditfinanzierung):	450
Außenfinanzierung: 500 + 450 =	950
Selbstfinanzierung:	100
Finanzierung aus Rückstellungen:	50
Finanzierung aus Abschreibungen:	300
Aufwandsfinanzierung: 50 + 300 =	350

Cashflow:	Gewinn	100
	+ Abschreibungen	+ 300
	+ Sonst. Nicht-Ausgaben in den Aufwendungen	+ 50
	– Nicht-Einnahmen in den Erträgen	– 50
	Innenfinanzierung	400

Der Aufbau des Vorratslagers (Bestandsveränderung 50) führte zu keinen einnahmengleichen Erträgen im Abschlussjahr. Der bewirkten Vermögensvermehrung steht in der Rechnungsperiode kein Zufluss an finanziellen Mitteln gegenüber. Deswegen kann die Innenfinanzierung (400) nicht mit der Summe aus Selbstfinanzierung und Aufwandsfinanzierung (450) gleichgesetzt werden, da diese Summe um den umsatzbedingten Lageraufbau (50) zu korrigieren ist. Das im Vorratsvermögen gebundene Kapital wird durch den Verkauf des Lagers erst in einer späteren Periode freigesetzt und wird dann Teil des Innenfinanzierungspotentials (der Rückfluss der früher investierten Mittel erfolgt erst später).

Sinngemäß ist auch bei negativen Bestandsveränderungen vorzugehen. Diesen theoretischen Überlegungen wird in der betrieblichen Praxis nicht ganz entsprochen. Bei der Ermittlung des Cashflows bleiben die Bestandsveränderungen oftmals außer Ansatz.

Die **Finanzierung aus Vermögensumschichtungen** außerhalb des normalen Umsatzprozesses ergibt sich in der Regel aus **Rationalisierungsmaßnahmen**. Eine Kapitalfreisetzung im **Anlagevermögen** resultiert aus der Veräußerung nicht (mehr) betriebsnotwendiger Anlagegüter. Die Kapitalfreisetzung im **Umlaufvermögen** kann durch einen Abbau der Vorräte oder einen Abbau der Forderungen erfolgen. Eine Zufuhr **zusätzlicher** Finanzmittel ist bei diesen Vermögensumschichtungen nur gegeben, wenn die Verkaufserlöse die Buchwerte übersteigen und damit eine Gewinnrealisation ermöglichen (Innenfinanzierungsvorgang).

Die **Finanzmittel** können der Unternehmung unbefristet oder befristet zur Verfügung stehen. Zur **unbefristeten** Finanzierung gehört vor allem die **Eigenfinanzierung** (Beteiligungsfinanzierung), da Eigenkapital normalerweise unbefristet überlassen wird. Die Bereitstellung von Beteiligungskapital aus den durch Genussscheine dotierten Beteiligungsfonds unterliegt hingegen einer Befristung (zumindest 10 Jahre). Die **Fremdfinanzierung** wird in der Regel immer **befristet** sein.

Die **kurzfristige** Fremdfinanzierung (bis 90 Tage, evtl. bis zu einem Jahr) umfasst normalerweise Lieferantenkredite, Anzahlungen, Kontokorrentkredite, Wechselkredite, Bürgschafts-(Aval-)Kredite, Factoring, Rembourskredite und Negotiationskredite.

Die **mittel- und langfristige** Fremdfinanzierung umfasst Darlehen, Anleihen, Schuldverschreibungen, Wandel-, Options- und Gewinnschuldverschreibungen.

Eine **Geldfinanzierung** liegt vor, wenn die Kapitalgeber Geld bereitstellen. Stellen sie direkt Sachen oder Rechte zur Verfügung, ist eine **Sachfinanzierung** gegeben. Bei der **Kreditleihe** erhält die Unternehmung nicht Sach- oder Geldwerte, sondern Sicherheiten, mit welchen sie Sach- oder Geldkredite aufnehmen kann (Akzeptkredit, Avalkredit).

Die Unterscheidung in **Normal-**, **Über-** und **Unterfinanzierung** (genug, zu viel, zu wenig Finanzmittel) beschreibt weniger einen Finanzierungsvorgang als vielmehr einen Finanzierungs**zustand**.

2. Die Innenfinanzierung

a) Die Selbstfinanzierung

Die Selbstfinanzierung ist als **Überschussfinanzierung** zu sehen, sie besteht im **Rückbehalt** des gesamten **Gewinnes** oder von Teilen des Gewinnes.

Der Rückbehalt erfolgt entweder dadurch, dass **ausgewiesene Gewinne nicht ausgeschüttet** werden **oder** dass effektiv **entstandene Gewinne** durch Unterbewertung von Vermögensteilen und/oder Überbewertung von Verbindlichkeiten **bilanziell** überhaupt **nicht zum Ausweis kommen** und auf diese Weise den Ausschüttungen entzogen sind. Im ersten Fall liegt **offene Selbstfinanzierung**, im zweiten Fall **stille Selbstfinanzierung** vor.

aa) Offene Selbstfinanzierung

Ein **gesetzlicher Zwang** zur offenen Selbstfinanzierung besteht für **Aktiengesellschaften** und für große **Gesellschaften mit beschränkter Haftung** in Form der gebundenen Rücklagen.

Die **gebundenen Rücklagen** bestehen gem. § 130 Abs. 1 AktG aus der **gebundenen Kapitalrücklage und der gesetzlichen Rücklage**. Gem. Abs. 2 sind in die gebundene Kapitalrücklage die in § 229 Abs. 2 Z 1– 4 HGB genannten Beträge einzustellen. Dazu gehören:

a) der Mehrbetrag, der bei der ersten oder späteren Ausgabe von Aktien über den Nennbetrag hinaus erzielt wird;

b) der Betrag, der bei der Ausgabe von Schuldverschreibungen für Wandlungsrechte und Optionsrechte zum Erwerb von Anteilen erzielt wird;

c) der Betrag von Zuzahlungen, die Gesellschafter gegen Gewährung eines Vorzuges für ihre Aktien leisten;

d) aus der vereinfachten Kapitalherabsetzung gewonnene Beträge.

Gem. § 130 Abs. 3 ist in die gesetzliche Rücklage ein Betrag einzustellen, der mindestens dem zwanzigsten Teil des um einen Verlustvortrag geminderten Jahresüberschusses nach Berücksichtigung der Veränderung unversteuerter Rücklagen entspricht, bis der Betrag der gebundenen Rücklagen insgesamt den zehnten oder den in der Satzung bestimmten höheren Teil des Nennkapitals erreicht hat.

Gem. Abs. 4 dürfen gebundene Rücklagen nur zum Ausgleich eines ansonsten auszuweisenden Bilanzverlustes aufgelöst werden. Der Verwendung der gesetzlichen Rücklage steht nicht entgegen, dass freie, zum Ausgleich von Wertminderungen und zur Deckung von sonstigen Verlusten bestimmte Rücklagen vorhanden sind.

Einen gewissen **Zwang zur Selbstfinanzierung** in Krisenlagen bringt allerdings **auch** das Handelsgesetzbuch **für offene Handelsgesellschaften** zum Ausdruck. § 122 HGB besagt, dass jeder Gesellschafter berechtigt ist, aus der Gesellschaftskasse Geld bis zum Betrage von 4 % seines für das letzte Geschäftsjahr festgestellten Kapitalanteils zu seinen Lasten zu beheben und, soweit es nicht zum offenbaren Schaden der Gesellschaft gereicht, auch die Auszahlung seines den bezeichneten Betrag übersteigenden Anteils am Gewinne des letzten Jahres zu verlangen. Das Recht des Unternehmens, Gewinnanteile zurückzubehalten, wenn deren Ausschüttung der Gesellschaft Schaden zufügen könnte, bietet eine besondere Möglichkeit zur zumindest zeitweiligen Selbstfinanzierung der OHG.

Buchtechnisch zeigt sich die offene Selbstfinanzierung bei den Einzelfirmen und bei den Personengesellschaften üblicherweise durch Aufstockung der Kapitalkonten. Bei den Kapitalgesellschaften und bei den Genossenschaften werden, weil deren Nominalkapital vertraglich bzw. gesetzlich fixiert ist, bei der offenen Selbstfinanzierung spezielle Kapitalkonten (Rücklagenkonten) gebildet.

Die **Rücklagenkonten** sind **Ergänzungskonten der Eigenkapitalkonten**, die das Nominalkapital ausweisen. Das buchmäßige Eigenkapital ergibt sich bei den Kapitalgesellschaften und Genossenschaften aus deren nominellem Eigenkapital zuzüglich Rücklagen und Gewinnvorträgen bzw. abzüglich Verlustvorträgen.

bb) Stille Selbstfinanzierung

Die stille Selbstfinanzierung ist eine Folge der Unterbewertung von Vermögensteilen und der Überbewertung von Verbindlichkeiten. Es entstehen **stille Rücklagen** (**Reserven**).

Eine **Unterbewertung von Vermögensteilen** kommt vor allem durch überhöhte Abschreibungen und durch eine überhöhte Bewertung des Wareneinsatzes zustande. Sie tritt auch im Zusammenhang mit den Niederstwertvorschriften im nicht abnutzbaren Anlagevermögen sowie im Umlaufvermögen in Erscheinung, wodurch die im Vergleich zu den Anschaffungs- oder Herstellungskosten höheren Markt- oder Börsenpreise der betreffenden Vermögensgüter unberücksichtigt bleiben. Eine **Überbewertung** von Passiven ist häufig bei den Rückstellungen und zufolge des Höchstwertprinzips auch bei den Verbindlichkeiten anzutreffen.

Das Rechnungslegungsgesetz untersagt grundsätzlich die willkürliche Bildung von stillen Reserven. Nach dem Rechnungslegungsgesetz sind stille Rücklagen nur beschränkt möglich, wenn sie sich etwa auf Grund der gesetzlichen Höchstwertvorschriften ergeben oder von einer Wertaufholungsmöglichkeit kein Gebrauch gemacht wird.

Auch das österreichische **Steuerrecht** ist im Grunde **gegen** die **Bildung stiller Reserven**, um der Gleichmäßigkeit der Besteuerung Rechnung zu tragen. Diverse Investitions- und Finanzierungsbegünstigungen haben dieses Prinzip teilweise jedoch stark unterlaufen (siehe im Detail Abschnitt VI.).

Der **Nachteil der stillen Selbstfinanzierung** liegt in der Gestaltung eines verzerrten Bilanzbildes. Dies kann eine Machtverschiebung zugunsten des Vorstandes bzw. der Geschäftsführung bei Kapitalgesellschaften und zu wenig Kontrolle durch die Eigentümer zur Folge haben. Der **Vorteil** der stillen Selbstfinanzierung besteht (zumindest bei Kapitalgesellschaften) in der Ausschüttungsbeschränkung und darin, dass die stillen Reserven erst bei Auflösung der vollen Ertragsbesteuerung unterliegen. Darüber hinaus trägt die Bildung stiller Reserven dem Vorsichtsprinzip Rechnung.

Grundsätzlich ist zum Problemkreis zu sagen:

1. Die Obergrenzen der stillen Reserven sind durch gesetzliche Bestimmungen festgelegt.

2. Ob vom Recht, stille Reserven zu legen, Gebrauch gemacht wird, ist zunächst davon bestimmt, welche Bedeutung den an der Bilanzerstellung Interessierten zukommt. Als maßgeblich an der Bilanz Interessierte gelten die Gläubiger, die Partner, der Fiskus, die Arbeitnehmer und das Unternehmen selbst.

3. In welchem Umfange stille Reserven zu bilden sind, hängt aber auch von der Wirkung ab, die unter Berücksichtigung der aufgezeigten Bilanzinteressen in den verschiedenen betrieblichen Teilbereichen auftreten, speziell im Finanzierungs-, Investitions- und Liquiditätsbereich.

Im Einzelnen ist es notwendig, Vor- und Nachteile der in Frage kommenden Maßnahmen abzuwägen, um die Bewertung im Sinne eines Kompromisses unter Berücksichtigung der in den Punkten 2 und 3 angeführten Gesichtspunkte vorzunehmen.

cc) Allgemeine Vor- und Nachteile der Selbstfinanzierung

Die Selbstfinanzierung hat allgemein zur Voraussetzung, dass die erwirtschafteten Gewinne (vor der Bildung stiller Rücklagen) **größer** sind als die zwingenden Kapitalentnahmen (Gewinnausschüttungen) im gleichen Zeitraum. Die **Ertragskraft** der Unternehmung und die **Gewinnausschüttungsanforderungen** werden zu den grundlegenden Bedingungen der Selbstfinanzierung.

Als **Vorteile** der Selbstfinanzierung werden in der Literatur genannt:

1. Die Liquiditätspolitik der Unternehmung wird erleichtert, weil Tilgungen unterbleiben und auf feste Zinsenzahlungen verzichtet werden kann.

2. In der Preispolitik besteht wegen des möglichen Verzichts auf Zinsenzahlungen eine größere Beweglichkeit.

3. Für die zugeführten Mittel unterbleiben Sicherheitsleistungen.

4. Kontrollen durch fremde Kreditgeber sind ausgeschaltet; eine Rechnungslegung bzw. Nachweise über Produktions- und Investitionspläne gegenüber Unternehmensfremden sind nicht notwendig.

5. Zeitliche Verlagerungen in der Gewinnausschüttung tragen zur Sicherung der Liquidität bei (temporäre Selbstfinanzierung).

6. Der Verzicht auf den Kapitalmarkt macht die Unternehmung von den Bedingungen des Kreditsektors unabhängig.

Als **Nachteile** der Selbstfinanzierung sind zu bedenken:

1. Die Gefahren von Fehlinvestitionen, weil Rückzahlungsverpflichtungen nicht bestehen und gegebenenfalls auch Zinsenzahlungen unterbleiben, sodass mit den vorhandenen Mitteln nicht immer wirtschaftlich verfahren wird;

2. Die oft festzustellende Neigung, Liquidität mit zu hohen Barreserven zu schaffen, was sich hemmend auf die Rentabilitätslage auswirkt.

Die erwähnten **Nachteile** haben kein oder nur ein geringes Gewicht, wenn eine Unternehmung nach betriebswirtschaftlichen Kriterien geführt wird und dabei keine unterschiedliche Einstellung zum Fremdkapital und Eigenkapital einnimmt. Die Vorteile der Selbstfinanzierung treten umgekehrt in den Hintergrund, wenn die Wirkungen des **Leverage-Effektes** höher veranschlagt werden als die angeführten Motive für die Selbstfinanzierung (siehe die späteren Ausführungen zum Leverage-Effekt).

b) Die Finanzierung aus Abschreibungen

Mit Abschreibungen zu finanzieren heißt, die über den Preis in den Betrieb zurückgeflossenen Abschreibungsteile, die zeitweilig oder unbegrenzt freigesetzt werden, zur Deckung von Finanzierungserfordernissen heranzuziehen.

Die Freisetzung kommt dadurch zustande, dass die Abschreibung der Anlagegüter sich über die gesamte Nutzungsdauer erstreckt, während die Summe der zurückgeflossenen Abschreibungen erst am Ende der Nutzungsdauer für die Ersatzbeschaffung gebraucht wird. Dass die Freisetzung zum Teil sogar dauerhaften Charakters ist, geht auf die unterschiedlichen Termine der Ersatzbeschaffung und auf die durch die Anlagenstückelung nur für jeweils einzelne Güter erforderlichen Anschaffungsmittel zurück. Die durch die Freisetzung von Abschreibungen mögliche Betriebserweiterung wird umso größer, je weiter gehend die Anlagenstückelung ist.

Die dauerhaft freigesetzten Abschreibungen können sowohl im Anlagen- wie auch im Umlaufsektor Verwendung finden. Bezüglich der Verwendung gilt das zwar auch für die zeitlich begrenzt frei werdenden Abschreibungen, doch dienen diese der Zwischenfinanzierung. Die anderweitige Beschaffung notwendiger flüssiger Mittel kann so lange aufgeschoben werden, als entsprechende freigesetzte Abschreibungen zur Verfügung stehen. Die durch freigesetzte Abschreibungen beschafften Anlagen setzen über die Abschreibungsverrechnungen in den Preisen selbst wieder Abschreibungen frei.

Durch die Freisetzung der Abschreibungen und deren Verwendung im Anlagenbereich tritt ein Erweiterungseffekt auf, der im betriebswirtschaftlichen Schrifttum unter der Bezeichnung **„Lohmann-Ruchti-Effekt"** bekannt geworden ist.

Wie K. Hax (Die Substanzerhaltung der Betriebe, Köln und Opladen 1957) aufzeigt, wird allerdings dann, wenn Abschreibungsverlauf und Nutzungsverlauf übereinstimmen, nur die Periodenkapazität, nicht die Totalkapazität erweitert. Eine echte Substanzerweiterung tritt nur dann ein, wenn der Abschreibungsverlauf dem Nutzungsverlauf vorangeht, d. h. eine Vorwegnahme der Abschreibungen vorliegt.

Das Ausmaß der prozentuellen Kapitalfreisetzung lässt sich u. a. durch folgende einfache Rechnung ermitteln. Geht man bei linearer Abschreibung z. B. von einer Nutzungsdauer eines Gutes von drei Jahren aus, dann kann man sagen, dass ein Drittel des Kapitals ein Jahr gebunden ist, ein Drittel zwei Jahre und ein weiteres

Drittel drei Jahre. Addiert man die Jahre der Bindung, nämlich 1 + 2 + 3 = 6, und teilt man diese durch die Nutzungsdauer, nämlich 3, so ergibt sich als Quotient 2. Somit ist das Kapital ständig zu $^2/_3$ gebunden = 67 %, so dass 33 % freigesetzt sind. Die Kapazitätserweiterung beläuft sich auf 3 : 2 = 1,5, so dass aus 10 neuen Einheiten im Verlaufe der Umschichtung 15 Einheiten werden.

Der Kapazitätserweiterungseffekt lässt sich allgemein nach folgender Formel berechnen:

$$m = \frac{2}{1 + ^1/_n}$$

m ... Kapazitätsmultiplikator
n ... einheitliche Nutzungsdauer der Anlagen

Für die Kapazitätserweiterung durch freigesetzte Abschreibungen bestehen in der Praxis jedoch deutlich **Grenzen**. Sie endet dort, wo die einzelnen betrieblichen Teilbereiche **nicht an das Niveau** des durch Abschreibungen erweiterten Teilbereichs herangeführt werden können. Die Anschaffung oder Herstellung neuer Fabrikshallen hat z. B. nur dann einen Sinn, wenn es gelingt, gleichzeitig den Maschinenpark aufzustocken, das zusätzlich erforderliche Personal einzustellen usw. Schließlich müssen die durch die höhere Kapazität bewirkten Leistungen auch auf den Absatzmärkten verkauft werden können. Damit wird auch eine Erhöhung von Vorräten und Forderungen (d. h. im Umlaufvermögen) die Folge sein. Eine nicht ausreichende Nutzung der verfügbaren Kapazitäten hat **Leerkosten** und damit eine höhere Fixkostenbelastung der Produkte zur Folge.

Beispiel:

Als Beispiel für die Kapazitätserweiterung in einem betrieblichen Teilbereich diene die Annahme, dass zehn Maschinen à € 25.000,– gleichzeitig angeschafft und mit 20 % linear p. a. abgeschrieben werden:

Schluss des Jahres	Zahl der Maschinen	Gesamtwert der Maschinen	Summe der Abschreibungen	Reinvestitionen am Beginn des folgenden Jahres	Liquide Mittel (Abschreibungsrest nach Reinvestition)
1	10	250.000	50.000	50.000	–
2	10	200.000	50.000	50.000	
	2	50.000	10.000		10.000
	12				
3	10	150.000	50.000		
	2	40.000	10.000	75.000	5.000
	2	50.000	10.000		
	14				

4	10	100.000	50.000		
	2	30.000	10.000		
	2	40.000	10.000	75.000	15.000
	3	75.000	15.000		
	<u>17</u>				
5	10	50.000	50.000		
	2	20.000	10.000		
	2	30.000	10.000	100.000	15.000
	3	60.000	15.000		
	3	75.000	15.000		
	<u>20</u>				
5	2	10.000	10.000		
	2	20.000	10.000		
	3	45.000	15.000	75.000	10.000
	3	60.000	15.000		
	4	100.000	20.000		
	<u>14</u>				
7	2	10.000	10.000		
	3	30.000	15.000		
	3	45.000	15.000	75.000	10.000
	4	80.000	20.000		
	3	75.000	15.000		
	<u>15</u>				

Abb. 3

Wie die temporäre und dauerhafte Freisetzung vor sich geht, zeigt das nachfolgende **Beispiel**. Die Rechnung beruht auf der Annahme, dass drei Aggregate mit einem Anschaffungswert von je € 3.000,– in drei aufeinander folgenden Jahren angeschafft und mit 20 % linear abgeschrieben werden (in diesem Sinne siehe E. Heinen, Handelsbilanzen, 9. Aufl., Wiesbaden 1980, S. 186):

Ende des Jahres	Buchwerte der Aggregate			Buchwert aller Aggregate	Jahres-Abschreibung	Gesamt-Abschreibung	Erneuerung	Freigesetzte Abschreibungs-beträge	Temporär freigesetzt	Dauernd freigesetzt
	I	II	III							
1	2.400	–	–	2.400	600	600	–	600	–	600
2	1.800	2.400	–	4.200	1.200	1.800	–	1.800	–	1.800
3	1.200	1.800	2.400	5.400	1.800	3.600	–	3.600	1.800	1.800
4	600	1.200	1.800	3.600	1.800	5.400	–	5.400	3.600	1.800
5	–	600	1.200	1.800	1.800	7.200	3.000	4.200	2.400	1.800
6	2.400	–	600	3.000	1.800	6.000	3.000	3.000	1.200	1.800
7	1.800	2.400	–	4.200	1.800	4.800	3.000	1.800	–	1.800
8	1.200	1.800	2.400	5.400	1.800	3.600	–	3.600	1.700	1.800
9	600	1.200	1.800	3.600	1.800	5.400	–	5.400	3.600	1.800
10	–	600	1.200	1.800	1.800	7.200	3.000	4.200	2.400	1.800

Abb. 4

Die vorstehenden (modellhaft zu verstehenden) Beispiele gehen von stabilen Preisen aus und vernachlässigen den Umstand, dass die freigesetzten Abschreibungen Zinsenwirkung haben. In der Praxis ist darauf naturgemäß Bedacht zu nehmen, auch darauf, dass die Intensität des Freisetzungseffektes außer von der **Anlagenstückelung** vom **Abschreibungsverfahren** (linear, progressiv oder degressiv) und von der Höhe des **Abschreibungsprozentsatzes**, d. h. von der **Nutzungsdauer**, abhängt.

c) Die Finanzierung aus Rückstellungen

Ähnlich wie bei den Abschreibungen ergibt sich der Finanzierungseffekt von Rückstellungen dadurch, dass die in die Absatzpreise einkalkulierten und demgemäß auch verdienten Rückstellungsbeträge bis zur Inanspruchnahme der Rückstellungen in der Unternehmung für Dispositionen zur Verfügung stehen. Der Finanzierungseffekt ist umso stärker, je größer der **zeitliche Abstand** zwischen der Bildung der Rückstellungen und deren Inanspruchnahme ist. Den Kern dieser Finanzierungsform machen daher die (langfristigen)

1. Abfertigungsrückstellungen (Vorsorge für Abfertigungen)

2. Pensionsrückstellungen

aus. Da sie durch den Personaleinsatz bedingt und an künftigen Zahlungen für die Belegschaft orientiert sind, bezeichnet man sie häufig als **Sozialkapital**. Sozialkapital entsteht aus dem Umsatzprozess (Innenfinanzierung), erhält aber im Ausmaß der künftigen Zahlungsverpflichtungen zum überwiegenden Teil Fremdkapitalcharakter.

d) Die Bedeutung des Cashflow

Die Bedeutung des Cashflow als **Maßstab für die Innenfinanzierung** der Unternehmung wurde lange Zeit hindurch nicht ausreichend erkannt. Anders als der Bilanzgewinn, der in der Regel dem aus dem Leistungsprozess resultierenden Geldüberschuss nicht entspricht, gibt der Cashflow den **aus der Erfolgsrechnung (GuV-Rechnung) einer Rechnungsperiode ableitbaren Bargeldüberschuss** an. Insoferne kommt dem Cashflow bei **Finanzierungsüberlegungen** eine überragende Stellung zu. Der Begriff ist primär **finanzwirtschaftlich** und nicht (wie der Bilanzgewinn) erfolgswirtschaftlich ausgerichtet.

Der **Cashflow** wird wie folgt ermittelt:

    Jahresüberschuss/-fehlbetrag
+   Nicht-Ausgaben in den Aufwendungen
−   Nicht-Einnahmen in den Erträgen
    _____
    Cashflow
    ═══════════════════════════════

Diese (den theoretischen Ansprüchen angepasste) **Formel** wird **in der Praxis** üblicherweise nicht präzise angewendet, sondern wie folgt **modifiziert**:

Als Beispiel sei die im Unternehmensreorganisationsgesetz zur Ermittlung der fiktiven Schuldentilgungskraft verwendete Cashflow-Formel angeführt. Diese Formel ist außerdem dadurch gekennzeichnet, dass sie alle nicht unmittelbar der laufenden Geschäftstätigkeit zurechenbaren Ereignisse (Abgang von Anlagen) und außerordentliche Ereignisse außer Acht lässt:

Ergebnis der gewöhnlichen Geschäftstätigkeit
- darauf entfallende Steuern vom Einkommen und vom Ertrag[1])
± Abschreibungen (Zuschreibungen) auf das Anlagevermögen
± Verluste (Erträge) aus dem Abgang von Anlagevermögen
± Bildung (Auflösung) langfristiger Rückstellungen

Cashflow bzw. Geldfluss

Die **Zahlungskraft** einer Unternehmung wird durch den Cashflow allein jedoch nicht bestimmt. Der Cashflow ist nur **eine** von mehreren Größen der Finanzplanung, weil es verschiedene Vorgänge im Geldbereich gibt, die von der Gewinn- und Verlustrechnung gar nicht erfasst werden, wie etwa Zahlungen an Lieferanten, Zahlungen von Kunden, Aufnahme und Rückzahlung von Darlehen, Anschaffung von Anlagen, Rohstoffen usw.

Dieser Umstand macht es notwendig, eine über die Cashflow-Rechnung hinausgehende, den gesamten Zahlungsfluss umfassende Rechnung anzustellen wie sie beispielsweise vom IASC (IAS 7) und vom Fachsenat für Betriebswirtschaft der Kammer der Wirtschaftstreuhänder in Form der Geldflussrechnung vorgeschlagen wird.

Der **Cashflow für sich ist kein verlässlicher Maßstab für die Ertragskraft** einer Unternehmung. Unternehmungen mit gleicher Gewinnkraft können einen sehr unterschiedlichen Cashflow haben. Bei **anlagenintensiven** Unternehmungen ist er wesentlich **größer** als bei **personalintensiven** Unternehmungen. Durch die intensivere Anlagennutzung fallen mehr Abschreibungen an, die erst bei der Reinvestition Ausgaben bedingen und bis dorthin disponiert werden können. Ein (hoher) Personalaufwand ist unmittelbar zahlungswirksam.

Beispiel	Betrieb I	Betrieb II
Personalaufwand	2.000	7.000
Abschreibungen	7.000	2.000
Gewinn	1.000	1.000
Cashflow	8.000	3.000

Abb. 5

Betrieb I verfügt über einen großen Maschinenpark und wenige Arbeitskräfte, Betrieb II hingegen beschäftigt viele Arbeitnehmer, weist jedoch nur ein geringes Anlagevermögen aus. Die Ertragskraft beider Unternehmer ist gleich hoch (Gewinn 1.000). Der Cashflow ist bei Betrieb I jedoch 8.000 (1.000 + 7.000), bei Betrieb II hingegen nur 3.000 (1.000 + 2.000). Der Cashflow liefert in Fällen wie den beschriebenen eine **verzerrte** Aussage über die Ertragskraft.

---

[1]) Entfällt bei Einzelunternehmen und Personengesellschaften in der Regel.

Der Cashflow ist demnach (lediglich) eine **finanzwirtschaftliche** Größe, auf die in der **Finanzplanung** nicht verzichtet werden kann und die als ein wichtiger Faktor bei der Sicherung und Beurteilung der **Liquidität** anzusehen ist. Als Maßstab für die **Ertragskraft** kommt der Cashflow, wenn überhaupt, **nur bedingt** in Frage.

e) Die Kapitalflussrechnung (Geldflussrechnung) nach den Richtlinien des IAS 7

Zur Verbesserung der Informationslage auf internationaler Ebene erließ das International Accounting Standard Committee (IASC) für die Gestaltung der Kapitalflussrechnung den International Accounting Standard 7 (IAS 7).

Mit der **Geldflussrechnung** sollen die Fähigkeit zur Erwirtschaftung von Zahlungsmittelüberschüssen, die Fähigkeit zur Erfüllung der Zahlungsverpflichtungen und zur Zahlung von Dividenden, die Auswirkung von Investitions- und Finanzierungsvorgängen auf die Finanzlage festgestellt und die Gründe für die Divergenz zwischen Jahresergebnis und Veränderung der liquiden Mittel (Finanzmittelfonds) offen gelegt werden.

Nach den Richtlinien des IAS 7 wird der gesamte Zahlungsmittelfluss (Cashflow) nach den drei Bereichen **laufende Geschäftstätigkeit** (operating activities), **Investitionstätigkeit** (investing activities) und **Finanzierungstätigkeit** (financing activities) gegliedert, woraus sich folgendes Bild ergibt (vgl. hiezu auch den Abschnitt „Kapitalflussrechnung" im Kapitel I. VIII.):

Cashflow aus der laufenden Geschäftstätigkeit
+/– Cashflow aus der Investitionstätigkeit
+/– Cashflow aus der Finanzierungstätigkeit
Zu- und Abnahme der liquiden Mittel
+ liquide Mittel zu Jahresbeginn
Liquide Mittel am Jahresende

Die auch als **Finanzmittelfonds** bezeichneten liquiden Mittel setzen sich aus Bargeld, Bankguthaben und jederzeit verflüssigbaren Wertpapieren mit einer Laufzeit von längstens 3 Monaten zusammen.

Der Cashflow aus der laufenden Geschäftstätigkeit zeigt an, wieweit das Unternehmen in der Lage war, aus der laufenden Geschäftstätigkeit liquide Mittel zur Aufrechterhaltung der Geschäftstätigkeit, für Investitionen und zur Kredittilgung sowie Dividendenzahlungen ohne Zugriff auf externe Finanzmittel zu schaffen.

Mangels besserer Information müssen die Zahlungsströme aus dem Jahresabschluss abgeleitet werden, wobei diese Ableitung im Bereich der laufenden Geschäftstätigkeit nach der **direkten** oder der **indirekten** Methode erfolgen kann. Während die direkte Methode bessere Informationen über die Art des Mittelzu- und -abflusses gibt, bietet die indirekte Methode die Information über die Divergenz von Jahresergebnis und Zahlungsmittelveränderungen.

Geldflussrechnung, abgeleitet nach der direkten Methode

1. Einzahlungen aus der Leistungserstellung des Unternehmens
   (= Umsatzerlöse +/– Forderungsveränderung)
2. – Auszahlungen im Zusammenhang mit der Leistungserstellung
3. + Sonstige Einzahlungen, die nicht der Investitions- oder Finanzierungstätigkeit zuzuordnen sind
4. – Sonstige Auszahlungen, die nicht der Investitions- oder Finanzierungstätigkeit zuzuordnen sind

5. Nettogeldfluss aus der gewöhnlichen Geschäftstätigkeit
6. +/– Nettogeldfluss aus a. o. Posten
7. Zahlungen für Ertragsteuern

8. Nettogeldfluss aus der Geschäftstätigkeit
9. Einzahlungen aus Anlagenabgang (ohne Finanzanlagen)
10. + Einzahlungen aus Finanzanlagenabgang und sonstigen Finanzinvestitionen
11. – Auszahlungen für Anlagenzugang (ohne Finanzanlagen)
12. – Auszahlungen für Finanzanlagenzugang und sonstige Finanzinvestitionen

15. Nettogeldfluss aus der Investitionstätigkeit
13. Einzahlung von Eigenkapital
14. – Rückzahlung von Eigenkapital
15. – Auszahlungen aus der Bedienung des Eigenkapitals
16. + Einzahlungen aus der Begebung von Anleihen und aus der Aufnahme von (Finanz-)Krediten
17. – Auszahlungen für die Tilgung von Anleihen und Finanzkrediten

18. Nettogeldfluss aus der Finanzierungstätigkeit

19. Zahlungswirksame Veränderung der Fondsmittel (8 ± 15 ± 18)

20. Anfangsbestand der Fondsmittel

21. Endbestand der Fondsmittel

Geldflussrechnung, abgeleitet nach der indirekten Methode

1. Ergebnis der gewöhnlichen Geschäftstätigkeit
2. +/– Verlust/Gewinn aus dem Abgang von Gegenständen des Investitionsbereiches
3. +/– Abschreibungen/Zuschreibungen auf Gegenstände des Anlagevermögens und aktivierte Aufwendungen für das Ingangsetzen und Erweitern eines Betriebes sowie auf Wertpapiere des Umlaufvermögens
4. +/– Abnahme/Zunahme der Vorräte, Forderungen aus Lieferungen und Leistungen sowie anderer Aktiva
5. +/– Zunahme/Abnahme der Rückstellungen
6. Zunahme/Abnahme der Verbindlichkeiten aus Lieferungen und Leistungen sowie anderer Passiva
7. Nettogeldfluss aus der gewöhnlichen Geschäftstätigkeit vor Steuern und vor außerordentlichen Posten
8. +/– Nettogeldfluss aus a. o. Posten
9. – Zahlungen für Ertragsteuern
10. **Nettogeldfluss aus der Geschäftstätigkeit**
11. Einzahlungen aus Anlagenabgang (ohne Finanzanlagen)
12. + Einzahlungen aus Finanzanlagenabgang und sonstigen Finanzinvestitionen
13. – Auszahlungen für Anlagenzugang (ohne Finanzanlagen)
14. – Auszahlungen für Finanzanlagenzugang und sonstige Finanzinvestitionen
15. **Nettogeldfluss aus der Investitionstätigkeit**
16. Einzahlung von Eigenkapital
17. – Rückzahlung von Eigenkapital
18. – Auszahlungen aus der Bedienung des Eigenkapitals
19. + Einzahlungen aus der Begebung von Anleihen und aus der Aufnahme von (Finanz-)Krediten
20. – Auszahlungen für die Tilgung von Anleihen und Finanzkrediten
21. **Nettogeldfluss aus der Finanzierungstätigkeit**
22. **Zahlungswirksame Veränderung der Fondsmittel (10 ± 15 ± 21)**
23. **Anfangsbestand der Fondsmittel**
24. **Endbestand der Fondsmittel**

3. Die Außenfinanzierung

a) Die Eigenfinanzierung

Unter **Eigenfinanzierung** (**Beteiligungsfinanzierung**) ist die Finanzierung durch den Eigentümer bzw. die Gesellschafter (Anteileigner) von außen in Form von Einlagen zu verstehen. Dabei hat die **Rechtsform** einer Unternehmung und indirekt auch deren Größe einen wesentlichen Einfluss auf die Möglichkeiten der Eigenkapitalaufbringung.

Wesentliche **Merkmale** der Beteiligungsfinanzierung:

1. Anspruch auf Gewinnbeteiligung
2. Anspruch auf Beteiligung am Liquidationserlös
3. Einfluss auf die Geschäftsführung (je nach Rechtsform verschieden)
4. Haftung für die Schulden der Unternehmung (je nach Rechtsform verschieden)

aa) Einzelunternehmung und Personengesellschaften

Einzelunternehmung

Da die Kreditwürdigkeit der Einzelunternehmung wesentlich von der Persönlichkeit des Unternehmers abhängt, sodass der Fremdfinanzierung bestimmte Grenzen gezogen sind, kommt der Eigenfinanzierung speziell bei Gründungsvorgängen überragende Bedeutung zu. Im sich anschließenden Betriebsverlauf kann sie sinnvoll durch Selbstfinanzierung ergänzt werden. Über die Betriebsgröße und das Ausmaß der Eigenfinanzierung entscheiden der Betriebszweck und die Kapitalkraft des Einzelunternehmers. Einzelunternehmungen können daher von vornherein nicht einer bestimmten Betriebsgröße zugeordnet werden, wenn sie auch eher in der Form der Klein- und Mittelbetriebe anzutreffen sein werden.

Offene Handelsgesellschaft

Auch bei der offenen Handelsgesellschaft sind der Eigenkapitalaufbringung durch Eigenfinanzierung Grenzen nur hinsichtlich des Betriebszweckes und der Kapitalkraft der Gesellschafter gezogen. Die Zahl der Gesellschafter ist meist klein, da nach § 114 HGB alle Gesellschafter zur Führung der Geschäfte der Gesellschaft berechtigt und verpflichtet sind, was einer übermäßigen Ausdehnung der Zahl der Gesellschafter entgegenwirkt. Aus der Spruchpraxis sind auch offene Handelsgesellschaften mit vielen Gesellschaftern bekannt, doch sind dies Ausnahmefälle.

Im Gegensatz zur Einzelfirma, bei der der Verminderung des Eigenkapitals durch Entnahmen gesetzlich keine Schranken gesetzt sind, bestimmt § 122 HGB, dass jeder Gesellschafter nur berechtigt ist, aus der Gesellschaftskassa Geld bis zum Betrag von 4 % des zuletzt festgestellten Kapitalanteiles zu entnehmen. Auszahlungen des den bezeichneten Betrag übersteigenden Anteiles am letzten Jahresgewinn können nur verlangt werden, wenn es nicht zum offenbaren Schaden der Gesellschaft gereicht. Verbunden mit der Eigenkapitalbildung durch Eigenfinanzierung ergibt sich durch diese Vorschrift eine gewisse Möglichkeit zur Selbstfinanzierung.

Kommanditgesellschaft

Die Eigenkapitalaufbringung durch Eigenfinanzierung bei der Kommanditgesellschaft ist durch den unterschiedlichen Umfang der Gesellschafterhaftung gekennzeichnet. Bei den Komplementären (den persönlich haftenden Gesellschaftern) findet eine Beschränkung der Haftung nicht statt. Die Haftung der Kommanditisten gegenüber den Gläubigern der Gesellschaft ist auf den Betrag einer bestimmten Vermögenseinlage beschränkt. Das erleichtert gewöhnlich die Schaffung ausreichender Eigenkapitalbasen in größerem Maße als in der offenen Handelsgesellschaft, weil bei letzterer jeder Gesellschafter ein sein gesamtes Vermögen (Geschäfts- und Privatvermögen) umfassendes Risiko eingeht.

Die Erweiterung der Eigenkapitalbasis in der KG durch Selbstfinanzierung zeigt sich ebenfalls in anderer Weise als in der OHG. Der Kommanditist hat Anspruch auf Auszahlung des ihm zukommenden Gewinnes. Solange sein Kapitalanteil durch Verlust unter den auf die bedungene Einlage geleisteten Betrag herabgemindert ist oder durch die Auszahlung unter diesen Betrag herabgemindert werden würde, kann er die Auszahlung des Gewinns nicht fordern. Ist die bedungene Einlage durch den Kommanditisten voll geleistet, so führen zu seinen Gunsten getätigte Gewinngutschriften zu einer Zunahme der Fremdkapitalbelastung der Gesellschaft. Die Gewinnverrechnungskonten sind Fremdkapitalkonten.

Stille Gesellschaft

Eine **stille Beteiligung** (stille Gesellschaft) liegt vor, wenn sich jemand am Handelsgewerbe eines anderen mit einer in dessen Vermögen übergehenden Einlage beteiligt, ohne dass dies nach außen hin (Firma, Eintragung im Firmenbuch) in Erscheinung tritt. Der stille Gesellschafter haftet nur mit seiner Einlage und ist von der Geschäftsführung gewöhnlich ausgeschlossen.

bb) Gesellschaft mit beschränkter Haftung

Der Eigenkapitalaufbringung sind bei Kapitalgesellschaften nach unten hin Grenzen gezogen. Das GmbH-Gesetz verlangt ein Stammkapital von mindestens € 35.000,– (bisher S 500.000,–), wobei die einzelnen Stammeinlagen zumindest € 70,– (bisher S 1.000,–) zu betragen haben. Mindestens die Hälfte des Stammkapitals ist durch bar zu leistende Stammeinlagen voll aufzubringen (es sei denn, die Gesellschaft unterzieht sich freiwillig einer Gründungsprüfung). Auf die bar zu leistenden Einlagen müssen mindestens € 17.500,– (bisher S 250.000,–) eingezahlt sein. Sind diese niedriger, müssen sie voll eingezahlt sein. Auf jede bar zu leistende Einlage ist zumindest ein Viertel, jedenfalls aber € 70,– (bisher S 1.000,–) einzuzahlen. Sacheinlagen müssen im vollen Umfang bewirkt werden.

Nach § 72 GmbH-Gesetz kann im Gesellschaftsvertrag bestimmt werden, dass die Gesellschafter über den Betrag der Stammeinlagen hinaus die Einforderung von weiteren Einzahlungen (**Nachschüsse**) beschließen können. Die Nachschusspflicht ist auf einen nach dem Verhältnis der Stammeinlagen beschränkten Betrag zu begrenzen. Ihr haben sämtliche Gesellschafter nachzukommen.

cc) Aktiengesellschaft

Die Eigenkapitalaufbringung bei der AG erfolgt durch die Ausgabe von Aktien. Nach dem (österreichischen) AktG 1965 (idF 1. Euro-Justiz-Begleitgesetz, BGBl. I 1998/125) handelt es sich entweder um **Nennbetragsaktien** oder **Stückaktien**. Beide Aktienarten dürfen in der Gesellschaft nicht nebeneinander bestehen. Nennbetragsaktien müssen auf einen Nennbetrag (Nominale) von mindestens 1 € oder auf ein Vielfaches davon lauten. Der Anteil am Grundkapital bestimmt sich nach dem Verhältnis des Nennbetrags zum Grundkapital. Stückaktien haben keinen Nennbetrag. Jede Stückaktie ist am Grundkapital in gleichem Umfang beteiligt, ihr Anteil bestimmt sich nach der Zahl der ausgegebenen Aktien (daher auch als Quotenaktie bezeichnet), muss jedoch zumindest den Wert von 1 € ergeben. Der Mindestnennbetrag des Grundkapitals (= die satzungsmäßig festgesetzte Summe der Nennbeträge aller Aktien) beträgt € 70.000,– (bisher: S 1,000.000,–). Die Aktien dürfen nicht zu einem geringeren Betrag als dem Nennbetrag oder dem auf die einzelne Stückaktie entfallenden anteiligen Betrag des Grundkapitals ausgegeben werden, wohl aber zu einem höheren Betrag (über pari, **Aufgeld** oder **Agio**).

Erfolgt die Ausgabe über dem Nominalwert (über pari), so ist das sich ergebende **Aufgeld (Agio)** der gebundenen Kapitalrücklage zuzuführen. Die Höhe des Aufgeldes, das zu wesentlicher Stärkung der Eigenkapitalbasis führen kann, hängt von der voraussichtlichen bzw. gegebenen Stellung des Unternehmens auf dem Markte ab, d. h. vom Ansehen, das die Gesellschaft besitzt; es ist von der zu erwartenden Sicherheit der Kapitalanlage und der voraussichtlichen Ertragskraft des Unternehmens bestimmt.

Art der Aktien

Kriterien	Aktiengattung
Art und Übertragbarkeit der Aktien	Inhaberaktien Namensaktien Vinkulierte Namensaktien
Eingeräumte Rechte	Stammaktien Vorzugsaktien
Art der Kapitalaufteilung	Nennbetragsaktien Stückaktien (Quotenaktien)

Abb. 6

Aktien können auf den Inhaber oder auf Namen lauten. Sie sind als **Inhaberaktien** auszustellen, wenn die Satzung nichts anderes bestimmt. Die Eigentumsübertragung erfolgt einfach durch Vereinbarung der betroffenen Partner und **Übergabe**. Nur unter der Voraussetzung, dass die Aktien vor der vollen Leistung des Nennbetrages oder des höheren Ausgabebetrages ausgegeben werden, müssen die Aktien auf Namen lauten. Diese Namen sind im Aktienbuch der Gesellschaft zu verzeichnen. Die **Namensaktien** sind mit Hilfe eines Indossaments zu übertragen. Die Übertragung von **vinkulierten Namensaktien** ist zusätzlich an die Zustimmung der Gesellschaft gebunden. Die Vinkulierung soll verhindern, dass sich unerwünschte Beteiligungsverschiebungen ergeben.

Inhaberaktien dürfen also nur gegen Leistung des vollen Betrages ausgegeben werden. Die Ausgabe von Namensaktien ist hingegen vor der vollen Bezahlung des Nennbetrages möglich. Der eingeforderte Betrag muss mindestens ein Viertel des Nennbetrages und gegebenenfalls das volle Agio umfassen. Sacheinlagen sind zur Gänze zu leisten. Namensaktien kommen besonders bei Familiengesellschaften vor und haben jedenfalls den Nachteil der geringen Beweglichkeit. Eine hohe Beweglichkeit ist bei Inhaberaktien insbesondere durch den Wertpapierhandel an der **Börse** (organisierter Kapitalmarkt) gegeben.

Nach den unterschiedlichen Rechten, die Aktien vor allem bei der Verteilung des Gewinnes und des Gesellschaftsvermögens haben, unterscheidet man **Stammaktien** und **Vorzugsaktien**. Gemäß § 12 AktG gewährt jede Aktie das Stimmrecht, doch können Vorzugsaktien als Aktien ohne Stimmrecht ausgegeben werden. Vorzugsaktien ohne Stimmrecht dürfen nur bis zu einem Gesamtbetrag in der Höhe des halben Gesamtnennbetrages der anderen Aktien ausgegeben werden (also nur ein Drittel des gesamten Aktienkapitals ausmachen). Dadurch soll ein unverhältnismäßig starker Einfluss der stimmberechtigten Stammaktionäre in der Hauptversammlung verhindert werden.

Stammaktien genießen das Stimmrecht, das Dividendenrecht, das Bezugsrecht und das Recht auf Teilhabe am Liquidationserlös. **Vorzugsaktien** sind im Hinblick auf eines oder mehrere dieser Rechte mit Vorrechten ausgestattet, müssen dafür aber auch verschiedentlich Nachteile (in der Regel Stimmrechtsverzicht) in Kauf nehmen. Ein Vorzug für den Stimmrechtsverzicht wird z. B. eingeräumt, um bestimmte Machtverhältnisse zu erzielen. Vorzüge werden auch eingeräumt, um bei einer Sanierung Zuzahlungen durch die Aktionäre zu erwirken. Vorzugsaktien werden auch bei Kapitalerhöhungen ausgegeben, wenn der Kurs alter Aktien unter pari (unter 100) liegt, da sonst keine zusätzliche Eigenkapitalaufbringung möglich erscheint.

Folgende Arten von Vorzugsaktien sind möglich:
- Vorzugsaktien mit bevorrechtetem Dividendenanspruch (prozentuell festgelegte Vorabdividende vor den Stammaktien);
- Vorzugsaktien mit Überdividende (höhere Dividende als die Stammaktien);
- Vorzugsaktien mit limitiertem Dividendenanspruch (fixierte Höchstdividende);
- Kumulative Vorzugsaktien (mit Dividendennachzahlungsanspruch für frühere Verlustjahre).

Genussscheine sind aktienähnliche Wertpapiere, die im Falle einer Sanierung oder bei befristeten Eigenmittelzufuhren Einsatz finden können. Sie verbriefen vermögensrechtliche Ansprüche gegen die Gesellschaft, meist auf Beteiligung am Gewinn oder am Liquidationserlös (Anteilspapier). Eine andere Rechtskonstruktion stellen die Genussscheine dar, die von den Beteiligungsfonds-AG ausgegeben werden (Beteiligungsfondsgesetz).

Im Geld-, Kredit- und Versicherungswesen zählt (unabhängig von der Rechtsform) auch das **Partizipationskapital** neben dem Eigenkapital und dem (auf mindestens 8 Jahre zur Verfügung gestellten) Ergänzungskapital zu den Eigenmitteln und damit zum Haftkapital (§ 23 Bankwesengesetz, § 73c Versicherungsaufsichtsgesetz). Auf dieser Grundlage ausgegebene **Partizipationsscheine** stellen ebenfalls aktienähnliche Wertpapiere dar, verbriefen vermögensrechtliche Ansprüche gegen das Unternehmen, nehmen am Gewinn oder Verlust teil, erlauben aber nicht die Ausübung eines Stimmrechts. Die Inhaber von Partizipationsscheinen haben jedoch das Recht, an der Hauptversammlung oder der Versammlung des obersten Unternehmensorgans teilzunehmen und Auskünfte im Sinn des § 112 AktG (Auskunftsrecht des Aktionärs) zu begehren.

Der **Rückkauf eigener Aktien** war österreichischen Aktiengesellschaften bis zum 30.6.1999 nur in bestimmten Fällen – so etwa zur Abwehr eines schweren Schadens von der Gesellschaft – möglich. Sie konnten nicht, wie international verbreitet, den Rückkauf eigener Aktien als Finanzierungsinstrument und als Mittel zur Erhöhung des Kurswertes einsetzen. Ab 1.7.1999 ist mit einer Ermächtigung der Hauptversammlung der Rückkauf eigener Aktien bis zu einem Anteil von 10 % des Grundkapitals ohne eine bestimmte Zweckvorgabe möglich. Der Handel in eigenen Aktien bleibt jedoch ausgeschlossen, um Spekulationsgeschäfte oder eine kontinuierliche Kursbeeinflussung zu unterbinden (§ 65 Abs 1a AktG 1965).

Durch den Rückkauf eigener Aktien vermindert die Gesellschaft ihr Eigenkapital. Nicht benötigte Liquidität wird abgebaut und an die Aktionäre ausgeschüttet. Dieser Vorgang wird vom Markt in der Regel positiv bewertet und führt zu Kurssteigerungen. Die Eigenkapitalrendite der verbleibenden Aktien wird erhöht. Rück- und Wiederverkaufsaktionen können gezielt zur Beeinflussung des Aktienkurses eingesetzt werden. Damit kann einer Unterbewertung der Aktien entgegengesteuert werden. Durch die Möglichkeit des Rückerwerbs kann auch eine erhöhte Emissionsneigung erreicht werden (siehe auch S. 650 f.).

Formen der Kapitalerhöhung

Nach der Gründung einer AG können im späteren Verlauf der Unternehmenstätigkeit Kapitalerhöhungen (jeweils $3/4$-Mehrheitsbeschluss notwendig, soferne die Satzung nichts anderes bestimmt) in folgenden Formen vorgenommen werden:

> Kapitalerhöhung gegen Einlagen
> Bedingte Kapitalerhöhung
> Genehmigtes Kapital
> Kapitalerhöhung aus Gesellschaftsmitteln

Während in den ersten drei Fällen eine materielle Kapitalzufuhr von außen stattfindet, ist im letzten Fall nur eine formale Nominalkapitalerhöhung durch Umwandlung offener Rücklagen in Grundkapital angegeben (Umfinanzierung).

Die **Kapitalerhöhung gegen Einlagen** (auch: **ordentliche Kapitalerhöhung**) erfolgt gegen die Ausgabe von neuen (jungen) Aktien gegen Barzahlung oder Sacheinlage. Der Bezugskurs muss mindestens dem Nennwert der neu ausgegebenen Aktien entsprechen, ein Agio ist demnach möglich.

Die bisherigen Aktionäre verfügen über ein gesetzliches **Bezugsrecht** auf die neu ausgegebenen Aktien (soferne die Hauptversammlung dies mit $^3/_4$-Mehrheit nicht ausschließt). Das Bezugsrecht ist zu begründen

1. mit der zu erwartenden Änderung der Stimmrechtsverhältnisse und
2. mit der Verminderung des inneren Wertes der Altaktien, wenn die neuen Aktien unter dem Bilanz- oder Börsenkurs der Altaktien ausgegeben werden.

Der **Bilanzkurs** ergibt sich aus folgender Formel:

$$\text{Bilanzkurs} = \frac{\text{Eigenkapital}}{\text{Grundkapital}} \times 100$$

Der **Börsenkurs** ist als ein am Kapitalmarkt ermittelter Ertragswert (Zukunftserfolgswert) zu verstehen. Unter der Annahme einer unbegrenzten Lebensdauer einer Unternehmung kann der Ertragswert einer ersten **Schätzung** unterzogen werden, wenn man den durchschnittlich erwarteten nachhaltigen Perioden-Reinerfolg (e) in die Kapitalisierungsformel für ewige Renten einsetzt und einen Kapitalisierungszinsfuß (p) für langfristige Veranlagungen bestimmt.

$$\text{Ertragswert E} = \frac{e}{p} \times 100$$

Daraus läßt sich ein **Ertragswertkurs** ableiten:

$$\text{Ertragswertkurs} = \frac{\text{Ertragswert}}{\text{Grundkapital}} \times 100$$

Beispiel: e = 600.000
p = 8 %
Grundkapital = 6,000.000
Rücklagen = 1,200.000

$$E = \frac{600.000}{8} \times 100 = 7,500.000$$

$$\text{Ertragswertkurs} = \frac{7,500.000}{6,000.000} \times 100 = 125 \%$$

$$\text{Bilanzkurs} = \frac{7,200.000}{6,000.000} \times 100 = 120 \%$$

Bei der **Festsetzung des Bezugskurses** für neue Aktien wird man in der Regel den bisherigen Börsenkurs unterschreiten, um einen entsprechenden Anreiz für die Zeichnung der jungen Aktien zu geben. Die Altaktionäre müssen deswegen ein Bezugsrecht auf die neuen Aktien erhalten, um einen Vermögensverlust ausschalten zu können. Die Altaktionäre haben die Wahl, das Bezugsrecht zum Erwerb neuer Aktien zu verwenden oder aber auch das Bezugsrecht zu verkaufen (was einer teilweisen Liquidierung ihres bisherigen Aktienbesitzes gleichkommt).

Der **rechnerische Wert des Bezugsrechts** ergibt sich aus dem Bezugsverhältnis alter zu junger Aktien (a : j), dem Bezugskurs der jungen Aktien (K_j) und dem Börsenkurs der alten Aktien (K_a):

$$\frac{K_a - K_j}{a + j} \times j$$

Da die Bezugsrechte bis zum Abschluss der Kapitalerhöhung an der Börse gehandelt und selbständig neben der Aktie notiert werden, ist es durchaus denkbar, dass der **tatsächliche Wert des Bezugsrechts** deutlich vom rechnerischen Wert abweicht. Außerdem ist auch der Zeitpunkt und die Höhe der Dividendenberechtigung für die jungen Aktien von Bedeutung.

Beispiel: Bezugsverhältnis 48:1
Bezugskurs für die jungen Aktien 100 %
Durchschnittlicher Börsenkurs der alten Aktien 550 %
Rechnerischer Wert des Bezugsrechts

$$\frac{550 - 100}{48 + 1} \times 1 = 9{,}18 \,\%$$

Eine **bedingte Kapitalerhöhung** muss von der Hauptversammlung bei der Emission von **Wandelanleihen oder Optionsanleihen** beschlossen werden, weil mit dem Erwerb dieser Anleihen ein unentziehbares Recht auf den Bezug junger Aktien verbunden ist. Die effektive Kapitalerhöhung hängt davon ab, wie weit von diesem Recht Gebrauch gemacht wird. Für die dabei ausgegebenen jungen Aktien muss das generelle Bezugsrecht der Altaktionäre zwangsläufig ausgeschlossen werden. Dieser Ausschluss ist mit den wirtschaftlichen Vorteilen, die sich aus solchen Kapitalerhöhungen auch für die Altaktionäre ergeben, begründbar. Die durch eine bedingte Kapitalerhöhung neu geschaffenen Aktien dürfen 50 % des bisherigen Grundkapitals nicht übersteigen.

Beim **genehmigten Kapital** liegt eine Ermächtigung der Hauptversammlung an den Vorstand vor, das Grundkapital bis zu einem bestimmten Nennbetrag (höchstens 50 % des bisherigen Grundkapitals) durch die Ausgabe neuer Aktien gegen Einlagen zu erhöhen. Diese Ermächtigung ist gesetzlich auf 5 Jahre beschränkt. Die Ermächtigung soll es dem Vorstand erlauben, die Kapitalzufuhr nach seinen Vorstellungen zu einem wirtschaftlich günstigen Zeitpunkt vorzunehmen.

Die **Kapitalerhöhung aus Gesellschaftsmitteln** stellt lediglich einen Passivtausch und damit keine materielle Kapitalzufuhr dar. Durch die Umwandlung von offenen (freien) Rücklagen in Grundkapital wird das Eigenkapital lediglich in seiner Struktur, aber nicht in seiner Summe verändert. Den Altaktionären stehen dann Berichtigungsaktien (Gratisaktien) zu. Durch die Ausgabe von Gratisaktien soll entweder der Haftungsrahmen des Grundkapitals (zur Verbesserung der Kreditfähigkeit) erhöht oder der Kurswert der Aktien verringert werden, die dadurch eine verbesserte Marktgängigkeit (Fungibilität) erreichen. Auch kann die Senkung von optisch ungünstigen hohen Dividendensätzen beabsichtigt sein, weil diese sich ja auf das Grundkapital und nicht auf das gesamte Eigenkapital beziehen. Bliebe der Dividendensatz auch in Hinkunft gleich, käme es allerdings zu einer „stillen" Dividendenerhöhung (vermehrte Gewinnausschüttung wegen erweiterter Nominalkapitalbasis).

Formen der Kapitalherabsetzung

Eine Kapitalherabsetzung kann
1. zur Rückzahlung von Einlagen bzw. zum Erlass von Einzahlungsverpflichtungen (Anpassung an einen verringerten Geschäftsumfang) oder
2. zur Sanierung eines Unternehmens (Beseitigung einer Unterbilanz; vereinfachte Kapitalherabsetzung)

erfolgen. Nach dem Aktiengesetz ist eine ordentliche Kapitalherabsetzung ($^3/_4$-Mehrheitsbeschluss; Rückzahlung an Aktionäre), eine vereinfachte Kapitalherabsetzung (Verlustausgleich) und eine Kapitalherabsetzung durch Einziehung von Aktien möglich.

dd) Genossenschaften

Gemäß § 1 des Gesetzes über Erwerbs- und Wirtschaftsgenossenschaften sind Genossenschaften Vereine von nicht geschlossener Mitgliederzahl, welche im wesentlichen der Förderung des Erwerbs oder der Wirtschaft ihrer Mitglieder dienen, wie Kredit-, Einkaufs-, Verkaufs-, Konsum-, Verwertungs-, Nutzungs-, Bau-, Wohnungs- und Siedlungsgenossenschaften.

Die Eigenfinanzierung ist davon beeinflusst, ob es sich um Genossenschaften mit unbeschränkter Haftung, Genossenschaften mit beschränkter Haftung oder Genossenschaften mit Anteilshaftung handelt.

Der Genossenschafter der Genossenschaft mit **unbeschränkter Haftung** haftet für die Verbindlichkeiten der Genossenschaft solidarisch mit seinem ganzen Vermögen. Der Genossenschafter der Genossenschaft mit **beschränkter Haftung** haftet nur bis zu einem bestimmten, im voraus festgesetzten Betrage. Der Genossenschafter der Genossenschaft mit **Anteilshaftung** haftet nur mit seinem Geschäftsanteil. Letzteres ist unter gewissen Voraussetzungen nur bei Konsumvereinen gestattet (siehe § 2 GenGes). Das Ausmaß der Eigenfinanzierung ist von diesen rechtlichen Regelungen im Haftungsfalle beeinflusst. Die Eigenkapitalbasis ist durch Neueintritte und durch Austritte ständigen Änderungen unterworfen.

ee) Sonderformen der Eigenfinanzierung

Als Sonderformen der Eigenfinanzierung können die **Fusion** und die **Sanierung** gelten. Die **Fusion** oder **Verschmelzung** stellt die Vereinigung juristischer Personen durch Aufnahme in eine bestehende Gesellschaft oder durch Neugründung dar. Die **Sanierung** stellt Maßnahmen zur Gesundung einer durch größere Verluste und/oder Illiquidität gefährdeten Unternehmung dar. Im Zuge der **materiellen** Sanierung haben entweder die Gesellschafter Zahlungen zu leisten oder Gläubiger auf einen Teil ihrer Forderungen zu verzichten. Die Sanierung kann auch durch Rücklagenauflösung bzw. (Nominal-)Kapitalherabsetzung (**formell**) erfolgen. Die formelle Sanierung stellt jedoch keinen Finanzierungsvorgang dar.

Mergers & Acquisitions

Aus dem englischen Sprachraum kommend erlangte in der letzten Zeit ein spezielles Geschäftsfeld von Spezialbanken zunehmend an Bedeutung, das mit dem Begriff „Mergers & Acquisitions (M&A)" gekennzeichnet ist. Man versteht darunter kurz gefasst sowohl die **Fusion** (merger) als auch die **Übernahme** (acquisition) von Unternehmen gegen Entgelt. Im weiteren Sinne sind darunter alle Aktivitäten anzusehen, die mit dem Übergang von Unternehmen bzw. Unternehmensanteilen sowie von Betrieben und Betriebsteilen im Zusammenhang stehen. Es handelt sich also um die Vermittlung und Organisation von Unternehmensbeteiligungen. Folgende typische Transaktionen stehen im Vordergrund:

- Management-Buy-Out (MBO)
- Leveraged-Buy-Out (LBO)
- Management-Buy-In (MBI)
- Acquisition (Stock-/Asset-Acquisition)

Als **Management-Buy-Out** (**MBO**) gilt der Unternehmenskauf oder die Übernahme eines Betriebes, wobei das Management, das dieses Unternehmen bisher geführt hat, einen wesentlichen Anteil an diesem Unternehmen erwirbt. Die Chance zur unternehmerischen Selbständigkeit, eigenständige Entwicklungsmöglichkeiten, die in der bisherigen Unternehmenspolitik (Konzernpolitik) nicht realisierbar waren, und Rentabilitätsgesichtspunkte bilden die hauptsächlichen Motive hiezu. Oftmals steht dem Management nur ein relativ geringer Bestand an Eigenmitteln zur Verfügung. Die Finanzierung derartiger Transaktionen ist dann nur durch die Aufnahme eines hohen Anteils von Fremdkapital möglich. Deshalb werden in der Regel die Aktiva des Kaufobjektes als Sicherheiten für die Schulden der Übernehmenden herangezogen. Die Aufnahme von Fremdkapital erfolgt aber auch im Hinblick auf die Möglichkeit der Steigerung der Eigenkapitalrentabilität durch die Nutzung des Leverage-Effekts (siehe Abschnitt IV. 4.). Die Kapitalaufbringung wäre aber auch von privaten Investoren, Venture-Kapital-Gebern oder institutionellen Anlegern möglich, konnte sich am österreichischen Markt aber noch nicht entwickeln. Mit dem aufgenommenen Kapital wird den Aktionären oder Inhabern des zu kaufenden Unternehmens ein über dem aktuellen Marktwert liegendes (und somit attraktives) Angebot zum Kauf ihrer Aktien oder Anteile gemacht. In diesem Falle handelt es sich um die Form des **Leveraged-Buy-Out** (**LBO**). Von einem **Management-Buy-In** (**MBI**) spricht man, wenn sich außenstehende Manager in ein Unternehmen unter aktiver Mitarbeit als neue Gesellschafter einkaufen. Zielgruppen von M&A-Finanzierungen sind einerseits viele mittelständische Unternehmen, in denen ein Generationswechsel bei den bisherigen Eigentümern ansteht. Andererseits sind Tochtergesellschaften ausländischer Konzernorganisationen angesprochen, die sich verselbständigen wollen oder nicht mehr in das Gesamtkonzept des Konzerns passen bzw. im ausländischen Konzern nicht mehr erfolgreich betrieben werden können.

Als **Acquisition** wird der Unternehmenskauf durch ein oder mehrere Drittunternehmen bezeichnet. Er kann als Kauf der **Aktien** eines Unternehmens (Stock

Acquisition/Share Deal) oder als Kauf der **Wirtschaftsgüter** des Unternehmens (Asset Acquisition/Asset Deal) abgewickelt werden. Im ersten Fall ist eine Gesamtrechtsnachfolge und im zweiten Fall eine Einzelrechtsnachfolge gegeben. Dies hat unterschiedliche Wirkungen im Hinblick auf die Übernahme von Unternehmensrisiken und im Hinblick auf steuerliche Tatbestände zur Folge. Für Verkäufer und Käufer ergeben sich dadurch unterschiedliche Interessenlagen, die aufeinander abgestimmt werden müssen und einer fachkundigen Beratung bedürfen.

Die Ermittlung des Kaufpreises für ein Unternehmen ist mit einer Reihe von Risiken behaftet. Daher werden im Vorfeld des Kaufes umfangreiche Stärken- und Schwächenanalysen vorgenommen, um das Risiko von Kauffehlentscheidungen zu verringern. Diese Analysen werden neuerdings als **Due-Diligence-Prüfungen** bezeichnet und vom Käufer oder dessen Beratern angestellt und führen in der Regel zu folgenden Beziehungsfeldern, die durch spezielle „Audits" Risiken, aber auch Chancen in vertretbar kurzer Zeit erkennen lassen sollen:

- Financial Due Diligence (Budget- und Bilanzanalyse)
- Commercial Due Diligence (Markt-, Wettbewerbsanalyse, Human Resources, mögliche Synergiepotentiale)
- Umwelt Due Diligence (potentielle Kostenbelastungen durch Umweltrisiken und Umweltbelastungen)
- Rechtliche Due Diligence (Arbeits- und sozialrechtliche Analyse, Produkthaftungen, Gewährleistungsansprüche)
- Steuerliche Due Diligence (Beurteilung bestehender Steuerrisiken, Kriterien für steueroptimale Erwerbsstrategien).

Der sog. „Due Diligence Review" bildet den Rahmen für die Ermittlung und Interpretation der nachhaltigen Ertragskraft des Unternehmens, über dessen Kauf entschieden werden soll.

Going Public

Mit dem Begriff des „Going Public" wird die Umgestaltung eines bislang privaten Unternehmens (meist Familienunternehmens) in eine Publikumsgesellschaft verstanden, indem der Kapitalmarkt zur Beteiligungsfinanzierung an diesem Unternehmen beansprucht wird. Der bisher geschlossene Kreis der Kapitalgeber wird für neue, anonyme Kapitalgeber „geöffnet". Vielfältige Gründe können hiefür ausschlaggebend sein, die sowohl im **Unternehmen** selbst als auch bei seinen **Eigentümern** liegen können.

M. Boemle (Going public – der Schritt von der mittelständischen Unternehmung zur Publikumsgesellschaft, in: R. Schauer/N. Thom [Hrsg.], Wie leistungsfähig sind Klein- und Mittelbetriebe?, Linz und Fribourg 1988, S. 200 f.) erwähnt zunächst einen sprunghaft ansteigenden Kapitalbedarf aus einer verstärkten Investitionstätigkeit des **Unternehmens**. Auch die Ausnützung von Marktchancen, indem bisherige Marktleistungen ausgebaut oder neue aufgenommen werden, übersteigt häufig die Selbstfinanzierungsmöglichkeiten. Ein weiterer Kapitalbedarf ergibt sich aus einer gewünschten Diversifikation im Leistungsprogramm des Unternehmens, die oft nur durch Übernahme bestehender Unternehmungen realisiert werden kann. Als Gründe, die bei den bisherigen Unternehmens**eigentümern** liegen, kommt zunächst der altersbedingte Wunsch nach Rückzug aus der Geschäftsführung in Frage. Die Trennung von aktiver Mitarbeit und finanziellem Engagement kann in Familienunternehmen zu Spannungen führen. Daher bietet nur die Öffnung des Unternehmens eine Möglichkeit, größere Anteilspakete über den erzielten Marktwert zu quantifizieren und zu realisieren. Ein weiteres Motiv liegt in der Verbindung eines Going Public mit einem (vorhin schon erwähnten) Management-Buy-Out (MBO). Häufig besteht auch der Wunsch, durch die Öffnung des Unternehmens die Abhängigkeiten von den einzelnen Kapitalgebern zu verringern und Risiko und Verantwortung auf einer größeren Zahl von Kapitalgebern abzustützen. Umgekehrt ist für die bisherigen Eigentümer die Öffnung der Gesellschaft eine Möglichkeit, den Grundsatz der Risikoverteilung auch in der Anlage der Familien-Ersparnisse zu verwirklichen. Oftmals besteht das Familienvermögen vorwiegend nur aus der Beteiligung an der eigenen Unternehmung und ist deshalb mit dem Risiko des Unternehmens eng verbunden.

Ein erfolgreiches Going Public ist an mehrere **Grundvoraussetzungen** gebunden, die natürlich im Einzelfall unterschiedlich bedeutsam sein können. Hiezu zählen klare Vorstellungen zur Unternehmenspolitik, die Qualität und Kontinuität in der Geschäftsführung, eine gesunde Finanzlage und eine gute Ertragskraft, ein für den Kapitalmarkt attraktiver Bekanntheitsgrad, der auch eine ausreichende Publizität erfordert, und die innere Bereitschaft zur Öffnung des Unternehmens. Dies erfordert eine geistige Umstellung, die bei vielen mittelständischen Unternehmen noch nicht gegeben ist, weil sie im Gegensatz zu bisherigen Traditionen steht. Formal muss eine bestimmte Mindestkapitalausstattung gegeben sein, um für den **Börsenhandel** zugelassen zu werden (siehe nächster Abschnitt).

ff) Die Börse

Eine **Börse** ist als ein organisierter Markt anzusehen, der hinsichtlich des Ortes, der Zeit, der Marktteilnehmer und des Ablaufes einer genauen Regelung unterliegt. Gehandelt werden entweder Waren, Wertpapiere (Effekten) oder Devisen, die im Börsenraum körperlich nicht vorhanden sind. Die Vertretbarkeit (**Fungibilität**) der Handelsobjekte sowie die örtliche **Konzentration von Angebot und Nachfrage** sind somit wesentliche Merkmale dieser Marktform. Durch den Einsatz moderner Informations- und Kommunikationstechnologien schreitet jedoch zunehmend eine örtliche Dezentralisation voran, die eine physische Präsenz der Marktteilnehmer an einem Ort nicht mehr notwendig macht. Die Börse ist als ein geschlossener Markt anzusehen, weil der Marktzugang nur den für die Börsengeschäfte berechtigten Personen und Institutionen möglich ist.

Die **Wiener Börse** besteht als **Wertpapierbörse** bereits seit 1771 und gehört damit zu den ältesten Börsen der Welt. Anfänglich stand sie stark unter staatlichem Einfluss und diente durch die Ausgabe und den Handel von Anleihen in erster Linie dazu, den hohen Finanzbedarf des Staates zu decken. In der Mitte des 19. Jahrhunderts (sog. Gründerzeit) wurden zahlreiche Aktienemissionen über die Börse abgewickelt. Damit wurde das Kapital für Banken- und Industriegründungen sowie für den Eisenbahnbau beschafft. Nach der Wirtschaftskrise von 1873 (Wiener Börsenkrach) wurde 1875 das Börsegesetz erlassen, das der Wiener Börse die Autonomie mit eigenem Statut und selbstgewählter Leitung brachte und mit wenigen Ausnahmen bis 1989 das Börsewesen in Österreich regelte. Nach den Kriegswirren in der ersten Hälfte des 20. Jahrhunderts entwickelte sich die Wiener Börse in der Folge vor allem zum Markt für Anleihen (Rentenwerte), erst ab 1985 konnte der Aktienmarkt deutlich an Bedeutung gewinnen. Die rechtlichen Grundlagen für das Börsewesen in Österreich wurden mit dem Börsegesetz 1989 (BGBl. 1989/555), das in der Folge bereits mehrfach novelliert wurde, neu geregelt. 1991 wurde der Markt für derivative Produkte (Options, Futures) erweitert und damit neben dem sog. Kassamarkt ein Markt für Termingeschäfte eingerichtet. Der Handel mit Wertpapieren wird seit 1989 mit EDV-Unterstützung betrieben (PATS = Partly Assisted Trading System), seit 1996 wurde großteils das vollautomatische Handelssystem EQOS (Electronic Quote and Order-driven System) genutzt, Ende 1999 erfolgte eine Ablösung der bestehenden Handelssysteme durch das Handelssystem der Deutschen Börse – XETRA (Exchange Electronic Trading). Mit diesem System wird der elektronische, grenzüberschreitende Wertpapierhandel ermöglicht. Im April 1998 wurde die Leitung und Verwaltung der Wiener Börse von der öffentlich-rechtlichen Börsekammer auf ein privatrechtliches Börseunternehmen, die Wiener Börse AG, übertragen. Kurz zuvor wurde der Kassamarkt der Wiener Börse mit dem Terminmarkt, der bislang im Auftrag der Wiener Börse von der Österreichischen Termin- und Optionen-Börse AG (ÖTOB) betrieben wurde, vereinigt und eine neue, integrierte Wertpapier- und Terminbörse eingerichtet. Sie soll Wien als internationalen Finanzplatz etablieren und auf Dauer als eigenständigen Markt für österreichische sowie zentral- und osteuropäische Wertpapiere, inklusive der zugehörigen derivativen Instrumente, positionieren.

Das Börsegesetz sieht drei **Arten des Handels mit Wertpapieren** vor:

1. den amtlichen Handel;

2. den geregelten Freiverkehr;

3. den dritten Markt.

Der **amtliche Handel** ist der Hauptmarkt der Börse, die hier gehandelten Wertpapiere unterliegen besonderen (strengen) Zulassungsvoraussetzungen. Die Aktien einer Unternehmung müssen z. B. frei handelbar sein, die Unternehmung muss vor der Zulassung eine Bestandsdauer von mindestens drei Jahren aufweisen, das Grundkapital muss mindestens € 2,9 Mio. (S 40 Mio.) betragen, wovon sich mindestens € 725.000 (S 10 Mio.) im Streubesitz befinden müssen. Im amtlichen Handel werden somit nur die umsatzstärksten Aktien, Optionsscheine und die meisten Rentenwerte gehandelt.

Der **geregelte Freiverkehr** ist der Zweitmarkt der Börse. Die Zulassungsvoraussetzungen sind weniger streng (Grundkapital bei Aktien zumindest € 725.000 (S 10 Mio.), davon zumindest ein Fünftel im Streubesitz). In diesem Markt können Aktien von Gesellschaften mit geringerem Streubesitz oder Aktien von neu gegründeten Gesellschaften (nach zumindest einem Jahr Bestandsdauer) gehandelt werden.

Wertpapiere, die die Zulassungsanforderungen für den amtlichen Handel oder den geregelten Freiverkehr nicht erfüllen, können im **dritten Markt** gehandelt werden. In dieser Handelsart werden in- und ausländische Aktien, Optionsscheine, Gewinnscheine sowie Rentenwerte gehandelt.

Mitte 1999 wurde nach den Kriterien Liquidität und Ausmaß der Marktbetreuung eine neue **Marktsegmentierung** eingeführt:

- Austrian Equity Market (ATX Market, Specialist Market, Auction Market)
- ÖTOB (Austrian Derivatives, CECE Derivatives)
- Other Securities Market (Bonds, Warrants, Other Regulated Securities)
- Unregulated Securities Market.

Die Einteilung in amtlicher Handel, geregelter Freiverkehr und dritter Markt wird ausschließlich als Zuordnungs- bzw. Einteilungskriterium für die einzelnen Marktsegmente herangezogen.

Der Handel kann nach dem Börsegesetz 1989 durch

- Vermittler (Börsesensale im amtlichen Handel und Freie Makler im geregelten Freiverkehr)
- ein automatisiertes Handelssystem
- Zuruf
- verbindliche Nennung von An- und Verkaufspreisen durch ein Börsemitglied (Market Making) oder
- eine Kombination dieser Handelsarten erfolgen.

Das automatisierte Handelssystem XETRA für den Kassamarkt basiert zunächst auf dem **Market-Maker-Prinzip**. In diesem System haben die Banken die Verpflichtung übernommen, in den umsatzstärksten Aktien jederzeit zu kaufen und zu verkaufen. Dies wird als „einen Markt machen" („Market making") bezeichnet. Ein Market Maker muss jederzeit für eine Mindestanzahl an Aktien einen Ankaufs- und einen Verkaufspreis (**Quote**) im System anzeigen. Damit wird gewährleistet, dass jederzeit ein Geschäftsabschluss möglich ist, und nicht nur, wenn eine Verkaufsorder auf eine entsprechende Kauforder trifft. Der Abstand zwischen dem niedrigeren Ankaufspreis und dem höheren Verkaufspreis des Market Makers (Spanne oder **Spread**) darf einen bestimmten Prozentsatz nicht überschreiten. Dadurch kommen die Quoten immer an den aktuellen Marktpreis heran. Bei ungewöhnlich starken Kursschwankungen ist es den Market Makern erlaubt, 15 Minuten lang den Maximalspread bei der Quotestellung nicht einzuhalten („Fast-Market"-Regel). Es gibt für jede Aktie mindestens drei, für Aktien, auf welche Optionen geschrieben werden, mindestens fünf Market Maker. Diese stehen zueinander in Konkurrenz und müssen deshalb danach trachten, marktgerechte Preise (Quoten) zu entwickeln. Darüber hinaus haben alle Marktteilnehmer (Banken und Freie Makler) die Möglichkeit, zusätzlich zu den Quoten der

Market Maker Angebote zum Kauf und Verkauf in das System einzugeben. Jeder Marktteilnehmer kann deshalb die gesamte Marktlage überblicken und danach seine Kauf- und Verkaufsentscheidungen treffen.

Mit dem **Specialist-System** wurde – teilweise in Ergänzung zum bestehenden Market-Maker-System – eine zusätzliche Marktbetreuungsfunktion eingeführt, die dem Markt weitere Liquidität zuführen soll. Der Specialist hat neben den Market Makern die Aufgabe, verbindlich wettbewerborientierte Kauf- und Verkaufsorders zu stellen und für eine intensivere Betreuung und Vermarktung der Titel und Produkte zu sorgen. Neben seiner Funktion als „Liquidity Provider" kann der Specialist auch die Rolle eines „Product Provider" übernehmen. Diese Funktion ist vor allem für jene Segmente der ÖTOB vorgesehen, in welchen es keinen zusätzlichen Market Maker gibt und in denen die Übernahme der Specialist-Funktion durch ein Börsenmitglied die Voraussetzung für die Handelsaufnahme an der Wiener Börse darstellt.

Im Segment „**Austrian Equity ATX Market**" werden jene Aktienwerte gehandelt, die zum amtlichen Handel oder zum geregelten Freiverkehr zugelassen und im Index der umsatzstärksten Aktien (ATX) vertreten sind. Außerdem muss sich ein Specialist zur permanenten Quotierung von Kauf- und Verkaufsorders verpflichten. Weitere Market-Maker-Verpflichtungen sind im Hinblick auf eine Liquiditätssteigerung erwünscht, aber nicht Voraussetzung für eine Zuordnung. Die Emittenten der diesem Segment zugeordneten Aktien müssen einige Informationspflichten erfüllen, u. a. die Rechnungslegung nach International Accounting Standards (IAS) oder US-amerikanischen Generally Accepted Accounting Principles (US-GAAP). Als Handelsverfahren in diesem Segment ist der „fortlaufende Handel" (auch: Fließhandel) in Verbindung mit mehreren Auktionen (Eröffnungsauktion, untertägige Auktion, Schlussauktion) vorgesehen.

In das Marktsegment „**Austrian Equity Specialist Market**" werden die nicht im ATX enthaltenen Aktien eingeordnet, die ebenfalls zum amtlichen Handel oder zum geregelten Freiverkehr zugelassen sind und für die ein Börsemitglied eine Specialist-Funktion übernimmt. Daneben können wie im ATX-Market weitere Market-Maker-Verpflichtungen übernommen werden. Internationale Rechnungslegungsvorschriften müssen nicht beachtet werden. Auch für dieses Segment ist der fortlaufende Handel als Handelsverfahren vorgesehen.

In das Marktsegment „**Austrian Equity Auction Market**" werden die weniger liquiden Aktien bzw. Partizipationsscheine eingeordnet. Auch diese Werte müssen entweder zum amtlichen Handel oder zum geregelten Freiverkehr zugelassen sein, jedoch ist hiefür kein Handelsmitglied bereit, eine Specialist-Funktion zu übernehmen. Als Handelsverfahren ist die einmalige untertägige Auktion vorgesehen.

Die **Kursnotierung** erfolgt in € je Aktie. Im Falle einer beschränkten Zuteilung oder Abnahme wird der Kurs mit dem Zusatz rW (= repartiert Ware; mehr Angebot als Nachfrage) oder rG (= repartiert Geld; mehr Nachfrage als Angebot) angegeben. Liegt nur ein Effektenangebot, jedoch keine Nachfrage vor, signalisiert dies der Zusatz W (= Warenkurs), im umgekehrten Fall der Zusatz G (= Geldkurs).

Die Entwicklung einer Wertpapierbörse wird durch **Börsenindizes (Aktienindizes)** veranschaulicht. Sie zeigen an, wie sich die Kurse einer Gruppe von Aktien im Zeitablauf entwickeln. Sie dienen als Indikatoren für das aktuelle Börseklima und dienen als Grundlage für Anlageentscheidungen. Indizes werden auch als Vergleichsmaßstab zur Performance-Messung individueller Aktienportfolios herangezogen. Zu den wichtigsten Aktienindizes an der Wiener Börse gehören:

WBI (Wiener Börse Index): Er enthält alle österreichischen Aktien, die im Amtlichen Handel der Wiener Börse notieren. Der WBI spiegelt als Gesamtmarktindex die Entwicklung des österreichischen Aktienmarktes wider.

ATX (Austrian Traded Index): Der ATX umfasst die umsatzstärksten Aktien des Fließhandels (sog. Blue-Chips, ca. 20 Werte).

ATX50: Dieser Index setzt sich aus den Aktien des ATX und den nächstfolgenden liquiden Aktien des Amtlichen Handels zusammen, bis 50 Werte erreicht sind.

ATXMidCap: Dieser Index umfasst alle marktbreiten, jedoch geringer kapitalisierten Aktien. Er setzt sich aus den Aktienwerten des ATX50 minus den Aktienwerten des ATX zusammen und beinhaltet im Normalfall 30 Werte.

CECE-Aktienindizes: Diese Gruppe von Indizes dient einerseits dem systematischen Performance-Vergleich für die Aktienmärkte Zentral- und Osteuropas und andererseits als Basiswerte für Futures und Optionen, die an der Wiener Börse handelbar sind. Berücksichtigt werden ausschließlich hochkapitalisierte und liquide Blue-Chip-Titel aus Tschechien, Ungarn, Polen und der Slowakei. Eine sukzessive Erweiterung der abgedeckten Märkte ist geplant. Neben den CECE-Aktienindizes werden auch CECE-Bondindizes berechnet und veröffentlicht.

Daneben wird noch eine Reihe von branchenspezifischen Indizes berechnet.

Für die Entwicklung an den **international wichtigsten Börsenplätzen** sind beispielsweise folgende Indizes kennzeichnend: DAX (Frankfurt/Main), FTSE-100 (London), Dow Jones (New York), S&P 500 (New York), Nikkei (Tokio).

Der **Markt für Optionen und Finanztermingeschäfte** folgt den Vorbildern von Amsterdam, London, Stockholm, Zürich und Frankfurt. Ein Finanztermingeschäft **(Financial Future)** verpflichtet zwei Vertragspartner, zu einem bestimmten Termin unter vereinbarten Konditionen Wertpapiere oder ein Bündel aus Wertpapieren in Form von Börsenindizes zu kaufen bzw. zu liefern. Der eine Vertragspartner, Inhaber von Wertpapieren, befürchtet eine Preissenkung, der andere Vertragspartner, ein Interessent an diesen Wertpapieren, eine Preissteigerung. Beide sind an einer stabilen Preisentwicklung interessiert und gleichen mit dem Termingeschäft ihr Risiko aus. Zudem kann eine Vereinbarung über einen zukünftigen Kauf jederzeit durch eine entgegengesetzte Vereinbarung über einen Verkauf zum selben Zeitpunkt wieder aufgehoben werden. Der Gewinn bzw. Verlust aus diesen Geschäften kann damit auch schon vor dem Liefertermin realisiert werden.

Eine **Option** ist ein Vertrag über eine zukünftige Leistung (Wertpapiere oder Bündel von Wertpapieren in Form von Börsenindizes), die ein Vertragspartner bis zu einem bestimmten zukünftigen Zeitpunkt vom anderen Vertragspartner einfordern kann. Es kann das Recht zum Kauf (Kaufoption oder **Call**) oder das Recht zum Verkauf (Verkaufsoption oder **Put**) vereinbart werden. Auch bei Optionen können jederzeit Rechte zum Kauf oder Verkauf erworben oder Verpflichtungen zum Kauf oder Verkauf bestimmter Aktien oder Indizes eingegangen werden. Somit können sog. Long und Short Positionen in Optionen und Futures aufgebaut und auch wieder aufgelöst bzw. glattgestellt werden.

Bei Aktienoptionen werden nach der Ausübung die Aktien selbst geliefert. Da bei Futures und Optionen auf Indizes der Index selbst nicht lieferbar ist und an Stelle dessen keine einzelnen Aktien geliefert werden können, erfolgt hier ein sog. Barausgleich. Die Preisdifferenz wird in Geld ausgedrückt und abgerechnet. Die Grundlage dafür sind der Ausübungspreis oder Terminkurs, zu dem das Geschäft abgeschlossen wurde, und der Indexstand am letzten Handelstag.

Futures und Optionen sind somit Instrumente, um Vermögenswerte oder Geschäftsrisiken über einen bestimmten Zeitraum **abzusichern** oder eine Markterwartung in eine kurzfristige gewinnorientierte Strategie umzusetzen. Sie sind jedoch keine Investitionen im engeren Sinne.

Der Terminmarkt der Wiener Börse (ÖTOB) gliedert sich in die Marktsegmente „Austrian Derivatives" und „CECE Derivatives". Im Segment der „Austrian Derivatives" notieren Optionen und Futures auf den ATX (ATX Index Products) sowie Optionen auf die umsatzstärksten an der Börse gehandelten (österreichischen) Fließhandelsaktien (Austrian Stock Options). Im Segment der „CECE Derivatives" notieren Optionen und Futures auf Indexwerte aus den Aktienmärkten Zentral- und Osteuropas (CECE Index Products) sowie künftig auch CECE Stock Options. Als Handelsplattform am Terminmarkt ist das Handelssystem OM mit dem Handelsverfahren „fortlaufender Handel" eingerichtet.

Mit einer entsprechenden **Strategie** können mit Futures und Optionen aus jeder Marktentwicklung – auch bei fallenden oder stagnierenden Kursen – Gewinne gezogen werden. Ebenso können noch nicht realisierte Gewinne „eingefroren" und damit ein Wertpapiervermögen gegen Kursverluste abgesichert werden. Kurzfristig können mit Futures und Optionen die gleichen Ziele wie mit dem Kauf eines Wertpapiers verfolgt werden, der Kapitaleinsatz ist jedoch wesentlich geringer. Die so genannte Hebelwirkung von Optionen bedingt für den Optionsinhaber, dass sich Gewinne bei entsprechender Marktentwicklung beschleunigen, während Verluste gedämpft werden und auf den Optionspreis beschränkt bleiben. Durch eine Reihe von Grundstrategien sollen die dem Handel immanenten Risiken begrenzt werden.

Die am Terminmarkt agierenden Marktteilnehmer agieren aus drei grundsätzlichen Motiven heraus: Die **Hedger** verwenden Futures und Optionen, um zum Beispiel ein Aktienportfolio gegen drohende Kursverluste zu sichern. Sie geben also Risiko ab. Ihnen stehen die **Trader** gegenüber; diese nehmen zur Wahrung von Gewinnchancen bewusst Risiko in Kauf und ermöglichen damit den Hedgern die Absicherung ihrer Risiken. Die Trader wollen ihre Markterwartung in der bestmöglichen Strategie umsetzen. Viele ihrer Strategien sind im Grunde nur mit Optionen und Futures realisierbar, z. B. die Gewinnerzielung bei fallenden Aktienkursen. **Arbitrageure** hingegen versuchen, aus den Ungleichgewichten zwischen den Märkten Gewinne zu erzielen, indem sie Preisdifferenzen ausgleichen.

Im Marktsegment „**Other Securities Market**" notieren sämtliche Rentenwerte (Anleihen) des amtlichen Handels sowie Optionsscheine, Genussrechte, Genussscheine und Investmentzertifikate des amtlichen Handels oder des geregelten Freiverkehrs. Im „**Unregulated Securities Market**" notieren vor allem Optionsscheine, Rentenwerte sowie Aktien, die im dritten Markt gehandelt werden.

An der Wiener Wertpapierbörse findet auch täglich ein Handel mit **Devisen** und Banknoten statt. Neben der Wertpapierbörse besteht an der Wiener Börse auch eine (allgemeine) **Warenbörse**, die 1872 gegründet wurde. Wien war allerdings nie (im Vergleich zu London oder New York) ein bedeutender Warenbörseplatz. Außerdem gibt es in Wien, Graz und Linz-Wels spezielle Börsen für landwirtschaftliche Produkte.

b) Die Fremdfinanzierung

aa) Wesen und Bedeutung der Fremdfinanzierung

Die Fremdfinanzierung bedeutet eine Finanzierung durch Kreditkapital, das in mannigfachen Formen gewährt werden kann und daher auch unterschiedlich zu besichern ist. Kreditkapital (Fremdkapital) kann kurz-, mittel- und langfristig zur Deckung betrieblicher Erfordernisse herangezogen werden.

Durch die Kreditfinanzierung entstehen **Gläubigerrechte**. Die Kreditüberlassungsdauer ist befristet, es besteht ein Anspruch auf Kredittilgung in nomineller Höhe, und es ist ein fester oder auch variabler Zins vereinbart. Zinszahlungen und Tilgungszahlungen stellen eine stets zu beachtende **Liquiditätsbelastung** dar. Eine Beteiligung am Vermögenszuwachs bzw. an den stillen Reserven einer Unternehmung ist hingegen nicht gegeben.

Der Fremdfinanzierung kommt in den Wechsellagen einer Unternehmung eine nicht immer gleichmäßige, allgemein nicht zu unterschätzende Bedeutung zu. In den Krisen- und Konjunkturzeiten dient sie der Überwindung finanzieller Engpässe, und als ergänzende Maßnahme zur Eigen- und Selbstfinanzierung ist sie unabdingbar.

Die in der Realität festzustellende absolute und relative **Zunahme von Fremdkapitalverpflichtungen** ist nicht von vornherein als negativ zu qualifizieren. Die Zunahme von Fremdkapitalanteilen ist dann **günstig** zu beurteilen, wenn sie das Ergebnis eines Ausbauprozesses darstellt, der ausschließlich aus eigener Kraft nicht möglich wäre, aber sicherstellt, dass die termingerechte Kapitalrückzahlung nicht in Frage gestellt wird. Die in der gegenwärtigen wirtschaftspolitischen Diskussion vorgebrachten **Bedenken** sind allerdings gerechtfertigt, wenn die Fremdkapitalzunahme nicht auch in einem (ebenso) gesteigerten Leistungsvermögen ihre Deckung finden kann und dadurch zu einer Verschlechterung der Liquiditäts- und Rentabilitätssituation führen muss.

Als **Gründe für das Ansteigen der Fremdfinanzierung** sind zu nennen:

- Mangelndes Privatvermögen
- Fehlen eines gut funktionierenden Kapitalmarktes für Unternehmensanteile Mangelnde Attraktivität der Beteiligungserträge
- Steuerliche Diskriminierung des Eigenkapitals von Kapitalgesellschaften
- Leverage-Effekt
- Scheingewinnbesteuerung (Geldwertrisiko)
- Keine Verschiebungen in den Entscheidungsverhältnissen.

Kredite werden in der Regel nicht ohne ausreichende **Kreditabsicherung** gewährt. Diese kann einerseits durch verschiedene Formen von **Kreditsicherungen** oder aber auch durch **Kreditversicherungen** erfolgen.

Eine **Kreditsicherung** (Kreditsicherheit) kann gegeben bzw. erreicht werden durch:

1. die Person des Kreditnehmers (Vertrauenswürdigkeit, Vermögens- und Einkommensverhältnisse);
2. Verpflichtungserklärungen (Bürgschaft, Wechselhaftung, Garantie, Sicherungsklauseln);
3. bewegliche Sachen (Verpfändung von Wertpapieren oder Waren, Sicherungsübereignung, Abtretung von Forderungen und anderen Rechten, Eigentumsvorbehalt);
4. Grund und Boden (Hypothek).

Eine **Kreditversicherung** kann von Versicherungsbetrieben als

1. Exportkreditversicherung in Form von Exportbürgschaften oder Exportgarantien (gegebenenfalls mit staatlicher Unterstützung); oder als
2. Delkredereversicherung in Form einer Warenkreditversicherung oder einer Teilzahlungskreditversicherung

durchgeführt werden.

In der Wirtschaftspraxis ist eine Fülle von **Kreditformen** festzustellen, die aus den vielfältigen Bedürfnissen der kreditsuchenden und der kreditgebenden Wirtschaft in Verbindung mit der freien Vertragsgestaltung resultiert. Die im Einzelfall sich ergebende Kreditart ist das Ergebnis aus der Abwägung **qualitativer und quantitativer Kreditmerkmale**.

Als **qualitative** Kreditmerkmale sind anzusehen:

- Kreditgeber
- Kreditnehmer
- Art des Kreditverhältnisses
- Kreditzweck
- Kreditabsicherung
- Kündigungsmöglichkeit durch Kreditgeber und/oder -nehmer
- Zugehörigkeit zu einem bestimmten Währungsgebiet
- Kreditinhalt.

Als **quantitative** Kreditmerkmale sind anzusehen:

- Kredithöhe
- Kreditlaufzeit
- Auszahlungskurs(-betrag)
- Zinssatz (fix, variabel)
- Zinszahlungstermine
- Tilgungsbedingungen
- Zeitpunkt der Kreditinanspruchnahme
- Zahl der Kreditgeber (Kreditteilung) bei Großkrediten.

bb) Formen der Fremdfinanzierung

Die Möglichkeiten zur Fremdfinanzierung der Betriebe sind reichhaltig, doch kommen nicht alle von ihnen für jede Unternehmensform und für jedes Betriebsvorhaben in gleicher Weise in Frage. Manche der Fremdkredite entstehen ohne besondere Maßnahmen durch die normale Geschäftsabwicklung, andere bedürfen unmittelbarer Kreditvereinbarungen, wieder andere erfordern die Kontaktnahme mit einem weiten Kreis von in Frage kommenden Personen und Institutionen, aus dem sich die Kreditgeber in entsprechender Streuung zusammensetzen.

Zu beachten ist auch die Form des Kreditmarktes der Volkswirtschaft, der Geldmarkt oder Kapitalmarkt sein kann. Der **Geldmarkt** stellt kurzfristige, der **Kapitalmarkt** langfristige Kredite zur Verfügung. Welche der in Frage kommenden Kredite tatsächlich in Anspruch genommen werden, hängt ab von der Rechtsform der Betriebe, von der Betriebsgröße, vom Betriebszweck, von der zu finanzierenden Betriebsaufgabe, von den Kreditkonditionen, von der Kreditfähigkeit, der Kreditwürdigkeit usw. Diese Einflüsse treten einzeln, kombiniert oder in ihrer Gesamtheit in Erscheinung.

aaa) Kurz- und mittelfristige Fremdfinanzierung

Hiezu zählen in der Regel alle Kredite mit einer Laufzeit von weniger als 5 Jahren. Die Grenzen zwischen kurz- und mittelfristigen Krediten sind fließend. Kreditlaufzeiten bis zu 3 Monaten gelten immer als kurzfristig, solche von über einem Jahr immer als mittelfristig. Im Grenzbereich ist die Begriffsbildung nicht einheitlich. Bei Liquiditätsbeurteilungen (Bilanzanalysen) ist hingegen eine andere Fristengliederung üblich:

kurzfristig:	bis 3 Monate;
mittelfristig:	3 – 12 Monate;
langfristig:	über 12 Monate.

Folgende kurz- und mittelfristige Kreditformen sind anzutreffen:

1. Handels- bzw. Warenkredite
   Lieferantenkredit
   Kundenanzahlung
2. Geldkredite
   Kontokorrentkredit
   Wechselkredit (Diskontkredit)
   Lombardkredit
   Kundenkredit (Zessionskredit)
3. Kreditleihe
   Akzeptkredit
   Avalkredit
4. Euromarktkredite

Lieferantenkredit

Lieferantenkredit wird aus verschiedenen Gründen gewährt und in Anspruch genommen: von Seiten des Lieferanten zur Absatzsicherung bzw. als Mittel im Wettbewerb; er kommt weiters dadurch zustande, dass Kunden ihre Zahlungsziele nicht einhalten. Lieferantenkredite stellen u. U. eine teure Kreditform dar bzw. können, wenn sie vermieden werden, zu beachtlichen Erträgen führen. Bei Zahlungskonditionen z. B. von „30 Tage netto Kassa oder Barzahlung innerhalb von 8 Tagen mit 2 % Skonto" führt die Zahlung unter Ausnutzung des Skontos zu einer 33%igen Verzinsung pro Jahr (2 % für 22 Tage = 33 % pro Jahr). In derart extremen Fällen kann es sich bei Zahlungsschwierigkeiten empfehlen, mit Bankkrediten die Lieferverbindlichkeiten bar abzudecken, weil die Zinsendifferenz oft einen hohen positiven Saldo ergibt.

Kundenanzahlungen

Fremdfinanzierungsquelle zum Teil bedeutender Art sind die Kundenanzahlungen. Sie dienen der Anschaffung der für die Produktion erforderlichen Rohstoffe, zur rechtzeitigen Ausweitung der Produktionskapazität, zur Auftragssicherung, zur Abdeckung gegen das mit der Herstellung und Verwertung verbundene Risiko. Für die Kunden gibt die Anzahlung Sicherung der Geldwerte und ein bestimmtes Maß der Sicherung der Auftragsdurchführung.

Nach § 908 ABGB ist das, was bei Abschließung eines Vertrages im Voraus gegeben wird, als ein Zeichen der Abschließung oder als eine Sicherstellung für die Erfüllung eines Vertrages zu betrachten und heißt **Angeld**. Wird der Vertrag durch die Schuld einer Partei nicht erfüllt, so kann die schuldlose Partei das von ihr empfangene Angeld behalten oder den doppelten Betrag des von ihr gegebenen Angeldes zurückfordern. Will sie sich aber damit nicht begnügen, so kann sie auf die Erfüllung oder, wenn diese nicht mehr möglich ist, auf den Ersatz dringen.

Kontokorrentkredit

In vielen Fällen wichtige Fremdfinanzierung ist auch die des Kontokorrentkredites, die in den §§ 355–357 HGB rechtliche Regelung findet. Die aus der Geschäftsverbindung entspringenden beiderseitigen Ansprüche und Leistungen werden nebst Zinsen in Rechnung gestellt und durch Verrechnung des Überschusses ausgeglichen. Der Überschuss (Saldo) stellt die Geldbetragsschuld (bzw. im Falle des Überwiegens der Leistungen die Geldbetragsforderung) an den Kontrahenten dar. Rechtlich ist nur der Saldo bedeutsam, während die einzelnen Positionen, durch die er zustande kommt, untergehen.

Nach den Bestimmungen des HGB erfolgt der Rechnungsabschluss einmal jährlich, sofern nichts anderes bestimmt ist. Im Zweifel kann während der Dauer einer Rechnungsperiode die laufende Rechnung jederzeit mit der Wirkung gekündigt werden, dass derjenige, welchem der Überschuss (Saldo) gebührt, dessen Zahlung beanspruchen kann.

Im Geschäftsleben besitzt das Bankkontokorrent hervorstechende Bedeutung. Bankkontokorrentkredite haben den Zweck, den Unternehmen innerhalb festgelegter Kreditrahmen eine gewisse Beweglichkeit in ihrer Finanzgebarung zu geben. Kontokorrentkredite sind dem Wesen nach kurzfristig. Die volle Ausnutzung des Kreditrahmens ist meist vorübergehend. Falls sie über längere Zeit anhält, kann sie bedenklich sein, weil sie auf eine größere Schuldenlast schließen lässt, die offenbar nicht abgebaut werden kann. Dem Bankkontokorrent liegen genaue Vereinbarungen über die Bedingungen, unter welchen er eingeräumt wird, zugrunde, wie über die Zinsenhöhe, die Spesen und Provisionsberechnung.

An Kontokorrentkreditformen wird zwischen dem **Personalkredit** und dem **Sicherheitenkredit** unterschieden. Während Personalkredite ohne Sicherheiten auf Grund des guten Rufes des Bankkunden gewährt werden (die Prüfung der wirtschaftlichen Lage erfolgt unter Heranziehung des Rechnungswesens), basieren die Sicherheitenkredite auf Bürgschaften, Wechselakzepten, hypothekarischen Belastungen, der Verpfändung von Effekten u. dgl.

Dem Kreditnehmer werden bei Einräumung von Kontokorrentkrediten u. U. Auflagen erteilt, deren wichtigste die Exklusivverbindung in der Abwicklung der Geldgeschäfte mit dem Kreditgeber ist. Sie sichert der Bank einen umfassenden Überblick über die Geschäftsgebarung des Schuldners.

Wechselkredit

In der Fremdfinanzierung nimmt nach wie vor auch der Wechselkredit eine wichtige Stellung ein. Der Grund dafür ist die einheitliche und strenge Regelung des Wechselrechtes, die dem Kreditgeber relativ große Sicherheit für die Einbringlichkeit seiner Forderung gibt.

Wechselforderungen sind **abstrakte Forderungen**, d. h. dass sie unabhängig vom Grundgeschäft bestehen. Es gelten ausschließlich die Vorschriften des Wechselrechts.

Wechselarten sind der **gezogene Wechsel (fremde Wechsel oder Tratte)** und der **Eigenwechsel (trockene Wechsel oder Solawechsel)**. Bei ersterem zieht der Aussteller auf den Bezogenen zu eigenen Gunsten oder zugunsten eines Dritten (des Begünstigten), beim Eigenwechsel ist Aussteller und Bezogener eine Person.

Der Wechsel ist **geborenes Orderpapier** (kraft Gesetzes), kann also mittels Indossament übertragen werden. Die Übertragbarkeit durch das Indossament kann durch die Rektaklausel „nicht an Order", „nicht an Giro" ausgeschlossen werden. Die Aufnahme der Rektaklausel auf den Wechsel ist nur durch den Aussteller möglich.

Um die Umlaufs- und Kreditfähigkeit des Wechsels zu sichern und die Beteiligten zu schützen, gilt die **formelle Wechselstrenge**, nach der die Wechsel zu ihrer Gültigkeit bestimmte gesetzliche Bestandteile enthalten müssen: der gezogene Wechsel die Bezeichnung „Wechsel" im Text der Urkunde; die unbedingte Anweisung, eine bestimmte Summe Geldes zu bezahlen; den Namen dessen, der bezahlen soll (Bezogener); die Angabe der Verfallzeit; die Angabe des Zahlungsortes; den Namen des Wechselgläubigers (Remittent); Tag und Ort der Ausstellung sowie die Unterschrift des Ausstellers. Der eigene Wechsel hat zu seiner Gültigkeit die gleichen Bestandteile aufzuweisen, nur tritt an die Stelle der unbedingten Anweisung das Versprechen, eine bestimmte Geldsumme zu bezahlen.

Ein Vorteil für den Gläubiger liegt auch in der **materiellen Wechselstrenge**, die nicht nur zum Inhalt hat, dass die Wechselschuld abstrakt gültig ist, das wechselmäßige Schuldversprechen daher von dem zugrunde liegenden Schuldverhältnis losgelöst ist, sondern dass auch die Einwendungen beschränkt sind. Der aus dem Wechsel in Anspruch Genommene kann dem Inhaber die auf den Aussteller oder einen früheren Inhaber sich gründenden unmittelbaren Beziehungen als Einwendungen nicht entgegensetzen, ausgenommen der Fall, dass der Inhaber beim Erwerb des Wechsels bewusst zum Nachteil des Schuldners gehandelt hat.

Der Wechselgläubiger hat **mit dem Wechsel verschiedene Möglichkeiten**. Er kann ihn bis zur Fälligkeit behalten, er kann ihn an Zahlungs Statt weitergeben, er kann ihn auch diskontieren lassen. Der **Wechseldiskont** hat die Auszahlung der Wechselsumme vor dem Fälligkeitstag durch ein Geldinstitut zum Inhalt. Die Bank gewährt einen **Diskontkredit**, der durch die Rechte aus dem Wechsel im Wege eines Indossaments an die Bank besichert wird. Für die Restlaufzeit des Wechsels werden Kreditzinsen berechnet und bei der Zuzählung (Auszahlung) des Kredits von der Wechselsumme abgezogen. Die Kreditzinsen orientieren sich üblicherweise an jenem Leitzinssatz, der von der Oesterreichischen Nationalbank für die ihr zur Zwischenfinanzierung von den Banken vorgelegten Wechsel (Rediskont) berechnet wird. Dieser Leitzinssatz hieß bis 1998 **Diskontsatz** oder **Bankrate** (die Kreditzinsen für den Wechseldiskont wurden z. B. mit 3 % über der Bankrate vereinbart) und wurde am 1.1.1999 mit der Einführung des Euro vom **Basiszinssatz** (als währungspolitischem Instrument) der Europäischen Zentralbank abgelöst. Als Entgelt der Banken für die Verpfändung von Wechseln verrechnete die Nationalbank den (Wechsel-)**Lombardsatz**. Er wurde 1999 durch den **Referenzzinssatz** abgelöst.

Im Falle der Nichteinlösung des Wechsels steht der Regress auf die regressverpflichteten Vormänner bzw. die Wechselklage offen. Im Rückgriffswege kann der Inhaber **fordern**: die Wechselsumme, 6 % Zinsen seit dem Verfallstag, die Protestkosten und $1/3$ % Provision. Diejenigen, die den Wechsel im Rückgriff eingelöst haben, können von den Vormännern den vollen Betrag verlangen, den sie selbst gezahlt haben, sowie 6 % Zinsen vom Zeitpunkt der Einlösung an, ihre Auslagen und $1/3$ % Provision.

Für die betriebswirtschaftliche Disposition ist die Fälligkeit des Wechsels von Interesse. Man unterscheidet **Tag- oder Präziswechsel** („gegen diesen Wechsel zahlen Sie am 10. Juni 19 . .“), **Sicht- oder Vistawechsel** („bei Sicht oder à vista zahlen Sie …“) und **Nachsicht- oder Zeitsichtwechsel** („einen Monat nach Sicht zahlen Sie …“), wobei die Tage kalendermäßig zu rechnen sind.

Finanzwechsel

Liegen den Wechseln keine echten Geschäfte zugrunde, so spricht man von Finanzwechseln, die äußerlich als solche nicht erkennbar sind. Als Finanzierungsmittel sind sie meist dann abzulehnen, wenn sie zwischen einzelnen Unternehmen gegenseitig oder im Kreisverkehr gezogen und akzeptiert werden.

Lombardkredit

In der Praxis der Betriebe seltener anzutreffen ist der Lombardkredit, der durch Verpfändung von leicht realisierbaren Gütern (Edelmetalle, Wertpapiere, bestimmte Warenarten) zustande kommt. Die Kredithöhe ist vom Wert (bzw. der Wertbeständigkeit) der verpfändeten Güter abhängig. Die **Belehnungsgrenze (Taux)** beläuft sich bis auf 50 % – 90 % des Wertes der belehnten Güter. An Stelle der unmittelbaren Übergabe des Pfandgutes an den Kreditgeber werden gegebenenfalls die die Verfügungsgewalt übertragenden Dokumente überlassen. Solche sind zum Beispiel Lagerscheine und Konnossemente.

Kundenkredit (Teilzahlungskredit)

Als Alternative zum Lieferantenkredit kommt der Kundenkredit in Frage. Die Forderung eines Erzeugers oder Händlers wird an ein Finanzierungsinstitut (Kundenkreditbank) abgetreten (**Zessionskredit**), und der Verkäufer haftet für den Eingang des Außenstandes mit. Die Kreditbank vergütet dem Erzeuger oder Händler den Rechnungsbetrag und hebt den Gegenwert auf Grund eines festgelegten **Rückzahlungsplanes** vom Käufer ein.

Kundenkredite werden in der Regel nur nach einer vorangegangenen Kreditprüfung gewährt, deren Kosten den Kredit ebenso verteuern wie die verwaltungsmäßige Abwicklung durch das Kreditinstitut. Den Kosten sind erweiterte Marktchancen (Umsatzchancen) gegenüberzustellen.

Akzeptkredit

Bei einem **Akzeptkredit** akzeptieren Kreditinstitute Wechsel, die von ihren Kunden auf sie gezogen werden. Der Kunde verwendet den Wechsel entweder zur **Abdeckung von Verbindlichkeiten** (durch Weitergabe an einen Gläubiger) oder er lässt ihn (oft bei der gleichen Bank) **diskontieren**, um flüssige Mittel zu erlangen. Der Bankkunde hat den Wechselbetrag vor Fälligkeit des Wechsels dem Kreditinstitut zur Verfügung zu stellen, damit die Einlösung erfolgen kann. Die Bank stellt also nur ihren Namen zur Verfügung (Kreditleihe), die Mittel der Bank selbst werden nicht in Anspruch genommen. Akzeptkredite werden meist nur an (Groß-)Kunden mit guter Bonität gewährt.

Avalkredit

Der Avalkredit ist ein Eventualkredit, bei dem von einem Bürgen eine **Haftung** für einen Schuldner übernommen wird. Der Bürge ist häufig eine Bank, die für die Übernahme der Haftung eine Provision und meist auch die Abwicklung der Geldgeschäfte der Unternehmung über ihre Institution verlangt. Die Fremdfinanzierung liegt nicht in der Haftungsübernahme, sondern in dem auf ihrer Grundlage eingegangenen Schuldverhältnis.

Euromarktkredite

Neben den einzelnen nationalen Geld- und Kapitalmärkten entwickelte sich in den letzten Jahren ein **internationaler** Kreditmarkt. Er wird als **Euromarkt** (auch irreführend als **Eurodollarmarkt**) bezeichnet und ist durch Einlagen und Kreditgewährungen in **Fremdwährungen außerhalb des jeweiligen Währungsgebietes** gekennzeichnet. Als „Eurodollar" sind demnach US-Dollareinlagen zu verstehen, die außerhalb der USA, zum Beispiel von Europäern, gehandelt werden. So entstand die Bezeichnung „Eurodollar". Der Kreditmarkt ist heute auch auf andere konvertible Währungen ausgedehnt, es beteiligen sich auch außereuropäische Staaten (wie Japan und die Ölstaaten).

Der Euromarkt umfasst sowohl kurzfristige Kredite (**Eurogeldmarkt**) und mittelfristige Kredite mit variablen Zinssätzen als auch internationale Anleihen (**Eurokapitalmarkt**). Der **Euromarkt ist begehrt** wegen seiner günstigen Zinskonditionen, der Begrenzungen im Kreditvolumen in den einzelnen Staaten, wegen nationaler Kreditrestriktionen und wegen steuerlicher Aspekte (Vermeidung der Quellensteuer). Der Euromarkt trägt allerdings zum Unterlaufen der nationalen Notenbankpolitik bei und birgt damit gewisse **volkswirtschaftliche Gefahren** in sich.

bbb) Langfristige Fremdfinanzierung

Darlehen

Die Grundform der langfristigen Fremdfinanzierung ist das **Darlehen**. Nach § 983 ABGB liegt ein Darlehen vor, wenn jemandem verbrauchbare Sachen unter der Bedingung übergeben werden, dass er zwar willkürlich darüber verfügen kann, aber nach einer gewissen Zeit ebenso viel von derselben Gattung und Güte zurückzugeben hat (Bringschuld).

Darlehen bestehen (meistens) **in Geld**, aber auch in anderen verbrauchbaren Sachen. In der Regel erfolgt die Verrechnung von Zinsen. Sie können durch Bürgschaften oder Pfandrechte besichert sein. Wird das Pfandrecht auf Grund und Boden eingeräumt (Hypothek), handelt es sich um ein **Hypothekardarlehen.** **Langfristige Bankkredite** (Bankdarlehen) an die große Zahl von Klein- und Mittelbetrieben, denen der Markt für (die im Folgenden beschriebenen) Anleihen und Schuldscheine verschlossen ist, finden vorzugsweise eine hypothekarische Absicherung. Bei einem **partiarischen Darlehen** erhält der Gläubiger an Stelle von Zinsen einen bestimmten Anteil des Gewinnes oder Umsatzes. Damit besteht eine Ähnlichkeit zur stillen Gesellschaft, Gläubiger und Schuldner sind jedoch nicht zu einer Gesellschaft zusammengeschlossen.

Anleihe (Obligation)

Eine **Anleihe**, auch **Obligation** oder **Schuldverschreibung** genannt, ist ein langfristiges Darlehen in verbriefter Form, das eine Großunternehmung (z. B. der Industrie, des Handels oder Verkehrs) über den Kapitalmarkt (**Börse**) aufnimmt. Die Emission von Schuldverschreibungen ist im Kapitalmarktgesetz geregelt. Sinn dieser Regelung ist ein standardisiertes Infomationsangebot an potentielle Kapitalgeber, um den Anlegerschutz zu verbessern. Wird eine Notierung an der Börse angestrebt, gibt es erweiterte Regelungen im Börsegesetz. Auch **staatliche** Institutionen begeben für ihre Finanzierungsbedürfnisse Anleihen. Eine andere Anleihegruppe stellen die **Pfandbriefe** von Realkreditinstituten (z. B. Hypothekenbanken) dar.

Für Anleihen ist in der Regel eine **feste Verzinsung** vorgesehen. Die Besicherung erfolgt oft durch Hypotheken. Die Gesamtsumme des aufzubringenden Kapitals wird in **Teilschuldverschreibungen** (Partialobligationen) gestückelt. Dadurch können auch große Kapitalbeträge bei einer Vielzahl von privaten und institutionellen Kapitalgebern platziert werden. Da Anleihen in der Regel in Wertpapieren verbrieft sind, ist eine hohe Fungibilität gegeben.

Die **Laufzeit** von Anleihen liegt in der Regel zwischen 8 und 15 Jahren. Die **Tilgung** erfolgt entweder am Ende der Laufzeit in einem Betrag oder nach einer bestimmten Zahl von tilgungsfreien Jahren in Raten. Die Tilgung kann durch Auslösung und/oder Rückkauf an der Börse erfolgen. Die Zinszahlungen erfolgen in der Regel periodisch (z. B. jährlich) gegen Vorlage von **Zinskupons**. In letzter Zeit werden auch Anleihen angeboten, bei welchen die gesamten Zinsen erst am Ende der Laufzeit ausbezahlt werden („Zero bonds", Null-Kupon-Anleihe, **Prämienanleihe**).

Oft werden Anleihen unter pari ausgegeben, was den jeweiligen Kapitalmarktbedingungen Rechnung tragend eine Erhöhung der **Effektivverzinsung** gegenüber der Nominalverzinsung bedeutet.

Neben den Tilgungsanleihen sind auch **Rentenanleihen** denkbar. Hier übernimmt der Schuldner **keine** Tilgungsverpflichtung, sondern sagt nur die regelmäßige Zahlung von Zinsen zu.

Wandelschuldverschreibungen

Wandelschuldverschreibungen ("convertible bonds") werden im Rahmen einer bedingten Kapitalerhöhung ausgegeben. Sie stellen zunächst Fremdkapital dar, räumen aber dem Gläubiger entweder ein Umtauschrecht (**Wandelanleihe**) oder ein **Bezugsrecht** (**Optionsanleihe**) auf Aktien ein.

Die Ausgabe von Wandelschuldverschreibungen kann sich als notwendig erweisen, wenn über die zukünftige Ertragskraft einer Unternehmung keine ausreichende Klarheit besteht und die Geldgeber sich zunächst eine fixe Verzinsung sichern wollen. Entsprechend der Erfolgsentwicklung kann der Gläubiger zu einem späteren Zeitpunkt die **Wandelanleihe** in Aktien umtauschen. Für die Unternehmung ergibt sich zunächst der Vorteil, dass mit der Wandelanleihe kein Einfluss auf die Geschäftsführung möglich ist. Umgekehrt ist es ein Nachteil, dass sie nicht weiß, in welchem Umfang vom Umtauschrecht Gebrauch gemacht werden wird und welches Tilgungserfordernis daher zu erwarten ist. Eine Verschiebung der Mehrheitsverhältnisse ist daher nicht eindeutig vorhersehbar.

Im Gegensatz zur Wandelanleihe wird die **Optionsanleihe** unabhängig davon, ob vom Bezugsrecht Gebrauch gemacht wird oder nicht, am Ende der vereinbarten Laufzeit getilgt. Dadurch ist es möglich, das Bezugsrecht (Optionsrecht) von der Anleihe zu trennen und isoliert an der Börse zu handeln (Optionsschein).

Gewinnschuldverschreibungen

Gewinnschuldverschreibungen (Gewinnscheine) räumen dem Gläubiger neben einer festen **Verzinsung** auch eine **Gewinnbeteiligung** ein. Diese kann begrenzt sein und wird gegebenenfalls erst gewährt, wenn die Dividenden ein bestimmtes Ausmaß erreicht haben. Von den limitierten Vorzugsaktien unterscheiden sie sich durch die feste Verzinsung und die Funktion als Gläubigerpapiere, für die eine Tilgung vorgesehen ist.

Gewinn- und Wandelschuldverschreibungen weisen für die Gläubiger eine erhöhte Attraktivität auf und werden ins Auge gefasst, wenn für gewöhnliche Anleihen erschwerte Unterbringungsmöglichkeiten bestehen.

Schuldscheindarlehen

Schuldscheindarlehen entstehen außerhalb der Börse bei einer freien Gestaltung des (zumeist) langfristigen Darlehensvertrages. Als Kapitalgeber treten **Kapitalsammelstellen**, in der Regel Versicherungsanstalten, auf, die überschüssige Prämieneinnahmen einer langfristigen und damit deckungsstockfähigen Anlage zuführen.

ccc) Kreditsubstitute

Factoring

Unter **Factoring** versteht man den Ankauf von Forderungen aus Lieferungen und Leistungen vor ihrer Fälligkeit durch einen Factor (Factorbank). Im Gegensatz zum Kundenkredit übernimmt der Factor neben der **Finanzierungsfunktion** auch verschiedene **Dienstleistungsfunktionen** (Fakturierung, Debitorenbuchhaltung, Mahnwesen, Bonitätsprüfungen usw.) und häufig auch eine **Versicherungsfunktion** (Ausfallrisiko). Die Forderungen scheinen in der Folge des Ankaufs in der Bilanz des Factors auf. Den Liquiditätsvorteilen und Kostenersparnissen beim Verkäufer stehen die Kosten des Factorings in Form von Kreditzinsen, der Factoringgebühr für die übernommenen Dienstleistungen und der Delkrederegebühr für das Ausfallrisiko gegenüber. Die Kosten betragen in der Regel zwischen 0,8 % und 2,5 % des Forderungsumsatzes.

Leasing

Unter **Leasing** ist die Vermietung von unbeweglichen und beweglichen Anlagegegenständen bzw. von langlebigen Konsumgütern (z. B. PKW) zu verstehen. Mit gewissen Einschränkungen kann Leasing vom Standpunkt des Mieters zur Fremdfinanzierung gezählt werden, und zwar unbestritten dann, wenn das gemietete Objekt nach Ablauf der Leasing-Dauer, in der regelmäßig Leasing-Raten gezahlt werden, in das Eigentum des Mieters übergeht.

Der Mieter weist die gemieteten Vermögensgegenstände in seiner **Bilanz** nicht aus und unterlässt demgemäß auch den Ausweis von Verbindlichkeiten. In seiner Erfolgsrechnung verrechnet er laufend den Mietaufwand. Eine Bilanzierung erfolgt in der Regel durch die **Leasing-Gesellschaft** (Spezialkreditinstitut, Produzent oder Händler), die die Anlagen auch abschreibt. Liegt die volle wirtschaftliche Verfügungsmacht allerdings nach den Umständen des Leasing-Vertrages beim Leasing-Nehmer, verlangt das Steuerrecht eine Bilanzierung beim Mieter (= Leasingnehmer; siehe ESt-Richtlinien 1984).

Equipment-Leasing ist die Vermietung von Anlagen, **Konsumgüter-Leasing** jene von Konsumgütern. Beim **Operational-Leasing** erwirbt der Mieter ein kurzfristiges, in der Regel jederzeit kündbares Nutzungsrecht am Mietobjekt. Übernimmt der Leasinggeber auch die Wartung, Reparaturen und die Versicherung des geleasten Objektes, ist ein **Fullservice-Leasing** gegeben. Beim **Financial-Leasing** ist die Grundmietzeit über einen längeren Zeitraum fixiert, den Partnern ist kein Kündigungsrecht eingeräumt. Das Investitionsrisiko obliegt daher dem Mieter. Es handelt sich dabei meist um **Full-pay-out-Verträge**, bei welchen der Leasingnehmer mit den während der Grundmietzeit entrichteten Raten mindestens die Anschaffungs- oder Herstellkosten und die Finanzierungskosten des Leasinggebers abdeckt. Dieser bleibt in der Regel Eigentümer des geleasten Objekts. Bei **Non-Full-pay-out-Verträgen** fließt dem Leasingnehmer am Ende der Grundmietzeit der wirtschaftliche Wert des Leasing-Objektes zu, es handelt sich um ein verdecktes Teilzahlungsgeschäft und verpflichtet den Leasingnehmer zur Bilanzierung des Leasing-Objekts. Das **Sale-and-Lease-Back**-Verfahren hat zunächst den Verkauf von Anlagegütern an eine Leasing-Gesellschaft zum Inhalt. Diese Güter werden dann vom Verkäufer wieder (zurück) gemietet. Das Verfahren hat zur Beseitigung von Liquiditätsengpässen in einer Unternehmung eine gewisse Bedeutung.

Leasing ist eine überlegenswerte Alternative, wenn die Unternehmung kurz- bis mittelfristig für Kapazitäten zu sorgen hat, die übliche Nutzungsdauer der Anlagen aber dadurch nicht ausgeschöpft werden kann. Die Praxis zeigt, dass aber auch bei langfristigen Leasing-Verträgen gewisse Vorteile gegenüber der direkten Fremdfinanzierung erwartet werden dürfen:

- Einfachere, auch wirtschaftlichere Abwicklung von Anlagenerrichtungen gegenüber dem Kreditkauf (Spezialisierung, Kontakte und Erfahrungen des Leasinggebers)

- Geringere Anforderungen an die Kreditwürdigkeit

- Gewisse steuerliche Vorteile

- Übernahme von Wartungs- und Reparaturarbeiten gegen einen Pauschalsatz.

Zu bedenken ist, dass neben den reinen Finanzierungskosten auch eigene Verwaltungskosten und Gewinnerwartungen der Leasinggesellschaften in die Leasingraten einfließen. Ein genauer Wirtschaftlichkeitsvergleich wird deshalb unabdingbar. Anfängliche Liquiditätsvorteile bei der Leasingvariante verleiten allzu oft zu unwirtschaftlichen Investitionen. Für die betriebswirtschaftliche Beurteilung des Leasing sind deshalb die Liquiditätsgegebenheiten, der bisherige Verschuldungsgrad und das Ausmaß der möglichen Fixkostendegression bei den geleasten Gütern von Bedeutung.

ddd) Sonderformen der Fremdfinanzierung

Steuerstundungen (Steuerkredite), Abfertigungs- und Pensionsrückstellungen stellen spezielle Formen der Fremdfinanzierung dar. **Steuerkredite** werden in der Regel kurz- bis mittelfristig in Anspruch zu nehmen sein, die Abfertigungsvorsorge und die Pensionsrückstellungen stehen als **Sozialkapital** der Unternehmung in der Regel langfristig zur Verfügung.

eee) Fremdfinanzierung im Exportgeschäft

Die bisher besprochenen Formen der kurz-, mittel- und langfristigen Fremdfinanzierung beziehen sich überwiegend auf das Inland, finden zum Teil aber auch im Verkehr mit dem Ausland Anwendung. In den Wirtschaftsbeziehungen mit dem Ausland sind spezielle Formen der kurzfristigen Fremdfinanzierung typisch: das Dokumenteninkasso, das Dokumentenakkreditiv (das vereinzelt auch im Inland vorkommen kann), der Rembourskredit und der Negotiationskredit; für mittelfristige Finanzierungen ist die Forfaitierung bedeutsam.

Dokumenteninkasso

Diese Zahlungskondition ist im Warenverkehr mit marktwirtschaftlich orientierten Staaten sehr gebräuchlich. Der Exporteur beauftragt eine Bank, die den Warentransport begleitenden Warendokumente auf dem Banken-Korrespondenzweg dem Importeur vorzulegen. Die Dokumente dürfen ihm nur unter der Bedingung ausgefolgt werden, dass er den Fakturenbetrag entweder sogleich bezahlt (bzw. überweist, eine Gutschrift leistet; **D/P** = documents against payment) oder einen auf ihn gezogenen Wechsel akzeptiert (**D/A** = documents against acceptance). In dieser zweiten Form ist mit dem Dokumenteninkasso eine kurzfristige Kreditgewährung verbunden. Der Exporteur kann den Wechsel vor dessen Fälligkeit jedoch diskontieren lassen (Diskontkredit), um früher liquide Mittel zu erlangen.

Dokumentenakkreditiv

Das Dubiosenrisiko kann ausgeschaltet bzw. verringert werden, wenn ein (Dokumenten-)**Akkreditiv** vereinbart wird. In diesem Fall hat der Importeur über seine Hausbank zu beantragen, dass zugunsten des Exporteurs ein Akkreditiv bei derselben oder einer anderen Bank (Akkreditivbank) zu eröffnen ist. Das Akkreditiv stellt die Anweisung dar, dem Exporteur gegen Vorlage von vereinbarten Warendokumenten, die eine Verfügungsmöglichkeit über die gelieferten Waren verbriefen (z. B. Konnossement, Lagerschein), die Akkreditivsumme auszubezahlen. Dieser Geldbetrag wurde der Akkreditivbank gemeinsam mit der Antragstellung zur Verfügung gestellt oder von der Hausbank des Importeurs kreditiert. In dieser Form handelt es sich um ein **Barakkreditiv**, es liegt ein Zug-um-Zug-Geschäft vor.

An Stelle der Barzahlung (Überweisung) kann auch beantragt werden, dass die Akkreditivbank einen vom Exporteur auf sie gezogenen Wechsel **akzeptieren** soll: **Akzeptakkreditiv**. Der Importeur kommt in den Genuss eines Zahlungsziels, der Exporteur ist bei der Kreditgewährung wechselrechtlich abgesichert und kann den Wechsel diskontieren lassen.

Akkreditive können

widerruflich	oder	unwiderruflich
befristet	oder	unbefristet
bestätigt	oder	unbestätigt
übertragbar	oder	unübertragbar

sein. Zur Sicherung des Begünstigten sollten sie **unwiderruflich und bestätigt** erstellt werden. Durch die Bestätigung verpflichtet sich die Bank ausdrücklich, die Leistung gegenüber dem begünstigten Exporteur zu erbringen. Akkreditive sind im Verkehr mit osteuropäischen Ländern und Ländern der Dritten Welt gebräuchlich. Der Einsatz von Akkreditiven ist weltweit durch die „Einheitlichen Richtlinien und Gebräuche für Dokumentenakkreditive" geregelt. Sie werden unter Federführung der Internationalen Handelskammer in Paris herausgegeben (UCP 500).

Rembourskredit

Der Rembourskredit ist eine Sonderform eines Akzeptakkreditivs. Als Akkreditivbank kommt nur eine internationale Großbank in Frage (Remboursbank). Die von der Bank wahrgenommene Finanzierungsfunktion bezieht sich sowohl auf den Importeur als auch auf den Exporteur. Der Importeur kommt für die Deckung der der Bank zur Verfügung zu stellenden Summe erst bei Fälligkeit des Wechsels auf. Dies wird ihm leicht möglich sein, wenn er die Waren in der Zwischenzeit bar verkaufen konnte. Der Exporteur hingegen besitzt ein Akzept hoher Bonität, das mit geringen Kosten diskontierfähig ist.

Negotiationskredit

Ein Negotiationskredit ist eine auf Verlangen des Importeurs von einer Bank dem Exporteur gegenüber gegebene **Erklärung**, einen Wechsel, der vom Exporteur auf diesen Importeur gezogen wurde, noch vor Akzeptleistung des Importeurs **zu diskontieren**. Die dem Exporteur dadurch gegebene Sicherheit der Zahlung ermöglicht im Überseegeschäft oft erst das Zustandekommen von Geschäftsabschlüssen.

Forfaitierung

Unter Forfaitierung (Forfaitgeschäft) ist der regresslose Ankauf von mittelfristigen Exportforderungen (Laufzeit zwischen 6 Monaten und 5 Jahren) durch ein Kreditinstitut (Forfaiteur) zu verstehen, das sämtliche Risiken der Exportforderung übernimmt. Es handelt sich somit um eine spezielle Form des Factoring. Trägt der Forfaiteur auch das Währungsrisiko, so ergibt sich neben der Finanzierungsfunktion auch noch ein Kurssicherungseffekt. Die Kosten der Forfaitierung setzen sich aus Kreditzinsen und Prämien für die übernommenen Risiken zusammen.

Kurssicherungsmöglichkeiten

Das Risiko schwankender Wechselkurse stellt im Außenhandel eine wichtige Einflussgröße für die Ertragslage von Unternehmungen dar. Folgende Möglichkeiten zur Kurssicherung stehen als Alternativen offen:

1. Schillingfakturierung (abhängig von der Marktposition und deshalb nur beschränkt möglich)
2. Devisentermingeschäft
3. Fremdwährungskredit
4. Diskontierung von Fremdwährungs-Wechseln
5. Auslands-Factoring (Forfaitgeschäft)
6. Kursrisikogarantie G 10 der Oesterr. Kontrollbank

Gegengeschäfte (Tauschgeschäfte)

Die zunehmende Verschuldung in den Entwicklungsländern und in anderen Staaten führt zu einer mehr oder weniger restriktiven Vergabe von Krediten gegenüber diesen Abnehmerländern und begünstigt **Gegengeschäfte oder Tauschgeschäfte (Countertrade)** als Alternativen zu den herkömmlichen Finanzierungsformen. In der Praxis haben sich verschiedene Formen des Tauschgeschäftes entwickelt.

Beim **Barter** wird zwischen Exporteur und Importeur ein Tausch von Waren bzw. Dienstleistungen vereinbart. Hat der Exporteur keinen Eigenbedarf an der Gegenleistung, wird ein Handelshaus zur weiteren Vermarktung der Ware beauftragt. Das Geschäftsvolumen von Barter-Geschäften kann durch Barter-Clearing-Organisationen erweitert werden. Bei **Kompensationsgeschäften** kommt es zur getrennten Abrechnung von Export und Gegenlieferung. Der Exporteur hat dabei die Möglichkeit, seine Kaufverpflichtung an einen Dritten zu übertragen. Vollkompensation liegt vor, wenn der gesamte Wert der Exportlieferung durch eine Gegenlieferung ausgeglichen wird. Bei einer Teilkompensation wird ein Teil des Warenwertes in Geld ausgeglichen. Beim **Parallelgeschäft** werden Export und Gegenkaufverpflichtung durch getrennte Verträge geregelt. Der Exporteur erhält nach der Lieferung seiner Ware die Gegenleistung in Geld ausbezahlt, verpflichtet sich aber, innerhalb einer bestimmten Frist einen Gegenkauf vorzunehmen. In der Regel überträgt der Exporteur diese Gegenkaufsverpflichtung an ein Handelshaus. Geht die Initiative umgekehrt von einem Handelshaus aus, spricht man von einem **Junktim-Geschäft**. Das Handelshaus importiert Waren und erhält dafür ein „Exportguthaben". Dieses Guthaben verwendet es selbst oder gibt es an einen Exporteur von Waren weiter. Ein **Buy-back-Geschäft** liegt vor, wenn sich ein Exporteur von Anlagen verpflichtet, eine Bezahlung mit Produkten, die mit der gelieferten Anlage erzeugt wurden, zu akzeptieren. Die in der Regel große zeitliche Differenz zwischen Lieferung und Gegenlieferung führt zur Notwendigkeit der Zwischenfinanzierung und läßt Produktrisiken (z. B. Veralterung) entstehen. Von staatlicher Seite kann das Volumen von Exporten und Importen durch **Clearing-Abkommen** unterstützt werden. Zwischen zwei Staaten wird meist ein Jahr im Voraus ein Austauschverhältnis vereinbart. Die Zahlungsabwicklung erfolgt über bilaterale Verrechnungskonten in einer Bezugswährung, ohne dass es zu einem tatsächlichen Devisenfluss kommt. Das Clearing-Abkommen zielt auf eine Ausgeglichenheit der Verrechnungskonten ab. Ist ein Ausgleich auf Dauer nicht gewährleistet, so kann ein Drittland eingeschaltet werden oder der Ausgleich wird durch Devisenzahlungen wiederhergestellt. Beim **Switch-Geschäft** deckt ein Handelshaus in einem Drittland einen einseitigen Überhang durch Lieferungen für den verpflichteten Clearing-Partner ab.

fff) Formen der Außenhandelsförderung

Das staatliche Exportförderungssystem erstreckt sich auf Güter österreichischen Ursprungs (Auslandsanteil max. 25 %) und sieht drei grundsätzliche Anwendungsebenen vor:

1. Exportrisikogarantien

2. Exportfinanzierungen

3. Förderung von Vorleistungen für Exporte und Auslandsinvestitionen

Mit der Übernahme von **Exportrisikogarantien** sollen die politischen und wirtschaftlichen Risiken von Außenhandel betreibenden Unternehmungen auf ein kalkulierbares Maß reduziert werden. Als **politische** Risiken gelten politische Risiken im engeren Sinne (Krieg, Streiks, Zerstörung oder Entzug von Rechten oder Vermögen), das Konvertierungs- und Transferrisiko und das Zahlungsverbotsrisiko. Als **wirtschaftliche** Risiken sind das Annahmerisiko (Verweigerung der Warenabnahme), das Dubiosenrisiko (Zahlungsunfähigkeit/-unwilligkeit) und das Wechselkursrisiko anzusehen. Die Rechtsgrundlage für die Übernahme von Exportrisikogarantien ist das Ausfuhrförderungsgesetz 1981, die banktechnische Abwicklung ist der Oesterreichischen Kontrollbank AG (= versicherndes Institut, das eine Ausfallshaftung übernimmt) übertragen. Das Garantieentgelt wird laufend den Markterfordernissen angepasst und liegt zwischen 0,2 % und 5 % p.a. vom jeweiligen Deckungsbedarf. Außerdem wird eine einmalige Bearbeitungsgebühr in Höhe von 1 Promille des Antragswertes eingehoben.

Der Beitritt Österreichs zum EWR bewirkte ab 1994 eine Änderung in der Struktur der Außenhandelsförderung im Allgemeinen und der **Exportrisikoabsicherung** im Besonderen. Die Lieferungen und Leistungen in die Mitgliedsstaaten der EU bzw. des EWR gelten als Binnenmarktlieferungen. Staatliche Versicherer dürfen so genannte „marketable risks" grundsätzlich nur dann unter Deckung nehmen, wenn sie sich wie ein privater Anbieter verhalten (Kalkulation, Rückstellungen, Versicherungssteuer usw.). Ansonsten müssen sie die Deckung dieser Risiken dem privaten Versicherungsmarkt überlassen. Als „marketable risks" werden wirtschaftliche Risiken aus Exporten in OECD-Länder mit einer Risikolaufzeit von maximal zwei Jahren (davon maximal ein Jahr Zahlungsziel) angesehen. Die Oesterreichische Kontrollbank AG hat daher einen Teil ihres bisherigen Geschäftsbereiches an private Versicherer abgetreten. Marktführer sind derzeit die Österreichische Kreditversicherungs-AG (ÖKV) und die PRISMA Kreditversicherungs-AG.

An österreichische Klein- und Mittelbetriebe vergibt die BÜRGES Förderungsbank des Bundesministeriums für wirtschaftliche Angelegenheiten GmbH Garantien zur Absicherung der mit Auslandsinvestitionen (bis zu S 10 Mio. p.a.; € 700.000 p.a.) verbundenen Risiken (**Internationalisierungsaktion** der BÜRGES-Förderungsbank). Die Auslandsinvestition muss zur Stärkung der Wettbewerbsfähigkeit des österreichischen Unternehmens beitragen und direkt oder indirekt positive Auswirkungen auf die österreichische Leistungsbilanz haben. Die Aktion umfasst eine **Projektgarantie** zur Deckung des wirtschaftlichen Risikos des investierenden Unternehmens im Ausland und eine **Finanzierungsgarantie** zur Deckung des Risikos des österreichischen Kapitalgebers (in der Regel der Hausbank des Unternehmens) aus der Finanzierung, die zur Durchführung des Internationalisierungsprojektes an den österreichischen Klein- und Mittelbetrieb gewährt wird (Inlandsrisiko des österreichischen Kreditinstituts).

Exportfinanzierungen sollen eine Finanzierungsquelle für den Zeitraum der Produktion und/oder des gewährten Zahlungszieles (Fakturen-Laufzeit) eröffnen. Im Rahmen des Exportfinanzierungsverfahrens (EFV) wird demgemäß zwischen einem Exportfakturen-Vorschusskredit und einem Produktionskredit (der den Fakturenvorschuss einschließt) unterschieden. Vereinbarungen können für einzelne Vorhaben oder für eine Mehrzahl gleichartiger Geschäfte (Rahmenkredit) erfolgen. Die österreichische Exportfinanzierung entspricht den OECD-Regeln, die Kreditzinssätze werden als marktkonform angesehen. Im EU-Bereich gibt es kein mit dem österreichischen Exportfinanzierungssystem vergleichbares System.

Die Exportfinanzierung ist eng mit der Übernahme von Exportrisikogarantien verknüpft. Es gilt der Grundsatz: „Was garantiert werden kann, kann auch finanziert werden." Die Konditionen für die gewährten Kredite sind laufenden Schwankungen unterlegen.

Als Exportförderstellen treten in Österreich die Österr. Exportfonds GmbH (vor allem für kleine und mittlere Unternehmen), die Oesterr. Kontrollbank AG, die Oesterr. Nationalbank AG sowie die Wirtschaftskammern auf. Als Anlaufstellen dienen alle Kreditinstitute, die neben der Beratung auch wichtige Funktionen bei den Absicherungsanträgen, in der Kontaktnahme mit den Förderstellen, in der Finanzierung und in der Folgebetreuung übernehmen.

Gemäß dem Beihilfenrecht der EU sind die Exporte selbst keiner (direkten) Subvention zugänglich. Allerdings können **Vorleistungen für Exporte und Auslandsinvestitionen** in Form von nicht rückzahlbaren Zuschüssen gefördert werden. Als Internationalisierungsvorleistungen werden angesehen: gewerbliche Exportberatungen, Messeteilnahmen, Marktstudien, Machbarkeitsstudien, Markterschließungsmaßnahmen (Anbahnung von Waren- und Dienstleistungsexporten) sowie Schulungsmaßnahmen. Als Förderstellen treten die Wirtschaftskammern, Bundes- und Landesverwaltungen sowie Kreditinstitute, die vielfach auch EU-Förderprogramme bearbeiten, auf.

c) Die Subventionsfinanzierung

aa) Funktionale Bestimmung

Viele öffentliche und private Unternehmungen werden vom Bund, den Ländern, den Gemeinden oder anderen öffentlichen Institutionen (z. B. Fonds im Bereich der Landwirtschaft) subventioniert. Die Subventionierung kann damit begründet werden, dass die Existenz und der laufende Betrieb einer solchen Unternehmung im Sinne **wirtschaftspolitischer Interessen** (z. B. Beschäftigungspolitik, Infrastrukturpolitik, Konjunkturpolitik) sinnvoll erscheinen und deswegen marktbedingte Nachteile beseitigt bzw. Impulse für die wirtschaftliche Entwicklung gegeben werden sollen.

Subventionen können den Unternehmungen entweder als **Betriebszuschüsse** (Subventionen in den laufenden Betrieb) oder als **Kapitalzuschüsse** (Subventionen in die Leistungskapazität und damit in die Vermögensstruktur) gewährt werden.

Betriebszuschüsse dienen der teilweisen Abdeckung des Produktionsaufwandes und lassen einen direkten Einfluss auf die Preis- und Angebotspolitik zu.

Kapitalzuschüsse (auch: Eigenkapitalzuschüsse) dienen nicht im eigentlichen Sinne der Stärkung des Eigenkapitals (Risikokapitals), sondern vielfach der Sicherung bzw. Erweiterung der Unternehmenskapazität und damit auch der Erhöhung der Leistungsbereitschaft. Mit Kapitalzuschüssen kann nur ein bedingter Einfluss auf das Preisniveau ausgeübt werden.

bb) Subventionsformen

Die Subventionsfinanzierung kann in vielfältigen Formen erfolgen:

1. **Ein (globaler) Verlustausgleich im Nachhinein** dient meistens zur Stützung der Liquidität und sollte deshalb nur punktuell eingesetzt werden. Er ist geeignet, alle Aktivitäten zur Erhöhung der Eigenwirtschaftlichkeit der Unternehmung zu unterbinden.

2. Eine **geplante (globale) und der Höhe nach begrenzte** Verlustabdeckung soll Fixkostenanteile kompensieren und die Unternehmung weniger rezessionsempfindlich machen. Die Unternehmensleitung wird dabei stärker dem Wirtschaftlichkeitszwang ausgesetzt.

3. Bei einer **leistungsabhängigen Verlustabdeckung** für Teilbereiche einer Unternehmung auf Grund eines Wirtschaftsplanes (ex ante) oder eines Leistungsnachweises (ex post) entsteht das Problem der Zurechnung der fixen Kosten zur Leistungsmenge, das nur abhängig von der Auslastung lösbar ist.

4. **Übernahme bestimmter Ausgaben bzw. Aufwendungen** (z. B. Zinsaufwand, Investitionsausgaben, Tilgungsausgaben, Personalaufwand oder Zuschüsse zu diesen Größen) in Abhängigkeit von der Zwecksetzung für die gewährte Subvention.

5. Bei einer **Subvention in Abhängigkeit von bestimmten Einflussgrößen** (z. B. Rinderzahl, Ackerfläche, Investitionssumme) übt die Bemessungsgrundlage eine Anreizwirkung aus, die gegebenenfalls zu Überkapazitäten bzw. zu überhöhtem Leistungsausstoß führen kann.

6. **Im voraus fixierte Beträge je Leistungseinheit** (Stücksubventionen) erhöhen den Stückerlös. Bei positivem Deckungsbeitrag ist die Unternehmung an einer Produktions- bzw. Leistungsausweitung interessiert.

III. Die Finanzplanung

1. Die Grundlagen der Finanzplanung

Die Hauptaufgabe der Finanzplanung besteht in der Festlegung der Finanzbewegungen, die der Unternehmung eine geordnete Kapitalzufuhr und geregelte Kapitalabgänge gewährleisten und damit die Erhaltung des finanziellen Gleichgewichts sichern helfen sollen. Für die betrieblichen Finanzprozesse spielen dabei die Größen des Kapitalbedarfs, des Finanzbedarfs und des Geldbedarfs eine zentrale Rolle.

Der **Kapitalbedarf** ist eine zeit**punkt**bezogene Größe, die als Differenz zwischen allen kapital**bindenden Ausgaben** und den kapital**freisetzenden Einnahmen**, die bis dahin angefallen sind, zu verstehen ist.

Im Zeitablauf wird sich der Kapitalbedarf verändern. Weitere kapitalbindende Ausgaben werden ihn erhöhen, andere kapitalfreisetzende Einnahmen hingegen verringern. Daraus leitet sich der **Finanzbedarf** für diesen Zeit**raum** ab, der auch zu berücksichtigen hat, dass zu verschiedenen Zeitpunkten kapitalentziehende Ausgaben (z. B. Gewinnausschüttungen) stattfinden. Der ermittelte Finanzbedarf muss durch entsprechende kapitalzuführende Maßnahmen im Interesse eines finanziellen Gleichgewichts Deckung finden.

Die Aufrechterhaltung der Zahlungsfähigkeit (Liquidität) zu einem bestimmten Zeitpunkt ist an die Deckung des **Geldbedarfs** gebunden, der durch die gerade zu diesem Zeitpunkt anfallenden Ausgaben bestimmt wird.

Daraus wird deutlich, dass der Kapitalbedarf die primäre Ausgangsgröße darstellt, denn sowohl der Finanzbedarf als auch der Geldbedarf leiten sich aus dem Kapitalbedarf ab. Bei der Gründung einer Unternehmung sind alle drei Größen gleich. Im Zuge der Betriebstätigkeit ergeben sich unterschiedliche Ausgaben- und Einnahmenströme, sodass Kapital-, Finanz- und Geldbedarf dann auseinander fallen.

Die Zeit zwischen dem Beginn einer Kapitalbindung und deren Ende durch entsprechende Kapitalfreisetzung wird **Kapitalbindungsdauer** genannt.

Die **Finanzplanung** umfasst daher folgende Zahlungsströme:

1. Ausgaben für Anlagenanschaffungen (Investitionsausgaben) sowie Einnahmen aus Anlagenverkäufen;

2. Zahlungsströme im Rahmen des Leistungsprozesses (Aufwandszahlungen und Verkaufserlöse);

3. Zum Ausgleich der Zahlungsströme aus dem Leistungsbereich notwendige (aufzubringende) Mittel aus dem Eigenkapital- und dem Fremdkapitalbereich;

4. Zahlung von Fremdkapitalzinsen sowie Tilgungsbeträge für die Kreditdeckung;

5. Gewinnausschüttungen.

Die Finanzplanung ist demnach

1. **Anweisung**, wie die zukünftigen Zahlungsvorgänge vor sich gehen sollen;

2. **Informationsmittel** hinsichtlich der Schichtung der Geldströme;

3. **Kontrollmittel** für den Ablauf des Zahlungsgeschehens während des Zahlungszeitraumes.

Für die Finanzplanung in der Unternehmung ergeben sich folgende **Hauptfragen**:

1. Auf welche **Zeiträume** ist die Finanzplanung abzustellen? Soll sie kurz-, mittel- oder langfristig sein und dabei laufend (periodisch) oder nur aus bestimmten Anlässen (aperiodisch) vorgenommen werden? Es ist sinnvoll, die

Planüberlegungen auf lange Sicht abzustellen und darin mittel- und kurzfristige Planvorhaben festzulegen. Je länger jedoch der Planungszeitraum bemessen wird, desto elastischer müssen die Planvorgaben sein und desto gröber werden die einzusetzenden Größen (Grobplanung). Dies zwingt zu einer steten Anpassung, also zu einer laufenden Finanzplanung. Eine weitestgehend fixierte Finanzplanung (Feinplanung) ist nur auf kurze Frist möglich.

2. Wie lauten die betrieblichen **Ziele** und welches ist der daraus sich ergebende **Finanzbedarf**? Die Gestaltung der betrieblichen Leistungsprozesse und damit Beschaffung, Investition, Produktion und Absatz bestimmen die Finanzierung, und umgekehrt wieder bestimmen die Finanzierungsmöglichkeiten (bzw. -engpässe) die Gestaltung der betrieblichen Leistungsprozesse. Es besteht ein gegenseitiges Abhängigkeitsverhältnis, die einzelnen betrieblichen Teilbereiche haben sich organisch dem Gesamtplan unterzuordnen. Der Finanzplan stellt die finanzwirtschaftliche Komponente des Gesamtplans dar, die (Planbilanz und) Planerfolgsrechnung hingegen die erfolgswirtschaftliche Komponente (siehe Abb. 7).

Der **Finanzbedarf** wird durch den Unternehmungszweck (Betriebsaufgabe) vorwegbestimmt. Daraus ergeben sich bereits richtungweisende Einflüsse auf die Produktions- und Absatzgegebenheiten und -möglichkeiten, auf die Konditionen im Zahlungsverkehr mit Kunden und Lieferanten, auf die Umschlagshäufigkeit des Warenlagers, die Möglichkeiten der Aufwandsfinanzierung, die Art der Gewinnverwendung usw.

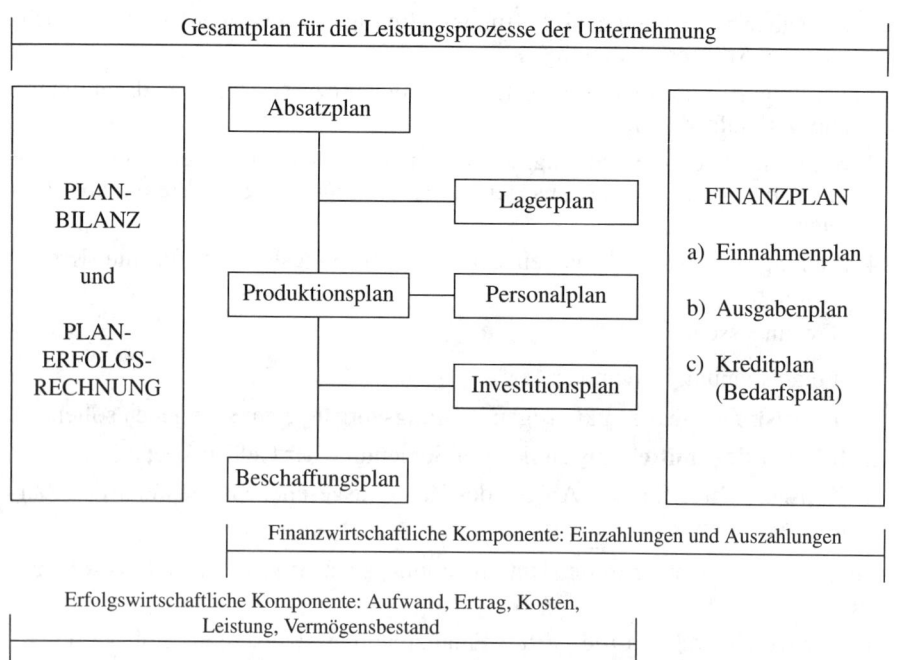

Abb. 7

270

3. Welche **Finanzierungsmaßnahmen** sind zu ergreifen, um bei einem ermittelten Finanzbedarf das **finanzielle Gleichgewicht zu sichern?** Die Frage der Bedarfsdeckung berührt Entscheidungen über eine (möglichst) optimale Kombination der verfügbaren Finanzierungsformen (Eigenmittel oder Fremdmittel; kurz-, mittel-, langfristige Kreditmittel; Inlands- oder Auslandsfinanzierung). Eine ständige Prüfung des Deckungsgrades des Finanzbedarfes durch Finanzmittel wird erforderlich. Prognosewerte sind zum Teil mit sehr großen Unsicherheiten behaftet. Diesen **Risikofaktoren** kann bei EDV-orientierten Finanzierungsmodellen durch das Rechnen mit Wahrscheinlichkeitsgrößen begegnet werden. Vielfach behilft sich die Praxis jedoch mit entsprechenden, aus der Erfahrung abgeleiteten **Liquiditätsreserven**. Zu hohe Liquiditätsreserven bedeuten jedoch eine (die Rentabilität hemmende) Überliquidität und wären deshalb auch zu vermeiden.

4. Wie kann während der einzelnen Planperioden **geprüft** werden, ob das finanzielle Gleichgewicht gesichert erscheint? Durch die Aufstellung roulierender Finanzpläne (siehe die späteren detaillierten Ausführungen) wird Vorsorge für permanente Planrevisionen getroffen und die Möglichkeit zu konkreten Plansätzen geschaffen. Ursprüngliche Globalansätze können mit der Zeit und damit bei besserer Einsicht in das künftige Unternehmensgeschehen zu Detailansätzen vertieft werden.

Die **betriebliche Finanzplanung** lässt sich von der Aufgabenstellung daher in folgende Teilbereiche untergliedern:

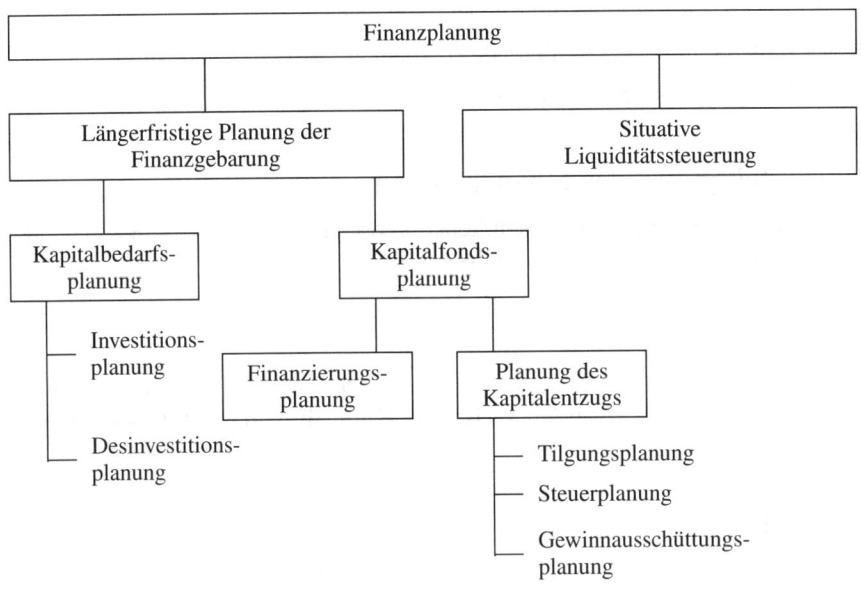

Abb. 8

In der **Kapitalbedarfsplanung** und in der **Kapitalfondsplanung** (zur Deckung des Kapitalbedarfs) spiegeln sich die strukturellen und damit auf längere Sicht

271

gesetzten Maßnahmen zur Sicherung von Liquidität und Rentabilität wider. Bei der situativen **Liquiditätssteuerung** geht es um die lückenlose Abstimmung aller Zahlungsvorgänge.

Für die **Kapitalbedarfsplanung** (auch: **Finanzgrundplan**) sind möglichst optimale Investitions- und Desinvestitionsentscheidungen wesentlich. Hievon sind im Wesentlichen die Einnahmen und Ausgaben aus laufender Tätigkeit sowie die Investitionsausgaben erfasst. Für die **Kapitalfondsplanung** (auch: **Finanzmitteldeckungsplan**) sind die Möglichkeiten und Notwendigkeiten der Finanzmittelzufuhr und des Kapitalentzugs bedeutend, was die Fragen der Auswahl aus den verschiedenen zur Verfügung stehenden Finanzierungsformen (siehe Abschnitt I.) und Fragen nach der optimalen Finanzierungsstruktur (siehe Abschnitt III.) impliziert. Die situative **Liquiditätssteuerung** ist an den Instrumenten, die der Liquiditätspolitik grundsätzlich zur Verfügung stehen, auszurichten.

2. Die Erstellung des Finanzplans

In der Technik der Aufstellung von Finanzplänen ist zwischen zeitraumbezogenen Plänen und zeit**punkt**bezogenen Plänen (Finanzstatus) zu unterscheiden. Dabei ist man an **keine bestimmte Gestaltungsweise gebunden.** Finanzpläne werden daher in unterschiedlichen Formen erstellt.

Die Kapitalbedarfsplanung findet eine Verbindung mit der Kapitalfondsplanung in Form eines

1. allgemeinen Kapitalbindungsplanes, bzw. eines

2. speziellen (am besten roulierenden) Finanzplanes (Finanzbudgets)

für ein Planjahr (oder einen anderen Planungszeitraum).

a) Die Teilphasen der Finanzplanung

Die Finanzplanung läuft im Wesentlichen in drei Teilphasen ab, wobei jede Teilphase die Voraussetzung für die nächste Teilphase ist.

Bedarfsplan

In einer Vorschaurechnung müssen zunächst die zukünftigen finanziellen Bedürfnisse prognostiziert werden, es ist eine **Kapitalbedarfsrechnung** aufzustellen.

Beschaffungsplan

Auf der Grundlage des in der Vorschaurechnung ermittelten Kapitalbedarfes ist zu bestimmen, welche Kapitalien zu dessen Deckung herangezogen werden sollen. Verschiedene Deckungsmöglichkeiten sind zu analysieren, über die (wirtschaftliche) Zusammensetzung des Kapitalfonds ist zu entscheiden. Es entsteht der Beschaffungsplan (oder Finanzmitteldeckungsplan).

Durchführungsplan

Sind die Entscheidungen hinsichtlich des Kapitalbedarfs und seiner anzustrebenden Deckung gefallen, ist die Abwicklung der Finanzbewegungen im Detail zu
planen, es entsteht der Durchführungsplan.

b) Der Kapitalbindungsplan

Der Kapitalbindungsplan zeigt die Zusammenhänge zwischen geplanten Investitionen und Desinvestitionen auf und gibt Auskunft über geplante Maßnahmen
der Finanzierung und des Kapitalentzugs.

Kapitalbindungsplan 1. 1. – 31. 12. 20..	
Kapitalverwendung	Kapitalherkunft
I. Investition im Anlage- und Umlaufvermögen (Kapitalbindung)	I. Finanzierung (Erhöhung des Fremd- und Eigenkapitals sowie Gewinn)
II. Rückzahlungen von Fremd- und Eigenkapital sowie Ausschüttung und Versteuerung von Gewinn	II. Desinvestition (Abschreibungen und andere Verminderungen des Anlage- und Umlaufvermögens)

Abb. 9

c) Das Finanzbudget (der Finanzplan)

Die Angaben zum Kapitalbindungsplan sind nur auf Grund einer detaillierten
mengen- und wertmäßigen Planung in den betrieblichen Teilplänen (Absatzplan,

FINANZPLAN 1. 1. – 31. 12. 20..					
Alle Angaben in 10.000	Jän.	Feb.	März	April	usw.
I. Zahlungsmittelbestand am Monatsanfang (bzw. Fehlbetrag)	4	3	1	–5	–4
II. Einnahmen (gegliedert nach Einnahmearten) aus					
a. Umsatzbereich	20	22	25	25	
b. (reiner) Finanzbereich	5	0	10	5	
	25	22	35	30	
III. Ausgaben (gegliedert nach Ausgabenarten)					
Personalausgaben	9	9	9	9	
Materialausgaben	4	5	4	5	
Steuerausgaben	2	5	4	2	
Ausgaben für Fremdleistungen	3	5	4	6	
Ausgaben des reinen Finanzbereiches	3	1	5	2	
Ausgaben für Anlageinvestitionen	5	10	20	5	
	26	35	46	29	
IV. Vorläufiger Überschuss bzw. Fehlbetrag (I + II – III)	3	–10	–10	–4	
V. Zusätzliche Ausnützung von Kreditreserven (erreichter Stand/Limit)	–	11 (25/ 30)	5 (30/ 30)	0 (30/ 30)	
VI. Überschuss/Fehlbetrag	3	1	–5	–4	

Abb. 10

Produktionsplan, Lagerplan, Beschaffungsplan, Investitionsplan) möglich, aus welchen die relevanten Finanzbewegungen, getrennt nach Teilperioden (z. B. Monaten), in den speziellen Finanzplan (Finanzbudget) übernommen werden. Der Kapitalbindungsplan stellt insoferne eine Zusammenfassung des mehrere Teilperioden berührenden Finanzbudgets dar.

Der Finanzplan zeigt frühzeitig Finanzengpässe auf und ermöglicht es, rechtzeitig Maßnahmen zu deren Beseitigung zu suchen (Erhöhung des Kreditrahmens, zusätzliche langfristige Finanzierungsmittel für die Investitionen, Verschiebung von Investitionen usw).

Die Kapitalbeschaffung wird sich in **zeitlicher** Hinsicht allerdings nicht immer fugenlos mit den unternehmensinternen Kapitalbedürfnissen abstimmen lassen. So wird es im Hinblick auf eine erwartete Verknappung des Kapitalmarktes und auf ein steigendes Zinsniveau durchaus angezeigt sein, die finanziellen Bedürfnisse vorsorglich vorzeitig zu decken.

Von einem **roulierenden Finanzplan** spricht man, wenn der Planungshorizont immer gleich lang bemessen ist (z. B. 12 Monate) und daher mit Ablauf einer Teilperiode eine neue Teilperiode an das Ende des Planungshorizontes wieder angefügt wird. Es ist sinnvoll, die ersten drei Teilperioden (drei Monate) zusätzlich in Wochen oder Dekaden zu unterteilen, weil hiefür die Prognose exakter möglich ist.

(Roulierender) FINANZPLAN													
	Okt.		Nov.		Dez.		Jän.		usw.		Sept.		
I. Zahlungsmittelbestand (Fehlbetrag) II. Nicht ausgenützte Kreditreserven III. Einnahmen													
IV. Zahlungskraft (I–III) Ausgaben													
V. Überschuss/Fehlbetrag													

Abb. 11

Jeder Planmonat wird damit nach der Planung noch achtmal einer globalen **Planrevision** unterzogen. Drei Monate vor seiner Realisierung wird er in Dekaden (Wochen, Tage) zerlegt und weiteren Revisionen je nach Detaillierung unterzogen. Für die dennoch unvermeidlichen Soll-Ist-Differenzen wegen der fehlenden Planungsschärfe und wegen mangelnder Planunterteilung muss durch die **Liquiditätsreserve** (Zahlungsmittelbestand) vorgesorgt werden.

Eine detaillierte Finanzplanung, die die verschiedenen Kapitalquellen berücksichtigt, kann auch aus der **Cashflow-Rechnung** gemäß nachfolgendem Muster abgeleitet werden. Dies setzt aber eine Leistungsbudgetierung und damit die vorherige Erstellung einer Planbilanz und Plan-GuV-Rechnung mit erfolgswirtschaftlichen Größen voraus (Abb. 12, entnommen aus Egger/Winterheller, Kurzfristige Unternehmensplanung, 10. Aufl., Wien 1999, S. 245, Abb. 14, S. 246).

Budget 20..

Finanzplan (in 1.000 €)

		Laufendes Jahr		Planjahr
		Budget	Voraussichtl. Ergebnis	
I.	**Cashflow (Nettogeldfluss) aus der laufenden Geschäftstätigkeit**			
	a) Cashflow aus dem geplanten Unternehmensergebnis			
1	Unternehmensergebnis versteuert			435,9
2	+ Abschreibungen			75,0
3	± erfolgswirks. Dot./Aufl. langfr. Rückstellungen			10,0
4	+ sonstige nicht ausgabewirksame Aufwendungen			
5	– sonstige nicht einnahmewirksame Erträge			
	Saldo aus Ia			**520,9**
	b) Cashflow aus der Veränderung des working capitals			
6	(Erhöhung) bzw. Senkung des Materialbestandes			–12,0
7	(Erh.) bzw. Senk. d. unf. u. fertigen Erzeugnisse			8,2
8	(Erhöhung) bzw. Senkung der Lieferforderungen			–181,4
9	(Erh.) bzw. Senk. d. sonst. Umlaufver. und ARA			0,0
10	Erh. bzw. (Senkung) der kurzfr. Rückstellungen			–3,0
11	Erhöhung bzw. (Senkung) der Lieferantenkredite			0,0
12	Erh. bzw. (Senk.) d. sonst. Verbindlich. u. PRA			1,2
	Saldo aus Ib			**–187,0**
	Cashflow aus der laufenden Geschäftstätigkeit			**333,9**
II.	**Cashflow aus dem Investitionsbereich**			
13	Sachanlagen(anschaffung) bzw. -veräußerung			–20,0
14	Finanzanlagen(anschaffung) bzw. -veräußerung			–2,5
15	Darlehens(gewährung) bzw. -rückzahlung			
16	Sonstige Veranl.(erh.) bzw. -senkung, Barbestände			
	Cashflow aus dem Investitionsbereich			**–22,5**
III.	**Cashflow aus dem Finanzierungsbereich**			
	a) Fremdfinanzierung			
17	Bankkontokorrentkredite – Erhöhung bzw. (Senk.)			
18	Langfristige Bankkredite – Aufnahme bzw. (Tilg.)			–40,0
19	Sonstige Darlehen – Aufnahme bzw. (Tilgung)			
	Saldo aus IIIa			**–40,0**
	b) Cashflow aus der Privat- und Gesellschaftersphäre			
20	Kapitalerhöhung			
21	Dividenden			
22	Privateinlagen (Privatentnahmen)			–210,0
23	Sonstige Kapitaleinzahlungen			
	Saldo aus IIIb			**–210,0**
	Cashflow aus dem Finanzierungsbereich			**–250,0**
IV.	**Zahlungsmittelbedarf bzw. Überschuss I – III**			**61,4**
V.	**Deckung d. Bedarfes bzw. Verw. d. Überschusses**			
24	Liquide Mittel			
25	Veränderung der Bankbestände			
26	Veränderung der Bankkontokorrentkredite			–61,4
27	Veränderung der Lieferverbindlichkeiten			
28	Sonstige Mittelbeschaffung bzw. Disposition			

(aus: Egger/Winterheller, Kurzfristige Unternehmensplanung. Budgetierung, 10. Auflage, Wien 1999, S. 245)

Es ist zu empfehlen, eine detaillierte Finanzplanung zumindest pro Quartal vorzunehmen. Dies ist deswegen notwendig, weil der Saldo in Zeile IV. den Bedarf bzw. Überschuss am Periodenende, nicht aber während der Planperiode zeigt. Dies kann sich bei Betrieben mit saisonalen Schwankungen äußerst negativ auswirken:

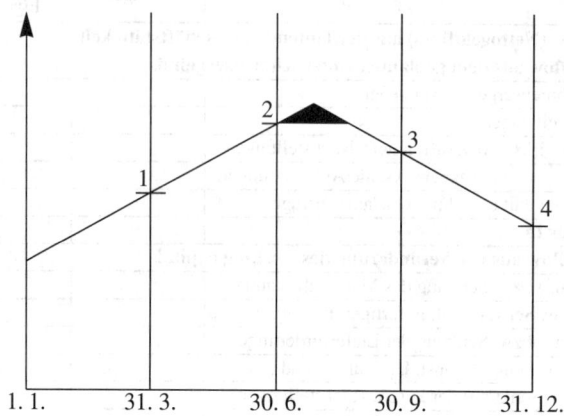

1–4 = jeweiliger Finanzbedarf zum Quartalsende

Abb. 13

Würde man nur den Jahresplan erstellen, ergäbe sich als Saldo lediglich der unter 4 dargestellte Bedarf. Die kleine nach dem 30.6. entstehende Spitze, die auch bei Quartalsplänen nicht festgestellt wird, kann vernachlässigt werden.

Die **Verbindung** der Kapitalbedarfsplanung (Finanzgrundplan) mit der Kapitalfondsplanung (Finanzmitteldeckungsplan) lässt sich auch aus folgender (vereinfachter) Übersicht erkennen:

I. **Finanzgrundplan**

    Einnahmen aus laufender Tätigkeit
   – Ausgaben aus laufender Tätigkeit
   – Investitionsausgaben
  + Einnahmen aus Anlagenverkäufen

    Saldo I (Überdeckung, Ausgleich oder Unterdeckung)

II. **Finanzmitteldeckungsplan**

    Einzahlungen Eigenkapital
  + Einzahlungen Fremdkapital
  – Tilgung von Krediten
  – Zahlungen für Fremdkapitalzinsen
  – geplanter Überschuss für Ausschüttungen, Barreserven usw.

    Saldo II (Überdeckung, Ausgleich oder Unterdeckung)

Saldo II muss mit umgekehrtem Vorzeichen mit Saldo I übereinstimmen (Differenz also null), wenn ein **finanzieller Ausgleich** gegeben sein soll. Andernfalls müssen ausgleichende Maßnahmen angestrebt werden.

276

Budget 20..

Finanzpläne Quartale (in 1.000 €)

		Finanz-plan	1. Quartal	2. Quartal	3. Quartal	4. Quartal
I.	**Cashflow (Nettogeldfluss) aus der laufenden Geschäftstätigkeit**					
	a) Cashflow aus dem geplanten Unternehmensergebnis					
1	Unternehmensergebnis versteuert	435,9	23,9	–2,6	253,9	160,7
2	+ Abschreibungen	75,0	18,7	18,8	18,7	18,8
3	± erfolgswirks. Dot./Aufl. langfr. Rückstellungen	10,0	0,0	0,0	0,0	10,0
4	+ sonstige nicht ausgabewirksame Aufwendungen					
5	– sonstige nicht einnahmewirksame Erträge					
	Saldo aus Ia	**520,9**	**42,6**	**16,2**	**272,6**	**189,5**
	b) Cashflow aus der Veränderung des working capitals					
6	(Erhöhung) bzw. Senkung des Materialbestandes	–12,0	–12,0			
7	(Erh.) bzw. Senk. d. unf. u. fertigen Erzeugnisse	8,2	–86,0	–102,3	146,2	50,3
8	(Erhöhung) bzw. Senkung der Lieferforderungen	–181,4	80,6	48,6	–488,8	178,2
9	(Erh.) bzw. Senk. d. sonst. Umlaufver. und ARA					
10	Erh. bzw. (Senkung) der kurzfr. Rückstellungen	–3,0				–3,0
11	Erhöhung bzw. (Senkung) der Lieferantenkredite					
12	Erh. bzw. (Senk.) d. sonst. Verbindlichk. u. PRA	1,2	–32,3			33,5
	Saldo aus Ib	**–187,0**	**–49,7**	**–53,7**	**–342,6**	**259,0**
	Cashflow aus der laufenden Geschäftstätigkeit	**333,9**	**–7,1**	**–37,5**	**–70,0**	**448,5**
II.	**Cashflow aus dem Investitionsbereich**					
13	Sachanlagen(anschaffung) bzw. -veräußerung	–20,0			–10,0	–10,0
14	Finanzanlagen(anschaffung) bzw. -veräußerung	–2,5				–2,5
15	Darlehens(gewährung) bzw. -rückzahlung					
16	Sonstige Veranl.(erh.) bzw. -senkung, Barbestände					
	Cashflow aus dem Investitionsbereich	**–22,5**	**0,0**	**0,0**	**–10,0**	**–12,5**
III.	**Cashflow aus dem Finanzierungsbereich**					
	a) Fremdfinanzierung					
17	Bankkontokorrentkredite – Erhöhung bzw. (Senk.)		Dispositionsgröße			
18	langfristige Bankkredite – Aufnahme bzw. (Tilg.)	–40,0		–20,0		–20,0
19	Sonstige Darlehen – Aufnahme bzw. (Tilgung)					
	Saldo aus IIIa	**–40,0**	**0,0**	**–20,0**	**0,0**	**–20,0**
	b) Cashflow aus der Privat- und Gesellschaftersphäre					
20	Kapitalerhöhung					
21	Dividenden					
22	Privateinlagen (Privatentnahmen)	–210,0	–52,5	–52,5	–52,5	–52,5
23	Sonstige Kapitaleinzahlungen					
	Saldo aus IIIb	**–210,0**	**–52,5**	**–52,5**	**–52,5**	**–52,5**
	Cashflow aus dem Finanzierungsbereich	**–250,0**	**–52,5**	**–72,5**	**–52,5**	**–72,5**
IV.	**Zahlungsmittelbedarf bzw. Überschuss I – III**	**61,4**	**–59,6**	**–110,0**	**–132,5**	**363,5**
V.	**Deckung d. Bedarfes bzw. Verw. d. Überschusses**					
24	Liquide Mittel					
25	Veränderung der Bankbestände					
26	Veränderung der Bankkontokorrentkredite	–61,4	59,6	110,0	132,5	–363,5
27	Veränderung der Lieferverbindlichkeiten					
28	Sonstige Mittelbeschaffung bzw. Disposition					

(aus: Egger/Winterheller, Kurzfristige Unternehmensplanung. Budgetierung, 10. Auflage, Wien 1999, S. 246)

d) Der Finanzstatus

Zur Bestimmung des **täglichen Geldbedarfs** und seiner Deckung dient der tägliche **Finanzstatus**, der für jeden Tag der unmittelbar bevorstehenden Teilperiode im Rahmen des Finanzplanes ermittelt werden sollte.

FINANZSTATUS für den 12. 7. 20 ..				
Alle Angaben in 10.000	Gut-haben I	Kredit Linie II	Kredit Ist III	Zahlungs-kraft I + II – III
Barbestand	10	–	–	10
PSK	20	–	–	20
Bank I	0	50	38	12
Bank II	9	40	0	49
.				
.				
.				
Schecks und Wechsel	4	–	–	4
Summe Zahlungskraft	43	90	38	95
Personalausgaben			30	
Zahlungen an Lieferanten			20	
Steuerausgaben			15	
Tilgungsausgaben			5	
Zinsausgaben			10	
Sonstige Ausgaben usw.			2	
Summe Ausgaben			⟶	82
Überschuss/Fehlbetrag				+ 13

Abb. 15

Die zeitpunktbezogene Analyse dient folgenden Aufgaben:
- Feststellung der gegenwärtigen Zahlungsfähigkeit unter Berücksichtigung der Rahmenkredite (Kreditlinien);
- Lenkung der Zahlungsströme;
- Veranlagung überflüssiger Mittel;
- Überwachung der Unternehmensbereiche, die Ausgaben und Einnahmen verursachen.

e) Die Analyse des Finanzplanes

Ergeben sich bei der Analyse des Finanzplanes Überschüsse (Überdeckungen), so erscheint die Liquidität gesichert. Es ist gegebenenfalls an die Veranlagung von Beständen, die über die Liquiditätsreserve hinausgehen, zu denken, um **Überliquidität** zu vermeiden und die Rentabilität zu erhöhen. Auch Kapitalrückzahlungen (vor allem des Fremdkapitals) sind zu erwägen.

Ist der Finanzbedarf größer als die Zahlungskraft, wird diese **Unterliquidität** bei wirtschaftlich gesunden Unternehmen wohl nur vorübergehend sein, weil

278

den Vorlagen an Ausgaben zu späteren Zeitpunkten Einnahmen in zumindest gleicher Höhe folgen werden. Eine finanzielle Überbrückung müsste bei gegebenen Erfolgschancen gefunden werden können. Leidet die Unternehmung hingegen an struktureller Erfolglosigkeit, so würde der Finanzplan entsprechend frühzeitig die dauernde finanzielle Unterdeckung (**Illiquidität**) aufzeigen. Ein Ausgleichs- oder Konkursantrag sollte daher korrekterweise noch vor der Realisierung der im Finanzplan ausgewiesenen Unterdeckung erfolgen.

3. Die Ermittlung des Kapitalbedarfs

Der Kapitalbedarf kann auf der Basis von Ausgaben und Einnahmen oder von Auszahlungen und Einzahlungen ermittelt werden. Ein Unterschied liegt nur im zeitlichen Anfall dieser Größen. Bei Auszahlungen und Einzahlungen werden gewährte und in Anspruch genommene Zahlungsziele berücksichtigt, sodass Lieferantenkredite und Kundenanzahlungen (und umgekehrt Lieferforderungen und gegebene Anzahlungen) zum Gegenstand der Kapitalbedarfsrechnung werden, was bei der (zeitlich ungenaueren) Ausgaben-Einnahmen-Rechnung nicht der Fall ist. Kurzfristige Finanzplanungen sollten daher immer an den Ein- und Auszahlungen orientiert sein.

Um die Prozesse der Kapitalbindung und Kapitalfreisetzung zu steuern, muss man den zukünftigen Kapitalbedarf und die zukünftigen Kapitalquellen voraussagen und aufeinander abstimmen. Bei diesen Steuerungsprozessen übernimmt die **Kapitalbedarfsrechnung** die Aufgabe, den zu erwartenden Kapitalbedarf zu ermitteln.

Eine **simultane** Planung aller betrieblichen Teilbereiche ist modelltheoretischen Analysen vorbehalten und wegen vielfältiger Prämissen in der Praxis kaum bzw. nur mit wesentlicher EDV-Unterstützung durchführbar. In der Praxis konzentriert man sich großteils auf eine **sukzessive** Abstimmung von Teilplänen, da man immer mit unsicheren und nicht vorhersehbaren Faktoren konfrontiert ist. Allerdings beeinflussen sich nahezu alle Größen der Teilpläne wechselseitig. Wiederholte Planabstimmungen sind daher unumgänglich.

a) Die Bestimmungsfaktoren des Kapitalbedarfs

Der Kapitalbedarf ist von mehreren Faktoren abhängig:

1. Unternehmensgegenstand (Leistungsprogramm, -breite, -tiefe, Bedeutung der einzelnen Leistungszweige)
2. Verfahren der Leistungserstellung (Verfahrensgestaltung, Prozessanordnung, Prozessgeschwindigkeit)
3. Betriebsgröße (Ausmaß an Leistungsbereitschaft)
4. Beschäftigungsniveau (geplanter, erreichter Auslastungsgrad)

Die betrieblichen Entscheidungen über diese Faktoren bestimmen das Ausmaß des Kapitalbedarfs in quantitativer und zeitlicher Hinsicht. Sie bilden aber auch die Grundlage für die gegebenenfalls notwendigen Anpassungsmaßnahmen an die verfügbaren Bedeckungsmöglichkeiten (qualitative, quantitative, zeitliche und intensitätsmäßige Anpassungen).

Kapitalbedarfsrechnungen werden notwendig
1. bei Errichtung eines Betriebes mit einer bestimmten Kapazität;
2. bei Umsatzveränderungen (Beschäftigungsgradänderungen) innerhalb der gegebenen Kapazität;
3. bei Kapazitätserweiterungen und Umsatzanpassungen.

Der **Kapitalbedarf ist zu ermitteln** für
1. das Anlagevermögen;
2. das Umlaufvermögen:
   - Roh-, Hilfs- und Betriebsstoffe
   - Halb- und Fertigerzeugnisse, Handelswaren
   - Lieferforderungen
   - Liquide Mittel

b) Der Kapitalbedarf für das Anlagevermögen

Die Ermittlung des Kapitalbedarfs für das Anlagevermögen ist ein Ergebnis der **Investitionsplanung**. Wurden die für eine geplante Produktion erforderlichen Anlagegüter ermittelt, so zeigen Investitionsrechnungen (siehe Abschnitt V. 2.) den Kapitalbedarf der wirtschaftlichsten Investitionsalternativen an. Die Anschaffungsausgaben und alle Nebengrößen (z. B. Transport, Aufstellung usw.) können gemäß ihren Zahlungsfälligkeiten in die Kapitalbedarfsrechnung übernommen werden.

Werden bei der **Gründung** einer Unternehmung alle für die Leistungserstellung und -verwertung notwendigen Anlagen in **einer** Periode angeschafft, so ist der Kapitalbedarf, der durch die Außenfinanzierung gedeckt werden muss, mit der Summe der Anschaffungsausgaben gleich. Verteilt sich hingegen die Anschaffung der benötigten Anlagen auf **mehrere** Perioden, so ist zu bedenken, dass durch freigesetzte Abschreibungen liquide Mittel zur Verfügung gelangen, um den weiteren Anlagenausbau mitfinanzieren zu können. Dadurch lässt sich der von außen zu deckende Kapitalbedarf verringern. Dies ändert zwar an der Höhe des gesamten Kapitalbedarfs nichts, wohl aber an den Deckungserfordernissen, also an der Kapitalbeschaffung. Auch Kreditsubstitute (Leasing) können zur Verringerung des Kapitalbedarfs bei der Gründung beitragen.

Der Kapitalbedarf für **abnutzbare Anlagen** ist daher in der Gründungsphase einer Unternehmung deutlich höher als in der Folgephase des laufenden Betriebes, in der durch freigesetzte Abschreibungen und Reinvestitionen laufende Vermögensumschichtungen vorgenommen werden können. Man kann dieser Entwicklung auf zweifache Art Rechnung tragen:

1. Man dimensioniert die Anlagen zunächst geringer, als sie schließlich werden sollen, setzt die freiwerdenden Abschreibungen (Abschreibungs-Gegenwerte) laufend zum weiteren Ausbau der Anlagen ein und nutzt den Kapazitätserweiterungseffekt. Die Gesamtanlage muss dabei allerdings weitgehend teilbar sein und die Marktgegebenheiten müssen mit diesem schrittweisen Kapazitätsaufbau konform gehen.

2. Man dimensioniert die Anlagen von vornherein so, wie sie auf Dauer bemessen sein sollen. Freiwerdende Abschreibungen werden nur für Ersatzinvesti-

tionen herangezogen. Die übrigen freiwerdenden Mittel können unmittelbar zur Schuldentilgung verwendet werden, das in den Anlagen gebundene Kapital kann gegenüber dem ursprünglichen Wert deutlich abgesenkt werden, sobald sich die einzelnen Bestandteile des Sachanlagevermögens gleichmäßig auf verschiedene Altersstufen verteilen.

Die zeitliche Dauer der beschriebenen Umschichtungsvorgänge hängt von der durchschnittlichen Nutzungsdauer der Anlagegüter ab.

c) Der Kapitalbedarf für das Umlaufvermögen

aa) Näherungsrechnung

Schwieriger ist die Ermittlung des Kapitalbedarfs für das Umlaufvermögen. Man kann sich zunächst überlegen, wie hoch der Kapitalbedarf für eine vom Umlaufvermögen her bedingte **Tagesproduktion** (Bedarf an Produktionsfaktoren im Sinne von Repetierfaktoren wie z. B. Material je Produktionstag) wäre. Könnte man die Tagesproduktion noch am gleichen Tag bar verkaufen, wäre der Kapitalbedarf mit dem Wert des Produktionsaufwandes (Wert an Repetierfaktorverbrauch) eines Tages gleichzusetzen. In der Realität muss man aber die Produktions- und die Lagerdauer sowie die Zahlungsziele – somit die **Kapitalbindungsdauer** – berücksichtigen. Je größer die Zeitspanne der Kapitalbindung wird, desto größer ist der Kapitalbedarf zu veranschlagen. Die Kapitalbindungsdauer kann nun sehr verschieden sein, und zwar sowohl bei einem Produktionsfaktor im Zeitablauf als auch im Vergleich zwischen den einzelnen Faktorgrößen. Man kann (muss) sich mit Durchschnittsgrößen behelfen, um Näherungswerte zu erreichen:

$$\begin{matrix} \text{täglicher Aufwand an Repetierfaktoren} \\ \text{(Produktionsaufwand)} \end{matrix} \times \begin{matrix} \text{durchschnittliche} \\ \text{Kapitalbindungsdauer} \end{matrix}$$

Beispiel: Täglicher Bedarf an Materialien 10.000. Lagerdauer der Materialien durchschnittlich 5 Tage, Produktionsdauer 10 Tage, Lagerung der Fertigfabrikate 10 Tage, durchschnittliche Kreditinanspruchnahme der Kunden 25 Tage.
Kapitalbindungsdauer daher 50 Tage; Kapitalbedarf für Materialien: 500.000.

Nach dem Ablauf der Kapitalbindungsdauer kann man annehmen, dass der Kapitalbedarf für die tägliche Produktion und die täglichen Einnahmen aus Verkaufserlösen sich im Durchschnitt ausgleichen.

Der Kapitalbedarf ermäßigt sich durch Anzahlungen von Kunden oder durch die Inanspruchnahme von Lieferantenkrediten. Da die verschiedenen Positionen des Umlaufvermögens nicht die gleiche Kapitalbindungsdauer besitzen, wird man an Stelle der Durchschnittswerte **die für die einzelnen Aufwandsarten** (demnach: Materialaufwand, Personalaufwand, Energieaufwand, Fremdleistungsaufwand usw.) **relevanten Kapitalbindungsfristen** ansetzen. Eine Vielzahl von (kumulativen) Einzelrechnungen für die Kapitalbedarfsermittlung ist die Folge. Analog ist auch bei der Kapitalbedarfsermittlung für den Handelswareneinsatz vorzugehen. Schließlich ist noch für eine **Liquiditätsreserve** zu sorgen.

Eine andere Form einer Näherungsrechnung kann gewählt werden, wenn man den Kapitalbedarf (statisch) als Summe der durchschnittlich zu erwartenden Bestände an Umlaufvermögen (getrennt nach Rohstoffen, Halb- und Fertigerzeugnissen, Handelswaren, Lieferforderungen usw.) berechnet. Für die Schätzung der Durchschnittsbestände sind die Kennzahlen für die durchschnittliche Kreditbeanspruchung, Kreditgewährung und Lagerdauer von großer Bedeutung.

Reicht das Anspruchsniveau über jenes für Näherungsrechnungen hinaus, so haften solchen Durchschnittsrechnungen Mängel an. Sie führen nur bei einem Betrieb mit konstanter Beschäftigung und gleichmäßigem Geldeingang zu akzeptablen Ergebnissen. Dies führt dazu, dass bei Betriebsgründungen oder -erweiterungen durchaus erwartbare Produktions- und/oder Absatzschwierigkeiten nicht berücksichtigt werden und der Kapitalbedarf zu gering veranschlagt wird. Anlaufkosten für die Produktion oder Aufwendungen für Werbung und die Verkaufsorganisation zur Gewinnung der geplanten Marktstellung werden allzu leicht übersehen.

bb) Detaillierte Rechnungen

Es ist aufschlussreicher, einen **konkreten Finanzplan** für die Errechnung des Umlaufkapitalbedarfs (Kapitalbedarf für das Umlaufvermögen) zu erarbeiten. Dieser sollte alle Einzahlungen und Auszahlungen von der Gründung (Erweiterung) an in ihrem genauen zeitlichen Anfall festhalten. Es ist dann ersichtlich, von welchem Zeitpunkt an sich der Betrieb (erst) aus den Einnahmen finanziert und wieviel Kapital notwendig ist, um ihn bis dahin mit den notwendigen finanziellen Mitteln zu versorgen. Nach der Anlaufzeit können permanente Kapitalüberschüsse entstehen, die den Kapitalbedarf für die weitere Zukunft mindern und damit auch Kapitalrückzahlungen zulassen können. Ist die Gründungsphase (Erweiterungsphase) überwunden, kann der Finanzplan dann primär an den täglichen Dispositionen ausgerichtet werden.

Ein auf diese Weise erstellter Finanzplan gehört zur Gruppe von **Verfahren** zur Ermittlung des Kapitalbedarfs, die auf **auszahlungs- bzw. einzahlungsorientierten Erfolgsrechnungen** basieren. Sie ermitteln entsprechend dem Ablauf der Beschaffungs-, Produktions-, Absatz- und Finanzierungsprozesse die den Kapitalbedarf bestimmenden Zahlungen im Zeitablauf, wobei unterschiedliche Zahlungstermine berücksichtigt werden.

Dabei gilt folgende **Grundregel**:

Kapitalbindende Ausgaben
(z. B. Aufwandsausgaben, Investitionsausgaben)
– Kapitalfreisetzende Einnahmen (z. B. Verkaufserlöse)

Saldo
– Kapitalentziehende Ausgaben (z. B. Kredittilgung, Steuern)

= Kapitalbedarf, abzudecken durch kapitalzuführende Einnahmen
(z. B. Eigenmittelzufuhr, Kreditaufnahme)

In der betriebswirtschaftlichen Praxis sind auch Verfahren zu finden, die auf **Leistungs- und Kostenfunktionen** beruhen und damit Planansätze für variable Beschäftigungsgrade ermöglichen (variable Leistungsbudgetierung). Sie sind als Vorstufen für die obigen zahlungsstromorientierten Kapitalbedarfsrechnungen anzusehen.

4. Die Zielsetzungen für die Liquiditätspolitik

Die betriebliche Finanzpolitik hat das Erreichen eines finanziellen Gleichgewichts und damit die Anpassung des Kapitalfonds an den Kapitalbedarf bzw. die Begrenzung des Kapitalbedarfs an die Möglichkeiten der Kapitalbereitstellung zum Ziel. Durch die **Liquiditätspolitik** sollen zeitlich begrenzte Liquiditätsengpässe behoben werden. Dies kann durch verschiedene Maßnahmen geschehen, die einerseits im reinen Finanzierungsbereich, andererseits im Leistungsbereich der Unternehmung gelegen sein können:

1. Maßnahmen im reinen Finanzierungsbereich:
   a) Eigen-/Fremdkapitalaufnahme
   b) Verschiebung oder Stornierung von Finanzausgaben
      Verschiebung fälliger Kapitaltilgungen
      Verlängerung des Lieferantenziels
      Stornierung von Eigenkapitalrückzahlungen
      Verminderung von Entnahmen
      Verschiebung von Gewinnausschüttungen
   c) Intensivierung des Mahnwesens zur Verringerung der Kreditaußenstandsdauer der Debitoren
   d) Desinvestition (Verkauf) nicht betriebsnotwendiger Vermögensteile

2. Maßnahmen im Leistungsbereich:
   a) Rationalisierung des Lagerwesens mit Erhöhung der Umschlagshäufigkeit sowie der Produktion und des Vertriebs (positive Wirkung auf den Betriebserfolg)
   b) Ausfall oder Verschiebung von Investitionen (unter Inkaufnahme der damit verbundenen Erfolgseinbußen)
   c) Verkauf an sich betriebsnotwendiger Anlagen und damit Kapazitätsabbau.

Die Liquiditätspolitik erstreckt sich demnach auf die Anwendung **einnahmenerhöhender bzw. -vorziehender und/oder ausgabensenkender bzw. -hinausschiebender** Maßnahmen. Es entsteht ein Auswahlproblem. Die ausgabensenkenden Maßnahmen sind sicherer als einnahmenmehrende Aktivitäten zu beurteilen. Ihnen ist gegebenenfalls der Vorzug einzuräumen. Es ist jedoch auf die Fernwirkung der getroffenen Maßnahmen Bedacht zu nehmen. Die Beseitigung eines Engpasses kann gleichzeitig mit der Öffnung eines später gelagerten Engpasses verbunden sein. Schließlich ist das Ausmaß hinzunehmender Erfolgseinbußen in der Regel schwer prognostizierbar. Welchen Einfluss die tatsächlichen Zahlungsfristen im Kreditoren- und Debitorenbereich auf den Kapitalbedarf haben, zeigt das folgende Bilanzschaubild. Der Rückgang der Barzahlungen im Absatzbereich bedeutet eine (kurzfristige) Mehrung des Kapitalbedarfs, im Beschaffungsbereich hingegen eine (kurzfristige) Minderung des Kapitalbedarfs. Die Frage nach günstigeren Finanzierungsalternativen ist in beiden Fällen zu stellen (z. B. Factoring oder Bankkredit).

Mittelverwendung	Mittelherkunft (Passiva)
Betriebliche Investitionen in Anlagen, Vorräte usw.	Lieferantenverbindlichkeiten (Kreditoren)
	(zusätzliche Beanspruchung des Lieferantenkredits = Minderung des Kapitalbedarfs)
Kundenforderungen (Debitoren)	Kapitalbedarf
Vermehrte Ausnutzung von Zahlungszielen = Erhöhung des Kapitalbedarfs	

Abb. 16

Im ständigen Bemühen um den finanziellen Ausgleich ergeben sich – wie schon erwähnt – laufend Fälle von **Über-** oder **Unterfinanzierungen**. Diese Entwicklungen sind von folgenden charakteristischen Einflüssen begleitet und sollten deshalb möglichst hintangehalten werden:

	Unterfinanzierung	Überfinanzierung
Kassa, PSK, Bank	niedrige Kassenbestände, für laufende Verpflichtungen zu knappe Mittel	hohe Kassenbestände, brachliegende Mittel
Debitoren, Wechsel und andere Forderungen	Bestand an zweifelhaften und uneinbringlichen Forderungen, „faule" Wechsel	Gewährung zu langfristiger Prolongationen
Roh-, Hilfs- und Betriebsstoffe, Erzeugnisse	zu wenig Vorräte für den Umschlag, Unterschreitung von Mindestbeständen, Gefahr von Produktionsausfällen oder Lieferschwierigkeiten	zu große Bestände, Bestände aus spekulativen Gründen
Grundstücke, Gebäude, Maschinen, Betriebs- und Geschäftsausstattung	unzulängliche Sachapparaturen, die zusätzliche Ausgaben erfordern	überdimensionierte Anlagen (Leerkosten), unwirtschaftliche Nutzung

Abb. 17

IV. Finanzierungsregeln

1. Die optimale Finanzierung als Auswahlproblem

In der Auseinandersetzung mit der Unternehmensfinanzierung als Auswahlproblem begnügte sich das Schrifttum während langer Zeitspannen in erster Linie damit, die verbal beschreibbaren Vor- und Nachteile der Finanzierungsformen hervorzuheben. Dem rechnerischen Aspekt wurde wenig Beachtung geschenkt. Dies führte zu einseitigen Überlegungen. Die einschlägigen Sachfragen können nämlich nur eindeutig geklärt werden, wenn auch die quantitativen Einflüsse Berücksichtigung finden, d. h. die Kostenbelastungen bzw. Rentabilitätswirkungen der einzelnen Finanzierungsformen.

Die Berücksichtigung des Kosten- bzw. Rentabilitätseinflusses erfordert eine **Gewichtung,** die in der Praxis schwer durchführbar ist, weil oft Rechenhaftes mit Nichtrechenhaftem zu vergleichen ist: z. B. bei Fremdfinanzierung die Kosten- bzw. Rentabilitätsvorteile einerseits mit dem Verlust an Ansehen andererseits, der sich infolge eines optisch ungünstigen Bilanzbildes vielleicht ergibt.

Theoretisch lässt sich „optimale Finanzierung" daher nur allgemein beschreiben, sodass in der Realität die optimale Finanzierung der einzelnen Betriebe (selbst wenn diese ihrer Struktur nach gleich gelagert sind) ein sehr unterschiedliches Bild haben kann.

Die Richtigkeit dieser Behauptung zeigt sich am Beispiel zweier Unternehmen, die bei gleich hohem Zinsfuß für in Aussicht genommenes Kapital die Nachteile des Einflusses des Kreditgebers unterschiedlich einschätzen, sodass das eine Unternehmen Fremdkapital aufnimmt, das andere Unternehmen darauf verzichtet. Die „optimale Finanzierung" sieht dann in jedem der beiden Fälle anders aus.

Eine für **alle** Unternehmungen in gleicher Weise **gültige** optimale Finanzstruktur (Kapitalstruktur) kann es nicht geben. Die unternehmerischen **Zielsetzungen** und **Strategien** sind zu verschieden, außerdem ist zu berücksichtigen, dass die einzelnen Leistungsbereiche unterschiedlich den verschiedenen **Lebenszyklusphasen** zuzuordnen sind. Produkte (Leistungen) in der Wachstumsphase ergeben einen anderen Kapitalbedarf als in der Reifephase, Sättigungsphase oder gar Liquidationsphase. Jede Unternehmung hat daher ihre eigene Finanzstruktur zu entwickeln und dabei zu trachten, sie möglichst ihren Vorstellungen von optimaler Rentabilität und steter Zahlungsbereitschaft entsprechend zu gestalten. Dabei wird auch zu berücksichtigen sein, an welchen konjunkturell bedingten Entwicklungen die Unternehmung partizipiert. Die Abhängigkeit von gesamtwirtschaftlichen **Konjunkturzyklen** bestimmt die Marktvolumina und damit Wachstum oder Schrumpfung, was unmittelbare Auswirkungen auf den spezifischen Kapitalbedarf einer Unternehmung hat.

Für die Unternehmung stellt sich zunächst die Frage, welcher Anteil am Finanzierungsvolumen der **Innenfinanzierung** zugewiesen werden kann bzw. soll. Dies hängt von den Möglichkeiten ab, den Cashflow zu gestalten und zu dimensionieren, muss aber auch an der Frage gemessen werden, wie ein entstandener Cashflow verteilt werden soll (Investition oder Schuldentilgung oder Gewinnausschüttung).

In der **Außenfinanzierung** besteht das Auswahlproblem, inwieweit die Finanzierung mit Eigenkapital oder mit Fremdkapital zweckmäßiger erscheint. Die wichtigsten Optimierungskriterien sind:

1. Kapital**höhe** (abhängig von Unternehmens- und Umweltfaktoren)

2. Kapital**kosten** (Beschaffungs-, Tilgungs-, Nutzungs-, Marktpflegekosten)

3. Kapital**fristigkeit** (Ausgleich der Zielsetzungen von Kapitalgeber und Kapitalnehmer)

4. Kapital**sicherung** (Kreditfähigkeit, -würdigkeit; Bereitstellung von Sicherheiten)

5. Kapital**einfluss** (auf die Geschäftsführung, Recht auf Information und Kontrolle)

Die Berücksichtigung aller dieser Kriterien erfordert (wie oben schon erwähnt) eine **Gewichtung** rechenhafter und nichtrechenhafter Faktoren. Das Problem der „optimalen" Finanzierung lässt sich deshalb nur hinsichtlich seiner wesentlichsten Elemente beschreiben, im Einzelfall führen subjektive Gewichtungen durchaus zu unterschiedlichen Strukturbildern.

2. Die grundsätzlichen Merkmale von Eigenkapital und Fremdkapital

Die Unterscheidung zwischen Eigenkapital (Beteiligungskapital) und Fremdkapital (Gläubigerkapital) entspricht wohl der unterschiedlich geregelten rechtlichen Stellung der Kapitalgeber, berührt aber auch wichtige wirtschaftliche Interessen.

Kriterien	Eigenkapital	Fremdkapital
1. Interessenlage	vorrangig an der Erhaltung des Unternehmens interessiert	vorrangig an der Erhaltung seiner Selbst interessiert
2. Einfluss auf die Unternehmungsleitung	in der Regel berechtigt	grundsätzlich ausgeschlossen (teilweise faktisch möglich)
3. Informationsrecht über die inneren Unternehmungsverhältnisse	Anspruch auf Offenlegung	kein Anspruch
4. Zeitliche Verfügbarkeit des Kapitals	in der Regel unbegrenzt, Entnahmerecht aus dem Kapital begrenzt	in der Regel befristet
5. Haftung	Eigentümerstellung (mindestens in Höhe der Einlage)	Gläubigerstellung (keine Haftung)
6. Vermögensanspruch (Risiko)	Garantierendes Kapital (Anspruch nur auf den verbleibenden Liquidationserlös)	Garantiertes Kapital (bevorrechtigt vor dem Eigenkapital)
7. Ertragsanteil	Teilhabe am Gewinn und Verlust	in der Regel fester Zinsanspruch, kein GuV-Anteil
8. Steuerliche Belastung	Gewinn belastet mit ESt, KSt	Zinsen als Aufwand absetzbar

Abb. 18

Das einzelne Unternehmen steht von seiner Gründung über die stete Betätigung als Einzelzelle der Wirtschaft bis zu seinem Ende vor der immer wieder von neuem zu lösenden Aufgabe, den Kapitalbedarf im Gesamten festzustellen und die Quellen ausfindig zu machen, die seiner Befriedigung dienen. Die natürliche Grenze bei Heranziehung von Fremdkapital bilden die Kreditfähigkeit und die Kreditwürdigkeit, wobei für den Kreditgeber die Letztere den Ausschlag gibt, weil sie sich, im Rahmen der Kreditfähigkeit bewegend, kleiner als diese erweisen kann.

3. Die Bedeutung des Eigenkapitals als Risikokapital

Das **Eigenkapital** ist demgemäß als **Risikokapital** einzustufen. **Je risikoreicher** Investitionen sind, **desto höher** müsste der **Eigenkapitalanteil** sein, da die Wahrscheinlichkeit des Misserfolgs und des damit verbundenen Auftretens von Zahlungsschwierigkeiten steigt. Die Höhe des möglichen Verschuldungsgrades hängt vom Risiko des Ertragsausfalles (und nicht von der Chance einer bestimmten Ertragserzielung) ab (**Eigenkapital als Risikoträger**).

Eigenkapital dient aber auch der **Krisenvorsorge**. Es ist **liquiditätsschonend**, weil in Zeiten schlechter Konjunktur Tilgungsquoten und Zinsbelastungen (wie beim Fremdkapital) nicht anfallen. Trotz erlittener Buchwertverluste bleibt die Unternehmung zahlungsfähig, solange der Cashflow noch positiv ist. Umfangreiche Fremdmittelaufnahmen erhöhen die Gefahr von Liquiditätsengpässen und Rückzahlungsschwierigkeiten, die Unternehmung wird konjunkturanfälliger.

Eigenkapital wird weiters zum **Wettbewerbsvorteil**, wenn die Unternehmung in schlechteren Zeiten bei der Preisgestaltung kurzfristig auf nicht ausgabenwirksame Kosten (Zinsen vom Eigenkapital, Abschreibungen, die nicht mit Tilgungsquoten verbunden sind) verzichten kann.

Eigenkapital dient schließlich der Sicherung der unternehmerischen **Unabhängigkeit**, weil bei zu hoher Fremdfinanzierung immer die Gefahr unerwünschter Einflussnahmen der Kreditgeber auf die Unternehmung besteht. Solche Einflussnahmen sind oft aus der Sorge um die Sicherheit der Kreditrückzahlung motiviert.

Erich Loitlsberger weist darauf hin (Innovationsfinanzierung und Finanzierungsinstrumentarium, in: Journal für Betriebswirtschaft, Wien 1984, S. 55 ff.), dass die **Risikosituation** einer Unternehmung nicht einheitlich zu sehen ist. Die Unternehmensführung ist **unterschiedlichen Risiken** ausgesetzt.

1. Das **höchste** Risiko tragen **Forschung und Entwicklung** in sich, da der Markterfolg nicht vorhersehbar ist.

2. Sehr riskant sind **Markterschließungsmaßnahmen** und die **Produktion neuer**, im Markt noch nicht eingeführter **Produkte**.

3. Ein vergleichsweise geringeres Risiko haftet Investitionen in das Anlagevermögen an, weil Erfahrungswerte vorliegen und in der Regel Veräußerungsmöglichkeiten bestehen.

4. Noch weniger riskant ist die **Vorratsanschaffung**, weil auf breiter Basis Verkaufsmöglichkeiten bestehen.

5. Das vergleichsweise geringste Risiko erfordert die Finanzierung von **Forderungen**, weil ihnen schon eine Ertragsrealisierung zugrunde liegt. Zwar besteht noch das Dubiosenrisiko, aber es ist am besten abschätzbar.

Loitlsberger weist darauf hin, dass das **Risikokapital** hinsichtlich der Fähigkeit, Verluste aufzufangen und damit Risiko abzudecken, **nicht einheitlich** gesehen werden kann.

1. Das größte Risiko kann das innenfinanzierte, aber in der Bilanz nicht ausgewiesene Eigenkapital, also die **stillen Reserven**, tragen (eben weil kein Außenstehender davon weiß).

2. Die nächste Risikokapitalklasse stellen die **offenen Rücklagen** dar (Rücklagenauflösungen erlauben Außenstehenden, auf Fehlschläge der Geschäftsführung zu schließen).

3. Direkt bereitgestelltes **Beteiligungskapital** (Kapitalherabsetzungen zu Sanierungszwecken belasten die Anteilseigner).

4. Indirekt über Vermittler bereitgestelltes **Beteiligungskapital** (Belastung für Vermittler und Anteilseigner).

5. Vertraglich **eingeschränktes Risikokapital**, z. B. Genussscheine (auch für Verlustjahre ist Mindestverzinsung vereinbart).

Aus diesen Überlegungen lässt sich als Faustregel ableiten, dass **hohe Unternehmensrisken** auch nur mit Kapital, das **hohe Risken tragen kann**, finanziert werden sollten. Innovationen, Forschung und Entwicklung und das Erschließen neuer Märkte sollten daher in aller Regel mit einem hohen Anteil an Risikokapital = Eigenkapital finanziert werden.

Als **Venture-Capital** wird deswegen auch jene Form der Finanzierung bezeichnet, die im Wesentlichen als Beteiligungsfinanzierung für junge Unternehmungen (oder Unternehmungszweige) auf die besondere Situation der hohen Risken, aber auch deren große Entwicklungschancen abgestellt ist.

4. Der Leverage-Effekt

Trotz dieser aus dem Gesichtspunkt des **Risikos** heraus unbestreitbaren **Vorteile des Eigenkapitals** gibt es auch gute Gründe, den Einsatz von **Fremdkapital** zu bevorzugen. Dies kann aus dem Gesichtspunkt der **Rentabilität** erfolgen. Ist die Rentabilität des im Unternehmen eingesetzten Gesamtkapitals höher als die Kosten des Fremdkapitals, führt der Einsatz von Fremdkapital zu einer Erhöhung der Rentabilität des Eigenkapitals. Es ist eine „Hebelwirkung" zu beobachten, der sog. **Leverage-Effekt**.

Der Leverage-Effekt findet Niederschlag im Austausch eigener Mittel durch fremde Mittel. Er findet seine Grenze dort, wo die rechenbaren Vorteile der Kapitalsubstitution durch die verbal beschreibbaren Nachteile aufgewogen bzw. überkompensiert werden. Nachteile dieser Art liegen in einem zu starken Einfluss der Fremdkapitalgeber auf die Unternehmensführung, in befürchteten Liquiditätsschwierigkeiten, die sich infolge nicht vorhersehbarer Umsatz- und Gewinnrückgänge einstellen, in der verschlechterten Optik des Bilanzbildes und dgl. mehr. Darüber hinaus kommt es vor, dass der Leverage-Effekt ungenützt bleibt, weil die Unternehmensführungen auf Vergleichsrechnungen, aus welchen sich die Vorteilhaftigkeit der Fremdfinanzierung ableiten ließe, überhaupt verzichten.

Beispiel:

	A	B	C
Gesamtkapital	2.000	2.000	2.000
Eigenkapital	2.000	1.000	100
Fremdkapital	0	1.000	1.900
Gewinn vor Fremdkapitalzinsen	300	300	300
abzüglich 10 % Fremdkapitalzinsen	0	100	190
Reingewinn	300	200	110
Eigenkapital-Rentabilität	15 %	20 %	110 %
15 % Gewinn auf das eigene außerhalb des Betriebes angelegte Kapital	—	150	285
Gesamtgewinn auf das eigene Kapital	300	350	395
Rentabilität des eigenen Kapitals	15 %	17,5 %	19,75 %

Das Beispiel zeigt (bei Vernachlässigung steuerlicher Einflussgrößen) eine 15%ige Eigenkapital-Rentabilität im Falle der Finanzierung ausschließlich mit Eigenmitteln. Bei Substitution eigenen Kapitals durch fremdes Kapital (Verhältnis des Eigenkapitals zum Fremdkapital = 1 : 1) beträgt die Eigenkapital-Rentabilität 20 %. Bei einer weiteren Verschiebung der Kapitalrelationen (Verhältnis des Eigenkapitals zum Fremdkapital = 1 : 19) beläuft sich die Eigenkapital-Rentabilität sogar auf 110 %.

Das Beispiel läßt den Schluss zu, dass sich Gewinnmaximierung und Eigenkapital-Rentabilitätsmaximierung bei Vorliegen der den Leverage-Effekt kennzeichnenden Bedingungen zueinander konträr verhalten. Das Gewinnmaximum ergibt sich im Falle A mit 300, die Eigenkapital-Rentabilität beträgt 15 %. Im Falle C ist der Reingewinn nur mit 110 ausgewiesen, die Rentabilität des Eigenkapitals aber beläuft sich auf 110 %.

Diesen Überlegungen muss die Bemerkung hinzugefügt werden, dass der Austausch eigenen Kapitals durch fremdes Kapital nur unter der weiteren Voraussetzung sinnvoll ist, dass die eigenen Mittel auf dem Kapitalmarkt zinsengünstiger angelegt werden können, als die Zinsenbelastung für die fremden Mittel im eigenen Betrieb beträgt. Je nach Lage des Falles kann dann ein Unternehmen durchaus optimal finanziert sein, wenn die Fremdmittel überwiegen, wie umgekehrt nicht immer auf ein finanzwirtschaftlich vertretbares Verhalten zu schließen ist, wenn die Eigenmittel im Unternehmen dominieren.

Zusammenfassend ist zu sagen, dass der optimale Verschuldungsgrad nicht unbedingt dort liegt, wo die durchschnittlichen Kapitalkosten ihr Minimum erreichen. Den optimalen Verschuldungsgrad kennzeichnet vielmehr jener Punkt, der als Kompromiss auf Vor- und Nachteile aller rechenhaften und nichtrechenhaften Einflussgrößen in einer Gesamtwertung Bedacht nimmt.

5. Das Modigliani-Miller-Theorem

Die vorstehenden Feststellungen veranlassen, ergänzend zum sog. Modigliani-Miller-Theorem Stellung zu nehmen. Nach der Auffassung Franco Modiglianis und Merton H. Millers sind die Kapitalkosten auch bei einer Änderung der Kapitalstruktur konstant, d. h. von dieser unabhängig. Diese Konstanz gelte daher auch für den Marktwert eines Unternehmens. Danach sind die Kapitalkosten lediglich eine Funktion des Umfanges betrieblichen Risikos, das von der Wirtschaftsbranche abhängig ist, der das Unternehmen angehört. Nur dann, wenn das Unternehmen die Risikoklasse wechsle, änderten sich die Kapitalkosten. Die Thesen Modiglianis und Millers gehen an der Realität vorbei. Sie beruhen auf der Annahme vollkommener Kapitalmärkte, einer Annahme, die unterstellt, dass es u. a. gleiche Information für alle Marktteilnehmer, gleiche Bedingungen für alle Marktteilnehmer auf den Kapitalmärkten, keine zwischen den Finanzierungsarten differenzierenden Steuern, keine Transaktionskosten und kein irgendwelche Kosten verursachendes Konkursrisiko gibt. Die Kritik an den Voraussetzungen des Theorems von Modigliani und Miller ist jedoch für die Entwicklung der Finanzierungstheorie von großer Bedeutung (vgl. P. Swoboda, Betriebliche Finanzierung, 3. Auflage, Würzburg 1994, S. 92 ff.).

6. Die Bedeutung der Eigenkapitalquote

Eigenkapital ist schlechthin als garantierendes Kapital **Risikokapital**. Das bedeutet aber nicht, dass das Fremdkapital ohne Risiko in der Unternehmung eingesetzt wird. Das unternehmerische Risiko bezieht sich grundsätzlich auf das gesamte eingesetzte Kapital, weil es **unteilbar** für die Unternehmenszwecke und damit für den Vermögenseinsatz gewidmet ist. Das Fremdkapital ist allerdings zweifach abgesichert: einerseits durch vorhandenes Vermögen und andere gewährte Sicherungen und andererseits durch die aus seiner Verwendung im Unternehmen bewirkte Ertragskraft.

In der expandierenden Wirtschaft der letzten Jahrzehnte **nahm die Eigenkapitalausstattung** der Unternehmen **ständig ab** (bei Industrieunternehmungen bis unter 20 %, auch bei vielen Mittelbetrieben unter 30 %). Solange die Fremdmittelzunahme in der Ertragskraft begründbar ist, entsteht kein großes Problem. Zu fragen ist aber, ob das Eigenkapital vom Umfang her ausreicht, entstehende Verluste in konjunkturellen Wechsellagen abzufangen. Der **Handlungsfreiraum** der Unternehmung wird zunehmend eingeengt, die Pufferrolle des Eigenkapitals geringer. Dem Grundsatz der kaufmännischen Vorsicht kommt zunehmende Bedeutung zu.

Viele **Betriebsgründungen** der letzten Zeit sind durch eine unzureichende Eigenkapitalausstattung gekennzeichnet. Als Faustregel gilt die Praxis, dass eine Eigenkapitalquote, die deutlich unter 30 % des gesamten Finanzierungsbedarfes liegt, mit hoher Wahrscheinlichkeit zu wirtschaftlichen Schwierigkeiten führen wird. In diesen Fällen fehlt ein ausreichend dimensionierter Polster, um die erwartbaren Anfangsverluste abfangen zu können.

7. Finanzierungsempfehlungen

Der Grundsatz der kaufmännischen Vorsicht bei der Gestaltung der Finanzierungsstruktur fand in der betrieblichen Praxis seit langer Zeit einen Niederschlag in der Entwicklung der sog. „klassischen" (statischen) **Finanzierungsregeln**, die aus der Erfahrung heraus ein bestimmtes Kapitalstrukturbild, gegebenenfalls in Verbindung mit der Vermögensstruktur, empfehlen. Die Betriebswirtschaftslehre erkennt sie wegen der mangelnden theoretischen Fundierung nur mit Vorbehalt als – wenn auch nicht zu übersehende – Näherungsregeln an. Den Bedingungen der Unternehmensrealität würden **dynamische** Finanzierungsregeln eher entsprechen.

a) Statische Finanzierungsregeln

Statische Finanzierungsregeln knüpfen an die Bilanzstruktur an und sind daher **zeitpunktbezogen**.

(1) **Vertikale** Finanzierungsregeln (Verhältnis Eigenkapital EK zu Fremdkapital FK), z. B.

    1. EK : FK = 1 : 1 (oder EK = FK)
    (Anteil der Gläubiger am Gesamtkapital soll nicht mehr ausmachen als der Anteil der Eigentümer)

    2. EK : FK = 2 : 1
    („gesunde" Norm zwischen EK und FK; auch „Banker's Rule")

(2) **Horizontale** Finanzierungsregeln (Beziehungen zwischen Vermögen und Kapital)

    1. **Goldene Bilanzregel** (Goldene Bankregel):
    Langfristig gebundenes Vermögen soll durch langfristig gebundenes Kapital finanziert sein.
    3 Ausprägungsstufen sind möglich:
    a. Anlagevermögen (AV) = EK
    b. AV = EK + langfr. FK
    c. AV + dauernd im Unternehmen gebundenes Umlaufvermögen (eiserner Bestand) = EK + langfr. FK

    Diese Regel (c) kann auch als **Grundsatz der fristenkongruenten Finanzierung** bezeichnet werden. Sie entspricht der **goldenen Finanzierungsregel**, wonach das Kapital nicht kürzer befristet sein soll, als das Vermögen benötigt wird.

    2. **Current Ratio**: Verhältnis von Umlaufvermögen zu kurzfristigen Verbindlichkeiten; das kurzfristige Fremdkapital soll höchstens die Hälfte des Umlaufvermögens ausmachen.

    3. **Acid-Test-Regel**: Das kurzfristige Fremdkapital soll den Wert des monetären Umlaufvermögens (Liquidität 2. Grades) nicht übersteigen.

    4. **(Net) Working Capital**: Differenz zwischen Umlaufvermögen und kurzfristigen Verbindlichkeiten. Ein positives Working Capital zeigt eine langfristige Finanzierung auch im Umlaufvermögen an und soll die fi-

nanzielle Flexibilität der Unternehmung ausdrücken (nur bei leicht liqui-
dierbarem Umlaufvermögen).

5. **Maximalbelastungsregeln**: Verluste, die bei einer vorzeitigen Verwertung des Unternehmensvermögens auftreten, dürfen nicht größer sein als
das Eigenkapital.

6. **Verschuldungsfaktor**: Die Nettoverbindlichkeiten (Schulden minus verfügbare liquide Mittel) dürfen nicht mehr als das Drei- oder ein bestimmtes Vielfaches des Jahres-Cashflow ausmachen. Der Faktor gibt an, wie
lange die Unternehmung braucht, um bei gleichem Cashflow alle Schulden zu tilgen (= Maßstab der Verschuldungskapazität).

b) Dynamische Finanzierungsregeln

Die klassischen (statischen) Finanzierungsregeln lassen die spezifische Unternehmensaufgabe und das konkrete Spannungsfeld zwischen Kapitalbedarf und
den Möglichkeiten der Kapitalbereitstellung außer Acht. Sie können daher nur
Anhaltspunkte liefern.

Eine genauere Analyse kann nur an den Finanzplänen der Unternehmung an-
knüpfen und muss die Zahlungsströme im Zeitablauf (dynamische Betrachtungsweise) erfassen. Der **Planungszeitraum** sollte es auf zumindest ein Jahr erstrecken. Grobplanungen sollten einen Zeitraum bis zu 3 – 5 Jahren erfassen.

Die **optimale Finanzierung** soll einerseits eine größtmögliche **Rentabilität** des
Eigenkapitals erreichen, ohne andererseits die **Liquidität** zu gefährden. Sie hat
dem Rentabilitätsstreben und dem Zwang zur Wahrung der Zahlungsbereitschaft
zu genügen. Folgende Faktoren sollen dabei vorrangig Beachtung finden, stellen
aber zum Teil konfliktäre Zielsetzungen dar:

1. **Variabilität**: Anpassungsfähigkeit an einen etwa durch Ertragsschwankun-
gen hervorgerufenen veränderten Kapitalbedarf sowie an wechselnde Verhältnisse auf dem Kapital- und Kreditmarkt soll erreicht werden (z. B. nicht
ausgenützte Kreditreserven; leichte Möglichkeit, die Kapitalstruktur zu verändern).

2. **Wirtschaftlichkeit**: Die Auswahl der Finanzierungsmittel sollte unter dem
Gesichtspunkt geringstmöglicher Kosten und bei Kostengleichheit nach der
geringeren Bedrohung für den Unternehmensbestand erfolgen.

3. **Qualifizierte Eigenkapitalpräferenz**: Bei guten Ertragsaussichten soll der
Anteil des Fremdkapitals zur Ausnutzung des Leverage-Effektes erhöht wer-
den. Bei rückläufigen Ertragserwartungen hingegen soll der Anteil des Fremd-
kapitals nach Möglichkeit verringert werden, um nicht durch die anfallenden
Rückzahlungsverpflichtungen den Bestand der Unternehmung zu gefährden
(Eigenmittelzufuhr oder Kapazitätsabbau).

8. Die Bemessung des Verschuldungsgrades

Als (statischer) **Verschuldungsgrad** (V) ist das Verhältnis des Fremdkapitals
zum Eigenkapital anzusehen:

$$V_S \text{ (in \%)} = \frac{\text{Fremdkapital}}{\text{Eigenkapital}} \times 100$$

Als dynamischer Verschuldungsgrad (auch: **Verschuldungsfaktor**; siehe vorhergehende Seite) wird das Verhältnis zwischen Nettoverbindlichkeiten und Cashflow bezeichnet.

$$V_D = \frac{\text{Nettoverbindlichkeiten}}{\text{Cashflow}} \times 100$$

Die Ausführungen zu den Finanzierungsregeln machten deutlich, dass der **optimale** Verschuldungsgrad nicht unbedingt dort liegt, wo die durchschnittlichen Kapitalkosten ihr Minimum erreichen. Der optimale Verschuldungsgrad für eine Unternehmung ist vielmehr dann gegeben, wenn ein (unternehmensspezifischer) Kompromiss aus den Vor- und Nachteilen aller rechenhaften und nichtrechenhaften Einflussgrößen in einer Gesamtbewertung gefunden werden konnte.

Dieses Vorgehen hat allerdings den **Nachteil**, dass diese Einsichten Außenstehenden nicht zugänglich werden und damit auch kaum nachvollzogen werden können. **Banken** und andere Kreditgeber greifen daher bei der Bonitätsprüfung immer wieder mangels geeigneter Informationsgrundlagen auf die klassischen (statischen) Finanzierungsregeln zurück. Damit kann unter Umständen die Unternehmung gezwungen werden, diesen Vorstellungen zu entsprechen, um nicht den Zugriff zu weiteren Fremdmitteln zu gefährden.

Hat die Unternehmung einen Verschuldungsgrad erreicht, der seitens der Kreditgeber unternehmens**gefährdend** angesehen wird, können zusätzliche Kredite entweder gar nicht oder nur unter erschwerten Bedingungen (Mitspracherecht des Kreditgebers, Einräumung sonstiger Sicherheiten, höhere Zinsen) erlangt werden. Dies trifft die Unternehmung umso mehr, wenn solche Kredite nur vorübergehend zur Abdeckung kurzfristig auftretender Liquiditätsengen benötigt werden.

Wo die **obere Grenze** für den Verschuldungsgrad liegt, kann nur allgemein beschrieben werden. Es sind abzuwägen:

1. die **Vorteile** eines steigenden Verschuldungsgrades (Verbesserung der Eigenkapitalrentabilität, des betrieblichen Wachstums, Expansionseffekt, Ausschaltung des Einflusses eines Partners);
2. die zunehmende **Gefahr** des Eintritts finanzieller Schwierigkeiten, die in großem Ausmaß von der Sicherheit des zu erzielenden Ertrages und der Konjunkturempfindlichkeit der Unternehmung abhängig ist;
3. die **Nachteile** aus dem faktisch zunehmenden Einfluss der Kreditgeber.

Die Grenze wird dort zu bemessen sein, wo die Vorteile von den Nachteilen kompensiert werden. Die **absolute** Grenze ist erreicht, wenn die Kreditgeber nicht mehr bereit sind, weitere Kredite zu gewähren.

9. Die Reihenfolge in der Fremdfinanzierung

Das Kreditpotential für langfristige Kredite richtet sich nach den Möglichkeiten der Besicherung im Rahmen des langfristigen Vermögens. Soweit langfristiges Fremdkapital nicht aus Gründen der fristenkongruenten Finanzierung mit entsprechender Fälligkeit (**Fristigkeit**) aufzunehmen ist, richtet sich die Reihenfolge der Fremdmittelaufnahme nach den **Zinskosten**:

1. Die billigste und risikoärmste Form ist der **Steuerkredit** (Steuerstundung) im Wege der Bewertungswahlrechte von §§ 8–12 EStG. Steuerkredite sind nicht nur zinsenlos oder niedrig verzinst, sie fallen in wirtschaftlich ungünstigen Perioden weg und belasten vielfach nicht das Kreditpotential der Unternehmung, da latente Steuern bei Kreditvergaben in der Regel nicht berücksichtigt werden.
2. **Unverzinsliche Kredite** sind in der Reihenfolge ihrer Dauer aufzunehmen. Dazu gehören auch Pensions- und Abfertigungsrückstellungen (langfristig) und Kundenanzahlungen (kurzfristig).
3. **Zinsbegünstigte** Kredite (im Rahmen von Ausfuhrförderungen und Investitionsförderungen).
4. **Sonstige Kredite**, gereiht nach der Höhe der Zinskosten. Die Lieferantenkredite werden wegen ihrer hohen Kosten in der Regel den letzten Platz einnehmen.
5. **Factoring**.

Eine Sonderstellung nimmt die Leasingfinanzierung ein, die nur bedingt mit anderen Kreditformen zu vergleichen ist.

10. Das Unternehmensreorganisationsgesetz 1997

Im Juli 1997 wurde vom Nationalrat das Unternehmensreorganisationsgesetz verabschiedet. Der Sinn dieses Gesetzes ist die rechtzeitige Einleitung betriebswirtschaftlicher Reorganisationsmaßnahmen, die das Überleben eines Unternehmens sichern sollen. Unter Reorganisation versteht man eine nach betriebswirtschaftlichen Grundsätzen durchgeführte Maßnahme zur Verbesserung der Vermögens-, Finanz- und Ertragslage eines im Bestand gefährdeten Unternehmens, um dessen nachhaltige Weiterführung zu ermöglichen.

Das Reorganisationsverfahren wird über Antrag des Inhabers (Vorstandes, Geschäftsführers) eines (noch) nicht insolventen Unternehmens durch das Gericht (Gerichtshof erster Instanz) eingeleitet.

Voraussetzung für die Beantragung eines **Reorganisationsverfahrens** ist das Bestehen eines **Reorganisationsbedarfes**, der durch Urkunden, etwa die Jahresabschlüsse für die letzten drei Jahre, Kapitalflussrechnungen, Vorschaurechnungen oder durch das Gutachten eines Wirtschaftsfachmannes glaubhaft gemacht werden muss.

Die Vermutung des Reorganisationsbedarfes liegt jedenfalls vor, wenn die im Gesetz definierte Eigenmittelquote unter 8 % sinkt und die fiktive Schuldentilgungsdauer 15 Jahre überschreitet.

Errechnung der Eigenmittelquote:

$$\frac{\text{Eigenkapital gemäß § 224 Abs. 3 A HGB} + \text{Unversteuerte Rücklagen gemäß § 224 Abs. 3 B HGB} \times 100}{\text{Gesamtkapital gemäß § 224 Abs. 3 HGB, vermindert um die nach § 225 Abs. 6 von den Vorräten absetzbaren Anzahlungen}}$$

Errechnung der fiktiven Schuldentilgungsdauer:

bilanzielles Fremdkapital, vermindert um die unten angeführten Posten
Mittelüberschuss aus der gewöhnlichen Geschäftstätigkeit

Der Mittelüberschuss wird folgendermaßen errechnet:

Ergebnis der gewöhnlichen Geschäftstätigkeit gemäß § 231 Abs. 2 Z 17
- darauf entfallende Steuern vom Einkommen und vom Ertrag
+ Abschreibungen vom Anlagevermögen
+ Verluste aus dem Abgang von Anlagevermögen
- Zuschreibungen zum Anlagevermögen
- Erträge aus dem Abgang von Anlagevermögen
± Veränderung langfristiger Rückstellungen

Mittelüberschuss aus der gewöhnlichen Geschäftstätigkeit

Das bilanzielle Fremdkapital ergibt sich aus § 224 Abs. 3, Posten C und D. Dieses wird um die nach § 224 Abs. 2 B III Z 2 (sonstige Wertpapiere und Anteile) und B IV (Kassenbestand, Schecks, Guthaben bei Kreditinstituten) sowie um die gemäß § 225 Abs. 6 von den Vorräten absetzbaren Anzahlungen vermindert.

Haben die vertretungsbefugten Organe einer prüfpflichtigen juristischen Person[1]), die ein Unternehmen betreibt, vom Abschlussprüfer einen Bericht erhalten, wonach die Eigenmittelquote unter 8 % und die fiktive Schuldentilgungsdauer über 15 Jahren liegt, haften die Vorstandsmitglieder bzw. Geschäftsführer bei Unterlassen des Antrages auf Einleitung des Reorganisationsverfahrens zur ungeteilten Hand bis maximal 1 Mio. S (€ 70.000) pro Person, wenn innerhalb von 2 Jahren nach Feststellung der oben angeführten Kennzahlen ein Konkurs- oder Ausgleichsantrag gestellt wird, der zur Eröffnung oder Ablehnung mangels kostendeckenden Vermögens führt, es sei denn, die Insolvenz hat andere Gründe (z. B. überraschender Ausfall eines Großkunden).

Ein Reorganisationsverfahren muss nicht beantragt werden, wenn trotz Vorliegens der Kriterien durch ein Gutachten eines Wirtschaftstreuhänders, der zur Prüfung des Jahresabschlusses der juristischen Person befugt ist, bestätigt wird, dass ein Reorganisationsbedarf nicht gegeben ist.

Nach Annahme des Antrages auf das **Reorganisationsverfahren** bestellt das Gericht nach Anhörung des Unternehmens einen **Reorganisationsprüfer**, der Wirtschaftstreuhänder, Rechtsanwalt oder eine andere fachkundige Person sein kann. Dieser Reorganisationsprüfer hat sich über die wirtschaftliche Lage des Unternehmens und alle die geplante Reorganisation betreffenden Tatsachen zu informieren. Er hat den vom Antragsteller innerhalb von 60 Tagen vorzulegenden **Reorganisationsplan** zu begutachten. Kommt der Reorganisationsprüfer zum Ergebnis, dass der Reorganisationsplan zweckmäßig ist und gute Aussichten auf dessen Verwirklichung bestehen, hat das Gericht das Reorganisationsverfahren **auf-**

---

[1]) Der juristischen Person gleichgestellt sind Personengesellschaften gemäß § 221 HGB.

zuheben (positiv). Das Gericht hat das Reorganisationsverfahren **einzustellen,** wenn der Unternehmer insolvent ist, den Reorganisationsplan nicht rechtzeitig vorlegt, seine Mitwirkungspflichten verletzt oder wenn der Reorganisationsprüfer in seinem Gutachten nicht zum Ergebnis kommt, dass gute Aussichten auf Verwirklichung des Reorganisationsplanes bestehen.

In der dem Reorganisationsverfahren folgenden Durchführungsphase hat der Unternehmer den im Reorganisationsplan einbezogenen Gläubigern und Kreditgebern halbjährlich über die Lage des Unternehmens und den Stand der Reorganisation zu berichten. Die Durchführung kann, wenn es der Reorganisationsplan vorsieht, auch durch den Reorganisationsprüfer überwacht werden. In diesem Fall ist er zur Berichterstattung verpflichtet.

Die Vorteile eines Reorganisationsverfahrens liegen, abgesehen von der Setzung von Maßnahmen zur Gesundung des Unternehmens, darin, dass Rechtshandlungen (Befriedigungen und Sicherstellungen), die während des Reorganisationsverfahrens bzw. nach positiver Beurteilung des Reorganisationsplanes vorgenommen werden, nach der Konkursordnung nicht aus dem Grund angefochten werden können, weil der Anfechtungsgegner die Zahlungsunfähigkeit oder Überschuldung kennen musste.

V. Die Investition

Die betriebswirtschaftliche Investitionstheorie hat sich bisher weitgehend auf eine Untersuchung der Investitionsformen, der Verfahren der Investitionsrechnung, der Kriterien optimaler Investitionsentscheidungen und des Verhältnisses von Finanzierung und Investition beschränkt. Stellt man die Investitionsbetrachtungen in den Rahmen der Untersuchung über die betriebliche Finanzwirtschaft, dann ist aus diesen Untersuchungsbereichen vornehmlich auf die Gliederung der Investitionen und die Verfahren der Investitionsrechnung einzugehen.

Darüber hinaus wird im Folgenden aber auch das der Investitionsproblematik als Spezialfrage zuzurechnende Kapital der Unternehmensbewertung näher umrissen.

1. Die Gliederung der Investitionen

Die Gliederung der betrieblichen Investitionen geht zweckmäßigerweise von der Unterscheidung der Anlagenanschaffungen einerseits anlässlich der Gründung eines Unternehmens, anderseits während des laufenden Betriebsprozesses aus.

Letztere sind unterschiedlicher Ursache, da zum einen mit der Investition im Verlauf der betrieblichen Tätigkeit die Absicht verbunden sein kann, technisch unbrauchbar gewordene Anlagen zu ersetzen bzw. an Stelle kostenungünstiger kostengünstige Aggregate anzuschaffen, zum anderen das Ziel betrieblicher Investition gegebenenfalls in der Erweiterung der Kapazität bzw. in der Umstellung auf neue Produktions- und Absatzerfordernisse liegt.

Diese Unterscheidung rechtfertigt folgende **Gliederung**:

a) **Gründungsinvestitionen**

b) **Investitionen im Verlaufe der Betriebstätigkeit:**

   aa) **Ersatzinvestitionen**

   bb) **Rationalisierungsinvestitionen**

   cc) **Erweiterungsinvestitionen**

   dd) **Umstellungsinvestitionen**

Gründungsinvestitionen ergeben sich im Zusammenhang mit der Errichtung eines Betriebes im Ganzen. Die Anschaffung von Anlagegütern infolge der Errichtung eines Teilbetriebes stellt eine spezifische Form von Gründungsinvestitionen dar und wäre aus Abgrenzungsgründen allenfalls in die Erweiterungsinvestitionen einzubeziehen.

Ersatzinvestitionen erfordern Kapitaleinsatz zur Fortführung der Leistungserstellung. Es werden Verfahren oder Anlagen ersetzt, die technisch und damit auch wirtschaftlich nicht mehr nutzbar sind.

Rationalisierungsinvestitionen sind solche, bei welchen der Kapitaleinsatz mit dem Ziel der Erreichung vorteilhafterer Leistungserstellung getätigt wird. Es werden technisch noch nutzbare Verfahren oder Anlagen ersetzt, weil wirtschaftliche Überlegungen dafür sprechen.

Erweiterungsinvestitionen dienen der Kapazitätsausdehnung, indem überhaupt neues Leistungspotential geschaffen wird oder vorhandenes Leistungspotential Erweiterung findet. Die Erweiterungsinvestitionen heben sich von Rationalisierungs- und Ersatzinvestitionen dadurch ab, dass Kapazitätsveränderungen vorliegen, die nicht durch das Ausscheiden von vorhandenen Verfahren oder Anlagen bedingt sind.

Umstellungsinvestitionen erfolgen entweder angesichts solcher Produktionsprogramme, die beibehalten werden, aber Umschichtungen hinsichtlich der Zahl der erzeugten Einheiten erfahren, oder sie dienen der Diversifizierung auf Grund der Aufnahme neuer Produkte in das betriebliche Leistungsprogramm.

Gründungsinvestitionen sind oft mit einem besonders hohen Kapitaleinsatz verbunden. Liquiditätsbetrachtungen überlagern, zumindest anfänglich, Kostenüberlegungen, welche auf die Verteilung der Anschaffungskosten über die Zeitspannen der Nutzung hinweg orientiert sind.

Ersatzinvestitionen nehmen in der Investitions- und Finanzplanung eine andere Stellung ein als Rationalisierungsinvestitionen, da Letztere bei angespannter Liquiditätslage zeitlich verschiebbar sind.

Ersatz- und Rationalisierungsinvestitionen ist gemeinsam, dass sie dem ungestörten Betriebsablauf bei fixierter Kapazität dienen.

Erweiterungsinvestitionen weisen auf ein Ausbauprogramm hin; mit ihnen fallen zwangsläufig weitere Kosten für jene Betriebsmittel, Werkstoffe und für jenen Personalbedarf an, die die größere Kapazität nach sich zieht, was das betriebliche Risiko erhöht.

Umstellungsinvestitionen können häufig nicht wie Rationalisierungsinvestitionen bei angespannter Liquiditätslage zeitlich verschoben werden, weil veränderte Absatzerfordernisse die Anpassung des Produktionsprogramms oft in kurzer Frist verlangen. Außerdem ergeben sich Änderungen in den Kostenbelastungen, wenn andere Werkstoffe als bei den bisherigen Leistungsprogrammen erforderlich sind und neues Personal infolge der Umschichtung bzw. Diversifizierung des Leistungsprogramms aufgenommen werden muss.

Für die betriebliche Disposition ist die aufgezeigte Differenzierung wesentlich, und sie gibt im Rahmen des Betriebsplanes dem Finanzplan ein besonderes Gewicht.

2. Die Investitionsrechnung

a) Allgemeine Bemerkungen

Ein häufig gebrauchtes Schlagwort in der wirtschaftspolitischen Diskussion ist das der „Fehlinvestition im Betrieb". Die Bedeutung, die ihm mit realem Hintergrund praktisch in zunehmender Weise aber doch zukommt, hat zu verstärkten Versuchen geführt, die Investitionsentscheidungen auf eine rational-rechnerische Grundlage zu stellen.

Eine Verfeinerung der Methoden der Investitionsrechnung in der letzten Zeit ist deshalb feststellbar, und es ist darauf hinzuweisen, dass unter „Investition" auch im Rahmen der Investitionsrechnung primär der Kapitaleinsatz im Bereiche des Sachanlagevermögens (Betriebsmittel) verstanden wird.

„Welche von mehreren in Frage kommenden Maschinen (Produktionsanlagen usw.) soll im Bedarfsfalle angeschafft werden?" Mit dieser Frage ist das Problem der Investitionsrechnung (Verfahrensvergleich) klar umrissen.

Dazu einige allgemeine Bemerkungen. Handlungen nur nach dem Gefühl bzw. nach der „Erfahrung" bewirken häufig Kostenbelastungen, die die Konkurrenzfähigkeit herabsetzen, wenn es auch keine Frage ist, dass die Investitionsentscheidungen sich nicht nur auf rechnerische Überlegungen allein stützen können. Stets ist auch zu prüfen, ob die Durchführung der geplanten Investition der Sicherheit der Beschäftigten nicht Abbruch tut, ob die Finanzierung ausreichend gesichert ist usw. Eine Gefahr bei Investitionsentscheidungen liegt darin, dass höhere technische Wirkungsgrade veranlassen, eine bestimmte Anlage vorzuziehen, ohne dass ihre Kostenwirkung überprüft wird. Die Investitionsrechnung ist nicht mit historischen Preisen zu tätigen, sondern mit Marktpreisen, weil die Beschaffung von den gegebenen Verhältnissen aus gesehen werden muss. Es ist zu prüfen, ob die Verfahrenswahl auf die tatsächliche Beschäftigung gebührend Rücksicht nimmt. Es kommt nicht nur darauf an, was die Anlagen leisten können, entscheidend ist, ob sie dem Leistungsvermögen entsprechend einsetzbar sind. Die Abschreibungen sind in leistungs- und nichtleistungsbedingte Elemente zu trennen, ein Tatbestand, dem in der Praxis oft überhaupt nicht Rechnung getragen wird. Schließlich ist zu berücksichtigen, ob unterschiedliche Verfahren unterschiedliche Verluste durch Ausschuss und Nacharbeit nach sich ziehen. Von vornherein auf solche Unterschiede Rücksicht zu nehmen ist wohl schwierig, doch ist durch weitgehend exakte Schätzung diesem Erfordernis nach Möglichkeit Rechnung zu tragen.

Das Problem der Investitionsrechnung ist ein dreifaches, da zu berücksichtigen ist, ob nur ein einziges Verfahren in Frage kommt, ob von mehreren Verfahren ein bestimmtes ausgewählt werden soll bzw. ob mehrere Herstellungsverfahren zugleich angewendet werden können. Es ist auch zu untersuchen, ob die Verfahrenswahl den Gesichtspunkt verschiedener Auftragsgrößen einzuschließen hat.

b) Die Methoden (Verfahren) der Investitionsrechnung

Investitionsrechnungen sind Methoden, mit deren Hilfe die **Vorteilhaftigkeit** von Investitionsmaßnahmen geprüft und **rechnerisch** ein Investitionsprogramm bestimmt werden soll, das im Hinblick auf die Zielsetzungen einer Unternehmung am zweckmäßigsten ist. Investitionsrechnungen sind **ermittelnde** Rechnungen, wenn die wirtschaftliche Vorteilhaftigkeit alternativer Investitionsvorhaben an Liquiditäts- oder Erfolgskriterien gemessen wird. Sie sind optimierende Rechnungen, wenn die optimale Kombination einzelner Investitionsmaßnahmen (Investitionsprogramm) bestimmt werden soll.

Zu bedenken ist, dass in Investitionsrechnungen Entscheidungsfaktoren, die **nicht quantifiziert** werden können (z. B. einfache Bedienung, gefälliges Design, subjektive Präferenzen, Unabhängigkeit usw.), **unberücksichtigt** bleiben. Insoferne können Investitionsrechnungen nur einen Teilaspekt des Entscheidungsproblems abdecken. Trotz dieser unwägbaren Momente stellen sie jedoch ein wichtiges und **unentbehrliches** Verfahren bei der Entscheidungsfindung dar.

Mit dem **Investitionsproblem** ist stets auch ein **Finanzierungsproblem** zu lösen. Der Kapitalverwendung durch die Investition ist stets auch die Art der Mittelbereitstellung gegenüberzuhalten. Investitionsrechnungen sind anlässlich der Gründung einer Unternehmung und in der weiteren Folge regelmäßig bei Ersatz-, Rationalisierungs-, Erweiterungs- und Umstellungsüberlegungen erforderlich. Investitionsrechnungen führen

a) zu **Verfahrensvergleichen** alternativ in Frage kommender Investitionsmaßnahmen;

b) zur **Ermittlung des Kapitalbedarfs** für die einzelnen Projekte.

Als **Beurteilungskriterien** für Investitionsvorhaben kommen in Frage:

1. **Erfolgswirkung** im Sinne von
   a) Kosteneinsparung
   b) Ertragsverbesserung.

   Hier kommt es zu einer Periodisierung der den Investitionsobjekten zurechenbaren gesamten Ausgaben und Einnahmen in Periodenkosten und Periodenerträgen.

2. **Zahlungswirkung**
   Die den Investitionsobjekten zurechenbaren gesamten Ausgaben und Einnah-

men werden nach ihrer Fälligkeit geordnet und auf einen gemeinsamen (zeitlichen) Bezugspunkt abgezinst (Kapitalwertermittlung).

3. **Rentabilität**
   Bezug der Erfolgswirkung (Gewinnwirkung) auf den erforderlichen Kapitaleinsatz.

4. **Amortisationsdauer**
   Beurteilung nach der Zeit, innerhalb welcher das zur Investition benötigte Kapital durch den mit der Investition bewirkten Einnahmenüberschuss dem Investor wieder zurückfließt.

5. **Soziale Kosten-Nutzen-Komponenten**
   Bei Investitionen öffentlicher Unternehmen sowie bei privaten Investitionen mit öffentlicher Förderung müssen neben den einzelwirtschaftlichen Faktoren auch die positiven und negativen Effekte auf die Gesamtwirtschaft bzw. Gesellschaft (z. B. Arbeitsplatzsicherung, Umweltschutz) in die Bewertung einbezogen werden, was zahlreiche Bewertungsprobleme aufwirft.

Die verschiedenen Verfahren der Investitionsrechnungen werden in der Regel wie folgt gegliedert:

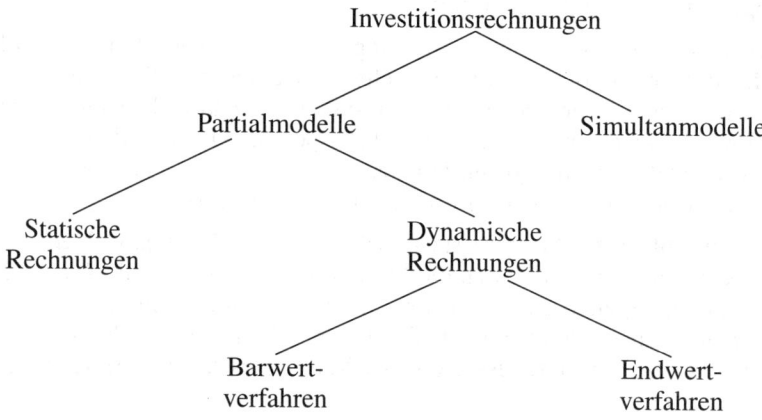

Abb. 18a

c) Investitionsrechnungen als Partialmodelle

Die „klassischen" Partialmodelle sind als **Ermittlungsmodelle** mit einfachem Algorithmus anzusehen. Die **Vorteilhaftigkeit** von Investitionen ergibt sich aus einzelnen finanz- und erfolgswirtschaftlichen Kriterien. Eine **Optimierung** erfolgt erst durch eine schrittweise Abstimmung der verschiedenen Teilpläne.

Dieses schrittweise Vorgehen lässt die vielschichtigen Zusammenhänge zwischen der Kapital**bedarfs**planung und der Kapital**fonds**planung nicht ausreichend berücksichtigen. Es werden immer wieder **pauschale Annahmen** über Finanzierungs- und Reinvestitionsvorgänge implizit zu treffen sein. Diese Pauschalannahmen **erleichtern** zwar die Investitionsrechnung erheblich. Wenn diese An-

300

nahmen aber wirklichkeitsfremd sind, wird der Informationswert des Rechenergebnisses in Zweifel zu ziehen sein.

aa) Statische Investitionsrechnungsverfahren

In den statischen Investitionsrechnungsverfahren werden die **zeitlichen Unterschiede** im Auftreten von Einnahmen und Ausgaben **nicht** oder nur unvollkommen berücksichtigt. Es wird von „durchschnittlichen" Periodenkosten und „durchschnittlichen" Periodenerträgen ausgegangen. Sie werden als **repräsentativ** für die gesamte Investitionsdauer angenommen.

Hinter der Durchschnittsbildung (Einperioden-Modell) versteckt sich nicht allein der **Vorzug** für **einfache** Lösungsalgorithmen, sondern auch die **Prognoseunsicherheit** für mittel- und langfristige Betrachtungen. Der **Zeit**dimension wird ebenso wenig Bedeutung wie der **Finanzierungs**funktion beigemessen. Die Berücksichtigung von **Zinsen** auf das durchschnittlich im Investitionsobjekt gebundene Kapital lässt für Mischfinanzierungen und **steuerliche** Überlegungen wenig bis gar keinen Freiraum. Diese **nivellierenden** Grundannahmen lassen statische Berechnungsmethoden, wie die

Kostenvergleichsrechnung,

Gewinnvergleichsrechnung,

Rentabilitätsrechnung,

Amortisationsrechnung (Einnahmen-Ausgaben-Vergleiche),

im Wesentlichen nur für überschlägige, weniger exakte Berechnungen sinnvoll erscheinen.

aaa) Wirtschaftlichkeitsvergleich (Kostenvergleich)

Beim Wirtschaftlichkeitsvergleich besteht die erste Aufgabe darin, die **fixen Kosten** der in Frage kommenden Investitionsobjekte zu ermitteln. Sie bestehen u. a. in den zeitbezogenen Abschreibungen, in Raumkosten, in Zinsenkosten, in einem Teil der Personalkosten. Hierauf sind die **variablen** (von der Leistung abhängigen) **Kosten** festzustellen. Zu diesen gehören z. B. Bedienungskosten, leistungsbedingte Abschreibungen, Energiekosten, Reparaturkosten und ähnliche Kosten.

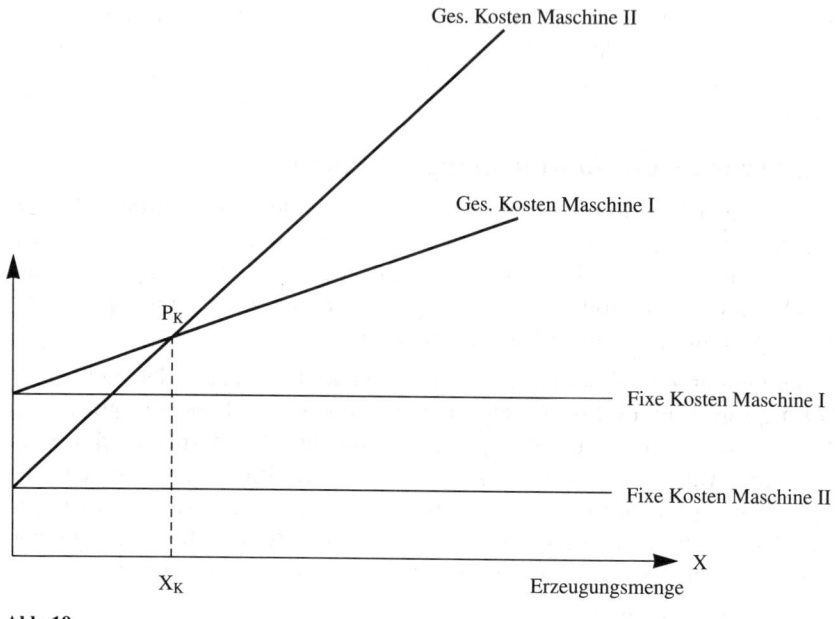

Abb. 19

Sind die beiden Kostengruppen ihrer Höhe nach bekannt, dann lässt sich der „kritische Punkt" (P_k) feststellen, bei dem die Verfahren gleichwertig sind, wenn alle zusätzlichen investitionsentscheidenden Faktoren unberücksichtigt bleiben. Wird z. B. angenommen, dass die fixen Kosten der Maschine I höher sind als die fixen Kosten der Maschine II, dass aber die variablen Kosten der Maschine I einen mäßigeren Verlauf nehmen als die variablen Kosten der Maschine II, dann liegt dort, wo sich die Gesamtkostenkurven der beiden Maschinen schneiden, der „kritische Punkt". Die oben stehende graphische Darstellung zeigt, dass die Maschine II unterhalb von P_k, die Maschine I oberhalb von P_k kostengünstiger ist.

Die den kritischen Punkt anzeigende Leistungsmenge, bei der Kostenentsprechung mehrerer zur Wahl stehender Verfahren vorliegt, lässt sich auch durch Gleichung ermitteln. Bezeichnet man die fixen Kosten des Verfahrens I mit $_fK_I$, die fixen Kosten des Verfahrens II mit $_fK_{II}$, die variablen Kosten pro Leistungseinheit des Verfahrens I mit $_vk_I$ und die variablen Kosten pro Leistungseinheit des Verfahrens II mit $_vk_{II}$, dann ergibt sich die kritische Leistungsmenge (M) wie folgt:

$$_fK_I + {_vk_I} \cdot M = {_fK_{II}} + {_vk_{II}} \cdot M$$

$$M = \frac{_fK_{II} - {_fK_I}}{_vk_I - {_vk_{II}}}$$

302

Beispiel: Fixe Kosten I = 140.000
Fixe Kosten II = 50.000
Variable Kosten I pro Einheit = 5
Variable Kosten II pro Einheit = 8

$$M = \frac{50.000 - 140.000}{5 - 8} = \underline{30.000}$$

Bei einem Leistungsumfang von 30.000 liegt Kostengleichheit vor:

Verfahren I = 140.000 + 5 × 30.000 = $\underline{290.000}$

Verfahren II = 50.000 + 8 × 30.000 = $\underline{290.000}$

Werden weniger als 30.000 Einheiten hergestellt, ist das Verfahren II vorzuziehen, über 30.000 Leistungseinheiten ist das Verfahren I günstiger.

Kostenentwicklungen können im Zeitpunkt der Investitionsrechnungen (der Verfahrensvergleiche) nicht mit Sicherheit vorausgesagt werden, so dass Investitionsentscheidungen ausschließlich mit Rechnungen wie den oben dargestellten nicht immer das Auslangen finden.

In Ergänzung zu den Überlegungen mit den erwarteten Kostengrößen wird dann in Investitionsrechnungen die mögliche günstigste Kostensituation des einen Verfahrens der möglichen ungünstigsten Kostensituation des anderen Verfahrens und umgekehrt gegenübergestellt. Innerhalb des Bereiches der ermittelten Extremwerte liegen jene Leistungsmengen, bei denen es sich infolge der Unsicherheit der Entwicklung nicht ohne weiteres sagen lässt, welches Verfahren vorzuziehen ist, nur unterhalb beziehungsweise oberhalb dieses Bereiches ist eine Bestimmung des günstigeren Verfahrens eindeutig möglich.

Der **Wirtschaftlichkeitsvergleich** auf reiner Kostengrundlage unter Ausschluss von Rentabilitätserwägungen wird als Investitionsrechnungsform **brauchbare Entscheidungshilfe** sein:

1. wenn **Ertragserwägungen in den Hintergrund** treten, weil die Investition aus betrieblichen Gründen auf jeden Fall getätigt werden muss. Hier wird also nur gefragt, welche der notwendigen Investitionen kostengünstiger, nicht ob sie an sich rentabel ist;

2. wenn die **Verteilung der Ausgaben im Verhältnis der Kostenentstehung** vor sich geht, so dass bei Außerachtlassung des finanziellen Momentes keine Liquiditätsschwierigkeiten etwa deshalb zu erwarten sind, weil dieser spezifische Verfahrensvergleich angewendet wird. Selbstverständlich kann jeder Wirtschaftlichkeitsvergleich als Kostenvergleich durch einen Erlösvergleich Ergänzung finden.

bbb) Gewinnvergleich

Die Gewinnvergleichsrechnung kann als eine Erweiterung der Kostenvergleichsrechnung aufgefasst werden. Sie setzt voraus, dass für ein Investitionsprojekt nicht nur Kosten, sondern auch abgrenzbare **Erlöse** bzw. **zurechenbare Teile des Unternehmensgewinnes** ermittelt werden können. Sie erlaubt damit die Berücksichtigung von Preisschwankungen in Abhängigkeit von der Absatzmenge. Die Gegenüberstellung von Periodenerlösen (E) und von Periodenkosten (K) ergibt einen Perioden-„Gewinn" (bzw. Verlust) für das Investitionsobjekt. Da die Ermittlung von Kosten und Erlösen für ein Investitionsobjekt über seine volle Nutzungsdauer meist nicht möglich ist, geht man in der Regel von den Kosten- und Erlöserwartungen des ersten Nutzungsjahres aus und unterstellt, dass in den Folgeperioden gleiche Durchschnittswerte erwartet werden können.

Der **Beurteilungsmaßstab** in der Gewinnvergleichsrechnung ist somit der **durchschnittliche Gewinn** pro Periode. Die Alternative mit dem höchsten Gewinn gilt als die vorteilhafteste. Die Gewinnvergleichsrechnung lässt jedoch keine Aussage über die absolute Wirtschaftlichkeit eines Investitionsprojektes zu, da der ermittelte Gewinn nicht mit dem hiezu notwendigen Kapitaleinsatz in Verbindung gebracht wird. Ein rentabilitätsorientierter Vergleich von alternativen Kapitalverwendungsmöglichkeiten setzt als Verfahren die Rentabilitätsrechnung voraus.

Kostenarten/Ertragsarten	Alternative A	Alternative B
A. Kosten		
Personalkosten	250.000	290.000
Materialkosten	90.000	110.000
Energiekosten	40.000	50.000
Kalk. Abschreibungen	200.000	250.000
Kalk. Zinsen	100.000	130.000
Andere Kosten	150.000	200.000
	830.000	1,030.000
B. Erträge	1,000.000	1,250.000
C. Gewinn	170.000	220.000

Alternative B ist wegen der höheren Gewinnerwartung vorzuziehen.

Abb. 20

ccc) Rentabilitätsvergleich

Im Rentabilitätsvergleich wird die durchschnittliche Kostenersparnis oder der Gewinn (Gewinnzuwachs) einer Investitionsalternative je Periode dem Kapitaleinsatz zum Investitionszeitpunkt gegenübergestellt, der notwendig ist, um einen der genannten Effekte zu erzielen.

Inv.-Objekt	Kostenersparnis/ Gewinnzunahme	Kapitaleinsatz	Rentabilität
A	30.000	300.000	10 %
B	25.000	200.000	12,5 %

Abb. 21

Gerade in Gründungs- oder Erweiterungsphasen einer Unternehmung muss mit unterschiedlichen Gewinnzunahmen oder Kostenersparnissen gerechnet werden. Statt eines einfachen Rentabilitätsvergleiches kann dann eine kumulative Rentabilitätsrechnung durchgeführt werden. Die durchschnittliche Perioden-Rentabilität wird auf der Grundlage des arithmetischen Mittels berechnet.

Beispiel: Kapitaleinsatz 300.000

Jahr	Periodenerfolg	Jährliche Rentabilität	Kumulative Rentabilität p. a.
1	− 15.000	− 5 %	− 5 %
2	12.000	4 %	− 0,5 %
3	36.000	12 %	3,7 %
4	42.000	14 %	6,3 %
5	30.000	10 %	7 %

Abb. 22

ddd) Amortisationsrechnung

Die **Amortisationsrechnung (Pay-off-Methode, Einnahmen-Ausgaben-Vergleich)** baut auf dem Vergleich der erwarteten Einnahmen und Ausgaben, die einem Investitionsobjekt zugeordnet werden können, auf. Als **Rechnungsziel** kann die Ermittlung jenes Zeitpunktes gelten, bei dem die Anschaffungsausgaben und die in der Folge anfallenden laufenden Ausgaben durch die erzielten Einnahmen zum ersten Mal gedeckt werden. Die Spanne vom Zeitpunkt der Anschaffung bis zum Zeitpunkt des Erreichens der vollen Ausgabendeckung durch die Einnahmen (Erlöse) wird als **Amortisationsdauer (Rückflusszeit)** bezeichnet.

Ausgangsgrößen sind die Ausgaben für die Anschaffung, auf welche sich in Abhängigkeit vom Leistungsumfang die laufenden Ausgaben aufstocken. Daraus ergeben sich die Gesamtausgaben. Die von den abgesetzten Leistungsmengen abhängigen Einnahmen erreichen bei einem bestimmten Leistungsumfang die Gesamtausgaben. Von diesem Punkte an wird ein Einnahmenüberschuss erzielt.

Dies zeigt die graphische Darstellung:

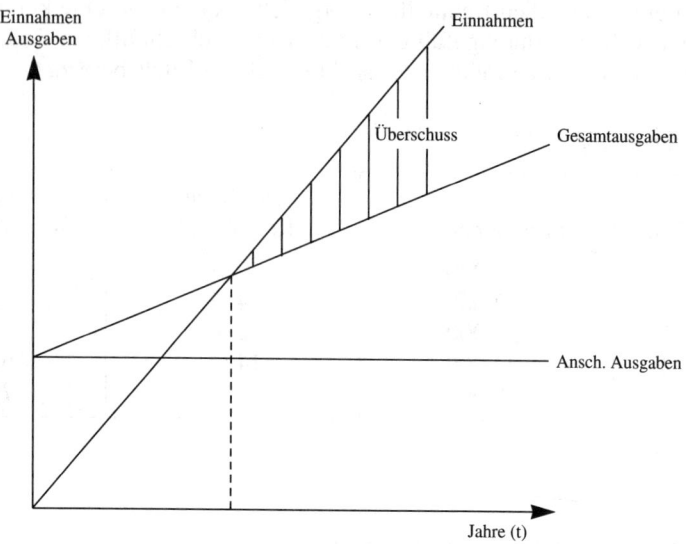

Abb. 23

Beispiel: Anschaffungspreis einer Anlage € 80.000,–, Restwert 0, Nutzungsdauer 6 Jahre, Einnahmen aus dieser Investition pro Jahr € 30.000,–,
Ausgaben aus dieser Investition pro Jahr € 10.000,–.

Tabellarisch ergibt sich folgende Zusammenstellung:

Jahr	Einnahmen	Ausgaben	Rückfluss p. a.	Summe der Rückflüsse	Summe Einnahmen + Ausgaben
1	30.000	{ 80.000 10.000	20.000	20.000	– 60.000
2	60.000	100.000	20.000	40.000	– 40.000
3	90.000	110.000	20.000	60.000	– 20.000
4	120.000	120.000	20.000	80.000	0
5	150.000	130.000	20.000	100.000	+ 20.000
6	180.000	140.000	20.000	120.000	+ 40.000

Abb. 24

Amortisationsdauer = 4 Jahre

$$\text{Rückflusshäufigkeit} = \frac{\text{Gesamteinnahmen} - \text{laufende Ausgaben}}{\text{Anschaffungsausgaben}}$$

$$\text{Rückflusshäufigkeit} = \frac{180.000 - 60.000}{80.000} = 1,5$$

Auf Grund der Angaben beträgt die Einnahmenreihe vom Ende des 1. Jahres bis zum Ende des 6. Jahres: 30.000, 60.000, 90.000, 120.000, 150.000, 180.000. Die Ausgabenreihe (die Anschaffungsausgaben belasten bei Barzahlung das erste Jahr): 90.000, 100.000, 110.000, 120.000, 130.000, 140.000. Am Ende des 4. Jahres liegt zum ersten Male volle Deckung der bis dahin für die Investition und den laufenden Betrieb getätigten Ausgaben vor; es beginnt damit die Zone der Einnahmenüberschüsse.

Der Zweck dieser Rechnung, bei der Rentabilitätsermittlungen unterbleiben, ist der, den Zeitpunkt festzustellen, bei dem es gelingt, Anschaffungsausgaben und laufende Ausgaben mit den Einnahmen erstmals in Übereinstimmung zu bringen. Im obigen Beispiel entspricht dieser Zeitpunkt dem Ende des vierten Jahres, die **Amortisationsdauer** (**Rückflussspanne**) ist demnach vier Jahre.

Es wird unterstellt, dass bei risikoreichen Investitionen eine kurze Amortisationsdauer vorteilhaft ist. Betriebswirtschaftlich kann aber eine Entscheidung in dieser Richtung in die Irre führen, weil die Rückflussspanne keinen Aufschluss über die Nutzungsdauer gibt. Eine kurze Amortisationsdauer bei kurzer Nutzungsdauer kann einzelwirtschaftlich wesentlich ungünstiger sein als eine verhältnismäßig lange Amortisationsdauer, wenn gleichzeitig die Nutzungsdauer verhältnismäßig lange ist.

Für die betriebswirtschaftliche Beurteilung der Nützlichkeit einer Investition gibt daher außer der Amortisationsdauer die **Rückflusshäufigkeit** der Anschaffungsausgaben Auskunft. Hierbei ist die Differenz der Gesamteinnahmen und der laufenden Betriebsausgaben durch die Anschaffungsausgaben zu dividieren.

Bei der Pay-off-Methode werden Anlagen mit langer optimaler Nutzungsdauer gegenüber Anlagen mit kurzer Investitionsdauer benachteiligt. Das Interesse wird auf billige, kurzlebige, sich rasch amortisierende Objekte gelenkt, die langfristig gar nicht die günstigeren sein müssen.

Die **Amortisationsrechnung** sollte daher nur **zusätzlich** zu anderen Investitionsrechnungen angewendet werden:

1. Ermittlung, ob die Amortisationsdauer überhaupt kürzer ist als die Investitionsdauer (Nutzungsdauer).
2. Bei kosten- und ertragsmäßig gleich ausgewiesenen Alternativen soll sie den Ausschlag geben (Risikominderung für den Investor).

bb) Dynamische Investitionsrechnungsverfahren

Die dynamischen Investitionsrechnungsverfahren stellen Mehrperiodenmodelle dar und tragen bereits von ihrer **Konzeption her** dem **zeitlichen Ablauf** der Investitionsvorgänge und der darauf folgenden **Desinvestitions**vorgänge Rechnung. Sie erfassen alle planbaren Einzahlungs- und Auszahlungsströme bis zum Ende der wirtschaftlichen Nutzungsdauer eines Investitionsobjektes.

Sie werden zur Vereinfachung des Rechenaufwandes zu meist jährlichen **Zahlungsreihen** umgeformt. Der **Zeitfaktor** wird durch die Verwendung der Zinseszinsrechnung berücksichtigt. Dies geschieht in der Regel durch Abzinsung der Ein- und Auszahlungen auf den **Investitionsentscheidungszeitpunkt** (Barwertermittlung), kann aber auch durch Aufzinsung auf das **Ende des Nutzungszeitraumes** für das Investitionsobjekt (Endwertermittlung) erfolgen.

Zu den **Barwertverfahren** zählen die Kapitalwertmethode, die Methode des internen Zinsfußes und die Annuitätenmethode sowie die MAPI-Methode. Zu den **Endwertverfahren** zählen die Vermögensendwertmethode und die Sollzinssatzmethode.

Da dynamische Investitionsüberlegungen auch bei der **Unternehmensbewertung** eine tragende Rolle spielen, wird die Unternehmensbewertung als Sonderfall der Investitionsrechnung angesehen. Anders als bei den übrigen Investitionsrechnungsverfahren wird aber nicht nach der Vorteilhaftigkeit von Investitionsalternativen bei gegebenen Anschaffungsbedingungen gefragt, sondern nach dem Wert einer Unternehmung, einer Beteiligung oder eines Betriebsteiles, um daraus z. B. eine Preisforderung abzuleiten (siehe Abschnitt 3.).

aaa) Kapitalwert-Methode

Bei der Kapitalwertmethode werden die für die einzelnen Nutzungsjahre voraussichtlich zu erwartenden Einnahmen (Einzahlungen) und Ausgaben (Auszahlungen) ermittelt. Will man die Ein- und Auszahlungen mehrerer Jahre miteinander vergleichen, so müssen sie zunächst vergleichbar gemacht werden. Dies geschieht mit dem sog. Kalkulationszinsfuß. Mit diesem Zinssatz wird die Differenz zwischen Einzahlungen und Auszahlungen je Nutzungsjahr auf den Entscheidungszeitpunkt abgezinst (Barwert der Einzahlungen und Barwert der Auszahlungen); davon werden die Anschaffungsausgaben abgezogen. Der Saldo wird als **Kapitalwert** bezeichnet. Ein allfälliger **Restwert** des Investitionsobjektes wird wie eine Einzahlung am Ende der Nutzungsdauer behandelt und erhöht den Barwert der Einzahlungen. Die Investition wird als **vorteilhaft** angesehen, wenn der Kapitalwert positiv ist. Im Vergleich mit anderen Investitionsalternativen wird dem Investitionsprojekt mit dem höchsten Kapitalwert der Vorzug gegeben.

Können für die einzelnen Nutzungsjahre nur Ausgaben (Auszahlungen) prognostiziert werden, ergibt die Abzinsung den sog. **Kostenbarwert.** Er ist mit anderen Investitionsalternativen zu vergleichen, das Investititionsobjekt mit dem geringsten Kostenbarwert wird als vorteilhaft angesehen.

Ein besonderes Problem bei der Kapitalwert-Methode ist die Frage des zu verwendenden **Zinsfußes**. Maßgeblich wird er davon abhängen, ob das Investitionsvorhaben mit eigenen oder fremden Mitteln finanziert wird. Die Heranziehung von Eigenkapital legt es nahe, sich bei der Bestimmung des Zinsatzes an den Ertragsmöglichkeiten zu orientieren, welche für das Eigenkapital bei sonst möglicher günstiger Anlagemöglichkeit bestehen. Es wäre aber auch zu überlegen, den Zinsfuß anzusetzen, der der im Betrieb durchschnittlich erwarteten Eigenkapitalrentabilität entspricht. Bei Verwendung von Fremdkapital wird der zu verwendende Zinsfuß mit dem dem Betrieb angelasteten Zinssatz identisch sein. Oft richtet man sich in der Praxis am Zinsfuß langfristiger Anleihen aus. Die Abzinsungsfaktoren sind aus gängigen Tabellen abzulesen oder können mit finanzmathematischen (Taschen-)Rechnern bzw. mit entsprechender EDV-Software bereitgestellt werden.

Bei Finanzierung unter teilweiser Heranziehung von Eigenkapital und teilweiser Verwendung von Fremdkapital ist ein **Mischzinssatz** dann zu errechnen, wenn die Bruttomethode der Kapitalwertermittlung angewendet wird. Die nachstehenden Beispiele zeigen den **Gegensatz** zwischen **Nettomethode** und **Bruttomethode**. Dabei ist zu beachten, dass die Nettomethode die exakte Berücksichtigung der Finanzierungsverhältnisse eines Investitionsobjektes erlaubt. Die Bruttomethode spiegelt dagegen die Finanzierungsverhältnisse über einen Mischzinsfuß wider, der nur unter bestimmten, selten gegebenen Bedingungen zu einem genauen Ergebnis führt. Aus diesem Grund ist der **Nettomethode** der **Vorzug** zu **geben**.

Beispiele:

Anschaffungskosten inkl. Nebenkosten		100.000,–
Fremdkapital, Tilgung gleichmäßig auf 4 Jahre		50.000,–
Fremdkapitalzinssatz		9 %
Eigenkapitalzinssatz		12 %
Nutzungsdauer in Jahren		5
Restwert	(a)	8.000,–
	(b)	0
Einnahmen aus der Investition jährlich		50.000,–

(1) Nettomethode

t	0	1	2	3	4	5	5 (Restwert)
Einnahmen		50.000	50.000	50.000	50.000	50.000	8.000
Ausgaben	– 100.000	– 7.000	– 9.000	– 11.000	– 13.000	– 15.000	
Kredit	50.000	– 12.500	– 12.500	– 12.500	– 12.500		
Zinsen*)		– 4.500	– 3.375	– 2.250	– 1.125		
Einnahmen-Überschuss	– 50.000	26.000	25.125	24.250	23.375	35.000	8.000

*) Kreditbetrag am Jahresbeginn × Fremdkapitalzinsen

Abb. 25

(a) mit Restwert

$$B = -50.000 + \frac{26.000}{(1+r)^1} + \frac{25.125}{(1+r)^2} + \frac{24.250}{(1+r)^3} + \frac{23.375}{(1+r)^4} + \frac{35.000}{(1+r)^5} + \frac{8.000}{(1+r)^5} =$$

$$= -50.000 + \frac{26.000}{1,12} + \frac{25.125}{1,12^2} + \frac{24.250}{1,12^3} + \frac{23.375}{1,12^4} + \frac{35.000}{1,12^5} + \frac{8.000}{1,12^5} =$$

$$= \underline{49.759}$$

(b) ohne Restwert

$$B = -50.000 + \frac{26.000}{1,12} + \frac{25.125}{1,12^2} + \frac{24.250}{1,12^3} + \frac{23.375}{1,12^4} + \frac{35.000}{1,12^5} = \underline{45.220}$$

(2) Bruttomethode

t	0	1	2	3	4	5	5 (Restwert)
Einnahmen Ausgaben	– 100.000	50.000 – 7.000	50.000 – 9.000	50.000 –11.000	50.000 –13.000	50.000 –15.000	8.000
Einnahmen- Überschuss	– 100.000	43.000	41.000	39.000	37.000	35.000	8.000

Abb. 26

Bei der Ermittlung des Mischzinssatzes geht man zunächst von der Annahme einer völligen Eigenfinanzierung und einer erwünschten (Eigenkapital-)Rentabilität aus (im vorliegenden Beispiel 12 % auf 100.000). Wird nun ein Teil der Anschaffungskosten nicht mit Eigenkapital, sondern mit Fremdkapital finanziert, dann muss die geforderte Eigenkapitalrentabilität auch für jenen Teil des Eigenkapitals (im Beispiel 50.000) gesichert werden, der für die gegenständliche Investition nicht benötigt wird. Man nimmt daher zusätzlich eine sog. „**Komplementärinvestition**" mit gleicher (Eigenkapital-)Rentabilität an. Dies führt zu folgender Berechnungsformel für den Mischzinssatz:

$$\text{Mischzinssatz i} = \left(1 - \frac{50.000}{150.000}\right) \cdot 0,12 + \frac{50.000}{150.000} \cdot 0,09 = 0,11$$

(a) mit Restwert

$$B = -100.000 + \frac{43.000}{(1+i)^1} + \frac{41.000}{(1+i)^2} + \frac{39.000}{(1+i)^3} + \frac{37.000}{(1+i)^4} + \frac{35.000}{(1+i)^5} + \frac{8.000}{(1+i)^5} =$$

$$= -100.000 + \frac{43.000}{1,11} + \frac{41.000}{1,11^2} + \frac{39.000}{1,11^3} + \frac{37.000}{1,11^4} + \frac{35.000}{1,11^5} + \frac{8.000}{1,11^5} =$$

$$= \underline{50.423}$$

(b) ohne Restwert

$$B = -100.000 + \frac{43.000}{1,11} + \frac{41.000}{1,11^2} + \frac{39.000}{1,11^3} + \frac{37.000}{1,11^4} + \frac{35.000}{1,11^5} = \underline{45.675}$$

Die errechneten Kapitalwerte dürfen, das gilt auch für die Methode des internen Zinsfußes, für unternehmerische Entscheidungen nicht unkritisch übernommen werden. Implizit wird angenommen, dass die durch die Desinvestition freiwerdenden Kapitalteile (Einnahmenüberschüsse) zum Kalkulationszinssatz wiederveranlagt werden bzw. eine Reinvestition erfolgt. Durch die Zinseszinsrechnung ergeben sich weiters Verzerrungen, wenn im Vergleich zu anderen Investitionsalternativen unterschiedlich hohe Anschaffungsausgaben und unterschiedliche Nutzungsdauern vorliegen.

Dieser Unsicherheit in den Aussagen entgeht man dadurch, dass die Investitionsrechnung auf vergleichbaren, d. h. gleich langen Zeitabschnitten aufgebaut wird. Das geht mit Hilfe angenommener Wiederholungen von Investitionsvorhaben vor sich. Hat ein Investitionsobjekt z. B. eine Nutzungsdauer von drei Jahren, ein zweites Investitionsobjekt eine Nutzungsdauer von fünf Jahren, so wäre die in der Rechnung zu verwendende gleiche Periode fünfzehn Jahre, während der sich die eine Investition fünfmal, die andere Investition dreimal wiederholt.

Doch auch diese Hilfsmaßnahme ist bedenklich, wenn sich die Fertigungsprogramme im Ablauf der Zeit ändern, anders geartete Investitionserfordernisse auftreten und infolge des technischen Fortschrittes neue Aggregate auf den Markt kommen.

bbb) Methode des internen Zinsfußes

Die Methode des internen Zinsfußes ist der Kapitalwertmethode ähnlich, allerdings wird hier nicht der Kapitalwert gesucht. Man sucht hingegen jenen („internen") Zinssatz, bei dem der **Kapitalwert gerade null** ergibt. Der sich ergebende Zinssatz ist jene Rentabilität, mit der sich eine in Aussicht genommene Investition „verzinst". Ausgewählt wird jene Investitionsvariante, bei der der interne Zinsfuß am größten ist.

Der internen Zinssatz-Methode liegen keine Reinvestitionsannahmen (wie bei der Kapitalwertmethode) zugrunde. Der interne Zinsfuß spiegelt lediglich die Rendite des jeweils gebundenen Kapitals wider. Dadurch können Investitionsobjekte mit unterschiedlich hohem Kapitalerfordernis miteinander verglichen werden.

Beispiel:

Anschaffungskosten	120.000
Nutzungsdauer in Jahren	4
Einnahmenüberschüsse pro Jahr	40.000
Restwert	0

$$B = 0 = -120.000 + \frac{40.000}{(1+i)^1} + \frac{40.000}{(1+i)^2} + \frac{40.000}{(1+i)^3} + \frac{40.000}{(1+i)^4}$$

$$i = 12,6\,\%$$

Ermittlung von i: $\quad 0 = -120.000 + 40.000 \sum_{t=1}^{4} (1+i)^{-t}$

$$\frac{120.000}{40.000} = 3 = \sum_{t=1}^{4} (1+i)^{-t}$$

Aus Tabellen (Barwertfaktoren) kann nun der Wert für i abgelesen werden.

Rechnerisch ist die Methode des internen Zinsfußes schwierig. Bei einer Nutzungsdauer von n Jahren muss eine Gleichung n-ten Grades gelöst werden. In der Praxis wird der interne Zinsfuß daher näherungsweise durch Probieren ermittelt. Eine relativ genaue Berechnung des Zinssatzes ist dann durch Interpolieren zweier durch Probieren ermittelten Näherungswerte für den internen Zinsfuß möglich.

r1   Erster Versuchszinssatz

r2   Zweiter Versuchszinssatz

C1   Kapitalwert bei r1

C2   Kapitalwert bei r2

Interpolationsformel: $r = r1 - C1 \times (r2 - r1) / (C2 - C1)$

Beispiel: $r1 = 10\ \%$ $C1 = 16,44$

             $r2 = 12\ \%$ $C2 = -\ 3,82$ $r = 11,62\ \%$

Zu beachten ist, dass die mathematische Struktur von Gleichungen n-ten Grades grundsätzlich n Lösungen zulässt. Eine Zahlungsreihe, die in den ersten Perioden (Auszahlungsphase) Auszahlungsüberschüsse und in den folgenden Perioden nur Einzahlungsüberschüsse (Einzahlungsphase) aufweist, besitzt nur eine positive Lösung. Der interne Zinsfuß r ist bei einer solchen „Normalinvestition" mit nur einem Vorzeichenwechsel dann positiv, wenn die Summe aller Einzahlungen die kumulierten Auszahlungen übersteigt. Treten dagegen bei einer Investition Auszahlungs- und Einzahlungsüberschüsse auf, ohne dass eine klare Trennung in eine Auszahlungs- und in eine Einzahlungsüberschussphase möglich ist, so besitzt die Gleichung n-ten Grades mehrere oder keine Lösung.

ccc) Annuitätenmethode

Die **Annuitätenmethode** baut auf der Kapitalwertmethode auf und ermöglicht den Vergleich von Investitionsobjekten mit unterschiedlicher Nutzungsdauer, indem die Einnahmen und Ausgaben in durchschnittliche (und somit gleiche) jährliche Einnahmen und Ausgaben (Annuitäten) auf finanzmathematischer Grundlage umgerechnet werden. In der Praxis geschieht dies dadurch, dass der gemäß der Kapitalwertmethode ermittelte Kapitalwert (Kostenbarwert) mit dem sog. Annuitätenfaktor (oder: Wiedergewinnungsfaktor) multipliziert wird. Es entstehen zinseszinsmäßig berechnete Jahresdurchschnittsgewinne (oder bei Kostenbarwerten: Durchschnittsausgaben). Vervielfacht man den Kapitaleinsatz (die Investitionssumme) mit dem Annuitätenfaktor, so erhält man die zinseszinsmäßig berechneten Vermögenskosten (Abschreibungen und Zinsen) p.a.

Beispiel:

Es stehen zwei Investitionsobjekte (I und II) zur Auswahl. Das Investitionsobjekt I hat eine Nutzungsdauer von 5 Jahren und das Investitionsobjekt II eine solche von 3 Jahren. Der Kapitaleinsatz beträgt in beiden Fällen 50.000. Die Quasirenten sind in der folgenden Tabelle enthalten. Der Kalkulationszinsfuß beträgt 10 %.

Jahr	Investitionsobjekt I			Investitionsobjekt II		
	Quasirente	Abzins. faktor	Barwert	Quasirente	Abzins. faktor	Barwert
1	10.000	0,9091	9.091,0	18.000	0,9091	16.363,8
2	14.000	0,8264	11.569,6	25.000	0,8264	20.660,0
3	15.000	0,7513	11.269,5	22.596	0,7513	16.976,4
4	20.000	0,6830	13.660,0	–	–	–
5	15.154	0,6209	9.409,1	–	–	–
	74.154		54.999,2	65.596		54.000,2
Inv.Summe			–50.000,0			–50.000,0
Kapitalwert			4.999,2			4.000,2
Annuitätenfaktor			0,26380			0,40211
Annuität			**1.319,00**			**1.608,44**

Investitionsobjekt II ist auf Grund der höheren Annuität als vorteilhafter anzusehen.

ddd) MAPI-Methode

Die sog. MAPI-Methode versteht sich als „Praktiker-Methode" (MAPI = Machinery and Allied Product Institut, Washington; das Institut stand unter Leitung von G. Terborgh). Dieser Methode liegt ein Rechenverfahren zugrunde, mit dessen Hilfe Rentabilitätsrechnungen über Investitionen (vornehmlich Ersatzinvestitionen) durchgeführt werden.

Die Vorteilhaftigkeit von Investitionen wird auf der Basis ermittelter „relativer Rentabilitäten" festgestellt. Die relative Rentabilität (Terminologie Terborghs!) wird errechnet, indem man die Abweichungen des Betriebsgewinnes **nach Durchführung** bzw. **nach Aufschiebung** der Anlagenanschaffung feststellt. Sie geben den Grad der Investitionsdringlichkeit an und lassen das Problem der sog. Aufschubperiode erkennen, das aber nur dann auftritt, wenn die Ablehnung einer Anlagenanschaffung grundsätzlich denkbar bzw. die Anschaffung am Schlusse der Aufschubperiode noch möglich ist. Der MAPI-Dringlichkeitsmaßstab bringt letztlich eine Verzinsung zum Ausdruck, die der Betrieb, setzte er die Mittel anderswo ein, erzielen müsste, soll der Aufschub der Anlagenanschaffung vertretbar sein.

eee) Barwertverfahren und Endwertverfahren

Obwohl mit den (dynamischen) Barwertverfahren viele Prämissen der statischen Verfahren abgebaut und eine größere Deckungsgleichheit zwischen Investitionsrechnungsmodell und Realität hergestellt werden kann, sind andere Grundannahmen zu beachten:

1. Es wird ein vollkommener und unbeschränkter Kapitalmarkt unterstellt, indem man mit einem **einheitlichen Kalkulationszinsfuß** arbeitet. Kapital kann zu diesem Zinssatz bereitgestellt und auch jederzeit wieder angelegt werden.

2. Mittelrückflüsse aus Desinvestitionen werden unmittelbar reinvestiert. Es erfolgt keine Kassenhaltung.

3. Es wird zunächst **kein Unterschied** zwischen **Eigen-** und **Fremd**finanzierung gemacht; in der Finanzierungsart gelegene **steuerliche Belastungsunterschiede** finden keine Berücksichtigung.

4. Die finanzmathematische Grundlegung führt dazu, dass bei steigendem Zinssatz die weiter in der Zukunft liegenden Zahlungsströme **stärker abgewertet** werden und mit immer weniger Gewicht in das Ergebnis einfließen. Mit steigendem Zinsfuß verändert sich aber auch die Reinvestitionsmöglichkeit für die Mittelrückflüsse.

5. Investitionsalternativen, die sich in **Lebensdauer**, **Kapitaleinsatz** und **Rückflussstruktur** unterscheiden, können nur unter Berücksichtigung von **Komplementärinvestitionen** (**Differenzinvestitionen**) miteinander verglichen werden.

Bei der **Kapitalwertmethode** muss der Anwender eine Verzinsung der Komplementärinvestitionen zum Kalkulationszinssatz berücksichtigen. Bei der **Methode des internen Zinsfußes** ist die Verzinsung der Komplementärinvestition zum internen Zinssatz zu unterstellen. Da beide Zinssätze in der Regel verschieden sind, führt dies auch zu unterschiedlichen Wertungen hinsichtlich der Vorteilhaftigkeit von Investitionen. Ähnliches gilt auch im Vergleich zwischen Kapitalwertmethode und **Annuitätenmethode** bei unterschiedlicher Nutzungsdauer der Investitionsalternativen. Erst die Ausrichtung an der längsten Nutzungsdauer führt zu gleichwertigen Rechenergebnissen.

Diese Kritikpunkte führten u. a. zur Entwicklung **neuerer dynamischer** Investitionsrechnungsverfahren, die nicht auf einer Barwertermittlung beruhen, sondern von einer Aufzinsung der Zahlungsströme auf das Ende des Planungshorizontes ausgehen (**Endwertermittlung**).

Zu den **Endwertverfahren** zählen:

Vermögensendwertmethode

Sollzinssatzmethode

Das erste Verfahren ist als Verfeinerung der Kapitalwert- und Annuitätenmethode, das zweite Verfahren als Verfeinerung der internen Zinsfußmethode anzusehen. Beide Verfahren arbeiten mit **unterschiedlichen Zinssätzen** für Eigen- und Fremdkapital. Dies bedingt Annahmen über die Höhe des anfänglichen Eigenkapitals und über die **Art der Tilgung** des Fremdkapitals während der Investitionsdauer. Es lässt sich auch die Prämisse von der Reinvestition freigesetzter Mittel zum Kalkulationszinssatz aufheben. Dies bedingt allerdings, dass die jeweils anzusetzende Verzinsung (Habenzinssatz) prognostizierbar ist.

Bei der **Vermögensendwertmethode** ist eine Investition vorteilhaft, wenn bei der realistischen Annahme, dass der Sollzinssatz über dem Habenzinssatz liegt, ein positiver Vermögensendwert errechnet werden kann. Die Investitionsrendite liegt dann über dem Zinssatz für die Fremdkapitalaufnahme.

Beispiel:

Investitionssumme 500.000, Nutzungsdauer 5 Jahre, davon 300.000 mit Kredit finanziert, Laufzeit 5 Jahre, rückzahlbar (jeweils am Jahresende) inkl. 8 % Verzinsung in Annuitäten von 75.137. Haben-Zinssatz 4 %.

Jahr	Fremd-kapital	Aufz.fak. 8 %	Endwert	Eigenkap. Cashflow	Aufz.fak. 4 %	Endwert
0	0	1,4693	0	−200.000	1,2167	−243.000
1	75.137	1,3605	102.224	120.000	1,1699	140.388
2	75.137	1,2597	94.650	110.000	1,1249	123.739
3	75.137	1,1664	87.640	130.000	1,0816	140.608
4	75.137	1,08	81.148	140.000	1,04	145.600
5	75.137	1	75.137	150.000	1	150.000
			440.799			456.995
Vermögensendwert						16.196

Ähnlich wie in der Methode des internen Zinsfußes wird bei der **Sollzinssatz-methode** ein kritischer Sollzinssatz ermittelt, bei dem der Vermögensendwert gerade null wird. Bei einem vorgegebenen Habenzinssatz ist dieser Sollzinssatz dann als kritischer Beschaffungszinssatz für das zu investierende Kapital zu interpretieren.

Wie erwähnt, setzt die Anwendung der endwertorientierten Investitionsrechnungsverfahren die Kenntnis eines zukünftigen und projektbezogenen Finanzierungsverhaltens voraus. Wegen der Prognoseunsicherheit sind diese Verfahren den Barwertverfahren auch nur dann vorzuziehen, wenn zwischen Soll- und Habenzinssatz ein deutlicher Unterschied gegeben ist. Steuern, die einem Investitionsobjekt zugerechnet werden können, sind als Auszahlungen in den Zahlungsreihen der dynamischen Investitionsrechnungsverfahren zu berücksichtigen. Während Kostensteuern hier unproblematisch erscheinen, können die gewinnabhängigen Steuern Effekte hervorrufen, die die Vorteilhaftigkeit eines Investitionsobjektes wesentlich zu beeinflussen vermögen.

1. Die Art der Finanzierung gewinnt wegen der steuerlichen Abzugsfähigkeit der Fremdkapitalzinsen eine Bedeutung.

2. Die Berücksichtigung von gewinnabhängigen Steuern und darüber hinaus von steuerlichen Investitionsbegünstigungen kann aus einer unvorteilhaften Investition eine vorteilhafte Investition werden lassen. (Eine detailliertere Darstellung des Problems erfolgt in Abschnitt VI. 5.)

cc) Die Bedeutung der optimalen Nutzungsdauer und des optimalen Ersatzzeitpunktes von Anlagen

Die meisten Anlagen können nur in einem begrenzten Zeitraum wirtschaftlich genutzt werden (Verschleiß, technischer Fortschritt, geänderte Absatzbedingungen). Es entsteht zunächst die Frage nach der **wirtschaftlich optimalen Nutzungsdauer**, die bereits vor der beginnenden Nutzung (ex ante) gelöst werden sollte.

Bei der Anwendung einfacher (statischer) Vergleichsrechnungen ist die optimale Nutzungsdauer bei jenem Zeitraum gegeben, der die vergleichsweise **niedrigsten durchschnittlichen Periodenkosten** bzw. **höchsten Periodenerfolge** verursacht. Bei der Anwendung dynamischer Vergleichsrechnungen ist zu differenzieren. Bei einer einmaligen Investition liegt die optimale Nutzungsdauer bei jenem Zeitraum, bei dem der **Kapitalwert** sein **Maximum** erreicht. Bei wiederholter Investitionstätigkeit liegt sie dort, wo die **Annuität** ihr Maximum erreicht. Sind nur Ausgabenströme zuzuordnen, ist sie bei jenem Zeitraum gegeben, wo der Kostenbarwert sein Minimum bzw. die (Kosten-)Annuität ihr Minimum erreicht.

Die Unsicherheit der prognostizierten Daten zwingt zu einer laufenden Überprüfung, wann der **optimale Ersatzzeitpunkt** im Einzelfall erreicht ist (Expost-Bestimmung der Nutzungsdauer).

Ein vorhandenes Anlagegut ist zu ersetzen, wenn der zu erwartende **Grenzerfolg** in der nächsten Periode **niedriger** (oder die Grenzkosten höher) zu veranschlagen ist als die **durchschnittlich zu erwartenden Periodenerfolge** (Periodenkosten) einer neuen Anlage. Dies gilt sinngemäß auch für die dynamischen Vergleichsverfahren. Der Grenzerfolg (die Grenzkosten) der alten Anlage ist (sind) mit der errechneten **Annuität** der neuen Anlage in Bezug zu setzen.

d) Investitionsprogrammentscheidungen (Simultanmodelle)

Reicht das finanzielle Potential nicht aus, um alle für sich allein als lohnend bewertete Investitionsmöglichkeiten zu realisieren, so müssen **Rangordnungsentscheidungen** gefällt werden. Kann man von konstanten Kapitalkosten ausgehen, so ist die Ermittlung der **Kapitalwertrate** als Rangordnungskriterium für Investitionen empfehlenswert. Sie stellt eine Relation zwischen Kapitalwert und Kapitaleinsatz dar. Da der Kapitalwert alleine als Gewinngröße ohne Beziehung zum Kapitaleinsatz steht, kann erst die **Kapitalwertrate** zu einem Auswahlkriterium bei begrenzten Mitteln werden.

Können verschiedene Investitionsvorhaben jedoch nur durch **zunehmend** teureres Kapital finanziert werden, so ist der Umfang des Investitionsprogrammes nicht von vornherein gegeben. Die Vorteilhaftigkeit von Investitionen kann nicht allein vom Kalkulationszinssatz abhängig gemacht werden.

Im sog. **Dean-Modell** sind daher zunächst die Investitionsprojekte nach fallenden internen Zinssätzen zu ordnen. Ihnen sind die Finanzierungsmöglichkeiten in der Reihenfolge steigender Kapitalkosten gegenüberzustellen. Der **optimale** Umfang des Investitionsprogrammes ist dann gegeben, wenn der marginale interne Zinssatz dem marginalen Kapitalmarktzinssatz gleich ist. Dies ist im Schnittpunkt der Kapitalangebotskurve mit der Kapitalnachfragekurve der Investitionsprojekte gegeben (J. Dean, Capital Budgeting, New York/London 1969).

Dieses Vorgehen baut auf weit reichenden Prämissen auf:

– Unabhängigkeit der Investitionsprojekte;

– Unabhängigkeit von Finanzierung und Investition;

– Unabhängigkeit der einzelnen Finanzierungsarten;

– Investition zum gleichen Zeitpunkt;

– Keine Produktions- und Absatzbeschränkungen.

Ist es aus der notwendigen Gesamtbetrachtung im Unternehmen sinnvoll, Interdependenzen zu berücksichtigen, so bietet sich die Anwendung von **Simultanmodellen** im Rahmen der linearen Programmierung an.

Produktionstheoretische Ansätze fassen das Investitions- und Produktionsprogramm als Variable auf und berücksichtigen Finanzierungsrestriktionen. **Kapitaltheoretische** Ansätze hingegen sehen das Investitions- und Finanzierungsprogramm als Variable an und gehen von einem optimalen Produktionsprogramm aus. In beiden Modellen werden Absatzobergrenzen berücksichtigt.

Die **kapitaltheoretischen** Modelle sind entweder als Einperioden-Modelle mit Kapitalwertmaximierung oder als Mehrperioden-Modelle mit Einkommens- und Vermögensmaximierung anzusehen.

Im simultanen Planungsansatz von Horst Albach (Investition und Liquidität, Wiesbaden 1962, S. 305 ff.) werden Investitions- und Finanzierungsentscheidungen für die erste Periode eines Investitionszeitraumes ermittelt und ihre Auswirkungen im Verlaufe des Planungshorizonts betrachtet. Die Unternehmenszielsetzung wird im Sinne einer Maximierung der Kapitalwerte mehrerer Investitionsvorhaben und Finanzierungsmöglichkeiten gesehen. Die Bedingung eines finanziellen Gleichgewichtes wird für alle Planperioden festgesetzt. Weitere Nebenbedingungen sind die Höchstzahl von Investitionsprojekten, Höchstbeträge je Finanzierungsart und Produkt- und Absatzobergrenzen.

Der Planungsansatz von Herbert Hax (Investitionstheorie, Würzburg 1970, S. 65 ff.) berücksichtigt alle Investitions- und Finanzierungsmöglichkeiten im

Planungszeitraum, Rückflüsse werden explizit reinvestiert und nicht wie vorhin zum einheitlichen Kalkulationszinssatz veranlagt. Es wird auf die Maximierung des Vermögens am Ende des Planungszeitraumes abgestellt und für die Programmentscheidung die Ganzzahligkeitsbedingung im Algorithmus berücksichtigt, um der beschränkten Teilbarkeit von Investitionsvorhaben zu entsprechen.

Bei **Mehrproduktunternehmen** ist mit der **Veränderung von Kapazitäten** etwa im Rahmen von Erweiterungs- oder Rationalisierungsinvestitionen in der Regel eine **Veränderung des Produktionsprogrammes** verbunden. In diesem Falle ist den produktionstheoretischen Modellansätzen der Vorzug einzuräumen (z. B. Simultanplanungsansätze von Herbert Jacob, Investitionsplanung und Investitionsentscheidung mit Hilfe der Linearprogrammierung, Wiesbaden 1971). Sie sollen für einen Planungszeitraum den Gesamtgewinn des Unternehmens maximieren. Dabei werden die **Produktionskapazität** und deren Zugänge durch Erweiterungsinvestitionen und Abgänge durch Desinvestitionen **bei mehrstufigen Produktionsprozessen** berücksichtigt und simultan das optimale Investitions- und Produktionsprogramm zu ermitteln versucht.

Bereits diese kurzen Hinweise auf die Grundlagen der Simultanplanungsmodelle vermögen verständlich zu machen, dass die Anwendung dieser Investitionskalküle nur im Rahmen einer weit reichenden Unternehmensmodellentwicklung und -modellplanung möglich wird. Dies stellt die Planer aber vor außergewöhnlich hohe Anforderungen, denen in der Praxis nur sehr schwer entsprochen werden kann. Modelle mit komplexeren Bedingungen stoßen sehr bald auf einen nicht mehr vertretbaren Rechenaufwand. Deshalb geht es nicht so sehr darum, vollständige und richtige Kalkülansätze zu finden, sondern eher um die Frage, **welche vereinfachenden Pauschalannahmen** unter bestimmten Realitätsbedingungen **gerade noch zulässig sind.** Nur auf diesem Weg kann die Praxis für diese Simultanplanungsansätze gewonnen werden.

e) Die Berücksichtigung der Prognoseunsicherheit

Investitionskalküle sind Entscheidungsrechnungen und damit auch zukunftsgerichtete Rechnungen. Für die in die Investitionsrechnungen eingehenden Größen liegen nur zum Teil **sichere** Erwartungen und damit einwertige Entscheidungselemente vor. Oft muss mit einer Skala von möglichen Werten, die auch mit gewissen Eintrittswahrscheinlichkeiten gewichtet sein können, gerechnet werden. Dann müssen die Investitionskalküle auch mehrwertige Erwartungen berücksichtigen können. Unsicherheitsspielräume sowohl im Investitions- wie auch im Finanzierungsbereich sind auszuloten. Auf der Basis von **Risikopräferenzen** sind optimale Investitionsalternativen zu bestimmen.

aa) Korrekturverfahren

In der Praxis weit verbreitet ist der Ansatz von **Risikozuschlägen** oder **-abschlägen** auf

– den Kalkulationszinsfuß;

– die Nutzungsdauer;

– die Mittelrückflüsse;

– die erwartete Kostenersparnis.

Solche Zuschläge sind z. B. bei Investitionen, die neue Produktentwicklungen oder Markterschließungen zum Inhalt haben, üblich. Wenn etwa der Zinssatz für eine sichere Alternative (vorhandener Markt und bekannte Produkte) 6 % beträgt, so wären folgende Korrekturen denkbar, um Risikofaktoren zu begegnen:

– Vorhandener Markt und neue Produkte: 9 %

– Neuer Markt und bekanntes Produkt: 15 %

– Neuer Markt und neues Produkt: 18 %

Auch bei **Unternehmenswertermittlungen** wird das Korrekturverfahren häufig angewendet. Es muss klar sein, dass die Korrekturverfahren nur als grobe Faustregel angesehen werden können. Es fehlt ihnen ein objektiver, analytisch ermittelter Maßstab, der differenzierte Zu- und Abschläge ermöglicht und nachvollziehbar ist.

bb) Sensitivitätsanalyse

Bei der Sensitivitätsanalyse wird zu ermitteln versucht, welche Entscheidungsvariablen besonders bedeutsam sind und daher auch sorgfältig prognostiziert und überwacht werden sollten. Durch **systematisches Variieren** sind die einzelnen Modellgrößen auf ihre Sensibilität gegenüber Veränderungen zu testen. Damit lassen sich dann auch **kritische Werte** für diese Variablen ermitteln. Ihr Über- oder Unterschreiten würde das Ergebnis des Investitionskalküls wesentlich verändern. Die Sensitivitätsanalyse ist als „Wenn-dann"-Simulation aufzufassen, eine unmittelbare Lösung zur Beseitigung der Unsicherheit vermag sie jedoch nicht zu bieten.

cc) Risikoanalyse

Die Abschätzung von Wahrscheinlichkeiten, mit welchen bestimmte Konstellationen in der Zukunft verbunden sind, führt zur Prognose-Simulation und damit **zur Entwicklung von Risiko-Chancen-Profilen.** Aus der Ergebnisverteilung in der Risikoanalyse soll dann die Wahrscheinlichkeit abgeleitet werden, dass bestimmte Zielgrößen (z. B. Kapitalwerte) Realisierung finden können. Mit der Risikoanalyse lässt sich die optimale Lösung selbst nicht ableiten. Ihr Nutzen liegt darin, das Risiko-Chancen-Profil der einzelnen Investitionsalternativen sichtbar zu machen.

dd) Entscheidungsbaumanalyse

Dem besonderen Problem der **Investitionsketten** kann mit der Entscheidungs-baumtechnik nähergetreten werden. Mehrstufige Investitions- und Finanzie-rungsentscheidungen werden zeitlich gestaffelt gefällt. Die Folgeentscheidungen beeinflussen daher die Vorteilhaftigkeit der ursprünglichen Entscheidungen. Der **Entscheidungsbaum** zeigt graphisch die Lösungswege auf, die mit verschiede-nen Wahrscheinlichkeitsgraden zu unterschiedlichen Ergebnissen auf gesetzte Maßnahmen führen. Dabei soll jener Weg gefunden werden, dessen Verfolgung zu einem möglichst hohen Erwartungswert der Zielgröße (z. B. des Kapital-werts) führt. In der Praxis bestehen große Schwierigkeiten, die zu optimierenden Erwartungswerte mit ihren Wahrscheinlichkeiten hinreichend zu quantifizieren. Das Verfahren dient daher eher zur Planung und zur gedanklichen Durchdrin-gung des Unsicherheitproblems. Die Güte der Lösung hängt auch hier in erster Linie von der Güte der Datenerfassung ab.

Damit wird auch unter dem Aspekt der **Prognoseunsicherheit** und ihrer Bewäl-tigung die Schlussfolgerung möglich, dass die Investitionskalküle nicht so sehr **alle** Einflüsse zu erfassen, sondern vielmehr die wesentlichen **Zusammenhänge** eines Investitionsproblems erkennbar zu machen haben. Dies gilt in gleicher Weise für Investitions- wie für Finanzierungsvorgänge. Die eingangs erwähnte Scheu der **Praxis** vor komplexeren Investitionskalkülen vermag dadurch zwar keine Rechtfertigung, wohl aber eine Erklärung finden.

3. Der Wert des Unternehmens als Ganzes

a) Grundsätzliches

Die Gründe für die **Unternehmensbewertung** sind vielfacher Natur. Aus dem Zweck der Bewertung lassen sich auch die Bewertungsgrundsätze ableiten.

Erfolgt die Bewertung eines Unternehmens zum Zwecke der Erstellung des Jah-resabschlusses, sind die handels- und steuerrechtlichen Bewertungsbestimmun-gen, die auf Vergangenheitswerten aufbauen, zur Anwendung zu bringen.

Erfolgt die Bewertung des Unternehmens als Grundlage für die Vermögensbe-steuerung bzw. die Besteuerung des unentgeltlichen Vermögensüberganges (Erb-schaft, Schenkung, Pflichtteil), kommen die Bestimmungen des Bewertungsge-setzes zum Zuge. Diese Bestimmungen enthalten zum Teil bereits zukünftige Er-tragserwartungen. So bestimmt der § 10 Bewertungsgesetz, dass der Bewertung der **gemeine Wert** zugrunde zu legen ist, soweit nichts anderes vorgeschrieben ist. Der gemeine Wert wird durch den Preis bestimmt, der im gewöhnlichen Ge-schäftsverkehr nach der Beschaffenheit des Wirtschaftsgutes bei einer Veräuße-rung zu erzielen wäre. Bei **Aktien, Anteilen an Gesellschaften m. b. H.** und **Genussscheinen**, die im Inland keinen Kurswert haben und bei denen sich der Wert nicht aus Verkäufen ableiten lässt, ist der gemeine Wert unter Berücksichti-gung des **Gesamtvermögens** und der **Ertragsaussichten** der Gesellschaft zu schätzen.

Erfolgt die Bewertung eines Unternehmens oder von Unternehmensanteilen zum Zwecke der Bestimmung von Preisgrundlagen anlässlich

– des Erwerbes eines Unternehmens oder Unternehmensanteils,

– der Einbringung des Unternehmens in eine Kapitalgesellschaft,

– der Verschmelzung mehrerer Unternehmen,

– des Ein- oder Austrittes von Gesellschaftern in ein (aus einem) Unternehmen

– oder der Bestimmung von Abfindungsansprüchen von Erben oder Pflichtteilsberechtigten

ist diese grundsätzlich auf die künftigen Erträge bezogen, das heißt, **ertragsorientiert** durchzuführen.

Ausnahmen von einer ertragswertorientierten Bewertung werden dann vorkommen, wenn etwa die gesellschaftsvertraglichen Bestimmungen anders lauten oder die Vertragsparteien eine andere Bewertung verlangen.

b) Die Unternehmensbewertung als Vergleichsrechnung mit Alternativanlagen

Ein Investor, der ein bestimmtes Unternehmen nicht deswegen erwerben will, weil er eine lästige Konkurrenz ausschalten möchte, weil er sich durch den Erwerb besondere Vorteile für den Betrieb seines eigenen Unternehmens erhofft (**Synergieeffekte**) oder weil er dem Erwerb emotionale Beweggründe zugrunde legt (Prestige, Macht), wird für dieses normalerweise nicht mehr bezahlen, als er für eine andere äquivalente **Vergleichsanlage** bezahlen würde.

Die Bewertung eines Unternehmens ist daher mit folgender Fragestellung verknüpft:

1. Welchen Ertrag bringt das Unternehmen in der Zukunft?

2. Was wird für eine alternative Anlage, die den gleichen oder ähnlichen Ertrag bringt, bezahlt?

zu 1. Ermittlung des **Zukunftserfolges**

Da der gegenwärtige Zustand und die Zukunft eines Unternehmens unter anderem eine Folge der Entwicklung der Vergangenheit sind, wird man als Orientierungshilfe bei der **Unternehmensbewertung** grundsätzlich auf die Vergangenheit zurückgreifen, wobei in der Regel die Ergebnisse der letzten 3–5 Jahre herangezogen werden. Um diese jedoch auswerten zu können, sind sie nach mehreren Gesichtspunkten zu korrigieren.

Bei Einzelunternehmen und Personengesellschaften ist ein **Unternehmerlohn** anzusetzen, sofern nicht für den geschäftsführenden Gesellschafter ein – wenn auch steuerlich nicht abzugsfähiges – Gehalt in der Aufwandsrechnung berücksichtigt ist.

Außergewöhnliche Aufwendungen und **Erträge**, die einmaligen Charakter tragen, sind auszuscheiden; solche a. o. Aufwendungen und Erträge, die einzelne Jahre in unterschiedlicher Höhe belasten, sind zu normalisieren. So sind beispielsweise **vorzeitige Abschreibungen** durch normale Abschreibungen zu ersetzen.

Aufwendungen und Erträge aus nicht betriebsnotwendigen Vermögensteilen, die anlässlich der Unternehmensbewertung ausgeschieden bzw. gesondert behandelt werden, sind ebenfalls auszuscheiden.

Sind die Ergebnisse der vergangenen Jahre durch die **Preisentwicklung** beeinflusst, sind sie durch eine **Indexrechnung** vergleichbar zu machen.

Auf Basis der nunmehr korrigierten Ergebnisse der vergangenen Jahre sind die **ertragsabhängigen Steuern** neu zu berechnen.

Haben sich die Art und Höhe der Betriebsleistung im untersuchten Zeitraum nicht wesentlich geändert, ist der **Gegenwartserfolg** als **Mittelwert** aus den berichtigten Ergebnissen (allenfalls nach Ausscheidung von Extremwerten nach oben und unten) abzuleiten. Liegen hinsichtlich Art und Höhe der Betriebsleistungen im untersuchten Zeitraum wesentliche Änderungen vor, z. B. durch Vergrößerung des Betriebsumfanges, ist der Berechnung des Gegenwartserfolges ein kürzerer Zeitraum zugrunde zu legen.

Es würde den Grundsätzen der Unternehmensbewertung widersprechen, den nunmehr ermittelten **Gegenwartserfolg** ohne Berücksichtigung jener Entwicklungen, die sich bis zum Bewertungsstichtag ergeben haben, die aber in der Ergebnisrechnung noch keinen Niederschlag gefunden haben, in die Zukunft zu projizieren. So ist etwa zu beurteilen, wieweit sich **Forschungsbemühungen** auf die Zukunft auswirken, ob sich Veränderungen in den Gewohnheiten der **Abnehmer** oder bei den **Konkurrenten** abzeichnen etc.

Erst die Berücksichtigung dieser Daten ermöglicht eine Ableitung der **Zukunftsergebnisse**.

Die Ermittlung der Zukunftsergebnisse sollte durch die Aufstellung von **Planungsrechnungen** auf der Grundlage erarbeiteter Ziele und Vorgaben unterstützt werden.

Trotz Beschaffung und Interpretation aller die Zukunft betreffenden externen und internen Daten aus der Vergangenheit und Gegenwart kann jedoch das **Risiko** einer anderen als der erwarteten Entwicklung nicht ausgeschaltet werden. Neben dem **allgemeinen Risiko**, dem alle Betriebe einer bestimmten Branche unterliegen und das seine Ursache in der Entwicklung der gesamtwirtschaftlichen Lage (Konjunkturschwankungen) hat, gibt es **spezielle**, das zu bewertende Unternehmen betreffende **Risiken**. Diese ergeben sich aus möglichen Änderungen der **Produktnachfrage**, aus sich ändernden **Konkurrenzverhältnissen**, der **Qualifikation des Managements**, der Art der **Unternehmensorganisation**, der **Flexibilität des Unternehmens**, das heißt der Fähigkeit, sich ändernden Umwelteinflüssen mehr oder weniger rasch anzupassen, des **Verschuldungsgrades** und anderen Faktoren. Die Ungewissheit, ob und in welchem Umfang derartige Risiken schlagend werden, wächst mit der Entfernung des **Planungs- bzw. Be-**

wertungshorizontes. Aus diesem Grund kann die fernere Zukunft nur noch grob oder gar nicht mehr geschätzt werden.

In der Literatur und Praxis haben sich verschiedene Methoden herausgebildet, die dieser Ungewissheit Rechnung tragen sollen:

1. Verminderung der ermittelten Zukunfterträge (zukünftigen Mittelzuflüsse) durch Risikoabschläge in mehr oder minder großem Umfang

2. Gliederung der Zukunftserfolge in jene, die auf Planungsbasis noch relativ genau ermittelt werden können, und jene (Durchschnitts-)Ergebnisse, die sich für die weitere Zukunft ableiten lassen (Mehrphasenschema)

3. Beschränkung der Nachhaltigkeit eines über den normalen Gewinn hinausgehenden Mehrgewinnes auf einen bestimmten Zeitraum (3–10 Jahre)

4. Ermittlung mehrerer Ertragsreihen und Gewichtung nach der Wahrscheinlichkeit ihres Eintreffens

5. Annahme einer beschränkten Lebensdauer des Unternehmens

zu 2. Die Herstellung der **Äquivalenz** mit einer **Vergleichsanlage**

Die ideale Vergleichsanlage wäre ein Unternehmen der gleichen Branche, gleicher Größe und gleicher Gewinnverhältnisse, für das in unmittelbarer Nähe zum **Bewertungsstichtag** ein Preis bezahlt wurde. Allerdings wäre es selbst dann sehr schwer, diesen Preis als **Vergleichsgrundlage** heranzuziehen, da nicht ausgeschlossen werden kann, dass der Preisbildung noch andere Motive als reine **Ertragserwartungen** zugrunde gelegt wurden.

Aus dem vorgenannten Grund ist der Unternehmensbewerter (Gutachter) gezwungen, das Vergleichsobjekt in einem funktionierenden Markt, als der sich der Kapitalmarkt, sprich Anleihemarkt, anbietet, zu suchen. Der durchschnittliche **Anleiheertrag**, auch als der **landesübliche Zinsfuß** bezeichnet, wird in Österreich von der Oesterreichischen Nationalbank monatlich als „**Sekundärmarktrendite**" veröffentlicht. Er spiegelt die eine Volkswirtschaft kennzeichnenden Kapitalmarktverhältnisse wider.

Der Schluss vom **Anleiheertrag** auf den Wert eines Unternehmens ergibt sich wie folgt:

Investition im Anleihenmarkt
(Kauf einer Anleihe) ————————————→ Jährlicher Ertrag von **x** %

Zu erwartender jährlicher Ertrag des
Wert des Unternehmens ←——————— zu bewertenden Unternehmens von **y**

Beispiel: Der Anleihezinssatz (x) beträgt 8 %, der durchschnittlich zu erwartende Unternehmensertrag (y) = 1,000.000.

$$\text{Wert des Unternehmens} = \frac{y \cdot 100}{x} = \frac{1,000.000 \cdot 100}{8} = 12,5 \text{ Mio.}$$

Der Wert des Unternehmens wird somit durch **Diskontierung des zukünftigen Jahresertrages** mit dem durchschnittlichen Anleihezinssatz ermittelt (**Barwert einer unendlichen Rente**).

Diese (einfache) Rechnung kann jedoch nicht ohne weiteres durchgeführt werden, da sich der **Anleheertrag** vom Unternehmensertrag durch 3 Punkte wesentlich unterscheidet:

1. Da Anleihen in der Regel nominell gebunden sind, das heißt, keinen **Inflationsschutz** bieten, ist der Zinsfuß durch eine „Geldentwertungsprämie", die die Inflation abgelten soll, erhöht. So weit ein Unternehmen in der Lage ist, der Inflation durch Preisanpassungen Rechnung zu tragen, ist bei der Aufstellung der Vergleichsrechnung (Diskontierung der Zukunftserfolge) der Kapitalisierungszinsfuß um die Geldentwertungsprämie niedriger anzusetzen.

2. Im Gegensatz zu den Anleihen unterliegt ein Unternehmen, abgesehen von den sich aus seiner unmittelbaren Situation ergebenden **speziellen Risiken**, einem **allgemeinen Risiko**, welches auf Konjunkturschwankungen, Branchen- und sonstige Umwelteinflüsse zurückzuführen ist.

3. Anleihen sind mobiler. Im Gegensatz zu den Unternehmen gibt es einen **Kapitalmarkt**, der es erlaubt, erworbene Stücke in der Regel jederzeit zu veräußern und die nunmehr frei gewordenen Beträge anderswo anzulegen.

Berücksichtigung der Risken bei der Herstellung der Äquivalenz mit der Vergleichsanlage

Üblicherweise beim Ertragswertverfahren angewendete Methode

Während das spezielle Risiko in der Regel bereits bei der Ermittlung der Zukunftserträge berücksichtigt wird, werden das allgemeine Unternehmensrisiko sowie die Mobilität in einem Zuschlag zum Zinssatz berücksichtigt. In jüngerer Zeit wird jedoch auch das spezielle Risiko häufig im Zinssatz und nicht im Zukunftsertrag berücksichtigt.

Überleitung vom **Anleihezinssatz** auf den **Kapitalisierungszinssatz** zur Ermittlung des Unternehmenswertes:

Anleihezinssatz

− Im Anleihezinssatz enthaltene Geldentwertungsprämie

+ Zuschlag für das allgemeine Unternehmensrisiko und
   die geringere Mobilität

Kapitalisierungszinssatz

Die Problematik der Unternehmensbewertung liegt in der Überleitung vom Anleihezinssatz auf den Kapitalisierungszinssatz, da bereits geringe Differenzen im Zu- bzw. Abschlag zu einem sehr unterschiedlichen Unternehmenswert führen.

Beispiel: Der voraussichtliche durchschnittliche Jahresertrag eines Unternehmens beträgt 2 Mio. Der landesübliche Zinssatz beträgt 7 %, die darin enthaltene Geldentwertungsprämie 2 %. Der Risikozuschlag für das allgemeine Unternehmensrisiko und für die geringere Mobilität ist a) mit 3 % und b) mit 4 % anzusetzen.

zu a)   Der anzuwendende Zinssatz = 8 %

Der Wert des Unternehmens beträgt $\dfrac{2 \text{ Mio.} \times 100}{8} = 25{,}0$ Mio.

zu b) Der anzuwendende Zinssatz = 9 %

Der Wert des Unternehmens beträgt $\dfrac{2 \text{ Mio.} \times 100}{9}$ = 22,2 Mio.

Differenz 2,8 Mio.

Ermittlung und Berücksichtigung des Risikos in Anlehnung an das CAPM (Capital-Asset-Pricing-Modell)

Dieses aus den USA stammende Verfahren wird in der Regel im Zusammenhang mit der Discounted Cashflow Methode angewendet (siehe dort).

c) Die Bedeutung der Substanz und des Substanzwertes für die Ermittlung des Unternehmenswertes

Je nach dem Ausmaß und der Notwendigkeit des vorhandenen Vermögens (Substanz) für die betriebliche Leistungserstellung, welche in hohem Maße von der Art der Leistung abhängen, schwankt auch die Bedeutung der Substanz für die Ermittlung des Unternehmenswertes.

Während das Gesamtvermögen als **Bruttosubstanzwert** bezeichnet wird, ergibt sich der **Nettosubstanzwert** (Substanzwert des Eigenkapitals) aus dem Saldo von Vermögen und Schulden. Letzterer wird regelmäßig als **Teilreproduktionswert** aus der Summe der Wiederbeschaffungswerte der einzelnen Aktiven unter Berücksichtigung deren Eignung für den Leistungsprozess, deren Alter, Zustand und Restnutzungsdauer, abzüglich der vorhandenen Passiven, ermittelt.

Die Bewertung erfolgt mit folgenden Ansätzen:

Unbebaute Grundstücke: In der Regel mit dem Verkehrswert.

Bebaute Grundstücke: Mit dem fiktiven Verkehrswert der Grundstücke in unbebautem Zustand abzüglich eines Wertabschlages wegen der Bebauung.

Gebäude: Mit den Wiederherstellungskosten pro m^2 abzüglich angemessener Abschreibungen.

Sonstiges Sachanlagevermögen: Mit den Wiederbeschaffungskosten abzüglich angemessener Abschreibungen. (Als Untergrenze für die Sachanlagen gelten Einzelveräußerungswerte, d. h. Liquidationswerte, abzüglich der Veräußerungskosten.)

Immaterielles Anlagevermögen: Nur mit einem Wert, der gegebenenfalls nach der Verkehrsauffassung vorliegt.

Börsengängige Wertpapiere des Finanzanlagevermögens: Mit dem Börsenkurs am Bewertungsstichtag.

Nicht börsengängige Aktien und sonstige Anteile (an Gesellschaften mit beschränkter Haftung, Genossenschaften und Personengesellschaften) im Finanzanlagevermögen: Bei betriebsnotwendigen Beteiligungen sind die aus dem Wertpapierbesitz resultierenden Vorteile und die Einschränkung der selbständigen Verwendbarkeit der Anteile zu berücksichtigen.

Roh-, Hilfs- und Betriebsstoffe, selbsthergestellte Teile und halbfertige Erzeugnisse: Mit dem Wiederbeschaffungswert bzw. den Wiederherstellungskosten. Wertmindernde Faktoren (Überbestand, technische Entwertung, Qualitätsmängel) sind durch Abschläge zu berücksichtigen.

Fertigerzeugnisse: Mit Wiederherstellungskosten, soweit diese nicht höher sind als die erzielbaren Verkaufserlöse, abzüglich der voraussichtlich noch anfallenden Kosten.

Handelswaren: Mit den Wiederbeschaffungskosten; Hilfsmaßstab für nicht gängige Artikel sind die erzielbaren Verkaufserlöse abzüglich eines Abschlages für Verkaufskosten und Verkaufsrisiko.

Wertpapiere des Umlaufvermögens: Entsprechend den Wertpapieren des Anlagevermögens.

Aktive Rechnungsabgrenzungsposten: Gemäß den für die Aufstellung der Jahresbilanz geltenden Grundsätzen.

Rückstellungen: In der zu erwartenden Höhe. Abzugszinsen auf den Barwert sind Verpflichtungen und Aufwendungen mit entsprechend späterer Fälligkeit.

Sind **unversteuerte Rücklagen** vorhanden, ist für die zu erwartende Gewerbeertragsteuer eine Rückstellung zu bilden. Möglichen Steuernachforderungen (z. B. auf Grund von Betriebsprüfungen) ist Rechnung zu tragen.

Verbindlichkeiten (unverzinsliche und niedrig verzinsliche): Sind abzuzinsen. Für Fremdwährungsverbindlichkeiten gilt der Warenkurs des Bewertungsstichtags. Wertsicherungen von Verbindlichkeiten sind zu berücksichtigen.

Passive Rechnungsabgrenzungsposten: Gemäß den für die Bilanzerstellung geltenden Grundsätzen.

Lässt sich der **Sachwert (Substanzwert)** des Eigenkapitals als Saldo zwischen den Vermögenswerten und Schulden definieren, dann muss folgende Kontrollrechnung zu gleichem Ergebnis führen:

	Buchwerte der Eigenkapitalkonten
zuzüglich	offene Rücklagen
zuzüglich	Erhöhungen der Wertansätze von Aktiven und Verminderungen der Wertansätze von Passiven (gegenüber den Buchwerten)
abzüglich	Verminderungen der Wertansätze von Aktiven und Erhöhungen der Wertansätze von Passiven (gegenüber den Buchwerten)

Substanzwert des Eigenkapitals

Der **Substanzwert** wird aus folgenden Gründen für die Unternehmenswertermittlung benötigt:

1. Die durch das Vermögen verursachten Aufwendungen, wie Abschreibungen, Wagnisse, Versicherungsprämien und vermögensabhängige Steuern, beeinflussen zum Teil sehr erheblich die zukünftigen Erfolge, wobei allerdings nur die Höhe der Abschreibung und Zinsen durch die Substanzwertfeststellung beeinflusst wird, während die anderen vermögensabhängigen Aufwendungen auf anderen (von der Substanzbewertung unabhängigen) Werten basieren (Versicherungswerte, Einheitswerte etc.).

2. Die zukünftigen Erfolge des zu bewertenden Unternehmens basieren auf dem Stand des Substanzwertes zum Bewertungsstichtag. Jede im Zusammenhang mit der Erzielung der zukünftigen Ergebnisse notwendige Veränderung des

Substanzwertes führt zu einer Änderung der Abschreibungen und der Zins-kosten und damit zu einer Beeinflussung der zukünftigen Erfolge.

3. In jenen Fällen der Unternehmenswertermittlung, in denen der Wertermitt-lung nicht die zukünftigen Erträge und Aufwendungen, sondern die Einnah-men und Ausgaben zugrunde gelegt werden, treten an die Stelle der Ab-schreibungen die tatsächlichen Reinvestitionen. In diesem Fall ist auf Grund-lage des Alters, der Eignung, des Zustandes und der Restnutzungsdauer der Anlagen deren Reinvestitionszeitpunkt festzulegen.

4. Kommt das Übergewinnverfahren zur Anwendung, bedarf es des Substanz-wertes zur Feststellung des zukünftigen „Normalgewinnes".

d) Die Methoden der Unternehmensbewertung

In der Folge sollen die wichtigsten Methoden der Unternehmensbewertung dar-gestellt werden, wobei in allen Fällen den gleichen Inhalt ausdrückende Symbo-le zur Anwendung kommen sollen:

U = Gesamtwert der Unternehmung

S = Substanzwert der Unternehmung (Nettosubstanzwert, basierend auf Teil-reproduktionswerten)

e = (Durchschnitts-)Erfolg eines zukünftigen Jahres (Erträge abzüglich Auf-wendungen)

e' = Einnahmenüberschuss eines zukünftigen Jahres (Einnahmen abzüglich Ausgaben)

E = Ertragswert (e – kapitalisiert)

p = Kapitalisierungszinssatz; $i = \dfrac{p}{100}$; $r = 1 + i$; $v = \dfrac{1}{r}$

T_{IV} = Rentenbarwertfaktor

t = Periode (Jahr)

n = Anzahl der Perioden

L_n = Liquidationswert nach n Jahren

aa) Herkömmliche Verfahren

aaa) Ableitung des Unternehmenswertes aus dem Substanzwert

In der Praxis wurde und wird der Unternehmenswert häufig dem Substanzwert gleichgesetzt:

$$U = S$$

Der **Substanzwert** wird dabei regelmäßig als **Teilreproduktionswert** aus der Summe der Wiederbeschaffungswerte der einzelnen Aktiven abzüglich der vor-handenen Passiven ermittelt.

Die noch relativ häufige Anwendung des Substanzwertes in der Praxis ergibt sich aus der Ungewissheit der zu ermittelnden zukünftigen Erträge und der An-sicht, dass der Substanzwert eine erheblich realere und sicherere Grundlage sei als der Ertragswert. Man könne daher auf den Ertragswert verzichten und den Substanzwert allein als Grundlage für die Ermittlung des Unternehmenswertes heranziehen.

Der Ansatz des Substanzwertes als Grundlage für die Feststellung des Unternehmenswertes ist allerdings abzulehnen, es sei denn, es bestehen dementsprechende vertragliche Bestimmungen (Abfertigung für ausscheidende Gesellschafter), die beispielsweise verhindern sollen, dass das Ausscheiden eines Gesellschafters das Unternehmen in finanzielle Schwierigkeiten bringt. In diesen Fällen wird der Substanzwert, allerdings nicht nur als **Teilreproduktionswert**, sondern auch in Form des **Buchwertes** zuzüglich **stiller Reserven** aus steuerlichen Begünstigungen etc. der Bewertung zugrunde gelegt.

bbb) Ableitung des Unternehmenswertes aus der Kombination von Substanzwert und Zukunftserträgen

Mittelwertverfahren

Dieses auf Mellerowicz und Schmalenbach zurückgehende Unternehmensbewertungsverfahren hat sich in der Bewertungspraxis als **Mittelwertmethode** sehr lange als die hauptsächlich verwendete Methode gehalten. Nicht nur die österreichische Judikatur bediente sich der Mittelwertmethode (OGH 27. 5. 1970, HS VII/39); auch die steuerlichen Unternehmenswertverfahren basieren darauf (vgl. Richtlinien zur Ermittlung des gemeinen Wertes von inländischen nicht notierten Wertpapieren und Anteilen ab 1. Jänner 1989, „Wiener Verfahren 1989", AÖFV 4/1990).

Wegen der unterschiedlichen Konkurrenzgefahr je nach Standort, Branche, Monopolstellung etc. wurden in vielen Fällen verschiedene Gewichtungen vorgenommen, wie beispielsweise

$$U = \frac{S + 2E}{3}$$

$$\text{oder} \quad U = \frac{2S + E}{3},$$

wodurch die Dominanz des Ertragswertes oder Substanzwertes ausgedrückt werden sollte.

Liegt bei Anwendung des Mittelwertverfahrens der Ertragswert unter dem Substanzwert, wird der Ertragswert allein als Unternehmenswert herangezogen, d. h.

$$\text{wenn } E < S, \text{ dann} = U = \frac{e}{i}.$$

Die Mittelwertverfahren werden in der Theorie zum Teil heftig abgelehnt, aber auch in der Praxis zunehmend kritisiert, weil zwei unterschiedliche Größen willkürlich kombiniert werden.

Diese Kritik ist in Bezug auf das Mittelwertverfahren vor allem deswegen berechtigt, weil Substanz- und Ertragswert als **voneinander unabhängige Wertfaktoren** behandelt und kombiniert werden. Dieser Mangel wiegt in allen jenen

Fällen ganz besonders schwer, in denen der Substanzwert verhältnismäßig unbedeutend ist, durch seine Berücksichtigung der Unternehmenswert aber stark herabgedrückt wird.

ccc) Ableitung des Unternehmenswertes aus durchschnittlichen Zukunftserträgen (Ertragswertmethode) bei unendlicher Lebensdauer

Der Unternehmenswert (Ertragswert) ergibt sich aus der Formel einer ewigen Rente als

$$U = E = \frac{e \cdot 100}{p} = \frac{e}{i}$$

Diese Methode setzt allerdings gleichmäßig verlaufende Zukunftserträge voraus.

ddd) Ableitung des Unternehmenswertes aus durchschnittlichen Zukunftserträgen bei endlicher Lebensdauer

Geht man davon aus, dass das Unternehmen nach n Jahren liquidiert oder veräußert werden soll, errechnet man den **Zukunftsertrag** für n Jahre und diskontiert den Liquidationserlös in gleicher Weise wie den durchschnittlichen Zukunftsertrag auf den Barwert. Daraus ergibt sich folgende Formel:

$$U = e \cdot T_{IV/n} + L \cdot v^n$$

Die Schwierigkeiten dieser Formel bestehen allerdings darin, den am Ende des Planungszeitraumes sich ergebenden Liquidationswert zu bestimmen, da dieser seinerseits die weiteren Zukunftserträge repräsentiert.

eee) Übergewinnverfahren

Das zunächst in der angelsächsischen Praxis angewendete Übergewinnverfahren fand seine Verbreitung im deutschen Sprachraum durch eine Veröffentlichung von Viel/Bredt/Renard (J. Viel/O. Bredt/M. Renard, Die Bewertung von Unternehmungen und Unternehmungsanteilen, 1960) sowie durch die Empfehlungen der UEC (1962) und des Fachgutachtens Nr. 45 des Fachsenates für Betriebswirtschaft der Kammer der Wirtschaftstreuhänder (1970).

Diese Methode basiert auf der Überlegung, dass eine Kapitalanlage in einer bestimmten Höhe zunächst den gleichen Ertrag bringen soll, den eine andere (sichere) Anlage bietet (wobei die Äquivalenz durch Zu- und Abschläge hergestellt wird). Als Ausdruck einer derartigen Kapitalanlage dient der Nettosubstanzwert; der daraus errechnete Normalertrag (Normalverzinsung) wird vom erwarteten Zukunftserfolg abgezogen, wodurch als Saldo der Übergewinn verbleibt, dessen Nachhaltigkeit im Gegensatz zu dem für unbegrenzte Zeit zu erwartenden Normalgewinn nur für eine bestimmte Zeit angenommen wird, wobei die Nachhaltigkeit von der Art des Betriebes, der Branche, der zu erwartenden Konkurrenzgefahr etc. auf 3 bis 8 Jahre geschätzt wird.

$$\text{Übergewinn} = e - S \cdot i$$

Die Begründung für die unterschiedliche Nachhaltigkeit von Normalgewinn und Übergewinn liegt darin, dass der Normalgewinn im Wesentlichen der landesüblichen Verzinsung entspricht (mit sämtlichen Zu- und Abschlägen zur Herstellung der Äquivalenz). Solange der Normalgewinn nicht überschritten wird, stehen potentiellen Investoren genügend andere Möglichkeiten für Kapitalanlagen mit dem gleichen Ertrag zur Verfügung, so dass die Konkurrenzgefahr, zumindest aus Ertragsgründen, gering ist.

Mit zunehmendem Gewinn wächst jedoch die Konkurrenzgefahr, da anlagesuchende Investoren bestrebt sind, ihre Gelder dort anzulegen, wo die größten Erträge zu erwarten sind. Daraus lässt sich ableiten, dass die Erzielung eines Übergewinnes nur für eine beschränkte Zeit möglich ist.

Der Unternehmenswert ergibt sich damit aus folgender Formel:

$$U = S + (e - S \cdot i)\ T_{IV/p/n}$$

Wenn $e - S \cdot i \leq$ Null, dann ist U gleich $\dfrac{e}{i}$.

Anhänger der Ertragswertmethode kritisieren das Übergewinnverfahren vor allem wegen der Einbeziehung des Substanzwertes. Das Fachgutachten Nr. 74 des Fachsenats für Betriebswirtschaft und Organisation aus 1989 leitet den Unternehmenswert aus den nachhaltigen Zukunftserfolgen ab, überlässt die Auswahl und Anwendung einer bestimmten Methode jedoch dem Gutachter.

Die kritische Aussage, dass der Substanzwert als eigener Wertfaktor im Rahmen der Unternehmensbewertung theoretisch unbegründet ist, stimmt im Wesentlichen für das Mittelwertverfahren, nicht aber für das Übergewinnverfahren. Abgesehen von der Tatsache, dass der Substanzwert auf die Höhe der Zukunftserträge einen mitbestimmenden Einfluss ausübt, hat dieser im Rahmen des Übergewinnverfahrens vor allem die Aufgabe der Trennung des Zukunftsgewinnes in den für unbegrenzte Zeit anfallenden Normalgewinn (Normalverzinsung) und den auf eine begrenzte Zeit beschränkten Übergewinn.

Der Unterschied zwischen dem Ertragswertverfahren und dem Übergewinnverfahren liegt also nicht darin, dass das Übergewinnverfahren ein Mischverfahren darstellt, sondern dass das Risiko des Zukunftsertrages im Rahmen der reinen Ertragswertrechnung durch Abschläge vom erwarteten Gewinn bei unendlicher Nachhaltigkeit und beim Übergewinnverfahren durch die begrenzte Nachhaltigkeit des Übergewinnes berücksichtigt wird. In beiden Fällen hat der Substanzwert tatsächlich nur eine Hilfsfunktion. Dies zeigt sich auch darin, dass in dem Fall, in dem die Normalverzinsung des eingesetzten Substanzwertes größer ist als der zukünftig erwartete Ertrag, auch beim Übergewinnverfahren der reine Ertragswert zum Ansatz kommt.

bb) Mehrphasenmethode

Wegen der Schwierigkeit der exakten zeitlichen Zuordnung der Einnahmen und Ausgaben ist die auf rein investitionstheoretischer Grundlage aufbauende Unternehmensbewertung nach Meinung deutscher und österreichischer Fachleute nur mit Schwierigkeiten möglich.

Auf Grund der Tatsache, dass die in unmittelbarer Zukunft nach dem Bewertungsstichtag gelegenen Perioden ertragsmäßig relativ genau abgegrenzt werden können, wurde zunächst von der **UEC** und später (1981) vom **Deutschen Institut der Wirtschaftsprüfer** ein **Mehrphasenschema** (3 Phasen) empfohlen, das auf folgenden Grundlagen aufbaut:

1. Phase: Detaillierte Planung der Zukunftsergebnisse mit Einzelplänen (ca. 3–4 Jahre).

2. Phase: Aus den Ergebnissen der 1. Phase werden unter Berücksichtigung von Trenderwartungen die Ergebnisse der 2. Phase (etwa 4 Jahre) abgeleitet.

3. Phase: Die meist nicht überschaubare Phase wird in der Regel als lineare Weiterentwicklung des Erfolges der 2. Phase, unter Umständen durch einen weiteren Risikoabschlag vom Zukunftsergebnis, angenommen.

$$U = \sum_{t=1}^{m} e_t \cdot v^t + \sum_{t=m+1}^{m+n} e_t \cdot v^t + \frac{e}{i} \cdot v^{m+n}$$

Um in den ersten beiden Phasen dem möglichen Auseinanderfallen von Einnahmen und Ausgaben einerseits und Erträgen und Aufwendungen andererseits Rechnung zu tragen, wird von der UEC vorgeschlagen, auf Basis der zum Bewertungsstichtag bestehenden Vermögens- und Finanzierungsstruktur eine langfristige Finanzierungsrechnung für jene Sektionen der Aufwands- und der Ertragsrechnung aufzustellen, bei denen Ausgaben und Aufwand bzw. Einnahmen und Erträge auseinander fallen (stoßweise Anlageinvestitionen, Zuweisung von Pensionsrückstellungen einerseits und Pensionszahlungen andererseits etc.). Der auf diese Weise festgestellte Mehr- oder Minderbedarf an Kapital wird durch höhere oder niedrigere Zinsen in den einzelnen Jahren ausgeglichen.

Zu dem von der **UEC** empfohlenen Verfahren ist anzumerken, dass das **Drei-Phasen-Schema** ohne weiteres durch ein **Zwei-Phasen-Schema** ersetzt werden kann, da die 2. Phase entweder der 1. Phase zugerechnet werden kann (bei individueller Feststellung der Jahreserträge) oder Bestandteil der 3. Phase ist (bei Feststellung eines Durchschnittsertrages). Daraus ergibt sich

$$U = \sum_{t=1}^{n} e_t \cdot v^t + \frac{e}{i} \cdot v^n$$

Diese Methode wird auch im Fachgutachten Nr. 74 der Kammer der Wirtschaftstreuhänder empfohlen.

Beispiel:

1. Unternehmensbewertung auf Basis der in die Zukunft prognostizierten Vergangenheitsgewinne
   a) Ertragswertmethode
   b) Übergewinnmethode

2. Auf Basis einer Budgetrechnung unter Berücksichtigung des zusätzlichen Finanzbedarfes (Mehrphasenschema)

zu 1.: Die Bilanz des Unternehmens A, erstellt zu Reproduktionswerten, zeigt zum Zeitpunkt t_0 folgendes Bild:

Bilanz des Unternehmens A

Anlagevermögen (AW)	5.000		Eigenkapital	2.000
abz. kum. Abschreibungen	3.200		FK	2.400
Anlagevermögen (BW)		1.800		
Umlaufvermögen		2.600		
		4.400		4.400

Die bereinigten Gewinn- & Verlustrechnungen der Jahre t_{-3} bis t_{-1} zeigen folgendes Bild:

	t_{-3}	t_{-2}	t_{-1}
Erträge	8.000	9.000	8.100
Variable Kosten	4.000	4.800	4.200
Deckungsbeitrag	4.000	4.200	3.900
Fixe Aufwendungen	3.105	3.350	3.260
Gewinn	895	850	640

Durchschnittsgewinn	795
Erwarteter Zukunftsgewinn (unter Berücksichtigung von Trenderwartungen)	750

a) Ermittlung des Ertragswertes nach der Übergewinnmethode; 10%ige Normalverzinsung, 10-jährige Nachhaltigkeitsdauer

$$2.000 + (750 - 200) \cdot 6{,}1446 = 5.380$$

b) Ermittlung des Unternehmensgewinnes nach der Ertragswertmethode unter Berücksichtigung eines Risikoabschlages von 28 % des erwarteten Zukunftsgewinnes

Erwarteter Zukunftsgewinn	750
− 28 %	210
Berichtigter Zukunftsgewinn	540
Ertragswert $= 540 \cdot \dfrac{100}{10} =$	5.400

zu 2.: Ermittlung des Unternehmenswertes auf Basis einer Budgetrechnung

Das Unternehmensbudget für die Jahre t_1 bis t_3 zeigt folgendes Bild:

	t_1	t_2	t_3
Umsatz	8.800	9.000	9.600
Variable Kosten 52 %	4.570	4.680	4.990
Deckungsbeitrag	4.230	4.320	4.610
Fixkosten ohne Zinsen für den zusätzlichen Finanzbedarf	3.397	3.453	3.582
Zinsen für den zusätzlichen Finanzbedarf (lt. Berechnung)	180	230	180
Reingewinn	653	637	848

Zinsberechnung:

Die zusätzlichen Zinsen ergeben sich aus der Tatsache, dass infolge der Überalterung der Anlagen im Jahre t_1 Anlageinvestitionen von 2.000 getätigt werden müssen, denen 500 geplante Abschreibungen gegenüberstehen. Außerdem ist das Vorratslager um 300 aufzustocken. Im Jahre t_2 betragen die notwendigen Investitionen 1.000, im Jahre t_3 sind keine Investitionen erforderlich.

Der Bedarf an zusätzlichen Zinsen (10 %) ergibt sich aus folgender (vereinfachter) Rechnung:

	Inv.		AfA		Aufstockung Vorräte			10 %	zu verrechnende Zinsen
t_1	2.000	–	500	+	300	=	1.800	180	180
t_2	1.000	–	500			=	500	50	230
t_3	0	–	500			=	– 500	– 50	180

Auf Grund der Ergebnisse der ersten 3 Jahre ist in den folgenden Jahren unter Berücksichtigung eines angemessenen Risikoabschlages mit einem Durchschnittsgewinn von 500 zu rechnen.

$$U = \frac{653}{1,1} + \frac{637}{1,21} + \frac{848}{1,331} + \frac{500 \cdot 100}{10} \cdot \frac{1}{1,331} =$$

$$594 + 526 + 637 + 3.757 = \underline{5.514}$$

cc) Verfahren auf investitionstheoretischer Grundlage

In jüngster Zeit steht die Theorie fast einheitlich auf dem Standpunkt, dass der Unternehmenswert nicht auf Grund der zu erwartenden zukünftigen **Durchschnittsgewinne**, sondern auf Grund der zu erwartenden Einnahmenüberschüsse (Entnahmeerwartungen) zu ermitteln sei. Während im ersten Fall der Barwertermittlung Beträge zugrunde gelegt werden, die häufig vom Zahlungsanfall zeitlich abweichen, werden im letzteren Fall die verfügbaren Einnahmenüberschüsse (Entnahmeerwartungen) unter Berücksichtigung aller Investitionen und sonstiger erfolgsneutraler Veränderungen in den Aktiven und Passiven der Barwertermittlung zugrunde gelegt. Daraus ergibt sich:

$$U = \sum_{t=1}^{\infty} e_t' \cdot v^t$$

Auch bei dieser Methode kommt dem Substanzwert erhebliche Bedeutung zu, allerdings nicht im Sinne der Ermittlung eines Stichtagswertes, sondern im Sinne einer finanzplanorientierten Aufstellung des Vermögens und der Schulden. Mit dieser Aufstellung soll festgehalten werden, wann in welchem (wertmäßigen) Ausmaß Aktiva zu ersetzen, Fremdkapital zurückzuzahlen bzw. aufzunehmen ist, um die zum Zeitpunkt der Bewertung des Unternehmens gegebene Ertragskraft gleichzuhalten.

Diese Methode bedarf zu ihrer Durchführung allerdings einer exakten Finanzplanung, die, wie auch ihre Verfechter zugeben, in der Realität kaum gegeben ist; dort, wo sie vorhanden ist, ist sie in der Regel kurzfristig (bis 1 Jahr), in seltenen Fällen 3 Jahre, aber kaum darüber hinaus anzutreffen. Da aber diese Methode eine bis in die ferne Zukunft reichende Finanzplanung erfordert, die jedoch wegen der steigenden Ungewissheit keinesfalls erreichbar ist, womit sie praktisch undurchführbar wird, wird in der Praxis versucht, den Planungshorizont für einen absehbaren Zeitraum (4–7 Jahre) festzulegen und für den Schluss dieses Zeitraumes einen Liquidationswert bzw. Fortführungswert zu ermitteln. Die Einnahmenüberschüsse sowie der Liquidationswert werden auf den Bewertungsstichtag abgezinst. Daraus ergibt sich:

$$U = \sum_{t=1}^{n} e_t' \cdot v^t + L_n \cdot v^n$$

Als L ist jener Wert anzusetzen, der auch für die darüber hinausgehende Zukunft gleiche Einnahmen garantieren würde. Es handelt sich somit um eine **Zweiphasenmethode**, die in der 1. Phase die tatsächlichen Zu- und Abflüsse und in der 2. Phase den durchschnittlichen Jahresertrag der Bewertung zugrunde legt.

$$L_n = \frac{e}{i} \cdot v^n$$

$$U = \sum_{t=1}^{n} e_t' \cdot v^t + \frac{e}{i} \cdot v^n$$

Das deutsche Fachgutachten IDW S 1 vom 28. Juni 2000 verlangt zur Ermittlung der zukünftigen Zahlungsflüsse in der Phase 1 jedenfalls neben der Erstellung von Plan-Gewinn-und-Verlustrechnungen auch die Erstellung von Finanzplänen.

Auf dem gleichen Schema baut die international recht häufig angewandte **Discounted-cash-flow**-Methode auf, die in der jüngeren Literatur und Praxis in zwei Formen auftritt (zu den folgenden Ausführungen vergleiche G. Mandl/K. Rabel, Unternehmensbewertung, Wien 1997 und die dort angegebene Literatur):

Equity-Methode:

In diesem Fall werden die entnahmefähigen Mittelzuflüsse zum Unternehmen nach Abzug der Fremdkapitalkosten (**Flow to Equity**) auf den Barwert abgezinst. Dieser Barwert stellt den Unternehmenswert dar.

Ermittlung des Flow to Equity (Mandl/Rabel 1997, S. 368):

Operatives Ergebnis vor Zinsen und Steuern (EBIT)
-   Fremdkapitalzinsen
   Operatives Ergebnis vor Steuern
-   Körperschaftsteuer
   Operatives Ergebnis nach Steuern
+/– Abschreibungen/Zuschreibungen
+/– Aufwendungen/Erträge aus Anlagenabgängen
+/– Erhöhungen/Verminderung der langfristigen Rückstellungen

+/– Veränderungen des Nettoumlaufvermögens (ohne liquide Mittel und kurzfristige Bankverbindlichkeiten)

–/+ Mittelabflüsse/-zuflüsse aus Investitionen/Desinvestitionen

+/– Aufnahmen/Tilgungen von verzinslichem Fremdkapital

Flow to Equity

Kapitalisierungszinssatz

Zur Ermittlung des Kapitalisierungszinssatzes wird der risikofreie Anleihezinssatz um das **Marktrisiko**, verbunden mit dem speziellen Unternehmensrisiko, ausgedrückt im **Betafaktor**, verändert.

Unter dem **Marktrisiko** wird der nicht durch Portefeuillebildung vermeidbare Teil des Risikos eines Wertpapiers verstanden. Das Marktrisiko wird beeinflusst durch die Höhe des risikolosen Zinssatzes, Konjunkturprognosen, Erwartungen über das Verhalten der Tarifpartner, steuerpolitische Maßnahmen, etc. Da jedoch nur die wenigsten zu bewertenden Unternehmen an der Börse notieren, geht man von einem Durchschnittswert aus, der auf praktische Erhebungen zurückzuführen ist. So schlagen Mandl/Rabel für Österreich eine Marktrisikoprämie von 4,5 – 5,5 % vor (Mandl/Rabel, S. 296).

Der **Betafaktor** ist ein Maß für das systematische Risiko eines bestimmten Wertpapiers, z.B. einer Aktie. Er gibt das Ausmaß der Veränderungen der Einzelrendite des betreffenden Wertpapiers bei Veränderungen der Marktrendite an. Ein Betafaktor von 1 bedeutet, dass sich die Einzelrendite des betreffenden Wertpapiers proportional zur Marktrendite verhält (Mandl/Rabel, S. 297).

Für den Betafaktor gilt die gleiche Aussage wie zum allgemeinen Marktrisiko. Da die wenigsten zu bewertenden Unternehmen notieren, werden hier in der Regel **Branchenbetas** herangezogen, wobei im Einzelnen jedoch zu beachten ist, dass die Höhe des Betafaktors von der Verschuldung eines Unternehmens abhängt. Je höher die Verschuldung eines Unternehmens ist, desto höher ist der Betafaktor.

Auf Grund einer Untersuchung von E. Fischer/D. Mahringer (Risiken am Österreichischen Kapitalmarkt I: Manuskript Universität Wien 1996, entnommen aus Mandl/Rabel, S. 305) betrug in den Jahren 1994–95 z. B. das durchschnittliche Branchenbeta für Chemiebetriebe 0,347 (unverschuldet) und 0,814 (verschuldet).

Der anzuwendende Kalkulationszinssatz wird nunmehr folgendermaßen ermittelt:

Risikoloser Zinssatz

+ Marktrisikoprämie × Betafaktor

Kalkulationszinssatz

Beispiel: Risikoloser Zinssatz   5,3 %

Marktrisikoprämie   5,5 %

Betafaktor   0,9

Anzuwendender Kalkulationszinssatz: $5,3 + (5,5 \times 0,9) = 10,25 \%$

Da der Cashflow nur für eine begrenzte Zukunft periodengenau ermittelt wird, wird nach einer Phase 1 der Cashflow mit dem Durchschnittsertrag gleichgesetzt. Dies erfolgt in der Regel nach 4 – 7 Jahren. Bei stoßweisen Investitionen wird bezüglich des Ersatzes der Abschreibungen durch die Investitionen ein längerer Zeitraum herangezogen werden.

Entity-Methode

Bei dieser Methode wird auf Basis des **free cash flow** zunächst der Wert für das gesamte Unternehmen und in der Folge durch Abzug des verzinslichen Fremdkapitals der Wert des Eigenkapitals ermittelt.

Zu bemerken ist, dass das working capital (mit Ausnahme der verzinslichen Darlehen und Bankkredite) Bestandteil des unverschuldeten Unternehmens ist.

Der **free cash flow** ist nach T. Copeland/T. Koller/J. Murrin (Valuation Measuring and Managing the Value of Companies, New York 1991, S. 109) „a company's true operating cash flow. It is the total after-tax cash flow generated by the company that is available to all providers of the company's capital, both creditors and shareholders. It can be thought of as the after-tax cash flow that would be available to the company's shareholders if the company had no debt. Free cash flow is generally not affected by the company's financial structure" (**Entity-Methode**).

Der für die Unternehmensbewertung herangezogene zukünftige free cash flow wird nach folgendem Schema ermittelt:

	Jahresergebnis vor Fremdkapitalzinsen und Ertragsteuern
–	bezahlte Ertragsteuern (auf Unternehmensebene)
+	nicht ausgabenwirksame Aufwendungen (Abschreibungen, Dotierung langfristiger Rückstellungen)
–	nicht einnahmenwirksame Erträge (ertragswirksame Auflösung langfristiger Rückstellungen)
+/–	Verminderung/Zunahme des working capitals (ohne liquide Mittel) gegenüber dem jeweiligen Vorjahr
–	Anlageninvestitionen
+	Anlagenabgänge, soweit diese nicht bereits im Jahreserfolg ihren Niederschlag gefunden haben

free cash flow

Wie schon dargestellt, kann der Cashflow nur für eine begrenzte Zukunft ermittelt werden, weswegen in einer 2. Phase der durchschnittliche Zukunftsertrag dem Cashflow gleichgesetzt wird.

Die auf den Barwert abgezinsten Cashflows (Zahlungsmittelüberschüsse) ergeben den Wert des gesamten Unternehmens ohne Berücksichtigung der Fremdfinanzierung. Um auf den Wert des Unternehmens aus der Sicht der Eigentümer zu kommen, werden vom Gesamtwert die verzinslichen Schulden abgezogen.

Schema: Barwert der zukünftigen free cash flows

abz. Marktwert des verzinslichen Fremdkapitals

Wert des Unternehmens (Shareholder value)

Wie in der Formel dargelegt, wird bei der Ermittlung des Unternehmenswertes der Marktwert des verzinslichen Fremdkapitals abgezogen. Der Marktwert ergibt sich aus dem Verhältnis der üblichen Fremdkapitalzinsen zu den tatsächlich zu bezahlenden Zinsen. Hat das Unternehmen beispielsweise einen begünstigten Investitionskredit in Höhe von 1 Mio. zu einem Zinssatz von 2 % zur Verfügung und beträgt der Marktzinssatz 5 %, beträgt der Marktwert des Fremdkapitals 400.000,–.

Ermittlung des Kapitalisierungszinssatzes

Dieser wird bei der Entity-Methode als WACC (weighted average cost of capital) ermittelt.

Der WACC ergibt sich aus folgender Berechnung:

> Fremdkapitalkostensatz × (1-s) × FK/GK   (s = Steuersatz)
> +Eigenkapitalkostensatz × EK/GK

Zur Feststellung des WACC bedarf es der vorherigen Festlegung der Kapitalstruktur, die als Zielkapitalstruktur bezeichnet wird.

Beispiel:

Zielkapitalstruktur: 40 % Eigenkapital, 60 % Fremdkapital
Eigenkapitalkostensatz (wie oben): 10,25 %
Fremdkapitalzinsen: 5 %
WACC: $0,05 \times (1- 0,34) \times 60/100 + 0,1025 \times 40/100 = 6,1 \%$

Firmenwert (Goodwill)

Der **Firmenwert** ist eine Saldogröße, die sich aus dem **Unternehmenswert** abzüglich des **Substanzwertes** des Unternehmens ergibt. Da der Substanzwert seinerseits, wie vorne dargestellt, von den **Buchwerten** abweicht und in der Regel stille Reserven beinhaltet, ergibt sich folgende Rechnung:

	Buchwert des Eigenkapitals
+	Stille Reserven im Vermögen und den Schulden
	Substanzwert
	Unternehmenswert
–	Substanzwert
	Firmenwert

Wird ein Unternehmen oder Teil eines Unternehmens (Teilbetrieb) veräußert, tritt an die Stelle des ermittelten (festgestellten) Unternehmenswertes der tatsächlich bezahlte Kaufpreis (Übernahmspreis).

Aus der Differenz des Übernahmspreises und des Substanzwertes des erworbenen Unternehmens ergibt sich der **derivative** Firmenwert, der regelmäßig in der

Bilanz seinen Niederschlag findet. Handelsrechtlich ist der Firmenwert nach bisherigem Recht **angemessen** abzuschreiben. Nach neuem Recht (§ 203 Abs. 5 HGB) kann er planmäßig auf die Geschäftsjahre, in denen er voraussichtlich genutzt wird, verteilt abgeschrieben werden. Steuerrechtlich sind gemäß § 8 Abs. 3 EStG 1988 die Anschaffungskosten eines Firmenwertes bei land- und forstwirtschaftlichen Betrieben und bei Gewerbebetrieben gleichmäßig verteilt auf 15 Jahre abzusetzen. Damit entfällt die bisherige steuerliche Unterscheidung in abnutzbaren und nicht abnutzbaren Firmenwert. Zum abnutzbaren Firmenwert gehörte jedenfalls jener, der auf der persönlichen Leistung des ausscheidenden Unternehmers, nicht aber z. B. auf Standort und Markt basiert.

Ein originärer Firmenwert darf weder in der Handelsbilanz noch in der Steuerbilanz aktiviert werden.

Shareholder-Value-Konzept

Das Shareholder-Value-Konzept ist eine Philosophie der Führung des Unternehmens nach dem Prinzip der möglichsten Vergrößerung des Eigenkapitals im Interesse der Aktionäre. Alle Aktivitäten des Managements erfolgen aus der Sicht der Investoren mit dem (einzigen) Zweck, den Wert des Eigenkapitals des Unternehmens zu erhöhen. Gemessen wird der Wert nach den Methoden der Unternehmensbewertung, wobei der Schöpfer dieses Konzepts (A. Rappaport, Creating Shareholder Value, 1986) als die geeignete Methode die Free Cashflow-Methode (Entity-Methode) ansieht, wobei allerdings in gleicher Weise die Equity-Methode angewendet werden kann.

4. Die Investitionsförderung

a) Das öffentliche Interesse an Investitionen

Im Rahmen der vielfältigen Finanzierungsformen, die von Kreditinstituten angeboten werden, kommt dem Bereich der **öffentlichen Förderungen** eine bedeutende Rolle zu. Die Unterstützung **volkswirtschaftlich wertvoller** Investitionsprojekte (Rationalisierung, Innovation, Arbeitsplatzsicherung, Strukturverbesserung, Umweltschutz, regionale oder branchenweise Wirtschaftsbelebung, Unternehmensgründungen, Einsatz neuer Technologien usw.) liegt im Interesse staatlicher Instanzen. Die **Investitionsförderung** hat zum Ziel, die hiefür notwendigen Finanzierungsmaßnahmen zu erleichtern und die Finanzierungskosten zu senken. Die staatliche Investitionsförderung erfolgt auf zwei Wegen:

1. **Direkte** Investitionsförderung:

   Wirtschaftspolitische Förderungs**kataloge** werden bestimmten Förderungs**aktionen** zugrunde gelegt. Die Förder**stellen** nehmen die **Kapitallenkung** gemäß ihren Zielsetzungen vor. Die sich ständig ändernden wirtschaftlichen Rahmenbedingungen haben dazu geführt, dass immer wieder neue Förderungsaktionen geschaffen und bestehende verändert oder eingestellt werden.

2. **Indirekte** Investitionsförderung: Die Förderung besteht in steuerlichen Erleichterungen für die Unternehmung (Investitionsfreibetrag, Übertragung stiller Reserven), die auf eine vorläufige oder endgültige Minderung von Steuerzahlungen hinauslaufen und damit die Liquiditätssituation entspannen helfen. Die Kapitallenkung kann hier direkt von der Unternehmung disponiert werden.

b) Die Arten der direkten Förderung

Die direkte Investitionsförderung erfolgt auf folgende Arten:

1. Direkt-Darlehen (z. B. ERP-Kredite)
2. Gewährung von Zinsenzuschüssen zu Bankkrediten (z. B. BÜRGES-Kredite)
3. Gewährung einer einmaligen Prämie (z. B. Forschungsförderungsfonds)
4. Haftungsübernahme (z. B. BÜRGES-Kredite; Kreditgarantiegesellschaften)
5. Beteiligung an der Unternehmung

Die Förderungsarten 2, 3 und 4 können zum Teil auch kombiniert werden.

Bei einem **Direkt-Darlehen** ist ein bestimmter Eigenkapitalanteil zwingend vorgeschrieben. Es wird zu einem relativ niedrigen Zinssatz gewährt. Über die Darlehensverwendung ist genau zu berichten (Kreditverwendungsbericht; Beispiel: ERP-Groß- und Mittelkredite).

Bei **Zinsenzuschüssen** zu Bankkrediten verlangt die Förderstelle die Einhaltung bestimmter Richtlinien bei der Kreditvergabe durch die Bank. Der Bankzinssatz darf eine Höchstgrenze nicht überschreiten, vom Kreditnehmer wird ein bestimmter Eigenkapitalanteil verlangt (Beispiel: BÜRGES-Gewerbestrukturverbesserungskredit, BÜRGES-Kleingewerbekreditaktion).

Bei **Prämien** handelt es sich um einmalige und nicht rückzahlbare Zuschüsse. Die Höhe der Prämie richtet sich nach Investitionstypen (Beispiel: Prämienaktion des Landes Oberösterreich).

Im Falle der **Haftungsübernahme** erklärt sich die Förderstelle gegenüber dem Kreditinstitut bereit, die Ausfallhaftung für den gewährten Kredit zu übernehmen. Dies ist der Fall, wenn der Schuldner nicht die nötigen Sicherstellungen für den Kredit beibringen kann (Beispiel: BÜRGES-Existenzgründungsaktion).

An Stelle einer Fremdkapitalzuführung ist auch in bestimmten Fällen eine **Beteiligung** an der Unternehmung möglich. Auf der Grundlage des Beteiligungsfondsgesetzes 1982 beteiligen sich eigens zu diesem Zweck gegründete Aktiengesellschaften (5 Beteiligungsfondsaktiengesellschaften) vornehmlich in der Form stiller Gesellschaften, meistens befristet auf 10 Jahre, an Unternehmen der gewerblichen Wirtschaft. Die Mittel hiezu werden durch die Beteiligungsfondsaktiengesellschaften entweder über Genussscheine oder im Wege der Direktbeteiligung von (in der Regel) natürlichen Personen aufgebracht. Diese zur Verstärkung der Eigenkapitalbasis der Unternehmen geschaffene Finanzierungsform wird durch massive steuerliche Begünstigung der Erträge aus den Beteiligungen gefördert.

Um das seit 1982 auf Grund des Beteiligungsfondsgesetzes geschaffene und ab 1993 abreifende Genussscheinkapital für die Wirtschaft weiter verfügbar zu erhalten, wurde im Zuge der Steuerreform 1993 ein Nachfolgemodell für die Beteiligungsfondsgesellschaften geschaffen. Die **Mittelstandsfinanzierungsgesellschaften** (§ 6b KStG) sollen eine neue Form der Beteiligungsfinanzierung ermöglichen, die in erster Linie jene Unternehmen mit Kapital versorgen soll, die von der Kapitalaufbringung im Wege der Börse ausgeschlossen sind. Um die Attraktivität solcher Beteiligungen zu erhöhen, ist eine teilweise Befreiung von der Körperschaftsteuer vorgesehen. Der Finanzierungsbereich für die Veranlagungen hat sich zu mindestens 70 % auf Beteiligungen an gewerblichen Betrieben zu erstrecken. Der Gesamtbetrag der Veranlagung hat sich im Ausmaß von mindestens zwei Dritteln auf Substanzbeteiligungen (und damit auch auf Beteiligungen an den stillen Reserven und am Firmenwert) zu beziehen und schwerpunktmäßig in österreichischen Klein- und Mittelbetrieben zu erfolgen, deren überwiegende Tätigkeit im Inland liegt.

Bei den **Förderungen** werden folgende Bereiche (Verwendungszwecke) besonders unterstützt:

Arbeitsplatzsicherung
Innovation
Strukturverbesserung
Importsubstitution
Energieeinsparung
Umweltschutz

c) Die Förderstellen

Bund, **Länder** und **Gemeinden** treten entweder direkt oder indirekt über ihnen nachgeordnete Institutionen als Förderstellen auf.

Bund: ERP-Fonds
BÜRGES Förderungsbank des Bundesministeriums für wirtschaftliche Angelegenheiten GmbH
Forschungsförderungsfonds der gewerblichen Wirtschaft (FFF)
Finanzierungsgarantiegesellschaft (FGG)
Österreichische Investitionskredit AG (TOP-Aktionen)
Kommunalkredit AG (im Rahmen des Umweltförderungsgesetzes)
BM für Arbeit und Soziales (Arbeitsmarktförderung)
BM für Wissenschaft, Verkehr und Kunst (Aktion Mikroelektronik)
Beteiligungsfinanzierungs-AG

Länder und Gemeinden:
Verschiedene Förderungen zur Verbesserung der Wirtschaftsstruktur (u. a. Regional-, Kleingewerbe-, Nahversorgungsförderung, Schaffung von Dauerarbeitsplätzen)

Die **Fördermittel** stammen aus dem allgemeinen Steueraufkommen (bzw. aus dem ERP-Fonds). Ihre Dotierung ist von den Möglichkeiten der öffentlichen Haushalte abhängig.

d) Die Rolle der Kreditinstitute bei der Förderung

Den Kreditinstituten kommen bei den Investitionsförderungen mehrfache Agenden zu:

1. Beratung der förderungswilligen Unternehmen: Diagnose, ob mit einer Förderung gerechnet werden kann; Hilfe bei der Antragstellung.
   (Die Beratung kann auch von Wirtschaftstreuhändern oder Finanzierungsberatern erfolgen.)

2. Kontaktnahme mit und „Interessenvertretung" der Förderungswerber bei den Förderstellen (Unterstreichen der Förderungswürdigkeit).

3. Folgebetreuung des Geförderten bei der Kreditabwicklung (Vermeiden von Tatbeständen, die den Entzug der Förderung nach sich ziehen könnten).

e) EU-Rahmenbedingungen für die Unternehmensförderung

Art. 87 des EG-Vertrages sieht **staatliche oder aus staatlichen Mitteln gewährte Beihilfen** gleich welcher Art, die durch die Begünstigung bestimmter Unternehmen oder Produktionszweige den Wettbewerb verfälschen oder zu verfälschen drohen, als mit dem Gemeinsamen Markt **unvereinbar** an, soweit sie den Handel zwischen den EU-Mitgliedstaaten beeinträchtigen. Unter den Begriff der „Beihilfen" fallen nicht nur zweckgebundene finanzielle Zuwendungen durch die öffentliche Hand, sondern alle Arten von unmittelbar oder mittelbar wirksamen wirtschaftlichen Direktförderungen für Unternehmen. Hiezu gehören demnach auch nicht rückzahlbare Zuschüsse, Zinsenzuschüsse, zinsgünstige Kredite, die Übernahme von Haftungen, die Befreiung von Steuern und Abgaben, die Lieferung von Gütern bzw. die Erbringung von Dienstleistungen zu Vorzugsbedingungen, der begünstigte Verkauf von Liegenschaften durch öffentliche Stellen und die Übernahme von Verlusten oder die Unternehmensbeteiligung der öffentlichen Hand zu Konditionen, die unter Marktbedingungen nicht durchzusetzen wären. Mit dem Gemeinsamen Markt sind jedoch Beihilfen sozialer Art an einzelne Verbraucher, wenn sie ohne Diskriminierung nach der Herkunft der Waren gewährt werden, und Beihilfen zur Beseitigung von Schäden im Zuge von Naturkatastrophen oder sonstigen außergewöhnlichen Ereignissen allgemein vereinbar.

Das grundsätzliche Verbot von staatlichen Beihilfen an Unternehmen wurde jedoch durch eine Reihe von **Spezialregelungen** relativiert (Art. 87 Abs. 3 des EG-Vertrages). Direkte Unternehmensförderungen **sind möglich** für

– die Unterstützung von Forschungs- und Entwicklungstätigkeit,

– die Verbesserung der Regionalstruktur (regionalpolitische Strukturförderungen),

– die Förderung des Umweltschutzes,

– die Stärkung der Wettbewerbsfähigkeit von Klein- und Mittelunternehmen (KMU),

– die Förderung von Ausbildung, Schulung und Beratung.

Für Förderungen dieser Art ist jedoch die Zugehörigkeit zu einer von der EU-Kommission „notifizierten" Förderaktion oder eine Einzelfallgenehmigung bzw. die Erfüllung der „De-minimis"-Regel (Bagatellförderung) erforderlich. Beihilfen von geringfügiger Bedeutung („De minimis"-Beihilfen) liegen vor, wenn der maximale Gesamtbetrag der staatlichen Unterstützung 100.000,– € innerhalb von drei Jahren nicht übersteigt. Sonderbestimmungen, die zumeist Einzelfallgenehmigungen vorsehen, gelten für „sensible" Wirtschaftssektoren wie die Textilindustrie, die Kunstfaserindustrie und die Stahlindustrie. Sanierungs- und Restrukturierungsmaßnahmen bei insolvenzgefährdeten Unternehmen werden bloß als temporär angesehen und sind nur auf Grund eines tragfähig eingestuften Sanierungsplanes förderbar.

Das Volumen der Umverteilungen öffentlicher Mittel in der EU macht nur rund 1,2 % des Bruttoinlandsproduktes (BIP) der Gemeinschaft aus. Hievon entfallen etwa 50 % auf die gemeinsame Agrarpolitik (GAP) und etwa 30 % auf **regionalpolitische Förderungen im Rahmen der Strukturpolitik (EU-Strukturfonds)**. Förderungen können im Rahmen des Europäischen Fonds für die Regionalentwicklung (EFRE), des Europäischen Sozialfonds (ESF), des Europäischen Ausrichtungs- und Garantiefonds für die Landwirtschaft (EAGFL) sowie über die Europäische Investitionsbank (EIB) angesprochen werden. Für die Mittelvergabe gelten fünf **Grundsätze:**

1. Konzentration auf vorrangige Zielbereiche:

In der auf den Zeitraum 1994–1999 befristeten Periode der Strukturfonds wurden die Förderungen sechs Zielbereichen zugeordnet:

Ziel 1 betrifft Regionen mit erheblichem wirtschaftlichen Entwicklungsrückstand, in denen das BIP pro Einwohner unter 75 % des Gemeinschaftsdurchschnittes liegt. Ziel 2 betrifft die Förderung und technologische Erneuerung jener Regionen, die vom Niedergang bestimmter Industriebranchen (z. B. Kohle, Stahl, Textil) betroffen sind. Ziel 3 zielt auf die Bekämpfung der Langzeit- und der Jugendarbeitslosigkeit und der vom Arbeitsmarkt ausgeschlossenen Randgruppen ab. Ziel 4 soll die Anpassung der Arbeitskräfte an die industriellen Wandlungsprozesse erleichtern helfen. Ziel 5 betrifft die Förderung der Entwicklung des ländlichen Raumes, Ziel 5a soll eine beschleunigte Anpassung der Agrarstrukturen bewirken, Ziel 5b ist der Erleichterung der Entwicklung und der Strukturanpassung der ländlichen Gebiete gewidmet. Ziel 6 ist auf Gebiete mit einer extrem niedrigen Bevölkerungsdichte ausgerichtet.

In der folgenden, von 2000 bis 2006 währenden Förderperiode kommt es zu einer Konzentration der Haupteinsatzbereiche der Strukturfonds auf drei Ziele:

Ziel 1 betrifft weiterhin Regionen mit erheblichem Entwicklungsrückstand, in denen das BIP pro Einwohner weniger als 75 % des EU-Durchschnittes beträgt (das bisherige Ziel 6 wird in das neue Ziel 1 integriert). Ziel 2 betrifft Regionen, die mit Problemen wirtschaftlicher und sozialer Umstellung konfrontiert sind, und ist ein Sammelbecken für alle strukturell belasteten Gebiete (z. B. alte Industriegebiete, ländliche, städtische Gebiete; die bisherigen

Ziele 2 und 5b werden somit im neuen Ziel 2 zusammengefasst). Ziel 3 betrifft die Entwicklung von Humanressourcen (und soll die bisherigen Ziele 3 und 4 zusammenfassen). Damit sollen die europäische Beschäftigungspolitik sowie die nationalen Aktionspläne für Beschäftigung unterstützt werden.

2. Mehrjährige Programmplanung:

   Im Rahmen der Strukturpolitik der EU werden grundsätzlich nur längerfristige Projekte gefördert, deren Auswahl in den Händen der einzelnen Mitgliedsstaaten liegt. Damit soll das von der Kommission verfolgte Subsidiaritätsprinzip zum Tragen kommen.

3. Partnerschaft (Kooperation):

   Eine Konsequenz des Subsidiaritätsprinzips ist es auch, dass die konkreten Projekte in den betroffenen Regionen zu entwickeln sind und nicht einseitig eine bestimmte Strukturpolitik verordnet werden soll. Die gemeinschaftliche Förderung soll eine Aktivierung der Menschen in den Regionen bewirken und deren Handlungsansätze ergänzen.

4. Zusätzlichkeit der Mittel:

   Die Gemeinschaftsmittel sollen nicht an die Stelle der nationalen Strukturförderungsmittel treten. Jeder Mitgliedsstaat muss daher seine öffentlichen Strukturausgaben wie bisher weiter aufrechterhalten, zusätzliche Impulse in der Strukturförderung sind demnach das Ziel der EU.

5. Begleitung und Bewertung der Strukturpolitik:

   Die Ausführung der geplanten strukturfördernden Maßnahmen soll überwacht werden, wobei diese Aufgabe von der Kommission gemeinsam mit dem Mitgliedsstaat besorgt werden wird. Die Bewertung der Strukturpolitik soll durch gesamtwirtschaftliche Analysen der wirtschaftlichen Lage vor und nach der Anwendung der strukturpolitischen Maßnahmen, aber auch durch Einzeluntersuchungen erfolgen.

Die EU-Kommission kann auch aus eigener Initiative den Mitgliedsstaaten vorschlagen, einen Antrag auf Beteiligung an Aktionen zu stellen, die für die EU von besonderem Interesse sind. Diese **Gemeinschaftsinitiativen** können aus allen drei Strukturfonds einzeln oder gemeinsam bestritten werden, die Zuschüsse können mit Darlehen der EIB bzw. anderen Finanzierungsinstrumenten kombiniert werden. Zu diesen Gemeinschaftsinitiativen gehören beispielsweise die Förderung von Investitionen zur Schaffung und Erhaltung dauerhafter Arbeitsplätze, von Infrastrukturinvestitionen, von lokalen Initiativen zur Stärkung von KMU, von Weiterbildungsmaßnahmen und Maßnahmen zur Verbesserung der Arbeitsvermittlung.

VI. Der Einfluss steuerlicher Vorschriften auf Investition und Finanzierung

1. Grundlagen der Unternehmensbesteuerung

Als **Abgaben** sind alle auf der Finanzhoheit beruhenden öffentlichen Einnahmen der Gebietskörperschaften und bestimmter Selbstverwaltungskörper anzusehen. Sie umfassen Steuern, Gebühren, Zölle, Beiträge und Sozialabgaben ("Quasisteuern") an die Träger der gesetzlichen Sozialversicherung. In der Praxis werden die Begriffe Abgaben und Steuern oftmals gleichgesetzt.

Unter **betrieblichen Abgaben (Steuern des Unternehmens)** sind jene Abgaben (Steuern) zu verstehen, die einen Einfluss auf die unternehmerischen Entscheidungen sowohl in institutioneller als auch in funktionaler Hinsicht haben. Ein Einfluss in institutioneller Hinsicht ist etwa bei der Frage nach der steueroptimalen Rechtsform gegeben, in funktionaler Hinsicht sind beschaffungs-, produktions- oder absatzpolitische Maßnahmen sowie Fragen der Steuerbilanzpolitik im Rahmen des Rechnungswesens von Bedeutung. Für die Einschätzung einer Abgabe als Unternehmenssteuer ist es dabei nicht ausschlaggebend, ob die Steuer auch vom Unternehmen selbst getragen wird.

Die Besteuerung im Unternehmen knüpft an mehrere **Steuergegenstände** (Steuerobjekte) an:

- Besteuerung des Gewinnes: Einkommensteuer, Körperschaftsteuer
- Besteuerung der im Unternehmen vorhandenen Leistungsfaktoren (Produktionsfaktoren): Kommunalsteuer, Lohnsteuer, Kraftfahrzeugsteuer, Grundsteuer
- Besteuerung der Beschaffung von Leistungsfaktoren (Produktionsfaktoren): Grunderwerbsteuer, Zölle
- Besteuerung der Leistung des Unternehmens und des Ausscheidens von Leistungsfaktoren (Produktionsfaktoren): Umsatzsteuer.

Für die Unternehmensbesteuerung ist die steuerrechtliche Klassifikation der einzelwirtschaftlichen Aktivitäten als **betriebliche Tätigkeiten** von grundlegender Bedeutung. Hiezu zählen folgende Merkmale:

1. **Selbständigkeit** (Bestehen eines Unternehmerwagnisses und Fehlen einer persönlichen Weisungsgebundenheit): Für das Tragen eines **Unternehmerrisikos** sind ausschlaggebend:
   - Tätigkeit auf eigene Rechnung und unter eigener Verantwortung;
   - Möglichkeit zur Selbstbestimmung des wirtschaftlichen Erfolges durch Annahme oder Ablehnung von Aufträgen und durch eigene Geschäftseinteilung;
   - kein Anrecht auf Ersatz der Kosten der Geschäftstätigkeit durch Dritte;
   - keine feste Dienstzeit;
   - Vertretungsbefugnis (Möglichkeit des Auftragnehmers, sich bei seiner Arbeitsleistung vertreten zu lassen und die Vertretung selbst zu bestimmen).

2. **Leistungserstellung** (Erstellung von Lieferungen und sonstigen Leistungen und daraus resultierende Einkünfte) **für Dritte** und damit Beteiligung am allgemeinen wirtschaftlichen Verkehr.

3. **Kombination von Produktionsfaktoren (Leistungsfaktoren)**: Die betriebliche Tätigkeit geht über den Rahmen der bloßen Vermögensverwaltung (verzinsliche Anlage von Kapitalvermögen, Vermietung oder Verpachtung von unbeweglichem Vermögen) hinaus.
4. **Nachhaltigkeit** (Wiederholungsabsicht): Es besteht die Absicht zu mehreren gleichartigen Leistungen und damit zu einer fortgesetzten Tätigkeit.

Fehlen diese Merkmale, ist von einer **außerbetrieblichen** Tätigkeit zu sprechen. Die entsprechenden Einkünfte aus nichtselbständiger Arbeit, Kapitalvermögen, Vermietung und Verpachtung sowie die sonstigen Einkünfte (§ 29 EStG) werden daher auch als außerbetriebliche Einkünfte angesehen.

Die betriebliche Tätigkeit kann **mit Gewinnabsicht** (es wird das Ziel verfolgt, Einkommen oder einen sonstigen wirtschaftlichen Vorteil bzw. Nutzen zu erlangen) oder **ohne Gewinnabsicht** erfolgen. Im ersten Fall wird von **Erwerbsbetrieben** gesprochen, wobei die Führung eines Erwerbsbetriebes mit **gewerblicher Tätigkeit** gleichgesetzt werden kann. Im zweiten Fall handelt es sich um **Kosten-** oder **Aufwandsdeckungs-** oder **Zuschussbetriebe**. Fehlt es einer selbständigen, nachhaltigen Betätigung (soferne sie über den Rahmen einer Vermögensverwaltung hinausgeht) an der Gewinnerzielungsabsicht, so liegt ein **wirtschaftlicher Geschäftsbetrieb** im Sinne von § 31 BAO vor, lässt eine Tätigkeit auf Dauer gesehen keine Gewinne oder Einkommensüberschüsse erwarten, liegt ein **Liebhabereibetrieb** vor.

Der Begriff der „gewerblichen Tätigkeit" ist weiter gefasst als die steuerliche Kategorie des „Gewerbebetriebes". Als **Gewerbebetrieb** ist eine selbständige, nachhaltige Betätigung, die mit Gewinnabsicht unternommen wird und sich als Beteiligung am wirtschaftlichen Verkehr darstellt, nur dann anzusehen, wenn sie weder als Land- und Forstwirtschaft (§ 21 EStG), noch als Ausübung eines freien Berufes oder als eine andere selbständige Tätigkeit (§ 22 EStG) anzusehen ist (§ 28 BAO). Es handelt sich somit um einen Gewerbebetrieb **kraft gewerblicher Betätigung**. Ein Gewerbetrieb kann aber auch **kraft Rechtsform** vorliegen. So wird die Tätigkeit von Kapitalgesellschaften, Erwerbs- und Wirtschaftsgenossenschaften sowie von Versicherungsvereinen auf Gegenseitigkeit stets und in vollem Umfang als Gewerbebetrieb angesehen. Bei Personengesellschaften muss die Gesellschaft eine gewerbliche Tätigkeit ausüben, um als Gewerbebetrieb qualifiziert zu werden. Schließlich kann ein Gewerbebetrieb auch **kraft wirtschaftlichen Geschäftsbetriebes** (siehe oben) vorliegen (siehe im Detail Bertl/Djanani/Kofler [Hrsg.], Handbuch der österreichischen Steuerlehre, Wien 1998, S. 47 ff.).

2. Grundfragen der betriebswirtschaftlichen Steuerlehre

Die Steuergesetzgebung belastet die einzelnen Finanzierungsarten in kosten- und liquiditätsmäßiger Hinsicht im Allgemeinen unterschiedlich. Steuern haben daher einen wichtigen Einfluss auf die betriebliche Finanzwirtschaft.

Hemmende Wirkung: Steuern belasten den Kapitalbeschaffungsvorgang. Der beschaffte Betrag steht der Unternehmung nicht in voller Höhe zur Verfügung, sondern ist um die Steuern zu kürzen.

Fördernde Wirkung: Steuerliche Vorschriften begünstigen die Kapitalbeschaffung, indem sie Möglichkeiten zur Innenfinanzierung schaffen.

Die betriebswirtschaftliche Steuerlehre ist als Steuer**wirkungs**lehre zu verstehen. Sie soll die

- **Auswirkungen der Besteuerung** auf die Unternehmensbereiche feststellen und
- **Maßnahmen zur optimalen Steuergestaltung** ermöglichen.

Langfristige Überlegungen betreffen die Wahl

1. der **Rechtsform** einer Unternehmung (Besteuerungsunterschiede zwischen Einzelunternehmung und Personengesellschaften einerseits und Kapitalgesellschaften andererseits);
2. der **Finanzierungsstruktur** (Eigenfinanzierung, Art der Fremdfinanzierung);
3. des **Standortes**:
    a) International tätige Unternehmen beachten nationale Besteuerungsunterschiede.
    b) Die Bedeutung einer Unternehmung für die regionale Wirtschaftsstruktur kann individuelle Unterstützungen von Bund, Ländern und Gemeinden rechtfertigen: Subventionen, Darlehen, Zuschüsse (siehe direkte Investitionsförderungen) oder auch echte Steuernachlässe (vor allem bei Gemeindesteuern).

Kurz- und mittelfristige Überlegungen betreffen

1. die Auswirkung **bilanzpolitischer** Maßnahmen auf die laufenden Steuern der Unternehmung und die Wirkung der Ausnützung des durch das Steuerrecht gegebenen **Bewertungsspielraumes** auf die Folgeperioden;
2. die **Auswahl der verschiedenen Investitions- und Finanzierungsbegünstigungen** des Ertragsteuerrechts;
3. die Wirkung der Finanzierung aus **Rückstellungen** im Bereich des **Sozialkapitals**.

Eine **Investitions- und Finanzplanung** wäre unvollständig, würde sie nicht auch die sich daraus ergebenden **steuerlichen** Konsequenzen berücksichtigen. Das Ertragsteuerrecht enthält eine Reihe von Begünstigungen, die einerseits der reinen **Investitionsförderung** dienen, andererseits auch allgemeine **Finanzierungserleichterungen** bringen.

Das Ausmaß der Steuerbegünstigung liegt entweder

1. im dauernden **Steuernachlass** (Investitionsfreibetrag – bis 2000); oder
2. in der **Steuerstundung**. Steuerkredite können
    - **zinsenfrei** (Übertragung stiller Reserven) oder
    - mit einem **Zuschlag zum Gewinn** (nicht bestimmungsgemäß verwendete Investitionsrücklage – Bildung bis 1993) gewährt werden. Die Konditionen können durch unterschiedliche **Steuerprogressionsstufen** in den verschiedenen Perioden verbessert oder verschlechtert werden.

Der **Schwerpunkt** der steuerlichen Begünstigung liegt in den kurz- bis mittelfristigen Steuerkrediten (die Steuern können in absehbarer Zeit zurückfließen). Nur bei Investitionen von unmittelbarem Interesse für die Allgemeinheit (z. B. Umweltschutzanlagen) werden Steuerkredite auch langfristig gewährt.

3. Steuerliche Einflüsse auf die Außenfinanzierung

a) Die Besteuerung von Gründungs- und Kapitalerhöhungsvorgängen

Anlässlich von Gründungs- und Kapitalerhöhungsvorgängen ergibt sich sowohl bei Eigen- als auch Fremdfinanzierungen eine Reihe von Belastungen durch Gebühren und Verkehrsteuern. Andererseits fördert das Steuerrecht durch Sondervorschriften die Aufbringung von Risikokapital (siehe die Begünstigung privater Kapitalgeber bei Genussscheinen und bei jungen Aktien).

Die Einbringung von Eigenkapital kann in Form von Geldleistungen oder auch in Form von Sachleistungen erfolgen. Die steuerlichen Vorschriften für die Bewertung von Sacheinlagen können dazu führen, dass die in der Privatsphäre entstandenen stillen Reserven bei einer Gewinnrealisierung im Betrieb mit Ertragsteuern belastet werden.

b) Die Besteuerung des Kapitaleinsatzes im laufenden Umsatzprozess

Die Entscheidung, ob der Unternehmensprozess mit Eigen- oder Fremdkapital finanziert werden soll, hängt wesentlich auch von steuerlichen Überlegungen ab. Im Folgenden wird auf das österreichische Steuerrecht (Stand 1. August 2001) Bezug genommen. Die Währungsumstellung auf € erfolgt im Jahr 2002.

aa) Einkommen- und Körperschaftsteuer

Zinsen für Fremdkapital sind als Betriebsausgaben abzugsfähig, sie werden erst beim Empfänger der ESt bzw. KSt unterworfen. Dies gilt auch für Zinsen auf Gesellschafterdarlehen bei Kapitalgesellschaften, es sei denn, diese Darlehen müssen als **verdecktes Eigenkapital** gewertet werden. In diesem Fall werden die Zinsen als **verdeckte Gewinnausschüttung** behandelt und zunächst der Körperschaftsteuer (34 %) unterworfen. Beim Empfänger (Gesellschafter) unterliegen sie dem halben Einkommensteuerdurchschnittssatz. Analog wird bei Vergütungen an Gesellschafter vorgegangen, die Gesellschaftsfremde nicht erhalten würden.

Bei Personengesellschaften sind Zinsen nur dann abzugsfähig, wenn das Darlehen nicht von den Gesellschaftern zur Verfügung gestellt wird (§ 23 EStG).

Steuerpflichtige, die ihren Gewinn durch Betriebsvermögensvergleich ermitteln, können ab 2000 eine angemessene Verzinsung des in einem Wirtschaftsjahr eingetretenen betrieblichen Eigenkapitalzuwachses als Betriebsausgabe abziehen. Der abgezogene Betrag wird als Sondergewinn einer gesonderten Besteuerung nach § 37 Abs. 8 EStG (25 %) zugeführt (siehe auch in Abschnitt C. I.: Die Steuerreform 2000).

Unternehmensgewinne werden bei Einzelunternehmungen und Personengesellschaften dem Unternehmer bzw. den Gesellschaftern zugerechnet und unterliegen dort der ESt. Bei **Kapitalgesellschaften** unterliegt der Gewinn zunächst der KSt. Die KSt gilt nicht als Betriebsausgabe. Der Körperschaftsteuersatz beträgt einheitlich 34 %, gleichgültig, ob der Gewinn ausgeschüttet wird oder nicht. Unbeschränkt steuerpflichtige Kapitalgesellschaften haben eine Mindestkörperschaftsteuer in Höhe von 5 % des Mindestnennkapitals als jährliche Vorauszahlung zu entrichten. Sie beträgt € 1.750,– (S 25.000,–) bei Gesellschaften mit beschränkter Haftung und € 3.500,– (S 50.000,–) bei Aktiengesellschaften. Für Kreditinstitute und Versicherungsunternehmen gilt eine Mindestkörperschaftsteuervorauszahlung von € 5.452,– (S 75.000,–) jährlich. Im ersten Jahr der Steuerpflicht beträgt sie bei allen genannten Gesellschaften zumindest € 1.092,– (S 15.000,–). Diese Mindeststeuer ist in dem Umfang, in dem sie die tatsächliche Körperschaftsteuerschuld eines Wirtschaftsjahres übersteigt, wie eine Steuervorauszahlung (im Sinne von § 45 EStG 1988) anzusehen. Die Differenz ist mit der tatsächlichen KSt-Schuld in den folgenden Veranlagungszeiträumen aufzurechnen, soweit diese den erwähnten Mindestbetrag übersteigt.

Die Gewinnausschüttung unterliegt beim Gesellschafter der ESt. Es liegt also **Doppelbesteuerung** vor. Soweit **Gewinne offen an natürliche, in Österreich einkommensteuerpflichtige Personen ausgeschüttet** werden, werden diese zunächst der Kapitalertragsteuer (KESt) in der Höhe von 25 % unterworfen. Durch diesen Steuerabzug gilt die ESt beim Ausschüttungsempfänger (Gesellschafter) als abgegolten (**Endbesteuerung** nach § 97 EStG). Es kann jedoch bei einer insgesamt niedrigen ESt-Belastung vom Gesellschafter auch eine Normalversteuerung beantragt werden. Für den ausgeschütteten Betrag ist dann die halbe Durchschnittseinkommensteuer zu bezahlen (**Halbsatzverfahren**). Die Gewinne sind somit mit 34 % KSt und 16,5 % KESt (= 25 % von 66 %), in Summe also mit 50,5 % Steuern belastet. Dies entspricht etwa der Einkommensteuerbelastung bei Einzelunternehmungen und Personengesellschaften (ESt höchstens 50 %).

Werden **Gewinne** hingegen **nicht ausgeschüttet**, so sind sie bei den Kapitalgesellschaften steuerlich wesentlich geringer belastet als bei Personengesellschaften (Einzelunternehmungen). Die Rechtsform der Kapitalgesellschaft bietet daher für alle Unternehmen Vorteile, die ihre Gewinne thesaurieren (nicht ausschütten) wollen.

bb) Gewerbesteuer und Vermögensteuer

Mit der Steuerreform 1994 wurden die Gewerbesteuer, die Vermögensteuer und das Erbschaftssteueräquivalent ab 1.1.1994 abgeschafft. Die bisherige Doppelbesteuerung von Ertrag und Kapital wurde damit beseitigt.

cc) Kommunalsteuer

Die frühere Lohnsummensteuer (als lohnabhängiger Bestandteil der Gewerbesteuer) wurde mit 1. 1. 1994 durch die **Kommunalsteuer** (KommSt) ersetzt. Steuerpflichtig sind alle Unternehmen im Sinne des Umsatzsteuergesetzes. Der Kreis der Steuerpflichtigen wurde somit erweitert, neben den Gewerbebetrieben sind nunmehr auch die freien Berufe (z. B. Ärzte, Rechtsanwälte, Wirtschaftstreuhänder), Land- und Forstwirte, Vermieter, Vereine, Körperschaften des öffentlichen Rechts mit ihren Betrieben gewerblicher Art u. a. zur Kommunalsteuer verpflichtet. Bemessungsgrundlage ist die Summe der Arbeitslöhne (Brutto-Lohn-

bzw. Gehaltssumme) eines Kalendermonats, welche von einem Unternehmen an die Dienstnehmer einer im Inland gelegenen Betriebsstätte gezahlt werden. Der Steuersatz beträgt 3 % (statt 2 % bei der bisherigen Lohnsummensteuer). Die Steuer ist an jene Gemeinde abzuführen, in der die Betriebsstätte eingerichtet ist. Übersteigt bei einem Unternehmen, das nur eine einzige Betriebsstätte unterhält, die Bemessungsgrundlage im Kalendermonat nicht € 1.460,– (S 20.000,–), so werden hievon € 1.095,– (S 15.000,–) als Freibetrag abgezogen.

Eine Befreiung von der KommSt ist nur für die Österreichischen Bundesbahnen (mit 66 % der Bemessungsgrundlage) und für nicht auf Gewinn ausgerichtete Unternehmen, die unmittelbar mildtätigen Zwecken dienen oder gemeinnützig auf dem Gebiet der Gesundheitspflege bzw. der sozialen Fürsorge tätig sind, vorgesehen.

Ab 2001 gelten Arbeitskräfte, die einem Unternehmen zur Dienstleistung überlassen werden (Leihpersonal) für die Zwecke der Kommunalsteuer nicht so wie bisher als Dienstnehmer des Arbeitskräfteüberlassers, sondern als Dienstnehmer des Beschäftigers. Damit ist die Kommunalsteuer an die Gemeinde des Beschäftigers abzuführen und nicht mehr an die Gemeinde, in der die Betriebsstätte des Arbeitskräfteüberlassers gelegen ist, von der aus die Arbeitskräfte vermittelt werden. Von dieser Regelung ist auch die Arbeitskräftebereitstellung aus dem Ausland erfasst. Als Bemessungsgrundlage für die Kommunalsteuer des Beschäftigers werden 70 % des Gestellungsentgelts herangezogen.

c) Steuerbelastungsvergleich

Stellt man die Steuerbelastung in einer Einzelunternehmung (Personengesellschaft) jener in einer Kapitalgesellschaft gegenüber, so zeigen sich folgende Ergebnisse:

	Einzelunternehmen (Personengesellschaft)	Kapitalgesellschaft	
		mit Gewinnausschüttung	ohne Gewinnausschüttung
Gewinn vor Steuern	100	100	100
Einkommensteuer 50 %			
(Annahme: höchste Progressionsstufe)	50		
Körperschaftsteuer 34 %		34[1]	34[1]
Gewinn nach KSt		66	66
Kapitalertragsteuer 25 %		16,5	
Nettoeinkommen	50	49,5	66[2]

[1] Unterschreitet eine Kapitalgesellschaft das der Mindestkörperschaftsteuervorauszahlung (€ 1.750,–, € 3.500,–, € 5.452,–; S 25.000,–, S 50.000,–, S 75.000,–) entsprechende steuerliche Jahresergebnis (€ 5.147,–, € 10.294,–, € 16.035,–; S 74.000,–, S 147.000,–, S 221.000,–), so steigt die KSt-Belastung wegen der Mindest-KSt progressiv an, wobei allerdings zu berücksichtigen ist, dass die (Vorauszahlung an) Mindest-KSt, soweit sie in einem Jahr nicht aufgebraucht wird, auf unbeschränkte Zeit vorgetragen werden kann.

[2] Dieser Betrag steht dem Gesellschafter allerdings nicht zur Verfügung.

Abb. 27

Der Steuerbelastungsvergleich zeigt, dass das Nettoeinkommen der Gesellschafter bei voller Gewinnausschüttung etwa gleich groß ist. Wird der Gewinn nicht ausgeschüttet, ergibt sich ein erheblicher Vorteil für die Kapitalgesellschaft. Die Kapitalgesellschaft ist zumindest nicht schlechter gestellt als die Personengesellschaft und die Einzelunternehmung. In allen Fällen der Selbstfinanzierung ist jedoch eine Besserstellung der Kapitalgesellschaft gegenüber der Personengesellschaft und den Einzelunternehmen gegeben. Im Vergleich zwischen der Finanzierung durch Eigenkapital und der Finanzierung durch Fremdkapital ergeben sich derzeit folgende unterschiedliche Belastungen bei Kapitalgesellschaften

Investition 20,000.000   a) erforderliche Dividende 10 %
(Eigenfinanzierung)

b) Kreditzinsen 10 % (Fremdfinanzierung)

	Eigenfinanzierung	Fremdfinanzierung
Dividende 10 %	2,000.000	
Kreditzinsen 10 %		2,000.000
KSt 34 % i/100 v. 2,000.000	1,030.000	
Notwendiger „Gewinn vor Steuern"	3,030.000	2,000.000
Belastung der Kapitalgesellschaft in % vom eingesetzten Kapital	15,2 %	10,0 %
ESt auf Ertragszinsen 50 %[1])		1,000.000
KESt auf Dividendenausschüttung (Endbesteuerung) 25 %	500.000	
dem Kapitalgeber verbleibender Nettobetrag	1,500.000	1,000.000
in % vom „Gewinn vor Steuern"	49,5 %	50,0 %

[1]) Liegt der Fremdfinanzierung ein Bankgeschäft zugrunde, kann der Kapitalgeber den Vorteil der Endbesteuerung (§ 97 EStG) für sich in Anspruch nehmen. Für die Ertragszinsen fällt ebenso wie bei der Dividendenausschüttung KESt in Höhe von 25 % an. Dies ergibt zunächst rechnerisch einen Nettobetrag von 75 % vom „Gewinn vor Steuern". Dieser steuerliche Vorteil der Fremdfinanzierung über Kreditinstitute muss um den (gegenüber dem angenommenen Soll-Zinssatz von 10 %) geringeren Haben-Zinssatz für Kapitalveranlagungen bei Banken relativiert werden. Ein Vorteil gegenüber Direktdarlehen ist (erst) ab einem Haben-Zinssatz von mehr als 6,7 % erzielbar.

Abb. 28

4. Steuerliche Einflüsse auf die Innenfinanzierung

a) Offene und stille Selbstfinanzierung

Bei der Beurteilung der steuerlichen Einflüsse auf die Innenfinanzierung (Überschussfinanzierung) einer Unternehmung ist zwischen **offener** und **stiller** Selbstfinanzierung zu differenzieren.

Bei der **offenen** Selbstfinanzierung werden die erwirtschafteten Gewinne nicht ausgeschüttet, sondern den Kapital- bzw. Rücklagenkonten zugeführt, und stehen damit dem weiteren Betriebsprozess offen zur Verfügung. Die Rücklagenbildung wird teilweise durch steuerliche Erleichterungen begünstigt.

Die **stille** Selbstfinanzierung vollzieht sich über die Bildung stiller Reserven bei Aktiv- und Passivposten im Rahmen der Bilanzbewertung. Dies hat den Vorteil, dass diese Beträge überhaupt nicht als Gewinne in Erscheinung treten und daher zunächst keine Steuern anfallen. Der Gewinn wird erst bei der Auflösung der stillen Reserven besteuert.

Es folgt zunächst eine **Steuerstundung**. Damit ist einerseits eine **Liquiditätshilfe** für die Unternehmung gegeben und andererseits ein Zinsgewinn, der die **Rentabilität** fördert. Investitionen können dadurch wesentlich begünstigt werden. Mögliche Ausschüttungen werden durch die stillen Reserven beschränkt, das Bilanzbild erfährt jedoch eine Verzerrung.

Ob es im Endeffekt zu einer **Steuerersparnis** oder zu einer **Steuermehrbelastung** kommt, hängt von der Verteilung der Gewinne auf die einzelnen Perioden (z. B. später höhere/niedrigere Progressionsstufen zu erwarten) und von der Entwicklung der Steuertarife im Zeitablauf ab (z. B. zu erwartende Tarifsenkungen). Im Jahr der Nachversteuerung darf die Liquiditätsbelastung nicht übersehen werden.

Ob im Einzelfall stille oder offene Selbstfinanzierung vorliegt, hängt auch von der **Art der Bilanzdarstellung** ab. Erfolgt z. B. bei der Abschreibung eine direkte Abschreibungsverrechnung, ist eine stille Selbstfinanzierung gegeben. Erfolgt sie hingegen indirekt über die Bewertungsreserve, liegt offene Selbstfinanzierung vor. Die Möglichkeiten zur indirekten Abschreibung wurden im Zuge der Rechnungslegungsreform wesentlich beschränkt.

b) Gesetzliche und freie Rücklagen

Ein gesetzlicher Zwang zur offenen Selbstfinanzierung besteht für Aktiengesellschaften und für große Gesellschaften mit beschränkter Haftung in Form der gesetzlichen Rücklage gemäß § 130 AktG. Die **gesetzliche** Rücklage ist zweckgebunden für die Deckung von Verlusten. Die **freie** Rücklage kann beliebig verwendet werden. Beide Rücklagen können jedoch erst **nach** der Versteuerung des Gewinnes gebildet werden.

c) Vorzeitige Abschreibung

Bereits 1989 entfiel die vorzeitige Abschreibung gem. §§ 8 und 122 EStG 1972. Die Anschaffungs- oder Herstellungskosten der im Wirtschaftsjahr angeschafften oder hergestellten abnutzbaren Wirtschaftsgüter konnten neben der gewöhnlichen Absetzung für Abnutzung auch um eine vorzeitige Abschreibung vermindert werden.

d) Investitionsrücklage (§ 9 EStG; Fassung bis 1993)

Bis 1993 konnte als eine vorübergehende offene Selbstfinanzierung die Bildung von **Investitionsrücklagen** erwogen werden; vorübergehend deshalb, weil die

Investitionsrücklagen (IRL) nur während einer begrenzten Zeitspanne ausgewiesen werden.

Wurde der Gewinn auf Grund ordnungsgemäßer Buchführung gem. § 4 Abs. 1 oder § 5 EStG ermittelt, so konnten steuerfreie Investitionsrücklagen im Ausmaß bis zu 10 % des Gewinnes vor Bildung der Gewerbesteuerrückstellung und nach Abzug aller anderen Betriebsausgaben gebildet werden. Die Rücklagenbildung war insoweit nicht zulässig, als im selben Wirtschaftsjahr ein Investitionsfreibetrag in Anspruch genommen wurde. Die Rücklage war gegen jenen Betrag aufzulösen, der als Investitionsfreibetrag geltend gemacht werden konnte.

Steuerpflichtige, die ihren Gewinn gem. § 4 Abs. 3 EStG ermitteln, konnten in der Steuererklärung ebenfalls beantragen, dass ein Betrag bis zu 10 % des Gewinnes steuerfrei bleibt. Die Bildung von Investitionsrücklagen ist seit 1994 nicht mehr möglich.

e) Investitionsfreibetrag (§ 10 EStG)

Nach dem Wegfall der vorzeitigen Abschreibung und der Investitionsrücklage steht im Gefolge des Budgetbegleitgesetzes 2001 auch die dritte (vielfach in Anspruch genommene) steuerliche Investitionsbegünstigung, der **Investitionsfreibetrag (IFB)**, nicht mehr zur Verfügung. Er konnte nur noch von Anschaffungs- oder Herstellungskosten, die bis zum 31. 12. 2000 anfielen, geltend gemacht werden. Wegen der hohen praktischen Relevanz sind hier die wesentlichen Bestimmungen noch erläutert.

Ein **Investitionsfreibetrag** konnte in Höhe von höchstens 9 % der Anschaffungs- oder Herstellungskosten der im Wirtschaftsjahr für eine im Inland gelegene Betriebsstätte angeschafften oder hergestellten abnutzbaren Wirtschaftsgüter des Anlagevermögens neben der zulässigen Absetzung für Abnutzung gewinnmindernd geltend gemacht werden, wenn der Gewinn gem. § 4 Abs. 1 oder Abs. 3 oder gem. § 5 EStG ermittelt wurde und das Wirtschaftsgut eine betriebsgewöhnliche Nutzungsdauer von mindestens vier Jahren aufwies. Ein erhöhter Investitionsfreibetrag (IFB) von 12 % konnte in Anspruch genommen werden, wenn ungebrauchte Wirtschaftsgüter mit mindestens achtjähriger Nutzungsdauer in der Zeit vom 1. 5. 1996 bis 31. 12. 1997 angeschafft wurden. Bei Gebäuden erhöhte sich der IFB nur von den Herstellungskosten (nicht jedoch von den Grundanschaffungskosten) unter der Voraussetzung, dass mit der tatsächlichen Bauausführung nach dem 30. April 1996 begonnen wurde. Für Lastkraftfahrzeuge, Fahrschulwagen und Kraftfahrzeuge der gewerblichen Personenbeförderung (ausgenommen lärmarme Kraftfahrzeuge) verminderte sich der Investitionsfreibetrag auf 6 % der Anschaffungs- oder Herstellungskosten. Auch für unkörperliche Wirtschaftsgüter (z. B. Software) konnte nur ein IFB von höchstens 6 % gebildet werden. Er konnte jedoch nicht für unkörperliche Wirtschaftsgüter geltend gemacht werden, die zur entgeltlichen Überlassung (Vermietung) bestimmt sind oder innerhalb eines Konzerns erworben wurden.

Ein durch einen Investitionsfreibetrag entstandener Verlust ist weder ausgleichs- noch vortragsfähig. Er ist mit späteren Gewinnen (Gewinnanteilen) aus diesem

Betrieb frühestmöglich zu verrechnen (Wartetastenverlust). Diese Regelung gilt für alle nach dem 30. Juni 1988 angeschafften oder hergestellten Wirtschaftsgüter des Anlagevermögens. Ab 2001 ist die Verlustverrechnung auf 75 % der positiven Einkünfte dieses Betriebes oder dieser Betätigung eingeschränkt.

Für Wirtschaftsgüter des Anlagevermögens, deren Herstellung sich über einen Zeitraum von mehr als zwölf Monaten erstreckt, konnte der Investitionsfreibetrag mit 9 % der auf die einzelnen Jahre der Herstellung entfallenden Teilbeträge der Herstellungskosten gewinnmindernd angesetzt werden. Scheiden Wirtschaftsgüter, für die ein Investitionsfreibetrag gewinnmindernd geltend gemacht wurde, vor Ablauf des vierten auf das Jahr ihrer Anschaffung oder Herstellung folgenden Wirtschaftsjahres aus dem Betriebsvermögen aus oder werden sie in dieser Zeit in eine im Ausland gelegene Betriebsstätte verbracht, so ist der Gewinn im Jahre des Ausscheidens um den Freibetrag zu erhöhen. Mit Ablauf dieser Frist sind daher die Investitionsfreibeträge, die Bilanzierende gem. § 4 Abs. 1 oder gem. § 5 EStG in der Bilanz in einer Summe gesondert auszuweisen haben, auf das Kapitalkonto oder auf eine als versteuert geltende freie Rücklage zu übertragen.

Ein Investitionsfreibetrag durfte nicht in Anspruch genommen werden für Gebäude, soweit sie nicht unmittelbar dem Betriebszweck dienen oder soweit sie nicht für Wohnzwecke betriebszugehöriger Arbeitnehmer bestimmt sind, für Personenkrafträder, Personenkraftwagen, Kombinationskraftwagen und der Personenbeförderung dienende Luftfahrzeuge (ausgenommen Mietkraftwagen, Platzkraftwagen, Fahrschulwagen, Luftfahrzeuge der Luftverkehrsunternehmungen und der Zivilluftfahrschulen), für geringwertige Wirtschaftsgüter, die gem. § 13 EStG abgesetzt wurden, sowie für Wirtschaftsgüter, soweit für deren Anschaffung oder Herstellung eine Investitionsrücklage bestimmungsgemäß verwendet wurde.

Der Investitionsfreibetrag durfte auch nicht geltend gemacht werden für gebrauchte Wirtschaftsgüter, die unmittelbar oder mittelbar zur entgeltlichen Überlassung an den Veräußerer (**sale and lease back**) oder zur Rückveräußerung an den Veräußerer (**sale and sale back**) bestimmt waren, und für gebrauchte Wirtschaftsgüter, die von einem Konzernunternehmen innerhalb des Konzerns im Sinne des § 15 des Aktiengesetzes 1965 erworben wurden.

Die Inanspruchnahme eines Investitionsfreibetrages berührt die Abschreibungsdauer nicht. Der Investitionsfreibetrag (IFB) stellte eine **zusätzliche Abschreibungsmöglichkeit** dar, die zu einer Abschreibung von **insgesamt 109 %** bzw. bei erhöhtem IFB von 112 % der Anschaffungs- oder Herstellungskosten führte. Der Erfolg des Anschaffungsjahres wurde mit 9 bzw. 12 % belastet, die Ergebnisse der späteren Perioden aber dadurch nicht berührt (= echte Steuerersparnis).

f) Übertragung stiller Reserven und Übertragungsrücklage (§ 12 EStG)

An steuerlichen Investitionsbegünstigungen stehen somit (nach dem Wegfall der vorzeitigen Abschreibung, der Investitionsrücklage und des Investitionsfreibetrages) nur noch die Übertragung stiller Reserven nach § 12 EStG und die Sofortabschreibung (Vollabschreibung) geringwertiger Wirtschaftsgüter nach § 13 EStG (siehe unter g) zur Verfügung.

Werden Wirtschaftsgüter des Anlagevermögens veräußert, so können die stillen Reserven, die sich als Unterschiedsbetrag zwischen den Veräußerungserlösen und den Buchwerten ergeben, von den Anschaffungs- oder Herstellungskosten der im Wirtschaftsjahr der Veräußerung angeschafften oder hergestellten Wirtschaftsgüter des Anlagevermögens abgesetzt werden. Bei Wirtschaftsgütern des Anlagevermögens, deren Herstellung sich über einen Zeitraum von mehr als zwölf Monaten erstreckt, können die stillen Reserven von dem auf das Jahr, in dem die Veräußerung erfolgt, entfallenden Teilbetrag der Herstellungskosten abgesetzt werden.

Die Übertragung der stillen Reserven kann nur auf gleichartige Wirtschaftsgüter, das heißt, von körperlichen auf körperliche und von unkörperlichen auf unkörperliche Wirtschaftsgüter erfolgen. Die Möglichkeiten zur Übertragung stiller Reserven wurden durch das Strukturanpassungsgesetz 1996 (BGBl. 1996/201) stark eingeschränkt. Die Übertragung stiller Reserven auf die Anschaffungskosten von Grund und Boden ist nur zulässig, wenn der Gewinn nach § 5 EStG ermittelt wird und die stillen Reserven ebenfalls aus der Veräußerung von Grund und Boden stammen. Nicht mehr zulässig ist die Übertragung von stillen Reserven auf die Anschaffungskosten von (Teil-)Betrieben, von Beteiligungen an Personengesellschaften und von Finanzanlagen gem. § 224 Abs. 2 A. III. Z 1 – 6 HGB. Ebenso unzulässig ist die Übertragung stiller Reserven, die aus der Veräußerung von (Teil-)Betrieben oder von Beteiligungen an Personengesellschaften (Mitunternehmeranteilen) stammen.

Eine Übertragung der stillen Reserven ist generell nur zulässig, wenn das veräußerte Wirtschaftsgut (beweglich und unbeweglich) im Zeitpunkt der Veräußerung mindestens sieben Jahre zum Anlagevermögen dieses Betriebes gehört hat. Bei unbeweglichen Wirtschaftsgütern verlängert sich die Frist auf fünfzehn Jahre, wenn auf diese stille Reserven übertragen wurden.

Sinngemäß ist vorzugehen, wenn Wirtschaftsgüter des Anlagevermögens infolge höherer Gewalt, durch behördlichen Eingriff oder zur Vermeidung eines solchen nachweisbar unmittelbar drohenden Eingriffs gegen Entschädigungen aus dem Betriebsvermögen ausscheiden. Die 7- bzw. 15-jährige Frist gilt jedoch nicht.

Steuerpflichtige, die ihren Gewinn nach § 4 Abs. 1 oder § 5 EStG ermitteln, können die stillen Reserven entweder im Jahr ihrer Aufdeckung verwenden oder sie in der Schlussbilanz des Wirtschaftsjahres, in dem die Wirtschaftsgüter des Anlagevermögens veräußert wurden bzw. aus dem Betriebsvermögen ausgeschieden sind, einer gesondert auszuweisenden Rücklage (Übertragungsrücklage) zuführen, soweit im Jahre der Veräußerung bzw. des Ausscheidens eine Übertragung der stillen Reserven nicht erfolgte. Diese Rücklage kann innerhalb von zwölf Monaten ab dem Ausscheiden des Wirtschaftsgutes gegen die Anschaffungs- oder Herstellungskosten (bzw. entsprechende Teilbeträge) der in diesen Jahren angeschafften oder hergestellten Wirtschaftsgüter des Anlagevermögens aufgelöst werden. Diese Frist verlängert sich auf 24 Monate, wenn höhere Gewalt vorliegt bzw. wenn Rücklagen auf Herstellungskosten (Teilbeträge) von Gebäuden übertragen werden sollen und mit der tatsächlichen Bauausführung innerhalb der Frist von 12 Monaten begonnen worden ist. Rücklagen, die nicht bis zum Ablauf der Verwendungsfrist übertragen wurden, sind im betreffenden Wirtschaftsjahr gewinnerhöhend aufzulösen.

Steuerpflichtige, die ihren Gewinn gemäß § 4 Abs. 3 EStG ermitteln, können in der Steuererklärung beantragen, dass ein Betrag in Höhe der stillen Reserven im Sinne der einleitend angeführten Regelungen bei der Veranlagung des Kalenderjahres, in dem die Wirtschaftsgüter des Anlagevermögens aus dem Betriebsvermögen ausgeschieden sind, steuerfrei bleibt. Soweit der Betrag nicht verwendet wird, erhöht er den Gewinn jenes Kalenderjahres, in dem die Verwendungsfrist abläuft.

Im Falle der Übertragung von stillen Reserven gelten die um die übertragenen Reserven gekürzten Beträge als Anschaffungs- oder Herstellungskosten.

g) Sofortabschreibung geringwertiger Wirtschaftsgüter (§ 13 EStG)

Die Anschaffungs- oder Herstellungskosten abnutzbarer Wirtschaftsgüter des Anlagevermögens können, wenn diese Kosten für das Anlagegut € 400,– (S 5.000,–) nicht übersteigen, bei Gewinnermittlung gemäß § 4 Abs. 1 oder § 5 im Jahre der Anschaffung oder Herstellung, bei Gewinnermittlung gemäß § 4 Abs. 3 im Jahre der Verausgabung voll als Betriebsausgaben abgesetzt werden. Wirtschaftsgüter, die aus Teilen bestehen, sind als Einheit aufzufassen, wenn sie nach ihrem wirtschaftlichen Zweck oder nach der Verkehrsauffassung eine Einheit bilden. Die volle Absetzbarkeit der Anschaffungs- und Herstellungskosten als Betriebsausgaben im Anschaffungsjahr kann als Steuerstundung bis zum Ende der gewöhnlichen Nutzungsdauer interpretiert werden.

Geringwertige Wirtschaftsgüter, die zur entgeltlichen Überlassung (Vermietung) bestimmt sind, dürfen ab 1994 jedoch nicht in voller Höhe abgeschrieben werden. Es hat eine normale Absetzung über die Nutzungsdauer zu erfolgen.

h) Vorsorge für Abfertigungen, Pensionen und Jubiläumsgelder (§ 14 EStG)

Die **Vorsorge für Abfertigungen** nimmt unter den Bilanzposten eine Sonderstellung ein. Wird sie in der den effektiv zu erwartenden Abfertigungsansprüchen gemäßen Höhe gebildet, kommt ihr der Charakter von Rückstellungen zu, also von ungewissen Verbindlichkeiten. Ist die Abfertigungsvorsorge zu hoch ausgewiesen, hat sie in der Differenz zwischen dem tatsächlichen und dem erforderlichen Ausmaß den Charakter von Eigenkapital, das durch eine nicht klar deklarierte offene Selbstfinanzierung gebildet wurde. Eine genaue Aufteilung der Abfertigungsvorsorge in den Teil, der Eigenkapitalcharakter besitzt, und jene Größe, die Fremdkapital darstellt, ist aber auch demjenigen kaum möglich, der die näheren Umstände der Bestimmung der Höhe der Abfertigungsvorsorge kennt.

Die gegenwärtig geltenden gesetzlichen Regelungen sehen vor, dass eine Vorsorge für künftige Abfertigungen im Ausmaß bis zu 50 % des Betrages, der den Arbeitnehmern bei Auflösung des Dienstverhältnisses am Bilanzstichtag als Abfertigung auf Grund gesetzlicher Anordnung oder auf Grund eines Kollektivvertrages bezahlt werden müsste, zu Lasten des Gewinnes gebildet werden kann. Die Vorsorge ist in der Bilanz gesondert auszuweisen. Wird eine Vorsorge für künftige Abfertigungen erstmals gebildet, so hat der Steuerpflichtige zu erklären, in welchem prozentualen Ausmaß er die Bildung der Vorsorge beabsichtigt. Das gewählte Ausmaß ist gleichmäßig auf fünf aufeinander folgende Wirtschaftsjahre verteilt zu erreichen. Eine Änderung des gewählten Ausmaßes der Vorsorge für Abfertigungen ist unzulässig.

Beginnend ab 1994 kann die Vorsorge für Abfertigungen für Mitarbeiter, die am Bilanzstichtag das 50. Lebensjahr vollendet haben, in fünf Jahresraten von 50 % auf 60 % der Ansprüche aufgestockt werden. Das Höchstmaß von 60 % für diesen Personenkreis konnte somit erst ab 1998 erreicht werden.

Spätestens am Schluss jedes Wirtschaftsjahres müssen österreichische festverzinsliche Wertpapiere, Daueremissionen inländischer Schuldner oder Forderungen aus Schuldscheindarlehen an die Republik Österreich im Nennbetrag von mindestens 50 % des am Schluss des vorangegangenen Wirtschaftsjahres in der Bilanz ausgewiesenen Vorsorgebetrages für künftige Abfertigungen im Betriebsvermögen vorhanden sein.

Die erforderliche Wertpapierdeckung für die Abfertigungsrückstellung muss am Schluss des folgenden Wirtschaftsjahres insoweit nicht mehr gegeben sein, als der Rückstellungsbetrag infolge Absinkens der fiktiven Ansprüche ebenfalls zurückgeht. Ein Teil der vorhandenen Wertpapiere kann daher bei größeren Abfertigungszahlungen verkauft werden. Mit dem Erlös wird die Zahlung der Abfertigungen erleichtert.

Beispiel: Fiktive Abfertigungsansprüche am 31.12.2000   1,000.000
Fiktive Abfertigungsansprüche am 31.12.2001
(infolge Verringerung der Beschäftigtenzahl)   700.000
Stand der Rückstellung am 31.12.2000   500.000
Stand der Rückstellung am 31.12.2001   350.000
Wertpapierdeckung am 31.12.2001   175.000

In jedem Wirtschaftsjahr, in welchem der Nennbetrag der im Betriebsvermögen vorhandenen Wertpapiere der genannten Art auch nur vorübergehend weniger als 50 % der maßgeblichen Vorsorge beträgt, ist der Gewinn um 60 % des durch Wertpapiere nicht gedeckten Vorsorgeteiles zu erhöhen. Die Fortführung der Vorsorge selbst wird durch diesen Zuschlag nicht berührt. Der Zuschlag entfällt, soweit die Wertpapiere getilgt und innerhalb von zwei Monaten nach Einlösung ersetzt werden.

Steuerpflichtige, die ihren Gewinn gemäß § 4 Abs. 3 ermitteln, können in der Steuererklärung beantragen, dass ein Betrag, der für künftige Abfertigungen zu verwenden ist, steuerfrei bleibt.

Eine von der Beurteilung als Rückstellung ähnliche Position nehmen die **Pensionsrückstellungen** ein.

Steuerpflichtige, die ihren Gewinn gemäß § 4 Abs. 1 oder § 5 ermitteln, können für schriftliche, rechtsverbindliche und unwiderrufliche Pensionszusagen an Arbeitnehmer und für direkte Leistungszusagen im Sinne des Betriebspensionsgesetzes in Rentenform Pensionsrückstellungen bilden. Die Bildung einer Pensionsrückstellung ist nur insoweit zulässig, als die zugesagte Pension 80 % des letzten laufenden Aktivbezugs nicht übersteigt.

Die Pensionsrückstellung ist erstmals im Wirtschaftsjahr der Pensionszusage zu bilden. Der Rückstellung ist im jeweiligen Wirtschaftsjahr soviel zuzuführen, als bei der Verteilung des Gesamtaufwandes auf die Zeit zwischen Pensionszusage und dem vorgesehenen Zeitpunkt der Beendigung der aktiven Dienstleistung nach den anerkannten Regeln der Versicherungsmathematik auf das einzelne Wirtschaftsjahr entfällt. Eine Erhöhung der Pensionsleistung ist wie eine neue Pensionszusage zu behandeln. Soweit durch ordnungsmäßige Zuweisungen an die Pensionsrückstellung das zulässige Ausmaß der Rückstellung nicht erreicht wird, ist in dem Wirtschaftsjahr, in dem der Pensionsfall eintritt, eine erhöhte Zuweisung vorzunehmen.

Bei Bildung der Pensionsrückstellung ist nach dem sog. „Anwartschaftdeckungsverfahren" vorzugehen und ein Rechnungszinsfuß von 6 % zugrunde zu legen. Für die Ermittlung des Jahreserfordernisses sind der Arbeitslohn und die Geldwertverhältnisse am Bilanzstichtag maßgebend.

Wie bei Abfertigungsrückstellungen müssen auch für Pensionsrückstellungen am Schluss jedes Wirtschaftsjahres auf Inhaber lautende Teilschuldverschreibungen inländischer Schuldner im Nennbetrag von mindestens 50 % des am Schluss des vorangegangenen Wirtschaftsjahres in der Bilanz ausgewiesenen Rückstellungsbetrages im Betriebsvermögen vorhanden sein.

Die Anpassung der nach § 14 EStG 1972 (altes Recht) gebildeten Pensionsrückstellungen an das neue Recht erfolgt in einer 20-jährigen Übergangsregelung:

1. Auf Rückstellungen für Wirtschaftsjahre, die vor dem 1. Jänner 1990 enden, sind noch die Bestimmungen des EStG 1972 in Verbindung mit Abschnitt I Art. 11 Z 2 des 2. Abgabenänderungsgesetzes 1977, BGBl. Nr. 645, anzuwenden.

2. Übersteigt zum Schluss des letzten vor dem 1. Jänner 1990 endenden Wirtschaftsjahres die Rückstellung, die sich nach § 14 errechnen würde (fiktive Neurückstellung), die nach altem Recht steuerwirksam gebildete Rückstellung (Altrückstellung), so ergibt sich die jeweils steuerlich maßgebende Rückstellung aus der Rückstellung nach § 14 abzüglich eines seit dem genannten Bilanzstichtag jährlich um 5 % verminderten Unterdeckungsbetrages. Der Unterdeckungsbetrag ergibt sich aus dem Unterschied zwischen der fiktiven Neurückstellung und der Altrückstellung. Vermindert sich die nach § 14 berechnete Rückstellung gegenüber der nach § 14 zum Schluss des vorangegangenen Wirtschaftsjahres berechneten Rückstellung, so vermindert sich der Unterdeckungsbetrag im gleichen Verhältnis; dabei sind der Berechnung der zu vergleichenden Rückstellungen jene Pensionsleistungen zugrunde zu legen, die an dem genannten Stichtag zugesagt wurden.

Nach dem alten Recht war von einer um 20 % verminderten Pensionszusage auszugehen und ein Rechnungszinsfuß von 8 % anzuwenden. Die Pensionsrückstellung durfte für den einzelnen Arbeitnehmer das Fünffache des Jahreserfordernisses für die zu berücksichtigende Pension nicht übersteigen, gleichgültig, ob die Pension bereits laufend ausgezahlt wurde oder nicht.

3. Der Bundesminister für Finanzen kann vereinfachte Berechnungen der fiktiven Neurückstellung nach anerkannten Regeln der Versicherungsmathematik durch Verordnung festlegen.

4. Die Wertpapierdeckung muss erstmalig am Schluss des im Kalenderjahr 1991 endenden Wirtschaftsjahres gegeben sein. Abweichend von § 14 Abs. 7 Z 7 ist das prozentuelle Ausmaß von 50 % auf 20 Wirtschaftsjahre gleichmäßig verteilt zu erreichen.

5. In den Fällen des § 14 Abs. 9 (Pensionszusagen früherer Arbeitgeber) ist die steuerlich maßgebende Rückstellung in der Höhe anzusetzen, in der sie sich beim früheren Arbeitgeber (Vertragspartner) unter Berücksichtigung einer gleichen Pensionszusage nach Z. 2 ergeben hätte.

Die Bildung einer **Rückstellung für Jubiläumsgelder** (Rückstellung für die Verpflichtung zu einer Zuwendung anläßlich eines Dienstjubiläums; § 14 Abs. 12 EStG) ist nur bei einer kollektivvertraglichen Vereinbarung, bei einer Betriebsvereinbarung oder bei anderen schriftlichen, rechtsverbindlichen und unwiderruflichen Zusagen zulässig. Sie kann ab dem Veranlagungsjahr 1999 (wieder) gebildet werden und ist auf die gleiche Weise wie die Pensionsrückstellung zu berechnen.

i) Anlagensubventionen (§ 3 Z 6 EStG)

Zuwendungen aus öffentlichen Mitteln mindern die Anschaffungs- und Herstellungskosten von Anlagen und in der Folge den Abschreibungsaufwand. Die Zuwendungen stellen eine Investitionsförderungsmaßnahme dar und führen bei der Anschaffung zu stillen Reserven. Die Dauer der Steuerbegünstigung hängt von der Lebensdauer des geförderten Objekts ab.

j) Rückstellungen (§ 9 EStG; Fassung ab 1994)

Einschränkend und teilweise abweichend vom Handelsrecht (RLG) sind nur folgende Rückstellungsbildungen möglich:

1. Abfertigungs- und Pensionsrückstellungen sowie Rückstellungen für Jubiläumsgelder gemäß § 14 EStG.

2. **Einzelrückstellungen**, wenn konkrete Umstände nachgewiesen werden können, nach denen im jeweiligen Fall mit dem Vorliegen oder dem Entstehen einer Verbindlichkeit oder eines Verlustes ernsthaft zu rechnen ist (sonstige ungewisse Verbindlichkeiten und drohende Verluste aus schwebenden Geschäften; § 9 Abs. 1 Z. 3 und 4 EStG). Insbesondere sind dies Rückstellungen für Rechts- und Beratungskosten, Prozesskosten, konkret drohende Inanspruchnahmen aus Bürgschaften, drohende Verluste aus schwebenden Geschäften, behördlich angeordnete Entsorgungen, Abraumbeseitigung, Pfandverbindlichkeiten, Heimfallverpflichtungen, vertraglich vereinbarte Miet- oder Pachterneuerungspflichten, geltend gemachte Gewährleistungsansprüche, konkret drohende Inanspruchnahmen aus bereits erfolgtem schädigendem Verhalten, wie z. B. Patent- oder Markenrechtsverletzungen, sowie Rückstellungen für rückständige Urlaubsansprüche.

Pauschalrückstellungen aller Art werden steuerlich nicht mehr anerkannt, auch wenn sachliche Erfahrungswerte aus der Vergangenheit vorliegen. Dies betrifft vor allem Rückstellungen aus Haftungen (Produkthaftung, Umwelthaftung, Gewährleistungen), Garantieverpflichtungen, Kulanzfällen und Gestionsrisken sowie allgemeine Rückstellungen für noch nicht getätigte Aufwendungen (Aufwandsrückstellungen). Die Rückstellungen für Jubiläumsgelder wurden im Zeitraum zwischen 1994 und 1998 steuerlich nicht anerkannt. Analog zu den Pauschalrückstellungen sind auch **pauschale Wertberichtigungen** für Forderungen nicht mehr möglich.

Rückstellungen für sonstige ungewisse Verbindlichkeiten und für drohende Verluste aus schwebenden Geschäften dürfen ab 2001 nur mehr bis zu 80 % steuerwirksam gebildet werden. Rückstellungen, deren Laufzeit am Bilanzstichtag weniger als 12 Monate beträgt, sind ohne Kürzung des maßgeblichen Teilwerts anzusetzen. Rückstellungen, die bereits in der Bilanz des Wirtschaftsjahres 2000 (1999/2000) enthalten sind, dürfen in der Bilanz des Witschaftsjahres 2001 (2000/2001) nur noch mit 80 % angesetzt werden. Eine Übergangsregelung sieht vor, dass in diesen Fällen die Auflösungsgewinne einer steuerfreien Auflösungsrücklage zugeführt werden dürfen, die in den Wirtschaftsjahren 2001 (2000/2001) und in den folgenden Wirtschaftsjahren gewinnerhöhend aufzulösen ist, wobei jährlich mindestens 20 % anzusetzen sind.

5. Auswahlkriterien für die Inanspruchnahme steuerlicher Begünstigungen

Die Anwendung der steuerlichen Begünstigungen erfordert eine Auswahl und Gewichtung. Für die Auswahl sind zwei Fragestellungen bestimmend:

1. Welche unmittelbare Steuerersparnis ergibt sich im Jahr der Inanspruchnahme der steuerlichen Begünstigung (**Liquiditätswirkung**)?

2. Welche Steuerersparnis bzw. Zinsenersparnis lässt sich insgesamt (also auch in den Folgeperioden) aus der Begünstigung ableiten (**Rentabilitätswirkung**)?

Grundsätzlich sollte der **Rentabilitätswirkung** der Vorrang eingeräumt werden. Bei gleicher Rentabilitätswirkung ist jene Begünstigung vorteilhafter, die die höhere Liquiditätswirkung aufweist. Zu bedenken ist, dass der **Rentabilitätseffekt** auf **Zukunftserwartungen** basiert und deshalb mit Unsicherheiten verbunden ist. Ist die Gefahr der Nichtrealisierung dieser Zukunftserwartungen groß, so ist es verständlich, dass die unmittelbaren Liquiditätseffekte bei der Entscheidungsfindung stärker als die unsicheren Rentabilitätseffekte ins Gewicht fallen. Auch bei angespannter Kreditlage eines Unternehmens treten Liquiditätseffekte stärker in den Vordergrund. In der Praxis werden die Rentabilitätseffekte jedoch allzu oft in den Hintergrund gedrängt.

Mit der Inanspruchnahme von steuerlichen Begünstigungen ergibt sich eine grundsätzliche **Verbesserung der Kapitalstruktur**. Die Steuerstundung bzw. die Steuerersparnis führt zu einer Erhöhung des Eigenkapitals im Verhältnis zum Fremdkapital. Die **Dauer** der Kapitalstrukturveränderung hängt von der Dauer der Steuerstundung und damit von der Anlagennutzungsdauer bzw. von der Art der Steuerersparnis ab.

Da sich die **Rentabilitätswirkung** auf mehrere Perioden erstreckt, müssen die in Zukunft entstehenden steuerlichen Ersparnisse bzw. Belastungen für verschiedene Vorgehensalternativen vergleichbar gemacht werden. Dies geschieht durch Abzinsen der Steuerzahlungsreihen auf einen gemeinsamen Bezugspunkt und durch den Vergleich der **Barwerte**. Die Höhe des Barwertes hängt jedoch vom verwendeten Zinsfuß ab. Die **Höhe des Zinssatzes** wird sich in der Regel an den Kreditkosten orientieren, die man sich durch die Inanspruchnahme einer Steuerbegünstigung erspart. Im Falle genügender finanzieller Mittel wird man sich am Zinssatz für andere Anlagemöglichkeiten orientieren.

In der Höhe des Zinssatzes müssten sich aber auch **ungewisse Zukunftserwartungen** niederschlagen: mögliche Steuersatzänderungen, Änderungen des Progressionsverlaufes für das Unternehmen selbst, steuerliche Sondermaßnahmen (z. B. Aufwertungsmöglichkeiten nach dem Strukturverbesserungsgesetz). Ein Kapitalisierungszinssatz von 8–12 % wird als angemessen angesehen. Die große Spanne zeigt die Schwierigkeit der Feststellung des richtigen Zinssatzes auf.

6. Die Berücksichtigung der Steuerbegünstigungen in den Investitionsrechnungen

Bei Investitionsanalysen ist es notwendig, die Wirkung steuerlicher Begünstigungen im Zeitablauf zu erfassen. Die Möglichkeiten der Steuerstundung und des Verlustvortrages können eine andere Rentabilitätswirkung ergeben, als dies bei „normalen" Finanzanlagen zu erwarten ist (sog. **„Steuerparadoxon"**). Dies zeigt folgendes **Beispiel** (in Anlehnung an D. Schneider, Korrekturen zum Einfluß der Besteuerung auf die Investition, in: ZfbF 1969, S. 297 f.) bei Anwendung der ab 2001 geltenden steuerrechtlichen Regelungen auf:

Zahlungsstrom für eine Anlageninvestition

I_0: –3.000; t_1: 0; t_2: +2.000, t_3: +1.760. Kalkulationszinssatz 10 %, volle Eigenfinanzierung.

Ohne Berücksichtigung der Besteuerung wäre die Investition unvorteilhaft, der Kapitalwert beträgt –25.

Wird die Besteuerung berücksichtigt, ist zunächst der steuerpflichtige Gewinn und die daraus resultierende Steuerlast zu berechnen. Bei linearer Abschreibung fallen je Periode 1.000 an Abschreibungen an. Da die Erträge ungleich hoch sind, ergibt sich in t_1 ein Verlust, der bis zur Verrechnungsgrenze von 75 % der Einkünfte in die Folgeperiode übertragen werden kann (Steuersatz 50 %).

t_1: –1.000 (Abschreibung) = Verlust
t_2: +2.000 –1.000 (Abschreibung) –750 (Verlustvortrag) = +250 (Gewinn): 50 % Steuer = 125
t_3: +1.760 –1.000 (Abschreibung) –250 (restlicher Verlustvortrag) = +510 (Gewinn): 50 % Steuer = 255.

Der Zahlungsstrom mit Berücksichtigung der Steuer beträgt daher:
I_0: –3.000; t_1: 0; t_2: +1.875; t_3: +1.505. (Der Einfachheit halber wird die Steuerzahlung der Periode der Steuerpflicht zugeordnet.)

Der Kalkulationszinssatz kann aber bei einem Steuersatz von 50 % (s = 0,5) nicht mehr in der Höhe von 10 % festgesetzt werden, da auch die Erträge der anderweitigen Anlage (der Finanzanlage) besteuert werden. Die Rendite der Finanzanlage beträgt 5 % nach Steuern:

$$i_s = (1 - s)\, i$$

Beim Zinsfuß von 5 % ergibt sich ein Kapitalwert von +1. Die zunächst unvorteilhafte Anlage ist unter Berücksichtigung der Steuern bereits als vorteilhaft anzusehen. Hat man in t_1 eine unmittelbare Möglichkeit zum Verlustausgleich mit anderen Einkünften, würde der Kapitalwert auf +29 anwachsen (t_1: +500, t_2: +1.500, t_3: +1.380).

Im Beispiel wird der frühe Liquiditätseffekt (in t_1) deutlich aufgezeigt. Daraus leitet sich auch eine positive Rentabilitätswirkung ab. Diese Vorteilhaftigkeit ist auf folgende Ursachen zurückzuführen:

1. Der niedrigere Nettozinssatz nach Steuern gewichtet die Einzahlungsüberschüsse während des Investitionszeitraumes stärker.

2. Die Steuerbemessung orientiert sich am Erfolg und nicht am Cashflow. Die Möglichkeit zum Verlustausgleich führt erst zu Steuerzahlungen in späteren Zeiträumen.

3. Der liquiditätsschonende Effekt von allfälligen steuerlichen Investitionsbegünstigungen würde die Zahlungsreihen weiter positiv beeinflussen.

In analoger Weise sind diese Grundüberlegungen zu erweitern, wenn unterschiedlich hohe Grade an Fremdfinanzierung und die daraus ableitbaren liquiditätsbelastenden, aber auch steuermindernden Effekte angenommen werden. Der Übergang vom Kapitalwertkriterium zum Endwertkriterium ist möglich. Damit können unterschiedliche Soll- und Habenzinssätze berücksichtigt werden.

Auf diesem „**steuerschonenden**" Effekt baute in der Vergangenheit auch die Wirkungsweise der bekannten **Beteiligungsmodelle** (**Verlustbeteiligungsmodelle**) auf. Die Bedeutung der Verlustbeteiligungsmodelle wurde bereits mit der Steuerreform 1989 wesentlich vermindert. Durch den IFB entstandene Verluste sind mit anderen Einkünften weder ausgleichsfähig noch in Folgejahre vortragsfähig (§ 10 Abs. 8 EStG 1988). Verluste aus der Beteiligung als stiller Gesellschafter sind nach § 27 Abs. 1 Z. 2 EStG 1988 bei der Einkunftsermittlung nicht mehr zu berücksichtigen.

Andererseits sind Gewinne, soweit sie zur Auffüllung einer durch Verluste herabgeminderten Einlage verwendet werden, nicht mehr steuerpflichtig. Dies gilt allerdings nicht für dem 1. Jänner 1989 erworbene Beteiligungen.

Ein steuermindernder Effekt der Beteiligungsmodelle tritt nur ein, wenn für die Auflösung der Beteiligung ein Steuervorteil (z. B. halber Steuersatz für den begünstigten Veräußerungsgewinn nach § 31 EStG 1988) beansprucht werden kann.

Die Berücksichtigung von Steuereffekten in Investitionskalkülen baut in der **theoretischen** Grundlegung auf einem Standardmodell (vgl. F. W. Wagner/H. Dirrigl, Die Steuerplanung der Unternehmung, Stuttgart/New York 1980) auf, das auf die Ermittlung des **Nettokapitalwerts** (nach Steuern) abzielt. Will man den steuerlichen Einfluss auf ein Investitionsvorhaben berücksichtigen, sind zwei Modifikationen vorzunehmen. Es müssen einerseits die zu diskontierenden **Zahlungsströme** und andererseits der **Kalkulationszinsfuß** (wie im obigen Beispiel gezeigt) um die anteiligen Steuern verkürzt werden. Dabei wird mehr oder weniger vereinfachend zu bestimmen sein, wie die Steuerzahlungen mit den Ein- und Auszahlungsgrößen in den einzelnen Perioden zu verknüpfen sind. In vielen Fällen ist dies aber nur mit Hilfe von weiteren Größen aus der Aufwands- und Ertragsebene möglich. Ein für die Entscheidung taugliches Rechenergebnis kann auch nur bei einem linearen Steuertarif (z. B. einheitlicher KSt-Satz) vorausbestimmt werden. Andernfalls müssen Alternativberechnungen vorgenommen werden, die jeweils auf eine konkrete steuerliche Situation abstellen.

Die modifizierte Zahlungsreihe e_s einer Periode t ergibt sich wie folgt:

$$e_s = E_t - A_t - S_t$$

E_t .... Bruttoeinzahlungen einer Periode vor Steuern

A_t .... Bruttoauszahlungen einer Periode vor Steuern

S_t .... Steuerzahlungen in einer Periode

Für S_t kann sich im Falle eines steuermindernden Verlustes und einer damit verbundenen geringeren Gesamtsteuerbelastung auch ein negativer Wertansatz ergeben.

Die Festlegung des **Kalkulationszinssatzes** kann einmal auf der Basis der entgehenden Zinserträge für die alternativ zum Investitionsvorhaben mögliche Veranlagung der eigenen Mittel (Haben-Zinssatz für Kapitalanlagemöglichkeiten) erfolgen. Der Zinssatz kann sich aber auch nach den für die aufzunehmenden Fremdmittel tatsächlich anfallenden Zinsaufwendungen richten (Soll-Zinssatz für Kreditaufnahmen). Wenn nun die Zinserträge mit dem Steuersatz s zu versteuern sind und andererseits die Fremdkapitalzinsen die Steuerbemessungsgrundlage in gleicher Art vermindern, dann ist auch der **Kalkulationszinssatz** zu modifizieren:

$$i_s = (1 - s)\, i$$

i .... Kalkulationszinssatz vor Steuern

i_s .... Kalkulationszinssatz nach Steuern

s .... Steuersatz

Bei der **Festlegung des Steuersatzes** sind die relevanten Ertragsteuern (ESt, KSt) zu berücksichtigen. Progressiv ansteigende Steuersätze sowie Steuerfreibeträge auf der einen Seite und unterschiedliche Soll- und Haben-Zinssatzkonditionen auf der anderen Seite machen zum Teil umfangreiche Berechnungen erforderlich. In der Praxis wird daher oft einer nur näherungsweisen Berechnung der Vorzug gegeben und für Steuern und Zinssatz ein (linearer) Pauschalwert eingesetzt. Dabei wird meistens ein Haben-Zinssatz (und damit eine alternative Mittelveranlagungsmöglichkeit) unterstellt. Die Berechnung des **Kapitalwerts** eines Investitionsvorhabens **nach Steuern** (K_s) erfolgt dann nach folgender allgemeiner Formel:

$$K_s = I_0 + \sum_{t=1}^{n} (E_t - A_t - S_t)\,(1 + i_s)^{-t}$$

K .... Kapitalwert vor Steuern

K_s .... Kapitalwert nach Steuern

I_0 .... Investitionsausgaben zum Zeitpunkt t_0

Die Berücksichtigung von Steuern bei der Ermittlung des Kapitalwertes eines Investitionsvorhabens führt gleichzeitig zu zwei Teileffekten:

1. Der Kapitalwert wird durch die Verminderung der Nettofinanzierungskosten, d. h. durch den Ansatz eines geringeren Kapitalisierungszinssatzes, erhöht (**Zinseffekt**).

2. Der Kapitalwert wird wegen der Verminderung der Einzahlungsüberschüsse um die Steuern vermindert (**Volumenseffekt**).

Je nach den Gegebenheiten des Einzelfalls kann nun der insgesamt sich ergebende **Steuereffekt** für das Investitionsvorhaben **positiv oder negativ** beurteilt werden. Folgende Situationen sind möglich:

1. Die Einbeziehung von Steuern führt zu einer **Verringerung** des Kapitalwertes, der Volumenseffekt übertrifft den Zinseffekt. Dabei ist denkbar, dass sich an der Vorteilhaftigkeit (oder Unvorteilhaftigkeit) eines Projekts nichts ändert, wenn K und K_s das gleiche Vorzeichen aufweisen. Wenn hingegen $K > 0 > K_s$ gegeben ist, wird ein ohne Steuern vorteilhaftes Projekt durch die Einbeziehung von Steuern zu einem unvorteilhaften Vorhaben.

2. Die Einbeziehung von Steuern führt zu einer **Erhöhung** des Kapitalwertes, der Zinseffekt ist höher als der Volumenseffekt. Auch hier ändert sich an der Vorteilhaftigkeit (oder Unvorteilhaftigkeit) eines Vorhabens bei gleichen Vorzeichen von K und K_s nichts. Wenn jedoch $K < 0 < K_s$ gegeben ist, dann liegt das im obigen Beispiel dargestellte **Steuerparadoxon** vor, ein ohne Steuern unvorteilhaftes Vorhaben wird durch die Einbeziehung von Steuern doch noch vorteilhaft.

Welche der beide Situationen im Einzelfall gegeben sein wird, hängt von der **zeitlichen Verteilung der Steuerzahlungen** ab. Fallen die Steuerzahlungen überwiegend in den ersten Perioden der Projektlaufzeit an, ist Fall 1 gegeben. Fallen sie hingegen erst in den späteren Perioden an und sind anfängliche Steuereinsparungen (z. B. durch Verlustvorträge) zu erwarten, dann übertrifft der Zinseffekt den Volumenseffekt, und es ist Fall 2 zu erwarten.

VII. Die Organisation der betrieblichen Finanzwirtschaft

1. Das Finanzmanagement

Das Finanzmanagement einer Unternehmung erstreckt sich auf folgende Teilaufgaben:

1. **Finanzierung** (Beschaffung von Kapital zur Bindung im Unternehmen)
2. **Strukturelle Liquiditätssicherung** (Abstimmung der Investitionen auf eine fristentsprechende Finanzierung)
3. **Situative Liquiditätssicherung** (tägliche Finanzmitteldisposition, Abstimmung von laufenden Einnahmen und laufenden Ausgaben)
4. **Haltung einer Liquiditätsreserve** (risikoorientierte Bereithaltung frei verfügbarer liquider Mittel)
5. **Liquiditätspolitik im Krisenfall** (Steuerung der Unternehmung in Liquiditätsengpässen)

Jede dieser Aufgaben ist in den Teilphasen Planung, Realisation und Kontrolle zu erfüllen:

1. **Finanzplanung** (gedanklicher Voraus-Vollzug der Aufgabenerfüllung)
2. **Finanzdisposition** (tatsächlicher Vollzug)
3. **Finanzkontrolle** (kritischer Nachvollzug der getroffenen Entscheidungen und realisierten Aktivitäten)

Die Liquidität kann sich nur auf die **gesamte** Unternehmung erstrecken, daher erhebt sich die Forderung nach einer **Zentralisierung** der betrieblichen Finanzwirtschaft. Je größer die Unternehmung ist, desto größer wird das Bedürfnis nach einer **Koordination** aller finanzwirtschaftlicher Aktivitäten.

In großen Unternehmungen ist der **Finanzvorstand** oberster Träger der finanziellen Führung. Ihm sind die Instanzen des **Treasurers** und des **Controllers** untergeordnet.

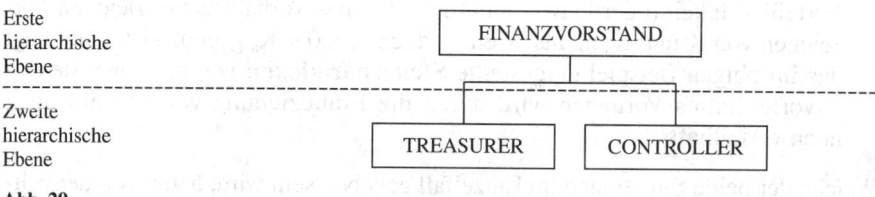

Abb. 29

Dem **Finanzvorstand** obliegen:

1. die **generelle Führungsverantwortung** für die großteils **delegierten** Teile der finanziellen Aufgaben (Setzen der Handlungsziele, Personalauswahl und -einweisung, Kontrolle der finanziellen Führung);
2. **Repräsentations-Funktionen** bei Verhandlungen über Arten, Volumina, Fristen und Konditionen bestimmter Finanzierungen;

364

3. **Konfliktregulierungs-Funktionen** im Konflikt mit anderen Vorstandsberei-
chen. Drastisch wirkende Sondervollmachten (Vetorecht, Verfügungssperren,
Sonder-Informationsrechte) lassen eine Delegation auf niedrigere Unternehmensinstanzen nicht zu (Durchsetzungskraft).

Dem **Treasurer** (Finanzleiter) ist Realisationsverantwortung übertragen, dem
Controller hingegen konzeptionelle Rechnungsverantwortung. Er ist auch für
erfolgswirtschaftliche Überlegungen zuständig.

Die **Realisations**verantwortung des **Treasurers (Finanzleiters)** umfasst:

1. die Führung von Finanzierungsverhandlungen (soweit nicht dem Finanzvorstand vorbehalten);

2. die Lenkung der Zahlungsströme im Rahmen der täglichen Finanzdisposition;

3. die Anlage freigesetzter Mittel, die Wechseldisposition, die Haltung von
zweckbestimmten Liquiditätsreserven;

4. das Inkasso- und Mahnwesen.

Die **Rechnungs**verantwortung des **Controllers** umfasst:

1. die Veranlassung und Koordination der für die integrierte Unternehmenspla-
nung erforderlichen Primärinformationen aus den verschiedenen Teilplänen
(Absatz, Produktion, Beschaffung) einschließlich der Erfolgsplanung (der
Controller ist für die **gesamte Informationsverarbeitung** verantwortlich);

2. die Finanzplanung in diesem Rahmen in Form von Informationen über die
Liquidität an jedem Tag (Liquiditätsstatus), über ihre Entwicklung in den
kommenden Monaten (kurzfristige Finanzplanung) und über ihre Grundstruktur in den kommenden Jahren (langfristiger Kapitalbindungsplan).

3. die Feststellung der Kontrollergebnisse und die Analyse der Planabweichun-
gen.

In mittleren Unternehmungen wird die Arbeitsteilung nicht so ausgeprägt sein.
Vielfach verbleiben die Funktionen des Treasurers beim Finanzvorstand. Dem
Controller werden oft auch Innenrevisionsaufgaben übertragen. In anderen Fällen
wird der (Verwaltungs-)Bereich des Rechnungswesens erweitert und die Agen-
den der finanzwirtschaftlichen Führung werden in einem Bereich „Finanz- und
Rechnungswesen" mit den reinen Verwaltungsfunktionen zusammengefasst.

In der Praxis erfolgt zum Teil auch eine Verrichtungs**dezentralisation.** Finanzwirtschaftliche Agenden können dann bei den einzelnen Objektbereichen (Spartenorganisation) getrennt wahrgenommen werden. Dies erfordert jedoch permanente Koordinierungsmaßnahmen.

2. Die Einordnung der Finanzwirtschaft in die Unternehmensorganisation

Die folgenden Schaubilder zeigen beispielhaft einige Möglichkeiten für die Einbindung der Finanzwirtschaft bei der Gestaltung der Aufbauorganisation einer Unternehmung (entnommen aus: E. Grochla, Finanzorganisation, in: Handwörterbuch der Finanzwirtschaft, hrsg. v. H. E. Büschgen, Stuttgart 1976, Sp. 531 ff.).

Abb. 30

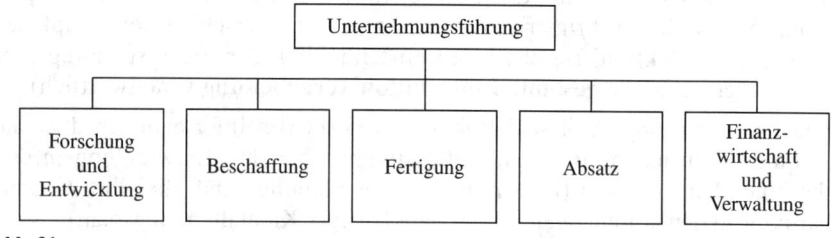

Abb. 31

Abb. 30 und 31 zeigen eine verrichtungsorientierte (funktionale) Unternehmensstruktur. Die Finanzwirtschaft ist dabei alleinige (Abb. 30) oder Haupt- bzw. Nebenaufgabe (Abb. 31; auch: „Finanzen und Rechnungswesen").

Abb. 32 zeigt eine objektorientierte Organisationsstruktur, bei der die Finanzierungsfunktion zum Teil dezentralisiert in den einzelnen Spartenbereichen und zum Teil zentralisiert (Koordination) wahrgenommen wird. Es besteht auch bei Spartenorganisation die Möglichkeit, die Finanzierung gänzlich zu zentralisieren

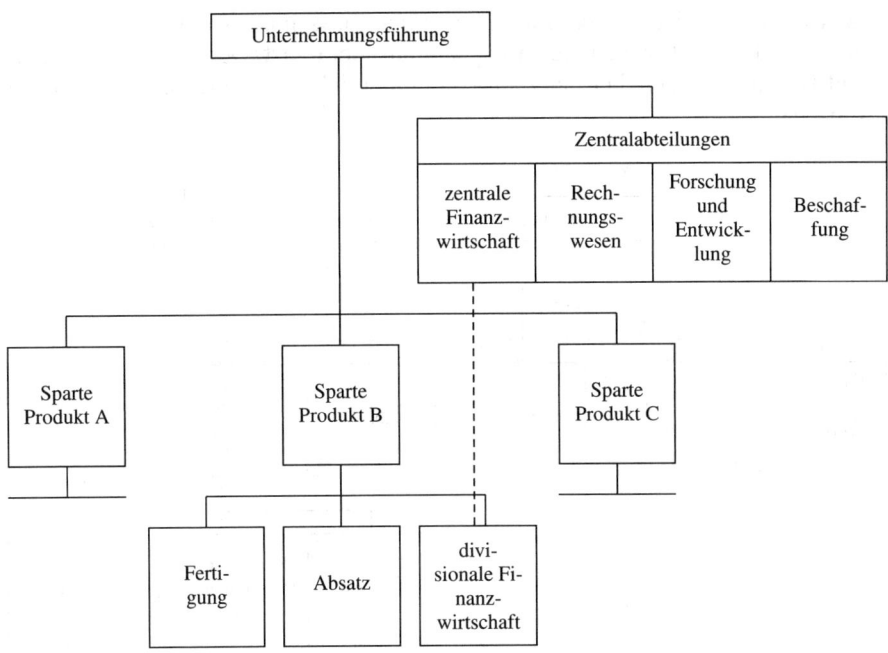

Abb. 32

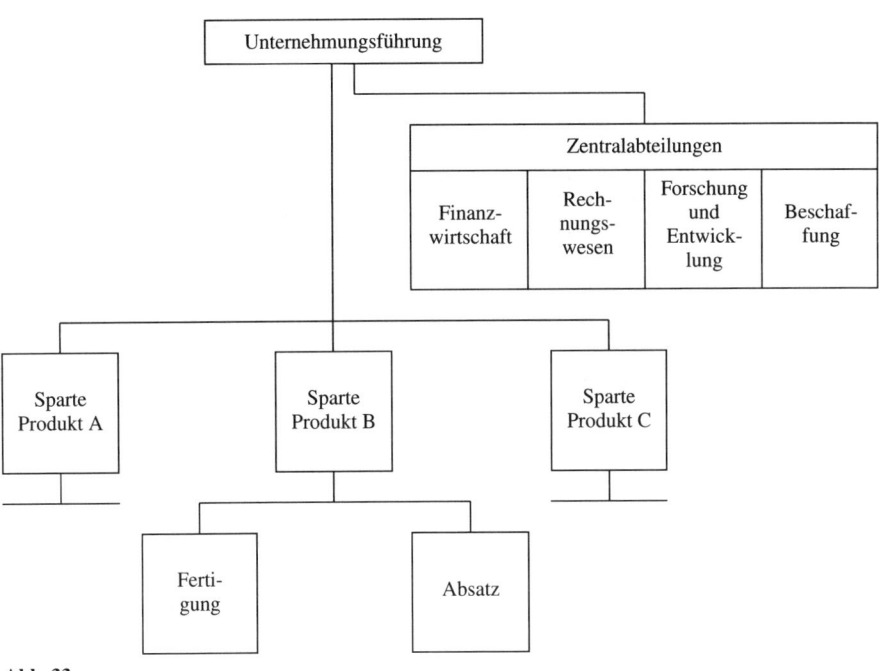

Abb. 33

Die Koordination kann auch von einem Finanzausschuss wahrgenommen werden, wenn die funktionale Gliederung sehr ausgeprägt ist. Der Koordinationsaufwand ist jedoch gegenüber der zentralen einheitlichen Leitung bedeutend höher (Abb. 34).

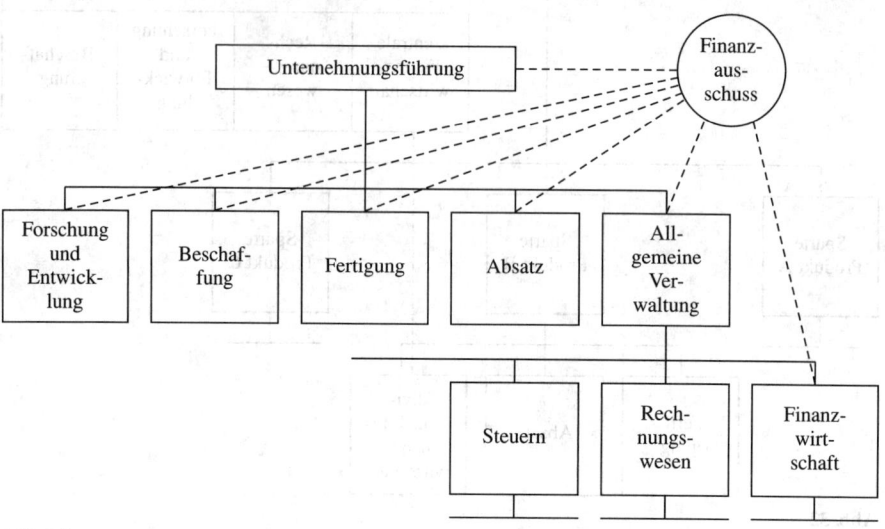

Abb. 34

E. Die Beschaffung

I. Der Begriff „Beschaffung"

Am Beginn der Prozesse der Leistungserstellung steht die Beschaffung der für den Produktionsprozess benötigten Güter. Als **Beschaffung** sind alle Tätigkeiten eines Betriebes zu verstehen, die der Bereitstellung jener Mittel dienen, die der Betrieb zur Erfüllung seiner gestellten Ziele benötigt. In der arbeitsteiligen Wirtschaft ist der einzelne Betrieb mit den anderen Wirtschaftseinheiten über Märkte verbunden. Auf dem **Beschaffungsmarkt** tritt er als Nachfrager von Produktionsfaktoren und von finanziellen Mitteln auf und auf dem **Absatzmarkt** als Anbieter von Sachgütern und Dienstleistungen.

Die Beschaffung der einzelnen Produktionsfaktoren (menschliche Arbeit, Betriebsmittel, Werkstoffe) wie der finanziellen Mittel wirft vielschichtige Probleme auf. Den unterschiedlich gearteten Aufgabenstellungen wird durch die Aufteilung des Beschaffungsmarktes in **drei Teilmärkte** entsprochen:

- Arbeitsmarkt

- Geld- und Kapitalmarkt

- Waren- und Dienstleistungsmarkt (einschließlich des Marktes für Informationen).

Dieser fachlichen Differenzierung wird auch innerbetrieblich durch die Einrichtung von verschiedenen Beschaffungsabteilungen organisatorisch entsprochen:

- Personalabteilung

- Finanzabteilung

- Einkaufsabteilung

(a) Gegenstand des **Arbeitsmarktes** und damit Aufgabe der **Personalabteilung** ist die Einstellung und Bereitstellung von Arbeitskräften. Die dabei auftretenden Probleme wurden bei der Besprechung des Produktionsfaktors menschliche Arbeit im Ansatz erläutert.

(b) Gegenstand des **Geld- und Kapitalmarktes** und damit Aufgabe der **Finanzabteilung** ist die Beschaffung von finanziellen Mitteln (Kapitalbeschaffung). Die dabei auftretenden Probleme wurden im Abschnitt D.: Die Finanzierung behandelt.

(c) Der **Waren- und Dienstleistungsmarkt** bezieht sich auf die Beschaffung von Betriebsmitteln (Anlagegütern), Werkstoffen (Roh- und Hilfsstoffe, Halbfertigprodukte) und von Handelswaren, auf die Bereitstellung von Dienstleistungen sowie auf die Sicherung von Rechten (Patente, Konzessionen, Lizenzen,

Beteiligungen und dergleichen). Die Beschaffung von Betriebsmitteln, Werkstoffen und Waren wird in der Regel der **Einkaufsabteilung** übertragen. Die Beschaffung von Dienstleistungen und von Informationen wird im Allgemeinen von der Betriebsleitung selbst (z. B. Rechtsberatung, Steuerberatung) oder von den betroffenen Fachabteilungen (z. B. Werbeberatung, Betriebsberatung) wahrgenommen.

In der betriebswirtschaftlichen Literatur wird weitgehend eine enge Auslegung des Beschaffungsbegriffes gepflogen. Als **Beschaffung im engeren Sinn** ist nur die Beschaffung von Sachgütern, fremden Diensten sowie Rechten zu verstehen (Punkt c der obigen Aufzählung). Die Personalbeschaffung und die Kapitalbeschaffung (a und b der obigen Aufzählung) werden hingegen wegen ihrer spezifischen Problematik aus pragmatischen Erwägungen heraus als eigene Betriebsfunktionen dargestellt.

Aus dem Blickwinkel der systemtheoretischen Betriebswirtschaftslehre kommt der Beschaffungsfunktion eine umfassendere Bedeutung als Schnittstelle zwischen der Unternehmung und ihrer Umwelt zu. Die Beschaffungsvorgänge haben die Aufnahme von Energie, Materie und Informationen für den betrieblichen Transformationsprozess zum Inhalt und haben diesen zu sichern. Auch in der Wirtschaftspraxis werden **Beschaffungsentscheidungen**, wenn auch oft nur auf den engeren Bereich der Materialwirtschaft begrenzt, als wichtige **Führungsentscheidungen** mit strategischer und operativer Dimension angesehen (vgl. im folgenden E. Grochla, Der Weg zu einer umfassenden betriebswirtschaftlichen Beschaffungslehre, in: Die Betriebswirtschaft 1977, S. 181 ff.).

In den folgenden Ausführungen wird zunächst nur auf die engere Begriffsauslegung Bezug genommen. Dabei ist der Beschaffungsbegriff jedoch weiter als der Begriff **Einkauf** zu sehen, da die Beschaffung von Sachgütern auch mit den Mitteln von Miete, Pacht, Leasing oder im Zuge der vertikalen Integration von Konzernbetrieben und nicht nur im Wege des Kaufs (Kaufvertrag) ermöglicht werden kann.

In den Ausführungen zur Beschaffungspolitik (Abschnitt IV.) werden dann Gründe dargelegt, die für eine erweiterte Fassung des Beschaffungsbegriffes sprechen.

II. Die Bedeutung der Beschaffungsfunktion

1. Die Kostenwirkung

Auf den Beschaffungsmärkten erfolgt eine Abstimmung zwischen den vom Unternehmen technisch geforderten Materialien einerseits und preislich günstigen Angeboten andererseits. Die **ökonomische** Betrachtungsweise lässt oft erheblich niedrigere Materialkosten zu, als dies bei allein von Technikern gefällten Entscheidungen über die zu verwendenden Materialien der Fall wäre. Die Kostensenkung als Unternehmensziel hat in dieser Sicht zwei Dimensionen.

Kostensenkung bedeutet zunächst, vorgegebene Materialien so günstig wie möglich zu beschaffen (**operative** Dimension). Fundierte Marktkenntnisse und erkannte Möglichkeiten zur Marktbeeinflussung lassen aber andererseits auch Rückwirkungen auf Produktionsentscheidungen zu, indem technisch gleichwertige, aber preislich günstigere Materialien verwendet werden (**strategische** Dimension).

Maßnahmen mit **kostensenkender** Wirkung sind einerseits in der Normierung und Standardisierung von Materialien und andererseits im gemeinschaftlichen Einkauf zu sehen. Auch Bemühungen zur Senkung und Abwälzung des Beschaffungsrisikos gehören dazu. So ist es in der Bekleidungsindustrie oft üblich, wegen der starken Modeeinflüsse Stoffbestellungen erst aufzugeben, wenn bereits auf Mustermessen vom Handel entsprechende Aufträge getätigt wurden. Das Beschaffungsrisiko wird dadurch auf den Handel abgewälzt.

2. Die Leistungswirkung

In vielen Bereichen werden die Produktqualität und in der weiteren Folge die Absatzchancen maßgeblich von den verwendeten Materialien bestimmt. Gerade bei technischen Produkten (z. B. in der Elektronik-Industrie) kommen sehr oft neue Teile oder Bauelemente auf den Markt, die von den beschaffenden Unternehmen sehr rasch in den Produktionsprozess aufgenommen werden müssen, damit die Absatzchancen gewahrt bleiben.

Der betriebliche Entscheidungsprozess hat sich damit **simultan** an den Gegebenheiten des Beschaffungsmarktes, an den technischen Produktionsbedingungen und an den Möglichkeiten des Absatzmarktes zu orientieren. Dies lässt keine isolierten Entscheidungen im Einkaufsbereich, im Produktionsbereich oder im Absatzbereich allein zu, weil diesen Planungsträgern die notwendige Übersicht fehlt. Entscheidungen dieser Art betreffen das gesamte Unternehmen und sind in ihrer strategischen Dimension von der Unternehmensleitung zu treffen.

Die Aspekte der Kostenwirkung und der Leistungswirkung werden im Rahmen der **Wertanalyse** einer gemeinsamen Untersuchung unterzogen. In diesem Verfahren werden die Kosten und der Funktionswert (Wertgröße für die Leistungswirkung) für einzelne Materialien und in der weiteren Folge für die einzelnen Leistungserstellungsprozesse kritisch einander gegenübergestellt. Aus der genauen Kenntnis der Beschaffungsmärkte wird es dann möglich, Alternativen mit gleichen Funktionswerten und niedrigeren Kosten ausfindig zu machen.

3. Die Wirkung auf die Unternehmensautonomie

Echte Führungsentscheidungen stellen die Überlegungen zur langfristig gesicherten Versorgung des Unternehmens dar. Die für eine kontinuierliche Produktion in technischer und kostenmäßiger Hinsicht notwendige Abschirmung vor Schwankungen und Störungen auf den Beschaffungsmärkten kann nur in einem beschränkten Umfang durch Lagerhaltung und Sicherheitszuschläge in der Planung erfolgen. Krisenhafte Entwicklungen auf den Märkten (z. B. Erdölkrise) zeigen eine beschränkte Unternehmensautonomie auf. In strategischen Überlegungen sind Möglichkeiten zu einer Vergrößerung dieser Autonomie aufzuspüren. Dies kann z. B. durch langfristige Lieferverträge, durch Beteiligungen oder Neugründungen von Tochterunternehmungen in vorgelagerten Produktionsstufen im In- und Ausland und damit durch Maßnahmen der vertikalen Integration erfolgen.

Aus der strategischen Dimension von Beschaffungsentscheidungen heraus leitet sich die Konzeption des **Beschaffungsmarketing** ab. Sie wird als eine Denk- und Verhaltensweise der Unternehmen angesehen, die auf eine konsequente Erforschung und Beeinflussung der Beschaffungsmärkte ausgerichtet ist (siehe auch die Erläuterungen zum Marketing-Begriff im Abschnitt G.).

III. Die Beschaffungsplanung

Die planende Gestaltung der betrieblichen Aktivitäten hat auch die Beschaffungsplanung zu umfassen. Der **Beschaffungsplan** soll sicherstellen, dass die für die einzelnen Betriebsprozesse **notwendigen Güter- und Leistungsmengen in der benötigten Qualität und Quantität zeitgerecht zur Verfügung stehen.** Damit soll ein kontinuierlicher Produktionsprozess bzw. ein nachfragegerechter Verkauf ermöglicht werden.

Die Planung hat sich auf gegebene Anforderungen des Marktes, Erfahrungen über die relevanten Betriebsabläufe sowie auf Schätzungen über die wahrscheinlichen zukünftigen Entwicklungen abzustützen. Die Beschaffungsplanung ist als fester Teil des Gesamtplanes des Betriebes anzusehen und ist mit den übrigen betrieblichen Teilplänen abzustimmen. Der Beschaffungsplan resultiert aus dem Fertigungsplan einerseits und dem Absatzplan andererseits und steht in integrativer Verknüpfung mit den jeweiligen Lagerhaltungsplänen. Er beeinflusst seinerseits den Finanzplan, da in diesem die finanziellen Mittel Berücksichtigung finden müssen, die die Beschaffung ermöglichen sollen.

1. Die Bedarfsplanung

Als grundlegende Voraussetzung für die Ermittlung des Beschaffungsplanes ist eine Analyse des zu erwartenden **Bedarfes** an Betriebsmitteln und Werkstoffen, die für die Leistungserstellung auf Grund der **Fertigungspläne** benötigt werden, anzusehen. Im Falle von Handelsbetrieben ist der Bedarf aus Schätzungen über den zukünftig **zu erwartenden Absatz** abzuleiten, wie sie auf Grund von Marktbeobachtungen und Marktanalysen vorgenommen werden.

Die **Genauigkeit** der Bedarfsermittlung hängt wesentlich von der Differenzierung des Produktionsprogrammes, von der Fertigungsart bzw. von der gewünschten Sortimentsstruktur ab. Wird nicht erst auf Grund von Kundenaufträgen, sondern **auf Vorrat** für den Markt produziert, so besteht zwar allgemein das Risiko einer nicht in vollem Umfang nachfragegerechten Leistungserstellung, doch kann für die Beschaffungsplanung auf Grund des erwarteten Absatzes und der verfügbaren Kapazität in generellem Umfang geplant werden.

Die Bedarfsplanung kann umso einfacher und genauer vorgenommen werden, je

- kleiner die Zahl der Artikel des Fertigungsprogrammes (bzw. des Absatzplanes) ist;
- weniger Materialien für einen einzelnen Artikel gebraucht werden;
- größer die Losgrößen in der Fertigung sind, d. h. also, je weniger Umstellungen in der Produktion erfolgen müssen.

Im Fall der **Auftragsfertigung** fällt im Einzelfall zwar das Absatzrisiko weg, doch ist das Absatzprogramm und in weiterer Folge das Fertigungsprogramm hinsichtlich des Gesamtvolumens nur entsprechend grob zu schätzen. Bei zeitlich ungleichmäßig verteiltem, aber auch bei qualitativ und quantitativ differenziertem Auftragseingang muss der Betrieb in der Lage sein, den Aufträgen in einer akzeptablen Lieferzeit nachkommen zu können. Insofern muss in der **Beschaffungsplanung** Sorge für eine ausgleichende **Lagerhaltung** getragen werden.

2. Einflussfaktoren für die Beschaffung

Für die Beschaffung von Materialien sind eine Reihe von Einflussfaktoren maßgeblich:

1. die Verhältnisse auf dem **Beschaffungsmarkt** (Mengen und Preise, Liefer- und Zahlungsbedingungen in Frage kommender Lieferanten);
2. die Verhältnisse im **Nachrichten- und Güterverkehr** (Transportart, Transportkosten, sonstige Bezugsspesen);
3. das **Produktionsprogramm** in seiner quantitativen, qualitativen und zeitlichen Struktur (auf Grund von Fertigungsplänen, Stücklisten, Bedarfsmeldungen des Lagers usw.).

Bei der Beschaffungsplanung ist nicht nur vom geeignetsten Lieferanten, der die günstigsten Preise, Liefer- und Zahlungsbedingungen anbietet, auszugehen, sondern auch von den **Kosten der Beschaffung** und von den durch die Lagerhaltung bedingten **Lagerkosten** und **Zinskosten** für das im Lager gebundene Kapital. Die Beschaffung einer größeren Menge für einen längeren Bedarfszeitraum zu einem günstigeren Preis, der aus der Gewährung eines Mengenrabattes resultiert, muss nicht immer von Vorteil sein, weil die Preisvorteile durch die Kosten der Lagerung und Verzinsung wieder zunichte gemacht werden können. Eine der wichtigsten Aufgaben der Beschaffungsplanung ist daher die Bestimmung der **optimalen Bestellmenge**.

3. Die optimale Bestellmenge

Die optimale Bestellmenge ist das Ergebnis einer **mengenmäßigen** und **zeitmäßigen** Abstimmung von

- Materialbedarf
- Beschaffungskosten
- Lagerkosten
- Zinskosten

Für eine rechnerische Ermittlung dieser Bestellgrößen gelten ähnliche Erwägungen wie bei der Ermittlung der optimalen Losgröße in der Fertigung.

Als Richtlinie mag daher auch die Losgrößenformel in adaptierter Form dienen:

$$X = \sqrt{\frac{b \cdot E \cdot 200}{p \cdot s}}$$

X .... optimale Bestellmenge
E ..... feste Bezugskosten je Bestellung
b ..... Jahresbedarf
p ..... Zins- und Lagerkostensatz (p. a.)
s ...... Einstandspreis

Damit werden in der rechnerischen Bestimmung einer optimalen Bestellmenge einmalig und unabhängig von der Bestellmenge anfallende Bezugskosten (E) berücksichtigt, die bei zunehmender Bestellmenge entsprechend degressiv die jeweiligen Kosten je Mengeneinheit belasten. Im Einstandspreis (s) sind neben dem Anschaffungspreis alle variablen Bezugskosten zu berücksichtigen.

Näherungsweise wird versucht, die Kosten der Lagerhaltung ebenso proportional wie die Kosten der Kapitalbindung zu quantifizieren, d. h., dass der Zinssatz für kalkulatorische Zinsen um einen Zuschlag zur Berücksichtigung der Lagerkosten (Raumkosten und Kosten der Lagerverwaltung) erhöht wird. Dieser Zuschlagssatz kann aus dem Vergleich zwischen den Lagerkosten einer Periode und dem Lagerumsatz, bewertet zu Einstandspreisen, näherungsweise (da auch hier Fixkosten zu berücksichtigen sind) abgeleitet werden.

Beispiel: Der Jahresbedarf wird mit 10.000 erwartet. Einstandspreis je Stück € 100,–. Feste Bezugskosten fallen je Bestellung mit 2.000,– an. Der Kalkulationszinsfuß beträgt 6 % p. a. Die Lagerkosten werden mit 4 % des Lagerumsatzes angenommen (p = 6 + 4 = 10 % p. a.).

$$X = \sqrt{\frac{10.000 \cdot 2.000 \cdot 200}{10 \cdot 100}} = \sqrt{4,000.000} = 2.000 \text{ Stück}$$

Die optimale Bestellmenge beläuft sich auf 2.000 Stück. Das bedeutet, dass im Laufe des Jahres 5 Bestellungen aufgegeben werden. Die Gesamtkosten für den Jahresbedarf betragen:

Einstandspreis je Bestellung	200.000,–
(€ 100,– je Stück × 2.000 Stück)	
+ Feste Bezugskosten je Bestellung	2.000,–
Anschaffungskosten je Bestellung	202.000,–
Anschaffungskosten bei 5 Bestellungen pro Jahr (5 × 202.000,–)	1,010.000,–
+ Zins- und Lagerkosten auf den durchschnittlichen Lagerbestand (0,5 × 202.000 × 0,10)	10.100,–
Gesamtkosten pro Jahr	1,020.100,–

Im Falle von möglichen Preisermäßigungen auf Grund von Mengenrabatten kann durch Alternativrechnungen die optimale Bestellmenge gefunden werden.

Beispiel: In Ergänzung zu den obigen Angaben: Ab einer Bestellmenge von 2.500 Stück je Bestellung wird ein Mengenrabatt von 10 % eingeräumt.

$$X = \sqrt{\frac{10.000 \cdot 2.000 \cdot 200}{10 \cdot 90}} = \sqrt{4,444.444} = 2.108 \text{ Stk. } (< 2.500 \text{ Stk.})$$

Die Vorteile, die sich aus der Ausnützung des Mengenrabatts ergeben, wiegen in diesem Fall mehr als die höheren Zins- und Lagerkosten, die durch den höheren durchschnittlichen Lagerbestand bewirkt werden. Die Ausnützung des Mengenrabatts ist daher von Vorteil, allerdings müssen mindestens 2.500 Stück je Bestellung in Auftrag gegeben werden. Die Gesamtkosten für den Jahresbedarf betragen dann:

Einstandskosten je Bestellung	225.000,–
(€ 90,– je Stück × 2.500 Stück)	
+ Feste Bezugskosten je Bestellung	2.000,–
Anschaffungskosten je Bestellung	227.000,–
Anschaffungskosten bei 4 Bestellungen pro Jahr (4 × 227.000,–)	908.000,–
+ Zins- und Lagerkosten auf den durchschnittlichen Lagerbestand (0,5 × 227.000 × 0,10)	11.350,–
Gesamtkosten pro Jahr	919.350,–

Durch Umformung der Berechnungsformel lassen sich Formeln für die **optimale Bestellhäufigkeit** und für ein **optimales Bestellintervall** ableiten.

Optimale Bestellhäufigkeit:

$$n = \sqrt{\frac{p \cdot b \cdot s}{200 \cdot E}} \qquad n \ldots \ldots \text{Zahl der Bestellungen}$$

Im obigen Beispiel führt dies zu:

$$n = \sqrt{\frac{10 \cdot 10.000 \cdot 100}{200 \cdot 2.000}} = \sqrt{25} = 5$$

Optimales Bestellintervall:

$$m = \frac{1}{n} = \sqrt{\frac{200 \cdot E}{p \cdot b \cdot s}}$$

Im obigen Beispiel:

$$m = \sqrt{\frac{200 \cdot 2.000}{10 \cdot 10.000 \cdot 100}} = \frac{1}{5} \text{ eines Bezugszeitraumes (eines Jahres)}$$

Die obigen Dispositionshilfsmittel berücksichtigen noch nicht die Inkongruenzen, die einerseits aus unregelmäßigen Materialverbräuchen und andererseits aus unregelmäßigen Materialanlieferungen entstehen. Diesen Inkongruenzen wird entweder mit der Haltung eines **Sicherheitsbestandes** (eisernen Bestandes) oder mit der Inkaufnahme eines verminderten **Lieferbereitschaftsgrades** Rechnung getragen. In spezifischen **Lagerhaltungsmodellen** wird versucht, die Interdependenz zwischen Abnahme-, Anlieferungs- und Produktions-Charakteristik zu analysieren und Optimalitätskriterien für Lager- und Bestellmengen, die Höhe des ausgleichenden Sicherheitsbestandes sowie die Bestellintensität in Abhängigkeit vom vorhandenen Informationssystem abzuleiten. Hiezu weist die betriebswirtschaftliche Literatur eine Reihe von Lösungsmodellen auf (siehe z. B. W. Popp, Lagerhaltungsplanung, in: Handwörterbuch der Produktionswirtschaft, Stuttgart 1979, Sp. 1045 ff. und T. Reichmann, Lagerhaltungspolitik, in: a.a.O., Sp. 1060 ff.).

4. Die Bestimmung des Lieferbereitschaftsgrades

Als Lieferbereitschaftsgrad wird das prozentuale Verhältnis zwischen der Anzahl der termingerecht ausgelieferten Bedarfsanforderungen im Vergleich zur Gesamtzahl der Bedarfsanforderungen bezeichnet. Für eine kostenminimale Lagerpolitik ist die Kenntnis des Lieferbereitschaftsgrades für die einzelnen Artikel wesentlich. Der **optimale** Lieferbereitschaftsgrad lässt sich aus dem Vergleich zwischen den möglichen **Fehlmengenkosten**, die sich aus einer mangelnden Lieferfähigkeit ergeben, und den Lagerhaltungskosten eines zusätzlichen, den erwarteten oder geplanten Bedarf übersteigenden **Sicherheitsbestandes** ableiten.

Nimmt man an, dass die Fehlmengenkosten mit zunehmendem Lieferbereitschaftsgrad eher abnehmen werden, während wegen der längeren Kapitalbindung die Kosten für den höheren Sicherheitsbestand eher zunehmen, so ergibt sich ein Schnittpunkt beider Kurvenverläufe. Dadurch wird der optimale Lieferbereitschaftsgrad fixiert und über die Kosten indirekt auch gleichzeitig die Höhe des optimalen Sicherheitsbestandes.

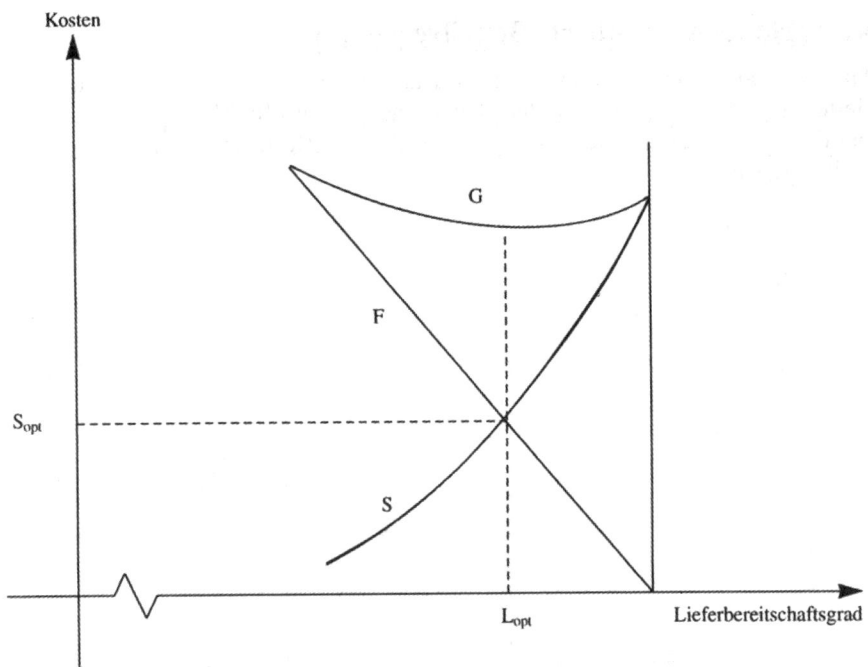

F..... Fehlmengenkosten
S..... Kosten des Sicherheitsbestandes
G .... Gesamtkosten

Abb. 1

Zufallsbedingte Schwankungen im Materialbedarf müssen mit Hilfe des Ansatzes von Wahrscheinlichkeitsgrößen Berücksichtigung finden. Die Höhe des Sicherheitsbestandes wird dann abhängig von der Varianz sowie der Schiefe der Bedarfsmengenverteilung.

Die Ermittlung der **Fehlmengenkosten** hat von einer Analyse auszugehen, welche negativen Folgen dem Unternehmen aus einer mangelnden Lieferbereitschaft erwachsen. Diese negativen Folgen können einerseits in einem dem Unternehmen entgehenden Wertzuwachs (z. B. Absatzeinbuße) oder in zusätzlich anfallenden Kosten (z. B. Schadenersatz, Kosten des Produktionsstillstandes, Pönale) quantifiziert werden. Eine differenzierte Analyse ist empfehlenswert, da nicht jede Betriebsunterbrechung zwangsläufig Fehlmengenkosten verursacht.

5. Die Bestellverfahren

Die betriebliche Bestellpolitik kann einerseits auf der Grundlage **verbrauchsorientierter** Bestellverfahren und andererseits auf der Grundlage **programmorientierter** (planorientierter) Bestellverfahren gestaltet werden.

a) Verbrauchsorientierte Bestellverfahren

Die **verbrauchsorientierten** Bestellverfahren bauen auf vergangenheitsorientierten, in die Zukunft projizierten Bedarfsmengen auf. Im Mittelpunkt steht hiebei die kostenoptimale Bestimmung entweder von Bestellmengen oder von Bestellterminen.

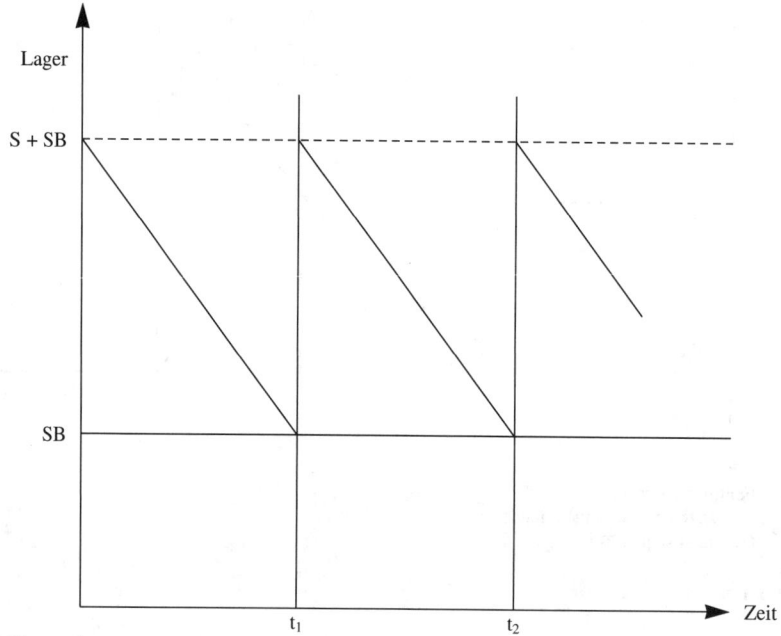

S ...... Sollbestand
SB .... Sicherheitsbestand

Abb. 2

Das **Bestellrhythmusverfahren** geht von festen Bestellterminen aus, zu welchen die Bestände zu überprüfen sind und zu einem festzulegenden Sollbestand (einschließlich Sicherheitsbestand) aufzufüllen sind (variable Bestellmengen). In

378

diesem Verfahren kommen die eingangs genannten Formeln für die optimale Bestellhäufigkeit bzw. für das optimale Bestellintervall zur Anwendung.

Für die Höhe des Sollbestandes muss die Bedarfsintensität (Verbrauchsgeschwindigkeit) des Artikels (v) und das Bestellintervall (m) berücksichtigt werden.

$$S = m \cdot v$$

Ist die Verbrauchsgeschwindigkeit nicht (wie in obiger Darstellung angenommen) konstant, müssen Wahrscheinlichkeitsgrößen in die Rechnung Eingang finden.

Das Bestellrhythmusverfahren ist organisatorisch einfach zu realisieren, da der Aufwand für die Lagerbestandskontrolle und in der Folge für die Bestellung relativ gering ist.

Eine Alternative hiezu stellt das **Bestellpunktverfahren** dar. Es geht von festen Bestellmengen aus, die Bestelltermine sind variabel. Für dieses Verfahren ist die Bestimmung eines Meldebestandes (s), zu dem eine Nachbestellung aufgegeben werden muss, sowie der optimalen Bestellmenge (x) charakteristisch. Das bedeutet, dass bei jedem Lagerabgang das Erreichen des Meldebestandes überprüft werden muss und gegebenenfalls Bestellungen zu veranlassen sind.

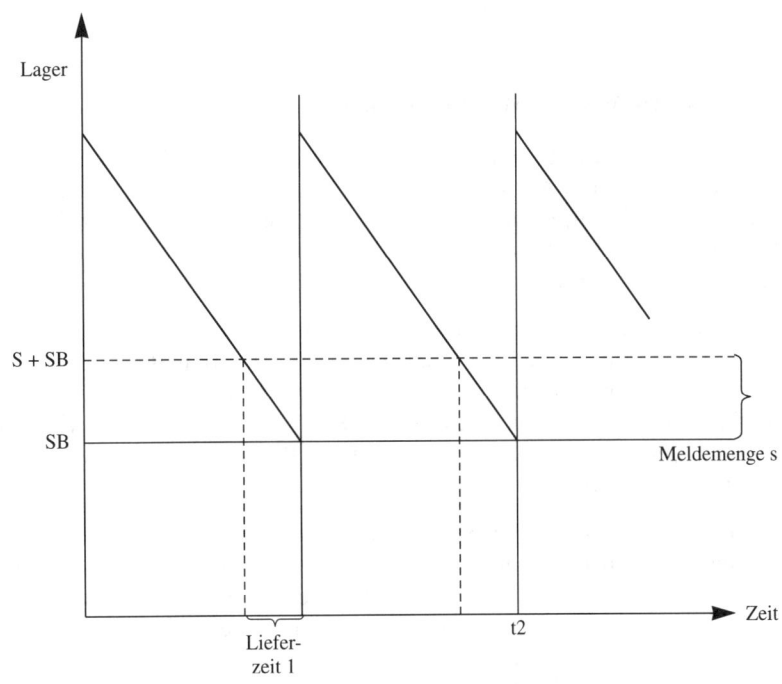

Abb. 3

Die Höhe der **Meldemenge** hängt einerseits von der Verbrauchsgeschwindigkeit und andererseits von der Zeit ab, die vom Zeitpunkt der Kontrolle bis zum Eingang der bestellten Ware (l) im Durchschnitt verstreicht.

$$S = l \cdot v$$

Beispiel: Lieferzeit 30 Tage, Verbrauchsgeschwindigkeit 300 Stück je Quartal (90 Tage)

$$S = \frac{30\ \text{Tg} \cdot 300}{90\ \text{Tg}} = 100\ \text{Stück Meldebestand}$$

Bei konstanter Lagerabgangsrate (Verbrauchsgeschwindigkeit) und gleichbleibenden Preisen entspricht die zu bestellende Menge der **optimalen Bestellmenge**, die nach der eingangs erwähnten Bestellformel berechnet werden kann.

Für die Vorratshaltung ist es entscheidend, die Rabattstufen bei größeren Bestellmengen zu kennen und danach durch Variation des Beschaffungspreises die optimale Bestellmenge zu bestimmen. Es zeigt sich in der betrieblichen Praxis, dass oft nicht die bestellfixen Kosten, sondern die Preisdifferenzen aus der Mengenrabattgewährung für die Kostenoptimierung ausschlaggebend sind.

Die Durchführung des Bestellpunktverfahrens ist organisatorisch aufwendiger, da bei jeder Lagerabfassung die Meldemengenkontrolle vorzunehmen ist. Unterschiedliche Bestelltermine können weiters zu höheren bestellfixen Kosten führen, wenn z. B. keine Sammelbestellungen ermöglicht werden.

b) Programmorientierte Bestellverfahren

Für eine programmorientierte (planorientierte) Beschaffungspolitik ist der Bestand von Produktions- und Absatzplänen für die einzelnen Leistungsträger wesentlich. Durch Stücklisten, Rezepturen u. Ä. ist der Bedarf im Detail analysierbar, und es lassen sich unter Berücksichtigung von Zwischenlagermengen die Bedarfsmengen für die einzelnen Einsatzgüter (Input-Faktoren) bestimmen.

Auf der Grundlage der geplanten Produktionsmengen und Produktionszeiten können unter dem Gesichtspunkt der eingangs erwähnten Optimalitätsbedingungen Bestellmengen, Lagermengen und Bestelltermine disponiert sowie planmäßige Verfügbarkeitstermine festgelegt werden. Durch die Verknüpfung zwischen Produktionsplan und Lagerhaltungsplan ist bei jeder Planänderung eine sofortige Anpassung im Bestellplan möglich.

Ein auf diese Weise gestaltetes integriertes Planungssystem ist in der Regel nur unter Zuhilfenahme von EDV-Anlagen realisierbar und verursacht dementsprechend hohe Kosten für den Aufbau und den laufenden Änderungsdienst der relevanten Programme und Datenbestände. Programmgesteuerte Bestellverfahren werden daher hauptsächlich für jene Materialien (Artikel) vorgesehen, deren wertmäßiger Anteil an den Lagerkosten sehr hoch ist oder deren Nichtvorhandensein hohe Fehlmengenkosten verursacht.

IV. Die Beschaffungspolitik

1. Die Komponenten der Beschaffungspolitik

Im Spannungsverhältnis zwischen dem Unternehmen und den Beschaffungsmärkten werden die Marktpolitik und die Betriebspolitik als Komponenten der Beschaffungspolitik deutlich. Auf der einen Seite handelt es sich um **Marktpolitik**, weil die Entscheidungen über benötigte Güter, Dienstleistungen und Informationen die Verhältnisse auf den Beschaffungsmärkten beeinflussen. Auf der anderen Seite handelt es sich um **Betriebspolitik**, weil sich der Unternehmensprozess umgekehrt an den Erfordernissen und Möglichkeiten des Beschaffungsmarktes auszurichten hat. Das gemeinsame Ziel dieser beiden Bereiche der Beschaffungspolitik ist daher im **Ausgleich** des erwähnten Spannungsverhältnisses zwischen dem Unternehmen und seiner Umwelt zu sehen.

2. Die Entscheidungsebenen

Sowohl im Bereich der Marktpolitik als auch im Bereich der Betriebspolitik ist zwischen strategischen und operativen Entscheidungen zu differenzieren. **Strategische** Entscheidungen beziehen sich

1. auf die grundsätzlichen Verhaltensweisen gegenüber dem Markt, etwa in Form der Lieferantenpolitik oder der Kundenpolitik;
2. auf die Leitlinien im Unternehmen hinsichtlich der Produktpolitik, der Versorgungspolitik, der Bereitstellungspolitik oder der Lagerpolitik.

Operative Entscheidungen betreffen

1. auf der Marktseite die situationsbezogene Auswahl von Lieferanten, Mengen und Qualitäten;
2. innerbetrieblich die qualitative und quantitative Bedarfsermittlung sowie die Mengen-, Ort- und Termindisposition.

Durch den Einsatz von Datenverarbeitungssystemen konnte ein großer Teil der im Unternehmen anfallenden Dispositionen auf operativer Ebene einer automatisierten Problemlösung zugeführt werden. Aufgaben der Materialwirtschaft (E. Grochla, Grundlagen der Materialwirtschaft, 3. Aufl., Wiesbaden 1990), wie optimale Lagerhaltung, Optimierung der Bestellmengen und Bestellzeitpunkte, Bedarfsermittlung und Bestellwesen, wurden frühzeitig im Rahmen von integrierten EDV-Systemen organisiert. Durch die Automatisierung konnte ein neues Planungsbewusstsein entwickelt werden, das der Komplexität der gestellten materialwirtschaftlichen Aufgaben entsprechen konnte.

3. Der Objektumfang der Beschaffungsentscheidungen

Für eine **umfassende** Beschaffungslehre sieht es E. Grochla als zielführend an, den Umfang der Beschaffungsobjekte nicht auf Materialien zu beschränken, sondern auf sämtliche Einsatzfaktoren, d. h. auch auf Anlagen, Personal und Informationen sowie auf die Kapitalbeschaffung auszudehnen. Diese Empfehlung berührt in keiner Weise die Frage, inwieweit diese Beschaffungsaufgaben im Unternehmen zentralisiert oder dezentralisiert wahrgenommen werden sollen.

Die Begründung für die erweiterte Betrachtungsweise sieht Grochla in einer Reihe von **Gemeinsamkeiten** der an sich verschiedenen Beschaffungsobjekte, die vor allem in der strategischen Beschaffungsdimension deutlich werden:

1. Bei allen Einsatzfaktoren ist eine grundsätzliche Entscheidung zwischen „**Eigenerstellung**" und „**Fremdbezug**" vorzunehmen. Dies trifft für Anlagen und Materialien zu, aber auch für die Kapitalbeschaffung (Selbstfinanzierung oder Fremdfinanzierung), die Personalrekrutierung (innerbetriebliche Ausbildung oder externe Schulung oder Einstellung „fertiger" Mitarbeiter von außen) und für Informationen (Eigenversorgung z. B. über die Absatzorganisation oder Fremdbeschaffung über externe Informationszentren, wie z. B. Marktforschungsinstitute).

2. Für die Beschaffung aller Einsatzfaktoren sind grenzüberschreitende, marktbezogene Aktivitäten und ein ausgeprägtes **Marketing-Denken** erforderlich. Vielfach kann das gleiche methodische Instrumentarium angewendet werden.

3. Bei allen Beschaffungsvorgängen besteht ein gemeinsames Ziel in der **Festigung** oder im **Ausbau** der **eigenen Position** auf den Beschaffungsmärkten. Der betriebliche Leistungsprozess soll von marktbezogenen Störungen möglichst freigehalten werden.

Für eine umfassende Beschaffungslehre sprechen auch die vielfältigen **Beziehungen** zwischen den verschiedenen Einsatzfaktoren.

1. **Substitutive** Beziehungen bestehen z. B. zwischen der Beschaffung von Betriebsmitteln einerseits und Personal andererseits. Die Anschaffung von Robotern für die Fertigung hat unmittelbare Auswirkungen auf die Personalbedarfsplanung. Umgekehrt hat z. B. der sozialpolitisch begründete gezielte Einsatz von behinderten Personen in geschützten Werkstätten Auswirkungen auf die Anlagenbeschaffung.

2. **Komplementäre** Beziehungen bestehen etwa zwischen der Beschaffung von Anlagen und der Beschaffung von Materialien. Der Ersatz eines Dieselmotors als Antriebsaggregat z. B. durch einen Elektromotor bewirkt zwangsläufig eine Änderung im Bedarf an Betriebsstoffen.

3. Zwischen der Beschaffung von Kapital und der Beschaffung aller übrigen Einsatzfaktoren besteht ein **wechselseitiges Abhängigkeitsverhältnis**. Im Falle von Engpässen bei einem dieser Faktorbereiche ist ein Ausgleich im Wege der integrierten Gesamtplanung zu finden, der nicht allein von den Finanzierungsrestriktionen her bestimmt werden darf.

Diese Überlegungen unterstützen die Ansicht, dass die Beschaffungsaufgabe in einem Unternehmen nicht im Sinne einer passiven Vollzugsplanung, sondern als eine **aktive** Führungsaufgabe zu sehen ist.

F. Die Produktion

I. Der Begriff „Produktion"

Als „Produktion" wird im Allgemeinen jener Bereich im Rahmen des prozessualen Betriebsgeschehens angesehen, der unmittelbar auf die Hervorbringung der Betriebsleistung ausgerichtet ist. Da sich die Betriebswirtschaftslehre in gleicher Weise mit den Problemen der Sachleistungsbetriebe wie der Dienstleistungsbetriebe auseinander zu setzen hat, wird in der modernen Literatur an Stelle des Ausdruckes „Produktion" die aussagekräftigere Bezeichnung **Leistungserstellung** verwendet. Mit dieser Bezeichnung wird erfasst (vgl. E. Gutenberg, Grundlagen der Betriebswirtschaftslehre, Band I: Die Produktion, 24. Aufl., Berlin/Heidelberg/New York 1983, S. 1 f.):

1. die Gewinnung von Rohstoffen in Gewinnungsbetrieben (Urproduktion);

2. die Herstellung von Erzeugnissen (Fabrikaten) in Fertigungsbetrieben;

3. die Bearbeitung von Rohstoffen und Erzeugnissen in Bearbeitungsbetrieben (Veredelungsbetrieben);

4. die Erbringung von Dienstleistungen durch Dienstleistungsbetriebe.

Die betriebliche **Leistungserstellung** umfasst einen großen Teilbereich des gesamtbetrieblichen Geschehens, der den Bereichen der betrieblichen **Leistungsverwertung** und der **Finanzierung** gegenüberzustellen ist. Mit dem Begriff der Leistungsverwertung ist der Absatz der gewonnenen, hergestellten oder bearbeiteten Sachgüter sowie die Inanspruchnahme von Dienstleistungen umrissen. Unter Finanzierung ist die Beschaffung und Verwendung von Kapital (Eigen- und Fremdkapital) zu verstehen, ohne die die Leistungserstellung und Leistungsverwertung in der Betriebswirtschaft nicht realisierbar wäre.

Eine völlige terminologische Übereinstimmung hinsichtlich des Begriffes „Produktion" ist im Schrifttum nicht gegeben. Folgende Alternativen sind festzustellen:

1. In einer weiteren Auslegung wird unter „Produktion" **jede Kombination von Produktionsfaktoren** verstanden. Hiebei handelt es sich um eine sehr allgemeine Betrachtungsweise, die sämtliche betrieblichen Funktionen erfasst, da sie alle auf der Kombination von Produktionsfaktoren basieren: Beschaffung, Lagerhaltung, Transport, Fertigung, Vertrieb, Verwaltung einschließlich Kontrolle, Finanzierung. Die Begriffsauslegung erscheint deshalb zu umfassend.

2. In einer engeren Auslegung wird unter „Produktion" nur die **Fertigung** von Sachgütern verstanden. Die Vorstellungen beziehen sich in erster Linie auf

die industrielle Fertigung (Fertigungswirtschaft), berücksichtigen jedoch nicht die Leistungserstellung von Dienstleistungsbetrieben (Handels-, Transport-, Bank-, Versicherungsbetriebe). Deswegen erscheint diese Begriffsauslegung zu eng.

Der Begriff **„Produktion"** soll daher in der Folge im Sinne der betrieblichen **Leistungserstellung** verstanden werden. Beide Bezeichnungen sollen gleichwertig Verwendung finden.

Im Bereich der betrieblichen Leistungserstellung nehmen die Grundfunktionen **Beschaffung**, **Lagerhaltung** und **Fertigung** eine dominierende Rolle ein. Die einzelnen Grundfunktionen sind jedoch den Bereichen der Leistungserstellung und der Leistungsverwertung nicht von vornherein und eindeutig zuzuordnen, wie ja auch die Finanzierung nur wegen ihrer umfassenden Bedeutung als eigener betrieblicher Teilbereich aufgefasst wird.

So ist die **Lagerhaltung** als betriebliche Funktion sowohl für den Bereich der Produktion als auch für den Bereich des Absatzes von Bedeutung. Im Zusammenhang mit der Produktion bezieht sie sich auf die Lagerung der beschafften Roh-, Hilfs- und Betriebsstoffe, die im Rahmen der Fertigung einer Verarbeitung oder Bearbeitung unterzogen werden. Im Zusammenhang mit dem Absatz (Leistungsverwertung) bezieht sie sich auf die Lagerung der selbst erstellten oder von anderen Betrieben bezogenen Sachgüter, die auf dem Absatzmarkt abgesetzt werden sollen.

Die Prozesse der Beschaffung, der Produktion und des Absatzes verlaufen nicht synchron. Mit Hilfe der Lagerhaltung müssen die Inkongruenzen in zeitlicher und mengenmäßiger Hinsicht, die zwischen Beschaffung (Anlieferung) und Fertigung bzw. zwischen Herstellung (Ankauf) und Absatz bestehen, ausgeglichen werden. Deshalb bestehen in der Regel mehrere Lagereinrichtungen: Lager für Roh-, Hilfs- und Betriebsstoffe sowie Fertigteile vor der Fertigung (Werkstofflager), Lager für Zwischenprodukte während des Fertigungsprozesses (Zwischenlager), Lager für Fertigprodukte nach der Fertigung (Verkaufslager).

Ähnliches gilt für die **Transportfunktion**. Im Bereich der Leistungserstellung umfasst sie einerseits den Gütertransport vom Beschaffungsmarkt zum Lager und andererseits den innerbetrieblichen Transport vom Lager zu den einzelnen Fertigungsstellen. Im Bereich der Leistungsverwertung bezieht sich die Transportfunktion auf die Weiterleitung der Fertigungsprodukte bzw. der Handelswaren zum jeweiligen Versandlager und von dort zum Abnehmer. Weder im Bereich der Produktion noch des Absatzes ist in der Regel ein kontinuierlicher Transportvorgang möglich, sodass immer wieder Lagereinrichtungen zur Überbrückung von zeitlichen Diskrepanzen bzw. Inkongruenzen in den einzelnen Betriebsprozessen notwendig werden.

Die enge Verzahnung der Transport- und der Lagerhaltungsfunktion führt auch dazu, dass einige betriebswirtschaftliche Autoren (vor allem Kirsch und Ihde) alle sachgüterorientierten Prozesse der Distanzüberwindung und Zeitüberbrückung aus den Bereichen der Beschaffung, der Produktion und des Absatzes ausgrenzen und unter der Bezeichnung **Logistik** als einen eigenen Funktionsbereich neben die Finanzierung einordnen (siehe Abschnitt über das Konzept der betriebswirtschaftlichen Logistik im Teil G: Der Absatz).

Andererseits wird den engen Beziehungen zwischen Beschaffung, Lagerhaltung und innerbetrieblichem Transport mit der Bezeichnung **Materialwirtschaft** entsprochen (Grochla). Die Zuordnung der Lagerhaltung zum Beschaffungswesen wird vielfach damit begründet, dass die beschafften Güter bis zu ihrer weiteren Verwendung im Prozess der Leistungserstellung in Materiallagern bereitgestellt werden und die Lagerhaltung deswegen (neben den Absatzmöglichkeiten) die Beschaffung weitgehend beeinflusst. Materialwirtschaft und Fertigungswirtschaft stellen damit die tragenden Säulen einer sachgüterorientierten Leistungserstellung dar.

II. Die Gestaltung des Produktionsprozesses

1. Die Produktionsplanung

Die Produktionsplanung erstreckt sich auf die Planung der Leistungserstellung im Sinne der Herstellung von Sachgütern sowie der Erstellung von Dienstleistungen. Sie bezieht sich einerseits auf die Ausarbeitung des Produktionsprogrammes (Fertigungsprogrammes) und andererseits auf die organisatorische Planung des Leistungsvollzugs.

a) Die Planungskriterien

Die Bestimmung des Produktionsprogrammes ist von der Zielsetzung des Unternehmens abhängig. Ist diese Zielsetzung im Lichte des erwerbswirtschaftlichen Prinzips zu sehen, so richtet sich die Zusammensetzung des Produktionsprogrammes

1. nach der gewählten **Art** der zu erstellenden **Leistung**;
2. nach der Häufigkeit der Wiederholung einzelner Fertigungsvorgänge (**Breite des Fertigungsprogrammes**);
3. nach den Kriterien für einen **optimalen Produktionsumfang**.

Diese Überlegungen werden beeinflusst

1. von der **betriebstechnischen Ausstattung**;
2. von der betrieblichen **Kapazität**;
3. von den **Absatzmöglichkeiten**;
4. von den **Finanzierungsmöglichkeiten** und
5. (gleichsam zusammenfassend) von den **Kostenverhältnissen**.

Soweit dies möglich ist, wird eine Übereinstimmung zwischen den im Produktionsbereich erstellten Leistungen (**Betriebsleistung**) und den hievon am Markt abgesetzten Leistungen (**Marktleistung**) angestrebt.

Diese Bemühungen zur Angleichung von Produktion und Absatz sind in den Dienstleistungsbetrieben in weit weniger Fällen erfolgreich als in den Produktionsbetrieben, weil bei ersteren eine Leistungserstellung auf Vorrat üblicherweise nicht möglich ist.

Ein Beispiel dafür sind die Verkehrsbetriebe. Erbringt ein Verkehrsbetrieb eine Leistung, die nicht zur gleichen Zeit abgesetzt wird, dann ist sie nicht mehr verwertbar. So erbringt z. B. ein Autobusbetrieb, der die Strecke von A nach B (20 km) mit einem Bus (Platzangebot 50 Plätze) befährt, eine Betriebsleistung von 1.000 Platzkilometern. Nehmen nun lediglich 30 Personen die angebotene Beförderungsmöglichkeit über die gesamte Wegstrecke in Anspruch, so beträgt die Marktleistung 600 Personenkilometer. Die Differenz zur angebotenen Betriebsleistung ist durch die Nichtinanspruchnahme seitens der Käuferschicht unwiederbringlich nicht genutzt und damit verloren.

Der Produktionsbetrieb hingegen kann seine Betriebsleistung entweder auf Bestellung und ohne Lagerung erbringen, so dass die Betriebsleistung der Marktleistung unmittelbar vollkommen entspricht, oder er kann auf Lager produzieren, was ihm die Möglichkeit gibt, die erstellten Leistungen auf dem Wege über die Vorratshaltung in zeitlich kleineren oder größeren Spannen je nach Nachfrage abzuverkaufen.

b) Die Abstimmung im Rahmen der betrieblichen Teilpläne

Ungeachtet dieser Unterschiedlichkeiten zwischen Dienstleistungs- und Produktionsbetrieben muss jede Produktionsplanung den Absatzbereich und dessen Konstellation berücksichtigen. Produktionsplanung, von den übrigen Funktionsbereichen isoliert, ist, von Sonderfällen abgesehen, prinzipiell nicht möglich. **Die Produktionsplanung muss auf alle anderen betrieblichen Teilbereiche abgestimmt werden**, auch auf den Finanzbereich und den Beschaffungs- und Investitionsbereich, so dass sie letztlich ein Teil der betrieblichen Gesamtplanung ist, in die sie sich wie jede andere betriebliche Teilplanung einfügt.

Bezeichnet man als betriebliche Teilpläne z. B. jene für die Finanzierung und Investition, für die Leistungserstellung und den Absatz, dann kann mit allgemeiner Gültigkeit von vornherein nicht gesagt werden, welcher der Teilpläne Ausgangsgrundlage der Gesamtplanung ist. Die Abhängigkeit der Teilpläne voneinander lässt jedoch sagen, dass der **Minimumsektor**, welcher **jeder** der Funktionsbereiche – jedenfalls kurzfristig und irgendeinmal – sein kann, die Gesamtplanaufstellung maßgeblich beeinflusst. Da der Minimumsektor einmal da, das andere Mal dort auftritt bzw. auftreten kann, ist das unternehmerische Vorgehen durch das **Streben nach Ausgleich** gekennzeichnet, das eine weitgehende Abstimmung der einzelnen Funktionsbereiche zum Inhalt hat (Ausgleichsgesetz der Planung).

Der enge Zusammenhang des Produktionsbereiches mit dem **Absatzbereich** ergibt sich dadurch, dass für die Transparentmachung von Käuferschichten und Käuferneigungen im Quantitativen und Qualitativen entscheidende Rückschlüsse (unter Beachtung des Einflusses des marktkonformen Einsatzes absatzpolitischer Mittel) für die Leistungserstellung möglich werden. Für die **Abstimmung des Produktions- und Absatzbereiches** stehen brauchbare Rechenverfahren zur Verfügung, die die gleichzeitige, d. h. die simultane Planung der beiden Bereiche, gewährleisten. Für die simultane Planung des Produktions- und Absatzbereiches ist es wesentlich, ob in der Entscheidung zu berücksichtigende Wartezeiten und Konkurrenzsituationen vorliegen, weil sich danach das heranzuziehende Rechenverfahren richtet, wobei z. B. an die Spieltheorie, an die Theorie der Warteschlangen und an die Monte-Carlo-Methode zu denken ist, die für Planungsaufgaben Verwendung finden können. Ihre Heranziehung gestattet es, die Produktionsplanung mit der Absatzplanung (und/oder anderen betrieblichen Teilbereichsplanungen) in wirtschaftlich günstigster Weise zu verbinden, wodurch ein betriebliches Gesamtoptimum erreicht wird, das über jenes einzelner Funktionsbereiche hinausgeht (siehe den Abschnitt I. VI.: Verfahrensforschung).

So wie die Produktionsplanung – als Teil der Gesamtplanung – in enger Abstimmung zur Absatzplanung steht, ist sie mit der **Finanzplanung** zu koordinieren, legt doch der Umfang der Mittelaufbringung die Möglichkeiten im Produktionsbereich von der finanziellen Seite her fest. Die Produktionsplanung mit der Finanzplanung in ein Gleichgewicht zu bringen heißt, die Erhaltung der Liquidität zu gewährleisten und mit dem Rentabilitätsstreben sinnvoll zu verbinden (siehe die Ausführungen zur Frage der Rentabilität und der Liquidität). Diese „richtige" Verbindung von Rentabilitäts- und Liquiditätsüberlegungen ist eine der Voraussetzungen des dauerhaften Bestandes des Unternehmens auf dem Markte.

Die ökonomisch vertretbare Produktionsplanung erfordert weiters **Abstimmung mit der Beschaffungsplanung**, die zu den maßgeblichen Teilen des Gesamtplanes zählt. Die auftretenden Fragen beziehen sich auf die **optimale Bestellmenge** und den **optimalen Bestellzeitpunkt**, da für die den Produktionserfordernissen entsprechende Materialbeschaffung vorzusorgen ist. Eine solche Vorsorge bezieht sich nicht nur auf die Berücksichtigung von Quantitäts- und Zeiteinflüssen, sondern auch – von den Anforderungen der Produktion, des Absatzes und der Finanzierung beeinflusst – auf die Beachtung von Qualitäts- und Kostenerfordernissen. Auf die materialwirtschaftlichen Notwendigkeiten hat die Produktionsplanung Rücksicht zu nehmen, wie umgekehrt die Beschaffungsplanung von der Produktionsseite her beeinflusst wird.

Die besondere Schwierigkeit in der Produktionsplanung ergibt sich jedoch nicht aus möglichen **Gegensätzen** des Produktionsbereiches zum Finanzierungsbereich bzw. zum Beschaffungsbereich. Hier folgt die Koordination aus dem Zwang der Umstände, wenn diese Feststellung auch nicht die schwierigen Abstimmungsfragen in Theorie und Praxis überdecken soll. Der zeitweise schwer überbrückbare Gegensatz besteht vielmehr zwischen Produktion und Absatz unter einem besonderen Betrachtungswinkel: Die Produktion tendiert fast immer zu einer Einengung des Leistungsprogramms, während der Absatz meist das Gegenteil, ein breites Sortiment, anstrebt. Dieser Gegensatz ist aus der Stellung verständlich, die die beiden Leistungsbereiche einnehmen. Suchen die für die Produktion Verantwortlichen niedrige Leistungserstellungskosten, was sie durch ein schmales Sortiment zu erreichen hoffen, weil Spezialmaschinen eingestellt werden können und die Auflagen- und Losgrößendegression die Einheitskosten senkt, so streben die für den Absatz Verantwortlichen der Werbewirkung und etwaiger besserer Verkaufsmöglichkeiten wegen oft ein breites Angebot an. Die Unternehmensleitung hat den Weg zwischen den beiden Polen zu suchen, dessen

Auffindung von beschäftigungspolitischen Aspekten, von Konkurrenzfragen und betrieblichen Sicherungsüberlegungen abhängt.

Die Produktionsplanung bedarf **elastischer Vorgaben**, die zu ändern bzw. zu korrigieren sind, wenn sich neue Situationen auf dem Absatz- und Beschaffungsmarkt oder in den einzelnen betrieblichen Funktionsbereichen ergeben. Das zwingt zu laufender **Plankontrolle** in einem umfassenden Sinne. Es ist die **Entsprechung zwischen Produktion und Absatz**, gleichzeitig auch die Betriebsabwicklung hinsichtlich ihrer Wirtschaftlichkeit zu verfolgen. Kommt der Betrieb der einen der beiden Aufgaben durch Marktanalyse und durch Marktbeobachtung nach, so entspricht er der Wirtschaftlichkeitskontrolle durch Aufzeichnungen, durch den Vergleich des Ist und Soll, durch die Einführung moderner Formen der betrieblichen Verrechnung, z. B. der Plankostenrechnung in ihren Vollkosten- und Teilkostenformen. Die Überprüfung der Übereinstimmung von Produktionsgegebenheiten und Absatzgegebenheiten bzw. Absatzerfordernissen ist besonders dort ein Anliegen der Produktionsplanung, wo Bedarfsänderungen zu erwarten bzw. Bedarfsänderungen möglich, jedoch nicht vorhersehbar sind.

c) Der Ausgleich saisonaler Schwankungen

In der Programmplanung ist letztlich auch Vorsorge zu treffen, wie saisonalen Schwankungen einerseits auf der Absatzseite und andererseits auf der Beschaffungsseite begegnet werden kann. Als Alternativen kommen in Frage:

1. Die Produktionsmengen werden variabel im Einklang mit den erwarteten unterschiedlich hohen Absatzzahlen geplant. Dadurch kann der Lagerbestand gering gehalten werden, vorhandene Kapazitäten bleiben jedoch zum Teil erheblich ungenutzt. Den Kostenersparnissen bei der Lagerhaltung sind die erhöhten Kosten auf Grund niedriger Beschäftigungsgrade (siehe Abschnitt F. V.) gegenüberzustellen.

2. Die Produktionsmengen werden konstant geplant, der Mengenausgleich erfolgt über eine zum Teil intensive Lagerhaltung. Die obigen Kostenüberlegungen gelten analog.

3. Das Unternehmen versucht, saisonale Spitzen durch die Vergabe von Lohnarbeiten an Fremdbetriebe abzubauen. Umgekehrt wird versucht, in Zeiten geringerer Auslastung Fremdaufträge zu übernehmen.

4. Das Unternehmen versucht, komplementäre Produkte in das Fertigungsprogramm aufzunehmen, deren Saisonzyklen gegenüber den ursprünglichen Produkten phasenverschoben sind, und auf diese Weise zu einem gleichmäßigen Absatz und zu gleichmäßiger Produktion beitragen. Saisonalen Schwankungen auf der Beschaffungsseite kann im Prinzip auf ähnliche Weise begegnet werden, doch kann eine begrenzte Produktlagerfähigkeit oft von vornherein nur eine stoßweise Produktion zulassen (z. B. Rübenkampagne in der Zuckerindustrie, Erzeugung von Lebensmittelkonserven, Tiefkühlkost usw.).

Die Möglichkeit zur Lagerhaltung der erbrachten Zwischen- und Endleistungen versetzt **Sachleistungsbetriebe** an sich in die Lage, die Produktion von der Leistungsverwertung zu lösen und eigenständig zu planen.

Dienstleistungsbetriebe (siehe später Abschnitt 6.) müssen hingegen ihre Leistung unmittelbar verwerten, da sie nicht speicherbar ist. Es muss also versucht werden, die Leistungserstellung mit der Leistungsverwertung synchron ablaufen zu lassen. Die Aufgabe der Planung besteht in diesen Betrieben zunächst darin, eine Leistung vornehmlich zu jenem Zeitpunkt anzubieten, zu dem auch erwartet werden kann, dass sie in einem größtmöglichen Umfang verwertet werden kann (**Zeitausgleichsfunktion**). Die Produktionsplanung hat aber auch dafür zu sorgen, dass die verfügbare Kapazität so dimensioniert wird, dass einerseits keine Aufträge wegen zu geringer Leistungsquerschnitte verloren gehen – und damit auch Ertragseinbußen entstehen – und dass andererseits keine Leerkosten für die nicht genützte Kapazität auftreten (**Kapazitätsausgleichsfunktion**).

Eine ähnliche Problematik ergibt sich aber auch bei **Sachleistungsbetrieben** mit Serienfertigung, die starken saisonalen Schwankungen unterliegen. Auch hier entsteht für die Planung das Problem, sich weitgehend an den Bedingungen des Absatzbereiches zu orientieren, da jede andere Lösung infolge der verhältnismäßig geringen Elastizität der meisten Produktionsfaktoren kostenmäßig ungünstiger wäre. Ein optimaler Produktionsablauf für diese Betriebsart ist im Rahmen eines analytischen Planungsmodells trotz EDV-Unterstützung in der Praxis nur schwer rechenbar. Für die **Fertigungsablaufplanung** ist vielmehr ein **heuristisches** Vorgehen zu empfehlen, das auf drei eng ineinander verschachtelten Ebenen zwischen Grobplanung (Jahresplanung), Feinplanung (Monatsplanung) und Produktionskontrolle (Soll-Ist-Abweichungsanalyse) differenziert (A. Egger, Kurzfristige Fertigungsplanung und betriebliche Elastizität, Berlin 1971, S. 11 f. und 136 ff.).

2. Die Fertigungsverfahren

Das Unternehmen wird aus rationalen Überlegungen heraus trachten, die Fertigungsabläufe so zu gestalten, dass eine kostengünstige Leistungserstellung ermöglicht wird. Die unterschiedlichen Formen der Fertigungsabläufe (**Fertigungsverfahren**) können nach verschiedenen Gliederungsaspekten geordnet werden:

1. nach dem Aufbau des Fertigungsprogrammes (nach der Häufigkeit der Wiederholung einzelner Fertigungsvorgänge); dies führt zur Gliederung in

   a) Einzelfertigung

   b) Mehrfachfertigung

      aa) Massenfertigung

      bb) Serienfertigung

      cc) Sortenfertigung

2. nach der organisatorisch-technischen Gestaltung des Fertigungsablaufes; dies führt zur Gliederung in
   a) Werkstattfertigung
   b) Gruppenfertigung
   c) Fließfertigung

a) Die fertigungsprogrammorientierte Gliederung

aa) Einzelfertigung

Der Einzelfertigung liegt ein Fertigungsverfahren zugrunde, bei welchem jede Betriebsleistung eine gesonderte Auftragseinheit bildet. Die Einzelfertigung bewirkt relativ hohe Kosten der Leistungseinheit, da in der Regel höhere Vertriebs- und Arbeitsvorbereitungskosten auftreten, als dies in der Lagerfertigung und in der Mehrfachfertigung der Fall ist. Die Lohnkostenbelastung ist verhältnismäßig hoch, da Einzelfertigung qualifiziertes Personal erfordert, das den ständig sich ändernden Arbeitsanforderungen gerecht zu werden vermag. Für die Einzelfertigung ist ein Maschinenpark notwendig, der entweder breit gestreut ist oder Mehrzweckaggregate umfasst, die für unterschiedlichste Produktionsvorgänge verwendbar sind. Betriebe mit Einzelfertigung sind durch die Variationsmöglichkeiten in der Breite der Leistungserstellung verhältnismäßig anpassungsfähig. Andererseits sehen sie sich Schwierigkeiten dadurch gegenüber, dass sie ihre Produktionsprogramme auf lange Sicht kaum festlegen können; sie verlieren oft Kunden, weil sie deren kurzfristigen Wünschen nicht immer voll entsprechen können, und sie sind nur beschränkt in der Lage, das Ausmaß des Auftragsaufkommens so zu regulieren, dass über die konjunkturellen Wechsellagen hinweg eine ausgeglichene Beschäftigung erreicht wird.

bb) Mehrfachfertigung

Bei der Mehrfachfertigung wird gleichzeitig oder in unmittelbarer zeitlicher Aufeinanderfolge eine größere Zahl von Leistungen erstellt.

Massenfertigung

Das Wesen der Massenfertigung, die eine der Arten der Mehrfachfertigung darstellt, liegt in der Herstellung gleicher Leistungen in großem Umfange. Handelt es sich um eine bestimmte gleich bleibende Form von Leistungen, liegt **einfache Massenfertigung** vor, fallen hingegen bei der Erzeugung eines Gutes unabdingbar Nebenprodukte an, wie das bei der Kuppelproduktion der Fall ist, wird von **mehrfacher Massenfertigung** gesprochen. Eine Sonderform der mehrfachen Massenfertigung ist die **parallele Massenfertigung**, bei der der Betrieb verschiedene Leistungen herstellt, dafür Aggregate verwendet, die jeweils für eine bestimmte Erzeugung und nur für diese zur Verfügung stehen. Parallele Massenfertigung gestattet ein (wenn auch eingeengtes) Mehrproduktprogramm, das die Vorteile der Massenfertigung besitzt, die Nachteile der auf ein Gut bezogenen

Massenfertigung hinsichtlich der Absatzverwertung in bestimmtem Umfange jedoch eingeschränkt.

Ist die Massenfertigung Lagerfertigung, dann wird sie von den Zufälligkeiten der Auftragsfertigung frei und gestattet eine ausgeglichene Beschäftigung, weil durch die Vorratsbildung und den Abverkauf vom Lager Fertigungsbereich und Absatzbereich voneinander unabhängig sind. Zwar müssen auf die Dauer Produktionsvolumen und Höhe des Absatzes übereinstimmen, doch bildet das Lager einen Puffer, der die Produktion von konjunkturellen Wechsellagen zumindest zeitweilig unabhängig macht.

Die betriebswirtschaftlichen **Vorteile** der Massenfertigung sind vielfältig. Die Arbeitsvorbereitung konzentriert sich auf **eine** Art des Fertigungsvorganges und kann daher in der Grundlegung mit aller Sorgfalt erfolgen und laufend verbessert werden. Die Vertriebskosten beziehen sich lediglich auf den Verkaufsvorgang an der fertigen Leistung und sind nicht durch Verkaufsverhandlungen beeinflusst, die durch spezielle Käuferwünsche charakterisiert sind. Der Fertigungsvorgang kann in besonderer Weise rationalisiert werden (Berücksichtigung des Arbeitsflusses durch die entsprechende Anordnung von Arbeitern und Maschinen; Festlegung der Arbeitszeiten usw.), und die Betriebsmittel können bestmöglich ausgenützt werden, was zur Fixkostendegression führt und die Kosten der Einzelleistungen wesentlich reduziert. Der Einsatz von kostengünstigen Einzweckmaschinen wird möglich. An die Arbeiter werden keine hohen Anforderungen gestellt, die ihnen übertragenen Verrichtungsgänge sind vereinfacht, und qualifizierte Facharbeiter können durch angelernte Kräfte ersetzt werden.

Als großer **Nachteil** der Massenfertigung ist die Unelastizität des Betriebes zu nennen. Betriebe mit Massenfertigung, die auf die Erzeugung bestimmter Güter festgelegt sind, ihr Arbeitsprogramm rationalisieren und Einzweckmaschinen einstellen, können nicht ohne weiteres umgestellt werden. Insofern versucht auch der Betrieb mit Massenfertigung sich von der reinen Lagerfertigung zu lösen und auf Auftragsfertigung überzugehen, die im Rahmen langfristiger Verträge die Beschäftigung sichert.

Serienfertigung

Wird bei der **Massenfertigung** eine **unbegrenzte** Zahl gleichartiger Leistungen erstellt, so wird bei der **Serienfertigung** eine **begrenzte** Zahl gleichartiger Leistungen erbracht, die gleichzeitig oder in unmittelbarer zeitlicher Aufeinanderfolge hergestellt werden. Nach Abschluss des vorgesehenen Leistungsumfanges wird eine neue Serie aufgelegt. Die **Vorteile** der Serienfertigung sind ähnlich jenen der Massenfertigung, wenn sie auch nicht in gleich intensiver Weise auftreten. Die Arbeitsvorbereitung bezieht sich auf eine größere Auflage, die Vertriebskosten verteilen sich auf die der Auflage zugehörenden Leistungseinheiten, der Arbeitsprozess kann rationalisiert werden, neben und an Stelle von Facharbeitern können angelernte Arbeiter Verwendung finden. Der Einsatz von Einzweckmaschinen erfährt eine Begrenzung dadurch, dass die Produktionsverwandtschaft zwischen den zeitlich aufeinander folgenden Serien unterschiedlich sein kann.

Sortenfertigung

Merkmal der Sortenfertigung ist die gleichzeitige Herstellung verschiedener Güter mit Rohstoff- und Produktionsverwandtschaft. Die Erzeugnisse unterscheiden sich voneinander nur hinsichtlich bestimmter Merkmale bzw. bestimmter Eigenschaften. Beispiele sind die Ziegelerzeugung (verschiedene Ziegelsorten), die Biererzeugung (verschiedene Biersorten) u. a. Nicht zu verwechseln ist die Sortenfertigung mit der Kuppelproduktion. Fällt bei letzterer mit dem Haupterzeugnis zwangsläufig ein Nebenerzeugnis an (z. B. Gas und Koks), wird bei der Sortenfertigung das Produktionsprogramm in entsprechender Streuungsbreite nach Gutdünken der Unternehmensführung festgelegt. Mit der parallelen Massenfertigung besitzt die Sortenfertigung Ähnlichkeit, wenn sie zeitlich unbegrenzt erfolgt; mit der Serienfertigung ist sie für den Fall vergleichbar, dass sie zeitlich begrenzt vorgenommen wird, d. h. in bestimmten zeitlichen Abständen ein Sortenwechsel erfolgt. Die **Vorteile** der Sortenproduktion sind infolge des eingeengten Produktionsprogramms vergleichbar mit den Vorteilen der Massenproduktion, besonders dann, wenn ein Sortenwechsel nicht vorgesehen ist. Der **Nachteil** der Sortenfertigung liegt in der mangelnden Produktionsflexibilität. Sortenwechsel in begrenzten zeitlichen Abschnitten bringen die Vor- und Nachteile der Serienfertigung.

b) Die fertigungsablauforientierte Gliederung

aa) Werkstattfertigung

Einen anderen Gesichtspunkt für die Gliederung der Fertigungsverfahren liefert die organisatorisch-technische Gestaltung des Produktionsablaufes. Wird der Betrieb so aufgebaut, dass ausschließlich Verrichtungen der gleichen Art durch Zusammenfassung der für sie notwendigen Maschinen an einem abgegrenzten Ort durchgeführt werden, so liegt Werkstattfertigung vor (Tischlerei, Anstreicherei, Dreherei usw.). Im Rahmen des gesamten Leistungsprogramms erfüllt die Werkstätte die ihr zugewiesenen Teil- oder Gesamtaufgaben im Betrieb. Die einzelnen Produkte berühren im Produktionsablauf einmal oder mehrere Male die einzelnen Werkstätten, nicht immer durchlaufen sie alle von ihnen.

Da die Werkstattfertigung lange Transportwege und lange Transportzeiten verursacht, so dass es zu Leerlaufzeiten und zur oft unausgeglichenen Lagerung von Zwischenbeständen kommt, wird sie zuweilen, wo dies möglich ist, von anderen Fertigungsverfahren verdrängt. Verstärkt wird die negative Einstellung zum Werkstattfertigungsverfahren auch dadurch, dass der Materialfluss verhältnismäßig schwer rationalisierbar ist, dass die Ausnützung der vorhandenen Räumlichkeiten nicht optimal erfolgen kann und dass es für die Betriebsleitung schwer ist, die Übersicht im Detail zu wahren und die Kontrolle des Leistungsvorganges gesichert vorzunehmen.

Diesen **Nachteilen** werden nicht unbeachtliche **Vorteile** der Werkstattfertigung entgegengehalten. Da die Werkstattfertigung nicht bloß auf einen einzigen bestimmten Arbeitsablauf festgelegt ist, gibt es für die Produktionsgestaltung einen von der Gestaltung der Werkstätten abhängigen Spielraum, und die Betriebe verfügen über eine bestimmte Flexibilität in der Bestimmung des Leistungserstellungsprogramms. Im Rahmen der Werkstattfertigung kann der Betrieb Produkte herstellen, die vom üblichen Leistungsprogramm abweichen, wodurch in Zeiten rückgängiger Beschäftigung eine Verbesserung der Kapazitätsausnutzung erzielt wird. Die Notwendigkeit der Hereinnahme von Aufträgen, die sich im Fertigungsablauf voneinander unterscheiden, erfordert die Bestimmung des jeweilig günstigsten innerbetrieblichen Transportweges. Die Werkstattfertigung gibt dem Betrieb die Möglichkeit, einen qualifizierten Stamm von Facharbeitern heranzubilden.

bb) Gruppenfertigung

Manche Betriebe versuchen, den Nachteilen der Werkstattfertigung zumindest teilweise durch den Übergang zur Gruppenfertigung entgegenzutreten. In der Gruppenfertigung werden die für mehrere Teilproduktionsvorgänge erforderlichen Produktionsmittel zusammengefasst, innerhalb derer regelmäßig Fließfertigung angewendet wird. Die Fließfertigung umfasst dabei nicht den gesamten Produktionsvorgang, sondern nur einzelne seiner Teile. Es ist denkbar, dass neben den Fertigungsgruppen ergänzend Werkstattfertigung in eingeschränktem Umfange bestehen bleibt.

Durch die Reduzierung der Transportwege entstehen geringere innerbetriebliche Transportkosten, wodurch einer der großen Nachteile der Werkstattfertigung in der Gruppenfertigung eingeengt wird. Auch die Lagerung von Zwischenbeständen wird herabgesetzt, so dass Raumkosten und Zinsenkosten verringert werden. Für die Betriebskontrolle wird der Produktionsvorgang leichter überschaubar. Der Fertigungsprozess lässt sich in den Gruppen besser rationalisieren. Bei der Gruppenfertigung ist die Anpassungsfähigkeit an veränderte Betriebs- und Marktsituationen aber geringer als bei der Werkstattfertigung, können doch die Gruppen, die auf ein bestimmtes Leistungsprogramm orientiert sind, nicht ohne weiteres umgestellt werden. Immerhin ist die Anpassungsfähigkeit des Betriebes bei Gruppenfertigung größer als bei ausgesprochener Fließfertigung.

cc) Fließfertigung

Ist die Werkstattfertigung dadurch charakterisiert, dass Maschinen und Handarbeitsplätze gleicher Art in einer Werkstätte vereinigt sind, so ist die Fließfertigung durch die Anordnung der Arbeitsvorgänge in der Aufeinanderfolge gekennzeichnet, die der Produktionsvorgang erfordert. Für das Funktionieren der Fließfertigung ist es notwendig, die kürzesten Transportwege zu bestimmen. Hand- und Maschinenarbeitsplätze sind so anzuordnen, dass die Durchlaufzeiten der Summe der Bearbeitungszeiten entsprechen. Um dieser Forderung nachzukommen, müssen die einzelnen Arbeitsgänge auf gleiche Zeit abgestellt werden, die sogenannte Taktzeit. Es ist nichts dagegen einzuwenden, wenn ein Arbeitsgang das Vielfache einer einfachen Taktzeit beträgt. In diesem Falle verursacht die zeitliche Abstimmung keine Schwierigkeiten. Es ist jedoch notwendig, Sicherungen zu treffen, die die Einhaltung der **Taktzeit** in jedem Falle gewährleisten. Taktzeit und Takteinhaltung sind voneinander nicht trennbare Begriffe. Deshalb wird anstatt von Fließerzeugung auch von **Takterzeugung** gesprochen.

Als wichtigster Vorteil der Fließerzeugung gilt der Umstand, dass es zum produktivsten Herstellungsverfahren zwingt. Der Fertigungsvorgang muss in seinen Einzelheiten geplant werden, und es kann sich als notwendig erweisen, von Zeit zu Zeit zu neuen Verfahren überzugehen. Bei Anwendung des strengen Taktverfahrens wird der Bestand an Halbfertigerzeugnissen auf ein Mindestmaß reduziert. Er wird praktisch sogar bis auf die im Takt befindlichen Produkte herabgesetzt werden.

Da die Fließerzeugung eine weitgehende Verringerung der Gesamtbearbeitungszeit nach sich zieht, werden die Fertigungslöhne wesentlich gesenkt. Die Fließerzeugung ermöglicht von vornherein die präzise Festlegung der erforderlichen Bearbeitungszeit. Durch den Übergang zur Fließerzeugung können Raumkosten gespart werden, weil der Bestand an Halbfertigerzeugnissen gering ist. Ausschuss und Abfall werden herabgesetzt. Die konsequente Anordnung der Arbeitsplätze gibt einen weiteren Bestimmungsgrund für Raumersparnisse. Es ist zu bedenken, dass die Raumkosten nicht nur aus Mieten, sondern auch aus Kosten der Heizung, der Beleuchtung und der Reinigung bestehen. Ein **Vorteil** der Fließerzeugung ist auch, dass die Prüfung der Erzeugnisse nicht im Anschluss an die Produktion erfolgt, diese ist vielmehr in den Arbeitsgang selbst eingebaut. Der Übergang zur Fließerzeugung bewirkt eine Verringerung der Verwaltungskosten (z. B. Vereinfachung der Lohnverrechnung und Lagerbuchführung).

Als entscheidender **Nachteil** der Fließfertigung ist die Herabsetzung der Anpassungsfähigkeit des Betriebes anzuführen. Umstellungen auf Grund geänderter Marktverhältnisse sind infolge der hohen Anlagenintensität schwer möglich. Die Produktionsanlagen sind weitgehend unteilbar und schwer abbaubar. Die Fixkostenbelastung ist hoch, vor allem die Abschreibungs- und Zinskosten fallen stark ins Gewicht. Voraussetzung für die Anwendung der Fließfertigung sind gesicherte Marktanalyse und Marktbeobachtung, die dem Betrieb die Gewissheit der Aufnahmefähigkeit für die erzeugten Produkte geben müssen. Während die Fließfertigung bei voller Auslastung zu wirtschaftlich interessanten Ergebnissen führen wird, gefährdet sie den Betrieb im Beschäftigungsrückgang, weil in diesem Falle die Fixkostenbelastung die Erfolgslage negativ beeinflusst.

3. Die Bestimmung der optimalen Losgröße

Um ein Stückkostenminimum zu erreichen und zu einem Höchstmaß an Wirtschaftlichkeit zu gelangen, muss der Betrieb versuchen, die Fixkostendegression, die von verschiedenen Seiten aus angestrebt werden kann, voll wirksam werden zu lassen. Damit wird der Einfluss der fixen Kosten zu einem bestimmenden Faktor für die Festlegung der optimalen Losgröße.

Die Bestimmung der optimalen Losgröße geht von der Überlegung aus, dass die die Leistungseinheit belastenden auflagefixen Kosten mit der zunehmenden Größe des Auftrages sinken. Auflagefixe Kosten sind Teile der Vertriebskosten

(Kosten der Auftragserlangung, Angebotserstellung), der Verwaltungskosten (Ausschreibung der Werkaufträge, Vorkalkulation, Verbuchung), der Fertigungskosten (Kosten der Anlageneinrichtung) usw. Bei einem bestimmten Punkte wird die Fixkostendegression kompensiert und hierauf überkompensiert, und zwar dann, wenn das Los überdimensioniert ist und einen Umfang erreicht, dass Zinsen-, Wagnis- und sonstige Lagerkosten die Degression der fixen Kosten aufheben. Die optimale Losgröße ist dann jene, bei der die Stückkostenbelastung aus der Summe der fixen Auftragskosten und Zinsen-, Lager- und Wagniskosten am günstigsten ist. Mellerowicz widmet sich dieser Frage in seinem Buch Kosten und Kostenrechnung, Band 1, 4. Auflage, Berlin 1963, S. 407 ff., ausführlich und bringt einige Formeln aus der Literatur, mit deren Hilfe die optimale Losgröße im Betrieb ermittelt werden kann. In Anlehnung an die Untersuchungen Andlers (Rationalisierung der Fabrikation und optimale Losgröße, München 1929) läßt sich die optimale Losgröße nach der Formel

$$X = \sqrt{\frac{E \cdot 200}{b_m \cdot p_m \cdot s}} \cdot b_m$$

ermitteln.

X = optimale Losgröße

E = Einrichtekosten/Los

b_m = benötigte Stückzahl zum Verkauf in einem Monat

p_m = Monatszinsfuß = $\frac{1}{12}$ Jahreszins

s = Stückkosten (Material + Lohn + Gemeinkosten)

Mellerowicz geht in seinem Zahlenbeispiel von folgenden Annahmen aus:

E = auflagefixe Kosten = 400

s = auflageproportionale Kosten = 300

b_m = Monatsbedarf = 5 Stück

p = Jahreszins = 10 %, daher Monatszinsfuß = $\frac{10}{12}$ %

Die optimale Losgröße beträgt sonach:

$$X = \sqrt{\frac{E \cdot 200}{b_m \cdot p_m \cdot s}} \cdot b_m = \sqrt{\frac{400 \cdot 200}{5 \cdot 10/12 \cdot 300}} \cdot b_m = \sqrt{\frac{1.600}{25}} \cdot b_m = \frac{40}{5} \cdot b_m$$

$$X = \frac{40}{5} \cdot 5 = 40$$

Zum gleichen Ergebnis kommt man auch mit der folgenden, auf einen Jahresbedarf bezogenen Formel:

$$X = \sqrt{\frac{200 \cdot b \cdot E}{s \cdot p}}$$

$$X = \sqrt{\frac{200 \cdot 60 \cdot 400}{300 \cdot 10}} = \sqrt{1.600} = 40$$

b   = Jahresbedarf
p   = Jahreszinssatz

Die optimale Losgröße beläuft sich auf 40; bei dieser Auflage sind die Stückkosten am geringsten.

Es geht bei der Festlegung der optimalen Losgröße also um die Berücksichtigung der Erkenntnis, dass zwar die **fixen Auftragskosten** die Anfertigung des Bedarfes für einen größeren Zeitraum auf einmal rechtfertigen würden; wenn sich der Absatz gleichmäßig auf diesen Zeitraum verteilt, kann aber die Belastung an Zinsen-, Wagnis- und Lagerkosten verhältnismäßig zu hoch werden. Es gilt demnach, **jene** Losgröße zu ermitteln, die die kostengünstigste ist.

Die hier wiedergegebene „klassische" Losgrößenformel geht von Voraussetzungen aus, die einer näheren Analyse und Kritik unterzogen werden müssen. Folgende **Annahmen** müssen beachtet werden (A. Egger, Kurzfristige Unternehmensplanung und betriebliche Elastizität, Berlin 1971, S. 91):

1. Die Produktion erfolgt mit unendlicher Geschwindigkeit und damit zeitlos und die gesamte produzierte Menge wird auf einmal an das Lager abgeliefert. Die Formel vernachlässigt jede Lagerung vor Beginn der Produktion und setzt damit voraus, dass das zu verarbeitende Material unmittelbar vor Beginn der Produktion einlangt.

2. Der Absatz erfolgt gleichmäßig und kontinuierlich, so dass der durchschnittliche Lagerbestand gleich der halben Losgröße angesetzt werden kann

Für die Ermittlung der optimalen Losgröße ist es jedoch von größter Bedeutung, auch die **Produktions-** und **Absatzgeschwindigkeit** zu berücksichtigen. Geht man zunächst von einer konstanten Produktions- und Absatzgeschwindigkeit aus, so steigen die Lagerbestände bis zur Beendigung der Produktion gleichmäßig an, und zwar um die Differenz von Produktionsgeschwindigkeit und Absatzgeschwindigkeit. Der **Lagerbestand** ergibt sich aus der Multiplikation dieser Differenz mit der Zahl der Zeiteinheiten, in denen produziert wurde. Die Lagerbestände vermindern sich dann stetig um die abgesetzten Erzeugnisse je Zeiteinheit. Der durchschnittliche Lagerbestand ist gleich der Hälfte des maximalen Lagerbestandes. Die **optimale Losgröße** lässt sich mit folgender Formel berechnen:

$$X = \sqrt{\frac{200 \cdot b \cdot E}{s \cdot p \, (1 - xa/xp)}}$$

xa = Absatzgeschwindigkeit
xp = Produktionsgeschwindigkeit

xa und xp werden in einem Bruch dargestellt, der anzeigt, um wie viel die Produktionsgeschwindigkeit größer als die Absatzgeschwindigkeit ist. Der Bruch muss einen Wert kleiner als 1 annehmen, da der Fall einer die Produktionsgeschwindigkeit übersteigenden Absatzgeschwindigkeit undenkbar ist. Man kann nicht mehr verkaufen als produzieren.

Die optimale Losgröße wird bei steigender Absatzgeschwindigkeit größer und bei gleicher Produktions- und Absatzgeschwindigkeit unendlich groß. Dann beschränken andere Faktoren wie die Kapazität der Maschinen und Werkzeuge oder der Bedarf die Losgröße.

Im nachfolgenden **Beispiel** sei im Fall a) die Produktionsgeschwindigkeit gleich der Absatzgeschwindigkeit und im Fall b) sei die Produktionsgeschwindigkeit doppelt so groß.

b = Jahresbedarf = 10.000 Stück
E = Einrichtekosten je Los = 2.000
s = (proportionale) Herstellkosten je Stück = 100
p = Lager-, Zins- und Wagniskostensatz = 10 %

a) $X = \sqrt{\dfrac{200 \cdot 10.000 \cdot 2.000}{100 \cdot 10 \, (1 - {}^1\!/_1)}} = \sqrt{\infty} = \infty$

b) $X = \sqrt{\dfrac{200 \cdot 10.000 \cdot 2.000}{100 \cdot 10 \, (1 - {}^1\!/_2)}} = \sqrt{\dfrac{4,000.000.000}{500}} = 2.828$ Stück

Als praktisches Ergebnis der Berücksichtigung der Produktions- und Absatzgeschwindigkeit kann die **Massenfertigung** angesehen werden. Sie ist so aufgebaut, dass bestimmte Maschinen über große Zeiträume hinweg immer denselben Teil produzieren, der laufend abgesetzt wird.

Ist der Produktionsausstoß nicht kontinuierlich gegeben, sondern auf bestimmte Zeitpunkte konzentriert, so dass alle Erzeugnisse bis zur Fertigstellung des gesamten Loses in der Produktion verbleiben, ergibt sich folgende Losgrößenformel:

$$X = \sqrt{\frac{200 \cdot b \cdot E}{s \cdot p \, (1 + xa/xp)}}$$

Die Anwendung der Losgrößenformel auf Mehrproduktunternehmen wurde mehrfach mit Hilfe der Linearen Programmierung (siehe Abschnitt I.) versucht.

Es erscheint auch notwendig, die Annahme eines kontinuierlichen, gleichmäßigen Lagerabganges bei der „klassischen" Losgrößenformel zu überprüfen. Bei variierenden Absatzgeschwindigkeiten kann es bei rhythmisch hintereinander geschalteten auf Grund der Formel ermittelten gleich großen Losgrößen entweder zu Lagerüberschüssen und damit zu erhöhten Lagerkosten oder zu Fehlmengen kommen. Im Falle eines schwankenden Absatzverlaufes kann die Losgrößenformel in ihrer allgemeinen Form daher nicht sinnvoll verwendet werden. Dies trifft ganz besonders dann zu, wenn sich die Produktion über das Jahr hinzieht, der Absatz aber nur wenige Wochen dauert. Gleiches gilt, wenn sich der Absatz gleichmäßig über das Jahr verteilt und die Produktion aus technologischen oder anderen Gründen innerhalb weniger Wochen ablaufen muss. Das Problem ist dann nur durch das schon früher erwähnte heuristische Vorgehen im Rahmen der Fertigungsablaufplanung lösbar (A. Egger, a.a.O., S. 136 ff.).

4. Die Rationalisierung des Produktionsprozesses

Die Gestaltung des Produktionsprozesses hängt weitgehend von Art und Umfang der Rationalisierungsmaßnahmen im Betrieb ab. Es gibt dafür mehrere Wege. Üblicherweise wird unterschieden zwischen

1. technischer Rationalisierung,

2. organisatorischer Rationalisierung und

3. sozialer Rationalisierung.

Während die **technische** Rationalisierung die Verwendung zweckmäßigerer Maschinen und Anlagen sowie besserer Herstellungsverfahren anstrebt, soll durch die **organisatorische** Rationalisierung über Normung, Typisierung und Spezialisierung das Kostenniveau des Betriebes gesenkt werden. Die **soziale** Rationalisierung hat zum Ziel, die Arbeiter zu schulen und dadurch für einen bestimmten Arbeitsplatz geeignet zu machen, das Betriebsklima zu verbessern und durch Eignungsprüfungen die richtige Arbeiterauswahl zu treffen etc.

Der Effekt der **technischen** Rationalisierung ist von der zweckmäßigen Durchführung der betriebswirtschaftlichen Investitionsrechnung (des betriebswirtschaftlichen Verfahrensvergleiches) abhängig, über die im Zusammenhang mit der Finanzierung der Betriebe gesprochen wurde. Die **soziale** Rationalisierung gehört in den Bereich der Personalwirtschaft. In beiden Fällen zeigt sich die Auswirkung naturgemäß auch im Bereich der Produktionswirtschaft. Die **organisatorische** Rationalisierung ist besonders deutlich produktionswirtschaftlich orientiert, die absatzwirtschaftlichen Folgen sind dabei jedoch nicht zu übersehen. Vom produktionstheoretischen Standpunkt aus findet die organisatorische Rationalisierung besonderes Augenmerk.

Normung ist die Vereinheitlichung von **Einzelteilen** hinsichtlich Form, Abmessungen, Farbe, Qualität, Muster u. dgl. Die Wirkung der Normung geht über die produzierende Einzelwirtschaft hinaus, sie ist allgemein unter dem Gesichtspunkt der Erreichung von Ordnung und Leistungssteigerung in der Wirtschaft und Wissenschaft zu sehen. Die **Vorteile** für den Erzeuger liegen in der Beschränkung des Produktionsprogramms, damit in der Möglichkeit zu dessen Rationalisierung und zur Kostensenkung. Für den Käufer bringt die Normung ebenfalls Rationalisierungsmöglichkeiten, weil sein Produktionsvorgang auf genormte Fabrikationsteile eingestellt werden kann. Die Lagerhaltung wird vereinfacht, die Ersatzbeschaffung erleichtert.

Typisierung (auch: Typung) ist die einheitliche Festlegung von **Fertigprodukten** bezüglich Qualität, Größe, Form, Abmessung usw. Die Typisierung geht somit über die Normung hinaus. Bei differenzierten Käuferwünschen ist sie problematisch. Im Wettbewerb spielt ja die Produktgestaltung eine entscheidende Rolle, und mit zunehmender Kaufkraft sehen sich die Produzenten oft gezwungen, auf Auftragsfertigung überzugehen, die den Käuferwünschen entspricht. Es ist deshalb verständlich, wenn der Typisierung Grenzen gesetzt sind. Das gilt vor allem für die Konsumgüterindustrie. In der Produktionsgüterindustrie bestehen hingegen für die Typisierung auch in der hoch entwickelten Wirtschaft noch unausgenützte Möglichkeiten. Speziell in der Bauwirtschaft (Bauunternehmen im engeren Sinne, Tischlereibetriebe, Installationsunternehmen usw.) scheinen die Möglichkeiten zur Typisierung noch nicht voll erkannt zu sein. Den Interessenverbänden käme zum Zwecke der Förderung ihrer Mitgliedsbetriebe eine wichtige Aufgabe in der Forcierung von Typisierungsbestrebungen zu.

Durch die **Spezialisierung** erfolgt die Beschränkung des Produktionsprogramms auf einen bzw. auf einige wenige Artikel. Die Spezialisierung gewährt Rationalisierungsmöglichkeiten allgemeiner Art, lässt Qualitätsverbesserungen zu, die die betriebliche Auslastung an ein Optimum heranführen und die Produktion erhöhen. Die Fixkostendegression wird verstärkt. Spezialisierte Betriebe sind jedoch sehr krisenanfällig, weil notwendige Umstellungen des Produktionsprogramms infolge des festgelegten Aufbaues des Produktionsablaufes nur schwer möglich sind.

Die Spezialisierung kann auf horizontaler und auf vertikaler Ebene durchgeführt werden. Die **horizontale** Spezialisierung erfordert zwischenbetriebliche Absprachen. Sie sieht vor, dass der einzelne Betrieb von mehreren Typen sich auf die

Herstellung einer einzigen beschränkt. Bei der **vertikalen** Spezialisierung kommt es über die betriebliche Absprache hinaus zur zwischenbetrieblichen Zusammenarbeit, indem der Betrieb im Rahmen einer ganzen Produktionsfolge eine von mehreren die Gesamtleistung ergebenden Teilleistungen erbringt.

5. Integrierte Fertigungssysteme

Die Erweiterung mechanischer Fertigungssysteme um EDV-Steuerungen und damit Elemente von EDV-Systemen ist Kennzeichen der sog. **„neuen" Produktionstechnologien**. Dadurch ergibt sich die Möglichkeit der Integration des für die Fertigung wesentlichen Informationsflusses über die verschiedenen Teilbereiche eines Industriebetriebes. Die neuen Produktionstechnologien sind durch die Merkmale von **Automation, Flexibilität** und **Integration** geprägt.

Unter **Computer Integrated Manufacturing (CIM)** ist der gezielte Einsatz von kompatiblen Computertechnologien zur **Automation** des Produktionssystems zu verstehen. CIM bedeutet die Integration aller mit der Produkterstellung zusammenhängenden betrieblichen Funktionen, und zwar einerseits auf der Ebene des **Informationsflusses** und andererseits auf der Ebene des **Materialflusses**. Dabei werden zahlreiche technische und betriebswirtschaftliche Funktionen miteinander verbunden (z. B. Anbotserstellung, Terminplanung, Arbeitsvorbereitung, Fertigung, Qualitätssicherung, Montage, Lagerverwaltung, Nachkalkulation, Fakturierung). Die Kombination von Hardware, Software, Datenbanken, Bearbeitungs-, Transport- und Kommunikationssystemen ermöglicht einen direkten Datenaustausch und damit auch eine Integration des Fertigungsprozesses. In CIM-Systemen kommen Industrieroboter, fahrerlose Transportsysteme, flexible Fertigungs- und Montagesysteme und CAD/CAM-Systeme zum Einsatz. Wegen technischer Schnittstellenprobleme sind sie heute noch nicht als vollintegrierte CIM-Systeme für den gesamten Fertigungsbereich im Einsatz, doch sind Erweiterungen in naher Zukunft zu erwarten.

CAD/CAM-Systeme stellen eine Verbindung zwischen der computerunterstützten Konstruktion (Computer Aided Design; CAD) und der computerunterstützten Fertigung (Computer Aided Manufacturing; CAM) dar und bauen auf der Kopplung von Hardware-, Software- und Datenbankelementen auf. Die Computerunterstützung im Bereich der Konstruktion (CAD) erstreckt sich auf die Zeichnungserstellung, die Berechnung von Planelementen, die Simulation des Fertigungsvorganges, die Stücklistenerstellung und die Arbeitsplanerstellung. CAM umfasst die Programmierung der numerisch gesteuerten Fertigungsanlagen (NC-Maschinen), die rechnergestützte Fertigung (Bearbeitung) und die Fertigungssteuerung.

Flexible Fertigungssysteme (FFS) setzen sich aus mehreren Bearbeitungssystemen zusammen, deren Material- und Informationsfluss so verkettet wird, dass eine gleichwertige Bearbeitung unterschiedlicher Werkstücke mit unterschiedlichen Bearbeitungsfolgen ohne manuellen Eingriff erfolgen kann.

Bei der **Produktionsplanung und -steuerung** (**PPS**) stehen vier Aufgabenbereiche im Vordergrund (vgl. G. Zäpfel, Produktionswirtschaft, Berlin/New York 1982, S. 45 ff.):

1. Planung des Produktionsprogrammes: Bereitstellung der Materialien nach Art, Qualität, Menge, Termin und Kosten zur Durchführung der Produktion (Mengenmäßige Planung).

2. Terminplanung: Vorbereitung, Planung und Koordination des zeitlichen Ablaufs der Aufträge in der Produktion (Zuordnung von Aufträgen zur Kalenderzeit und zu den betrieblichen Kapazitätseinheiten).

3. Steuerung der Produktionsdurchführung: Durchsetzung, Kontrolle und kurzfristige Anpassung des Produktionsplanes (Realisierungsaufgaben).

4. Datenverwaltung: Sammlung, Speicherung und Aktualisierung von Daten (Betriebsdatenerfassung) zur Wahrnehmung der Planungs-, Realisations- und Kontrollaktivitäten in den vorhin genannten Aufgabenbereichen.

CIM-Systeme lassen die Nutzung bedeutender **Rationalisierungspotentiale** zu. In der Praxis wird durch die computerunterstützte Fertigung eine Senkung der Gesamtkosten bis zu 30 % ermöglicht. Mehr als die Hälfte dieser Kostensenkungspotentiale entsteht als indirekter Nutzen in anderen Unternehmensbereichen, der erst durch die Integration erschlossen wird. Bei der Einführung dieser Technologien müssen jedoch die wirtschaftlichen, technischen und sozialen Wirkungen auf den gesamten Unternehmensbereich sorgfältig bedacht werden.

H. Wildemann (Einführungsstrategien für neue Produktionstechnologien, in: Zeitschrift für Betriebswirtschaft 1986, S. 337 ff.) folgend können Investitionsentscheidungen für diese neuen Produkt- und Fertigungstechnologien nur aus einer **ganzheitlichen Sicht** gefällt werden, die die Beziehungen zwischen Markt – Produkt – Produktionstechnologie beachtet. Die Produktionstechnologie wird zum **Wettbewerbsinstrument** des Unternehmens, da sie die Kosten- und Leistungsstrukturen der Produkte und die Reaktionsfähigkeit am Markt entscheidend beeinflusst. Ein früher Einführungszeitpunkt von neuen Technologien kann zu Wettbewerbsvorteilen führen und Marktanteile erobern lassen. Die Strategie der Pionieranwendung einer neuen Technologie ist dabei erfolgreicher als die Strategie des kreativen Nachahmens, der Pionieranwender bekommt einen Know-how-, Produktivitäts- und Imagevorsprung, der auch durch Fehlschläge nicht so leicht verloren geht.

Kostensenkungspotentiale können aber nur dann sinnvoll genutzt werden, wenn Investitionen auf der Grundlage von ganzheitlichen Planungen für Produktionsstrukturen gebündelt werden und einen stufenweisen Aufbau vorsehen. Der Aufwärtskompatibilität kommt beim Ausbau von CIM-Systemen eine zentrale Bedeutung zu.

Der Mensch übernimmt in der Planungsphase, in der Einführungsphase, aber auch in der Betriebsphase von automatisierten Technologien eine wichtige Rolle. Die Technologieplanung bedarf einer umfassenden Macht- und Fachpromotion, die als Angelegenheit der gesamten Unternehmensführung und nicht so sehr als Angelegenheit von Spezialisten betrachtet werden muss. Die durch den Technologieeinsatz sich ergebenden **Veränderungen in den Personal- und Organisationsstrukturen** sind sorgfältig in der Planung zu bedenken.

6. Charakteristische Merkmale der Erstellung von Dienstleistungen

In den bisherigen Darstellungen wurde vornehmlich auf die Erstellung materieller Leistungen (Sachleistungen) Bezug genommen. Es ist daher notwendig, auf charakteristische Merkmale einzugehen, die die Erstellung **immaterieller** Leistungen (Dienstleistungen) prägen.

Hiebei muss zunächst zwischen Dienstleistungen unterschieden werden, die entweder unterstützend für die Sachleistungserstellung fungieren (z. B. technische Beratung) oder unmittelbar verbrauchsorientiert sind (d. h. autonome Leistungen für den Konsumenten darstellen, z. B. Fremdenverkehr).

Die „produktionsbezogenen" Dienstleistungen erhalten ihre wesentlichen Impulse für Entstehung und Wachstum aus dem primären und dem sekundären Sektor (Industrie, Handwerk). Die Nachfrage nach diesen Leistungen ist eine von diesen Sektoren **abgeleitete** Nachfrage; diese Dienstleistungen werden auch gerne als **induzierte tertiäre** Leistungen bezeichnet.

Die unmittelbar verbrauchsorientierten Dienstleistungen sind in ihrem Volumen besonders stark vom Konsumentenverhalten (Einkommen, Neigungen) abhängig. Hieraus ergeben sich entscheidende Konsequenzen für die Kapazitätsbemessung und die Bestimmung der Nachfragefunktion von Dienstleistungsunternehmen (siehe F. Decker, Einführung in die Dienstleistungsökonomie, Paderborn 1975, S. 217 ff.).

Charakteristische Merkmale von Dienstleistungen im Gegensatz zu den typischen Leistungsbedingungen im primären und sekundären Sektor sind:

a) Der immaterielle Leistungscharakter

Bei Dienstleistungen handelt es sich um körperlich nicht greifbare Leistungen im Sinne von:

1. Persönlichen Diensten am Menschen (z. B. Informationsdienste) oder an der Gesellschaft (z. B. Schulwesen, Kulturbereich)

2. Diensten zur Vollendung des Produktionsprozesses bzw. Güterkreislaufes:
   - Finanzielle Dienste (z. B. Banken, Versicherungen)
   - Überbrückungsdienste (z. B. Handel, Transportwesen)
   - Beratungsdienste (z. B. Werbung, Rechts-, Steuer-, Organisationsberatung)

3. Erhaltungs- und Reparaturdienste

Der immaterielle Leistungscharakter schließt damit die Manipulation von materiellen Gütern nicht aus, wohl aber deren Erzeugung. Für die Dienstleistung ist demnach ein Trägermedium (Mensch oder Objekt) erforderlich. Im Schrifttum wird deshalb auch vereinzelt von „externen" Produktionsfaktoren gesprochen, an welchen die Dienstleistungen erbracht werden.

b) Die mangelnde Speicherfähigkeit

Wegen des immateriellen Charakters der Dienstleistungen ist eine Speicherung und damit ein Ausgleich der zeitlichen und mengenmäßigen Inkongruenzen zwischen Beschaffung, Produktion und Absatz über eine Lagerhaltung nur in beschränktem Umfang gegeben (z. B. im Handel, nicht jedoch im Verkehrswesen). Die mangelnde Lagerfähigkeit bedeutet die Vergänglichkeit der Leistungserstellung und erfordert die Synchronisierung von Produktion und Verbrauch bzw. Leistungserstellung und Leistungsabgabe. Der Abnehmer der Leistung muss am Produktionsprozess direkt oder indirekt beteiligt sein.

c) Die Dominanz der Leistungsbereitschaft

Die Leistungserstellung ist im Dienstleistungsbereich von der **Bereitschaft zur Erbringung von Dienstleistungen** geprägt. Die mangelnde Speicherfähigkeit der Leistungen zwingt die Unternehmen, die Bereitschaft zur Leistungserstellung zu zeigen, „Betriebsleistung" anzubieten, damit ein Bedarf nach diesen Leistungen unmittelbar Deckung finden und sich in Erlös bringender „Marktleistung" niederschlagen kann. Die Dienstleistungsbetriebe haben ein bestimmtes **Leistungspotential** aufrechtzuerhalten. Intensive zeitliche Nachfrageschwankungen können durch Lagerhaltung oder zeitliche Bedarfsverlagerung aber in der Regel nicht oder nur beschränkt ausgeglichen werden. Viele Dienstleistungsbetriebe sind daher gezwungen, ihre **Betriebskapazität** (hinsichtlich Personal und Sachausstattung) auf den zu erwartenden **Spitzenbedarf** auszurichten (z. B. Nahverkehrsbetriebe).

Das bedeutet, dass außerhalb dieser Spitzenbedarfszeiten Leerkapazitäten bestehen bzw. geringere Beschäftigungsstufen in Kauf genommen werden müssen. Die Verringerung der Leistungsbereitschaft auf eine niedrigere Kapazitätsstufe führt meistens zu einem spürbaren Abbau der Dienstleistungsqualität. Dies ist weder im Interesse der Umsatzerwartungen der Dienstleistungsbetriebe noch für den Empfänger der Dienstleistungen sinnvoll. Deshalb halten viele Dienstleistungsbetriebe ihre personelle, sachanlagenbezogene und räumliche Leistungsbereitschaft auf einem höheren Niveau und nehmen Zeiten geringerer Auslastung in Kauf.

Die Kosten der Leistungsbereitschaft sind gegenüber Beschäftigungsschwankungen eher unelastisch, d. h. können diesen Schwankungen nicht angepasst werden. Dieser Umstand führt zu einem hohen Anteil von **Leerkosten** (siehe Abschnitt F. V.), die die verkauften Leistungseinheiten anteilsmäßig stark belasten und dadurch zu einem starken Kostenauftrieb je Leistungseinheit führen (vgl. O. Altenburger, Ansätze zu einer Produktions- und Kostentheorie der Dienstleistungen, Berlin 1980).

Im Wege einer zeitlichen Steuerung der Nachfrage durch Preisdifferenzierung und andere preispolitische Maßnahmen kann versucht werden, die Auslastungsgrade zu erhöhen bzw. Spitzenbelastungen zeitlich zu verteilen und damit abzubauen. Dies stellt das **Dienstleistungsmarketing** vor spezielle Anforderungen, die mit wenigen Ausnahmen jedoch mit dem für Sachleistungen entwickelten Instrumentarium lösbar werden (siehe im Detail Abschnitt G.). Neben der Preispolitik kommt der Kommunikationspolitik ein hoher Stellenwert zu, um die Nachfrage an die Produktionskapazität anzupassen. Mit ihrer Hilfe soll aber auch die (an sich immaterielle) Dienstleistung sichtbar und bewusst gemacht werden, durch eine Imagepolitik kann eine Vertrauensbildung zum Dienstleistungsunternehmen aufgebaut werden. Die Immaterialität kann auch durch die Ausgabe von „Anrechnungsscheinen" (z. B. Tickets, Verträge, Time-Sharing-Anteile usw.) umgangen werden, Dienstleistungen werden auf diese Weise auch handelbar (vgl. F. Scheuch, Dienstleistungsmarketing, München 1982).

7. Maßnahmen zur Qualitätssicherung (Qualitätsmanagement)

Die Gewährleistung einer erwünschten Qualität des betrieblichen Leistungserstellungsprozesses ist ein bedeutendes unternehmerisches Anliegen. Alle Aktivitäten einer Organisation, die geeignet sind, das gewünschte Merkmal Qualität beim Ergebnis der Leistungserstellung zu erreichen, werden unter den Begriffen **Qualitätssicherungssystem** und **Qualitätsmanagement** zusammengefasst. In der Literatur gibt es unterschiedliche Auffassungen von „Qualität". **Qualität** nach DIN 55350 ist die Beschaffenheit einer Einheit bezüglich ihrer Eignung, festgelegte und vorausgesetzte Erfordernisse zu erfüllen. Diese Begriffsauffassung ist stark technisch orientiert.

Als „kritische Qualitätsfaktoren" können angesehen werden:

- Kardinal messbare Größen (wie etwa Gewicht, Länge, Wartezeit, Emissionen oder Geschwindigkeit), die eine Produkteigenschaft beschreiben;

- Kundenzufriedenheit (Gebrauchstauglichkeit), die von den Abnehmern oder Betroffenen attestiert wird („fit for use") und durch Befragungen bzw. Beobachtungen registriert oder am Markterfolg (Umsatz) gemessen wird;

- Einhaltung von Rahmenbedingungen (Normen, Regeln, Gesetze); Fehler bei der Fertigung und spätere Mängel des Produktes sollen durch das Einhalten genauer Spezifikationen vermieden werden;

- Wertbezogene Kriterien, die in Geldeinheiten den Nutzen des Produktes beim Kunden durch eine Relation zwischen Aufwand und Ertrag darstellen und dadurch Qualität bemessen lassen sollen.

Aus dieser Darstellung ist zu erkennen, dass kein Kriterium allein Qualität hinreichend beschreiben kann. Eine Organisation muss daher die für sie qualitätsrelevanten Kriterien zusammenfassen und vorgeben. Dies wird als strategische Führungsaufgabe interpretiert, weshalb es auch angebracht erscheint, von einer **Qualitätsstrategie** zu sprechen und alle Aktivitäten zur Qualitätssicherung als **Qualitätsmanagement** zu bezeichnen. Qualitätsmanagement ist demnach „derjenige Aspekt der Gesamtführungsaufgabe, welcher die Qualitätspolitik festlegt und zur Ausführung bringt" (ISO 9000). Das Qualitätsmanagement umfasst daher die Qualitätsplanung, die Qualitätsorganisation, die Qualitätssteuerung und die Mitarbeiterführung zur Qualitätspolitik.

Mit der Einbindung Österreichs in den Gemeinsamen Markt entwickelt sich ein intensiverer Wettbewerb, in dem den Maßnahmen zur Qualitätssicherung bzw. dem Qualitätsmanagement ein immer höherer Stellenwert zukommt. Ein auf internationaler Ebene nachprüfbarer **Qualitätsnachweis** gemäß einheitlichen Standards wird immer häufiger eingefordert. So ist es beispielsweise die Absicht der EU, bei der Vergabe von öffentlichen Aufträgen nur noch Unternehmen mit ISO-9000-Zertifizierung zu berücksichtigen.

Die **ISO (International Standards Organisation) Normenreihe 9000** enthält Regeln eines branchen- und produktunabhängigen Systems für das Qualitätsmanagement von Waren und Dienstleistungen. Die Normen zielen auf die Gestaltung der Strukturen und Abläufe in der betrieblichen Leistungserstellung ab. Sie betreffen Methoden und Instrumente, mit welchen eine im Zeitablauf gleich bleibende Qualität gewährleistet werden soll. Die Normenreihe 9000 besteht aus drei Anforderungsnormen (ISO 9001 bis ISO 9003) sowie zwei Leitfäden (ISO 9000 und ISO 9004).

ISO 9000 enthält allgemeine Richtlinien und weist darauf hin, welche der drei Anforderungsnormen für das jeweilige Unternehmen in Frage kommt. **ISO 9004** enthält allgemeine Aussagen zur Qualitätssicherung und zum Qualitätsmanagement, insbesondere im Teil 2 der Norm auch für Dienstleistungen.

ISO 9003 kommt der traditionellen Produktionskontrolle nahe und umfasst nur die Kontrolle des Endproduktes. Diese Norm ist für einfache Produkte ausreichend. **ISO 9002** berücksichtigt den gesamten Produktionsvorgang einschließlich einer allfälligen Montage und ist bspw. für Lohnfertigungsunternehmen, Handelsbetriebe und Speditionen geeignet. **ISO 9001** ist die umfassendste Normenvariante. Bei dieser wird die gesamte Unternehmenstätigkeit von der Entwicklung über den Entwurf des Produktes bis zu seiner Entsorgung erfasst. Dieser Standard ist für Unternehmen, die eine intensive Eigenentwicklung betreiben, anzuwenden. Die drei zuletzt genannten Normen regeln zum Teil gleiche Leistungsbereiche mit unterschiedlicher Intensität. Sie stellen kein Baukastensystem dar. Eine Zertifizierung nach der Norm ISO 9001 bedeutet demnach nicht auch die Zertifizierung nach ISO 9002 oder ISO 9003. Jedes Unternehmen muss selbst entscheiden, welchem Standard es sich anpassen will.

Um eine **Zertifizierung** nach der Norm ISO 9001 zu erhalten, muss ein Unternehmen normengerecht geführt werden und ein internes Qualitätsmanagementsystem nachweisen. Der erste Schritt für ein Unternehmen ist dabei die Erstellung eines Qualitätshandbuches. Darin legt das Management die Unternehmensphilosophie möglichst klar dar und fasst die für die Qualitätssicherung erarbeiteten Ziele und die zu treffenden Maßnahmen zusammen. Diese schriftlich festgelegten Vorgaben sind den einzelnen Arbeitsabläufen und Verantwortungsbereichen zuzuordnen und in die Praxis umzusetzen. Experten überprüfen in einem sogenannten **Audit** an Ort und Stelle die Realisierung dieses Konzepts. Audits können als Verfahrensaudits, als Produktaudits und als Systemaudits vorgesehen werden. Wird die Norm erreicht, verbrieft dies eine international anerkannte Zertifizierungsstelle (in Österreich z. B. die Österr. Vereinigung für Qualitätssicherungssysteme – ÖQS) durch ein Zertifikat. Jährlich erfolgt zur weiteren Kontrolle eine Teilprüfung und alle drei Jahre eine weitere Vollprüfung.

Der Prozess der **Einführung eines Qualitätsmanagements** in einer Organisation lässt sich in acht Hauptaktivitäten untergliedern:

1. Schaffung einer geeigneten Aufbau- und Ablauforganisation;

2. Regelung von Zuständigkeiten, Verantwortung und Befugnissen zur Durchsetzung der Qualitätspolitik;

3. Analyse von Qualitätsrisken und daraus folgenden Wirtschaftlichkeitsaspekten;

4. Vorbeugende Maßnahmen zur Vermeidung von Qualitätsproblemen;

5. Dokumentationspflicht für alle Kompetenzen und Verfahrensregelungen in einem Qualitätsmanagement-Handbuch;

6. Einrichtung eines verpflichtenden Berichtswesens über die Durchführung der Qualitätssicherungsmaßnahmen und die dabei erzielten Ergebnisse, das ein frühzeitiges, korrigierendes Eingreifen der hiezu Verantwortlichen ermöglichen soll;

7. Qualifikation von Mitarbeitern (Bewusstsein für Qualität wecken und Schulung, wie sie in der Organisation erreicht werden kann) und von Sachmitteln (Kommunikationsnetzwerk und Analysehilfsmittel), die das Qualitätsmanagement ermöglichen sollen;

8. Überprüfung der Qualitätssicherungsaktivitäten und rückwirkende Maßnahmen auf die Unternehmensorganisation (Lernprozess).

Die Normenreihe ISO 9000 wurde von der Europäischen Normungsorganisation (CEN) wortgleich als EN-29000-Reihe übernommen. Das System harmonisierter Regelungen zum Abbau von Handelshemmnissen im europäischen Binnenmarkt wurde ergänzt durch ein Freihandelszeichen (**CE-Zeichen**), mit dem Produkte gekennzeichnet werden sollen, die den relevanten EU-Normen entsprechen. Mit dem sog. „Global Approach" wurde ein neues Bewertungsverfahren festgelegt, wonach für jede Produktgruppe eines nach EG-Richtlinien geregelten Bereiches acht Möglichkeiten zur Konformitätsbewertung vorgeschlagen werden, aus welchen sich ein Produzent die für ihn geeignetste Lösung aussuchen kann. Ist ein den EG-Richtlinien konformes Nachweisverfahren durchgeführt, so ist der Hersteller berechtigt, das CE-Zeichen auf diesem Produkt anzubringen.

Die Harmonisierungsbestrebungen der EU haben bewirkt, dass die Einführung von Qualitätsmanagementsystemen in den Unternehmen nach der internationalen Normenreihe EN 29000/ISO 9000 und die Zertifizierung durch eine unabhängige Zertifizierungsstelle in den letzten Jahren deutlich zugenommen haben. Es fehlt andererseits nicht an Stimmen, die der vornehmlich an tayloristischen Elementen der arbeitsteiligen Gestaltung des Leistungsprozesses ausgerichteten Dimension des Qualitätsmanagements kritisch gegenüberstehen. Sie fordern eine stärker von Humanfaktoren geprägte verhaltensorientierte Denkweise in der qualitätsorientierten Unternehmensorganisation ein und befürworten Überlegungen des Total Quality Managements (TQM).

Als Alternative zur Zertifizierung nach ISO 9000 wird der von der European Foundation for Quality Management (EFQM) seit 1992 an Unternehmen vergebene European Quality Award (**EQA**) angesehen. Dem European Quality Award liegt das Europäische Modell für Umfassendes Qualitätsmangement zugrunde, das in der Qualitätsbeurteilung einerseits Potentialfaktoren (Führung, Mitarbeiterorientierung, Politik und Strategie, Ressourcen) und andererseits Ergebniskategorien (Mitarbeiterzufriedenheit, Kundenzufriedenheit, gesellschaftliche Verantwortung/Image, Geschäftsergebnisse) berücksichtigt. Während auf der Seite der Potentialfaktoren wesentliche Einflussgrößen für die betriebliche Leistungsfähigkeit thematisiert werden, zeigt die Ergebnisseite, dass das Ziel aller Bemühungen eines marktorientierten Unternehmens die Verbesserung der Geschäftsergebnisse sein muss. 1997 wurde das Business-Excellence-Modell zum neuen „EFQM-Modell für Excellence" erweitert, um es auch für staatliche Einrichtungen und gemeinnützige Organisationen zu öffnen.

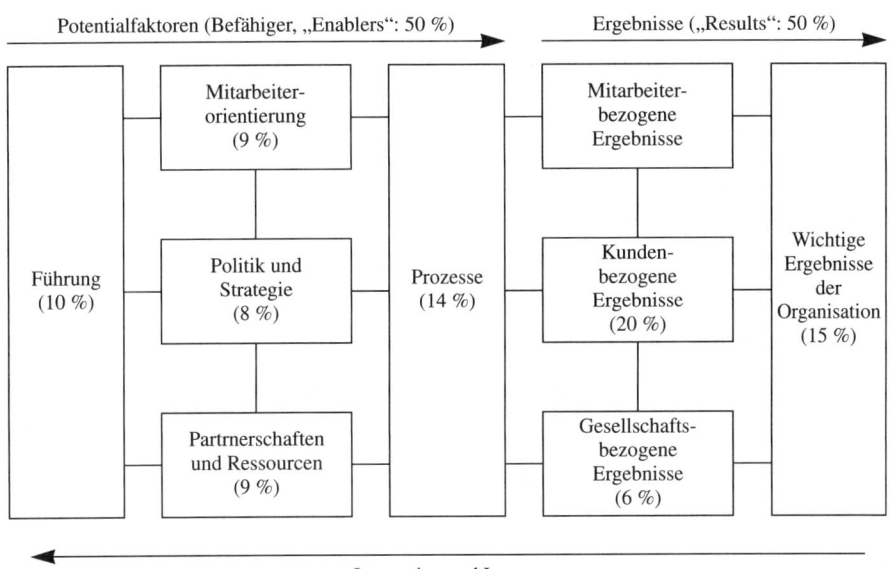

Abb. 1

Total Quality Management (**TQM**) ist als ein langfristiges, integriertes Unternehmenskonzept anzusehen, das die Qualität von Produkten und Dienstleistungen in der Entwicklung, in der Konstruktion, in der Fertigung und im Absatzbereich durch Mitwirkung aller Mitarbeiter zu günstigen Kosten kontinuierlich gewährleisten und verbessern soll, um eine optimale Bedürfnisbefriedigung der Leistungsabnehmer zu ermöglichen. Für die Qualität der Leistungserstellung ist somit nicht eine bestimmte Abteilung zuständig, sondern das gesamte Unternehmen verantwortlich. Dementsprechend müssen die Unternehmenspolitik und die Führung des Unternehmens ausgerichtet sein. Der Marktforschung über die Bedürfnisse der Leistungsabnehmer kommt dabei eine zentrale Bedeutung zu. Innerhalb des Unternehmens wird eine Abteilung als Verbraucher einer im Leistungsprozess vorgelagerten Abteilung angesehen. Die Qualitätsanforderungen jeder Abteilung sind demnach rekursiv an die jeweils vorgeschaltete Abteilung zu richten. Die damit verbundenen Informationsnotwendigkeiten sind in abteilungsübergreifenden Teams zu erfüllen, sie haben für eine reibungslose Koordination im Unternehmen und für gute Kommunikationsbeziehungen zu sorgen.

Ein wesentliches Element des TQM ist die Arbeit in **Qualitätszirkeln.** Unter einem Qualitätszirkel ist eine zielorientiert arbeitende Gruppe von 5 bis 10 Mitarbeitern zu verstehen, die ihr arbeitsspezifisches Wissen und ihre Erfahrungen freiwillig einbringen, um Themen der eigenen Arbeit zu besprechen, durch selbstentwickelte Lösungen die Produkt- und Arbeitsqualität verbessern zu helfen sowie zu ihrer Arbeitszufriedenheit beizutragen. Der Erfolg dieser Kleingruppenarbeit ist davon abhängig, inwieweit es gelingt, die sich entfaltenden Innovationskräfte der Mitarbeiter mit den betrieblichen Interessen zu verknüpfen. Erarbeitete Problemlösungsideen sind im Rahmen des betrieblichen Vorschlagswesens zu bewerten und anzuerkennen.

Die Zielsetzungen des Qualitätsmanagements berühren sehr oft gesetzliche Normen für die Arbeitssicherheit und den Umweltschutz und veranlassen ein Überdenken bisheriger Produktionsverfahren. Das **Generic Management System (gms)** verbindet das Qualitätswesen (ISO 9000), den Umweltschutz (ISO 14000) und technische Aspekte der Arbeitssicherheit zu einem einheitlichen Ansatz für die Unternehmensentwicklung und bestimmt Initiativen einer ökologisch ausgerichteten Betriebsberatung.

III. Die Grundlagen der Produktionstheorie

1. Die Entwicklung der Produktionstheorie

Die Impulse für eine betriebswirtschaftliche Produktionstheorie gaben ursprünglich Nationalökonomen; die ältesten produktionstheoretischen Betrachtungen stammen von Jacques Turgot und von Johann Heinrich von Thünen über das Gesetz vom abnehmenden Ertragszuwachs in der Landwirtschaft. Es war auch Vertretern der Nationalökonomie vorbehalten, die ersten geschlossenen produktionstheoretischen Darstellungen vorzulegen, was insbesondere für die mathematische Schule der Nationalökonomie gilt. Nachdem 1926 von Sraffa die Untersuchung „The Law of Return under Competitive Conditions" erschienen war, traten H. von Stackelberg mit der Arbeit „Grundlagen einer reinen Kostentheorie" (1932) und E. Schneider mit der Publikation „Theorie der Produktion" (1934) auf den Plan. Allmählich zeigen sich dann auch Versuche der Begründung einer Produktionstheorie von Seiten einzelner Betriebswirte. Schmalenbach, Kosiol, Mellerowicz und Rummel sind einige Namen, die mit dieser Entwicklung verbunden sind. Sie ist dadurch gekennzeichnet, dass bei der Lösung kostenrechnerischer Fragen zwangsläufig die Probleme einer Produktions- und Kostentheorie deutlich wurden. Eine in sich geschlossene Produktions- und Kostentheorie hat durch die Analyse des betrieblichen Kombinationsprozesses E. Gutenberg entwickelt, die auf der Grundlage der Konfrontation mit der betriebswirtschaftlichen Praxis gestaltet wurde.

2. Die Produktionsfunktionen (Ertragsfunktionen)

a) Die grundlegenden Begriffe

Der im Rahmen der Leistungserstellung erzielbare (erzielte) mengenmäßige Gesamtertrag hängt von den Einsätzen an Produktionsfaktoren ab. Das mengenmäßige Gesamtergebnis ist eine Funktion der jeweils eingesetzten Produktionsfaktoren (**Produktionsfunktion**). Verwendet man, wie dies das einschlägige Schrifttum tut, für den mengenmäßigen Gesamtertrag den Ausdruck E, für die Produktionsfaktoren die Bezeichnungen R_1, R_2, R_3...R_n und für die tatsächlich verbrauchten (eingesetzten) Mengen dieser Produktionsfaktoren die Symbole r_1, r_2, r_3...r_n (vgl. G. Wöhe, Einführung in die Allgemeine Betriebswirtschaftslehre, 16. Aufl., München 1986, S. 442 f.), dann lässt sich die **Produktionsfunktion** (**Ertragsfunktion**) wie folgt formulieren:

$$E = f\,(r_1, r_2, r_3...r_n)$$

Erfahren die eingesetzten Faktoren eine qualitative Änderung oder kommt es zur vollständigen Substitution eines Faktors durch einen anderen Faktor (z. B. Lohn durch Material), dann handelt es sich um eine andere Produktionsfunktion (Ertragsfunktion). Einsatz (input) und Ertrag (output) gehen in die Produktionsfunktion als mengenmäßige Größen ein.

Über die Ergiebigkeit eines Produktionsfaktors orientiert der **Produktionskoeffizient**, als welcher der Quotient aus eingesetzter Menge je eines Produktionsfaktors und der produzierten Menge zu verstehen ist.

$$\text{Produktionskoeffizient} = \frac{\text{eingesetzte Menge je eines Produktionsfaktors}}{\text{erzielte (produzierte) Menge (Ausbringung)}}$$

Produktionskoeffizienten können für jede Art von Produktionsfaktoren ermittelt werden. Umgekehrt ergibt sich der **Produktivitätskoeffizient** als der reziproke Wert des Produktionskoeffizienten. Der Produktivitätskoeffizient zeigt, welches mengenmäßige Resultat durch den Einsatz eines bestimmten Produktionsfaktors erzielt wird:

$$\text{Produktivitätskoeffizient} = \frac{\text{erzielte (produzierte) Menge (Ausbringung)}}{\text{eingesetzte Menge je eines Produktionsfaktors}}$$

Den Inhalt betrieblicher Leistungserstellung bildet die Kombination von Produktionsfaktoren, die Leistungserstellung ist also ein Kombinationsprozess. Die Kombination der Produktionsfaktoren ist an sich ein technisches Problem; ihr kann jedoch auch ein wirtschaftliches Problem zugrunde liegen, wie die nachstehenden Überlegungen zeigen. Zu unterscheiden ist zwischen **substituierbaren** und **limitationalen** Produktionsfaktoren.

b) Die Produktionsfunktionen auf der Grundlage des Ertragsgesetzes

Substituierbar sind Produktionsfaktoren, wenn ihre Faktoreinsatzmengen frei variierbar sind, d. h. wenn zur Erzielung eines bestimmten mengenmäßigen Ertrages **eine** Faktoreinsatzmenge durch eine **andere** bestimmte Faktoreinsatzmenge ersetzt werden kann, d. h. wenn ein bestimmtes **Produktionsergebnis** (ein bestimmter mengenmäßiger Ertrag) durch eine mengenmäßig **unterschiedliche Kombination** von Faktoreinsätzen (z. B. variierende Material- und Arbeitsmengen) erzielbar ist. Im Falle variierbarer Faktoreinsatzmengen sind die Produktionskoeffizienten variabel.

Die einen gleichen Ertrag ergebenden Kombinationen von Faktoreinsatzmengen liegen auf einer Hyperebene, der so genannten **Indifferenzhyperebene** (in der Literatur als **Indifferenzkurve** bezeichnet). Sie enthält alle Kombinationen, die im Hinblick auf den Ertrag indifferent sind. Kann ein bestimmter mengenmäßiger Ertrag mit einer unterschiedlichen Kombination von Produktionsfaktoren erzielt werden, dann ist die Kombination mit den geringsten Kosten die günstigste. Wir sprechen von der **Minimalkostenkombination**. Die Frage nach der in diesem Sinne zu ermittelnden Minimalkostenkombination entsteht nur bei substituierbaren Produktionsfaktoren.

Zur Ermittlung der Kombination mit den geringsten Kosten müssen außer den Grenzproduktivitäten des zu ersetzenden und des ersetzenden Faktors deren Preise bekannt sein. Die Zusammenhänge lassen sich an einem einfachen Beispiel erklären. Wenn wir annehmen, dass die Grenzproduktivität des zu ersetzenden Faktors (GPr_1) 1, hingegen die des ersetzenden Faktors (GPr_2) 0,4 ist, dann sind 2,5 Einheiten r_2 notwendig, soll r_1 ersetzt werden. Bei einem Preis von € 50,– für r_1 und einem Preis von € 30,– für r_2 wären die Kosten im Falle der Substitution für die neue Kombination € 75,– (2,5 × 30).

Die neue Kombination ist vom Kostenstandpunkt nicht vertretbar, weil die Verwendung von r_1 lediglich Kosten von € 50,– verursacht. Der mengenmäßige Ertrag, bei verschiedener Kombination von Faktoreinsatzmengen unverändert, bewirkt nach unserem Beispiel unterschiedlich hohe Kosten. Anders wäre die Sachlage, wenn für eine Einheit r_2 nur Kosten von € 20,– entstünden. In diesem Falle läge bei mengenmäßig gleichem Ertrag auch Kostengleichheit vor, so dass es gleichgültig ist, welche der beiden Kombinationen Verwendung findet, denn an die Stelle der Kosten von € 50,– für r_1 treten Kosten von € 50,– für 2,5 r_2 Einheiten à € 20,–.

Die Minimalkostenkombination liegt daher dort vor, wo die Grenzproduktivitäten sich so verhalten wie deren Preise. Dies zeigt für den geschilderten Fall der Ansatz

$$1 : 0,4 = 50 : 20$$

Die (zumindest innerhalb eines bestimmten Bereiches) gegebene freie Variierbarkeit der Produktionsfaktoren ist ein Kennzeichen der das so genannte **Ertragsgesetz** charakterisierenden Produktionsfunktion. Unterstellt man die Richtigkeit des Ertragsgesetzes (freie Variierbarkeit der Produktionsfaktoren), dann kann der **Ertragszuwachs** gemessen werden, welcher durch den variierten Faktor bei bestandsmäßiger Konstanz eines anderen Faktors (der anderen Faktoren) entsteht. Auf die Ableitungen zum Ertragsgesetz und auf dieses selbst im Detail einzugehen, soll im Rahmen dieser Ausführungen unterlassen werden. Es soll jedoch auf die Annahmen des Ertragsgesetzes hingewiesen werden, dass – kombiniert man einen konstanten Faktor mit zunehmenden Einsatzmengen eines variablen Faktors – der mengenmäßige Gesamtertrag wegen der zunehmend positiven Wirkung des Mischungsverhältnisses an Faktoreinsatzmengen zunächst progressiv (mit **zunehmenden Ertragszuwächsen**) steigt, ab einem bestimmten Punkt degressiv (mit **abnehmenden Ertragszuwächsen**) zunimmt. Das Maximum des Gesamtertrages liegt dort, wo der Grenzertrag null ist. In der weiteren Folge ergibt sich, dass die Grenzerträge (die Ertragszuwächse) negativ werden, so dass es zu einem absoluten Sinken des Gesamtertrages kommt.

c) Die Produktionsfunktionen auf der Grundlage von Verbrauchsfunktionen

Im jüngeren betriebswirtschaftlichen und volkswirtschaftlichen Schrifttum wird die generelle Gültigkeit des Ertragsgesetzes, das von der Annahme substituierbarer Produktionsfaktoren ausgeht, angezweifelt und – mit praktischen Beispielen untermauert – nachzuweisen versucht, dass zumindest in einer Reihe von Fällen **Limitationalität der Produktionsfaktoren** vorliege. Die Produktionsfaktoren sind limitational, wenn sie nicht frei variierbar sind, d. h. wenn für die Erreichung eines **bestimmten** mengenmäßigen Ertrages eine **bestimmte Kombination** von Produktionsfaktoren erforderlich ist. Limitationalität der Produktionsfaktoren bedeutet, dass es zwischen dem Ertrag einerseits und der Faktorkombination andererseits eine ohne jede Einschränkung technisch umrissene Beziehung gibt, so dass selbst periphere Substitution ausgeschlossen ist. Eine **periphere** Substitution wäre gegeben, wenn Einheiten eines Produktionsfaktors durch Einheiten eines anderen Produktionsfaktors ersetzt werden und kompensatorische Wirkungen entstehen. Im Gegensatz zur **alternativen** Substitution treten jedoch keine qualitativen Änderungen der Produktionsbedingungen ein.

Ergibt sich damit für **jede** Mengenkombination ein **bestimmter** Ertrag, dann ist das Ausmaß der herstellbaren Produktionsmenge von **jenem** Produktionsfaktor abhängig, der am geringsten vorhanden ist (**Engpassfaktor**). Von dem am geringsten vorhandenen Produktionsfaktor ist der Einsatz der sonstigen notwendigen Produktionsfaktoren determiniert, weil sie zu Ersterem in einem eindeutig bestimmten Verhältnis einzusetzen sind. Die **Frage der Minimalkostenkombination** tritt deshalb bei limitationalen Produktionsfaktoren **nicht auf**. Bei Limitationalität der Produktionsfaktoren ist – zum Unterschied vom Fall der Substituierbarkeit der Produktionsfaktoren – die Ermittlung partieller Grenzproduktivitäten nicht möglich.

Im Zusammenhang mit den Untersuchungen über limitationale Produktionsfaktoren hat die sog. **Leontief-Produktionsfunktion** besondere Aufmerksamkeit erlangt. Bei der Leontief-Produktionsfunktion wird ein konstantes Verhältnis der Faktoreinsatzmengen zur Ausbringungsmenge angenommen. Das Mengengerüst der Kosten verhält sich damit gegenüber Ausbringungsänderungen indifferent, die Produktionskoeffizienten r_i/x bleiben konstant.

In den jüngeren produktionstheoretischen Arbeiten wird auf die außerordentliche Häufigkeit der Limitationalität der Faktoreinsätze in der Praxis hingewiesen. Auch Gutenberg legt seiner so genannten „**Produktionsfunktion vom Typ B**" (im Gegensatz zur „**Produktionsfunktion vom Typ A**" des Ertragsgesetzes) Limitationalität der Faktoreinsätze zugrunde. Deren Mengenrelation wird dabei von den Abhängigkeiten bestimmt, die zwischen dem Verbrauch an Faktoreinsatzmengen und der technischen Leistung eines Betriebsmittels bestehen. Sie werden als **Verbrauchsfunktionen** bezeichnet, die jeweils nur für die einzelnen Aggregate, nicht für den gesamtbetrieblichen Bereich gelten.

Gutenberg schaltet zwischen die unmittelbare Abhängigkeit der Kosten vom Beschäftigungsgrad (wie dies in der traditionellen Kostentheorie der Fall ist) die Verbrauchsfunktionen und damit die **technischen Eigenschaften** und die **verlangten Leistungsabgaben** der Aggregate, so dass sich neben den **unmittelbaren** Beziehungen zwischen Faktoreinsatz und Ausbringung (etwa bei Rohstoffen) **mittelbare** Beziehungen insofern ergeben, als die Verbrauchsmengen „mittelbar" von den in Anspruch genommenen, d. h. den „zwischengeschalteten" Betriebsmitteln, Arbeitsplätzen usw. abhängig sind.

Die Einsatzmengen, die sich aus den mittelbaren Beziehungen zwischen Faktoreinsatz und Ausbringung ergeben, befinden sich zueinander in einer durch die jeweiligen Verbrauchsfunktionen näher bestimmten Relation. Es können deshalb nicht einzelne Mengen eines Verbrauchsgutes variiert und die anderer Verbrauchsgüter konstant gehalten werden. Eine Variation der Einsatzmengen ist nur bei **allen** an ein Aggregat gebundenen Verbrauchsgütern möglich. „Und zwar nach Maßgabe der Verbrauchsfunktion, die für jedes einzelne Verbrauchsgut gilt. Folglich ist es auch nicht möglich, für jedes einzelne in dieser Kombination enthaltene produktive Gut isoliert den Beitrag zu ermitteln, den es im Produktionsprozeß leistet. Und jede Vermehrung eines Verbrauchsgutes über die durch die Verbrauchsfunktion angegebene Menge hinaus läßt den Überschußbetrag ohne produktive Wirkung, ... Es lassen sich keine partiellen Grenzproduktivitäten ermitteln." (Erich Gutenberg, Grundlagen der Betriebswirtschaftslehre, Erster Band: Die Produktion, 24. Auflage, Berlin/Heidelberg/New York 1983, S. 328 u. 329).

d) Die ökonomische Produktionsfunktion

Die Theorie der Produktionsfunktion ist bei dem aufgezeigten Stand allerdings nicht stehen geblieben. Besonders hervorzuheben sind die einschlägigen Untersuchungsergebnisse Edmund Heinens. Die „**Produktionsfunktion vom Typ C**" stellt seiner Aussage nach nicht nur eine Vereinigung der Grundaussagen der Produktionsfunktion vom Typ A und der Produktionsfunktion vom Typ B dar, sondern führt darüber hinaus zu einer entscheidenden Weiterentwicklung: Die Produktionsfunktion vom Typ A beziehe sich ausschließlich auf den Einsatz substitutionaler Produktionsfaktoren, wobei eine technologische Begründung der getroffenen Aussagen unterbleibe; die Erklärungen zur Produktionsfunktion vom Typ B gingen zwar auf technologische Gegebenheiten ein, doch beschränkten sich die Ableitungen auf Elementarkombinationen, die outputfixen (d. h., die ökonomischen Leistungsmengen bei einmaligem Vollzug sind durch Entscheidungen nicht beeinflussbar), limitationalen (d. h. die Produktionsfaktoren zeigen im Verhältnis zur Ausbringung technisch eindeutig determinierte Relationen), primären (d. h. die Zahl der Wiederholungen der Elementarkombinationen sind direkt von den Fertigungserzeugnismengen abhängig) Charakters sind.

In der **Produktionsfunktion vom Typ C** im Sinne E. Heinens jedoch werden

1. **outputfixe, limitationale** Elementarkombinationen,

2. **outputvariable, limitationale** Elementarkombinationen,

3. **outputfixe, substitutionale** Elementarkombinationen und

4. **outputvariable, substitutionale** Elementarkombinationen

unterschieden. Die Elementarkombinationen werden weiters unter dem Gesichtspunkt unterschiedlicher Wiederholungstypen (**primäre, sekundäre** und **tertiäre**) gesehen.

Primäre Elementarkombinationen sind solche, bei welchen die eigentlichen Bearbeitungsvorgänge erfolgen: Die Anzahl der Wiederholungen der Elementarkombinationen sind direkt von den Erzeugnismengen abhängig. Die Zahl der Wiederholungen bei **sekundären** Elementarkombinationen folgt unmittelbar aus den jeweiligen Auflagengrößen. Die Wiederholungszahl bei **tertiären** Elementarkombinationen ist unabhängig von den Erzeugnismengen und den Auflagengrößen. Tertiäre Elementarkombinationen sind z. B. Heizungsvorgänge, auch gewisse Rüstvorgänge, die in bestimmten Intervallen notwendig werden.

Heinen hebt hervor, dass bei der Darstellung einer wirklichkeitsnahen **ökonomischen Produktionsfunktion** auf **alle** den Faktorverbrauch bestimmenden **Entscheidungstatbestände** eingegangen werden müsse; außerdem seien die Mehrstufigkeit des Produktionsprozesses und die Verschiedenartigkeit der tatsächlich angewendeten **Verfahrensweisen** zu berücksichtigen. Naturgemäß müssten in die Theorie der betriebswirtschaftlichen Produktionsfunktion die **technischen** Verbrauchsfunktionen eingeschlossen werden.

Gibt die **ökonomische Verbrauchsfunktion** an, welche Entscheidungen den Faktorverbrauch bei einem einmaligen Vollzug der Elementarkombinationen determinieren, so ist der Gesamtverbrauch je Produktionsfaktor innerhalb des der Analyse zugrunde gelegten Zeitraumes letztlich von der Häufigkeit (der Wiederholungszahl) der Elementarkombinationen abhängig. Die Produktionsfunktion vom Typ C umschließt deshalb sowohl ökonomische Verbrauchsfunktionen wie auch Wiederholungsfunktionen.

Zur **Grundstruktur** der Produktionsfunktion vom Typ C, die durch das Gleichungssystem

$$r_i = \sum_{j=i}^{m} r_{ij} \cdot w_j$$

wiedergegeben wird, führt E. Heinen (Einführung in die Betriebswirtschaftslehre, 9. Auflage, Wiesbaden 1985, S. 167) aus: „Der Gesamtverbrauch eines beliebigen Produktionsfaktors (r_i) während eines Betrachtungszeitraumes ergibt sich aus dem Verzehr dieses Faktors an sämtlichen sogenannten Elementarkombinationen, an denen er beteiligt ist. Sie werden durch den Index j (j = 1,..., m) bezeichnet. Die Anzahl der Elementarkombinationen ist noch mit ihrer jeweiligen Durchführungszahl (w_j) zu multiplizieren."

In dieser Gleichung entspricht

$$r_{ij} = f_j(a, b, c)$$

der **ökonomischen Verbrauchsfunktion**; sie berücksichtigt die auf den Verbrauch des jeweiligen Produktionsfaktors einwirkenden Größen.

Der Ansatz

$$w_j = f(x, y, z)$$

bringt die **Wiederholungsfunktion** zum Ausdruck, nimmt also auf die Durchführungszahl der Elementarkombinationen Bezug.

In der Darstellung Heinens wird notwendigerweise auch festgestellt, dass produktionstheoretische Erklärungsmodelle nur dann Anspruch auf Vollständigkeit haben könnten, wenn die den Entscheidungsspielraum begrenzenden Nebenbedingungen berücksichtigt würden. Es handelt sich dabei in erster Linie um Begrenzungen in der quantitativen Kapazität der Potentialfaktoren. Als **Potentialfaktoren** bezeichnet Heinen – Gutenberg folgend – Produktionsfaktoren, die ihr Nutzungspotential einer Reihe von Leistungsvorgängen (Wiederholungen) zur Verfügung stellen. Sie verbrauchen sich nicht bei einem einzigen Produktionsvorgang, sondern nach und nach. Typisches Beispiel für Potentialfaktoren sind Gebäude, Maschinen und maschinelle Anlagen. Auch Angestellte mit nicht quantifizierbaren Leistungen sind Potentialfaktoren. Die Teilbarkeit der Potentialfaktoren ist, wenn überhaupt gegeben, begrenzt. **Repetierfaktoren** – beliebig teilbare Produktionsfaktoren, vor allem Werkstoffe und Hilfsstoffe, aber auch Betriebsstoffe – gehen im jeweiligen Leistungsprozess zur Gänze unter.

Die Arbeiten Heinens beeinflussten den weiteren Ausbau der Produktionstheorie maßgeblich, auch für die Theorie der Kosten und für die Theorie der Kostenrechnung sind sie bedeutsam.

IV. Die Grundlagen der Kostentheorie

1. Der Standort der Kostentheorie

Kosten sind Werteinsatz zur Leistungserstellung. So formuliert einschlägiges österreichisches Schrifttum den Kostenbegriff. Wie es scheint, in treffender Weise und in bewusstem Gegensatz zu den unterschiedlichen Erklärungen der Literatur, wonach Kosten als Verzehr von Gütermengen oder auch als Wertverzehr aufzufassen seien. Bouffier (Einführung in die Betriebswirtschaftslehre, Wien 1946, S. 41) hielt dem mit Recht entgegen, dass der Verzehr von Gütermengen einen technologischen Vorgang darstelle, der für eine Begriffsbildung in der Kosten- und Produktionstheorie nicht tauglich wäre. Kosten könnten auch nicht Wertverzehr sein, da es Mindestaufgabe alles Wirtschaftens sei, Werte zu erhalten und keinesfalls zu verzehren.

Eine andere Frage ist, welcher Umfang und welcher „Wert" den Kosten jeweils beigemessen werden muss. Dies ist ein Problem der jeweiligen Form der Kostenrechnung, es ist abhängig vom Ziel, dem sie im einzelnen Fall dient. **Was Kosten** nach Umfang und Wertansatz **sind, ist** daher **zweckabhängig**, d. h. bestimmt davon, wofür die Kostenrechnung bestimmt ist. Eine Erörterung über die Aufgaben der Kostenrechnung ist allerdings nicht Gegenstand produktionstheoretischer Betrachtungen. Vielmehr interessiert das Grundsätzliche am Verhalten einzelner Kostenelemente bzw. Kostengruppen, Prinzipielles über Stück- und Gesamtkostenverläufe und über Bestimmungsfaktoren der Kosten.

Der Produktionsprozeß ist gekennzeichnet durch das Zusammenwirken der Produktionsfaktoren, und die Kombination der produktiven Faktoren ist nicht nur ein technisches, sondern hervorstechend ein ökonomisches Problem, weil die Leistungserstellung so zu erfolgen hat, daß ein nach Wirtschaftlichkeitsgesichtspunkten bestmögliches Ergebnis erzielt wird. Das Streben nach dem wirtschaftlich bestmöglichen Ergebnis ist im Bereich der Produktion auf die Kosten gerichtet, ein Grund dafür, warum die Theorie der Kosten Teil der Theorie von der Produktion ist.

2. Fixe und variable Kosten

Der bestimmende Einfluss von Beschäftigungsgradänderungen auf das Gesamt- und Stückkostenniveau des Betriebes ist seit langem bekannt. Ein großer Teil der Untersuchungen darüber beschränkt sich auf die Analyse, wie sich die Kosten bei fixierter Kapazität und Konstanz von Preisen und Qualität der Produktionsfaktoren ändern, wenn der Beschäftigungsgrad variiert. Erst in den letzten Jahrzehnten wird versucht, das Kostenverhalten bei Beschäftigungsgradänderungen auf breiterer Basis, und zwar unter dem Gesichtspunkt der betrieblichen Anpassung intensitätsmäßiger, zeitlicher, quantitativer und selektiver Art zu analysieren. Dabei ist offensichtlich, dass zwischen Kosten und Beschäftigungsgrad häufig nur ein mittelbarer Zusammenhang vorliegt. Deutlich wird dies an den Kontroversen über Kosteneinflussgrößen und Kostenverläufe und den dabei gewonnenen Diskussionsergebnissen erkennbar. Bevor wir darauf Bezug nehmen, wollen wir, ohne betont schon auf die Anpassungsfragen einzugehen, das Verhältnis von Kostenänderungen und Beschäftigungsgradänderungen in überwiegend traditioneller Sicht beleuchten, was der besseren Einführung in die Sachlage dient.

Es ist zu unterscheiden zwischen Kostengruppen mit

a) **fixem** Charakter: zeitabhängige Kosten, beschäftigungsunabhängige Kosten, Zeitkosten;

b) **variablem** Charakter: beschäftigungsabhängige Kosten, Mengenkosten.

Zu diesen beiden Kostengruppen tritt die Gruppe der so genannten **sprungfixen** Kosten hinzu.

a) Die fixen Kosten

Die fixen Kosten sind vom jeweiligen Beschäftigungsgrad des Unternehmens unabhängig. Zu ihnen zählen die Kapazitätskosten, wie zeitabhängige Abschreibungen, Zinsen auf Grundstücke, Gebäude und Maschinen. Ferner gehören zu den fixen Kosten Personalkosten, wenn auf Grund vertraglicher Vereinbarungen und als Folge arbeitsrechtlicher Vorschriften Arbeiter und Angestellte innerhalb bestimmter Zeitabschnitte unkündbar sind. Auch Mietkosten werden fixen Charakters sein, wenn nicht eine jederzeitige Lösung des Mietvertragsverhältnisses vorgesehen ist.

Längst ist man sich darüber einig, dass sämtliche fixen Kosten langfristig gesehen abbaubar sind, so dass sich die „Fixheit der Kosten" immer nur auf bestimmte Zeitperioden beziehen kann. Dienst- und Mietverträge sind zeitlich begrenzt, Anlagen können verkauft werden. Solange der Betrieb nicht liquidiert wird, ist aber selbst bei Betriebseinschränkungen davon auszugehen, dass die fixen Kosten nicht unter eine Mindesthöhe fallen werden, weil die Abstoßung sämtlicher Anlagen und die Entlassung aller Arbeiter und Angestellten die Einstellung der betrieblichen Tätigkeit zur Folge haben müsste. Die fixen Kosten sind damit weitgehend von dem der Betrachtung zugrunde gelegten Zeitabschnitt bestimmt, und sie sind davon abhängig, dass den Produktionsfaktoren in sehr unterschiedlichem Ausmaß Teilbarkeit zu Eigen ist.

b) Die sprungfixen Kosten

Sprungfixe Kosten werden durch die **zusätzliche** Einstellung etwa von Maschinen bzw. durch die zusätzliche Aufnahme von Arbeitskräften ausgelöst. Sie bleiben im Rahmen einer bestimmten betrieblichen Phase (mehrere Beschäftigungsgrade) gleich hoch, tragen daher (sprung-)fixen Charakter. Bei (nach gewissen Abständen) weiterer betrieblicher Ausdehnung durch neuerliche Einstellung von Arbeitern, Maschinen und Aggregaten tritt ein weiterer Kostensprung ein, wobei die Kosten auf der gewonnenen Ebene wieder über mehrere Beschäftigungsgrade hinweg auf gleicher Höhe verharren. Ursache für die sprungfixen Kosten ist die mangelnde Teilbarkeit der Produktionsfaktoren.

Das eigentliche betriebswirtschaftliche Problem liegt in der Klärung des Tatbestandes, ob die Sprungkosten in regelmäßigen Intervallen oder ob sie in unregelmäßigen Abständen auftreten, was für den Gesamtkostenverlauf von Bedeutung ist. Treten sie in regelmäßigen Intervallen auf, und sind diese Intervalle sehr kurz, so dass die Sprünge nahe aneinander rücken, dann nähern sich die sprungfixen Kosten ihrem Wesen nach den proportionalen Kosten. Je länger hingegen die Intervalle sind, umso deutlicher treten die Sprungkosten als fixe Kosten innerhalb bestimmter Grenzen in Erscheinung.

c) Nutzkosten und Leerkosten

In der modernen Kostentheorie wird in Bezug auf die durch die Notwendigkeit einer bestimmten Betriebsbereitschaft verursachten Kosten zwischen **Nutzkos-**

ten und **Leerkosten** unterschieden (vgl. Bredt und Gutenberg). Fixe Kosten entstehen bekanntlich unabhängig davon, ob die Produktionsfaktoren voll oder nur teilweise genützt werden. Die anteiligen Fixkosten für den nicht genutzten Teil eines Produktionsfaktors sind **Leerkosten**, der andere Teil stellt **Nutzkosten** dar. Ein nicht genutzter, fixe Kosten verursachender Produktionsfaktor bewirkt nur Leerkosten, ein voll ausgenützter Produktionsfaktor ausschließlich Nutzkosten. Bei einem zur Hälfte genützten Produktionsfaktor sind die entstehenden Kosten je zur Hälfte Nutz- und Leerkosten.

Bei einem Beschäftigungsrückgang wird jener Betrieb im Vorteil sein, dessen Produktionsfaktoren über die größere Teilbarkeit verfügen. Besitzt ein Betrieb eine maschinelle Anlage, die bei gleich hohen Kosten den gleichen Produktionsausstoß ermöglicht wie zwei kleinere Maschinen eines anderen Betriebes, dann wird bei Beschäftigungsrückgang um die Hälfte (ursprünglich volle Ausnutzung) Betrieb I zur Hälfte Nutz- und zur anderen Hälfte Leerkosten haben, während Betrieb II, falls er sich zum Verkauf einer Maschine entschließt, für das verbleibende Aggregat nur Nutzkosten zu verzeichnen hat. Diese Einsicht zwingt Betriebe mit einem hohen Beschäftigungsrisiko im Rahmen des Möglichen auf die Teilbarkeit der Produktionsfaktoren zu achten.

d) Die variablen Kosten

Die variablen Kosten treten als proportionale, als progressive, als degressive und als regressive Kosten auf. **Proportionale** Gesamtkosten erfahren eine der Beschäftigungszunahme gleichlaufende Veränderung. **Progressive** Gesamtkosten steigen verhältnismäßig stärker, als die Beschäftigung zunimmt. **Degressive** Gesamtkosten wachsen verhältnismäßig langsamer, als der Beschäftigungsgrad zunimmt. **Regressive** Gesamtkosten nehmen bei steigendem Beschäftigungsgrad absolut ab.

Zahlenbeispiele

a) für fixen Gesamtkostenverlauf:

Produktmenge	Gesamtkosten	Einheitskosten
10	1.500	150
20	1.500	75
30	1.500	50
40	1.500	37,5
50	1.500	30
60	1.500	25

b) für sprungfixen Gesamtkostenverlauf:

Produktmenge	Gesamtkosten	Einheitskosten
10	600	60
20	600	30
30	1.200	40
40	1.200	30
50	1.800	36
60	1.800	30

c) für proportionalen Gesamtkostenverlauf:

Produktmenge	Gesamtkosten	Einheitskosten
10	300	30
20	600	30
30	900	30
40	1.200	30
50	1.500	30
60	1.800	30

d) für degressiven Gesamtkostenverlauf:

Produktmenge	Gesamtkosten	Einheitskosten
10	800	80
20	1.400	70
30	1.860	62
40	2.200	55
50	2.450	49
60	2.640	44

e) für progressiven Gesamtkostenverlauf:

Produktmenge	Gesamtkosten	Einheitskosten
10	440	44
20	980	49
30	1.650	55
40	2.480	62
50	3.500	70
60	4.800	80

f) für regressiven Gesamtkostenverlauf:

Produktmenge	Gesamtkosten	Einheitskosten
10	1.200	120
20	1.100	55
30	1.020	34
40	960	24
50	900	18
60	840	14

Diesen Zahlenbeispielen entsprechen die nachfolgenden graphischen Darstellungen:

GESAMTKOSTEN

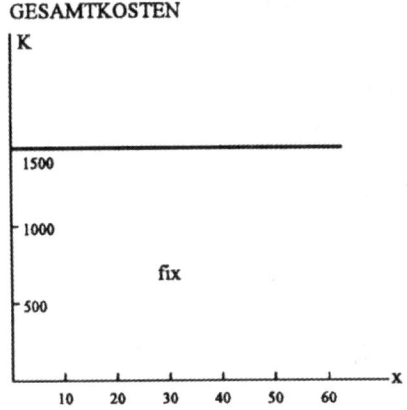

EINHEITSKOSTEN

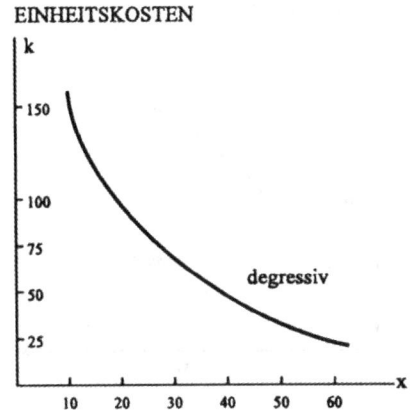

GESAMTKOSTEN

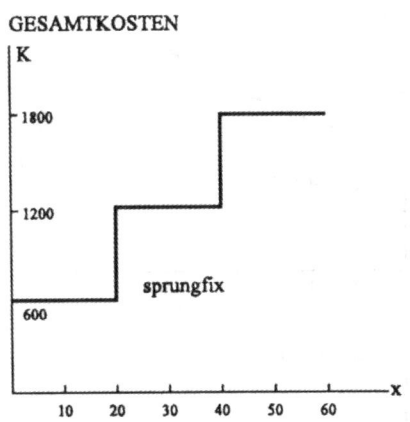

EINHEITSKOSTEN

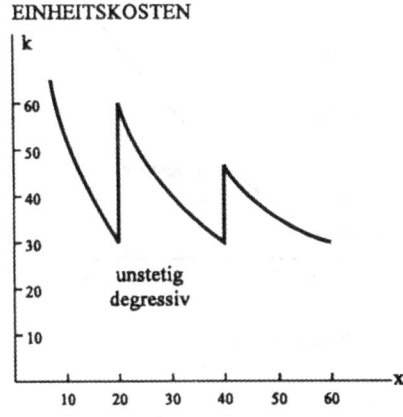

GESAMTKOSTEN

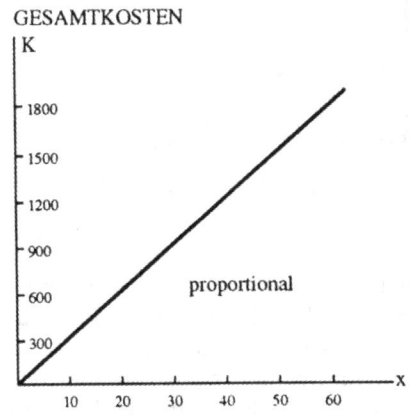

EINHEITSKOSTEN

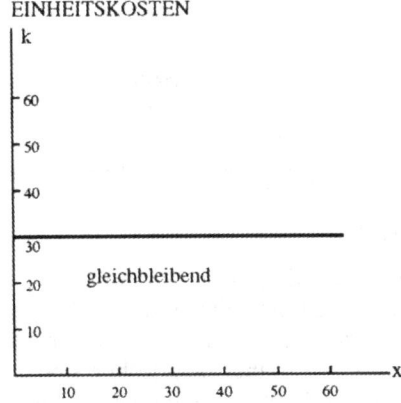

419

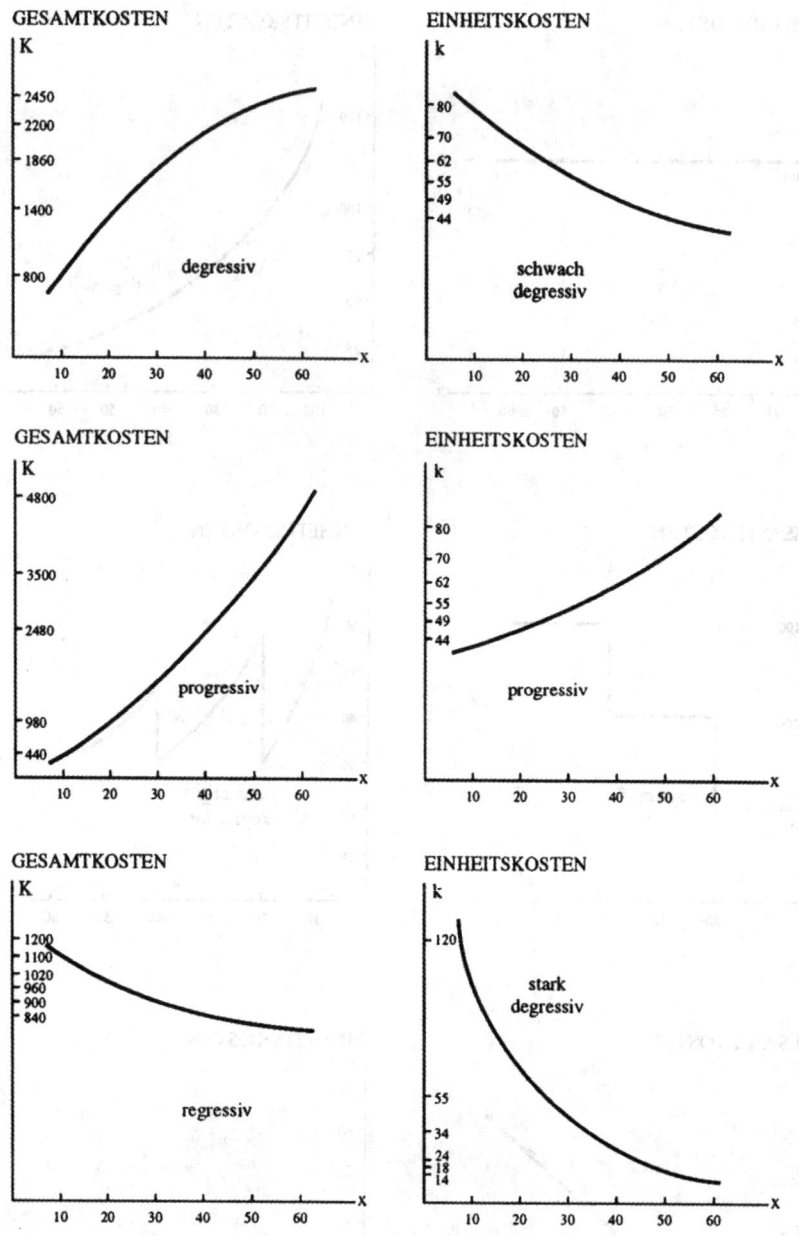

Abb. 2

In der Praxis sind die fixen von den variablen Kostenelementen nicht immer klar trennbar. Einerseits sind, wie festgestellt werden konnte, auf lange Sicht auch die fixen Kosten abbaubar, anderseits gibt es Kostenelemente, die teilweise fix, teilweise variabel sind. Löhne sind, soweit sie für Stammpersonal entrichtet werden, fixe Kosten; abdingbare Löhne, d. h. Löhne für Arbeiter, die bei Beschäftigungsrückgang sofort gekündigt werden, sind variable Kosten. Zeitabhängige Abschreibungen sind fixe Kosten, leistungsbedingte Abschreibungen sind variable Kosten. Die sich bei der Abgrenzung ergebenden Schwierigkeiten dürfen nicht Anlass sein, exakte Kostenanalysen zu unterlassen. Die präzise Durchleuchtung der Kostengestaltung ist für die Kontrolle des Produktionsprozesses ebenso wichtig wie für die Gestaltung und den Aufbau der Kostenrechnung, deren jüngere Verfahren (Kostendeckungsbeitragsrechnung, Grenzplankostenrechnung) auf der Trennung der fixen von den variablen Kostenelementen aufbauen.

3. Die Kostenremanenz

Die Annahme, dass der Kostenverlauf bei zunehmendem Beschäftigungsgrad stets dem Kostenverlauf bei abnehmendem Beschäftigungsgrad entsprechen müsse, trifft nicht zu. Einzelne Kostenelemente bzw. Kostengruppen sinken bei rückläufiger Beschäftigung nicht im gleichen Umfang wie sie ursprünglich bei steigender Beschäftigung zugenommen haben. Man spricht von der so genannten Kostenremanenz. Von ihr sind die proportionalen Kosten nicht bzw. kaum betroffen, die anderen Kostengruppen sind hingegen stark remanent. Das hängt damit zusammen, dass ein Betrieb, der einen bestimmten Leistungsumfang erreicht hat, sich der **rückläufigen** Beschäftigung **nicht sofort anpassen** kann bzw. anpassen will. Oft unterbleibt eine Anpassung deshalb, weil man hofft, dass der Beschäftigungsrückgang nur auf einer vorübergehenden Depression beruht. **Ursache** für die Kostenremanenz sind auch **arbeitsrechtliche** Bestimmungen (Einhaltung von Kündigungsfristen), die **mangelnde Teilbarkeit** von Produktionsfaktoren, die den Kostenabbau erschwert (Maschinen werden zum Beispiel nicht voll ausgenützt). Auch **soziale** und **psychologische** Gründe sind Ursachen für die mangelnde Abbaufähigkeit von Kosten bei Beschäftigungsrückgang und damit Grund für die Kostenremanenz.

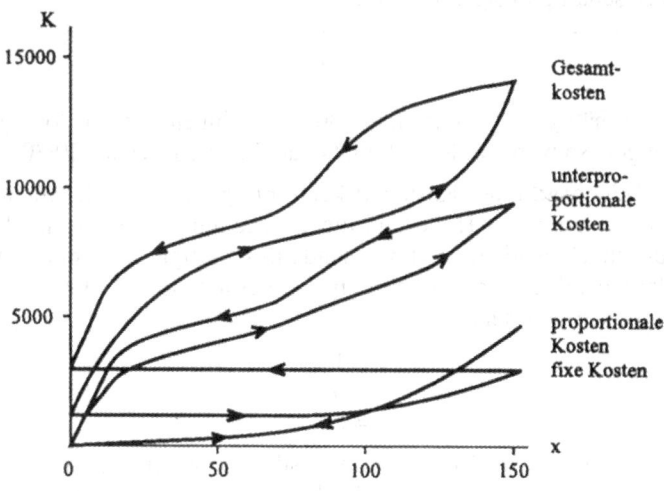

Abb. 3

421

V. Gesamt- und Stückkostenverläufe

Die Diskussion über den Gesamt- und Stückkostenverlauf ist im betriebswirtschaftlichen Schrifttum besonders heftig geführt worden. Sie ist heute noch nicht abgeschlossen, vor allem deshalb, weil eine umfassende empirische Prüfung der einzelnen Theorien nach wie vor fehlt. Grundsätzlich kann man sagen, dass zwei einander extrem gegenüberstehende Auffassungen zu unterscheiden sind. Das Wesen der einen besteht darin, dass sie von einem **S-förmigen Gesamtkostenverlauf** ausgeht, der dem **Ertragsgesetz** entspricht, die andere nimmt einen **linearen Gesamtkostenverlauf** an. Für beide Fälle ergibt sich ein jeweils spezifischer Stückkostenverlauf. Die Autoren, die die entschiedensten Standpunkte für die beiden Richtungen vorgetragen haben, sind Konrad Mellerowicz und Erich Gutenberg, auf deren wesentliche Gedankengänge eingegangen werden soll. Bezug zu nehmen ist aber jedenfalls auch auf Edmund Heinen, der von Hypothesen über die Kombination der Anpassungsformen ausgeht und einen **linear-progressiven Gesamtkostenverlauf** unterstellt.

1. Der Gesamtkostenverlauf nach dem Ertragsgesetz

a) Die Darstellung im Sinne der Analyse von Mellerowicz

Mellerowicz (Kosten und Kostenrechnung, Band 1, 4. Aufl., Berlin 1963, S. 286 ff.) baut seine Kostenanalyse auf der Klärung des Begriffes des **Reagibilitätsgrades** auf, die in ihren Elementen weitgehend mit den Hinweisen übereinstimmt, welche zu den fixen und variablen Kosten getroffen wurden. Der **Reagibilitätsgrad** bringt die **größenmäßige Kostenreaktion auf Änderungen des Beschäftigungsgrades** zum Ausdruck. Er ergibt sich aus der Gegenüberstellung der prozentuellen Änderung der jeweiligen Kostenart (k) zur prozentuellen Änderung des Beschäftigungsgrades (b), d. h.

$$r = \frac{k}{b}$$

Würde der Beschäftigungsgrad z. B. um 30 % zunehmen und der Lohn gleichfalls um 30 % steigen, so wäre der Reagibilitätsgrad dieser Kostenart, 30/30 also 1.

Der **Reagibilitätsgrad** einer Kostenart kann infolge des Grundcharakters dieser Kostenart sowie durch die Höhe und die Entwicklungsrichtung des Beschäftigungsgrades (zunehmende oder abnehmende Beschäftigung) so **beeinflusst** werden, dass der Charakter der Kostenart eine Änderung erfährt. Drei Reagibilitätsgrade sind zu unterscheiden:

$$r = 1$$
$$r = 0$$
$$r = 0 - 1$$

Ein **Reagibilitätsgrad von 1** bringt zum Ausdruck, dass die Kostenänderung der Beschäftigungsänderung gleichlaufend folgt. Es handelt sich dabei um **proportionale Kosten**, zu welchen vor allem Einzelkosten gehören, wie Fertigungslöhne und Fertigungsmaterial, sowie Sonderkosten der Fertigung und des Vertriebes, die ihrem Charakter nach Einzelkosten sind. Die Annahme, dass die proportionalen Kosten den für sie typischen Reagibilitätsgrad stets beibehalten, trifft nicht zu. Geht die Beschäftigung über ein normales Maß hinaus, werden z. B. Überstunden notwendig, dann sind höhere Löhne zu zahlen, welchen nicht eine der Lohnzahlung entsprechende Leistung gegenübersteht, häufig sinkt diese sogar durch Ermüdung der Arbeiter gegenüber den normalen Verhältnissen. Überbeschäftigung wird unter Umständen auch zu einem übermäßigen Materialverbrauch führen, wenn Sparsamkeit und Aufmerksamkeit in der Arbeitsdurchführung nachlassen. Materialverschnitt und Ausschuss können größer werden. Die übermäßige Auslastung des Betriebes führt dann zu einer Charakteränderung der proportionalen Kosten in Richtung Überproportionalität, der Reagibilitätsgrad wird größer als 1.

Der **Reagibilitätsgrad von 0** drückt aus, dass Beschäftigungsgradänderungen keine Kostenänderungen auslösen. **Kostenarten**, die von Änderungen des Beschäftigungsgrades **unbeeinflusst bleiben**, sind **fix**. Praktisch muss zwischen völlig starren und vermeidbaren fixen Kosten unterschieden werden; Mellerowicz weist darauf hin, dass es auf genügend lange Sicht überhaupt keine fixen Kosten gibt. Von dieser Einschränkung abgesehen, gelten als **völlig starre Kosten** (Stillstandskosten) Vermögenskosten, wie Zinsen und zeitabhängige Abschreibungen, sowie Kosten, die unabdingbar aus der jeweiligen Unternehmensform auch dann entstehen, wenn der Betrieb völlig unbeschäftigt ist. **Vermeidbare fixe Kosten** sind Gehälter und Löhne für Stammpersonal bzw. Personal, das die Leistungsbereitschaft des Betriebes sichert. Wird die Kapazität des Betriebes erweitert, dann liegt theoretisch eine neue betriebliche Situation vor; die fixen Kosten steigen sprunghaft und bleiben auf der neuen Höhe fix.

Der **Reagibilitätsgrad von 0–1** jedoch ist kennzeichnend für die **meisten** Kostenarten. Diese folgen den Beschäftigungsänderungen, wenn auch mit unterschiedlicher Geschwindigkeit und nicht im gleichen Umfang. Sie besitzen **unterproportionalen** Charakter. Oft reagieren sie nicht auf jede Produktionsausweitung, sondern nur auf größere Beschäftigungsgradänderungen. Der Reagibilitätsgrad der unterproportionalen Kosten wird im Beschäftigungsanstieg zunächst immer kleiner, und innerhalb der Elastizitätsgrenzen bleibt er naturgemäß immer unter 1. Wird die Elastizitätsgrenze jedoch überschritten, dann wird zunächst der Reagibilitätsgrad von 1 erreicht und geht schließlich über diesen Wert hinaus.

Die **Charakteränderung** proportionaler und unterproportionaler Kosten durch **Überschreitung der Elastizitätsgrenzen** sieht Mellerowicz im Mehrverbrauch an Stoffen, in erhöhten Reparaturkosten, in höheren Abschreibungen durch unsachgemäße Bedienung der Betriebsmittel, im erhöhten Ausschuss, in Überstundenzuschlägen, in geringeren Leistungen u. dgl.

Allgemein gilt, dass fixe, proportionale und unterproportionale Kosten so lange ihren Grundcharakter beibehalten, als die Elastizitätsgrenzen nicht überschritten werden.

Man hätte daher zwei Kostengruppen zu unterscheiden, und zwar

1. **fixe Kosten:**
   a) absolut fixe (eiserne) Kosten (Stillstandskosten),
   b) relativ fixe Kosten;
2. **veränderliche Kosten:**
   a) proportionale Kosten,
   b) unterproportionale Kosten.

In dieser Aufstellung sind **überproportionale Kosten** nicht angeführt, weil es nach der vorgetragenen Auffassung ursprünglich überproportionale Kosten nicht gibt. Diese kommen lediglich durch eine Charakteränderung proportionaler und unterproportionaler Kostenelemente zustande.

Auf der Grundlage der Analyse des den einzelnen Kostengruppen entsprechenden Reagibilitätsgrades ergibt sich ein **typischer Gesamtkostenverlauf,** zwangsläufig damit auch ein **typischer Stückkostenverlauf.** Es ist zu unterscheiden zwischen drei Zonen, und zwar

a) der Degressionszone,

b) der Proportionalitätszone,

c) der Progressionszone.

Degressionszone

In der **Degressionszone** treten zu den absolut fixen Kosten, welche beim Beschäftigungsgrad 0 die Gesamtkosten darstellen, die relativ fixen Kosten und nebeneinander proportionale und unterproportionale Kosten. Die Beschäftigungszunahme berührt die unbeweglichen fixen Kosten nicht, die proportionalen Kosten wachsen gleichlaufend der Beschäftigungszunahme, die unterproportionalen Kosten steigen langsamer, als die Beschäftigung zunimmt. **Die Gesamtkosten steigen absolut, aber nicht so stark wie die Beschäftigung. Die Stückkosten werden absolut kleiner,** denn die fixen Kosten verteilen sich auf mehr Einheiten, die proportionalen Kosten belasten jede zusätzliche Einheit mit einem gleich hohen Betrag, die unterproportionalen Kosten belasten jede zusätzliche Einheit mit einem jeweils niedrigeren Kostensatz. Solange dieser Zustand vorliegt, befindet sich der Betrieb in der Degressionszone, er unterliegt dem „Gesetz des abnehmenden Kosten- und zunehmenden Ertragszuwachses".

Proportionalitätszone

Bei weiterem Steigen des Beschäftigungsgrades tritt der Betrieb allmählich in die **Proportionalitätszone** ein, weil in unterschiedlich schneller Weise die Elastizitätsgrenzen erreicht werden. Einzelne Kostenarten beginnen ihren Charakter zu ändern. Sie werden überproportional und führen zu einer Wendung im Kostenverlauf. Wenn die Wirkung der fixen und der unterproportionalen Kosten durch die überproportionalen gerade aufgehoben wird, wodurch die Gesamtkosten dem Beschäftigungsgrad proportional verlaufen, befindet sich der Betrieb in der Proportionalitätszone. **Die Gesamtkosten steigen im gleichen Maße wie** die Beschäftigung, die Stückkosten sind konstant und haben ihr Minimum erreicht. Der Betrieb unterliegt dem „Gesetz des gleich bleibenden Kosten- und des konstanten Ertragszuwachses".

Progressionszone

Die Charakteränderung der Kosten wird, wenn die Beschäftigung eine noch weitere Ausdehnung erfährt, immer ausgeprägter. Die übermäßige Ausnutzung lässt proportionale und unterproportionale Kostenelemente in noch größerem Umfang überproportional werden. **Die Gesamtkosten steigen verhältnismäßig stärker als die Beschäftigung, die Stückkosten werden absolut höher.** Der Betrieb unterliegt dem „**Gesetz des zunehmenden Kosten- und abnehmenden Ertragszuwachses**".

Es ergeben sich daher die drei folgenden Beschäftigungszonen:

Zone:	Gesamtkostenentwicklung:	Einheitskosten:
Degressionszone	unterproportional	sinkend
Proportionalitätszone	proportional	gleichbleibend
Progressionszone	überproportional	steigend

Abb. 4

Graphisch zeigt sich für den Verlauf fixer, proportionaler und unterproportionaler Kosten folgendes Bild:

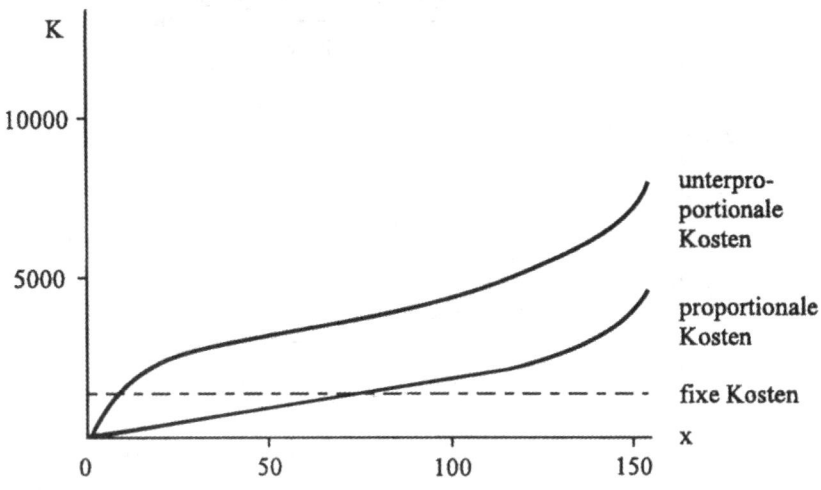

Abb. 5

425

Die Degressions- und Progressionszone wird in der Gesamtkostenentwicklung ersichtlich:

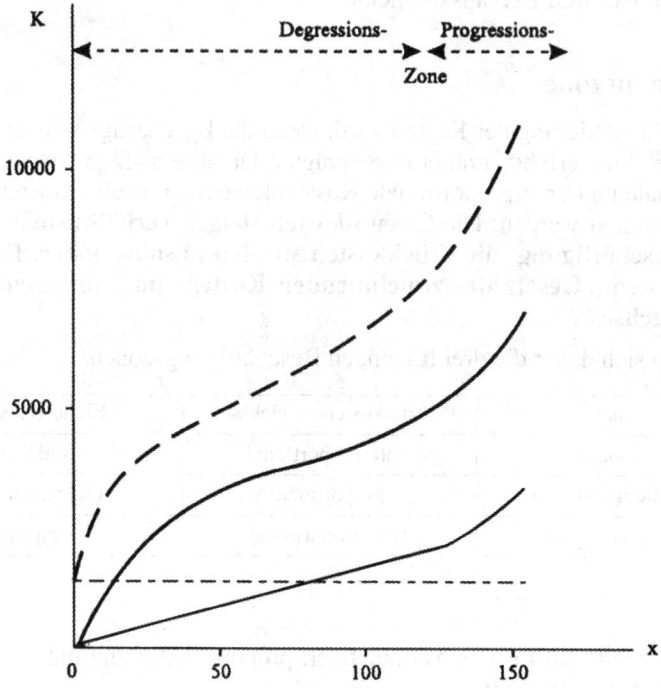

Abb. 6

Daraus ergibt sich der Stückkostenverlauf:

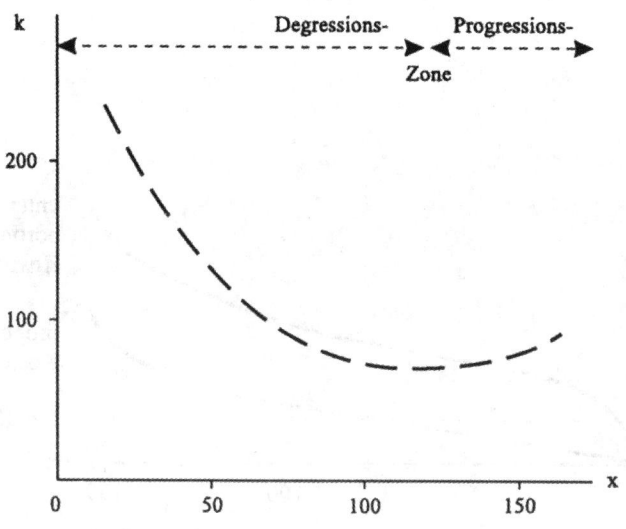

Abb. 7

426

b) „Kritische Punkte" im betrieblichen Geschehen

Die Konsequenzen aus dem Angeführten über den Gesamtkosten- und den Stückkostenverlauf nach dem Ertragsgesetz lässt auch die nachstehende Kostenanalyse erkennen. Aus ihr sind die bei der Erhöhung der Ausbringung sich ergebenden Änderungen im Kostengefüge ersichtlich, die für betriebspolitische Entscheidungen grundlegende Bedeutung besitzen. Die Stückkosten sinken, solange die Grenzkosten niedriger sind als die Stückkosten; die Stückkosten sind am niedrigsten, wenn die Grenzkosten gleich sind den Stückkosten; die Stückkosten steigen, sobald die Grenzkosten höher sind als die Stückkosten. Das stückbezogene Minimum tritt zuerst bei den Grenzkosten, später bei den variablen Kosten, und dann bei den Stückkosten ein. Unter **Grenzkosten** sind jene Kosten zu verstehen, die bei einer Ausdehnung der Produktion durch die zusätzliche Produktionseinheit auflaufen.

Der Gesamt- und Stückkostenverlauf nach dem Ertragsgesetz führt zu so genannten „kritischen Punkten" des betrieblichen Geschehens. Es sind dies:

1. die Nutzschwelle,

2. die Nutzgrenze,

3. das Betriebsoptimum und

4. das Betriebsmaximum.

Die **Nutzschwelle** (**1**) ist erreicht, wenn die Gesamterlöse gleich sind den Gesamtkosten bzw. wenn der Stückpreis den Stückkosten entspricht. Bei weiterer Beschäftigungszunahme tritt der Betrieb in die Gewinnzone, weil die Kosten langsamer steigen als die Erlöse.

Der Betrieb verlässt die Gewinnzone wieder, sobald er die **Nutzgrenze** (**2**) erreicht. Sie liegt dort, wo Gesamtkosten und Gesamterlöse (Stückkosten und Stückpreise) durch die Kostenprogression wieder gleich hoch werden. Jede weitere Beschäftigungszunahme führt zu Verlusten.

Beim **Betriebsoptimum** (**3**) liegt der Schnittpunkt von Grenzkostenkurve und Stückkostenkurve. Bei diesem Punkte ist der Stückgewinn am größten. Die Grenzkosten sind vor diesem Punkte niedriger als die Stückkosten, so dass der Stückgewinn bei jeder Produktionsausweitung zunimmt. Beim Betriebsoptimum sind die Grenzkosten so hoch wie die Stückkosten. Da beginnend vom Betriebsoptimum die Grenzkosten höher sind als die Stückkosten, werden letztere mit jeder Produktionsausweitung absolut höher. Der Stückgewinn nimmt nun mit jeder weiteren erzeugten Produktionseinheit ab.

Das **Betriebsmaximum** (**4**), bei dem der Betriebsgewinn am höchsten ist, wird erreicht, wenn die Grenzkosten so hoch sind wie die Stückpreise. Vom Betriebsoptimum bis zum Betriebsmaximum nimmt daher der **Betriebsgewinn** bei schon sinkenden Stückgewinnen zu, da die Grenzkosten noch niedriger sind als der Stückpreis, so dass jede weitere Produktionseinheit das betriebliche Gesamtergebnis verbessert. Nach Erreichung des Betriebsmaximums sinkt bei weiterer Produktionsausdehnung der Betriebsgewinn, da die Grenzkosten die Stückpreise übersteigen, jede zusätzliche Produktionseinheit also **höhere Kosten** verursacht,

als Stückerlöse erzielt werden können. Dieser Sachverhalt ist aus den graphischen Darstellungen (Gesamtdarstellung und Stückdarstellung), die der besseren Einprägsamkeit wegen nicht exakt auf die Zahlenangaben der Tabelle abgestimmt sind, ersichtlich:

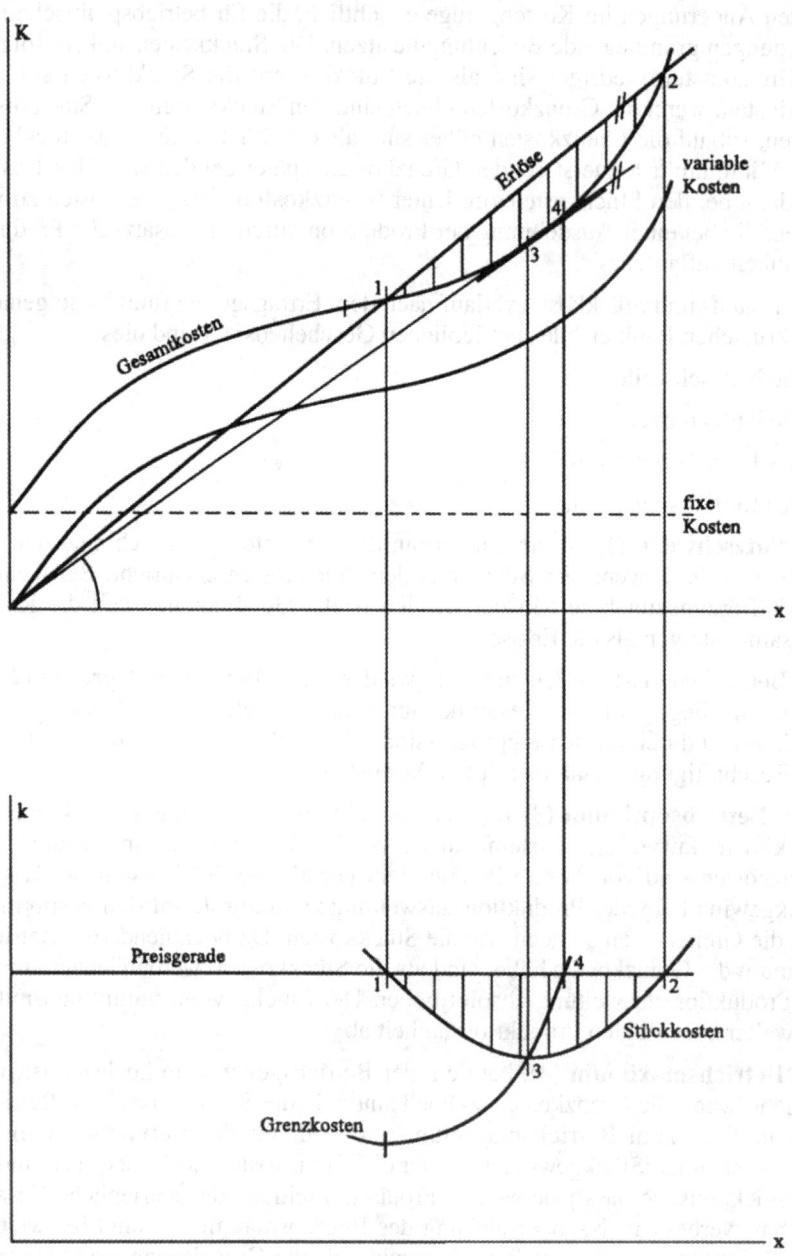

Abb. 8

Kostenanalyse bei S-förmigem Gesamtkosten-, U-förmigem Stückkostenverlauf

	Ausbringung	Fixkosten		Variable Kosten		Gesamt-kosten	Stück-kosten	Grenz-kosten	Preis	Gesamt-erlös	Stückgewinn (-verlust)	Gesamtgewinn (-verlust)
		insgesamt	pro Stück	insgesamt	pro Stück							
	100	15.000	150,00	30.000	300,00	45.000	450,00	–	360	36.000	– 90,00	– 9.000
	110	15.000	136,36	32.200	292,73	47.200	429,09	220	360	39.600	– 69,09	– 7.600
	120	15.000	125,00	34.200	285,00	49.200	410,00	200	360	43.200	– 50,00	– 6.000
	130	15.000	115,38	36.000	276,92	51.000	392,31	180	360	46.800	– 32,31	– 4.200
	140	15.000	107,14	37.800	270,00	52.800	377,14	180	360	50.400	– 17,14	– 2.400
1	150	15.000	100,00	39.000	260,00	54.000	360,00	120	360	54.000	0,00	0
	160	15.000	93,75	40.400	252,50	55.400	346,25	140	360	57.600	+ 13,75	+ 2.200
	170	15.000	88,24	41.800	245,88	56.800	334,12	140	360	61.200	+ 25,88	+ 4.400
	180	15.000	83,33	43.200	240,00	58.200	323,33	140	360	64.800	+ 36,67	+ 6.600
	190	15.000	78,95	45.000	236,84	60.000	315,79	180	360	68.400	+ 44,21	+ 8.400
3	200	15.000	75,00	48.150	240,75	63.150	315,75	315	360	72.000	+ 44,25	+ 8.850
4	210	15.000	71,43	51.570	245,57	66.750	317,00	342	360	75.600	+ 43,00	+ 9.030
	220	15.000	68,18	56.000	254,55	71.500	322,73	443	360	79.200	+ 37,27	+ 8.200
	230	15.000	65,22	61.500	267,39	76.500	332,61	550	360	82.800	+ 27,39	+ 6.300
	240	15.000	62,50	68.000	283,33	83.000	345,83	650	360	86.400	+ 14,17	+ 3.400
2	250	15.000	60,00	75.000	300,00	90.000	360,00	700	360	90.000	0,00	0
	260	15.000	57,69	83.000	319,23	98.000	376,92	800	360	93.600	– 16,92	– 4.400
	270	15.000	55,56	93.000	344,44	108.000	400,00	1.000	360	97.200	– 40,00	– 10.800

1 **Nutzschwelle:** Gesamtkosten = Gesamterlös bzw. Stückkosten = Stückerlös.
3 **Betriebsoptimum:** Schnittpunkt von Grenzkosten- mit Stückkostenkurve im Minimum der Letzteren.
4 **Betriebsmaximum:** Schnittpunkt der Grenzkostenkurve mit der Preisgeraden.
2 **Nutzgrenze:** Gesamtkosten = Gesamterlös bzw. Stückkosten = Stückerlös.

Abb. 9

429

2. Der lineare Gesamtkostenverlauf

Die Theorie über den Gesamt- und Stückkostenverlauf nach dem Ertragsgesetz hat ihren Mangel darin, dass sie die Vielfalt tatsächlicher betrieblicher Reaktionen auf Beschäftigungsänderungen und die dabei sich ergebenden kostenmäßigen Wirkungen weitgehend außer Acht, aber auch andere noch zu besprechende Aspekte unberücksichtigt lässt. Damit soll die Möglichkeit auch eines S-förmigen Gesamtkostenverlaufes nicht grundsätzlich in Zweifel gestellt werden, doch wird von der neueren Kostentheorie zu Recht die Forderung vorgetragen, sich bei der Analyse der Abhängigkeit der Kosten vom Beschäftigungsgrad nicht mit der Herausarbeitung einer **einzigen** Kostenkurve zu begnügen, sondern je nach der Form der betrieblichen Anpassung an die Beschäftigungsänderung die **speziellen Kostenkurven** zu erfassen, um ein umfassendes und den realen Gegebenheiten entsprechendes **System von Kostenkurven** auf Grund von Änderungen des Beschäftigungsgrades zu entwickeln.

Die Weiterentwicklung der Kostentheorie ist jedoch nicht nur durch diese Darstellung eines ganzen Systems von Kostenkurven infolge von Beschäftigungsänderungen gekennzeichnet, vielmehr wurde in den neueren kostentheoretischen Analysen darauf Bedacht genommen, dass es eine Zahl von **Kosteneinflussgrößen** gibt, die **außerhalb** des Bereiches der Beschäftigungsänderungen liegen und Wirkung auf das Gesamt- und Stückkostenniveau ausüben. Der entscheidende Fortschritt der neueren gegenüber der traditionellen Kostentheorie dürfte primär überhaupt in dieser Beleuchtung der Haupt-Kosteneinflussgrößen liegen und erst in zweiter Linie in den Ableitungen zum noch zu besprechenden linearen Gesamtkostenverlauf zu sehen sein, wenngleich auch in Bezug darauf von einer Neuorientierung der Kostentheorie gesprochen werden kann.

a) Die kostentheoretischen Perspektiven im Sinne der Analyse von Gutenberg

Die kostentheoretischen Perspektiven Gutenbergs berücksichtigen den Umstand, dass das Produktionskostenniveau von Einflüssen verschiedenster Art bestimmt wird. Es sind einmal die **Faktorpreise**, welche, multipliziert mit den **Faktormengen**, die bei der Produktion eingesetzt werden, das Kostenniveau bestimmen. Da die verwendeten Produktionsfaktoren einerseits von unterschiedlicher Qualität sein, andererseits in der Produktion zueinander in unterschiedlichem Verhältnis (unterschiedlicher Proportion) stehen können, gelten als Kosteneinflussgrößen zunächst die **Faktorqualitäten**, die **Faktorproportionen** und die **Faktorpreise** (siehe E. Gutenberg, Grundlagen der Betriebswirtschaftslehre, Erster Band: Die Produktion, 24. Auflage, Berlin/Heidelberg/New York 1983, S. 344 ff.).

aa) Kosteneinflussgrößen

Faktorqualitäten

Die **technisch-organisatorischen Produktionsbedingungen** (Faktorqualitäten) sind bestimmt

1. von der Qualität des **Betriebsmittelbestandes**, d. h. von der technischen Ausrüstung, die dem Prozess der Leistungserstellung vorgegeben ist,

2. von den verwendeten **Werkstoffen**, wobei es u. a. von der Art des Produktionsprozesses und von der Stellung des Betriebes gegenüber den Lieferanten und den Kreditgebern abhängig ist, in welchem Umfang er in der Werkstoffauswahl über Beweglichkeit verfügt,

3. von den **Arbeitskräften**, deren Leistungshöhe nicht nur von ihren Eigenschaften an sich, sondern von deren zweckentsprechendem Einsatz, d. h. von der Verwendung in Bereichen, in welchen sie mit dem höchsten Wirkungsgrad verwendet werden können, beeinflusst sein wird,

4. von der **Betriebsleitung** und ihrer Fähigkeit, sich auf Betriebs- und Marktsituationen einzustellen und den auftretenden Planungs-, Organisations- und Kontrollaufgaben gerecht zu werden.

Das **Produktionskostenniveau** ist also von der Qualität des Betriebsmittelbestandes, der verwendeten Werkstoffe, der eingesetzten Arbeitskräfte und von der Qualität der Führungsspitze im Unternehmen mitbestimmt, und es wird umso niedriger sein, je besser die einzelnen Produktionsfaktoren auf die Betriebsaufgaben eingestellt sind.

Allerdings sind die technisch-organisatorischen Produktionsbedingungen in der Produktionsperiode gewissen Änderungen oszillativer, stetiger und abrupter Art unterworfen. Die **Änderungen** sind **oszillativ**, wenn die Schwankungen in den technisch-organisatorischen Produktionsbedingungen um eine gewisse Norm pendeln, einmal nach unten, einmal nach oben, sich letztlich jedoch ausgleichen und keine trendartige Änderung des Kostenniveaus herbeiführen. Durch **stetige Änderungen** in den qualitativen Bedingungen des Produktionsprozesses wird das Produktionskostenniveau trendartig beeinflusst. Derartige Änderungen kommen durch stete Verbesserung der Arbeitsverfahren, durch eine allmähliche Modernisierung der Betriebsmittel, durch eine ständige Verbesserung der Arbeitsvorbereitung u. dgl. zustande. Die Produktivität des Betriebes wird erhöht und gleichlaufend das Kostenniveau gesenkt. Kommt es zu einem gegenteiligen Vorgang, dann sinkt die Produktivität, und die Kostenbelastung nimmt zu. Die technisch-organisatorischen Produktionsbedingungen können auch **abrupte Änderungen** erfahren, z. B. durch Einstellung völlig neuer Maschinen und durch Übergang auf vollkommen neue Fertigungsverfahren.

Beschäftigung

Die Beschäftigung gilt als die zweite Haupt-Kosteneinflussgröße. Infolge der unterschiedlichen Anpassungsfähigkeit der Produktionsfaktoren kommt es bei Änderungen der Beschäftigung zu Änderungen in den Faktorproportionen. Ist die

Beschäftigung bei gegebener Betriebsgröße rückläufig, dann führt, wenn eine Vorratsproduktion infolge des Betriebsgegenstandes von vornherein nicht möglich ist oder in der gegenwärtigen Betriebssituation nicht als vertretbar erscheint, die unterschiedliche Anpassungsfähigkeit der Produktionsfaktoren zu einer Änderung des Produktionskostenniveaus, wobei die Unteilbarkeit der Produktionsfaktoren ihren Einfluss ebenso geltend macht wie die Kostenremanenz aus sozialen, psychologischen und ähnlichen Gründen. Die Beschäftigung tritt somit als unabhängige Variable auf, die Änderungen in den Faktorproportionen nach sich zieht.

Faktorpreise

Dritte Haupt-Kosteneinflussgröße sind die Faktorpreise. Die Abhängigkeit des Produktionskostenniveaus von den Faktorpreisen ist unter zwei Aspekten zu sehen. Wird trotz Änderung der Faktorpreise das Mengengerüst der Kosten nicht beeinflusst, so führt jede Erhöhung oder Senkung der Preise zu einer entsprechenden Veränderung des gesamten Kostenniveaus. Die Änderung der Faktorpreise kann jedoch eine Änderung des Mengengerüstes der Kosten bewirken, indem ein Wechsel in den Produktionsmitteln erfolgt, z. B. in der Möbelerzeugung von teurem Hartholz auf billigere Faserplatten übergegangen wird. Die Preisänderung bei einem Produktionsmittel wirkt sich in diesem Falle auf das Kostenniveau dadurch aus, dass Veränderungen im Mengengerüst der Kosten erfolgen.

Eine Beschränkung auf diese drei Haupt-Kosteneinflussgrößen in der Analyse ist nur möglich, wenn die Überlegungen ausschließlich auf der Annahme einer bestimmten Betriebsgröße und eines bestimmten Fertigungsprogramms beruhen. Diese Annahme ist in vielen Fällen nicht real. Als weitere Haupt-Einflussgrößen kommen daher auch Änderungen in der **Betriebsgröße** und im **Fertigungsprogramm** in Frage.

Betriebsgröße

Zur Haupt-Kosteneinflussgröße wird die Betriebsgröße unter der Voraussetzung, dass die sie betreffenden Veränderungen nicht eine bloße Vervielfachung des gegebenen Leistungsniveaus darstellen. Ist lediglich eine solche der Fall, dann sind auch die Gesamtkosten nur ein Vielfaches der ursprünglichen Ausgangsgröße. Löst die Änderung der Betriebsgröße aber eine Änderung im Verhältnis der Faktorproportionen aus, hat sie die Anwendung neuer Verfahren zur Folge, bringt sie prinzipiell neue betriebliche Gegebenheiten, dann hat sie Einfluss auf das Kostenniveau des Betriebes und wird zur vierten Haupt-Kosteneinflussgröße.

Fertigungsprogramm

Ähnliche Überlegungen gelten für die fünfte Haupt-Kosteneinflussgröße, welche im Fertigungsprogramm bzw. in dessen Änderungen zu sehen ist. Ist der Betrieb auf ein bestimmtes Leistungserstellungsprogramm hin aufgebaut und wird eine Umstellung desselben herbeigeführt, so dass die Produktionsbedingungen eine

Neugestaltung erfahren, dann ist ein Einfluss auf das Kostenniveau im Betrieb zwangsläufige Folge.

Wenn die technisch-organisatorischen Produktionsbedingungen, die Beschäftigung und die Faktorpreise unverändert bleiben, d. h. wenn Faktorqualitäten, Faktorproportionen und Faktorpreise konstant sind, dann gibt es keine Veränderungen im betrieblichen Kostenniveau.

Neben diesen auf das Notwendigste beschränkten allgemeinen Feststellungen hinsichtlich der Haupt-Kosteneinflussgrößen, über die Gutenberg in die Tiefe gehende Ausführungen gibt, finden die Untersuchungen über mögliche **Anpassungsprozesse als Folge von Beschäftigungsänderungen** besonderes Interesse. Sie seien nachfolgend etwas näher beleuchtet.

bb) Anpassungsprozesse als Folge von Beschäftigungsänderungen

Die der jüngeren betriebswirtschaftlichen Kostentheorie zugrunde liegende Konzeption besagt, dass die Abhängigkeit der Kosten vom Beschäftigungsgrad **nicht** durch eine **einzige Kostenkurve** zum Ausdruck gebracht werden kann. Da Beschäftigungsänderungen verschiedene Anpassungsmaßnahmen auslösen können, müssten die diesen entsprechenden Kostenverläufe in einem **System von Kostenkurven** erfasst werden. Gutenberg, auf dessen Ausführungen auch im Folgenden Bezug genommen wird (E. Gutenberg, Grundlagen der Betriebswirtschaftslehre, Erster Band: Die Produktion, 24. Auflage, Berlin/Heidelberg/New York 1983, S. 361 ff.), unterscheidet als Grundformen betrieblicher Reaktionen auf Änderungen der Beschäftigung die **intensitätsmäßige** Anpassung, die **zeitliche** Anpassung, die **quantitative** Anpassung und die **selektive** Anpassung. „Während bei der intensitätsmäßigen Anpassung der Faktorbestand, also der gesamte Betriebsapparat und auch die Betriebszeit konstant bleiben, und nur die Nutzung variiert wird, die Betriebe also lediglich auf der Intensitätsskala ihres Produktionsapparates operieren, passen sie sich bei zeitlicher Anpassung lediglich mit der Betriebszeit, bei quantitativer Anpassung mit dem Betriebsmittelbestand an die schwankenden Beschäftigungslagen an" (Gutenberg, Die Produktion, a.a.O., S. 371).

Da die zwischen Beschäftigungslage und Änderungen der produktionstechnischen und arbeitsorganisatorischen Bedingungen der Produktion sich ergebenden Beziehungen nur lose scheinen, kann nach Gutenberg von **qualitativer** Anpassung als Folge von Beschäftigungsänderungen nicht gesprochen werden, denn Rationalisierungsmaßnahmen könnten auch bei steigender Beschäftigung erfolgen, ohne dass selbstverständlich geleugnet wird, dass Verbesserungen der Produktionsbedingungen unmittelbar mit Beschäftigungsschwankungen zusammenhängen. Eher erscheinen ihm qualitative Änderungen durch Betriebsgrößenänderungen verursacht zu sein, in deren Gefolge Verbesserungen der Arbeitsorganisation und der Verfahrenstechnik üblicherweise auftreten. Dieser Zusammenhang bezieht sich aber auf das Verhältnis von Betriebsgröße und Faktorqualität und nicht auf jenes von Beschäftigung und Faktorqualität. Die qualitativen Maßnahmen werden deshalb als eine Kosteneinflussgröße gesehen, die **neben** den Änderungen des Beschäftigungsgrades zu untersuchen ist und die losgelöst von diesen auf das Kostenniveau des Betriebes einwirkt.

Intensitätsmäßige Anpassung

Intensitätsmäßige Anpassung bedeutet **veränderten Auslastungsgrad** des Betriebes bzw. einzelner seiner Teile bei **unverändert** beibehaltener **Kapazität** und unverändert beibehaltener **Nutzungszeit**. Eine in diesem Sinne beschriebene intensitätsmäßige Anpassung, in der eine Stillegung von Anlagen unterbleibt, ist kennzeichnend für Betriebe mit nicht bzw. nur schwer oder begrenzt teilbaren technischen Leistungseinheiten. Sie ist nicht jedem Betriebe möglich, kommt z. B. aber in der chemischen Industrie vor, bei der die Intensität der Nutzung technisch innerhalb eines bestimmten Spielraumes variiert werden kann. Geht anderseits die intensitätsmäßige Anpassung durch Beschleunigung oder Herabsetzung der Maschinengeschwindigkeit vor sich, so besteht die Gefahr einer unrationellen Aggregatnützung, eine Ursache dafür, dass, wie Gutenberg ausführt, in derartigen Betrieben von solcher intensitätsmäßiger Ausnutzung kein Gebrauch gemacht wird. Die Produktionskostenhöhe bei intensitätsmäßiger Anpassung an Beschäftigungsschwankungen ergibt sich durch die Verbrauchsfunktion, unter der die Abhängigkeit des Verbrauches an Faktoreinsatzmengen von der Inanspruchnahme der Betriebsmittel verstanden wird, und durch die Preise der eingesetzten Produktionsfaktoren. Der Verlauf der Gesamtkostenkurve – gekrümmt oder linear – ist nicht eindeutig erklärbar, weil die jeweiligen Verbrauchsfunktionen sehr unterschiedlicher Art sein können.

Zeitliche Anpassung

Bei zeitlicher Anpassung wird die **Nutzungszeit** der im Betrieb befindlichen technischen Teileinheiten **variiert**, die **Intensität der Nutzung** bleibt **unverändert**. (Im Unterschied dazu ist bei **intensitätsmäßiger** Anpassung die Nutzungszeit konstant, während die Intensität der Nutzung variiert wird. Bei der **quantitativen** Anpassung wird der Betriebsmittelbestand an Beschäftigungsschwankungen angepasst.) Praktisch bedeutet zeitliche Anpassung im Beschäftigungsrückgang Übergang zu Kurzarbeit, vom Mehrschichtbetrieb zum Einschichtbetrieb, bei Beschäftigungszunahme Einführung von Überstundenarbeit, den Übergang vom Einschichtbetrieb zum Mehrschichtbetrieb. Zeitliche Anpassung ist eine typische Anpassungsform. Sie ist Vorstufe der quantitativen Anpassung, wenn sich die eine Anpassungsform aus der anderen auch nicht unbedingt ergeben muss. Zuweilen treten beide Anpassungsformen kombiniert auf, gegebenenfalls gemeinsam mit intensitätsmäßiger Anpassung. Das Ausmaß des Faktoreinsatzes ist eine Funktion der Zeit. Verringert der Betrieb die Arbeitszeit auf einem bestimmten Aggregat z. B. um 30 %, bleibt aber die Intensität der Nutzung gleich (z. B. die Drehgeschwindigkeit, die Tourenzahl), dann sinken auch die variablen Betriebskosten des Aggregates um 30 %. Da die Arbeitsgeschwindigkeit bei zeitlicher Anpassung keine Änderung erfährt, bleiben die auf die Arbeitsstunde bezogenen variablen Betriebskosten gleich.

Die variablen Betriebskosten der Aggregate verhalten sich bei zeitlicher Anpassung ebenso wie die von der Ausbringung direkt abhängigen Faktoreinsatzmengen proportional der Ausbringung. Die **zeitliche Anpassung bewirkt** daher einen **linearen Kostenverlauf** sowohl bei den einzelnen Aggregaten wie für den Gesamtbetrieb. Da die neben den fixen Kosten auftretenden variablen Kosten zeitabhängig sind, ist bei zeitlicher Anpassung dieser lineare Kostenverlauf naturgemäße Folge: die fixen Kosten bleiben bei zeitlicher Anpassung unverändert gleich hoch, zu ihnen treten die den Beschäftigungsänderungen folgenden proportionalen Kosten. Die aus den Beschäftigungsänderungen sich ergebenden Änderungen im Verhältnis von Nutz- und Leerkosten haben auf den Gesamtkostenverlauf keinen Einfluss, er wird vielmehr durch die variablen Kosten bestimmt.

Quantitative Anpassung

Die zeitliche Anpassung wird manchmal nicht ausreichen, um den Beschäftigungsänderungen in ausreichender Weise Rechnung zu tragen. Es kommt dann zu quantitativer Anpassung. Sie besteht darin, dass bei **Beschäftigungsrückgang** Teile des betrieblichen Fertigungsapparates stillgelegt und Arbeitskräfte entlassen werden; die stillgelegten betrieblichen Teileinheiten werden entweder veräußert, vermietet oder in Reserve gehalten. Umgekehrt bedeutet quantitative Anpassung bei **Beschäftigungszunahme** die Wiederinbetriebnahme stillgelegter Teile des Fertigungsapparates, die Anschaffung zusätzlicher Aggregate und die Einstellung von Arbeitskräften. Voraussetzung der quantitativen Anpassung ist die Teilbarkeit der dem Produktionsprozess dienenden Produktionsfaktoren.

Je teilbarer die Produktionsfaktoren sind, umso elastischer kann der Betrieb Beschäftigungsänderungen durch quantitative Anpassung begegnen. Die Stilllegung oder die Inbetriebsetzung nur ganzer betrieblicher Teileinheiten bei der quantitativen Anpassung führt dazu, dass eine Variation in der Ausbringung des Betriebes nur in Stufen möglich ist. Die Stufen sind umso breiter, aus je weniger Teileinheiten sich der Betrieb zusammensetzt, sie werden umso schmäler, aus je mehr Teileinheiten der Betrieb besteht.

Die Gesamtkosten der Produktion setzen sich aus den absolut fixen Kosten, aus den intervallfixen Kosten der einzelnen Aggregate und aus den variablen Kosten zusammen, die für die einzelne Erzeugniseinheit auflaufen. Bei Beschäftigungsrückgang und Verkauf der Aggregate bleiben die fixen Kosten gleich hoch, die intervallfixen Kosten verringern sich entsprechend den ausgeschiedenen Aggregaten, und die variablen Kosten entsprechen dem nunmehr gegebenen Beschäftigungsstand. Bei einer Fertigungsapparatur, die sich aus einer Vielzahl von betrieblichen Teileinheiten zusammensetzt, ergeben sich daher eng beieinander liegende Kostenpunkte, die eine **tendenziell lineare Kostenkurve** bewirken.

Werden die Anlagen nicht verkauft, sondern nur stillgelegt, um in Reserve gehalten zu werden, weil die volle Betriebsbereitschaft gesichert bleiben soll, so werden die intervallfixen Kosten dieser Anlagen nicht abgebaut. Die intervallfixen Kosten sind dann immanent, und sie stellen abbaufähige, jedoch nicht abgebaute Leerkosten dar. Bei lediglich quantitativer Anpassung ist eine Variation der Ausbringung nur in den Grenzen der betrieblichen Teileinheiten möglich. Die Variation in der Ausbringung kann aber eine Änderung erfahren, wenn die quantitative Anpassung mit zeitlicher und/oder intensitätsmäßiger Anpassung kombiniert wird. Auch bei der **Kombination quantitativer** und **zeitlicher Anpassung** bleibt der Kostenverlauf tendenziell **linear**.

Selektive Anpassung

Die quantitative Anpassung wird zur **selektiven** Anpassung, wenn die Betriebsapparatur und der Belegschaftsstand ein unterschiedliches qualitatives Niveau aufweisen und eine Auswahl dergestalt getroffen wird, dass die weniger brauchbaren Arbeiter zunächst entlassen, die weniger modernen und kostenungünstigen Aggregate zuerst ausgeschieden werden. Die selektive Anpassung als quantitative Anpassung weist Merkmale **qualitativer** Anpassung auf. Ist der Betrieb unterbeschäftigt, so arbeitet er im Durchschnitt gesehen mit qualitativ besseren Betriebsmitteln und Arbeitskräften als in Zeiten der Normal- bzw. Überbeschäftigung. Kostenmäßig hat die selektive Anpassung zur Folge, dass die Gesamtkosten mit steigender Ausbringung zunehmend ansteigen, d. h., die Grenzkosten nehmen ständig zu. Die Kurve zeigt keinen Wendepunkt, so dass die Grenzkostenkurve nicht U-förmig verläuft.

Schließt man sich den vorgeführten Gedankengängen bezüglich der Haupt-Kosteneinflussgrößen im Allgemeinen und hinsichtlich des Verhaltens der Kosten bei den verschiedenen betrieblichen Anpassungen an Schwankungen der Beschäftigung im Besonderen an, dann ist zu folgern, dass auf einen in allen Fällen eindeutig **fixierten** Gesamtkosten- bzw. Stückkostenverlauf **nicht** geschlossen werden kann. Das gilt insbesondere auch für das Verhältnis betriebliche Anpassung und Kostenverlauf. Es war ersichtlich, dass bei intensitätsmäßiger Anpassung der Verlauf der Gesamtkostenkurve theoretisch nicht eindeutig erklärbar ist, weil die jeweiligen Verbrauchsfunktionen unterschiedlicher Art sein können. Hingegen wurde für die zeitliche Anpassung ein linearer Kostenverlauf sowohl bei den einzelnen Aggregaten wie für den Gesamtbetrieb konstatiert. Auch bei quantitativer Anpassung wurde für eine Fertigungsapparatur mit einer Vielzahl betrieblicher Teileinheiten eine tendenziell lineare Kostenkurve abgeleitet, was schließlich auch für die Kombination quantitativer und zeitlicher Anpassung erkennbar wurde, bei welcher der Kostenverlauf tendenziell linear zu sein scheint. Für die selektive Anpassung, eine Sonderform der quantitativen Anpassung, wurde unter den gegebenen Annahmen darauf hingewiesen, dass die Gesamtkosten mit steigender Ausbringung zunehmend ansteigen, d. h., dass die Grenzkosten ständig zunehmen.

Nach den vorgetragenen Perspektiven läßt sich jedenfalls sagen, dass ein S-förmiger (besser fragezeichenförmiger) Gesamtkostenverlauf und ein U-förmiger Stückkostenverlauf, wie sie das **Ertragsgesetz** formuliert, nicht prinzipiell Geltung haben können, vielmehr gibt es **verschiedene Anpassungsformen**, von denen einige für einen linearen Gesamtkostenverlauf sprechen. Schaltet man die intensitätsmäßige Anpassung aus, die für eine Reihe von Fällen von vornherein nicht in Frage kommt (siehe Ausführungen zur intensitätsmäßigen Anpassung), und ist selektive Anpassung nicht möglich, weil z. B. Betriebsapparatur und Belegschaftsstand von einheitlich qualitativem Niveau sind, verbleiben daher bloß zeitliche und quantitative Anpassung, dann ergibt sich ein **tendenziell linearer Kostenverlauf.**

Für die Richtigkeit der Annahme auch linearer Gesamtkostenverläufe sprechen nach Gutenberg auch **empirische Kostenuntersuchungen,** die in verschiedenen Betrieben angestellt wurden: danach hätte sich ergeben, dass die traditionelle Kostentheorie (die bei zunehmender Beschäftigung von zunächst abnehmenden, später von steigenden Grenzkosten, d. h. von U-gekrümmten Grenzkostenkurven ausgeht) keine Stütze in der Realität findet, vielmehr wären lineare Gesamtkostenverläufe und Grenzkosten feststellbar gewesen, die parallel zur Abszissenachse verlaufen. „U-förmiger und linearer Verlauf der Grenzkosten stellen somit Grenzbegriffe dar, und nur empirische Untersuchungen können im Einzelfall zeigen, welche Situation als charakteristisch anzusehen ist. Damit wird aber, mit allen Vorbehalten im einzelnen, nicht nur die prinzipielle Möglichkeit, sondern auch die empirische Tatsache linearer Kostenfunktionen anerkannt" (Gutenberg, Die Produktion, a.a.O., S. 393 f.).

b) „Kritische Punkte" bei linearem Gesamtkostenverlauf

Nimmt man einen linearen Gesamtkostenverlauf als repräsentativ an, dann haben bei zunehmender Beschäftigung die Stückkosten eine grundsätzlich fallende Tendenz. Die Fixkostenbelastung der Leistungseinheit nimmt bei Ausweitung der Beschäftigung ab. Die variablen Kosten pro Einheit sind gleich bleibend, naturgemäß auch die Grenzkosten, die sich mit den variablen Kosten pro Stück decken. Wenn sprungfixe Kosten auftreten, dann nehmen diese stückbezogen einen degressiven Verlauf, mit Sprüngen nach oben in der Stückrechnung dort, wo die sprungfixen Kosten in Erscheinung treten. Die sprungfixen Kosten wirken sich auch in den Grenzkosten aus.

„Kritische Punkte" im betrieblichen Geschehen finden sich nach dieser Auffassung bei **Nutzschwelle** und **Betriebsoptimum.**

Bei der **Nutzschwelle** sind Stückkosten und Stückerlöse bzw. Gesamtkosten und Gesamterlöse gleich hoch. Bevor sie erreicht ist, arbeitet der Betrieb mit Verlust. Sobald sie überschritten wird, tritt der Betrieb in die Gewinnzone ein. Mit zunehmender Ausbringung steigen Stückgewinn und Gesamtgewinn.

Das **Betriebsoptimum** vereint gleichermaßen maximalen Stückgewinn und maximalen Gesamtgewinn; es liegt an der Kapazitätsgrenze. Dieser Tatbestand ist einleuchtend. Sinken die Stückkosten bei zunehmender Beschäftigung und bleiben die Stückpreise unverändert gleich hoch, dann bringt jede zusätzliche Leistungseinheit einen höheren Stückgewinn als die jeweils vorhergehende, insgesamt nimmt damit auch der Gesamterfolg zu, und er erreicht sein Maximum an der Kapazitätsgrenze.

Die eben besprochenen Zusammenhänge werden im Zahlenbeispiel (siehe Abb. 11) erkennbar. Die in der Tabelle enthaltenen Beträge sind konstruierte Ansätze, die einen für die „absoluten" fixen Kosten, die sprungfixen Kosten, die variablen Kosten, die Grenzkosten, die Stückkosten und die Gesamtkosten typischen Verlauf anzeigen. Die Tabelle und die (nicht auf die Zahlenwerte abgestimmte) graphische Darstellung (Abb. 10) enthalten sprungfixe (intervallfixe) Kosten mit voneinander relativ weit entfernten Abständen, um deren Wirkung im Gesamtkosten- und im Stückkostenverlauf deutlich herauszuheben. Je näher diese Sprünge aneinander rücken, um so weniger ausgeprägt treten die sprungfixen Elemente in den Kostenverläufen in Erscheinung, bis zuletzt der Eindruck eines proportionalen Verlaufes auch der sprungfixen (intervallfixen) Kosten entsteht.

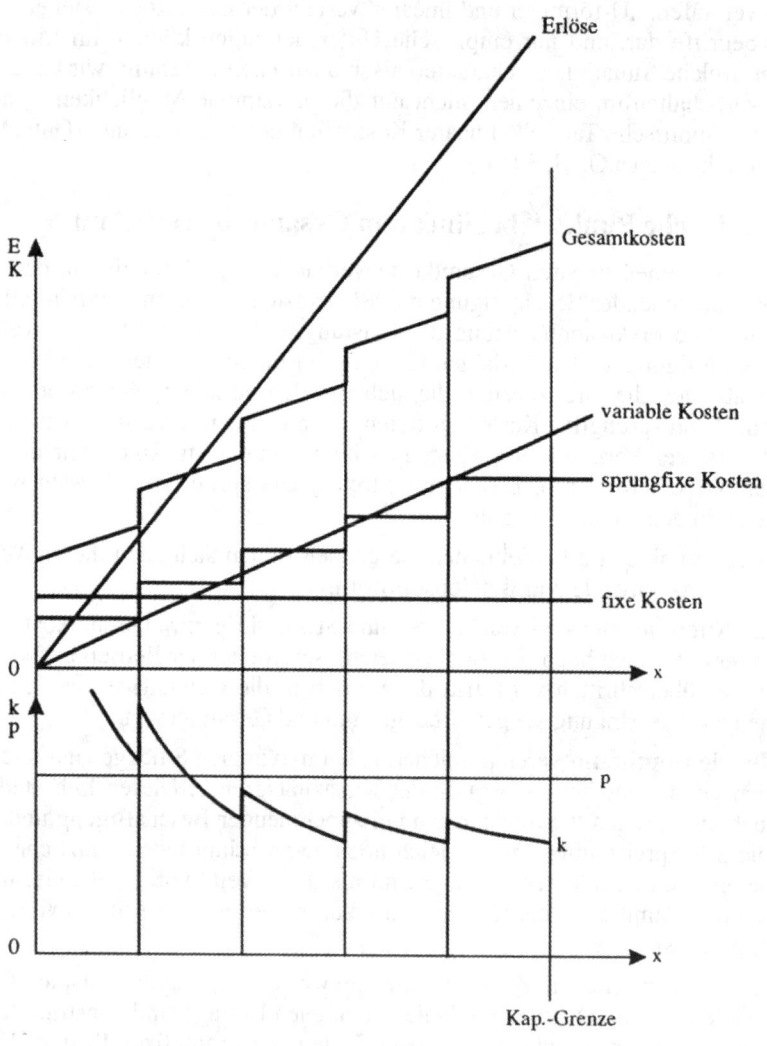

Abb. 10

3. Der linear-progressive Gesamtkostenverlauf

Die verhältnismäßig apodiktischen Feststellungen über den Gesamtkostenverlauf in den vorstehend skizzierten Theorien blieben nicht unwidersprochen. Vor allem Edmund Heinen hebt hervor, dass es bei dem Versuch, synthetische Kostenfunktionen zu entwickeln, notwendig wäre, von einleuchtenden Hypothesen über die Kombinationen der in Frage kommenden Anpassungsformen auszugehen.

a) Die Haupt-Kosteneinflussgrößen im Sinne der Analyse von Heinen

Wie Gutenberg arbeitet E. Heinen (Betriebswirtschaftliche Kostenlehre, Band I: Begriff und Theorie der Kosten, 4. Auflage, Wiesbaden 1974, vor allem S. 481 ff.) ein System von Kosteneinflussgrößen heraus. Er sieht diesen Terminus jedoch als Oberbegriff für **verschiedene** Gruppen von Einflussgrößen an, deren Abgrenzung durch die Verwendung verschiedener Kriterien zustande kommt. Heinen bezeichnet als Haupt-Einflussgrößen den **Kostenwert**, das **Fertigungsprogramm** und das **produktionswirtschaftliche Instrumentarium**.

Der **Kostenwert** als Einflussgröße ergibt sich als zielabhängige Wertkomponente zur Mengenkomponente.

Das **Fertigungsprogramm** ist sowohl in potentieller als auch in aktueller Sicht Kosteneinflussgröße. Das **potentielle** Fertigungsprogramm ist nach Heinen der Inbegriff aller **möglichen** Fertigungsprogramme. Das **aktuelle** Fertigungsprogramm umfasst die in einem Zeitraum **tatsächlich** zu erstellenden Leistungen. Um das aktuelle Fertigungsprogramm zu bestimmen, sind Entscheidungen hinsichtlich dessen artmäßiger und mengenmäßiger Zusammensetzung erforderlich, außerdem ist die zeitliche Verteilung der Fertigstellungstermine zu berücksichtigen.

In Bezug auf das **produktionswirtschaftliche Instrumentarium** ist zwischen den Kosteneinflussgrößen der **Ausstattung** und den Kosteneinflussgrößen des **Prozesses** zu unterscheiden. Die **Ausstattung des Betriebes** ist bedingt durch den Bestand an Potentialfaktoren, deren art- und mengenmäßige Zusammensetzung ebenso wie die räumliche Verteilung die Kostenhöhe beeinflusst. Als Kosteneinflussgrößen des **Prozesses** gelten nach Heinen die Verteilungsparameter (z. B. Entscheidungen über die Arbeitsverteilung und die Maschinenbelegung), die Auflagengröße, das Outputniveau der Elementarkombinationen, die Intensitäten (worunter die Zeitdauer pro einmaligen Vollzug der einzelnen Elementarkombinationen gemeint ist) sowie die Leistungsbereitschaft, worunter im gegebenen Fall die zusätzlichen Freiheitsgrade der tertiären Elementarkombinationen zu verstehen sind.

In seiner Analyse und in der daraus sich ergebenden Übersicht erblickt E. Heinen kein vollständiges Gebilde, er glaubt jedoch den Nachweis zu erbringen, dass in den bisherigen Kostentheorien viele Einflussgrößen übersehen wurden. Andererseits fehlen in der Kostentheorie auf der Grundlage der Produktionsfunktion vom Typ C, welche hier besprochen wird, verschiedene Einflussgrößen, die in den kostentheoretischen Perspektiven Gutenbergs enthalten sind, nämlich die

Aus-bringung	Absolute Fixkosten		Sprungfixe Kosten		Variable Kosten	
	insgesamt	pro Stück	insgesamt	pro Stück	insgesamt	pro Stück
0	15.000	–	–	–	–	–
10	15.000	1.500	6.000	600	3.000	300
20	15.000	750	6.000	300	6.000	300
30	15.000	500	6.000	200	9.000	300
40	15.000	375	6.000	150	12.000	300
50	15.000	300	6.000	120	15.000	300
60	15.000	250	12.000	200	18.000	300
70	15.000	214	12.000	171	21.000	300
80	15.000	188	12.000	150	24.000	300
1 90	15.000	167	12.000	133	27.000	300
100	15.000	150	12.000	120	30.000	300
110	15.000	136	18.000	164	33.000	300
120	15.000	125	18.000	150	36.000	300
130	15.000	115	18.000	138	39.000	300
140	15.000	107	18.000	129	42.000	300
150	15.000	100	18.000	120	45.000	300
160	15.000	94	24.000	150	48.000	300
170	15.000	88	24.000	141	51.000	300
180	15.000	83	24.000	133	54.000	300
190	15.000	79	24.000	126	57.000	300
200	15.000	75	24.000	120	60.000	300
210	15.000	71	30.000	143	63.000	300
220	15.000	68	30.000	136	66.000	300
230	15.000	65	30.000	130	69.000	300
240	15.000	63	30.000	125	72.000	300
250	15.000	60	30.000	120	75.000	300
260	15.000	58	36.000	138	78.000	300
270	15.000	56	36.000	133	81.000	300
280	15.000	54	36.000	129	84.000	300
290	15.000	52	36.000	124	87.000	300
2 300	15.000	50	12.000	120	90.000	300

Abb. 11

GESAMTKOSTENVERLAUF

Gesamt- kosten	Stück- kosten	Grenz- kosten	Preis	Gesamt- erlös	Stück- gewinn (-verlust)	Gesamt- gewinn (-verlust)
15.000	–	–	–	–	–	–
24.000	2.400	900	600	6.000	– 1.800	– 18.000
27.000	1.350	300	600	12.000	– 750	– 15.000
30.000	1.000	300	600	18.000	– 400	– 12.000
33.000	825	300	600	24.000	– 225	– 9.000
36.000	720	300	600	30.000	– 120	– 6.000
45.000	750	300	600	36.000	– 150	– 9.000
48.000	685	300	600	42.000	– 85	– 6.000
51.000	638	300	600	48.000	– 38	– 3.000
54.000	600	300	600	54.000	–	–
57.000	570	300	600	60.000	+ 38	+ 3.000
66.000	600	300	600	66.000		–
69.000	575	300	600	72.000	+ 25	+ 3.000
72.000	553	300	600	78.000	+ 47	+ 6.000
75.000	536	300	600	84.000	+ 64	+ 9.000
78.000	520	300	600	90.000	+ 80	+ 12.000
87.000	544	300	600	96.000	+ 56	+ 9.000
90.000	529	300	600	102.000	+ 71	+ 12.000
93.000	516	300	600	108.000	+ 84	+ 15.000
96.000	505	300	600	114.000	+ 95	+ 18.000
99.000	495	300	600	120.000	+ 105	+ 21.000
108.000	514	300	600	126.000	+ 86	+ 18.000
111.000	504	300	600	132.000	+ 96	+ 21.000
114.000	495	300	600	138.000	+ 105	+ 24.000
117.000	488	300	600	144.000	+ 112	+ 27.000
120.000	480	300	600	150.000	+ 120	+ 30.000
129.000	496	300	600	156.000	+ 104	+ 27.000
132.000	489	300	600	162.000	+ 111	+ 30.000
135.000	483	300	600	168.000	+ 117	+ 33.000
138.000	476	300	600	174.000	+ 124	+ 36.000
141.000	470	300	600	180.000	+ 130	+ 39.000

Kosteneinflussgrößen „Beschäftigung", „Betriebsgröße" und „Faktorqualität". Heinen begründet dies damit, dass die „Beschäftigung" und die „Betriebsgröße" in der Symbolik der Produktionsfunktion ohne unmittelbares Pendant seien, so dass sie nicht als Kosteneinflussgrößen aufgefasst werden könnten. Man müsste sie aber als globale Planungsbegriffe im „sukzessiven Entscheidungsprozess" verstehen, weil die Festlegung der einzelnen Kosteneinflussgrößen durch relativ umfassende Entscheidungen erfolge. Die „Faktorqualitäten" seien nicht zu berücksichtigen, weil oszillative Schwankungen nicht durch betriebliche Entscheidungen hervorgerufen würden, so dass echte Kosteneinflussgrößen gar nicht vorlägen. Mutative Änderungen der Faktorqualitäten brächten zwar einen Entscheidungstatbestand zum Ausdruck, in der Produktionsfunktion vom Typ C handle es sich jedoch entweder um die Variation eines Verteilungsparameters (Wahl der Repetierfaktoren) oder um die Wahl einer anderen Produktionsfunktion (Wahl der Potentialfaktoren).

Was die **Erklärung des Verlaufes der Gesamtkosten** betrifft, stellt E. Heinen (Einführung in die Betriebswirtschaftslehre, 9. Auflage, Wiesbaden 1985, S. 176 ff.) zunächst die Anpassungsformen und deren Auswirkungen auf die Kostenhöhe in **analytisch** monovariabler Weise isoliert dar, um dann auf Grundlage von Hypothesen über die Kombination und Abfolge dieser Anpassungsformen **synthetische** variable und Gesamtkostenverläufe zu erklären bzw. zu prognostizieren:

Bei isoliert **zeitlicher** Anpassung könne der Verbrauch von outputabhängigen wie potentialfaktorabhängigen Repetierfaktoren pro einmaligen Vollzug einer Elementarkombination als konstant angenommen werden, so dass – bei konstantem Kostenwert – Kostenänderungen nur auf Variationen der Wiederholungszahl der Elementarkombinationen zurückgeführt werden können. Dies gelte grundsätzlich **für primäre wie sekundäre Elementarkombinationstypen**: bei den **Ersteren** sind Änderungen der Wiederholungszahl proportional den Variationen der Menge der erstellten Endprodukte, wodurch sich ein (bei infinitesimaler Teilbarkeit der Endproduktausbringung) **stetiger**, proportional-linearer Verlauf der variablen Gesamtkosten ergibt. Bei **sekundären** Elementarkombinationen hängt deren Wiederholungszahl von der Zahl der Auflagen (Lose) ab, ist also umgekehrt proportional der Auflagen-(Los-)größe, so dass bei deren Einbeziehung der Verlauf der variablen Gesamtkosten **unstetig** wird.

Bei **intensitätsmäßiger** Anpassung, d. h. bei Variation der Elementarkombinationszeit pro einmaligen Vollzug einer Elementarkombination und dadurch bewirkter Veränderung der Menge an erstellten ökonomischen Leistungen pro Zeiteinheit, sei ein nichtlinearer Verlauf der variablen Kosten zu unterstellen; der Kurvenverlauf sei mit genereller Gültigkeit nicht bestimmbar. Der Verbrauch an Produktionsfaktoren resultiere aus technologischen Daten, nämlich aus den Belastungsfunktionen (sie stellen die Beziehung zwischen der technisch-physikalischen Potentialfaktorleistung = Belastung des die konkrete Elementarkombination dominierenden Potentialfaktors und dem Elementaroutput bzw. der Elementarkombinationszeit dar) und den technischen Verbrauchsfunktionen. Gehe man von einem S-förmigen Verlauf der Kurve der variablen Gesamtkosten aus, dann sei dies darin begründet, dass niedrige und hohe Leistungsmengen, d. h. lange oder kurze Elementarkombinationszeiten im Falle des Vorhandenseins von optimalen Nutzungszonen eine ungünstige Potentialfaktorbelastung bewirken.

Bei **quantitativer** Anpassung müssten **unstete** Kostenverläufe auftreten, wenn die nach und nach eingesetzten Aggregate jeweils ungünstigere Verbrauchsfunktionen besäßen. Die Kurve der variablen Kosten verlaufe in diesem Falle überproportional (progressiv). Proportional wäre der Kurvenverlauf nur dann, wenn die Anpassung durch Verwendung gleichartiger Aggregate vor sich gehe.

Obwohl sich nach Heinen **allgemein gültige Aussagen** über den Verlauf der Gesamtkosten **nur mit großen Einschränkungen** treffen lassen, da es in der betrieblichen Praxis auf die tatsächliche Kombination der verschiedenen Anpassungsformen ankomme, glaubt er, dass die analytische Untersuchung reiner Anpassungsformen **insgesamt einen linear-progressiven** Verlauf der gesamten **variablen** Kosten als gesichert erscheinen lasse. Die variablen Kosten steigen danach bis zu einer bestimmten Produktmenge **proportional (linear)**, da die betriebliche Anpassung zunächst zeitlicher und/oder quantitativer Art bei Verwendung gleichartiger oder zumindest ähnlicher Aggregate sei. **Später** wäre der Verlauf der Kurve der variablen Kosten **überproportional**, da es ab einer bestimmten Beschäftigung unmöglich werde, sich zeitlich anzupassen. Der Betrieb müsse sich vielmehr intensitätsmäßig anpassen und/oder Aggregate in Betrieb nehmen, deren Verbrauchsfunktionen ungünstiger wären als jene der schon vorhandenen.

Bei **synthetischer** Betrachtung müsse auch bedacht werden, dass es zu Ausstattungsänderungen komme, wenn die Produktmengen über ein bestimmtes Maß hinaus erhöht würden. Das bewirke naturgemäß eine Änderung der fixen Kosten.

b) „Kritische Punkte" bei linear-progressivem Gesamtkostenverlauf

Die Tabelle auf den folgenden Seiten (Abb. 12) zeigt einen auf der Basis der Produktionsfunktion vom Typ C entwickelten Kostenverlauf. Die Summe aus durch tertiäre und primäre Elementarkombinationen ausgelösten Fixkosten, aus den durch sekundäre Elementarkombinationen verursachten losfixen Kosten und aus vornehmlich von primären Elementarkombinationen bedingten variablen Kosten gibt (von den Sprüngen beim Hinzutreten weiterer losfixer Kosten abgesehen) einen zunächst linearen, später wegen der Progressionswirkung der variablen Kosten einen überproportionalen **Gesamtkostenverlauf**. Die **Stückkosten** sinken bei zunehmender Beschäftigung.

Sprünge in der Einheitskostenbelastung nach oben treten allerdings jeweils bei Hinzutreten losfixer Kosten auf, so dass von einer unstetigen Degression der Stückkosten gesprochen werden kann. Die **Grenzkosten** sind, solange die variablen Kosten einen linearen Verlauf nehmen, gleich hoch den variablen Kosten (mit Ausnahme jeweils jenes Punktes, bei dem zusätzliche losfixe Kosten auftreten. In diesem Fall entsprechen die Grenzkosten den variablen Kosten zuzüglich den losfixen Kosten). Bei progressivem Verlauf der variablen Kosten steigen die

KOSTENANALYSE BEI LINEAR-PROGRESSIVEM

	Aus-bringung	Fixkosten a)		Losfixe Kosten b)		Variable Kosten c)	
		insgesamt	pro Stück	insgesamt	pro Stück	insgesamt	pro Stück
	0	15.000	–	–	–	–	–
e)	0	15.000	–	5.000	–	–	–
	10	15.000	1.500	5.000	500	3.000	300
	20	15.000	750	5.000	250	6.000	300
	30	15.000	500	5.000	166,6	9.000	300
e)	30	15.000	500	10.000	333,3	9.000	300
	40	15.000	375	10.000	250	12.000	300
	50	15.000	300	10.000	200	15.000	300
	60	15.000	250	10.000	166,6	18.000	300
e)	60	15.000	250	15.000	250	18.000	300
	70	15.000	214,2	15.000	214,2	21.000	300
	80	15.000	187,5	15.000	187,5	24.000	300
	90	15.000	166,6	15.000	166,6	27.000	300
e)	90	15.000	166,6	20.000	222,2	27.000	300
	100	15.000	150	20.000	200	30.000	300
	110	15.000	136,3	20.000	181,8	33.000	300
	120	15.000	125	20.000	166,6	36.000	300
e)	120	15.000	125	25.000	208,3	36.000	300
	130	15.000	115,4	25.000	192,3	39.000	300
	140	15.000	107,1	25.000	178,5	42.000	300
	150	15.000	100	25.000	166,6	45.000	300
e)	150	15.000	100	30.000	200	45.000	300
	160	15.000	93,7	30.000	187,5	48.000	300
	170	15.000	88,2	30.000	176,4	51.000	300
	180	15.000	83,3	30.000	166,6	54.000	300
e)	180	15.000	83,3	35.000	194,4	54.000	300
	190	15.000	78,9	35.000	184,2	57.000	300
	200	15.000	75	35.000	175	60.000	300
	210	15.000	71,4	35.000	166,6	63.000	300
e)	210	15.000	71,4	40.000	190,5	63.000	300
	220	15.000	68,2	40.000	181,6	68.000	309,1
	230	15.000	65,2	40.000	173,9	73.000	317,4
	240	15.000	62,5	40.000	166,6	78.000	325
e)	240	15.000	62,5	45.000	187,5	78.000	325
	250	15.000	60	45.000	180	85.000	340
	260	15.000	57,7	45.000	173	92.000	353,8
	270	15.000	55,5	45.000	166,6	99.000	366,6
e)	270	15.000	55,5	50.000	185,2	99.000	366,6
	280	15.000	53,6	50.000	178,5	109.333	390,4
	290	15.000	51,7	50.000	172,4	119.666	412,6
	300	15.000	50	50.000	166,6	130.000	433,3
e)	300	15.000	50	55.000	183,3	130.000	433,3
	310	15.000	48,3	55.000	177,4	145.000	477,4
	320	15.000	46,8	55.000	171,8	160.000	500
	330	15.000	45,4	55.000	166,6	175.000	530,3

Abb. 12

444

GESAMTKOSTENVERLAUF

Gesamt-kosten	Stück-kosten	Grenz-kosten	Stückerlös (Preis) d)	Gesamt-erlös	Stückgewinn (-verlust)	Gesamtgewinn (-verlust)
15.000	–	–	–	–	–	– 15.000
20.000	–	5.000	–	–	–	– 20.000
23.000	2.300	300	650	6.500	– 1.650	– 16.500
26.000	1.300	300	650	13.000	– 650	– 13.000
29.000	966,6	300	650	19.500	– 326,6	– 9.500
34.000	1.133,3	5.300	650	19.500	– 483,3	– 14.500
37.000	925	300	650	26.000	– 275	– 11.000
40.000	800	300	650	32.500	– 150	– 7.500
43.000	716,6	300	650	39.000	– 66,6	– 4.000
48.000	800	5.300	650	39.000	– 150	– 9.000
51.000	728,8	300	650	45.500	– 78,6	– 5.500
54.000	675	300	650	52.000	– 25	– 2.000
57.000	633,3	300	650	58.500	+ 16,6	+ 1.500
62.000	688,8	5.300	650	58.500	– 38,8	– 3.500
65.000	650	300	650	65.000	–	– (1)
68.000	618,2	300	650	71.500	+ 31,8	+ 3.500
71.000	591,6	300	600	78.000	+ 58,3	+ 7.000
76.000	633,3	5.300	650	78.000	+ 16,6	+ 2.000
79.000	607,7	300	650	84.500	+ 42,3	+ 5.500
82.000	585,7	300	650	91.000	+ 64,3	+ 9.000
85.000	566,6	300	650	97.500	+ 83,3	+ 12.500
90.000	600	5.300	650	97.500	+ 50	+ 7.500
93.000	581,2	300	650	104.000	+ 68,7	+ 11.000
96.000	564,7	300	650	110.500	+ 85,3	+ 14.500
99.000	550	300	650	117.000	+ 100	+ 18.000
104.000	577,7	5.300	650	117.000	+ 72,2	+ 13.000
107.000	563,1	300	650	123.500	+ 86,8	+ 16.500
110.000	550	300	650	130.000	+ 100	+ 20.000
113.000	538,1	300	650	136,500	+ 111,9	+ 23.500 (3)(4)
118.000	561,9	5.300	650	136.500	+ 88,1	+ 18.500
123.000	559	500	650	143.000	+ 91	+ 20.000
128.000	556,5	500	650	149.500	+ 93,5	+ 21.500
133.000	554,16	500	650	156.000	+ 95,8	+ 23.000
138.000	575	5.500	650	156.000	+ 75	+ 18.000
145.000	580	700	650	162.500	+ 70	+ 17.500
152.000	584,6	700	650	169.000	+ 65,4	+ 17.000
159.000	588,8	700	650	175.500	+ 61,2	+ 16.500
164.000	607,4	5.700	650	175.500	+ 42,6	+ 11.500
174.333	622,6	1.033,3	650	182.000	+ 27,4	+ 7.666
184,666	636,7	1.033,3	650	188.500	+ 13,3	+ 3.833
195.000	650	1.033,3	650	195.000	–	– (2)
200.000	666,6	6.033,3	650	195.000	– 16,6	– 5.000
215.000	693,5	1.500	650	201.500	– 43,5	– 13.500
230.000	718,7	1.500	650	208.000	– 68,7	– 22.000
245.000	742,4	1.500	650	214.500	– 92,4	– 30.500

Grenzkosten zunehmend über die variablen Kosten pro Einheit. Bei gleich bleibendem Stückpreis wirkt sich dieser Kostenverlauf in entsprechender Weise auf das Gesamtergebnis und das Stückergebnis aus. Die Stückverluste, die am Anfang der Beschäftigung entstehen, werden mit zunehmender Ausbringung geringer, sodann treten Stückgewinne auf, die allmählich zunehmen. Bei Auftreten der Progression der variablen Kosten sinken die Stückgewinne nach und nach, schließlich entstehen Stückverluste. Ein vergleichbarer Vorgang ist bezüglich des Gesamtgewinnes bzw. des Gesamtverlustes festzustellen.

Bei **linear-progressivem Gesamtkostenverlauf** ergeben sich **drei kritische Punkte**:

1. die Nutzschwelle,

2. die Nutzgrenze,

3. das Betriebsoptimum, das gleich ist

4. dem Betriebsmaximum.

Die **Nutzschwelle** (1) liegt dort, wo die Gesamterlöse den Gesamtkosten bzw. die Stückerlöse den Stückkosten zum ersten Mal betragsmäßig entsprechen. Bei zusätzlicher Ausbringung entstehen Gewinne. Der Betrieb verlässt die Gewinnzone bei der **Nutzgrenze** (2). Infolge der Progression der variablen Kosten haben die Stückkosten bei der Nutzgrenze den Stückpreis wieder eingeholt. Jede weitere Beschäftigung führt zu Stückverlusten bzw. zu Gesamtverlusten. **Betriebsoptimum** (3) und **Betriebsmaximum** (4) sind erreicht, sobald die variablen Kosten aus der Linearität in die Progression übergehen.

Fußnoten zur Tabelle (Abb. 12):

a) Fixkosten: werden verursacht durch tertiäre und primäre Elementarkombinationen

b) Losfixe Kosten: werden verursacht durch sekundäre Elementarkombinationen (durchschnittliche Losgröße: 30 Ausbringungseinheiten)

c) Variable Kosten: werden verursacht durch primäre Elementarkombinationen

d) Vollkommene Konkurrenz

e) Unstetigkeitssprünge (inferiore Kombinationen, da die fixen Kosten des nächsten Loses erfasst sind)

(1)   Nutzschwelle (Gesamterlös = Gesamtkosten; Stückerlös = Stückkosten)

(3) (4) Betriebsoptimum (Betriebsmaximum) (höchster Stückgewinn und höchster Gesamtgewinn)

(2)   Nutzgrenze (Gesamterlös = Gesamtkosten; Stückerlös = Stückkosten)

4. Bemerkungen zu den Kostenverlaufsanalysen

Für die Begründung und den Inhalt einer Kostentheorie sind weitgehend die hierbei verwendeten **Prämissen** entscheidend. Man kann daher – das gilt auch für die drei vorgetragenen Auffassungen – von vornherein nicht sagen, dass es nur einen **einzigen** Weg für die Erklärung kostenmäßiger Zusammenhänge gibt. Die Übertragbarkeit der theoretischen Erkenntnisse auf die praktischen Gegebenheiten hängt dann davon ab, inwieweit die Realität mit den Annahmen übereinstimmt, die für die Ableitung von Kostenkurven getroffen wurden.

Kostentheoretische Perspektiven werden zunehmenden Anspruch auf Gültigkeit in der Praxis besitzen, je mehr die Ableitungen auf die wahrscheinlich anzutreffenden Situationen in den Betrieben eingehen. Dass eine solche Bedachtnahme nicht umfassend genug sein kann, um eine für **alle** praktischen Fälle gültige Antwort über Kostenverläufe zu finden, braucht bei der Unterschiedlichkeit der Fertigungsprogramme in den einzelnen Betrieben, bei der Vielfalt an Betriebsgrößen, bei den mannigfaltigen Anpassungsmöglichkeiten und tatsächlichen Anpassungshandlungen an veränderte Markt- und Betriebssituationen nicht nachgewiesen zu werden.

Dies anzuerkennen, führt zu dem Standpunkt, dass **alle** Theorien über Kostenverläufe (dass von einer einzigen Kostentheorie nicht gesprochen werden kann, ist inzwischen deutlich geworden) in sich als richtig gelten, wenn sie im Rahmen der für sie getroffenen Annahmen konsequent und widerspruchsfrei konzipiert sind. Bei praktischen Überlegungen hingegen werden sie fragwürdig, wenn die Annahmen in der Theorie zu den Verhältnissen in den ökonomischen Einheiten, den Betrieben, in Widerspruch stehen.

Das heißt aber, dass nicht jeder kostentheoretische Ansatz gleich hohen ("gleichwertigen") Anspruch auf Anerkennung besitzt; je mehr es gelingt, in den Konzeptionen auf die Erscheinungsformen der Wirklichkeit Rücksicht zu nehmen, je mehr diese in einem allgemeinen System verdichtet werden, umso höher ist der praktische Aussagewert, der den angestellten Gedankenführungen, d. h. den entwickelten Theorien, beigemessen werden kann. Dass die Ableitung des Gesamtkostenverlaufes nach dem Ertragsgesetz (S-förmiger bzw. fragezeichenförmiger Gesamtkostenverlauf und U-förmiger Stückkostenverlauf) dabei von sehr vereinfachenden und eingeengten Annahmen ausgeht, die Fülle von Anpassungsmaßnahmen unbeachtet lässt und die Haupt-Kosteneinflussgrößen nicht systematisch erfasst, ist der Einwand, der, bei aller Anerkennung der Konsequenz in der Gedankenführung auf Grund der gesetzten Prämissen, dazu führte, dass in den modernen kostenanalytischen Untersuchungen eine deutliche Abkehr von dieser Theorie zu erkennen ist. Der Einwand richtet sich, es sei wiederholt, nicht gegen die Ableitung selbst, als vielmehr gegen die Prämissen, die für viele Fälle als wirklichkeitsfremd oder die Wirklichkeit nicht in ausreichendem Maß umfassend bezeichnet werden.

Die aufgezeigte Entwicklung einer modernen Kostentheorie, die das Kostenverhalten bei den diversen Anpassungsformen untersucht, erlangte ihren jüngsten Stand in der Auffassung, dass es letztlich unmöglich sei, Theorien über Gesamtkostenverläufe und Stückkostenverläufe mit Anspruch auf **allgemeine** Gültigkeit zu entwickeln, und zwar mit dem Hinweis, dass sich sehr oft nicht der Betrieb im Ganzen an veränderte Beschäftigungslagen anpasst, sondern dass die Anpassungsvorgänge bei den einzelnen Aggregaten und in den verschiedenen betrieblichen Teilbereichen erfolgen.

Diese Anpassungsvorgänge können sehr gegensätzlicher Art sein. Passt man aber bei den einzelnen Aggregaten, in den verschiedenen betrieblichen Teilbereichen, unterschiedlich an, dann kann es einen generell gültigen Kostenverlauf nicht geben: die Fülle der möglichen Anpassungsformen und -kombinationen wird in den verschiedenen Betrieben zu sehr unterschiedlichen, nicht in ein allgemeines Schema passenden Kostenverläufen führen.

Auch bei einem derart extremen Standpunkt soll die Bedeutung kostentheoretischer Abhandlungen allgemeiner Art nicht übersehen werden, weil durch sie Zusammenhänge aufgezeigt werden, die grundlegende Analysen einzelwirtschaftlicher Probleme erleichtern. Nur muss man den Aussagewert dieser Theorien in den vertretbaren Grenzen sehen.

G. Der Absatz

I. Die Grundlagen

1. Absatz und Marketing

In der modernen arbeitsteiligen Wirtschaft, die vorrangig auf die Deckung von Fremdbedarf ausgerichtet ist, ist der Absatz einerseits das Ziel und andererseits das Ergebnis der Leistungsprozesse eines Unternehmens. Der Absatz wird durch die entgeltliche Übernahme der vom Unternehmen erstellten Sach- oder Dienstleistungen auf einem Markt durch andere Marktteilnehmer konkretisiert.

Hierbei ist es üblich, die Begriffe **Absatz** und **Leistungsverwertung** synonym anzuwenden. Dies ist zulässig, wenn der Absatzbegriff nicht alleine auf die Veräußerung von Sachgütern bezogen wird, sondern auch die Verwertung von Dienstleistungen einschließt, also im weiteren Sinne aufgefasst wird (E. Gutenberg, Grundlagen der Betriebswirtschaftslehre, Band 2: Der Absatz, 17. Auflage, Berlin/Heidelberg/New York 1984, S. 1).

Die Leistungsverwertung sichert den Rückfluss der Werte (Geldmittel), die für den Leistungserstellungsprozess eingesetzt wurden, und bildet die Basis für die Weiterführung der Produktionstätigkeit. Insofern schließt der Absatz den betrieblichen Wertekreislauf und wird deswegen oft als letzte Phase des Betriebsprozesses angesehen (G. Wöhe, Einführung in die Allgemeine Betriebswirtschaftslehre, 16. Auflage, München 1986, S. 531).

Der Absatz hat in dieser Sicht nicht allein im passiven Sinn der Befriedigung einer **bestehenden** Nachfrage zu dienen, sondern auch im aktiven Sinne für die Erzeugung **neuer** Nachfrage durch das Erwecken neuer Bedürfnisse.

Dem Absatzbegriff sind an dieser Stelle die Begriffe Umsatz, Verkauf, Vertrieb und Absatzwirtschaft inhaltlich gegenüberzustellen. Im Sprachgebrauch der betrieblichen Praxis kennzeichnet vielfach die Bezeichnung „Absatz" (einschränkend) die verkauften Leistungs**mengen**, „Umsatz" hingegen den Wert dieser Leistungsmengen. **Umsatz wird demgemäß im Sinne von Umsatzerlös** als Geldwert der abgesetzten Leistungen interpretiert. Eine weitere Auslegung liegt vor, wenn im Sinne von **Umsatzprozess** argumentiert wird. Hiebei wird auf den Umwandlungsvorgang von Geld in Ware (anläßlich der Beschaffung), den nachfolgenden Kombinationsprozess von Sachgütern, Arbeits- und Dienstleistungen (Produktion) und schließlich den Umwandlungsprozess von Ware (Leistung) in Geld (Leistungsverwertung) Bezug genommen. Der Umsatzprozess umschließt demnach Beschaffung, Produktion und Absatz und entspricht den eingangs dargestellten Wertkreislaufvorstellungen.

Der **Verkauf** wird allgemein als Teilbereich des Absatzprozesses angesehen. Er umfasst alle Tätigkeiten, die den wirtschaftlichen und rechtlichen Übergang einer betrieblichen Leistung vom Verkäufer an den Käufer zum Gegenstand haben, z. B. Vertragsabschluss, Auftragsbearbeitung, Verpackung, Versand usw. Beim Begriff **Vertrieb** stehen die technischen Aspekte der Leistungsverwertung im Vordergrund, um den Absatz zu bewirken.

Der Begriff **Absatzwirtschaft** ist hingegen gesamtwirtschaftlich determiniert. E. Schäfer folgend sind darunter alle wirtschaftlichen Aktivitäten zu verstehen, die der Übertragung von Gütern und Dienstleistungen der Produktionswirtschaft an andere Produktionsbetriebe oder Endverbraucher (Haushalte) dienen. Diese Übertragungsvorgänge schlagen sich einerseits in Verkaufsvorgängen und andererseits in Einkaufs- und Beschaffungsvorgängen nieder. Der Begriff „Absatzwirtschaft" umschließt daher sowohl Beschaffungs- als auch Absatzaktivitäten und orientiert sich an der funktionalen Stellung der einzelnen Unternehmen in der gesamten Wirtschaft (vgl. E. Schäfer, Absatzwirtschaft, in: HdWW, Band 1, 2. Aufl., Köln und Opladen 1966, S. 279 ff.).

Die Einschätzung des Absatzes als ein funktionaler Teilbereich eines Unternehmens ist aus der Sicht des betrieblichen Wertkreislaufes heraus verständlich und in einem großen Teil der betriebswirtschaftlichen Literatur vorherrschend. Die Orientierung der jüngeren Betriebswirtschaftslehre an den Entscheidungsprozessen in einem Unternehmen brachte es mit sich, dass der Erforschung des marktgerechten Denkens und Handelns zur Verwirklichung der unternehmerischen Zielsetzungen ein breiter Raum gewidmet wurde. Dabei erwies sich der Absatzbegriff inhaltlich als zu eng und wurde in zunehmendem Maße durch den in der angloamerikanischen Literatur gebräuchlichen Begriff „Marketing" ersetzt.

Marketing ist als Konzeption der **Unternehmensführung** zu verstehen, „bei der im Interesse der Erreichung der Unternehmensziele alle betrieblichen Aktivitäten konsequent auf die gegenwärtigen und künftigen Erfordernisse der Märkte ausgerichtet werden" (J. Bidlingmaier, Marketing 1, Reinbek bei Hamburg 1973, S. 15). Das Unternehmen ist demnach so zu führen, dass über eine möglichst optimale Befriedigung der Kundenwünsche die Unternehmensziele in möglichst hohem Maße erfüllt werden.

Dieser Standpunkt leitet sich aus der empirischen Erkenntnis ab, dass in hoch entwickelten Volkswirtschaften das Angebot tendenziell schneller wächst als die Nachfrage, also in vielen Wirtschaftsbereichen von so genannten „Käufermärkten" auszugehen ist. Die Verwirklichung der unternehmerischen Zielsetzungen ist daher nur möglich, wenn den Notwendigkeiten der jeweiligen Marktverhältnisse durch das unternehmerische Handeln entsprochen wird. Dann aber ist **Marketing** nicht mehr ein Endglied im betrieblichen Leistungsprozess, sondern steht vielmehr am **Anfang** des unternehmerischen Leistungsprozesses überhaupt und durchdringt zwingenderweise alle Teilbereiche des Unternehmens (J. Bidlingmaier, Marketing, Reinbek bei Hamburg 1973; R. Nieschlag/E. Dichtl/H.

Hörschgen, Marketing, 18. Auflage, Berlin 1997; H. Meffert, Marketing, 8. Auflage, Wiesbaden 1998; B. Tietz, Marketing, 3. Auflage, Düsseldorf 1993).

Diese Ausweitung des Problemfeldes macht deutlich, dass die Marketing-Konzeption inhaltlich weit über den Funktionalbereich der Leistungsverwertung, des „Absatzes" im traditionellen Sinne, hinausreicht. Sie tangiert vielmehr alle betrieblichen Aktivitäten, stellt eine unternehmerische Denkhaltung dar, der eine entsprechende Unternehmensorganisation und Unternehmensführung untergeordnet ist und welche ein spezifisches beschaffungs- und absatzpolitisches Instrumentarium zur Zielverwirklichung entwickelt (B. Tietz, Marketing, 3. Auflage, Düsseldorf 1993, S. 1).

Ähnlich argumentiert F. Scheuch (Marketing, 5. Auflage, München 1996, S. 6 bzw. S. 33) unter Berufung auf P. Kotler (Principles of Marketing, Englewood Cliffs 1980). Danach beschäftigt sich „Marketing" mit der **Herbeiführung und Gestaltung von Austauschbeziehungen**, um in einer arbeitsteiligen Gesellschaft zu gewünschten materiellen oder immateriellen Gütern zu gelangen. F. Scheuch versteht Marketing als eine **instrumentelle** Wissenschaft über ein zielorientiertes, problemlösendes Vorgehen, da die Gestaltungsaufgabe den Einsatz von „Instrumenten" zur Analyse, Planung und Kontrolle von Maßnahmen bedingt, die Austauschvorgänge bewirken oder beeinflussen. „Dadurch wird einerseits die **Anpassung** an aktuelle Bedingungen und Merkmalsausprägungen des Marktes und andererseits eine **Gestaltung** von Märkten bewirkt, da konkrete Angebote oder andere instrumentelle Maßnahmen nachfrage-, bedarfs- und bedürfnisbeeinflussend wirken" (a.a.O., S. 33).

Es fehlt in der Literatur nicht an kritischen Stimmen, die in der Marketing-Konzeption eine Überbetonung des Absatzbereiches im Rahmen der Unternehmensaktivitäten sehen. So führt zum Beispiel Wöhe aus, dass die Ausdehnung des Marketingbegriffes auf die Beschaffungs- und Absatzmärkte und die Unterordnung aller übrigen Teilbereiche des Betriebsprozesses, also auch des Prozesses der Leistungserstellung unter dem Gesichtspunkt der Absatzwirtschaft die Betriebswirtschaftslehre letzten Endes zu einer „Marketing-Wissenschaft" macht (a.a.O., S. 533). Die Marketingtheorie unterstelle eine Dominanz des Absatzbereiches bei der Koordination der betrieblichen Teilbereiche und sehe diesen als Engpassbereich an. Die Befürworter der Marketing-Konzeption beriefen sich auf die wachsende Macht des Verbrauchers, die eine Folge des Überganges von der Knappheitswirtschaft zur Überflussgesellschaft sei, woraus letzten Endes die systematische Verhaltensbeeinflussung der Nachfrager als Zielvorstellung resultiere (Nieschlag/Dichtl/Hörschgen, Marketing, 18. Aufl., Berlin 1997, S. 17 ff.; H. Meffert, Marketing, 8. Aufl., Wiesbaden 1998, S. 34).

Die Kritik richtet sich zunächst gegen die **grundsätzliche** Wertung des Absatzbereiches als Engpassfaktor, da begrenzend wirkende Produktionsbedingungen oder Finanzierungsmöglichkeiten oftmals in gleicher Weise ausschlaggebende Handlungskriterien sind. Dies schließt andererseits nicht aus, dass unter marktwirtschaftlichen Bedingungen eine laufende Anpassung an die Verhältnisse auf den Absatzmärkten notwendig wird.

In zweiter Linie richtet sich die Kritik gegen die vorrangig konsumorientierten Bestrebungen zur systematischen Verhaltensbeeinflussung der Nachfrager. Diese Entwicklung habe bei weitem nicht alle Wirtschaftsbereiche erfasst und resultiere aus der (einseitigen) vornehmlichen Befassung mit Konsumgütern (Markenartikeln).

Dieser Einwand ist aus mehreren Gründen nicht stichhaltig. Einerseits entwickelte sich die Marketingtheorie nach der anfänglichen Kosumgüterorientierung konsequent auch in die Richtung des **Investitionsgüter-Marketing** und zuletzt auch des **Dienstleistungs-Marketing**. Andererseits war sie bemüht, die Anwendbarkeit der Aussagen nicht nur allgemein bei Unternehmen mit erwerbswirtschaftlichem Charakter, sondern auch bei Unternehmen mit nicht-erwerbswirtschaftlichem Charakter unter Beweis zu stellen. Die Bezeichnung „Nonprofit-Marketing" (P. Kotler, Marketing für Nonprofit-Organisationen, Stuttgart 1978, S. 9 ff.) belegt diese Bemühungen. Ebenso haben z. B. auch Kultureinrichtungen, Sozialeinrichtungen oder Teile der öffentlichen Verwaltung vielfältige Anlässe, Marketing zu betreiben, um den ihnen zugewiesenen Aufgaben gerecht werden zu können. In diesem Zusammenhang wird von **„Social Marketing"** gesprochen, da das systematische Eingehen auf Vorstellungen anderer Personen eigene und soziale Ziele leichter erreichen lässt.

Social Marketing (Sozio-Marketing, Sozialmarketing) ist in zwei grundsätzlichen Varianten erkennbar. Ein **verhaltensorientiertes** Sozialmarketing orientiert sich an Problemen, die im sozialen Verhalten von gesellschaftlichen Gruppen oder Einzelpersonen begründet liegen (z. B. Drogenkonsum, Jugendarbeitslosigkeit, Verkehrsunfallhäufigkeit). Ein **versorgungsorientiertes** Sozialmarketing liegt vor, wenn die Unterversorgung von Gesellschaftsmitgliedern mit bestimmten Gütern und Leistungen (z. B. Altersversorgung, Hilfsgüter für Kranke, Behinderte oder Obdachlose) ausgeglichen werden soll. Aufgabe des Social Marketings ist es in beiden Fällen, auf der Grundlage systematisch gewonnener Informationen über vorliegende Situationen, deren Hintergründe und über erkennbare Entwicklungen Strategien zu entwickeln, die zur gewünschten Verhaltensbeeinflussung und/oder Versorgungssicherung geeignet erscheinen.

Marketing ist in seiner umfassenden Konzeption für jede Organisation in ihren Beziehungen zu allen Gruppen der Öffentlichkeit – und nicht nur zu ihren Konsumenten – von Relevanz. Auf dieser Grundlegung baut das vom Forschungsinstitut für Verbands- und Genossenschaftsmanagement an der Universität Fribourg aus einem Marketingkonzept heraus entwickelte Management-Modell für **Nonprofit-Organisationen (NPO)** auf (P. Schwarz, R. Purtschert, Ch. Giroud, Das Freiburger Managementmodell für Nonprofit-Organisationen, 3. Auflage, Bern 1999, S. 37 ff.). Die Grundstruktur dieses Modells besteht aus drei Systemelementen: dem System-Management, dem Marketing-Management und dem Ressourcen-Management. Sie sollen die Grundauffassung einer Nonprofit-Organisation verwirklichen lassen, die sich aus dem NPO-Auftrag (der „Mission"), der Zweckerfüllung durch das Erbringen von (Dienst-)Leistungen und dem Beschaffen, Einsetzen und Verwalten von Ressourcen zur Leistungserbringung ergibt. Dem NPO-Auftrag folgend sind in bestimmten Umfeldern der NPO die von den Trägern der NPO gewünschte **Wirkungen** zu erzielen (z. B. Befriedigung von Mitgliederbedürfnissen, Beeinflussung des Verhaltens und der Einstellung der Öffentlichkeit und von Behörden) und erfüllt ihre Aufgabe durch Produktion und Abgabe von Kollektivleistungen (z. B. Interessensvertretung) und Individualgütern (z. B. marktfähige Schulungs- und Beratungsleistungen). Diese Leistungen sind nach dem Marketingansatz auf die spezifischen Leistungsadressaten auszurichten und zu gestalten. Dem Innenbereich der NPO (Mitglieder, ehrenamtliche, hauptamtliche Mitarbeiter) kommt dabei eine ebenso wichtige Rolle zu wie den Außenbeziehungen in Beschaffung und Leistungsabgabe. Nicht den Marktregeln (Tausch Güter gegen Geld) unterworfene Austauschprozesse erfordern zusätzliche Anreiz-Beitragssysteme.

Dem **System-Management** werden alle formal übergeordneten, die NPO als Gesamtsystem betreffenden Aufgaben zugeordnet. Dazu gehören die Festlegung des Leitbildes ebenso wie die Gestaltung der Strukturen und Prozesse der Willensbildung, der Planung und der Steuerung (Controlling), des Führungsstils, der Prinzipien des Qualitätsmanagements oder der Grundlagen für Innovationen. Dem **Marketing-Management** obliegt die Aufgabe, die Leistungen und die damit verbundene Kommunikation auf die Zweckerfüllung bzw. die Nutzenstiftung für Mitglieder bzw. Klienten und die Beeinflussung Dritter auszurichten, wobei Marketing-Aufgaben sowohl in der Ressourcenbeschaffung als auch im Innenbereich und in der Leistungsabgabe zu bewältigen sind. Im **Ressourcen-Management** steht die Disposition der für die Leistungserbringung erforderlichen Mittel (Human Ressourcen wie Mitglieder, haupt- und ehrenamtliche Mitarbeiter, Freiwillige; Finanzen, Sachmittel) im Vordergrund. Diese sind außerhalb der NPO zu beschaffen und im Innenbereich einzusetzen, zu verwalten und weiterzuentwickeln.

Die Beziehungen zwischen diesen drei Management-Bereichen können in zwei Richtungen entwickelt werden. Einer **Marketing-Logik** wird entsprochen, wenn eine umfassende Bedürfnis- und Umfeldanalyse Anlass und Anhaltspunkte für die qualitative und quantitative Gestaltung der Leistungen liefert und aus diesen der Bedarf an Ressourcen abgeleitet wird. Umgekehrt berücksichtigt eine **ressourcenorientierte Logik**, dass Nonprofit-Organisationen zunächst eine Leistungsbereitschaft aufbauen und hiefür Mittel beschaffen müssen, bevor sie Leistungen erbringen und damit ihren Zweck in den relevanten Umfeldern erfüllen können. Diese grundsätzlichen Orientierungen spielen für das strategische Management eine entscheidende Rolle. „Market-based"-Strategien suchen in den Märkten (Kunden-, Mitgliederbedürfnisse, Konkurrenzangebote) die Erfolg versprechenden Positionen und Aktionsfelder. „Ressource-based"-Strategien hingegen betrachten die menschlichen und technischen Ressourcen als ein „Kernpotential", aus dem heraus innovative und auf den Märkten Erfolg bringende Produkte und Leistungen entwickelt werden können.

Wie sehr die Marketing-Philosophie im Verlaufe der Jahrzehnte einem Wandel unterworfen war, zeigt auch folgender Überblick über die **Entwicklungsphasen des Marketing** auf (M. Bruhn, Marketing, Wiesbaden 1990, S. 15):

1. Phase der **Produktionsorientierung** (50er-Jahre): In den typischen Situationen von „Verkäufermärkten" sollte durch Massenproduktionen ein Nachfrageüberhang im Gefolge des Wiederaufbaus befriedigt werden.

2. Phase der **Verkaufsorientierung** (60er-Jahre): Die zunehmende Konkurrenz von Herstellern auf nationaler Ebene verlangte nach einem schlagkräftigen Verkauf, damit die Produkte vom Handel abgenommen wurden.

3. Phase der **Kundenorientierung** (70er-Jahre): Ein Überangebot an Waren und zunehmende Sättigungserscheinungen auf den Märkten veranlassten, das Leistungsprogramm vorrangig auf spezifische Kundenbedürfnisse abzustellen.

4. Phase der **Wettbewerberorientierung** (80er-Jahre): Wettbewerbsvorteile auf den Märkten waren nur erzielbar, wenn die Unternehmen sich gegenüber ihren wichtigsten Wettbewerbern eindeutig profilieren und damit Marktpräferenzen entwickeln konnten.

5. Phase der **Umfeldorientierung** (90er Jahre): Ökologische Faktoren (Umweltschutz), politische Entwicklungen (Europäischer Binnenmarkt), technologische Tendenzen (Technologiedynamik) sowie gesellschaftliche Veränderungen (Wertewandel) zwingen die Unternehmen zu gesteigerter Reaktionsfähigkeit und erhöhter Flexibilität. Der Zeitfaktor scheint zum maßgeblichen Engpass zu werden.

Die Vertreter der jüngeren Marketing-Konzeption geben zu, dass „Marketing" sich neuerdings immer stärker seinem spezifischen absatzwirtschaftlichen Charakter entfremdet und mehr und mehr zu einer Stellgröße im Rahmen der Steuerung zwischenmenschlicher und gesellschaftlicher Prozesse wird (E. Dichtl, Marketing in: HWB, 4. Aufl., Bd. 2, Stuttgart 1975, Sp. 2595). „Marktgerechtes" Verhalten kann dann nur mehr in einem weiten, übertragenen Sinn interpretiert werden, da von der Existenz von „Märkten" im herkömmlichen Sinne abstrahiert werden muss. Das daraus sich ergebende Problemfeld kann dann sinnvoll aber nur mehr **interdisziplinär** erforscht werden, da neben betriebswirtschaftlichen Aspekten in gleicher Weise auch volkswirtschaftliche, soziologische, psychologische, rechtliche und verhaltenswissenschaftliche Aspekte Beachtung finden müssen. Die Entwicklung einer Marketingwissenschaft im Sinne einer eigenständigen wissenschaftlichen Disziplin wäre die Folge (B. Tietz, a.a.O., S. XVIII f.).

Diese Entwicklung bildet die eigentliche Begründung, warum in den vorliegenden Ausführungen der Absatzbegriff dem Marketingbegriff zur Kennzeichnung der funktionalen Aspekte der Leistungsverwertung vorgezogen wird. Er sichert die in einer einführenden Darstellung (didaktisch) notwendigen Abgrenzungen zu den übrigen betrieblichen Funktionen. Dies bedeutet jedoch nicht, dass der Absatzbereich isoliert und als die Interdependenz der betrieblichen Teilbereiche negierend zu sehen sein wird. Der Vorzug für den Begriff „Absatz" bedeutet weiters auch nicht, dass die Grundzüge der Marketing-Konzeption, soweit sie, etwa im Sinne Bidlingmaiers, die heutige Betriebswirtschaftslehre prägen, unbehandelt blieben.

2. Der Marketingprozess

In der entscheidungsorientierten Sicht ist von einem Bündel von Aktivitäten auszugehen, das ein marktgerechtes Unternehmensverhalten sichern soll. In seiner
Gesamtheit und logischen Abfolge kann es als **Marketingprozess** bezeichnet
werden.

Das Unternehmen bedarf zunächst ständiger und im Detail aufbereiteter Informationen über die Marktgegebenheiten. Es ist daher ein **Informationssystem**
einzurichten, das die Unternehmensleitung laufend über die Kundenwünsche
und das Nachfrageverhalten, über die Maßnahmen der Konkurrenz und über die
Wirkung eigener marktbezogener Maßnahmen (z. B. Preispolitik, Werbung) unterrichtet. Dieses Informationssystem soll grundsätzlich auch auf die Darstellung
allgemeiner technologischer, rechtlicher und gesellschaftlicher Entwicklungen
ausgerichtet sein.

Bei der Erkundung der Marktgegebenheiten genügt es nicht, sich ein Bild über
die Marktformen und Marktverhaltensweisen zu verschaffen. Das anbietende
Unternehmen hat sich in gleicher Weise für die Strukturen der Nachfrage und
der Absatzgebiete, für die Bewegungszusammenhänge und Marktschwankungen
sowie Mode- und Geschmackswandlungen zu interessieren. Die betriebliche
Marktforschung ist dabei in den Formen der Marktanalyse und der Marktbeobachtung ein wichtiges Informationsinstrument.

Die Umweltinformationen sind den Informationen über betriebsinterne Sachverhalte (z. B. Produktionskapazitäten, Ausstattung mit finanziellen Mitteln, Kenntnisse der Mitarbeiter) gegenüberzustellen. Nur auf der Basis **umfassender** Informationen aus dem innerbetrieblichen und außerbetrieblichen Bereich kann sich
die Unternehmensleitung zielgerichtet und in diesem Sinne **marketingpolitisch**
verhalten.

Die marketingpolitischen **Ziele** (Marketing-Ziele) sind nach Inhalt, Umfang und
Fristigkeit festzulegen. Sie werden in der Regel hinsichtlich der relevanten
Märkte und hinsichtlich der Vielfalt des Leistungsprogrammes zu differenzieren
sein. Generell kann zwischen einer Politik der Anpassung und einer Politik der
Veränderung unterschieden werden. Die Politik der Anpassung kann als Stärke
der Kleinbetriebe angesehen werden, die sich in der Regel sehr rasch auf markt-
liche Veränderungen einstellen können, aber nicht in der Lage sind, das Marktverhalten nachhaltig zu beeinflussen. Mittel- und Großbetriebe sind allgemein
weniger flexibel, vermögen es aber zufolge ihres Marktpotentials und ihrer Kapitalausstattung leichter, Märkte zu gestalten oder neu zu schaffen und demzufolge eine Politik der Veränderung zu betreiben.

Die Konkretisierung der Marketing-Ziele ist die Voraussetzung für die Auswahl
der **Marketing-Strategien**, d. h. der Mittel und Wege zur Erreichung der Marketingziele. Im Vordergrund steht die Entscheidung über ein optimales **Marketing-Mix**. Mit diesem Begriff wird die optimale Kombination der Marketinginstrumente bezeichnet, d. h. der koordinierte Einsatz der absatzpolitischen Instrumente (Mittel), wie Preispolitik, Werbepolitik, Produktpolitik oder Verteilungspolitik.

Zur Verwirklichung des festgelegten Marketing-Konzeptes bedarf es einerseits **organisatorischer** Vorkehrungen, andererseits müssen von der Unternehmensleitung **Kontrollverfahren** eingerichtet werden, die laufende Informationen über die Verwirklichung der Marketingziele zu liefern imstande sind. Die Ermöglichung von Soll-Ist-Vergleichen ist die Basis zur Analyse von Abweichungen, die nötigenfalls zur Ergreifung von Gegenmaßnahmen auf verschiedenen Ebenen führt. Die festgestellten Abweichungen können die Maßnahmen zur Zielerreichung, aber auch die Zielsetzungen selbst auf kürzere und längere Sicht beeinflussen.

Bidlingmaier fasst in der Charakterisierung des Marketingprozesses wie folgt zusammen (a.a.O., S. 15): „Die Realisierung der Marketingkonzeption verlangt ein leistungsfähiges Informationssystem, situationsgerechte Entscheidungen über Marketingziele und -strategien, eine auf die Koordination aller Marketingaktivitäten ausgerichtete Organisation und schließlich ein Kontrollsystem, mit dessen Hilfe die gesetzten Maßnahmen möglichst kurzfristig auf ihre Wirksamkeit hin überprüft und gegebenenfalls Konsequenzen für das Marktverhalten abgeleitet werden können."

Der instrumentellen Wissenschaftsauffassung von F. Scheuch (Marketing, München 1986, S. 7 ff.) folgend hat sich Marketing mit Aussagen über typische **Entscheidungssituationen** und darauf abgestimmte Entscheidungs- bzw. **Problemlösungsprozesse** zu beschäftigen. Aus der typologischen Aufbereitung von Problemsituationen leitet sich die Zuordnung geeigneter Problemlösungsinstrumente ab. Das problemlösende Verhalten kann sich auf mehrere Dimensionen erstrecken. Es kann **individuell** problemlösend (für den Unternehmer oder den Einzelkunden), **organisatorisch** problemlösend (für beteiligte Organisationen bzw. Institutionen als Marktpartner) oder **gesellschaftlich** problemlösend (nach Zweckmäßigkeitskriterien des Umsystems, das das Unternehmen umgibt) gesehen werden. Als **Entscheidungstatbestände** werden unterscheidbare Problemlösungsprozessteile verstanden. Sie umfassen:

- **Zielentscheidungen:** Entscheidungen über anzustrebende künftige Marktzustände und daraus abgeleitet über Unternehmenszustände; sie stellen **Lenkungsentscheidungen dar.**

- **Organisationsentscheidungen:** Entscheidungen über alternative Aufbau- und Ablauforganisationen zur Erfüllung von Marketingaufgaben; sie stellen Strukturentscheidungen dar.

- **Informationsentscheidungen:** Entscheidungen über zu beschaffende Markt- bzw. Umweltinformationen (Marktforschung).

- **Segmententscheidungen:** Entscheidungen über die zu bearbeitenden Märkte bzw. Teilmärkte auf der Grundlage unternehmensindividueller marktbeschreibender Merkmale; sie stellen **Marktauswahlentscheidungen** dar.

- **Instrumentalentscheidungen:** Entscheidungen über Maßnahmenbereiche zur Gestaltung der Austauschrelationen unter Berücksichtigung von Nebenbedingungen und Verbundwirkungen; sie stellen Entscheidungen über den optimalen Einsatz der Marketing-Instrumente (**Marketing-Mix-Entschei-dungen**) dar.

Diesen Entscheidungstatbeständen stehen die **Kauf- bzw. Beschaffungsent-scheidungen** beim Nachfrager zur Konkretisierung seiner Wünsche nach Austauschbeziehungen gegenüber. Dies bedingt Aussagen über das Konsumentenverhalten, die Entscheidungsträger und deren Rollenverhalten sowie über typische Entscheidungsprozesse.

Ein erheblicher Teil von Entscheidungsprozessen bei Anbietern und Nachfragern ist **nicht** auf das Suchen von **endgültigen** Problemlösungen ausgerichtet, weil schlecht strukturierte Problemsituationen keine Lösungen zulassen, die z. B. durch den Einsatz von Optimierungsverfahren gewonnen werden. Hiefür sind der Aggregationsgrad der Betrachtungsebene, die Komplexität des Objektbereichs und eine Vielzahl psychologischer und sozialer Zusammenhänge als Einflussfaktoren ausschlaggebend. In **abgeleiteten** Problemlösungsprozessen wird daher vielfach nur nach **ausreichenden** Lösungen gestrebt, wobei die Problemlösungskraft **heuristischer** Methoden genutzt werden soll (F. Scheuch, a.a.O., S. 74 ff.). Dabei werden allgemeine oder spezielle Regeln im Entscheidungsprozess eingesetzt, die im Durchschnitt den Zeitaufwand zur Entwicklung einer Lösung verringern, im Einzelfall aber das Auffinden einer Lösung nicht garantieren können (vgl. K. H. Klein, Heuristische Entscheidungsmodelle, Wiesbaden 1971, S. 40 ff.).

Im Rahmen des heuristischen Vorgehens ist zwischen Prinzipien, die der **Abbildung von Problemsituationen** dienen, und Prinzipien, die den **Ablauf von Problemlösungsprozessen** zum Gegenstand haben, zu unterscheiden (F. Scheuch, a.a.O., S. 92 ff.). Zur ersten Gruppe (**Abbildungsprinzipien**) gehören:

– die Analogie (Auffinden gleichartiger Probleme und daraus abgeleiteter Problemlösungen);

– die Abstraktion (verallgemeinerte Darstellung und Interpretation einer Ausgangssituation);

– die Anspruchsniveausetzung (nähere Konkretisierung von Zielen).

Die zweite Gruppe von Prinzipien (**Ablaufprinzipien**) hat jeweils dominante Merkmale der Ausgangssituation und darauf aufbauende Problemlösungsstrategien zum Inhalt. Zu dieser Gruppe gehören:

– Einführung zusätzlicher Beschränkungen oder Einengung des zulässigen Lösungsbereiches;

– Prioritätensetzung („Was ist das wichtigste Problem, wo ist bei der Lösung anzusetzen?");

– Zerlegung in Subprobleme, Formulierung von Subzielen;

– Stufung (sukzessive Verfeinerung von Kriterien);

– Vorwärtsschreiten/Rückwärtsschreiten (Angabe von effizienten Schrittfolgen nach dem Trial-and-Error-Konzept);

- Mittel-Zweck-Analyse (zielorientierter Kombinationsprozess situationsbeeinflussender Instrumente mit entsprechender Wirkungsanalyse);
- Sukzessive Approximation (mehrmalige Abwicklung des Problemlösungsprozesses mit verbesserten, veränderten Daten);
- Formulierung von Abbruchkriterien (zur Beendigung des Suchprozesses nach Problemlösungen);
- Muddling-through (Setzen vorläufiger Maßnahmen und Abwarten von Rückkoppelungs- bzw. Wirkungsinformationen zur Verbesserung der Problemlösung);
- Inkrementale Lösung (Vorgehen „in kleinen Schritten" zur Risikominderung).

In den folgenden Darstellungen zum Marketingprozess soll im Besonderen auf die Problembereiche der Absatzplanung sowie des Einsatzes der absatzpolitischen Mittel zur Gestaltung der Absatzaktivitäten eingegangen werden.

II. Die Absatzplanung

1. Die Aufgaben der Absatzplanung

Mit dem Begriff „Planung" wird das systematische Vorbereiten und Treffen von Entscheidungen gekennzeichnet, die sich auf die zukunftsgerichtete Gestaltung von Unternehmensaktivitäten beziehen. Die Absatzplanung ist als Bestandteil der Unternehmensplanung anzusehen und umfasst alle Planungsaktivitäten, die den Absatzbereich betreffen.

Aufgabe der Absatzplanung ist es,

1. die Ziele für die Absatzaktivitäten festzulegen;
2. die zur Zielerreichung notwendigen Mittel und Maßnahmen zu bestimmen;
3. das zukünftige Absatzvolumen in seiner Struktur qualitativ, mengen- und wertmäßig für bestimmte Zeiträume vorauszuschätzen (Erwartungsgrößen) und im Sinne von Vorgabewerten in einem Absatzplan festzulegen (Plangrößen).

Der **Absatzplan** ist demnach der Entwurf, welches Leistungsprogramm, nach Menge und Wert detailliert, in bestimmten Zeiträumen und in bestimmten Absatzteilbereichen (Absatzgebiete, Kundengruppen) Realisierung finden soll.

Bei der Aufstellung des Absatzplanes ist die wechselseitige Abhängigkeit aller betrieblichen Teilpläne zu beachten. Der Absatzplan bildet häufig die Grundlage für die Erstellung der übrigen Teilbereichspläne. Vom Absatzvolumen wird es abhängen, wie viel produziert werden soll. Der Produktionsplan wird demnach einerseits auf den Absatzplan und andererseits auf den Lagerhaltungsplan ausgerichtet sein. Vom Produktionsplan wird in weiterer Folge der Beschaffungsplan abzuleiten sein, der die Bereitstellung der notwendigen Produktionsfaktoren sicherstellen soll. Absatz-, Produktions-, Lagerhaltungs- und Beschaffungsplan werden umklammert vom Finanzplan, der die Mittelaufbringung und Mittelverwendung aller Bereichsaktivitäten zu koordinieren hat.

Nach dem Ausgleichsgesetz der Planung (Gutenberg) bestimmen die Verhältnisse im jeweiligen Engpassbereich die Gesamtplanung. Die Koordination der Teilbereichsplanungen (**Plankoordination**) soll die Erreichung eines gesamtbetrieblichen Optimums sicherstellen. Das bedeutet in der Praxis, dass die einzelnen Planungsphasen mehrfach durchlaufen werden müssen, um eine optimale Koordination zu ermöglichen. Instrumente der Verfahrensforschung (Operations Research, siehe Abschnitt I. VI.) erlauben unter Einsatz von EDV-Systemen die Handhabung von Simultanplanungsverfahren, durch die Suboptima vermieden und die Erreichung eines betrieblichen Gesamtoptimums gewährleistet werden sollen.

2. Die Bedingungen für die Absatzplanung

Der Absatzbereich eines Unternehmens steht in steter Abhängigkeit von nur begrenzt beeinflussbaren Märkten, die eine unterschiedliche Struktur aufweisen und in diesen Strukturen mehr oder weniger kontinuierlichen Änderungen unterworfen sind. Eine gesicherte Planung soll nach Möglichkeit alle wesentlichen zukünftigen Entwicklungen berücksichtigen. Dieser Zielvorstellung kann nur über eine sorgfältige Planung und Ausgestaltung eines marktbezogenen **Informationssystems** entsprochen werden. Die Grenzen eines solchen Bemühens liegen einerseits in den Ungewissheiten des zukünftigen Geschehens, die die Erstellung von Prognosen für die Absatzplanung erschweren, und andererseits in den **Kosten**, die die Erfassung und die Aufbereitung der relevanten Informationen verursachen.

Die Notwendigkeit der raschen Anpassung an sich ändernde Marktverhältnisse, aber auch die Absicht zu marktbeeinflussenden, innovierenden Aktionen macht eine **flexible Absatzplanung** erforderlich. „Je langfristiger die Planungsaktivität ausgerichtet ist und je unsicherer die Erwartungen über das künftige Geschehen auf dem Markt sind, um so stärker muß an die Stelle der Fixierung bestimmter Planinhalte als (Re-)**Aktionsmuster** die Zusammenstellung von Alternativ- und Eventualplänen und die Planung einer (Re-)**Aktionsbereitschaft** treten; im Grenzfall der völligen Unkenntnis über die Zukunft der Märkte ist allein die Sicherung der Reaktionsbereitschaft und -fähigkeit Gegenstand der Absatzplanung (**Adaptionsplanung**)" (K. Alewell, Absatzplanung, in: Handwörterbuch der Betriebswirtschaft, 4. Auflage, Stuttgart 1974, Sp. 66).

3. Der Zeitfaktor in der Absatzplanung

Dem Zeitfaktor kommt demnach in der Absatzplanung eine dominierende Rolle zu, die Umfang und Inhalt der Planungsaktivitäten bestimmt. Nach dem Gliederungskriterium der Fristigkeit ist zwischen **langfristiger** (**strategischer**) Planung und **kurzfristiger** (**taktischer**, manchmal auch **operativer**) Planung zu unterscheiden. Die langfristige Planung erstreckt sich in der Regel auf einen Planungszeitraum von mindestens fünf Jahren, die kurzfristige Planung auf einen Zeitraum von wenigen Monaten bis zu einem Jahr. Die Verbindung zwischen beiden Planungsarten stellt die so genannte **mittelfristige** Planung dar, die im Wesentlichen aber auf eine Detaillierung und Relevanzprüfung der strategischen Planung hinausläuft. Im Zuge der solcherart überlappenden („roulierenden") Planung werden die Plangrößen auf Grund der in der Zwischenzeit eingetretenen Entwicklung systematisch überprüft und können gegebenenfalls korrigiert werden.

Zwischen der Länge des Planungshorizonts und dem Grad der möglichen Planungsgenauigkeit besteht ein umgekehrt-proportionaler Zusammenhang. Je ausgedehnter der Planungszeitraum bemessen wird, desto eher sind die verfügbaren Informationen unvollständig, unbestimmt und unsicher. Die mittel- und langfristige Absatzplanung „muß in besonderem Maße unter unvollkommenen Informationsbedingungen vollzogen werden – sei es, daß die Planungsträger die Nachfrageentwicklung für Einzelprodukte oder Produktgruppen nur mit gewissen (subjektiven) **Wahrscheinlichkeitsgraden** vorauszusagen vermögen, sei es, daß die künftigen Absatzbedingungen völlig unbestimmt bleiben" (Bidlingmaier, a.a.O., S. 21).

Die **Langfristplanung** kann deshalb nur eine Umrissplanung, eine Grobplanung sein, die laufend einer Relevanzprüfung und Beurteilung von Alternativen unterzogen werden muss. Die kurzfristige Planung hingegen kann als Detail- oder Feinplanung angesehen werden, da sie auf weitgehend überschaubaren Handlungssituationen aufbauen kann. Sie ist die Basis für den Vollzug der Absatzaktivitäten. Während die Langfristplanung eher im Sinne der Adaptionsplanung interpretiert werden kann, ist die kurzfristige Planung eher als Optimierungsplanung für Maßnahmen zur Erreichung der Absatzziele ausgelegt.

Bidlingmaier folgend sind in der kurzfristigen Planung folgende Sachverhalte für die operative Ausführung der Absatzaktivitäten (Marketingaktivitäten) festzulegen:

1. Marketing**objekte**: Güter oder Leistungen (Leistungsgruppen), deren Umsatz gefördert werden soll.
2. Marketing**instrumente**: Art, Umfang und Einsatzzeitpunkte der absatzpolitischen Mittel (z. B. Werbung).
3. Marketing**subjekte**: Zielgruppen (Großverbraucher, Händler, Gewerbetreibende usw.), auf welche die Maßnahmen ausgerichtet sind.
4. Marketing**gebiete**: Regionen, in welchen die absatzpolitischen Mittel (Instrumente) Einsatz finden sollen.

4. Der Ablauf der Absatzplanung

Der Ablauf des Prozesses der Absatzplanung folgt logisch dem folgenden Phasenschema:

1. Markt**diagnose**: Erfassung der gegenwärtigen Marktsituation des Unternehmens;

2. Markt**prognose**: Abschätzung der voraussichtlichen Markt- und Absatzentwicklungen;

3. **Zielplanung**: Festlegen der Absatzziele;

4. **Maßnahmenplanung**: Entscheidung über Marketingstrategien;

5. **Budgetplanung**: geldwerter Niederschlag der Ziel- und Maßnahmenplanung.

Dieser logische Ablauf ergibt nicht zwingend auch einen gleich lautenden zeitlichen Ablauf. Da es notwendig wird, verschiedene Absatzbereiche nicht sukzessive abfolgend, sondern **simultan** zu planen, müssen die verschiedenen Planungsstufen oft mehrfach durchlaufen werden, damit die Teilpläne aufeinander abgestimmt werden können. Eine vollkommen simultane Bestimmung eines optimalen Absatzprogrammes ist wegen der Vielzahl untereinander in einem Abhängigkeitsverhältnis stehender Planvariabler in der Regel nicht möglich.

Die Absatzplanung ist demnach eine verkettete, mehrfach der Rückkoppelung unterliegende Abfolge von Planungsentscheidungen.

a) Die Marktdiagnose

Die Absatzplanung beginnt in der Regel mit der Erhebung und Analyse der gegenwärtigen Absatz- bzw. Marktsituation. Insbesondere ist zu erheben, welche Faktoren in welchem Ausmaß für die gegenwärtige Umsatz- bzw. Gewinnsituation im fördernden wie im hemmenden Sinne bestimmend sind. Aus dem Zeitvergleich (mit den Vorperioden) können Entwicklungstrends abgeleitet werden und deren Ursachen einer Analyse zugeführt werden. Als wesentliche Informationsbasis für die Marktdiagnose können Übersichten angesehen werden, die Auskunft über die Verteilung von Umsätzen, Gewinnanteilen bzw. Deckungsbeiträgen

1. auf Einzelleistungen oder Leistungsgruppen des Unternehmens;

2. auf einzelne Markt**segmente** (Marktgebiete, Abnehmergruppen, Größenklassen der Abnehmer, soziale Schichten, Einkommensklassen, alte oder neue Kunden);

3. auf einzelne Auftragsgrößenklassen;

4. auf einzelne Verteilungskanäle (Direktabsatz, Fachhandel, Vertreter u. ä.)

und ähnliche Kriterien geben.

b) Die Marktprognose

Aus der Kenntnis der Marktgegebenheiten heraus muss die Unternehmensleitung Überlegungen anstellen, in welcher Weise und in welchem Umfang die Marktsituation im Zeitablauf eine Änderung erfahren wird. Im Vordergrund steht die Frage, ob die in der Gegenwart sich abzeichnenden Markttrends wirksam bleiben, welche Maßnahmen ungünstige Entwicklungen abzuwenden vermögen bzw. wie positive Trends verstärkt werden können. Diese Überlegungen werden begleitet von der Frage, welchen Anteil das eigene Unternehmen an den analysierten Entwicklungen zu nehmen imstande ist.

Gutenberg (Der Absatz, a.a.O., S. 46) führt aus, dass das Absatzvolumen eines unter marktwirtschaftlichen Bedingungen tätigen Unternehmens von zwei Gruppen von Einflussgrößen bestimmt wird. Es sind dies einerseits so genannte **Trendvariable** und andererseits **Instrumentalvariable**.

Zur ersten Gruppe von Absatzeinflussgrößen zählen der allgemeine Wachstumstrend in der Gesamtwirtschaft, die spezifischen Sonderentwicklungen innerhalb der einzelnen Produktions- und Geschäftszweige (Wirtschaftszweige) und drittens ein spezifischer Trend in der eigenen Unternehmensentwicklung, der ein Kompendium verschiedenster Faktoren, wie Anpassungsfähigkeit, Tragweite der unternehmerischen Entscheidungen, Größe und Ansehen, Macht und soziale Eingliederung usw. darstellt.

Zur zweiten Gruppe zählen die Mittel und Möglichkeiten des einzelnen Unternehmens, um auf die Vorgänge auf den Absatzmärkten einzuwirken. Es handelt sich um das absatzpolitische Instrumentarium, das Gutenberg in der Absatzmethode, in der Produkt- und Sortimentsgestaltung, in der Werbung und in der Preispolitik sieht (siehe die detaillierte Erläuterung im Abschnitt G. IV.). Sie stellen Aktionsparameter des Unternehmens dar. Die Reaktionen, die ihr Einsatz auslöst, bestimmen zusammen mit den angeführten Trends nach Ansicht Gutenbergs das Absatzvolumen eines Unternehmens.

Wichtige Indikatoren für die Erstellung einer Marktprognose eines Unternehmens sind:

1. Umsatzentwicklung (leistungs- oder marktbezogen),
2. Marktanteilsentwicklung,
3. Kostenentwicklung und daraus in Verbindung mit der Umsatzentwicklung ableitbare Gewinn- bzw. Rentabilitätsentwicklung.

c) Die Zielplanung

Die Zielplanung für den Absatzbereich leitet sich aus der allgemeinen Unternehmensplanung ab. Die Absatzziele müssen nach ihrer Art, nach dem angestrebten Ausmaß und nach dem Zeitraum ihrer Verwirklichung festgelegt werden. Sie sind in Form von Sachzielen und Formalzielen zu konkretisieren und müssen hinsichtlich ihrer Fristigkeit nach langfristigen (strategischen) oder kurzfristigen (taktischen) Zielen differenziert werden. Die Absatzziele finden ihren Niederschlag zum Teil in verbal formulierten, zum Teil in operational quantifizierten **Zielplänen**, die mit den übergeordneten Absatzzielen, den Zielen anderer Bereiche abgestimmt und letztlich untereinander koordiniert werden müssen.

Die Formulierung der **strategischen** Ziele berührt die grundsätzlichen Entscheidungen über den sachlichen Beweggrund und Zweck des unternehmerischen Handelns, eingeschränkt auf die den Absatzbereich betreffenden Aktionsfelder.

Die Formulierung der taktischen Absatzziele leitet sich konsequenterweise aus den übergeordneten strategischen Zielen ab und führt im Zuge laufender Anpassungsprozesse zwischen den Plangrößen und den Istgrößen der Realität zu kurzfristigen und immer detaillierteren Zielvorgaben. Die Planung der **taktischen** Absatzziele endet mit der Festlegung von mengen- und wertmäßigen Zielen für einzelne Produktgruppen, Absatzgebiete, Abnehmergruppen und ähnliche Teilgebiete.

Die **Sachziele** sind durch Unternehmensentscheidungen über die anzubietenden Leistungen nach Art, Menge und Zeitpunkt sowie über die zu beliefernden Märkte (Absatzgebiete, Kundengruppen, Branchen usw.) festzulegen. Diese Planungsüberlegungen stellen Abgrenzungsüberlegungen dar, einerseits hinsichtlich der zu beliefernden Märkte und andererseits hinsichtlich des Leistungsbereiches, in dem das Unternehmen als Anbieter auf den ausgewählten Märkten auftreten will. Die Sachzielfestlegung findet ihren Niederschlag in der **Segmentierungspolitik**, die den Ausfluss der genannten Abgrenzungsüberlegungen darstellt.

In der Festlegung der **Formalziele** muss über die Dimensionen (Umsatzerlöse, Gewinne, Rentabilität, Marktanteile, Absatzmengen u. Ä.) und das Ausmaß ihrer Erfüllung (Maximierung, Minimierung, Satisfizierung) entschieden werden. Die Zielvorstellungen werden in der Regel ergänzt durch Verhaltensgrundsätze, die einen zielerläuternden Handlungsrahmen abgeben: z. B. Anteil der Exporte am Gesamtumsatz; Verteilung des Umsatzes auf Produktgruppen, Kundengruppen, Absatzgebiete; Vorstellung über die Höhe der Marktanteile für einzelne Sparten des Leistungsprogrammes.

d) Die Maßnahmenplanung

Die Zielpläne sind die Voraussetzung für die Ausarbeitung der **Maßnahmenpläne**, mit welchen die Verwirklichung der angestrebten Absatzziele sichergestellt werden soll. Die Maßnahmenpläne haben den Einsatz des absatzpolitischen Instrumentariums zum Gegenstand. In der Langfristplanung dominieren umrissartig konzipierte Strategien bzw. grundsätzliche Planungen. Die wichtigsten Elemente dieser Konzepte, die in der Regel Handlungsalternativen ausweisen, betreffen die Produktpolitik, die Preispolitik, die Werbepolitik und die Verteilungspolitik (Distributionspolitik). „Im Rahmen der **Produktpolitik** sind vor allem Entscheidungen über Inhalt, Breite und Tiefe des Leistungsprogrammes sowie über das Qualitätsniveau der anzubietenden Produkte zu treffen. **Preispolitische** Grundsatzentscheidungen beziehen sich darauf, ob die Angebote in die obere, mittlere oder untere Preisklasse fallen, ob aktive Preispolitik betrieben oder ob der Preiswettbewerb gemieden werden soll. Im Rahmen der **Werbepolitik** geht es insbesondere um Entscheidungen über die Werbezwecke (z. B. Imageveränderungen der Firma, Förderung des Umsatzes für bestimmte Produkte), um das Ausmaß der Werbung im Vergleich zur Konkurrenz und um grundsätzliche Entscheidungen über die einzusetzenden Medien. In der **Distributionspolitik** sind Basisentscheidungen über die Distributionskanäle und die einzuschaltenden Distributionsorgane zu fällen" (Bidlingmaier, a.a.O., S. 27 ff.).

Es muss darauf hingewiesen werden, dass alle diese Grundsatzentscheidungen einander wechselseitig berühren, der Gesamtzusammenhang für die Maßnahmenplanung daher ein wesentliches Kriterium darstellt. Dies gilt in gleicher Weise auch für die kurzfristige Planung, die detaillierte Angaben über die vorzunehmenden Aktionen enthält. Es handelt sich um konkrete Einsatzpläne für den Einsatz der absatzpolitischen Mittel. Die zu treffenden Maßnahmen orientieren sich am Wirkungsgrad der einzelnen absatzpolitischen Instrumente, der nicht exakt messbar ist, sondern nur näherungsweise bestimmt werden kann.

Die Zielplanung einerseits und die Maßnahmenplanung andererseits bauen auf Informationen auf, die das Marktgeschehen und die Marktbedingungen abbilden und erläutern. Zur Gewinnung dieser Informationen bedient sich das Unternehmen der **Marktforschung** (Marktdiagnose und Marktbeobachtung; siehe Abschnitt G. III.).

e) Die Budgetplanung

Die Budgetplanung schließlich ist als geldwerter Niederschlag der Ziel- und Maßnahmenplanung anzusehen. Sie stellt eine **Finanz-** und **Erfolgs**planung für den Absatzbereich dar und fasst Erlöse, Kosten (Aufwendungen) sowie notwendige Investitionen zusammen. Es genügt nicht, in einer Weise zu planen, die die Erreichung eines bestimmten Umsatzzieles gewährleistet. Es müssen auch die hiezu notwendigen Input-Größen beachtet werden, das sind neben den Produktionskosten auch die Kosten, die aus dem Einsatz der absatzpolitischen Mittel entstehen (Werbekosten, Lagerkosten, Verteilungskosten, Kosten der Marktforschung). Ohne auf die grundsätzlichen Fragen der Bewertung und Periodenabgrenzung (Kosten/Aufwendungen/Ausgaben) einzugehen, ergibt sich im Grundsätzlichen folgender Rechengang für die Budgetplanung:

Erlöse
- Aufwendungen/Kosten

Gewinn/Deckungsbeitrag
- Investitionsausgaben

Mittelbedarf/Überschuss

Die auf den Absatzbereich entfallenden Kosten werden gewöhnlich als **Vertriebskosten** bezeichnet. Es handelt sich um Personal- und Sachkosten der mit dem Absatz der Produkte beschäftigten Unternehmensabteilungen (Versandabteilung, Fakturierung, Debitorenbuchhaltung, Verkaufslager, Filialen), ferner um Kosten für Vertreter und Reisende, Werbung, Marktforschung, Transport, Verpackung usw. Zweckmäßigerweise sollte zwischen auftragsabhängigen Einzelkosten (z. B. Provisionen) und im größeren Zusammenhang anfallenden Gemeinkosten (z. B. Kosten der Marktforschung) differenziert werden, wobei ein erwünschter Genauigkeitsgrad (z. B. eine Aufteilung nach Produktgruppen, Verkaufsgebieten oder Kundengruppen) nach Wirtschaftlichkeitskriterien, die allgemein für das Rechnungswesen gelten, zu bemessen ist.

Der Bezug der Budgetplanung auf zu erwartende Einnahmen und Ausgaben sichert den Überblick über die erforderlichen finanziellen Mittel, die zur Verwirklichung des Absatzplanes notwendig werden. Die Budgetplanung für den Absatzbereich ist mit der generellen Finanzplanung für das Unternehmen integriert zu führen, um die Liquidität des Unternehmens zu sichern. Stehen nicht genügend finanzielle Mittel für den Absatzbereich zur Verfügung oder können sie nicht zusätzlich beschafft werden, muss von diesem Engpassbereich die Absatzplanung neu aufgerollt werden, um die notwendigen Anpassungen vornehmen zu können.

Der geldwerte Niederschlag von Zielen und Maßnahmen im Absatzbereich in Form von Absatzbudgets ist Ausdruck der notwendigen Handlungen in den betrieblichen Teilbereichen und der Verhaltensvorschriften für die Beschäftigten, gleichwohl ob sie im Absatzbereich oder an anderen Stellen des Betriebes tätig sind. Die Realisierung der Soll-Größen im Absatzplan wird durch eine verstärkte Motivierung der Mitarbeiter auf allen Ebenen der Betriebshierarchie zu sichern versucht.

Dieser sowohl die Aufbau- als auch die Ablauforganisation des Unternehmens betreffenden Komponente kann durch die Einrichtung von so genannten **Profit-Centers** entsprochen werden. Darunter versteht man Geschäftsbereiche, deren Leitern umfassende Entscheidungsbefugnisse eingeräumt werden. Die Profit-Centers verfügen über eigene Ergebnisrechnungen und verwalten selbständig entsprechende Kapitalbudgets. Schwierigkeiten entstehen dann, wenn sich die Zielvorstellungen der Leiter der Profit-Centers von den Zielvorstellungen der obersten Leitungsinstanzen entfernen, was infolge der relativen Unabhängigkeit Ersterer leicht der Fall sein kann. Bei aller Selbständigkeit, die einem Geschäftsbereich eingeräumt wird, ist deshalb eine Koordination zwischen oberster Unternehmensinstanz und Geschäftsbereichsleitern wesentliches Erfordernis für das Gelingen des Profit-Center-Gedankens. Die Erfolgsentwicklung des Profit-Centers wird u. a. am return on investment (Kapitalrentabilität unter Berücksichtigung der Umschlagshäufigkeit des Kapitals und der Umsatzrentabilität) gemessen (siehe hiezu vor allem H. Poensgen, Geschäftsbereichsorganisation, Opladen 1973, S. 28 ff. u. 101 ff.).

5. Die Arten von Absatzplänen

Die geplanten Aktivitäten können nach Art und Umfang zunächst zeitbezogen in Form von **Periodenplänen** dargestellt werden. Sie berücksichtigen einerseits die organisatorische Grundstruktur des Unternehmens und andererseits die Intervallbildung, die für das Rechnungswesen allgemein vorgegeben ist. Diese periodenbezogenen Absatzpläne werden häufig überlagert von **Projektplänen**, wenn für bestimmte Maßnahmen (häufig innovativen Charakters) einerseits mehr als eine Periode benötigt und andererseits mehrere Unternehmensteile zusammengefasst werden müssen. Die Periodenplanung kann schließlich durch partielle **Aktionspläne** ergänzt werden, die einzelne Maßnahmen (z. B. Produkteinführung, Werbemaßnahmen) für einen begrenzten Zeitraum im Detail festlegen.

Neben diesen organisatorischen und zeitlichen Aspekten der Differenzierung besteht die Möglichkeit, die zu planenden Aktivitäten nach Absatzfunktionen zu gliedern. Daraus entwickeln sich folgende Teilpläne:

1. Marktforschungsplan,
2. Produktgestaltungsplan,
3. Werbeplan,
4. Verkaufsförderungsplan,
5. Verkaufsplan (Leistungsarten, Verkaufsgebiete, Kundengruppen),
6. Kundendienstplan,
7. Distributionsplan (Lager, Transport).

Die funktionsorientierte Absatzplanung erhält eine zusätzliche **Dimension**, wenn für jedes der genannten Aufgabengebiete detailliert zwischen Zielplanung, Maßnahmenplanung und Budgetplanung differenziert wird. **Weitere** Dimensionen resultieren aus einer Differenzierung nach Leistungsarten (Produkten), Kundengruppen und relevanten Absatzmärkten, wie es in der obigen Aufstellung bereits beim Punkt 5. „Verkaufsplan" aus Gründen der Erläuterung vorweggenommen wurde.

Die Absatzplanung findet demnach in einer Fülle von Teilplänen ihren Niederschlag, die das Handeln der im Unternehmen Arbeitenden nach Art, Umfang und zeitlicher Determinierung bestimmen sollen. Das folgende Beispiel soll für die Vielfalt an Möglichkeiten illustrierend wirken und bezieht sich auf einen kurzfristigen Absatzplan für eine bestimmte Produktgruppe in einem konkreten Absatzgebiet (verändert übernommen aus Bidlingmaier, a.a.O., S. 28 f.):

Absatzplan Produktgruppe K Verkaufsgebiet O September 20 ..	Erlöse/Kosten	
	Soll	Ist

I. Umsatzplan

  1. Abnehmergruppe 1
    (Differenzierung nach Leistungsarten und
    Leistungsmengen)
    Abnehmergruppe
    (analog)

II. Maßnahmenplan

  1. Außendienst-Einsatzplan:

    a. Abnehmergruppe 1:
      1) Besuch der Kunden a, b, c zweimal sowie
        d–k einmal (Zeitangabe)
      2) Besuch potentieller Abnehmer
        a' – d' (Neukundenwerbung) einmal (Zeit)
      3) Teilnahme am Fortbildungslehrgang X
        (Ort, Zeit)
      4) Vertretertagung am 22. 9. (Ort, Zeit)
      5) Teilnahme an Verkaufsförderungsaktionen
        (lokale Ausstellung, Ort, Zeit)
      6) Schulung neuer Vertreter

    b. Abnehmergruppe 2:
      (analog)

    c. Allgemeine Maßnahmen:
      1) Überprüfung der Besuchshäufigkeit bei be-
        stimmten Kunden
      2) Besuch potentieller Abnehmer

  2. Kundendienst-Einsatzplan:

    a. Abnehmergruppe 1:
      1) Inspektion der installierten Anlagen bei
        Kunden a–f (Zeit)
      2) Generalüberholung bei Kunden k
        (Ort, Zeit)
      3) Mitarbeit bei Produktdemonstration
        am 19. 9. (Ort, Zeit)

    b. Abnehmergruppe 2:
      (analog)

Abb. 1

| Absatzplan Produktgruppe K | Erlöse/Kosten | |
Verkaufsgebiet O September 20 ..	Soll	Ist

c. Allgemeine Maßnahmen:
1) Überprüfung des Ersatzteillagers bei Außenstelle 3 (Ort, Zeit)
2) Schulung des Bedienungspersonals für das verbesserte Produkt A (Ort, Zeit)

3. Werbeplan:
a. Abnehmergruppe 1:
1) Versendung von Prospekten und Drucksachen (Zeit)
2) Anzeigen in Tageszeitungen für Produkt A nach Verwendungsmöglichkeit für diese Abnehmergruppe (Zeit)

b. Abnehmergruppe 2: (analog)

c. Allgemeine Maßnahmen:
1) Teilnahme an der Messe in X (Ort, Zeit)
2) Einladung zu einer Werbeveranstaltung (Ort, Zeit)

4. Verkaufsförderungsplan:
a. Abnehmergruppe 1:
1) Produktdemonstration beim Kunden a am 19. 9. (Ort, Zeit)
2) Verteilung von Auszügen aus Fachzeitschriften
3) Anwendungstechnische Schulung von Kunden im Stammwerk (Zeit)
4) Besuch der Vertriebsleitung bei den Kunden b und c (Zeit)

b. Abnehmergruppe 2: (analog)

c. Allgemeine Maßnahmen:
1) Verkäuferkonferenz (Ort, Zeit)
2) Vorbereitung eines Schulungskurses für neue Mitarbeiter (Ort, Zeit)
3) Fertigstellung von Musterkoffern
4) Aussendung von Einladungsschreiben zum Besuch der Ausstellung am ...

III. Die Marktforschung

1. Die Aufgaben der Marktforschung

Die Absatzplanung, also das Festlegen von Absatzzielen und das Entscheiden über Maßnahmen zur Erreichung dieser Ziele unter Beachtung der finanziellen und erfolgsmäßigen Auswirkungen, ist wesentlich von der Erfassung und Bereitstellung entscheidungsrelevanter Informationen abhängig. Als wichtigstes Informationsinstrument fungiert die **Marktforschung**. Sie umfasst die wissenschaftlichen und pragmatischen Methoden und Techniken zur

1. Gewinnung originärer marktbezogener Informationen (Primärforschung) und
2. Auswertung vorhandener marktbezogener Unterlagen (Sekundärforschung).

Die Beschaffung und Bereitstellung relevanter marktbezogener Informationen verringert im Prinzip den Grad der Unvollständigkeit, Unsicherheit und Ungenauigkeit der Informationsbasis, auf welcher marktbezogene Entscheidungen gefällt werden, und hilft, die Qualität der getroffenen Entscheidungen zu erhöhen.

Mit Hilfe der Marktforschung sollen erhoben werden:

1. am Markt gegebene **Tatsachen**, die in der Regel mit statistischen Verfahren quantifizierbar sind;
2. Meinungen (**Beurteilungen**) der Nachfrager über die vom Unternehmen angebotenen Leistungen;
3. **Motive**, die für den Kauf oder die Ablehnung der angebotenen Leistungen entscheidend sind.

Die Beschaffung dieser Informationen und deren Analyse und Aufbereitung erfolgt in der Regel mit Methoden der empirischen Sozialforschung, der Mathematik und Statistik bzw. der Psychologie.

K. Ch. Behrens (Demoskopische Marktforschung, Wiesbaden 1966, S. 14 ff.) differenziert zwischen

1. **ökoskopischer** Marktforschung: sie ist sachbezogen und hat Marktobjekte (Gütermengen, -qualitäten, -preise) zum Gegenstand;
2. **demoskopischer** Marktforschung: sie ist subjektbezogen und hat den Menschen als Handlungsträger und Verursacher der objektiven Marktverhältnisse zum Gegenstand.

Bei Berücksichtigung des **zeitlichen** Aspekts muss zwischen (einmaliger) **Marktanalyse** und (fortlaufender) **Marktbeobachtung** unterschieden werden. In der Marktanalyse werden zu einem bestimmten Zeitpunkt die Verhältnisse auf einem räumlich und leistungsmäßig abgegrenzten Teilmarkt erforscht. Es handelt sich um eine punktuelle Strukturerhebung zur Bedarfsfeststellung und Ermittlung der spezifischen Absatzbedingungen dieses Teilmarktes. Die Marktbeobachtung hat darauf aufbauend die Verfolgung der Marktentwicklung und der strukturellen Veränderungen im Zeitablauf zum Gegenstand. Mit dem Periodenvergleich soll es auch ermöglicht werden, die Ursachen der Veränderungen zu ergründen, um daraus Schlüsse für die zukunftsgerichteten Entscheidungen zu ziehen.

Die Marktforschung deckt jedoch nur **ein** Informationsfeld ab, das ein Unternehmen zu beobachten hat, wenn es die Veränderungen der betrieblichen Umwelt und den eigenen Anteil des Unternehmens an diesen Veränderungen erfassen will. Für die Absatzpolitik eines Unternehmens sind nicht alleine ökonomische Kriterien, sondern in mehr oder weniger direktem Einfluss auch technologische, gesellschaftliche und natürliche Handlungsbedingungen maßgeblich. Die Marktforschung wird damit zu einem Teil der betrieblichen **Umweltforschung**. Sie erstreckt sich (Bidlingmaier, a.a.O., S. 70, folgend) auf:

1. Erforschung **natürlicher** Gegebenheiten;

2. Erforschung **technologischer** Tatbestände und Entwicklungen;

3. Erforschung **gesellschaftlicher** Sachverhalte und Wandlungen;

4. Erforschung **ökonomischer** Grundlagen und Entwicklungen:

   a. Gesamtwirtschaftliche Marktanalyse:
   Empirische Wirtschafts- und Konjunkturforschung;

   b. Einzelwirtschaftliche Marktanalyse:
   Betriebliche Marktforschung.

2. Die Marktforschungsbereiche

In der traditionellen Gliederung nach Hauptgegenständen der Marktforschung wird zwischen

1. Bedarfsforschung (Analyse der Nachfrage),

2. Konkurrenzforschung (Analyse des Angebotes) und

3. Absatzwegeforschung (Analyse des Vertriebsapparates)

differenziert (E. Schäfer, Grundlagen der Marktforschung, Marktuntersuchung und Marktbeobachtung, Köln und Opladen 1966, S. 33).

Eine andere Einteilungsmöglichkeit berücksichtigt institutionelle Kriterien und führt zu Beschaffungs-, Finanz-, Absatz-, Arbeitsmarktforschung oder Exportmarktforschung und Importmarktforschung. Hier wird deutlich, dass die Marktforschung grundsätzlich alle marktbezogenen Entscheidungskomponenten erfassen soll und daher Beschaffungs- und Absatzmärkte in gleicher Weise zu berücksichtigen hat. In diesem Rahmen sollen jedoch nur die Aspekte der absatzbezogenen Marktforschung Behandlung finden. Hiebei soll zwischen Nachfrageanalyse und Konkurrenzanalyse differenziert werden. Die Frage nach der Wahl der richtigen Absatzwege und damit der zweckmäßigsten Vertriebsformen (Absatzwegeforschung) ist Bestandteil der Überlegungen über den Einsatz des absatzpolitischen Instrumentariums und wird dort (siehe Abschnitt G. IV.) besprochen.

a) Die Nachfrageanalyse

In der Nachfrageanalyse ist einer Reihe von Fragen nachzugehen. Zunächst interessiert die Frage nach dem **Bedarf**, der für einen bestimmten Zeitraum auf einem abgegrenzten Marktbereich erwartet werden kann. Unter „Bedarf" ist jener Teil von Bedürfnissen zu verstehen, der auf der Basis vorhandener Kaufkraft als Nachfrage auf dem Markt wirksam wird. Für die Gesamtnachfrage nach bestimmten Produkten oder Leistungen ist demnach die Kaufkraft ein wesentlicher Bestimmungsfaktor.

Die **Kaufkraft** leitet sich bei privaten Haushalten von der Höhe und der Periodizität der Einkommenszuflüsse, dem Ausmaß der Aufnahme bzw. Tilgung von Krediten sowie dem Ausmaß der Spareigung ab. Die Marktforschungsaktivitäten haben diesen Bestimmungsgrößen nachzugehen und basieren hier vielfach auf externen (amtlichen) statistischen Erhebungen bzw. Fakten aus der volkswirtschaftlichen Gesamtrechnung. Schwieriger sind regionale Kaufkrafterhebungen, wenn das vorhandene statistische Material zuwenig differenziert ist. Fehlende Fakten müssen dann durch eigene Erhebungen (Befragungen) besorgt werden.

Bei nachfragenden Unternehmen ist die Nachfrage nach Produktionsfaktoren abhängig vom finanziellen Volumen, das durch Einzahlungen aus der Umsatztätigkeit bzw. Kreditaufnahme und Kreditrückzahlungsverpflichtungen sowie sonstigen Auszahlungserfordernissen bestimmt wird. Die Bedarfserhebungen werden erleichtert, wenn die wirtschaftliche Situation des in Frage kommenden potentiellen Abnehmerkreises und die daraus zu erwartenden Beschaffungsüberlegungen gedanklich antizipiert werden.

Eine weitere Fragestellung für die Bedarfsforschung bezieht sich auf die Umstände für Kaufentschlüsse. Im Mittelpunkt der Überlegungen stehen einerseits die **Periodizität** der Kaufentscheidungen (periodisch wiederkehrend, aperiodisch anfallend, saisonal schwankend) und andererseits Überlegungen hinsichtlich der **Aufnahmefähigkeit** des Marktes (Marktsättigung oder Nachholbedarf, Produktlebensdauer, Erneuerungsintensität auf der Abnehmerseite, Substitutionsmöglichkeiten usw.). Aus der laufenden Marktbeobachtung sind Bedarfsschwankungen, Änderungen in Geschmack und Mode oder Änderungen in den qualitativen und quantitativen Anspruchskriterien der Abnehmer (z. B. des Lebensstandards) zu erkunden.

Für die Bedarfsanalyse sind weiters der Trend der allgemeinen wirtschaftlichen Entwicklung sowie der Trend der spezifischen Entwicklung des Wirtschaftszweiges, dem das Unternehmen angehört, von Bedeutung. Aufgabe der Marktforschung ist es zu ergründen, ob zwischen irgendwelchen gesamtwirtschaftlichen Größen und dem einzelwirtschaftlichen Absatz so enge Korrelationen bestehen, dass Prognosen über die Entwicklung gesamtwirtschaftlicher Größen auch für die Prognose des eigenen Unternehmensabsatzes Verwendung finden können. Unmittelbare Korrelationen zwischen dem gesamtwirtschaftlichen Wachstumstrend und dem Absatztrend eines Unternehmens sind allerdings nur in seltenen Fällen gegeben. Gutenberg (Der Absatz, a.a.O., S. 77 ff.) weist darauf hin, dass wirtschaftszweigbezogene Aussagen eher möglich sind, räumt jedoch der Beziehung zwischen dem Absatz eines Unternehmens und einem wirtschaftsstatistischen Indikator zur Abschätzung eines künftig möglichen Absatzvolumens einen besonderen Vorrang ein. **Indikatoren** sind analytisch gewonnene Größen aus den verschiedensten Bereichen, die jedoch die Eigenschaft besitzen, dass zwischen ihnen und der Absatzgestaltung eines Unternehmens besonders enge und besonders strukturierte Korrelationen bestehen. Beispielsweise kann die Zahl der Baugenehmigungen als Indikator für den Bedarf an Heizungsinstallationen oder die Geburtenrate als Indikator für den Bedarf an Säuglingswäsche und Kinderbekleidung gesehen werden.

Diese Überlegungen machen eine Differenzierung zwischen **ursprünglicher** (originärer) und **abgeleiteter** (derivativer) Nachfrage notwendig. Eine Nachfrage, die vom Absatz anderer Produkte abhängig ist, wird als abgeleitete Nachfrage bezeichnet. So ist z. B. der Absatz von Autozubehör abhängig vom Absatz an Kraftfahrzeugen. Die Nachfrage nach Transportleistungen wird als abgeleitete Nachfrage bezeichnet, weil sie von der vorgelagerten Nachfrage nach Sachgütern abhängig ist. Eine ursprüngliche Nachfrage ist hingegen gegeben, wenn eine derartige Beziehung zur Absatzentwicklung in anderen Bereichen nicht ursächlich besteht.

Schließlich interessiert die Fragestellung, welche Faktoren die Höhe der Nachfrage nach einem vom Unternehmen angebotenen Produkt bzw. einer Dienstleistung bestimmen und welchen Veränderungen im Zeitablauf diese Faktoren unterliegen. Diese Fragestellung ist die Grundlage für den koordinierten Einsatz des absatzpolitischen Instrumentariums. Neben der Qualität, der Aufmachung und dem Preis des eigenen Produkts, der konkurrierenden Produkte oder allenfalls in Frage kommender Substitutionsgüter ist die **Nachfrageelastizität** ein bestimmender Faktor. Darunter versteht man die relative Veränderung der nachgefragten Menge eines Gutes als Reaktion auf eine relative Änderung

1. des Preises (**Preiselastizität**);
2. des Preises eines anderen Gutes (**Kreuzpreiselastizität**);
3. des Einkommens einer potentiellen Käuferschicht (**Einkommenselastizität**);
4. der Werbeaufwendungen (**Werbeelastizität**).

Beispiel: Eine Einkommenserhöhung von 8 % bei einer in Frage kommenden Käuferschicht führt zu einer Nachfragesteigerung von 4 %.

$$\frac{\text{Relative Mengenänderung der Nachfrage}}{\text{Relative Einkommensänderung}} = \frac{4}{8} = 0{,}5$$

Die Einkommenselastizität beträgt 0,5. Ist der Wert der Elastizität größer als 1, wird von **elastischer** Nachfrage gesprochen, ist der Wert (wie im vorliegenden Fall) kleiner als 1, wird von **unelastischer** Nachfrage gesprochen, weil die Nachfrageänderung nicht im gleichen Ausmaß wie die Veränderung der Bezugsgröße vor sich geht.

Die Kenntnis bzw. die Erwartung eines bestimmten Elastizitätsgrades ist ein wesentliches Informationselement für die Absatzplanung. In der Regel besteht ein Zusammenhang zwischen dem Verwendungscharakter eines Gutes und der Nachfrageelastizität. Die Nachfrage nach Verbrauchsgütern (z. B. Güter des täglichen Bedarfes oder Rohstoffe) ist eher weniger elastisch als die Nachfrage nach Gebrauchsgütern (z. B. Maschinen).

b) Die Konkurrenzanalyse

Neben der Analyse der Nachfrage im Sinne der Bedarfsforschung ist die Analyse des konkurrierenden Angebots (Konkurrenzforschung) ein wichtiges Gebiet der Marktforschung. Sie hat sich auf zwei Bereiche zu konzentrieren:

1. Analyse der Konkurrenzunternehmen;
2. Analyse der Substitutionsprodukte.

In der Analyse der **Konkurrenzunternehmen** geht es bei der Marktforschung zunächst um die Frage, welche Anzahl von Anbietern als Konkurrenten für das eigene Produkt bzw. für die eigene Dienstleistung in Frage kommen. In einer laufenden Marktbeobachtung ist das absatzpolitische Verhalten dieser Unternehmen zu erkunden, um daraus eigene Aktionen und Reaktionen abzuleiten. In diesem Zusammenhang interessieren z. B. die Höhe des Marktanteils, das Fertigungsprogramm und die Sortimentsgestaltung der jeweils konkurrierenden Unternehmen, ferner die Qualität, die Aufmachung und der Preis dieser Produkte, die Vertriebsmethoden, die Werbemaßnahmen, die Zahlungsbedingungen oder die Struktur der jeweiligen Käufer.

Ein Unternehmen muss auch damit rechnen, durch das Auftreten neuer oder qualitativ bzw. technologisch veränderter Produkte Umsatzeinbußen zu erleiden. Auch die Änderung des Preisniveaus kann einem bislang ungefährlichen Produkt die Eigenschaft eines **Substitutionsproduktes** verleihen, das dem Käufer nunmehr als alternatives Kaufobjekt zur Verfügung steht. Analoges gilt für den Dienstleistungsbereich. Durch eine laufende Erforschung und Beobachtung in Frage kommender Substitutionsprodukte wird das Unternehmen nicht nur in die Lage versetzt, seine Absatzchancen zu quantifizieren, sondern auch durch Maßnahmen der Produkt- und Sortimentgestaltung bzw. der Preispolitik marktbeeinflussend zu wirken.

3. Die Methoden der Marktforschung

Für die Erfassung der entscheidungsrelevanten Informationen über marktwirksame Faktoren stehen zwei Möglichkeiten offen:

1. die Aufbereitung von Daten aus vorliegenden Berichten, Statistiken, Unterlagen, Zweigen des betrieblichen Rechnungswesens, Veröffentlichungen und sonstigem sekundär-statistischen Material („Sekundärforschung");
2. die gesonderte Erhebung und Erfassung neuer, originärer Marktdaten („Primärforschung" oder „Originärforschung").

Aus zeitlichen Gründen oder Kostengründen ist es für das Unternehmen zweckmäßig, zunächst in bereits vorhandenen Unterlagen nach entscheidungsrelevanten Faktoren zu suchen. Wenn das sekundär-statistische Material für die Zwecke der Marktforschung nicht ausreicht, ist für eigene Erhebungen Sorge zu tragen. In der Regel sind Informationen über das Verhalten, die Motive und die Absichten potentieller Nachfrager bzw. Konkurrenten nur über originäre Erhebungen zu erhalten.

a) Sekundärforschung

Als Quellen der Sekundärforschung kommen einerseits betriebs**interne** Unterlagen und andererseits betriebs**externe** Darstellungen in Betracht. Bidlingmaier (a.a.O., S. 73 ff.) benennt im Bereich der **betriebsinternen** Unterlagen:

1. die Kostenrechnung;
2. die Absatzstatistik (Marketingstatistik);
3. verschiedene Karteien.

Aus einer im Vertriebsbereich ausgebauten **Kostenrechnung** können Informationen über die Höhe der Vertriebskostenarten (z. B. Kosten der Marktforschung, der Produktentwicklung, Werbekosten, Distributionskosten) und deren Zuordnung zu Vertriebsfunktionen (z. B. Auftragsbearbeitung, Fakturierung, Verpackung, Versand, Lagerhaltung und Marketingleitung bzw. Marketingverwaltung) gewonnen werden. Kostenträger sind allgemein die erstellten Leistungen des Unternehmens. Aus der Kostenträgerrechnung kann der Anteil der Vertriebskosten an den Gesamtkosten für bestimmte Produktgruppen, Kundengruppen, Auftragsgrößen, Verkaufsgebiete, Distributionsmethoden usw. ermittelt und einer vergleichenden Analyse unterzogen werden.

Absatzpolitische Entscheidungen sind vielfach auch nach dem Kriterium zu treffen, inwieweit einzelne Marktsegmente mit ihrem Umsatzanteil und den zurechenbaren Kosten zu der Erfolgserzielung des Unternehmens beitragen. Die **Absatzsegmentrechnung** als Erfolgsrechnung kann auf Vollkostenbasis oder auf Basis von Deckungsbeiträgen konzipiert werden. Allerdings muss die Problematik der Zurechnung von Kosten und Erlösen auf einzelne Marktsegmente und die mangelnde Teilbarkeit von Determinanten des Unternehmenserfolges bedacht werden.

Im Bereich der **Absatzstatistik** (Marketingstatistik) sind vor allem folgende statistische Übersichten eine wichtige Informationsquelle:

1. Anfragen- und Angebotsstatistiken
   (Indikator für den zu erwartenden Geschäftsgang);
2. Auftragseingangs- und Umsatzstatistik
   (Basis für Kapazitätsplanung, Investitionsentscheidungen, Materialdispositionen, Lieferkonditionen, Einschätzung der Geschäftsentwicklung);
3. Statistiken über die Außendiensttätigkeit
   (Einblick in die Arbeit von Reisenden und Vertretern; Erfahrungsberichte);
4. Reklamationsstatistiken
   (Ursachenanalyse).

Auch aus der Anlage und Auswertung von absatzorientierten Karteien verschiedenster Art können relevante Informationen gewonnen werden. Vorrangig sind

1. Kundenkarteien (Umsätze, Konditionen, Kontaktpersonen),

2. Interessentenkarteien (potentielle Abnehmer),

3. Vertreterkarteien (Planung, Steuerung und Kontrolle der Außendienstorganisation)

zu nennen.

Die Auswertung **betriebsexterner** Unterlagen bezieht sich auf die Fülle von Materialien, die außerhalb des Unternehmens erstellt wurden und dem Unternehmen zugänglich gemacht werden können. Beispielhaft seien angeführt:

Veröffentlichungen von Behörden und internationalen Organisationen;
Veröffentlichungen der statistischen Ämter;
Publikationen von Kammern und Verbänden;
Firmenhandbücher und Adressbücher;
Fachbücher und Fachzeitschriften;
Berichte in Zeitungen und Zeitschriften;
Firmenveröffentlichungen (Kataloge, Geschäftsberichte, Preislisten u. ä.);
Unterlagen von Beratungsfirmen
usw.

b) Die Primärforschung

Als wichtigste Erhebungsmethoden im Bereich der Primärforschung kommen einerseits die **Befragung** und andererseits die **Beobachtung** in Betracht. Beide Methoden können durch experimentelle Verfahren (Tests) ergänzt werden. Selten können alle in Betracht kommenden Personen bzw. Unternehmen befragt oder beobachtet werden (**Totalerhebung**). Hiefür sind der Zeitfaktor einerseits und der Kostenfaktor andererseits maßgeblich. In der Primärforschung wird man sich daher in der Regel auf **repräsentative Querschnitte** von Auskunftspersonen bzw. Informanden beschränken (**Teilerhebung**). Die Wahrung der Repräsentanz verlangt, dass aus der Grundgesamtheit eine Teilmenge ausgewählt wird, die die gleichen charakteristischen Merkmale wie die Grundmenge aufweist. Repräsentative Primärerhebungen sind zeit- und kostenaufwendig. Daher wird es notwendig, die Relevanz der zu erhebenden primären Marktinformationen mit den hiefür aufzubringenden Erhebungskosten zu überprüfen.

aa) Repräsentative Auswahlverfahren

Die Grundlage aller repräsentativen Auswahlverfahren ist die Stichprobenerhebung. Mit dem (logischen) „Repräsentationsschluss" kann von den Ergebnissen der Stichprobenerhebung auf die Verhältnisse in der Grundgesamtheit geschlossen werden, wenn jedes in der Grundgesamtheit enthaltene Element die gleiche Chance hatte, in die Stichprobe aufgenommen zu werden. Ist die Stichprobe im Vergleich zur Grundgesamtheit im Prinzip relativ gering, was in der Marktforschung so gut wie immer gegeben ist, sind zwei Faktoren für die Bemessung der Stichprobengröße letztlich ausschlaggebend:

1. der Genauigkeitsgrad, den das Ergebnis für das zu lösende Problem haben muss (= statistisch zulässiger Fehlerbereich), und

2. der Sicherheitsgrad, den die Aussage aufweisen soll.

In homograden Fällen ist die Formel für die mittlere quadratische Abweichung um das arithmetische Mittel der Stichprobenergebnisse Ausgangspunkt der Überlegungen:

$$\sigma_p \approx \sqrt{\frac{p \cdot q}{n}}$$

σ_p ..... aus der Stichprobe geschätzte mittlere quadratische Abweichung

n ...... Größe der Stichprobe

p ...... ermittelter Anteilswert des Untersuchungsmerkmals in der Stichprobe

q ...... $1 - p$

Zwischen dem Stichprobenergebnis p und dem erwarteten Wert P eines Elements in der Grundmenge wird eine erwartete Abweichung e zugelassen (p ± e = statistischer Fehlerbereich):

$$e = \sigma_p \cdot t \qquad\qquad t \ldots \text{Koeffizient}$$

Aus dem auf die Standard-Normalverteilung zurückgehenden Koeffizienten t ist der Sicherheitsgrad der Schätzung ableitbar:

t	Sicherheit in %
1,00	68,3
1,96	95,0
2,00	95,5
2,58	99,0
3,00	99,7
3,29	99,9

In der Marktforschung wird gewöhnlich mit t = 2 gearbeitet. Das bedeutet, dass dann bei einer gegebenen Stichprobengröße n der Anteil von P an der Grundmenge mit einer Wahrscheinlichkeit von 95,5 % im Bereich p ± e liegt.

Beispiel: Bei einer Befragung von 400 Haushalten (n) zeigten 10 % Interesse für ein bestimmtes Küchengerät. Welcher Bedarf kann bei einer Grundmenge von 30.000 Haushalten (N) erwartet werden?

$$\sigma_p \approx \sqrt{\frac{0,1 \times 0,9}{90}} = 0,015$$

$$e = 0,015 \times 2 = 0,03$$

$$P = p \pm e = 0,1 \pm 0,03 = 0,07 \leq P \leq 0,13$$

Mit einem Sicherheitsgrad von 95,5 % kann ein Interesse von 7–13 % der Haushalte erwartet, d. h. der Bedarf kann mit 2.100–3.900 Stück geschätzt werden.

Durch Variation von n kann das Vertrauensintervall e dem zulässigen Fehlerbereich angepasst werden.

Die **Bildung** der repräsentativen Stichprobe kann wie folgt geschehen:

1. **Randomverfahren:** Die Bildung der Teilmenge erfolgt zufallsgesteuert (Zufallszahlentabellen oder systematische Auswahl). Sonderfälle des Stichprobenverfahrens sind das geschichtete Stichprobenverfahren (bei heterogener Grundmenge), das Flächenstichprobenverfahren und das Klumpenstichprobenverfahren.

2. **Quotenverfahren:** Die Bildung der Teilmenge erfolgt auf Grund einer statistisch gelenkten Teilauslese. Eine begrenzte Zahl von Merkmalen (z. B. Geschlecht, Alter, Berufstätigkeit), deren Verteilung auf Grund einer amtlichen Statistik (Vollerhebung) oder einer bekannten Teilerhebung bekannt ist, wird den Interviewern oder Beobachtern in Form einer Quotenauswertung so vorgeschrieben, dass die Stichprobe bezüglich dieser Merkmale mit der Grundmenge strukturgleich ist. Die Auswahl der Personen (Stichprobenelemente) nach diesen Kriterien bleibt hingegen dem Befrager oder Beobachter frei überlassen.

3. **Konzentrationsverfahren:** Wenn z. B. 90 % des Umsatzes mit 10 % der Kunden getätigt werden, kann die Vollerhebung mit einer Teilerhebung kombiniert werden. Für die 10 % Großkunden wird eine Vollerhebung und für die restlichen 90 % der Kunden eine Stichprobenerhebung vorgesehen. Die Gewichtung beider Erhebungsergebnisse zueinander kann jedoch nicht generell, sondern muss subjektiv festgelegt werden.

bb) Befragung

Die Befragung kann in schriftlicher Form durch **Fragebogen** oder in mündlicher Form durch **Interviews** erfolgen. Eine sorgfältige Vorbereitung und ein gutes psychologisches Einfühlungsvermögen der Fragesteller auf die Befragten sind in beiden Fällen die Voraussetzung, um gültige Marktforschungsergebnisse erzielen zu können. Die Vorbereitungsmaßnahmen haben sich auf folgende Fragenkomplexe zu erstrecken:

1. Festlegung der Erhebungsgegenstände;
2. Bestimmung des zu befragenden Personenkreises;
3. Bestimmung der Befragungsform (Interview oder Fragebogen);
4. Bestimmung der Befragungsfrequenz;
5. Festlegung der Frageform.

Die Vorbereitung einer Befragung beginnt mit der möglichst operationalen Bestimmung der Sachverhalte, die erhoben werden sollen. Es können dies subjektive Fakten (z. B. Verbrauchermeinungen) oder objektive Fakten (z. B. Einkommensverhältnisse) sein. Oft stellt sich die Frage, ob eine Befragung nur einem Themenkreis (**Spezialbefragung**) oder mehreren Themenkreisen zugleich (**Mehr-Themen-Befragung; Omnibus-Befragung**) gewidmet werden soll. In der Regel wird sowohl aus methodischen als auch aus ökonomischen Gründen der Mehr-Themen-Befragung der Vorzug eingeräumt. Sie begünstigt eher vorurteilsfreie und unverzerrte Antworten und kommt wegen der Verteilung der Fixkosten auf mehrere Untersuchungsgegenstände in der Regel kostengünstiger.

Die Bestimmung des zu befragenden Personenkreises ist abhängig von der Art der zu erhebenden Sachverhalte. Sie ist bei der Erhebung des Konsumverhaltens unproblematisch, weil hier als Auskunftspersonen eben nur Konsumenten (Einzelpersonen) in Frage kommen. Schwieriger gestaltet sich die Befragung von Unternehmen, weil vorab geklärt werden muss, welche Aufgabenträger in den betreffenden Organisationen für die zu beantwortenden Fragen kompetent erscheinen. Eine Sonderstellung nehmen Expertenbefragungen zur Erhebung komplizierter Sachverhalte ein. Hiefür wurden rückkoppelnde Methoden ausgearbeitet, die unter dem Namen „Delphi-Verfahren" zusammengefasst werden.

Das **Interview** bietet einen unmittelbaren persönlichen Kontakt zur Auskunftsperson. Es bietet sich die Möglichkeit der Fragenerläuterung und der Absicherung der erhaltenen Aussagen durch ergänzende Fragen. Spontanreaktionen der Befragten kann nachgegangen werden. Bei telefonischen Interviews besteht nur ein mittelbarer Kontakt, der bei schwierigeren Fragen zu höheren Verweigerungsquoten führen kann. Die Vorteile der telefonischen Befragung liegen allerdings in der kurzfristigen Verfügbarkeit von Informationen und in Kostenersparnissen gegenüber der direkten persönlichen Befragung.

Standardisierte Interviews liegen vor, wenn sowohl der Fragewortlaut als auch die Reihenfolge der Fragen dem Interviewer genau vorgegeben sind. Die Standardisierung soll weitgehend vergleichbare Ergebnisse erbringen, bedingt aber, dass der zu erfragende Tatbestandskomplex in seiner Struktur bekannt ist, also im Wesentlichen objektivierbare Sachverhaltskriterien erkundet werden sollen. Ist dies nicht der Fall, kann die Befragung entweder als Interview mit festem Fragegerüst, jedoch mit variierbarer Fragefolge (strukturiertes Tiefeninterview) oder als frei geführtes Gespräch (unstrukturiertes Tiefeninterview) gestaltet werden. Beide Interviewtypen werden als **nicht-standardisierte** Interviews bezeichnet. Sie bieten eine hohe Anpassungsfähigkeit an die Art und den Umfang der Aussagen der Befragten, stellen aber an den Interviewer besonders hohe Anforderungen. Ihm obliegt es, in der Gesprächsführung so vorzugehen, dass die erhaltenen Gesprächsergebnisse auch mit den Ergebnissen anderer Interviews vergleichbar gemacht werden können.

Die Methode der schriftlichen Interviews (**Fragebogen-Methode**) wird eingesetzt, wenn eine große Anzahl von Personen befragt und möglichst viele Informationen zu einem bestimmten Zeitpunkt erhalten werden sollen. Die Fragebogen-Methode ist im Allgemeinen ein kostengünstiges Befragungsverfahren, hat aber den Nachteil, dass der Befragte die vorgelegten Fragen missverständlich interpretieren kann oder nur unvollständig beantwortet. Außerdem ist die Rücklaufquote der versandten Fragebögen eher gering zu erwarten (15–30 %, nur bei „qualifizierten" Gruppen von Befragten höher). Es empfiehlt sich daher, den ausgearbeiteten Fragebogen in Form eines „Pretests" einer Versuchsgruppe zur Beantwortung vorzulegen, um Fehlerquellen und negative Effekte von vornherein möglichst auszuschalten.

Hinsichtlich der Befragungsfrequenz können **einmalige** Befragungen von **mehrmaligen** (wiederholten) Befragungen unterschieden werden. Die Befragung ist in der Regel ein Instrument analytischer, **zeitpunktbezogener** Markterhebungen, kann aber auch für die Ergründung von Marktveränderungen und individuellen Verhaltenswandlungen im **Zeitablauf** Einsatz finden. Hiezu dient das sogenannte **„Panel-Verfahren"**. Es bezieht sich auf einen bestimmten, gleich bleibend repräsentativen Kreis von Auskunftspersonen, die über einen längeren Zeitraum hinweg fortlaufend oder in gewissen regelmäßigen Abständen über im Prinzip gleich bleibende Sachverhalte befragt werden. Ziel der Panel-Erhebung ist im Allgemeinen die Erforschung von Verhaltensänderungen (vor allem des Konsumverhaltens) innerhalb eines gewissen Personenkreises. Am bekanntesten ist das Haushalts-Panel, das noch in ein Verbrauchsgüter-Panel und in ein Gebrauchsgüter-Panel weiter unterteilt werden kann. Auch im Unternehmensbereich sind Panel-Erhebungen gebräuchlich (Händler-Panel, Industriellen-Panel).

Die Panel-Erhebungen leiden unter der Tatsache, dass die im Panel Befragten wegen der laufenden Befragung und des daraus sich ergebenden Bewusstwerdungsprozesses zu einer Verhaltensänderung geführt werden, die nicht mehr typisch für den Personenkreis ist, den der Befragtenkreis repräsentiert (Panel-Effekt).

Bei der Festlegung der **Frageform** ist nach dem damit verbundenen Zweck zwischen Ergebnisfragen und instrumentellen Fragen zu unterscheiden. **Ergebnisfragen** dienen der Feststellung bestimmter Sachverhalte (z. B. Maßstabsfragen, Präzisionsfragen, Assoziationsfragen), **instrumentelle** Fragen erfüllen hingegen methodische Aufgaben (z. B. Aufdeckung funktionaler Zusammenhänge, Kontakt-Fragen, Eisbrecher-Fragen, die eine günstige Gesprächsatmosphäre schaffen sollen). **Offene** Fragen erlauben freie Antworten; **geschlossene** Fragen hingegen sehen ein bestimmtes Antwortschema vor, um die statistische Auswertung zu erleichtern. Die Befragung kann auf der Grundlage von Text-, Bild- oder sonstiger Vorlagen erfolgen (**Vorlagenfragen**) oder auf einem freien Fragenvortrag aufbauen (**Vortragsfragen**). Hinsichtlich der Befragungstaktik ist zwischen direkten und indirekten Fragen zu differenzieren. In **direkten** Fragen wird unmittelbar versucht, einen Sachverhalt zu eruieren, was jedoch dem Befragten die erwünschte Unvoreingenommenheit nehmen kann. Hier helfen **indirekte** Fragen, die in psychologisch geschickt taktierten Fragestellungen einerseits und in experimentellen Erhebungsanordnungen andererseits ihren konkreten Niederschlag finden können.

Der **Ablauf** einer Befragung vollzieht sich gewöhnlich in folgenden Teilschritten (vgl. Bidlingmaier, a.a.O., S. 100):

1. Auftragserteilung;
2. a. Sammlung, Sichtung und Analyse vorhandenen Materials (Sekundärforschung, Archiv-Arbeit);
   b. Informations-Interviews mit Fachleuten;
3. Projektentwurf;
4. a. Entwicklung des Fragebogens; Pretest; Verabschiedung des endgültigen Fragebogens;
   b. Festlegung des Auswahlverfahrens; Auswahl der Ausgangspunkte für die Stichprobenziehung; Ausarbeitung der Interviewer-Instruktionen;
5. Einweisung und Beauftragung der Interviewer;
6. Durchführung der Interviews; Aussenden der Fragebögen;
7. Vorbereitungen für Auswertungen bzw. Kontrolle der Aussagen;
8. Aufbereitung der erhobenen Aussagen; Auswertung;
9. Analyse und Interpretation;
10. Berichterstattung.

Die Komplexität der Befragungsaktivitäten macht es verständlich, dass die einzelnen Unternehmen, insbesondere Klein- und Mittelbetriebe, in den seltensten Fällen über ein ausreichend geschultes Personal verfügen, das zur Durchführung ordnungsgemäßer Befragungen imstande wäre. Vielfach werden daher unabhängige **Marktforschungsinstitute** mit den Erhebungen beauftragt.

cc) Beobachtungen

Neben der Befragung steht die **Beobachtung** als Mittel für die primäre Informationsgewinnung zur Verfügung. Sie ist dadurch gekennzeichnet, dass auf eine direkte Kontaktaufnahme mit den Bezugspersonen verzichtet wird, die Informationen durch Beobachtung also unabhängig von der Auskunftsbereitschaft der Marktsubjekte gewonnen werden können. Der Beobachtete gibt durch sein Verhalten seine Auskünfte unbewusst. Fehlerquoten in den Antworten, die auf den Befragten zurückgehen, können hier vermieden werden. Die Beobachtung ist allerdings nur **gegenwartsbezogen**, in der Befragung können auch die Vergangenheit bzw. die Zukunft in den Erhebungsumfang miteinbezogen werden. Der Sachverhaltsbereich erfährt gegenüber der Befragung ebenso eine Einschränkung, da Meinungen, Einstellungen, Bestrebungen bzw. Einkommen oder Eigentumsverhältnisse einer Beobachtung überhaupt nicht oder nur sehr schwer zugänglich gemacht werden können. Deswegen kommt die Beobachtung als Methode der Marktforschung in der Praxis seltener zur Anwendung als die Befragung.

Grundsätzlich kann zwischen folgenden Beobachtungsverfahren unterschieden werden:

1. Persönliche Beobachtung:
   a. Teilnehmende Beobachtung;
   b. Nicht-teilnehmende Beobachtung;
2. Unpersönliche Beobachtung.

In der **teilnehmenden** Beobachtung nimmt der Beobachter aktiv und auf der gleichen Ebene wie der Beobachtete am Geschehen teil (z. B. als Käufer in einem Testladen, um z. B. Verhaltensweisen der Verkäufer oder das Vorhandensein bestimmter Artikel im Sortiment zu erfahren). Aus den subjektiven Aspekten dieser Form der Beobachtung müssen allerdings Schwierigkeiten für die Vergleichbarkeit und Verallgemeinerung der Ergebnisse erwartet werden. Bei der **nicht-teilnehmenden** Beobachtung wird der Beobachter von den beobachteten Personen nicht wahrgenommen, er registriert deren Verhalten von einem getrennten Standpunkt aus (z. B. Schaufensterbeobachtung, Beobachtung von Kunden in Kaufhäusern). Bei der **unpersönlichen** Beobachtung werden technische Geräte, z. B. Kameras, Zählwerke, zur Aufzeichnung des Geschehens eingesetzt. Werden die Beobachtungen aus organisatorischen Gründen unter künstlich geschaffenen Bedingungen durchgeführt, spricht man von **Laboratoriumsbeobachtungen**. Sie werden häufig in der Werbemittel- und Produktgestaltungsforschung zum Einsatz gebracht und haben die Reproduzierbarkeit von Beobachtungsakten zum Ziel. Die gewonnenen Ergebnisse müssen hinsichtlich ihrer Repräsentanz zu realen Umweltbedingungen (Feldbedingungen) sorgfältig geprüft werden.

In der Beobachtung kann nur eine begrenzte Zahl von Merkmalen gleichzeitig erfasst werden. Eine weitere Schwäche ist darin zu sehen, dass die Beobachtungsaussagen subjektive Aussagen der Beobachter darstellen, die dann miteinander schwer verglichen werden können, wenn keine einheitlichen Mess- bzw. Wertungskriterien für die Beobachtung vorgegeben wurden.

IV. Instrumente der Marketinggestaltung

1. Das absatzpolitische Instrumentarium

Um die Leistungen eines Unternehmens auf dem Markt absetzen zu können, bedarf es unterschiedlicher absatzpolitischer Maßnahmen. Sie hängen von der jeweiligen Stellung des Unternehmens auf dem Markt ab und sind das Ergebnis einer Reihe von Einflüssen. Es ist z. B. zu berücksichtigen, inwieweit Firma und Produkte eingebürgert sind, welche absatzpolitischen Bemühungen die Konkurrenz unternimmt, welche Preise gefordert werden und in welcher Form die Absatzorganisation gestaltet ist. Diese die Intensität der absatzpolitischen Aktivitäten bestimmenden Gegebenheiten sind im Einzelfall von unterschiedlichem Gewicht. Es ist wesentlich, sich auf diese Realitätsbedingungen bei der Heranziehung der absatzpolitischen Mittel einzustellen, also abzuwägen, welche Mittel eingesetzt werden sollen und in welchem Ausmaß im Einzelnen von ihnen Gebrauch zu machen ist. Für das absatzpolitische Verhalten ist es u. a. erforderlich zu wissen, ob es sich um Güter oder Dienstleistungen handelt, die auf dem Markt bereits eingeführt sind, oder ob diese dem Käufer erst bekannt gemacht werden müssen. Eine differenzierte Vorgangsweise wird auch notwendig sein, wenn nicht Konsumgüter, sondern Produktions- oder Investitionsgüter abzusetzen sind.

Wenn man sich überlegt, wie vorzugehen ist, wenn man einen in Frage kommenden Kreis von Nachfragenden dafür gewinnen will, die Leistungen des eigenen Unternehmens und nicht jene der Konkurrenz in Anspruch zu nehmen, so wird die Antwort bezüglich der hiezu zur Verfügung stehenden Mittel für alle Arten erwerbswirtschaftlicher Unternehmen gesucht. Gutenberg (Grundlagen der Betriebswirtschaftslehre, Band 2: Der Absatz, 17. Auflage, Berlin/Heidelberg/New York 1984, S. 47 ff.) fasst die Mittel und Möglichkeiten, die ein Unternehmen besitzt, um auf die Vorgänge in seinen Absatzmärkten einzuwirken, unter dem Begriff des **„absatzpolitischen Instrumentariums"** zusammen und gliedert in vier Instrumentalbereiche:

1. Absatz- oder Vertriebsmethode
   (Vertriebssystem, Absatzform, Absatzwege und Service im weitesten Sinne),

2. Produkt- und Sortimentsgestaltung,

3. Werbung,

4. Preispolitik.

Diese Gliederung hat sich weitgehend durchgesetzt bzw. ist die Ausgangsbasis für ähnliche Systematisierungen. Bidlingmaier (a.a.O., S. 155) differenziert z. B. zwischen

1. Produktpolitik,

2. Preispolitik,

3. Distributionspolitik,

4. Werbepolitik.

Die Werbepolitik wird im Schrifttum oft auch als Kommunikationspolitik bezeichnet. F. Scheuch (Marketing, München 1986, S. 295 ff.) differenziert zwischen

1. Produkt- und Programmpolitik,

2. Distributionspolitik,

3. Preis- und Konditionenpolitik,

4. Kommunikationspolitik.

In der angloamerikanischen Managementlehre ist die Einteilung der absatzpolitischen Instrumentalbereiche ähnlich (z. B. P. Kotler, Principles of Marketing, Englewood Cliffs 1980, S. 329 ff.):

1. product strategy (new product development, life cycle strategy, product branding, packaging and service strategy),

2. pricing strategy,

3. marketing channel and physical-distribution strategy,

4. marketing communications strategy (advertising, sales promotion, publicity, personal selling).

Wöhe andererseits (a.a.O., S. 539 f.) unterteilt zwischen Preispolitik einerseits und Präferenzpolitik andererseits:

1. Preispolitik,
2. Präferenzpolitik:
   — Werbung,
   — Produkt- und Sortimentgestaltung,
   — Kundendienst (Service) und Konditionen,
   — Absatzmethoden (Absatzformen, Absatzwege).

Er will damit dokumentieren, dass der Absatz eines Unternehmens einerseits über den Preis und andererseits über die Entwicklung von Qualitätsvorstellungen im weitesten Sinne zu beeinflussen sei.

Jeder der in den verschiedenen Darstellungen genannten Teilbereiche vereinigt in sich ein Bündel von Maßnahmen, mit welchen die Absatzaktivitäten eines Unternehmens gestaltet werden können. Im Folgenden soll zunächst ein bereichsweiser Überblick über die absatzpolitischen Mittel gegeben werden, an den sich dann die Erörterung spezifischer Fragen der Preispolitik und der Vertriebsorganisation anschließen.

a) Die Preispolitik

Das Unternehmen kann zunächst versuchen, durch die Festsetzung der Verkaufspreise Kauflust zu wecken und Umsätze zu erzielen. Es ist nicht immer der „niedrigere" Preis, der Nachfrage weckt, auch „höhere" Preise führen unter gewissen Voraussetzungen zu einer Vergrößerung des Absatzvolumens, wenn mit ihnen bestimmte Qualitätserwartungen verknüpft sind. Der Einsatz der preispolitischen Maßnahmen basiert auf Informationen und Erwartungen über die Reaktionen der potentiellen Käufer einerseits (**Nachfrageverhalten**) und der Konkurrenten andererseits (**Konkurrentenverhalten**) auf die eigenen Aktivitäten.

Zunächst ist eine Grundsatzentscheidung notwendig, nämlich ob das Unternehmen im Allgemeinen oder nur in bestimmten Sparten eher eine Hochpreispolitik oder eine Niedrigpreispolitik betreiben will. Daraus wird vor allem im Handel die Betriebsform wesentlich bestimmt (Fachgeschäft oder Diskontgeschäft). An diese grundsätzlichen Entscheidungen über die **Preislage** knüpfen sich in der weiteren Folge Entscheidungen über die **Preisfixierung** für neu ins Leistungsprogramm aufzunehmende Güter und Dienstleistungen sowie über **Preisänderungen** definitiver oder befristeter Art hinsichtlich des laufenden Leistungsangebotes.

In vielen Fällen hat das Unternehmen infolge seiner (geringen) Größe bzw. seines (geringen) Marktanteils keine Möglichkeit, mit dem von ihm festgesetzten Preis marktbeeinflussend zu wirken, um seine Erfolgserwartungen zu verbessern. Es wird gezwungen, den Marktpreis als unveränderliche Größe zu akzeptieren und durch Variation der **Angebotsmenge** den erwünschten Gesamterfolg zu erreichen. Bei der Zielvorstellung der Gewinnmaximierung wird das Unternehmen dann zu einem „Mengenanpasser" (E. Schneider), indem es von sich aus bestimmt, welche Gütermengen bei den vorgegebenen Preisen verkauft werden sollen, damit eine optimale Differenz zwischen Erlösen und Kosten erzielt werden kann. Wöhe (a.a.O., S. 539 f.) differenziert deshalb zwischen

1. **aktiver** Preispolitik durch Setzung eines Preises unter Berücksichtigung des Verhaltens der Nachfrager und der Konkurrenten; und
2. **Mengenpolitik** durch Anpassung mit der Produktionsmenge an den Preis, der sich insgesamt durch Angebot und Nachfrage auf dem Markt gebildet hat.

Wichtige Fragen im Zusammenhang mit den preispolitischen Maßnahmen eines Unternehmens werden im nächsten Abschnitt (Abschnitt 2) behandelt.

b) Die Produkt- und Sortimentsgestaltung

Eine andere Möglichkeit, auf das Absatzvolumen Einfluss zu nehmen, liegt in der **Produkt- und Sortimentsgestaltung** des Unternehmens. Unter „Produktgestaltung" versteht Gutenberg sowohl einen technischen wie auch einen absatzpolitischen Tatbestand, weil es Aufgabe der Fertigung ist, den Erzeugnissen technisch die von ihnen verlangten Eigenschaften zu geben, während absatzpolitisch aus Konkurrenzgründen auf die Verbesserung der Erzeugnisse zu achten ist. Hier besteht ein innerbetriebliches Spannungsfeld. Der Vertrieb ist aus Absatzgründen an einem breiten Fertigungsprogramm interessiert, während der Fertigungsbereich aus Kostengründen (Fixkostendegression, Kosteneinsparung durch Rationalisierung) eine Einengung des Leistungsprogrammes anstrebt.

Die Inhalte der **Produktpolitik** als eines der absatzpolitischen Instrumente berühren Bidlingmaier folgend (Marketing, Band 2, Reinbek bei Hamburg 1973, S. 229 ff.) drei Fragenkreise:
1. **Produktinnovation:** Aufnahme und Einführung neuer Produkte oder Produktgruppen:
   a. Produktdifferenzierung,
   b. Diversifikation;
2. **Produktvariation:** Modifikation bestimmter Eigenschaften bereits im Produktionsprogramm enthaltener Erzeugnisse;
3. **Produktelimination:** Verzicht auf bisherige Produkte oder Produktgruppen (Programmbereinigung).

Bei der **Produktdifferenzierung** wird das bisherige Angebot durch neue, zusätzliche Produkte erweitert, ohne dass die Anzahl der insgesamt angebotenen Produktgruppen eine Änderung erfährt. Die Produktinnovation dieser Art entspringt dem Wunsch, spezifischen Bedürfnissen der Nachfrager entsprechen zu können, um auf diese Weise die Stellung am Absatzmarkt zu festigen oder gar auszuweiten.

Die **Diversifikation** hingegen besteht in der Vermehrung der angebotenen Produktgruppen durch die Aufnahme andersartiger Erzeugnisse in das Verkaufsprogramm. Sie kann eine Form des Wachstums des Unternehmens darstellen, ist aber auch als Vorsorge vor Umsatzverlusten zu interpretieren, wenn eine Änderung des Nachfrage- oder Konkurrenzverhaltens im Bereich des Möglichen erwartet wird. Bei einer **horizontalen** Diversifikation weitet ein Unternehmen seine Aktivitäten auf der gleichen Wirtschaftsstufe aus. Bei einer **vertikalen** Diversifikation hingegen werden entweder Produkte der Vorstufe oder Produkte der nachgelagerten Wirtschaftsstufe in das Produktionsprogramm aufgenommen (z. B. ein Kunststoff verarbeitender Betrieb nimmt auch die Kunststofferzeugung auf).

Bei der **Produktvariation** werden physische, funktionelle oder ästhetische (z. B. Formgebung, Farbe) Eigenschaften eines Produktes verändert, damit die Kaufneigung erhalten bleibt. Jedes Produkt ist einem Produktlebenszyklus unterworfen, der besonders bei modischen Artikeln sehr kurz bemessen ist.

Durch Produktvariation kann eine Verlängerung dieses Zyklus und damit eine Umsatzsteigerung erreicht werden, wenn die Produkte den sich ändernden Nachfragewünschen angepasst werden.

In der **Produktelimination** schließlich ist entweder die Ausscheidung einzelner Produktvarianten oder ganzer Produktgruppen Gegenstand der anpassungsorientierten unternehmerischen Entscheidungen.

Diese primär auf die Sachleistungsbetriebe orientierte Darstellung ist analog unter dem Begriff **Sortimentspolitik** auch auf Dienstleistungsbetriebe zu übertragen. Sie tangiert nicht nur das Warensortiment von Handelsbetrieben, sondern auch deren zusätzliche Leistungen (Nebenleistungen) sowie generell das Angebot an Dienstleistungen in Dienstleistungsbetrieben (z. B. in Bankbetrieben).

c) Die Kommunikationspolitik

Die **Kommunikationspolitik** wird häufig als das „Sprachrohr" des Marketing bezeichnet. Sie zielt darauf ab, bei tatsächlichen und potentiellen Abnehmern ein den Unternehmenszielen förderliches Bild vom Angebot des Unternehmens oder vom Unternehmen selbst zu schaffen und in der Folge eine für das Unternehmen förderliche Beeinflussung des Nachfrageverhaltens zu bewirken. Der Kommunikationspolitik liegt somit eine informative und beeinflussende Marktkommunikation zugrunde. Die wichtigsten Formen der Kommunikationspolitik sind die **Werbung**, die **Verkaufsförderung** (Sales Promotion), der **persönliche Verkauf** und die **Öffentlichkeitsarbeit** (Public Relations).

Die **Werbung** ist in der Absatzpolitik stark in den Vordergrund gerückt. Dies zeigt die Gegenwart mehr als je eine Zeitspanne zuvor in der Vergangenheit. Durch die Werbung sollen die Nachfrager auf die vom Unternehmen angebotenen Güter- und Dienstleistungen aufmerksam gemacht und in ihren Kaufabsichten beeinflusst werden. Die Massenmedien, Presse, Rundfunk und Fernsehen stellen gesuchte Mittel dar, auf Verkaufsprogramme hinzuweisen und deren Vorzüge darzutun. Wieweit davon Gebrauch gemacht wird, ist von der betrieblichen Zielsetzung und von der Finanzkraft der Unternehmen abhängig. Andere Werbemittel sind Postwurfsendungen, Kataloge, Plakate und Werbezettel.

Das Ziel der Werbung liegt in der Erhöhung der abzusetzenden Mengen. Die Werbung des Unternehmens kann als **Produkt**werbung oder als **Firmen**werbung konzipiert werden. Im ersten Fall kann die Werbung nicht alleine auf die Bekanntmachung des Produktes an sich und seines Preises gerichtet sein, sondern auch eine Änderung der Preise betreffen. Dabei ist nicht nur an Preisreduktionen, sondern auch an Preiserhöhungen zu denken. In dieser Hinsicht ist es Aufgabe der Werbung, durch das Hervorkehren qualitativer Vorzüge (z. B. bei Modewaren) bei den Käuferkreisen allmählich den Eindruck der „Unentbehrlichkeit" entstehen zu lassen. Daraus entsteht eine gewisse Unelastizität der Nachfrage, die die Voraussetzung für Preiserhöhungen ohne entsprechende Absatzmengenverluste darstellt. Bei der Firmenwerbung auf der anderen Seite wird Werbung für das Unternehmen als Institution betrieben. Durch das Hervorkehren von Vorzügen, spezifischen qualitativen Leistungsbedingungen und unternehmerischen Zielsetzungen soll Vertrauen und Wohlwollen gegenüber dem Unternehmen in der Öffentlichkeit erwirkt werden, die letztlich positive Akzente für das Kaufklima und die Kaufneigung aus der Sicht des Unternehmens erwirken sollen.

Produkt- und Firmenwerbung werden als **subjektive** Werbung bezeichnet, weil sie direkt auf einzelne Leistungen oder auf die Leistungsgesamtheit eines Unternehmens ausgerichtet sind. **Objektive** Werbung hingegen liegt vor, wenn von einem ganzen Wirtschaftszweig gemeinsam für eine Produktart Werbung betrieben wird, also der Absatz dieser Leistungssparte generell eine Ausweitung erfahren soll.

Die Werbung als absatzpolitisches Mittel dient mehreren Aufgabenkomplexen:

1. Sie hat die Produkte bzw. Dienstleistungen des Unternehmens bekannt zu machen, sie gibt Auskunft in Bezug auf das Leistungsprogramm, dessen Qualität und Preise.

2. Sie hat das betriebliche Angebot durch die Überwindung von Vorurteilen gegenüber den Unternehmensleistungen, durch die Bildung, Erhaltung und Förderung von Präferenzen zu unterstützen.

3. Sie hat die Akquisition von Aufträgen zu unterstützen, sei es durch Mitwirkung bei der Bedarfserkundung oder der Kundenselektion, sei es bei der Förderung bestimmter Auftragsgrößen oder erwünschter Auftragszeitpunkte.

4. Sie hat den Einsatz der übrigen absatzpolitischen Mittel zu unterstützen. Insbesondere erfüllt sie Informationsaufgaben für die Konditionenpolitik (Liefer-, Zahlungsbedingungen, Garantie- und Serviceleistungen), für die Einführung neuer Produkte oder neuer Formen der Vertriebsorganisation sowie für Maßnahmen der Produktvariation bzw. Produktelimination.

Auch Güter und Dienstleistungen, für die **regelmäßiger** Absatz gesucht wird, bedürfen der Werbung. Die Werbemaßnahmen sind auf ihren zeitlichen Einsatz hin zu prüfen. Sie können **antizyklisch** sein, um Nachfrageschwankungen auszugleichen. Sie können weiters **Defensiv**charakter besitzen und unabhängig vom gegebenen Umsatz auf gleicher Höhe gehalten werden, wenn das Unternehmen mit seinen Produkten und Dienstleistungen in der Vorstellungswelt der Nachfragenden aufrechterhalten bleiben soll. Sie erhalten **Expansions**charakter, wenn durch ihren kontinuierlichen Einsatz ein laufendes Ansteigen des Verkaufsvolumens und damit Wachstumstendenzen des Unternehmens unterstützt werden sollen.

Für die Werbepolitik eines Unternehmens sind die Festlegung der Werbeziele, die Auswahl der Werbesubjekte, der Werbemittel, der Werbeträger und deren Einsatzpunkte wesentliche Entscheidungstatbestände. Der Prognose des Erfolges von Werbemaßnahmen und der Erfolgskontrolle ist grundsätzliches Augenmerk zu schenken, wenngleich zum Teil erhebliche Schwierigkeiten bei der Quantifizierung und Erfolgszurechnung bestehen. Werbung ist nur dann vertretbar, wenn die durch sie entstandenen Kosten durch den Werbeerfolg zumindest gedeckt sind.

Bei der **Verkaufsförderung** (Sales Promotion) handelt es sich um eine Vielzahl kommunikativer Maßnahmen, die kurzfristig den Absatz eines Produktes beeinflussen sollen. In der **Öffentlichkeitsarbeit** (Public Relations) hingegen arbeitet man nicht unmittelbar auf einen Absatzerfolg eines bestimmten Produktes oder einer Produktgruppe hin, sondern versucht, durch Informationen über das Unternehmen und seine Werthaltungen eine günstige Ausgangslage und Einstellung gegenüber dem Unternehmen zu erwirken, damit folgende Einzelmaßnahmen (z. B. Werbung) erfolgreich eingesetzt werden können.

d) Die Distributionspolitik

Neben dem Preis, der Produkt- bzw. Sortimentsgestaltung und den Werbebemühungen vermag das **Distributionssystem** (die Vertriebsorganisation) den Erfolg der Verkaufsbemühungen zu beeinflussen. Güter und Dienstleistungen müssen zum Zeitpunkt und am Ort (im Bereich) des jeweiligen Bedarfes angeboten werden, so dass es offensichtlich wird, dass auch die optimale Absatzorganisation zur Grundlage einer gesicherten Verkaufstätigkeit gehört.

Gutenberg führt hiezu aus (Der Absatz, a.a.O., S. 48): „Ein Unternehmen kann vor der Wahl stehen, seinen Verkauf zu zentralisieren oder zu dezentralisieren. Vieles mag im einzelnen Fall für die Errichtung eigener Niederlassungen sprechen, viele Umstände mögen aber auch Veranlassung geben, die Verkaufsabteilung zentral zu organisieren. Es ist das eine Frage des ‚Vertriebssystems'. Weiters besteht die Möglichkeit, daß der Geschäftsinhaber die Erzeugnisse des Unternehmens selbst verkauft, aber auch, daß Angestellte (Reisende) eingestellt und mit dem Verkauf betraut werden. Die Unternehmen können aber auch die Hilfe von Handelsmaklern in Anspruch nehmen, die selbständige Kaufleute sind. In diesem Fall handelt es sich um eine Frage der ‚Absatz- oder Vertriebsform'. Schließlich kann ein Unternehmen vor der Wahl stehen, entweder direkt an die Endabnehmer zu verkaufen oder den Handel als Zwischenglied einzuschalten. Welchen Absatzweg er wählt, hängt von vielen, in der Regel sehr betriebsindividuellen Umständen ab. Auch Finanzierungserleichterungen und Kundendienst können für die Absatzgestaltung von Bedeutung sein."

Im Vordergrund stehen damit Fragen der Verteilungsorganisation und der Verteilungswege, mit welchen die Schaffung oder Ausweitung von Absatzmöglichkeiten erreicht werden soll. Die Probleme wurden anfänglich überwiegend unter akquisitorischen Gesichtspunkten gesehen; es wurde unter dem Eindruck der amerikanischen Logistikkonzepte jedoch erkannt, dass die geweckte Nachfrage durch eine adäquate Güterverteilungsorganisation befriedigt werden muss und dass in diesem Bereich noch erhebliche Rationalisierungsreserven erwartet werden können. Bidlingmaier (a.a.O., S. 328 f.) trennt demzufolge zwischen

1. **Akquisitorischer Distribution:** Sie dient der Schaffung oder Ausweitung von Absatzmöglichkeiten und betrifft die Probleme der Distributionswege(-kanäle) und der jeweiligen Distributionsorgane.

2. **Physischer Distribution:** Sie dient dem Marketingvollzug und betrifft die Verpackungs-, Versand-, Transport-, Lager- und Lieferserviceprobleme im Rahmen der Güterverteilung. Die physische Distribution wird oft auch als Marketing-Logistik bezeichnet.

Mit Hilfe der akquisitorischen Distribution einerseits und der physischen Distribution andererseits soll erreicht werden, dass die jeweiligen Absatzleistungen im richtigen Zustand, zur rechten Zeit und am gewünschten Ort in der jeweils verlangten Menge zur Verfügung stehen. Die distributionspolitischen Maßnahmen sollen die Erreichung dieses Ziels gewährleisten. Auf einige der dabei zu beachtenden Problemkreise wird in Abschnitt G. IV. 3. eingegangen.

Die Befassung mit den Problemen der Güterverteilung zum Zwecke des Marketingvollzugs führte bei einigen betriebswirtschaftlichen Autoren (z. B. Kirsch, Ihde) zu der Konzeption, alle Entscheidungsfelder, die den Transport und die Lagerung von Sachgütern von der Beschaffung über die verschiedenen Stadien des Produktionsprozesses bis hin zum Absatz eines Fertigproduktes betreffen, systematisch zusammenzufassen. Die Bedeutung dieser Problemkreise veranlasst sie, die betriebswirtschaftliche **Logistik** als eigenen Funktionalbereich in einem Unternehmen anzusehen. Hierüber wird in Abschnitt G. V. Näheres ausgeführt.

e) Die optimale Kombination der absatzpolitischen Mittel

Der Einsatz der absatzpolitischen Instrumente zur Erzielung der erwünschten Absatzeffekte ist von einer Reihe gegenseitiger Abhängigkeiten und Wirkungsergänzungen geprägt. Keines der genannten Instrumente kann allein und isoliert Einsatz finden und ist im Allgemeinen auch nicht durch ein anderes Instrument ersetzbar. Lediglich die Werbung ist alternativ substituierbar. Es entsteht daher die Frage, welches absatzpolitische Verhalten, welche Kombination absatzpolitischer Mittel als optimal anzusehen ist.

Um den Umsatz zu steigern oder Gegenmaßnahmen gegen eine ungünstige Absatzentwicklung zu ergreifen, kann ein Unternehmen die absatzpolitischen Mittel in verschiedener Kombination und in verschiedener Intensität zum Einsatz bringen. Die Vorteile, die ein Unternehmen bei einer bestimmten Zusammensetzung des Mitteleinsatzes gegenüber seinen Marktkonkurrenten erzielen kann, sind nach Gutenberg als **akquisitorisches Potential** anzusehen. Es stellt eine Anziehungskraft gegenüber Kunden dar und realisiert Präferenzen (z. B. „Stammkundschaft").

Durch Änderungen in der Zusammensetzung des absatzpolitischen Mitteleinsatzes können Erhöhungen, aber auch Verringerungen des akquisitorischen Potentials eintreten. Die gewinnoptimale Kombination des absatzpolitischen Instrumentariums ist theoretisch dort gegeben, wo den Grenzkosten für jedes einzelne absatzpolitische Instrument die gleiche absatzpolitische Wirkung (Gewinnzuwachs) gegenübersteht. Da sich in der Realität aber keine eindeutigen Kosten-Wirkung-Relationen für den Einsatz der absatzpolitischen Mittel ermitteln lassen, kann nur versucht werden, eine optimale Kombination annähernd zu erreichen.

Für die Bestimmung der Optimalkombination sind demnach Entscheidungen unter zwei Aspekten zu fällen:

1. **Welche** Mittel sind auszuwählen?

2. Mit welcher **Intensität** (Gewichtung) sollen sie eingesetzt werden?

Für die Kombination der absatzpolitischen Mittel ist in der Marketing-Literatur der Begriff „**Marketing-Mix**" gebräuchlich, umschreibt aber inhaltsgleich die Frage, welche Instrumente eine Wirtschaftseinheit mit welcher Intensität einsetzen muss, um eine vorgegebene Zielfunktion bestmöglich zu erreichen.

In der Literatur finden sich Ansätze, das Entscheidungsfeld der Bildung eines optimalen Marketing-Mix in Teilbereichen sachfragenorientiert aufzubereiten. Dieses Bestreben führt bei H. Meffert (Instrumente, absatzpolitische; in: Handwörterbuch der Absatzwirtschaft, hrsg. von B. Tietz, Stuttgart 1974, Sp. 887 ff.) zur Abgrenzung von vier Submix-Bereichen:

1. **Produkt**-Mix: Welche Leistungen (Problemlösungen) sollen in welcher Form am Markt angeboten werden (Produktqualität, Sortiment, Marke, Verpackung, Kundendienst)?

2. **Distributions**-Mix: An wen und auf welchen Wegen sollen die Produkte verkauft werden (Distributionskanäle, Logistik)?

3. **Kontrahierungs**-Mix: Zu welchen Bedingungen sollen die Leistungen am Markt angeboten werden (Preise, Rabatte, Kredite, Liefer- und Zahlungskonditionen)?

4. **Kommunikations**-Mix: Welche Informations- und Beeinflussungsmaßnahmen sollen ergriffen werden, um die Leistungen absetzen zu können (Werbung, Verkaufsförderung, persönlicher Verkauf, Öffentlichkeitsarbeit)?

In Teilbereichen, wo alternative Verfahrensmöglichkeiten bestehen, werden weitere Subsysteme angesprochen: z. B. **Logistik**-Mix hinsichtlich alternativer Möglichkeiten zur Heranbringung der Güter an den Käufer (W. Kirsch) oder **Werbe**-Mix als Kombination von unterschiedlichen Werbemitteln und -trägern in einer Werbekampagne.

Es ist davon auszugehen, dass Marketing-Mix-Entscheidungen nicht auf der Grundlage algorithmisch zu lösender Entscheidungsmethoden zu sehen, sondern als iterativer Suchprozess mit mehrfachen, aus der Erfahrung abgeleiteten Rückkoppelungsnotwendigkeiten aufzufassen sind, in deren Rahmen heuristischen

Methoden eine große Bedeutung zukommt. „Den Einstieg in den Marketing-Mix-Entscheidungsprozeß bilden normalerweise **Vorentscheidungen** aufgrund bisheriger Realisierungsschritte wie bestehende Organisation, bestehendes Vertriebsnetz, Verfahrenstreue etc. oder strategischer Vorentscheidungen. Darauf aufbauend folgen unter Anwendung heuristischer Prinzipien **Subentscheidungsprozesse** innerhalb der einzelnen absatzpolitischen Entscheidungstatbestände, mit dem zusätzlichen Problem, daß im Rahmen der Wirkungsanalyse ein Abstimmungsprozeß mit jeweils anderen Instrumentalbereichen berücksichtigt werden muß" (F. Scheuch, Marketing, München 1986, S. 439). Dieser Prozess macht oft eine Schleifenbildung zwischen Teilbereichen notwendig, zusätzliche heuristische Prinzipien zur Begrenzung der Lösungsmenge sind dann einzusetzen.

f) Das absatzpolitische Instrumentarium im Bereich von Nonprofit-Organisationen

Aus der Sicht **öffentlicher Unternehmen und öffentlicher Verwaltungen** umfasst das absatzpolitische Instrumentarium alle Instrumente zur zweckgerechten Gestaltung der Beziehungen zu den Leistungsabnehmern und zur Öffentlichkeit im Sinne des vorgegebenen öffentlichen Auftrags. Hiezu zählen die Leistungspolitik, die Gegenleistungspolitik, die Distributionspolitik und die Kommunikationspolitik. Das allgemeine absatzpolitische Instrumentarium steht damit in abgewandelter Form zur Verfügung.

Wegen des Vorherrschens von Dienstleistungen im öffentlichen Bereich ist die Produkt- und Sortimentsgestaltung als **Leistungspolitik** zu verstehen, die auf die Auswahl und Einführung neuer Leistungen, auf die bedarfsgerechte Änderung vorhandener Leistungen und die Eliminierung überflüssiger Leistungen im Sinne der öffentlichen Aufgabenstellung abzielt. Während diese Entscheidungen bei erwerbswirtschaftlichen Unternehmen am Rentabilitätsziel orientiert werden können, stehen bei öffentlichen Einrichtungen in erster Linie Ziele der Kostensenkung und der Nutzensteigerung bei den Leistungsabnehmern im Vordergrund. Die **Gegenleistungspolitik** ist durch den fehlenden Leistungsbezug vieler Zahlungsströme (z. B. fiskalisch motivierte und nicht kostenorientierte Gebühren, allgemeine Steuern) eingeschränkt. Das finanzielle Gleichgewicht der Organisationen wird von den Trägern durch Zahlungen mit **Widmungscharakter** zur Sicherstellung des Leistungsangebots (z. B. Subventionen) gewährleistet. Die **Distributionspolitik** umfasst alle Entscheidungen, die Erfüllung öffentlicher Aufgaben durch direkte oder indirekte Leistungen an den Bürger zu ermöglichen. Mit Hilfe der **Kommunikationspolitik** sollen dabei die Menschen, soweit notwendig, gezielt zur Inanspruchnahme öffentlicher Leistungen oder zu einer im gesellschaftlichen Interesse gelegenen Verhaltensänderung gebracht werden. Sie reicht von Auskünften und Beratung über die Öffentlichkeitsarbeit bis hin zur Werbung im eigentlichen Sinne. Die Kommunikationspolitik führt zur Selbstdarstellung öffentlicher Einrichtungen und oft zur Begründung der Daseinsberechtigung dieser Institutionen.

In privaten **Nonprofit-Organisationen** ist der Einsatz der Marketing-Instrumente wesentlich von der Gesamtpositionierung der NPO bestimmt. Mit Hilfe eines Eigenschaftsprofiles muss ein klares und unverwechselbares Selbstverständnis bezüglich ihrer Ziele, ihres Handelns und Leistens festgelegt werden. Damit ordnet sich die NPO in ihrem Umfeld ein und grenzt sich gegenüber Konkurrenz- und Parallelorganisationen ab. Diese Positionierung ist an Mitglieder, Mitarbeitende und die übrigen Austauschpartner zu kommunizieren. Dies sollte über die Festlegung von zwei Organisationsidentitäten geschehen. Neben die Identität der NPO als Gebilde (CI = Corporate Identity) tritt die Mitgliederidentität (COOPI = Cooperative Identity). Damit ist das Selbstverständnis (Wir-Gefühl) einer Mitglieder-Gemeinschaft angesprochen, das sich aus der kollektiven Erfüllung bestimmter Mitgliederaufgaben (z. B. Interessenvertretung) ergibt. Auch bei karitativen NPO ist es wichtig, dass zwischen der Organisation und den Spendern eine Art Wir-Gefühl und damit eine Identifikation der Spender mit der NPO entsteht. Das CI/COOPI-Konzept ist durch Design (gestaltbare Objekte), Kommunikation und Verhalten an den Adressatenkreis zu transportieren und bildet die kommunikative Grundlage für alle Marketing-Maßnahmen. Generell steht für die Leistungen im Innenbereich eher die CI, für jene im Outputbereich die COOPI im Vordergrund. Im Inputbereich sind die CI und COOPI in gleicher Weise wichtig. Im Rahmen der klassischen Marketinginstrumente kommen der Öffentlichkeitsarbeit (Public Relations), zielgruppenorientierten Werbemethoden (z. B. Fund Raising zur Aufbringung benötigter finanzieller Mittel in karitativen Organisationen), dem Lobbying (Interessensvertretung) und dem Collective Bargaining (Verhandlungsführung für die zu vertretenden Gruppierungen) eine besondere und spezifische Bedeutung zu (P. Schwarz, Nonprofit-Management, in: Gablers Wirtschaftslexikon, Wiesbaden 1993, Sp. 2416 ff.).

In diesem Zusammenhang ist die Korrekturfunktion zu erwähnen, die im Rahmen des **Social Marketings** angestrebt werden kann. Diese Korrekturfunktion kann in mehreren Ausprägungen wahrgenommen werden. Ist das private Güterangebot zu einseitig an bestimmten Konsumvorstellungen ausgerichtet, kann ein Gegengewicht durch vermehrte Konsumenteninformation oder durch die Unterstützung kultureller und sozialer Werte (öffentliches Engagement für Kunst-, Bildungs- oder Sozialhilfeeinrichtungen) erreicht werden (**Ergänzungsfunktion**). Weiters ist zur Eindämmung oder Verhinderung des Angebots oder der Nachfrage nach gesellschaftlich problematisch eingestuften Gütern (z. B. Spraydosen, die die Ozonschicht gefährden; Verpackungen, die die Entsorgung erschweren) ein sog. „**Kontramarketing**" denkbar. Schließlich können kommerzielle Anbieter durch eine öffentliche Meinungsbildung zu Marketingstrategien verhalten werden, die einen gesellschaftlich anerkannten Kurs verfolgen und damit im Sinne einer „**Selbstkorrektur**" verstanden werden können.

2. Preispolitische Maßnahmen

a) Freie und gebundene Preise

Die freie Marktwirtschaft ist im Allgemeinen dadurch gekennzeichnet, dass die Wirtschaftsbetriebe ihre **Preise frei** bilden können. Doch gibt es daneben auch **gebundene Preise**. Zwischen diesen beiden Extremen bestehen viele Übergänge.

Gebundene Preise sind in der Regel solche, die vom Staat festgesetzt werden. Die Preisfestsetzung durch die öffentliche Hand wird mit gemeinwirtschaftlichen Interessen verschiedener Art begründet. Sie erfolgt durch Festlegung von **Festpreisen** oder **Richtpreisen. Festpreise** sind Ordnungspreise, etwa Tarife im Verkehrswesen. **Richtpreise** sind Höchstpreise und Mindestpreise. Typische **Höchstpreise** sind aus der Mietenregelung bekannt; Höchstpreise greifen auch Platz bei Preisregelungen in Zeiten sinkenden Geldwertes. **Mindestpreise** dienen z. B. dem Schutze einzelner Wirtschaftszweige, etwa der Landwirtschaft. **Einheits- und Gruppenpreise** wurden während des Krieges auf Grund durchschnittlicher Herstellungskosten zuzüglich eines angemessenen Gewinnzuschlages festgesetzt. Sie gewährten dem kostenmäßig günstig arbeitenden Betrieb Differenzgewinne, vergleichbar den Wirtschaftlichkeitsgewinnen bei kostenmäßig gut arbeitenden Kartellunternehmen. Ob die Festpreis- bzw. Richtpreisbestimmung den erwarteten Erfolg zeigt, hängt von der Stellung des Betriebes gegenüber dem Staat und von den durch den Staat gesetzten Überwachungs- und Prüfungsmaßnahmen ab. Eine Art gebundener Preise liegt auch vor, wenn durch Preiskontrolle oder Genehmigungsverfahren ein Einfluss auf die Preisbildung ausgeübt wird. In Österreich gilt dies für **Kartellpreise** bzw. für die „Preisgenehmigung" durch die **Paritätische Kommission.** Diese ist eine freiwillige Einrichtung der Sozialpartner, die Vertretungen der Organisationen der Bundeswirtschaftskammer, der Bundesarbeitskammer, des Österreichischen Gewerkschaftsbundes und der Präsidentenkonferenz der Landwirtschaftskammern Österreichs vereint. Ihre Aufgabe ist es, Lohn- und Preisbewegungen unter Kontrolle zu halten. Der Kommission fehlt es an einer gesetzlichen Grundlage. Die durch sie gefassten Beschlüsse können nur wirksam sein, wenn sie von einer stabilitätsgerechten Finanzpolitik des Staates begleitet sind. Ein gewisses Maß an Preisbindung für die betroffenen Betriebe ist in keinem Falle zu leugnen.

Von **freier Preisbildung** hingegen wird gesprochen, wenn der Betrieb einem Zwang von Seiten des Staates, sonstiger öffentlicher Institutionen bzw. ihm übergeordneter Interessenvertretungen nicht unterliegt. Das heißt nicht, dass die Preisbildung nicht auf eine Reihe von exogenen und endogenen Tatbeständen Rücksicht zu nehmen hätte:

1. Jeder Betrieb hat seine **Kostensituation** zu berücksichtigen, in deren Beurteilung die Kostenrechnung eine wichtige Rolle einnimmt. Von ihrem Ausbau kann es abhängen, ob das preispolitische Verhalten in den Wechsellagen der Wirtschaft (Depression, ausgeglichene Beschäftigung, Aufschwung) auf einer gesicherten Grundlage beruht. Der Betrieb wird in der Preisermittlung aber nicht immer der Kostenlage exakt folgen, weil er z. B. im Interesse seiner ruhigen Entwicklung bzw. aus Reputationsgründen die Preise nicht immer geänderten Kostenverhältnissen anpassen kann. Auch die Bindung an die potentielle Käuferschicht kann es nahe legen, die Preise zumindest während bestimmter Zeitperioden konstant zu halten.

2. Der Betrieb wird bei der Preisfestsetzung ferner die Besonderheiten der **Absatzsituation** in Rechnung stellen müssen, d. h. zu prüfen haben, wie die

Nachfragenden auf bestimmte preispolitische Maßnahmen reagieren. Die Reaktion der Käufer ist abhängig von der Art der ihnen angebotenen Leistungen bzw. davon, ob diese Leistungen einem notwendigen Bedarf dienen, ob es sich um Konsumgüter, um Luxusgüter bzw. Modewaren handelt.

3. Für die Preisbestimmung sind weiters die **Konkurrenzverhältnisse** maßgeblich. Sie können die Absatzsituation wesentlich beeinflussen und stehen deshalb mit ihr in engem Zusammenhang.

Wenn man von freier Preisbildung spricht, hat man sich die genannten Einschränkungen vor Augen zu halten. Die „Freiheit in der Preisbildung" bezieht sich nur darauf, dass der Betrieb keinen Weisungen von ihm übergeordneten Instanzen unterworfen ist. Aus diesen Hinweisen kann man schließen, dass die Preisbestimmung des Betriebes ein vielschichtiges, auf mehreren Ebenen liegendes Problem ist.

Voraussetzungen für eine sinnvolle Preispolitik sind somit das Wissen über

1. die **Marktstruktur** (das Unternehmen kennt die Struktur der von ihm bearbeiteten Märkte);
2. die **Käuferreaktionen** (das Unternehmen kann Reaktionen der Käufer auf Preisänderungen abschätzen);
3. die **Konkurrenzreaktionen** (das Unternehmen vermeint zu wissen, wie Konkurrenten auf seine preispolitischen Maßnahmen reagieren werden);
4. die in Frage kommenden **Substitutionsgüter** (das Unternehmen kennt die Güter, mit welchen das eigene Gut substituiert werden kann und verfolgt deren Preisentwicklung).

b) Die Kosten und der Preis

Soweit es das **Verhältnis von Kosten und Preis** betrifft, gilt im erwerbswirtschaftlichen Unternehmen, folgend aus dem Gewinnstreben, die Forderung nach Deckung der vollen Kosten, zumindest auf lange Sicht. Damit tritt sofort die Frage auf, wie hoch die Gesamterlöse sein müssen, welche die vollen Kosten des Betriebes decken. Sie betrifft auch den Produktionsbereich, weil die Produktionsplanung von Mindestumsatzüberlegungen beeinflusst sein wird. In der Lösung lässt sie auf jenen Gesamtumsatz schließen, der jedenfalls erzielt werden muß, wenn ein betrieblicher Verlust ausgeschaltet bleiben soll.

Der in dieser Richtung zu bestimmende **Mindestumsatz** wird auf der Umsatzkurve durch jenen Punkt angegeben, der die Deckung der Gesamtkosten durch die Gesamterlöse zum Ausdruck bringt. Wird er überschritten, entsteht ein betrieblicher Gewinn, während bei Unterschreitung ein betrieblicher Verlust die Folge ist. Geht man von gleich bleibenden Preisen und von einem linearen Gesamtkostenverlauf aus, dann entspricht dem den Mindestumsatz markierenden Punkt auf der Umsatzkurve (er wird auch als **Break-even point, toter Punkt**, als **Nutzschwelle** oder als **Gewinnschwelle** bezeichnet) jene rechnerische Größe, die sich aus der Division der fixen Kosten des Betriebes durch die Differenz des Stückpreises und der variablen Kosten pro Einheit ergibt.

Ein Beispiel: Ist ein Betrieb mit fixen Kosten (K_f) von 150.000 Recheneinheiten belastet, weist er variable Kosten pro Einheit (k_v) von 10 Recheneinheiten auf und erzielt er einen Stückpreis (p) von 15 Recheneinheiten, dann wird der Mindestumsatz (x) ermittelt aus den Ansätzen:

(1) Gesamterlös = Mindestumsatz · Stückpreis

$$GE = x \cdot p$$

(2) Gesamterlös = Fixe Kosten + Mindestumsatz · variable Kosten pro Einheit

$$GE = K_f + x \cdot k_v$$

und durch deren Einbau in die Gleichung

$$x \cdot p = K_f + x \cdot k_v$$

$$x = \frac{K_f}{p - k_v}$$

$$x = \frac{150.000}{15 - 10}$$

$$x = 30.000$$

Der Mindestumsatz beläuft sich auf 30.000 Leistungseinheiten. Sie sichern die Deckung der entstandenen Kosten durch die erzielten Erlöse, was die nachstehende Probe erweist:

Gesamterlös: $30.000 \times 15 = \underline{\underline{450.000}}$

Gesamtkosten = $150.000 + 30.000 \times 10 = 150.000 + 300.000 = \underline{\underline{450.000}}$.

Die graphische Darstellung (Abb. 2) gibt über diesen Vorgang ebenfalls Aufschluss. Sie weist auf die Abweichung zwischen **totem Punkt** (Nutzschwelle) und **Liquiditätspunkt** hin. Der Liquiditätspunkt liegt dort, wo die Erlöse die Ausgabekosten decken. Da nicht sämtliche Kosten Ausgaben darstellen, wird er früher erreicht als der tote Punkt. Der Abstand zwischen den beiden Punkten ist umso größer, je weniger Ausgabekosten den Betrieb belasten. Der Begriff der Nicht-Ausgabekosten gilt besonders für kurzfristige Beobachtungszeiträume, langfristig gibt es kaum Nicht-Ausgabekosten. (Graphische Darstellung vgl. H. M. Schönfeld, Kostenrechnung, Band III, 7. Aufl., Wiesbaden 1975, S. 66.)

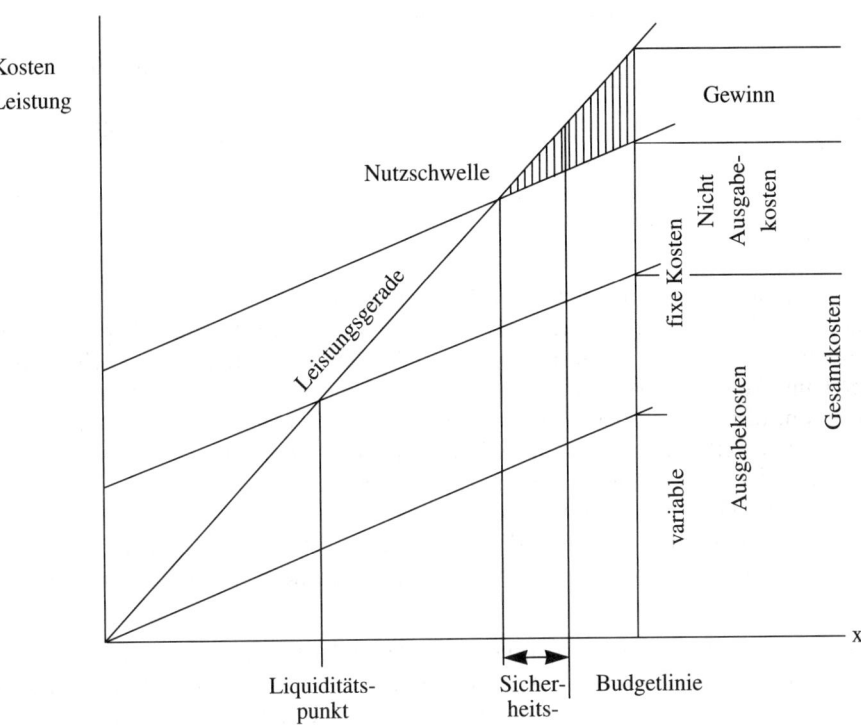

Abb. 2

Es können aber betriebliche Situationen eintreten, in welchen auch eine Deckung nur von Teilen der durch die Leistungserstellung aufgelaufenen Kosten vertretbar erscheint. Das gilt z. B. in Zeiten der Unterbeschäftigung. Meist ist dies Ausdruck einer allgemeinen Marktdepression, die von sinkenden Preisen begleitet ist. Ein Verkauf von Betriebsleistungen unter den durch sie bei ihrer Erstellung verursachten Kosten bedeutet betrieblichen Verlust. Die Frage, die auftritt, lautet, welches Ausmaß der Verlust maximal annehmen darf, bevor eine Einstellung der betrieblichen Tätigkeit vorübergehend oder dauernd zu erwägen bzw. durchzuführen wäre. Exakte Kostenrechnungen können mithelfen, die gesuchte Antwort zu geben. Deckt der Preis gerade die variablen Kosten, dann entspricht die Höhe des Verlustes den auftretenden fixen Kosten. Bei Nichtbeschäftigung wäre der Verlust ebenfalls so hoch wie die gegebenen fixen Kosten. Ist der erzielte Preis aber nur um eine Rechnungseinheit höher als die variablen Kosten, dann ist der Verlust bereits geringer, als die fixen Kosten betragen, denn der Preis deckt mehr als die aufgelaufenen variablen Kosten, obwohl insgesamt ein betrieblicher Verlust vorliegt. Belaufen sich die fixen Kosten z. B. auf 100 Recheneinheiten, die durch die Erzeugung verursachten variablen Kosten auf 150 Recheneinheiten, dann hat ein Preis von 150 einen Verlust von 100 zur Folge; ein Preis von 151 würde den Verlust auf 99 senken, er wäre also geringer als bei Betriebsstillstand.

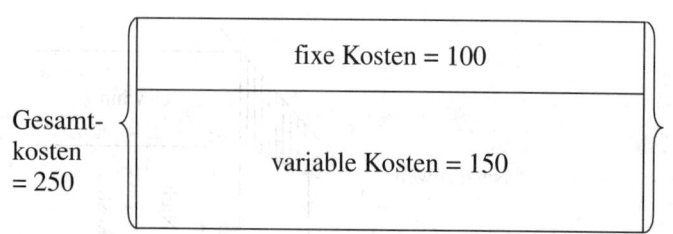

Abb. 3

Auf Grund der bloß rechnerischen Überlegungen und bei Außerachtlassung anderer Einflüsse (Möglichkeit der Umstellung auf andere Produkte; bereits eingetretene Illiquidität der Unternehmens und dergleichen) gilt, dass eine **Stilllegung** erst ins Auge zu fassen ist, wenn die Preise die variablen Kosten nicht mehr decken, der Verlust also größer wäre als bei Stillstand des Betriebes. In bestimmten Fällen kann es sich vielleicht sogar als notwendig erweisen, selbst dann weiter zu produzieren, wenn die variablen Kosten durch den Preis nicht gedeckt sind. Das aber kann wohl nur kurzfristig der Fall und z. B. darauf zurückzuführen sein, dass die Verbindung zu einem bestimmten Kundenkreis in der Annahme eines bevorstehenden Aufschwunges keineswegs aufgegeben werden soll.

Bei der Festlegung der **Preisuntergrenze** kann der Betrieb gezwungen sein, anstatt sich nach den variablen Kosten zu richten, sich nach **Liquiditätserfordernissen** zu orientieren. Werden, wie dies bei der Untersuchung über den toten Punkt und den Liquiditätspunkt geschehen ist, die Ausgabekosten von den Nicht-Ausgabekosten getrennt, und wird vorübergehend die bloße Erhaltung der Liquidität des Unternehmens angestrebt, dann muss der Betrieb versuchen, im Preis zumindest jene Kosten abzudecken, die Geldausgaben verursachen. Führen langfristig nahezu alle Kosten zu Ausgaben, so gibt es, begrenzte Zeitspannen betrachtet, Kostenelemente, für die unmittelbar Ausgaben nicht getätigt werden (z. B. Teile der Abschreibungen und Eigenkapitalzinsen). Ist nun der Betrieb nicht imstande, flüssige Mittel für die Sicherung seiner Aktivitäten von außen oder von innen außer auf dem Wege über die Erlöse auf dem Markte aufzubringen, so wird er bestrebt sein, in barem Gelde zumindest das zu erlangen, was er selbst bar ausgibt. Würde er anders verfahren, die rasche Illiquidität wäre unausbleibliche Folge.

Ob der Betrieb sich in den Überlegungen bezüglich der Preisfestsetzung unter den vollen Kosten von der Höhe der variablen Kosten oder von der Höhe der Ausgabekosten leiten lässt, hängt von der Situation ab, in der er sich befindet, d. h. davon, ob das reine Kosten-Ertragsdenken oder das Liquiditätsdenken überwiegt. Eine Preisuntergrenze, die liquiditätsorientiert bestimmt wird, liegt üblicherweise über einer Preisuntergrenze, die vom Umfang der variablen Kosten beeinflusst ist, da letztere meistens Ausgaben darstellen, zu welchen noch jene Fixkostenteile treten, die zu Geldausgaben führen. Da je nach Teilbarkeit der Produktionsfaktoren und je nach Länge des der Unternehmensleitung zur Verfügung stehenden Dispositionszeitraumes auch die fixen Kosten ganz oder teilweise abgebaut werden können, muss die Unternehmensleitung mögliche Entscheidungen in dieser Richtung bei der Bestimmung der Preisuntergrenze unter Berücksichtigung von Liquiditätserfordernissen mit in Rechnung stellen.

Das Problem der Preisuntergrenze ist mit diesen Darlegungen naturgemäß nicht vollständig umrissen. Es tritt z. B. auch in der Form auf, dass bei der Festlegung des Produktionsprogramms eines Unternehmens geprüft wird, ob ein **bestimmtes** Gut, z. B. im Zusammenhang mit der Nachfrage eines Kunden, ein **anderes** Gut aus dem Produktionsprogramm verdrängen soll. In diesem Falle wird mit sog. **Opportunitätskosten** gerechnet. Die Preisuntergrenze bestimmt sich dann aus der Summe der variablen Kosten des Zusatzauftrags zuzüglich dem Deckungsbeitrag des verdrängten Auftrages, das sind die Opportunitätskosten.

Die bisherigen Betrachtungen des Verhältnisses von Kosten und Preis dürfen nicht dazu veranlassen, ausschließlich einen bestimmenden **Einfluss der Kosten auf den Preis** anzunehmen. Preisfestsetzungen können Rückwirkungen auf das Kostenniveau des Betriebes haben. Das so genannte **Sax'sche Preisgesetz** nimmt darauf Bezug, wenn es für nicht wenige Fälle in zutreffender Weise feststellt, dass **nicht die Kosten die Preise, sondern die Preise die Kosten bestimmen**. Damit soll zum Ausdruck gebracht werden, dass die Höhe der Preise unter bestimmten Voraussetzungen die Höhe des Absatzes bestimmt. Die Absatzhöhe wirkt zurück auf das Gesamtkostenniveau und schließlich auch auf die Einheitskosten. Naturgemäß sind die Einheitskosten selbst wieder eines der Elemente der Preisbildung. Diese **ständige Wechselwirkung** zwischen Kosten und Preisen bzw. Preisen und Kosten wird in der betrieblichen Praxis nur allzu oft übersehen. Die absatzerhöhende Wirkung in diesem Sinne ist nicht immer nur als Folge von Preisreduktionen zu verstehen. Auch Preiserhöhungen können eine Steigerung des Absatzes auslösen. Das gilt z. B. für manche Modewaren, bei welchen die Käufer bestimmte Qualitätsvorstellungen mit entsprechend hohen Preisen verbinden.

c) Die Nachfrageelastizität und der Preis

aa) Preiselastizität der Nachfrage

Die Preisbildung ist im wesentlichen Umfang auch von der Besonderheit der **Absatzsituation durch Käuferreaktionen** beeinflusst. Bezüglich des Verhältnisses von Preisänderungen und den daraus folgenden Änderungen der Absatzmenge spricht man von **Absatzelastizität** bzw. von der **Preiselastizität der Nachfrage**. Die Nachfrageelastizität wird ausgedrückt durch einen Koeffizienten:

$$\text{Elastizitätskoeffizient} = \frac{\text{prozentuelle Mengenänderung}}{\text{prozentuelle Preisänderung}}$$

Ein Beispiel soll diesen Sachverhalt deutlich machen (vgl. Ausführungen zu dieser Frage in M. Lohmann, Einführung in die Betriebswirtschaftslehre, 4. Auflage, Tübingen 1964, S. 88 ff.): Es sei angenommen, dass eine Preisreduktion eine Erhöhung des Absatzes bewirke, wodurch der Gesamterlös zunächst eine Steigerung und dann wieder eine Senkung erfahre. Die Folge seien anfänglich positive und später negative Grenzerlöse. Aus dem Verhältnis der prozentuellen Mengenänderung zur prozentuellen Preisänderung ergibt sich der Elastizitätskoeffizient:

Preis/Einheit	Absatz in Einheiten	Gesamterlös	Grenzerlös
12	2	24	–
10	4	40	+16
8	6	48	+ 8
6	8	48	0
4	10	40	– 8
2	12	24	–16

Abb. 4

Der Elastizitätskoeffizient wird errechnet, indem prozentuelle Mengenänderungen und prozentuelle Preisänderungen im Verhältnis zur Vorstufe ermittelt und einander gegenübergestellt werden:

Preis/Einheit	Absatz in Einheiten	prozentuelle Preisänderung gegenüber der Vorstufe	prozentuelle Mengenänderung gegenüber der Vorstufe	Elastizitäts-koeffizient
12	2	–	–	–
10	4	– 16,7	+ 100,0	5,9
8	6	– 20,0	+ 50,0	2,5
6	8	– 25,0	+ 33,3	1,3
4	10	– 33,3	+ 25,0	0,75
2	12	– 50,0	+ 20,0	0,4

Abb. 5

Ein **Elastizitätskoeffizient**, der **größer als 1** ist, zeigt **elastische** Nachfrage auf; ein Elastizitätskoeffizient, der **kleiner als 1** ist, weist auf **unelastische** Nachfrage hin. Mit anderen Worten: bei elastischer Nachfrage ist die relative Mengenänderung größer als die relative Preisänderung; bei unelastischer Nachfrage ist die relative Mengenänderung kleiner als die relative Preisänderung. Verfolgt man die sich abzeichnenden Bewegungen auf der Nachfragekurve, erkennt man, dass auf ihr in der Regel jedem Punkt eine besondere Art der Elastizität zukommt. Man kann auch sagen, dass die Nachfrageelastizität eine **Punktelastizität** ist. Die Absatzkurve des Unternehmens, die sich aus der Zahl möglicher Kombinationen der nachgefragten (abgesetzten) Einheiten bei den jeweils angenommenen Preisen darstellen lässt, ist von vornherein selbstverständlich nur unter der Voraussetzung ableitbar, dass man die mengenmäßigen Wirkungen, die sich durch Preisänderungen ergeben, abschätzen kann. Es sind drei **Grenzfälle** der Preiselastizität möglich, nämlich die **Elastizitäten von unendlich, 0 und 1**. Bei einer Elastizität von unendlich schließt die Höhe des Preises jeden Umsatz aus; eine Elastizität von 0 sagt aus, dass ein Mehrangebot an Waren oder Dienstleistungen auch umsonst nicht abgenommen wird. Die der prozentuellen Preisänderung in einem Punkte gleiche prozentuelle Mengenänderung ist der dritte Grenzfall mit der Elastizität von 1.

Aus den Beziehungen zwischen Preis und Nachfragemenge lassen sich vier typische Grundsituationen ableiten:

1. Erfolgt bei einer elastischen Nachfrage eine Preissenkung, so wird das Produkt aus Absatzmenge (M) und Preis (P) größer, der Umsatz in Geld steigt.

2. Erfolgt die Preissenkung bei einer unelastischen Nachfrage, so wird M × P kleiner, der Umsatz in Geld wird geringer.

3. Erfolgt bei einer elastischen Nachfrage eine Preiserhöhung, so wird wegen des zu erwartenden Rückganges der Absatzmenge M × P kleiner und der Umsatz in Geld wie vorhin geringer.

4. Erfolgt die Preiserhöhung bei einer unelastischen Nachfrage, dann wird M × P größer und der Umsatz in Geld steigt.

Die allgemeine Regel, dass ein höherer Preis eine geringere Absatzmenge bewirkt und umgekehrt, kennt aber auch vor allem im Konsumgüterbereich Ausnahmen. Ein **Protzer**-Effekt liegt vor, wenn ein Konsument durch einen aufwendigen Konsum auffallen möchte. Die Aufwendigkeit wird am Preis der Güter bemessen, es wird also mehr gekauft, nur weil der Preis höher ist. Ein **Snob**-Effekt ist zu erkennen, wenn sich jemand aus der Gemeinschaft herausheben und Güter besitzen möchte, die andere nicht besitzen. Es wird also mehr gekauft, weil andere weniger kaufen. Ein **Mitläufer**-Effekt ist gegeben, wenn sich Käufer häufig Meinungsbildner (bekannte Personen, z. B. Sportler) zum Vorbild nehmen. Es wird trotz höherem Preis mehr gekauft, weil andere auch mehr kaufen. Dieser Effekt spielt für die Werbung eine große Rolle. Schließlich liegt ein **Qualitäts**-Effekt vor, wenn von einem höheren Preis auch auf eine höhere Qualität geschlossen wird und umgekehrt. Es wird also gekauft, (nur) weil der Preis höher ist und der höhere Preis eine höhere Qualität verspricht.

Es leuchtet ein, dass die Erkenntnis von Mengenänderungen bestimmter nachgefragter Leistungen auf Grund von Preisänderungen dieser Leistungen im übertragenen Sinne auf anderen Ebenen Anlass zur Untersuchung ist. Es kommt im Wirtschaftsleben immer wieder vor, dass Preisänderungen bei einer Ware Mengenänderungen nicht nur bei der betroffenen Produktart selbst, sondern auch bei **anderen** Waren hervorrufen, da jedes Gut bzw. jede Dienstleistung der Konkurrenz durch andere Güter und Dienstleistungen ausgesetzt ist. Das gilt besonders für Substitutionsgüter und Komplementärgüter.

Substitutionsgüter sind solche Güter, die einander ersetzen können. Die Wirkung bei unvollständiger Substitution wird zwar eine andere sein als im Falle der vollständigen Substitution, ungeachtet dessen wird eine empfindliche Preiserhöhung die aufgezeigte Wirkung, wenn auch in unterschiedlichem Umfang, in jedem Fall nach sich ziehen. Eine Erhöhung des Butterpreises wird zu einem Rückgang des Butterabsatzes, zu einer Zunahme des Absatzes von Pflanzenfetten führen, wenn bei diesen eine Preishinaufsetzung unterbleibt.

Komplementärgüter sind solche Güter, die auf Grund der Verwendung **eines anderen** Gutes in Produktion oder Konsumtion zwangsläufig erforderlich sind.

Ein Komplementärgut für Fahrräder wären z. B. die Sicherheitsschlösser für erstere. Eine merkliche Erhöhung der Fahrradpreise, die zu einem Rückgang des Fahrradabsatzes führt, beeinflusst auch den Absatz von Sicherheitsschlössern.

Kreuzpreiselastizität

Die Wirkungen von Preisänderungen bei **einer** Ware oder Dienstleistung auf die abgesetzten Mengen bei **anderen** Waren oder Dienstleistungen bringen eine **Kreuzpreiselastizität** zum Ausdruck, die positiv oder negativ sein kann. Wird der Preis der Ware X von 10 auf 30 Recheneinheiten, demnach um 200 % erhöht, und ergibt sich dadurch eine Mengenänderung bei Ware Y von 20 auf 120 Einheiten, tritt also eine Mengensteigerung um 500 % ein, dann ist die Kreuzpreiselastizität 500/200 = 2,5. Diese **Kreuzpreiselastizität ist positiv**, und sie wird bei **Substitutionsgütern** anzutreffen sein (als solche seien zur Verdeutlichung angeführt: Brot und Kartoffeln, Bleistifte und Tintenschreiber, Eisenbahntransporte und Autotransporte). Die Preissteigerung bei X verursacht eine Mengensteigerung bei Y.

Wird hingegen der Preis der Ware A von 10 auf 5 Rechnungseinheiten, also um 50 % gesenkt, und ergibt sich dadurch beispielsweise eine Mengenänderung der Ware B von 20 auf 120 Einheiten, d. h. eine Steigerung um 500 %, dann ist die Kreuzpreiselastizität 500/–50 = –10. Hier ist die **Kreuzpreiselastizität negativ**. Wir finden sie bei **Komplementärgütern** (Beispiele sind Fahrräder und Fahrradbeleuchtungen, Wohnungen und Möbel). Die Preissenkung der Ware A verursacht eine Mengensteigerung der Ware B, umgekehrt eine Preissteigerung bei A eine Mengenreduktion bei B.

Kreuzelastizitäten sind nicht nur für die Wirkungen von Preisänderungen ableitbar, sondern können grundsätzlich bei jedem absatzpolitischen Mittel zur Darstellung der jeweiligen Auswirkungen auf Absatzmengen errechnet werden, sofern die Beziehung zwischen Ursache und Wirkung ausreichend analysiert und eingeengt werden kann. Die Kreuzwerbeelastizität bringt etwa die Veränderung in der Absatzmenge **einer** Ware oder Dienstleistung infolge der Erhöhung der Werbemaßnahmen bei einer **anderen** Ware oder Dienstleistung zum Ausdruck. Kreuzelastizitäten im Qualitätsbereich sind gegeben, wenn Maßnahmen der Produkt- und Sortimentsgestaltung bei einer Ware oder Dienstleistung Absatzänderungen bei einer anderen Ware oder Dienstleistung zur Folge haben.

bb) Kalkulatorischer Ausgleich und Preisdifferenzierung

Die Nachfrageelastizität als ein allgemein die Preisbildung beeinflussender Faktor kann das Unternehmen veranlassen, sowohl bei differenziertem als auch bei einheitlichem Leistungsprogramm auf die unterschiedlichen Käuferreaktionen durch ein speziell differenzierendes preispolitisches Verhalten Rücksicht zu nehmen, das als kalkulatorischer Ausgleich und als Preisdifferenzierung bezeichnet wird.

Kalkulatorischer Ausgleich

Kalkulatorischer Ausgleich ist Preisfestsetzung für die unterschiedlichen vom Betrieb erbrachten Leistungen **nicht** im Verhältnis der entstandenen Kosten, sondern nach Erfordernissen wettbewerbsmäßiger Art, nach beschäftigungspolitischen Zielsetzungen, auf Grund von Bemühungen zur Kapazitätsausnutzung und dergleichen. Der kalkulatorische Ausgleich tritt in mannigfachen Formen auf, vor allem als Ausgleich nach **Betriebszweigen** und **Betriebsabteilungen** und als Ausgleich nach **Erzeugnissen** und **Qualitäten**. Ein Ausgleich nach Betriebszweigen ist charakteristisch z. B. für Versorgungsunternehmen (Verluste der Verkehrsbetriebe werden zu Lasten der Gewinne von Gaswerken in Kauf genommen). Der kalkulatorische Ausgleich nach Betriebszweigen hängt eng mit dem kalkulatorischen Ausgleich nach Erzeugnissen und Qualitäten zusammen. Auch bei diesen wird der Verlust beim Absatz einer Gruppe von Gütern oder Dienstleistungen bewusst mit den Gewinnen anderer abgesetzter Güter oder Dienstleistungen aufgerechnet. Streng genommen unterscheidet sich der kalkulatorische Ausgleich nach Betriebszweigen und Betriebsabteilungen von dem nach Erzeugnissen nur selten, weil jedes Erzeugnis in der Regel einem bestimmten Betriebszweig bzw. einer bestimmten Betriebsabteilung zugerechnet werden kann und daher mit diesen identisch ist. Der kalkulatorische Ausgleich ist eine Sonderform der Preisdifferenzierung, wenn man letzteren Begriff weit auslegt. In Theorie und Praxis wird aber der exakten Abgrenzung und gewisser vorhandener Unterschiede wegen zwischen kalkulatorischem Ausgleich und Preisdifferenzierung doch unterschieden. Der kalkulatorische Ausgleich betrifft die Aufrechnung positiver und negativer Ergebnisse **ungleichartiger** Güter bzw. Dienstleistungen.

Preisdifferenzierung

Der Begriff der Preisdifferenzierung bezieht sich hingegen auf **unterschiedliche Preise** im Hinblick auf **gleichartige Güter oder Dienstleistungen**. Grenzt man auf diese Weise zwischen kalkulatorischem Ausgleich und Preisdifferenzierung ab, dann wird klar, dass ein Ausgleich nach Absatzgebieten bzw. ein zeitlicher Ausgleich in Bezug auf gleichartige Güter oder Dienstleistungen nicht, wie dies in der Literatur manchmal dargestellt wird, kalkulatorischer Ausgleich ist. Die Grenzen sind jedoch ohne Zweifel fließend.

Die Begründung für die Notwendigkeit von Preisdifferenzierungen liefert das oft zitierte Beispiel Offenbergs, fern jeder großen theoretischen Argumentation: „Wenn ... A ein Interesse von 3 Mark, B ein solches von 2 Mark und C ein solches von einer Mark daran hat, über einen Fluß gesetzt zu werden, und die Selbstkosten des Schiffes 5,40 Mark betragen, so kann der Schiffer nicht sagen: ‚Ich leiste jedem von euch das gleiche, also müßt ihr alle gleich bezahlen.' Denn bei einem Preis von 5,40 : 3 = 1,80 Mark wird C nicht mitfahren; 5,40 : 2 = 2,70 Mark ist aber auch für den B zuviel, und A allein kann den ganzen Fahrpreis auch nicht tragen."

Das Beispiel zeigt, dass im Falle der Durchschnittspreisbildung auf Grund der entstandenen Kosten einer von den drei Nachfragenden infolge seines nur beschränkten Interesses ausfällt; die anteilige Umlage der Gesamtkosten auf die beiden verbleibenden Nachfrager schließt aber jenen mit dem Interesse von nur 2 Mark aus; jetzt kommt aber auch A nicht mehr in Frage, denn er ist außerstande, die auf ihn entfallenden Gesamtkosten mit dem sein Interesse ausdrückenden Betrag zu decken. Das heißt aber, der generellen Betrachtung zugeführt, nichts anderes, als dass die Frage der Mehrerlöse eine Frage der **Marginalbetrachtung** (der Marginalrechnung) ist, die sich auf Kosten und Erlöse bezieht. Dabei ist zu prüfen, ob die zusätzlichen Erlöse zusätzlicher Leistungen die zusätzlichen Kosten übersteigen bzw. zumindest decken. Man gelangt zur Preisstaffelung mit der Erkenntnis, dass zusätzlicher Gewinn erzielt werden kann, wenn die Preise differenziert werden.

Die Marginalbetrachtung weist den Weg zur Preisdifferenzierung, Letztere erhöht das Gesamtaufkommen und die Gesamterlöse und – wenn die zusätzlichen Erlöse größer sind als die zusätzlichen Kosten – den Gesamtgewinn. Die differenzierten Preise bringen im Ergebnis dem Betrieb also ein günstigeres Resultat als der Einheitspreis, weil zusätzliche Nachfrageschichten an ihn herantreten. Differenzierte Preise erhöhen die Nachfrage, denn durch bestimmte Bevorzugungen wird eine Marktentfaltung bewirkt. Das vergrößerte Aufkommen verbessert die Auslastung, die wieder zur Senkung der Durchschnittskosten führt. Die **Ziele der Preisdifferenzierung** sind zum Teil vergleichbar jenen beim kalkulatorischen Ausgleich; sie sind beschäftigungspolitischer und kapazitätsausnutzungsmäßiger Art. Letztes Ziel ist das Streben nach höherem Gewinn. Allerdings kann nicht jeder Betrieb bei Beibehaltung einer Grundschicht von Abnehmern die Preise differenzieren, um die Nachfrage auch auf weniger kaufkräftige bzw. nur bei bestimmten Preisen interessierte Abnehmer auszudehnen, da die Preisdifferenzierung der Erfüllung bestimmter Voraussetzungen bedarf. Wesentlich ist, dass **abgegrenzte Teilmärkte** vorliegen, wodurch der Übergang von Nachfrage eines Teilmarktes mit höherem Preis auf den Teilmarkt mit niedrigerem Preis unmöglich wird.

Aufspaltung in Teilmärkte

Die Aufspaltung in Teilmärkte (man kann auch von **Segmentierung** sprechen) ist wie folgt möglich:

1. **Personell:** Personelle Preisdifferenzierung berücksichtigt die Kaufkraft bzw. das Interesse der Nachfragenden. Sie wird nicht nur aus erwerbswirtschaftlichen, sondern auch aus sozialen Motiven gewährt, doch kann eine Preisdifferenzierung auf Grund sozialer Erwägungen auch erwerbswirtschaftlich interessant sein. Präferenzen personeller Art kennen wir z. B. aus dem Transportwesen, indem Arbeiter und Schüler zu ermäßigten Tarifen befördert werden.

2. **Zeitlich:** Bei der zeitlichen Preisdifferenzierung wird abgegrenzt, z. B. zwischen Sonn- und Feiertagen einerseits, Wochentagen anderseits; zwischen Jahreszeiten. Beispiel ist die Differenzierung der Pensionspreise in der Fremdenverkehrswirtschaft. Durch niedrigere Preise in der Übergangszeit kann eine Verbesserung der Kapazitätsausnutzung erreicht werden, die das betriebliche Gesamtergebnis günstiger gestaltet.

3. **Mengenmäßig:** Die Differenzierung erfolgt nach den abgesetzten Mengen. In der Transportwirtschaft ist z. B. der Tarif umso niedriger, je größer die beförderte Menge ist. Es erfolgt eine Gruppenbildung, und die Tarifierung bezieht sich etwa auf ein Gesamtgewicht bis zu 5 t, von 5 t bis 10 t, von 10 t bis 15 t usw.

4. **Räumlich:** Räumliche Abgrenzungen kommen häufig im Export vor. Wird der Auslandsmarkt zu günstigeren Preisen beliefert, so kann dies auch dem Inlandsmarkt durch die bessere Kapazitätsausnutzung des Betriebes und die dabei sich ergebende günstigere Kostensituation zugute kommen.

Betrachtet man die Differenzierungskriterien in der geschilderten Form, dann fällt auf, dass eigentlich sowohl die zeitliche wie auch die mengenmäßige und auch die räumliche Differenzierung **Abarten** der **personellen** Differenzierung sind, weil jede eine bestimmte zeitliche, mengenmäßige oder räumliche Differenzierung in Anspruch nehmende Person oder Personengruppe einem bestimmten **Abnehmerkreis**, das Merkmal für die personelle Differenzierung, angehört. Nur wird das Merkmal „Person" bzw. „Personenkreis" auf dem Umwege über andere Bezugsgrößen gefunden.

Für das Maß der Preisdifferenzierungen ist die jeweilige Elastizität der Nachfrage auf den Teilmärkten entscheidend. Sie hängt vornehmlich von der Komplementarität und der Substituierbarkeit der Güter oder Dienstleistungen ab. **Komplementarität** liegt, wie bereits ausgeführt, vor, wenn die Verwendung eines Gutes die Verwendung eines **anderen** Gutes erfordert. Die Preisempfindlichkeit der Nachfrage steigt, je weniger Komplemente vorhanden sind; die Preisempfindlichkeit der Nachfrage sinkt, je größer die Bedeutung der Komplemente ist. **Substitutionsgüter** sind solche Güter, die einander ersetzen können. Besteht die Möglichkeit des Ersatzes, dann steigt die Preisempfindlichkeit der Nachfrage. Die Preisempfindlichkeit der Nachfrage sinkt umso mehr, je geringer die Substitutionsmöglichkeit ist.

Die Elastizität der Nachfrage beeinflussen neben Komplementarität und Substituierbarkeit der Güter die **allgemeine wirtschaftliche Lage**, die **Konkurrenzsituation**, die **Bedeutung**, welche den nachgefragten Leistungen **im Produktionsprozess** zukommt. Es wird die Nachfrageelastizität sinken, wenn sich die Wirtschaft im Aufschwung und in guter Konjunktur befindet, wenn die Konkurrenzverhältnisse gering sind und wenn das nachgefragte Gut den Prozess der Leistungserstellung maßgeblich bestimmt.

d) Die Marktform und der Preis

Mit der Skizzierung der Zusammenhänge von Kosten und Preisen bzw. von Preisen und Kosten sowie den Feststellungen zur Preiselastizität der Nachfrage (Absatzelastizität, Nachfrageelastizität), deren maßgeblicher Einfluss auf die Preisbildung besonders herauszustellen ist, sind die die Preisproblematik betreffenden Fragen nur teilweise angedeutet, da auch die Konkurrenzverhältnisse zu berücksichtigen sind, die ihren Ausdruck – zumindest teilweise – in den anzutreffenden **Marktformen** finden. Bisher jedoch wurde schon deutlich, dass es in der freien

Preisbildung nicht **einen** Preis schlechthin gibt und dass es schwierig ist, von einem „richtigen Preis" bzw. von einem „gerechten Preis" zu sprechen.

Bei allen praktischen Bemühungen der Preisfestsetzung können vor allem aus gegebenen Kostensituationen allein nur **bedingt** Schlüsse auf das unmittelbare Vorgehen, die Notwendigkeiten, die Möglichkeiten und die Grenzen in der Preisbildung gezogen werden. Viele Preise werden nicht „bestimmt", sondern ohne Dazutun des Unternehmens durch den Markt bzw. auf dem Markt gebildet, was eben auf den Einfluss der Nachfrageelastizität in den verschiedenen Formen und auf die Konkurrenzverhältnisse zurückgeht. Vor der Erläuterung der Beziehungen zwischen Marktform und Preis ist zunächst zu fragen, was unter „Markt" zu verstehen ist. Als **„Markt"** kann man jene **Beziehungen** beschreiben, welche Tauschvorgänge kennzeichnen, also das **Zusammentreffen von Angebot und Nachfrage** zum Inhalt haben.

aa) Vollkommener Markt und unvollkommener Markt

Für die Untersuchung von Marktgegebenheiten ist die Unterscheidung in **vollkommene Märkte** und in **unvollkommene Märkte** nützlich.

Der **vollkommene Markt**, eine bloß theoretische Konstruktion zur Erklärung marktlicher Zusammenhänge, die in der Wirklichkeit nicht anzutreffen ist, erfordert völlige Gleichartigkeit der auf dem Markte gehandelten Güter (**Homogenität der Güter**), die sachliche Präferenzen ausschließt, und das Zusammentreffen der Marktteilnehmer auf einem **Punktmarkt**, so dass auch **räumliche Präferenzen ausgeschlossen** sind. Bedingung des vollkommenen Marktes ist ferner vollkommene Überschaubarkeit, d. h. **Transparenz** der den Markt bildenden und verbindenden Details, und die Fähigkeit, sich **unverzüglich** an marktwirtschaftliche Änderungen **anzupassen**. Folge des Vorhandenseins eines vollkommenen Marktes ist der für einheitliche Güter bzw. einheitliche Dienstleistungen einheitliche Preis. Praktisch sind vollkommene Märkte nicht anzutreffen.

Beim **unvollkommenen Markt** ist der einheitliche Preis für eine bestimmte Güterart oder Dienstleistung zwar grundsätzlich nicht ausgeschlossen, üblicherweise kommt er jedoch nicht zustande. Die Märkte sind unvollkommen, wenn Präferenzen auftreten, völlige Markttransparenz ausgeschlossen ist, Homogenität der Güter fehlt und die unverzügliche Anpassungsgeschwindigkeit an veränderte Marktsituationen nicht möglich ist.

bb) Marktformen

Die Beziehungen zwischen Angebot und Nachfrage können allerdings auch hinsichtlich der Zahl der Marktteilnehmer aufgezeigt werden, die vielfältigster Art sein können. Dabei ergibt sich aus dem Verhältnis der einer bestimmten Zahl von Anbietern gegenüberstehenden Zahl von Nachfragern die jeweilige **Marktform**. Der Zweck einer Darstellung der Konkurrenzbeziehungen durch die Herausarbeitung von Marktformen liegt nicht nur darin, einen Überblick über die reichhaltige Skala zu geben, in welcher Angebot und Nachfrage aufeinander treffen, er besteht vornehmlich darin, durch deren Offenlegung gewisse Rückschlüsse auf das preispolitische Verhalten der Marktteilnehmer zu ermöglichen. Eine bloße Marktformenlehre gibt jedoch nur eine Grundlage für **Vermutungen**, wie sich Konkurrenzsituationen in der Praxis auf die Preisbildung auswirken. Letztlich entscheidend ist nicht die Marktform, sondern das **Marktverhalten**, wenn dieses meist auch aus Ersterer erklärt werden kann. Vertreter der modernen Theorie, insbesondere Erich Schneider, weisen auf das mögliche Auseinanderklaffen von Marktform und dem durch subjektive Handlungsweisen geprägten Marktverhalten hin, doch wird vielfach darauf hingewiesen, dass die Abweichungen zwischen Marktformen und Marktverhaltensweisen nicht überschätzt werden dürften.

Als klassisches und in der Lehrbuchliteratur mit Vorzug herangezogenes **Marktformenschema** gilt das von Stackelberg entwickelte, das (in einfachster Darstellung) je drei Gruppierungen auf der Angebots- und auf der Nachfrageseite enthält, die einander gegenübergestellt werden: die Gruppierung der vielen kleinen, der wenigen mittelgroßen und eines großen. Das daraus ableitbare Grundschema lässt die wichtigsten Beziehungsformen zwischen Anbietern und Nachfragern erkennen. In der nachstehend skizzierten Übersicht bezieht es sich auf den vollkommenen Markt; das Schema ist elastisch und im System umfassend genug, um es hinsichtlich der Gruppierung der Zahl von Anbietern und Nachfragern ebenso wie für den unvollkommenen Markt weiter auszubauen.

NACHFRAGER / ANBIETER	VIELE KLEINE	WENIGE MITTELGROSSE	EIN GROSSER
VIELE KLEINE	vollständige Konkurrenz	Nachfrageoligopol	Nachfragemonopol
WENIGE MITTELGROSSE	Angebotsoligopol	zweiseitiges (bilaterales) Oligopol	beschränktes Nachfragemonopol
EIN GROSSER	Angebotsmonopol	beschränktes Angebotsmonopol	zweiseitiges (bilaterales) Monopol

Abb. 6

Die Vielzahl der möglichen Konkurrenzbeziehungen hat ihre Extremfälle in der **vollständigen Konkurrenz** (**atomistischen Konkurrenz**), d. h. im vollkommenen Wettbewerb, der keiner Beschränkung unterworfen ist, und im **Monopol**, bei dem Konkurrenz grundsätzlich ausgeschlossen ist, weil es, um sich auf die Angebotsseite zu beziehen, nur einen einzigen Anbieter und keine Substitutionskonkurrenz gibt. Zwischen den Extremen der vollständigen Konkurrenz und des Monopols befindet sich der weite Bereich der **unvollständigen Konkurrenz**, der durch die in der schematischen Darstellung herausgearbeiteten Oligopolsituation angedeutet ist. Eine Form des **Oligopols** wäre das **Duopol** (**Dyopol**), bei dem, handelt es sich um ein Angebotsduopol, nur zwei Anbieter in Erscheinung treten.

Klar abzugrenzen von der vollständigen Konkurrenz (der atomistischen Konkurrenz) ist die **polypolistische** Konkurrenz. Das Polypol, das eine atomistische Konkurrenz auf einem **unvollkommenen Markt** darstellt und auch als monopolistische Konkurrenz bezeichnet wird, ist durch eine große Zahl (vieler kleiner)

Marktteilnehmer charakterisiert. Jeder dieser Marktteilnehmer besitzt eine Art „monopolistischer" Stellung infolge der Unvollkommenheit des Marktes, der als solcher bezeichnet wird, weil Präferenzierungen und Differenzierungen verschiedener Art existieren.

cc) Marktverhalten und Preispolitik

Nimmt man die Marktform als Ausdruck für das Marktverhalten (auf die möglichen Diskrepanzen zwischen Marktform und Marktverhalten haben wir oben hingewiesen), dann können vom Standpunkt der Preispolitik – im Wesentlichen erfolgt dabei eine Beschränkung der Betrachtungen auf die Angebotsseite – kurz und nur hinweisend folgende Bemerkungen getroffen werden:

Preispolitik bei vollständiger (atomistischer) Konkurrenz auf vollkommenen Märkten

Die Marktanteile der auf dem Markt auftretenden großen Zahl von Anbietern (und Nachfragern) sind sehr klein. Angebotene und nachgefragte Güter sind vollkommen gleichartig (homogen); es bestehen keine sachlichen und räumlichen Präferenzen (es liegt ein Punktmarkt vor). Folge vollständiger (atomistischer) Konkurrenz ist ein **einheitlicher Marktpreis**. Eine von der „Norm" abweichende Preispolitik des einzelnen Marktteilnehmers hat keine Wirkung auf die Preispolitik der Konkurrenten. Eine Preissenkung würde dazu führen, dass sich die gesamte Nachfrage auf diesen Anbieter konzentriert. Der Konzentration der Nachfrage stehen aber die begrenzten Produktionsmöglichkeiten des Anbieters entgegen. Eine Preiserhöhung durch einen Anbieter führt zur Abwanderung der Nachfrage zu den anderen Wettbewerbsteilnehmern. Sowohl für die Anbieter wie für die Nachfrager wird damit der Preis zu einer fixen Größe, zu einem Datum, das eine aktive Preispolitik ausschließt. Das anbietende Unternehmen versucht, sich mit den Gütermengen an die vorliegenden Preise anzupassen, es wird zum „Mengenanpasser". Die Frage ist, welches bei erwerbswirtschaftlicher Zielsetzung die gewinnmaximale Absatzmenge ist. Sie liegt dort, wo die Grenzerlöse gleich sind den Grenzkosten, d. h. wo die letzte der auf dem Markte verkauften Produktionseinheiten genau jenen Erlös bringt, den sie an Kosten verursacht.

Preispolitik bei atomistischer Konkurrenz auf unvollkommenen Märkten

Kennzeichen polypolistischer Konkurrenz (atomistischer Konkurrenz auf unvollkommenen Märkten) ist, dass die im Wettbewerb stehenden Güter bzw. Dienstleistungen **heterogen** sind. Heterogene Konkurrenz bedeutet, dass die Nachfrager die ihnen angebotenen Güter als **ungleich** ansehen, auch dann, wenn sie es nicht sind. Das Angebot in seinen Formen verfügt, um es mit anderen Worten zu sagen, über unterschiedliche Präferenzen. Die **Heterogenität** ist zum Teil Folge des Ansehens, das der einzelne Anbieter bei den Nachfragenden genießt (Folge der besonderen Verlässlichkeit, des besonderen Entgegenkommens und angebotener Service-Dienste), zum anderen Teil ist sie auf die äußere Aufmachung des

Angebotes, auf den Standort u. dgl. zurückzuführen. Wenn derart gekennzeichnete Heterogenität vorliegt, dann entstehen Präferenzen für einzelne der anbietenden Unternehmer, die persönlicher, örtlicher und sachlicher Art sein können. Präferenzen verhindern einheitliche Marktpreise, was das auf dem Markt als Wettbewerbsteilnehmer auftretende Unternehmen in die Lage versetzt, in bestimmten Grenzen aktive Preispolitik zu betreiben.

Diese Freiheit in der Preisfestsetzung besteht nur innerhalb einer gewissen Bandbreite, im so genannten „monopolistischen Abschnitt" des Polypolisten. Überschreitet das Unternehmen in der Preisbildung die obere Grenze des monopolistischen Abschnittes, dann beginnt es, zunächst einzelne, sodann, bei weiterer Preiserhöhung, immer mehr ihrer Kunden zu verlieren, da die Präferenzen – gemessen an den Preisvorteilen der Konkurrenzunternehmen – zunehmend wirkungslos werden. Das umgekehrte Bild ergibt sich, wenn der Verkaufspreis des Unternehmens niedriger gesetzt wird, als der untere Grenzpreis hoch ist. Bleiben die Konkurrenten bei ihren Preisen, dann werden die Kunden zu dem den unteren Grenzpreis unterschreitenden Unternehmen abwandern, anfänglich wenige, dann immer mehr.

Die Breite des Preisbandes, das den monopolistischen Abschnitt darstellt, ist von der Stärke der Präferenzen bestimmt, über die das anzubietende Unternehmen verfügt. Fehlende oder nur mangelhafte Markttransparenz, Ersetzbarkeit der angebotenen Güter durch andere Güter u. dgl. sind die das Ausmaß der Präferenzen bestimmenden Einflussgrößen. Senkt ein Unternehmen mit weniger ausgebildeten Präferenzen seine Preise, dann wird dies, zumindest anfänglich, kaum zu einer nennenswerten Verlagerung der Kundenschichten führen, da die Konkurrenzunternehmen über ausgeprägte Präferenzen verfügen. Verfügt ein Unternehmen hingegen über starke Präferenzen und befindet es sich in Konkurrenz mit Unternehmen, deren Präferenzen nicht ins Gewicht fallen, dann zieht es, wenn es den unteren Grenzpreis unterbietet, rasch die Kunden der Wettbewerbsteilnehmer an sich. Nehmen die Unternehmen mit schwachen bzw. starken Präferenzen Preiserhöhungen vor, dann ergeben sich Folgen, die sich sinngemäß aus diesen Ausführungen ableiten lassen.

Preispolitik bei oligopolistischer Konkurrenz

Es ist zwischen zweiseitigen Oligopolen, Angebots- und Nachfrageoligopolen zu unterscheiden. Die folgenden Erläuterungen beziehen sich nur auf das Angebotsoligopol. Bei der Konkurrenz der so genannten „wenigen Mittelgroßen" hat jeder einzelne Anbieter damit zu rechnen, dass seine absatzpolitischen Handlungen zu Reaktionen der anderen Anbieter führen, was das die „erste" Aktivität auslösende Unternehmen wieder zu Gegenmaßnahmen zwingt, die ihrerseits neue Reaktionen der Konkurrenz auslösen. Es besteht damit, ist eine solche Maßnahme einmal gesetzt, eine Folge von Reaktionsprozessen, die für die oligopolistische Marktform charakteristisch ist. Das Absatzvolumen und die Erfolgssituation des Oligopolisten hängt sonach von den eigenen absatzpolitischen Handlungen und jenen der konkurrierenden Unternehmen ab.

In der Oligopolsituation lässt die Kreuzpreiselastizität aufschlussreiche Feststellungen insofern zu, als die relative Mengenänderung **eines** Unternehmens auf Grund der relativen Preisänderungen bei einem **anderen** Unternehmen Urteile über die Konkurrenzverhältnisse gestattet. Um die Intensität der Konkurrenzbeziehungen zu messen, bedient man sich des sog. **Triffin'schen Koeffizienten**, indem man ansetzt:

$$\frac{\text{relative Absatzänderung des Unternehmens A}}{\text{relative Preisänderung des Unternehmens B}}$$

Es liegt auf der Hand, dass der Preispolitik bei oligopolistischer Konkurrenz Grenzen gesetzt sind, die es in dieser Art bei anderen Marktformen nicht gibt. Was hinsichtlich des vollkommenen und des unvollkommenen Marktes bei atomistischer Konkurrenz gesagt wurde, gilt im übertragenen Sinn auch für die oligopolistische Konkurrenz. In der unvollkommenen Konkurrenz besteht für die Oligopolisten ein bestimmter Bereich, innerhalb dessen er preispolitische Bewegungsfreiheit besitzt. Die Gründe für das Entstehen solcher reaktionsfreier Bereiche sind vergleichbar jenen der polypolistischen Konkurrenz: heterogene Güter, keine oder nur teilweise Markttransparenz, Präferenzen. Die Reaktionen der Nachfrage auf dem unvollkommenen Markt setzen ein, wenn die den reaktionsfreien Bereich umfassende Bandbreite verlassen wird.

Preispolitik des Monopolisten

Auch bezüglich der Stellung des Monopolisten ist zwischen vollkommenem und unvollkommenem Markt zu unterscheiden. Der vollkommene Markt schließt für den Monopolisten eine Differenzierung der Preise aus, die Möglichkeit zu einer solchen bietet nur der unvollkommene Markt. Ein Angebotsmonopol liegt vor, wenn ein **einziger** Anbieter bestimmte Güter oder Dienstleistungen auf den Markt bringt, wobei infolge der gegebenen Marktform absatzpolitisch auf Konkurrenten keine Rücksicht genommen zu werden braucht. Uneingeschränkte preispolitische Bewegungsfreiheit ist selten, weil es vollkommene Monopole infolge vorhandener Surrogatkonkurrenz kaum gibt.

Aktionsparameter des Monopolisten sind entweder der Preis **oder** die Absatzmenge. Setzt der Monopolist den **Preis** fest, so ergibt sich die mengenmäßige Nachfrage aus der Einstellung der Kunden zu diesem Preis. Setzt der Monopolist die **Absatzmenge** fest, dann bestimmt das Verhalten der Nachfragenden den der jeweiligen Absatzmenge zukommenden Preis. Man kann daher sagen, dass für jede Absatzmenge ein bestimmter Preis besteht, für jeden Preis eine bestimmte Absatzmenge. Aus der Multiplikation der jeweiligen Absatzmengen mit den ihnen entsprechenden Preisen ergibt sich die Erlöskurve in Form einer Parabel. Der Erlös erreicht sein Maximum im Scheitelpunkt der Umsatzkurve. Das Gewinnmaximum ist durch den **Cournot'schen Punkt** bestimmbar, es liegt dort, wo die Grenzerlöse gleich sind den Grenzkosten, wo also die letzte der abgesetzten Leistungen an Erlösen das bringt, was sie an Kosten auslöst.

dd) Freie, beschränkte und geschlossene Konkurrenz

Für die Beurteilung der Wettbewerbssituationen ist schließlich noch wesentlich, ob freie, beschränkte oder geschlossene Konkurrenz besteht.

Die Konkurrenz ist **frei**, wenn der Marktzugang weder für Anbieter noch für Nachfrager Beschränkungen unterworfen ist. **Beschränkte** Konkurrenz bedeutet, dass der Marktzugang von der Erfüllung verschiedener Bedingungen abhängig ist. **Geschlossen** ist die Konkurrenz, wenn ein Zugang zum Markt nicht möglich ist.

e) Preispolitische Alternativen in der Praxis

In der Praxis ist es schwierig, eine realitätsgetreue Preis-Absatz-Funktion für die verschiedenen Produkte eines Unternehmens zu ermitteln. Deswegen können die Modelle der Preistheorie vielfach nur als Orientierungshilfe dienen und müssen in ihrer Praxisrelevanz durch die Intuition und Erfahrung der preispolitischen Entscheidungsträger ergänzt werden. Für die Preisbestimmung kommen im Wesentlichen drei Ansatzpunkte in Frage: die Orientierung der Preise an den eigenen Kosten, die Ausrichtung der Preise an der Nachfrage- und Beschäftigungssituation und die Bestimmung der Preise nach der Konkurrenzlage und der jeweiligen Branchenpolitik.

Bei der **kostenorientierten Preisbestimmung** wird der Angebotspreis auf Grund einer Kalkulation der Selbstkosten (Stückkosten) zuzüglich eines erwünschten Gewinnzuschlages festgelegt. Die Höhe des Gewinnzuschlages wird von der gewünschten Umsatzrendite, der Warenumschlagshäufigkeit, dem Absatzrisiko u. Ä. abhängig gemacht. Das Verfahren ist relativ einfach zu handhaben, birgt aber die Gefahr in sich, dass sich ein Unternehmen gleichsam selbst aus dem Markt „hinauskalkuliert". Dies ist bei einem hohen Fixkostenanteil und relativ elastischer Nachfrage zu erwarten. Die Absatzmenge ist dann keine konstante Größe, sondern wird vielmehr von der eigenen Preisfestsetzung bestimmt. In diesem Falle sind ausreichende Kosteninformationen über die Höhe der Vollkosten **und** der Teilkostenstrukturen notwendig, die zur Kenntnis über die kurzfristig möglichen und langfristig notwendigen Preisuntergrenzen führen. In Abhängigkeit vom ermittelten Mindestumsatz wird so eine flexiblere Angebotspreispolitik möglich.

Die **nachfrage- und beschäftigungsorientierte Preisbestimmung** orientiert sich in erster Linie an den preispolitischen Möglichkeiten am Markt. Hier ist eine **retrograde** Kalkulation des Angebotspreises üblich. Es wird von einem am Markt zur Wahrung der Absatzchancen erzielbaren Preis je Leistungseinheit ausgegangen und überprüft, ob ein nach Abzug der Erlösschmälerungen und der variablen Kosten verbleibender Deckungsbeitrag ausreichend groß bemessen ist, dass er die Bedeckung der Fixkosten und der erwarteten Gewinnspanne erlaubt:

Bruttoerlöse
– Erlösschmälerungen

Nettoerlöse
– variable Produktions- und Vertriebskosten

Deckungsbeitrag

Die Kalkulation kann auch **progressiv** je Leistungseinheit erfolgen. Dann werden zunächst die variablen Kosten (Grenzkosten) eines Produkts oder Auftrags ermittelt. Auf sie wird nachfrageabhängig ein fester Zuschlagsbetrag aufgeschlagen, der als Beitrag zur Abdeckung der Fixkosten und als Gewinnzuschlag zu verstehen ist. Werden auf diese Summe die Erlösschmälerungen (in Hundert) aufgeschlagen, gelangt man zum Bruttoverkaufspreis:

	variable Produktions- und Vertriebskosten
+	nachfrageabhängiger Zuschlag für Fixkosten und Gewinn
	Nettopreis
+	Erlösschmälerungen (i. H.)
	Bruttopreis

Für beide Verfahren sind gleichermaßen die Höhe der fixen Kosten, die Beschäftigungslage und der angestrebte Gewinn in der Planungsperiode von Bedeutung. Diese Größen gehen in die **Gewinnschwellenanalyse** (**Break-even-Analyse**) ein, die den **Mindestumsatz** berechnen lässt, der ausgehend von den preispolitischen Möglichkeiten am Absatzmarkt zur Abdeckung der Fixkosten und der Gewinnerwartung notwendig ist.

Die **konkurrenz- und branchenorientierte Preisbestimmung** orientiert sich an einem **Leitpreis**, der von einem Branchenführer vorgegeben wird oder sich als Durchschnittspreis in einer Branche ergibt. Es besteht keine feste Relation zwischen Preis und Nachfrage oder zwischen Preis und Kosten. Dieser Leitpreis kann geringfügig über- oder unterschritten werden, er wird im Wesentlichen jedoch beibehalten, auch wenn die eigene Kosten- bzw. Nachfragesituation sich verändert. Erst bei Änderung des Leitpreises wird wieder unabhängig von der eigenen Kosten- und Nachfrageentwicklung eine Preisveränderung durchgeführt. Somit wird auf eine aktive Preispolitik verzichtet. Dies geschieht im Hinblick auf den geringen Marktanteil und auch im Hinblick auf eine erwünschte Risikominimierung. Die Orientierung am Leitpreis löst keinen Preiskampf aus.

Die aufgezeigten preispolitischen Alternativen sind in der Praxis mit konkreten **preispolitischen Strategien** verbunden, die eng mit der Präferenzpolitik eines Unternehmens verknüpft sind. Die Strategie des **preispolitischen (kalkulatorischen) Ausgleichs** ist durch eine Mischkalkulation gekennzeichnet. Preisentscheidungen werden prinzipiell im Hinblick auf ein ganzes Produktsortiment und nicht allein für ein einzelnes Produkt getroffen. Dies ermöglicht „Lockvogelangebote", um die Attraktivität des eigenen Unternehmens zu erhöhen. Verluste, die bei diesen Produkten hingenommen werden müssen oder bewusst geplant werden, werden durch andere Produktbereiche („Gewinnbringer") ausgeglichen. Im Sinne der Preisdifferenzierung besteht auch die Möglichkeit eines zeitlichen preispolitischen Ausgleichs. Eine andere Strategie wird mit der **Penetrationspreispolitik** verfolgt. Mit relativ niedrigen Preisen sollen schnell große Märkte erschlossen werden. Die erwarteten großen Absatzmengen lassen wieder niedrige Stückkosten erreichen. Außerdem sollen mit dieser Politik allfällige Mitbewerber abgeschreckt werden. Bei der **Abschöpfungspreispolitik** hingegen wird in der Einführungsphase eines Produkts ein relativ hoher Preis abverlangt. Er lässt sich mit niedrigen Stückzahlen in der Produktion, mit allfälligen Forschungs- und Entwicklungskosten, aber auch mit dem Ziel der Abschöpfung einer Konsumrente (bestimmte Käuferschichten akzeptieren hohe Preise für neuartige Güter) rechtfertigen. Mit zunehmender Markterschließung und mit erkennbarem Wettbewerbsdruck wird dann der Preis schrittweise gesenkt. **Prämienpreise** sind hohe Preise, die mit einer gleichfalls hohen Produktqualität verbunden sind und im Sinne einer Präferenzpolitik eingesetzt werden, die gezielt auf Exklusivität ausgerichtet ist (z. B. Luxusautos, Parfüms). Hingegen sind **Promotionspreise** niedrige Preise, mit welchen bewusst das Erscheinungsbild eines Niedrigpreisgeschäfts entwickelt werden soll.

3. Produkt- und sortimentspolitische Maßnahmen

Das Produktprogramm und die vom Unternehmen erbrachten Dienstleistungen sind letztendlich Gegenstand des marktwirtschaftlichen Leistungsaustausches. Die Produkt- und Sortimentsgestaltung bildet somit eine wesentliche Grundlage für die Gestaltung der Marketing-Konzeption. Die Wahl der Produkte wirkt sich beispielsweise auf die Absatzwege, die absatzfördernden Maßnahmen, die Werbemedien und -botschaften aus. Die Produktpolitik ist eine Variable, die die Marktposition des Unternehmens direkt mitbestimmt. Entscheidungen über die Breite und Tiefe des Produktions- und Leistungsprogrammes stehen in engem Zusammenhang mit den Interessen der Käufer. In der Praxis ist zu erkennen, dass der Qualitätswettbewerb sehr oft an die Stelle des Preiswettbewerbs tritt, dass ein langfristiges Unternehmenswachstum und ausreichende Gewinnmöglichkeiten nur über Produkt**innovationen** (Entwicklung und Markteinführung neuer Produkte) zu erzielen sind, dass die wirtschaftliche Lebensdauer der Produkte z. B. infolge des technischen Fortschritts oder einer wachsenden Kaufkraft zunehmend sich verkürzt und dass die Gefahr eines Produktmisserfolges mit hohen finanziellen Belastungen verbunden ist. Wie die Produktinnovation, so sind auch die Entscheidungen zur Produkt**variation** (Veränderung von Eigenschaften bereits produzierter und am Markt eingeführter Produkte), zur Produkt**elimination** (Ausscheiden von Produkten im Zuge systematischer Programmbereinigungen, zumeist aus Rationalisierungsüberlegungen) und zur Produkt**diversifikation** (Vermehrung der angebotenen Produktgruppen durch Aufnahme andersartiger Erzeugnisse oder Dienstleistungen) von tragender Bedeutung für das Unternehmen.

Von der systematischen Planung des Produktions- und Leistungsprogrammes hängt es ab, ob ein Unternehmen langfristig Erfolg erzielen kann. Hilfsmittel für die Produkt- und Sortimentsgestaltung sind unter anderem Lebenszyklusanalysen, Verfahren zur Entwicklung von Produktideen und deren Bewertung sowie Programmstrukturanalysen.

a) Analyse des Produktlebenszyklus

Produkte weisen eine begrenzte Lebensdauer auf und durchlaufen während ihrer Präsenz am Markt bestimmte Phasen. Ähnlich wie bei Lebewesen spricht man daher auch von einem **Produktlebenszyklus**. Es handelt sich üblicherweise um fünf deutlich von einander abgrenzbare Phasen (Stadien), die durch einen typischen Kosten-, Umsatz- und Gewinnverlauf gekennzeichnet sind:

1. In der **Produktentwicklungsphase** sind zunächst (a) möglichst viele und gute **Produktideen** zu entwickeln. Aus den gewonnenen Ideen sind (b) jene zu selektieren, die mit den Unternehmenszielen und den Möglichkeiten des Unternehmens harmonieren können; die anderen Ideen sind zu verwerfen oder zurückzustellen. Sodann sind (c) die Auswirkungen jeder neuen Produktidee auf Umsatz, Kosten und Gewinn zu untersuchen (Wirtschaftlichkeitsanalysen). In der Folge (d) werden einzelne Produkte zu Testzwecken hergestellt und auch einzelnen Markttests unterzogen. Als **Produkttest** ist die Prüfung oder Erprobung von Waren (Testwaren) durch qualifizierte Personen oder Institutionen (Testpersonen oder Prüfanstalten) im Rahmen einer systematischen Erhebung zu verstehen, deren Ziel die Gewinnung von Informationen über objektive und/oder subjektive Wirkungen eines Produktes ist. Als **Markttest** wird der probeweise Verkauf von Erzeugnissen unter kontrollierten Bedingungen in einem begrenzten Markt unter Einsatz ausgewählter oder sämtlicher Marketinginstrumente bezeichnet. Einerseits sollen Grundinformationen zur Prognose des Absatzvolumens gewonnen werden, andererseits soll die Wirksamkeit der eingesetzten Marketinginstrumente getestet werden. Der Testmarkt kann seine Aufgabe nur dann erfüllen, wenn er für den Gesamtmarkt repräsentativ erscheint. Können der technische Erfolg und der Markterfolg eines Produktes auf Grund der vielfältigen Prüfungsprozesse als hinreichend gesichert angesehen werden, sind die weiteren Marketing-Konzepte zu erstellen und in ihrer erwarteten Wirkung zu prüfen, bevor das eigentliche Einführungsprogramm für das neue Produkt (= Kommerzialisierung) eingeleitet wird. Mit der Markteinführung beginnt der eigentliche Lebenszyklus des Produktes. Kennzeichnend für die Produktentwicklungsphase sind ein hoher Anteil an Forschungs- und Entwicklungskosten und eine darauf abgestimmte Investitionstätigkeit mit daraus resultierenden Fixkostenbelastungen. Da noch keine Umsätze entstehen, ist die Kapitalbindung sehr hoch.

2. In der **Einführungsphase** geht es darum, das Produkt mit Hilfe der Preispolitik, der Kommunikationspolitik und auch der Distributionspolitik den Käuferzielgruppen nahe zu bringen und allfällige Kaufwiderstände auf der Verbraucherseite zu überwinden. Da die Umsätze zu Beginn noch gering, die Kosten der Produkteinführung hingegen sehr hoch sind, muss in dieser Phase mit Verlusten gerechnet werden. Die Kapitalbindung steigt weiter an. Die Länge der Einführungsphase kann sich auf einige wenige Wochen beschränken, sie kann aber unter Umständen auch mehrere Jahre dauern. Sie kann von der Kompliziertheit des Produktes, von seinem Neuigkeitswert, vom Grad der Übereinstimmung mit der Bedarfsstruktur der Käufer, aber auch von der Existenz eines Konkurrenzproduktes abhängen.

3. In der **Wachstumsphase** setzt eine stärkere Nachfrage ein. Die in der Einführungsphase eingeleiteten Maßnahmen zur Nachfrageentwicklung zeigen nun eine deutliche Wirkung, die Umsätze steigen an, und erste Gewinne ent-

stehen, da die Umsatzerlöse die laufenden Kosten übersteigen. Die Gewinn-situation verbessert sich laufend. Wird das Marktpotential als vorteilhaft ein-geschätzt und sind die Erfolge vielversprechend, so werden in dieser Phase Konkurrenten animiert, das neue Produkt nachzuahmen. Sie differenzieren ihre Erzeugnisse in der Form, in der technischen Ausführung oder in der Qualität bzw. verändern deren Preis und gewinnen auf diese Weise neue Käu-ferschichten. Daher müssen in dieser Situation vermehrte Vertriebsanstren-gungen unternommen werden, die Vertriebskosten sind zumeist sehr hoch.

4. In der **Reifephase** ist das Produkt bei den meisten potentiellen Käufergrup-pen akzeptiert worden, es ist allseits bekannt, gegenüber der Konkurrenz konnten die Marktanteile gefestigt werden. Die Gewinnsituation ist zufrieden stellend. In dieser Phase kommt der Verpackungspolitik und den vielfältigen Formen der Verkaufsförderung eine große Bedeutung zu. Auch wird es not-wendig sein, durch Produktvariationen einen gewissen Neuigkeitswert zu signalisieren (z. B. bei relevanten Modetrends). Es gilt, einen weiteren Um-satzanstieg (wenn auch nur mehr leicht ansteigend) zu sichern. Wegen hiezu notwendiger relativer Preisermäßigungen oder wegen der Kosten der Ver-kaufsförderung und der Produktvariation bleiben die Gewinne bereits relativ konstant. Spätestens in dieser Phase muss mit der Entwicklung und dem Auf-bau eines neuen Produktes begonnen werden. Lange Forschungs- und Ent-wicklungszeiten bedingen einen frühzeitigen Beginn dieser Arbeiten, also bereits in Phase 2 oder 3 des derzeit am Markt vertriebenen Produkts.

5. In der **Rückgangs- oder Sättigungsphase** stagniert die Nachfrage, Marktsät-tigung zeichnet sich ab. Zur Belebung der Nachfrage müssen Preissenkungen ins Auge gefasst werden. Die Gewinnsituation verschlechtert sich, da immer mehr Konkurrenten auf den Markt drängen und Marktanteile schwinden. Weitere Ursachen für den Nachfragerückgang können der technologische Fortschritt und daraus folgende Veränderungen in der wirtschaftlichen Nut-zung des Produkts sein. Vertriebsanstrengungen lohnen sich dann nicht mehr, das Produkt wird letztlich bewusst vom Markt genommen, oder es lässt sich nicht mehr verkaufen bzw. es „versteinert", d. h., es verbleibt in unbedeuten-den Mengen am Markt.

Dem Lebenszyklus-Konzept liegen keine Gesetzmäßigkeiten zugrunde, sodass daraus keine eindeutigen Empfehlungen für die Produkt- und Sortimentspolitik abgeleitet werden können. Der Übergang von einer Phase in die nächste Phase des Lebenszyklus ist fließend, und daher ist es für die Entscheidungsträger allen-falls schwierig, den gegenwärtigen Status eines Produktes eindeutig in diesem Zyklus-Konzept zu positionieren. Auch ist der Zeitpunkt schwer zu bestimmen, wann ein Produkt von einer Phase in die nächste Phase wechseln wird. Es lassen sich aus dem Lebenszykluskonzept aber Anregungen für die grundlegende geis-tige Durchdringung von Problemstellungen gewinnen, die mit der zeitlichen Ent-wicklung der Prozesse der Markteinführung von Produkten und deren weiterer Vermarktung zusammenhängen.

b) Entwicklung der Produktideen und deren Bewertung

Bei der Neuplanung von Produkten stehen die Ideengewinnung, die Ideenprüfung und die Ideenverwirklichung im Mittelpunkt. Zunächst muss eine Phase der kreativen Ideenfindung dominieren. Nach allgemeinen Erfahrungssätzen eignen sich bis zu 95 % der vorgeschlagenene Produktideen nicht für eine Markteinführung. Daher ist es notwendig, so viele Ideen wie möglich zu sammeln. Man kann zwischen zwei verschiedenen **Verfahrensweisen zur Ideengewinnung** unterscheiden:

1. **Diskursive Verfahren** sind systematische Ideensuchverfahren auf der Grundlage logischer Denkprozesse. Hiezu zählen z. B. der Fragenkatalog und die Funktionsanalyse. Beim Fragenkatalog wird zunächst ein (bestehendes) Produkt des eigenen Unternehmens oder der Konkurrenz hinsichtlich seiner Verwendungsmöglichkeiten, seiner Konstruktion, des verwendeten Materials usw. beschrieben. Durch gezielte Analyse der einzelnen Produktelemente und -funktionen (z. B. andere Verwendungsmöglichkeiten, Nutzeneffekte, technologische Möglichkeiten) versucht man nun, Anhaltspunkte für neue Ideen zu finden. Ähnlich wird in der Funktionsanalyse vorgegangen. Hier werden alle Eigenschaften, Ausprägungen und Merkmale eines Produktes schriftlich festgehalten. Die Ideenerzeugung erfolgt durch systematische Veränderung einer oder mehrerer Eigenschaften. Somit hängt die Qualität der neuen Ideen unmittelbar vom Gehalt früherer Ideen ab.

2. **Intuitive Verfahren** zielen auf die assoziationsgebundene Neuschöpfung von Ideen ab und werden auch als Kreativitätstechniken bezeichnet. Hier sind vor allem das Brainstorming (bzw. Brainwriting) und die Synektik hervorzuheben. Ziel des **Brainstorming** ist es, eine Gruppe von 6 – 12 Personen zu ermutigen, in einem bestimmten, eher kurz bemessenen Zeitrahmen frei und ungehemmt eine möglichst große Anzahl von Ideen zu produzieren, wobei die dabei entstehenden Assoziationen zur Neuentwicklung und qualitativen Steigerung der Vorschläge führen sollen. In dieser Kreativitätsphase darf keine Kritik geübt werden. Erst nach Beendigung des „konstruktiven Spinnens" darf mit der Analyse und Bewertung der Vorschläge begonnen werden. Beim Brainwriting wird ein ähnlicher Weg, jedoch in schriftlicher Form, gewählt. Bei der **Synektik**-Methode werden die Mitglieder einer Gruppe zunächst mit einer Problemstellung vertraut gemacht. Sodann wird versucht, mit dem Mittel einer systematischen Verfremdung des Problems (d. h. durch bewusste Verlagerung des Problems in einen anderen Wesens- oder Anwendungsbereich) zu erkennbaren Problemlösungsmöglichkeiten zu gelangen. Die systematische Verfremdung erfolgt entweder mit Hilfe der direkten Analogie (z. B. Übertragung des Problems „Regenschutz" in den Bereich der Biologie), der persönlichen Analogie (die Synektiker sollen sich gedanklich in den gesuchten Gegenstand versetzen) oder mit der symbolischen Analogie (Entwerfen von Wortassoziationen zum gestellten Problem). Die Ideenerzeugung erfolgt durch unmittelbare oder mittelbare Übertragung der Analogien auf die eingangs formulierte Problemstellung.

Bei der Grob- oder Vorauswahl von Produktideen werden mehrheitlich **qualitative** Kriterien den Ausschlag geben, da es an der entsprechenden Datenbasis für quantitative Wirtschaftlichkeitsrechnungen noch fehlt. Um zu einer umfassenderen Gesamtbewertung von Produktideen zu gelangen, wird üblicherweise ein gewichtetes **Punktbewertungsmodell („Scoring-Modell"** oder **„Screening")** angewendet, das im Prinzip einer Nutzwertanalyse gleichkommt. Es umfasst die Elemente Markttragfähigkeit (erforderliche Absatzwege, Beziehung zur bestehenden Produktgruppe, Konkurrenzverhältnisse, preisliche Möglichkeiten, Einfluss auf den Umsatz der alten Produkte), Lebensdauer (Haltbarkeit, Marktbreite, Saisoneinflüsse, Exklusivität), Produktionsmöglichkeiten (benötigte Produktionsmittel, Personal, Rohstoffe, Energie) und Wachstumspotential (Marktstellung, Markteintritt, erwartete Zahl von Käufern, Verbrauchern usw.).

Die nach der Grobauswahl verbleibenden Produktkonzeptionen werden dann einer detaillierten **Wirtschaftlichkeitsanalyse** unterzogen. In dieser Stufe ist es notwendig, möglichst genaue Informationen über die Umsatz-, Gewinn- und Wachstumschancen einer Produktidee zu erhalten. Auf der Grundlage all dieser Informationen ist dann zu entscheiden, ob und zu welchem Zeitpunkt die Produktidee in die Ideenverwirklichungsphase weitergeleitet wird.

Für alle Teilschritte der Ideengewinnung und -bewertung stellt sich die Frage nach den **Informationsquellen**. Den unternehmensinternen Quellen ist ebenso große Bedeutung beizumessen wie den unternehmensexternen Quellen. Zu den unternehmensinternen Quellen zählen z. B. die Forschungs- und Entwicklungsabteilung, die Marktforschungsabteilung, die Vertriebsorganisation (insb. die Kundenbetreuer), die Produktionsabteilung und der technische Dienst, die periodisch oder projektbezogen in den Ideenfindungsprozess eingebunden werden. Auch das innerbetriebliche Vorschlagswesen gehört hiezu. Zu den unternehmensexternen Quellen zählen z. B. Messen, Kongresse, Symposien, Veröffentlichungen in Fachzeitschriften, Marktforschungsberichte, Anregungen von Unternehmensberatern, Werbeagenturen und langfristige technologische Vorhersagen.

c) Analyse von Programmstrukturen

In unserer Wirtschaft dominieren die Mehrproduktunternehmen. Daher muss das Lebenszykluskonzept für ein Produkt mit jenen anderer Produkte kombiniert und zu einem umfassenderen Konzept für eine (Produkt- bzw. Leistungs-)**Programmstruktur** ausgebaut werden. Eine Analyse der Programmstruktur soll mehrere Dimensionen umfassen. Das Ziel der Produkt- und Sortimentspolitik eines Unternehmens muss es sein, eine vom Altersaufbau her ausgewogene Programmzusammensetzung zu entwickeln und in der Folge zu erhalten. Dies hat durch eine Analyse der **Altersstruktur** aller im Produktprogramm enthaltenen Produkte zu geschehen. Es ist weiters bekannt, dass mit einem relativ geringen Anteil der Produktionskapazität ein vergleichsweise hoher Umsatz erzielt wird. Im Handel sind Aussagen der Art, dass mit etwa 20 % des Sortiments rund 80 % des Umsatzes erzielt werden, keine Seltenheit. Es ist daher eine Analyse der **Umsatzstruktur** vorzunehmen. Dies kann z. B. mit der **ABC-Analyse** geschehen. Das Produktprogramm bzw. Sortiment wird zumindest in drei Gruppen untergliedert. Der A-Gruppe werden jene Produkte zugeordnet, die beispielsweise 70 % des Umsatzes ausmachen und damit für den Erfolg des Unternehmens am wesentlichsten erscheinen. Der B-Gruppe werden jene Produkte zugeordnet, die weitere 20 % des Umsatzes ausmachen. Der Rest der Produkte wird der C-Gruppe zugeordnet, und es ist hier vordringlich nach der Sinnhaftigkeit des Verbleibs dieser Gruppe im Produktprogramm zu fragen. Es kann sich um „Ladenhüter" handeln, die zu eliminieren wären, aber auch um allenfalls ergänzend notwendige Produkte. Analog ist in der Analyse der **Kundenstruktur** vorzugehen. Sie bringt zum Ausdruck, wie sich der Gesamtumsatz und die Verkaufsmenge nach Aufträgen bzw. Kundengruppen zusammensetzen. Die Analyse der **Deckungsbeitragsstruktur** ergänzt die bisher erwähnten Analysen um die Erfolgkomponente für einzelne Erzeugnisse und Produktgruppen und liefert Grundinformationen über die optimale Zusammensetzung des Produktionsprogrammes bzw. des Sortiments im kurzfristigen (operativen) Bereich.

4. Kommunikationspolitische Maßnahmen

Es ist für die Kommunikationspolitik kennzeichnend, dass durch sie die Produkte und Dienstleistungen weder substantiell noch funktionell verändert werden können. Es kann nur die Einstellung von Abnehmern und deren Vorstellungen vom Angebot eines Anbieters beeinflusst werden. Zum einen sind kommunikative Maßnahmen geeignet, die **Aufnahme** (Perzeption) der Marketingleistung zu verändern. Die Kommunikationspolitik trägt so zur besseren Positionierung des Angebotes bei, wobei die werbliche Positionierung vor allem bei jenen Produkten von Bedeutung ist, die sich von der Sache her nur unwesentlich voneinander unterscheiden. Zum anderen kann durch kommunikative Maßnahmen die **Beurteilung** der Marketingleistung modifiziert werden (z. B. Hinweis auf die ökologische Unbedenklichkeit eines Produkts). Ein Anbieter wird vor allem jene Aspekte in den Vordergrund rücken, bei welchen ein Vorsprung gegenüber der Konkurrenz realistisch erscheint.

Für die Gestaltung der Kommunikationsprozesse ist folgende „Kommunikationsformel" von Interesse: Wer (Unternehmen oder von ihm beauftragte Agentur) sagt was (Botschaft) über welchen Kommunikationskanal (Werbeträger, Verkäufer) zu wem (Zielperson, Zielgruppen) mit welcher Wirkung (Kommunikationserfolg, realisierte Käufe, Image, Einstellung).

a) Die Werbung

Die **Werbung** umfasst alle Maßnahmen, die zielgerichtet das Verhalten von Menschen durch die Schaffung von Präferenzen auf Grund des Einsatzes besonderer Kommunikationsmittel beeinflussen sollen. Die Ziele der Werbung können auf einzelne betriebliche Funktionen oder auf das ganze Unternehmen bezogen sein. Im Falle der Ausrichtung auf einzelne betriebliche Funktionen ist vor allem zwischen **Beschaffungswerbung** und **Absatzwerbung** zu unterscheiden. Mit der Beschaffungswerbung soll die Attraktivität, beliefert zu werden, erhöht werden (z. B. Anstrengungen, um eine Generalvertretung zu erhalten). Mit der Absatzwerbung ist eine Information mit dem Ziel der Akquisition verbunden, die Attraktivität für Absatzkontrakte soll gefördert werden. Ist die Werbung auf den gesamten Betrieb bezogen, kann sie zunächst auf den eigenen Mitarbeiterstab bezogen sein (**Human Relations**). Sie ist dann durch die Schaffung, Beeinflussung und Pflege zwischenmenschlicher Beziehungen im Betrieb (z. B. Arbeitsklima, freiwillige Sozialleistungen) auf die Erhöhung der Attraktivität des Betriebes aus der Sicht der Mitarbeiter ausgerichtet und soll motivationsfördernd sein. Ist sie auf die Schaffung, Beeinflussung und Pflege der Beziehungen eines Unternehmens zur Öffentlichkeit zur Förderung des Meinungsbildes über das Unternehmen ausgerichtet, liegen **Public Relations** vor. In der Praxis ist der Begriff Werbung in der Regel auf die **Absatzwerbung** beschränkt.

Gelegentlich werden auch die Begriffe Reklame und Propaganda gebraucht, die früher oft gleichbedeutend mit Werbung Verwendung fanden. R. Seyffert sieht **Reklame** als Massenbeeinflussung (Mengenumwerbung) im Gegensatz zur Einzelumwerbung (z. B. durch einen persönlichen Werbebrief oder ein Werbegespräch) an. Durch den Einsatz „marktschreierischer" Werbemittel und -methoden wird Reklame heute oft abwertend im Sinne einer übertriebenen, unwahren Anpreisung von Waren verstanden. Als **Propaganda** ist die Massenbeeinflussung auf politischem und weltanschaulichem Gebiet zu verstehen. Das Wort wird gelegentlich auch im Sinne von Werbung gebraucht, wenn von der „Mundpropaganda" (Werbung durch das Gespräch von Leistungsabnehmern untereinander) gesprochen wird

Die **Aufgaben (Funktionen)** der Werbung sind vielfältig:

1. Vermittlung allgemeiner Aussagen (z. B.: „Esst mehr Obst").

2. Unterrichtung (Information) über Leistungsbereitschaft, Eigenart der Leistungen und deren Abgeltung (dabei muss der Grundsatz der Wahrheit beachtet werden) mit dem Ziel, die Markttransparenz zu erhöhen.

3. Bedarfsweckung für völlig neuartige Leistungen oder um neue Käuferschichten anzusprechen.

4. Angleichung der Bedürfnisse an die Produktions- und Liefermöglichkeiten.

5. Intensivierung des Bedarfes, damit durch Erhöhung der Kaufintensität eine Umsatzsteigerung resultiert (die Werbung soll die Rechtfertigung und Veranlassung für Modewechsel oder Produktvariationen liefern).

6. Auslesefunktion mit dem Ziel, den Marktanteil zu vergrößern. Dies kann dazu führen, dass nicht die Leistungsqualität oder der Preis ausschlaggebend werden, sondern die Wirksamkeit der Werbung (Werbekonkurrenz).

7. Repräsentation, um die Leistungsfähigkeit des Unternehmens zu dokumentieren (z. B. Präsenz auf Messen, Kongressen).

Hinsichtlich der **Arten der Werbung** ist folgende Systematisierung möglich: Nach den **primären Zielen** der Werbung ist zwischen **Einführungswerbung** (erstmalige Werbung für ein Produkt), **Expansionswerbung** (zur Steigerung des Umsatzes oder des Marktanteils), **Erhaltungs- oder Erinnerungswerbung** (Erhaltung des Bekanntheitsgrades, um Umsatzrückgänge zu vermeiden) und **Reduktionswerbung** (Verlagerung des Absatzes eines Produkts im Zeitablauf oder im Verkaufsprogramm) zu unterscheiden.

Nach der **Zahl der Werbenden** ist zwischen **Einzelwerbung** (Alleinwerbung) und **Kollektivwerbung** zu unterscheiden. Bei der Einzelwerbung betreibt ein Anbieter für seine Produkte allein Werbung. Sie ist die gebräuchlichste Form der Werbung. Die Kollektivwerbung ist in **Gemeinschaftswerbung (Verbandswerbung)** und **Sammelwerbung** weiter zu untergliedern. Gemeinschaftswerbung wird für einen ganzen Wirtschaftszweig betrieben, die einzelnen kooperierenden Unternehmen treten nicht namentlich hervor, die Werbung wird auch oft von den entsprechenden Wirtschaftsverbänden vorgenommen (z. B. Werbung für Brot und Gebäck). Bei der Sammelwerbung erscheinen die Firmen aller beteiligten Partner im gewählten Werbemittel (z. B. Werbung für bestimmte Schuh- und Bekleidungsmarken). Die Kollektivwerbung soll ein höheres Maß an Aufmerksamkeit für ein gemeinsames Anliegen bewirken oder ist als Vorstufe für eine folgende Einzelwerbung gedacht.

Nach der **Zahl der Umworbenen** wird zwischen **Einzelumwerbung (Direktwerbung,** die auf persönliche Interessen bezogen und individuell gestaltet ist) und **Mengenumwerbung** (an eine Vielzahl namentlich nicht bekannter Wirtschaftssubjekte, z. B. Autofahrer, Touristen) unterschieden. Die **Stellung der Werbetreibenden** im folgenden Verteilungsprozess lässt zwischen **Herstellerwerbung** (Produktinformation mit eher langfristigen Zielsetzungen) und **Handelswerbung** (mit dem Ziel, kurzfristig Umsatz zu erzielen) unterscheiden.

Hinsichtlich der **Werbeobjekte** ist eine Unterteilung in **Produktwerbung, Dienstleistungswerbung** und **Unternehmenswerbung** (Firmenwerbung) möglich. Bei der Produkt- und Dienstleistungswerbung wird die einzelne Leistung in den Vordergrund gerückt, bei der Unternehmenswerbung ist die Werbung primär auf die gesamte Leistungspalette eines Unternehmens abgestellt und soll „Goodwill" erzeugen. Diese Form wird von Handelsbetrieben mit großen Sortimenten und von Produzenten von Investitionsgütern immer häufiger angewendet.

Nach der mit der Werbung **beabsichtigten Wirkung** ist zwischen **Informationswerbung** und **Suggestivwerbung** zu unterscheiden. In der Informationswerbung treten objektive Informationen wie Produkteigenschaften, technische Details, Preise, Zahlungsbedingungen und Garantiebestimmungen in den Vordergrund. Die Suggestivwerbung richtet sich an das Emotionale beim Werbeadressaten, durch sie sollen versteckte und/oder unterdrückte Gefühle freigesetzt werden (z. B. „Duft der großen weiten Welt", „XY wäscht weißer als weiß").

Aus der **Wirkung der Werbung für den Absatz** leitet sich die Unterscheidung zwischen **intensiver (dominanter)** Werbung und **extensiver (akzidentieller)** Werbung ab. Im ersten Fall hängt der Absatz wesentlich von der Werbung ab, je größer die Zahl der potentiellen Verkäufer ist, desto höher muss die Werbeintensität sein (z. B. Versandhaus). Der zweite Fall ist bei Unternehmen mit einem relativ festen Käuferkreis gegeben, wo die Werbemaßnahmen sich nicht wesentlich auf die Absatzbedingungen auswirken. Dies ist etwa bei kleinen Einzelhandelsgeschäften gegeben, wenn sie Schaufensterwerbung betreiben, oder bei Unternehmen der Investitionsgüterindustrie, die mit ihren Spezialprodukten hinlänglich bekannt sind. Dann wird Werbung meist nur für allgemeine Aussagen und für Repräsentation eingesetzt. Schließlich läßt die Form der **psychologischen Ausgestaltung** der Werbung eine Differenzierung zwischen **überschwelliger** Werbung (die der Umworbene bewusst wahrnimmt) und **unterschwelliger** Werbung (die lediglich das Unterbewusstsein ansprechen und zu bestimmten Handlungen veranlassen soll) zu.

Im Hinblick auf die **Umsatzentwicklung** im Unternehmen und auf die **gesamtwirtschaftliche** Entwicklung wird zwischen prozyklischer und antizyklischer Werbung unterschieden. Bei der **prozyklischen** Werbung steht der Werbeaufwand in einem festen Verhältnis zum Umsatz eines Unternehmens, bei steigendem Umsatz wird mehr, bei fallendem Umsatz wird weniger geworben. Bei der **antizyklischen** Werbung entwickelt sich der Werbeaufwand gegenläufig zur Umsatzentwicklung, die Werbung wird also als konjunkturpolitisches Mittel eingesetzt. Sie wird etwa intensiviert, um einer Rezession entgegenzuwirken, und in einer Zeit der Hochkonjunktur entsprechend vermindert.

Als **Werbemittel** kommen persönliche Werbemittel (z. B. Werbevortrag, Demonstrationen), die Schrift- und Bildwerbung (in Form von Drucksachen, Plakaten, Leuchtreklame, Fernseh- und Rundfunkwerbung, Anzeigen in Zeitschriften, Rundschreiben, Prospekten), gegenständliche Werbemittel (wie Schaufenstergestaltungen, Proben, Modelle, Werbegeschenke) und sonstige Werbemittel oder Werbehilfen (die neben der Werbung auch anderen Zwecken dienen, wie z. B. Beschriftung von Lieferwagen, Briefpapier, Etiketten) in Frage. Für den Einsatz der Werbemittel gelten folgende Grundsätze: Das Werbemittel soll durch seine Art und Beschaffenheit eine möglichst große Aufmerksamkeitswirkung erzielen. Dabei soll eine möglichst nachhaltige Wirkung erreicht werden. Es muss denjenigen ansprechen, für den es bestimmt ist. Die Kombination mehrerer Werbemittel ist sorgfältig abzustimmen („Verkettung" mehrerer Werbemittel durch äußere Erscheinung, zeitliche Abfolge im Einsatz und räumliche Verteilung).

Werbeträger sind hingegen Gegenstände, Personen und Einrichtungen, durch die die Werbemittel gestreut und an die jeweilige Zielgruppe herangetragen werden (Streumedien). Als solche eignen sich beispielsweise Zeitungen, Zeitschriften, Bücher, Plakatwände, Innen- und Außenwände von Gebäuden und Rundfunk- und Fernsehanstalten. Die Werbeforschung untersucht die Werbewirkung der Werbeträger, meist in Verbindung mit der Analyse der Werbemittel. Werbemittel (z. B. Anzeige) und Werbeträger (z. B. Zeitung) sollten also nicht miteinander verwechselt werden.

Der Prozess der **Werbung** läuft in drei grundsätzlichen **Phasen** ab: Werbeplanung, Werbedurchführung und Werbewirksamkeitskontrolle. Ausgangspunkt der **Werbeplanung** ist die Festlegung der **Werbeziele** nach inhaltlichen, quantitativen, zeitlichen, räumlichen und persönlichen Dimensionen, und zwar abhängig von der **Werbeintensität** des Unternehmens (je intensiver geworben werden soll, desto genauer müssen die Werbeziele festgelegt werden). Der Katalog der Werbeziele reicht von der **Bekanntmachung** von Produkten (Erlangung, Erhaltung, Erhöhung des Bekanntheitsgrades eines Produkts) hin zur **Information** über Produkte (Funktion, Einsatzmöglichkeiten, Kosten-Nutzen-Verhältnis), zur **Stärkung des Vertrauens** in das Produkt und das Unternehmen (Imageverbesserung, Schaffung von Präferenzen, Vermeidung von kognitiven Dissonanzen) und zur **Unterstützung der Absatzchancen** (Aufbau einer „Unique Selling Proposition" – USP –, Argumente für den Kaufentschluss, zeitliche Abstimmung der Werbung mit den anderen Marketingmaßnahmen). An die Festlegung der Werbeziele schließt sich die Festlegung der Aktionsparameter für die Zielerfüllung an. Die **Werbekonzeptionsplanung** zeigt deren Grundstruktur auf. Wichtigster Teil ist die Festlegung der Objekte, für die geworben werden soll, und deren Rangstellung (**Werbeobjektplanung**). Daraus folgen die **Werbemittelplanung** (Bestimmung der Werbemittel), die **Werbeträgerplanung** (Bestimmung der einzusetzenden Werbeträger) und die **Werbestreuungsplanung**. Sie bestimmt die Auswahl von Werbesubjekten (Personenstreuung), von Werbebezirken (Gebietsstreuung) und Werbezeiten (zeitliche Streuung). Ziel dieser Art von Planung ist es, eine undifferenzierte und aufwendige Werbung zu vermeiden. Die Festlegung von **Werbebudgets (Werbeetats)** erfolgt in Abhängigkeit vom prognostizierbaren Werbeerfolg.

Die wichtigsten **Daten für die Werbeplanung** stammen aus der Marktforschung (Bedarfsstrukturen im Markt, Struktur der potentiellen Käufer und deren Kaufkraft, Absatzgebiete und Konkurrenzverhältnisse) und aus der Absatzplanung (Daten über Erzeugnisprogramme, Sortimente, Preise und über die Leistungsfähigkeit der Absatzorganisation). Die Werbeplanung muss weiters mit der Produktionsplanung (Fertigungskapazitäten) und der Finanzplanung (finanzielle Bedeckung der Werbeaktivitäten) abgestimmt werden. Auch die **Motivforschung** spielt eine große Rolle, wobei vor allem Methoden der Psychoanalyse angewendet werden, um die Beweggründe (Motive) der Verbraucher und deren Ursachen erkennen zu können, aus denen heraus die Verbraucher ihre Entscheidungen treffen. Die Arbeiten von J. W. Newman, G. Katona, E. Dichter und P. R. Hofstätter sind hier besonders zu erwähnen.

Für die Prognose des Werbemittelerfolges werden subjektive und objektive Verfahren angewendet, die zusammenfassend auch als **Pretest** bezeichnet werden. Subjektive Verfahren geben die Meinung der das Werbemittel begutachtenden Personen (Fachleute, Verbraucher, Anwender) wieder. Hiezu zählen Rangfolgeverfahren (Suche nach der besten Bewertung), Paarvergleiche (Suche nach relativen Vorzügen von Alternativen) und Skalentests (Suche nach Werbeentwürfen, die einem beabsichtigten Profil am nächsten kommen). Bei den sog. objektiven Verfahren werden die Reaktionen von Versuchspersonen unter bestimmten Versuchsbedingungen gemessen, und die Versuchspersonen berichten über ihre Eindrücke. Hiezu zählen das Tachistoskopverfahren (kurze Anzeige von Werbemitteln unter unterschiedlichen Bedingungen), das Psychogalvanometerverfahren (Messung der Schweißdrüsenfunktion des Menschen als Indiz für das Interesse des Betrachters), das Pupillenveränderungsmessungsverfahren (Messung des Interesses an einem bestimmten Werbemittel, z. B. Teilstück einer Werbesendung) und Speichelflussmessungen (z. B. bei der Werbung für Nahrungsmittel).

Für die **Messung des Werbeerfolges** (für die **Werbewirkungskontrolle**) ist eine Reihe von Kennzahlen maßgeblich, die in der Praxis oftmals nur mit mehr oder weniger komplizierten Methoden zu ermitteln sind: Die von der Werbung Umworbenen werden mit der Adressatenzahl (AD) umrissen. Die Perzeptionszahl (PE) gibt die von der Werbung Berührten an, also jene Umworbenen, bei welchen ein Werbemittel eine Sinneswirkung erzielt hat. Die Zahl der Umworbenen, bei welchen ein Werbeeindruck, zumindest eine Aufmerksamkeitswirkung, erreicht wurde, wird mit der Aperzeptionszahl (AP) wiedergegeben. Schließlich gibt die Akquisitionszahl (AK) an, welche Zahl an Umworbenen sich den Werbezweck zu eigen machten und somit als „Werbeerfüller" anzusehen sind. Die einzelnen Kennzahlen können nun zueinander in ein Verhältnis gesetzt werden und ergeben den Berührungserfolg (PE/AD), den Beeindruckungserfolg (AP/AD) und den Akquisitionserfolg (AK/AD). In der Regel sind die errechneten Quotienten immer kleiner als 1. Ist etwa der Berührungserfolg größer als 1, dann wurden von der Werbung auch Personen berührt, die nicht zu den Umworbenen zählten. Schließlich ist auch die „Werberendite" eine wichtige Werbeerfolgskennzahl. Sie ist als Differenz zwischen den auf ein oder mehrere Werbemittel zurückzuführenden (Netto-)Umsatzzuwächsen und den mit der Werbung verbundenen Kosten anzusehen. Verursacht z. B. die Herstellung und Versendung von 20.000 Werbedrucksachen Kosten in der Höhe von 40.000 und gehen auf Grund dieser Werbung 2.000 Bestellungen mit einem Stückgewinn von 30 ein, so beträgt der entstehende Umsatzzuwachs 60.000 und die Werberendite 20.000. Der mengenmäßige Streuerfolg beträgt 10 % (2.000 Bestellungen aus 20.000 Werbedrucksachen). Würde der Streuerfolg auf 5 % sinken, wäre die Werberendite unter sonst gleichen Bedingungen mit –10.000 negativ. Aus diesen Beziehungen lässt sich auch der „kritische" Streuerfolg (Wie viele Bestellungen müssen auf eine Werbekampagne zumindest eingehen?) berechnen: er liegt dort, wo das Verhältnis der Anzahl der Bestellungen zur Adressatenzahl gleich ist dem Verhältnis der Werbekosten je Werbeexemplar zum Stückgewinn (im vorliegenden Beispiel ergibt sich ein kritischer Streuerfolg von 6,6 %, es müssen 1.333 Bestellungen erreicht werden).

Zusätzliche Möglichkeiten, für ein Produkt oder ein Unternehmen zu werben, sind in Form des Product Placement und des Sponsoring gegeben. Beim **Product Placement** werden einzelne Produkte oder ein ganzes Unternehmen vor allem in den Handlungsablauf von Filmen und Fernsehsendungen (aber auch in anderen Medien) so integriert, dass eine unmittelbare Werbeintention (im Vergleich zu normalen Werbesendungen) nicht erkennbar ist. Ziel des Product Placements ist nicht alleine die Bekanntmachung des Produkts oder des Unternehmens, sondern in erster Linie die Identifizierung mit den Akteuren und den von ihnen benutzten Produkten, sodass die Zuschauer letztlich animiert werden, die Akteure zu kopieren und diese Produkte zu kaufen. Neben den im Vergleich zur klassischen Werbung verhältnismäßig geringeren Kosten sprechen eine höhere

Glaubwürdigkeit, die zeitliche Ausdehnung der Möglichkeit, den Käufer anzu-sprechen, und die Andersartigkeit der Werbewirkung für das Product Placement. Der Adressatenkreis kann erweitert werden, da auch jene Personen, die kein In-teresse an der klassischen Werbung haben, angesprochen werden können.

Sponsoring beruht auf dem Prinzip von Leistung und Gegenleistung. Der Spon-sor stellt dem Gesponserten Geld und/oder Sachmittel zur Verfügung und erwar-tet aus dem Aktivitätsfeld des Gesponserten dafür eine Gegenleistung, die zur Erreichung der Marketingziele beitragen soll. Nutzeffekte können im Bereich der Werbung (Aufschriften auf der Bekleidung von Personen, Ausrüstungsver-träge, Bandenbeschriftung, Benennung von Veranstaltungen nach dem Sponsor), im Bereich der Verkaufsförderung (Autogrammstunden, Händlertreffen, Vorträ-ge, VIP-Lounges, Ehrenlogen, Sondergastspiele), im Bereich der Public Relati-ons (Veranstaltungen mit gesponserten Prominenten, Pressekonferenzen, Kon-gresse und Tagungen) und beim persönlichen Verkauf (gesponserte Personen als Firmenrepräsentanten, Verkaufsgespräche während einer gesponserten Veran-staltung) liegen. Sponsoring ist somit ein die übrigen Kommunikationsinstru-mente ergänzendes Instrument, das sich insbesondere auf den sportlichen, kultu-rellen und gesellschaftlichen (sozialen) Bereich erstreckt. **Sport-Sponsoring** kann sich auf Einzelsportler, Mannschaften und Sportveranstaltungen erstrecken und stand lange Zeit im Vordergrund. Gegenwärtig wird dem **Kultur-Sponso-ring** relativ mehr Bedeutung beigemessen, das sich auf den Musikbereich, das Theater, die bildenden Künste und auf Literatur erstreckt. Das **Sozial-Sponso-ring** soll Personen und Institutionen unterstützen, die gesellschaftlichen und so-zialen Aufgabenstellungen gerecht werden. Es findet etwa in Sozialdiensten, ka-ritativen Organisationen sowie in den Bereichen Gesundheit, Umwelt, Lehre und Forschung Anwendung.

b) Die Verkaufsförderung

Die Verkaufsförderung (Sales Promotion) dient der Information, Unterstützung und Motivation aller am Absatzprozess beteiligten Organe (Innen- und Außen-dienst, Groß- und Einzelhandel), um den Verkauf zu fördern. Daneben soll auch der Endverbraucher entsprechend informiert und motiviert werden. Demzufolge wird zwischen Verkaufspromotions, Händlerpromotions und Verbraucherpromo-tions unterschieden. Durch **Verkaufspromotions** soll die Leistungsfähigkeit der unternehmenseigenen Verkaufsorganisation verbessert werden. Dies geschieht durch Schulungen, Verkaufsunterstützungen (Videos, Tonbildschauen, Industrie-filme, Referenzlisten, Prospekte, Muster, Proben, Veröffentlichungen von Be-wertungen in Zeitschriften usw.) sowie Provisions- und Prämiensysteme bzw. Verkaufswettbewerbe für die Mitarbeiter. **Händlerpromotions** erstrecken sich auf die Ausbildung und Information des Handels, auf die Beratung bei der Aus-gestaltung der Verkaufsräume, das Aufstellen von Verkaufshilfen (Displays), die Unterstützung der Verkaufsmaßnahmen durch Distributionsmaßnahmen (z. B. Warenanlieferung bis in den Verkaufsbereich, verbunden mit der Übernahme der Regalpflege; hiefür ist die Bezeichnung „Merchandising" gebräuchlich) sowie die Beratung bei der Preisgestaltung und in allgemeinen betriebswirtschaftlichen

Fragen. Auch hier sind motivationsfördernde Aktionen (wie Händlerwettbewerbe) gebräuchlich. **Verbraucherpromotions** wenden sich direkt an den Letztverbraucher. Sie sollen den Konsumenten rasch auf bestimmte Produkte aufmerksam machen, eine aktive Auseinandersetzung mit dem Produkt bewirken und besondere Vorteile beim sofortigen Kauf des Produktes aufzeigen. Hiezu ist ein besonderer Personaleinsatz erforderlich, um die Kommunikation mit dem Konsumenten zu bewirken, es kommen aber auch Preisausschreiben, Sonderpreisaktionen und die Verteilung von Warenproben in Frage.

c) Der persönliche Verkauf

Im persönlichen Verkauf soll der Marktpartner unmittelbar über ein Angebot informiert, von seiner Qualität überzeugt und hinsichtlich der Anwendungsmöglichkeiten beraten werden. Der Kundenkontakt wird somit wesentlich für den Erfolg der Marketingkommunikation angesehen. Dementsprechend sind die individuelle Besuchsplanung, die Gesprächsvorbereitung, die Verkaufsargumentation, die Gesprächstaktik, die Verhandlungsführung, das Eingehen auf Kritikpunkte sowie die Gespräche nach dem Kaufabschluss wichtige Elemente dieser Kommunikationsform. Die Überwachung der Auftragsabwicklung und die Bearbeitung von Kundenreklamationen gehören ebenso dazu.

d) Die Öffentlichkeitsarbeit

Mit der Öffentlichkeitsarbeit (Public Relations, oder nur kurz: PR) soll Verständnis und Vertrauen für die Anliegen eines Unternehmens und dessen Leistungsfähigkeit in einem weiten Kreis der Gesellschaft aufgebaut und gepflegt werden. Adressaten der Öffentlichkeitsarbeit sind insbesondere Personen, die als Meinungsbildner gelten bzw. in der Gesellschaft eine entsprechende Position einnehmen. Dazu gehören vor allem die Presse, Funktionsträger von größeren sozialen Gruppen (z. B. Parteien, Gewerkschaften, Wirtschaftsverbänden, Clubs und Vereine) sowie Personen und Institutionen im Bildungsbereich. Da von der Öffentlichkeitsarbeit sowohl werbliche als auch verkaufsfördernde Wirkungen ausgehen, ist die Abstimmung mit diesen Kommunikationsmitteln vordringlich. Die Gesamtfunktion der Öffentlichkeitsarbeit kann in fünf Teilfunktionen aufgeteilt werden. Die **Informationsfunktion** zielt auf eine verständnisvolle Einstellung zum Unternehmen ab. Die **Imagefunktion** soll ein bestimmtes Vorstellungsbild vom Unternehmen in der Beurteilung der Öffentlichkeit erreichen lassen. Die **Führungsfunktion** soll die Positionierung des Unternehmens auf dem Markt aktiv beeinflussen. Die **Kommunikationsfunktion** zielt auf das Zustandebringen von wünschenswerten Kontakten zwischen dem Unternehmen und den relevanten Zielgruppen ab, und die **Existenzerhaltungsfunktion** soll für eine glaubwürdige Darstellung der Notwendigkeit und Zweckmäßigkeit des Unternehmens in der Öffentlichkeit sorgen. Wichtigste **Maßnahmen** der PR-Arbeit sind Pressekonferenzen, Journalisteninformationen, PR-Anzeigen und -Veranstaltungen (wie Tage der offenen Tür, Filmvorführungen, Jubiläumsfeiern, professionell betreute Betriebsbesuche), Werk- und Kundenzeitschriften, Veröffentlichungen allgemeiner Art in Zeitschriften sowie Unterstützungsleistungen ohne direkte Gegenleistungserwartung (somit im Gegensatz zum Sponsoring) für Wissenschaft, Kunst, Sport und soziale Dienste.

Eine systematische Erarbeitung eines für das Unternehmen positiven Bildes in der Öffentlichkeit wird durch das Konzept der **Corporate Identity (CI-Konzept)** verfolgt. Ziel dieses Konzeptes ist es, durch eine einheitliche und somit abgestimmte Ausgestaltung aller kommunikativen Maßnahmen eines Unternehmens eine positive „Soll-Identität" zu erreichen. Dabei kommt es insbesondere darauf an, dass das Selbstbild des Unternehmens mit dem Fremdbild in der Öffentlichkeit weitestgehend übereinstimmt. Hiezu gehören ein eindeutig identifizierbarer Firmenname ebenso wie eindeutig identifizierbare Produkte und eine weitestgehende Einheitlichkeit im Design, in Farbgestaltungen sowie im öffentlichen Auftreten des Unternehmens.

5. Das Distributionssystem

Will der Betrieb seine Leistung auf dem Markt unterbringen, genügt es nicht, sie marktgerecht zu erstellen, durch Werbung bekannt zu machen und jene Preise dafür zu fordern, die die Nachfragenden veranlassen, ihre Kaufabsichten im Verhältnis zum Unternehmen zu realisieren, es muss auch das **Distributionssystem** festgelegt werden, durch welches die effektive Verbindung zu den Käufern ohne Schwierigkeiten gefunden werden kann. Der leistungserstellende Betrieb muss also so vorgehen, dass ihm der unmittelbare Kontakt mit den für die Abnahme der Leistungen in Frage Kommenden möglich wird.

Bidlingmaier folgend ist, wie bereits ausgeführt, zwischen akquisitorischer und physischer Distribution zu unterscheiden. Das **akquisitorische** Distributionssystem dient der Schaffung oder Ausweitung von Absatzmöglichkeiten. Im Vordergrund steht die Wahl der **Distributionswege** (Absatzwege) und der **Distributionsorgane** sowie deren zielgerechte Steuerung. Zwischen beiden Entscheidungsfeldern bestehen wechselseitige Zusammenhänge, da die Wahl eines bestimmten Absatzweges auch die Entscheidung über die Distributionsorgane beeinflusst und umgekehrt.

Die **physische** Distribution dient dem Marketingvollzug. In diesem Rahmen sind Verpackungs-, Versand-, Transport-, Lager- und Lieferserviceprobleme relevant.

a) Die Distributionswege

Die Unterscheidung zwischen **direkten** und **indirekten** Distributionswegen hängt von der Frage ab, ob ein Unternehmen in seinem Leistungsangebot **unmittelbar** den **nachfragenden** Letztabnehmer ansprechen will oder ob es sich zur Herstellung der Absatzbeziehungen **fremder** Unternehmen im Sinne einer Aufgabenausgliederung bedient. Dieser Differenzierung folgend kann zwischen **unmittelbarem** und **mittelbarem** Absatz unterschieden werden.

Ein mittelbarer Absatz liegt vor, wenn das leistungserstellende Unternehmen über den Großhandel bzw. Einzelhandel den Weg zum Letztabnehmer sucht. Ein indirekter (mittelbarer) Absatz liegt aber auch vor, wenn Absatzvermittler (Kommissionäre, Makler, Vermittler) in die Verkaufsaktivitäten eingeschaltet werden. Demnach ist zu unterscheiden zwischen:

1. dem **unmittelbaren Absatzweg**, gekennzeichnet durch die direkte Beziehung leistungserstellender Betrieb – Konsument bzw. Weiterverarbeiter;
2. dem **mittelbaren Absatzweg**, gekennzeichnet durch Einschaltung von Mittlern zwischen leistungserstellendem Betrieb und Konsument bzw. Weiterverarbeiter.

aa) Direktabsatz

Fällt der Betrieb seine Entscheidungen zugunsten des **unmittelbaren** Absatzweges, dann kann dies mehrere Ursachen haben. Die Übernahme der Handelsfunktionen ist für den Produzenten nahe liegend, wenn sich die Nachfrage auf den Ort der Erzeugung konzentriert, die Bedarfssituation im Wesentlichen abschätzbar ist und die Lagerhaltung dadurch auf diese abgestimmt werden kann. Der Produzent wird die Handelsfunktionen übernehmen **müssen**, wenn wegen des speziellen, vielleicht eingeschränkten Erzeugungsprogrammes ein Interesse des Handels für die Mittlertätigkeit nicht vorliegt. Es können auch steuerliche Gründe sein, die den Produzenten veranlassen, die Handelsfunktionen selbst zu übernehmen, der Übergang vom Produktionsbereich in den Handelsbereich des Betriebes löst keine Steuerpflichten aus, so dass der Endpreis des Produktes niedriger gehalten werden kann.

Es kann ferner im Interesse des Unternehmens liegen, den unmittelbaren Absatzweg zu wählen, weil die Fähigkeiten der Gesellschaft, die Kapitalausstattung und der Mitarbeiterstab dies tunlich erscheinen lassen. Die Formen, in welchen der unmittelbare Absatz durch den leistungserstellenden Betrieb beschritten wird, sind zwar nicht so vielfältig wie die des mittelbaren Absatzes durch die Einschaltung des Einzelhandels, für die Geschäftsabwicklung ergeben sich nach der Wahl eines bestimmten Absatzweges zwischen beiden jedoch keine eindeutigen Abgrenzungsmerkmale. Die Unternehmen bedienen sich im unmittelbaren Absatz der Verkaufs- und Versandabteilungen, des Einsatzes von Kommissionären, Vertretern usw. Entscheidend für den unmittelbaren Absatzweg wird letztlich die Überlegung sein, dass sich auf diese Weise das vom Unternehmen angestrebte optimale Betriebsergebnis eher oder jedenfalls in gleicher Weise realisieren lässt als unter Zuhilfenahme des mittelbaren Absatzweges.

Ein direkter Absatz bietet sich auch im Investitionsbereich an, wenn es sich um Produkte mit starker Erklärungs- bzw. Überzeugungsbedürftigkeit handelt. Er ist auch bei Produkten mit hohem Preis, der eine Lagerung aus wirtschaftlichen Gründen ausschließt, und bei transportempfindlichen Gütern vorteilhaft. Er ist schließlich bei einer regionalen Konzentration von Abnehmern bzw. Bedarfspotentialen und bei Gütern, deren Anschaffung nur in großen zeitlichen Abständen erfolgt, der geeignete Vertriebsweg.

Aus ökonomischer Sicht ist zu beachten, dass die Vertriebskosten umso höher sind, je umfangreicher die direkten Verbindungen zwischen dem Produzenten und dem Endabnehmer ausgestaltet sind. Der Produzent braucht bei der Preisgestaltung hingegen nicht auf die Handelsspannen, die im indirekten Vertrieb zu gewähren sind, zu achten. Der Direktvertrieb wird demnach immer dann vorteilhaft sein, wenn die Vertriebskosten des Direktvertriebs kleiner sind als die den indirekten Absatzorganen zu gewährenden Handelsspannen. Die Auswirkungen auf den langfristigen Marketingerfolg sind jedenfalls bei diesen Kalkülen zu beachten.

bb) Indirekter Absatz

Im Ganzen gesehen übertrifft in der Wirtschaft die Bedeutung des **mittelbaren** Absatzes die des unmittelbaren Absatzes weit. Das ergibt sich ganz einfach daraus, dass es zwischen Erzeugern und Abnehmern eine Reihe von Spannungen zu überbrücken gibt, für die sich im Verlauf der Zeit eigens spezialisierte Betriebsformen herausgebildet haben. Dass die Betriebe der Leistungserstellung sie nicht in breiterer Weise, als dies der Fall ist, selbst gestalteten, ist auf die eigenständigen Aufgaben des Handels zurückzuführen, welche der Produzent, will er seine Hauptaufgabe nicht vernachlässigen, meist nicht mit gleicher Wirksamkeit erfüllen kann wie der eigens darauf spezialisierte Kaufmann.

In der Distributionskette agieren die Handelsbetriebe (Großhandel, Einzelhandel) auf eigenen Namen und für eigene Rechnung und tragen damit auch das Zahlungs- und Verlustrisiko. Vertreter und Kommissionäre kaufen und verkaufen hingegen auf fremde Rechnung, das Risiko trägt das auftraggebende Unternehmen. Makler nehmen reine Vermittlungsaufgaben wahr.

Wird der Vertrieb über ausgewählte Handelsunternehmen organisiert, wozu häufig spezielle Vertriebsstrategien, Ausschließlichkeitsbedingungen bzw. Veredelungsaufgaben kommen, liegt ein **Selektivvertrieb** vor. Bestehen in der Wahl der Absatzwege keine Präferenzen, handelt es sich um einen **Universalvertrieb**.

Die Verteilungsbeziehungen zwischen Hersteller und Verbraucher können **eingleisig** (nur ein bestimmter Distributionsweg) oder **mehrgleisig** (mehrere Distributionskanäle) gestaltet werden. Mehrgleisigkeit wird meistens in Verbindung mit Preisdifferenzierungsmaßnahmen gewählt, um verschiedene Käufergruppen ansprechen zu können.

In der Distributionskette können allerdings Probleme auftreten, wenn die einzelnen selbständig agierenden Unternehmen Ziele verfolgen, die den Bestrebungen des Herstellers, der am Absatz seiner Produkte interessiert ist, zuwiderlaufen. Dies ist vor allem dann relevant, wenn das erwerbswirtschaftlich orientierte Verhalten der Absatzmittler nicht in Einklang mit den gesetzten Absatzzielen des Herstellers zu bringen ist.

cc) Funktionen des Handels

Im **funktionalen** Sinn liegt die Hauptaufgabe des Handels in der Herbeiführung des Güteraustausches zwischen den einzelnen Wirtschaftseinheiten. Diese Aufgaben werden von den Handelsbetrieben (Handel im institutionalen Sinn) wahrgenommen. In Anlehnung an die Funktionenlehre von Karl Oberparleiter (Funktionen- und Risikenlehre des Warenhandels, 2. Auflage, Wien 1955, S. 5 ff.) sind dem Handel folgende Teilaufgaben zuzuordnen:

1. **Zeitausgleichsfunktion:** Der Handel erfüllt eine Zeitausgleichsfunktion, wenn er die zeitlichen Spannungen zwischen Erzeuger und Nachfrager dadurch überwindet, dass er Leistungen, die nur zu einem bestimmten Zeitpunkt bzw. während bestimmter Zeitabschnitte erbracht werden (z. B. die Ernte im Herbst), aufkauft und lagert, um sie der Nachfrage in ihrem kontinuierlichen, sich über das ganze Jahr erstreckenden Bedarf zuzuführen. Erfolgt hingegen, was seltener vorkommt, die Erzeugung in gleich bleibendem Umfang und gleich bleibendem Erzeugungsrhythmus ohne zeitliche Unterbrechung (z. B. Christbaumschmuck, typisches Weihnachtsspielzeug), dann übernimmt er die Lagerung für den zeitlich begrenzten Bedarf.

2. **Raumausgleichsfunktion:** Im Rahmen der Raumausgleichsfunktion werden die räumlichen Spannungen durch den Handel dadurch überwunden, dass er die Betriebsleistungen von den Stätten der Erzeugung zu den Stätten des Bedarfs bringt. Die Raumausgleichsfunktion ist als Handelsfunktion besonders augenfällig, weil dem Produktionsbetrieb infolge der Arteigenheit seiner Struktur, bei der es ihm an einer ausgebauten, den Handelsbetrieben ähnlichen Vertriebsabteilung ermangelt, nicht hinreichend möglich ist, die Vielzahl notwendiger Kontakte über große Entfernungen hinweg mit den Kunden zu pflegen. In der Raumausgleichsfunktion wird der Handel durch die Transportwirtschaft unterstützt, so dass ihm dann nur die manipulative Tätigkeit im Spannungsausgleich verbleibt.

3. **Qualitätsausgleichsfunktion:** Da sich der Handel der Qualitätsausgleichsfunktion angenommen hat, wurde der Zug der Produktionsbetriebe zur Rationalisierung der Fertigungsverfahren und zur Einengung der Produktionsprogramme verstärkt. Sortiert der Handel die Produkte nach den Käuferwünschen, dann müssen die produzierenden Unternehmen ihre Erzeugungsprogramme nicht unmittelbar marktorientiert erstellen, sondern können produktionsorientiert vorgehen. Je breiter das durch den Handel anzubietende Sortiment ist, umso größer wird für ihn die Kostenbelastung und, in dieser zum Ausdruck gebracht, das Risiko. Gleichzeitig erhöhen sich jedoch die Absatzchancen. Kostenbelastung, Risiko und Absatzchancen werden umgekehrt sinken, je schmäler das Sortiment gestaltet wird.

4. **Quantitätsfunktion:** Sie besteht entweder darin, dass viele kleine Mengen aufgekauft und im Großen verkauft werden, oder im Kaufe weniger großer Mengen und im Verkauf dieser im Kleinen. Auch der Aufkauf im Kleinen und die Weitergabe im Kleinen kommt als Spezialfall praktisch vor. Der Aufkaufhandel wendet sich quantitativ sammelnd an viele kleine Betriebe. Der Verteilungshandel beschafft in großen Mengen, vor allem Güter des täglichen Bedarfs, und gibt sie in kleinen Mengen ab.

5. **Veredelungsfunktion:** Der Handel entspricht der Veredelungsfunktion etwa bei der Lagerung von Weinen (Abgrenzungsschwierigkeit zur zeitlichen Funktion), durch das Trocknen von Getreide, durch die Zusammenstellung einzelner fertiger Möbelteile. Dass dem Handel diese Funktion übertragen wird, hängt da-

mit zusammen, dass er sich gewissen Lagerungsfunktionen zum Zwecke der Qualitätsverbesserung oft nicht entziehen kann oder dass er infolge der Rationalisierung von Transportvorgängen (wenn z. B. Möbel zerlegt befördert werden) gezwungen ist, manipulativ zusammenstellende Arbeiten selbst durchzuführen.

6. **Informationsfunktion:** Die Informationsfunktion des Handels wird für die Wirtschaft in dem Maße wichtiger, in welchem Produzenten und Verkäufern die Marktübersicht verloren geht. In der Erfüllung der **Informationsfunktion** gibt der Handel seine unmittelbaren **Marktkenntnisse** in der Form weiter, dass Produzent oder Käufer eine möglichst klare Vorstellung über das sie interessierende Gebiet erlangen. Die Informationsfunktion (Beratungsfunktion) setzt ein großes Vertrauensverhältnis voraus, weil sich die erteilten Auskünfte einer objektiven Überprüfbarkeit entziehen.

dd) Electronic Business/Electronic Commerce

Durch den weltweiten Verbund von Computernetzwerken (Internet) eröffnet sich die Möglichkeit, unternehmensinterne Geschäftsprozesse mit jenen von Lieferanten und Kunden zu verbinden oder bis zum Privatkunden zu verlängern. Durch diese informationswirtschaftliche Komponente eröffnen sich für die Schaffung oder Ausweitung von Absatzmöglichkeiten ebenso neue Dimensionen wie für die Gestaltung der Beschaffungsvorgänge.

Als **Electronic Business (EB)** wird im Allgemeinen die durch Internet-Technologien ermöglichte Verbindung von Geschäftsprozessen eines Unternehmens mit jenen von Kunden und Lieferanten bezeichnet. Hiefür ist auch die Bezeichnung „**Business to Business**" (kurz: B2B) gebräuchlich. Als typische B2B-Anwendung kann die Beschaffung bzw. der Absatz von Gütern und Dienstleistungen (so genanntes „electronic procurement" bzw. „electronic selling") angesehen werden.

Als **Electronic Commerce (EC)** wird üblicherweise die durch Internet-Technologien ermöglichte Verlängerung von unternehmensinternen Geschäftsprozessen bis zum Privatkunden bezeichnet. Hiefür ist auch die Bezeichnung „**Business to Customer**" (kurz: B2C) gebräuchlich. Eine typische B2C-Anwendung stellt der elektronische Buchhandel dar.

Da die **Geschäftsprozesse** der beteiligten Unternehmen üblicherweise mit unterschiedlichen Informationssystemen unterstützt werden, erfordern B2B-Anwendungen eine **Abstimmung zwischen den Informationssystemen** der beteiligten Geschäftspartner und eine Vereinheitlichung von Informationsaustauschkonzepten und Geschäftsregeln. Die Notwendigkeit einer Standardisierung zur Gewährleistung eines ausreichenden Konsumentenschutzes wird in B2C-Anwendungen besonders deutlich. Ziel dieser Aktivitäten ist eine Produktivitätssteigerung, Schätzungen ergeben Kostensenkungen zwischen 5 % und 20 % der Gesamtkosten der beteiligten Unternehmen (L. J. Heinrich, Wirtschaftsinformatik, 2. Auflage, München 2001, S. 346). Im Hinblick auf die erzielbaren Rationalisierungsvorteile werden auch die Geschäftsprozesse zwischen Unternehmen und öffentlichen Verwaltungen durch den Einsatz von Internet-Technologien einer ins Gewicht fallenden Veränderung unterzogen: Sie werden mit dem Begriff „**Business to Government**" (kurz: B2G) umrissen. Beispiele hiefür sind die elektronische Übermittlung von Lohn- und Gehaltsdaten an die Finanzverwaltung für die Zwecke der Arbeitnehmerveranlagung oder der Informationsaustausch zwischen Steuerberatern und der Finanzverwaltung.

b) Die Distributionsorgane

aa) Betriebseigene Organe

Der Einsatz betriebseigener Distributionsorgane ist für den Direktabsatz wesensbestimmend. Hiefür kommen in Frage:

1. Mitglieder der Geschäftsleitung (bei Klein- und Mittelbetrieben, aber auch bei Großbetrieben, wenn es sich um Großaufträge handelt).

2. Reisende: Sie sind Angestellte des Unternehmens (im Gegensatz zu den Handelsvertretern) und an die Weisungen der Geschäftsleitung gebunden.

3. Absatzabteilungen (Vertriebsabteilungen): Mit Hilfe bestimmter Kommunikationsmittel (Kataloge, Prospekte, Anzeigen, Angebotsschreiben usw.) wird der Kontakt zu den Kunden hergestellt und die Abwicklung der Bestellungen betreut.

4. Verkaufsniederlassungen (Filialen), Auslieferungslager, unternehmenseigene Vertriebsgesellschaften.

Der Einsatz der betriebseigenen Organe kann in vielfältiger Weise mit betriebsfremden Organen ergänzt bzw. kombiniert werden. Die Wahl der Distributionsorgane und deren Einsatz zur Erreichung der Absatzziele ist Ausdruck der **Absatzorganisation** (siehe hiezu die Ausführungen in Abschnitt G. VI.).

bb) Großhandel

Im Rahmen der **betriebsfremden** Distributionsorgane ist zunächst der Großhandel zu nennen. Beim **Großhandel** handelt es sich um Unternehmen, die ihre Leistungen grundsätzlich nur gegenüber anderen Unternehmen (Wiederverkäufern) erbringen. In der Regel sind große Verkaufsmengen Gegenstand der Kaufvertragsabschlüsse.

Spezifische Aspekte dieser Handelstätigkeiten führen zu unterschiedlichen Betriebstypen. Je nachdem, ob die Beschaffungs- bzw. Absatzgebiete im Inland oder Ausland liegen, wird zwischen **Binnengroßhandel**, **Exportgroßhandel** und **Importgroßhandel** differenziert. Nach dem geführten Sortiment wird zwischen **Spezial**großhandel (enges und tiefes Sortiment), **Fach**großhandel (mittlere Sortimentsbreite und -tiefe) sowie dem **Sortiments**großhandel (breites, flaches Sortiment) unterschieden.

Nach der Art der gehandelten Güter wird der **Konsumgütergroßhandel** vom **Großhandel mit Produktions- und Investitionsgütern** getrennt. Im Konsumgüterhandel hat sich in letzter Zeit neben dem ausliefernden Großhandel (Fremdbedienungsgroßhandel) die Betriebsform des **Selbstbedienungsgroßhandels** (Cash-and-carry-Betriebe) etabliert. Hier erfolgt der Verkauf überwiegend an kleinere gewerbliche Kunden, die nach Barzahlung selbst für den Transport der Waren sorgen.

Die Bedeutung des Großhandels im Rahmen der Güterverteilung ist unbestritten, wenngleich in manchen Bereichen (z. B. Außenhandel, aber auch im Binnenhandel) immer wieder Bestrebungen auftauchen, statt über den Großhandel mit dem Aufbau eines eigenen Vertriebsnetzes die Konsumnähe zu bewerkstelligen. Diese Erscheinung liegt in dem Spannungsfeld begründet, das grundsätzlich die Entscheidungen zwischen Direktabsatz und indirektem Absatz beherrscht.

cc) Einzelhandel

Einzelhandelsbetriebe verkaufen ihre Waren überwiegend an Privathaushalte in Mengen, die dem Bedarf dieser Verbrauchergruppe in einem üblichen Zeitrahmen entsprechen. Die Betriebstypen im Einzelhandel sind vielfältig. Zunächst ist zu unterscheiden zwischen:

1. ambulantem Handel;
2. sesshaftem Handel:
   a. Ladenhandel,
   b. Versandhandel.

Der **ambulante** (umherziehende) Handel versorgt Gebiete, die vom sesshaften Handel unzureichend betreut werden, oder tritt in Ergänzung zu diesem auf (Hausiergewerbe, Hökerhandel, bei welchem von einem Wagen oder festen Stand verkauft wird). Der ambulante Handel hat im Verlauf der Zeit an Bedeutung sehr eingebüßt.

Beim **Ladenhandel** ist zunächst zwischen **Fremdbedienungsgeschäften** (Bedienung durch Verkaufspersonal) und **Selbstbedienungsgeschäften** (Warenentnahme durch den Käufer) zu unterscheiden.

Das **Gemischtwarengeschäft**, eine Einzelhandelsform ohne Warenspezialisierung, verfügt über ein breites Angebot ohne besondere Tiefe. Das **Fachgeschäft** bzw. **Spezialgeschäft** beschränkt sich darauf, eine bestimmte Ware bzw. Warengruppe anzubieten. Die Spezialisierung macht den Händler zu einem guten Kenner seines Angebotes in Bezug auf wirtschaftlichen und technischen Gebrauch. Der Konkurrenzkampf mit den billigere Massenware anbietenden Warenhäusern kann durch das besondere Vertrauensverhältnis zwischen Fachhändler und Kunden erfolgreich gestaltet werden, begünstigt auch durch die Tiefe des in der Breite eingeschränkten Sortiments.

Warenhäuser, Großbetriebe des Einzelhandels, bieten den Kunden alle Arten von Gütern an, die im großstädtischen Normalbedarf nachgefragt werden, demgemäß nicht nur Lebensmittel und Bekleidung, sondern auch Möbel, Haushaltsgeräte und dergleichen. Eine Form des Warenhauses ist der so genannte **Supermarkt** (Supermarket), der häufig nicht in den Geschäfts- und Wohnzentren zu finden ist, sondern weitab von diesen seinen Standort bezieht. Dies in der Annahme, dass die räumliche Entfernung von den Kunden infolge des großen Angebotes, des nur periodischen Einkaufs durch den Einzelnen in größeren zeitlichen Abständen und zufolge der zunehmenden Motorisierung ohne weiteres in Kauf genommen wird. Die Verkaufsfläche beträgt allgemein zwischen 400 m^2 und 1.000 m^2. Liegen die Verkaufsflächen über 1.000 m^2, wird von **Verbrauchermärkten** gesprochen.

Das **Kaufhaus** unterscheidet sich vom Warenhaus durch eine gewisse Einschränkung des Warenangebotes, ohne dass von ausgesprochener Spezialisierung gesprochen werden kann. Die Einschränkung ist keinesfalls mit der des (kleinen) Fach- und Spezialgeschäfts im Einzelhandel vergleichbar; meist wird nur eine der Sparten des Warenhauses, speziell der Lebensmittelsektor, nicht betreut.

In **Diskontgeschäften** wird ein großer Teil des Sortiments ständig zu Preisen verkauft, die unter den empfohlenen oder üblichen Einzelhandelspreisen liegen. Ziel der Absatztätigkeit in diesen Unternehmen ist in der Regel die Umsatzmaximierung; die Preisfestsetzungen können laufenden Änderungen unterliegen (Aktionen). In Diskontgeschäften herrscht die Selbstbedienung vor.

Die **Filialbetriebe**, eine weitere Betriebsform des Einzelhandels, für die alle bisher genannten Ladeneinzelhandelsbetriebe in Frage kommen, besitzen eine gemeinsame Verwaltung, gemeinsame Einkaufsstellen, häufig zentrale Lager. Durch Rationalisierung in der Administration, in der Beschaffung, der Investition, der Finanzierung und der Werbung verschaffen sie sich zum Teil merkliche Kostenvorteile.

Die **Versandgeschäfte** sind nach dem Zweiten Weltkrieg stark in den Vordergrund gerückt. Die Ware wird nicht im Ladengeschäft, sondern durch Prospekte, Kataloge und dergleichen angeboten. Der Käufer bestellt schriftlich, erhält das Gut durch Zusendung (meist durch die Post) und hat das Recht auf Rückgabe der Ware innerhalb bestimmter Frist. Die Werbung hat im Versandgeschäft hervorragende Bedeutung und ist wesentlicher Kostenfaktor. Im Versandgeschäft ist weniger geschultes Verkaufspersonal erforderlich. Die Kosten für Lager- und Schauräume liegen vergleichsweise niedriger als im Ladengeschäft.

dd) Selbständige Absatzmittler

Zu den selbständigen Absatzmittlern gehören Handelsvertreter, Kommissionäre und Makler.

Handelsvertreter sind selbständige Gewerbetreibende, die für eine oder mehrere Firmen tätig sind und Geschäfte anbahnen bzw. abschließen. Ihr Einsatz wird sich vor allem lohnen, wenn die bestehenden Geschäftsverbindungen des Handelsvertreters für die Zwecke des Vertriebs genutzt werden sollen. Handelsvertreter verursachen in der Regel nur umsatzabhängige, variable Kosten. Reisenden hingegen muss ein Fixum angeboten werden. Allerdings können Handelsvertretern nur schwer Aufgaben übertragen werden, die nicht in deren unmittelbarem Umsatzinteresse liegen, z. B. Marktbeobachtungen, besondere Maßnahmen anlässlich einer Produkteinführung und allgemeine Beratungsfunktionen.

Kommissionäre sind Gewerbetreibende, die im eigenen Namen für fremde Rechnung kaufen oder verkaufen. Im Gegensatz zum Handelsbetrieb geht die umgesetzte Ware nicht in das Eigentum des Kommissionärs über, das Risiko verbleibt beim Auftraggeber. Von dieser Möglichkeit wird bei weniger marktgängigen Waren oder bei Einzelstücken Gebrauch gemacht. Der Kommissionär, diese Funktion können Handelsbetriebe zusätzlich übernehmen, bringt seine distributiven Dienste ein und erhält dafür als Entgelt eine umsatzabhängige **Kommission**.

Makler schließlich vermitteln fallweise für andere Kaufverträge oder weisen die Gelegenheiten zum Abschluss solcher Verträge nach (z. B. Börsenmakler, Grundstücksmakler).

c) Die Kooperationsformen

In der Wirtschaft zeigen sich in vermehrtem Umfang Tendenzen, den Güteraustausch zwischen den Marktpartnern nicht auf der Grundlage von Einzelverträgen für jede einzelne Transaktion, sondern auf der Basis meist langfristiger Kooperationsverträge für eine Folge von Geschäftsabwicklungen zu organisieren. Hiefür hat sich die Bezeichnung „**Kontraktmarketing**" entwickelt. Zum Kontraktmarketing gehören alle vertraglich gestalteten und abgesicherten Kooperationsformen zwischen horizontalen und vertikalen Marktpartnern (B. Tietz/G. Mathieu, Das Kontraktmarketing als Kooperationsmodell, Köln 1979). Verträge können zwischen

1. Hersteller und Großhandel,

2. Hersteller und Einzelhandel,

3. Hersteller und Verbundgruppen des Handels (Handelsketten, Einkaufsgemeinschaften),

4. Großhandel und Einzelhandel sowie

5. Verbundgruppen und Einzelhandel

abgeschlossen werden. Ihr Inhalt erstreckt sich vom einfachen Erfahrungsaustausch über die Informationsbereitstellung, Standortberatung bis hin zu konkreten Vereinbarungen über die Gestaltung der Absatzpolitik der beteiligten Unternehmen, die auch den gezielten Einsatz von Produktionsfaktoren (z. B. Erscheinungsbild und Auftreten des Personals, Disposition des Fuhrparks) oder auch Finanzierungsfragen regeln. Aus der Sicht der Intensität der Kooperationsvereinbarungen sind zu unterscheiden:

1. Allgemeine Rahmenvereinbarungen für den Vertrieb;

2. Speziell strukturierte Rahmenverträge (z. B. gezielter Einsatz von Absatzmittlern);

3. Gebundener Vertrieb (Vertragshändler, Handelsketten);

4. Alleinvertrieb bzw. Exklusivvertrieb;

5. Waren- oder Produktfranchising;

6. Absatzprogramm-Franchising.

Franchise-Verträge sind besondere Formen in der Gestaltung der Absatzpolitik im internationalen Güteraustausch. Das Wesen des Franchising besteht darin, dass ein Franchisegeber einem ausländischen Franchisenehmer gegen Bezahlung einer Franchisegebühr das Recht einräumt, seinen Markennamen und damit verbunden sein Fertigungs-Know-how (Produkt-Franchising) und sein Marketing-Know-how (Absatzprogramm-Franchising) zu verwenden. Er verbindet damit sehr genaue Vorschriften über das Erscheinungsbild des Unternehmens und dessen Unternehmensleitlinien (Corporate Identity), über seine Produkt- und Sortimentspolitik sowie die Werbepolitik und Verkaufsförderung.

Der **Franchise-Nehmer** bleibt im Übrigen rechtlich und wirtschaftlich selbständig und hat ein Interesse, am internationalen Ruf (Image) eines potenten Franchisegebers teilzuhaben. Durch die Teilnahme am Franchise-System wird ihm eine Mitwirkung am internationalen Marktgeschehen ermöglicht.

Der **Franchise-Geber** kann ins Ausland expandieren und sein Vertriebsnetz international erweitern, ohne mit finanziellen Belastungen durch Eigen- oder Fremdkapitaltransfers rechnen zu müssen. Ein hoher Bekanntheitsgrad und eine Erfolg versprechende Rentabilität des Unternehmens ist die Voraussetzung hiezu, da sonst kaum Franchise-Interessenten angeworben werden können (vgl. E. Kulhavy, Internationales Marketing, Linz 1981, S. 22).

d) Die physische Distribution

Aufgabe der physischen Distribution oder Marketing-Logistik ist die Sicherstellung der Güterverteilung, also des Absatz- oder Marketingvollzugs. Der Nachfrage entsprechend soll das richtige Erzeugnis im richtigen Zustand zur richtigen Zeit an den richtigen Ort gelangen (Bidlingmaier, a.a.O., S. 358). Mit diesen Postulaten sind folgende Entscheidungsbereiche verbunden:

1. Gestaltung des Auslieferungsnetzes (Fabriklager, eigene Außenlager, Spediteurlager; welche Kundengruppen sind von diesen Lagerstätten zu bedienen?);

2. Auswahl der Transportwege und Transportmittel;

3. Organisation des Auftragseinganges, der Auftragsbearbeitung und der Auftragsausführung (administrative Gestaltung des auftragsbezogenen Informationssystems).

Für diese Bereiche sollen differenziert nach Marktsegmenten und in weiterer Folge in einer das gesamte Unternehmen betreffenden Gesamtschau Lösungen gefunden werden, die für das Unternehmen ein optimales Verhältnis zwischen **Lieferservice** und den damit verbundenen **Lieferkosten** (Logistikkosten) ergeben.

Das **Lieferservice** resultiert aus:

1. der Lieferfähigkeit (Lieferbereitschaft);

2. der Dauer der Auftragsabwicklung;

3. dem Zustand der angelieferten Güter.

Die **Logistikkosten** setzen sich zusammen aus:

1. den **Transportkosten** (Kosten des eigenen Fuhrparks bzw. Fracht- und Spediteurkosten);

2. den **Lagerkosten** (in eigenen oder fremden Lagerhäusern);

3. den **Verpackungskosten**;

4. den Kosten der **Auftragsabwicklung**.

Bei der Analyse der Logistikkosten stehen zunächst die Auswahl der kostengünstigsten Transportwege (Verteilungswege) und die Wahl der kostengünstigsten Transportmittel im Vordergrund. Hinsichtlich der kostengünstigsten Lagerführung gelten im Prinzip die gleichen Faktoren in analoger Weise, wie sie auch für die Lagerhaltung auf der Beschaffungsseite Geltung besitzen (Bestellmengen, Bestellzeitpunkte, Sicherheitsbestände der einzelnen Auslieferungslagerstätten).

Bei den Maßnahmen zur Kostensenkung im Bereich der Logistik müssen einerseits die wechselseitigen Abhängigkeiten der einzelnen Kostenelemente und andererseits mögliche Auswirkungen auf das Lieferservice beachtet werden. Folgende Beispiele mögen erläuternd wirken. Für den Luftfrachtverkehr genügen geringe Verpackungsmaßnahmen, die Transportkosten sind hoch, die Transportzeit ist kurz bemessen. Im Güterverkehr zu Lande fallen zwar weniger Transportkosten, dafür längere Transportzeiten an, und erhöhte Maßnahmen zur transportsicheren Verpackung werden notwendig. Der Transport in größeren Mengen bietet in der Regel Kostenvorteile, andererseits müssen Zwischenlagerungen vorgenommen werden, um der Nachfrage zeitlich entsprechen zu können.

Im Bereich der physischen Distribution kann das Unternehmen den Absatzvollzug **unmittelbar** zur Gänze übernehmen, wenn es einen Werkverkehr und eigene Lagereinrichtungen betreibt. In der Vielzahl der Fälle wird der Absatzvollzug jedoch unter Einschaltung von Transportbetrieben (Frachtführer und Spediteure) sowie von fremden Lagerhaltern (Lagerhäuser, Spediteurlager) **mittelbar** erfolgen, da die Dienstleistungen dieser Unternehmen qualitative und kapazitätsmäßige Vorteile erwarten lassen.

e) Internationale Lieferbedingungen (Incoterms)

Der internationale Warenverkehr ist mit erheblichen Kosten und Risiken verbunden. Im Laufe der Zeit entwickelten sich in den einzelnen Ländern Handelsbedingungen und Usancen, die jedoch von Land zu Land verschieden waren oder unterschiedlich ausgelegt wurden. Die Internationale Handelskammer in Paris hat deshalb erstmals 1936 sog. International Commercial Terms (Incoterms) geschaffen. Es gelang damit, internationale Regeln für die Auslegung der handelsüblichen Vertragsformulierungen und damit zur Klarstellung der Rechte und Pflichten des Verkäufers und des Käufers zu entwickeln. Diese Regeln wurden von Zeit zu Zeit den geänderten wirtschaftlichen und technologischen Rahmenbedingungen (z. B. zunehmende Bedeutung multimodaler Transporte, des Containerverkehrs, des Roll-on-Roll-off-Verkehrs sowie des elektronischen Datenaustausches) angepasst. Mit Wirkung vom 1. Jänner 2000 wurden die Regeln neu gefasst und als „Incoterms 2000" veröffentlicht. Sie haben keinen zwingenden Charakter. Den Vertragsparteien wird jedoch empfohlen, diese Regeln (freiwillig) zur Grundlage der Vertragsvereinbarungen zu machen und damit den Kosten- und Gefahrenübergang vom Verkäufer auf den Käufer eindeutig festzulegen. Der Kostenübergang regelt die Verteilung der Transportkosten und aller Nebenkosten auf Verkäufer und Käufer. Der Gefahrenübergang bestimmt den Ort und Zeitpunkt, ab dem der Käufer zur Zahlung des Kaufpreises verpflichtet ist, auch wenn die Ware zufällig untergegangen (vernichtet wurde) oder eine Wertminderung (z. B. durch Beschädigung) eingetreten ist (Preisgefahr).

Die Regeln, auch Lieferklauseln genannt, werden in vier Gruppen eingeteilt:

1. **E-Klausel** (EXW): Der Verkäufer stellt die Güter dem Käufer im eigenen Bereich zur Verfügung; es wird damit eine Maximalverpflichtung des Käufers festgelegt.

2. **F-Klauseln** (FCA, FAS, FOB): Der Verkäufer hat die Güter einem benannten Frachtführer zu übergeben.

3. **C-Klauseln** (CFR, CIF, CPT, CIP): Der Verkäufer hat die Güterversendung nach einem bezeichneten Bestimmungshafen oder Bestimmungsort vorzunehmen, ohne jedoch die Kosten und die Risiken nach der Verschiffung bzw. nach der Übergabe an den ersten Frachtführer zu tragen. Dabei sind auch Bestimmungen über einen vom Verkäufer zu besorgenden Versicherungsschutz (I in CIF und CIP) vorgesehen.

4. **D-Klauseln** (DAF, DES, DEQ, DDU, DDP): Der Verkäufer hat alle Kosten und Risiken bis zum näher bezeichneten Hafen bzw. Ort im Empfangsland zu übernehmen.

Die folgende Darstellung gibt einen Überblick:

| Name der Klausel | | Abkür- | Kostenübergang | Gefahrenübergang |
Deutsch	Englisch	zung		
Ab Werk (benannter Ort)	Ex Works	EXW	ab Werk	
Frei Frachtführer (benannter Bestimmungs-ort)	Free Carrier	FCA	Übergabe der Ware an den 1. Frachtführer	
Frei Längsseite Seeschiff (benannter Verschiffungshafen)	Free Alongside Ship	FAS	Längsseite Schiff im Verschiffungshafen	
Frei an Bord (benannter Verschiffungshafen)	Free on Board	FOB	Überschreiten der Reling des Seeschiffes im Verschiffungshafen	
Kosten und Fracht (benannter Bestimmungshafen)	Cost and Freight	CFR	Bestimmungshafen	Überschreiten der Reling des Seeschiffes im Verschiffungshafen (wie FOB)
Kosten, Versicherung, Fracht (benannter Bestimmungshafen)	Cost, Insurance and Freight	CIF	Bestimmungshafen	Überschreiten der Reling des Seeschiffes im Verschiffungshafen (wie FOB)
Frachtfrei (benannter Bestimmungsort)	Carriage Paid to ...	CPT	Bestimmungsort	Übergabe der Ware an den 1. Frachtführer
Frachtfrei versichert (benannter Bestimmungsort)	Carriage and Insurance Paid to ...	CIP	Bestimmungsort (alle Kosten wie frachtfrei + Transportversicherung)	Übergabe der Ware an den 1. Frachtführer
Geliefert Grenze (benannter Lieferort an der Grenze)	Delivered at Frontier	DAF	Lieferort an der Grenze	
Ab Schiff (benannter Bestimmungshafen)	Delivered Ex Ship	DES	Ab Bord Seeschiff im Bestimmungshafen	
Ab Kai verzollt (benannter Bestimmungshafen)	Delivered Ex Quay (Duty Paid)	DEQ	Ab Zurverfügungstellung der Ware am Kai im Bestimmungshafen	
Geliefert (benannter Bestimmungsort im Importland) verzollt	Delivered Duty Paid	DDP	Bestimmungsort	
Geliefert (benannter Bestimmungsort im Importland) unverzollt	Delivered Duty Unpaid	DDU	Bestimmungsort	

Abb. 7

V. Die Logistik als betriebswirtschaftliche Funktion

In der betriebswirtschaftlichen Literatur gibt es Ansätze, die sachgüterorientierten Vorgänge der Raum- und Zeitüberwindung (Transport und Lagerung) als eigenständige betriebliche Funktion anzusehen und diese Prozesse aus den konventionellen Funktionalbereichen Beschaffung, Produktion und Absatz auszu-

536

klammern und gesondert zu behandeln. In Anlehnung an das betriebliche Wertkreislaufmodell lässt sich folgendes Funktionendiagramm ableiten (vgl. Kirsch u. a., Betriebswirtschaftliche Logistik, Wiesbaden 1973, S. 348):

	Beschaffung	Produktion	Absatz
Finanzierung	Nominalgüterströme ←		
Logistik	Realgüterströme →		

Abb. 8

1. Die logistischen Prozesse im Unternehmen

Der Bedarf an **logistischen Leistungen** ergibt sich aus der Arbeitsteilung unseres Wirtschaftssystems. Aus der Verteilung der beteiligten Wirtschaftsbetriebe mit ihrem Leistungspotential auf bestimmte Standorte ergeben sich spezifische Anforderungen an

- den Güterarten- und Gütermengenausgleich;
- die Raumüberwindung und
- die Zeitüberbrückung.

Demzufolge sind die zum Ausgleich in diesem Spannungsfeld erbrachten Leistungen einerseits **Ordnungsleistungen**, andererseits **Raumüberwindungsleistungen** (Transportleistungen) und schließlich auch **Zeitausgleichsleistungen**, weil sowohl die Raumüberwindung als auch die Ordnungsaufgaben nur in der zeitlichen Dimension erfüllt werden können (vgl. G. B. Ihde, Transport, Verkehr, Logistik, 2. Auflage, München 1991, S. 2).

Logistische Entscheidungen sind demnach alle Entscheidungen, die sich auf die bedarfsgerechte, nach Art, Menge, Raum und Zeit abgestimmte Bereitstellung von Realgütern beziehen. Soferne nach der Aufgabenerfüllung noch eine Entsorgung des Unternehmens von nicht mehr benötigten Gütern notwendig ist, zählt auch diese Tätigkeit zum logistischen Entscheidungsbereich.

Logistik als **Unternehmensaufgabe** erstreckt sich daher auf die **umfassende** Gestaltung aller Material- und Warenbewegungen und -bewirtschaftungen. Alle Teilvorgänge in diesem Materialfluss, der **Transport, Umschlag** und **Lagerung** als Kernelemente umfasst, sind zu koordinieren, abzustimmen und damit systematisch zu gestalten. Isolierte „Insel"-Betrachtungen können nur zu suboptimalen Ergebnissen führen und sind deshalb zu vermeiden.

Der **Stellenwert der betriebswirtschaftlichen Logistik** im Rahmen des unternehmerischen Handelns erhielt erst im letzten Jahrzehnt eine bemerkenswerte Bedeutung. Im Mittelpunkt der unternehmerischen Bemühungen, den Leistungserstellungsprozess so wirtschaftlich wie nur möglich zu gestalten, stand seit jeher der Produktionsbereich. Parallel hiezu wurde den Bedingungen der Käufermärkte entsprechend versucht, die Prozesse der Leistungsverwertung und damit die Absatz- bzw. Marketingaktivitäten rationell zu gestalten.

In dem Ausmaß, als im Produktionsbereich bei der vorherrschenden Technologienutzung vorläufige Grenzen für weitere Rationalisierungsmöglichkeiten erkannt werden mussten und auch im Absatzbereich die Ausweitung von Märkten nur mehr beschränkt möglich war, musste nach anderen Rationalisierungspotentialen gesucht werden. Sie werden heute vor allem im Bereich der betrieblichen Logistik und andererseits im Bereich der betrieblichen Verwaltung gesehen.

Dies ist auf folgende Gründe zurückzuführen:

1. Die Produktivitätsreserven im Produktionsbereich sind zunächst vielfach als erschöpft anzusehen. Ausschlaggebend hiefür waren die laufend steigenden Produktionsfaktorkosten. Neue bedeutende Rationalisierungspotentiale im Produktionsbereich ergeben sich in zunehmendem Maße erst wieder durch den Einsatz der Mikroelektronik (z. B. Computer Aided Design – CAD).

2. In einer Zeit der konjunkturellen Abschwächung ist eine Verstärkung des Wettbewerbs und damit eine Erhöhung des Konkurrenzdrucks und der geforderten Flexibilität festzustellen. Die oft nicht vorhersehbaren Nachfrageschwankungen erschweren die längerfristige Planung. Das Unternehmensrisiko wird dadurch erhöht, eine frühzeitige Information über die Veränderungen in der Umwelt wird zur unabdingbaren Notwendigkeit. Der Konkurrenzdruck auf der einen Seite führt zu einem relativen Preisverfall und damit zu einer Umsatzschwächung; auf der anderen Seite steigen die Kosten der Produktionsfaktoren mit Ausnahme der Informationskosten ständig.

Über lange Zeit und vielfach auch noch heute fehlte bzw. fehlt das Bewusstsein für die im Unternehmen erbrachten **logistischen Leistungen** im vorhin beschriebenen Umfang. Dies setzt Maßnahmen zur Anhebung des Bewusstseins über **Logistikkosten** einerseits und Überlegungen zur Realisierung eines gewünschten **Lieferservice** im Hinblick auf Lieferzeit, Lieferbereitschaft und Lieferzuverlässigkeit andererseits voraus. In Ermangelung ausreichend genauer logistischer Kosten- und Leistungsrechnungen ist der betriebliche Aufwand für logistische Leistungen bis heute nur relativ ungenau bekannt.

Die logistischen Leistungen führen einerseits zu einem **Versorgungsservice** und andererseits zu einem **Lieferservice**. Zu einer umfassenden Problemsicht ist ein Systemdenken erforderlich, weil die Leistungen auf einer Vielzahl von Teilprozessen beruhen und suboptimale Insellösungen möglichst vermieden werden sollen.

Die **logistische Konzeption** hat für die Leistungsprozesse im Unternehmen drei Konsequenzen:

1. **Funktionale** Konsequenz: Alle Logistikaufgaben sind im Unternehmen als ein abgrenzbares, betriebliches Aufgabengebiet anzusehen. Die logistische Funktion tritt als eine „Querschnittsfunktion" auf, die die traditionellen Aufgabenbereiche von Beschaffung, Produktion und Absatz überlagert bzw. durchdringt.

2. **Instrumentale** Konsequenz: Das Systemdenken kann zu neuartigen Methoden und Techniken im Rahmen der Gestaltung des Material- und Warenflusses und des ihn begleitenden Informationsflusses führen. Als Beispiele führt Ihde (S. 19) an:

   – Standardisierung von Verpackungen und Transportmitteln;

   – Bestandsreduzierung mit Hilfe von programmorientierten bzw. „sensiblen" Bestellverfahren;

   – Bestandsreduzierung durch kleinere Transportlose und höhere Durchlaufgeschwindigkeiten;

   – Bestandsreduzierung durch Verringerung der Zahl der Außenlager;

   – Zeitliche und regionale Zusammenfassung von Sendungen zu kompletten Ladeeinheiten;

   – Ladungs- und Laderaumpoolung zur Vermeidung von Leerfahrten;

   – Einrichtung von Linienverkehren zur Verkürzung von Wartezeiten;

   – Aufbau integrierter Informationssysteme mit dem Ziel der Echt-Zeit-Disposition und -kontrolle, um Wartezeiten im Transportfluss zu verringern.

3. **Institutionale** Konsequenz: Die logistische Sichtweise kann auch zu neuen Formen in der Aufbauorganisation für Transport, Umschlag und Lagerung führen. In der Regel sind dies mehrdimensionale Formen der Unternehmensorganisation.

Das Streben nach zeit- und raumgerechtem sowie kostengünstigem Waren- und Informationsfluss führt im Einzelfall zu Zielvorstellungen, die durchaus konfliktär sein können, wie bereits obige Beispiele aufzeigen konnten. Die Bestimmung des **optimalen** Logistikbedarfs ist nur durch eine Kompromissbildung im Rahmen des vorgegebenen Spannungsfeldes möglich. Dieses Spannungsfeld ist beispielsweise durch folgende Tendenzen im Unternehmen gekennzeichnet:

– Der Verkaufsbereich strebt eine volle Lieferbereitschaft und eine schnelle Auftragsabwicklung gegenüber den Abnehmern an. Deshalb werden viele Auslieferungslager in Kundennähe, ein flexibler Einkauf und eine flexible Produktionssteuerung gewünscht.

– Der Produktionsbereich ist umgekehrt an einer möglichst kontinuierlichen Produktion in maximalen Losgrößen interessiert und braucht deswegen mehr Lagerkapazität.

– Der Einkaufsbereich wieder strebt möglichst große Bestellmengen an, um dadurch günstige Konditionen und einen relativ geringen Verwaltungsaufwand zu erreichen.

– Der Transportbereich ist an kostengünstigen Verteilungswegen interessiert und versucht deshalb, möglichst viel an Gütermenge an das gleiche Ziel zu transportieren und hiebei das günstigste Verkehrsmittel auszuwählen.

– Der Finanzbereich schließlich ist bestrebt, wegen der Kosten der Kapitalbindung niedrige Warenbestände zu führen und auch wenig Lagerhäuser zu errichten und, insgesamt gesehen, geringe Kosten für die Warenverteilung zu erreichen.

Dieses logistische Spannungsfeld ist demnach durch vielseitige Anforderungen gekennzeichnet. Aus dem Systemdenken heraus müssen diese Anforderungen zum Ausgleich gebracht und damit koordiniert werden. Anstrengungen dieser Art stellen eine bedeutende Aufgabe für das Logistik-Management dar.

Die Komplexität des zu koordinierenden Problembereiches führt in der Theorie wie auch in der Praxis zu einer Ausrichtung auf **Schwerpunktbereiche**:

1. **Beschaffungslogistik:** sie setzt sich mit der Versorgung des Unternehmens mit den benötigten Materialien auseinander;

2. **Produktionslogistik:** sie untersucht den Waren- und Informationsfluss von der Rohmateriallagerung im Unternehmen über die verschiedenen Fertigungsprozesse und Zwischenlagerungen bis hin zum Fertigwarenlager;

3. **Distributionslogistik (Marketing-Logistik):** sie setzt sich mit den Beziehungen des Unternehmens im Rahmen der Warenverteilung vom Fertigwarenlager über Auslieferungslager und Absatzmittler hinweg bis zu den Leistungsabnehmern auseinander;

4. **Entsorgungslogistik:** sie stellt die Beseitigung von Abfall und Abwässern und die eventuelle Wiederverwertung dieser Abfälle in den Mittelpunkt der Überlegungen.

Diese Ausrichtung auf Schwerpunktbereiche mag für die arbeitsteilige Vorbereitung von Entscheidungsgrundlagen dienlich sein, darf aber nicht zur Abkapselung im Informations- und Entscheidungsprozess des Unternehmens führen. Hiedurch würde dem notwendigen, auf das gesamte Unternehmen ausgerichteten Systemdenken entgegengetreten werden.

2. Die Logistik-Kosten

Der **Logistik-Bereich** hat eine nicht zu übersehende Bedeutung im Rahmen der **Gesamtkosten** eines Unternehmens. Die Schwierigkeit, die logistischen Leistungsbeiträge bei den einzelnen Kostenstellen zu erfassen und abzugrenzen, führt in der Praxis zu durchaus unterschiedlichen Anteilen der Logistikkosten am Gesamtumsatz der Unternehmen.

Empirische Untersuchungen in Westeuropa ergeben bei den meisten Unternehmen einen **Anteil der Logistikkosten am Umsatz** in der Höhe zwischen 5 % und 10 %. Der Durchschnittswert liegt bei 6,5 %. Von diesen 6,5 % entfallen 40 % auf reine Transportvorgänge, 30 % auf Lagerhaltungsprozesse und wieder 30 % auf die Materialwirtschaft bzw. Verwaltung dieses Bereiches. Es handelt sich hiebei um Zahlen, die aus dem Rechnungswesen der befragten Unternehmen abgeleitet wurden.

Tatsächlich dürfte der Anteil der Logistikkosten am Umsatz jedoch erheblich höher sein und zwischen **10 % und 25 %** schwanken (H. Ch. Pfohl, Logistik als

Überlebenshilfe in den achtziger Jahren, in: ZfB 1983, S. 722). Zwei Faktoren könnten hiefür ausschlaggebend sein:

1. Die Höhe der Logistikkosten wird häufig deswegen unterschätzt, weil nicht alle Kosten, die durch den Ablauf logistischer Prozesse verursacht werden, auch als Logistikkosten im herkömmlichen Rechnungswesen ausgewiesen sind (z. B. Eingangsfrachten, Lagerungskosten, Kapitalkosten der Bestände, Steuern, Versicherungen, Schwund in diesem Bereich).

2. Die logistischen Leistungen werden nicht mit den Logistikkosten in Verbindung gebracht, eine verursachungsgerechte Zuordnung der Logistikkosten zum bewirkten Lieferservice wird nicht möglich. Dadurch können erhöhte Logistikleistungsanforderungen seitens der Produktion und des Absatzbereiches entstehen, die in einer umfassenden Wirtschaftlichkeitsbetrachtung im Unternehmen nicht gerechtfertigt erscheinen.

3. Die Logistik-Leistungen

Bei den logistischen Überlegungen sind neben den Auswirkungen auf die Kostensituation in gleicher Weise auch die Auswirkungen auf die **Marktbedingungen** und den Markterfolg des Unternehmens zu berücksichtigen. Neben der Produktqualität und dem Preis stellt der erreichte Lieferservice-Grad einen gewichtigen Faktor für die Kaufentscheidung dar. Immer wieder ist in der betrieblichen Praxis festzustellen, dass die Lagerhaltung auf den Lieferanten abgewälzt wird, dass es auf Grund der unsicheren Nachfrageerwartungen zu kleineren Auftragsgrößen und zu einer Verkürzung der Bestellintervalle kommt. Auch werden bestimmte Forderungen nach speziellen Anlieferbedingungen, z. B. in zeitlicher Hinsicht gestellt. Logistische Überlegungen führen in gewisser Weise zu einem **Nachfragewandel**, hiefür seien die folgenden Fragestellungen illustrativ:

– Wie kann eine Bestandsreduzierung in allen Bereichen der Wirtschaft erreicht werden?

– Wie kann die Durchlaufgeschwindigkeit der Materialien von der Beschaffung bis zur Vermarktung der Fertigprodukte beschleunigt werden?

– Wie können Schnittstellenübergänge zwischen dem Versender, dem Spediteur bzw. dem Frachtführer und dem Empfänger besser abgestimmt werden?

– Welche Planungskonsequenzen ergeben sich für alle Beteiligten, die an diesem logistischen Prozess mitwirken?

– Welche Wechselwirkungen bestehen zwischen Transportfunktion auf der einen Seite und den Lieferservicekomponenten auf der anderen Seite?

Diese Bedeutung des Lieferservice bei der verladenden Wirtschaft hat damit aber auch **unmittelbare Konsequenzen** für die Transportunternehmen und die Spedition. Neben den Transportkosten, neben den Entscheidungen über Transportmittel und Transportweg bzw. Transportdauer wird in zunehmendem Ausmaß eine **Palette von logistischen Dienstleistungen** mit ausschlaggebend. Hiezu zählen etwa Fragen der Import- und Exportabfertigung, der Lagerung, der

Auftragsabwicklung, der Lagerbestandsführung, der Kommissionierung, der Verpackung und auch der Debitorenbuchführung.

Die Tatsache, dass der Werkverkehr gegenüber dem gewerblichen Güterverkehr – auch in internationaler Betrachtungsebene – trotz der durch ihn verursachten hohen Kosten weiterhin als notwendig angesehen wird, ist ein Indiz dafür, dass das Angebotsprofil an logistischen Dienstleistungen seitens der Verkehrswirtschaft weiter an das Nachfrageprofil seitens der verladenden Wirtschaft anzunähern ist.

Die Nachfrage verlagert sich von der reinen Transportleistung auf integrierte logistische Leistungen, d. h. auf Anteile am gesamten logistischen Prozess. Eine marketingorientierte Verkehrswirtschaft kann diesem Trend durch das Angebot von logistischen Dienstleistungspaketen folgen. Diese sollen ein Teilsystem im Rahmen des gesamten Logistikbereiches eines Unternehmens funktionsfähig abdecken können.

Die Wettbewerbsbedingungen auf den Märkten ziehen ein **hohes Qualitätsniveau** für logistische Leistungen nach sich. Diesen Anforderungen können die verladende Wirtschaft einerseits und die Verkehrswirtschaft andererseits nur entsprechen, wenn sie zwei Strategien verfolgen. Zum einen ist eine **Spezialisierungsstrategie** zu empfehlen, um bei beschränkten Ressourcen eine hohe Leistungsfähigkeit zu erreichen. Zum anderen ist eine **Kooperationsstrategie** zu überlegen, um umfassende Problemlösungen im Sinne einer höheren Marktreife der Produkte anbieten zu können.

Durch vermehrte Kooperationsanstrengungen lassen sich mögliche **Synergieeffekte** nutzen. Im Rahmen einer bewusst gestalteten **Logistikkette** wird es möglich, unnötige Doppelarbeiten zu vermeiden (z. B. umfangreiche Lagerhaltungen für ein und dasselbe Produkt auf mehreren Absatzstufen). Hiezu zählen auch Maßnahmen zur besseren Nutzung des technologischen Fortschritts (z. B. im kombinierten Güterverkehr). Oft ist es notwendig, in gemeinsamen Anstrengungen die organisatorischen Grundvoraussetzungen für den koordinierten Verkehrsfluss zu schaffen.

Integrierte Transportketten bedürfen für ihren reibungslosen Ablauf auch entsprechender **integrierter Informationssysteme**. Vielfach haben die Informationen dem Güterstrom vorauszueilen, um die folgenden Materialbewegungen bzw. -lagerungen steuern zu können, die Informationen haben aber auch den Warenstrom zu begleiten und für eine nachfolgende Rechnung zu dokumentieren. Das **materielle** Güterverteilungsnetz wird somit von einem **immateriellen** Kommunikationsnetz überlagert.

Die dargestellten Probleme und die aufgeworfenen Fragen führen zu dem Schluss, dass die **betriebswirtschaftliche Logistik** als ein echter **Innovationsansatz** im Unternehmen angesehen werden muss und zur Erneuerung im Unternehmen herausfordert.

4. Die Verkehrsmittelwahl im Rahmen logistischer Analysen

Die zentrale Bedeutung des Verkehrs für geordnete Abläufe auf den verschiedenen Ebenen von Wirtschaft und Gesellschaft ist offensichtlich. Die zweckmäßige Erfüllung der Transportfunktion kann als eine der notwendigen Voraussetzungen für jede arbeitsteilig organisierte Wirtschaft angesehen werden (F. Voigt, Verkehr, Erster Band, Erste Hälfte: Die Theorie der Verkehrswirtschaft, Berlin 1973, S. 8).

Die verschiedenen **Verkehrsträger** weisen unterschiedliche **Leistungsprofile** auf, die sich zunächst auf Grund technischer, organisatorischer und rechtlicher Merkmale ergeben. Einzelne Qualitätsmerkmale werden als sogenannte „Teilwertigkeiten" eingestuft und ergeben insgesamt die **Verkehrswertigkeit** eines Verkehrsträgers. Ihnen stehen die Anforderungen des Verkehrsnachfragers (**Verkehrsaffinitäten**) gegenüber. Aus der Gegenüberstellung der Verkehrsaffinitäten zu den Verkehrswertigkeiten der verschiedenen Verkehrsträger lassen sich Aussagen über die Vorteilhaftigkeit eines bestimmten Verkehrsmittels gegenüber anderen ableiten. In einer Gesamtsicht ergeben sich daraus Einsichten in die Beteiligung der einzelnen Verkehrsträger am gesamtwirtschaftlichen Leistungsvolumen („modal split").

Das **Qualitätsprofil** von Verkehrsleistungen ist allgemein gesehen von folgenden Merkmalselementen bestimmt:

- Umfang und Beschaffenheit des Wegenetzes
- Zahl und Ausstattung der Basispunkte
- Technische Beschaffenheit der Verkehrsmittel
- Technische Einrichtungen zur Steuerung des Verkehrsflusses
- Organisatorische Leistungsfähigkeit der Verkehrsbetriebe

Daraus lassen sich im Allgemeinen folgende Teilwertigkeiten und Teilaffinitäten ableiten:

- Massenleistungsfähigkeit
- Schnelligkeit
- Fähigkeit zur Netzbildung
- Berechenbarkeit
- Häufigkeit der Verkehrsbedienung
- Sicherheit
- Bequemlichkeit

Auf Grund natürlicher, technischer und rechtlicher Bestimmungsfaktoren resultiert eine **passive Verkehrsteilung**. Sie ist zu ergänzen um Aspekte der **aktiven** Verkehrsteilung, für die **ökonomische** Bestimmungsfaktoren (Transport-, Umschlags-, Lagerkosten; diverse Nebenleistungen) ausschlaggebend sind.

Für die Unternehmen der verladenden Wirtschaft leitet sich aus diesen Rahmenbedingungen die Zielvorstellung ab, die **ökonomischen Vorteile**, die sich aus der Nutzung alternativ in Frage kommender Verkehrsmittel ergeben können, für die Gestaltung der im Unternehmen notwendigen logistischen Abläufe nutzbar zu machen.

Die **Verkehrsmittelwahl** stellt sich als Entscheidungsproblem auf der Ebene der Verkehrsteilnehmer dar. Im Allgemeinen werden folgende Kriterien als ausschlaggebend für die Verkehrsmittelwahl angesehen:

- Transportkosten(-preis)
- Transportsicherheit
- Transportdauer (Schnelligkeit)
- Ausstattung des Verkehrsmittels
- Pünktlichkeit und Zuverlässigkeit
- Flexibilität in der Transportdisposition
- Umschlagsnotwendigkeiten und -bedingungen
- Notwendigkeit der Transportbegleitung
- Anforderungen an die Güterverpackung
- Transportnebenleistungen (Administrative Leistungen)
- Absatzorientierte Nebeneffekte (Werbung, Kundenkontakt)

Die **optimale Zuordnung** eines Transportauftrages zu alternativ in Frage kommenden Verkehrsmitteln wäre gegeben, wenn der Abstand zwischen dem Affinitätsprofil als Ausdruck der Nachfrageerwartungen eines verladenden Unternehmens und dem Wertigkeitsprofil eines anbietenden Unternehmens möglichst gering ist. Da nicht alle Teilwertigkeiten für den Entscheidungsträger von gleich ausschlaggebender Bedeutung sind, muss eine unterschiedliche Gewichtung Berücksichtigung finden.

Weiters ist zu berücksichtigen, dass die vom Verlader geforderte Raumüberwindung in vielen Fällen nur im Zusammenwirken mehrerer Verkehrsträger und damit in einer **Transportkette** möglich bzw. sinnvoll erscheint. Hiefür können wieder natürliche, technische oder rechtliche Bestimmungsfaktoren einerseits und ökonomische Faktoren andererseits ausschlaggebend sein. Die Einführung leistungsfähiger Umschlagstechniken in Verbindung mit „mittelbaren" Umschlagsvorgängen, die das Transportgut und das Transportbehältnis in einem umfassen, waren ausschlaggebend für die Entwicklung leistungsfähiger **Transportsysteme**.

5. Die Entwicklung der Logistik-Konzeptionen

Die Ansätze zu logistischen Analysen stammen aus der amerikanischen Managementlehre und wurden in der deutschsprachigen Betriebswirtschaftslehre in Form der Marketing-Logistik und in Form des systemorientierten Logistikkonzepts übernommen und weiterentwickelt. Sie tragen dazu bei, die Transport- und Lagerungsprozesse in einem Unternehmen in einen systematischen Zusammenhang zu setzen.

a) „Logistics" in der amerikanischen Managementlehre

In der amerikanischen Literatur ist mit dem Terminus „logistics" (business logistics, industrial logistics) die Gesamtheit aller sachgüterorientierten Bewegungsvorgänge im Tätigkeitsbereich von Unternehmen angesprochen. Die logistische Konzeption umfasst das Beschaffungs- und Lagerwesen in gleicher Weise wie den Bereich des innerbetrieblichen Transports im Rahmen der Fertigung und die absatzorientierte Güterverteilung.

„Logistics ... refers to the art of managing the flow of materials and products from source to user. The logistic system includes the total flow of materials, from the acquisition of raw materials to the delivery of finished products to the ultimate users, although traditionally an individual firm has typically directly controlled only a portion of the total logistics system for its product." (J. F. Magee, Industrial Logistics, New York 1968, S. 2).

In dieser Definition steht die Sicht des Nachfragers nach transportwirtschaftlichen Leistungen im Vordergrund. In der Phase der absatzorientierten Güterverteilung werden die logistischen Problemstellungen mit einem Teilbereich der physischen Distribution (physical distribution) ident.

Das angloamerikanische Logistikkonzept enthält als Elemente die Bestimmung der Standorte von Produktionsstätten und Warenlagern, die Auswahl von Transportmitteln und -routen und die Maßnahmen zur optimalen Lagerhaltung – immer unter dem Gesichtspunkt der koordinierten Gesamtwirtschaftlichkeit, resultierend aus den Tätigkeiten aller genannten Unternehmensbereiche. Das logistische Konzept bezieht sich damit nicht nur auf physische Charakteristika (wie den Bestand von Produktionsstätten, Lagerhäusern, Depots oder die Nutzung verschiedener Transportmittel), sondern in gleicher Weise auf den Aufbau von verteilungsorientierten Organisationsstrukturen und den Ablauf in solchen Strukturen sowie explizit auf die Gestaltung eines Informationssystems. Diesem Informationssystem kommt die Aufgabe zu, als Bindeglied zwischen den Nachfragekomponenten und den unternehmerischen Dispositionsträgern zu fungieren, damit die zweckorientierte Konsumnäherung der Produkte bewerkstelligt werden kann.

b) Die „Logistik" in der entscheidungsorientierten Betriebswirtschaftslehre

In der entscheidungsorientierten Betriebswirtschaftslehre werden logistische Überlegungen zunächst vornehmlich mit der Marketingfunktion (Absatzfunktion) in Verbindung gebracht. Als **Marketing-Logistik** ist die physische Distribution der Produkte zu bezeichnen, „worunter insbesondere die mit der Güterverteilung verbundenen Verpackungs-, Versand-, Transport-, Lager- und Lieferserviceprobleme subsumiert werden" (Bidlingmaier, a.a.O., S. 328). Die Marketing-Logistik tritt als **physische** Distributionsform neben die **akquisitorische** Distribution, die unter dem Gesichtspunkt der Nachfrageweckung die Gestaltung der Distributions-(Absatz-)Wege und Distributionsorgane zu ihrem Aufgabenbereich zählt. Der physischen Distribution obliegt die optimale Befriedigung der durch den akquisitorischen Bereich vorgegebenen Nachfrage, sie dient damit in ihrer Orientierung auf die Lagerhaltung und den Transport von Fertigprodukten dem Marketingvollzug.

Die solcherart vorgenommene Abgrenzung zwischen den physischen und dem akquisitorischen Distributionsbereich darf nicht isoliert aufrechterhalten werden, zumal **Wechselbeziehungen** bestehen. Der Grund hiefür liegt in der Verknüpfung der Elemente der Aufbauorganisation (Festlegung der Anzahl und Standorte von Lagerhäusern, Auslieferungslagern usw.) mit Elementen der Ablauforganisation (optimale Auswahl der Verteilungswege und der Transportmittel). Von diesem organisatorischen Standpunkt aus ist die Affinität zum „Absatzweg" als absatzpolitischem Instrumentarium sehr groß, und die Einbeziehung akquisitorischer Belange in die Konzeption der Marketing- Logistik berücksichtigt das akquisitorische Potential, das sich aus der Organisation der physischen Distribution ableiten lässt.

Die streng einzelwirtschaftliche Konzeption der Marketing-Logistik ist gegenüber der weiteren Auffassung der amerikanischen Managementlehre lediglich als absatzpolitischer Aktionsparameter von Unternehmen aufzufassen. Der Ausgangspunkt wissenschaftlicher Betrachtungen ist hier allein in den Absatzbemühungen wirtschaftlicher Unternehmen zu sehen; die Beschaffungsfunktion sowie die Produktionsfunktion und damit das innerbetriebliche Transportwesen bleiben außer Betracht.

c) Die systemtheoretische Logistik-Konzeption

Die systemtheoretische Auffassung von der Logistik, wie sie von Kirsch (a.a.O., S. 66 ff.) und Ihde (Logistik, Stuttgart 1972, S. 15 ff. sowie später: Transport, Verkehr, Logistik, 2. Auflage, München 1991, S. 1 ff.) vertreten wird, versucht, institutionelle und funktionelle Aspekte der Prozesse der Raumüberwindung bzw. Zeitüberbrückung sowie deren Steuerung und Regelung auf der Basis der Systemtheorie unter dem Gesichtspunkt der Beschreibung, Erklärung und Gestaltung der damit verbundenen Informations- und Entscheidungssysteme zusammenzufassen. Der ganzheitliche Ansatz in einer systemorientierten Konzeption soll die Möglichkeit bieten, die in der Vergangenheit mit sehr unterschiedlicher Intensität betriebene Erforschung betriebswirtschaftlicher Belange der Güterverteilung und des Verkehrswesens im deutschsprachigen Bereich auf eine gemeinsame Basis zu stellen.

Dem Grundgedanken der Systemtheorie folgend, einen Konnex von **Elementen** (Güter, Verkehrsmittel, Lager) mit verschiedenen **Attributen** (Raum-, Zeitüberwindungsaspekt) in gegenseitiger **Beziehung** als Untersuchungsbereich anzusehen, werden bei der Behandlung der betriebswirtschaftlichen Logistik drei Systemkomplexe in den Vordergrund gerückt. Es sind dies einerseits das **mikrologistische** System einer Betriebswirtschaft, dessen Ziel die Sicherstellung von Transport und Lagerung der betrieblichen Produktionsfaktoren, Zwischen- und Endprodukte sowie der mit diesen Tätigkeiten verbundenen Kommunikationsprozesse ist. Damit sollen sowohl die entsprechenden Vorgänge auf der Beschaffungs- und Absatzseite als auch die innerbetrieblichen Transport- und Lagerungsprozesse erfasst und gelenkt werden. Auf der anderen Seite werden Unternehmen, deren Hauptaufgabe die Raum-Zeit-Überbrückung darstellt, als **„logistische Betriebswirtschaften"** oder „logistische Organisationen" aufgefasst. Zu ihnen gehören die Transportbetriebe, die Lagerhäuser, aber auch selbständige Distributionszentren. Beide Systemkomplexe werden überlagert vom **makrolo-**

gistischen System als Subsystem der Gesellschaft, dessen Abgrenzungskriterium die Zugehörigkeit zu allen der Raumüberwindung und Zeitüberbrückung dienenden wirtschaftlichen Vorgängen ist.

Das makrologistische System bildet die unmittelbare Umwelt, in der mikrologistische Systeme und logistische Organisationen (Verkehrsbetriebe) eingebettet sind. Es kann als funktionales Subsystem des volkswirtschaftlichen Distributionssystems angesehen werden, das durch die Gesamtheit aller an der Disposition und dem physischen Vollzug distributiver Leistungen beteiligten Elemente einer Volkswirtschaft sowie deren Aktivitäten gebildet wird.

In einer horizontalen Bereichsabgrenzung sind die logistischen Systeme nach Kirsch im Allgemeinen in drei Subsysteme zu untergliedern: (1) das physische Versorgungssystem für Inputfaktoren; (2) das Subsystem der Intrasystemlogistik – es bezieht sich auf den Fluss von Stoffen, Energie, Information und Personen im System, also dem Unternehmen, selbst; (3) das physische Distributionssystem zur Übertragung des Outputs an andere soziale Systeme. Diese Unterteilung entspricht bei gedanklich erweiterten Begriffsinhalten den Darstellungen in der angloamerikanischen Literatur. Die Ausführungen über die Steuerung und Regelung der Raumüberwindungs- bzw. Zeitüberbrückungsprozesse erfolgen in weitgehender Ausrichtung auf die Grundsätze der entscheidungs-, system- und organisationstheoretischen Ansätze der modernen Betriebswirtschaftslehre. Die Logistik wird damit als allgemeine betriebswirtschaftliche Funktion und nicht als ein Spezialbereich angesehen.

VI. Die Absatzorganisation

1. Die Zielsetzungen

Die Absatzorganisation dient der umfassenden Aufgabe, den Übergang der Betriebsleistung an nachgeordnete Wirtschaftseinheiten zu bewerkstelligen. Sie hat die Koordination aller Unternehmensaktivitäten zum Ziel, die der marktgerechten Erfüllung absatzpolitischer Aufgaben zuzuordnen sind. Die Absatzorganisation ist einerseits unter institutionalen und andererseits unter prozessualen Aspekten zu untersuchen. Demgemäß sind Probleme der **Aufbauorganisation** (funktionsfähige Teileinheiten zur Erfüllung der Absatzaufgaben) und der **Ablauforganisation** (zweckmäßige Gestaltung der einzelnen Arbeitsprozesse) zu behandeln.

Die Absatzorganisation soll in ihrer Gestaltung

1. die **Koordination** aller mit Absatzaufgaben befassten Unternehmensabteilungen sichern (integriertes Marketing);

2. die **Flexibilität** zur Anpassung an rasch sich ändernde Marktverhältnisse gewährleisten;

3. die **Kreativität** und **Innovationsbereitschaft** der im Unternehmen Tätigen fördern.

H. Meffert folgend (Absatzorganisation, in: Handwörterbuch der Betriebswirtschaft, 4. Auflage, Stuttgart 1974, Sp. 54 ff.) ist zwischen „klassischen" (eindimensionalen) Formen der Absatzorganisation und neueren (mehrdimensionalen) Formen zu unterscheiden (vgl. auch Bidlingmaier, a.a.O., S. 178 ff.). Die eindimensionalen Organisationsformen bauen auf den klassischen Organisationsformen der Liniensysteme bzw. Stab-Linien-Systeme auf und sind dadurch gekennzeichnet, dass auf der Ebene unter der Geschäftsleitung Aufgaben nach einem einzigen Gliederungskriterium zusammengefasst werden. In mehrdimensionalen Organisationsformen (Matrixorganisation, Teamorganisation) hingegen sind mehrere Gliederungsmerkmale für die Aufgabenzuordnung maßgeblich.

Um eine effiziente Absatzorganisation zu erreichen, wird man – den spezifischen Marktbedingungen eines Unternehmens Rechnung tragend – versuchen, die verschiedenen Vorteile einzelner Organisationsformen problemabhängig zu kombinieren. Dadurch können vielfach unerwünschte nachteilige Effekte vermieden werden. Die nachfolgende Darstellung ist daher im Sinne der Darlegung alternativer Möglichkeiten zu interpretieren. Die zweckmäßigste Organisationsform ist aus den spezifischen Unternehmensbedingungen heraus zu bestimmen.

2. Die eindimensionale Absatzorganisation

a) Liniensysteme

aa) Funktionsorientierte Absatzorganisation

In der funktionsorientierten Absatzorganisation werden bei der Abteilungsbildung im Rahmen der Linienorganisation gleichartige Verrichtungen zusammengefasst. Der Absatzdirektion werden aufgabenbezogen Abteilungen etwa in der folgenden Weise untergeordnet:

Marktforschung,
Absatzplanung,
Absatzanbahnung (Werbung),
Absatzdurchführung (Verkauf, Verkaufsförderung),
Physische Distribution.

Diese Organisationsform erlaubt eine weitgehende Spezialisierung. Diesen Vorteilen stehen die mangelnde Flexibilität auf Grund der mehrstufigen Instanzenwege und die daraus zu erwartende mangelnde Koordination für die einzelnen Produkte, Kunden oder Verkaufsgebiete als Nachteile gegenüber.

bb) Produktorientierte Absatzorganisation

Bei Unternehmen mit größerem Produktionsprogramm bzw. heterogenen Produkten erweist sich die funktionale Absatzorganisation als schwerfällig. Deswegen wird einer produktorientierten Organisation der Vorzug gegeben, in der unterhalb der obersten Führungsebene nach Produkten, Produktgruppen oder Warengruppen gegliedert wird. Innerhalb der gewählten Bereiche sind dann funktionale Aspekte für die weitere Organisationsstruktur maßgeblich:

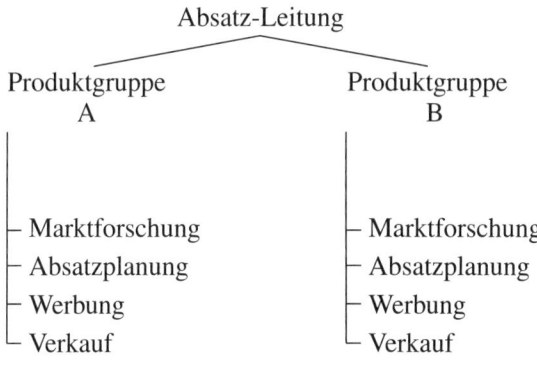

Abb. 9

Die produktorientierte Absatzorganisation (**Spartenorganisation**) zeichnet sich durch eine größere Flexibilität bei Marktänderungen aus. Kreativität und Zielidentifikation der Mitarbeiter können gesteigert werden, wenn die Sparten mit einer eigenen Erfolgsverantwortlichkeit ausgestattet werden. In diesem Falle spricht man von **Profit-Center-Organisation**. Den Vorteilen stehen Nachteile entgegen, die aus Parallelarbeiten einzelner Sparten und aus der Konkurrenz um knappe Ressourcen (z. B. finanzielle Mittel, Produktionskapazitäten) resultieren.

cc) Kundenorientierte Absatzorganisation

Wenn sich der Kundenkreis eines Unternehmens in klar voneinander abgrenzbare Kundengruppen mit spezifischen Kaufinteressen unterteilen lässt, kann dem Ziel einer marktgerechten Aufgabenerfüllung auch durch eine kunden-orientierte Absatzorganisation entsprochen werden. Damit kann man sich intensiv auf die Spezialprobleme der Abnehmer einstellen, wenn die entsprechenden Marktsegmente genügend groß sind (z. B. Industrie, Gewerbe, Handel, Banken und Versicherungen, öffentliche Verwaltung).

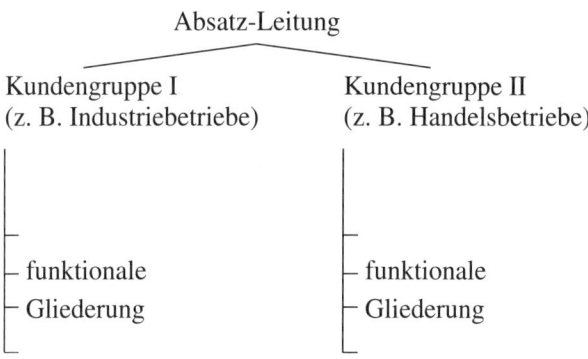

Abb. 10

dd) Gebietsorientierte Absatzorganisation

Ähnliche Überlegungen gelten für eine gebietsorientierte Absatzorganisation. In ihr wird das gesamte Absatzgebiet räumlich in einzelne Absatzbereiche aufgeteilt und entsprechenden Regionalabteilungen zugeordnet. Von dort aus werden alle Produkte, die in diesem Verkaufsgebiet angeboten werden, und alle Kunden dieser Region betreut. Diese Organisationsform kommt vor allem bei heterogenen Märkten mit großer räumlicher Entfernung (Inland – Ausland) in Betracht, sie ist bei multinationalen Unternehmen üblich, aber auch bei einem entsprechend ausgedehnten Absatzgebiet im Inland ist sie zu finden.

b) Modifizierte Liniensysteme

Durch Modifikationen im System der Linienorganisation wird versucht, die Absatzorganisation flexibler und effizienter zu gestalten.

aa) Marketing-Stäbe

Durch die Errichtung von Stabstellen soll die Unternehmenskoordination und die Wahrnehmung genereller Absatzaufgaben sichergestellt werden. Agenden der Marktforschung, Absatzplanung, Werbung und Öffentlichkeitsarbeit werden in dieser Organisationsform gerne Stabstellen zugewiesen, während die Verkaufs- und Vertriebsabteilungen nach dem Liniensystem organisiert sind. Die Einrichtung der Stabstellen erfolgt zur Entlastung der Linieninstanzen, Vermischungen mit den Aufgaben der Linieninstanzen sind jedoch häufig zu beobachten und können zu Spannungen führen.

bb) Produktmanagement

Eine andere Möglichkeit, die Koordination und Flexibilität in der Linienorganisation zu verbessern, besteht in der Einrichtung eines Produkt-Managers. Er hat die Aufgabe, für eine seinen Produktbereich betreffende horizontale Koordination der Linieninstanzen zu sorgen, indem er sich allen notwendigen Aktivitäten im Absatzbereich (bzw. darüber hinaus auch im Beschaffungs- und Produktionsbereich) widmet, sie koordiniert und überwacht.

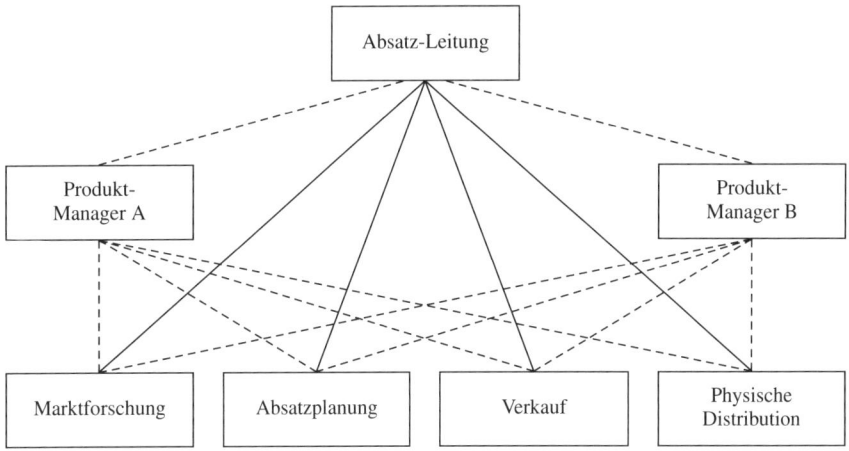

Abb. 11

Die Stellung des Produktmanagers ist auf seine Detailkenntnisse, Erfahrungen und Überzeugungskraft, nicht jedoch auf ein Weisungsrecht gegenüber den Linieninstanzen begründet. Analog zum Produktmanager können auch Kundenmanager und Gebietsmanager vorgesehen werden.

3. Die mehrdimensionale Absatzorganisation

Mehrdimensionale Formen der Absatzorganisation wurden entwickelt, um den Koordinations-, Flexibilitäts- und Innovationserfordernissen im Marketing besser Rechnung tragen zu können.

a) Die Matrixorganisation

In der Matrixorganisation werden der Unternehmensleitung gleichrangig und gleichberechtigt sowohl vertikale als auch horizontale (Linien-)Instanzen zugeordnet. Horizontal wird nach Funktionsbereichen (Werbung, Verkauf, physische Distribution) und vertikal nach Produktgruppen differenziert. In den einzelnen Matrixfeldern werden Konflikte institutionalisiert, die zu einem sinnvollen Wettbewerb der gleichrangigen Instanzen um knappe Ressourcen in den einzelnen Funktionalbereichen führen sollen. Dadurch soll die Qualität der getroffenen Entscheidungen gesteigert werden, da sowohl die Gesichtspunkte von Funktionsspezialisten als auch jene der Produktspezialisten als Grundlage der Entscheidungen herangezogen werden.

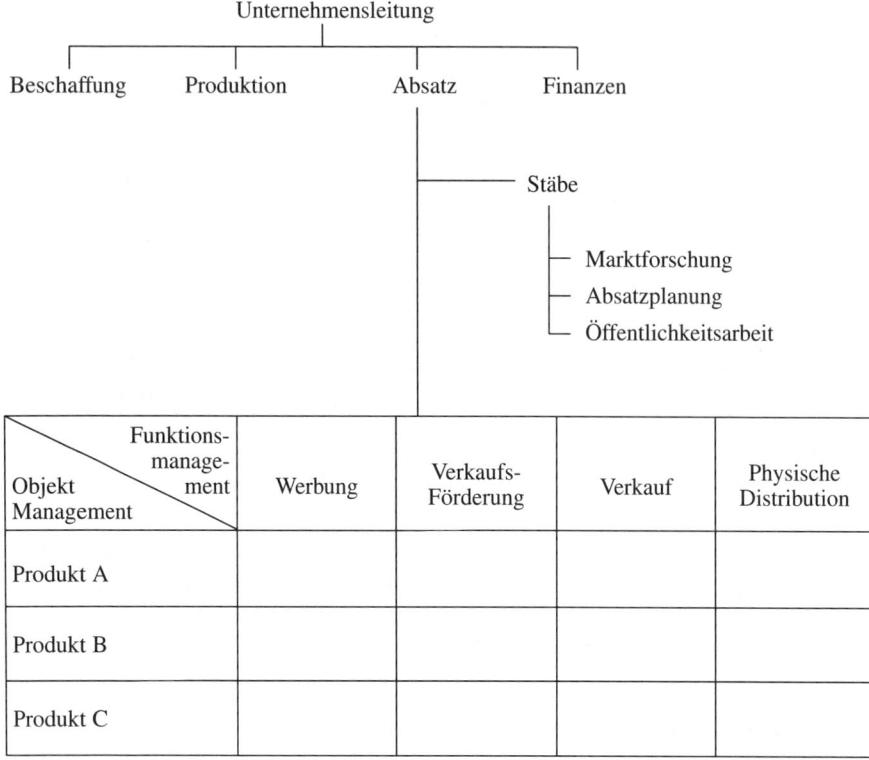

Abb. 12

b) Die Team-Organisation

Die Kreativität und die Integration der Aufgabenerfüllung kann auch durch die Bildung von **Teams** gefördert werden. Sie werden prozessorientiert in einer Weise gebildet, dass jedes Organisationsmitglied zwei oder mehreren Teams gleichzeitig angehört und dadurch zur innerbetrieblichen Koordination beiträgt. Oft handelt es sich um spezifische, abgrenzbare Aufgaben, z. B. die Neueinführung eines Produktes oder die Errichtung einer Industrieanlage, die von einem Team während des gesamten Arbeitsprozesses betreut werden. Wurden die Teams hiefür zeitlich befristet gebildet, liegt eine **Projektorganisation** (Projektmanagement) vor. Die Mitglieder der Projektgruppe werden teilweise oder zur Gänze aus ihren organisatorischen Stellungen abgezogen, um den Projektauftrag kraft ihrer Sachkundigkeit rasch realisieren zu können. Die zeitliche Koordination der Team-Mitglieder, ihre Absenz in den angestammten Funktionsbereichen, aber auch die Größe und Vielzahl der Teams in der Gesamtorganisation können zu Effizienzproblemen führen.

VII. Internationales Marketing

1. Die Grundlagen

Die Intensivierung des internationalen Güter- und Leistungsaustausches macht es notwendig, sich in verstärktem Ausmaß den grenzüberschreitenden Absatzaktivitäten zu widmen. Dies ist gerade für die Wirtschaft eines kleineren Staates mit einem an sich begrenzten Absatzraum von besonderer Bedeutung. E. Kulhavy (Internationales Marketing, Linz 1982, S. 6 ff.) weist darauf hin, dass die Öffnung eines Unternehmens zum Auslandsmarkt in drei Stufen denkbar ist:

1. Beim **traditionellen Export** verkauft ein Exporteur seine Güter an einen ausländischen Abnehmer, wobei sich seine Auslandsaktivitäten auf diese Beziehungen beschränken. Weiter reichende Marktanalysen fehlen und werden zur Gänze dem Importeur überlassen. Exportgeschäfte dieser Art kommen daher auch eher zufällig zustande.

2. Beim **Exportmarketing** wird der Auslandsmarkt vom Exporteur systematisch, planmäßig und aktiv bearbeitet. Im Gegensatz zum traditionellen Export ist der Exporteur hier bemüht, in der vertikalen Absatzkette bis zum Letztabnehmer vorzustoßen und damit den Markt zu durchdringen. Dies bedingt auch eine entsprechende Absatzorganisation (Exportorganisation).

3. Beim **internationalen Marketing** wird das Waren- und Dienstleistungsgeschäft durch Aktivitäten angereichert, die grundsätzlich (aber nicht notwendigerweise) mit diesem in Verbindung stehen. Hiezu gehören die Vergabe von Lizenzen, der Abschluß von Know-how- und Management-Verträgen sowie der Verkauf von Schulungs- und Beratungsleistungen. Der traditionelle Sachgüterexport kann durch einen primären Dienstleistungsexport (im Wesentlichen handelt es sich um Managementleistungen) abgelöst werden. Dies ist bei transnationalen (auch: multinationalen) Unternehmungen der Fall, die in verschiedenen Ländern sog. „Exportplattformen" einrichten. Darunter sind Tochtergesellschaften zu verstehen, die ihre Produkte nicht mehr im Gastland verkaufen, sondern entweder in Drittländer oder auch in das Stammland exportieren. Unter **internationalem Marketing** ist daher eine primär auslandsmarktorientierte Führung einer Unternehmung in international verbreiteten Organisationsformen zu verstehen. Das internationale Marketing ist dabei durch einen ausgeprägten strategischen Managementprozess gekennzeichnet, der die globale Unternehmenspolitik und deren Durchsetzung in den verschiedenen Teilmärkten zum Gegenstand hat.

2. Die Motive für die Internationalisierung

Die Motive für die Auslandsorientierung und Internationalisierung ergeben sich aus der Intensivierung der Weltwirtschaft, die den allgemeinen wirtschaftspolitischen Vorstellungen entspricht, aber auch eine Folge der höheren Markttransparenz über die höhere Effektivität der Nachrichtenübermittlung ist. Nicht alle Unternehmungen werden international auszurichten sein und geben sich deswegen mit der Rolle eines Binnenmarkt-Unternehmens zufrieden. Dynamische Unternehmen, die sich mit dieser Begrenzung in ihren Absatzbemühungen nicht begnügen wollen, werden sich international, zumindest aber europaweit, betätigen.

Mittelständische Unternehmen suchen den Export, weil sie eine günstigere Auslastung der betrieblichen Kapazitäten, eine breitere Streuung des Absatzrisikos und eine Ausweitung ihres Marktvolumens erwarten. Auch die Anhebung des Unternehmensimage im Inland durch den Export und eine Verbesserung der Wettbewerbsbedingungen (Vorsprung gegenüber der Konkurrenz durch die internationalen Erfahrungen) werden angestrebt.

Es ist zu berücksichtigen, dass eine Großraumwirtschaft auch entsprechend flächendeckende Unternehmensorganisationen bedingt. Eine Weltwirtschaft bedingt demnach weltweit operierende Konzerne. Ein Konzern von Kapitalgesellschaften wird dann als **transnationale** (früher: multinationale oder supranationale) Unternehmung bezeichnet, wenn folgende Merkmale gegeben sind (E. Kulhavy, a.a.O., S. 41 f.):

1. die Unternehmung operiert in verschiedenen Ländern und damit in verschiedenen Umwelten politischer, gesellschaftlicher, kultureller, rechtlicher und wirtschaftlicher Art;

2. Leistungserstellung und Leistungsverwertung erfolgen sowohl im Inland als auch im Ausland;

3. das Kapital ist weltweit gestreut, die Investitionen im Ausland haben den Charakter von Direktinvestitionen;

4. die Unternehmungspolitik wird weltweit konzipiert und erfasst alle Unternehmensbereiche;

5. die Unternehmung wird von einem international zusammengesetzten Management geführt, das in globalen Dimensionen denkt und handelt;

6. die Auslandsgeschäfte werden zum Schwerpunkt der Aktivitäten und bestimmen die Konzeption der Marketing-Strategien;

7. die Muttergesellschaft gibt den an sich weitgehend selbständig agierenden Tochtergesellschaften Richtlinien vor, steuert und kontrolliert sie;

8. die Vermögens-, Kapital-, Kosten-, Ertrags- und Gewinnlage wird entscheidend durch die internationalen Geschäfte beeinflusst;

9. die Jahresabschlüsse der Konzerngesellschaften werden zu einer „Weltbilanz" des Unternehmens konsolidiert.

Befürworter transnationaler Unternehmungen weisen auf die Impulse zur wirtschaftlichen Entwicklung im Gastland durch den Transfer von technischem, betriebswirtschaftlichem und führungsbezogenem Know-how, auf die Schaffung von Arbeitsplätzen und von entsprechender Wertschöpfung hin. Gegner dieser Unternehmungen reklamieren die zunehmende Fremdbestimmung der nationalen Wirtschaft, die mit nationalen Interessen in Konflikt geraten kann. Export von Arbeitsplätzen, Preismanipulationen, Gewinntransfers, negativer Einfluss auf

Wechselkurse und Zahlungsbilanzen sind vielfach vorgebrachte Argumente vornehmlich volkswirtschaftlicher Art.

In diesem Spannungsfeld wird deutlich, dass das internationale Marketing nicht nur betriebswirtschaftliche Faktoren, sondern in besonderer Weise auch gesamtwirtschaftliche und wirtschaftspolitische Rahmenbedingungen sowie rechtliche, politische, religiöse und kulturelle **Umweltparameter** zu berücksichtigen hat. Die Denkschemata der nationalen Aktionsräume beeinflussen die Auslandsengagements wesentlich und sind in den Marketingstrategien zu beachten.

3. Die Formen internationaler Geschäftstätigkeit

Die internationale Ausrichtung der Geschäftstätigkeit führt zu einer Fülle von Engagementformen, die von der traditionellen Exporttätigkeit bis hin zur transnationalen Unternehmung führen. Der Eintritt in die Auslandsmärkte ist in vielfältigen Formen möglich (vgl. E. Kulhavy, a.a.O., S. 12 ff.).

In der einfachsten Form bedient sich ein inländischer Produzent unabhängiger inländischer Außenhandelsunternehmungen, die zwischen ihm und dem ausländischen Abnehmer eine Mittlerfunktion übernehmen. In diesem **indirekten Export** können einerseits Exporteigenhändler (Exporthäuser) oder andererseits Exportgemeinschaften tätig werden. Die Einschaltung von **Exporthäusern** bietet sich an, wenn das Unternehmen keine Auslandserfahrung hat, das Risiko eines Auslandsgeschäftes scheut und kein laufendes Exportgeschäft aufbauen will oder kann. Die direkte Verbindung zum ausländischen Abnehmer fehlt dadurch, der Lieferant ist vollkommen auf die Informationen des Exporthändlers angewiesen. Exportgemeinschaften sollen die Anbahnung und Durchführung von Exporten unterstützen und werden als Exportringe, Exportgenossenschaften, Verkaufsbüros u. Ä. eingerichtet.

Im **direkten Export** soll mit dem ausländischen Abnehmer ein direkter Kontakt hergestellt werden. Damit kann der Auslandsmarkt nach eigenen Vorstellungen bearbeitet werden, die Distributionsorgane sind leichter zu überwachen, Marketingstrategien zum Aufbau dauerhafter Geschäftsbeziehungen sind möglich. In der Frühphase wird der Export entweder direkt an einzelne Abnehmer oder über fremde Distributionsorgane (Alleinimporteur, Provisionsvertreter) abgewickelt. Der enge Kontakt mit einem **Generalvertreter** erlaubt zwar noch keine Kundenbetreuung im Sinne eines intensiveren Exportmarketings, ermöglicht aber doch die Verwirklichung gewisser Marketingstrategien.

In einer späteren Entwicklungsphase wird der Einsatz **eigener, weisungsgebundener Distributionsorgane** gewünscht, um den Auslandsmarkt intensiver nach den eigenen Vorstellungen bearbeiten zu können. Dies erfordert einen Kapitaltransfer ins Ausland, um Repräsentanzbüros (Vorherrschen der Informationsfunktion), Zweigniederlassungen oder Tochtergesellschaften mit eigener Rechtspersönlichkeit einzurichten, die in der Regel über Außenlager und Serviceeinrichtungen verfügen.

Internationales Marketing schließt Überlegungen zur **Produktion im Ausland** ein. Die Auslandsproduktion kann ohne eigene Produktionsstätte im Ausland bewirkt werden, indem die Nutzung von Erfindungen, Schutzrechten, Kenntnissen und Erfahrungen im Wege der **Lizenzvergabe** an ausländische Produzenten vereinbart wird. Die Lizenzgebühren liegen zwischen 2 % und 10 % des Umsatzes (im Mittel bei 5 %). Eine **Vertragsproduktion** liegt vor, wenn ein ausländischer Produzent beauftragt wird, bestimmte Waren herzustellen, die dann vom Auftraggeber vertrieben werden sollen.

Im Anlagenbereich sind **Management-Verträge** üblich, wenn schlüsselfertige Industrieanlagen geliefert werden und in einer Übergangzeit auch der Betrieb dieser Einrichtungen so lange geführt werden soll, bis das heimische Management entsprechendes Wissen und Erfahrungswerte zur Übernahme der Einrichtung besitzt. **Schulungs- und Ausbildungsverträge** betreffen Zusatzleistungen zu Lieferverträgen und sehen Ausbildungsprogramme für Personal auf technischem und kaufmännischem Gebiet vor. **Professionistenverträge** erstrecken sich auf Dienstleistungen im gewerblichen Bereich. In diesen Fällen wird menschliche Arbeitskraft „exportiert".

In Abhängigkeit von der Finanzkraft des Unternehmens und von den Umweltbedingungen im Gastland kann eine Errichtung einer **eigenen** Produktionsstätte im Ausland in Form einer Beteiligung oder im Alleineigentum erfolgen. **Beteiligungen** sind als Minoritäts-, Paritäts- und Mehrheitsbeteiligungen denkbar. Das Beteiligungsausmaß richtet sich nach wirtschaftspolitischen Rahmenbedingungen der Gastländer und nach den Interessenlagen der Partnerunternehmen. Auch Paritätsbeteiligungen führen zu guten Ergebnissen, wenn Verträge dieser Art zwischen zwei gleich starken Partnern mit gleichlaufenden Marktinteressen abgeschlossen werden. Man spricht von **Joint Ventures**, wenn in einer grenzüberschreitenden Partnerschaft im Wege von gemeinsamen Beteiligungen nicht nur für die Aufbringung von Risikokapital gesorgt wird, sondern auch die Lizenzvertragsvorteile des einen Partners mit den Standortvorteilen des anderen Partners verknüpft werden. Joint Ventures sind daher vom Technologietransfer, vom Ressourcentransfer (z. B. Fachpersonal) und vom Kapitaltransfer in das Ausland geprägte Partnerschaften. Sie sind in manchen Entwicklungsländern sowie in einigen Staatshandelsländern oft die einzige Möglichkeit zur Abwicklung einer internationalen Geschäftstätigkeit.

Das **Alleineigentum** an ausländischen Produktions- und Vertriebsstätten stellt ohne Zweifel die höchste Intensität des Auslandsengagements dar, das auf der anderen Seite aber mit den größten Risiken verbunden ist. Es sichert den weitestgehenden Freiraum für die Durchsetzung der eigenen Marketingstrategien und verschafft wesentliche Standortvorteile, birgt aber andererseits das volle Bestandsrisiko in sich. Die ausländische Produktion kann von der Montage gelieferter Teile (Assembling), über die Produktion von Teilen bis hin zur kompletten Herstellung von Waren und Anlagen reichen.

Eine Mittlerfunktion eigener Art nehmen im internationalen Marketing einerseits die **Consulting Engineering-Büros** und andererseits die internationalen **Handelshäuser** (Trading-Büros) ein. Aufgabe der Consulting-Büros ist es, technische Großprojekte (wie Kraftwerke, Raffinerien o. Ä.) zu planen und vorzubereiten. Dies reicht von allgemeinen Vorstudien (sog. „feasibility studies") über die eigentliche Projektierung, die Überwachung der Bauausführung bis hin zur Übernahme und Endabrechnung des Großprojekts und stellt im Wesentlichen einen hochwertigen Dienstleistungsexport dar. Die Leistung von Trading-Büros wird erforderlich, wenn Devisenknappheit oder Devisenbeschränkungen bei Lieferverträgen die Erbringung von Gegenleistungen in Geld erschweren. Im Rahmen der Zahlungsbedingungen werden dann Gegenleistungen in Warenform akzeptiert (**Gegen- oder Tauschgeschäfte**), die von den Trading-Büros auf dem Weltmarkt in mehr oder weniger einfallsreichen bzw. komplizierten Konstruktionen weitergehandelt und in Geldleistungen transformiert oder gegen notwendige Beschaffungsvorgänge kompensiert werden. Die Gegengeschäfte entsprechen ihrem Wesen der Naturalwirtschaft und sind im Geschäftsverkehr mit Schwellenländern bzw. mit Entwicklungsländern gebräuchlich. Gegengeschäfte im Wege der Fremdkompensation und im Wege von Parallelgeschäften herrschen vor.

Eine **Fremdkompensation** ist gegeben, wenn ein Exporteur an eine Handelsgesellschaft Waren liefert, die mit einer Lieferung einer Gegenware an ein spezialisiertes internationales Handelshaus „bezahlt" wird und dieses Handelshaus dann für die eigentliche Zahlung an den Exporteur in Höhe des Kaufpreises für die Gegenware sorgt. Ein **Parallelgeschäft** (auch Kopplungsgeschäft) liegt vor, wenn der Exporteur an eine Handelsgesellschaft Waren liefert und den Kaufpreis zwar in Form einer Zahlung erhält, die zuvor aber von einem internationalen Handelshaus an diese Außenhandelsgesellschaft für eine Lieferung einer Gegenware geleistet wurde. In vielen Fällen muss der Exporteur dem spezialisierten Handelshaus eine Preisstützung gewähren, damit die Geschäfte „gekoppelt" werden können. Der Exporteur muss versuchen, diese Preisstützung in den Gesamtkaufpreis einzukalkulieren.

Es wird deutlich, dass die Ausweitung der Geschäftstätigkeit auf das Ausland in hohem Maße **Kooperationen** bedingt. Dies erfordert gerade bei kleinen und mittleren Unternehmen eine gewisse Offenheit und auch ein Selbstbewusstsein, um mit anderen Partnern eine gemeinsame Marktentwicklung vorzubereiten. Viele staatliche Stellen, aber auch die Interessenvertretungen sowie Banken fördern die Kooperation auf Auslandsmärkten und unterstützen diese Aktivitäten durch Vermittlungsdienste, Informationstätigkeit, Beratung, Finanzierungshilfen und Risikoübernahmen (siehe auch die Ausführungen zur Außenhandelsförderung im Abschnitt D.).

H. Die Verwaltung

I. Die Grundlagen

1. Die „Verwaltung" als Integrationsfaktor

Die zunehmende Komplexität der Umwelt und die daraus resultierende erhöhte Gefährdung der unternehmerischen Existenz machen es notwendig, das **Leistungspotential** der Unternehmen in vollem Umfang zweckgerecht einzusetzen. Die Umwelt konfrontiert die Unternehmen ständig mit neuartigen Anforderungen. Der **betrieblichen Verwaltung** kommt dabei eine besondere Bedeutung als **Bindeglied** zwischen **Unternehmensführung**, der **operativen** Unternehmensebene (Basissystem) und der betrieblichen **Umwelt** zu. Die Verwaltung stellt einen wesentlichen Teil des Lenkungs- und Leitungssystems eines Unternehmens dar, der aber selbst **ökonomischen** Anforderungen unterworfen werden muss.

Die Tätigkeitsfelder der betrieblichen Verwaltung werden oft mit **negativen Assoziationen** wie „bürokratisch" oder „unflexibel" belegt. Die Kosten der Verwaltung werden von vielen als „unproduktive Kosten" (oder kürzer: als „Unkosten") eingeschätzt. Die bürokratische Arbeitsweise impliziert weitgehend die Vorstellung von unwirtschaftlichem, pedantischem oder perfektionistischem Vorgehen.

Dabei wird vielfach die **essentielle Notwendigkeit** der Verwaltungstätigkeiten **übersehen**, die einen koordinierten Einsatz der Produktionsfaktoren im Sinne einer zweckgerechten und wirtschaftlichen Leistungserstellung und Leistungsverwertung erst sicherstellen. Insoferne stellen Verwaltungsaufgaben **mittelbare** Aufgaben dar, die unterstützend für den Einsatz der dispositiven Produktionsfaktoren wirken und daher **in ihrer Effizienz nicht unmittelbar** erkennbar sind.

Auf der anderen Seite muss berücksichtigt werden, dass die in ihrer Intensität steigende Notwendigkeit zur Anpassung der Unternehmensaktivitäten an sich ändernde Umweltbedingungen auch zu einem **Anwachsen der Verwaltungsaufgaben** führen kann. Anteilsmäßig höhere „Verwaltungskosten" sind die Folge.

2. Funktionale und institutionale Aspekte der Verwaltung

Als „betriebliche Verwaltung" ist jener Unternehmensbereich anzusehen, in welchem Informationen zur Erfüllung der Zweckaufgaben des Unternehmens (Beschaffung, Produktion, Absatz) manipuliert werden, so dass die aus dem menschlichen Zusammenwirken erforderliche Lenkung und Kontrolle individueller Leistungen und der daraus erwachsenden Sach- und Dienstleistungen und deren

Abstimmung auf die vorgegebenen Unternehmensziele gewährleistet wird (vgl. H. Kraus, Grundriß einer Theorie der Verwaltung, Wien/New York 1969, S. 23).

Die betriebliche Verwaltung erfüllt daher in funktionaler Sicht folgende **Funktionen**:

a) **Dokumentationsfunktion:**

Festhalten und Erfassen des Betriebsgeschehens zur

- Sicherung von Beständen (Personal-, Anlagen-, Materialverwaltung)
- Sicherung der Betriebsprozesse (Absatz-, Beschaffungs-, Produktions-, Finanzverwaltung)
- Prüfung der Umweltgegebenheiten

b) **Kontrollfunktion:**

Analyse der internen und externen Bedingungen des Betriebsgeschehens

c) **Koordinationsfunktion:**

Integrierte Maßnahmen zur Abstimmung im Mitteleinsatz

d) **Dispositionsfunktion:**

Unterstützung der Unternehmensführung bei Planung und Organisation des Unternehmensgeschehens.

Für die **Abgrenzung der Verwaltungstätigkeiten** muss auf folgende **Grundbedingungen** Bedacht genommen werden:

1. Die **Verwaltungsaufgaben durchdringen** alle (anderen) Betriebsaufgaben, sie sind mit ihnen untrennbar verbunden, können also nicht isoliert und etwa unterlassen werden.

2. Die Verwaltung als betrieblicher Bereich lässt sich nicht **neben** die Bereiche von Beschaffung, Produktion und Absatz wie etwa der Bereich der Finanzierung oder jener der betriebswirtschaftlichen Logistik einordnen. Sämtliche Arbeiten im Sinne der obigen Funktionsanalyse, die daraus resultieren, sind als Verwaltungstätigkeiten anzusprechen.

3. Das Aktivitätsfeld der Verwaltung ist die **Koordination zwischen Willensäußerung** und der tatsächlichen **Durchführung**. Die Verwaltung hat für die zweckentsprechende Beschaffung, Bearbeitung und Verarbeitung von Informationen zu sorgen. Nur durch diese Tätigkeit ergibt sich die Realisierbarkeit des Unternehmenszweckes.

Die **betriebliche Verwaltung** stellt daher aus **funktionaler Sicht** keinen abgegrenzten Unternehmensbereich dar, sondern ist ein den ganzen Betrieb durchdringender vielzelliger Komplex.

Dennoch werden aus **institutionaler** Sicht in der Unternehmensrealität Abgrenzungen vorgenommen. In größeren Unternehmen sind je nach sachlichem Zusammenhang und fachlicher Einschätzung unterschiedlich benannte Unternehmensbereiche feststellbar, z. B.:

- Kaufmännische Verwaltung
- Administrative Direktion

- Verwaltungsdirektion
- Gebäudeverwaltung (Hausverwaltung) u. Ä.

Von der Art der betrieblichen Aufgaben her werden im Allgemeinen folgende Aufgabenkomplexe **im institutionalen Sinn** als Bereiche der betrieblichen Verwaltung angesehen:

1. Rechnungswesen
2. Personalwesen
3. Finanzwirtschaft
4. Organisation
5. Sachverwaltung
   a. Anlagenverwaltung
   b. Materialverwaltung

Wenngleich in dieser Listung die mangelnde Systematik in der Abgrenzung, die nur aus einem traditionsorientierten Vorgehen erklärbar ist, deutlich wird, so bringt sie in ihrer Art doch das Wesen der institutionalen Abgrenzung des Verwaltungsbereiches zum Ausdruck.

Es handelt sich bei den allgemein als „Verwaltung" angesehenen Bereichen um institutionelle Abgrenzungen, die aus Bemühungen zur **Zentralisierung von Aufgaben** entstanden sind. Es sollten also z. B. im Falle des zentralen Personalwesens, der Sachverwaltung oder des Rechnungswesens die **Vorteile** der **zentralen** Aufgabenerfüllung wahrgenommen werden:

- Sicherung der Einheitlichkeit und Qualität der Verwaltungsleistung
- Vermeidung von Mehrfacharbeiten
- Bessere Übersicht und damit erleichterte Kontrolle
- Möglichkeit des wirtschaftlichen Einsatzes qualifizierten Personals und maschineller Hilfsmittel und damit erhöhte Effizienz
- Entlastung der unmittelbar den Zweckaufgaben dienenden Instanzen

Den Vorteilen einer zentralisierten Aufgabenerfüllung stehen aber als **Nachteile** gegenüber:

- Verlängerung der Informationswege
- Verminderte Einsichtnahme in das operative Betriebsgeschehen
- Mangelnde Anpassungsfähigkeit
- Gefahr der Bürokratisierung
- Übergewicht des Verwaltungsapparates

Die Erfüllung der Verwaltungsaufgaben ist daher in dem gleichen **Spannungsverhältnis** zwischen Zentralisierung und Dezentralisierung zu sehen, wie es für die Gestaltung aller anderen Unternehmensaufgaben gegeben ist.

Aus den genannten funktionalen und institutionalen Aspekten heraus wird demnach deutlich, dass die betriebliche **Verwaltung** sich keineswegs auf den in der herkömmlichen Kostenstellenrechnung (siehe nächster Abschnitt) als „Verwaltung" bezeichneten Bereich beschränkt, sondern als **informatorische Infrastruktur** sich auf alle Unternehmensbereiche erstreckt (A. Picot, Rationalisierung im Verwaltungsbereich als betriebswirtschaftliches Problem, in: ZfB 1979, Heft 12, S. 1146). Ihre institutionale Abgrenzung ist mit der Nutzung der Vorteile, die eine organisatorische Zentralisierung erreichen lässt, begründbar. Wesentliche Teile der Gemeinkosten in der Leistungserstellung sind damit auch als Verwaltungskosten anzusehen, eine unmittelbare Zurechnung auf die marktbezogenen Endleistungen ist nicht möglich.

Andererseits ist oft auch die Zurechnung auf die erbrachte Verwaltungsleistung schwierig, wenn die Wahrnehmung einer Verwaltungsaufgabe nicht dokumentiert ist und damit keiner Quantifizierung unterliegt. Die Integration der Verwaltungsaufgaben mit den Zweckaufgaben eines Betriebes führt vielfach zu einer Vermengung, die eine isolierte Quantifizierung nicht erlaubt.

Trotzdem werden immer wieder Versuche unternommen, einen optimalen Prozentsatz für den **Umfang der Verwaltung** anzugeben. Ein Überschreiten dieses Wertes gilt dann als „Aufblähung" des Verwaltungsapparates. So wird z. B. als Maßstab für Industriebetriebe ein Anteil von 20 %, bezogen auf die Gesamtbelegschaft, genannt. Mit Recht wird andererseits darauf hingewiesen, dass derartige Werte für eine einzelwirtschaftliche Beurteilung wenig praktischen Wert haben, da sie die spezifischen betrieblichen Bedingungen in der Leistungserstellung außer Acht lassen. So haben z. B. Kleinbetriebe oft überhaupt kein eigenes Verwaltungspersonal. Verwaltungsaufgaben werden dann meist nur vom Betriebsleiter und dessen Familienangehörigen wahrgenommen. Erst mit zunehmender Betriebsgröße ergibt sich die Notwendigkeit zur Arbeitsteilung und damit **Spezialisierung**, die in weiterer Folge durch die Mechanisierung und Automatisierung in der Leistungserstellung verstärkt wird und **erhöhte Verwaltungsleistungen notwendig** macht.

3. Die Ursachen für die Ausweitung des Verwaltungsbereiches

Als mögliche Ursachen für eine Ausweitung des Verwaltungsbereiches können folgende Faktoren in einer deduktiven Betrachtung angesehen werden:

1. Die **Mechanisierung und Automatisierung** in der betrieblichen Produktion **durch veränderte Produktions- und Informationstechnologien** führte zu einer erheblichen Substitution der menschlichen Arbeitskraft in der Sachgüterproduktion. Derartige Produktionsbedingungen erfordern jedoch **in steigendem Umfang** Planungs-, Informationsverarbeitungs- und Kontrollaktivitäten und damit vermehrte Verwaltungsarbeit.

2. Die gestiegene Komplexität und Dynamik der **marktorientierten Unternehmensumwelt** erfordert umfangreichere Informationsversorgungs- und Planungsaktivitäten, die von der Verwaltung zu erbringen oder zu unterstützen sind.

3. Veränderungen in den **nicht-marktbezogenen Umweltbedingungen**, vor allem im Rechtssystem, führen zu einer immer höheren Beanspruchung der Unternehmensverwaltung:

a) Die zunehmend rechtliche Normierung des betriebswirtschaftlichen Geschehens (z. B. Arbeitsrecht, Sozialrecht, Konsumentenrecht, Umweltrecht, Datenschutz) macht eine verstärkte Planung, Kontrolle und Beratung durch zentrale Unternehmensinstanzen notwendig.

b) Auch staatliche Aufgaben werden zunehmend auf Unternehmen überwälzt (z. B. Steuerrecht).

c) Die politischen Beziehungen der Unternehmen zu ihrer Umwelt (Behörden, Öffentlichkeit) erfahren eine Intensivierung.

4. Im Zusammenhang mit der **Unternehmensgröße** wird vermutet, dass mit steigender Unternehmensgröße der Koordinations- und Kommunikationsaufwand überproportional steigt. Andererseits lassen sich gewisse „economies of overhead" durch gleich bleibende oder unterproportional ansteigende Verwaltungsaufgaben sowie durch die bessere Auslastung der Verwaltungsbereiche erwarten. Diese beiden gegenläufigen Effekte könnten auf eine **verwaltungskosten-optimale Betriebsgröße** schließen lassen.

5. Möglicherweise spielt auch die veränderte **Stellung des Eigentums** im Unternehmen, nämlich der Übergang vom Eigentümer- zum Geschäftsführer-Unternehmen, eine Rolle bei der Ausdehnung des Verwaltungsbereiches.

6. Obwohl die zunehmende **Automatisierung und Mechanisierung der Verwaltung selbst** die Arbeitsintensität in der Erfüllung der Verwaltungsaufgaben senkt, steigert sie insgesamt die Ansprüche an die Verwaltung, weil deren Möglichkeiten durch die neuen Technologien zum Teil erheblich wachsen (z. B. verbessertes und zeitnäheres Informationssystem). Daraus resultiert ein **zunehmender Informationsanspruch**.

Empirische Untersuchungen bestätigen diese Hypothesen besonders bei Klein- und Mittelbetrieben. Hingegen ergibt sich bei Großbetrieben gegenüber dem Unternehmenswachstum ein unterproportionales Wachstum des Verwaltungsbereiches, was auf eine stärkere Auslastung der verfügbaren Leistungsbereitschaft (Kapazität) in der Verwaltung schließen lässt (R. Schauer, Die Verwaltung als betriebliches Teilsystem, Wien 1984, S. 187 ff.). Die weitverbreitete Meinung, dass sich mit zunehmender Unternehmensgröße der Verwaltungsapparat überproportional aufbläht, kann nicht unterstützt werden.

II. Rationalisierung im Verwaltungsbereich

1. Die Notwendigkeit zur Verwaltungsrationalisierung

Geht man von einer empirisch nachweisbaren Ausdehnung des Verwaltungsbereiches in den Unternehmen aus, so verstärkt sich die **Notwendigkeit zur rationellen Gestaltung der Verwaltungsaktivitäten**. Da die Verwaltungsleistungen nur in einem indirekten Verhältnis zu den Zielen der jeweiligen Organisation bzw. des Unternehmens stehen können, bedürfen sie in Verbindung mit den Verwaltungskosten einer besonderen ökonomischen Rechtfertigung.

Diese **ökonomische Rechtfertigung** wird durch die grundlegende Problematik hinsichtlich der quantitativen und qualitativen Erfassung und Zuordnung von Verwaltungsleistungen bzw. -kosten wesentlich erschwert. Verwaltungsleistungen stellen in aller Regel Gemeinleistungen dar, ihr Beitrag zur Erreichung des Sachzieles eines Unternehmens ist nur schwer oder gar nicht analysierbar. Das führt dazu, dass die **Planung des Verwaltungsbereiches** zu einem guten Teil auch **Ermessenssache** ist. Rationales Vorgehen würde daher eine möglichst exakte Budgetierung der quantifizierbaren Verwaltungskosten voraussetzen.

2. Die Kosten- und Leistungsplanung im Verwaltungsbereich

Die mengen- und wertmäßige Kosten- und Leistungsplanung hat von den Teilzielen, die der Verwaltung im Rahmen der Gesamtplanung des Unternehmens vorgegeben sind, auszugehen. Für die Planung der Verwaltungskosten sind mehrere Verfahrensalternativen denkbar (vgl. A. Picot/G. Rischmüller, Planung und Kontrolle der Verwaltungskosten in Unternehmungen, in: ZfB 1981, S. 332 ff.):

1. **Kostenplanung über Bezugsgrößen**, die als Indikatoren für die zu erbringende Verwaltungsleistung aufzufassen sind. Als Bezugsgrößen kommen Kennzahlen der die Leistung abgebenden Verwaltungsstellen (direkte Bezugsgrößen) und andererseits solche der die Leistung empfangenden Kostenstellen (indirekte Bezugsgrößen) in Frage.

Direkte Bezugsgrößen (z. B. Kosten je Buchungszeile, je Faktura, je geschriebene Seite) eignen sich eher für die Planung von Routineaufgaben.

Indirekte Bezugsgrößen (z. B. Personalverwaltungskosten pro Zahl der Beschäftigten in einem betreuten Kostenstellenbereich) stellen auf das Leistungsvolumen in den empfangenden Kostenstellen ab und sind (nur) dort gerechtfertigt, wo einerseits Kostenträger zugeordnet werden können und andererseits ein konstantes Produktivitätsverhältnis zwischen den Verwaltungsleistungen und den Leistungen der empfangenden Kostenstelle angenommen werden kann. Die Kostenplanung über Bezugsgrößen wird daher nur in Teilbereichen der betrieblichen Verwaltung anwendbar erscheinen.

2. **Kostenplanung im Wege von Budgets.** Da im Verwaltungsbereich überwiegend mit Fixkosten gerechnet werden muss, ist eine Budgetierung der Kosten über das Mengengerüst der Produktionsfaktoren unter Bezugnahme auf die dadurch bewirkte Leistungsbereitschaft eine durchaus praktikable Vorgehensweise. Stillschweigend wird jedoch die Prämisse gelegt, dass das für die Planung herangezogene Mengengerüst an Produktionsfaktoren (aus den bestehenden Bedingungen in der Vergangenheit in die Zukunft übergeleitet oder neu konzipiert) eine optimale Ressourcen-Zuordnung darstellt. Das bedeutet, dass eine zweckgerechte und wirtschaftliche Aufbau- und Ablauforganisation als bestehend angenommen wird. Dies zu überprüfen und auch sicherzustellen, liegt im organisato-

rischen Bereich und ist mit persönlichen Schwachstellenanalysen, die begleitend und unterstützend zur Budgetierung einzurichten sind, zu lösen.

Die **Kontrolle der Verwaltungskosten** kann unterjährig (meist monatlich oder quartalsweise) und darüber hinaus jährlich und noch über einen längeren Zeitraum hinweg erfolgen. Solange keine ausreichende Möglichkeit zur Kostenorientierung an Leistungsgrößen im Sinne von Produktivitätsmessungen eingerichtet ist, besteht die Gefahr, dass die Kostenbudgets dadurch eingehalten werden, dass die Leistungsbereitschaft oder die Leistungsabgabe im Volumen abgesenkt werden. Die Folge ist eine entsprechende Unwirtschaftlichkeit.

Deshalb wird vereinzelt vorgeschlagen, die Leistungserbringung im Verwaltungsbereich durch die Anwendung von **Verrechnungspreisen** für die erbrachten und von anderen Unternehmensbereichen in Anspruch genommenen Verwaltungsleistungen zu steuern (pretiale Lenkung). Im Hintergrund steht die Überlegung, letztlich nur solche Verwaltungsleistungen zu erbringen, für die eine hinreichende Nachfrage besteht. Dieses Vorgehen ist nicht unproblematisch, kann aber in Teilbereichen (z. B. innerbetriebliche Verrechnung der Telefonkosten, der Kosten zentraler Schreibdienste, der Kopier- und Vervielfältigungsdienste) durchaus beachtenswerte Einsparungseffekte erbringen.

3. Die Bewertung von Verwaltungsfunktionen

Die Planungs- und Kontrollverfahren im Verwaltungsbereich bauen in erster Linie auf **Produktivitätsüberlegungen** auf der Grundlage der Mengengerüste auf und erst in zweiter Linie auf **Wirtschaftlichkeitsrechnungen**, die mit geldwerten Größen operieren.

In den letzten Jahren wurde der Vorschlag unterbreitet, die Planungs- und Kontrollaktivitäten nicht kostenstellenbezogen und damit entsprechend der Aufbauorganisation auszurichten, sondern **verrichtungsorientiert**. Diese Ausrichtung auf Verrichtungen bezieht sich auf die Bedingungen der Ablauforganisation und eröffnet damit eine **entscheidungsorientierte** Betrachtungsweise, die eine über die Geldgrößen hinausreichende **erweiterte** Bewertungsskala von Kosten- und Nutzenkomponenten zulässt. Bezugsobjekte der Überlegungen sind dann nicht institutionelle Verwaltungsbereiche, sondern die **einzelnen Verwaltungsfunktionen**.

Diese Verwaltungsfunktionen (z. B. die Führung einzelner betrieblicher Statistiken, die Vorlage von Berichten, die einzelnen Verfahren der innerbetrieblichen und außerbetrieblichen Kommunikation, die Art der Abwicklung in der Finanzbuchführung) werden als **Entscheidungspakete** aufgefasst, die in periodischer, wenn auch nicht immer in jährlicher Abfolge auf ihre Kostenwirkung und auf ihre Nutzenwirkung zu überprüfen sind. Damit werden einerseits Wirtschaftlichkeitsanalysen ermöglicht und andererseits Gesamtplanungsvorgänge unterstützt.

In der Theorie wie in der Praxis werden derzeit eine Reihe von **Bewertungsverfahren** vorgestellt und hinsichtlich ihrer Anwendbarkeit im Verwaltungsbereich diskutiert.

a) Die Wertanalyse (WA)

Bei der Wertanalyse (Value Analysis) ist eine gestellte Aufgabe zunächst in einzelne Funktionen zu zerlegen, für die nach alternativen Möglichkeiten in der Erfüllung dieser Funktionen zu suchen ist. Das Verfahren soll das Bewusstsein für die wirtschaftliche Notwendigkeit der einzelnen Teilfunktionen fördern und Anregungen für Verbesserungen oder Substitutionsmöglichkeiten geben. Die Wertanalyse kann als schöpferische Methode verstanden werden, um unnötige Kosten (die weder zur Qualität beitragen noch zum Nutzen, zur Lebensdauer oder zu anderen Eigenschaften, die vom Kunden gewünscht werden) festzustellen und zu eliminieren. Das Verfahren gilt als „anbieterorientiertes" Verfahren, weil damit das Leistungsangebot verändert werden soll.

Die „Value Analysis" strebt eine (Leistungs-)Wert**verbesserung** an; das „Value Engineering" ist hingegen auf eine Wert**gestaltung** ausgerichtet und verfolgt damit erweiterte Zielsetzungen.

b) Die Nutzwertanalyse (NWA)

Die Nutzwertanalyse ist ein Bewertungsverfahren im Rahmen der Kosten-Nutzen-Analysen, das ein komplexes Zielsystem mit verschiedenen Teilzielen und damit Zielgewichten unterstützt und die Eignung in Frage stehender Handlungsalternativen (Entscheidungspakete) auf der Grundlage subjektiver Präferenzen des Entscheidungsträgers ermitteln soll. Das Verfahren gilt als ein „nachfragerorientiertes" Verfahren, weil damit der Empfänger von Verwaltungsleistungen über die im Prinzip feststehenden und von ihm nicht direkt beeinflussbaren Leistungsalternativen urteilen soll.

c) Das Zero-Base-Budgeting (ZBB)

Dieses Verfahren, auch als „Null-Basis-Budgetierung" bezeichnet und in der letzten Zeit auch im Hinblick auf die öffentliche Verwaltung von Bedeutung, stellt die Zuteilung von finanziellen Mitteln für die einzelnen Verwaltungsfunktionen von Grund auf bei jeder Budgetierungsperiode in Frage. Damit soll einer unbesehenen Fortschreibung von Budgetmittelzuteilungen, wie sie in der Vergangenheit erfolgten, entgegengetreten werden. Für jeden Aufgabenbereich sind alternative Leistungsniveaus festzulegen und nach den wirtschaftlichsten Verfahren für jedes Leistungsniveau zu suchen. Das Ergebnis sind „Entscheidungspakete", die nach ihrer Wichtigkeit für die Unternehmen in eine Rangfolge zu bringen sind. Die Zuteilung der benötigten finanziellen Mittel führt zur Genehmigung der wichtigsten und zur Ablehnung der anderen Entscheidungspakete. Das ZBB-Verfahren ist damit einerseits ein Verfahren zur Analyse und Diagnose einzelner Verwaltungsfunktionen. Andererseits stellt es eine Methode der aktiven Kostengestaltung und damit auch der Kosteneinsparung dar. Es kann als kombinatorische Weiterentwicklung der Wertanalyse und der Nutzwertanalyse angesehen werden.

d) Die Overhead-Value-Analysis (OVA)

Dieses Verfahren ist dem ZBB-Verfahren sehr ähnlich. Es hat das Erkennen und den Abbau der nicht unbedingt notwendigen Verwaltungstätigkeiten zum Ziel und zieht dabei den Abnehmer (Nutzer) dieser Verwaltungstätigkeiten explizit in die Entscheidungsfindung mit ein. Das Verfahren lässt sich im Gegensatz zu ZBB auch für die Analyse einzelner Verwaltungsfunktionen oder gewisser Teilbereiche anwenden und läuft grob in folgenden Teilschritten ab:

– Bildung von Untersuchungseinheiten (zu analysierende Verwaltungsfunktionen)

– Listung der einzelnen Verwaltungsleistungen je Funktion mit dem nötigen Personal- und Sachaufwand und den jeweiligen Nutzen dieser Verwaltungsleistungen

– Auftrag an den jeweiligen Leiter der Untersuchungseinheiten, Reduktionsmöglichkeiten in einer vorgegebenen Höhe (z. B. 20 %, 30 %, 40 %) zu benennen

– Absprache mit den Nutzern der Verwaltungsleistungen über die etwaigen Konsequenzen, die sich aus der Reduktion des Leistungsniveaus ergeben können

– Bewertung der Konsequenzen und Entscheidung über das tatsächliche Ausmaß vorzunehmender Leistungsreduktionen durch die Geschäftsleitung

Das OVA-Verfahren kann daher als ein pragmatisches, auf Einsparungen abzielendes Planungsverfahren eingestuft werden.

e) Gemeinkostenwertanalyse (GWA)

In einer dienstleistungsorientierten Wirtschaft gewinnt der Anteil an Gemeinkosten zunehmend an Bedeutung. Effizienzsteigerungen durch Verbesserung von Menge und Qualität nach außen abgegebener oder innerbetrieblich genutzter Dienstleistungen einerseits und Kostensenkungsmaßnahmen struktureller Art andererseits sind das erklärte Ziel von Gemeinkostenwertanalysen (GWA), die in der Praxis von Beratern unter verschiedensten Bezeichnungen (z. B. Gemeinkosten Systems Engineering – GSE; Funktionswertanalyse – FWA; Gemeinkosten-Frühwarnsystem – GWS) angeboten werden. Im Wesentlichen kommt es dabei zu einer situativ geprägten Kombination der oben beschriebenen Verfahren (WA, NWA, ZBB, OVA). Dabei ist zu beachten, dass Gemeinkosten nicht von vornherein mit Fixkosten gleichzusetzen sind, da die vorgehaltene Leistungsbereitschaftsstufe auch variable Kosten bedingt. Das Ziel der Kostensenkung setzt zunächst ein Kosten- und Leistungsdenken voraus und kann damit nur im Einvernehmen mit den betroffenen Organisationsmitgliedern verwirklicht werden (siehe auch G. Seicht, Gemeinkostenwertanalyse, in: RWZ 1993/11, S. 325 ff.).

Das grundsätzliche In-Frage-Stellen von Verwaltungsfunktionen, die Vornahme von Stärken-Schwächen-Analysen, die Suche nach effizienzsteigernden oder kostensenkenden Handlungsalternativen sind allgemeine Kennzeichen der hier vorgestellten Planungs- und Überwachungsverfahren. Damit wird der **organisationsanalytische** Aspekt in den Mittelpunkt der Überlegungen gestellt. Der Verwaltungsbereich mit seinen verschiedenen Verwaltungsfunktionen wird damit zum Gegenstand organisatorischer **Systemanalysen**.

III. Informationsmanagement

1. Informationswirtschaftliche Grundlagen

Der volle Einsatz des Leistungspotentials eines Unternehmens setzt eine umfassende Erfassung, Speicherung, Aufbereitung und Bereitstellung von **Informationen** an die betrieblichen Entscheidungsträger voraus. „Information" als zweckorientiertes Wissen ist untrennbar mit „Kommunikation" zwischen Organisationselementen verbunden. **Information und Kommunikation** sind heute in hohem Maße von den verfügbaren technologischen Möglichkeiten geprägt und auf den Einsatz von EDV-Systemen (im weitesten Sinne) abgestützt. Durch die rasante Entwicklung der Informations- und Kommunikationstechnologien (Ein- und Ausgabetechnik, Speicherungs- und Verarbeitungstechnik, Programmiersysteme, Datenübertragungsverfahren, Büroinformationssysteme) und deren immer größer werdenden Stellenwert in den Unternehmen hat die Bedeutung der **Informationswirtschaft** für den Unternehmenserfolg deutlich zugenommen. Für die Unternehmensführung ergibt sich daraus die prinzipielle Frage, wie die Informations- und Kommunikationstechnologie im Unternehmen so eingesetzt werden kann, dass ihr potentieller Beitrag zum Unternehmenserfolg voll ausgeschöpft wird. Umgekehrt lassen sich auch Anforderungen für die Technologieentwicklung ableiten, um den möglichen Beitrag zum Unternehmenserfolg verbessern zu können (L. J. Heinrich/G. Pomberger/R. Schauer [Hrsg.], Die Informationswirtschaft im Unternehmen, Linz 1991).

Mit dem Begriff **„Informationsmanagement"** werden alle Führungsaufgaben angesprochen, die die Information und Kommunikation im Unternehmen betreffen (**Informationsfunktion**) und das Leitungshandeln einer Organisation bestimmen (L. J. Heinrich, Informationsmanagement, 7. Aufl., München 2001, S. 20 ff.). Die Informationsfunktion ist ebenso eine Querschnittsfunktion wie Finanzierung oder Logistik. Information und Kommunikation können als wirtschaftliches Gut und in der weiteren Folge als (immaterieller) Produktionsfaktor verstanden werden, der die traditionellen Produktionsfaktoren in nicht unerheblichem Umfang zu substituieren vermag.

Für das Informationsmanagement ist die **ganzheitliche** Betrachtung der Informationsfunktion in einem Unternehmen und damit der Informations-Infrastruktur charakteristisch. Die Informations-Infrastruktur ergibt sich aus dem Beziehungsgeflecht zwischen den Menschen als Aufgabenträgern, den zu lösenden betrieblichen Aufgabestellungen und den hiezu verfügbaren technischen Fazilitäten (Mensch-Aufgabe-Technik-Systeme). Die Führungsaufgabe des Informationsmanagements liegt nach Heinrich darin, das Leistungspotential der Informationsfunktion für die Erreichung der strategischen Ziele einer Organisation zu bestimmen und durch die Bereitstellung einer geeigneten Informations-Infrastruktur nutzbar zu machen (Sachziel). Dabei soll nicht nur ein innerbetrieblich vorhandenes Leistungspotential im Sinne von Rationalisierung genutzt werden, sondern es sollen auch außerbetriebliche Leistungselemente durch die Beeinflussung kritischer Wettbewerbsfaktoren auf den das Unternehmen umgebenden Märkten aktiviert werden. Als Formalziele des Informationsmanagements sind in erster Linie Wirtschaftlichkeit (Effizienz) und Wirksamkeit (Effektivität) zu erwähnen, aber auch Anpassung (Flexibilität), Durchdringung des Organisationskomplexes, Produktivität und Sicherheit.

2. Die Aufgaben des Informationsmanagements

Bei der Strukturierung der Aufgaben des Informationsmanagements empfiehlt sich (Heinrich folgend), eine Gliederung in eine strategische, eine administrative (taktische) und in eine operative Aufgabenebene vorzunehmen. Die **strategische** Aufgabenebene umfasst die Aufgaben der Planung, Überwachung und Steuerung der Informationsfunktion und ihrer Infrastruktur als **Ganzes**. Sie soll konstruktive Lösungsbeiträge für die Erreichung der strategischen Ziele eines Unternehmens erbringen. Dies erfordert die Einbindung des Informationsmanagers in die strategische Zielplanung einer Organisation. Die **administrative** Aufgabenebene erfasst **einzelne Komponenten** der Informationsfunktion und ihrer Infrastruktur und schließt den gesamten Bereich der **Systemplanung** ein. Die Aufgaben dieser Ebene können nach Objekten strukturiert werden und erlauben eine Differenzierung nach Personal-, Projekt-, Daten-, Anwendungssystem-, Sicherungs- und Katastrophenmanagement. Die **operative** Aufgabenebene erstreckt sich schließlich auf den Betrieb und die Nutzung der infrastrukturellen Gegebenheiten. Im Vordergrund steht die Organisation der vorhandenen Betriebsmittel einer Informations-Infrastruktur (Produktionsmanagement) mit dem Ziel, die Arbeitsaufträge der Benützer abzuarbeiten. Diese Arbeitslast ist mit der Kapazität der Betriebsmittel abzustimmen (Kapazitätsmanagement). Aufgabe des Problemmanagements ist es, auftretende Probleme im Gefolge ungeplanter Ereignisse im Lichte operativer Ziele, wie z. B. Verfügbarkeit, zu erkennen und zu beseitigen.

3. Die Methoden des Informationsmanagements

Für die Methodik des Informationsmanagements ist das „Denken in Zusammenhängen" typisch. Es findet in einem ausgeprägten System-, Leistungs- und Kostendenken seine Konkretisierung:

1. **Systemdenken:** Für das Verständnis eines Informationssystems reicht die Erklärung seiner Elemente (Mensch, Aufgabe, Technik) nicht aus. Sie muss auch die Erklärung der Beziehungen zwischen diesen Elementen erfassen. Systeme werden dabei als offen und dynamisch angesehen.

2. **Leistungs- und Kostendenken:** Die Leistung der Informationsfunktion als Ganzes und ihr Beitrag zur Erreichung der strategischen Ziele einer Organi-

sation stehen im Vordergrund (integrative Dimension). Demgegenüber haben die in bestimmten Anwendungssystemen (z. B. Rechnungswesen) erbrachten Leistungen Nachrang. Analoges gilt für die Kosten der Informationsfunktion.

Zu den Methoden des Informationsmanagements zählt eine Vielzahl von **formalen** Methoden (Techniken) für die **Planung**, die **Analyse**, den **Entwurf** und die **Realisierung** von Informationssystemen auf unternehmensweiter Basis oder in wesentlichen Bereichen eines Unternehmens. Sie bauen aufeinander auf und sind voneinander abhängig. Die Anwendung dieser Methoden wird auch unter dem Begriff **„Information Engineering"** gesehen und enthält viele ingenieurwissenschaftliche Bezüge. Hiezu gehört unter anderem die Szenario-Technik, die Portfolio-Analyse, die Erfolgsfaktoren-Analyse, das Business-Systems-Planning im strategischen Bereich, die Methoden der Aufwandsschätzung und Wirtschaftlichkeitsanalyse, das Benchmarking, die Risikoanalyse in Verbindung mit dem Katastrophenplan und diverse Revisionsmethoden im administrativen Bereich sowie das Hardware- und Software-Monitoring und damit verbundene Abrechnungssysteme im operativen Bereich (L. J. Heinrich, a.a.O., S. 27 ff.).

Die Methoden für die Planung, die Analyse, den Entwurf und die Realisierung von Informationssystemen sind nicht ohne sog. **Werkzeuge** (tools) anwendbar. Als „Werkzeug" wird ein routinemäßig anwendbares Problemlösungsverfahren angesehen, das häufig auch als Softwareprodukt verfügbar ist. Die Werkzeuge können aber nicht mehr Problemlösungspotential enthalten als die Methoden (Techniken), auf die sie sich abstützen. Verschiedene aufeinander abgestimmte Werkzeuge werden zu einem „Werkzeug-Kasten" systematisch zusammengefasst. Ein solches umfangreiches System ist z. B. im „Information Engineering Workbench (IEW)" verfügbar. Dieses System enthält Werkzeuge für die Systemplanung, die Systemanalyse, den Systementwurf und die Anwendungsgenerierung in einer allgemeinen Programmiersprache.

4. Wissensmanagement

Das Konzept des **Wissensmanagements** (auch: **„Knowledge Management"**) baut darauf auf, strategisch relevantes Wissen in einer Organisation zu generieren, zu speichern, zu transferieren und zu nutzen. Damit soll den Herausforderungen des zunehmend globalen Wettbewerbs entsprochen werden, die Verfügbarkeit der für die Erstellung innovativer Produkte und Dienstleistungen relevanten Informationen wird als kritischer Erfolgsfaktor angesehen. Bei der Suche nach Rationalisierungspotentialen wird das Wissen von Mitarbeitern in zunehmendem Maße als zu disponierende Ressource empfunden. Wissen stützt sich auf Daten und Informationen, ist aber im Gegensatz zu diesen immer an Personen gebunden. Daraus leiten sich drei zentrale Anforderungen an das Management von Wissen in Organisationen (Unternehmen wie Verwaltungen) ab:

1. Bestehendes Wissen soll mit neuem (noch zu vermittelndem) Wissen kombiniert werden.

2. Es ist eine Loslösung des Wissens von einer einzelnen Person anzustreben, was den Aufbau neuer Wissensträger erfordert. Um Wissensmonopole oder

Wissensinseln zu vermeiden, sind organisatorische und technische Strukturen aufzubauen, in welchen zentrale Wissensfelder unabhängig von Einzelpersonen vorgehalten werden. Umgekehrt sind Mechanismen vonnöten, die die Bereitschaft der Wissensträger fördern, individuell vorgehaltenes Wissen anderen zur Verfügung zu stellen.

3. Es muss versucht werden, die verbleibenden Wissensasymmetrien in den Organisationen abzubauen, um ein Idealziel zu verfolgen, dem man sich wohl nur nähern, es aber kaum erreichen kann: die Verfügbarkeit von entscheidungsrelevantem Wissen bei den Entscheidungsträgern zum richtigen Zeitpunkt und am richtigen Ort.

Als **Aufgaben** des Wissensmanagements können daher die Wissenserfassung und -pflege, die Wissensaufbereitung und -integration, der Wissenstransfer bzw. die Wissensweitergabe, die Wissensnutzung und -suche, die Wissensentwicklung und -adaptierung sowie ein institutionalisierter organisationsweiter Lernprozess und Wissensaustausch angesehen werden. Dabei spielen die Konzepte des Datawarehouse und des Data Mining eine bedeutsame Rolle.

Als **Datawarehouse** wird ein mehrstufig angelegtes Datenbankkonzept bezeichnet, das Führungskräften aktuelle, kurzfristig abrufbare und verdichtete Informationen zur Steuerung ihrer Organisation bereitstellt. Die benötigten Daten werden aufgabenübergreifend aus unterschiedlichen Datenverarbeitungssystemen auf einer konsistenten Datenbasis verwaltet. Das Konzept unterstützt vorkonfigurierte, standardisierte Berichte, mit welchen der Nutzer schnell seinen Informationsbedarf zu zentralen Fragestellungen abdecken kann. Daneben stehen benutzerfreundliche Werkzeuge („Tools") bereit, um darüber hinausgehende Auswertungen individuell und flexibel erstellen zu können. Im Bedarfsfall ist ein Rückschluss auf einen konkreten Einzelfall möglich („drill-down"). Das Konzept lässt auch kleinere, aufgabenspezifisch gebildete dezentralisierte Systeme zu („Data Marts"), die unabhängig voneinander benutzt werden können, jedoch vom zentralen Datawarehouse laufend aktualisiert werden.

Als **Data Mining** wird eine komplexe Analysemethode bezeichnet, die das Aufsuchen von (Daten-)Mustern und Trends in großen Datenmengen zum Ziel hat und die Prognose des künftigen Leistungs- und Nachfrageverhaltens mit den relevanten Ursache-Wirkungs-Beziehungen erleichtern soll (z. B. Zahlungsgewohnheiten von Kunden in Abhängigkeit von Wirtschaftsentwicklungen oder Medienberichten).

I. Das betriebliche Rechnungswesen

I. Die Einteilung des betrieblichen Rechnungswesens

Das betriebliche Rechnungswesen ist kein einheitlich ausgerichtetes Rechenge-bäude. Es erfüllt gleichlaufend und nebeneinander **Dokumentations-, Dispositi-ons- und Kontrollfunktion.** Aus dieser Fülle von Aufgaben erklärt sich die be-achtliche Zahl einschlägiger Gliederungsversuche, von welchen einige beispiel-haft angeführt seien.

Die auf den Erlass des deutschen Reichswirtschaftsministers vom 11. 11. 1937 (**Grundsätze für Buchhaltungsrichtlinien**) zurückgehende Einteilung des Rechnungswesens wurde lange Zeit hindurch auch als theoretisch brauchbarer Gliederungsversuch wie folgt anerkannt:

1. **Buchhaltung** (Zeitrechnung),
2. **Kalkulation** (Stückrechnung),
3. **Planung** (Vorschaurechnung),
4. **Betriebswirtschaftliche Statistik** (Vergleichsrechnung).

Weitergehend ist die Gliederung, die Hanns-Martin **Schönfeld** (Einführung in das Rechnungswesen, Stuttgart 1964, S. 16) verwendet. Er ordnet die Abrech-nungsbereiche wie folgt:

1. **Buchhaltung und Jahresabschluss,**
2. **Kosten- und Leistungsrechnung** (einschließlich Kalkulation),
3. **Betriebsstatistik und Kennzahlenrechnung,**
4. **Vorschaurechnung,**
5. **Revision.**

Eine von diesen Gliederungen deutlich abweichende Einteilung trifft Leopold L. **Illetschko** („Theorie und Praxis einer betrieblichen Verrechnungslehre" in: „Be-triebswirtschaftslehre und Wirtschaftspraxis", Festschrift für Konrad Mellero-wicz, Berlin 1961, S. 183 ff.), der differenziert:

1. **Buchführung und Jahresabschluss** (als handels- und steuerrechtlich gesi-cherte Verfahren zur Ermittlung des Rechtsanspruches „Gewinn"),
2. die **verschiedenen Gestalten der Kostenrechnung** und
3. die **Rentabilitätsrechnungen** „anläßlich von Planungen von Investitionen für Produktions-, Beschaffungs-, Lagerungs-, Vertriebsverfahren, bis zu den Fest-stellungen, die sich aus den Finanzierungsformen und deren Abwicklung erge-ben. Da im Zuge der weitgehenden Vollbeschäftigung der Produktionsfaktoren gerade bei Planungen die ‚Engpässe' Bedeutung haben, gehören ihr auch jene Rechenmodelle des linearen Programmierens an, welche die Ermittlung von nu-merischen Bestlösungen (bei vorliegenden formulierbaren Nebenbedingungen) erlauben" (Illetschko, a.a.O., S. 189).

Erich **Kosiol** (Kostenrechnung, Wiesbaden 1964, S. 15 ff.) lässt sich in der Kategorisierung des Rechnungswesens davon leiten, dass es, bezieht man sich auf dessen Zahleninhalte, in zwei Grundkategorien in Erscheinung tritt, die

1. durch den **Nominalgüterumlauf** und

2. durch den **Realgüterumlauf**

charakterisiert sind.

Der **Nominalgüterumlauf** umfasst die Wertbewegungen, die auf Zahlungsvorgänge zurückzuführen sind (**pagatorische Rechnung**). Diese konkretisieren sich z. B. in der Gewinn- und Verlustrechnung durch die Erfolgskomponenten Ertrag und Aufwand. Die andere Grundkategorie betrifft die von den finanziellen Vorgängen losgelösten **Realgüterbewegungen** im Leistungsprozess (**kalkulatorische Rechnung**). Die kalkulatorische Rechnung erfasst den Gütereinsatz mit einem auf Grund des Zielsystems des Unternehmens gewichteten Kostenwert. Dem Realgüterumlauf sind die Erfolgskomponenten Leistungen und Kosten zugeordnet. Diese beiden Rechnungstypen umfassen den Bereich des betrieblichen Rechnungswesens vollständig. **Pagatorische Rechnungen** sind z. B. die Finanzbuchhaltung, Finanzplanungen, Liquiditätsrechnungen, aber auch einzelne Investitionsrechnungsformen wie die Pay-off-Methode. Zu den **kalkulatorischen Rechnungen** zählt vor allem die Kostenrechnung in verschiedenen Gestalten. Die Planungsrechnung, die Betriebsstatistik und die sonstigen Formen betrieblicher Rechnung sind, der zahlenmäßigen Orientierung entsprechend, der pagatorischen oder der kalkulatorischen Rechnung eingliederbar. Zwischen pagatorischen und kalkulatorischen Rechnungen gibt es Abhängigkeiten und Querverbindungen. Aber weder diese noch die Vielzahl an einzelnen betrieblichen Rechnungsformen hindern den stets klaren Bezug auf eine der beiden Grundkategorien. Die Zusammenhänge und Abhängigkeiten zwischen pagatorischer und kalkulatorischer Rechnung zeigen sich deutlich am Beispiel von Finanzbuchhaltung und Kostenrechnung. Die Ergebnisse der Kostenrechnung sind, nach Aussonderung und Umwertung, Grundlage für die Bewertung der Halb- und Fertigerzeugnisse in der Bilanz. Die Kostenrechnung wieder stützt sich weitgehend auf die Zahlen der Finanzbuchhaltung, die direkt oder korrigiert übernommen werden.

Die von K. **Chmielewicz** (Betriebliches Rechnungswesen, Band 1, Reinbek bei Hamburg 1973, S. 21) getroffene Dreiteilung in

Finanzrechnung (F),

Bestandsrechnung (B) und

Erfolgsrechnung (E)

stellt den Zusammenhang der drei Ermittlungsrechnungen des Rechnungswesens in deutlicher Form dar:

Zeitbezug	Finanzrechnung (F)		Bestandrechnung (B)		Erfolgsrechnung (E)	
Vergangenheit (IST)	Einnahmen + Anfangsbestand an finanziellen Mitteln	Ausgaben	Vermögen (ohne finanzielle Mittel)	Schulden + Eigenkapital	Aufwand/Kosten (Mitteleinsatz)	Ertrag/Leistung (Leistungsabgabe)
Zukunft (SOLL)		Liquiditätssaldo (Endbestand an finanziellen Mitteln)		Erfolgssaldo (Substanzmehrung bzw. -minderung)		
	zeitraumbezogen		zeitpunktbezogen		zeitraumbezogen	
	Liquiditätsziel ————▶ ◀———— Sachziel					

Abb. 1

Durch die Darstellung der zeitlichen Dimension (Vergangenheit = Ist und Zukunft = Soll) zeigt Chmielewicz, dass die oben dargestellten Rechnungen sowohl in die Vergangenheit als auch in die Zukunft gerichtet sein können.

A. Egger/M. Winterheller, Kurzfristige Unternehmensplanung. Budgetierung, 10. Auflage, Wien 1999, S. 43 ff., gliedern das Rechnungswesen nach dem Zeitbezug in

1. **abrechnungsorientierte (vergangenheitsorientierte) Verfahren:** Finanzbuchführung und Bilanzierung (inkl. Finanzrechnung), Istkostenrechnung (Betriebsabrechnung)

und

2. **entscheidungsorientierte (zukunftsorientierte) Verfahren:** Planungsrechnung.

zu 1. **Abrechnungsorientierte Verfahren**

Darunter fallen alle Rechenverfahren, die vergangenheitsbezogene Istdaten erheben, aufzeichnen und auswerten.

Zentrale Fragestellung: **„Was ist geschehen?"**

Dazu gehören:

Finanzbuchführung: Sie stellt die lückenlose Aufzeichnung aller nach außen gerichteten Geschäftsvorfälle einer Abrechnungsperiode in chronologischer und sachlicher Ordnung dar. Durch ihren dokumentarischen Charakter ist sie ein wesentlicher Pfeiler aller anderen Verfahren, die sich, wo immer es möglich ist, auf die Zahlen der Finanzbuchhaltung beziehen.

Bilanzierung (Jahresabschluss): Dabei handelt es sich um die Korrektur der Zahlen der Buchhaltung auf die Ergebnisse der Inventur unter Berücksichtigung zahlreicher handels- und steuerrechtlicher Vorschriften. Ihre Aufgabe ist es, den Erfolg einer Periode sowie das Vermögen zu einem bestimmten Stichtag (unter Berücksichtigung der handels- und steuerrechtlichen Vorschriften und Möglichkeiten) zu ermitteln.

Finanzrechnung: Sie umfasst die in Ergänzung zur Periodenrechnung der Finanzbuchhaltung zu erstellende Geldflussrechnung (siehe Abschnitt Geldflussrechnung).

Betriebsbuchführung (Istkostenrechnung) und **kalkulatorische Ergebnisrechnung**:

Finanzbuchhaltung und Bilanz geben wegen ihrer Abhängigkeit von Handels- und Steuerrecht und ihrer weitgehenden Außenbeziehung nur in sehr eingeschränktem Umfang Aufschluss über die tatsächlichen betrieblichen Verhältnisse. Aus diesem Grund wird aus den Zahlen der Finanzbuchhaltung die **Betriebsbuchführung** abgeleitet.

Die Ableitung erfolgt in der Regel nicht so, dass sämtliche Daten unmittelbar aus den Zahlen der Finanzbuchhaltung abgeleitet werden (analytisches Verfahren). Je nach Größe und Organisation des Unternehmens bedient sich die Betriebsbuchhaltung in größerem oder kleinerem Umfang eigener Aufzeichnungen, die unmittelbar für die Zwecke der Kostenrechnung bearbeitet werden (Lohnaufzeichnungen, Materialaufschreibungen, Anlagenverzeichnis); nur der verbleibende Rest wird aus der Finanzbuchhaltung entnommen (synthetisches Verfahren). In größeren Unternehmen wird die Betriebsbuchhaltung vollkommen parallel zur Finanzbuchhaltung geführt, indem jeder Beleg außer für die Finanzbuchhaltung auch für die Betriebsbuchhaltung verarbeitet wird.

Auch die **Betriebsbuchführung** betrachtet eine bereits abgelaufene Periode, nimmt aber mindestens die folgenden Korrekturen vor:

Ersatz der pagatorischen durch eine kalkulatorische Rechnung,

Aufteilung des Gesamtbetriebes in kleinere Abrechnungseinheiten (Kostenstellenrechnung) und Zurechnung der Kosten auf die erbrachten Leistungen (Kostenträgerrechnung).

Im Rahmen der **kalkulatorischen Ergebnisrechnung** werden die Kosten den betrieblichen Erträgen gegenübergestellt.

zu 2. Entscheidungsorientierte Verfahren

Die abrechnungsorientierten und die entscheidungsorientierten Verfahren unterscheiden sich durch einen grundsätzlichen Wechsel der Blickrichtung von der Vergangenheit in die Zukunft.

Während das abrechnungsorientierte Verfahren hauptsächlich in Beziehung zum Ausführungsprozess des Betriebes steht, kommt das entscheidungsorientierte (zukunftsorientierte) Verfahren intensiv mit dem Führungsprozess in Berührung. Seine zentrale Fragestellung lautet:

„Was hat zu geschehen?"

Ihren Ausdruck finden die **entscheidungsorientierten Verfahren** in den verschiedenen Formen der **Planungsrechnung**.

Für die Planungsrechnung gibt es noch kein allgemein anerkanntes Verfahren wie die Doppik in der Buchhaltung. Dies mag unter anderem auch daran liegen, dass die Planungsrechnung als innerbetriebliches Entscheidungsinstrument wesentlich spezifischer auf die Besonderheiten des jeweiligen Unternehmens abzu-stimmen ist als die auf externe Rechnungslegung spezialisierte Finanzbuch-führung.

Die aus vielen Teilrechnungen bestehende **Planungsrechnung** (wie z. B. Um-satzplanung, Investitionsrechnungen, Produktionsplanung, Lagerplanung, Perso-nalplanung und Plankostenrechnung) findet ihre Zusammenfassung im **Budget**:

Hiezu gehören die

Planerfolgsrechnung (Leistungsbudget), die **Planvermögensbilanz** und die **Fi-nanzplanungsrechnung**.

Das Budget bildet einen vorläufigen Schlusspunkt des betrieblichen Planungs-prozesses für eine Planperiode von maximal einem Jahr. Es bildet die Zusam-menfassung aller auf die Planperiode bezogenen Pläne des Unternehmens und seiner Teilbereiche.

Abrechnungsorientierte und **entscheidungsorientierte Verfahren** sind keine Gegensätze. Erst wenn eine Periode sowohl im Vorhinein geplant als auch im Nachhinein abgerechnet, also kontrolliert wird, lässt sich ein **Soll-Ist-Vergleich** durchführen, der zu neuen Maßnahmen Anlass gibt.

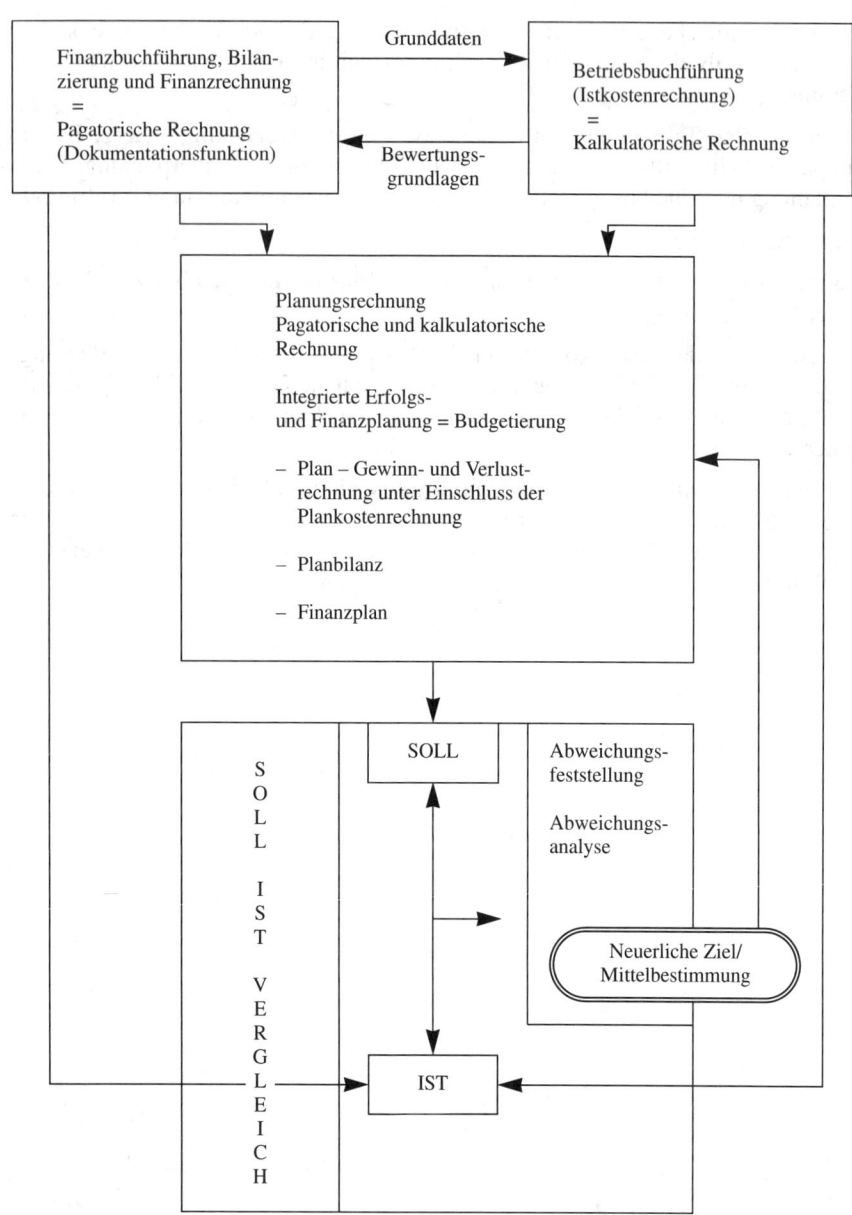

Abb: 2: Darstellung des Zusammenhanges des abrechnungsorientierten und entscheidungsorientierten Rechnungswesens

II. Buchführung (Geschäftsbuchführung, Finanzbuchführung) und Bilanz

Unter Buchführung versteht man die Aufzeichnung aller Geschäftsvorfälle, die zu einer Veränderung der Vermögens- und Kapitallage führen, in chronologischer und sachlicher Ordnung. Da die **Finanzbuchführung** grundsätzlich auf Zahlungsvorgänge aufbaut (gleichgültig, ob sich diese in der Vergangenheit, in der Gegenwart oder in der Zukunft abspielen = pagatorisches Rechnungswesen), besitzt sie **dokumentarischen** Charakter.

Die Buchführung kann in folgenden Systemen in Erscheinung treten:

1. **Die Buchführung öffentlicher Verwaltungen**
   a) Kameralistik
   b) Phasenbuchführung

2. **Die Kaufmännische Buchführung**
   a) Einnahmen- und Ausgabenrechnung
   b) Einfache Buchführung
   c) Doppelte Buchführung

In der betrieblichen Praxis nimmt die **doppelte Buchführung (doppelte Buchhaltung, Doppik)** die wichtigste Rolle ein. Sie wird von der Mehrzahl der Betriebe angewendet, während die **Einnahmen-Ausgaben-Rechnung** vornehmlich nur von freiberuflich Tätigen (Ärzten, Rechtsanwälten, Steuerberatern, Architekten) und kleinen Gewerbetreibenden angewendet wird. Die **einfache Buchführung** (Ergebnisermittlung durch einen Vergleich des Reinvermögens am Ende der Rechnungsperiode und des Reinvermögens am Ende der vorangegangenen Rechnungsperiode) hat in der Praxis keinerlei Bedeutung und ist auch steuerrechtlich nicht zulässig. Aus der Sicht der Rechnungstheorie kann sie als Vorstufe zur doppelten Buchführung angesehen werden.

Die **Kameralistik** findet als Rechnungssystem vornehmlich bei öffentlichen Gebietskörperschaften (Bund, Länder und Gemeinden) und in den Kammern Anwendung. Auf Bundes- und Landesebene ist sie im Rahmen der integrierten Haushaltsverrechnung zur (Mehr-)**Phasenbuchführung,** die doppische Buchführungselemente enthält, erweitert. In mehreren Gemeinden wird innerhalb der Kameralrechnung ebenfalls ein doppischer Rechnungsstil angewendet.

1. Die Buchführung öffentlicher Verwaltungen

a) Kameralistik

Die **kameralistische Buchführung (Kameralistik, Verwaltungskameralistik)** findet in erster Linie bei öffentlichen Verwaltungen (Bund, Länder, Gemeinden) und Selbstverwaltungskörpern (z. B. Kammern, Sozialversicherungen) Anwendung und unterscheidet sich im Grundgedanken von den anderen Buchführungssystemen wesentlich.

Mit dem **Haushaltsvoranschlag** (Haushaltsplan, Budget, Etat) werden die Einnahmen und Ausgaben eines Jahres von den Entscheidungsorganen der verschiedenen öffentlichen Institutionen **vorgegeben**. Im **Haushaltsvollzug** trachtet die Verwaltung, dem Haushaltsplan zu entsprechen. Hierüber legt die **kameralistische** Buchführung eine entsprechende Rechnung. Dabei wird zwischen der **Zahlungsanordnung** („Soll" der Einnahmen und Ausgaben) durch die anweisungsberechtigten Stellen (z. B. Ministerium) und der **Zahlungsausführung** durch die Kassen („Ist" der Einnahmen und Ausgaben) unterschieden. In eigenen Spalten werden den Soll-Einnahmen die Ist-Einnahmen (die **tatsächlichen** Einnahmen) und den Soll-Ausgaben die Ist-Ausgaben gegenübergestellt. Durch die Gegenüberstellung ergibt sich der **Überschuss** bzw. der **Fehlbetrag** (das Defizit) der Abrechnungsperiode sowie die Einsparung oder Überschreitung gegenüber dem Voranschlag.

Für **erwerbswirtschaftliche** öffentliche Unternehmen (Betriebe der Privatwirtschaftsverwaltung) muss das (finanzwirtschaftlich ausgerichtete) System der Verwaltungskameralistik, sofern man nicht überhaupt zu einer doppelten Buchführung übergeht, erweitert werden, da sonst für erfolgswirtschaftliche Überlegungen keine geeigneten Ergebnisse geliefert werden. In der Rechnungstheorie wurde hiefür das Verfahren der **Betriebskameralistik** entwickelt. Die Betriebskameralistik baut auf den Rechnungsverfahren der Verwaltungskameralistik auf und sieht eine Trennung der erfolgswirksamen und der vermögenswirksamen Vorgänge sowie die Periodisierung der Einnahmen und Ausgaben mit dem Ziel einer geschlossenen Bestandsrechnung (Vermögensbilanz) vor. Mit diesen Erweiterungen ist der kameralistische Rechnungsstil durchaus in der Lage, Rechnungsabschlüsse zu liefern, die jenen der kaufmännischen doppelten Buchführung gleichartig sind. Die Betriebskameralistik hat in der (österreichischen) Praxis jedoch wenig Bedeutung (vgl. R. Schauer u. a., Öffentliche Verwaltung, Band 2, Linz 1984, S. 38 ff.).

b) Die (Mehr)Phasenbuchführung als Grundlage einer integrierten Haushaltsverrechnung in der öffentlichen Verwaltung

Die Phasenbuchführung (auch Mehrphasenbuchführung) ist als Erweiterung zur bisher angewendeten Verwaltungskameralistik anzusehen. Sie ist so konzipiert, dass sie sowohl in der **Hoheitsverwaltung** als auch in den betriebsähnlichen Einrichtungen in gleicher Weise angewendet werden kann.

Als „Phasen" werden die einzelnen Dispositionsstufen zwischen der **Haushaltsplanung** und der **Haushaltsausführung** bezeichnet.

Phase 1: „Genehmigung"
> Wenn der Haushaltsvoranschlag durch das Parlament beschlossen wird, wird damit die **Genehmigung** erteilt, über veranschlagte Mittel zu verfügen.

Phase 2: „Verfügung"
> Die veranschlagten Mittel werden den anweisungsberechtigten Stellen (Ministerien, nachgeordnete Dienststellen) zur Erfüllung öffentlicher Aufgaben zur **Verfügung** gestellt.

Phase 3: „Verpflichtung" bzw. „Berechtigung"

Die anweisungsberechtigten Stellen (Verwaltungsorgane) gehen mit der Vergabe von Aufträgen (Bestellungen) **Verpflichtungen** ein; sie führen später zu Ausgaben. Umgekehrt entstehen **Berechtigungen**, wenn geordnete Verwaltungsleistungen zu späteren Einnahmen führen.

Phase 4: „Schuld" bzw. „Forderung"

Werden die Leistungen erbracht, so entstehen zu diesem Zeitpunkt aus den Verpflichtungen **Schulden** und aus den Berechtigungen **Forderungen**.

Phase 5: „Zahlung"

Die Abstattung der Schulden bzw. Forderungen führt letztlich zu **Zahlungen** (Ausgaben, Einnahmen).

Diese Phasengliederung entspricht einer Erweiterung der kameralistischen Reste-Rechnung und einer zwingenden Verknüpfung der Zahlen des **Haushaltsvollzuges** mit den Zahlen der **Haushaltsplanung**. Die Zahlen der Phase 5 entsprechen der IST-Spalte der Verwaltungskameralistik. Die Funktion der SOLL-Spalte übernehmen bei grundsätzlicher Erweiterung der Informationsbasis die Phasen 3 und 4 der Phasenbuchführung.

Die **Verbindung** zwischen den einzelnen Phasen erfolgt mit Hilfe der **doppischen Buchungstechnik**. Sie soll die Geschlossenheit des Verrechnungssystems absichern. Dieser Zielsetzung wird durch folgende **Grundgleichung** entsprochen:

$$G = V$$

Genehmigung (G) des Voranschlages = Vollzug (V) des Voranschlages

Diese Grundgleichung ergibt für die beiden Verrechnungskreise der voranschlagswirksamen Ausgaben und Einnahmen den in folgender Abbildung dargestellten Phasenzusammenhang.

AUSGABEN		EINNAHMEN	
	Verfügung (2)	Verfügung (2)	
Genehmigung (1)	Verpflichtung (3)	Berechtigung (3)	Genehmigung (1)
	Schuld (4)	Forderung (4)	
	Zahlung (5)	Zahlung (5)	

Abb. 3: Schema der Phasengliederung

Neben diesen fünf (Haupt-)Phasen gibt es noch die sog. Phase der „**Verzwei-gung**" (Phase 9). Sie dient

a) der Vorsorge für außer- und überplanmäßige Ausgaben (Budgetüberschreitungen);

b) für Ausgabenbindungen (zeitlich befristete oder unbefristete Sperre von Ausgabenermächtigungen aus konjunkturpolitischen Gründen – „Kreditsperren");

c) für Postenausgleiche (Virements zwischen verschiedenen Posten des gleichen Haushaltsansatzes);

d) für alle sich nur innerhalb der Verwaltung auswirkenden Verrechnungsmaßnahmen (z. B. Weitergabe von Ausgabengenehmigungen von den Zentralstellen an nachgeordnete Dienststellen).

Für jede Haushaltspost im Rahmen der finanzgesetzlichen Haushaltsansätze ergibt sich damit der aus der folgenden Abbildung ersichtliche **typische Kontenaufbau**.

Kontierung und Kontenbezeichnung														
Tag	Beleg-Nr.	Buchungstext	Phase 1		Phase 2		Phase 3		Phase 4		Phase 5		Phase 9	
			S	H	S	H	S	H	S	H	S	H	S	H

Zur **Kontierung**: Sie entspricht den üblichen Gliederungsmerkmalen der Verwaltungskameralistik, also Haushalt/Ansatz/Post: z. B. 1/14208/4570 (Ausgaben für Druckwerke im Bereich des Bundesministeriums für Wissenschaft und Forschung)

S... **Soll** ⎫
H...**Haben** ⎬ Zweiseitige Verrechnungsfelder wie in der Doppik.

Abb. 4

Die Verrechnung erfolgt wie in der Doppik immer in Form einer **Soll-Buchung** in einem Phasenfeld und einer **Haben-Buchung** in einem anderen Phasenfeld (= **Prinzip von Buchung und Gegenbuchung**).

Beispiele für den **Ausgaben-Verrechnungskreis**:

a) Ausgabengenehmigung: Phase (PH) 1 im Soll an Phase 2 im Haben;

b) Bestellung von Papier: PH 2 an PH 3;

c) Lieferung der Ware (Faktura): PH 3 an PH 4;

d) Abstattung der Faktura: PH 4 an PH 5.

Im **Einnahmen-Verrechnungskreis** erfolgen die Buchungen ähnlich:

a) Vorausschau auf Steuererträge: PH 2 im Soll an PH 1 im Haben;

b) Veranlagung zur ESt (ESt-Bescheid): PH 4 an PH 2;

c) Zahlung der ESt durch den Steuerpflichtigen: PH 5 an PH 4;

In Phase 4 und 5 werden die gleichen Konten-Seiten (Soll bzw. Haben) wie in der doppelten Buchhaltung privater Unternehmen gewählt. Dies erfolgt bewusst so, damit die voranschlagswirksame Verrechnung (VWV) mit der Bestands- und Erfolgsverrechnung (BEV) leicht verbunden werden kann.

Durch den formalen Abschluss der Phase 5 (Zahlung) gegen Phase 1 (Genehmigung) wird vom Buchungssystem her der **Vergleich** der **Ist-Zahlen** mit den **Budgetzahlen** bewirkt. Die Einhaltung des Jahresvoranschlages kann aus dem Saldo in Phase 1 nachgewiesen werden. Im Laufe eines Finanzjahres ist die Haushaltsüberwachung durch eine laufende Beobachtung der Phasen-Salden sowie durch eine Reihe von **Kennzahlen** möglich (Rechtsquelle: Bundeshaushaltsgesetz 1986).

Die Mehrphasen-Buchführung stützt sich in der Verwaltungspraxis auf eine intensive Nutzung von (zentralen) **EDV-Systemen** und erfordert eine möglichst zeitnahe, dezentrale Datenerfassung, soll das in der integrierten Haushaltsverrechnung mögliche Informationsprogramm voll genutzt werden. Da die derzeit vom Bund und den meisten Länderverwaltungen eingesetzte Software-Konzeption in Folge des informationstechnologischen Fortschritts an das Ende der wirtschaftlich sinnvollen Nutzungsdauer gelangt ist, wird derzeit an einer umfassenden Neugestaltung der Organisation des öffentlichen Rechnungswesens gearbeitet. Die Verwaltungen haben sich für den Einsatz einer umfassenden **betriebswirtschaftlichen Standard-Software** entschieden, die den Grundprinzipien des Workflow-Managements entspricht und für die besonderen finanzwirtschaftlich ausgerichteten Informationsbedürfnisse öffentlicher Haushalte mit spezifischen Erweiterungen versehen wird (System SAP R/3 Public Sector). Die grundsätzliche Orientierung an den Phasen als Dispositionsstufen zwischen der Haushaltsplanung und der Haushaltsausführung bleibt erhalten und wird im Detail erweitert (Stand: 2001).

2. Die kaufmännische Buchführung

a) Die Einnahmen-Ausgaben-Rechnung

Die **Einnahmen-Ausgaben-Rechnung** ist ein sehr vereinfachtes Rechnungssystem. Als Gewinn wird im Rahmen der betrieblichen Einkunftsarten der Überschuss der betrieblichen Einnahmen über die betrieblichen Ausgaben in der Rechnungsperiode (Kalenderjahr) betrachtet. Im Rahmen der nicht betrieblichen Einkunftsarten (Einkünfte aus nichtselbständiger Tätigkeit, Kapitalvermögen, Vermietung und Verpachtung, sonstige Einkünfte) spricht man vom Überschuss der Einnahmen über die Werbungskosten, welche hier an die Stelle der Betriebsausgaben treten.

Allerdings lässt das Einkommensteuergesetz keine reine Einnahmen-Ausgaben-Rechnung zu, da bei der Anschaffung von Anlagengegenständen die Anschaffungskosten nicht im Jahre der Anschaffung, sondern nur verteilt über die Nutzungsdauer der Anlagengegenstände als Betriebsausgaben (Absetzung für Abnutzung) abgesetzt werden können.

Das Einkommensteuerrecht (§ 4 Abs. 3 EStG) läßt diese Form der Gewinnermittlung für alle nicht betrieblichen Einkünfte und für Unternehmer zu, für die gemäß §§ 124 und 125 der Bundesabgabenordnung keine gesetzliche Verpflichtung zur Buchführung besteht.

Gemäß § 125 sind alle Unternehmer, die Einkünfte aus Gewerbebetrieb oder aus Land- und Forstwirtschaft beziehen, verpflichtet, ihren Gewinn aufgrund eines durch doppelte Buchführung durchgeführten Betriebsvermögensvergleiches (§ 4 Abs. 1 EStG) zu ermitteln, wenn ihr **Umsatz**, **Gewinn** oder **Einheitswert** eine bestimmte Höhe übersteigt (siehe Kapitel IV. 5., Verpflichtung zur Erstellung des Jahresabschlusses).

b) Die doppelte Buchführung

aa) Verpflichtung zur doppelten Buchführung

Gemäß § 189 HGB hat jeder Vollkaufmann Bücher nach den Grundsätzen ordnungsmäßiger Buchführung (doppelte Buchführung) zu führen. Die steuerrechtliche Verpflichtung findet sich in den §§ 124 und 125 der BAO.

bb) Das System der doppelten Buchführung

Die **doppelte Buchführung** stellt eine lückenlose Verrechnung aller Geschäftsvorfälle dar und stellt der dem aktiven und passiven Vermögen gewidmeten Verrechnung eine Verrechnung des Eigenkapitals (Differenz zwischen aktivem und passivem Vermögen bzw. Vermögen und Schulden) gegenüber. Es kommt dadurch zu zwei gegensätzlichen Verrechnungskreisen, und zwar dem **Verrechnungskreis der Bestandskonten** und dem **Verrechnungskreis des Eigenkapitals**.

Beide Verrechnungskreise gehen von der Bilanz zu Beginn des Unternehmens aus (**Eröffnungsbilanz**) und fließen in der Bilanz am Ende des Unternehmens (**Schlussbilanz**) zusammen. Das Unternehmen ist aus gesetzlichen und anderen (unternehmenspolitischen) Gründen verpflichtet und interessiert, mindestens am Ende eines jeden Geschäftsjahres eine Schlussbilanz zu erstellen, sodass die erste Schlussbilanz am Ende des ersten Geschäftsjahres zu erstellen sein wird. Die Schlussbilanz der ersten Periode ist gleichzeitig die Eröffnungsbilanz der nächsten Periode. Der steuerliche Ausdruck für das Geschäftsjahr ist Wirtschaftsjahr.

Die **Bilanz** ist eine wertmäßige (nach Kategorien zusammengefasste) kontenoder staffelförmige Gegenüberstellung des Vermögens einerseits und der Schulden und des Eigenkapitals andererseits.

Die Sollseite der Bilanz (auch als Aktivseite bezeichnet) zeigt die Verwendung der im Unternehmen eingesetzten Mittel (Investition), die Habenseite (Passivseite) die Herkunft der Mittel (Finanzierung).

Das **Eigenkapital** (das vom Eigentümer bzw. den Eigentümern dem Unternehmen zur Verfügung gestellte Kapital, wozu auch die nicht entnommenen Gewinne gehören) ist der Saldo zwischen Vermögen einerseits und dem Fremdkapital andererseits. Daraus ergibt sich die nicht veränderliche Tatsache der Seitengleichheit und damit der Bilanzgleichung:

$$\text{Vermögen} - \text{Fremdkapital} = \text{Eigenkapital}$$
bzw.
$$\text{Vermögen} = \text{Fremdkapital} + \text{Eigenkapital}$$

Aus dieser Bilanzgleichung leitet sich das gesamte System der doppelten Buchhaltung ab.

Die beiden Verrechnungskreise **Bestände** (Vermögen und Fremdkapital) einerseits und **Eigenkapital** andererseits zeigen aufgrund der Bilanzgleichung zwei entgegengesetzte Buchungsrichtungen:

Jede negative Veränderung der Bestände (Verminderung des Vermögens, Vermehrung des Fremdkapitals) wird im Haben und jede positive Veränderung der Bestände im Soll verbucht. Jede negative Veränderung des Eigenkapitals wird im Soll und jede positive Veränderung des Eigenkapitals im Haben verbucht.

Aus dem Abschluss der beiden Verrechnungskreise ergibt sich einerseits eine **doppelte Ermittlung des Periodenerfolges** (Gewinn oder Verlust) und andererseits eine **Kontrolle der formalen Richtigkeit der Buchungen** (Soll- und Habengleichheit).

Die Ermittlung des Periodenerfolges aus dem Verrechnungskreis I (indirekte Erfolgsermittlung)

Diese Art der Erfolgsermittlung durch Vergleich des Saldos aus Vermögen und Fremdkapital (= Eigenkapital) zu Beginn und am Ende der Periode wird auch als **indirekte Erfolgsermittlung** bezeichnet. Da der Saldo aus Vermögen und Fremdkapital steuerlich auch als **Betriebsvermögen** (**Reinvermögen**) bezeichnet wird, wird die indirekte Gewinnermittlung auch als Gewinnermittlung durch Betriebsvermögensvergleich bezeichnet (§ 4 Abs. 1 EStG).

Die Zuführung und die Entnahme von Eigenmitteln

Während durch die **Zufuhr von Eigenmitteln eine positive Veränderung** des Eigenkapitalkontos eintritt, führt die **Entnahme von Eigenmitteln** aus dem Unternehmen **zu einer negativen Veränderung des Eigenkapitals**. Es kann somit zu Veränderungen des Eigenkapitalkontos kommen, ohne dass diese erfolgsmäßige Auswirkungen haben.

Entnahmen und Einlagen müssen daher bei der Ermittlung des Unternehmenserfolges im Rahmen der **indirekten Erfolgsermittlung** ausgeschieden (neutralisiert) werden.

Schema der indirekten Erfolgsermittlung

Vermögen am Ende des Wirtschaftsjahres

– Schulden am Ende des Wirtschaftsjahres   Eigenkapital (Reinvermögen, Betriebs-
                                                        vermögen) am Ende des Wirtschaftsjahres

abzüglich

Vermögen am Anfang des Wirtschaftsjahres

– Schulden am Anfang des Wirtschaftsjahres   Eigenkapital (Reinvermögen, Betriebs-
                                                        vermögen) am Anfang des Wirtschaftsjahres

                                                        Eigenkapital-(Reinvermögens-,Betriebs-
                                                        vermögens-)vermehrung/verminderung

                                                        – Einlagen

                                                        + Entnahmen

                                                        Periodenerfolg (Reingewinn/Reinverlust)

Die Ermittlung des Periodenerfolges aus dem Verrechnungskreis II (direkte Erfolgsermittlung)

Infolge der Vielzahl jener Geschäftsvorfälle, die zu einer Änderung des Eigenkapitalkontos führen, erhält dieses Vorkonten, die die Buchungen aufnehmen. Für alle eigenkapitalmindernden Buchungen (= negative Erfolge, wie z. B. Mietzahlungen) werden eigene Vorkonten (**Aufwandskonten, Aufwendungen**) und für alle eigenkapitalvermehrenden Buchungen (= positive Erfolge, wie z. B. Provisionseinnahmen) ebenfalls eigene Vorkonten (**Ertragskonten, Erträge**) eröffnet. Die Konten (**Erfolgskonten**) werden am Ende der Periode auf ein Sammelkonto (**Erfolgsbilanzkonto, Gewinn- und Verlustkonto**) übertragen. Der sich auf diesem Konto durch Gegenüberstellung der Erträge und Aufwendungen ergebende Saldo (**Gewinn oder Verlust**) wird auf das Eigenkapitalkonto umgebucht.

cc) Die Verfahren der doppelten Buchführung

Im Rahmen der **doppelten Buchführung** wird der Buchungsstoff sowohl **systematisch** auf den Konten (**Hauptbuch**) als auch **chronologisch** (der Zeitenfolge entsprechend) im **Grundbuch** erfasst. Es erfolgt somit eine zweifache (doppelte) Eintragung des Buchungsstoffes. Grundbuch und Hauptbuch sind integrierte Bestandteile der doppelten Buchhaltung.

Übertragungsverfahren

Merkmal der heute nicht mehr gebräuchlichen Übertragungsverfahren ist die Festhaltung der Geschäftsfälle in einem Journal bzw. in mehreren Journalen und die **Übertragung** der in den **Journalen** festgehaltenen Grundbuchungen in die Konten des **Hauptbuches**. In bestimmten Fällen wird zwischen Journalen und Hauptbuch ein **Sammeljournal** eingeschaltet. Derartige Übertragungsverfahren sind die **italienische Buchführungsmethode**, die **deutsche Buchführungsmethode** und die **französische Buchführungsmethode**.

Bei der **italienischen Buchführungsmethode** werden die Grundbuchungen im Kassabuch (für die Geschäfte des Barverkehrs) und im Memorial (für die übrigen Geschäftsfälle) chronologisch erfasst. Die Übertragung in die Konten des Hauptbuches erfolgt hinsichtlich der Bargeschäfte in der Regel monatlich durch die Übernahme der Endsummen der Einnahmen und der Ausgaben. Die Nicht-Bargeschäfte werden üblicherweise in der Häufigkeit ihres Anfalles in das Hauptbuch übertragen.

Eine Weiterentwicklung der italienischen Buchführungsmethode ist die **deutsche Buchführungsmethode**. Die deutsche Buchführungsmethode umfasst vier Grundbücher, das Kassabuch, das Memorial, das Wareneingangsbuch und das Warenausgangsbuch. Die Aufzeichnungen in den Grundbüchern werden nicht direkt in die Konten des Hauptbuches übertragen, sondern zunächst in einem Sammeljournal zusammengefasst. Der Übertrag vom Sammeljournal in das Hauptbuch erfolgt auf jedem Konto in gleichen zeitlichen Abständen. Dadurch werden die Konten des Hauptbuches gleichmäßig – bei monatlichem Übertrag vom Sammeljournal in das Hauptbuch zwölfmal im Jahr – in Anspruch genommen.

Die **französische Buchführungsmethode** bringt eine zusätzliche Verfeinerung, indem weitere Grundbücher eingerichtet werden. Neben dem Kassabuch, dem Memorial, dem Wareneingangs- und dem Warenausgangsbuch z. B. ein Bankbuch, ein Wechselbuch usw. Die Gliederung kann unter Umständen weitgehend sein. Der Vorgang der Übertragung entspricht dem bei der deutschen Buchführungsmethode. Wieder wird zwischen den Grundbüchern und dem Hauptbuch ein Sammeljournal eingeschaltet. Es erfolgt zuerst der Übertrag von den Grundbüchern in das Sammeljournal. Von dort werden die Buchungen in die Konten des Hauptbuches übertragen, und zwar ebenfalls nur in bestimmten Zeitabständen, meist monatlich, so dass am Ende der Rechnungsperiode auf den einzelnen Konten maximal zwölf (Sammel-)Buchungen aufscheinen. Die deutsche und französische Buchführungsmethode eignen sich für Fälle mit viel Buchungsstoff, der sich auf klar abgegrenzte und (im Allgemeinen) auf nicht allzu viele Bereiche verteilt.

Durch die Erfindung der **Durchschreibebuchhaltung** und später der Buchführung mit Hilfe von **Datenverarbeitungsanlagen** sind diese Formen des Grundbuchs **nicht mehr** gebräuchlich.

Amerikanisches Verfahren

Beim amerikanischen Buchführungsverfahren werden Journal- und Kontobuchung zusammengezogen. Die journalmäßige Erfassung der Geschäftsfälle geht durch deren vertikale Anordnung vor sich, während gleichzeitig durch die horizontale Gliederung der Konten auf dem gleichen Blatt eine systematische Ordnung der Geschäftsfälle möglich wird. Das amerikanische Buchführungsverfahren eignet sich für Kleinbetriebe, deren Buchungsstoff sich auf wenige Konten verteilt und der überwiegend auf Kassavorgänge beschränkt ist. Bedingt durch die Verwendung von PCs als Buchhaltungsgeräte ist auch das amerikanische Verfahren nicht mehr gebräuchlich.

Durchschreibeverfahren

Durchschreibeverfahren sind **manuell** und **maschinell** anwendbar. Zu unterscheiden ist zwischen **Konto-Originalmethode** und **Journal-Originalmethode**. Bei der Konto-Originalmethode, der ausschließlich vorkommenden Art des Durchschreibeverfahrens, findet sich die Originalbuchung auf dem Konto, die Durchschrift auf dem Journal. Umgekehrt ist die Sachlage bei der Journal-Originalmethode. Das Journal beim Durchschreibeverfahren hat weniger vom Standpunkt der chronologischen Aufzeichnung aller Geschäftsfälle als für die Fehlerfeldabgrenzung und für die Verwendung bei kurzfristigen Erfolgsrechnungen Bedeutung.

Die **Durchschreibebuchhaltung** als Lose-Blattbuchhaltung kommt der Arbeitsteilung bezüglich der Buchungsarbeiten sehr entgegen. Sie hatte sich bis zur Einführung der Buchführung über EDV-Anlagen allgemein durchgesetzt. Sie wurde durch den Einsatz von PCs von der **Buchführung über EDV** verdrängt und ist heute nicht mehr gebräuchlich.

Buchführung mit Hilfe von EDV-Systemen

Die Buchungsdaten werden entweder über Datenträger (Disketten, Magnetband) oder im Online-Verfahren (direkt über Bildschirm) in das EDV-System eingegeben, das den Buchungsstoff auf der Grundlage der Buchführungsprogramme (Anwendungssoftware) verarbeitet.

Die Buchführung mit Hilfe von EDV-Systemen bringt einige **Vorteile** mit sich und kann heute als Standard angesehen werden:

1. Maschinelle Durchführung der anfallenden Rechenarbeiten.
2. Programmgesteuerte Herstellung der sachlichen und chronologischen Ordnung.
3. Vielfältige Verwendungsmöglichkeiten der verbuchten Daten, wie bei der **automatisierten Erstellung der Gewinn- und Verlustrechnung und der Bilanz**,

    in **Kennzahlen** (Vermögens- und Kapitalstrukturzahlen, Kennzahlen der Aufwands- und Ertragsstruktur),

    in der **Kostenrechnung** (Kostenstellenzuordnung der verbuchten Daten, Kostenträgerzuordnung).

In der **zeitlichen Abfolge von Speicherung und Sichtbarmachung** des Buchungsstoffes ist ein eigenständiges Verfahrensmerkmal gegeben. Während bei manueller und mechanisch-maschineller Buchungsarbeit die Geschäftsfälle in einem Arbeitsgang gespeichert und sichtbar gemacht, also aufgezeichnet werden, sind hiezu beim Einsatz von EDV-Systemen **zwei** Arbeitsgänge erforderlich. Die Eingabe des Buchungsstoffes in das EDV-System führt zunächst zu einer Speicherung auf den externen und internen Speichern des EDV-Systems. Die dem Menschen direkt zugängliche optische Lesbarkeit wird erst durch einen Ausgabevorgang (Ausdruck) erreicht, der zu einem **beliebigen** Zeitpunkt nach der Dateneingabe bewirkt werden kann.

Die Verfahrenstechnik erfordert es nicht, den Buchungsstoff einer Abrechnungsperiode **parallel** in zwei miteinander identen, lediglich unterschiedlich sortierten Datenbeständen (Dateien) – wie bei der herkömmlichen Buchführungsorganisation als Grundbuch und als Hauptbuch – zu führen. Das in der Datenverarbeitung als Leitlinie geltende Prinzip der Einmalspeicherung lässt es zu, dass die Buchungsdaten grundsätzlich nur einmal als Datenbestand abgespeichert werden. Die jeweils gewünschte Ordnung des Buchungsstoffes ist durch eine programmgesteuerte Selektion (**Ein-Datei-Verfahren**) bzw. durch eine Datenverkettung (**Datenbanksystem**) bei Bedarf in vertretbarer Zeit herstellbar.

Der EDV-Einsatz ermöglicht auch eine sinnvolle Anwendung der **Matrizenrechnung** im Rahmen der Buchführung. Sie ist in Bezug auf das doppische System schon seit langem theoretisch fundiert. In Anbetracht des Datenvolumens ist ihr praktischer Einsatz an die Nutzung von EDV-Systemen gebunden. Die modernen Tabellenkalkulationsprogramme bieten hiefür geeignete organisatorische und ökonomische Voraussetzungen.

In Klein- und Mittelbetrieben prägt immer mehr der Einsatz von **Personalcomputern** (**PC**) die Organisation des Rechnungswesens.

Die starke Verbreitung von **Mehrplatzsystemen** und deren **Vernetzung** birgt nicht nur bei Großbetrieben die Gefahr in sich, dass die Transparenz in der Informationsverarbeitung eingeschränkt wird. Auch die Möglichkeit, mit anderen Unternehmen aufzeichnungspflichtige Daten in Form des **Datenträgeraustausches** oder im Wege der **Datenfernübertragung** so zu übermitteln, dass eine maschinelle Weiterverarbeitung unmittelbar erfolgen kann, setzt an die Ordnungsmäßigkeit der Buchführung besondere Anforderungen.

Eine Lösung dieses Problemkreises wird möglich, wenn man die vielfältigen Organisationsformen des EDV-Einsatzes für die Zwecke der Buchführung einer logischen Analyse unterzieht und die einzelnen Teilsysteme der EDV-Buchführungsabläufe den folgenden **elementaren** und daher **typischen Organisationsformen** zuordnet:

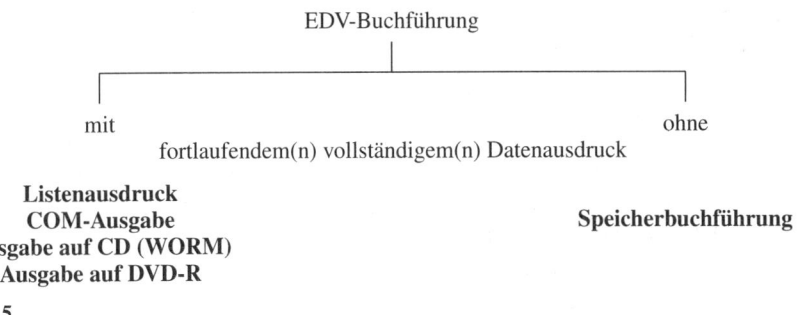

Abb. 5

Buchführung mit fortlaufendem vollständigen Ausdruck

Werden in einer mit Hilfe von **EDV-Systemen** geführten Buchhaltung sämtliche Einzelposten sowohl im Grundbuch als auch im Hauptbuch in für den Benutzer lesbarer Form ausgedruckt, und kann der Zusammenhang mit den Belegen jederzeit hergestellt werden, dann ergeben sich für diese Buchhaltung grundsätzlich keine von der konventionellen Buchhaltung abweichenden Anforderungen bezüglich der Ordnungsmäßigkeit. Dabei ist es gleichgültig, ob das Grundbuch bereits bei der Erstellung maschinell lesbarer Datenträger oder erst nach Eingabe der Daten in die Datenverarbeitungsanlage erstellt wird.

Dasselbe gilt für den Fall, dass mit Hilfe des EDV-Systems Geschäftsvorfälle systematisch vorgeordnet (z. B. Ordnung von Erlösdaten, die bei der Fakturierung gewonnen wurden, nach Artikelgruppen oder Absatzgebieten) und auf diese Weise Unterlagen für Sammelbuchungen geschaffen werden.

Eine Buchführung mit fortlaufendem vollständigen Datenausdruck liegt auch dann vor, wenn die Buchungsdaten im Inhalt und in der Datenanordnung dem Listbild einer fortlaufenden vollständigen Druckerausgabe entsprechend auf Mikrofilm (COM) gespeichert und archiviert werden. Die Anwendung des **COM-Verfahrens** (Computer Output on Microfilm) setzt die problemlose Lesbarmachung des Buchungsstoffes und die Möglichkeit zur Herstellung auch ohne Hilfsmittel lesbarer dauerhafter Wiedergaben voraus.

Analog ist auch bei größeren Datenmengen eine Ausgabe auf die **optische Speicherplatte** möglich. Beim Einsatz der optischen Speicherplatte (auch: DOR – Digital Optical Recording) wird die Zielsetzung verfolgt, Dokumente in großer Menge zu speichern, im wahlfreien Zugriff rasch wiederzufinden und in hoher Qualität wiedergeben zu können. Daten und Bilder werden in digitalisierter Form mit Hilfe der Laser-Technik auf der Plattenoberfläche aufgezeichnet. Der derzeitige Stand der Technik lässt vier grundsätzliche Anwendungsformen zu:

1. **CD-ROM-Platten** (Compact Disc – Read Only Memory): Es handelt sich um industriell gefertigte „Nur-Lese-Speicher" (für Gesetze, Verordnungen, Kataloge, Nachschlagewerke usw.), die für die Zwecke der Buchführung nur am Rande Bedeutung haben.

2. **WORM-Platten** (Write Once – Read Multiple): Sie können vom Anwender selbst beschrieben werden, Änderungen der Speicherinhalte sind jedoch nicht möglich. Daher können WORM-Platten hinsichtlich der Datenarchivierung wie ein Mikrofilm eingestuft werden.

3. **DVD-R-Platten** (Recordable Digital Versatile Disc): Diese Speicherplatten (ursprünglich für die digitale Speicherung von Videofilmen entwickelt) bieten gegenüber Compact Discs eine mehr als sechsfache Speicherkapazität (4 GB) und können wie WORM-Platten vom Anwender selbst beschrieben werden. Änderungen der Speicherinhalte sind auch hier nicht möglich (DVD-RAM-Platten können hingegen beliebig oft beschrieben und wieder gelöscht werden).

4. **Magneto-optische Speicherplatten** (M/O-Platten; „erasable discs"): Sie verbinden in technischer Sicht die Vorteile von Magnetplatten und von optischen Speicherplatten und können in der Regel beliebig oft beschrieben und gelöscht werden. Aus dem Gesichtspunkt der Datenarchivierung für die Zwecke der Buchführung sind sie wie die Magnetplatte einzustufen, die grundsätzlich für die mehrfache Speicherung von Daten dient und damit in ihrem Inhalt während der gesetzlichen Aufbewahrungsfrist Veränderungen unterworfen werden könnte.

Schematische Darstellung der Buchführung mit fortlaufendem vollständigen Datenausdruck

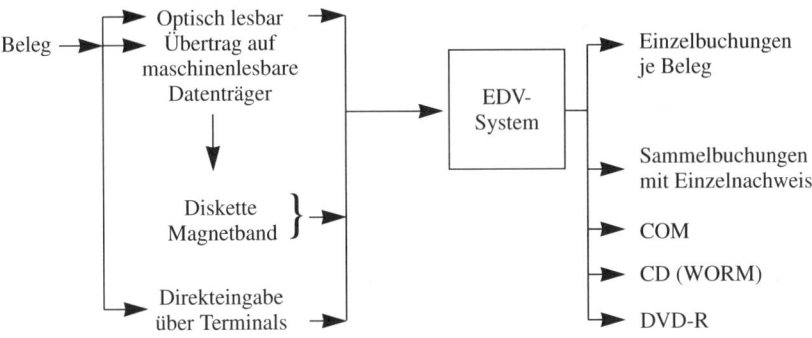

Abb. 6

Buchführung mit Hilfe von EDV-Systemen ohne fortlaufenden vollständigen Ausdruck (Speicherbuchführung)

Durch die Ergänzung der §§ 38 und 47 HGB und der §§ 131 und 132 BAO im Jahr 1973 sowie durch die Neufassung der handelsrechtlichen Bestimmungen (§§ 189 und 216 HGB) im Rechnungslegungsgesetz (RLG) im Jahr 1990 besteht die gesetzliche Möglichkeit, die Buchführung mit Hilfe von Datenverarbeitungsanlagen auch **ohne fortlaufenden vollständigen Datenausdruck** zu führen.

Diese Form der Buchführung ist dadurch gekennzeichnet, dass kein lesbarer Ausdruck der Einzeldaten vorliegt. Es wird lediglich ein lesbarer Ausdruck der nach bestimmten Kriterien verarbeiteten Daten in verdichteter Form (Monatsbilanzen, Jahresabschlüsse, bilanzanalytische Daten etc.) hergestellt. Der Buchungsstoff bleibt auf optisch nicht lesbaren Datenträgern (z. B. Magnetband, Magnetplatte oder optische Speicherplatte) gespeichert, woraus sich die Bezeichnung **Speicherbuchführung** ergibt.

Schematische Darstellung

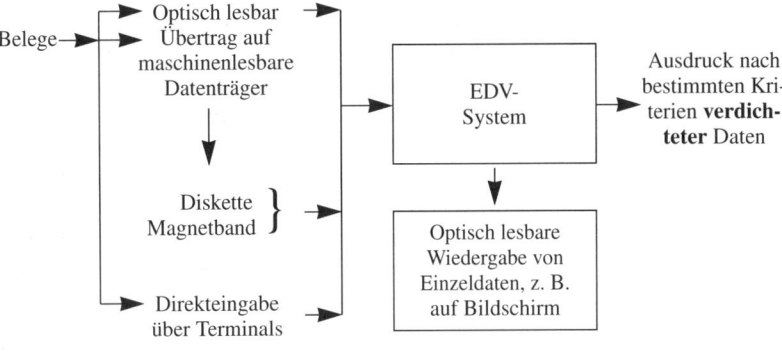

Abb. 7

Der Verzicht auf optisch lesbare Ausdrucke ergibt sich aus Rationalisierungs-
überlegungen, da gerade die Ausgabegeräte einen Engpass im System einer EDV-
Anlage bilden. Die Speicherung auf Magnetband, Magnetplatte bzw. optischer
Speicherplatte erfolgt in der Regel 30- bis 100-mal schneller als der übliche
Ausdruck auf Papier.

Merkmale der Speicherbuchführung

Die Be- und Verarbeitung der Daten kann nicht unmittelbar beobachtet werden.
Da kein vollständiger Ausdruck erfolgt, kann die Vollständigkeit der Buchungsdaten nicht auf Grund von Listungen, die Einzelbuchungen nachweisen, kontrolliert werden. Die Richtigkeit der Kontierung der gebuchten Daten kann nicht unmittelbar durch Gegenüberstellung zum Beleg geprüft werden.

Folgerungen

Da die Buchungsdaten in ihrer Speicherung und Archivierung auf EDV-Daten-
trägern und analog auf magneto-optischen Speicherplatten dem Menschen nicht
direkt zugänglich und verständlich sind, werden besondere **Datensicherungs-
maßnahmen** erforderlich. Sie haben die Datenbestände in ihrer Existenz zu erhalten und damit vor Zerstörung und Verfälschung zu sichern sowie ihre Verwendung durch Unberechtigte zu vereiteln. Durch geeignete Abstimm- und
Prüfroutinen ist auch vorzusorgen, dass der von der Buchführungsorganisation
vorgesehene Ablauf von Verarbeitungsvorgängen gewährleistet wird und nicht
umgangen werden kann. Die EDV-Datenträger übernehmen so während der gesetzlichen Aufbewahrungsfrist der Buchungsdaten die **Buchfunktion** (Grundbuch, Hauptbuch) und im Falle von durch Programme generierten Buchungen
auch die **Belegfunktion.**

Die Praxis zeigt, dass von der Organisationsform der Speicherbuchführung eher
in **Teilbereichen** der Buchführung (z. B. Anlagenbuchführung, Vorratsbewer-
tung, Akkumulierung zu Sammelbuchungen, Berechnung von Rückstellungser-
fordernissen) als in Bezug auf das vollständige Zahlenwerk der Buchführung
Gebrauch gemacht wird. Die Übergänge zwischen den beiden typischen Organisationsformen erscheinen in der Praxis eher fließend und verschwommen.

Im Rahmen eines **integrierten Rechnungswesens** werden die Buchführungs-
vorgänge zunehmend mit den zu dokumentierenden Unternehmensprozessen
verknüpft. Die herkömmliche Dokumentation von einzelnen Verarbeitungsgän-
gen und deren Ergebnisse in Einzelbelegen, Hilfs- und Sammellisten wird aufgegeben. Die Verarbeitung buchungspflichtiger Daten führt dann im Datenbanksystem zur Akkumulierung von Mengen- und Wertdaten, die erst in einer End-
phase der Verarbeitung als Sammelbuchungen eine für den Menschen direkt erkennbare Ausgabe erfahren. Bei dieser Systemgestaltung müssen die program-
mierten Abläufe der Verrechnung in den einzelnen Verfahren des Rechnungswesens die Ordnungsmäßigkeit der Buchführung sicherstellen. Hierauf ist im Wege
einer **Systemprüfung** Bedacht zu nehmen.

Die grundsätzliche logische Trennung zwischen einer Buchführung **mit** und
ohne fortlaufenden vollständigen Datenausdruck hat eine prinzipielle Bedeu-

tung. Im ersten Fall erfüllt das EDV-System nur Hilfsfunktionen für die Verarbeitung der Buchungsdaten. Die Verarbeitungsergebnisse können anhand der vorliegenden Listungen ohne Rückgriff auf das EDV-System überprüft werden. Der konventionelle Prüfpfad (Geschäftsfall – Beleg – Journal – Hauptbuch – Abschluss) ist ohne Hinzuziehung des Computers gangbar.

Mit 19.1.1999 wurde eine Ergänzung zu § 131 Abs. 3 und § 132 Abs. 3 BAO (BGBl. I Nr. 28/1999) wirksam, wonach bei der Ausgabe von Buchhaltungsdaten bzw. -ergebnissen auf Drucklisten oder bei anderen dauerhaften Wiedergaben Druckdateien oder Exportfiles der erstellten Auswertungen (jeweils als unformatierter Text, d.h. ohne Steuerzeichen für einen Drucker) anzufertigen, aufzubewahren und den Abgabenbehörden auf Verlangen auf Datenträgern zur Verfügung zu stellen sind. Dies soll die Finanzverwaltung in die Lage versetzen, bei Betriebsprüfungen zur Analyse der Buchhaltungsdaten und Verarbeitungsergebnisse (Journale, Konten usw.) eine spezielle Prüfungssoftware einzusetzen. Bei Einhaltung der genannten Verpflichtung besteht keine Veranlassung, die bisher verwendeten Datenbestände (z. B. Magnetbanddateien für Grundbuch und Hauptbuch) sowie die für die Buchführung benutzte Hard- und Software weiter aufzubewahren. Für die vollständige Bereitstellung der Druckdateien im Falle des Ausdrucks von Buchhaltungsergebnissen und Hilfslisten ist jedenfalls organisatorisch vorzusorgen.

Bei der **Speicherbuchführung** hingegen wird das EDV-System zum **integrierten Bestandteil der Buchführungsorganisation**, weil ohne Benutzung des EDV-Systems kein Zugang zum Zahlenwerk der Buchführung möglich ist. Die Organisation der Speicherbuchführung wird damit zum unverzichtbaren Prüfungsobjekt. Die gesetzliche Aufbewahrungspflicht der Buchführung über sieben Jahre hinweg zwingt dann auch zur Aufrechterhaltung der Funktionsfähigkeit des verwendeten EDV-Systems über diesen Zeitraum. Dies mag bei verstärkter Anwendung von datenbankorientierten Formen des Rechnungswesens zu Inkompatibilitätsproblemen führen, falls in diesem Zeitraum ein tief greifender Systemwechsel beabsichtigt ist.

In vielen – vor allem größeren – Unternehmen sind heute Formen des integrierten Rechnungswesens gebräuchlich, in welchen die für die Buchführung relevanten Daten am Ende eines weitverzweigten Informationsverarbeitungsprozesses anfallen, der auf der Grundlage eines Datenbanksystems entwickelt ist. Die in die Finanzbuchführung eingehenden Daten aus den vorgelagerten Verfahren des internen Rechnungswesens sind in der Regel als Sammelbuchungen anzusehen, die jedoch nicht durch herkömmliche Hilfslisten belegt sind, sondern aus einer Vielzahl von Verrechnungs- und Bewertungsphasen entstehen. Es liegen somit Speicherbuchführungselemente in der Anlagenbuchführung, in der Materialwirtschaft, in der Lohn- und Gehaltsverrechnung, in der Verkaufsabrechnung, in der Personenkontenverrechnung oder in anderen Teilen des Rechnungswesens vor, auch wenn im engeren Bereich der Finanzbuchführung vielleicht alle Listungen auf herkömmliche Art ausgedruckt werden könnten. Die Ordnungsmäßigkeit der Buchführung ist ein Resultat der Ordnungsmäßigkeit des gesamten Datenverarbeitungssystems. Die heute von größeren Unternehmen oftmals genutzte Standardsoftware im Rechnungswesen (z. B. SAP, BaaN) ist als komplexes, integriertes Gesamtsystem konzipiert und deshalb dem Organisationstyp der Speicherbuchführung mit allen daraus abzuleitenden Anforderungen an die Systemdokumentation zuzuordnen.

Dadurch wird die Unterscheidung zwischen Buchführungen mit fortlaufendem vollständigen Datenausdruck und Speicherbuchführung nicht obsolet. In kleineren, aber auch einigen mittleren Unternehmen ist der **Wechsel der Organisationsform** der Buchführung eine **sachlich gebotene organisatorische Notwendigkeit.** Werden für die Zwecke der Datenerfassung und der Verbuchung im Journal, auf den Personenkonten und im Hauptbuch EDV-Datenträger verwendet – und das ist auch bei der einfachsten PC-Nutzung der Fall –, dann liegt bis zur ersten Journal- bzw. Kontenlistung die Organisationsform einer Speicherbuchführung vor. Dies ergibt sich zwingend aus dem Umstand, dass die Trennung zwischen Speicherung und Sichtbarmachung von Daten zu einem wesensbegründenden Element von EDV-Systemen gehört. Entscheidet sich der Buchführungspflichtige zum Ausdruck von Journal- oder Kontenlisten am Ende des Arbeitstages, am Ende einer Woche, eines Monats, eines Quartals, Halbjahres oder Abschlussjahres, dann entscheidet er über den Wechsel von der Speicherbuchführung auf die Buchführung mit fortlaufendem, vollständigem Datenausdruck, soferne er im Stadium der Speicherbuchführung Vorsorge für einen Vollausdruck der Daten getroffen hat. Bis zu diesem Vollausdruck auf Listen, Mikrofilm (COM-Verfahren) oder auf optischen Speicherplatten (CD-WORM, DVD-R) gehört das EDV-System zum festen Bestandteil der Buchführung.

Ab diesem Zeitpunkt kommt dem EDV-System diese Eigenschaft allerdings nicht mehr zu, da die Ordnungsmäßigkeit der Buchführung anhand der erwähnten Listungen beurteilt werden kann. Hier greift die erwähnte BAO-Änderung ein und verlangt, dass von den tatsächlich hergestellten Ausdrucken (Wiedergaben) maschinenlesbare Datenträger (Druckdateien oder „export files") innerhalb des Aufbewahrungszeitraums von sieben Jahren zur Verfügung der Abgabenbehörden gehalten werden.

Die bisher übliche Form einer Differenzierung zwischen Speicherbuchführung niederer und höherer Ordnung ist nunmehr unzutreffend. Als Speicherbuchführung niederer Ordnung bezeichnete man ein Buchführungssystem, in dem alle erforderlichen Journal- und Hauptbuchlistungen im Sinne einer Buchführung mit fortlaufendem, vollständigem Datenausdruck zwar generiert, aus Wirtschaftlichkeitsüberlegungen jedoch nicht ausgedruckt wurden. Der gesamte Buchungsbestand blieb auf Datenträgern abgespeichert, auf einen Ausdruck wurde aus Kostengründen verzichtet, es verblieb eine jederzeitige Ausdrucksbereitschaft. Diese ist nunmehr mit der BAO-Änderung in eine Verpflichtung zur Bereitstellung von Datenträgern mit dem Inhalt der aus Wirtschaftlichkeitsüberlegungen zurückgehaltenen dauerhaften Wiedergaben umgewandelt worden. Mit der Bereitstellung dieser Datenträger allein werden die Ordnungsmäßigkeitsanforderungen erfüllt, es muss in diesen Fällen die Ordnungsmäßigkeit des Gesamtsystems im Wege der Systemdokumentation und der darauf aufbauenden Prüfungshandlungen nicht unter Beweis gestellt werden. Es genügt die Bereithaltung der Datenträger mit den für den Datenausdruck bestimmten Daten, um die (maschinell unterstützten) Prüfungshandlungen zu unterstützen.

Aus diesen Sachverhalten heraus ergeben sich zunächst besondere Anforderungen an die **Aufbauorganisation** hinsichtlich der institutionellen Eingliederung der Datenverarbeitung (zentral oder dezentral) in die Organisation des Unternehmens. Eigenständige Anforderungen an die **Ablauforganisation** ergeben sich unter besonderer Berücksichtigung der Kontroll-, Abstimm- und Sicherungsmaßnahmen im Hinblick auf die Einhaltung eines den organisatorischen Anweisungen entsprechenden Arbeitsablaufes, die Gewährleistung der vollständigen Übernahme der Daten in das EDV-System und den Ausdruck von Einzeldaten oder sämtlicher Daten in angemessener Zeit bei Bedarf. Mit diesen Fragen setzen sich das Fachgutachten KFS/DV1 über die Ordnungsmäßigkeit von EDV-Buchführungen der Kammer der Wirtschaftstreuhänder aus dem Jahr 1999 sowie die Stellungnahme des deutschen Fachausschusses für moderne Abrechnungssysteme (FAMA 1/1987 i.d.F. 1993) über die Grundsätze ordnungsmäßiger Buchführung bei computergestützten Verfahren und deren Prüfung eingehend auseinander.

Die besonderen Vorkehrungen in der Ablauforganisation haben sich auf die richtige und vollständige **Erfassung aller buchungspflichtigen Daten**, die **Dateneingabe** und die **Datensicherung** zu beziehen.

Datenerfassung bedeutet die maschinengerechte Fixierung von Daten im EDV-System. Buchungspflichtige Daten sind entweder auf Belegen, die außerhalb des EDV-Systems maschinell oder manuell angefertigt werden, zu finden oder sie ergeben sich programmgesteuert, wobei das Buchungsprogramm gleichzeitig Beleg ist. Letzteres ist möglich für die Durchführung von Abschreibungen, die Erfassung von Skontoabzügen, die automatische Verbuchung der Umsatzsteuer.

Soweit es sich um Belege handelt, die außerhalb des EDV-Systems entstanden sind, erfolgt die **Dateneingabe** entweder **direkt** (**Online-Verfahren**) über Bildschirm und sonstige Eingabegeräte oder **indirekt** (**Offline-Verfahren**) über Magnetbänder, Disketten, Magnetplatten, optisch lesbare Belege. Die Übernahme der Belegdaten auf diese Datenträger gilt noch nicht als Buchung, es sei denn, es werden auch optisch lesbare Datenerfassungsprotokolle erstellt. In diesem Fall ist die Grundbuchfunktion erfüllt.

Sind die eingegebenen Daten nicht lesbar gemacht, ist die **Grundbuchfunktion** erst dann erfüllt, wenn sich die aufzeichnungspflichtigen Daten in zusammenhängender Form auf Datenträgern befinden, die den Verlust einzelner Daten ausschließen und auf diesen Datenträgern die vollständige und zeitlich geordnete Wiedergabe des Buchungsstoffes in optisch lesbarer Form möglich ist. Dabei ist vorzusorgen, dass die aus der Dateneingabe sich ergebende Reihenfolge der Buchungen unveränderbar bleibt und somit die ursprüngliche Reihenfolge der Buchungen gesichert wird.

In gleicher Weise ist auch die **Hauptbuchfunktion** erfüllt, wenn die Daten in abgestimmter Form auf Datenträger übernommen sind, die auch eine systematische Ordnung des Buchungsstoffes und die jederzeitige vollständige und geordnete Wiedergabe der Buchungsdaten ermöglichen.

Beide, sowohl die Grundbuchfunktion als auch die Hauptbuchfunktion, sind jedenfalls dann erfüllt, wenn die Daten auf Speichern, die sowohl einen chronologischen als auch einen systematischen Zugriff ermöglichen, festgehalten sind (z. B. in einem Datenbanksystem).

Bei nicht optisch lesbaren Erfassungsprotokollen (z. B. Einzelhandelsumsätze je Warenhauskassa auf Disketten) ist auf geeignete Abstimmaßnahmen ganz besonderes Gewicht zu legen (z. B. Kontrollsummen). Von besonderer Bedeutung ist der organisatorische Ablauf für die Behandlung von Fehlerlisten:

Ersteingabe → Fehlerliste → Korrektureingabe → Neue Abstimmliste.

Schematische Darstellung der Ablauforganisation

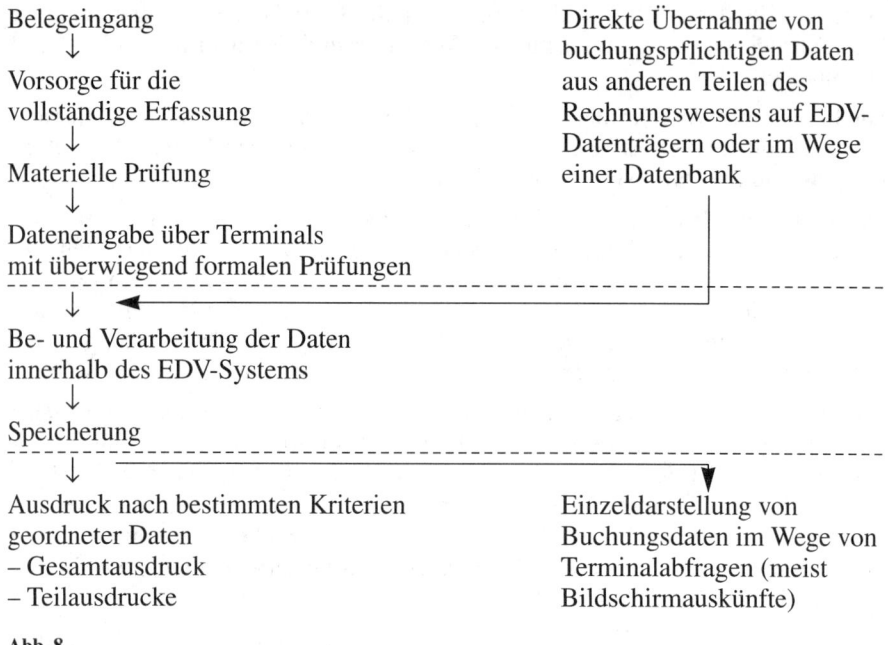

Belegeingang
↓
Vorsorge für die
vollständige Erfassung
↓
Materielle Prüfung
↓
Dateneingabe über Terminals
mit überwiegend formalen Prüfungen
↓
Be- und Verarbeitung der Daten
innerhalb des EDV-Systems
↓
Speicherung
↓
Ausdruck nach bestimmten Kriterien
geordneter Daten
– Gesamtausdruck
– Teilausdrucke

Direkte Übernahme von
buchungspflichtigen Daten
aus anderen Teilen des
Rechnungswesens auf EDV-
Datenträgern oder im Wege
einer Datenbank

Einzeldarstellung von
Buchungsdaten im Wege von
Terminalabfragen (meist
Bildschirmauskünfte)

Abb. 8

dd) Die Hilfsbücher der doppelten Buchführung

Hilfsbücher sind Nebenbücher, die insbesondere der Mengenverrechnung bzw. der Mengen- und Wertverrechnung (Skontren) dienen und die gewisse Hauptbucheintragungen ergänzen oder der Kontrolle einzelner Vermögensteile dienen.

Zu den wichtigsten Hilfsbüchern der doppelten Buchführung gehören das **Kassabuch,** das **Anlagenverzeichnis** und das **Saldokonto** (Lieferanten- und Kundenbuch). Bei Bedarf werden als Hilfsbücher die **Warenkartei,** das **Besitzwechsel- und Schuldwechselbuch** und andere Bücher der mengenmäßigen Verrechnung geführt.

596

ee) Kontenrahmen und Kontenplan

Die Konten der Buchführung bedürfen einer systematischen Ordnung, damit den Aufgaben, welchen Buchführung und Bilanz nachzukommen haben, entsprochen werden kann.

Kontenrahmen stellen Gliederungsvorschriften bzw. Gliederungsempfehlungen für die Ordnung der Konten dar. Kontenrahmen werden entweder für alle oder mehrere Wirtschaftszweige gemeinsam oder für bestimmte Wirtschaftszweige allein ausgearbeitet.

Der **Kontenplan** hingegen ist das aus dem entsprechenden Kontenrahmen abgeleitete Gliederungsprinzip, das sich der einzelne Betrieb nach den betrieblichen Notwendigkeiten für die Ordnung seiner Konten zurechtlegt.

Versuche zur Bildung von Kontenrahmen mit einigem praktisch bedeutsamen Niederschlag gehen auf die Jahrhundertwende zurück. Weithin durchgesetzt haben sich die einschlägigen Bestrebungen erst später, z. B. in Deutschland im Jahre 1937 durch die Einführung des so genannten RKW-Kontenrahmens, der auf den Einsichten Eugen **Schmalenbachs** fußt und obligatorisch vorgeschrieben wurde. Nach Beendigung des Zweiten Weltkrieges wurde die Verpflichtung zur einheitlichen Kontenordnung durch Anwendung von Gliederungsgrundsätzen nach Kontenrahmen aufgehoben. Die Wirtschaft wendete Kontenrahmen und Kontenpläne wegen der erkennbaren Vorteile verschiedenster Art freiwillig weiter an.

Das Österreichische Kuratorium für Wirtschaftlichkeit (ÖKW) entwickelte nach längeren Vorarbeiten 1947 den **„Einheitskontenrahmen".** Er wird als „ÖKW-Kontenrahmen" bezeichnet. Der Einheitskontenrahmen ist in nahezu allen Wirtschaftszweigen verwendbar. Er hat sich, obwohl nicht verbindlich vorgeschrieben, sondern nur zur Anwendung empfohlen, in Österreich fast lückenlos durchgesetzt.

Eine Überarbeitung des Kontenrahmens erfolgte 1976 durch das Österreichische Zentrum für Wirtschaftlichkeit und Produktivität (ÖPWZ), das aus der Zusammenlegung des Österreichischen Kuratoriums für Wirtschaftlichkeit (ÖKW) und des Österreichischen Produktivitätszentrums (ÖPZ) hervorging.

Die **österreichische Rechnungslegungsreform** machte eine neuerliche Überarbeitung des Kontenrahmens erforderlich. Die Überarbeitung erfolgte nicht nur wegen des geänderten Aufbaues der Bilanz (§ 224 HGB), sondern auch wegen der Möglichkeit der Darstellung der Gewinn- & Verlustrechnung nach dem Gesamtkostenverfahren (§ 231 Abs. 2) oder dem Umsatzkostenverfahren (§ 231 Abs. 3).

Während der auf Schmalenbach zurückgehende **RKW-Kontenrahmen** als **„Einkreissystem",** welches Betriebs- und Finanzbuchhaltung in ein System integriert, aufgebaut war, beruht der **österreichische Kontenrahmen** auf dem Gedanken des **Zweikreissystems,** der strikten Trennung von **Finanzbuchhaltung und Betriebsbuchführung.** Dieses System wird allerdings bei Anwendung des

Umsatzkostenverfahrens insoweit durchbrochen, als die betrieblichen Aufwendungen in der Gewinn- & Verlustrechnung nicht artenmäßig, sondern nach Funktionsbereichen dargestellt werden. Dies bedingt, dass zwischen den Aufwandsarten und der Gewinn- & Verlustrechnung ein **Aufwandsverteilungsbogen** eingeschaltet werden muss, in welchem die Aufwandsarten auf Funktionsbereiche (Kostenstellen) aufgeteilt werden müssen. Vom **Betriebsabrechnungsbogen** unterscheidet sich der Aufwandsverteilungsbogen insoweit, als er nicht Kosten, sondern (pagatorische) Aufwendungen verteilt.

Darstellung des 1991 vom Fachsenat für Betriebswirtschaft der Kammer der Wirtschaftstreuhänder gestalteten und 1999 überarbeiteten österreichischen Kontenrahmens (bei Anwendung des Gesamtkostenverfahrens)

Der Aufbau erfolgt nach dem dekadischen System und richtet sich, wie schon dargelegt, nach dem Aufbau der Bilanz und der Gewinn- & Verlustrechnung. Man spricht deswegen auch vom **„Bilanzgliederungsprinzip"**.

Klasse 0 Anlagevermögen und Aufwendungen für das Ingangsetzen und Erweitern eines Betriebes

    1 Vorräte

    2 Sonstiges Umlaufvermögen und Rechnungsabgrenzungsposten

    3 Rückstellungen, Verbindlichkeiten und passive Rechnungsabgrenzungsposten

    4 betriebliche Erträge

    5 Materialaufwand und Aufwendungen für bezogene Leistungen

    6 Personalaufwand

    7 Abschreibungen und sonstige betriebliche Aufwendungen

    8 Finanzerträge und Finanzaufwendungen
      a. o. Erträge und a. o. Aufwendungen
      Steuern vom Einkommen und Ertrag

    9 Rücklagenbewegung, Eigenkapital, unversteuerte Rücklagen, Einlagen stiller Gesellschafter, Abschluss- und Evidenzkonten

Darstellung des österreichischen Einheitskontenrahmens (bei Anwendung des Umsatzkostenverfahrens)

In diesem Fall sind die Aufwendungen der Klassen 5 – 7 auf die in der Klasse 7 eingerichteten Aufwandsstellen mit der Mindestgliederung Herstellungskosten, Verwaltungsbereich und Vertriebsbereich zu überwälzen. Um die Aufwandsarten nach wie vor summenmäßig feststellen zu können, erfolgt die Überwälzung nicht durch eine Habenbuchung auf den entsprechenden Aufwandskonten, sondern auf einem zu jedem Aufwandskonto eingerichteten Parallelkonto bzw. einem für sämtliche Aufwendungen einer Klasse eingerichteten Gegenkonto.

In der Klasse 7 werden die **Herstellungskosten** durch die Veränderung des Bestandes an fertigen und unfertigen Erzeugnissen (Gegenkonten: Bestandskonten) und die aktivierten Eigenleistungen (Gegenkonten: Anlagenkonten) korrigiert. Als Saldo verbleiben die **„Herstellungskosten der zur Erzielung der Umsatzerlöse erbrachten Leistungen"**, die in gleicher Weise wie die Verwaltungs- und Vertriebskosten in die Gewinn- & Verlustrechnung übertragen werden.

Schematisches Beispiel (die Verwaltungs- und Vertriebskosten werden der Einfachheit halber in einer Stelle zusammengefasst):

Aufwandsverteilungsbogen

Text	Summe	Herstellungs-kosten	Verwaltung und Vertrieb
Materialaufwand	1.500	1.500	
Personalaufwand	3.000	2.500	500
Zinsenaufwand[1]	400		
Abschreibungen	800	500	300
Sonstige Aufwendungen	1.700	1.300	400
	7.400	5.800	1.200

Der Anfangsbestand an unfertigen Erzeugnissen beträgt 300, an fertigen Erzeugnissen 400, der Endbestand an unfertigen Erzeugnissen 400, an fertigen Erzeugnissen 740, der Gesamtumsatz 8.000.

Buchungen: (1/ . . – / . . = Reihenfolge)

Klasse 5

Materialaufwand (500)		Weiterverrechneter Materialaufwand (501)		
1/	1.500	2/	Herstellungskosten	1.500

Klasse 6

Personalaufwand (600)		Weiterverrechneter Personalaufwand (601)		
1/	3.000	2/	Herstellungskosten	2.500
		3/	Verwaltung und Vertrieb	500

---

1) Der Zinsenaufwand wird **artenmäßig** unter den **Finanzierungsaufwendungen** erfasst, soweit nicht eine teilweise Aktivierung gemäß § 203 (4) HGB erfolgt.

Klasse 7

Abschreibungen (700)		Weiterverrechnete Abschreibungen (701)	
1/ 800		2/ Herstellungskosten	500
		3/ Verwaltung und Vertrieb	300

Sonstige Aufwendungen (710)		Weiterverrechnete sonstige Aufwendungen (711)	
1/ 1.700		2/ Herstellungskosten	1.300
		3/ Verwaltung und Vertrieb	400

Klasse 8 **Klasse 4**

Zinsenaufwand				Erlöse			
1/	400	5/ G & V	400	5/ G & V 8.000		1/	8.000

Klasse 7

Herstellungskosten (796)			
2/ Verschiedene Konten	5.800	4/ unfertige Erzeugnisse	100
		4/ fertige Erzeugnisse	340
		5/ G & V	5.360

Verwaltung und Vertriebsstelle (797)			
3/ Verschiedene Konten	1.200	5/ G & V	1.200

Klasse 1

unfertige Erzeugnisse (150)			
Eröffnungsbilanz	300	Schlussbilanz	400
4/ Herstellungskosten	100		

fertige Erzeugnisse (160)			
Eröffnungsbilanz	400	Schlussbilanz	740
4/ Herstellungskosten	340		

Klasse 9

G & V

Herstellungskosten der zur Erzielung der Umsatzerlöse erbrachten Leistungen		5.360	Erlöse	8.000
Verwaltungs- und Vertriebskosten		1.200		
Zinsenaufwand		400		
Gewinn (Ergebnis der gew. Geschäftstätigkeit)		1.040		
		8.000		8.000

Darstellung gemäß § 231 (3):

1	Umsatzerlöse	8.000
2	Herstellungskosten der zur Erzielung der Umsatzerlöse erbrachten Leistungen	5.360
3	Bruttoergebnis vom Umsatz	2.640
4	Verwaltungs- und Vertriebskosten[1])	1.200
5	Zwischensumme aus Z. 1 – 4	1.440
6	Zinsenaufwand	400
7	Ergebnis der gew. Geschäftstätigkeit	1.040

Darstellung des auf Schmalenbach zurückgehenden „Gemeinschaftskontenrahmens der Industrie"

In diesem auf dem **Prozessgliederungsprinzip (Kostenwälzungsprinzip)** aufbauenden Kontenrahmen werden Finanz- und Betriebsbuchführung integriert geführt. Danach werden die neutralen Aufwendungen in der Klasse 2 zunächst durch die Zusatzkosten ersetzt.

Am Beispiel der kalkulatorischen Zinsen ergeben sich folgende Buchungen:

Zinsenaufwand an Zahlungskonto (Klasse 2)

Jeweils nach Ermittlung der kalkulatorischen Zinsen (monatlich, quartalsmäßig oder jährlich):

Kalkulatorische Zinsen (Klasse 4) an verrechnete kalkulatorische Zinsen (Klasse 2)

In der Klasse 4 werden alle kostengleichen Aufwendungen sowie die Zusatzkosten erfasst und in die Klassen 5 bzw. 6 (Kostenstellen) übertragen. Im Verhältnis

---

1) Gemäß § 231 Abs. 3 sind die Verwaltungs- und Vertriebskosten jeweils gesondert auszuweisen.

des Leistungs(Produktions)fortschrittes werden sie über die unfertigen und fertigen Erzeugnisse bis zu den Herstellungskosten der verkauften Produkte (abgesetzte Leistungen) weitergewälzt.

Auf dem Betriebsergebniskonto (Klasse 9) werden die Herstellungskosten der verkauften Produkte sowie die Verwaltungs- und Vertriebskosten den Erträgen gegenübergestellt und das Betriebsergebnis (auf kalkulatorischer Basis) ermittelt.

Auf dem Abgrenzungssammelkonto (Klasse 9) werden die neutralen Aufwendungen und verrechneten kalkulatorischen Posten (Zusatzkosten) aus der Klasse 2 gesammelt.

Der Saldo des Betriebsergebniskontos (Betriebsergebnis) und des Abgrenzungssammelkontos (Differenzbetrag zwischen neutralem Aufwand und Zusatzkosten) werden auf die Gewinn- und Verlustrechnung übertragen, womit sich auf diesem Konto als Saldo der Reingewinn (Reinverlust) auf pagatorischer Basis (Unternehmensergebnis) ergibt.

Kl 0:   Anlagevermögen und langfristiges Kapital

Kl 1:   Finanzumlaufvermögen und kurzfristige Verbindlichkeiten

Kl 2:   Neutrale Aufwendungen und Erträge

Kl 3:   Stoff- und Warenkonten(=bestände)

Kl 4:   Kostenarten

Kl 5/6: Kostenstellen

Kl 7:   Bestände an halbfertigen und fertigen Erzeugnissen

Kl 8:   Erträge

Kl 9:   Abschluss (Ergebnis- und Bilanzkonten)

Schematisches Beispiel einer Kostenwälzung (in 1.000 €)

BAB

Text	Neutraler Aufwand	Kosten	Einzel- kosten	Gemein- kosten	Fertigung	Verw + Vertr
Fertigungslöhne		1.800	1.800			
Fertigungs- material		1.500	1.500			
Zinsenaufwand	400					
Kalkulatorische Zinsen		900		900	500	400
Abschreibungen	800					
Kalkulatorische Abschreibungen		700		700	400	250
Sonstige Kosten		3.200		3.200	2.650	550
	1.200	8.100	3.300	4.800	3.600	1.200
Fertigungslöhne					1.800	
FGZ					200 %	

Der Anfangsbestand an Halb- und Fertigprodukten beträgt 700. Der Endbestand setzt sich aus FL 270, FM 370 und den anteiligen Fertigungsgemeinkosten zusammen. Der Anfangsbestand an Fertigungsmaterial beträgt 300, der Einkauf 1.300. Die Erlöse betragen 9.000.

1. Ermittlung des Endbestandes an Halb- und Fertigfabrikaten

FM		370
FL	270	
FGZ 200 %	540	810
Herstellungskosten		1.180

2. Buchungen (1/. . 2/. . = Reihenfolge)

Klasse 2

Zinsenaufwand

1/ Kl 1 (Finanzkonto)	400	10/ Kl 9 (Abgrenzungs- sammelkonto)	400

Kalkulatorische Zinsen

10/ Kl 9 (Abgrenzungs- sammelkonto)	900	2/ Kl 4	900

Abschreibungen

1/ Kl 1 (Anlagen)	800	10/ Kl 9 (Abgrenzungs- sammelkonto)	800

Kalkulatorische Abschreibungen

10/	Kl 9	(Abgrenzungs-sammelkonto)	700	2/ Kl 4	700

Klasse 3

Fertigungsmaterial

3/	AB		300	4/ Kl 4	1.500
	Kl 1	(Finanzkonto)	1.300	SBK	100

Klasse 4

Fertigungsmaterialverbrauch

4/	Kl 3	(Fertigungs-material)	1.500	5/ Kl 7 (Halb-u. Fertigerz.)	1.500

Kalkulatorische Zinsen

2/	Kl 2	900	6/ Kl 5	900[1]

Fertigungslöhne

4/	Kl 1 (Finanzkonto)	1.800	5/ Kl 7 (Halb- u. Fertigerz.)	1.800

Kalkulatorische Abschreibungen

2/	Kl 2	700	6/ Kl 5	700[1]

Sonstige Kosten

4/	Kl 1 (Finanzkonto)	3.200	6/ Kl 5	3.200[1]

[1] Die Gegenbuchung in der Klasse 5 richtet sich nach der Gemeinkostenaufteilung des oben angeführten BAB.

Klasse 5

Fertigungsgemeinkosten

6/	Kl 4	Kalkulat. Zinsen	500	7/ Kl 7 (Halb- u. Fertigerz.)	3.600
6/	Kl 4	Kalkulat. Abschreibungen	450		
6/	Kl 4	Sonstige Kosten	2.650		

Verwaltungs- und Vertriebsgemeinkosten

6/	Kl 4	Kalkulat. Zinsen	400	8/ Kl 9 Betriebsergebnis-konto	1.200
6/	Kl 4	Kalkulat. Abschreibungen	250		
6/	Kl 4	Sonstige Kosten	550		

Klasse 7

Halb- und Fertigerzeugnisse

	AB	700	SBK	EB	1.180[1])
5/	Kl 4 (FM)	1.500	**8/**	Kl 9 Betriebsergebnis-	
5/	Kl 4 (FL)	1.800		konto	6.420
7/	Kl 5 (FGK)	3.600			

1) lt. Bewertung.

Klasse 8

Erträge

9/	Kl 9 Betriebsergebnis-		**4/**	Kl 1	9.000
	konto	9.000			

Klasse 9

Abgrenzungssammelkonto

10/ Zinsenaufwand	400	**10/** Kalkulatorische Zinsen	900
10/ Abschreibungen	800	**10/** Kalkulatorische	
11/ G&V	400	Abschreibungen	700

Betriebsergebniskonto

8/ Herstellungskosten der verkauften Produkte	6.420	**9/** Erträge	9.000
8/ Verwaltungs- und Vertriebsgemeinkosten	1.200		
11/ G&V	1.380		

G&V

Reingewinn	1.780	**11/** Abgrenzungs- sammelkonto	400
		11/ Betriebsergebniskonto	1.380
	1.780		1.780

Der Saldo des Abgrenzungssammelkontos zeigt die Abgrenzung zwischen neutralem Aufwand und Zusatzkosten sowie das sonstige neutrale Ergebnis.

Der Saldo des Betriebsergebniskontos zeigt das kalkulatorische Ergebnis.

ff) Das Belegwesen

Das Belegprinzip gehört zu den grundlegenden Erfordernissen für die formale Richtigkeit der Buchführung. Es besagt, dass keine Buchung ohne Beleg erfolgen darf.

Externe Belege fallen im Rahmen des Geschäftsverkehrs an und gehen entweder aus dem Unternehmen hinaus (Ausgangsrechnungen, Kasseneingangsbelege, vom Unternehmen ausgestellte Gutschriften und Belastungen) oder kommen von außen in das Unternehmen hinein (Eingangsrechnungen, Kassenausgangsbelege, Bank- und Postsparkassenbelege, an das Unternehmen gerichtete Gutschriften und Belastungen).

Interne Belege werden innerhalb des Unternehmens ausgestellt und verlassen dieses nicht. Sie dienen in erster Linie dem Verkehr der einzelnen Stellen untereinander (Materialentnahmescheine), der Lohn- und Gehaltsverrechnung sowie anderen internen Zwecken und in zweiter Linie als Buchführungsgrundlage. Jene internen Belege, die ausschließlich für die Buchführung angefertigt werden (Verbuchung von Fehlerkorrekturen, Abschlussbuchungen etc.), werden im Gegensatz zu den **natürlichen Belegen** als **künstliche Belege** bezeichnet.

III. Die Theorie des Jahresabschlusses

1. Die Aufgaben des Jahresabschlusses

Über die Aufgaben, welche die Bilanzen erfüllen sollen, herrschen bedeutende Meinungsunterschiede. Sie sind zum Teil dadurch verursacht, dass es verschiedene Bilanzen mit arteigener Zwecksetzung gibt; teilweise sind sie aber auch darin begründet, dass grundsätzliche Einstellungen über Inhalt und Aufgabe der Jahresbilanz zur Entwicklung allgemeiner Bilanzlehren mit voneinander abweichenden Grundhaltungen führten.

Hinsichtlich der Verschiedenheit der Bilanzen kann unterschieden werden:

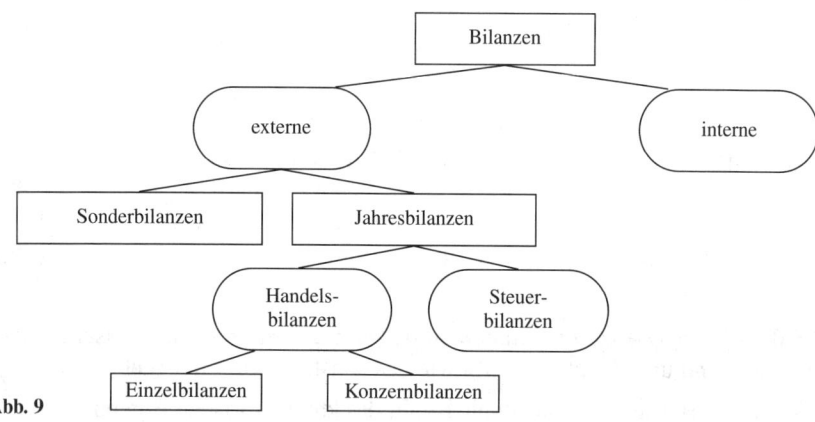

Abb. 9

Interne Bilanzen sind solche, die vom Unternehmen auf Grund bestimmter betriebswirtschaftlicher Zielvorstellungen für interne Zwecke aufgestellt werden, während die externen Bilanzen nicht nur dem Unternehmen selbst, sondern darüber hinaus einem Kreis von Bilanzinteressierten außerhalb des Unternehmens dienen.

Zu den **externen Bilanzen** gehören die **Sonderbilanzen** und **Jahresbilanzen**.

Sonderbilanzen werden aus speziellem Anlass (z. B. bei der Gründung, der Auflösung, der Liquidation eines Unternehmens) erstellt. Die bei Erstellung der Sonderbilanzen anzuwendenden Bewertungsregeln hängen von der Aufgabe ab, welcher die Sonderbilanz entsprechen soll.

Jahresbilanzen werden regelmäßig aufgestellt und folgen den Bewertungsvorschriften für Jahresabschlüsse (§§ 201 ff. HGB, §§ 6 ff. EStG), wobei sich Handels- und Steuerbilanz durch ihre Zweckbestimmung unterscheiden. Während die Bewertungsbestimmungen des Handelsrechtes, als Grundlage für die Handelsbilanz, von Gläubigerschutzinteressen und den Interessen der Anteilseigner ausgehen, dienen jene des Steuerrechtes zur Ermittlung von Steuertatbeständen durch eine für alle Steuerpflichtigen möglichst gleiche Vorgangsweise.

Man muss sich diese Verschiedenheit der Zwecksetzungen von Bilanzen vor Augen halten, wenn man verstehen will, dass die Aufgaben „der Bilanz" nicht eindeutig umrissen werden können, weil es „**eine** Bilanz" nicht gibt. Was vorliegt, sind verschiedene Bilanzen: die Jahresbilanz folgt als Periodenrechnung anderen Leitlinien als die Sonderbilanz; die Handelsbilanz geht auf prinzipiell andere Überlegungen zurück als die Steuerbilanz; die interne Bilanz für Unternehmenszwecke, z. B. auf ausschließlich betriebswirtschaftlicher Grundlage, wird in Aufbau und Inhalt von der externen Bilanz abweichen.

Will man eine Übersicht über die Aufgaben „der Bilanz" geben, dann wird eine Differenzierung notwendig sein, die auf die aufgezeigten Unterschiedlichkeiten eingeht. Versucht man dennoch, eine Skala zu entwickeln, die die grundlegenden Aufgaben von Bilanzen aufzeigt, dann darf nicht übersehen werden, dass sich für manche Aussagen die eine Bilanz besser eignen wird als die andere und umgekehrt. Auf welche man sich im einzelnen Fall bezieht, ist eine Tatfrage. Allgemein kann man über die Jahresbilanz sagen, dass sie unternehmensbezogen (in Grenzen) Auskunft geben kann über:

a) die Vermögens- und Kapitalstruktur,

b) die Erfolgsstruktur (Struktur der Erträge und Aufwendungen),

c) den erzielten, den ausschüttbaren und den steuerbaren Gewinn,

d) die Umsätze insgesamt und detailliert für die betrieblichen bzw. unternehmensmäßigen Teilbereiche,

e) die Liquiditätssituation.

Durch Kennzahlenbildung können weitere Sachverhalte, u. a. Umschlagshäufigkeiten, Veränderungen in den Vermögens-, Kapital- und Erfolgsstrukturen, offen gelegt werden. Bei der Kennzahlenbildung soll die Abstützung grundsätzlich auf mehrere Bilanzen durch zwischenzeitlichen innerbetrieblichen oder zwischenbetrieblichen Vergleich erfolgen.

Im Laufe der Entwicklung des Bilanzwesens wurden daneben verschiedene die Jahresbilanzen betreffende **Bilanztheorien** zur Diskussion gestellt. Diese setzen sich weniger mit den einzelnen Aufgaben als mit der prinzipiellen Bestimmung auseinander, die der Jahresbilanz zuzuordnen ist.

2. Der Jahresabschluss und die Bilanzlehren (Bilanztheorien)

a) „Klassische" Bilanzlehren

aa) Statische Bilanzlehre

Unter den statischen Bilanzlehren ist die **totale Bilanzlehre**, wie sie Walter **le Coutre** entwickelte, die ausgeprägteste. Der natürliche Rechnungswert der Bilanz ist der **Anschaffungswert**. Rechentechnisch wird die indirekte Bewertungsmethode gefordert. Die Wertansätze der Bilanz sind von der Forderung beeinflusst, dass die Bilanz eine realistische Rechnung sein muss. Im Jahresabschluss sind in jedem Falle der in der Wirtschaftsperiode eingetretene Kapitalzufluss und Kapitalverzehr ersichtlich zu machen. **Die Bilanz ist eine Kapitalrechnung.** Es gibt verschiedene Bilanzaxiome: vorherrschend sind Klarheit und Wahrheit, notwendig ist die Vollständigkeit, auszuweisen ist das gesamte Kapital des Unternehmens.

Mit der Bewertung werden mehrere Aufgaben erfüllt; zu diesen gehören nicht nur jene des **Nachweises der Unternehmenskapitalverwendung**, sondern auch die **Feststellung des Vermögens** und der Realisationswerte, die Erfassung des Aufwandes der Rechnungsperiode, die Erfolgsermittlung und die Reservenbildung.

bb) Organische Bilanzlehre

Bedeutendster Exponent unter den die organische Bilanzlehre vertretenden Theoretikern ist Fritz **Schmidt**. Er anerkennt wohl die Notwendigkeit konsequenter Trennung der Vermögensrechnung von der Erfolgsrechnung, er weist dabei aber mit Betonung auf die Aufgabe der Bilanz hin, **richtige Vermögensrechnung** und **richtige Erfolgsrechnung** zu sein. Ausgangspunkt aller Werte ist der **Marktpreis**, der dem **Tagesbeschaffungswert** und, wenn er für sämtliche Anlageteile unter Einschluss der Kosten für Gründung und Inbetriebsetzung ermittelt wird, dem **Reproduktionswert** des normalen Unternehmens entspricht. Die organische Bilanzauffassung ist **gegenwartsorientiert**.

Der wichtigste Wert in der organischen Bilanz ist der **Reproduktionswert des Bilanztages** als der Bilanzwert des lebenden Unternehmens. **Reinerfolg** ist der Rest, der sich nach Abzug aller Ersatzbeträge (Tageswerte) der für die Erzeugung des Gutes notwendigen Kosten am Umsatztag **vom Verkaufserlös** der Umsatzgüter ergibt. Da die organische Bilanzlehre die Feststellung des richtigen Vermögens und des richtigen Erfolges anstrebt, wird sie auch als **„dualistische Theorie"** bezeichnet.

cc) Dynamische Bilanzlehre

Wichtigster Autor unter den Vertretern der dynamischen Bilanzlehre ist Eugen **Schmalenbach**. Die dynamische Bilanz in der von ihm vorgetragenen Lehre ist die **Erfolgsbilanz**. Der richtige Erfolg des Unternehmens lässt sich erst bei Abschluss seiner Lebensdauer als Unterschiedsbetrag zwischen Einnahmen und

Ausgaben ermitteln. Dieser Unterschiedsbetrag ist der **Totalerfolg**. Er gliedert sich in so viele Periodenerfolge, als Teilabschnitte vorliegen. Die Aufgliederung der Totalrechnung in Zeitabschnittsrechnungen zwingt zur Periodisierung der Einnahmen und Ausgaben und damit zur Bilanzerstellung. Die in der Bilanz ausgewiesenen Posten haben grundsätzlich den Charakter von aktiven und passiven Rechnungsabgrenzungsposten (z. B. Anlagevermögen: Ausgaben, noch nicht Aufwand; Lieferforderungen: Ertrag, noch nicht Einnahmen; Rückstellungen: Aufwand, noch nicht Ausgaben; erhaltene Provisionsvorauszahlungen: Einnahme, noch nicht Ertrag).

Schmalenbach geht es nicht nur darum, eine Erklärung über das Wesen der Bilanz zu liefern, sein bevorzugtes Ziel ist es, die **Bilanz als Zweckgebilde**, als Instrument zu gestalten. Ist die Bilanz zweckgebildet und ihr hervorstechendes Ziel die **Erfolgsrechnung**, so ergibt sich die Frage nach dem zu verwendenden Bewertungsmaßstab.

In der **dynamischen Bilanzlehre** gelten zwar von Haus aus die Anschaffungswerte. Es fehlt der **dynamischen Bilanzlehre** jedoch eine **einheitliche Bewertungslehre**. Es ist so zu bewerten, dass der der Bilanz unterstellte Zweck erreicht wird. Bei fehlendem einheitlichen Bewertungsmaßstab, jedoch bei einheitlichem Bewertungszweck (Ermittlung vergleichbarer Periodenerfolge) liegt eine kasuistische Wertlehre vor. Sie ist von Zweckmäßigkeitserwägungen geleitet und der Gewinn wird auf Grund eines der Zielsetzung folgenden „Maßstabes" ermittelt.

dd) Zusammenfassende Darstellung der „klassischen" Bilanzlehren

Es sind sehr unterschiedliche Vorstellungen, die die einzelnen Bilanztheoretiker bezüglich des Inhaltes und der Aufgaben der Jahresbilanz haben. Der wesentliche Unterschied zwischen den vorgetragenen Auffassungen liegt aber nicht so sehr darin, dass die statische Bilanzlehre primär den richtigen Vermögens- und Kapitalausweis will, die dynamische Bilanzlehre den richtigen Erfolgsausweis anstrebt und die organische Bilanzlehre beide Ziele zu vereinigen trachtet, er ist vielmehr darin zu suchen, dass wir es einmal mit strengen **Bewertungslehren** zu tun haben (Statiker und Organiker), während das andere Mal ein **einheitlicher Bewertungsmaßstab** fehlt (Dynamiker). Wer sich einem strengen Bewertungsmaßstab verschreibt, stellt die Gestaltung des Bilanzbildes in den Vordergrund seiner Überlegungen. Wer sich von einem einheitlichen Bewertungsmaßstab löst, vermag mit der Bilanz über bilanzpolitische Ziele hinaus in bestimmten Grenzen Unternehmenspolitik zu betreiben.

Die dynamische Bilanzlehre ist besonders entwicklungsfähig, und sie wäre imstande, den Ansatzpunkt für eine moderne Bilanzlehre zu geben. In die Bewertungslehre einer solchen modernen Bilanzlehre könnten neben vergangenheits- und gegenwartsbezogenen Aspekten zukunftsbezogene Überlegungen treten, die über den Bilanzstichtag reichen. Solange eine derartige Bilanzlehre fehlt, werden fundierte bilanztheoretische Diskussionen betriebswirtschaftlich ergiebig sein. Man muss sich dabei entscheiden, was man will: eine Bilanz, die reale Sachverhalte zum Ausdruck bringt und Wirtschaftsabläufe verhältnismäßig genau erkennen lässt, oder eine Bilanz, die durch bewertungspolitische Akte als Mittel zur Steuerung betrieblicher Vorgänge dient. Im ersten Falle muss man einer Bilanzlehre mit einheitlichem Bewertungsmaßstab folgen. Im zweiten Falle muss man sich, vielleicht in modifizierter Form, einer Bilanzlehre verschreiben, wie sie die Dynamiker entwickelten.

Dabei ist es für die Klärung des Standpunktes in theoretischen Untersuchungen unerheblich, ob es bei den realen Gegebenheiten und vor allem bei der gegebenen Rechtslage möglich ist, die durch die Bilanzlehren vorgegebenen Ziele überhaupt zu erreichen. Nicht die Theorie hat sich nach gesetzlichen Vorschriften zu orientieren, sondern sie hat umgekehrt zu versuchen, den Gesetzgeber zu veranlassen, das als theoretisch richtig Erkannte in seine Formulierungen aufzunehmen. Dass man bezüglich der Bilanzlehren allerdings auch heute noch von allgemein anerkannten Auffassungen weit entfernt ist, haben die vorstehenden Bemerkungen deutlich gemacht. Dies zeigen auch die neueren nachstehend angeführten bilanztheoretischen Ansätze.

b) Neuere bilanztheoretische Ansätze

Unter den neueren bilanztheoretischen Ansätzen sind vor allem die von Seicht, Kosiol, Schneider und Moxter entwickelten zu nennen.

Für **Seicht**, Vertreter der **kapitaltheoretischen Bilanzauffassung**, ist die Bilanz grundsätzlich eine Zukunftsrechnung. Im Zusammenhang damit vertritt er u. a. folgende Thesen:

Die Vermögensgüter sind die auf Basis des internen Zinsfußes abgezinsten zukünftigen Einnahmen, die Schulden die mit dem internen Zinsfuß abgezinsten zukünftigen Ausgaben. Eigenkapital ist der Barwert der zukünftigen Kapitalrückzahlungen. Die vordringliche Aufgabe besteht darin, Aufschluss über den heutigen Wert der zukünftigen Einnahmen und Ausgaben zu vermitteln. Die Bilanz gibt ein „Soll" (einen Etat), mit dessen Hilfe es später möglich ist, den Umfang der Planerfüllung zu messen. Die kapitaltheoretische Bilanz gestattet uneingeschränkte Erfolgsperiodisierung, macht die Einzelveräußerungswerte bzw. den Unternehmenswert erkennbar und gibt Aufschluss über den zukünftigen Cashflow. Der Vorteil der kapitaltheoretischen Bilanz liegt darin, dass sie optimale Entscheidungsgrundlage ist und den ausschüttbaren Periodenerfolg ohne Schwierigkeiten ermitteln lässt. Die einfach durchführbare Scheingewinnermittlung schafft die Grundlage für ein Vorgehen, das die reale Kapitalerhaltung zum Ziel hat. Die Unternehmensleitung wird zu vorausschauender Planung und zu optimalem Planvollzug gezwungen.

Kosiol sieht in seiner **„pagatorischen Bilanztheorie"** eine Weiterentwicklung der dynamischen Auffassung. Die pagatorische Rechnung beruht ausschließlich auf der Verbuchung von Zahlungsvorgängen und versteht sich als umfassende Theorie der Erfolgsrechnung mit systematischem Einbezug von Buchhaltungs-, Konten-, Bilanz- und Bewertungstheorie. Der Formalaufbau der Buchhaltung wird als System von Bar- und Verrechnungszahlungen gedeutet. Die Zielsetzung der Rechnung ist die Ermittlung des wohldefinierten, vergleichbaren Periodenerfolges. Die Lösung der Bewertungsfrage ergibt sich durch die grundsätzliche Anwendung der Anschaffungswertrechnung mit pagatorischen Werten.

Die eigentliche Begründung für die **pagatorische Bilanz** gibt Kosiol mit dem Hinweis, dass Gütereingang und Geldausgang bzw. Geldeingang und Güterausgang im Unternehmen weitgehend parallel verlaufen, so dass es zweckmäßig wäre, Gütereingang und Güterverzehr bzw. Güterausgang und Güterabsatz durch die Erfassung von Ausgaben und Einnahmen zu ersetzen. Als Aufwandsausgaben sind dann die erfolgswirksamen Ausgaben zu betrachten, als Ertragseinnahmen die erfolgswirksamen Einnahmen. Aufwand ist der zu Aufwandsausgaben bewertete Güterverbrauch, Ertrag der zu Ertragseinnahmen bewertete Güterabsatz. Der pagatorische Erfolg entspricht der Differenz von Ertragseinnahmen und Aufwandsausgaben, was gleichbedeutend ist der Differenz zwischen Ertrag und Aufwand.

Im Gegensatz zur dynamischen Bilanzlehre, der eine einheitliche Bewertungslehre fehlt, sieht Kosiol in der pagatorischen Bilanztheorie gleich bleibende Bewertungsregeln, ausgehend von den Anschaffungswerten, vor.

Die **bilanztheoretischen Ansätze Schneiders** beruhen vor allem auf seinen Überlegungen zum ökonomischen Gewinn, die er in verschiedenen Arbeiten dargelegt hat. Die Notwendigkeit zur Ermittlung des Periodengewinnes ergibt sich nach Schneider daraus, dass die Höhe des **maximal entziehbaren Betrages** je Verrechnungsabschnitt bestimmt werden sollte. Dieser maximal entziehbare Betrag ist der **ökonomische Gewinn**, der im Gegensatz zu den traditionellen Bilanzlehren nicht Informationsaufgabe, sondern Zahlungsbemessungsaufgabe hat.

Der Gedanke des **ökonomischen Gewinnes** beruht darauf, dass, wenn die Lebensdauer des Unternehmens über den gegenwärtigen Planungshorizont hinausreicht, diese am Planungshorizont nicht schlechter dastehen darf als zu Beginn. Sie darf aber auch nicht besser dastehen, weil dies dem Ziel möglichst hoher Entnahmen während des Planungszeitraumes widerspricht. Der ökonomische Gewinn (G) ist daher wie folgt zu formulieren:

$$G = B \cdot w$$

$$G = \sum_{t=1}^{n} \frac{z(t)}{(1+i)^t} \cdot \frac{i\,(1+i)^n}{(1+i)^n - 1}$$

B   =   der Barwert aller künftigen Einnahmen und Ausgaben (aller Zahlungsströme) der Unternehmung (Ertragswert),
w   =   Wiedergewinnungsfaktor,
z (t)   =   alle Zahlungsströme des Unternehmens,
t   =   Index für die Zeit (t = 1,2 ..... n Jahre),
i   =   Zinssatz.

Ausgehend von der kritischen Würdigung der statischen und dynamischen Bilanztheorie führen die Überlegungen **Moxters** zu einer „neuen" Bilanztheorie, der „**finanzplanorientierten**" Rechnungslegung, welche an sich keine radikale Abkehr von den überlieferten Bilanzinterpretationen darstellt, sondern diese teilweise korrigiert, teilweise bestätigt. Das Bindeglied zwischen neuer und alter Bi-

lanztheorie ist in den jahrhundertealten Bilanzaufgaben der Schuldendeckungs-
kontrolle (statischer Bilanzzweck) und der objektivierten Einkommensermitt-
lung, d. h. der Erfolgsmessung (dynamischer Bilanzzweck), deren Bedeutung
unbestritten ist, zu sehen. Der Bilanzbegriff (Gewinn- und Vermögensermitt-
lung) wird in Richtung des Finanzplanes mit anschließender Zielrealisierungs-
kontrolle erweitert. Die Folge: bessere Informationen über das Unternehmensgeschehen.

IV. Der Jahresabschluss nach dem Handelsgesetzbuch in Österreich

1. Die Grundlagen der handelsrechtlichen Rechnungslegungs- bestimmungen

Am 25. Juli 1978 wurde vom Rat der Europäischen Gemeinschaften die 4. Richt-
linie (4. EG-Richtlinie) mit dem Zweck der Koordinierung der einzelstaatlichen
Vorschriften über die Gliederung und den Inhalt des Jahresabschlusses und des
Lageberichtes sowie über die Bewertungsmethoden und die Offenlegung dieser
Unterlagen insbesondere bei Kapitalgesellschaften erlassen.

Am 13. Juni 1983 wurde die 7. EG-Richtlinie mit dem Zweck der Koordinierung der nationalen Vorschriften über den konsolidierten Abschluss von Unternehmenszusammenschlüssen (Konzernen) erlassen.

Am 10. April 1984 wurde die 8. EG-Richtlinie mit dem Zweck der Harmonisie-
rung der Anforderungen in Bezug auf die Befähigung der zur Durchführung der
Pflichtprüfung der Rechnungsunterlagen von zu prüfenden Unternehmungen be-
fugten Personen erlassen, wobei gleichzeitig sichergestellt werden sollte, dass
diese Personen unabhängig sind und einen guten Leumund besitzen.

Mit dem Gesetz zur Durchführung der vierten, siebenten und achten Richtlinie des
Rates der Europäischen Gemeinschaften (Bilanzrichtliniengesetz) vom 19. Dezember 1985 wurden diese Richtlinien in bundesdeutsches Recht übertragen.

Am 28. Juni 1990 wurde mit dem Rechnungslegungsgesetz, mit dem eine Reihe
handelsrechtlicher Bestimmungen novelliert wurde, eine Totalreform des österreichischen Rechnungslegungsrechtes durchgeführt.

Die handelsrechtlichen Buchführungsbestimmungen, die bis dahin über mehrere
Gesetze (HGB, AktG, GmbHG u.a.) verstreut waren, wurden im HGB konzentriert (§§ 189–243), die Konzernrechnungslegung wurde erstmals gesetzlich geregelt (§§ 244–267), und die Vorschriften über die Prüfung und Veröffentlichung
des Jahresabschlusses von Kapitalgesellschaften und Konzernen wurden in das
HGB aufgenommen (§§ 268–283).

Die Reform lehnt sich weitgehend an die 4., 7. und 8. EG-Richtlinie an.

Mit dem Beitritt Österreichs zum EWR (1.1.1994) und schließlich zur EU (1.1.
1995) war die Übernahme der 4. und 7. Richtlinie in nationales Recht Verpflichtung geworden. Aus diesem Grunde erfolgte mit dem am 23. Mai 1996 im Parla-

ment verabschiedeten EU-Gesellschaftsrechtsänderungsgesetz die Resttransformation der mit dem Rechnungslegungsgesetz noch nicht in österreichisches Recht übernommenen Bestimmungen der 4. und 7. Richtlinie.

Im März 1999 wurde in das HGB eine Bestimmung aufgenommen (§ 245a), die es österreichischen Konzernen ermöglicht, einen Konzernabschluss und einen Konzernlagebericht nach international anerkannten Rechnungslegungsgrundsätzen unter der Bedingung aufzustellen, dass der Konzernabschluss mit der 7. EG-Richtlinie im Einklang steht (siehe auch Abschnitt VI.3, S. 758 ff.).

2. Die Funktionen des Jahresabschlusses nach dem HGB

Mit der Neugestaltung der Rechnungslegungsvorschriften wurden die beiden wesentlichen Funktionen des Jahresabschlusses, die **Erhaltungsfunktion** und die **Informationsfunktion**, den internationalen Standards angepasst.

Sinn der **Erhaltungsfunktion** ist die Aufrechterhaltung des Unternehmensbestandes im Interesse der Eigentümer, des Fiskus, der Gläubiger, der Arbeitnehmer und der Öffentlichkeit.

Durch die **Informationsfunktion** des Jahresabschlusses soll sowohl die **Selbstinformation** des Bilanzierenden als auch die Information des externen **Bilanzadressaten** sichergestellt werden.

Die **Selbstinformation** soll nicht nur über Entnahme- und Ausschüttungsmöglichkeiten informieren; der Jahresabschluss ist in allen jenen Fällen, in denen Budgets erstellt werden, ein Kontrollinstrument. Werden keine Budgets erstellt, ist der Jahresabschluss zumindest die letzte Möglichkeit des Unternehmers, sich über die Lage seines Unternehmens zu informieren.

Die Bedeutung der Information des **externen Bilanzadressaten** liegt unter anderem in der Senkung des Risikos der Kapitalanleger. Eine verbesserte Information verstärkt die Stellung des Informationsadressaten gegenüber dem Management und gibt dem Arbeitnehmer, aber auch der interessierten Öffentlichkeit, die Möglichkeit, die Entwicklung des Unternehmens früher zu erkennen.

Sowohl das **Erhaltungs-** als auch das **Informationsziel** finden im Handelsgesetzbuch verstärkten Niederschlag:

- in der gesetzlichen Fixierung eines Teiles der Grundsätze ordnungsmäßiger Buchführung, insbesondere der materiellen Bilanzkontinuität,
- in der Straffung der Bewertungsvorschriften durch Einengung der Bewertungsspielräume,
- in den für Kapitalgesellschaften vorgegebenen Gliederungsvorschriften der Bilanz und der Gewinn- und Verlustrechnung, die auch Vorbild für den Jahresabschluss der übrigen Vollkaufleute sind,
- in den umfangreichen Erläuterungen (Anhang) zum Jahresabschluss und
- in der zukunftsbezogenen Ausgestaltung des Lageberichtes.

Während die ersten beiden Punkte für alle Vollkaufleute gelten, sind die folgenden Punkte zwingend nur für Kapitalgesellschaften anzuwenden.

3. Der Aufbau der Rechnungslegungsvorschriften

Die gesamten Rechnungslegungsvorschriften sind im HGB enthalten[1]) und folgendermaßen gegliedert:

- Für alle Kaufleute geltende Vorschriften (§§ 189–216)
  Buchführungspflicht und Vorschriften zur Führung der Bücher; Aufbewahrungsfrist
  Inventur- und Bilanzierungsvorschriften
  Bewertungsvorschriften
- Ergänzende Vorschriften für Kapitalgesellschaften (§§ 221–243)
  Inhalt des Jahresabschlusses
  Gliederungsvorschriften
  Anhang – Lagebericht
- Konzernabschluss – Konzernlagebericht (§§ 244–267)
- Prüfung des Jahres- und Konzernabschlusses (§§ 268–276)
- Veröffentlichung des Jahres- und Konzernabschlusses (§§ 277–283)

4. Die Bilanzierungsgrundsätze (Grundsätze ordnungsmäßiger Bilanzierung)

Die Grundsätze ordnungsmäßiger Bilanzierung hängen mit den Grundsätzen ordnungsmäßiger Buchhaltung insofern eng zusammen, als Grundlage der Bilanz die Aufzeichnungen in den Büchern sind. In weitem Maß gilt daher, dass eine Bilanz nur ordnungsmäßig sein kann, wenn dies die ihr vorgelagerte Buchhaltung ebenfalls ist. Allerdings wird der Jahresabschluss nicht nur durch die in der Buchhaltung festgehaltenen Vorgänge geprägt; es wirken auf ihn zusätzlich Ansatz-, Bewertungs- und Gliederungsvorschriften ein. Trotzdem scheint es sinnvoll, die Grundsätze ordnungsmäßiger Bilanzierung zusammenhängend mit jenen der Buchhaltung zu betrachten und beide als ein einheitliches Ganzes zu sehen.

Wer die Normen sucht, die erkennen lassen, wann Bücher und Bilanz ordnungsmäßig sind, muss feststellen, dass darüber verstreut verschiedene gesetzliche Regelungen vorliegen und dass sich die Rechtsprechung damit befasst hat.

Der Fragenkreis ist damit aber nur teilweise abgesteckt. Es gibt neben den gesetzlichen Regelungen einzelne in der kaufmännischen Praxis entwickelte Grundsätze bezüglich der Führung von Büchern und der Aufstellung von Bilanzen, die allmählich Gewohnheitsrecht geworden sind und zum Teil Aufnahme in die gesetzlichen Rechnungslegungsvorschriften gefunden haben. Auch haben in Österreich Fachsenate der Kammer der Wirtschaftstreuhänder Gutachten erstellt, die im Zusammenhang mit der Führung des Rechnungswesens Beachtung erlangt haben.

---

1) Alle in der Folge angeführten Paragraphen ohne Bezeichnung betreffen das HGB.

Man kann deshalb sagen, dass die Grundsätze ordnungsmäßiger Buchhaltung und Bilanzierung zurückgehen auf:

1. einschlägige **gesetzliche Bestimmungen** und die Behandlung einzelner diesbezüglicher Fragen durch die **Rechtsprechung**,
2. zum Gewohnheitsrecht gewordene **allgemein anerkannte Übungen der kaufmännischen Praxis (Kaufmannsbrauch)**,
3. Gutachten der Fachsenate der **Kammer der Wirtschaftstreuhänder** über die Führung von Büchern und über die Erstellung von Bilanzen betreffende Teilfragen.

Gesetzliche, die Ordnungsmäßigkeit von Buchhaltung und Bilanz betreffende Bestimmungen befinden sich vor allem im HGB und der BAO.

Gemäß § 189 Abs. 1 hat der Kaufmann Bücher zu führen und in diesen seine Handelsgeschäfte und die Lage seines Vermögens nach den **Grundsätzen ordnungsmäßiger Buchführung** ersichtlich zu machen. Der Kaufmann hat sich bei der Führung der Handelsbücher und bei den sonstigen erforderlichen Aufzeichnungen einer **lebenden Sprache** zu bedienen. Werden Abkürzungen, Zahlen, Buchstaben oder Symbole verwendet, muss im Einzelfall deren Bedeutung eindeutig festliegen (§ 190 Abs. 1). Gemäß Abs. 2 müssen die **Eintragungen** in Büchern und die sonstigen erforderlichen Aufzeichnungen **vollständig**, **richtig**, **zeitgerecht und geordnet** vorgenommen werden. Der ursprüngliche Inhalt einer Eintragung darf nicht in einer Weise verändert werden, dass dieser nicht mehr feststellbar ist. Auch solche Veränderungen dürfen nicht vorgenommen werden, deren Beschaffenheit es ungewiss lässt, ob sie ursprünglich oder erst später gemacht worden sind (§ 190 Abs. 3).

Gemäß § 189 Abs. 3 kann der Kaufmann zur ordnungsmäßigen Buchführung und zur Aufbewahrung aller Schriftstücke **Datenträger** benützen, wenn die inhaltsgleiche, vollständige und geordnete Wiedergabe bis zum Ablauf der **gesetzlichen Aufbewahrungsfrist von 7 Jahren** ab dem Schluss des Kalenderjahres, für das die letzte Eintragung in das Handelsbuch vorgenommen, das Inventar aufgestellt, die Eröffnungsbilanz und der Jahresabschluss festgestellt, der Konzernabschluss aufgestellt oder der Handelsbrief empfangen oder abgesendet worden ist (§ 212), jederzeit gewährleistet ist.

In ähnlicher Weise formuliert auch die **Bundesabgabenordnung** in den §§ 131 und 132. In § 131 Abs. 1 Z 2 wird präzisiert, dass die Vornahme von Eintragungen für einen Kalendermonat dann als zeitgerecht gilt, wenn diese spätestens 1 Monat und 15 Tage nach Ablauf des Kalendermonats erfolgt. Ist für Abgabepflichtige das Kalendervierteljahr Voranmeldungszeitraum, tritt an die Stelle des Kalendermonats das Kalendervierteljahr.

Gemäß § 163 BAO haben Bücher und Aufzeichnungen, die im Sinne des § 131 BAO geführt werden, die Vermutung **ordnungsmäßiger Buchführung** für sich. Sie sind der Erhebung der Abgaben zugrunde zu legen, es sei denn, dass ein begründeter Anlass besteht, an ihrer Richtigkeit zu zweifeln.

Für die Erstellung des Jahresabschlusses gelten die als **Generalklausel** (bzw. **Generalnorm**) bezeichneten Bestimmungen der §§ 195 und 222 Abs. 2 HGB.

Der für Einzelkaufleute und Personengesellschaften geltende § 195 verlangt, dass der Jahresabschluss den **Grundsätzen ordnungsmäßiger Buchführung** zu entsprechen hat und so klar und übersichtlich aufzustellen ist, dass er dem Kaufmann ein **möglichst getreues Bild** der **Vermögens- und Ertragslage** des Unternehmens vermittelt.

§ 222 Abs. 2 erweitert die Generalnorm dahingehend, dass der Jahresabschluss von Kapitalgesellschaften ein möglichst getreues Bild der **Vermögens-, Finanz- und Ertragslage** des Unternehmens zu vermitteln hat. Wenn dies aus besonderen Umständen nicht gelingt, sind im **Anhang** die erforderlichen zusätzlichen Angaben zu machen. Den Kapitalgesellschaften sind Genossenschaften, die mindestens zwei der in § 221 Abs. 1 HGB bezeichneten Merkmale überschreiten, gleichgestellt.

Die Erweiterung gegenüber § 195 bezieht sich zum einen auf die nach **außen gerichtete Informationswirkung** des Jahresabschlusses und zum anderen darauf, dass neben der Vermögens- und Ertragslage auch die **Finanzlage** aus dem Jahresabschluss ersichtlich sein muss.

Einzelregeln über die Ordnungsmäßigkeit der Buchführung mit Gültigkeit für bestimmte Unternehmensformen finden sich in verschiedenen gesellschaftsrechtlichen Bestimmungen, wie etwa im § 22 GmbHG, § 22 Genossenschaftsgesetz und § 130 Aktiengesetz.

Einfluss auf die Durchsetzung der Grundsätze ordnungsmäßiger Buchhaltung und Bilanzierung können selbst Bestimmungen der **Konkurs-** und der **Ausgleichsordnung** haben. So besagt § 142 der Konkursordnung, dass das Konkursgericht einen Ausgleichsantrag nach Einvernehmung des Masseverwalters und des Gläubigerausschusses zurückweisen kann, wenn es infolge der Beschaffenheit oder des Mangels geschäftlicher Aufzeichnungen des Gemeinschuldners nicht möglich ist, einen hinreichenden Überblick über dessen Vermögenslage zu gewinnen. Auch nach § 51 der Ausgleichsordnung kann die Bestätigung des Ausgleichs versagt werden, wenn eine Situation wie die vorhin geschilderte vorliegt.

Die **Betriebswirtschaftslehre** hat, **gesetzlichen Regelungen** und der **Rechtsprechung** folgend, sowie den **kaufmännischen Brauch** und die in **Gutachten** enthaltenen Auffassungen berücksichtigend, Grundsätze ordnungsmäßiger Buchführung und Bilanzierung entwickelt, die sich in der Literatur und in der Praxis des Rechnungswesens als leitende Postulate durchgesetzt und zu einem großen Teil auch im HGB ihren Niederschlag gefunden haben.

Wesentliche Erfordernisse ordnungsmäßiger Bilanzierung sind erfüllt, wenn bei der Aufstellung der Jahresabschlüsse diese Grundsätze ordnungsmäßiger Bilanzierung beachtet werden, von welchen primär jene der **Bilanzverknüpfung** (§ 201 Abs. 2 Z 1 und 6), der **Bilanzvorsicht** (§ 201 Abs. 2 Z 4), der **Bilanzwahrheit** (§ 201 Abs. 1 und Abs. 2 Z 2) und der **Bilanzklarheit** (§ 195 und § 222) zu nennen sind.

a) Grundsatz der Bilanzverknüpfung

Der Grundsatz der **Bilanzverknüpfung** findet sich in den Teilgrundsätzen der **Bilanzidentität** und der **Bilanzkontinuität**.

Die **Bilanzidentität** als die zeitpunktbezogene Bilanzverknüpfung verlangt die Identität der Schlussbilanz eines Geschäftsjahres mit der Eröffnungsbilanz des folgenden Geschäftsjahres. Die **Bilanzidentität** leitet sich aus der Forderung der Gleichheit der Summe der **Periodenerfolge** (als Aufwands-Ertragsrechnung) mit dem **Totalerfolg** (als Einnahmen-Ausgabenrechnung) eines Unternehmens ab. Schmalenbach bezeichnet diese Gleichung auch als **Bilanzkongruenz**.

Der Grundsatz der **Bilanzidentität** ist durch die Gesetzgebung des Öfteren durchbrochen worden. So hatten in Österreich Kaufleute, die zur Führung von Handelsbüchern verpflichtet waren, entweder für den Beginn des Geschäftsjahres 1954 oder für den Beginn des Geschäftsjahres 1955 **Schillingeröffnungsbilanzen** aufzustellen, in welchen die Vermögensgegenstände und Schulden, die im Inventar(ium) für den Schluss des vorangegangenen Geschäftsjahres enthalten waren, neu bewertet wurden. Ähnliches galt für die **Goldschillingeröffnungsbilanz** im Jahre 1924.

Unter **Bilanzkontinuität** ist eine zeitraumbezogene Bilanzverknüpfung zu verstehen. Es muss ein organischer Zusammenhang zwischen der Schlussbilanz einer Periode und der Schlussbilanz der folgenden Periode gegeben sein.

Die Bilanzkontinuität ist formeller und materieller Art. Die formelle Bilanzkontinuität bezieht sich auf die Beibehaltung einmal angewendeter Gliederungsgrundsätze und Kontenbezeichnungen. Gemäß § 223 Abs. 1 ist die einmal gewählte Form der Darstellung, insbesondere die Gliederung der aufeinander folgenden Bilanzen und Gewinn- & Verlustrechnungen, beizubehalten. Eine Abweichung von diesem Grundsatz ist nur unter besonderen Umständen zulässig.

Materielle Bilanzkontinuität besteht in der prinzipiellen Beibehaltung von Bewertungsmethoden. So bestimmt § 201 Abs. 2 Z 1, dass die im vorhergehenden Jahresabschluss angewendeten Bewertungsmethoden beizubehalten sind. Auch hier ist eine Abweichung nur bei Vorliegen besonderer Umstände zulässig (§ 201 Abs. 2, letzter Satz).

Zusammenfassend kann der Grundsatz der Bilanzverknüpfung folgendermaßen dargestellt werden:

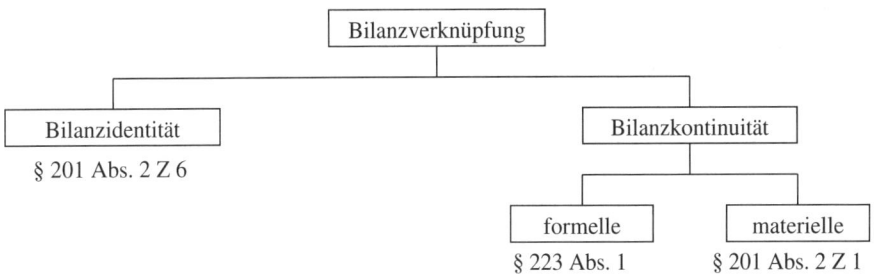

Abb. 10

b) Grundsatz der Bilanzvorsicht

Gemäß § 201 Abs. 2 Z 4 HGB ist der Grundsatz der **Vorsicht** einzuhalten, wobei insbesondere nur die am Abschlussstichtag verwirklichten Gewinne auszuweisen und erkennbare Risiken und drohende Verluste, die in dem Geschäftsjahr oder in einem früheren Geschäftsjahr ihre Ursache haben, zu berücksichtigen sind, selbst wenn diese Umstände erst zwischen dem Abschlussstichtag und dem Tag der Aufstellung des Jahresabschlusses bekannt geworden sind. Dieser als **imparitätisches Realisationsprinzip** bezeichnete Grundsatz findet in der Vermögensbilanz auf der Aktivseite durch das **Niederstwertprinzip** und auf der Passivseite durch das **Höchstwertprinzip** und die Verpflichtung zur Bildung von **Rückstellungen** seinen Niederschlag.

Der **Vorsichtsgrundsatz** gestattet es aber nicht, **willkürliche stille Reserven** zu bilden, weil deren stille Auflösung in schlechten wirtschaftlichen Zeiten eine Ertragslage vortäuschen könnte, die in Wirklichkeit nicht gegeben ist.

c) Grundsatz der Bilanzwahrheit

Die Ausführungen über den Grundsatz der Vorsicht lassen erkennen, dass man von **Bilanzwahrheit**, dem dritten der Bilanzierungsgrundsätze, im strengen Sinne des Wortes nicht sprechen kann. Die Möglichkeit oder der manchmal gesetzliche Zwang zur Bildung von stillen Reserven verhindern von vornherein das Bemühen um die Aufstellung einer **„wahren"** Bilanz. Die Bilanz kann im Rahmen der gesetzlichen Vorschriften nur folgerichtig sein. Es hat sich bei dieser Sachlage die Auffassung herausgebildet, dass die Einhaltung des Grundsatzes der Bilanzwahrheit als gegeben angesehen werden kann, wenn die Rechenschaftslegung unter Beachtung sowohl der gesetzlichen Vorschriften als auch der Grundsätze ordnungsmäßiger Buchhaltung und Bilanzierung vor sich geht.

Zum Grundsatz der Bilanzierung gehört auch, dass bei der Bewertung so lange von der Fortführung der Unternehmenstätigkeit (**Going-concern-Prinzip**) auszugehen ist, so lange dem nicht tatsächliche oder rechtliche Gründe gegenüberstehen (§ 201 Abs. 2 Z 2).

Jede **Bilanzfälschung** schließt eine „wahre" Bilanz aus. Bilanzfälschungen zielen nicht nur auf unzutreffende Bezeichnungen einzelner Bilanzposten sowie deren Zusammenziehung und Saldierung, sondern sie sind auf die unrichtige Darstellung der Vermögens-, Kapital- und Ertragslage des Unternehmens gerichtet. Bilanzfälschungen kommen durch die nicht gesetzeskonforme Bewertung von Vermögensgegenständen und Schulden, durch rechnerische Hinzufügung nicht vorhandener Vermögens-, Kapital- und Erfolgsteile bzw. durch Auslassungen an sich anzusetzender Bilanzposten zustande.

d) Grundsatz der Bilanzklarheit

Das Ziel der **Bilanzklarheit** liegt darin, im Jahresabschluss Vermögens- und Kapitalteile deutlich, das heißt klar und übersichtlich, zum Ausdruck zu bringen. Die Klarheit der Bilanz erfordert sachgerechte Bezeichnung der einzelnen Aktiven und Passiven, deren vollständigen Ausweis und die klare Abgrenzung der Einzelposten.

Für die Durchsetzung der Klarheit sorgen neben der **Generalnorm** (§§ 195 und 222 Abs. 2) vor allem die Bestimmungen der §§ 196 (**Vollständigkeitsgebot**, **Verrechnungsverbot**), 198 (**Bilanzinhalt**), 200 (**Inhalt der Gewinn- und Verlustrechnung**) sowie die §§ 223 ff. (Gliederung und Inhalt der Bilanz und Gewinn- und Verlustrechnung der Kapitalgesellschaft).

In Verfolgung der Hinweise über die Klarheit der Bilanz gilt, dass eine **Bilanzverschleierung** vorliegt, wenn Vermögen und Schulden unklar und unübersichtlich deklariert und die Bilanzposten irreführend bezeichnet sind, sowie Verwischungen zwischen ihnen durch Zusammenfassungen und Saldierungen von gesondert auszuweisenden Bilanzposten vorkommen.

Die **Bilanzverschleierung** führt nicht zu einem unrichtigen Bilanzergebnis.

5. Verpflichtung zur Erstellung des Jahresabschlusses

§ 191 und § 193 bringen die Verpflichtung zur Aufstellung eines **Inventars** und eines **Jahresabschlusses** für **jedes Geschäftsjahr**, welches die Dauer von 12 Monaten nicht überschreiten darf, zum Ausdruck. § 193 Abs. 4 hält fest, dass der Jahresabschluss in **Eurowährung** und in **deutscher Sprache**, bzw. in der Sprache einer Volksgruppe aufzustellen ist. Gemäß § 193 Abs. 2 ist der Jahresabschluss in den ersten **9 Monaten** für das vergangene Jahr aufzustellen und gemäß § 194 vom Kaufmann bzw. allen persönlich haftenden Gesellschaftern zu unterzeichnen (Jahresabschlüsse, die vor dem 1.1.2002 enden, dürfen auch noch in Schilling aufgestellt werden).

Die gesetzlichen Vertreter einer Kapitalgesellschaft haben den (um den Anhang erweiterten) Jahresabschluss in den ersten **5 Monaten** des Geschäftsjahres für das vorangegangene Geschäftsjahr zu erstellen und einen Lagebericht aufzustellen und den Mitgliedern des Aufsichtsrates vorzulegen.

Gemäß §§ 124 und 125 BAO haben in das Firmenbuch eingetragene Kaufleute **und** Unternehmer für einen Betrieb oder wirtschaftlichen Geschäftsbetrieb, dessen Umsatz € 400.000,– (5 Mio. S) [bei Lebensmitteleinzel- und Gemischtwarenhändlern € 600.000,– (8 Mio. S)] übersteigt, und Land- und Forstwirte, deren Umsatz € 400.000,– (5 Mio. S) oder deren Einheitswert des land- und forstwirtschaftlichen Vermögens € 150.000,– (2 Mio. S) übersteigt, Bücher zu führen und auf Grund jährlicher Bestandsaufnahmen regelmäßige Abschlüsse zu machen. Die Wertgrenzen gelten seit 1. Jänner 2002 (1.1.94). Die Buchführungspflicht entsteht automatisch (ohne Bescheid), wenn in zwei unmittelbar aufeinander folgenden Jahren die Umsatzgrenzen überschritten werden, und gilt dann ab dem zweitfolgenden Jahr (Beispiel: Die Umsatzgrenzen werden 2001 und 2002 überschritten, die Buchführungspflicht besteht ab 1.1.2004).

Die Dauer des **Geschäftsjahres** (**Wirtschaftsjahres = Ausdruck des Steuerrechtes**) darf nach § 193 Abs. 3 HGB zwölf Monate nicht überschreiten und deckt sich meist mit dem Kalenderjahr. Geschäftsjahr und Kalenderjahr müssen aber nicht identisch sein. Bei in das Firmenbuch eingetragenen Kaufleuten und bei buchführenden Land- und Forstwirten kann das Wirtschaftsjahr vom Kalenderjahr abweichen (§ 2 Abs. 5 EStG 1988).

Geschäftsjahr und Kalenderjahr werden dann voneinander abweichen, wenn betriebswirtschaftliche Gründe dafür sprechen. Solche bestehen in Saisonbetrieben, deren Bestände an Halb- und Fertigfabrikaten an einem bestimmten Zeitpunkt jedes Jahres besonders gering sind. Da dann die körperliche Inventur einfacher und rascher durchführbar ist, wird der Bilanzstichtag in die Zeit der geringen Vorräte gelegt und das Geschäftsjahr danach orientiert. Ein weiterer Grund ist die Anpassung des Geschäftsjahres eines Tochterunternehmens an jenes des Mutterunternehmens, um den Konzernabschluss zu erleichtern.

Das Wirtschaftsjahr (Geschäftsjahr) darf die Höchstdauer von zwölf Monaten nicht überschreiten. Ein **verkürztes Geschäftsjahr** (**Rumpfgeschäftsjahr**) ist auf Sonderfälle beschränkt, z. B. wenn ein Unternehmen im Laufe eines Geschäftsjahres aufgelöst wird bzw. wenn die Aufnahme einer Geschäftstätigkeit neu erfolgt und das Geschäftsjahr bis zu dem gewählten Bilanzstichtag keine zwölf Monate umfasst. Ein verkürztes Geschäftsjahr tritt ferner bei Übergang von einem bisher üblichen Bilanzstichtag auf einen anderen nunmehr zu verwendenden Bilanzstichtag ein. Für steuerliche Zwecke ist ein Übergang allerdings nur mit vorheriger Zustimmung der Finanzbehörde möglich.

6. Die Überleitung von den Zahlen der Finanzbuchhaltung in die Bilanz

Anlässlich der Erstellung der Jahresbilanz sind die in der Buchhaltung ausgewiesenen Vermögens- und Schuldgegenstände auf ihre **formale** (richtige Zuordnung) und **materielle** (Bestand, Bewertung) **Richtigkeit** zu überprüfen und die notwendigen Korrekturen vorzunehmen.

In gleicher Weise sind die ausgewiesenen Aufwendungen und Erträge auf ihre richtige Zuordnung zu untersuchen und eventuell zu berichtigen und darüber hinaus jene Korrekturen vorzunehmen, die sich auf Grund der Ergebnisse der materiellen Überprüfung der Vermögensgegenstände und Schulden ergeben.

Grundlage für die materielle Überprüfung bildet die **körperliche Bestandsaufnahme** (**Inventur**) aller Vermögens- und Schuldgegenstände. Die Bestandsaufnahme findet ihren Niederschlag im Inventarium. Das **Inventarium** ist das Verzeichnis, in dem die Vermögens- und Schuldteile art-, mengen- und wertmäßig einzeln angeführt sind. Das Inventarium wird im HGB als **Inventar** bezeichnet. Der Ausdruck **Inventar** wird aber auch im Sinne Geschäftsausstattung verwendet; er umfasst dann die für den Bürobetrieb erforderlichen Gegenstände, wie Schreibtische, Schränke und Büromaschinen. Von manchen Autoren und Betriebspraktikern wird er auch umfassender verwendet, und zwar für einen großen Teil des Sachanlagevermögens, nämlich für Maschinen, maschinelle Anlagen, Werkzeuge und Betriebs- und Geschäftsausstattung. Der Wortinhalt ist also nicht genau festgelegt.

Die **körperliche Bestandsaufnahme** besteht darin, dass die Bestände zu einem bestimmten Zeitpunkt durch **Messung**, **Gewichtsfeststellung**, **Zählung** etc. erfasst werden. Erfolgt diese Erfassung am Bilanzstichtag, spricht man von **Stichtagsinventur**.

Gemäß **§ 192 Abs. 3 kann die körperliche Bestandsaufnahme** bis zu 3 Monaten vor und 2 Monate nach dem Schluss des Geschäftsjahres erfolgen, wenn durch ein den Grundsätzen ordnungsmäßiger Buchführung entsprechendes **Fortschreibungs-** oder **Rückrechnungsverfahren** gesichert ist, dass der am Schluss des Geschäftsjahres vorhandene Bestand der Vermögensgegenstände für diesen Zeitpunkt festgestellt werden kann.

Gemäß § 192 Abs. 4 kann anstelle einer vollständigen körperlichen Bestandsaufnahme eine **Stichprobeninventur** mit Hilfe anerkannter **mathematisch-statistischer Methoden** durchgeführt werden, wenn der Aussagewert des auf diese Weise aufgestellten Inventars dem Aussagewert eines auf Grund einer körperlichen Bestandsaufnahme aufgestellten Inventars gleichkommt.

Ist eine **Stichtagsinventur** zu aufwendig oder würde diese den laufenden Betrieb zu stark stören, kann die Erfassung der Bestände in Form der **permanenten Inventur** erfolgen, bei der die körperliche Bestandsaufnahme über das ganze Jahr verteilt wird. Es ist allerdings erforderlich, dass die Bestände des Bilanzstichtages durch Fortschreiben in einer **Beständekartei** (Lagerkartei, Anlagenkartei) erfasst sind. Voraussetzung für die Anwendung der permanenten Inventur ist daher die Existenz kontinuierlich geführter Unterlagen über die Bestandsbewegung.

Die **permanente Inventur** bietet große betriebswirtschaftliche Vorteile gegenüber der Stichtagsinventur, da Letztere großen Arbeitsanfall innerhalb weniger Tage bedeutet, der bei vielen Betrieben zu Betriebsunterbrechungen führt. Für die permanente Inventur kann dagegen ein Arbeitsplan aufgestellt werden, der eine Verteilung der Inventur über das ganze Jahr vorsieht. Die Inventurarbeiten werden dann ohne Betriebsunterbrechung von eingearbeiteten Kräften durchgeführt, die nicht, wie bei der Stichtagsinventur, unter Zeitdruck stehen.

Der **Inventurplan** muss allerdings sichern, dass die sich aus den Lagerbüchern ergebenden Bestände in jedem Geschäftsjahr mindestens einmal durch körperliche Bestandsaufnahme kontrolliert werden.

Die Differenzen zwischen den Sollbeständen und Istbeständen, die auf Grund der körperlichen Bestandsaufnahme festgestellt werden, sind auszubuchen. Auch über die Ergebnisse der jeweiligen körperlichen Bestandsaufnahme sind Aufzeichnungen anzufertigen, die unter Angabe des Zeitpunktes von den verantwortlichen Personen zu unterzeichnen sind.

Eine Reihe von Vermögensgegenständen (immaterielles Anlagevermögen, Finanzanlagevermögen, Finanzumlaufvermögen) und Schulden lassen sich körperlich nicht aufnehmen. Diese Bestände werden zunächst den kontinuierlichen Aufzeichnungen der Buchhaltung entnommen und durch Abstimmung mit außerhalb der Buchhaltung vorhandenen Unterlagen, wie Depotbestätigungen (Wertpapiere), Saldenbestätigungen (Kunden, Lieferanten), Kontoauszügen, Bankbriefen (Bankguthaben und -schulden) abgestimmt.

7. Bilanzierungsge- und -verbote sowie Bilanzierungswahlrechte

Der Jahresabschluss hat sämtliche Vermögensgegenstände, Schulden und Rechnungsabgrenzungsposten, Aufwendungen und Erträge zu enthalten, soweit gesetzlich nicht anderes bestimmt ist (**Bilanzvollständigkeit; § 196**).

Für mehrere Posten gibt es Sonderregelungen:

a) Aufwendungen für das Ingangsetzen und Erweitern eines Betriebes **dürfen** aktiviert werden. Der Posten ist in der Bilanz vor dem Posten „Anlagevermögen" unter der Bezeichnung „Aufwendungen für das Ingangsetzen und Erweitern eines Betriebes" auszuweisen (§ 198 Abs. 3). Der eingesetzte Betrag ist in längstens 5 Jahren planmäßig abzuschreiben (§ 210).

b) Aufwendungen für die Gründung des Unternehmens und für die Beschaffung des Eigenkapitals dürfen nicht aktiviert werden (§ 197 Abs. 1).

c) Für immaterielle Vermögensgegenstände des Anlagevermögens, die nicht entgeltlich erworben wurden, darf ein Aktivposten nicht angesetzt werden (§ 197 Abs. 2).

Hievon sind vor allem selbst entwickelte Patente, selbst entwickelte Software, selbst entwickelte Fertigungsverfahren etc. betroffen. Zur Vermeidung von Umgehungen bzw. zur Offenlegung möglicher Umgehungen sind aktivierte immaterielle Vermögensgegenstände, die von einem verbundenen Unternehmen oder von einem Gesellschafter, dessen Anteil den zehnten Teil des Nennkapitals erreicht, erworben wurden, von Kapitalgesellschaften im Anhang anzugeben (§ 238 Z 1).

Als Geschäfts- oder Firmenwert darf der Unterschiedsbetrag angesetzt werden, um den die für die Übernahme eines Betriebes bewirkte Gegenleistung die Werte der einzelnen Vermögensgegenstände abzüglich der Schulden im Zeitpunkt der Übernahme übersteigt. Der eingesetzte Betrag ist planmäßig längstens auf die Geschäftsjahre, in denen der Firmenwert voraussichtlich genutzt wird, zu verteilen (§ 203 Abs. 5).

d) Als Rechnungsabgrenzungsposten sind auf der Aktivseite Ausgaben vor dem Abschlussstichtag auszuweisen, soweit sie Aufwand für eine bestimmte Zeit nach diesem Tag sind (§ 198 Abs. 5).

Als Rechnungsabgrenzungsposten sind auf der Passivseite Einnahmen vor dem Abschlussstichtag auszuweisen, soweit sie Ertrag für eine bestimmte Zeit nach diesem Tag sind (§ 198 Abs. 6).

e) Das Disagio bei Verbindlichkeiten kann in den Rechnungsabgrenzungsposten auf der Aktivseite aufgenommen und gesondert ausgewiesen werden. Der eingesetzte Betrag ist durch planmäßige jährliche Abschreibung zu tilgen (§ 198 Abs. 7).

Die bis zum GesRÄG 1996 ebenfalls unter § 198 Z 7 angeführten Geldbeschaffungskosten werden nicht mehr erwähnt. Dies lässt darauf schließen, dass sie ab 1997 unter den Rechnungsabgrenzungsposten (nicht mehr gesondert) ausgewiesen werden können.

8. Bewertungsvorschriften

a) Anschaffungskosten

Grundsätzlich gehören dazu die tatsächlichen Ausgaben bzw. Aufwendungen, die durch die Beschaffung des Gegenstandes entstanden sind.

Bei **Anlagegegenständen** kommen zu dem um eventuelle Rabatte und sonstige Nachlässe verminderten Rechnungspreis des Lieferanten sämtliche Anschaffungsnebenkosten wie Verpackung, Vertragserrichtungskosten, Vermittlungsprovision, Anwalts- und Notarhonorare, die Bezugskosten wie Fracht, Zölle, Zollnebengebühren, Transportversicherung, Spediteurkosten, die Montagekosten und die Anlaufkosten bis zur Betriebsbereitschaft der Anlage hinzu.

Die Behandlung gewährter Lieferantenskonti ist unterschiedlich; es hat sich jedoch die Übung herausgebildet – und ist auch theoretisch richtiger –, **Skonti vom Anschaffungspreis auch dann abzuziehen,** wenn sie nicht in Anspruch genommen werden. Ihr Ausweis erfolgt in diesem Fall unter dem Zinsenaufwand.

Subventionen, die zur Anschaffung der Anlage gewährt wurden, sind ebenfalls von den Anschaffungskosten abzuziehen. In der Regel werden allerdings Subventionen auf der Passivseite der Bilanz gesondert ausgewiesen und im Verhältnis der Abschreibung der Anlage über sonstige Erträge aufgelöst.

Bei **Grundstücken** zählen zu den Anschaffungskosten auch die Grunderwerbsteuer und die Eintragungsgebühren. **Abbruchskosten** bei einem Grundstück gehören dann zu den Anschaffungskosten der neu darauf errichteten Baulichkeiten, wenn das Grundstück mit der Absicht erworben wurde, die alten Baulichkeiten abzureißen und neue dafür zu errichten.

Finanzierungskosten (Zinsen, Geldbeschaffungskosten etc.) sind **nicht** Bestandteil der Anschaffungskosten.

Die **nachträgliche Erhöhung des Kaufpreises** im Prozesswege oder die **Neufestsetzung der Grunderwerbsteuer** erhöhen die Anschaffungskosten, nicht aber Wertsicherungsvereinbarungen.

Anschaffungskosten für **Gegenstände des Umlaufvermögens** sind sinngemäß den Anschaffungskosten für Gegenstände des Anlagevermögens zu ermitteln.

b) Herstellungskosten

Gemäß § 203 Abs. 3 HGB sind Herstellungskosten Aufwendungen, die für die Herstellung eines Vermögensgegenstandes, seine Erweiterung oder für eine über seinen ursprünglichen Zustand hinausgehende wesentliche Verbesserung entstehen. Bei der Berechnung der Herstellungskosten dürfen auch angemessene Teile der Materialgemeinkosten und der Fertigungsgemeinkosten eingerechnet werden. Sind die Gemeinkosten durch offenbare Unterbeschäftigung überhöht, so dürfen nur die einer durchschnittlichen Beschäftigung entsprechenden Teile dieser Kosten eingerechnet werden. Aufwendungen für Sozialeinrichtungen des Betriebes, für freiwillige Sozialleistungen, für betriebliche Altersversorgung und Abfertigungen dürfen eingerechnet werden. Kosten der allgemeinen Verwaltung und des Vertriebes dürfen nicht in die Herstellungskosten einbezogen werden.

Zinsen für Fremdkapital, das zur Finanzierung der Herstellung eines Vermögensgegenstands verwendet wird, dürfen im Rahmen der Herstellungskosten angesetzt werden, soweit sie auf den Zeitraum der Herstellung entfallen (§ 203 Abs. 4).

Obwohl das HGB von Kosten spricht, sind damit jedoch Aufwendungen gemeint, d. h., dass keine kalkulatorischen Größen, wie Zinsen vom Eigenkapital, kalkulatorische Wagnisse, kalkulatorischer Unternehmerlohn und die kalkulatorische Abschreibung von Wiederbeschaffungswerten, sondern nur die aufgrund tatsächlicher Ausgaben angefallenen (pagatorischen) Aufwendungen in die Herstellungskosten eingerechnet werden dürfen.

Außerordentliche Aufwendungen, wie die außerplanmäßigen Abschreibungen, überhöhte Schadensfälle, dürfen nicht in die Herstellungskosten eingerechnet werden.

c) Bewertung des Anlagevermögens

Als **Anlagevermögen** sind nur die Gegenstände auszuweisen, die bestimmt sind, dauernd dem Geschäftsbetrieb zu dienen (§ 198 Abs. 2).

Das Anlagevermögen ist zu Anschaffungs- oder Herstellungskosten, vermindert um planmäßige und außerplanmäßige Abschreibungen, zu bewerten (§ 203 Abs. 1 in Verbindung mit § 204).

Außerplanmäßige Abschreibungen auf den niedrigeren Wert, der den Anlagegegenständen am Abschlussstichtag unter Bedachtnahme auf die Nutzungsmöglichkeit im Unternehmen beizulegen ist, sind bei voraussichtlich dauernder Wertminderung ohne Rücksicht darauf, ob ihre Nutzung zeitlich begrenzt ist, vorzunehmen. Bei Finanzanlagen dürfen außerplanmäßige Abschreibungen auch vorgenommen werden, wenn die Wertminderung voraussichtlich nicht von Dauer ist. Der Betrag der außerplanmäßigen Abschreibung ist in der Gewinn- und Verlustrechnung gesondert auszuweisen (§ 232 Abs. 5).

Zuschreibungen sind unter Berücksichtigung der Abschreibungen, die inzwischen vorzunehmen gewesen wären, durchzuführen, wenn die Gründe für die außerplanmäßige Abschreibung weggefallen sind (§ 208 Abs. 1). Bei Kapitalgesellschaften darf der ausschüttbare Gewinn des Geschäftsjahres nicht um den Zuschreibungsbetrag auf Grund einer im Geschäftsjahr vorgenommenen Zuschreibung vermehrt werden (§ 235 Z 1).

Von der Zuschreibung nach § 208 Abs. 1 darf abgesehen werden, wenn ein niedrigerer Wertansatz bei der steuerrechtlichen Gewinnermittlung nur unter der Voraussetzung beibehalten werden kann, dass er auch im Jahresabschluss beibehalten wird (§ 208 Abs. 2). In diesem Fall sind die unterlassenen Zuschreibungen im Jahr der Unterlassung im Anhang anzugeben und hinreichend zu begründen. Ferner ist das Ausmaß erheblicher künftiger Steuerbelastungen, die sich aus einer solchen Bewertung ergeben, anzuführen (§ 208 Abs. 3)

d) Bewertung des Umlaufvermögens

Das Umlaufvermögen ist zu Anschaffungs- oder Herstellungskosten, vermindert um die Abschreibung auf den niedrigeren Tageswert am Abschlussstichtag, zu bewerten (§ 206 Abs. 1 in Verbindung mit § 207).

Bei Aufträgen, deren Ausführung sich über mehr als 12 Monate erstreckt, dürfen angemessene Teile der Verwaltungs- und Vertriebskosten angesetzt werden, falls verlässliche Kalkulationsgrundlagen vorliegen und aus der weiteren Auftragsabwicklung keine Verluste drohen (§ 206 Abs. 3). Kapitalgesellschaften haben den

Betrag, der im Geschäftsjahr und der insgesamt über die Herstellungskosten aktiviert worden ist, im Anhang anzugeben (§ 236 Z 4).

Abschreibungen auf den niedrigeren Börsenkurs oder Marktpreis am Abschlussstichtag bzw. auf den Wert, der dem Vermögensgegenstand am Abschlussstichtag beizulegen ist, sind vorzunehmen (strenges Niederstwertprinzip). Darüber hinausgehende Abschreibungen sind erlaubt, wenn auf Grund vernünftiger kaufmännischer Beurteilung zu erwarten ist, dass sich in nächster Zukunft ein niedrigerer Wertansatz ergeben wird. Der Betrag dieser Abschreibungen ist in der Gewinn- und Verlustrechnung gesondert auszuweisen (§ 207 Abs. 2).

Bezüglich der Verpflichtung zur Wiederaufwertung (Zuschreibung), wenn der Grund für die außerplanmäßige Abschreibung weggefallen ist, gelten dieselben Bestimmungen wie beim Anlagevermögen (§ 208 Abs. 1–3).

e) Bewertungsvereinfachungsverfahren

Gemäß § 201 Abs. 2 Z 3 sind die Vermögensgegenstände und Schulden am Abschlussstichtag **einzeln zu bewerten**. Das Gesetz gestattet unter gewissen Umständen, von diesem Grundsatz abzugehen und vereinfachte Bewertungsverfahren anzuwenden.

aa) Festwertverfahren

Gegenstände des Sachanlagevermögens sowie Roh-, Hilfs- und Betriebsstoffe können, wenn sie regelmäßig ersetzt werden und ihr Gesamtwert von untergeordneter Bedeutung ist, mit einem gleich bleibenden Wert angesetzt werden, sofern ihr Bestand voraussichtlich in seiner Größe, seinem Wert und seiner Zusammensetzung nur geringen Veränderungen unterliegt. Jedoch ist mindestens alle fünf Jahre eine Bestandsaufnahme durchzuführen. Ergibt sich dabei eine wesentliche Änderung des mengenmäßigen Bestandes, so ist insoweit der Wert anzupassen (§ 209 Abs. 1).

bb) Gewogener Durchschnittswert

Gleichartige Gegenstände des Finanzanlage- und des Vorratsvermögens, Wertpapiere (Wertrechte) sowie andere gleichartige oder annähernd gleichwertige bewegliche Vermögensgegenstände können jeweils zu einer Gruppe zusammengefasst und mit dem gewogenen Durchschnittswert angesetzt werden (§ 209 Abs. 2).

cc) Fifo-Verfahren, Lifo-Verfahren

Soweit es den Grundsätzen ordnungsmäßiger Buchführung entspricht, kann für den Wertansatz gleichartiger Vermögensgegenstände des Vorratsvermögens unterstellt werden, dass die zuerst oder zuletzt angeschafften oder hergestellten Vermögensgegenstände zuerst oder in einer sonstigen bestimmten Folge verbraucht oder veräußert worden sind (§ 209 Abs. 2).

f) Bewertung der Passivposten

Verbindlichkeiten sind zu ihrem **Rückzahlungsbetrag**, Rentenverpflichtungen zum Barwert der zukünftigen Auszahlungen anzusetzen, Rückstellungen sind in

Höhe des Betrages anzusetzen, der nach vernünftiger kaufmännischer Beurteilung notwendig ist (§ 211 Abs. 1).

Rückstellungen für laufende Pensionen und Anwartschaften auf Pensionen sowie ähnliche Verpflichtungen sind mit dem sich nach versicherungsmathematischen Grundsätzen ergebenden Betrag anzusetzen. Anwartschaften auf Abfertigungen sind entsprechend zu bewerten, wobei jedoch vereinfachend auch ein bestimmter Prozentsatz der fiktiven Ansprüche zum jeweiligen Bilanzstichtag angesetzt werden darf, sofern dagegen im Einzelfall keine erheblichen Bedenken bestehen (§ 211 Abs. 2).

Übergangsvorschriften für Pensionsrückstellungen (Artikel X)

Abs. 1 betrifft die Abfertigungsrückstellung und ist überholt.

(2) Die gemäß § 211 Abs. 2 HGB gebotene Rückstellung für laufende Pensionen und Anwartschaften auf Pensionen ist ab dem ersten Jahr der Anwendung des Rechnungslegungsgesetzes zu ermitteln. Kann dieser Betrag nur mit unverhältnismäßigem Aufwand ermittelt werden, so ist er unter Beachtung des Grundsatzes der Vorsicht (§ 201 Abs. 1 Z 4 HGB) durch Schätzung zu bestimmen.

(3) Der Fehlbetrag, der sich bei der erstmaligen Anwendung des § 211 Abs. 2 HGB zu Beginn des Geschäftsjahres gegenüber der im vorausgehenden Jahresabschluss ausgewiesenen Rückstellung ergibt, ist über längstens zwanzig Jahre gleichmäßig verteilt nachzuholen. In jedem Jahresabschluss ist unter der Bilanz der Fehlbetrag auf die gebotene Rückstellung gesondert anzugeben und im Anhang zu erläutern.

(4) Es ist zulässig, die gemäß § 211 Abs. 2 HGB gebotene Rückstellung für laufende Pensionen und Anwartschaften vor Ablauf der Übergangsfrist voll in die Bilanz einzustellen. In diesem Fall kann in der Bilanz unter den aktiven Rechnungsabgrenzungsposten der sich gegenüber der nach Abs. 3 gebotenen Rückstellung in den einzelnen Jahren ergebende Unterschiedsbetrag gesondert ausgewiesen werden. Dieser Betrag ist im Anhang zu erläutern.

Beispiel für die Übergangsregelung gemäß Artikel X Abs. 3 und 4

Die nach § 14 EStG 1988 zum 1. 1. 1992 errechnete Pensionsrückstellung beträgt 1.600, die nach versicherungsmathematischen Grundsätzen errechnete Pensionsrückstellung 2.000. Zum 31. 12. 1992 beträgt die nach versicherungsmathematischen Grundsätzen errechnete Pensionsrückstellung 2.300, zum 31. 12. 1993 2.500.

1. Feststellung des Unterschiedsbetrages zum 1. 1. 1992:

Rückstellung nach versicherungsmathematischen Grundsätzen	2.000
Rückstellung nach § 14 EStG 1988	1.600
Unterschiedsbetrag	400

2. Rückstellungsdotierung am 31. 12. 1992
Rückstellung nach versicherungsmathematischen
Grundsätzen 31. 12.   2.300
Rückstellung nach versicherungsmathematischen
Grundsätzen 1. 1.   2.000

Rückstellungserhöhung	300
zuzüglich 1/20 des Unterschiedsbetrages	20
Dotierung	320

3. Rückstellungsdotierung am 31. 12. 1993   220

4. Buchmäßige Darstellung am 31. 12. 1992:
   a) Gem. Artikel X Abs. 3:
      Pensionsrückstellung   1.600 + 320 = 1.920
      Ausweis des Fehlbetrages unter dem Strich   380
   b) Gem. Artikel X Abs. 4:
      Pensionsrückstellung   2.300
      RAP (Unterschiedsbetrag)   380

Zu bemerken ist, dass der Unterschiedsbetrag gemäß dem Grundsatz der Einzelbewertung für jeden einzelnen Berechtigten zu ermitteln ist, da im Falle des Ausscheidens eines Berechtigten der noch offene Unterschiedsbetrag desselben aufzulösen ist.

Zum Vergleich: § 14 (7) EStG 1988 ermöglicht für schriftliche, rechtsverbindliche und unwiderrufliche Pensionszusagen die Bildung von **Pensionsrückstellungen** nach versicherungsmathematischen Grundsätzen unter Anwendung eines Rechnungszinssatzes von 6 %.

In gleicher Weise wie für die Abfertigungsrückstellung ist auch für die Pensionsrückstellung eine Wertpapierdeckung im Ausmaß von 50 % vorgesehen.

Steuerliche Übergangsvorschriften (§ 116 EStG 1988):

Der Unterschiedsbetrag zur bisherigen steuerrechtlichen und nunmehr versicherungsmathematischen Rückstellung ist gemäß § 116 Abs. 4 Z 2 innerhalb von 20 Jahren aufzulösen.

Die 50%ige Wertpapierdeckung ist, beginnend mit 31. 12. 1991, gleichmäßig verteilt auf 20 Jahre zu erreichen.

g) Bewertung der Einlagen

Einlagen und Zuwendungen sind mit dem Wert anzusetzen, der ihnen im Zeitpunkt der Einlage bzw. Zuwendung beizulegen ist, soweit sich nicht aus der Nutzungsmöglichkeit im Unternehmen ein geringerer Wert ergibt (§ 202 Abs. 1).

§ 202 Abs. 2 gestattet im Falle von Umgründungen (Verschmelzungen, Umwandlungen, Einbringungen, Zusammenschlüssen, Realteilungen und Spaltungen) abweichend zu Abs. 1 die Fortführung der Buchwerte. Für den Fall eines Unterschiedsbetrages zwischen dem Gesamtbetrag der Gegenleistung und den fortgeführten Buchwerten darf dieser, getrennt nach Umgründungsmehrwert und Firmenwert, unter die Posten des Anlagevermögens aufgenommen werden.

9. Einkommensteuerliche Bewertungsvorschriften

Mit der Einkommensteuerreform **1988** und der Straffung der Bewertungsvorschriften im **RLG 1990** konnte eine erhebliche Annäherung zwischen den handels- und einkommensteuerrechtlichen Bewertungsvorschriften herbeigeführt werden, die allerdings mit den Einkommensteuerreformen 1994, 1996 und 2000 so weit durchlöchert wurde, dass die Unterschiede zwischen handelsrechtlicher und steuerrechtlicher Bewertung heute größer sind als vor der Einkommensteuerreform 1988.

a) Einzelvorschriften

Für die Bewertung der einzelnen Wirtschaftsgüter, die dem Betrieb dienen, **bestimmt der § 6 EStG unter anderem** (nachfolgende Zahlen lt. § 6):

1. Abnutzbares Anlagevermögen ist mit den Anschaffungs- oder Herstellungskosten, vermindert um die Absetzung für Abnutzung nach den §§ 7 und 8, anzusetzen. Bei Land- und Forstwirten und bei Gewerbetreibenden gilt der Firmenwert als abnutzbares Anlagevermögen. Ist der Teilwert niedriger, so kann dieser angesetzt werden. Teilwert ist der Betrag, den der Erwerber des ganzen Betriebes im Rahmen des Gesamtkaufpreises für das einzelne Wirtschaftsgut ansetzen würde; dabei ist davon auszugehen, dass der Erwerber den Betrieb fortführt. Bei Wirtschaftsgütern, die bereits am Schluss des vorangegangenen Wirtschaftsjahres zum Anlagevermögen gehört haben, darf im Falle der Gewinnermittlung gemäß § 4 Abs. 1 der Bilanzansatz nicht über den letzten Bilanzansatz hinausgehen. Für protokollierte Gewerbetreibende (§ 5), für protokollierte freiberuflich tätige Personengesellschaften und für protokollierte land- und forstwirtschaftliche Nebenbetriebe gilt die nachfolgend angeführte Z 13.

13. Werden nach Maßgabe der handelsrechtlichen Grundsätze ordnungsmäßiger Buchführung im handelsrechtlichen Jahresabschluss eines späteren Wirtschaftsjahres Investitionsfreibeträge (§ 10), die Übertragung stiller Reserven oder Übertragungsrücklagen (§ 12) ganz oder teilweise rückgängig gemacht oder werden Anlagegüter einschließlich geringwertiger Wirtschaftsgüter (§ 13) aufgewertet (Zuschreibung), so sind diese Zuschreibungen auch für den steuerlichen Wertansatz maßgebend und erhöhen den steuerlichen Gewinn dieses Jahres. Soweit nach Maßgabe der handelsrechtlichen Grundsätze ordnungsmäßiger Buchführung eine Zuschreibung zulässig ist (maximal Anschaffungskosten), hat der Steuerpflichtige bei Anteilen an Körperschaften, die zum Anlagevermögen gehören, den höheren Teilwert anzusetzen. Dies hat nur insoweit zu erfolgen, als es sich um eine Beteiligung im Sinne des § 228 Abs. 1 HGB handelt.

2. a) Nicht abnutzbares Anlagevermögen und Umlaufvermögen sind mit den Anschaffungs- oder Herstellungskosten anzusetzen. Ist der Teilwert niedriger, so kann dieser angesetzt werden. Bei Wirtschaftsgütern, die bereits am Schluss des vorangegangenen Wirtschaftsjahres zum Betriebsvermögen gehört haben, kann der Steuerpflichtige in den

folgenden Wirtschaftsjahren den Teilwert auch dann ansetzen, wenn er höher ist als der letzte Bilanzansatz; es dürfen jedoch höchstens die Anschaffungs- oder Herstellungskosten angesetzt werden. Eine pauschale Wertberichtigung für Forderungen ist nicht zulässig. Zu den Herstellungskosten gehören auch angemessene Teile der Materialgemeinkosten und der Fertigungsgemeinkosten.

b) Bei land- und forstwirtschaftlichen Betrieben ist für die Wirtschaftsgüter mit biologischem Wachstum auch der Ansatz des über den Anschaffungs- oder Herstellungskosten liegenden Teilwertes zulässig.

3. Verbindlichkeiten sind gem. Z 2 lit. a zu bewerten. Im Jahr der Aufnahme einer Verbindlichkeit ist ein Aktivposten anzusetzen

– in Höhe des Unterschiedsbetrages zwischen Rückzahlungsbetrag und aufgenommenem Betrag und

– in Höhe der mit der Verbindlichkeit unmittelbar zusammenhängenden Geldbeschaffungskosten.

Der Aktivposten ist zwingend auf die gesamte Laufzeit der Verbindlichkeit zu verteilen. Die Verteilung kann gleichmäßig oder entsprechend abweichenden handelsrechtlichen Grundsätzen ordnungsmäßiger Buchführung vorgenommen werden.

4. Entnahmen sind mit dem Teilwert im Zeitpunkt der Entnahme anzusetzen.

5. Einlagen sind mit dem Teilwert im Zeitpunkt der Zuführung anzusetzen; sie sind höchstens mit den um Absetzungen für Abnutzung nicht gekürzten tatsächlichen Anschaffungs- oder Herstellungskosten anzusetzen, wenn Gegenstand der Einlage

– Grundstücke (grundstücksgleiche Rechte) sind, die innerhalb der letzten zehn Jahre, bzw.

– sonstige Wirtschaftsgüter sind, die innerhalb eines Jahres vor dem Zeitpunkt der Zuführung

angeschafft oder hergestellt und nicht außerhalb einer betrieblichen Tätigkeit zur Erzielung von Einkünften verwendet worden sind. Wurden sie zur Erzielung nichtbetrieblicher Einkünfte verwendet, dann sind die Anschaffungs- oder Herstellungskosten um die berücksichtigten Beträge an Absetzung für Abnutzung oder an begünstigten Abschreibungen vom Herstellungsaufwand zu vermindern. Beteiligungen, deren Veräußerung nach § 31 zu erfassen wäre (Beteiligungen von mindestens 1 % innerhalb der letzten 5 Jahre), sind jedoch stets mit den Anschaffungskosten anzusetzen.

8. a) Bei Eröffnung eines Betriebes sind die Wirtschaftsgüter mit den Anschaffungs- oder Herstellungskosten anzusetzen. Einlagen sind gemäß Z 5 zu bewerten.

b) Bei entgeltlichem Erwerb eines Betriebes sind die Wirtschaftsgüter mit den Anschaffungskosten anzusetzen.

9. a) Wird ein Betrieb, ein Teilbetrieb oder der Anteil eines Gesellschafters, der als Unternehmer (Mitunternehmer) eines Betriebes anzusehen ist, unentgeltlich übernommen, so hat der Rechtsnachfolger die Buchwer-

te des bisherigen Betriebsinhabers (Anteilsinhaber) zu übernehmen (Buchwertfortführung).

b) Werden aus betrieblichem Anlass einzelne Wirtschaftsgüter unentgeltlich in das Betriebsvermögen eines anderen Steuerpflichtigen übertragen, so gilt für den Empfänger als Anschaffungskosten der Betrag, den er für das einzelne Wirtschaftsgut im Zeitpunkt des Empfanges hätte aufwenden müssen (fiktive Anschaffungskosten). Liegt ein betrieblicher Anlass nicht vor, dann gilt dies als Einlage (Z 5).

10. Bei Wirtschaftsgütern, die unter Verwendung von entsprechend gewidmeten steuerfreien Subventionen aus öffentlichen Mitteln (§ 3 Abs. 1 Z 3, § 3 Abs. 1 Z 5 lit. d und e, § 3 Abs. 1 Z 6) angeschafft oder hergestellt wurden, gelten als Anschaffungs- oder Herstellungskosten nur die vom Empfänger der Zuwendungen aus anderen Mitteln geleisteten Aufwendungen.

11. Gemäß § 6 Z 16 EStG kann bei Leasinggesellschaften der Unterschiedsbetrag zwischen dem Buchwert sämtlicher vermieteter Wirtschaftsgüter und dem Teilwert sämtlicher Forderungen aus der Vermietung als aktiver oder passiver Ausgleichsposten angesetzt werden. Als Teilwert der Forderungen ist dabei der Barwert der diskontierten Forderungen aus der Vermietung anzusetzen.

Die Entscheidung über den Ansatz dieses Ausgleichspostens hat jeweils zwingend bei Betriebseröffnung zu erfolgen.

12. Gemäß § 4 Abs. 1 darf für **unkörperliche Wirtschaftsgüter des Anlagevermögens** ein Aktivposten nur angesetzt werden, wenn sie entgeltlich erworben worden sind.

13. Bezüglich der **Rückstellungen** ergab sich durch die Steuerreformgesetze 1993 und 2000 eine völlig neue Regelung. Siehe hiezu die Ausführungen im Abschnitt Rückstellungen im Steuerrecht im Kapitel über die Gliederungsvorschriften im Jahresabschluss.

b) Maßgeblichkeit der Handelsbilanz für die Steuerbilanz

Unter der Maßgeblichkeit der Handelsbilanz für die Steuerbilanz versteht man die Abhängigkeit der Steuerbilanz von der Handelsbilanz.

Die Wertansätze der Handelsbilanz sind für die Steuerbilanz maßgeblich, wenn nicht **steuerrechtliche Normen** andere Ansätze **zwingend** fordern. Durch die Maßgeblichkeit der Handelsbilanz für die Steuerbilanz kommt aber auch eine rückwirkende Abhängigkeit zustande, weil bei der Bestimmung der Wertansätze in der Handelsbilanz auf die Wirkungen Rücksicht genommen werden muss, die sich durch die Übernahme von Bilanzansätzen in der Steuerbilanz ergeben. Je größer die Steuerwirkung als Folge von Bewertungsakten in der Bilanz ist, umso stärker können sich Erfordernisse in der Steuerbilanz bei der Aufstellung der Handelsbilanz bemerkbar machen.

Es kann daher ein bestimmtes Maß von Abhängigkeit der Handelsbilanz von der Steuerbilanz nicht geleugnet werden. Dieser Umstand und die Scheu vor der Aufstellung zweier Bilanzen hat dazu geführt, dass sich nicht wenige Unternehmer (Einzelunternehmen und Personengesellschaften) mit einer einzigen Jahresbilanz begnügen, die sie nach steuerrechtlichen Vorschriften aufstellen und, da in der Regel ein Widerspruch zu handelsrechtlichen Bestimmungen nicht vorliegt, für jene Zwecke verwenden, für die die Handelsbilanz sonst aufgestellt werden würde.

Die nach der geltenden Rechtslage herrschenden Gegensätze zwischen handels- und steuerrechtlichen Bewertungsbestimmungen werden dadurch aufgelöst, dass in der Steuerbilanz (die Bezeichnung „Steuerbilanz" ist terminologisch nicht ganz zutreffend, da sie lediglich eine von der Handelsbilanz auf Grund besonderer Bewertungsbestimmungen sich ergebende Ableitung ist) gilt:

1. die **Muss-Bestimmung des Steuerrechtes**, wenn ihr eine Muss-Bestimmung des Handelsrechtes oder eine Kann-Bestimmung des Handelsrechtes gegenübersteht;

2. die **Muss-Bestimmung des Handelsrechtes**, wenn eine Kann-Bestimmung des Steuerrechtes vorliegt;

3. die **Kann-Bestimmung des Handelsrechtes** bei Vorliegen einer Kann-Bestimmung des Steuerrechtes.

Diese Übersicht kann durch die Formulierung auf den einfachen Nenner gebracht werden, **dass nur dann von den Wertansätzen der Handelsbilanz in der Steuerbilanz abzugehen ist, wenn das Steuerrecht einen bestimmten Wertansatz zwingend vorschreibt; in allen anderen Fällen ist der Bilanzierende verhalten, in die Steuerbilanz die in der Handelsbilanz getroffenen Ansätze zu übernehmen.** Hat sich der Bilanzierende für einen Ansatz in der Handelsbilanz entschieden, dann ist er, außer im Falle einer Muss-Bestimmung des Steuerrechtes, an diesen Ansatz in der Steuerbilanz auch dann gebunden, wenn steuerrechtliche Regelungen verschiedene Bilanzansätze zulassen. Dies bedeutet beispielsweise, dass eine steuerliche Bewertungsbegünstigung nur dann angewendet werden kann, wenn sie auch in der Handelsbilanz zur Anwendung gebracht wird (z. B. Übertragung stiller Reserven gem. § 12 EStG).

Allerdings sind alle derzeit geltenden steuerrechtlichen Begünstigungen, soweit sie bilanzmäßig ihren Niederschlag finden, über unversteuerte Rücklagen bzw. Bewertungsreserven zu führen und in der Gewinn- und Verlustrechnung im Bereich der Gewinnverwendung darzustellen, womit im Interesse der Bilanzwahrheit keine durch steuerliche Begünstigungen herbeigeführte Verzerrung im Bild des Jahresabschlusses auftritt.

c) Vergleich verschiedener Einzelvorschriften des Handels- und des Steuerrechtes

Die nachfolgende Darstellung ist aus Egger/Samer, Der Jahresabschluß nach dem Handelsgesetzbuch, 7. Auflage, Wien 1999, entnommen und durch die Änderungen der Steuerreform 2000 bzw. das Budgetbegleitgesetz 2001 ergänzt.

1. **Anschaffungskosten**
   Der Begriff der Anschaffungskosten ist handels- und steuerrechtlich im Wesentlichen gleich.

2. **Herstellungskosten**

   Gem. § 6 Z 2a EStG gehören zu den Herstellungskosten (zwingend) auch angemessene Teile der Materialgemeinkosten und der Fertigungsgemeinkosten.

3. Das **Aktivierungsverbot** für nichtentgeltlich erworbene unkörperliche Wirtschaftsgüter des Anlagevermögens gemäß § 4 Abs. 1 EStG 1988 gilt in gleicher Weise im Handelsrecht.

4. Für die Aktivierung und Abschreibung für das **Ingangsetzen und Erweitern** eines Betriebes gilt die uneingeschränkte Maßgeblichkeit der Handelsbilanz.

5. Steuerlich kann nur die **lineare Abschreibung** oder eine Substanzabschreibung in Anspruch genommen werden, handelsrechtlich auch eine degressive Abschreibung.

6. Für die Bewertung **langfristiger Aufträge** gibt es im Steuerrecht keine Regelung. Die Einkommensteuerrichtlinien erlauben eine anteilige Gewinnrealisierung dann, wenn abgrenzbare Teilleistungen vorliegen. Ist dies nicht der Fall, dürfen nur die Herstellungskosten aktiviert werden.

7. Die gemäß § 207 Abs. 2 bestehende Möglichkeit einer **Abschreibung** von Gegenständen des Umlaufvermögens **unter den Tageswert** am Abschlussstichtag führt zu einer Bewertung, die unter dem Teilwert gemäß § 6 EStG 1988 liegt, weswegen die steuerliche Zulässigkeit nicht gegeben ist.

8. Die Bildung von Pauschalwertberichtigungen für Forderungen ist gemäß § 6 Z 2a EStG 1988 mit steuerlicher Wirkung nicht möglich.

9. Eine handelsrechtliche Zuschreibung beim abnutzbaren Anlagevermögen bedingt diese auch steuerlich (§ 6 Z 13 EStG 1988).

10. Steuerlich ist gemäß § 9 EStG 1988 die **Bildung von Rückstellungen** ausschließlich auf Anwartschaften für Abfertigungen, laufende Pensionen und Anwartschaften auf Pensionen, Zuwendungen anlässlich eines Dienstjubiläums, sonstige ungewisse Verbindlichkeiten und drohende Verluste aus schwebenden Geschäften beschränkt. Beträgt die Laufzeit einer Rückstellung am Bilanzstichtag mindestens ein Jahr, dürfen nur 80 % des Teilwertes dieser Rückstellung steuerlich angesetzt werden. Dies gilt nicht für die im § 14 EStG geregelten Personalrückstellungen (Abfertigung, Pension, Jubiläum).

    Pauschalrückstellungen dürfen mit steuerlicher Wirkung nicht gebildet werden.

11. **Geringwertige Vermögensgegenstände des Anlagevermögens** müssen handelsrechtlich auf die Nutzungsdauer verteilt werden, wenn die Abschreibung betragsmäßig von wesentlichem Umfang ist. Allerdings wird die Vollabschreibung über die Dotierung der unversteuerten Rücklagen erreicht. Steuerlich gilt die Möglichkeit der Vollabschreibung nicht für **geringwertige Wirtschaftsgüter**, die zur entgeltlichen Überlassung bestimmt sind.

12. Die Dotierung der **Pensionsrückstellung** erfolgt auch steuerrechtlich nach versicherungsmathematischen Grundsätzen mit der Einschränkung der Anwendung eines 6%igen Rechnungszinsfußes und des Gegenwartswertverfahrens.

13. **Firmenwert**

Die Anschaffungskosten eines Firmenwertes bei land- und forstwirtschaftlichen Betrieben sowie bei Gewerbebetrieben sind steuerlich gleichmäßig verteilt auf 15 Jahre abzusetzen. Handelsrechtlich ist der Firmenwert **planmäßig längstens auf die Geschäftsjahre**, in denen er voraussichtlich genutzt wird, zu verteilen.

14. **Disagio**

Der **Unterschiedsbetrag** zwischen Ausgabe- und Rückzahlungsbetrag einer Verbindlichkeit kann im Handelsrecht (unter den Rechnungsabgrenzungsposten) aktiviert und durch planmäßige jährliche Abschreibung getilgt werden (§ 198 Abs. 7). Steuerlich ist er zu aktivieren und zwingend auf die gesamte Laufzeit der Verbindlichkeit zu verteilen.

15. **Geldbeschaffungskosten**

Gem. § 6 Z 3 EStG 1988 sind **Geldbeschaffungskosten**, die mit einer Verbindlichkeit unmittelbar zusammenhängen, im Jahr der Aufnahme der Verbindlichkeit zu aktivieren und zwingend auf die gesamte Laufzeit der Verbindlichkeit zu verteilen.

Handelsrechtlich ist eine Aktivierung innerhalb der Rechnungsabgrenzungsposten möglich, wenn die allgemeinen Voraussetzungen vorliegen.

16. **Einlagen**

Handelsrechtlich sind **Einlagen** grundsätzlich mit dem Wert anzusetzen, der ihnen im Zeitpunkt ihrer Leistung beizulegen ist, soweit sich nicht aus der Nutzungsmöglichkeit im Unternehmen ein geringerer Wert ergibt. Grundsätzlich gelten im Steuerrecht die gleichen Bestimmungen, allerdings mit einer Reihe von zeitlichen und anderen Einschränkungen (§ 6 Z 5 EStG 1988).

17. **Unterschiedsbetrag bei Umgründungsvorgängen (Verschmelzungen, Umwandlungen, Einbringungen, Zusammenschlüsse, Realteilungen und Spaltungen)**

Handelsrechtlich dürfen gemäß § 202 Abs. 2 Z 1 die Buchwerte fortgeführt werden. War der Rechtsvorgänger (der Übertragende) zur Führung von Büchern nicht verpflichtet, dürfen die steuerrechtlichen Werte angesetzt werden.

Übersteigt der Gesamtbetrag der Gegenleistung die fortgeführten Werte nach Z 1, so darf der Unterschiedsbetrag unter die Posten des Anlagevermögens aufgenommen werden; der Gesamtbetrag der Gegenleistung ergibt sich aus dem Gesamtnennbetrag oder dem höheren Gesamtausgabebetrag der neuen Anteile, dem Buchwert eigener oder untergehender Anteile und den baren Zuzahlungen (Z 2). Jener Teil des **Unterschiedsbetrages**, der den Aktiven und Passiven des übertragenden Vermögens zugeordnet werden kann, ist als **Umgründungsmehrwert** gesondert auszuweisen; auf diesen Wert sind die für Vermögensgegenstände und Schulden geltenden Bestimmungen anzuwenden. Ein danach verbleibender Restbetrag darf als **Firmenwert** angesetzt werden.

Steuerlich muss der **Buchwert**, abgesehen von den in § 16 Abs. 2–5 UmgrStG angeführten Ausnahmen, fortgeführt werden.

Buchgewinne und **Buchverluste** bleiben im Falle von Verschmelzungen gem. § 3 UmgrStG bei der Gewinnermittlung, auch wenn sie einem **erworbenen Firmenwert** entsprechen, außer Ansatz. Somit ist eine Abschreibung des Firmenwertes, der anlässlich von Verschmelzungen aufgedeckt wurde, nicht möglich (mit einer Übergangsfrist für vor 1996 aktivierte Firmenwerte).

18. **Gem. § 8 Abs. 6 Z 1 EStG 1988 wird die betriebsgewöhnliche Nutzungsdauer für PKW mit 8 Jahren festgesetzt.**

19. **AfA bei PKW-Leasing**
Übersteigen gem. § 8 Abs. 6 Z 2 EStG 1988 die auf die Anschaffungs- oder Herstellungskosten entfallenden Teile des Nutzungsentgeltes die Absetzung für Abnutzung des Vermieters, hat der Steuerpflichtige für den Unterschiedsbetrag einen Aktivposten anzusetzen. Der Aktivposten ist so abzuschreiben, dass der auf die Anschaffungs- oder Herstellungskosten entfallende Gesamtbetrag der Aufwendungen jeweils den Abschreibungssätzen einer 8jährigen Nutzungsdauer entspricht.

20. **Wertaufholungsgebot** für Beteiligungen im Sinne des § 228 Abs. 1 HGB gem. § 6 Z 13 EStG ab 1998.

21. **Verteilung des Veräußerungsverlustes einer Beteiligung auf 7 Jahre**
Kapitalgesellschaften haben gem. § 12 Abs. 3 Z 2 KStG (abzugsfähige) Abschreibungen auf den niedrigeren Teilwert oder Verluste anlässlich der Veräußerung oder eines sonstigen Ausscheidens einer zum Anlagevermögen gehörigen Beteiligung an einer Kapitalgesellschaft oder Genossenschaft auf 7 Jahre verteilt zu berücksichtigen, es sei denn, diese werden über Antrag mit Zuschreibungen bzw. steuerpflichtiger Auflösung stiller Reserven dieser oder anderer Beteiligungen gegenverrechnet.

22. **Unterschiedsbetrag gem. § 6 Z 16 EStG**
Unterschiedsbetrag zwischen Buchwert der vermieteten Anlagengegenstände und Barwert der Forderungen gegenüber den Leasingnehmern gem. § 6 Z 16 [vgl. Budgetbegleitgesetz 2001, Abschnitt C. I. 2. f) aa)].

10. Die ergänzenden Vorschriften für Kapitalgesellschaften, betreffend die Erstellung des Jahresabschlusses, dessen Prüfung und Veröffentlichung

Für Kapitalgesellschaften gibt es im Vergleich zu den Einzelunternehmen und Personengesellschaften eine Reihe ergänzender Vorschriften für die Erstellung, Prüfung und Veröffentlichung des Jahresabschlusses, deren Ausmaß von der Art und Größe der Kapitalgesellschaft abhängt.

Das HGB unterscheidet im § 221 folgende Größenklassen
(Stand August 2001):

	Bilanzsumme	Umsatzerlöse	Arbeitnehmer
Kleine Kapitalgesellschaften	bis 3,125 Mio €	bis 6,250 Mio €	bis 50
Mittlere Kapitalgesellschaften	bis 12,5 Mio €	bis 25 Mio €	bis 250
Große Kapitalgesellschaften	über 12,5 Mio €	über 25 Mio €	über 250

Mittelgroße Kapitalgesellschaften sind solche, die mindestens 2 der 3 für kleine Kapitalgesellschaften gültigen Größenmerkmale überschreiten. **Große** Kapitalgesellschaften sind solche, die mindestens 2 der 3 für mittlere Kapitalgesellschaften gültigen Größenmerkmale überschreiten. Eine Kapitalgesellschaft gilt stets als groß, wenn Aktien oder andere von ihr ausgegebene Wertpapiere an einer Börse in einem Mitgliedstaat des EWR oder der EU gehandelt werden.

Personengesellschaften, bei denen kein persönlich haftender Gesellschafter mit Vertretungsbefugnis eine natürliche Person ist (z. B. GmbH & Co KG), werden wie Kapitalgesellschaften behandelt, wobei für die Einordnung die Rechtsform ihres persönlich haftenden Gesellschafters (AG oder GmbH) maßgebend ist. Ist der persönlich haftende Gesellschafter weder eine AG noch eine GmbH, gilt die Rechtsform der GmbH.

Die Rechtsfolgen der Größenmerkmale treten jeweils ab dem folgenden Jahr ein, wenn diese an den Abschlussstichtagen von zwei aufeinander folgenden Geschäftsjahren über- oder unterschritten wurden.

Auswirkungen der Größenmerkmale auf die Erstellung des Jahresabschlusses

Der um den Anhang erweiterte Jahresabschluss ist von allen Kapitalgesellschaften innerhalb von 5 Monaten nach dem Bilanzstichtag zu erstellen. Kleine Aktiengesellschaften und mittelgroße GmbHs brauchen gem. § 242 im Anhang keine Umsatzaufgliederung gem. § 237 Z 9 vorzunehmen. Kleine Gesellschaften mbH haben nur einen eingeschränkten Anhang gem. § 242 zu erstellen (vgl. den Abschnitt über den Anhang). Zusätzlich zum Jahresabschluss haben alle Kapitalgesellschaften mit Ausnahme der kleinen Gesellschaft mbH einen **Lagebericht** zu erstellen.

Auswirkungen der Größenmerkmale auf die Prüfungspflicht

Mit Ausnahme der kleinen Gesellschaft mbH unterliegen alle Kapitalgesellschaften der Verpflichtung zur **Prüfung des Jahresabschlusses** und des **Lageberichtes** durch einen Wirtschaftsprüfer (bei Aktiengesellschaften) oder einen Buchprüfer. Kleine Gesellschaften mbH sind dann prüfungspflichtig, wenn sie auf Grund gesetzlicher Vorschriften einen Aufsichtsrat haben müssen (mindestens 70.000,– € Stammkapital und 50 Gesellschafter oder mindestens 300 Arbeitnehmer).

Auswirkungen der Größenmerkmale auf die Offenlegung

Kleine Gesellschaften mit beschränkter Haftung haben nur die verkürzte Bilanz und den gemäß § 242 in eingeschränkter Form erstellten Anhang mit Ausnahme der die Gewinn- und Verlustrechnung betreffenden Angaben zu veröffentlichen.

Kleine und mittelgroße Aktiengesellschaften und mittelgroße Gesellschaften mit beschränkter Haftung können neben dem Lagebericht und einer verkürzten Bilanz die Gewinn- und Verlustrechnung nach Saldierung der Posten des § 231 Abs. 2 Z 1 bis 3 und 5 zum „**Rohergebnis**" und Abs. 3 Z 1 bis 3 zum „**Bruttoergebnis vom Umsatz**" beim Firmenbuch einreichen.

Große Kapitalgesellschaften haben den gesamten Jahresabschluss und den Lagebericht beim Firmenbuch einzureichen. Große Aktiengesellschaften, wozu jedenfalls jene gehören, deren Aktien oder andere von ihr ausgegebene Wertpapiere an einer Börse in einem EU-Mitgliedstaat zum amtlichen Handel zugelassen oder in den geregelten Freiverkehr einbezogen sind, haben darüber hinaus ihren Jahresabschluss (nicht aber den Lagebericht) in der Wiener Zeitung zu veröffentlichen.

Für die drei Größenklassen ergeben sich somit folgende Rechtspflichten bzw. Befreiungen:

	AG			GmbH/GmbH & Co KG		
	klein	mittel	groß	klein	mittel	groß
Pflicht zur Anhangerstellung	ja	ja	ja	ja beschränkt	ja	ja
Pflicht zur Lageberichterstellung	ja	ja	ja	nein	ja	ja
Pflichtveröffentlichung in der Wiener Zeitung	nein	nein	ja	nein	nein	nein
Pflichtprüfung des Jahresabschlusses	ja	ja	ja	nein	ja	ja

11. Gliederungsvorschriften im Jahresabschluss

a) Bilanz

aa) Gesetzliche Gliederungsvorschriften

Während der § 198 unter Bedachtnahme auf § 195 (**Generalnorm**) namentlich den Ausweis des Anlagevermögens, Umlaufvermögens und der aktiven Rechnungsabgrenzungsposten (ARA) auf der Aktivseite, sowie des Eigenkapitals, der unversteuerten Rücklagen, Rückstellungen, Verbindlichkeiten und passiven Rechnungsabgrenzungsposten (PRA) auf der Passivseite verlangt, gelten für Kapitalgesellschaften gem. § 224 die nachstehend detaillierten Mindestgliederungsvorschriften.

Zu bemerken ist, dass der Großteil der Einzelkaufleute und Personengesellschaften, ohne dazu verpflichtet zu sein, die Gliederungsvorschriften für Kapitalgesellschaften in ihren Jahresabschlüssen anwendet.

Gliederungsvorschriften für die Vermögensbilanz (§ 224)

(1) In der Bilanz sind, unbeschadet einer weiteren Gliederung, die in den Abs. 2 und 3 angeführten Posten gesondert und in der vorgeschriebenen Reihenfolge auszuweisen.

(2) Aktivseite

A. Anlagevermögen

I. Immaterielle Vermögensgegenstände:

1. Konzessionen, gewerbliche Schutzrechte und ähnliche Rechte und Vorteile sowie daraus abgeleitete Lizenzen;

2. Geschäfts(Firmen)wert;

3. geleistete Anzahlungen;

II. Sachanlagen:
  1. Grundstücke, grundstücksgleiche Rechte und Bauten, einschließlich der Bauten auf fremdem Grund;
  2. technische Anlagen und Maschinen;
  3. andere Anlagen, Betriebs- und Geschäftsausstattung;
  4. geleistete Anzahlungen und Anlagen in Bau;
III. Finanzanlagen:
  1. Anteile an verbundenen Unternehmen;
  2. Ausleihungen an verbundene Unternehmen;
  3. Beteiligungen;
  4. Ausleihungen an Unternehmen, mit denen ein Beteiligungsverhältnis besteht;
  5. Wertpapiere (Wertrechte) des Anlagevermögens;
  6. sonstige Ausleihungen.

B. Umlaufvermögen:
 I. Vorräte:
  1. Roh-, Hilfs- und Betriebsstoffe;
  2. unfertige Erzeugnisse;
  3. fertige Erzeugnisse und Waren;
  4. noch nicht abrechenbare Leistungen;
  5. geleistete Anzahlungen;
II. Forderungen und sonstige Vermögensgegenstände:
  1. Forderungen aus Lieferungen und Leistungen;
  2. Forderungen gegenüber verbundenen Unternehmen;
  3. Forderungen gegenüber Unternehmen, mit denen ein Beteiligungsverhältnis besteht;
  4. sonstige Forderungen und Vermögensgegenstände;
III. Wertpapiere und Anteile:
  1. Anteile an verbundenen Unternehmen;
  2. sonstige Wertpapiere und Anteile;
IV. Kassenbestand, Schecks, Guthaben bei Kreditinstituten.

C. Rechnungsabgrenzungsposten

(3) Passivseite

A. Eigenkapital:
 I. Nennkapital (Grund-, Stammkapital);
II. Kapitalrücklagen:
  1. gebundene;
  2. nicht gebundene;
III. Gewinnrücklagen:
  1. gesetzliche Rücklage;
  2. satzungsmäßige Rücklagen;
  3. andere Rücklagen (freie Rücklagen);
IV. Bilanzgewinn (Bilanzverlust),
    davon Gewinnvortrag/Verlustvortrag

B. unversteuerte Rücklagen:
  1. Bewertungsreserve auf Grund von Sonderabschreibungen;
  2. sonstige unversteuerte Rücklagen.

C. Rückstellungen:
1. Rückstellungen für Abfertigungen;
2. Rückstellungen für Pensionen;
3. Steuerrückstellungen;
4. sonstige Rückstellungen.

D. Verbindlichkeiten:
1. Anleihen, davon konvertibel;
2. Verbindlichkeiten gegenüber Kreditinstituten;
3. erhaltene Anzahlungen auf Bestellungen;
4. Verbindlichkeiten aus Lieferungen und Leistungen;
5. Verbindlichkeiten aus der Annahme gezogener Wechsel und der Ausstellung eigener Wechsel;
6. Verbindlichkeiten gegenüber verbundenen Unternehmen;
7. Verbindlichkeiten gegenüber Unternehmen, mit denen ein Beteiligungsverhältnis besteht;
8. sonstige Verbindlichkeiten,
davon aus Steuern,
davon im Rahmen der sozialen Sicherheit.

E. Rechnungsabgrenzungsposten

Gem. § 225 Abs. 5 sind eigene Anteile, Anteile an herrschenden oder mit Mehrheit beteiligten Unternehmen je nach ihrer Zweckbestimmung im Anlagevermögen oder im Umlaufvermögen auszuweisen. In gleicher Höhe ist auf der Passivseite eine Rücklage auszuweisen, die durch Umwidmung frei verfügbarer Kapital- und Gewinnrücklagen gebildet werden darf (siehe hiezu den Abschnitt „Eigene Anteile").

Die **Bilanz** kann unter Einhaltung der vorgeschriebenen Gliederung weiter untergliedert werden (§ 223 Abs. 4); Posten, die weder im vorangegangenen Geschäftsjahr noch im Abschlussjahr Beträge aufweisen, können entfallen (§ 223 Abs. 7).

Die mit arabischen Zahlen versehenen Posten der Bilanz können zusammengefasst werden, wenn sie nicht wesentlich sind oder dadurch die Klarheit der Darstellung verbessert wird (§ 223 Abs. 6). Im letzteren Fall hat die Aufgliederung im Anhang zu erfolgen. Die Zugehörigkeit eines Vermögensgegenstandes oder einer Verbindlichkeit zu mehreren Posten ist in der Bilanz zu vermerken oder im Anhang anzugeben (§ 223 Abs. 5).

bb) Grundsätze der Gliederungsvorschriften

Darstellung des funktionalen Aufbaues

Die Aktivseite gliedert den Aufbau des Vermögens in die Gruppe des Anlagevermögens (immaterielle Vermögensgegenstände, Sachanlagen, Finanzanlagen) und des Umlaufvermögens.

Zum **Anlagevermögen** gehören gem. § 198 Abs. 2 jene Gegenstände, die bestimmt sind, **dauernd** dem Geschäftsbetrieb der Gesellschaft zu dienen. Die Tatsache eines vorzeitigen Ausscheidens des Gegenstandes ändert die Eigenschaft als Anlagegut nicht. Kennzeichen des Anlagegutes ist es, dass es nicht in einem einzigen Leistungsvorgang verbraucht wird, sondern je nach Beschaffenheit des jeweiligen Gutes für eine mehr oder minder große Zahl von Leistungsvorgängen zur Verfügung steht. Die Gesamtheit des Anlagevermögens bestimmt den Umfang der Leistungskraft des Betriebes.

Das **Umlaufvermögen** (**Beschäftigungsvermögen**) ist die Voraussetzung für die Ingangsetzung des Betriebes im Sinne der von diesem zu erbringenden Betriebs- und Marktleistung. **Das Umlaufvermögen ändert im Betriebsprozess laufend seine Zusammensetzung**, steht mit den einzelnen Gegenständen in der Regel nur einem einzigen Leistungsvorgang zur Verfügung, ist jedoch insgesamt mit einem wechselnden Bestand wertmäßig immer im Unternehmen vorhanden.

Die innerhalb der **funktionalen Darstellung** sehr weit aufgefächerte Gliederung der einzelnen Anlagegruppen und Gegenstände des Umlaufvermögens gibt dem Bilanzleser einen sehr guten Einblick in die Art des Betriebes.

Darstellung der Liquidität

Unter **Liquidität** eines Unternehmens versteht man dessen Fähigkeit, seinen **Zahlungsverpflichtungen fristgerecht** zu entsprechen. Die Jahresbilanz ist nicht in der Lage, die **kurzfristige** (**unmittelbare**) **Liquidität** des Unternehmens zu zeigen, weil, abgesehen von der Unmöglichkeit, Vermögensgegenstände und Schuldpositionen auf Monate und Tage genau zu gliedern, der Zahlungsmittelfluss der dem Bilanzstichtag folgenden Zeit (**dynamische Liquidität**) nicht festgestellt werden kann. Da dem (externen) Bilanzleser der Jahresabschluss in der Regel ohnehin frühestens nach 3–5 Monaten zur Verfügung steht, würde ihm diese Erkenntnis auch nichts nützen. Dem Leser geht es vor allem um die „**grundsätzliche Liquidität**" des Unternehmens, das heißt, ob das Unternehmen aus seiner Vermögens- und Kapitallage heraus in der Lage ist, **längerfristig** seinen **Zahlungsverpflichtungen** nachzukommen. Zu diesem Zweck verlangt das HGB (§ 225 Abs. 3 und 6) die gesonderte Darstellung aller Forderungsposten und Verbindlichkeiten nach ihrer Restlaufzeit über und unter einem Jahr entweder in der Bilanz oder im Anhang sowie gemäß § 237 Z 1 die Angabe eines jeden Postens der Verbindlichkeiten mit einer Restlaufzeit von mehr als 5 Jahren und von mehr als einem Jahr im Anhang. Ausleihungen mit einer Restlaufzeit bis zu einem Jahr sind gemäß § 227 HGB im Anhang anzugeben.

Damit kann aus der Bilanz das **langfristige finanzielle Gleichgewicht** des Unternehmens und im Vergleich mit den vorhergehenden Jahresabschlüssen die positive und negative Entwicklung desselben festgestellt werden.

Eine **Kapitalflussrechnung** (Geldflussrechnung), wie sie international verlangt wird, ist derzeit im HGB nicht vorgesehen, wird aber auf Grund eines Fachgutachtens der Kammer der Wirtschaftstreuhänder von allen prüfungspflichtigen Gesellschaften verlangt.

Darstellung des Eigenkapitals in einem Block

Das Eigenkapital ist nach § 224 in einem Block zusammengefasst.

Nicht eingeforderte **ausstehende Einlagen auf das Nennkapital** sind offen vom **Nennkapital** abzusetzen, eingeforderte **ausstehende Einlagen auf das Nennkapital** sind im Umlaufvermögen unter Forderungen gesondert auszuweisen. Eigene Aktien werden nicht mit dem Eigenkapital saldiert, müssen aber durch Rücklagen für eigene Aktien in mindestens gleicher Höhe gedeckt sein.

Der **Bilanzverlust** ist als Minusbetrag unter dem Eigenkapital auszuweisen. Ist das Eigenkapital durch Verluste aufgebraucht, erhält der Posten Eigenkapital die Überschrift: **„negatives Eigenkapital"** (§ 225 Abs. 1).

Darstellung in Anspruch genommener steuerlicher Begünstigungen

Durch den Posten B „unversteuerte Rücklagen", der grundsätzlich nach Art der in Anspruch genommenen Begünstigungen darzustellen bzw. im Anhang zu detaillieren ist, kann sich der Bilanzleser über das Ausmaß und die Art der in Anspruch genommenen steuerlichen Begünstigungen informieren.

Darstellung der Konzernverflechtungen

Durch die Konzernrechnungslegungsvorschriften erhält die Darstellung der Konzernverflechtungen schon im Einzelabschluss erhebliche Bedeutung. Aus diesem Grund sind alle beteiligungsmäßigen und forderungs- sowie verbindlichkeitsmäßigen Verflechtungen mit **„verbundenen" Unternehmen und Unternehmen, mit denen ein Beteiligungsverhältnis** besteht, in der Bilanz gesondert darzustellen. **Verbundene Unternehmen** sind jene, die im Falle eines Konzernbeschlusses in diesen einzubeziehen sind, wenn nicht die Ausnahmebestimmungen der §§ 248–249 zum Zuge kommen.

Falls Forderungen (Verbindlichkeiten), die **verbundene Unternehmen** oder Unternehmen betreffen, mit denen ein **Beteiligungsverhältnis** besteht, unter anderen Posten ausgewiesen sind, muss die Eigenschaft als Konzernforderung oder -verbindlichkeit vermerkt werden. Umgekehrt gilt die gleiche Bestimmung (§ 223 Abs. 5).

Darstellung der dinglichen Belastung des Vermögens

Diese Darstellung erfolgt gemäß § 237 Z 1c dergestalt, dass zu den einzelnen Posten der Verbindlichkeiten, für die dingliche Sicherheiten bestellt sind, der Betrag unter Angabe von Art und Form der Sicherheiten im Anhang anzugeben ist.

Nettoausweis der Vermögens- und Schuldposten

Der Ausweis von **Wertberichtigungen** zu Vermögensgegenständen und Schulden ist nicht gestattet. **Wertberichtigungen** sind unmittelbar vom entsprechenden Vermögens- bzw. Schuldposten abzusetzen. Soweit es sich um Pauschalwertberichtigungen zu Forderungen handelt, sind diese im Anhang anzugeben (§ 226 Abs. 5).

cc) Erläuterung einzelner Bilanzpositionen nach Inhalt und Bewertung

aaa) Anlagevermögen

Zum Anlagevermögen gehören jene Gegenstände, die bestimmt sind, dauernd dem Geschäftsbetrieb zu dienen (Legaldefinition § 198 Abs. 2). Bei der Zurechnung des Anlagevermögens kommt es daher nicht auf die Art des Gegenstandes an, sondern auf die Widmung desselben (Funktion im Rahmen des Betriebes). Bei einem Bauunternehmen sind z. B. die zum Zweck der Bebauung und des Weiterverkaufes erworbenen Grundstücke nicht als Anlagevermögen, sondern als Umlaufvermögen auszuweisen.

Das Anlagevermögen ist nach der Tatsache, ob die Nutzung zu einer Wertminderung führt (zeitlich begrenzte Nutzung) oder nicht, in **abnutzbares** und **nicht abnutzbares** Anlagevermögen zu gliedern. Während **abnutzbares Anlagevermögen** einer **planmäßigen und außerplanmäßigen Wertminderung** unterliegen kann, kann **nicht abnutzbares Anlagevermögen** nur einer **außerplanmäßigen Wertminderung** unterliegen.

Bezüglich der Berücksichtigung einer außerordentlichen Wertminderung gilt das **gemilderte Niederstwertprinzip**. Eine außerordentliche Wertminderung **muss** durch eine Abwertung (außerplanmäßige Abschreibung) berücksichtigt werden, wenn es die Grundsätze ordnungsmäßiger Buchführung erfordern, d. h. wenn die Wertminderung nachhaltig (dauernd) ist. Eine vorübergehende Wertminderung **kann** beim Finanzanlagevermögen, nicht aber beim Sachanlagevermögen und den immateriellen Vermögensgegenständen berücksichtigt werden.

Bezüglich der planmäßigen und außerplanmäßigen Abschreibungen vgl. auch den Abschnitt: Der Einsatz des sachlichen Anlagevermögens.

Während der ordentlichen Wertminderung durch die **planmäßige Abschreibung** (im Steuerrecht: **Absetzung für Abnutzung** = AfA) Rechnung getragen wird, wird der außerordentlichen Wertminderung durch die **außerplanmäßige Abschreibung** (im Steuerrecht: **Abschreibung auf den niedrigeren Teilwert**) Rechnung getragen.

Planmäßige Abschreibungen sind zwingend ab dem Zeitpunkt vorzunehmen, ab dem der Anlagegegenstand den Zwecken des Betriebes dient. Die steuerliche Abschreibung kann nicht höher als die handelsrechtliche sein (Maßgeblichkeit der Handelsbilanz). Sie kann jedoch geringer sein, wenn aus dem Grundsatz der kaufmännischen Vorsicht heraus handelsrechtlich eine kürzere Nutzungsdauer angenommen wurde als steuerrechtlich.

Entsprechend den einkommensteuerrechtlichen Bestimmungen wird im Jahr der Inbetriebnahme der Anlage die ganze Jahresabschreibung zum Ansatz gebracht, wenn das Anlagegut spätestens sechs Monate vor Ende des Wirtschaftsjahres in Betrieb genommen wird, und die halbe Jahresabschreibung, wenn das Wirtschaftsgut maximal bis zu einem Zeitraum von sechs Monaten vor Schluss des Wirtschaftsjahres in Betrieb genommen wird. Diese Bestimmung ist sinngemäß auch beim Ausscheiden der Anlagen anzuwenden. Diese Mussbestimmung wirkt häufig auf die Handelsbilanz zurück und wird daher aus ökonomischen Gründen auch in der Handelsbilanz angewendet.

Eine unterlassene AfA kann steuerrechtlich nicht nachgeholt werden; bei Ausscheiden des Anlagegutes ist sie aufwandsneutral auszubuchen.

Festsetzung der Abschreibungsquoten

Die Festsetzung der Abschreibungsquoten kann nach der Nutzungszeit (lineare, degressive und progressive Abschreibung) und nach der Leistungsbeanspruchung erfolgen. (Siehe Abschnitt: Produktionsfaktor Vermögen; Der Einsatz des sachlichen Anlagevermögens.)

Soweit die Abschreibung im Steuerrecht nutzungszeitabhängig vorgenommen wird, kann sie nur **linear** festgesetzt werden.

Buchmäßige Behandlung der Abschreibungen

Direkte Methode

Bei der direkten Methode werden die Abschreibungsbeträge direkt vom Wert der Anlagegüter der Bilanz abgebucht. Das entsprechende **aktive Bestandskonto weist** in diesem Fall **immer den Restbuchwert des Anlagevermögens auf**. Im Jahresabschluss gem. § 224 ist jedenfalls der Restbuchwert anzusetzen.

Indirekte Methode

Bei der indirekten Methode erfolgt die Gegenbuchung zur Abschreibung auf einem **Wertberichtigungskonto**. Der Vorteil der indirekten Abschreibung liegt darin, dass (bei linearer Abschreibung) durch Gegenüberstellung der auf den Anlagekonten ausgewiesenen Anschaffungs- oder Herstellungskosten und des Wertberichtigungskontos ein Einblick in den altersmäßigen Aufbau der Anlagen gewonnen werden kann. Dies setzt allerdings voraus, dass auch die Wertberichtigungen nach verschiedenen Gruppen von Anlagegegenständen getrennt werden.

Obwohl das **Anlagevermögen** im Jahresabschluss mit dem jeweiligen Restwert anzusetzen ist, ist die **indirekte Methode** der **direkten** vorzuziehen, da gemäß § 226 HGB die Entwicklung der einzelnen Posten des Anlagevermögens entweder in der Bilanz oder im Anhang (Anlagenspiegel) wie folgt darzustellen ist:

Stand zu Beginn des Geschäftsjahres ⎤	zu Anschaffungs- oder
+ Zugang des Geschäftsjahres ⎟	Herstellungskosten
– Abgang des Geschäftsjahres ⎦	

+ Zuschreibungen des Geschäftsjahres

– Kumulierte Abschreibungen der am Ende des ⎱	= Wertberichtigung
Geschäftsjahres vorhandenen Anlagegegenstände ⎰	zum Anlagevermögen

Restwert – Stand Ende des Geschäftsjahres

Steuerliche Sonderabschreibungen (vorzeitige Abschreibung, übertragene stille Reserven etc.) sind jedenfalls über die Bewertungsreserve zu führen, die gemäß § 230 entsprechend den Posten des Anlagevermögens folgendermaßen darzustellen ist:

Stand Anfang des Geschäftsjahres
Zuweisung im Geschäftsjahr
Auflösung im Geschäftsjahr

Stand Ende des Geschäftsjahres

Beispiel:

Anlagenverzeichnis

Lieferant Gegenstand	Anschaffungsdatum	Anschaffungskosten	Nutzungsdauer	Buchwert 1.1.2002	Zugang 2002	Planm. Abschr. Abgang = A	Buchwert 31.12.2002
A1	Sep 96	30.000	10	13.500		3.000	10.500
A2	Mär 97	45.000	10	22.500		4.500	18.000
A3	Jul 98	10.000	5	3.000		2.000 A 1.000	0
A4	Feb 00	15.000	10	12.000		1.500	10.500
A5	Apr 02		5	0	15.000	3.000	12.000
		100.000		51.000	15.000	14.000 A 1.000	51.000

Die Anlage 3 wurde in der 2. Hälfte 2002 veräußert. Auf die Anlage 3 wurde gem. § 12 EStG 1988 eine stille Reserve von 6.000, auf die Anlage 4 eine solche von 10.000 übertragen.

Anlagenspiegel gem. § 226

(verpflichtend nur für Kapitalgesellschaften)

	Stand 1.1.2002	Zugang Abgang = A	Stand 31.12.2002	Abschreibg. kumuliert	Restwert 31.12.2002	Restwert 1.1.2002	Jahresabschreibungen
Sachanlagen	100.000	15.000 A 10.000	105.000	54.000	51.000	51.000	14.000

Entwicklung der Bewertungsreserve gem. § 12 EStG

Verbrauch

Anlage	Stand 1.1.2002	Zugang 2002	A=Abgang	Stand 31.12.2002
A 3	1.800		1.200 A 600	
A 4	8.000		1.000	7.000
	9.800		2.800	7.000

Vertikale Gliederung des Anlagevermögens

Bezüglich der vertikalen Gliederung des Anlagevermögens unterscheidet § 224 Abs. 2 drei Hauptgruppen:

1. Immaterielle Vermögensgegenstände
2. Sachanlagen
3. Finanzanlagen

Immaterielle Vermögensgegenstände

Zu den **immateriellen Vermögensgegenständen** zählen vor allem **Konzessionen, gewerbliche Schutzrechte** und **ähnliche Rechte** und Vorteile wie **immaterielle Güterrechte, Gebrauchsmuster, Urheberrechte, Mietrechte, Nutzungsrechte, Zuteilungsquoten** etc. sowie daraus abgeleitete **Lizenzen**, der **Geschäfts- bzw. Firmenwert** und der **Umgründungsmehrwert** gemäß § 202 Abs. 2.

Immaterielle Gegenstände des Anlagevermögens dürfen, soweit sie **nicht** (entgeltlich) erworben wurden, nicht aktiviert werden (§ 197 Abs. 2). In gleicher Weise verbietet § 4 Abs. 1 EStG die Aktivierung nicht entgeltlich erworbener **unkörperlicher Wirtschaftsgüter des Anlagevermögens.** Unter unkörperlichen Wirtschaftsgütern des Anlagevermögens versteht das Steuerrecht sowohl **immaterielle Gegenstände des Anlagevermögens** als auch **Finanzanlagen.**

Die Bewertung erfolgt zu Anschaffungskosten unter Berücksichtigung des Ertragswertes. Sinkt dieser unter die Anschaffungskosten oder den auf Grund planmäßiger Abschreibung verminderten Buchwert, ist jedenfalls eine außerplanmäßige Abschreibung vorzunehmen.

Konzessionen sind mit ihren Anschaffungskosten zu aktivieren und, falls sie befristet sind, über ihre Laufzeit abzuschreiben. Sind sie unbefristet, kommt eine außerplanmäßige Abschreibung dann in Frage, wenn der Wiederbeschaffungspreis der Konzessionen sinkt bzw. wenn das Gewerbe, für das die Konzession verliehen wurde, von der Konzession befreit wird.

Aktivierte Patente sind über die wirtschaftliche Laufzeit, maximal jedoch über die rechtliche Laufzeit abzuschreiben. Geht die Ertragsfähigkeit eines Patentes zurück oder überhaupt verloren, ist eine außerplanmäßige Abschreibung (steuerlich: Abschreibung auf den niedrigeren Teilwert) vorzunehmen. Die Löschung des Patentes ist jedenfalls mit einer gänzlichen Abschreibung desselben verbunden.

Lizenzen können in Form laufender Zahlungen, die vom Verkauf bzw. von der Produktion des lizenzierten Produktes abhängig gemacht werden, oder durch eine **Einmalzahlung** erworben werden. Während im ersten Fall die Lizenzzahlungen in die laufende Erfolgsrechnung der Periode eingehen, wird die **Einmalzahlung aktiviert** und maximal über den Zeitraum der Lizenzgewährung abgeschrieben. Kann das lizenzierte Produkt noch während der Laufzeit der Lizenz nur mehr eingeschränkt oder gar nicht mehr abgesetzt werden, ist eine außerplanmäßige Abschreibung vorzunehmen.

Eine planmäßige Abschreibung wird für aktivierte **Marken** nur in seltenen Fällen durchgeführt werden, da diese im Gegenteil mit zunehmendem Bekanntheitsgrad wertvoller werden. Wird unter einer Marke ein spezielles Produkt vertrieben, von dem anzunehmen ist, dass es nach einem bestimmten Lebenszyklus ausläuft, wird man auch bei der Marke eine planmäßige Abschreibung vornehmen.

Zu einer außerplanmäßigen Abschreibung kann es kommen, wenn die Marke entweder durch fehlerhafte Produkte Schaden erleidet oder wenn sie aus dem Markenregister gelöscht wird.

Geschäfts-(Firmen-)wert

Der **Geschäfts- oder Firmenwert** ist der Unterschiedsbetrag zwischen dem Gesamtwert und dem Substanzwert eines Unternehmens. Der **Substanzwert** ergibt sich aus dem Eigenkapital lt. Bilanz, bereinigt um die stillen Reserven und um eventuelle Überbewertungen.

Der im Unternehmen allmählich entstandene Firmenwert (**originärer oder ursprünglicher Firmenwert**) darf in der Bilanz nicht ausgewiesen werden. Hingegen kann der **derivative oder abgeleitete Firmenwert** aktiviert werden. Dieser ergibt sich aus folgender Rechnung:

Gegenleistung für die Übernahme des Unternehmens
abzüglich Werte der einzelnen Vermögensgegenstände des Unternehmens
im Zeitpunkt der Übernahme, vermindert um die Schulden

Firmenwert

Stellt man den Werten der einzelnen Vermögensgegenstände und Schulden die jeweiligen Buchwerte gegenüber, erhält man die stillen Reserven. Während die durch den Kauf des Unternehmens realisierten (offen gelegten) stillen Reserven unmittelbar den einzelnen Aktivposten zugeschrieben bzw. von den einzelnen Passivposten abgezogen werden, wird der **Firmenwert** als **gesonderte Post unter den immateriellen Vermögensgegenständen** ausgewiesen.

Wird ein Anteil an einer Personengesellschaft erworben, erfolgt der Ausweis der offen gelegten stillen Reserven und des Firmenwertes in einer **Ergänzungsbilanz** (siehe Abschnitt Sonderbilanzen).

Zum **Ausweis (Aktivierung) eines Firmenwertes** kann nur der Erwerb eines Einzelunternehmens, einer Personengesellschaft bzw. des Anteiles an einer Personengesellschaft und des Betriebes oder Teilbetriebes einer Kapitalgesellschaft führen, wenn in dem Erwerbspreis ein über den Substanzwert hinausgehender Ertragswert enthalten ist.

Der Erwerb eines Anteiles an einer Kapitalgesellschaft kann nicht zum Ausweis eines Firmenwertes führen, da dieser Erwerb für die Gesellschaft, deren Anteile erworben wurden, einen außerbetrieblichen Vorgang darstellt, der nicht in das Vermögen der Gesellschaft eingreift. **Wird der Anteil von einem Unternehmen erworben, wird dieser mit den gesamten Anschaffungskosten unter Beteiligungen bzw. Wertpapiere (Wertrechte) des Anlagevermögens aktiviert.**

Während der **Firmenwert** gemäß § 203 Abs. 5 **planmäßig längstens auf die Geschäftsjahre, in denen er voraussichtlich genutzt** wird, zu verteilen ist, verlangt § 8 Abs. 3 EStG die Absetzung der Anschaffungskosten eines Firmenwertes bei land- und forstwirtschaftlichen Betrieben und bei Gewerbebetrieben **gleichmäßig verteilt auf 15 Jahre.**

Da die voraussichtliche Nutzung eines Firmenwertes relativ schwer festzustellen sein wird, wird die handelsrechtliche Abschreibungsdauer in der Regel jener des Steuerrechtes angepasst werden.

Außerplanmäßige Abschreibungen (Handelsrecht) sowie Absetzungen für außergewöhnliche technische oder wirtschaftliche Abnutzung (§ 8 Abs. 4 EStG) sind bei Eintreten der Voraussetzungen (z. B. nachhaltig zu erwartende Verluste) zwingend bzw. zulässig.

Der Firmenwert im Zuge einer Verschmelzung

§ 202 Absatz 2 HGB bestimmt sinngemäß:

1. Abweichend von Absatz 1 dürfen bei Umgründungen (Verschmelzungen, Umwandlungen, Einbringungen, Zusammenschlüssen, Realteilungen und Spaltungen) die Buchwerte aus dem letzten Jahresabschluss (Zwischenbilanz) fortgeführt werden.

2. Übersteigt der Gesamtbetrag der Gegenleistung die fortgeführten Werte nach Z 1, so darf der Unterschiedsbetrag unter die Posten des Anlagevermögens aufgenommen werden; der Gesamtbetrag ergibt sich aus dem Gesamtnennbetrag oder dem höheren Gesamtausgabebetrag der neuen Anteile, dem Buchwert eigener oder untergehender Anteile und den baren Zuzahlungen.

3. Jener Teil des Unterschiedsbetrages, der den Aktiven und Passiven des übertragenden Vermögens zugeordnet werden kann, ist als **Umgründungsmehrwert** gesondert auszuweisen; auf diesen Wert sind die für Vermögensgegenstände und Schulden geltenden Bestimmungen anzuwenden. Ein danach verbleibender Restbetrag darf als **Firmenwert** angesetzt werden. Dieser ist planmäßig längstens auf die Geschäftsjahre, in denen er voraussichtlich genutzt wird, zu verteilen. Eine Abschreibung mit steuerlicher Wirkung ist nicht möglich. Für vor dem 1.1.1996 aktivierte Firmenwerte gilt eine Übergangsregelung: Diese durften in den Wirtschaftsjahren 1997 – 2000 mit steuerlicher Wirkung nicht abgeschrieben werden. Auf Grund einer Entscheidung des Verfassungsgerichtshofes kann der nach Abzug der auf die Jahre bis einschließlich 2000 entfallenden Fünfzehntel verbleibende Restbetrag des Firmenwertes in den nach dem 31.12.2000 endenden Wirtschaftsjahren mit je einem Dreißigstel des Firmenwertes geltend gemacht werden (Art. 9 Z 3 Budgetbegleitgesetz 2001).

Sachanlagen

Zum **Sachanlagevermögen** gehören Grundstücke, grundstücksgleiche Rechte und Bauten, einschließlich der Bauten auf fremdem Grund; technische Anlagen und Maschinen; andere Anlagen, Betriebs- und Geschäftsausstattung; geleistete Anzahlungen und Anlagen in Bau.

Grundstücke, grundstücksgleiche Rechte und Bauten, einschließlich der Bauten auf fremdem Grund

Zu diesem Posten gehören unbebaute Grundstücke, bebaute Grundstücke, Betriebs- und Geschäftsgebäude sowie Wohn- und Sozialgebäude auf eigenem und fremdem Grund, bauliche Investitionen in fremden Gebäuden, Grundstückseinrichtungen (Zuleitungen für Strom und Wasser, Zäune, Brücken, Wegeasphaltierungen) auf eigenem und fremdem Grund.

Bei den Gebäuden auf fremdem Grund handelt es sich in der Regel um Superädifikate. Zu den grundstücksgleichen Rechten gehört beispielsweise das Baurecht.

Gem. § 225 Abs. 7 ist bei Grundstücken der Grundwert (gleichgültig ob bebaut oder unbebaut) in der Bilanz anzumerken oder im Anhang anzugeben (gilt nicht für kleine GmbHs).

Technische Anlagen und Maschinen

Hier werden alle Anlagen erfasst, die in einem engen Nutzungs- und Funktionszusammenhang mit dem Prozess der betrieblichen Leistungserstellung stehen, auch dann, wenn sie mit Maschinen wenig gemein haben.

Im Einzelnen finden sich hier Fertigungsmaschinen, Antriebsmaschinen, Energieversorgungsanlagen, Transportanlagen, sonstige Maschinen und maschinelle Anlagen, Maschinenwerkzeuge, sonstige im Produktionsprozess eingesetzte Werkzeuge, Vorrichtungen, Formen und Modelle, andere Erzeugungshilfsmittel, Hebezeuge, Montageanlagen, geringwertige Vermögensgegenstände, die im Produktionsprozess Verwendung finden.

Andere Anlagen, Betriebs- und Geschäftsausstattung

Dieser Posten ist ein Sammelposten für alle Anlagengegenstände, die nicht einem anderen Posten zuzuordnen sind. Hierher gehören: Büroeinrichtung, sonstige Betriebsausstattung, Büromaschinen, EDV-Anlagen, PKW, LKW, andere Beförderungsmittel, Beheizungs- und Beleuchtungsanlagen, Nachrichten- und Kontrollanlagen, Gebinde, geringwertige Vermögensgegenstände, soweit sie nicht zu den technischen Anlagen gezählt werden.

Geleistete Anzahlungen und Anlagen in Bau

In Bau befindliche Anlagen sind Anlagen, die in ihrem Charakter jenem der zu errichtenden Anlage entsprechen und nach ihrer Fertigstellung auf das betreffende Sachanlagenkonto übertragen werden. Wegen der schwierigen Trennung, insbesondere bei der Errichtung von Gebäuden, werden unter diesem Posten auch die auf Anlagen in Bau geleisteten Anzahlungen ausgewiesen.

Finanzanlagen

Beteiligungen, Anteile an verbundenen Unternehmen

Gemäß § 228 Abs. 1 HGB sind **Beteiligungen** Anteile an anderen Unternehmen, die bestimmt sind, dem eigenen Geschäftsbetrieb durch eine dauernde Verbindung zu diesen Unternehmen zu dienen. Dabei ist es unerheblich, ob die Anteile in Wertpapieren verbrieft sind oder nicht. Als Beteiligung gelten im Zweifel Anteile an einer Kapitalgesellschaft oder an einer Genossenschaft, deren Nennbeträge insgesamt den **fünften Teil des Nennkapitals** dieser Gesellschaft erreichen.

Die Beteiligung als **persönlich haftender Gesellschafter** an einer Personengesellschaft des Handelsrechts gilt stets als Beteiligung; für andere Beteiligungen an Personengesellschaften des Handelsrechts gilt Absatz 1 sinngemäß (§ 228 Abs. 2).

Nach dem Ausmaß und den Einflussmöglichkeiten der jeweiligen Muttergesellschaft unterscheidet das HGB im Zusammenhang mit der **Konzernrechnungslegung** folgende Beteiligungen:

Verbundene Unternehmen sind solche, über die das Mutterunternehmen (bzw. oberstes Mutterunternehmen) die einheitliche Leitung oder einen **beherrschenden Einfluss** ausübt. Ein derartiges Unternehmen ist, falls nicht ein Verbot (§ 248) für bzw. ein Verzicht (§ 249) auf die Einbeziehung vorliegt, in den aufzustellenden Konzernabschluss einzubeziehen. Lässt man andere Gründe für den beherrschenden Einfluss außer Acht, liegt dieser bei einer **Beteiligung von mehr als 50 %**.

Ein **Gemeinschaftsunternehmen** liegt dann vor, wenn dieses gemeinsam von zwei oder mehreren Mutterunternehmen geführt wird und alle Mutterunternehmen den gleichen Einfluss auf das Tochterunternehmen haben. Dies wird bei zwei Mutterunternehmen in der Regel bei einer 50%igen Beteiligung der Fall sein.

Ein derartiges Unternehmen wird entweder anteilsmäßig in den Konzernabschluss der konzernabschlusspflichtigen Mutter einbezogen oder die Beteiligung an diesem Unternehmen in der Konzernbilanz nach der Equity-Methode bilanziert.

Gemeinschaftsunternehmen kommen vielfach dann vor, wenn zwei Unternehmen zu Exportzwecken eine gemeinsame Tochtergesellschaft im Ausland gründen.

Ein **assoziiertes Unternehmen** liegt dann vor, wenn ein anderes Unternehmen auf dieses einen **maßgeblichen Einfluss** ausüben kann, das heißt, zwar nicht an der laufenden Willensbildung teilnimmt, aber bei Satzungsänderungen und wesentlichen Änderungen der Geschäfts- und Finanzpolitik ein Mitsprache- bzw. Einspruchsrecht besitzt. Dieses wird, abgesehen von anderen Gründen, in der Regel bei einer **Beteiligung zwischen 25 und 50 %** der Fall sein.

Assoziierte Unternehmen werden nicht in den Konzernbeschluss einbezogen. Der **Beteiligungsansatz** erfolgt jedoch abweichend vom Einzelbeschluss des Mutterunternehmens nach der **Equity-Methode**, das heißt, der Beteiligungsansatz richtet sich, ausgehend vom Eigenkapital der Tochtergesellschaft bei Erwerb der Beteiligung, in der Folge nach den von der Tochtergesellschaft erzielten Gewinnen und Verlusten sowie getätigten Gewinnausschüttungen, Gesellschaftereinzahlungen etc. Er verändert sich somit von Jahr zu Jahr (§ 264 HGB). Der bei erstmaliger Equity-Bilanzierung bestehende Unterschiedsbetrag zwischen Beteiligung einerseits und anteiligem Eigenkapital des assoziierten Unternehmens andererseits wird, soweit er den einzelnen Vermögensgegenständen und Schulden zugeordnet werden kann, wie diese behandelt. Der darüber hinausgehende nicht zuordenbare Unterschiedsbetrag wird als Firmenwert über die Zeitdauer der voraussichtlichen Nutzung abgeschrieben. Nach vollständiger Abschreibung der stillen Reserven und stillen Lasten entspricht der Beteiligungsansatz dem Eigenkapital des assoziierten Unternehmens.

Sonstige Beteiligungen sind solche, für die wohl die Kriterien des Beteiligungsbegriffs vorliegen, auf die aber kein maßgeblicher Einfluss ausgeübt wird. Diese werden in der Einzelbilanz und in der Konzernbilanz gleich behandelt.

Wie schon hingewiesen, sind **Beteiligungen an verbundenen Unternehmen** sowie Forderungen und Verbindlichkeiten gegenüber verbundenen Unternehmen in der Bilanz jeweils gesondert darzustellen.

Beteiligungen werden mit den Anschaffungskosten, d. h. bei Erwerb von Dritten zum Anschaffungspreis zuzüglich der angefallenen Nebenkosten, wie Notariatskosten, Provisionen, Spesen etc., **aktiviert**.

Bei Neugründung oder Kapitalerhöhung umfassen die Anschaffungskosten den **Betrag der Einlage**, ein **eventuelles Agio und** die **Nebenkosten**.

Bezüglich der Aktivierung von Gewinnansprüchen aus Beteiligungen an einer Kapitalgesellschaft gelten nach derzeitiger Lehre und Rechtsprechung folgende Regeln:

Obwohl der rechtliche Gewinnanspruch erst mit dem Gewinnausschüttungsbeschluss entsteht, kann eine Gewinnrealisierung **bereits mit dem Schluss** des Geschäftsjahres der Tochtergesellschaft angenommen werden, wenn von vornherein feststeht, dass es die Muttergesellschaft auf Grund der gesellschaftsrechtlichen Machtverhältnisse jederzeit in der Hand hat, bei der Tochtergesellschaft eine Gewinnausschüttung durchzusetzen. Für die Aktivierung von Gewinnansprüchen im obigen Sinne gelten folgende Voraussetzungen:

1. Das Geschäftsjahr der Tochtergesellschaft darf nicht nach dem Bilanzstichtag der Muttergesellschaft enden,

2. die Bilanz der Tochtergesellschaft muss vor der Bilanz der Muttergesellschaft erstellt werden, zumal lediglich bis zum Zeitpunkt der Bilanzerstellung gewonnene Einsichten hinsichtlich der Bewertung der Bilanzansätze berücksichtigt werden können,

3. die Muttergesellschaft muss an der Tochtergesellschaft mehrheitlich beteiligt sein, bzw. muss bei nicht mit Mehrheit beteiligten Obergesellschaften durch eine eindeutige Vereinbarung zwischen den Gesellschaftern, die zusammen die Mehrheit bei der Untergesellschaft besitzen, sichergestellt sein, dass ein entsprechender Beschluss über die Gewinnverwendung der Untergesellschaft gefasst und durchgeführt wird.

In allen übrigen Fällen darf die Aktivierung der Gewinnansprüche erst in dem Jahr, in dem der Gewinnausschüttungsbeschluss erfolgt, durchgeführt werden.

Die **Aktivierung der Gewinnansprüche** gegen die beteiligte Kapitalgesellschaft erfolgt bei Vorliegen eines Konzerns unter **Forderungen gegen verbundene Unternehmen**, andernfalls unter Forderungen gegen Unternehmen, mit denen ein Beteiligungsverhältnis besteht.

Entstehen in der beteiligten Gesellschaft Verluste, berühren diese den Ausweis der Beteiligung zunächst nicht. Gelegentliche Verluste begründen für sich allein noch kein Erfordernis der Abschreibung der Beteiligung. Erfordern es jedoch die Grundsätze ordnungsmäßiger Buchführung, d. h. **tritt eine dauernde Wertminderung durch nachhaltige Verluste, die eine baldige Wiederherstellung der wirtschaftlichen Gesundheit der beteiligten Gesellschaft nicht erwarten lassen, ein, ist eine außerplanmäßige Abschreibung der Beteiligung vorzunehmen**. Bezüglich der Abschreibung im Steuerrecht siehe Abschnitt I. IV. 9a, § 6 Z 13 und 9c, Z 21: „Die einkommensteuerlichen Bewertungsvorschriften".

Die Beteiligung an einer Kapitalgesellschaft wird durch eine beschlossene Kapitalerhöhung, durch den Erwerb eines weiteren Anteils oder durch eine Einzahlung, die dem Gesellschafter weitere Vorteile bringt und die den Wert der Beteiligung erhöht, nach oben verändert. Eine Veränderung nach unten kann durch eine Kapitalherabsetzung bzw. durch die im vorigen Absatz angeführte außerplanmäßige Abschreibung eintreten.

In der Behandlung der Gewinn- bzw. Verlustanteile aus einer **Beteiligung an einer Personengesellschaft** kann es in Handels- und Steuerbilanz zu verschiedenen Ergebnissen kommen. Da die Beteiligungsgesellschaft steuerlich Mitunternehmer der beteiligten Personengesellschaft ist und Gewinne und Verluste bei ihrem Entstehen unmittelbar den Gesellschaftern zugewiesen werden, stellt das **Beteiligungskonto in der Steuerbilanz ein Spiegelbildkonto der Kapitalkonten**, wie sie bei der Personengesellschaft geführt werden, dar; das bedeutet, dass Gewinne und Verluste ihren unmittelbaren Niederschlag auf dem Beteiligungskonto finden, und zwar in jenem Wirtschaftsjahr, das gleichzeitig oder unmittelbar nach jenem Wirtschaftsjahr endet, für das die Personengesellschaft ihren Gewinn festgestellt hat.

Beispiel: Die Personengesellschaft A beendet ihr Wirtschaftsjahr am 31. Dezember 2002. Der für dieses Jahr festgestellte Gewinn oder Verlust ist auch im Beteiligungsunternehmen, wenn dessen Geschäftsjahr am 31. 12. endet, 2002 zu berücksichtigen. Beendet die Personengesellschaft ihr Wirtschaftsjahr am 30. Juni 2002 und die Beteiligungsgesellschaft am 31. Dezember 2002, ist der Gewinn oder Verlust der Personengesellschaft ebenfalls in der Bilanz zum 31. 12. 2002 auszuweisen. Endet das Geschäftsjahr der Personengesellschaft am 31. Dezember 2002 und jenes der Beteiligungsgesellschaft am 30. 6. 2002, ist der Gewinn- oder Verlustanteil der Beteiligungsgesellschaft erst in der Bilanz zum 30. Juni 2003 zu berücksichtigen.

Handelsrechtlich werden **Gewinnanteile** dann, wenn sie zur Wiederauffüllung von durch Verluste verminderten Einlagen (z. B. Kommanditeinlage, die durch Verluste gemindert ist) verwendet werden, unmittelbar dem Beteiligungskonto (Gegenkonto: Beteiligungserträge) zugebucht, falls sich die früheren Verluste in einer Minderung des Beteiligungsansatzes niedergeschlagen haben. Wachsen Gewinnanteile auf Grund gesetzlicher Bestimmungen automatisch dem Kapitaleinlagekonto zu (OHG), werden diese auch dem Beteiligungskonto zugebucht. Bestehen vertragliche Vereinbarungen über die Führung eines festen Kapitalkontos und Verbuchung des Gewinnes auf einem eigenen Verrechnungskonto (Privatkonto), über das jederzeit verfügt werden kann, ist der Gewinnanteil als Forderung einzubuchen. Das gleiche gilt, wenn eine Kommanditeinlage voll einbezahlt und nicht durch Verluste vermindert ist. Auch in diesem Fall sind Gewinnanteile forderungsmäßig auszuweisen.

Hinsichtlich der Verbuchung von **Verlustanteilen** ist zu untersuchen, ob die Verluste tatsächlich zu einer Wertminderung der Beteiligung geführt haben. Ist dies nicht der Fall, etwa bei Inanspruchnahme steuerlicher Begünstigungen, ist eine Verlustabbuchung vom Beteiligungskonto nicht erforderlich, da die Voraussetzung für einen Abwertungszwang, nämlich die dauernde Wertminderung, nicht eingetreten ist. In diesem Fall kann es bei der Muttergesellschaft wegen der steuerlichen Verlustzurechnung zu einer Körperschaftsteuerermäßigung kommen. Da Gewinne der Tochtergesellschaft in den Folgejahren den steuerlichen Gewinn der Muttergesellschaft erhöhen, ohne dass eine Werterhöhung der seinerzeit nicht abgeschriebenen Beteiligung eintritt, ist eine Rückstellung für spätere Körperschaftsteuerzahlungen zu bilden (vgl. hiezu § 198 Abs. 9).

Ausleihungen

Ausleihungen sind in der Regel über ein Jahr hinausreichende Darlehen. Forderungen mit einer Laufzeit von mindestens 5 Jahren sind jedenfalls als **Ausleihungen** auszuweisen. **Ausleihungen** mit einer Restlaufzeit bis zu einem Jahr sind im Anhang anzugeben.

Ausleihungen an verbundene Unternehmen sind, wie auch Ausleihungen an Unternehmen, mit denen ein Beteiligungsverhältnis besteht, in der Bilanz gesondert auszuweisen (§ 224 Abs. 2, A. III., Z 2 und 4).

Wertpapiere (Wertrechte) des Anlagevermögens

Hierher gehören Wertpapiere und sonstige Rechte, die nicht nur für einen vorübergehenden Zeitraum angeschafft wurden, sondern, die ohne Beteiligungen zu sein, dazu bestimmt sind, **dauernd oder langfristig** (mehr als ein Jahr) dem Geschäftsbetrieb zu dienen.

Unter diesem Posten werden etwa **festverzinsliche** Anleihen, die zur Deckung der Abfertigungsvorsorge dienen, oder **Aktien**, die nicht als Beteiligung klassifiziert werden können, weil die **Beteiligungsabsicht** fehlt oder die Quantität zu gering ist, ausgewiesen. Gleiches gilt für GmbH-Anteile und Anteile als Kommanditist oder Genossenschafter.

bbb) Umlaufvermögen

Sachumlaufvermögen

Roh-, Hilfs- und Betriebsstoffe

Wie bereits angeführt, gehören zu den **Rohstoffen** (Fertigungsmaterial) jene Materialien, die in großen Mengen anfallen, der Herstellung des Produktes dienen, im Endprodukt enthalten sind und in der Regel den Charakter des Produktes bilden.

Während **Hilfsstoffe** ebenfalls im Produkt enthalten sind, jedoch in geringeren Mengen anfallen, gehen **Betriebsstoffe** nicht in das Produkt ein.

Die Abgrenzung zwischen Rohstoffen und Hilfsstoffen ist fließend und hängt von ihrer kalkulatorischen Behandlung ab. Man rechnet alle jene Materialien, die in der Kalkulation dem Produkt unmittelbar zugerechnet werden, zu den **Rohstoffen** und jene Materialien, die nur schlüsselmäßig als Gemeinkosten zugerechnet werden, zu den **Hilfsstoffen**. So kann man beispielsweise bei der Herstellung von Möbeln die verwendeten und in das Produkt eingehenden Holzschrauben direkt dem einzelnen Möbelstück zurechnen (**Fertigungsmaterial**) oder aber mit den übrigen Gemeinkosten schlüsselmäßig aufteilen (**Hilfsmaterial**).

Unter den Roh-, Hilfs- und Betriebsstoffen werden auch die **bezogenen Teile** erfasst.

Bezogene Teile sind jene halbfertig- und fertigbezogenen Teile oder Zwischenerzeugnisse, die zum Einbau in das Produkt dienen.

Für die Bewertung der Roh-, Hilfs- und Betriebsstoffe sowie der bezogenen Teile gilt das **strenge Niederstwertprinzip**. Diese Materialien sind mit ihrem Einstandswert (entspricht den Anschaffungskosten beim Anlagevermögen), maximal jedoch mit dem niedrigeren Tageswert (Wiederbeschaffungswert) des Bilanzstichtages, zu bewerten.

Eine über den niedrigeren Tageswert hinausgehende Abwertung ist zulässig, soweit diese nach vernünftiger kaufmännischer Beurteilung notwendig ist, um zu verhindern, dass in der nächsten Zukunft der Wertansatz dieses Vermögensgegenstandes auf Grund von Wertschwankungen geändert werden muss. Der Betrag dieser Abschreibungen ist in der Gewinn- und Verlustrechnung gesondert auszuweisen (§ 207 Abs. 2). Eine steuerliche Abwertung ist insoweit nicht zulässig.

Unfertige und fertige Erzeugnisse

Die vom Unternehmen selbst erstellten unfertigen (in Arbeit befindlichen) Erzeugnisse sowie Fertigerzeugnisse sind in der Bilanz zu **Herstellungskosten** zu bewerten.

Auch für die unfertigen und fertigen Erzeugnisse gilt das **strenge Niederstwertprinzip**, wobei als Vergleichswerte jedoch nicht die Werte des Beschaffungsmarktes, sondern jene des Absatzmarktes maßgeblich sind. Es ist daher grundsätzlich zu prüfen, ob der zu erwartende Veräußerungserlös die bisherigen und die noch anfallenden Herstellungskosten deckt. Ist dies nicht der Fall, ist insoweit eine Abwertung vorzunehmen. Die **retrograde** Bewertung der Halb- und Fertigerzeugnisse ist im Sinne einer **verlustfreien** Bewertung folgendermaßen vorzunehmen:

Erzielbare Verkaufserlöse
- Erlösschmälerungen
- anteilige Vertriebssonderkosten
- anteilige Vertriebsgemeinkosten
- anteilige Verwaltungsgemeinkosten
- etwa noch anfallende Erzeugungs- bzw. Verarbeitungskosten

Wert, der den Gegenständen am Abschlussstichtag beizulegen ist

Sind die tatsächlichen **Herstellungskosten** höher als der auf Grund der retrograden Rechnung ermittelte Wert, ist Letzterer anzusetzen.

Durch die **verlustfreie Bewertung** soll gewährleistet werden, dass eventuelle Verluste aus den hergestellten Produkten nicht jene Periode belasten, in der diese Produkte verkauft, sondern jene, in der sie hergestellt werden. Aus diesem Grunde ist eine etwaige Gewinnspanne bei der retrograden Ermittlung des Wertes nicht abzusetzen (anders, wenn die Anschaffungskosten von Waren retrograd ermittelt werden).

Zu dieser Form der retrograden Wertermittlung auf **Vollkostenbasis** ist anzumerken, dass sie logischerweise nur dann angewendet werden kann, wenn die vorliegenden Aufträge in der kommenden Periode die Annahme preisgünstigerer Aufträge verhindern. Ist dies nicht der Fall, ist zu untersuchen, ob eine Nichtdurchführung des Auftrages einen Abbau der in der Kalkulation enthaltenen Fixkosten ermöglichen würde. Können Fixkosten nicht abgebaut werden, was in der Regel der Fall sein wird, haben sie jene Periode zu belasten, in der sie tatsächlich anfallen. In diesem Fall ist der voraussichtliche Höchstansatz auf **Teilkostenbasis** zu ermitteln.

Voraussichtlicher Verkaufserlös
- Erlösschmälerungen
- Vertriebssonderkosten
- variable Vertriebsgemeinkosten
- variable Verwaltungsgemeinkosten
- etwa noch anfallende variable Erzeugungskosten

Höchstwert am Bilanzstichtag

Für die **steuerliche Bewertung** sind ebenfalls die Herstellungskosten heranzuziehen. Eine retrograde Bewertung der Halb- und Fertigfabrikate ist steuerlich nicht durchzuführen; es ist dabei jedoch zu beachten, dass für den Fall, dass bei retrograder Bewertung der handelsrechtliche Bilanzansatz unter die steuerlichen Herstellungskosten fällt, Letztere abzuwerten sind. Dies folgt aus dem Grundsatz der Maßgeblichkeit der Handelsbilanz für die Steuerbilanz.

Waren

Unter Waren versteht man jene Produkte, die vom Unternehmen erworben und ohne weitere Be- und Verarbeitung verkauft werden sollen. Verschiedene Manipulationen, wie Sortimentsgestaltung, Sortiervorgänge, Verpackungsmaßnahmen, zählen nicht als Be- und Verarbeitung.

Waren sind in gleicher Weise wie Roh-, Hilfs- und Betriebsstoffe zu bewerten, wobei als Vergleichswert der Wiederbeschaffungswert heranzuziehen ist. Für die Bewertung der Waren gilt allerdings die Maßgeblichkeit des Absatzmarktes insoweit, als der um die Vertriebskosten verminderte voraussichtliche Verkaufserlös die Anschaffungskosten der Waren nicht unterschreiten darf; in diesem Fall wäre ebenfalls eine Abwertung erforderlich.

In **Einzelhandelsbetrieben** ist es wegen der großen Menge an verschiedenen Waren häufig schwierig, die Anschaffungskosten der einzelnen Gegenstände aus den Unterlagen zu entnehmen. In diesem Fall erscheint es zulässig, die Anschaffungskosten durch die Vornahme eines **Abschlages in Höhe der Bruttogewinnspanne** vom Verkaufspreis zu ermitteln. Diese Methode erfordert aber für die einzelnen Warengruppen einheitliche Bruttogewinnspannen. Sind die verwendeten Handelsspannen innerhalb einzelner Warengruppen unterschiedlich, ist diese Methode nur dann anwendbar, wenn aus den ausgezeichneten Verkaufspreisen der einzelnen Waren die verrechnete Handelsspanne (verschlüsselt) unmittelbar ersehen werden kann.

Noch nicht abrechenbare Leistungen

Hiebei handelt es sich vor allem um **Dienstleistungen**, wie etwa die **Bearbeitung beigestellten Materials** bzw. **beigestellter** Teile, noch nicht vollendete **Werbe-, Architektur- und Generalunternehmerleistungen**.

Ermittlung des Einsatzes und des Bestandes des Sachumlaufvermögens

Der **mengenmäßige Verbrauch** des Sachumlaufvermögens kann direkt und indirekt ermittelt werden:

Eine **indirekte Verbrauchsermittlung** liegt vor, wenn der Verbrauch über den Umweg der Inventur festgestellt wird:

    Anfangsbestand lt. Inventur
+ Zugang
− Endbestand laut Inventur

= Verbrauch

Der Vorteil der indirekten Verbrauchsermittlung liegt in der organisatorischen Einfachheit, da die Führung einer Material- oder Warenkartei nicht erforderlich ist. Nachteilig wirkt sich das Fehlen der Möglichkeit einer Schwundfeststellung aus.

Die **direkte Verbrauchsermittlung** besteht in der unmittelbaren Erfassung jedes einzelnen Verbrauchsvorganges. Die Summe der karteimäßig erfassten Abfassungen gibt die Möglichkeit der rechnerischen Ermittlung des Soll-Endbestandes, dessen Vergleich mit dem Endbestand laut Inventur als Differenz **Schwund** oder **Überschuss** zeigt.

	Anfangsbestand
+	Zugang
–	direkt erfasster Verbrauch

	Soll-Endbestand
–	Ist-Endbestand laut Inventur

=	Schwund oder Überschuss

Der Nachteil der direkten Verbrauchsermittlung liegt im Zwang zur Führung einer Material- oder Warenkartei, der Vorteil in der Möglichkeit der Feststellung von eventuellen Abgängen und einer besseren laufenden Kontrolle der Bestände.

Die Ermittlung des wertmäßigen Einsatzes kann nach folgenden Verfahren geschehen:

Identitätspreisverfahren

Bei Anwendung des **Identitätspreisverfahrens** werden die verbrauchten Gegenstände und der Endbestand mit den tatsächlichen Anschaffungskosten (Einstandspreisen) bewertet.

Die Anwendung des Identitätspreisverfahrens hat zur Voraussetzung, dass

die einzelnen Gegenstände, soweit es sich um gleichartige Güter mit unterschiedlichen Anschaffungs- oder Herstellungskosten handelt, entweder getrennt gelagert oder durch besondere Merkmale (z. B. Motornummer, Chassisnummer) gekennzeichnet werden und

die mengenmäßige Erfassung nach der Methode der direkten Verbrauchsermittlung erfolgt.

Bei der Gegenüberstellung der für die einzelnen Gegenstände festgestellten (unterschiedlichen) Anschaffungs(Herstellungs)kosten mit dem Tageswert am Bilanzstichtag ist jeder einzelne Posten mit dem (einheitlichen) Tageswert zu vergleichen; soweit die Anschaffungs(Herstellungs)kosten einzelner Gegenstände über dem Tageswert liegen, sind sie abzuwerten, während die zu einem Preis unter dem Tageswert angeschafften Gegenstände unverändert bleiben.

Die Bewertung nach dem **Identitätspreisverfahren** bringt sowohl in der Abfassungsbewertung als auch in der Schlussbestandsbewertung erhebliche Mehrarbeit mit sich, wird also nur dort angewendet werden, wo es sich um geringe Mengen mit relativ hohen Anschaffungs(Herstellungs)kosten handelt.

Eine zulässige **Vereinfachung des Identitätspreisverfahrens** besteht darin, dass aus den am Bilanzstichtag lagernden Gegenständen ein durchschnittlicher (gewogener) Anschaffungs(Herstellungs)preis ermittelt wird, der dem Vergleichspreis gegenübergestellt wird. Diese Methode hat den Vorteil, dass man mit einem einheitlichen Preis in die neue Periode geht. Es kann allerdings durch diese Methode zu einer anderen Bewertung als bei der Einzelbewertung kommen, wie nachstehendes Beispiel zeigt:

Ein Gegenstand zeigt folgende mengenmäßige Entwicklung:

Einkauf am 27. 8. 3.000 kg zu 100 €
Einkauf am 15. 12. 3.000 kg zu 70 €
Abfassung am 15. 11. 1.500 kg (aus Einkauf vom 27. 8.)
Der Preis am Bilanzstichtag beträgt 75 €

Methode 1 (Einzelbewertung)

Endbestand	Anschaffungskosten	Abwertung	Bewertung zum Abschlussstichtag
1.500 kg à 100 €	150.000 €	25 €/kg = 37.500 €	112.500 €
3.000 kg à 70 €	210.000 €		210.000 €
	360.000 €	37.500 €	322.500 €

Methode 2 (Durchschnittspreis)

Endbestand	Anschaffungskosten	Abwertung	Bewertung zum Abschlussstichtag
1.500 kg à 100 €	150.000 €		
3.000 kg à 70 €	210.000 €		
4.500 kg à 80 €	360.000 €	5 €/kg = 22.500 €	337.500 €

Bewertungsvereinfachungsverfahren

Gem. § 209 Abs. 2 HGB können als Bewertungsvereinfachungsverfahren das gewogene Durchschnittspreisverfahren und Verfahren unter der Annahme einer bestimmten Verbrauchsfolge (Kunstbewertungsverfahren) angewendet werden. Zu den Bewertungsvereinfachungsverfahren zählt auch die **Gruppenbewertung** bei Gegenständen, die annähernd gleichwertig sind und in einem wirtschaftlichen Zusammenhang stehen.

Gewogenes Durchschnittspreisverfahren (Durchschnittsmethode)

Infolge der beim Identitätspreisverfahren auftretenden Schwierigkeiten bei der individuellen Ermittlung der Anschaffungskosten tritt an dessen Stelle das **Durchschnittspreisverfahren** als das am häufigsten angewendete Verfahren der Verbrauchsbewertung. Dieses Bewertungsverfahren kommt je nach Art der Ermittlung des mengenmäßigen Verbrauches als **gewogenes** oder **gleitendes Durchschnittspreisverfahren** zur Anwendung. Bei beiden Verfahren wird am Abschlussstichtag der Endbestand mit dem festgestellten Durchschnittspreis multipliziert.

Das **gewogene Durchschnittspreisverfahren** in seiner einfachen Form (Durchschnittsmethode) geht von der indirekten mengenmäßigen Erfassung der Lagerabgänge aus. Es ermittelt am Bilanzstichtag den nach Mengen gewichteten Durchschnittspreis gleichartiger Gegenstände aus den Preisen des Anfangsbestandes und sämtlicher Zugänge der Periode und legt diesen Preis der Bewertung sowohl des Verbrauches als auch des Endbestandes zugrunde.

Beispiel wie oben:

Anfangsbestand	– kg		
Einkauf am 27. 8.:	3.000 kg zu	100 € = 300.000 €	
Einkauf am 15. 12.:	3.000 kg zu	70 € = 210.000 €	
Gesamteinkauf	6.000 kg zu	85 € = 510.000 €	
Abfassung	1.500 kg zu	85 € = 127.500 €	
Endbestand zu Anschaffungswerten	4.500 kg zu	85 € = 382.500 €	
Abwertung	4.500 kg zu	10 € = 45.000 €	
Endbestand zum niedrigeren Tagespreis	4.500 kg zu	75 € = 337.500 €	

Die Problematik dieser Form des Durchschnittspreisverfahrens liegt darin, dass Abfassungen einer Ware, die etwa im März erfolgen, mit Preisen bewertet werden, die von Zugängen in späteren Monaten beeinflusst werden. Ein grundsätzlicher Einwand gegen diese Methode besteht jedoch nicht.

Bei Anwendung des **gleitenden Durchschnittspreisverfahrens** wird nach jedem Zugang ein neuer Durchschnittspreis ermittelt, mit dem die künftigen Abfassungen und der Endbestand bewertet werden.

Beispiel wie oben:

Anfangsbestand	– kg		
Einkauf am 27. 8.:	3.000 kg zu	100 € = 300.000 €	
Abfassung am 15. 11.:	1.500 kg zu	100 € = 150.000 €	
	1.500 kg zu	100 € = 150.000 €	
Einkauf am 15. 12.	3.000 kg zu	70 € = 210.000 €	
Endbestand zu Anschaffungswerten	4.500 kg zu	80 € = 360.000 €	
Abwertung	4.500 kg zu	5 € = 22.500 €	
Endbestand zum niedrigeren Tagespreis	4.500 kg zu	75 € = 337.500 €	

Die Anwendung des **gleitenden Durchschnittspreisverfahrens** ist nur bei direkter mengenmäßiger Verbrauchsermittlung möglich, da ohne diese die zeitliche Reihenfolge der Zugänge und Abfassungen nicht festgestellt werden kann.

Kunstbewertungsverfahren

Die Kunstbewertungsverfahren gehen rechnerisch von einer bestimmten Reihenfolge in der mengenmäßigen Abfassung gleichartiger Gegenstände aus, ohne dass diese der tatsächlichen Reihenfolge entsprechen muss. Bekannt und stark verbreitet sind die aus den Vereinigten Staaten stammenden **Fifo**-(first in – first out) und **Lifo**-(last in – first out)Verfahren. Gem. § 209 Abs. 1 HGB sind sie auch in Österreich zugelassen, soweit es den Grundsätzen ordnungsmäßiger Buchführung entspricht.

Nach dem **Fifo-Verfahren** werden die zuerst eingegangenen oder hergestellten Bestände rechnerisch zuerst verbraucht (veräußert). Diese Methode unterstellt daher, dass die am Bilanzstichtag vorhandenen Mengen aus den jeweils letzten Zugängen stammen.

Beispiel wie oben:

Anfangsbestand	– kg
Zugang am 20. 8.	3.000 kg à 100 €
Abfassung am 15. 11.	1.500 kg
Zugang am 15. 12.	3.000 kg à 70 €

Da die Abfassung vom 15. 11. nach dem Fifo-Verfahren zu bewerten ist, ergibt sich am 31. 12. folgender Endbestand:

Endbestand	Anschaffungskosten	Abwertung	Bewertung zum Abschlussstichtag
1.500 kg à 100 €	150.000 €	25 €/kg = 37.500 €	112.500 €
3.000 kg à 70 €	210.000 €		210.000 €
	360.000 €	37.500 €	322.500 €

Wie bereits oben zum Identitätspreisverfahren ausgeführt, empfiehlt es sich auch hier, für den Endbestand einen Durchschnittspreis zu ermitteln, der dann dem Tagespreis gegenübergestellt wird. Die Anwendung dieser Methode kann allerdings, wie bereits gezeigt, zu einem anderen Ergebnis führen:

Endbestand	Anschaffungskosten	Abwertung	Bewertung zum Abschlussstichtag
1.500 kg à 100 €	150.000 €		
3.000 kg à 70 €	210.000 €		
4.500 kg à 80 €	360.000 €	5 €/kg = 22.500 €	337.500 €

Der Vorteil dieser Methode liegt jedoch darin, dass der Endbestand zu einem einheitlichen Preis bewertet wird, der in die neue Periode übernommen wird.

Die Anwendung des **Fifo-Verfahrens** kann zu einer Verletzung des handelsrechtlichen Höchstwertansatzes führen, wenn die Preise der zu bewertenden Vermögensgegenstände steigende Tendenzen aufweisen und die tatsächlichen Abfassungen nicht der Reihenfolge der Eingänge entsprechen. Allerdings ist die Feststellung dieser Tatsache in der Regel nicht möglich. Dennoch ist die Anwendung des Fifo-Verfahrens gerade in Zeiten hoher Preissteigerungen insoweit problematisch, als in der Erfolgsbilanz ein Materialverbrauch ausgewiesen wird, der weit unter den Tageswerten, wie sie am Bilanzstichtag gegeben sind, liegt. Es kommt dadurch zu einem Ausweis von unter Umständen erheblichen **Scheinge-winnen**, da der den Erlösen gegenübergestellte Materialeinsatz unter jenen Beträgen liegt, die erforderlich sind, um die gleiche Menge an Material, Rohstoffen usw. nachzukaufen.

Das **Lifo-Verfahren** geht von der Annahme aus, dass die zuletzt eingegangenen oder hergestellten Bestände zuerst verbraucht werden, der Endbestand also dem rechnerisch ältesten Eingang entspricht. Je nach Art der mengenmäßigen Verbrauchsermittlung ergeben sich allerdings unterschiedliche Bewertungen.

Wird der Verbrauch **indirekt** ermittelt, wird es bei gleich bleibenden Anfangs- und Endbeständen, sofern nicht der Preis am Bilanzstichtag niedriger ist als der Preis, zu dem der Anfangsbestand bewertet wurde, zu einer Art Festbewertung kommen. Bei steigenden Beständen kommen zum Anfangsbestand noch die jeweils ersten Zugänge der Abrechnungsperiode, die rechnerisch dem Mehrbestand entsprechen, hinzu. Bei abnehmenden Beständen müssen vom Anfangsbestand die jeweils jüngsten Zugänge der Vorperiode abgezogen werden. Da es im letzten Fall allerdings zu erheblichen Rechenarbeiten kommen kann, erscheint es durchaus möglich und empfehlenswert, aus dem jeweiligen Endbestand (= Anfangsbestand der nächsten Periode) einen Durchschnittspreis zu ermitteln, der dann als einheitlicher Preis in die nächste Periode vorgetragen wird.

Wird der Verbrauch **direkt** ermittelt, kann es gegenüber der indirekten Verbrauchsermittlung zu einer anderen Bewertung sowohl des Verbrauches als auch des Endbestandes kommen, weil die Bewertung vom jeweiligen Bestand am Tage des Verbrauches und nicht global von den gesamten Zugängen der Abrechnungsperiode ausgeht.

Beispiel:

Anfangsbestand	1.000 kg à 10 €
Abfassung 10. 1.	500 kg
Zugang 20. 1.	800 kg à 11 €
Abfassung 25. 1.	500 kg
Endbestand 31. 1.	800 kg

Methode 1 (indirekte Verbrauchsermittlung)

		Bestand	Abfassung
Anfangsbestand	1.000 kg à 10 €	10.000 €	
Zugang 20. 1.	800 kg à 11 €	8.800 €	
Gesamtbestand	1.800 kg	18.800 €	
Abfassung Jänner:	800 kg à 11 €		8.800 €
	200 kg à 10 €	18.800 €	2.000 €
Endbestand	800 kg à 10 €	8.000 €	10.800 €

Methode 2 (direkte Verbrauchsermittlung)

		Bestand	Abfassung
Anfangsbestand	1.000 kg à 10 €	10.000 €	
Abfassung 10. 1.	500 kg à 10 €		5.000 €
Bestand	500 kg à 10 €	5.000 €	
Zugang 20. 1.	800 kg à 11 €	8.800 €	
Bestand	1.300 kg	13.800 €	
Abfassung 25. 1.	500 kg à 11 €		5.500 €
Endbestand	500 kg à 10 €	5.000 €	
	300 kg à 11 €	3.300 €	
	800 kg	8.300 €	10.500 €

Es ist zulässig, für den Endbestand einen Durchschnittspreis zu bilden und diesen unter Berücksichtigung des Niederstwertprinzips in die nächste Periode vorzutragen.

Durchschnittspreis = 8.300 € : 800 kg = 10,38 €/kg

Das **Lifo-Verfahren** entspricht bei steigender Preistendenz voll dem Vorsichtsprinzip, da der Bestand mit den historisch niedrigeren Preisen und die Abfassungen bzw. Veräußerungen mit den aktuellen höheren Preisen bewertet werden. Es wird dadurch auch möglich, den Ausweis von Scheingewinnen stark einzuschränken. Die Folge ist allerdings ein unrealistisch niedriger Ausweis des Sachumlaufvermögens, da dieses mit Werten angesetzt ist, die unter Umständen über mehrere Perioden zurückreichen.

Die **österreichischen Finanzbehörden** verweigern der Anwendung des Lifo-Verfahrens aus den oben angeführten Gründen ihre Zustimmung, begründen ihre Ablehnung aber auch damit, dass es nicht den normalen Gegebenheiten entspreche, dass grundsätzlich die zuletzt angeschafften Bestände zuerst abgefaßt werden. Dort, wo dies nachgewiesen werden könne, bestünde gegen die Anwendung des Lifo-Verfahrens kein Einwand.

Das **Hifo-(highest in – first out)Verfahren** unterstellt einen übervorsichtigen Kaufmann, der grundsätzlich die Bestände mit dem höchsten Anschaffungspreis zuerst verbraucht bzw. veräußert und somit am Bilanzstichtag die Bestände mit dem jeweils niedrigsten Einstandspreis auf Lager hat. Die Anwendung des Hifo-Verfahrens hat praktisch keine Bedeutung.

Verrechnungspreisverfahren

Die Anwendung von **Verrechnungspreisverfahren** ergibt sich aus Erfordernissen einer besseren innerbetrieblichen Abrechnung der Leistungserstellung. Beim Verrechnungspreisverfahren werden für die einzelnen Gegenstände im Vorhinein Verrechnungspreise festgesetzt. Treten bei Einkauf der Gegenstände Abweichungen zwischen Verrechnungspreisen und tatsächlichen Einstandspreisen auf, so werden diese Differenzen auf einem Preisabweichungskonto verbucht, während die einzelnen Gegenstände mit ihren Verrechnungspreisen in den Bestand bzw. den Verbrauch eingehen.

Schwierigkeiten können am Jahresende bei der Bewertung der Endbestände auftreten, da diese zu Verrechnungspreisen verbucht sind und ein Vergleich mit den jeweiligen Tagespreisen zum Bilanzstichtag nicht einfach durchgeführt werden kann, da die Verrechnungspreise grundsätzlich über oder unter den tatsächlichen Einstandspreisen liegen können. Es müssen daher zum Vergleich mit den Tageswerten zunächst die tatsächlichen Einstandspreise der lagernden Bestände festgestellt und die Differenz zum Verrechnungspreis dem Bestandskonto zu- bzw. abgebucht werden (Gegenbuchung = Preisabweichungskonto). Der auf dem Preisabweichungskonto verbleibende Saldo wird gegen das Verbrauchskonto ausgebucht.

Bewertung zu Festwerten (Festwertverfahren)

Gemäß § 209 Abs. 1 können Gegenstände des Sachanlagevermögens sowie Roh-, Hilfs- und Betriebsstoffe, wenn sie regelmäßig ersetzt werden und ihr Gesamtwert von untergeordneter Bedeutung ist, mit einem gleich bleibenden Wert angesetzt werden, sofern ihr Bestand voraussichtlich in seiner Größe, seinem Wert und seiner Zusammensetzung nur geringen Veränderungen unterliegt. Jedoch ist mindestens alle fünf Jahre eine **Bestandsaufnahme** durchzuführen. Ergibt sich dabei eine wesentliche Änderung des mengenmäßigen Bestandes, so ist insoweit der Wert anzupassen.

Retrograde Ermittlung der Anschaffungs- und Herstellungskosten

In Einzelhandelsbetrieben ist es wegen der großen Menge an verschiedenen Waren häufig mangels entsprechender Aufzeichnungen schwierig, deren Anschaffungskosten aus den Unterlagen zu entnehmen. In diesem Fall ist es zulässig, die Anschaffungskosten retrograd, d. h. durch Abzug der Bruttogewinnspanne vom Verkaufspreis zu ermitteln. Diese Methode erfordert aber für die einzelnen Warengruppen einheitliche Bruttogewinnspannen. Sind die verwendeten Handelsspannen innerhalb einzelner Warengruppen unterschiedlich, ist diese Methode nur dann anwendbar, wenn aus den ausgezeichneten Verkaufspreisen der einzelnen Waren die verrechnete Handelsspanne unmittelbar ersehen werden kann.

Eine retrograde Ermittlung der Herstellungskosten ist dann zulässig, wenn die genauen Herstellungskosten nicht ermittelt werden können. Ausgangspunkt bilden in der Regel die Katalog- oder Listenpreise, von denen die aus der Betriebsabrechnung ermittelten Zuschlagsätze für Vertriebskosten usw. abgezogen werden. Ein in den Listenpreisen berücksichtigter Gewinnzuschlag ist ebenfalls abzusetzen, da es sonst zum Ausweis nicht realisierter Gewinne käme.

Geleistete Anzahlungen

Als Anzahlungen sind nur jene Forderungen auszuweisen, die sich auf noch nicht erfüllte Lieferungs- oder Leistungsverpflichtungen beziehen. Langfristige Vorauszahlungen auf bestehende Verträge, Überzahlungen an Lieferanten u. Ä. sind regelmäßig als sonstige Forderungen auszuweisen.

Der gesonderte Ausweis für geleistete Anzahlungen ist vor allem deswegen erforderlich, weil die ausstehende Gegenleistung nicht in Finanzmitteln, sondern in einer Lieferung oder Leistung besteht.

Erhaltene Anzahlungen auf Bestellungen können gem. § 225 Abs. 6 von einzelnen Posten der Vorräte offen abgesetzt werden, soweit bereits entsprechende Aufwendungen angefallen sind, die zum Bilanzstichtag ihren Niederschlag in den Vorräten gefunden haben. Eine darüber hinausgehende Absetzung ist unzulässig.

Finanzumlaufvermögen

Zum **Finanzumlaufvermögen** gehören die Posten B II (Forderungen und sonstige Vermögensgegenstände), B III (Wertpapiere und Anteile) und B IV (Kassenbestand, Schecks, Guthaben bei Kreditinstituten) der Bilanz gem. § 224 HGB. Für das Finanzumlaufvermögen gelten, soweit die Anschaffungskosten nicht nach den allgemeinen Grundsätzen zu ermitteln sind, die Nominalwerte als Anschaffungskosten. Die Anschaffungsnebenkosten zählen dazu. Dies gilt insbesondere für Bankbestände in Inlandswährung und für Inlandsforderungen.

Kassenbestände werden nicht bewertet, sondern lediglich gezählt.

Bei **Valuten** (Geldbeträge in ausländischer Währung) gelten als Anschaffungskosten grundsätzlich die tatsächlich hiefür bezahlten Schillingbeträge (einschl. Anschaffungsnebenkosten).

Bei **Auslandsforderungen** (Währungsforderungen), deren Nominalwert in ausländischer Währung ausgedrückt ist, ergeben sich die Anschaffungskosten in heimischer Währung aus der Umrechnung des Nominalwertes in ausländischer Währung mit dem Fremdwährungskurs am Tag des Entstehens der Forderung, wobei im Falle der Notierung der Fremdwährung an der Börse die Umrechnung zum Devisengeldkurs erfolgt. Nicht notierte Währungen sind zu den am Tag des Entstehens der Forderung von den Banken gehandelten Kursen umzurechnen.

Treten starke Kursschwankungen auf, bestehen keine Einwendungen, zur Ermittlung der Anschaffungskosten die vom Bundesministerium für Finanzen verlautbarten Umrechnungskurse zwecks Umrechnung der Fremdwährung heranzuziehen. Eine abweichende Regelung ist dann möglich, wenn ein Kunde seine Schulden in Teilbeträgen abzahlt, wobei die Zahlung den Gesamtsaldo, nicht aber einzelne Forderungen betrifft. In diesem Fall kommt das Fifo-Verfahren zur Anwendung, wobei jedoch eine Mischkursbildung des Forderungsendbestandes zulässig erscheint.

Innerbetriebliche Verrechnungskurse dürfen nicht als Anschaffungskurse angesehen werden.

Als Anschaffungskosten für **Wertpapiere** gilt grundsätzlich der hiefür bezahlte Betrag, in der Regel der Börsenkurs zuzüglich Börsenprovision und Umsatzsteuer. Für gleichartige Wertpapiere ist eine Durchschnittspreisermittlung zulässig.

Die Bewertung des Finanzumlaufvermögens erfolgt zum **strengen Niederstwertprinzip.**

Forderungen und sonstige Vermögensgegenstände

Forderungen aus Lieferungen und Leistungen

Dazu gehören alle Ansprüche aus Verträgen (Lieferungsverträge, Werkverträge), die von dem bilanzierenden Unternehmen durch Lieferungen und sonstige Leistungen bereits erfüllt sind, deren Erfüllung durch den Schuldner jedoch noch aussteht.

Die Bewertung der Forderungen erfolgt zum **Nennwert** (Anschaffungskosten) unter Berücksichtigung ihrer Einbringlichkeit. Ist bei einer Forderung die Einbringlichkeit zweifelhaft, so **ist** dies bilanzmäßig zu berücksichtigen (Niederstwertprinzip), wobei **für zweifelhafte Forderungen eine Wertberichtigung** gebildet wird, während **gänzlich uneinbringliche Forderungen** direkt abgeschrieben werden.

Die Höhe einer Wertberichtigung zu Forderungen kann auf Grund einer **Einzelbewertung** oder aber auf Grund einer **Pauschalbewertung** festgestellt werden. Während im ersten Fall jede einzelne Forderung auf ihre Einbringlichkeit überprüft wird, wird im zweiten Fall der voraussichtliche Forderungsausfall auf Grund der bisherigen Erfahrungen festgestellt und in Form der Wertberichtigung zu Forderungen berücksichtigt. Der Pauschalsatz wird in der Regel einen bestimmten Prozentsatz der zum Bilanzstichtag bestehenden Forderungen betragen.

Es ist durchaus möglich, die Einzel- und Pauschalbewertung nebeneinander durchzuführen, wobei in der Regel die nicht einzeln wertberichtigten Forderungen die Bemessungsgrundlage für die Pauschalwertberichtigung sind.

Es ist zu beachten, dass gem. § 224 HGB **Wertberichtigungen** nicht in der Bilanz zum Ausweis kommen. Aus diesem Grund sind sowohl die **Einzelwertberichtigungen** als auch die **Pauschalwertberichtigungen** mit den entsprechenden Forderungen zu saldieren, wobei der Betrag der Pauschalwertberichtigung gem. § 226 Abs. 5 für den entsprechenden Posten der Bilanz im Anhang anzugeben ist.

Da Pauschalwertberichtigungen vielfach auch den Charakter von Rückstellungen haben, ergibt sich die Möglichkeit, diese als Rückstellungen auszuweisen.

Steuerlich ist die Bildung von Pauschalwertberichtigungen für Forderungen gem. § 6 Z 2a EStG nicht möglich.

Forderungen gegenüber verbundenen Unternehmen

Unter diesem Posten sind sämtliche Forderungen gegenüber verbundenen Unternehmen, ohne Rücksicht auf den Entstehungsgrund, auszuweisen. Insbesondere können dies folgende Forderungen sein:

Forderungen, die durch den Geschäftsverkehr mit einem verbundenen Unternehmen entstanden sind (Warenverkehr).

Forderungen, die auf Grund des Beteiligungsverhältnisses entstanden sind (Forderungen aus Dividenden und eventuell Forderungen aus **Gewinnabführungs- oder Verlustübernahmeverträgen**).

Forderungen, die auf einem reinen Finanzverkehr, wie der Gewährung und der Aufnahme von Finanzdarlehen, basieren.

Forderungen gegenüber Unternehmen, mit denen ein Beteiligungsverhältnis besteht

Hier gilt das unter **verbundenen Unternehmen** Gesagte.

In beiden Fällen ist § 223 Abs. 5 zu beachten, wonach die Zugehörigkeit eines Vermögensgegenstandes (z. B. Lieferforderungen) auch zu anderen Posten bei dem Posten, unter dem der Ausweis erfolgt ist, zu vermerken oder im Anhang auszugeben ist.

Sonstige Forderungen und Vermögensgegenstände

In diesen Posten sind sämtliche Forderungen aufzunehmen, die in den anderen Forderungsposten keinen Platz haben. Dazu gehören z. B. Darlehensforderungen, Forderungen an Belegschaftsmitglieder, Schadenersatzforderungen, Forderungen an Ausgleichs- und Konkursschuldner, Steuererstattungsansprüche, Kautionen.

Zu den sonstigen Forderungen werden regelmäßig auch die bei der Erstellung des Jahresabschlusses festgestellten antizipativen Abgrenzungsposten gezählt, soweit diese Beträge nicht unter den anderen Forderungsposten verbucht wurden.

Gemäß § 225 Abs. 3 müssen derartige **antizipative Abgrenzungsposten** (Erträge, die erst nach dem Abschlussstichtag zahlungswirksam werden), soweit sie wesentlich sind, im Anhang erläutert werden.

Wertpapiere und Anteile

Eigene Anteile, Anteile an herrschenden oder mit Mehrheit beteiligten Unternehmen

Eigene Anteile

- Gem. § 65 AktG dürfen Aktiengesellschaften eigene Aktien nur erwerben, wenn dies zur Abwendung eines schweren, unmittelbar **bevorstehenden Schadens** notwendig ist.

- Eigene Aktien dürfen auch erworben werden, wenn die Aktien **Arbeitnehmern der Gesellschaft** oder eines mit ihr verbundenen Unternehmens, die nicht leitende Angestellte, Mitglieder des Vorstandes oder des Aufsichtsrates sind, zum Erwerb angeboten und die Aktien **innerhalb eines Jahres** nach ihrem Erwerb ausgegeben werden sollen.

- Eigene Aktien dürfen auch auf Grund einer Genehmigung der Hauptversammlung erworben werden, wenn sie **innerhalb von 18 Monaten Arbeitnehmern, leitenden Angestellten, Mitgliedern des Vorstandes und Aufsichtsrates der Gesellschaft** oder eines mit ihr verbundenen Unternehmens angeboten werden.

- **Eigene Aktien** dürfen seit August 1999 mit der Ermächtigung der Hauptversammlung ohne bestimmte Zweckvorgabe erworben werden. Damit kann der Rückkauf als Finanzierungsinstrument und als Mittel der Erhöhung des Kurswertes eingesetzt werden. Der Handel in eigenen Aktien bleibt ausgeschlossen (siehe hiezu auch Abschnitt D. II. 3. a, Die Eigenfinanzierung, S. 231).

Der Gesamtnennbetrag der oben angeführten Aktien darf zusammen mit dem Nennbetrag der Aktien, die die Gesellschaft bereits erworben hat, **10 % des Grundkapitals** nicht übersteigen.

Der Erwerb eigener Aktien ist auch zulässig, wenn dies **unentgeltlich oder in Ausführung einer Einkaufskommission durch ein Kreditinstitut**, im Wege der Gesamtrechtsnachfolge, zur **Entschädigung von Minderheitsaktionären**, soweit dies gesetzlich vorgesehen ist, oder auf Grund eines Beschlusses der Hauptversammlung zur Einziehung nach den Vorschriften über die **Herabsetzung des Grundkapitals** geschieht.

Eigene Aktien sind gem. § 225 Abs. 5 HGB je nach ihrer Zweckbestimmung im Anlagevermögen oder im Umlaufvermögen in einem gesonderten Posten (Eigene Anteile, Anteile an herrschenden oder mit Mehrheit beteiligten Unternehmen) auszuweisen. Ein Ausweis im Anlagevermögen wird grundsätzlich nur in Frage kommen, wenn eigene Aktien erworben wurden, die innerhalb von 18 Monaten den Arbeitnehmern, leitenden Angestellten bzw. Mitgliedern des Vorstandes oder Aufsichtsrates angeboten werden sollen.

Gem. § 225 Abs. 5 ist auf der Passivseite verpflichtend eine **Rücklage** in Höhe der auf der Aktivseite ausgewiesenen eigenen Aktien gesondert auszuweisen, die durch Umwidmung frei verfügbarer Kapital- oder Gewinnrücklagen, soweit diese einen Verlustvortrag übersteigen, gebildet werden kann.

Durch die Bildung einer Rücklage für eigene Aktien soll vermieden werden, dass das „Nettoaktivvermögen" durch den Erwerb eigener Aktien nicht das Grundkapital samt den durch Gesetz gebundenen Rücklagen unterschreitet.

Anteile an herrschenden oder mit Mehrheit beteiligten Unternehmen

Bezüglich der Anteile an herrschenden oder mit Mehrheit beteiligten Unternehmen gelten die gleichen Bestimmungen wie für eigene Anteile (§ 66 AktG). Da ein herrschendes Unternehmen gleichzeitig ein verbundenes Unternehmen ist, treten hier Überschneidungen mit dem Posten „Anteile an verbundenen Unternehmen" auf.

Für eine Gesellschaft mit beschränkter Haftung ist gemäß § 81 GmbHG der **Erwerb und die Pfandnahme eigener Geschäftsanteile durch die Gesellschaft gänzlich verboten und wirkungslos**. Zulässig ist jedoch der Erwerb im Exekutionswege zur Hereinbringung eigener Forderungen der Gesellschaft. Ein zum Posten „eigene Anteile" analoger Posten „eigene Geschäftsanteile" wird daher bei der Gesellschaft mit beschränkter Haftung nur in ganz seltenen Fällen vorkommen.

Eigene Anteile sind grundsätzlich als Wertberichtigung zum Nennkapital zu betrachten, da der Erwerb als Kapitalrückzahlung anzusehen ist.

Anteile an verbundenen Unternehmen

Hier handelt es sich in der Regel um Anteile an der Muttergesellschaft oder an einer Schwestergesellschaft, die für eine vorübergehende Zeit in das Portefeuille genommen wurden.

Aktien einer herrschenden Gesellschaft sind sowohl für die Aktiengesellschaft als auch für die GmbH möglich, da die Beteiligungsgesellschaft in beiden Fällen eine AG sein kann. Allerdings gilt die vorne angeführte Beschränkung des § 65 AktG auch für den Erwerb von Aktien einer herrschenden Gesellschaft durch ein abhängiges Unternehmen, gleichgültig, ob dieses eine AG oder GmbH ist.

Sonstige Wertpapiere und Anteile

Hier werden **festverzinsliche Wertpapiere** und sonstige **Anteile an Kapitalgesellschaften oder Personengesellschaften** (jedoch nicht als persönlich haftender Gesellschafter gem. § 228 Abs. 2) ausgewiesen, die nicht dazu bestimmt sind, dauernd dem Geschäftsbetrieb zu dienen. Zu beachten ist, dass für die Bewertung der hier ausgewiesenen Wertpapiere das **strenge Niederstwertprinzip** gilt, das heißt, dass eine Abwertung auf den niedrigeren Kurswert am Abschlussstichtag auch dann zwingend vorzunehmen ist, wenn die Abwertung nur vorübergehend ist.

Unter den sonstigen Wertpapieren werden auch **Besitzwechsel** ausgewiesen, wenn dem Unternehmen nicht die der Ausstellung zugrunde liegende Forderung zusteht. Besitzwechsel, die vom Aussteller im Zusammenhang mit einer vom Unternehmen empfangenen Lieferung und Leistung ausgestellt wurden, sind nicht gesondert auszuweisen. Allerdings ist bei den entsprechenden Forderungen die wechselmäßige Verbriefung im Anhang anzugeben (§ 225 Abs. 4).

ccc)   Aktive Rechnungsabgrenzungsposten

Unter **Rechnungsabgrenzungsposten** versteht man grundsätzlich Aktiv- oder Passivposten (aktive und passive Rechnungsabgrenzungsposten), deren Aufgabe es ist, die Periodenreinheit jener Aufwendungen und Erträge herzustellen, die nicht in dem Bilanzjahr verbucht wurden, in das sie wirtschaftlich gehören.

Rechnungsabgrenzungsposten sind entweder Transitorien oder Antizipationen. Beide sind echte Forderungen bzw. echte Verbindlichkeiten.

Während die **Transitorien** aber durch die Abgrenzung eines schon gebuchten Aufwandes oder Ertrages entstehen und zu Vermögensbilanzansätzen führen, für die in der Zukunft weder Geld ein- noch ausfließt (was auch dadurch zum Ausdruck kommt, dass sie sofort nach Wiedereröffnung der Konten gegen die entsprechenden Erfolgskonten Auflösung finden), entstehen die Antizipationen dadurch, dass für das Abschlussjahr Erfolgsbuchungen bei der Bilanzerstellung nachgetragen werden müssen, für die die Zahlungen erst im nächsten Jahr (oder in den nächsten Jahren) vorgenommen werden.

666

Beide (Transitorien und Antizipationen betreffende) Vorgänge sind echte Abgrenzungen, doch gehen diese durch die **Realisierbarkeit** der Antizipationen in Geld und durch die **Nichtrealisierbarkeit** der Transitorien in Geld auf verschiedene Sachverhalte zurück.

Um dieser Unterschiedlichkeit Rechnung zu tragen, sind Antizipationen als sonstige Forderungen bzw. sonstige Verbindlichkeiten zu bilanzieren, Transitorien hingegen unter den Posten der Rechnungsabgrenzung zu erfassen.

Aus diesem Grund sind gemäß § 198 Abs. 5 auf der Aktivseite Ausgaben vor dem Abschlussstichtag, **soweit** sie **Aufwendungen für** eine **bestimmte Zeit** nach **diesem Tag** sind, als Rechnungsabgrenzungsposten auszuweisen.

Die gleiche Bestimmung gilt für die Passivseite, wonach Einnahmen vor dem Abschlussstichtag, soweit **sie Ertrag** für **eine bestimmte** Zeit **nach diesem** Tag sind, als passive Rechnungsabgrenzungsposten auszuweisen sind (§ 198 Abs. 6).

Unter den aktiven Rechnungsabgrenzungsposten werden somit ausschließlich aktive Transitorien (vorausbezahlte Miete, vorausbezahlte Versicherungsprämien) und unter den passiven Rechnungsabgrenzungsposten ausschließlich passive Transitorien (im Voraus erhaltene Mieteinnahmen und Versicherungsprämien) ausgewiesen.

Entsprechend § 198 Abs. 7 darf der **Unterschiedsbetrag zwischen Ausgabe und höherem Rückzahlungsbetrag** einer Verbindlichkeit in den **Rechnungsabgrenzungsposten** auf der Aktivseite aufgenommen werden. Er **muss** allerdings gesondert ausgewiesen werden. Der eingesetzte Betrag ist durch planmäßige jährliche Abschreibung zu tilgen.

Gem. § 198 Abs. 10 kann unter den Rechnungsabgrenzungsposten auch eine **aktive Steuerabgrenzung**, die daraus resultiert, dass der steuerliche Gewinn höher als der handelsrechtliche Gewinn ist (z. B. steuerlich nicht anerkannte Pauschalrückstellung) und sich diese Differenz in den Folgejahren wieder ausgleicht, ausgewiesen werden.

Gemäß Artikel X Abs. 4 RLG 1990 kann die **Pensionsrückstellung** bereits vor Ablauf der Übergangsfrist voll in die Bilanz eingestellt werden. In diesem Fall kann in der Bilanz unter den **aktiven Rechnungsabgrenzungsposten** der sich gegenüber der nach Abs. 3 gebotenen Rückstellung in den einzelnen Jahren ergebende **Unterschiedsbetrag** gesondert ausgewiesen werden. Dieser Betrag ist im Anhang zu erläutern.

ddd) Eigenkapital

Das Eigenkapital ist der Saldo aus dem Vermögen und dem Fremdkapital. Sein buchmäßiger Ausweis hängt von der Bewertung dieser beiden Größen ab. Das Eigenkapital ist somit eine variable Saldogröße, die sich in den einzelnen Perioden mit der Höhe (und Bewertung) des Vermögens und der Schulden ändert. Soweit Veränderungen nicht auf Einlagen und Entnahmen des Eigentümers zurückzuführen sind, wirken sie sich in positiver Richtung als Gewinn und in negativer Richtung als Verlust aus.

Da verschiedene Unternehmensformen, insbesondere die GmbH und die AG, ein **festes Eigenkapitalkonto** mit Nennwertcharakter besitzen (Stammkapital, Grundkapital), führen diese Gesellschaften neben dem festen Eigenkapitalkonto noch **variable Eigenkapitalkonten**, auf denen sich die Bewegungen (Gewinn, Verlust, Gewinnausschüttungen, Einlagen, soweit sie nicht der Erhöhung des Nennkapitals dienen) abspielen. Dazu gehören die **Rücklagen**, das **Konto Bilanzgewinn** bzw. als Negativkonto das **Konto Bilanzverlust.**

Das Eigenkapital des Einzelunternehmens

In der Darstellung des Eigenkapitalkontos des Einzelunternehmens tritt der **Saldocharakter** dieses Kontos klar hervor. In der Regel wird für das Eigenkapital ein einziges Konto geführt, das sich aus dem Saldo:

Vermögen
– Fremdkapital

Eigenkapital

ergibt und jenen Betrag zum Ausdruck bringt, den der Eigentümer dem Unternehmen zur Verfügung gestellt hat. **Das Eigenkapitalkonto wird durch Privateinlagen und Privatentnahmen sowie durch Gewinne und Verluste verändert.**

Neben dem eigentlichen Eigenkapitalkonto ist der Einzelunternehmer gezwungen, im Falle der Inanspruchnahme von Steuerbegünstigungen gemäß §§ 8, 10 und 12 des Einkommensteuergesetzes eigene Rücklagen-Konten zu führen, die dadurch gekennzeichnet sind, dass es sich um nichtversteuerte Eigenkapitalteile handelt, die entweder später der Versteuerung unterzogen werden oder deren endgültige Steuerfreiheit von der jeweils im Gesetz genannten Bedingung abhängig ist. Diese unversteuerten Rücklagen enthalten daher insoweit Fremdkapitalbestandteile.

Das Eigenkapital der Gesellschaft nach bürgerlichem Recht

Eine Erwerbsgesellschaft nach bürgerlichem Recht entsteht durch den Abschluss eines Vertrages, vermöge dessen zwei oder mehrere Personen einwilligen, ihre Mühe allein oder auch ihre Sachen zum gemeinschaftlichen Nutzen zu vereinigen.

Führung der Gesellschafterkonten

Für den Fall, dass keine vertraglichen Regelungen bestehen, kommen die gesetzlichen Bestimmungen zur Wirkung. Es sind dann – je nach Lage des Falles – für die einzelnen Gesellschafter folgende Konten zu führen:

Kapitaleinlagekonto: Dieses ist ein Kapitaleinlagekonto mit Höchstwertcharakter, welches die Kapitaleinlage und damit den im Vergleich zu den übrigen Einlagen bestehenden Anteil am Gesamtvermögen repräsentiert. Kapitalnachschüsse und Entnahmen (Kapitalrückzahlungen) werden auf diesem Konto nur dann verbucht, wenn diese Transaktionen von allen Gesellschaftern im Verhältnis ihrer Anteile durchgeführt werden oder wenn dadurch eine einvernehmliche Änderung der Beteiligungsverhältnisse herbeigeführt werden soll. Verlustanteile werden vom Konto abgebucht, Gewinnanteile bis zur Wiederauffüllung zugebucht. Auf dem Einlagekonto kann somit jederzeit das Beteiligungsverhältnis der einzelnen Gesellschafter abgelesen werden.

Verlustvortragskonto: Um die ursprüngliche Kapitaleinlage ungeschmälert auszuweisen, können eventuelle Verluste auf einem eigenen Verlustvortragskonto vorgetragen und gegen spätere Gewinne verrechnet werden.

Gewinnverrechnung: Auf diesem Konto werden der Gewinnanteil des einzelnen Gesellschafters und die darauf folgenden Entnahmen erfasst. Der einzelne Gesellschafter ist ohne Zustimmung der anderen Gesellschafter weder berechtigt noch verpflichtet, entstandene Verluste aus dem Stand des Gewinnverrechnungskontos abzudecken.

Ausstehende Einlage: Dieses Konto erfasst den Betrag der noch nicht eingezahlten Einlage. Es empfiehlt sich, bei Beginn der Gesellschaft die Kapitaleinlage des einzelnen Gesellschafters grundsätzlich in ihrer vollen Höhe auszuweisen und einen noch nicht eingezahlten Betrag auf dem Konto „Ausstehende Einlage" zu verbuchen, da bei dieser Art der Verbuchung die Beteiligungsverhältnisse von vornherein richtig ausgewiesen werden.

Dieses Konto stellt im **Innenverhältnis einen Anspruch der Gesellschaft gegenüber dem Gesellschafter** auf Auffüllung seiner Kapitaleinlage und **Dritten gegenüber eine Wertberichtigung zum Kapitaleinlagekonto** dar.

Unversteuerte Rücklagen: In gleicher Weise wie in der Einzelunternehmung sind auch in der Bilanz der Gesellschaft nach bürgerlichem Recht die unversteuerten Rücklagen gesondert auszuweisen.

Für den Fall des Bestehens **vertraglicher Regelungen** bilden diese die Grundlage für die Rechtsverhältnisse der Gesellschafter zueinander. Die Kapitalkonten geben in diesen Fällen, soweit dies bilanziell überhaupt möglich ist, den Inhalt der vertraglichen Regelungen wieder. Verschiedene Tatbestände (von der Beteiligung abweichende Erfolgsverteilung, Entnahmebeschränkungen) können jedoch durch Kapitalkonten entweder gar nicht oder nur beschränkt dargestellt werden.

Folgende (häufigste) Fälle sind zu beachten:

(1) Die Kapitalkonten sind fest und haben Nominalwert(Festwert)-charakter:

Auf diesen Konten werden nur bei Änderung der Kapitaleinlagen (Erhöhung oder Senkung) oder der Beteiligungsverhältnisse Eintragungen durchgeführt. Gewinne, Verluste und Entnahmen werden über ein variables Gesellschafterverrechnungskonto verbucht. Eine ausstehende Einlage ist gesondert auszuweisen.

Kapitaleinlage Gesellschafter A

Kapitalrückzahlungen*) Endbestand = Kapitaleinlage	Anfangsbestand = Kapitaleinlage Nachschüsse*) Kapitalerhöhung durch Umbuchung vom Gesellschafterverrechnungskonto*)

*) Für den Fall vereinbarter Änderung der Kapitaleinlage.

Gesellschafterverrechnungskonto A

Entnahmen Verlustanteil Endbestand	Anfangsbestand Gewinnanteil

Ausstehende Einlage Gesellschafter A

Anfangsbestand Unbefugte Entnahmen	Einzahlungen Gewinnanteil*) Endbestand

*) Für den Fall, dass die ausstehende Einlage vereinbarungsgemäß durch Gewinn aufzufüllen ist, bzw. dann, wenn ein Gesellschafter mit seiner Einzahlung in Verzug gerät.

Analog zur ausstehenden Einlage bei der Kapitalgesellschaft kann die ausstehende Einlage eines Gesellschafters offen von der jeweiligen Einlage abgesetzt werden.

(2) Die Kapitaleinlage wird vereinbarungsgemäß durch Gewinne und Verluste sowie durch Einlagen und Entnahmen verändert:

In diesem Falle genügt es, für jeden Gesellschafter ein einziges Kapitalkonto zu führen, welches Saldocharakter hat. Wegen der veränderlichen Höhe des Kapitalkontos der einzelnen Gesellschafter empfiehlt es sich, eine klare Regelung der Beteiligungsverhältnisse im Gesellschaftsvertrag zu treffen, da sich diese ansonsten nach dem jeweiligen Stand der Kapitalkonten richten.

Kapitalkonto A

Entnahmen Verlustanteil Endbestand	Anfangsbestand Einlagen Gewinnanteil

Das Eigenkapital der offenen Handelsgesellschaft (§§ 105 bis 160 HGB)

Eine Gesellschaft, deren Zweck auf den Betrieb eines Handelsgewerbes unter gemeinschaftlicher Firma gerichtet ist, ist eine offene Handelsgesellschaft, wobei bei keinem der Gesellschafter die Haftung gegenüber den Gesellschaftsgläubigern beschränkt ist.

Gemäß § 109 HGB richten sich die Rechtsverhältnisse der Gesellschafter untereinander zunächst nach dem Gesellschaftsvertrag und erst in zweiter Linie nach den Vorschriften des Gesetzes. Die Bedeutung gesellschaftsvertraglicher Vereinbarungen ergibt sich bereits aus der Tatsache, dass mangels solcher **an die Feststellung des Kapitalanteiles die Rechtsfolgen des Vorausgewinnes, des Entnahmerechtes der einzelnen Gesellschafter und der Ermittlung des Auseinandersetzungsguthabens geknüpft sind.**

Im Laufe der Geschäftsjahre erhöht sich der Kapitalanteil eines Gesellschafters durch den ihm zukommenden Gewinn (im Gegensatz zur Gesellschaft nach bürgerlichem Recht) und durch Einlagen. Er vermindert sich durch befugte Entnahmen des Gesellschafters und durch den auf ihn entfallenden Verlustanteil. Ist die Einlage durch Verluste gemindert, ist der Gesellschafter zur Ergänzung derselben nicht verpflichtet.

Führung der Gesellschafterkonten

Für den Fall, dass keine vertraglichen Regelungen bestehen, gilt Folgendes:

Kapitalkonto: Das Kapitalkonto des einzelnen Gesellschafters wird durch Gewinne und Verluste, Einlagen und Entnahmen verändert. Es hat somit reinen **Saldocharakter** und ist jene Bilanzzahl, die den gegenwärtigen Stand der Einlage des Gesellschafters angibt.

Privatkonto: Dieses dient lediglich der Erfassung der Einlagen und Entnahmen des Jahres und wird am Jahresschluss gegen das Kapitalkonto abgeschlossen.

Kapitalkonto A

Entnahmen*)	Anfangsbestand
Verlustanteil	Einlagen*)
Endbestand	Gewinnanteil

*) Entnahmen und Einlagen werden in der Regel in saldierter Form am Jahresende vom Privatkonto übernommen.

Bilanz zum 31. Dezember 19 . .

I. Anlagevermögen	I. Eigenkapital
II. Umlaufvermögen	a) Kapitalkonto A
	b) Kapitalkonto B
	II. Unversteuerte Rücklagen
	III. Fremdkapital

Für die **unversteuerten Rücklagen** gelten die im Kapitel über das Eigenkapital des Einzelunternehmers gemachten Bemerkungen.

Werden von einem Gesellschafter oder der Gesellschaft Leistungen erbracht, die nicht aus dem Gesellschaftsverhältnis stammen, wie etwa Warenlieferungen, Gewährung von Darlehen, Leistungen aus Bestandsverträgen, **tritt also der Gesellschafter wie ein Dritter in Rechtsbeziehungen zur Gesellschaft, stellen die daraus resultierenden Beträge echte Forderungen bzw. Verbindlichkeiten dar** und sind auch als solche zu verbuchen. Nach herrschender Rechtsauffassung hat der Gesellschafter für diese Fälle bei Konkurs der Gesellschaft die gleiche Stellung wie die übrigen Gesellschaftsgläubiger bzw. -schuldner. Die Gläubigerstellung des Gesellschafters erfährt allerdings insofern eine Einschränkung, als er bei Inanspruchnahme der Mitgesellschafter den auf ihn entfallenden Verlustanteil nicht geltend machen kann.

Üblicherweise bestehen vertragliche Regelungen über die Erfolgsbeteiligung, das Beteiligungsverhältnis, die Feststellung des Auseinandersetzungsguthabens, über die Entnahmemöglichkeiten etc. In diesen Fällen wird man die Führung der Kapitalkonten der Gesellschaft nach Möglichkeit den vertraglichen Vereinbarungen anpassen, wobei aber, wie bereits hingewiesen, die vertragliche Regelung nie vollständig in der Führung der Kapitalkonten ihren Niederschlag finden kann.

Folgende Fälle sind anzutreffen:

Variable Kapitalkonten (Kapitalkonten mit Saldocharakter): Die Kapitaleinlagen der einzelnen Gesellschafter werden vereinbarungsgemäß durch Gewinne und Verluste sowie durch Einlagen und Entnahmen verändert. Die Führung der Kapitalkonten entspricht jener der gesetzlichen Regelung.

Feste Kapitalkonten, variable Gesellschafterverrechnungskonten: Um das gesellschaftsvertraglich vereinbarte Beteiligungsverhältnis, welches durch verschieden hohe Entnahmen nicht beeinflusst werden soll, auch in der Buchführung auszudrücken, wird für jeden Gesellschafter ein fixes Kapitaleinlagekonto mit Nominal(Festwert)charakter geführt, während sämtliche Bewegungen auf einem gesonderten Gesellschafterverrechnungskonto (Privatkonto) festgehalten werden.

Ist eine vereinbarte Kapitaleinlage noch nicht zur Gänze einbezahlt, wird sie bei dem System der festen Kapitalkonten als Forderung gegenüber dem einzelnen Gesellschafter ausgewiesen (ausstehende Einlage). Eine offene Saldierung mit dem festen Kapitalkonto ist möglich.

Kapitalkonto A

Kapitalrückzahlungen*) Endbestand = Kapitaleinlage	Anfangsbestand = Kapitaleinlage Nachschüsse*) Kapitalerhöhung durch Umbuchung vom Gesellschafterverrechnungs- konto*)

*) Für den Fall vereinbarter Änderung der Kapitaleinlage.

Gesellschafterverrechnungskonto A

Entnahmen Verlustanteil Endbestand	Anfangsbestand Einlagen Gewinnanteil

Ausstehende Einlage Gesellschafter A

Anfangsbestand	Einzahlungen Gewinn**) Endbestand

**) Falls die Einlage vereinbarungsgemäß durch Gewinn aufzufüllen ist bzw. wenn der Gesellschafter mit seiner Einzahlung in Verzug gerät.

Im Außenverhältnis stellen die getrennt geführten Kapitalkonten nach wie vor eine Einheit dar. Für den Gläubiger hat diese Darstellung nur insoweit Bedeutung, als die Beträge auf den einzelnen Gesellschafterkonten kurz- bzw. langfristig gebunden sind.

Die ausstehende Einlage und ein Aktivsaldo auf dem Gesellschafterverrechnungskonto stellen, rechtlich gesehen, Wertberichtigungen zum Kapitalkonto dar.

Das Eigenkapital der Kommanditgesellschaft (§§ 161 bis 177 HGB)

Eine Gesellschaft, deren Zweck auf den Betrieb eines Handelsgewerbes unter gemeinschaftlicher Firma gerichtet ist, ist eine Kommanditgesellschaft, wenn bei einem oder bei einigen von den Gesellschaftern die Haftung gegenüber den Gesellschaftsgläubigern auf den Betrag einer bestimmten Vermögenseinlage beschränkt ist (Kommanditisten), während bei dem anderen Teile der Gesellschafter eine Beschränkung der Haftung nicht stattfindet (persönlich haftende Gesellschafter).

Während für die Stellung des haftenden Gesellschafters (Komplementärs) im Wesentlichen die Bestimmungen der offenen Handelsgesellschaft gelten, sind die Stellung des Kommanditisten und das Verhältnis der Gesellschafter zueinander in den besonderen Vorschriften über die Kommanditgesellschaft geregelt.

Mangels entsprechender Vereinbarung gelten folgende Bestimmungen:

Komplementär: Bezüglich der Kapitaleinlagen gelten die für den offenen Handelsgesellschafter genannten Vorschriften.

Kommanditist: Hinsichtlich der Höhe der Kommanditeinlage sind die **Vermögenseinlage** (**Hafteinlage**) und die **bedungene Einlage** (**Pflichteinlage**) zu unterscheiden.

Die **Vermögenseinlage** des Kommanditisten ist jener Betrag, der in der Anmeldung zum Firmenbuch enthalten sein muss und der das Höchstausmaß seiner Haftung nach außen hin angibt. Der Vermögenseinlage gegenüber steht die **bedungene oder Pflichteinlage**. Sie muss der Kommanditist unabhängig davon, ob ihre Leistung zur Deckung von Gesellschaftsverbindlichkeiten nötig ist, leisten, um seine Beitragspflicht gegenüber seinen Mitgesellschaftern zu erfüllen.

Die **Hafteinlage** ist in aller Regel identisch mit der bedungenen Einlage; sie kann aber von ihr nach oben oder unten abweichen. In der Folge wird davon ausgegangen, dass Hafteinlage und bedungene Einlage identisch sind.

Der Kommanditist ist mangels anderer Vereinbarungen weder berechtigt noch verpflichtet, über die bedungene Einlage hinaus Einzahlungen zu leisten. Ist die Einlage voll einbezahlt und nicht durch Verluste vermindert, werden Gewinnanteile des Kommanditisten einem gesonderten **Gewinnverrechnungskonto** zugebucht, welches eine **echte Verbindlichkeit der Gesellschaft** gegenüber dem Kommanditisten darstellt. Ist die Kommanditeinlage durch Verluste vermindert, sind Gewinnanteile des Kommanditisten so lange der Einlage zuzuschreiben, bis diese die bedungene Höhe erreicht hat.

Ein dem Kommanditisten auf Grund der Gewinnverteilung zugebuchter Gewinn stellt einen Rechtsanspruch desselben gegenüber der Gesellschaft dar; er muss somit bei nachfolgenden Verlusten nicht mehr aufgerechnet werden und stellt im Falle des Konkurses eine Konkursforderung dar.

Gemäß § 167 HGB nimmt der Kommanditist am Verlust nur bis zum Betrag seines Kapitalanteiles und seiner noch rückständigen Einlage teil. Diese Bestimmung hat in der Vergangenheit zur Folgerung Anlass gegeben, dass über den Betrag der bedungenen Einlage hinausgehende Verluste nicht mehr dem Kommanditisten, sondern dem Komplementär zugeschrieben werden müssten (wodurch es nie zu einem negativen Kapitalkonto des Kommanditisten kommen könne). Die heute herrschende Meinung steht jedoch auf dem Standpunkt, dass Verluste auch dann, wenn sie die bedungene Einlage übersteigen, dem Kommanditisten zuzurechnen sind (und damit zu einem negativen Kapitalkonto führen), allerdings mit der Maßgabe, dass der Kommanditist nur verpflichtet ist, seine Kapitaleinlage aus Folgegewinnen, nicht aber durch Einzahlung wieder aufzufüllen. Scheidet der Kommanditist daher zu einem Zeitpunkt aus der Gesellschaft aus, oder wird die Gesellschaft zu einem Zeitpunkt aufgelöst, an dem der Stand der Einlage negativ ist, trifft ihn keine Zahlungspflicht. Bezüglich der steuerlichen Behandlung des negativen Kapitalkontos des Kommanditisten siehe § 24 Abs. 2 EStG 1988.

Führung der Gesellschafterkonten

Die **Kapitalkonten des Komplementärs** sind analog den Bestimmungen für den offenen Handelsgesellschafter zu führen, wobei für den Fall, dass ein fix vereinbartes Beteiligungsverhältnis vereinbart wurde, der Führung eines **fixen Kapitalkontos** und eines **beweglichen Gesellschafterverrechnungskontos** (Privatkonto) der Vorzug zu geben ist.

Für den Kommanditisten wird ein einziges Kapitalkonto (Kommanditeinlagekonto) geführt, welches **Höchstwertcharakter** hat, wie aus den Ausführungen über die Kapitalbeteiligung des Kommanditisten hervorgeht. Da der Kommanditist nur Anspruch auf Auszahlung seines Gewinnanteiles hat, darüber hinaus jedoch keine Privatentnahmen tätigen darf, gibt es neben dem Einlagekonto kein Privatkonto des Kommanditisten.

Das Kommanditeinlagekonto kann sowohl netto als auch brutto verbucht werden:

Nettoverbuchung

Kommanditeinlage	
Verluste (Konto kann negativ werden) Endbestand	Anfangsbestand 1. Einzahlung bis zur bedungenen Einlage 2. Zuschreibung des Gewinnes bis zur bedungenen Einlage a) wenn Einlage durch Verluste vermindert b) wenn Einlage nicht voll einbezahlt, jedoch fällig

Das neben der Kommanditeinlage zu führende Gewinnverrechnungskonto stellt eine echte Verbindlichkeit der Gesellschaft gegenüber dem Kommanditisten dar.

Gewinnverrechnung	
Gewinnentnahmen Endbestand	Anfangsbestand Gewinnanteil (Ausnahme: Punkt 2 des Kommanditeinlagekontos)

Bruttoverbuchung

Im Falle der Bruttoverbuchung ist auf dem Kommanditeinlagekonto die bedungene Einlage auszuweisen. Für die noch nicht einbezahlte Einlage ist ein Konto **„Ausstehende Kommanditeinlage"** zu führen, welches eine **Forderung** der Gesellschaft gegenüber dem Kommanditisten darstellt, während für Verluste, die die Kommanditeinlage vermindern, ein **Verlustvortragskonto** einzurichten ist, welches eine **Wertberichtigung** zur Kommanditeinlage darstellt.

Die ausstehende Kommanditeinlage und das Verlustvortragskonto können auch offen von der bedungenen Kommanditeinlage abgesetzt werden.

Kommanditeinlage	
Endbestand = Bedungene Einlage	Anfangsbestand = Bedungene Einlage

Ausstehende Kommanditeinlage	
Anfangsbestand	1. Einzahlung 2. Gewinnanteil (wenn Einlage zur Zahlung fällig) Endbestand

Verlustvortrag	
Anfangsbestand Verlustanteil	Gewinnanteil (zwingend) Endbestand

| Gewinnentnahmen | Anfangsbestand |
| Endbestand | Gewinnanteil |

Soweit zwischen Gesellschafter und Gesellschaft gegenseitige Leistungen erbracht werden, die nicht der Gesellschaftersphäre entstammen (Forderungen aus Lieferungen und Leistungen, Gewährung von Darlehen etc.), stellen diese Beträge reine Forderungen bzw. Verbindlichkeiten dar, die auch im Falle des Konkurses der Gesellschaft als solche zu behandeln sind.

Das Eigenkapital der Gesellschaft m. b. H. & Co KG (AG & Co KG)

Von einer GmbH & Co KG (AG & Co KG) spricht man, wenn mindestens ein Komplementär eine juristische Person ist. Fungiert neben der juristischen Person keine natürliche Person als Komplementär, spricht man von einer GmbH (AG) & Co KG im engeren Sinne.

In der Führung der Kapitalkonten sowohl des Komplementärs als auch des Kommanditisten besteht kein Unterschied im Verhältnis zur „normalen" Kommanditgesellschaft.

Zum Ausweis des Eigenkapitals bei der GmbH & Co KG schlägt die Richtlinie des österreichischen Instituts der Wirtschaftsprüfer, IWP/RL 4, folgende Darstellung vor, wobei die Richtlinie darauf hinweist, dass diese Darstellung sinngemäß auch auf das Eigenkapital bei Personengesellschaften, die nicht unter § 221 Abs. 5 HGB fallen, angewendet werden kann:

A. Eigenkapital

I. Komplementärkapital

   1. Festkapital

   2. variables Kapital

II. Kommanditkapital

   1. Bedungene Einlagen

   2. abzüglich nicht eingeforderter Einlagen und genehmigter Entnahmen

   3. abzüglich Verlustanteile

III. Nicht durch bedungene Einlagen gedeckte Verlustanteile

Das Eigenkapital der eingetragenen Erwerbsgesellschaft (EEG)

Die Erwerbsgesellschaft ist im Bundesgesetz vom 25. April 1990 über eingetragene Erwerbsgesellschaften (Erwerbsgesellschaftsgesetz = EGG) geregelt.

Sie liegt vor, wenn eine Gesellschaft auf einen gemeinschaftlichen Erwerb unter gemeinsamer Firma gerichtet ist, zu deren Zweck jedoch eine OHG oder KG nicht gegründet werden kann (z. B. freiberufliche Tätigkeit).

Sie kann als offene Erwerbsgesellschaft (Haftung wie bei der OHG) oder als Kommanditerwerbsgesellschaft (Haftung wie bei der KG) tätig sein, wobei dies im Firmenwortlaut zum Ausdruck zu kommen hat (OEG bzw. KEG).

Eingetragene Erwerbsgesellschaften entstehen mit der Eintragung in das Firmenbuch.

Für eingetragene Erwerbsgesellschaften gelten die Vorschriften des HGB über die OHG und KG. Zur Führung von Handelsbüchern sind eingetragene Erwerbsgesellschaften als solche nicht verpflichtet. Steuerrechtlich gelten für die Buchführungspflicht die Bestimmungen des § 125 BAO. Allerdings bestimmt § 5 Abs. 2 EStG, dass in diesem Fall die Gewinnermittlung nach den Bestimmungen des § 5 Abs. 1 zu erfolgen habe.

Im Falle einer doppelten Buchhaltung entsprechen die Eigenkapitalkonten jenen der OHG bzw. KG.

Das Eigenkapital des stillen Gesellschafters (§§ 178–188 HGB)

Wer sich als stiller Gesellschafter an dem Handelsgewerbe, das ein anderer betreibt, mit einer Vermögenseinlage beteiligt, hat die Einlage so zu leisten, dass sie in das Vermögen des Inhabers des Handelsgewerbes übergeht. Der Inhaber wird aus den in dem Betrieb geschlossenen Geschäften allein berechtigt und verpflichtet.

Die Beteiligung als stiller Gesellschafter ist auf Grund der gesetzlichen Definition grundsätzlich an jedem Handelsgewerbe und damit an jeder handelsrechtlich geregelten Unternehmensform (Einzelkaufmann, OHG, KG, GmbH, AG), nicht aber an einer Gesellschaft bürgerlichen Rechtes, soweit sie kein Handelsgewerbe betreibt, möglich.

An der Führung der Kapitalkonten der anderen Gesellschafter der oben angeführten Unternehmen ändert sich durch die Beteiligung eines stillen Gesellschafters nichts, da die **stille Gesellschaft zwischen dem Unternehmen als Ganzes einerseits und dem stillen Gesellschafter andererseits gebildet wird.**

Je nach der Beteiligung an den stillen Reserven und am Firmenwert unterscheidet man in steuerlicher Hinsicht den **echten (typischen)** stillen Gesellschafter von dem **unechten (atypischen)** stillen Gesellschafter.

Die Einlage des **echten** stillen Gesellschafters gilt grundsätzlich als **Nominaleinlage**, die im Falle seines Ausscheidens mit dem vereinbarten Nominalbetrag zurückzuzahlen ist.

An der **echten** stillen Gesellschaft ändert sich auch dann nichts, wenn gesellschaftsvertraglich vereinbart wird, dass die Einlage des stillen Gesellschafters (nach einem bestimmten Index) wertgesichert ist oder dass der stille Gesellschafter im Falle des Ausscheidens an jenen stillen Reserven beteiligt sein soll, deren Bildung zur Zurückhaltung von Gewinnen geführt hat und die somit den Gewinnanteil des stillen Gesellschafters in den vergangenen Jahren geschmälert haben.

Steuerlich bezieht der **echte stille Gesellschafter Einkünfte aus Kapitalvermögen**. Der Gewinnanteil des stillen Gesellschafters ist bei diesem daher nicht im Jahr des Entstehens, sondern im Jahr des Zufließens zu versteuern, wobei vom zufließenden Gewinn die Kapitalertragsteuer in Höhe von 25 % (nicht endbesteuert) einbehalten wird. Der Gewinnanteil des stillen Gesellschafters mindert im Jahre der Entstehung gleich einer Betriebsausgabe den Gewinn des Unternehmens.

Ist der stille Gesellschafter auf Grund des Gesellschaftsvertrages für den Fall seines Ausscheidens neben den stillen Reserven auch am Firmenwert beteiligt, liegt eine **unechte (atypische)** stille Gesellschaft vor. Der stille Gesellschafter wird in diesem Fall steuerlich zum Mitunternehmer und bezieht **Einkünfte aus Gewerbebetrieb**. Es findet eine einheitliche und gesonderte Gewinnfeststellung statt; die Besteuerung des Gewinnanteiles erfolgt im Jahre der Gewinnerzielung und nicht des Zufließens.

Für die Führung des **Einlagenkontos** des stillen Gesellschafters gelten die gleichen Regeln wie für die Führung des Einlagenkontos des Kommanditisten. Das Gleiche gilt für das **Gewinnverrechnungskonto**, welches eine echte Verbindlichkeit des Unternehmens gegenüber dem stillen Gesellschafter darstellt. Auch das Konto „**Ausstehende Einlage**" und das Verlustvortragskonto werden in gleicher Weise wie die entsprechenden Konten des Kommanditisten geführt (siehe den Abschnitt über die Führung der Gesellschafterkonten bei der KG).

Das Eigenkapital der Aktiengesellschaft

Die Aktiengesellschaft ist eine Gesellschaft mit eigener Rechtspersönlichkeit, deren Gesellschafter mit Einlagen auf das in Aktien zerlegte Grundkapital beteiligt sind, ohne persönlich für die Verbindlichkeiten der Gesellschaft zu haften.

Gesetzliche Grundlagen für die Führung der Eigenkapitalkonten

Grundkapital

In gleicher Weise wie das Stammkapital bei der Gesellschaft mbH ist das Grundkapital durch die Satzung festgelegt und kann nur durch eine Änderung derselben erhöht oder herabgesetzt werden. Es hat damit **Nennwertcharakter**. Gemäß § 28 ist, soweit nicht Sacheinlagen vereinbart sind, mindestens ein Viertel des Nennbetrages und das volle Agio (Überpariausgabe von Aktien) sofort einzubezahlen. Der nicht eingezahlte Betrag stellt eine Forderung der Gesellschaft gegenüber dem Aktionär dar und wird, solange er nicht eingefordert ist, gem. § 229 Abs. 1 HGB offen vom Grundkapital abgesetzt. Der eingeforderte Betrag einer ausstehenden Einlage ist unter den Forderungen gesondert auszuweisen und entsprechend zu bezeichnen.

Der Mindestnennbetrag des Grundkapitals beträgt € 70.000,– (1 Mio. S).

Rücklagen

Rücklagen sind Eigenkapital, das auf gesonderten Rücklagenkonten ausgewiesen wird (**offene Rücklagen**), oder das überhaupt nicht in der Bilanz in Erscheinung tritt, da Vermögensteile unterbewertet worden sind (**stille Rücklagen**), oder das in überhöhten Schuldposten, z. B. Rückstellungen, steckt (**versteckte Rücklagen**).

Gesonderte Rücklagenposten auf der Passivseite der Bilanz werden gewöhnlich nur bei Gesellschaften mit nominell gebundenen Kapitalposten (Grundkapital, Stammkapital) ausgewiesen, es sei denn, es handelt sich um die gemäß den einkommensteuerrechtlichen Begünstigungen auszuweisenden unversteuerten Rücklagen.

Zweck der Rücklagenbildung: Die Bildung von Rücklagen bewirkt eine Eigenkapitalverstärkung, die durch Zurückbehaltung eines Teiles oder des gesamten erzielten Gewinnes (Gewinnrücklagen, Gewinnvortrag) oder aber durch eine Kapitalzufuhr seitens der Gesellschafter (Kapitalrücklagen) geschehen kann. Während man im ersten Fall von **Selbstfinanzierung** spricht, spricht man im zweiten Fall von **Eigenfinanzierung.**

Zu den wichtigsten Zwecken der Rücklagenbildung gehören:

Vorsorge für zukünftige Verluste (Verlustrücklagen): Rücklagen stellen sich „schützend" vor das Nominalkapital. Wenn Verluste eintreten, so gehen diese zuerst zu Lasten der Rücklagen, und das Nominalkapital wird noch nicht angegriffen (zusätzliche Garantieposten gegenüber den Gläubigern). Die Deckung von Verlusten durch die Auflösung von Rücklagen verhindert nicht die Entstehung des Verlustes, sondern verhindert nur dessen Ausweis in der Bilanz.

Kapitalbereitstellungen für geplante Betriebserweiterungen: Durch die Zurückbehaltung von Gewinnen im Betrieb infolge der Rücklagenbildung werden Mittel für die geplanten Betriebserweiterungen bereitgestellt (Verhinderung von Gewinnausschüttungen).

Kapitalbereitstellung für Maßnahmen der Umfinanzierung: Wenn Betriebserweiterungen durch Fremdkapital finanziert wurden, wird durch die Bildung von Rücklagen allmählich Fremdkapital durch Eigenkapital ersetzt. Statt die Gewinne auszuschütten, werden sie zur Rückzahlung des Fremdkapitals verwendet.

Gewinnausgleich zwecks Dividendenpolitik (Dividendenausgleichsrücklagen): Viele Kapitalgesellschaften sind an der Ausschüttung eines gleich bleibenden Gewinnanteils interessiert. Wenn die Jahresgewinne stark schwanken, kann in Jahren hoher Gewinne ein Teil des Gewinnes den Rücklagen zugeführt werden. Wenn in Jahren niedriger Gewinne der Jahresgewinn nicht zur Gewinnausschüttung ausreichen würde, besteht die Möglichkeit, Rücklagen aufzulösen und auf diese Weise den bilanzmäßig ausgewiesenen Gewinn auf die zur Ausschüttung erforderliche Höhe zu bringen.

Die Rücklagen können nach folgenden Gesichtspunkten eingeteilt werden:

Gesetzliche, freie und statutarische Rücklagen

Die Bildung der **gesetzlichen Rücklagen** beruht auf gesetzlichen Vorschriften, die der **statutarischen Rücklagen** auf Satzungsbestimmungen, die der **freien Rücklagen** auf Beschluss der Gesellschaftsorgane (Vorstand, Aufsichtsrat, Hauptversammlung bzw. Generalversammlung).

Offene und stille Rücklagen

Offene Rücklagen sind aus der Bilanz ersichtlich. **Stille Rücklagen** stellen zusätzliches Eigenkapital dar, das im Gegensatz zu den offenen Rücklagen nicht in der Bilanz ausgewiesen wird. Stille Rücklagen entstehen durch **Unterbewertung von Aktiven oder Überbewertung von Passiven**. Im letzteren Fall werden sie auch als **versteckte Rücklagen** bezeichnet. Die Unterbewertung kann eine freiwillige oder durch die Bewertungsvorschriften erzwungene sein.

Allgemein gedeckte und speziell gedeckte Rücklagen

Einer speziell gedeckten Rücklage steht auf der Aktivseite ein bestimmter Vermögensteil (Fonds) gegenüber.

Gewinnrücklagen und Kapitalrücklagen

Gewinnrücklagen werden aus dem Gewinn gebildet, Kapitalrücklagen entstehen durch Einzahlungen der Gesellschafter (z. B. Aktienemission über pari).

Versteuerte und nicht versteuerte Rücklagen

Eine nicht versteuerte Rücklage beruht immer auf besonderen gesetzlichen Bestimmungen, da sonst Zuweisungen zu Rücklagen steuerlich nicht abzugsfähig sind.

Die handelsrechtliche Regelung der Rücklagen

Die Bildung und Auflösung von Gewinnrücklagen hat grundsätzlich über die Gewinn- und Verlustrechnung zu erfolgen (§ 231 Abs. 2 Z 25 und 27 und § 231 Abs. 3 Z 24 und 26). Die Bildung von **Kapitalrücklagen** erfolgt (mit Ausnahme bei der vereinfachten Kapitalherabsetzung) über ein Einzahlungskonto (Einzahlungskonto an Kapitalrücklage), die Auflösung über die Gewinn- und Verlustrechnung (§ 231 Abs. 2 Z 24 und § 231 Abs. 3 Z 25).

Das HGB unterscheidet im § 224 folgende **Rücklagen**:

PASSIVA, Abschnitt A

II. Kapitalrücklagen
    1. gebundene
    2. nicht gebundene
III. Gewinnrücklagen
    1. gesetzliche Rücklagen
    2. satzungsmäßige Rücklage
    3. andere Rücklagen (freie Rücklagen)

Während **Kapitalrücklagen** durch Einzahlungen der Gesellschafter entstehen, werden als **Gewinnrücklagen** nur Beträge ausgewiesen, die im Geschäftsjahr oder in einem früheren Geschäftsjahr aus dem Jahresüberschuss gebildet worden sind.

Zusätzlich zu den in § 224 genannten Rücklagen findet sich in § 225 Abs. 5 die Rücklage für eigene Anteile, Anteile an herrschenden oder mit Mehrheit beteiligten Unternehmen, die durch Umwidmung frei verfügbarer Kapital- und Gewinnrücklagen, soweit diese den Verlustvortrag übersteigen, oder aber direkt aus dem Jahresgewinn gebildet werden kann (siehe hiezu den Abschnitt „Eigene Anteile").

Im § 130 AktG wird zwischen gebundenen und nichtgebundenen Rücklagen unterschieden. Die gebundenen Rücklagen bestehen aus der gebundenen Kapitalrücklage, in die die nachfolgend angeführten Beträge gemäß § 229 Abs. 2 Z 1–4 einzustellen sind, und der gesetzlichen (Gewinn-)Rücklage. Die Trennung in gebundene und nicht gebundene Rücklagen gibt es nur bei der Aktiengesellschaft (§ 130 AktG) und bei der großen GmbH (§ 23 GmbHG). Damit gibt es bei der kleinen und mittleren GmbH weder eine gebundene Kapitalrücklage noch eine gesetzliche Gewinnrücklage.

Kapitalrücklagen

Gemäß § 229 Abs. 2 HGB sind als **Kapitalrücklagen** auszuweisen:

1. der Betrag, der bei der ersten oder einer späteren Ausgabe von Anteilen für einen höheren Betrag als den Nennbetrag über diesen hinaus erzielt wird (Agio);
2. der Betrag, der bei der Ausgabe von Schuldverschreibungen für Wandlungsrechte und Optionsrechte zum Erwerb von Anteilen erzielt wird;
3. der Betrag von Zuzahlungen, die Gesellschafter gegen Gewährung eines Vorzugs für ihre Anteile leisten;
4. die Beträge, die bei der Kapitalherabsetzung gemäß den §§ 185, 192 Abs. 5 AktG 1965 und § 59 GmbHG zu binden sind;
5. der Betrag von sonstigen Zuzahlungen, die durch gesellschaftsrechtliche Verbindungen veranlasst sind.

Gebundene Kapitalrücklagen

§ 229 Abs. 2 Z 1. **Agio**

Der gebundenen **Kapitalrücklage** ist das **Agio** bei der ersten oder späteren Ausgabe von Aktien zuzuweisen:

Buchungen: Emissionskonto an Grundkapital
Emissionskonto an Agio
Agio an gebundene Kapitalrücklage

Die **Emissionskosten sind zu Lasten der Gewinn- & Verlustrechnung** zu verbuchen. Zu den Emissionskosten gehören die Kosten der Gründer- bzw. Hauptversammlung, der Herstellung der Urkunden, der Genehmigung und Zuteilung, Notariats- und Gerichtskosten, Gesellschaftssteuer, Provisionen für die Ausgabe und Unterbringung der Aktien. Ihrer Einmaligkeit wegen werden sie häufig unter den außerordentlichen Aufwendungen (§ 231 Abs. 2 Z 19) ausgewiesen.

Abs 2 Z 2. **Umtausch von Wandelschuldverschreibungen**

In die gebundene Kapitalrücklage ist das **aus der Umwandlung von Wandelschuldverschreibungen in Aktien erzielte Agio** einzustellen. Diese Bestimmung gilt ausschließlich für Aktiengesellschaften, da nur diese berechtigt sind, **Wandelschuldverschreibungen** zu emittieren.

Wandelschuldverschreibungen sind Anleihen, die dem Besitzer das Recht geben, sie innerhalb einer bestimmten Zeit nach Ablauf einer Sperrfrist in Aktien umzutauschen oder gegen Bargeld einzulösen. Da mit der Ausgabe der Wandelschuldverschreibungen ein unentziehbares Recht entsteht, diese in Aktien umzutauschen, hat die Aktiengesellschaft mit der Ausgabe der Wandelschuldverschreibungen eine **bedingte Kapitalerhöhung zu beschließen**, welche dem maximalen Nennwert der aus dem Umtausch auszugebenden Aktien entspricht.

Beispiel:

Ausgabe von Wandelschuldverschreibungen 7 Mio. €, Umtauschverhältnis 2 : 1. Da im Falle eines vollständigen Umtausches Aktien im Nominalwert von 3,5 Mio. € ausgegeben werden müssen, ist bei der Ausgabe der Wandelschuldverschreibungen eine bedingte Kapitalerhöhung von 3,5 Mio. € zu beschließen.

Es werden 50 % der ausgegebenen Wandelschuldverschreibungen in Aktien umgetauscht und 50 % bar eingelöst. Wie hoch ist das erzielte Agio?

Buchung:	Wandelanleihe	7 Mio. €	
	Bank		3,5 Mio. €
	Grundkapital (Aktienausgabe 2:1)		1,75 Mio. €
	Agio (gebundene Kapitalrücklage)		1,75 Mio. €

Dieses Agio ist in die gebundene Kapitalrücklage einzustellen.

zu 3. **Zuzahlungen** von Gesellschaftern gegen **Gewährung eines Vorzugs** für ihre Anteile sind in die **gebundene Kapitalrücklage, sonstige Zuzahlungen** gemäß Abs. 5 in die **nicht gebundene Kapitalrücklage einzustellen.**

zu 4. **Kapitalherabsetzung** (vereinfachte)

Der gebundenen Kapitalrücklage sind die innerhalb der nächsten zwei Jahre ab dem Kapitalherabsetzungsbeschluss freiwerdenden Beträge zuzuweisen, die im Zuge einer vereinfachten Kapitalherabsetzung gemäß §§ 182 ff. AktG und § 59 GmbHG aus zu hoch angenommenen Verlusten entstammen.

Eine vereinfachte Kapitalherabsetzung dient der Sanierung einer Kapitalgesellschaft und darf nur zum Ausgleich von Wertminderungen, zur Deckung von sonstigen Verlusten und zur Einstellung von Beträgen in die gebundene Kapitalrücklage verwendet werden. Der Verwendungszweck der freigewordenen Beträge muss im Kapitalherabsetzungsbeschluss enthalten sein.

Buchungen:	Bei der Kapitalherabsetzung
	Grundkapital (Stammkapital) an gebundene Kapitalrücklage
	Die zur Sanierung notwendigen Beträge werden der Kapitalrücklage entnommen; der Rest verbleibt auf dem Konto

Eine **gebundene Kapitalrücklage** ist auch bei der Kapitalherabsetzung durch Einziehung von Aktien (§ 192 AktG) im Ausmaß der der Gesellschaft **unentgeltlich zur Verfügung** gestellten Aktien oder im Ausmaß der **zu Lasten des** aus der Jahresbilanz sich ergebenden **Reingewinnes** oder **zu Lasten einer freien Rücklage eingezogenen Aktien** zu bilden.

Eine dieser Bestimmung analoge Regelung gibt § 58 GmbH-Gesetz:

Für den Fall der Rückzahlung von Stammeinlagen bei **Heimfallunternehmen** hat dies aus dem Reingewinn des Bilanzjahres oder aus Gewinnvorträgen der Vorjahre zu erfolgen. Ein den zurückgezahlten Stammeinlagen gleichkommender Betrag muss in der Bilanz als Passivposten geführt werden. Dieser Passivposten gilt als gebundene **Kapitalrücklage**.

Buchungen: **Rückzahlung der Stammeinlagen:**
Stammkapital an Zahlungskonto
Dotierung der Kapitalrücklage:
Zuweisung an gebundene Kapitalrücklage an gebundene Kapitalrücklage

Gem. § 130 AktG dürfen gebundene Kapitalrücklagen nur zum Ausgleich eines ansonsten auszuweisenden Bilanzverlustes aufgelöst werden. Sind freie, zum Ausgleich von Wertminderungen und zur Deckung von sonstigen Verlusten bestimmte (Gewinn)rücklagen vorhanden, müssen diese vorrangig aufgelöst werden.

Nicht gebundene Kapitalrücklage

Während bei der kleinen und mittleren GmbH alle Kapitalrücklagen ungebunden sind, zählen bei der großen GmbH und der AG nur die gemäß § 229 Abs. 2 Z 5 auf Grund gesellschaftsrechtlicher Verbindung ohne weitere Bindung geleisteten Zuzahlungen zu den ungebundenen Kapitalrücklagen.

Ungebundene Kapitalrücklagen können beliebig verwendet werden. Werden Kapitalrücklagen an die Gesellschafter zurückbezahlt, erfolgt dies zunächst durch einen Ausschüttungsbeschluss und die Auflösung der ungebundenen Kapitalrücklage in der Gewinn- und Verlustrechnung (Zeile 24 bzw. 23 der Gewinn- und Verlustrechnung), womit der Bilanzgewinn des Unternehmens erhöht wird.

Steuerlich gilt die Rückzahlung der ungebundenen Kapitalrücklage als nicht steuerpflichtige Einlagenrückzahlung. Zur Überwachung dieses Tatbestandes hat jede Kapitalgesellschaft gem. § 4 Abs. 12 EStG den Stand der Einlagen im Wege eines **Evidenzkontos** zu erfassen und seine Erhöhungen durch weitere Einlagen und Zuwendungen sowie Verminderungen durch Ausschüttungen oder sonstige Zuwendungen laufend fortzuschreiben. Dieses Evidenzkonto ist in geeigneter Form der jährlichen Steuererklärung anzuschließen.

Gesetzliche Rücklage

Gemäß § 130 Abs. 3 AktG ist in die **gesetzliche Rücklage** ein Betrag einzustellen, der mindestens dem 20. Teil des um einen Verlustvortrag geminderten Jahresüberschusses nach Berücksichtigung der Veränderung unversteuerter Rücklagen entspricht, bis der Betrag der gebundenen Rücklagen insgesamt den 10. oder den in der Satzung bestimmten höheren Teil des Nennkapitals erreicht hat.

Die **gesetzliche Rücklage** ist eine **Gewinnrücklage**.

Die gesetzliche Rücklage darf nur zum Ausgleich eines ansonsten auszuweisenden Bilanzverlustes aufgelöst werden. Der Verwendung der **gesetzlichen Rücklage** steht nicht entgegen, dass freie zum Ausgleich von Wertminderungen und zur Deckung von sonstigen Verlusten bestimmte Rücklagen vorhanden sind.

Für die **Verwendung** der **gesetzlichen Rücklagen** ergibt sich im Einzelnen:

1. Eine vorhandene, zur Deckung von Verlusten bestimmte freie Rücklage hindert nicht die Verwendung einer gesetzlichen Rücklage.
2. Eine **gesetzliche Rücklage** darf, wie auch eine gebundene Rücklage nur im Ausmaß eines sich sonst ergebenden Jahresverlustes aufgelöst werden, wobei eine gleichzeitige Dotierung freier Rücklagen untersagt ist.
3. Ein bestehender **Verlustvortrag** aus den Vorjahren kann trotz Vorhandenseins eines Jahresgewinnes durch die gesetzliche Rücklage abgedeckt werden,

wenn eine Abdeckung dieses Verlustes durch die gesetzlichen Rücklagen im Jahre des Entstehens möglich gewesen wäre.

Die Auflösung der **gesetzlichen Rücklagen** erfolgt über das Gewinn- und Verlustkonto. Dadurch wird ein bestehender Verlustvortrag, der ebenfalls über das Gewinn- und Verlustkonto geführt wird, ausgeglichen.

Freie Rücklagen

Freie Rücklagen werden auf Beschluss des Vorstandes (bei der GmbH der Generalversammlung) oder auf Grund des Gesellschaftsvertrages (**satzungsmäßige Rücklage**) aus dem **Gewinn** gebildet. Falls die Satzung für die Verwendung der Rücklage keinen bestimmten Zweck vorgesehen hat, können sowohl die freie als auch die satzungsgemäße Rücklage beliebig verwendet werden (Ausschüttung an die Gesellschafter, Ausgleich entstandener Verluste etc.).

Zusammenfassende Darstellung der Rücklagen gem. § 224 Abs. 3 A II und III

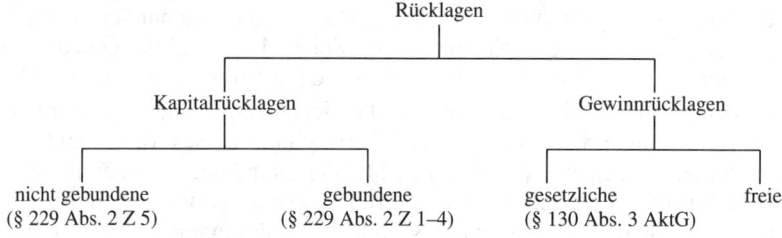

nicht gebundene (§ 229 Abs. 2 Z 5)	**gebundene** (§ 229 Abs. 2 Z 1–4)	**gesetzliche** (§ 130 Abs. 3 AktG)	**freie**
Der Betrag von sonstigen Zuzahlungen, die durch gesellschaftsrechtliche Verbindungen veranlasst sind (freiwillige Gesellschafterzuschüsse, Großmutterzuschüsse etc.)	Agio bei der Ausgabe von Aktien oder Anteilen Agio beim Umtausch von Wandelschuldverschreibungen in Aktien Zuzahlung der Gesellschafter gegen Gewährung eines Vorzuges für ihre Anteile etc.	Beträge, die im Geschäftsjahr oder einem früheren Geschäftsjahr aus dem Jahresüberschuss gebildet worden sind 5% des um einen Verlustvortrag verminderten Jahresüberschusses nach Berücksichtigung der Veränderung unversteuerter Rücklagen so lange, als die gebundenen Rücklagen insgesamt nicht 10% des Nennkapitals erreicht haben.	

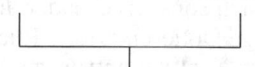

Abb. 11   nach § 130 AktG: gebundene Rücklagen

Bilanzgewinn (Bilanzverlust)

Der **Bilanzgewinn (Bilanzverlust)** ergibt sich aus dem Jahresüberschuss in der Gewinn- und Verlustrechnung, vermehrt um die Auflösung versteuerter und unversteuerter Rücklagen sowie den Gewinnvortrag aus dem Vorjahr – vermindert um die Dotierung versteuerter und unversteuerter Rücklagen und den Verlustvortrag aus dem Vorjahr.

Der vorjährige Gewinn- oder Verlustvortrag ist jener Teil des vorjährigen Bilanzgewinnes oder Bilanzverlustes, über den durch die Hauptversammlung (Generalversammlung) nicht verfügt worden ist.

Der Bilanzverlust stellt eine Korrekturpost (Wertberichtigungspost) zum Eigenkapital dar. Der Ausgleich des Kontos Bilanzverlust kann durch Auflösung der gebundenen Rücklagen, durch Auflösung einer freien Rücklage oder aber durch spätere Gewinne erfolgen. Eine Einzahlungspflicht für die Gesellschafter zur Abdeckung des Verlustvortrages besteht (auch im Falle eines Konkurses) nicht.

Im Gegensatz zur GmbH erfolgt die Feststellung des Jahresabschlusses bereits durch den Vorstand und Aufsichtsrat. Die Hauptversammlung hat das (nicht durch Gesellschaftsvertrag einschränkbare) Recht, über die Verteilung des Bilanzgewinnes zu beschließen. Sie ist auch nicht an den vom Vorstand vorzulegenden Gewinnverteilungsvorschlag gebunden. Sie kann den Reingewinn auch zur Gänze oder teilweise von der Ausschüttung ausschließen.

Da die Hauptversammlung an den vom Vorstand mit Billigung des Aufsichtsrates festgestellten Jahresabschluss gebunden ist, die Dotierung der freien Rücklage daher in die Kompetenz dieser Organe fällt, besteht die Möglichkeit, dass der Vorstand mit Billigung des Aufsichtsrates freie Rücklagen in einer Höhe dotiert, die einen verteilungsfähigen Reingewinn nicht mehr überlassen. (Anders in Deutschland, wo zumindest die Hälfte des vor Dotierung der freien Rücklage vorhandenen Reingewinnes der Hauptversammlung zur Beschlussfassung überlassen bleiben muss.)

Soweit der Bilanzgewinn durch die Hauptversammlung von der Verteilung ausgeschlossen wird, kann er auf neue Rechnung vorgetragen und damit in der Folge ausgeschüttet oder aber einer Gewinnrücklage zugewiesen werden.

Mit dem Ausschüttungsbeschluss wird der Bilanzgewinn insoweit von Eigenkapital zu Fremdkapital. Der Aktionär erlangt ein vom Mitgliedschaftsrecht unabhängiges Gläubigerrecht auf die Dividende.

Das Eigenkapital der Gesellschaft mit beschränkter Haftung

Die Gesellschaft mit beschränkter Haftung ist eine Gesellschaft mit eigener Rechtspersönlichkeit, deren Gesellschafter mit ihren Stammeinlagen am Stammkapital beteiligt sind, ohne persönlich für die Schulden der Gesellschaft zu haften.

Gesetzliche Grundlagen für die Führung der Eigenkapitalkonten

Stammkapital

Gemäß § 4 GmbHG muss der Gesellschaftsvertrag (Satzung) die Höhe des Stammkapitals und den Betrag der von jedem Gesellschafter zu leistenden Einlage (Stammeinlage) bestimmen. Da die **Höhe des Stammkapitals im Gesellschaftsvertrag festgesetzt ist**, kann dieses nur durch Änderung des Gesellschaftsvertrages (Satzung) erhöht oder herabgesetzt werden. Es hat somit **Nennwertcharakter.**

Da gemäß § 10 auf jede in barem Geld zu leistende Stammeinlage **mindestens ein Viertel**, jedenfalls aber ein Betrag von € 70,– (S 1.000,–) eingezahlt sein muss, das Stammkapital in der Bilanz aber in einer satzungsmäßigen Höhe darzustellen ist, sind die **ausstehenden Einlagen** in der Bilanz offen vom Stammkapital abzusetzen, solange sie noch nicht eingefordert sind. **Eingeforderte ausstehende Einlagen** sind unter den Forderungen offen auszuweisen.

Das Stammkapital beträgt mindestens € 35.000,– (S 500.000,–), wovon, wenn keine Sachgründung gemäß § 6 Abs. 4 GmbHG vorliegt, jedenfalls € 17.500,– (S 250.000,–) in bar einbezahlt werden müssen.

Nachschusskapital

Gemäß § 72 GmbHG kann im Gesellschaftsvertrag bestimmt werden, dass die Gesellschafter über den Betrag der Stammeinlagen hinaus die Einforderung von weiteren (**rückzahlbaren**) **Einzahlungen** (**Nachschüssen**) beschließen können. Nachschüsse haben im Verhältnis der Stammeinlagen zu erfolgen. Für sie gilt der unbedingte Gleichheitsgrundsatz. Die Nachschüsse dienen als Förderungsmittel der Stärkung des Unternehmens, ohne wie Stammeinlagen gebunden zu sein. Sie können, soweit sie nicht zur Deckung eines bilanzmäßigen Verlustes am Stammkapital erforderlich sind, zurückgezahlt werden.

Nachschüsse sind bei Einforderung als gesonderter Posten (Nachschusskapital) zu passivieren und mit dem noch nicht geleisteten Betrag als Forderungen zu aktivieren.

Im Gegensatz zur ausstehenden Stammeinlage können sich Gläubiger im Falle eines Konkurses nicht auf die Ansprüche der Gesellschaft auf Einzahlung eines Nachschusses berufen, da das Nachschusskapital lediglich im Innenverhältnis rechtliche Bedeutung hat.

Rücklagen

Hinsichtlich der Rücklagen siehe die unter dem Abschnitt Rücklagen bei der AG gemachten Ausführungen.

Negatives Eigenkapital bei Kapitalgesellschaften und Personengesellschaften gem. § 221 Abs. 5

Für den Fall, dass das Eigenkapital durch Verluste aufgebraucht ist, bestimmt § 225 Abs. 1, dass dieser Posten „negatives Eigenkapital" lautet. Im Anhang ist überdies zu erläutern, ob eine Überschuldung im Sinne des Insolvenzrechtes vorliegt.

Bei der Feststellung, ob eine **Überschuldung** im Sinne des Insolvenzrechtes vorliegt, sollten unter der Voraussetzung, dass keine Zahlungsunfähigkeit vorliegt, folgende Stufen beachtet werden:

1. Die unversteuerten Rücklagen übersteigen nach Abzug eventueller latenter Steuern das negative Eigenkapital: Es liegt **keine Überschuldung** im Sinne des Insolvenzrechtes vor.

2. Die unversteuerten Rücklagen im Sinne des Punktes 1 erreichen nicht die Höhe des negativen Eigenkapitals, womit eine rechnerische Überschuldung vorliegt. Es ist nunmehr zu prüfen, ob stille Reserven vorhanden sind, die die rechnerische Überschuldung ausgleichen: Im Falle des Zutreffens liegt **keine Überschuldung** im Sinne des Insolvenzrechtes vor.

3. Die stillen Reserven reichen nicht aus, um die rechnerische Überschuldung zu beseitigen. Es ist nunmehr zu prüfen, ob das Unternehmen auf Grund positiver Ertragserwartungen (positive Fortführungsprognose) imstande sein wird, die Überschuldung durch zukünftige Gewinne zu beseitigen und seine Schulden ordnungsgemäß abzustatten: Ist dies der Fall, liegt **keine Überschuldung** im Sinne des Insolvenzrechtes vor.

4. Die Fortführungsprognose ist negativ: Es liegt **eine Überschuldung** im Sinne des Insolvenzrechtes vor. Das Unternehmen hat die Insolvenz anzumelden.

Eine Überschuldung im Sinne des Insolvenzrechtes liegt auch dann nicht vor, wenn Haftungserklärungen (Patronatserklärungen) Dritter, etwa der Muttergesellschaft, vorliegen, in denen der Haftende erklärt, für sämtliche Schulden der Gesellschaft aufzukommen. Es ist allerdings darauf zu achten, dass der Haftende genügende Bonität besitzt.

Das Eigenkapital der Genossenschaft

Eine Genossenschaft ist eine Vereinigung von nicht geschlossener Mitgliederzahl, welche die Förderung des Erwerbes oder der Wirtschaft ihrer Mitglieder bezweckt. Die Genossenschaft hat eine von den beiden Kapitalgesellschaften GmbH und AG etwas abweichende Darstellung des Eigenkapitals, insbesondere deswegen, weil die Anzahl der Mitglieder offen ist und damit laufenden Schwankungen unterliegt. Nachstehend werden die wichtigsten Bestimmungen über die Führung der Gesellschafterkonten der Genossenschaft angeführt.

Geschäftsanteilkapital und ausstehende Einzahlung auf die Geschäftsanteile

Das Geschäftsanteilkapital besteht aus der Summe der Geschäftsanteile der einzelnen Mitglieder. Wegen der nicht geschlossenen Mitgliederzahl hat das Geschäftsanteilkapital keine im Genossenschaftsvertrag angegebene Höhe. Eine Veränderung des Kontos erfolgt nur durch den Mitgliederwechsel sowie durch eine statutenmäßige Herabsetzung oder Erhöhung der einzelnen Geschäftsanteile. Insoweit hat das Geschäftsanteilkonto **Nennwertcharakter**.

Sind die Geschäftsanteile nicht zur Gänze einbezahlt, wird das Geschäftsanteilkapitalkonto trotzdem in voller Höhe ausgewiesen und der nicht eingezahlte Betrag auf dem Konto **„ausstehende Einzahlung auf die Geschäftsanteile"** erfasst.

Mitglieder einer Genossenschaft können mit einer mindestens vierwöchigen Kündigungsfrist mit dem Schluss eines jeden Geschäftsjahres aus der Genossenschaft austreten. Während die Mitglieder einer **Genossenschaft mit unbeschränkter Haftung** spätestens einen Monat nach Aufstellung des Rechnungsabschlusses für das Jahr ihres Ausscheidens Anspruch auf Auszahlung ihres Geschäftsanteiles haben, bleibt dieser bei **Genossenschaften mit beschränkter Haftung und Anteilshaftung** gemäß § 79 noch durch **ein Jahr gebunden**. Der Geschäftsanteil ausgeschiedener Mitglieder ist daher bei Genossenschaften mit beschränkter Haftung auf ein Konto „Geschäftsanteilkapital gemäß § 79" umzubuchen. Erst nach Ablauf dieser Frist kann der Geschäftsanteil auf ein Konto **„Guthaben ausgeschiedener Mitglieder"**, über welches diese nunmehr verfügen können, umgebucht werden. Zur besseren Übersicht sollte während dieses Jahres eine Saldierung der ausstehenden Einlage des ausgeschiedenen Mitglieds mit dessen Geschäftsanteil nicht erfolgen. Daher ist auch eine etwaige ausstehende Einlage auf ein eigenes Konto **„ausstehende Einzahlung auf Geschäftsanteile gemäß § 79"** umzubuchen.

Bei Genossenschaften mit unbeschränkter Haftung kann die oben angeführte Verbuchung entfallen; da der ausgeschiedene Genossenschafter mit Fertigstellung des Rechnungsabschlusses ohnehin Anspruch auf Auszahlung seines Guthabens hat, kann der Geschäftsanteil sofort mit Stichtag des Ausscheidens auf ein Konto „Guthaben ausgeschiedener Mitglieder", welches bereits mit der ausstehenden Einlage saldiert ist, umgebucht werden.

Gewinn- bzw. Verlustvortrag

Soweit der Gewinn nicht schon bei Erstellung des Rechnungsabschlusses dem Reservefonds zugewiesen wurde, wird er in der Bilanz, ebenso wie ein eventueller Verlust, gesondert vorgetragen. Beschließt die Generalversammlung eine Ausschüttung des Gewinnes an die Mitglieder, wird der Gewinn auf ein Konto **„nichtbehobene Gewinnanteile (Dividenden)"** umgebucht. Nach erfolgtem Verteilungsbeschluss hat der Genossenschafter Anspruch auf Auszahlung seines Gewinnanteiles (Gläubigeranspruch).

Hinsichtlich entstandener **Verluste** kann die Generalversammlung beschließen, diese entweder mit einem vorhandenen Reservefonds zu saldieren, sie auf neue Rechnung vorzutragen oder die Verluste durch Abschreibung von den Geschäftsanteilkonten abzudecken. Wegen des damit verbundenen Aufgebotsverfahrens wird letztere Form der Verlustabdeckung nur in seltenen Fällen durchgeführt.

Reservefonds

Ein gesetzliches Erfordernis zur Bildung von Rücklagen (laut Genossenschaftsgesetz: Reservefonds) besteht nicht, jedoch kann der Genossenschaftsvertrag die

Bildung derartiger Rücklagen vorsehen. In der Regel bestimmt die Satzung, dass diese Rücklagen zur Deckung bilanzmäßiger Verluste zu verwenden sind.

Die Bildung und Verwendung unversteuerter Rücklagen ist in gleicher Weise wie bei den Kapitalgesellschaften möglich.

Sonstige Verrechnungskonten dienen der Verrechnung von Leistungen und Gegenleistungen zwischen Genossenschaft und Genossenschaftern, wie Ein- und Verkauf von Waren, Zinsen aus Darlehensgewährung usw. Diese Konten stellen echte Forderungen und Verbindlichkeiten dar und sind unabhängig von den vorne genannten Konten der Genossenschafter zu behandeln. Im Falle eines Konkurses sind sie gleich wie Forderungen und Verbindlichkeiten von Nichtgenossenschaftsmitgliedern zu behandeln. Sie sind echtes Fremdkapital.

eee) Unversteuerte Rücklagen

Die gesonderte Darstellung der **unversteuerten Rücklagen** außerhalb des Eigenkapitals erfolgt deswegen, weil sich in diesen Rücklagen noch latente **Steuern** befinden können.

Zu den unversteuerten Rücklagen gehören:

1. Bewertungsreserven auf Grund von Sonderabschreibungen;

2. Sonstige unversteuerte Rücklagen.

zu 1. Sonderabschreibungen vom Anlagevermögen sind zwingend über die **Bewertungsreserve** zu führen. Hiezu gehören:

Gebäudeabschreibungen gemäß § 8 Abs. 2 EStG	— (Denkmalgeschützte Gebäude)
Sonderabschreibungen gemäß § 12 EStG	— Aus dem Übertrag stiller Reserven.
Sonderabschreibungen gemäß § 13 EStG	— Geringwertige Wirtschaftsgüter müssen nur dann über die Bewertungsreserve geführt werden, wenn die Abschreibung betragsmäßig von wesentlichem Umfang ist (§ 205 Abs. 1).

Die Auflösung der Bewertungsreserve hat insoweit zu erfolgen, als die Vermögensgegenstände, für die sie gebildet wurde, aus dem Vermögen ausscheiden oder die steuerliche Wertminderung durch handelsrechtliche Abschreibungen zu ersetzen ist.

Beispiel: Anschaffung einer Maschine im Jahre 2002 um 10.000 €, Übertragung einer stillen Reserve gemäß § 12 2.000 €, Abschreibungssatz 20 %.

Buchungen:

Maschinen

1. Jahr Anschaffung	10.000	=	Planmäßige Abschreibung	2.000
2. Jahr EBK	8.000	=	Planmäßige Abschreibung	2.000
3. Jahr EBK	6.000	=	Planmäßige Abschreibung	2.000
4. Jahr EBK	4.000	=	Planmäßige Abschreibung	2.000
5. Jahr EBK	2.000		Planmäßige Abschreibung	2.000

Bewertungsreserve gemäß § 12 EStG

1. Jahr Auflösung	400	=	Bildung	2.000
2. Jahr Auflösung	400	=	EBK	1.600
3. Jahr Auflösung	400	=	EBK	1.200
4. Jahr Auflösung	400	=	EBK	800
5. Jahr Auflösung	400		EBK	400

Die Dotierung und die Auflösung der Bewertungsreserve erfolgt in der Gewinn- und Verlustrechnung **nach** dem Jahresüberschuss(-fehlbetrag).

Die Auflösung erfolgt in jenem Ausmaß, als die planmäßige Abschreibung (20 % von 10.000) durch die Übertragung der stillen Reserve (20 % von 2.000) jährlich gekürzt wird.

Erfolgsmäßige Darstellung

1. bis 5. Jahr Planmäßige Abschreibung	2.000
Auflösung Bewertungsreserve gemäß § 12	(400)
Erfolgswirksam	1.600

zu 2. Die sonstigen unversteuerten Rücklagen umfassen derzeit den Investitionsfreibeitrag gemäß § 10 EStG.

Ein Investitionsfreibetrag kann allerdings nur mehr für die Anschaffungs- und Herstellungskosten von Gegenständen des Anlagevermögens, die bis 31.12.2000 angefallen sind, in Anspruch genommen werden.

fff) Fremdkapital

Rückstellungen

Gem. § 198 Abs. 8 Z 1 sind Rückstellungen für ungewisse Verbindlichkeiten und für drohende Verluste aus schwebenden Geschäften zu bilden, die am Abschlussstichtag wahrscheinlich oder sicher, aber hinsichtlich ihrer Höhe oder des Zeitpunkts ihres Eintrittes unbestimmt sind.

Rückstellungen **dürfen** gem. § 198 Abs. 8 Z 2 außerdem für ihrer Eigenheit nach genau umschriebene, dem Geschäftsjahr oder einem früheren Geschäftsjahr zuzuordnende Aufwendungen gebildet werden, die am Abschlussstichtag wahrscheinlich oder sicher, aber hinsichtlich ihrer Höhe oder des Zeitpunkts ihres Eintrittes unbestimmt sind (Aufwandsrückstellungen). Derartige Rückstellungen **sind** zu bilden, soweit dies den Grundsätzen ordnungsmäßiger Buchführung entspricht.

Andere Rückstellungen als die gesetzlich vorgesehenen dürfen gem. § 198 Abs. 8 Z 3 nicht gebildet werden.

Rückstellungen sind grundsätzlich zu Lasten eines Aufwandspostens zu bilden

Eine Dotierung der Rückstellung aus dem Gewinn bzw. aus einem allgemeinen Aufwandsposten, etwa „Dotierung der Rückstellung", entspricht nicht dem Rückstellungsbegriff, sondern gehört in eine andere Kategorie. Aus diesem Grund können auch keine Rückstellungen zur Abdeckung eines allgemeinen Unternehmerrisikos gebildet werden, da diesem die Merkmale von Rückstellungen fehlen.

Betriebswirtschaftliche Grundlagen für die Bildung von Rückstellungen

Die Begründung für die Bildung von Rückstellungen kann aus mehreren betriebswirtschaftlichen Grundsätzen abgeleitet werden:

(1) Richtige Darstellung bestehender Verpflichtungen

Eine Verpflichtung (Schuld) ist bereits dann gegeben, wenn sie wirtschaftlich begründet ist, ohne dass dem Gläubiger bereits ein Rechtsanspruch zustehen muss.

(2) Herstellung der Periodenreinheit

Die einzelnen Aufwendungen und Erträge sind denjenigen Perioden zuzurechnen, in denen sie verursacht werden.

(3) Imparitätsprinzip

Das Imparitätsprinzip verlangt den bilanzmäßigen Ausweis aller noch nicht realisierten Verluste bzw. die Antizipation jener Beträge, um die sich das Ergebnis der Folgeperioden voraussichtlich verschlechtert, soweit die Ursache in der Abrechnungsperiode liegt.

(4) Passivierungspflicht für Rückstellungen

Da Rückstellungen echtes Fremdkapital sind, hat der Vollkaufmann bei Vorliegen des entsprechenden Tatbestandes die Verpflichtung und nicht das Recht, eine Rückstellung zu bilden.

§ 198 Abs. 8 Z 3 und 4 nennt 2 Ausnahmen von der Verpflichtung zur Rückstellungsbildung:

1. **Aufwandrückstellungen** müssen so lange nicht gebildet werden, als ihre Bildung noch nicht zu einem Grundsatz ordnungsmäßiger Buchführung geworden ist. Dies gilt beispielsweise für Rückstellungen für Großreparaturen und in zeitlichen Abständen wiederkehrende Wartungsarbeiten. Werden Aufwandsrückstellungen Bestandteil der Grundsätze ordnungsmäßiger Buchführung, müssen sie gebildet werden (z. B. Kulanzrückstellungen).

2. Eine Verpflichtung zur Rückstellungsbildung besteht nicht, soweit es sich um Beträge von **untergeordneter Bedeutung** handelt.

(5) Rückstellungen als Finanzierungsfaktor

Abgesehen von ihren Aufgaben der Aufwandperiodisierung, der Risikovorsorge und des richtigen Vermögensausweises wird der **Finanzierungswirkung der Rückstellungen besondere Bedeutung beigemessen**. Durch die Bildung von Rückstellungen werden Mittel, die später zur Auszahlung gelangen, bereits im Abschlussjahr der Besteuerung und der Ausschüttung entzogen und können so zur Finanzierung anderer Bereiche verwendet werden.

Die Finanzierungswirkung der Rückstellungen ist abhängig von der Dauer ihrer Bindung und ihrer steuerlichen Absetzbarkeit. Je länger die Bindung einer Rückstellung, desto größer ist die Finanzierungswirkung, da dadurch eine langfristige Verwendung in anderen Bereichen ermöglicht wird. Grundsätzlich ist bei der anderweitigen Verwendung der durch eine Rückstellung freigesetzten Mittel auf die Fristenkongruenz zu achten. Derartige Mittel sollen nicht über die Laufzeit der Rückstellungen hinaus gebunden werden, da es sonst zu finanziellen Schwierigkeiten im Unternehmen kommen kann.

Die Rückstellungen im Einzelnen

Gem. § 198 Abs. 8 Z 4 sind Rückstellungen insbesondere für
a) Anwartschaften auf Abfertigungen
b) laufende Pensionen und Anwartschaften auf Pensionen und
c) Kulanzen, nicht konsumierte Urlaube, Jubiläumsgelder, Heimfalllasten und Produkthaftungsrisiken
zu bilden.

§ 224 Abs. 3 C. verlangt den Ausweis folgender Rückstellungen in der Bilanz:
1. Rückstellungen für Abfertigungen
2. Rückstellungen für Pensionen
3. Rückstellungen für Steuern und
4. Sonstige Rückstellungen.

Die Rückstellungen für Steuern fehlen in der Aufstellung des § 198. Dies leitet sich aus dem Umstand ab, dass Steuerrückstellungen bei Einzelunternehmern und Personengesellschaften wegen des Fehlens von betrieblichen Ertragsteuern weniger Bedeutung haben als bei Kapitalgesellschaften.

zu 1. Rückstellungen für Abfertigungen

Gemäß § 211 Abs. 2 HGB sind **Anwartschaften auf Abfertigungen** mit dem sich nach **versicherungsmathematischen Grundsätzen** ergebenden Betrag anzusetzen. Vereinfachend kann ein bestimmter Prozentsatz der fiktiven Ansprüche zum jeweiligen Bilanzstichtag angesetzt werden, soferne dagegen im Einzelfall keine erheblichen Bedenken bestehen.

zu 2. Pensionsrückstellungen

Auf Grund rechtsverbindlicher und unwiderruflicher Pensions- bzw. Versorgungszusagen an Arbeitnehmer ist das Unternehmen gem. § 211 Abs. 2 verpflichtet, Rückstellungen für laufende Pensionen und Anwartschaften auf Pensionen mit dem sich nach versicherungsmathematischen Grundsätzen ergebenden Betrag zu bilden.

Das Steuerrecht anerkennt Rückstellungen für Anwartschaften auf Pensionen nicht, wenn in den Zusagen Vorbehalte, wie

    freiwillig und kein Rechtsanspruch,

    jederzeitiger Widerruf vorbehalten,

    Rechtsansprüche auf Leistungen bestehen nicht,

    die Leistungen sind unverbindlich,

eingebaut sind.

Die Dotierung hat grundsätzlich im Jahr der Zusage nach versicherungsmathematischen Grundsätzen zu erfolgen. Wegen des Rückstellungscharakters hat eine Zuführung zur Pensionsrückstellung auch in Verlustjahren zu geschehen.

Mit dem **zweiten Abgabenänderungsgesetz 1977** fanden Bestimmungen über die Bildung einer **Pensionsrückstellung** erstmals (in einer restriktiven Form) Eingang in das Einkommensteuergesetz. Diese Bestimmungen wurden im **Einkommensteuergesetz 1988** den **versicherungsmathematischen Regeln** mit der Einschränkung eines Rechnungszinssatzes von 6 % und einer 20-jährigen Übergangsregelung angepasst. Allerdings wurde, wie bei der Rückstellung für Abfertigungen, auch bei der Pensionsrückstellung die 50%ige Wertpapierdeckung eingeführt, die, beginnend mit 1991, ebenfalls über einen Zeitraum von 20 Jahren aufzubauen ist.

Pensionszusagen an geschäftsführende Gesellschafter von Kapitalgesellschaften sind bei Angemessenheit ebenso abzugsfähig wie bei anderen Angestellten.

Pensionszusagen an geschäftsführende Gesellschafter von Personengesellschaften gelten voll als **Gewinnverteilungsabrede**.

Sie werden daher im Jahr der Bildung beim Begünstigten versteuert und im Jahr des Bezuges als Privatentnahme desselben behandelt.

zu 2b. Jubiläumsrückstellungen

Jubiläumsrückstellungen sind nach den Grundsätzen des § 211 Abs 2 HGB zu bilden. Steuerlich dürfen Jubiläumsrückstellungen nur für die Verpflichtung zu einer Zuwendung anlässlich eines Dienstjubiläums bei kollektivvertraglicher Vereinbarung, bei Betriebsvereinbarung oder bei anderen schriftlichen, rechtsverbindlichen und unwiderruflichen Zusagen gebildet werden.

Jubiläumsrückstellungen sind steuerlich nach den gleichen Grundsätzen wie Pensionsrückstellungen zu bilden. Die Bildung nach den Regeln der Finanzmathematik ist zulässig.

Eine Wertpapierdeckung ist nicht erforderlich.

zu 3. Steuerrückstellungen

Soweit Steuern selbst berechnet werden (Umsatzsteuer, Dienstgeberbeitrag, Kommunalsteuer), liegen sie sowohl ihrer Höhe als auch ihrem Rechtsgrund nach fest und sind daher als Verbindlichkeit auszuweisen.

Veranlagte Steuern sind, soweit es sich nicht um Privatsteuern (Einkommensteuer) handelt, als Rückstellungen auszuweisen, da sie der Höhe nach wohl regelmäßig bekannt sind, jedoch der Rechtsgrund (Steuerbescheid) noch nicht gegeben ist.

Obwohl die Körperschaftsteuer bei Kapitalgesellschaften zu den nicht abzugsfähigen Steuern gehört, ist sie dennoch als Rückstellung auszuweisen, da Kapitalgesellschaften kein Privatvermögen und keine Privatschulden kennen, sondern ihr gesamtes Vermögen und ihre gesamten Schulden in der Bilanz auszuweisen haben.

zu 4. Sonstige Rückstellungen

Rückstellungen für Jahresabschlusskosten

Dazu gehören insbesondere die voraussichtlichen Honorare des Wirtschaftstreuhänders für die Beratung anlässlich der Erstellung des Jahresabschlusses sowie die Kosten des Wirtschaftsprüfers für die Durchführung der aktienrechtlichen Pflichtprüfung.

Prozessrückstellungen

Die Voraussetzung für die Dotierung einer Prozessrückstellung ist dann gegeben, wenn es sich um einen bereits laufenden Prozess handelt und dafür ernsthaft besondere Aufwendungen erwartet werden, die Gerichtskosten, Rechtsanwaltskosten oder Kosten aus dem zu erwartenden Verlust bzw. eines zu erwartenden Vergleiches sein können.

Rückstellungen für sonstige Sozialverpflichtungen gegenüber Arbeitnehmern

Rückstellungen für Gewinnbeteiligungen, Prämien auf Grund eines guten Jahresabschlusses, Bilanzgelder.

Eine Rückstellung kann nur dann gebildet werden, wenn die Verpflichtung am Bilanzstichtag dem Grunde nach bereits besteht, d. h., wenn die Zusage bereits vor dem Bilanzstichtag verpflichtend gemacht wurde. Der erstmalige Beschluss nach dem Bilanzstichtag, Gratifikationen auszuzahlen, berechtigt nicht zur Bildung einer Rückstellung. Werden derartige Gratifikationen allerdings wiederholt ausbezahlt, so geht die Freiwilligkeit verloren, und die Rückstellung kann in diesem Fall automatisch gebildet werden.

Rückstellungen für noch nicht konsumierte Urlaube

Wenn zum Bilanzstichtag offene Urlaubsansprüche von Dienstnehmern bestehen, die erst nach dem Bilanzstichtag konsumiert werden, ist für den anteiligen, auf das Abschlussjahr entfallenen Anspruch eine Rückstellung zu bilden; bei Bildung dieser Rückstellung spielt weniger der Gedanke einer ungewissen Verbindlichkeit eine Rolle als der Gedanke der richtigen Periodenabgrenzung. Bei der Bildung der Rückstellung sind die anteiligen Personalnebenkosten ebenfalls zu berücksichtigen. Urlaubsvorgriffe von Dienstnehmern werden dabei gegen rückständige Urlaubsansprüche aufgerechnet, da die Rückstellung für nicht konsumierte Urlaube einheitlich für den gesamten Personalstand berechnet wird; wenn sich dabei ein Überschuss der Urlaubsvorgriffe ergibt, ist dieser nach den EB zu § 198 als aktive Rechnungsabgrenzung auszuweisen: „Vorweg in Anspruch genommene Urlaube sind mit Rückstellungen für nicht in Anspruch genommene Urlaube zu verrechnen und ein Aktivsaldo ist als aktive Rechnungsabgrenzung auszuweisen" (Egger/Samer, Der Jahresabschluß nach dem HGB, 5. Auflage, Wien 1996, S. 329).

Rückstellung für Lehrlingsausbildung

Rückstellungen für Lehrlingsentschädigungen

Mit Abschluss des Lehrvertrages geht das Unternehmen (Lehrherr) die Verpflichtung zur Ausbildung des Lehrlings ein.

Da mit einer echten Gegenleistung des Lehrlings in den ersten beiden Lehrjahren nicht zu rechnen ist, sollte für die Kosten, die in dieser Zeit entstehen, eine Rückstellung gebildet werden.

Diese Rückstellungen sind zumindest seit der Gewährung eines Lehrlingsfreibetrages an den Unternehmer steuerlich nicht mehr abzugsfähig. Handelsrechtlich ist der Lehrlingsfreibetrag der Rückstellung gegenzuverrechnen.

Rückstellungen für Garantien, Gewährleistungen und sonstige Haftungen

Garantierückstellungen sind zulässig, wenn bereits am Bilanzstichtag eine Verpflichtung besteht, für später hervorkommende Mängel von Lieferungen oder Leistungen aufkommen zu müssen. Die Höhe der Garantierückstellung ergibt sich in der Regel auf Grund der Erfahrung. Die Höhe der Garantierückstellung richtet sich auch nach der Dauer der Garantieverpflichtung. Garantierückstellungen können pauschal für sämtliche Geschäftsfälle, für einzelne Geschäftsfälle oder gemischt gebildet werden.

Rückstellungen für Kulanzen

Besteht die Übung, dass das Unternehmen über die gesetzlichen bzw. vertraglichen Garantieverpflichtungen hinaus Kulanzen gewährt, so ist auch hiefür eine entsprechende Rückstellung zu bilden. Kulanzen sind Gewährleistungen ohne rechtliche Verpflichtung, die der Unternehmer im Interesse seines Unternehmens erbringt (z. B. Erbringung von Garantieleistungen nach Ablauf der gesetzlichen bzw. vertraglichen Garantiefrist). Kulanzleistungen, denen keine Zusage zugrunde liegt, gehören zu den Aufwandsrückstellungen.

Gem. § 198 Abs. 8 Z 4c sind Rückstellungen für Kulanzen verpflichtend zu bilden. Sie sind auch steuerrechtlich anerkannt.

Rückstellungen für Produkthaftung

Gemäß § 16 **Produkthaftungsgesetz 1988** (in Kraft getreten am 1. Juli 1988) sind Erzeuger und Importeure verpflichtet, **Vorsorge für Schadenersatzverpflichtungen** zu treffen, die auf Grund von Schäden, die durch den (ordentlichen) Gebrauch eines Produktes zugefügt werden, entstehen.

Rückstellungen für Heimfalllasten

Grundsätzlich liegt ein Heimfallrecht dann vor, wenn ein Unternehmen oder sonstiges Vermögen auf Basis eines Gesetzes (z. B. Verstaatlichungsgesetz 1947) oder eines Vertrages nach Ablauf einer bestimmten Zeit entschädigungslos oder gegen eine Entschädigung, die unter dem Wert des heimfallenden Vermögens liegt, einem Dritten anheim fällt.

Der Nutzer des Vermögens (des Unternehmens) hat für alle Aufwendungen, die noch im Zusammenhang mit dem Heimfall bestehen, durch Rückstellungen vorzusorgen (z. B. für die Herstellung des vereinbarten Zustandes des dem Dritten anheim fallenden Gutes zu leistende Abfertigungszahlungen an Dritte). Auch vereinbarte Zahlungen, die an die ausscheidenden Gesellschafter zu leisten sind, sind rückzustellen.

Rückstellungen für Wechselobligo

Sofern ein Wechsel nicht mit der Obligoklausel weitergegeben bzw. mit einem Blankoindossament empfangen und ohne eigene Unterschrift weitergegeben wurde, erlischt das Obligo mit der Einlösung des Wechsels durch den Bezogenen. Solange der Bezogene noch nicht bezahlt hat, besteht grundsätzlich die Möglichkeit, in gleicher Weise wie bei im Portefeuille enthaltenen Wechseln eine **Rückstellung für voraussichtlich nicht eingelöste Wechsel zu bilden.** Die Dotierung der Rückstellung muss allerdings in der tatsächlichen oder voraussichtlichen Zahlungsunfähigkeit des Bezogenen begründet sein. Infolge des imparitätischen Realisationsprinzips **darf ein eventueller Regressanspruch erst dann aktiviert werden, wenn der Regressanspruch selbst geltend gemacht wurde und realisierbar erscheint.**

Rückstellung für Bürgschaftsverluste

Für Bürgschaftsverluste können dann Rückstellungen gebildet werden, wenn es sich um betrieblich eingegangene Bürgschaftsverpflichtungen handelt, mit deren Inanspruchnahme ernsthaft zu rechnen ist, beispielsweise wenn der Hauptschuldner zahlungsunfähig geworden ist, sich unbekannten Aufenthaltes befindet oder gestorben ist. Eine Rückstellung kann keinesfalls gebildet werden, wenn der zahlungskräftige Hauptschuldner rechtzeitige Erfüllung zugesichert hat.

Der Regressanspruch gegen den Hauptschuldner darf wegen des imparitätischen Realisationsprinzips erst dann und insoweit aktiviert werden, als der Bürge tatsächlich in Anspruch genommen wurde, der Regressanspruch gegen den Hauptschuldner ausgesprochen wurde und auch tatsächlich realisierbar erscheint.

Rückstellung für unterlassene Instandhaltungen

Bei der Bildung von Rückstellungen für unterlassene Instandhaltungen ist zu unterscheiden, ob eine rechtliche Verpflichtung zur Durchführung der Instandhaltungsarbeiten besteht oder nicht. Liegt eine rechtliche Verpflichtung nicht vor, handelt es sich um eine Aufwandsrückstellung, deren Bildung nicht zwingend ist.

Für den Fall einer bestehenden rechtlichen Verpflichtung zur Wiederherstellung des Objektes, wie etwa bei gemieteten oder gepachteten Wirtschaftsgütern, ist die Dotierung einer Rückstellung für die durchzuführende Instandhaltung bzw. Reparatur handels- und steuerrechtlich durchzuführen.

Im Gegensatz zum HGB sieht das deutsche **Handelsgesetzbuch** (§ 249 Abs. 1 dHGB) vor, dass für im **Geschäftsjahr unterlassene Aufwendungen für Instandhaltungen**, die im folgenden Geschäftsjahr innerhalb von 3 Monaten … nachgeholt werden, eine Rückstellung verpflichtend zu bilden ist. Erfolgt die Nachholung nach 3 Monaten, aber innerhalb des folgenden Geschäftsjahres, darf eine Rückstellung gebildet werden. Steuerlich ist die Möglichkeit der Rückstellungsdotierung jedenfalls auf die Nachholung innerhalb von 3 Monaten begrenzt. Für die Abraumbeseitigung gilt eine allgemeine Frist von einem Jahr.

Rückstellungen für Patentverletzungen

Diese sind dann zu bilden, wenn infolge einer Patentverletzung der Patentinhaber Lizenzansprüche stellt.

Rückstellungen für Boni und Rabatte

Nachträglich gewährte Boni und Rabatte, soweit sie bei der Bilanzerstellung in ihrer Höhe noch nicht feststehen, sind als Rückstellungen, soweit sie in ihrer Höhe feststehen, als Verbindlichkeiten auszuweisen.

Rückstellungen für noch nicht abgerechnete Fremdleistungen

Zu erwartende Rechnungsbeträge aus Fremdleistungen, deren Höhe anlässlich der Erstellung des Jahresabschlusses noch nicht feststeht, sind als **Rückstellungen auszuweisen**.

Rückstellungen für Kursrisiko

Wenn ernstlich die Gefahr eines Kursverfalles einer Währung besteht, etwa wenn zwischen Bilanzstichtag und Bilanzerstellungstag die Währung abgewertet wurde und dadurch mit einem verminderten Zahlungseingang zu rechnen ist, ist eine Rückstellung zu bilden. Obwohl die Fremdwährungsabwertung erst nach dem Bilanzstichtag erfolgte, also unmittelbar mit dem Abschlussjahr nichts zu tun hat, ist die Abwertung dennoch in Form einer Rückstellung zu berücksichtigen, da es sich um ein schwebendes Geschäft handelt, welches mit der Lieferung der Ware begonnen hat.

Rückstellungen für Zinsen

Diese sind dann zu dotieren, wenn die Höhe der Zinsen noch nicht genau bekannt ist; ist die Höhe bekannt, so handelt es sich um eine echte Verbindlichkeit.

Rückstellungen für Skonti

Bei der Rückstellung für Skonti handelt es sich um unmittelbar nach dem Abschlussstichtag innerhalb des Kassenrespiros unter Inanspruchnahme des Skontos eingehende Forderungen. Allerdings handelt es sich hier eher um Wertberichtigungen zu Forderungen, da Letztere innerhalb des Kassenrespiros um den darin enthaltenen Skonto weniger wert sind.

Rückstellungen für schwebende Geschäfte

Schwebende Geschäfte sind zweiseitig verpflichtende Rechtsgeschäfte vom Zeitpunkt des Vertragsabschlusses bis zur Erfüllung durch den zur Lieferung und Leistung verpflichteten Partner. Die Erfüllung durch den zur Gegenleistung verpflichteten Partner ist ein gesondertes schwebendes Geschäft.

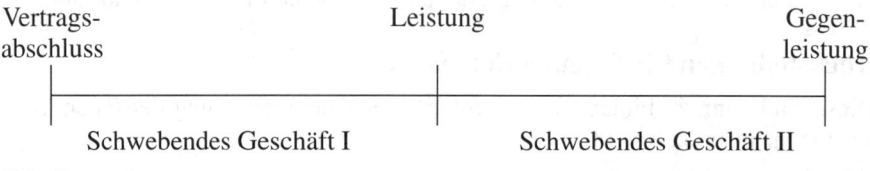

Abb. 12

Für schwebende Geschäfte gilt der Grundsatz, dass sich Leistung und Gegenleistung ausgleichen; aus diesem Grund erfolgt so lange keine Verbuchung, als noch kein Partner eine Leistung erbracht hat. **Das Imparitätsprinzip erfordert jedoch insoweit eine Berücksichtigung schwebender Geschäfte, als am Bilanzstichtag bereits ersichtlich ist, dass das Ergebnis der Folgeperiode durch die Übernahme eines abgeschlossenen Vertrages verschlechtert wird.** In diesem Fall ist der Betrag, um den sich die Folgeperiode voraussichtlich verschlechtert, zu antizipieren, da die Folgeperiode andernfalls Verluste, die die Vorperiode verursacht hat, übernimmt.

698

Arten der schwebenden Geschäfte und die Bewertung der daraus resultierenden Verluste

Schwebende Beschaffungsgeschäfte

Bei Anlagegegenständen sind Risiken aus dem Eintritt einer wirtschaftlichen oder technischen Überholung, sei es durch die Entwicklung besserer Maschinen oder durch plötzliche Nachfrageverschiebungen, die die bestellte Maschine nicht mehr ausnützen lassen, denkbar. Fehlinvestitionen durch falsche Einschätzung der wirtschaftlichen Entwicklung und Sinken des Marktwertes, wie dies beispielsweise bei Elektronenrechnern in extremem Ausmaß geschah, gehören ebenfalls zu den Risiken bei der Anlagenbeschaffung.

Ist die Maschine bei Eintritt eines der oben genannten Fälle bereits im Unternehmen, ist handelsrechtlich eine außerplanmäßige Abschreibung und steuerrechtlich eine Abschreibung auf den niedrigeren Teilwert vorzunehmen. **Ist die Maschine bestellt, aber noch nicht geliefert, ist eine Rückstellung für die voraussichtliche außerplanmäßige Abschreibung vorzunehmen.**

In gleicher Weise wie bei Anlagen ist im Falle des gesunkenen Wiederbeschaffungspreises für zu festen Preisen bestellte Gegenstände des Umlaufvermögens am Abschlussstichtag eine Rückstellung in Höhe der Differenz zwischen Einkaufspreis und gesunkenem Wiederbeschaffungspreis vorzunehmen. Steigt der Tagespreis allerdings wieder bis zum Tag der Lieferung bzw. bis zu dem vor dem Liefertag liegenden Bilanzerstellungstag, ist eine Rückstellung nur in der Höhe vorzunehmen, in der der Wiederbeschaffungswert am Tage der Lieferung oder am Tage der Bilanzerstellung unter dem vereinbarten Kaufpreis liegt.

Treten bei Gütern des Umlaufvermögens innerhalb der Lieferzeit Änderungen in den Absatzverhältnissen auf, so werden diese bei Roh-, Hilfs- und Betriebsstoffen überhaupt nicht berücksichtigt, da deren Bewertung beschaffungsorientiert und nicht absatzorientiert erfolgt.

Bei Handelswaren kann es bei Änderungen der Absatzverhältnisse dann zur Bildung von Rückstellungen kommen, wenn innerhalb der Lieferzeit durch ein Sinken der Verkaufspreise die Spanne zwischen dem fixen Einkaufspreis und dem gesunkenen Verkaufspreis so gering wird, dass ein Verlust bei Veräußerung der Ware nicht zu vermeiden ist.

Die Rückstellung aus dem schwebenden Geschäft ergibt sich daher bei Handelswaren einerseits aus der Gegenüberstellung von vertraglichem Einkaufspreis und Wiederbeschaffungspreis zum Bilanzstichtag und zweitens aus dem vertraglichen Einkaufspreis und dem gesunkenen Verkaufspreis.

Schwebende Absatzgeschäfte

Bei schwebenden Absatzgeschäften aus Handelswaren ergibt sich nach Vertragsabschluss aus der Veränderung des Marktpreises grundsätzlich kein Bilanzierungsvorgang. Der veränderte Marktpreis führt zu keiner Erfolgsveränderung.

Ist eine fix verkaufte Handelsware am Abschlussstichtag noch nicht bestellt, so ist zu unterscheiden, ob die Ware, wenn auch zu einem höheren Preis, beschafft werden kann oder gar nicht erhältlich ist. Im ersten Fall ist der am Bilanzstichtag gültige Tagesanschaffungspreis mit dem vereinbarten Verkaufspreis abzüglich entstandener oder noch entstehender Vertriebskosten zu vergleichen und eine eventuelle negative Differenz als Rückstellung für Verluste aus schwebenden Geschäften zu bilanzieren. Kann die Ware aus irgendwelchen Gründen nicht beschafft werden, ist eine Rückstellung in Höhe der voraussichtlichen Schadenersatzleistungen zu bilden.

Rückstellungen im Steuerrecht

Steuerlich ist eine Rückstellung nur dann gerechtfertigt, wenn auf Grund der bisherigen Erfahrung ernsthaft (mit einer gewissen Wahrscheinlichkeit) mit dem Entstehen einer Schuld (bzw. des aus der Schuld erwachsenden Aufwandes) auf Grund eines im abgelaufenen Wirtschaftsjahres liegenden Sachverhaltes gerechnet werden muss.

Mit dem Steuerreformgesetz (Einkommensteuerreform 1994) wurde eine weitere Beschränkung in der Bildung von Rückstellungen herbeigeführt, wonach Rückstellungen nur für

1. Anwartschaften auf Abfertigungen,
2a. laufende Pensionen und Anwartschaften auf Pensionen,
2b. Jubiläumsrückstellungen
3. ungewisse Verbindlichkeiten und
4. drohende Verluste aus schwebenden Geschäften

mit steuerlicher Wirksamkeit gebildet werden dürfen (§ 9 Abs. 1).

Rückstellungen im Sinne der Ziffern 3 und 4 dürfen nicht pauschal gebildet werden. Die Bildung von Rückstellungen ist nur dann zulässig, wenn konkrete Umstände nachgewiesen werden können, nach denen im jeweiligen Einzelfall mit dem Vorliegen oder dem Entstehen einer Verbindlichkeit (eines Verlustes) ernsthaft zu rechnen ist (§ 9 Abs. 3).

Rückstellungen für die Verpflichtung zu einer Zuwendung **anlässlich eines Firmenjubiläums** dürfen nicht gebildet werden (§ 9 Abs. 4).

Mit der nunmehrigen einkommensteuergesetzlichen Bestimmung über die Bildung von Rückstellungen dürfen so genannte pauschale Rückstellungen, insbesondere für Haftungen aller Art, nicht mehr gebildet werden. Darunter fallen beispielsweise Rückstellungen für Produkthaftung, Umwelthaftung, Gewährleistung, Garantieverpflichtungen, Gestionsrisiken. Aufwandsrückstellungen, wie beispielsweise solche für unterlassene Reparaturen, soweit es sich nicht um vereinbarte Miet- oder Pachterneuerungsverpflichtungen handelt, werden steuerlich nicht anerkannt.

Zu den steuerlich abzugsfähigen Rückstellungen zählen die Erläuternden Bemerkungen zu § 9 alle Einzelrückstellungen, insbesondere Rechts- und Beratungskosten, konkret drohende Inanspruchnahme aus Bürgschaften, behördlich angewendete Entsorgungen, Pfandverbindlichkeiten, Heimfallverpflichtungen, geltend gemachte Gewährleistungsansprüche bzw. konkret drohende Kulanzfälle, konkret drohende Inanspruchnahme aus bereits erfolgtem schädigendem Verhalten (z. B. Patentrechtsverletzungen, Markenrechtsverletzungen), Prozesskostenrückstellungen, Urlaubsrückstellungen, Rückstellungen für Abraumbeseitigung und die bereits oben erwähnten Miet- oder Pachterneuerungsverpflichtungen.

Rückstellungen im Sinne des § 9 Abs. 1 Z 3 und 4 EStG sind ab 2001 mit 80 % ihres Teilwertes anzusetzen. Rückstellungen, deren Laufzeit am Bilanzstichtag weniger als 12 Monate beträgt, sind ohne Kürzung des maßgeblichen Teilwertes anzusetzen.

Die handelsrechtliche Verpflichtung zur Bildung von Rückstellungen bleibt von den angeführten steuerlichen Maßnahmen völlig unberührt.

Verbindlichkeiten

Verbindlichkeiten sind gem. § 211 Abs. 1 zu ihrem Rückzahlungsbetrag anzusetzen.

Aus Gründen der Darstellung der Finanzlage sind für alle Posten der Verbindlichkeiten nachstehende Angaben zu machen:

Gem. § 225 Abs. 6 ist der Betrag der Verbindlichkeiten mit einer Restlaufzeit bis zu einem Jahr bei jedem gesondert ausgewiesenen Posten in der Bilanz anzumerken oder im Anhang anzugeben. Gem. § 237 Z 1a und Z 1b ist zu den in der Bilanz ausgewiesenen Verbindlichkeiten jeweils der Gesamtbetrag mit einer Restlaufzeit von mehr als fünf Jahren und von mehr als einem Jahr anzugeben. Gem. § 237 Z 1c ist der Gesamtbetrag der Verbindlichkeiten, für die dingliche Sicherheiten bestellt sind, postenweise unter Angabe von Art und Form der Sicherheiten anzugeben.

Anleihen, davon konvertibel

Anleihen sind langfristig auf dem Kapitalmarkt aufgenommene Darlehen, in der Regel in Form von Teilschuldverschreibungen (einem Schuldner steht eine Vielzahl von Gläubigern gegenüber, deren Gläubigerrechte in **Teilschuldverschreibungen** verbrieft sind).

Zu den konvertiblen Anleihen gehören **Wandelschuldverschreibungen** und **Optionsschuldverschreibungen**. Beide können nur von Aktiengesellschaften ausgegeben werden. Wandelanleihen sind mit einem unentziehbaren Umtauschrecht auf Aktien verbunden, Optionsanleihen mit einem Bezugsrecht auf Aktien ausgestattet.

Wegen des mit den konvertiblen Anleihen verbundenen Umtausch- bzw. Bezugsrechtes muss anlässlich deren Ausgabe eine bedingte Kapitalerhöhung im Ausmaß des unentziehbaren Umtausch- bzw. Bezugsrechtes beschlossen werden.

Gewinnschuldverschreibungen sind anstelle einer festen Verzinsung mit dem Recht auf Gewinnanteil verbunden.

Anleihen sind mit dem Rückzahlungsbetrag zu passivieren. (Hinsichtlich der Behandlung des Disagios siehe Abschnitt: Aktive Rechnungsabgrenzung.)

Auszuweisen ist die nach dem Tilgungsplan noch ausstehende Restschuld. **Verloste Anleihenstücke sind auf kurzfristige Verbindlichkeiten umzubuchen. Auch fällige Zinsscheine sind unter kurzfristigen Verbindlichkeiten auszuweisen** (sonstige Verbindlichkeiten). Durch freihändigen Rückkauf im Eigentum der Gesellschaft befindliche Anleihenstücke sind zu aktivieren, es sei denn, sie sind zur Einziehung bestimmt. In diesem Fall werden sie vom Anleihenkonto abgebucht.

Erhaltene Anzahlungen auf Bestellungen

Diese sind dadurch gekennzeichnet, dass sie die Verpflichtung zur Erbringung einer Sach- oder Dienstleistung, nicht aber die Verpflichtung zu einer Geldleistung zum Ausdruck bringen. Sie stehen in engem Zusammenhang mit den Forderungen aus Lieferungen und Leistungen, dürfen aber mit diesen nicht saldiert werden, da dies zu einer Bilanzverschleierung führen würde. Eine offene Absetzung von den bereits erbrachten und in den Vorräten aktivierten Leistungen ist möglich (§ 225 Abs. 6).

Verbindlichkeiten auf Grund von Lieferungen und Leistungen

Es handelt sich um Verbindlichkeiten, die im laufenden Geschäft entstanden sind. Sie entsprechen den Forderungen auf Grund von Lieferungen und Leistungen. Sie sind grundsätzlich mit dem Rückzahlungsbetrag zu passivieren.

Bei der Bewertung von Fremdwährungsverbindlichkeiten ist darauf zu achten, dass das Höchstwertprinzip eingehalten wird. Grundsätzlich ist bei der Bewertung zwischen dem Anschaffungskurs und dem Tageskurs (Waren- bzw. Briefkurs) zu unterscheiden, wobei der höhere von beiden der Bewertung zugrunde zu legen ist. Steigt der Fremdwährungskurs zwischen Bilanzstichtag und Bilanzerstellungstag, so kann für die Differenz eine Rückstellung gebildet werden.

Sonstige Verbindlichkeiten

Wie bei den sonstigen Forderungen handelt es sich hier um einen Sammelposten für sämtliche Verbindlichkeiten, die nicht unter D 1–7 ausgewiesen werden. Gemäß § 224 Abs. 3 D 8 sind bei den sonstigen Verbindlichkeiten insoweit Zusatzangaben zu machen, als die Verbindlichkeiten aus Steuern und die Verbindlichkeiten im Rahmen der sozialen Sicherheit zusätzlich zur Gesamtsumme der sonstigen Verbindlichkeiten in der Bilanz anzugeben sind.

Zu den Verbindlichkeiten aus Steuern gehören z. B. die Verbindlichkeiten aus veranlagten Steuern, aus der Umsatzsteuerabrechnung, aus einbehaltener Lohnsteuer, aus der Kommunalsteuer, aus dem Dienstgeberbeitrag zum Ausgleichsfonds für Familienbeihilfen samt dem Zuschlag zum Dienstgeberbeitrag, der Wiener Dienstgeberabgabe etc.

Zu den Verbindlichkeiten im Rahmen der sozialen Sicherheit gehören die Verbindlichkeiten gegenüber Sozialversicherungsinstituten, Beiträge nach dem Insolvenzentgeltsicherungsgesetz, Verbindlichkeiten aus Zusagen im Rahmen der betrieblichen Altersversorgung und gegenüber betrieblichen Sozialeinrichtungen.

ggg) Passive Rechnungsabgrenzungsposten

Für die passiven Rechnungsabgrenzungsposten gelten die Ausführungen zu den aktiven Rechnungsabgrenzungsposten sinngemäß.

b) Gewinn- und Verlustrechnung

Die Gewinn- und Verlustrechnung ist gem. § 231 Abs. 1 in **Staffelform** entweder nach dem **Gesamtkostenverfahren** (§ 231 Abs. 2) oder dem **Umsatzkostenverfahren** (§ 231 Abs. 3) aufzustellen. Die Staffelform ist dadurch gekennzeichnet, dass zwischen einzelnen Ertrags- und Aufwandsgruppen Zwischensummen bzw. Zwischendifferenzen gebildet werden, die eine gewisse Aussagekraft haben sollen.

aa) Gliederung der Gewinn- und Verlustrechnung gem. § 231

(1) Die Gewinn- und Verlustrechnung ist in Staffelform nach dem Gesamtkostenverfahren oder dem Umsatzkostenverfahren aufzustellen. In ihr sind unbeschadet einer weiteren Gliederung die nachstehend bezeichneten Posten in der angegebenen Reihenfolge gesondert auszuweisen, sofern nicht eine abweichende Gliederung vorgeschrieben ist.

(2) Bei Anwendung des Gesamtkostenverfahrens sind auszuweisen:
1. Umsatzerlöse;
2. Veränderung des Bestandes an fertigen und unfertigen Erzeugnissen sowie an noch nicht abrechenbaren Leistungen;
3. andere aktivierte Eigenleistungen;
4. sonstige betriebliche Erträge:
   a) Erträge aus dem Abgang vom und der Zuschreibung zum Anlagevermögen mit Ausnahme der Finanzanlagen,
   b) Erträge aus der Auflösung von Rückstellungen,
   c) übrige;
5. Aufwendungen für Material und sonstige bezogene Herstellungsleistungen:
   a) Materialaufwand,
   b) Aufwendungen für bezogene Leistungen;
6. Personalaufwand:
   a) Löhne,
   b) Gehälter,
   c) Aufwendungen für Abfertigungen,
   d) Aufwendungen für Altersversorgung,
   e) Aufwendungen für gesetzlich vorgeschriebene Sozialabgaben sowie vom Entgelt abhängige Abgaben und Pflichtbeiträge,
   f) sonstige Sozialaufwendungen;

7. Abschreibungen:
    a) auf immaterielle Gegenstände des Anlagevermögens und Sachanlagen sowie auf aktivierte Aufwendungen für das Ingangsetzen und Erweitern eines Betriebes,
    b) auf Gegenstände des Umlaufvermögens, soweit diese die im Unternehmen üblichen Abschreibungen überschreiten;
8. sonstige betriebliche Aufwendungen:
    a) Steuern, soweit sie nicht unter Z 21 fallen,
    b) übrige;
9. Zwischensumme aus Z 1 bis 8;
10. Erträge aus Beteiligungen,
    davon aus verbundenen Unternehmen;
11. Erträge aus anderen Wertpapieren und Ausleihungen des Finanzanlagevermögens, davon aus verbundenen Unternehmen;
12. sonstige Zinsen und ähnliche Erträge, davon aus verbundenen Unternehmen;
13. Erträge aus dem Abgang von und der Zuschreibung zu Finanzanlagen und Wertpapieren des Umlaufvermögens;
14. Aufwendungen aus Finanzanlagen und aus Wertpapieren des Umlaufvermögens, davon sind gesondert auszuweisen:
    a) Abschreibungen
    b) Aufwendungen aus verbundenen Unternehmen;
15. Zinsen und ähnliche Aufwendungen, davon betreffend verbundene Unternehmen;
16. Zwischensumme aus Z 10 bis 15;
17. Ergebnis der gewöhnlichen Geschäftstätigkeit;
18. außerordentliche Erträge;
19. außerordentliche Aufwendungen;
20. außerordentliches Ergebnis;
21. Steuern vom Einkommen und vom Ertrag;
22. Jahresüberschuss/Jahresfehlbetrag;
23. Auflösung unversteuerter Rücklagen;
24. Auflösung von Kapitalrücklagen;
25. Auflösung von Gewinnrücklagen;
26. Zuweisung zu unversteuerten Rücklagen;
27. Zuweisung zu Gewinnrücklagen. Die Auflösungen und Zuweisungen gemäß Z 23 bis 27 sind entsprechend den in der Bilanz ausgewiesenen Unterposten aufzugliedern;
28. Gewinnvortrag/Verlustvortrag aus dem Vorjahr;
29. Bilanzgewinn/Bilanzverlust.

(3) Bei Anwendung des Umsatzkostenverfahrens sind auszuweisen:
1. Umsatzerlöse;
2. Herstellungskosten der zur Erzielung der Umsatzerlöse erbrachten Leistungen;
3. Bruttoergebnis vom Umsatz;

4. sonstige betriebliche Erträge:
   a) Erträge aus dem Abgang vom und der Zuschreibung zum Anlagever-
      mögen mit Ausnahme der Finanzanlagen,
   b) Erträge aus der Auflösung von Rückstellungen,
   c) übrige;
5. Vertriebskosten;
6. Verwaltungskosten;
7. sonstige betriebliche Aufwendungen;
8. Zwischensumme aus Z 1 bis 7.
9.–28. Entspricht § 231 Abs. 2 Z 10. – 29.

Gem. § 223 Abs. 6 können die mit Buchstaben versehenen Posten der Gewinn-
und Verlustrechnung zusammengefasst werden, wenn sie
1. nicht wesentlich sind oder
2. dadurch die Klarheit der Darstellung verbessert wird.

In letzterem Fall müssen die zusammengefassten Posten im Anhang gesondert
aufgegliedert werden.

bb) Grundsätze der Gewinn- und Verlustrechnung

Die Gewinn- und Verlustrechnung ist nach **betriebswirtschaftlichen Grundsätzen** aufgebaut.

Bei Anwendung des **Gesamtkostenverfahrens** kann die Summe der Ziffern 1–4
als **Betriebsleistung**, die unter Z. 9 dargestellte Zwischensumme als **Betriebserfolg** und die Ziffer 16 als der **Finanzerfolg** im Sinne der betriebswirtschaftlichen
Darstellung angesehen werden.

Daraus ergibt sich folgende Zusammenstellung

   Betriebsleistung
– Betriebliche Aufwendungen
   Betriebserfolg
± Finanzerfolg
   Ergebnis der gewöhnlichen Geschäftstätigkeit
± a. o. Ergebnis
   Jahresüberschuss (Jahresfehlbetrag) vor Steuern
– Steuern vom Einkommen und Ertrag[1]
   Jahresüberschuss (Jahresfehlbetrag)
± Zuweisung und Auflösung
   versteuerter und unversteuerter Rücklagen
± Gewinnvortrag (Verlustvortrag) aus dem Vorjahr
   Bilanzgewinn

1) Die Steuern vom Einkommen und vom Ertrag sind in ihrer Höhe durch die Dotierung und Auflösung der unversteuerten Rücklagen beeinflusst.

Kleine und mittelgroße Aktiengesellschaften sowie **mittelgroße Gesellschaften mbH** können bei der Veröffentlichung des Jahresabschlusses im Rahmen
des Gesamtkostenverfahrens die Zahlen 1–3 und 5 zu einem Posten **Rohergeb-**

nis und im Rahmen des Umsatzkostenverfahrens die Zahlen 1–3 zu einem Posten **Bruttoergebnis vom Umsatz** zusammenfassen (§ 279 Z 2).

Die oben angeführte Erleichterung ist für **kleine Gesellschaften** mit beschränkter Haftung nicht notwendig, da diese nur die Bilanz offen zu legen haben.

Bei Anwendung des **Umsatzkostenverfahrens** zeigt die Zahl 3 mit dem Bruttoergebnis vom Umsatz die **Bruttogewinnspanne** (bei Handelsbetrieben die **Handelsspanne**). Während bei **Handelsbetrieben** die Handelspanne allerdings sehr klar dargestellt wird, ist bei **Erzeugungsbetrieben** zu bedenken, dass in den Herstellungskosten der zur Erzielung der Umsatzerlöse erbrachten Leistungen auch Fixkosten enthalten sind, die Spanne daher je nach Auslastung des Unternehmens unterschiedlich hoch sein wird. Auch **Bestandsveränderungen** können, je nach Bewertung der Halb- und Fertigfabrikate, die Spanne beeinflussen.

Da das **Umsatzkostenverfahren** bis zur Z 8 (Ausnahme Z 7) keine Aufwandsarten, sondern Aufwandsstellensummen zeigt, wird der **Betriebsabrechnungsbogen** (**Aufwandsverteilungsbogen**) bei Anwendung desselben zu einem Bestandteil des finanziellen Rechnungswesens (siehe auch Abschnitt: Kontenrahmen).

Aufgabe des BAB

im Gesamtkostenverfahren

im Umsatzkostenverfahren

Grundlage der Bewertung der Halb- und Fertigfabrikate sowie der aktivierten Eigenleistungen.

Keine weiteren Funktionen.

Grundlagen der Bewertung der Halb- und Fertigfabrikate sowie der aktivierten Eigenleistungen.

Übernahme der um Bestandsveränderungen und aktivierte Eigenleistungen veränderten Herstellungskosten sowie der Verwaltungs- und Vertriebskosten in die Gewinn- und Verlustrechnung. Der BAB wird damit zu einem Bindeglied zwischen den artenmäßig erfassten Aufwendungen und den kostenstellenmäßig in der Gewinn- und Verlustrechnung ausgewiesenen Aufwendungen und somit zu einem Bestandteil der Finanzbuchführung.

Abb. 13

cc) Erläuterung der einzelnen Posten der Gewinn- und Verlustrechnung im Rahmen des Gesamtkostenverfahrens

1. Umsatzerlöse

Gemäß § 232 Abs. 1 sind als Umsatzerlöse die für die gewöhnliche Geschäftstätigkeit des Unternehmens typischen Erlöse aus dem Verkauf und der Nutzungsüberlassung von Erzeugnissen und Waren sowie aus Dienstleistungen nach Abzug von Erlösschmälerungen und Umsatzsteuer auszuweisen.

Zu den **Umsatzerlösen** gehören im Einzelnen:

Erlöse, die die eigentliche Betriebsleistung der Gesellschaft betreffen;

Erlöse aus dem Verkauf von Schrott, Abfallprodukten, Zwischenerzeugnissen;

Erlöse aus der Vermietung und Verpachtung sowie Dienstleistungen (Service, Reparatur), wenn diese Leistungen betriebsgewöhnlich sind.

Die Umsatzerlöse sind um die **Erlösschmälerungen** zu kürzen.

Zu den **Erlösschmälerungen** gehören:

Skonti, Umsatzvergütungen, Mengenrabatte, nachträgliche Bonifikationen, Treueprämien, rückgewährte Entgelte für Retourwaren und Mängel, Preisdifferenzen.

Soweit derartige Nachlässe und Abzüge frühere Perioden betreffen, können sie nur dann von den Umsätzen abgezogen werden, wenn diese Vorgangsweise laufend zur Anwendung kommt. Andernfalls erfolgt der Ausweis unter „Sonstige Aufwendungen".

Zuweisungen zu Rückstellungen für Preisnachlässe oder Warenrückvergütungen sind ebenfalls von den Umsatzerlösen abzusetzen.

An Dritte geleistete **Vertriebssonderkosten**, wie Provisionen und Lizenzen, sind unter 8b (Sonstige betriebliche Aufwendungen) auszuweisen.

Gem. § 237 Z 9 sind die Umsatzerlöse im Anhang nach Tätigkeitsbereichen sowie nach geographisch bestimmten Märkten, soweit sich, unter Berücksichtigung der Organisation des Verkaufs von für die gewöhnliche Geschäftstätigkeit des Unternehmens typischen Dienstleistungen, die Tätigkeitsbereiche und geographisch bestimmten Märkte untereinander erheblich unterscheiden.

Die Angabe kann unterbleiben, wenn dem Unternehmen oder einem assoziierten bzw. verbundenen Unternehmen dadurch ein erheblicher Nachteil zugefügt werden würde.

2. Veränderung des Bestandes an fertigen und unfertigen Erzeugnissen sowie an noch nicht abrechenbaren Leistungen

Gemäß § 232 Abs. 2 sind als **Bestandsveränderungen** außer Änderungen der Menge auch solche des Wertes zu berücksichtigen, es sei denn, sie sind so außergewöhnlich, dass sie im außerordentlichen Bereich zu erfassen sind.

Die **Bestandsveränderungen** ergeben sich grundsätzlich aus der Differenz der Anfangs- und Endbestände an unfertigen und fertigen Erzeugnissen; dabei ist es, wie schon dargelegt, unbeachtlich, ob eine derartige Änderung aus einer Veränderung der Kalkulationssätze, einer Abwertung einzelner Gegenstände oder aus einer Mengenänderung resultiert.

Nicht unter Bestandsveränderungen dürfen Veränderungen des Bestandes an **Handelswaren** ausgewiesen werden, obwohl ihr Ausweis in der Bilanz gemeinsam mit den fertigen Erzeugnissen erfolgt. Der **Handelswarenverbrauch** ist im Posten 5a (Materialaufwand) auszuweisen.

3. Andere aktivierte Eigenleistungen

Selbst erstellte Anlagen sind mit ihren **Herstellungskosten** zu aktivieren und in der Gewinn- und Verlustrechnung als Korrekturposten zu den entsprechenden Aufwendungen (Materialaufwendungen, Personalaufwand, Abschreibungen, sonstige Aufwendungen) unter diesem Posten auszuweisen. Direkt auf den betreffenden Anlagekonten verbuchte Zulieferungen sind nicht unter 3. zu erfassen, da ihnen keine entsprechenden Aufwendungen gegenüberstehen.

Zu den aktivierten Eigenleistungen gehören auch aktivierte Großreparaturen.

Aktivierte Aufwendungen für das Ingangsetzen und Erweitern eines Betriebes werden ebenfalls unter den aktivierten Eigenleistungen ausgewiesen.

4. Sonstige betriebliche Erträge

Ihrer heterogenen Zusammensetzung wegen werden die sonstigen betrieblichen Erträge in 3 Gruppen eingeteilt:

a) Erträge aus dem Abgang vom und der Zuschreibung zum Anlagevermögen mit Ausnahme der Finanzanlagen
b) Erträge aus der Auflösung von Rückstellungen
c) übrige

zu a)   Erträge aus dem **Abgang vom Anlagevermögen** ergeben sich aus der Gegenüberstellung des **Veräußerungserlöses** bzw. eines **Versicherungsersatzes** und dem **Buchwert** der abgegangenen Anlagen. Verluste aus dem Abgang von Anlagevermögen sind unter 8b (übrige betriebliche Aufwendungen) auszuweisen. Eine Saldierung der Gewinne und Verluste ist nicht zulässig.

zu b)   Unter diesem Posten wird die **erfolgswirksame Auflösung von Rückstellungen** ausgewiesen. Eine derartige Auflösung kann aus zwei Ursachen erfolgen:

1. Eine Rückstellung wurde zu hoch gebildet.
2. Die Rückstellungsdotierung für gewisse Posten, etwa für die Pauschalabschreibung von Forderungen (**Delkredererückstellungen**), für Urlaub (**Urlaubsrückstellung**), erfolgt aus der Differenz der jeweils zum Jahresende errechneten pauschalen Rückstellung. **Rückstellungserhöhungen** werden unter den sonstigen Aufwendungen bzw. dem entsprechenden Posten, **Rückstellungsherabsetzungen** unter dem Posten 4b verbucht.

Erträge aus der Auflösung nicht bestimmungsgemäß verwendeter **Rückstellungen für Ertragsteuern** sind **in den Posten 21**, Steuern vom Einkommen und vom Ertrag, aufzunehmen. Sie sind dort gesondert auszuweisen, soweit sie für die Beurteilung der Ertragslage nicht von untergeordneter Bedeutung sind.

zu c) Hier sind alle Umsätze und Erträge zu erfassen, die sich nicht unmittelbar aus der betriebstypischen Leistungstätigkeit ergeben. Insbesondere sind zu nennen:
Kantinen- und Küchenerlöse
Zahlungseingänge aus in früheren Jahren ausgebuchten Forderungen
Fremdwährungskursgewinne
Erträge aus Schadenersatzleistungen, soweit sie nicht aus verkauften Erzeugnissen resultieren
Nicht als Umsatzerlöse auszuweisende Miet- und Pachteinnahmen aus nicht betriebstypischen Verträgen
Ausbuchung unbezahlter und verjährter Verbindlichkeiten
Sind hier angeführte Erträge im Einzelfall von **besonderer Höhe** und ist mit ihrem Anfall **nicht mehr oder nur in großen Zeitabständen** (mehrere Jahre) zu rechnen, sind sie **unter a. o. Erträge** auszuweisen.

5. Aufwendungen für Material und sonstige bezogene Herstellungsleistungen

a) Materialaufwand

Dieser Posten betrifft alle **Materialaufwendungen**, die in den Leistungsbereich des Unternehmens einfließen, wie der **Roh-, Hilfs- und Betriebsstoffverbrauch, Energieverbrauch im Fertigungsbetrieb** (Strom und Gas), **Reparaturmaterial, Reinigungsmaterial, Handelswareneinsatz, Verpackungsmaterial.**

b) Aufwendungen für bezogene Leistungen

Bezogene Leistungen sind insoweit unter diesem Posten zu erfassen, als sie dem Materialaufwand gleichzusetzen sind bzw. eine ähnliche Funktion haben wie dieser. Dazu gehören **Materialbearbeitung oder Materialveredelung durch Dritte, Leihpersonal**, soweit es in der Fertigung eingesetzt ist.

Fremdreparaturen, Fremdinstandhaltungen, sind unter dem Posten übrige betriebliche Aufwendungen (8b) auszuweisen.

6. Personalaufwand

Der Personalaufwand ist nach den Posten a–f aufzugliedern. Eine Aufgliederung kann nur unter Einhaltung der Bedingung des § 223 Abs. 6 unterbleiben.

Unter den gem. 6c und d auszuweisenden Aufwendungen für **Abfertigungen und Aufwendungen für Altersversorgung** sind sowohl die Rückstellungsveränderung als auch die erfolgswirksamen Zahlungen auszuweisen.

Die unter 6e angeführten **Aufwendungen für gesetzlich vorgeschriebene Sozialabgaben** sowie vom **Entgelt abhängige Abgaben und Pflichtbeiträge** enthalten die **Kommunalsteuer** (wenn diese nicht unter 8a ausgewiesen wird), den **Dienstgeberbeitrag zum Ausgleichsfonds für Familienbeihilfen** sowie den damit einzuhebenden **Dienstgeberzuschlag**, die **U-Bahnabgabe** in Wien und **die gesetzlichen Pflichtbeiträge zur Sozialversicherung**. Unter den sonstigen sozialen Aufwendungen gemäß 6f sind die freiwilligen Sozialaufwendungen auszuweisen.

7. Abschreibungen

a) auf immaterielle Gegenstände des Anlagevermögens und Sachanlagen sowie auf aktivierte Aufwendungen für das Ingangsetzen und Erweitern eines Betriebes

Unter diesem Posten werden sowohl **planmäßige** als auch **außerplanmäßige Abschreibungen** im Sinne der §§ 204 und 210 ausgewiesen. Die außerplanmäßigen Abschreibungen müssen gesondert ausgewiesen werden. Spätere **Zuschreibungen**, die wegen des Wegfallens des Grundes für eine außerplanmäßige Abschreibung durchgeführt werden, sind unter dem Posten 4a, sonstige betriebliche Erträge, auszuweisen.

Aus **steuerlichen Sonderbestimmungen** resultierende Abschreibungen, Abschreibungen von geringwertigen Vermögensgegenständen gem. § 205, Abs. 1, 2. Satz, Abschreibungen auf Grund der Übertragung stiller Reserven gem. § 12 EStG werden nicht unter dem Posten 7, sondern unter dem Posten 26, Zuweisung zu unversteuerten Rücklagen, ausgewiesen.

b) auf Gegenstände des Umlaufvermögens, soweit diese die im Unternehmen üblichen Abschreibungen überschreiten

Unübliche Abschreibungen liegen beispielsweise dann vor, wenn auf Grund eines Konjunktureinbruches hohe, die Vorjahre übersteigende Abschreibungen von den unfertigen und fertigen Erzeugnissen vorzunehmen sind oder wenn Forderungsausfälle gehäuft auftreten.

Maßstab für die „Unüblichkeit" derartiger Abschreibungen bilden in der Regel die durchschnittlichen Abschreibungen aus den Vorjahren (3–5 Jahre) bzw. das prozentuelle Ausmaß der Abschreibungen von den Gesamtbeständen in den Vorjahren. Allerdings spricht man von unüblichen Abschreibungen nur dann, wenn diese den bisher üblichen Rahmen **deutlich** überschreiten. Unter 7b wird nur der das übliche Ausmaß überschreitende Teil der Abschreibungen ausgewiesen.

Damit werden 3 Formen der (außerplanmäßigen) Abschreibungen vom Umlaufvermögen unterschieden:

1. übliche Abschreibungen, die zwar jedes Jahr in unterschiedlicher Höhe anfallen, die sich aber in einem bestimmten Rahmen halten: Je nach der Art des abzuschreibenden Postens werden diese unter Z 2 Bestandsveränderungen (unfertige und fertige Erzeugnisse), Z 5a Materialaufwand (Roh-, Hilfs- und Betriebsstoffe), Z 8b sonstige betriebliche Aufwendungen (Büromaterial, Forderungen, Fremdwährungen) ausgewiesen.

2. Abschreibungen, die über das übliche Ausmaß hinausgehen: Diese werden unter Z 7b ausgewiesen.

3. außerordentliche Abschreibungen: Das sind solche, die außerhalb der gewöhnlichen Geschäftstätigkeit des Unternehmens anfallen und den Going-concern-Umfang berühren. Hiezu gehören beispielsweise die Abschreibungen von nicht mehr verwertbaren Vorräten im Zusammenhang mit der Auflassung eines Produktes, das bisher wesentlichen Anteil am Umsatz des Unternehmens hatte, der Ausfall eines wesentlichen Kunden etc. Diese außerordentlichen Abschreibungen werden im außerordentlichen Bereich (Z 19 außerordentliche Aufwendungen) ausgewiesen.

Über das übliche Ausmaß hinausgehende Abschreibungen von Wertpapieren des Umlaufvermögens werden keinesfalls unter 7b, sondern unter 14 bzw. 19 ausgewiesen.

8. Sonstige betriebliche Aufwendungen

a) Steuern, soweit sie nicht unter Z 21 fallen

Unter diesem Posten werden alle Steuern erfasst, die nicht zu den Steuern vom Einkommen und Ertrag gehören. Die Kommunalsteuer wird häufig nicht hier, sondern unter dem Posten 6e ausgewiesen.

Unter diesem Posten kommen vor allem die Grundsteuer, Gebühren, verschiedene Verkehrs- und Verbrauchsteuern zum Ausweis.

b) übrige

Dieser Posten bildet das Sammelbecken für alle nicht gesondert ausweispflichtigen bzw. unter anderen Posten zu erfassenden Aufwendungen.

Insbesondere sind folgende Aufwendungen zu diesem Posten zu rechnen:

Verluste aus dem Abgang von Gegenständen des Anlagevermögens, Provisionen, Lizenzen, geleistete Patentgebühren, Ausgangsfrachten, Instandhaltungen, fremde Dienstleistungen, soweit sie nicht materialähnlichen Charakter haben, Rechts-, Prüfungs- und Beratungskosten, Forderungsausfälle, Telefongebühren, Versicherungen, Fahrt- und Reisespesen, Bankspesen, Beiträge an gesetzliche und freiwillige Berufsvertretung, Werbeaufwand, Fremdreinigung, Mietaufwand, Kraftfahrzeugkosten, Inserate, Postgebühren, Fachliteratur, Gewährleistungsaufwand, soweit dieser nicht unter die Erlösschmälerungen fällt, sonstige Schadensfälle, die betrieblich bedingt sind.

9. Zwischensumme aus Z 1–8

Diese Summe stellt den **Betriebserfolg** des Unternehmens dar.

dd) Erläuterung einzelner Posten der Gewinn- und Verlustrechnung im Rahmen des Umsatzkostenverfahrens

1. Umsatzerlöse

Diese sind ident mit den Umsatzerlösen nach dem Gesamtkostenverfahren.

2. Herstellungskosten der zu Erzielung der Umsatzerlöse erbrachten Leistungen

Vorgangsweise zur Feststellung der Herstellungskosten der zur Erzielung der Umsatzerlöse erbrachten Leistungen:

1. Ermittlung der betrieblichen Aufwendungen lt. Z 5–8 des Gesamtkostenverfahrens
2. Aufteilung dieser Aufwandsarten in Form eines BAB auf die Kostenstellen mit folgender Mindestgliederung:
   Material- und Fertigungsstellen = Herstellungskosten
   Verwaltung
   Vertrieb
3. Summierung der Herstellungskosten inkl. der Einzelkosten (Fertigungsmaterial und Fertigungslöhne)
   abzüglich aktivierte Eigenleistungen der Abrechnungsperiode
   abzüglich Bestandserhöhungen an Halb- und Fertigerzeugnissen
   zuzüglich Bestandsverminderungen an Halb- und Fertigerzeugnissen
   Herstellungskosten der zur Erzielung der Umsatzerlöse erbrachten Leistungen

Im Handelsbetrieb tritt an die Stelle der Herstellungskosten der zur Erzielung der Umsatzerlöse erbrachten Leistungen der **Handelswareneinsatz**.

4. Sonstige betriebliche Erträge

Diese sind ident mit den sonstigen betrieblichen Erträgen nach dem Gesamtkostenverfahren.

5. und 6. Vertriebs- und Verwaltungskosten

Diese ergeben sich aus dem **Aufwandsverteilungsbogen**.

7. Sonstige betriebliche Aufwendungen

In diesem Posten werden jene Restaufwendungen gesammelt, die nicht in den Zahlen 2–6 unterzubringen sind. Hier könnten beispielsweise Verluste aus dem Verkauf von Anlagegegenständen, Aufwendungen für Grundlagenforschung oder nicht einzelnen Kostenstellen zuordnungsfähige Verluste aus Schadensfällen ausgewiesen werden.

8. Zwischensumme aus Z 1–7

Die Zwischensumme stellt den **Betriebserfolg** des Unternehmens dar und ist üblicherweise ident mit der Z 9 des Gesamtkostenverfahrens. Ein Unterschied wird jedoch dann auftreten, wenn Teile der **Zinsaufwendungen gem. § 203 Abs. 4 aktiviert werden.** Im Rahmen des Gesamtkostenverfahrens verbleiben die gesamten Zinsaufwendungen auch bei Aktivierung eines Teiles derselben unter den Finanzierungsaufwendungen, während im Rahmen des Umsatzkostenverfahrens nur die restlich verbleibenden Zinsen unter dem Finanzierungsaufwand ausgewiesen werden.

ee) Erläuterung der im Gesamtkosten- und Umsatzkostenverfahren gemeinsamen Aufwands- und Ertragsposten

Finanzerfolg (Z 16 bzw. 15)

Der Finanzerfolg setzt sich aus folgenden Aufwendungen und Erträgen zusammen:

Aufwendungen	Erträge
14. Aufwendungen aus Finanzanlagen und aus Wertpapieren des Umlaufvermögens, davon sind gesondert auszuweisen:	10. Erträge aus Beteiligungen, davon aus verbundenen Unternehmen
a) Abschreibungen	
b) Aufwendungen aus verbundenen Unternehmen	
15. Zinsen und ähnliche Aufwendungen, davon betreffend verbundene Unternehmen	11. Erträge aus anderen Wertpapieren und Ausleihungen des Finanzanlagevermögens, davon aus verbundenen Unternehmen
	12. Sonstige Zinsen und ähnliche Erträge, davon aus verbundenen Unternehmen
	13. Erträge aus dem Abgang von und der Zuschreibung zu Finanzanlagen und Wertpapieren des Umlaufvermögens

Durch die gesonderte Darstellung des Finanzerfolges wird das Ergebnis der sich aus dem Zweck des Unternehmens ergebenden Betriebstätigkeit vom Finanzergebnis getrennt. Bei der Analyse des Finanzergebnisses ist allerdings zu beachten, dass Unternehmen mitunter beachtliche Finanzanlagen, insbesondere Beteiligungen, besitzen. Es sollte bei der Analyse des Finanzergebnisses jedenfalls eine

Trennung zwischen den Posten 10–14 (Ergebnis der Finanzveranlagung) und 15 (Kosten der Fremdfinanzierung des Unternehmens) durchgeführt werden.

Ergebnisse aus **Organschaftsabrechnungen** sind bei der Muttergesellschaft unter Erträgen aus Beteiligungen bzw. Aufwendungen aus Finanzanlagen auszuweisen. Die zur Überrechnung des Gewinnes oder Verlustes verpflichtete Tochtergesellschaft hat den überrechneten Betrag unter der entsprechenden Bezeichnung vor dem Posten gem. § 231 Abs. 2 Z 28 oder § 231 Abs. 3 Z 27 gesondert auszuweisen (§ 232 Abs. 3).

Ergebnis der gewöhnlichen Geschäftstätigkeit (Z 17 bzw. 16)

Dieses ergibt sich aus der Summe des Betriebs- und Finanzerfolges.

Außerordentliches Ergebnis (Z 20 bzw. 19)

Die betriebswirtschaftliche Gliederung bedingt eine klare Abgrenzung des a. o. Ergebnisses vom Ergebnis der gewöhnlichen Geschäftstätigkeit. § 233 bestimmt, dass unter den Posten „**außerordentliche Erträge**" und „**außerordentliche Aufwendungen**" **nur** solche Erträge und Aufwendungen ausgewiesen werden, die außerhalb der gewöhnlichen Geschäftstätigkeit anfallen. Sind diese Beträge für die Beurteilung der Ertragslage nicht von untergeordneter Bedeutung, so sind sie hinsichtlich ihres Betrages und ihrer Art im Anhang zu erläutern.

Damit ein Ertrag oder Aufwand unter dem außerordentlichen Ergebnis erfasst wird, sind die beiden Kriterien

ungewöhnlich in Bezug auf die Geschäftstätigkeit
und
Unregelmäßigkeit in bezug auf den Anfall

erforderlich. Sind beispielsweise Erträge wohl ungewöhnlich in Bezug auf die Geschäftstätigkeit, treten sie aber regelmäßig auf, sind sie unter „Sonstige betriebliche Erträge" auszuweisen.

Demnach ist der Umfang des **außerordentlichen Ergebnisses** sehr eng gefasst. Hierher gehören beispielsweise Erträge und Aufwendungen, die aus der Schließung eines Teilbetriebes erwachsen, Erträge aus einer einmaligen (und nicht wiederkehrenden) Sale- und Lease-back-Transaktion, die vollständige Abschreibung einer Beteiligung.

Nicht zu den a. o. Aufwendungen und Erträgen gehören alle mit der gewöhnlichen Geschäftstätigkeit zusammenhängenden, wenn auch in ungleichmäßiger Höhe anfallenden Aufwendungen und Erträge, wie

Forderungsausfälle,
Materialschwund,
Maschinenbruch,
Kursdifferenzen,
Gewährleistungsansprüche,
Periodenfremde Aufwendungen und Erträge (zum Beispiel Steuernachzahlungen).

Periodenfremde Aufwendungen und Erträge sind, falls sie nicht ihrer Ungewöhnlichkeit und Unregelmäßigkeit wegen dem a. o. Ergebnis zugewiesen werden, unter den betrieblichen Aufwendungen auszuweisen. Gem. § 233 sind sie, soweit sie für die Beurteilung der Ertragslage nicht von untergeordneter Bedeutung sind, hinsichtlich des Betrages und ihrer Art im Anhang zu erläutern.

Steuern vom Einkommen und Ertrag (Z 21 bzw. 20)

Hierher kommen die Körperschaftsteuer und nicht anrechenbare Kapitalertragsteuern sowie ausländische Ertragsteuern. Es sind hier nicht nur der Steuerbetrag des laufenden Jahres incl. der sich aus der Abgrenzung gem. § 198 Abs. 9 und 10 ergebenden Steuerbeträge, sondern auch Steuernachzahlungen und Steuergutschriften aus früheren Jahren sowie die Auflösung nicht bestimmungsgemäß verwendeter Ertragsteuerrückstellungen auszuweisen.

Sind Erträge aus Steuergutschriften sowie aus der Auflösung von nicht bestimmungsgemäß verwendeten Steuerrückstellungen für die Beurteilung der Ertragslage nicht von untergeordneter Bedeutung, sind sie unter diesem Posten gesondert auszuweisen (§ 234).

Bezüglich der Ertragsteuern sieht § 237 Z 6 nachstehende Anhangangaben vor:

a) Auswirkung der Veränderung der unversteuerten Rücklagen auf den Posten „Steuern vom Einkommen und vom Ertrag" des Geschäftsjahres.

b) In welchem Umfang belasten die Steuern vom Einkommen und vom Ertrag das Ergebnis der gewöhnlichen Geschäftstätigkeit und das außergewöhnliche Ergebnis bzw.

c) den gem. § 198 Abs. 10 aktivierbaren Ertrag, wenn er in der Bilanz nicht gesondert ausgewiesen wird?

Jahresüberschuss/Jahresfehlbetrag

Dieser ergibt sich aus den Komponenten

	Betriebserfolg
±	Finanzerfolg
±	a. o. Ergebnis
	Unternehmenserfolg vor Steuern
−	Steuern vom Einkommen und vom Ertrag
	Jahresüberschuss/Jahresfehlbetrag

Da die Bildung und Auflösung versteuerter und unversteuerter Rücklagen erst nach dem Jahresüberschuss bzw. -fehlbetrag erfolgt, ist das Ergebnis dadurch nicht verzerrt. Zu beachten ist allerdings, dass Steuerersparnisse aus der Dotierung unversteuerter Rücklagen bzw. Mehrsteuern aus der Auflösung unversteuerter Rücklagen ihren Niederschlag in den Steuern vom Einkommen und vom Ertrag finden und insoweit den Jahresüberschuss bzw. -fehlbetrag beeinflussen. Dies kann allerdings aus den Anhangangaben gem. § 237 Z 6 ersehen werden.

Auflösung und Zuweisung zu unversteuerten und versteuerten Rücklagen

Da die Auflösung und Zuweisung der versteuerten und unversteuerten Rücklagen Maßnahmen der Gewinnverwendung und nicht Gewinnentstehung darstellen, wurden sie aus dem Bereich der Ergebnisbildung herausgenommen. Wie schon hingewiesen, beeinflusst die Bildung und Auflösung unversteuerter Rücklagen das Jahresergebnis allerdings in Bezug auf die darauf entfallenden Steuern.

Musterbeispiel einer Gewinn- und Verlustrechnung alternativ nach den Bestimmungen des § 231 Abs. 2 und 3

	Erträge	Aufwendungen	Kostenstellen		
			Material und Fertigung	Verwaltung	Vertrieb
Erlöse	98.000				
Erlösschmälerungen		2.300			2.300
Vertriebssonderkosten		5.600[3]			5.600
Bestandsveränderungen	1.800				
Anlagenerlöse	12.500[2]				
Zinserträge	100				
Materialverbrauch		21.000	21.000		
Löhne		19.000	15.000	1.000	3.000
Gehälter		9.000	2.000	4.000	3.000
Dotierung Pensionsrückstellung und Abfertigungsvorsorge		2.000	1.000	400	600
Personalnebenkosten		9.100	6.525	1.300	1.275
Energiekosten		2.500	2.200	200	100
Werbekosten		5.000			5.000
Rechts- und Beratungskosten		900		900	
Grundsteuer		200	120	20	60
Abschreibungen		5.200	4.200	200	800
– Auflösung Bewertungsreserve	1.100[1]		– 1.100		
Buchwert der verkauften Anlagen[2]		10.500			
Zinsenaufwand		3.000	2.100	400	500
Forderungsausfälle		600			600
Materialschwund		300	300		
Sonstige betriebliche Aufwendungen		10.200	4.600	2.500	3.100
		105.300	57.945	10.920	25.935
Körperschaftsteuer		2.414			

1) Betrifft ausschließlich in der Fertigungsstelle eingesetzte Anlagen.

2) In den Anlagenerlösen befindet sich ein Betrag von 10.000 und im Buchwert der verkauften Anlagen ein Betrag von 7.000, die sich aus der Anlagenveräußerung anlässlich der Auflösung eines Teilbetriebes ergeben. Bei den restlichen Anlagenerlösen handelt es sich um den üblicherweise anfallenden Verkauf gebrauchter Maschinen.

3) Provisionen und Lizenzen.

a) Gewinn- und Verlustrechnung nach dem **Gesamtkostenverfahren**
(§ 231 Abs. 2)

1. Umsatzerlöse	95.700
2. Veränderung des Bestandes an fertigen und unfertigen Erzeugnissen	1.800
3. Aufwendungen für Material und sonstige bezogene Herstellungsleistungen	
a) Materialaufwand	23.800
4. Personalaufwand:	
a) Löhne	19.000
b) Gehälter	9.000
c) Aufwendungen für Abfertigungen	2.000
d) Personalnebenkosten	9.100
5. Abschreibungen auf Sachanlagen	5.200
6. Sonstige betriebliche Aufwendungen:	
a) Steuern	200
b) übrige	23.300
7. Zwischensumme aus Z 1–6	**5.900**
8. Zinsenerträge	100
9. Zinsenaufwendungen	(3.000)
10. Zwischensumme aus Z 8 und 9	(2.900)
11. Ergebnis der gewöhnlichen Geschäftstätigkeit	**3.000**
12. außerordentliche Erträge	3.000
13. außerordentliches Ergebnis	**3.000**
14. Steuern vom Einkommen und vom Ertrag	2.414
15. Jahresüberschuss	**3.586**
16. Auflösung unversteuerter Rücklagen	1.100
17. Bilanzgewinn/Bilanzverlust	**4.686**

Aufgliederung Z 6b:

Werbekosten	5.000
Rechts- und Beratungskosten	900
Forderungsausfälle	600
sonstige betriebliche Aufwendungen	10.200
Verlust aus Anlagenabgang	1.000
Vertriebssonderkosten	5.600
	23.300

b) Gewinn- und Verlustrechnung nach dem **Umsatzkostenverfahren**
(§ 231 Abs. 3)

1. Umsatzerlöse	95.700
2. Herstellungskosten der zur Erzielung der Umsatzerlöse erbrachten Leistungen	55.145
3. Bruttoergebnis vom Umsatz	**40.555**
4. Vertriebskosten	23.135
5. Verwaltungskosten	10.520
6. übrige Aufwendungen	1.000
7. Zwischensumme aus Z 1–6	**5.900**

Ab Punkt 7 ist das Umsatzkostenverfahren identisch mit dem Gesamtkostenverfahren.

Nebenrechnung: Aufwandsverteilung

	Material und Fertigung	Verwaltung	Vertrieb
Summe laut BAB	57.945	10.920	25.935
abzüglich gesondert auszuweisende Zinsenaufwendungen	(2.100)	(400)	(500)
zuzüglich fehlende planmäßige Abschreibungen	1.100		
abzüglich Erlösschmälerungen (werden unmittelbar vom Umsatz abgezogen)			(2.300)
	56.945	10.520	23.135
abzüglich Bestandserhöhungen an fertigen und unfertigen Erzeugnissen	(1.800)		
Herstellungskosten der zur Erzielung der Umsatzerlöse erbrachten Leistungen	55.145		

c) Anhang und Lagebericht

aa) Anhang

Der Anhang hat in erster Linie den **Jahresabschluss** zu erläutern und darüber hinaus Angaben über eine Reihe von Tatsachen zu machen, deren Kenntnis zur Ermittlung eines **möglichst getreuen Bildes der Vermögens-, Finanz- und Ertragslage** beitragen soll.

Im Hinblick auf die Erläuterung des Jahresabschlusses und die Ermittlung eines möglichst getreuen Bildes der Vermögens-, Finanz- und Ertragslage ergibt sich folgender wesentlicher Aufbau des Anhanges:

1. Erläuterungen der Bilanzierungs- und Bewertungsmethoden

2. Erläuterungen, die sowohl die Bilanz als auch die Gewinn- und Verlustrechnung betreffen

3. Erläuterungen zur Bilanz

4. Erläuterungen zur Gewinn- und Verlustrechnung

5. Sonstige Angaben.

In der nachfolgenden Darstellung sind sämtliche den Anhang betreffende Vorschriften in aufsteigender Reihenfolge der Paragraphen zusammengefasst, wobei die rechte Spalte jene Teile des Anhanges (mit X gekennzeichnet) zeigt, die auch von der kleinen GmbH erstellt werden müssen (entnommen aus Egger/Samer, a.a.O., S. 444 ff.).

lfd. Nr.		Gesetzesstelle	
		AG, mittelgroße und große GmbH	kleine GmbH § 242 (2)
1	Gesonderte Angabe einer passiven Steuerabgrenzung in der Bilanz oder im Anhang	§ 198 (9)	
2	Im Anhang ist der Betrag der im Geschäftsjahr aus steuerrechtlichen Gründen unterlassenen Zuschreibungen anzugeben und hinreichend zu begründen. Ferner ist das Ausmaß erheblicher künftiger steuerlicher Belastungen, die sich aus einer solchen Bewertung ergeben, anzuführen	§ 208 (3)	
3	Zusätzliche Angaben, wenn (sonst) der Jahresabschluss kein möglichst getreues Bild der Vermögens-, Finanz- und Ertragslage des Unternehmens vermittelt	§ 222 (2)	X
4	Angabe und Begründung, wenn die einmal gewählte Form der Darstellung nicht beibehalten wird	§ 223 (1)	X
5	Angabe und Erläuterung, wenn Vorjahresbeträge nicht vergleichbar sind oder der Vorjahresbetrag angepasst wird	§ 223 (2)	X
6	Angaben, wenn die Gesellschaft mehrere Geschäftszweige mit verschiedenen Gliederungsvorschriften betreibt	§ 223 (3)	X
7	Angabe der Mitzugehörigkeit von Vermögensgegenständen oder Verbindlichkeiten zu mehreren Posten der Bilanz, wenn kein entsprechender Vermerk in der Bilanz durchgeführt wurde und dies zur Aufstellung eines klaren und übersichtlichen Jahresabschlusses erforderlich ist	§ 223 (5)	X
8	Aufgliederung von gemäß § 223 (6) zusammengefassten Posten der Bilanz und der Gewinn- und Verlustrechnung	§ 223 (6)	
9	Erläuterung, ob bei Ausweis eines Postens „negatives Eigenkapital" eine Überschuldung im Sinne des Insolvenzrechts vorliegt	§ 225 (1)	X
10	Angabe des Betrages der Forderungen mit einer Restlaufzeit von mehr als einem Jahr für jeden gesondert ausgewiesenen Posten, wenn dies nicht in der Bilanz angemerkt ist	§ 225 (3)	

lfd. Nr.		Gesetzesstelle	
		AG, mittelgroße und große GmbH	kleine GmbH § 242 (2)
11	Erläuterung, wenn im Posten „sonstige Forderungen und Vermögensgegenstände" Erträge enthalten sind, die erst nach Abschlussstichtag zahlungswirksam werden, soweit es sich um wesentliche Beträge handelt	§ 225 (3)	
12	Angabe der wechselmäßigen Verbriefung von Forderungen	§ 225 (4)	
13	Angabe des Betrages der Verbindlichkeiten mit einer Restlaufzeit bis zu einem Jahr bei jedem gesondert ausgewiesenen Posten, wenn dies nicht in der Bilanz angemerkt ist	§ 225 (6)	
14	Erläuterung, wenn im Posten „sonstige Verbindlichkeiten" Aufwendungen enthalten sind, die erst nach dem Abschlussstichtag zahlungswirksam werden, soweit es sich um wesentliche Beträge handelt	§ 225 (6)	
15	Angabe des Grundwertes bei Grundstücken, wenn dies nicht in der Bilanz angemerkt ist	§ 225 (7)	
16	Darstellung der Entwicklung der einzelnen Posten des Anlagevermögens und des Postens „Aufwendungen für das Ingangsetzen und Erweitern eines Betriebes", wenn nicht in der Bilanz ausgewiesen	§ 226 (1)	X
17	Angabe der Abschreibungen des Geschäftsjahres entsprechend der Gliederung des Anlagevermögens, wenn nicht in der Bilanz vermerkt	§ 226 (1)	X
18	Erläuterung des Bilanzpostens „Aufwendungen für das Ingangsetzen und Erweitern eines Betriebes"	§ 226 (2)	
19	Angabe einer Pauschalwertberichtigung zu Forderungen für den entsprechenden Posten der Bilanz	§ 226 (5)	
20	Angabe der Ausleihungen mit einer Restlaufzeit bis zu einem Jahr	§ 227	
21	Angabe der Zuweisung und der Auflösung der Bewertungsreserve entsprechend den Posten des Anlagevermögens, wenn dies nicht in der Bilanz durchgeführt wurde	§ 230 (2)	X
22	Aufgliederung der Zuführung und der Auflösung von unversteuerten Rücklagen unter Hinweis auf die maßgebliche steuerliche Rechtsgrundlage, wenn nicht in der G&V-Rechnung durchgeführt	§ 232 (4)	
23	Erläuterung der a. o. Aufwendungen und a. o. Erträge hinsichtlich ihres Betrages und ihrer Art, wenn nicht von untergeordneter Bedeutung	§ 233	
24	Erläuterung von Erträgen und Aufwendungen, die einem anderen Geschäftsjahr zuzurechnen sind, hinsichtlich ihres Betrages und ihrer Art (wenn nicht für die Beurteilung der Ertragslage von untergeordneter Bedeutung)	§ 233	

		Gesetzesstelle	
lfd. Nr.		AG, mittelgroße und große GmbH	kleine GmbH § 242 (2)
§ 236	**Erläuterung der Bilanz und der Gewinn- und Verlustrechnung**		
25	Erläuterung der Bilanz und der Gewinn- und Verlustrechnung sowie der darauf angewandten Bilanzierungs- und Bewertungsmethoden, unter Beachtung der Generalklausel	§ 236	X
26	Abweichungen von Bilanzierungs- und Bewertungsmethoden (einschließlich Begründung und gesonderter Darstellung des Einflusses auf die Vermögens-, Finanz- und Ertragslage)	§ 236 Z 1	X
27	Bei Inanspruchnahme von § 203 Abs. 4 Angabe des insgesamt nach dieser Vorschrift aktivierten Betrages	§ 236 Z 2	X
28	Gründe für die Abschreibungsdauer und Abschreibungsmethode gemäß § 203 Abs. 5 letzter Satz (Abschreibung des Firmenwertes)	§ 236 Z 3	X
29	Bei Inanspruchnahme von § 206 Abs. 3 der im Geschäftsjahr und der insgesamt über die Herstellungskosten hinaus angesetzte Betrag	§ 236 Z 4	X
§ 237	**Ergänzende Angaben zur Erläuterung der Bilanz und der Gewinn- und Verlustrechnung**		
30	Der Gesamtbetrag der Verbindlichkeiten mit einer Restlaufzeit von mehr als fünf Jahren	§ 237 Z 1a	
31	Der Gesamtbetrag der Verbindlichkeiten mit einer Restlaufzeit von mehr als einem Jahr	§ 237 Z 1b	
32	Der Gesamtbetrag der Verbindlichkeiten, für die dingliche Sicherheiten bestellt sind, unter Angabe von Art und Form der Sicherheiten; die in **§ 237 Z 1 lit. a–c** verlangten Angaben sind jeweils für jeden Posten der Verbindlichkeiten nach dem vorgeschriebenen Gliederungsschema zu machen, sofern sich diese Angaben nicht aus der Bilanz ergeben	§ 237 Z 1c	die Angaben gem. § 237 Z 1 lit. a–c sind zusammengefasst für alle betroffenen Posten zu machen
33	Bei Fremdwährungsbeträgen die Grundlagen für die Umrechnung in Schilling	§ 237 Z 2	X
34	Die gemäß § 199 ausgewiesenen Haftungsverhältnisse sind unter Angabe der Pfandrechte und sonstigen dinglichen Sicherheiten aufzugliedern und zu erläutern; Haftungen gegenüber verbundenen Unternehmen sind jeweils gesondert anzugeben	§ 237 Z 3	X
35	Bei Anwendungen des Umsatzkostenverfahrens: Angabe der Material- und Personalaufwendungen analog zum Gesamtkostenverfahren	§ 237 Z 4	X
36	Wesentliche Verluste aus dem Abgang von Vermögensgegenständen des Anlagevermögens	§ 237 Z 5	

lfd. Nr.		Gesetzesstelle	
		AG, mittelgroße und große GmbH	kleine GmbH § 242 (2)
37	Zum in der Gewinn- und Verlustrechnung ausgewiesenen Posten „Steuern vom Einkommen und Ertrag" a) die Auswirkung der Veränderung der unversteuerten Rücklagen auf den Posten „Steuern vom Einkommen und vom Ertrag" des Geschäftsjahres; b) in welchem Umfang die Steuern vom Einkommen und vom Ertrag das Ergebnis der gewöhnlichen Geschäftstätigkeit und das außerordentliche Ergebnis belasten; c) der gem. § 198 Abs. 10 aktivierbare Betrag, wenn er in der Bilanz nicht gesondert ausgewiesen wird	§ 237 Z 6	
38	Erläuterung der in der Bilanz nicht gesondert ausgewiesenen Rückstellungen, wenn sie einen erheblichen Umfang haben	§ 237 Z 7	
39	Der Gesamtbetrag der sonstigen finanziellen Verpflichtungen, die nicht in der Bilanz ausgewiesen und auch nicht nach § 199 anzugeben sind, sofern diese Angabe für die Beurteilung der Finanzlage von Bedeutung ist; davon sind gesondert auszuweisen a) Verpflichtungen gegenüber verbundenen Unternehmen b) Verpflichtungen aus der Nutzung von in der Bilanz nicht ausgewiesenen Sachanlagen (§ 224 Abs. 2 A II), wobei der Betrag der Verpflichtungen des folgenden Geschäftsjahres und der Gesamtbetrag der folgenden fünf Jahre anzugeben ist	§ 237 Z 8	
40	Die Aufgliederung der Umsatzerlöse nach Tätigkeitsbereichen sowie nach geographisch bestimmten Märkten, soweit sich unter Berücksichtigung der Organisation des Verkaufs von für die gewöhnliche Geschäftstätigkeit des Unternehmens typischen Erzeugnissen und der für die gewöhnliche Geschäftstätigkeit des Unternehmens typischen Dienstleistungen die Tätigkeitsbereiche und geographisch bestimmten Märkte untereinander erheblich unterscheiden. Die Umsatzerlöse brauchen jedoch nicht aufgegliedert zu werden, soweit die Aufgliederung nach vernünftiger kaufmännischer Beurteilung geeignet ist, dem Unternehmen oder einem Unternehmen, von dem das Unternehmen mindestens den fünften Teil der Anteile besitzt, einen erheblichen Nachteil zuzufügen; die Anwendung dieser Ausnahme ist im Anhang anzugeben	§ 237 Z 9	braucht von der kleinen AG, der mittelgroßen und kleinen GmbH nicht angewendet werden, gilt also nur für die mittelgroße und große AG und die große GmbH (§ 242 Abs. 1).
41	Der in der Bilanz nicht gesondert ausgewiesene Betrag der Einlagen von stillen Gesellschaftern	§ 237 Z 10	X
42	Bei der Anwendung einer Bewertungsmethode nach § 209 Abs. 2 die Unterschiedsbeträge für die jeweilige Gruppe, wenn die Bewertung im Vergleich zu einer Bewertung auf der Grundlage des letzten vor dem Abschlussstichtag bekannten Börsenkurses oder Marktpreises einen erheblichen Unterschied aufweist	§ 237 Z 11	

lfd. Nr.		Gesetzesstelle	
		AG, mittelgroße und große GmbH	kleine GmbH § 242 (2)
43	Name und Sitz des Mutterunternehmens der Gesellschaft, das den Konzernabschluss für den größten Kreis von Unternehmen aufstellt, und ihres Mutterunternehmens, das den Konzernabschluss für den kleinsten Kreis von Unternehmen aufstellt, sowie im Fall der Offenlegung der von diesem Mutterunternehmen aufgestellten Konzernabschlüsse der Ort, wo diese erhältlich sind	§ 237 Z 12	X
§ 238	**Weitere Angaben im Anhang**		
44	In der Bilanz ausgewiesene immaterielle Vermögensgegenstände, die von einem verbundenen Unternehmen oder von einem Gesellschafter, dessen Anteil den zehnten Teil des Nennkapitals erreicht, erworben wurden	§ 238 Z 1	
45	Angaben über Beteiligungsunternehmen (bezüglich Details siehe Gesetzestext)	§ 238 Z 2	X
46	Beziehungen zu verbundenen Unternehmen (bezüglich Details siehe Gesetzestext)	§ 238 Z 3	
47	In Beteiligungserträgen enthaltene Erträge aus Gewinngemeinschaften bzw. analoge in den „Aufwendungen aus Finanzanlagen und aus Wertpapieren des Umlaufvermögens" enthaltene Posten	§ 238 Z 4	
§ 239	**Pflichtangaben über Organe und Arbeitnehmer**		
48	Durchschnittliche Zahl der Arbeitnehmer während des Geschäftsjahres, getrennt nach Arbeitern und Angestellten	§ 239 (1) Z 1	X
49	Vorschüsse, Kredite, Haftungen für Vorstand und Aufsichtsrat (bezüglich Details siehe Gesetzestext)	§ 239 (1) Z 2	X
50	Aufgliederung der Aufwendungen für Abfertigungen und Pensionen nach Vorstandsmitgliedern/leitenden Angestellten und anderen Arbeitnehmern	§ 239 (1) Z 3	
51	Bezüge Vorstand und Aufsichtsrat (bezüglich Details siehe Gesetzestext)	§ 239 (1) Z 4	
52	Angabe der Mitglieder des Vorstandes und Aufsichtsrates	§ 239 (2)	X
§ 240 53-61	**Pflichtangaben bei Aktiengesellschaften** (bezüglich Details siehe Gesetzestext)	§ 240	
§ 241	**Unterlassen von Angaben** Enthält zulässige Ausnahmen von Berichterstattungspflichten im Anhang (bezüglich Details siehe Gesetzestext)		
Art. X	**Übergangsbestimmungen**		
62	Angabe und Erläuterung des Fehlbetrages der Pensionsrückstellung	Art. X (3)	
63	Erläuterung des unter den aktiven Rechnungsabgrenzungen gesondert ausgewiesenen Unterschiedsbetrages der Pensionsrückstellung	Art. X (4)	

bb) Lagebericht

Unternehmen haben einen Lagebericht zu erstellen, der den Geschäftsverlauf und die Lage des Unternehmens so darzustellen hat, dass ein möglichst getreues Bild der Vermögens-, Finanz- und Ertragslage vermittelt wird (§ 243 Abs. 1).

Der Lagebericht hat auch einzugehen auf (§ 243 Abs. 2):

1. Vorgänge von besonderer Bedeutung, die nach dem Schluss des Geschäftsjahres eingetreten sind;

2. die voraussichtliche Entwicklung des Unternehmens;

3. den Bereich Forschung und Entwicklung;

4. bestehende Zweigniederlassungen der Gesellschaft.

Kleine Gesellschaften mit beschränkter Haftung brauchen den Lagebericht nicht aufzustellen.

12. Musterbeispiel zum Jahresabschluss

(entnommen aus: Egger/Samer, Der Jahresabschluß nach dem Handelsgesetzbuch)

Jahresabschluss

der

Getriebebau AG

zum

31. Dezember 2002

Gemäß § 277 Abs. 3 HGB wären in der Veröffentlichung alle Posten zumindest in vollen 100 € anzugeben. Der nachfolgende Ausweis in Mio. € entspricht daher zwar nicht dem Gesetz, dient aber der besseren Lesbarkeit.

Bilanz zum 31. Dezember 2002

AKTIVA	in Mio. €	
	2002	**2001**
A. Anlagevermögen		
I. Immaterielle Vermögensgegenstände		
Firmenwert	26,0	28,6
II. Sachanlagen		
1. Grundstücke	169,1	178,4 (1)
2. technische Anlagen und Maschinen	122,3	121,4
3. andere Anlagen, Betriebs- und Geschäftsausstattung	10,9	9,9
4. geleistete Anzahlungen und Anlagen in Bau	11,8	11,4
	314,1	**321,1** (2)
III. Finanzanlagen		
Wertpapiere	20,0	17,9 (3)
	360,1	**367,6**
B. Umlaufvermögen		
I. Vorräte		
1. Roh-, Hilfs- und Betriebsstoffe	68,9	53,5
2. unfertige Erzeugnisse	35,7	30,5
3. fertige Erzeugnisse und Waren	53,5	38,3
4. geleistete Anzahlungen	0,2	0,9
II. Forderungen und sonstige Vermögensgegenstände		
1. Forderungen aus Lieferungen und Leistungen	87,7	108,5 (4)
2. sonstige Forderungen	17,2	15,0 (4)
III. Kassenbestand, Schecks, Guthaben bei Kreditinstituten	101,2	53,4
	364,4	**300,1**
C. Rechnungsabgrenzungsposten	**0,1**	**0,4**
	724,6	**668,1**

PASSIVA	in Mio. €		
	2002	2001	
A. Eigenkapital			
I. Grundkapital	80,0	80,0	
II. Kapitalrücklagen			
gebundene	32,6	32,6	
III. Gewinnrücklagen			
freie Rücklage	49,4	2,0	
IV. Bilanzgewinn	29,7	10,9	
davon Gewinnvortrag/Verlustvortrag	*10,9*	*–17,9*	
	191,7	**125,5**	
B. Unversteuerte Rücklagen			
1. Bewertungsreserve aufgrund von Sonderabschreibungen gemäß § 12 EStG 1988	10,1	9,5	
2. sonstige unversteuerte Rücklagen gemäß § 10 EStG 1988	8,0	45,4	
	18,1	**54,9**	(5,6)
C. Rückstellungen			
1. Rückstellungen für Abfertigungen	41,9	36,6	(7)
2. Rückstellungen für Pensionen	4,2	3,5	
3. Steuerrückstellungen	15,2	–	
4. sonstige Rückstellungen	66,4	62,4	(8)
	127,7	**102,5**	
D. Verbindlichkeiten			
1. Verbindlichkeiten gegenüber Kreditinstituten	286,8	286,4	
2. Verbindlichkeiten aus Lieferungen und Leistungen	61,5	64,7	
3. sonstige Verbindlichkeiten	38,8	34,1	(9,10)
davon aus Steuern	*4,1*	*3,6*	
davon im Rahmen der sozialen Sicherheit	*8,2*	*5,4*	
	387,1	**385,2**	
	724,6	**668,1**	

Gewinn- und Verlustrechnung für die Zeit vom
1. Jänner 2002 bis zum 31. Dezember 2002

	in Mio. €	
	2002	2001
1. Umsatzerlöse	1.174,3	1.002,2 (11)
2. Veränderung des Bestandes an fertigen und unfertigen Erzeugnissen	20,7	2,7
3. andere aktivierte Eigenleistungen	10,1	15,2
4. sonstige betriebliche Erträge		
a) Erträge aus dem Abgang vom Anlagevermögen	0,1	1,1
b) Erträge aus der Auflösung von Rückstellungen	2,2	1,0
c) übrige	8,8	9,3
	1.216,2	**1.031,5**
5. Aufwendungen für Material und sonstige bezogene Herstellungsleistungen		
a) Materialaufwand	554,7	449,1
b) Aufwendungen für bezogene Leistungen	7,9	7,1
6. Personalaufwand		
a) Löhne	193,0	172,4
b) Gehälter	60,3	54,7
c) Aufwendungen für Abfertigungen	7,7	7,2
d) Aufwendungen für Altersversorgung	1,9	1,7
e) Aufwendungen für gesetzlich vorgeschriebene Sozialabgaben sowie vom Entgelt abhängige Abgaben und Pflichtbeiträge	72,9	63,9
f) sonstige Sozialaufwendungen	10,7	6,2
7. Abschreibungen auf immaterielle Gegenstände des Anlagevermögens und Sachanlagen	67,6	70,0
8. sonstige betriebliche Aufwendungen		
a) Steuern, soweit sie nicht unter Z. 18 fallen	1,4	1,1
b) übrige	183,6	169,8
9. Zwischensumme aus Z. 1 bis 8	**54,5**	**28,3**

	in Mio. €	
	2002	2001
9. Zwischensumme aus Z. 1 bis 8	**54,5**	**28,3**
10. Erträge aus anderen Wertpapieren	1,3	1,1
11. sonstige Zinsen und ähnliche Erträge	4,6	1,7
12. Zinsen und ähnliche Aufwendungen	14,8	13,3
13. Zwischensumme aus Z. 10 bis 12	**−8,9**	**−10,5**
14. Ergebnis der gewöhnlichen Geschäftstätigkeit	**45,6**	**17,8**
15. außerordentliche Erträge	–	9,1
16. außerordentliche Aufwendungen	−1,0	– (12)
17. außerordentliches Ergebnis	**−1,0**	**9,1**
18. Steuern vom Einkommen und vom Ertrag	15,2	1,0 (13)
19. Jahresüberschuss	**29,4**	**25,9**
20. Auflösung unversteuerter Rücklagen	41,9	11,0 (14)
21. Zuweisung zu unversteuerten Rücklagen	5,1	6,3 (15)
22. Zuweisung zu Gewinnrücklagen	47,4	1,8
23. Gewinnvortrag (Verlustvortrag) aus dem Vorjahr	10,9	−17,9
24. Bilanzgewinn	**29,7**	**10,9**

Alternative:
Gewinn- und Verlustrechnung nach dem
Umsatzkostenverfahren

Aufwandsverteilungsbogen (nicht veröffentlicht) 2002

		Summe	Herstel-lungs-kosten	Verwal-tung	Vertrieb
Materialaufwendungen					
	a	554,7	554,7		
	b	7,9	7,9		
Personalaufwand					
	a	193	170	8	15
	b	60,3	20	20	20,3
	c	7,7	4,3	1,3	2,1
	d	1,9	0,9	0,4	0,6
	e	72,9	54,1	8,2	10,6
	f	10,7	7,9	1,2	1,6
Abschreibungen		67,6	45,1	5	17,5
sonstige betriebl. Aufwendungen					
	a	1,4		1,1	0,3
	b	183,6	105	37	41,6
Summe		1.161,7	969,9	82,2	109,6
– Bestandsveränderungen			– 20,7		
– aktivierte Eigenleistungen			– 10,1		
Herstellungskosten der zur Erzielung der Umsatzerlöse erbrachten Leistungen			**939,1**		

Gewinn- und Verlustrechnung
für die Zeit vom 1. Jänner 2002 bis zum 31. Dezember 2002

	in Mio. €	
	2002	2001
1. Umsatzerlöse	1.174,3	1.002,2
2. Herstellungskosten der zur Erzielung der Umsatzerlöse erbrachten Leistungen	939,1	791,7
3. Bruttoergebnis vom Umsatz	**235,2**	**210,5**
4. sonstige betriebliche Erträge		
a) Erträge aus dem Abgang vom Anlagevermögen	0,1	1,1
b) Erträge aus der Auflösung von Rückstellungen	2,2	1,0
c) übrige	8,8	9,3
5. Vertriebskosten	109,6	108,2
6. Verwaltungskosten	82,2	85,4
7. Zwischensumme aus Z. 1 – 6	**54,5**	**28,3**
8. Erträge aus anderen Wertpapieren	1,3	1,1
9. sonstige Zinsen und ähnliche Erträge	4,6	1,7
10. Zinsen und ähnliche Aufwendungen	14,8	13,3
11. Zwischensumme aus Z. 8 bis 10	**– 8,9**	**– 10,5**
12. Ergebnis der gewöhnlichen Geschäftstätigkeit	**45,6**	**17,8**
13. außerordentliche Erträge	–	9,1
14. außerordentliche Aufwendungen	– 1,0	–
15. außerordentliches Ergebnis	**– 1,0**	**9,1**
16. Steuern vom Einkommen und vom Ertrag	15,2	1,0
17. Jahresüberschuss	**29,4**	**25,9**
18. Auflösung unversteuerter Rücklagen	41,9	11,0
19. Zuweisung zu unversteuerten Rücklagen	5,1	6,3
20. Zuweisung zu Gewinnrücklagen	47,4	1,8
21. Gewinnvortrag (Verlustvortrag)	10,9	– 17,9
22. Bilanzgewinn	**29,7**	**10,9**

Anhang zum Jahresabschluss 2002 der Getriebebau AG

I. Bilanzierungs- und Bewertungsmethoden

1. Anlagevermögen

a) Immaterielles Anlagevermögen

Der Firmenwert wird über einen Zeitraum von 15 Jahren abgeschrieben.

Dieser Zeitraum entspricht der voraussichtlichen Nutzungsdauer desselben.

b) Sachanlagevermögen

Die planmäßige Abschreibung auf Sachanlagen erfolgt linear über einen Zeitraum von 3 (Werkzeuge) bis 33 Jahren (Gebäude).

Außerplanmäßige Abschreibungen wurden nicht vorgenommen.

Die selbst erstellten Anlagen wurden zu Herstellungskosten auf Basis Einzelkosten zuzüglich angemessener Material- und Fertigungsgemeinkosten aktiviert. Aufwendungen für Sozialeinrichtungen sowie für Abfertigungen und betriebliche Altersversorgung wurden nicht in die Herstellungskosten eingerechnet.

c) Finanzanlagen

Es wurden keine außerplanmäßigen Abschreibungen vorgenommen.

2. Umlaufvermögen

a) Vorräte

Die Roh-, Hilfs- und Betriebsstoffe sowie die Handelswaren wurden nach dem gewogenen Durchschnittspreisverfahren unter Anwendung des strengen Niederstwertprinzips bewertet. Die Bewertung der fertigen und unfertigen Erzeugnisse erfolgte zu Herstellungskosten nach den gleichen Grundsätzen wie jene der selbst erstellten Anlagen. Auf eine verlustfreie Bewertung wurde Bedacht genommen.

b) Forderungen und sonstige Vermögensgegenstände

Bei der Bewertung der Forderungen wurden erkennbare Risiken durch individuelle Abwertungen berücksichtigt.

Fremdwährungsforderungen wurden zum Anschaffungskurs bzw. zum niedrigeren Geldkurs am Abschlussstichtag bewertet.

3. Rückstellungen und sonstige Verbindlichkeiten

Die Rückstellungen wurden unter Bedachtnahme auf den Vorsichtsgrundsatz in der Höhe des voraussichtlichen Anfalles gebildet. Rückstellungen aus Vorjahren wurden, soweit sie nicht verwendet wurden und der Grund für ihre Bildung weggefallen ist, über sonstige betriebliche Erträge aufgelöst.

Die Bewertung der Pensionsrückstellung erfolgte nach versicherungsmathematischen Grundsätzen nach dem Teilwertverfahren unter Verwendung eines Rechnungszinsfußes von 6 %.

Ein Fehlbetrag im Sinne des Artikel X Abs. 2–4 RLG liegt nicht vor.

Die Verbindlichkeiten sind mit dem Rückzahlungsbetrag unter Bedachtnahme auf den Grundsatz der Vorsicht bewertet.

II. Erläuterungen zu den Posten der Bilanz und der Gewinn- und Verlustrechnung

(Die Zahlen in Klammern entsprechen den in der Bilanz und der Gewinn- und Verlustrechnung angegebenen Zahlen.)

1. Bilanz

(1) Der in den Grundstücken enthaltene Grundwert beträgt 10,9 Mio. € (Vorjahr: 10,9 Mio. €).

(2) Die Entwicklung des Anlagevermögens ist im Abschnitt III/3 dargestellt.

(3) Bei den Wertpapieren des Anlagevermögens handelt es sich um österreichische festverzinsliche Wertpapiere mit einer Verzinsung zwischen 6 und 8 %.

(4) Die Fristigkeit der Forderungen gemäß B II stellt sich folgendermaßen dar:

	gesamt		davon mit einer Restlaufzeit von mehr als 1 Jahr	
	2002	2001	2002	2001
Forderungen aus Lieferungen und Leistungen	87,7	108,5	–	–
sonstige Forderungen	17,2	15,0	–	–

Die Forderungen aus Lieferungen und Leistungen wurden um Pauschalwertberichtigungen in Höhe von 3 Mio. € (3,4 Mio. €) vermindert.

Unter den sonstigen Forderungen sind Wertpapier- und Bankzinsen in Höhe von 1,1 Mio. € (0,5 Mio. €) enthalten.

(5), (6) Die Aufgliederung der unversteuerten Rücklagen ist im Abschnitt III/4 dargestellt.

(7) Die Rückstellungen für Abfertigungen wurden gemäß den Bestimmungen des § 14 EStG 1988 gebildet. Gegen diese vereinfachende Bewertung liegen keine erheblichen Bedenken vor.

(8) Unter den sonstigen Rückstellungen sind folgende wesentliche Posten enthalten:

	2002	2001
Drohende Verluste aus schwebenden Geschäften	15,7	10,3
Nicht konsumierte Urlaube	14,7	13,5
Gewährleistungen	7,9	8,3
Jubiläumsgelder	3,2	2,8

(9) Unter den sonstigen Verbindlichkeiten sind 13,7 Mio. € aus der Lohn- und Gehaltsverrechnung und 8,2 Mio. € aus der Verrechnung mit der Gebietskrankenkasse enthalten.

(10) Die Aufgliederung der Verbindlichkeiten gemäß § 225 Abs. 6 und § 237 Z 1a–c stellt sich folgendermaßen dar:

	Stand 31.12.	Summe	Restlaufzeit		
			bis zu einem Jahr	über ein Jahr	über 5 Jahre
Verbindlichkeiten gegenüber Kreditinstituten	2002	286,8	86,4	200,4	60,5
	2001	286,4	84,7	201,7	64,3
Verbindlichkeiten aus Lieferungen und Leistungen	2002	61,5	61,5	–	–
	2001	64,7	64,7	–	–
sonstige Verbindlichkeiten	2002	38,8	38,1	0,7	–
	2001	34,1	34,1	–	–

Die Verbindlichkeiten, für die dingliche Sicherheiten bestellt sind, betragen 49 Mio. € (49 Mio. €). Es handelt sich um grundbücherlich besicherte ERP-Kredite, die in den Verbindlichkeiten gegenüber Kreditinstituten enthalten sind.

2. Sonstige Angaben zur Bilanz

Haftungsverhältnisse liegen in folgendem Umfang vor:
Wechselobligo aus der Weitergabe von Besitzwechseln: 32,5 Mio. €

Verpflichtungen aus der Nutzung von nicht in der Bilanz ausgewiesenen Sachanlagen liegen in folgendem Ausmaß vor:
Verpflichtungen 2003   1 Mio. €
Verpflichtungen 2003 – 2007 4 Mio. €

3. Gewinn- und Verlustrechnung

(11) Die Umsatzerlöse betreffen mit 950 (850) andere EU-Länder und mit 224,3 (152,2) das Inland.

(12) Die außerordentlichen Aufwendungen betreffen eine Schadenersatzleistung für eine Emission in ein Nachbargrundstück.

(13) Von den Steuern vom Einkommen und vom Ertrag entfallen 15,7 Mio. € auf das ordentliche Ergebnis. Auf das außerordentliche Ergebnis entfallen – 0,3 Mio. €.

Die Veränderung der unversteuerten Rücklagen führte zu einer Senkung der Steuern vom Einkommen und vom Ertrag in Höhe von 0,2 Mio. €.

(14) Die Auflösung der unversteuerten Rücklagen setzt sich aus folgenden Beträgen zusammen:

	2002	2001
Auflösung IFB 1998	37,4	1,8
Auflösung der Bewertungsreserve	4,5	9,2
	41,9	11,0

(15) Die Zuweisung zur Bewertungsreserve betrifft den Übertrag einer stillen Reserve auf neu angeschaffte Anlagengegenstände.

3. Entwicklung des Anlagevermögens (in Mio. €)

	Anschaffungs- u. Herstellungskosten 1.1.2002	Zugänge (Abgänge) 2002	Umbuchungen 2002	AK + HK 31.12.2002	Abschr. kumuliert	Restwert 31.12.2002	Restwert 31.12.2001	Abschreibungen des Geschäftsjahres
I. Immaterielle Vermögensgegenstände								
Firmenwert	39,0	–	–	39,0	13,0	26,0	28,6	2,6
II. Sachanlagen								
1. Grundstücke	337,0	0,6	–	337,6	168,5	169,1	178,4	9,9
2. Technische Anlagen und Maschinen	203,4	22,5 (0,5)	15,3	240,7	118,4	122,3	121,4	36,9
3. andere Anlagen, Betriebs- u. Geschäftsausstattung	120,2	13,3 (4,3)	6,0	135,2	124,3	10,9	9,9	18,2
4. Geleistete Anzahlungen und Anlagen in Bau	11,4	21,7	(21,3)	11,8	–	11,8	11,4	–
	672,0	58,1 (4,8)	–	725,3	411,2	314,1	321,1	65,0
III. Finanzanlagen								
Wertpapiere	17,9	2,6 (0,5)	–	20,0	–	20,0	17,9	–
	728,9	60,7 (5,3)	–	784,3	424,2	360,1	367,6	67,6

4. Entwicklung der unversteuerten Rücklagen

1. Bewertungsreserve aufgrund von Sonderabschreibungen

	Stand 1.1.2002	Zu- weisung	Auf- lösung	Stand 31.12. 2002
Bewertungsreserve gem. § 12 EStG 1988				
Technische Anlagen und Maschinen	7,4	–	2,8	4,6
Andere Anlagen, Betriebs- und Geschäftsausstattung	2,1	5,1	1,7	5,5
	9,5	5,1	4,5	10,1

2. Sonstige unversteuerte Rücklagen

Investitionsfreibeträge

Jahr	Stand 1.1.2002	Zuweisung	Auflösung	Stand 31.12.2002
1998	37,4	–	37,4	–
2000	8,0	–	–	8,0
	45,4	–	37,4	8,0

IV. Angaben über Organe und Arbeitnehmer

1. Die durchschnittliche Zahl der Arbeitnehmer betrug 10.810, davon 8.800 Arbeiter und 2.010 Angestellte.

2. Die Gesamtbezüge des Vorstandes inklusive aller Nebenbezüge betrugen im Jahre 2002 insgesamt 0,9 Mio. €. An den Aufsichtsrat wurden € 70.000,– an Aufwandsentschädigungen und Aufsichtsratsvergütungen geleistet.

3. Unter den Abfertigungsaufwendungen befinden sich solche für Vorstandsmitglieder in Höhe von € 36.000,– und für leitende Angestellte im Sinne des § 80 AktG von € 42.000,–. Es handelt sich ausschließlich um Zuweisungen zur Abfertigungsrückstellung.

   Die Pensionsaufwendungen betreffen mit € 45.000,– Vorstandsmitglieder und mit € 40.000,– leitende Angestellte im Sinne des § 80 AktG.

4. Der Vorstand setzte sich im Geschäftsjahr aus folgenden Personen zusammen:

> Dr. Franz Abram, kaufmännisches Vorstandsmitglied
> Dipl.Ing. Anton Berg, technisches Vorstandsmitglied

Der Aufsichtsrat setzte sich im Geschäftsjahr aus folgenden Personen zusammen:

> Dr. Josef Lager, Vorsitzender
> Dkfm. Karl Klang, Vorsitzender-Stellvertreter
> Gustav Pugerz
> Dr. Richard Sandoz

Vom Betriebsrat wurden delegiert:

> BRO Rudolf Scheider
> BRO Josef Mager

Veränderungen fanden im Geschäftsjahr nicht statt.

V. Angaben zum Grundkapital

Das Grundkapital beträgt 80 Mio. €, zerlegt in 1,1 Mio. Stückaktien. Die Umstellung auf Euro erfolgte im Jahre 1999.

Vorschlag für die Verwendung des Ergebnisses

(Der Vorschlag des Vorstandes für die Verwendung des Ergebnisses ist nicht Bestandteil des Anhanges. Er ist aber bei Aktiengesellschaften gem. § 277 nach Behandlung des Jahresabschlusses in der Hauptversammlung mit diesem, zusammen mit dem Lagebericht, dem Bericht des Aufsichtsrates und dem Gewinnverwendungsbeschluss zum Firmenbuch des Sitzes der Aktiengesellschaft einzureichen.)

Der Vorstand schlägt vor,
aus dem Bilanzgewinn von   € 29,721.316,54
20 % des Grundkapitals, das sind   € 16,000.000,00

auszuschütten und den Rest von   € 13,721.316,54
auf neue Rechnung vorzutragen.

V. Sonderbilanzen

1. Allgemeines

Im Gegensatz zu den auf Grund der entsprechenden handels- und steuerrechtlichen Bestimmungen aufgestellten **Periodenbilanzen** (ordentliche Bilanzen) sind **Sonderbilanzen** auf Grund besonderer Anlässe (für Sonderzwecke) in unregelmäßigen Abständen (aperiodisch) oder einmalig aufgestellte Bilanzen, die entweder speziellen oder gar keinen handels- oder steuerrechtlichen Bestimmungen unterliegen.

Soweit Sonderbilanzen nicht in unmittelbarem Zusammenhang mit dem Rechenwerk der Finanzbuchhaltung stehen, werden sie auch als Status (für bestimmte Zwecke aufgestellter Vermögensnachweis) bezeichnet.

Bei der Aufstellung von Sonderbilanzen sind drei Fälle zu unterscheiden:

1. Das Unternehmen beginnt oder wird in geänderter (Rechts-)Form weitergeführt. An diese Sonderbilanzen schließt eine Reihe ordentlicher Bilanzen an; ihre Aufstellung erfolgt daher im Hinblick auf die Weiterführung des Unternehmens (Berücksichtigung der zukünftigen Entwicklung).

2. Das Unternehmen wird nicht weitergeführt; die Aufstellung erfolgt im Hinblick auf die Auflösung des Unternehmens.

3. Die Sonderbilanzen werden neben den ordentlichen Bilanzen aufgestellt (Kreditstatus, Liquiditätsstatus); maßgebend für die Grundsätze bei der Aufstellung dieser Sonderbilanzen ist allein der damit verfolgte Zweck (z. B. Erkennen der Kreditfähigkeit, der Zahlungsfähigkeit etc.).

2. Bewertungsgrundsätze

Die bei der Erstellung von Sonderbilanzen angewendeten **Bewertungsgesichtspunkte** ergeben sich aus dem Zweck der Erstellung der Bilanz.

Gründungsbilanzen, Umgründungsbilanzen, Bilanzen anlässlich des Ein- und Austrittes von Gesellschaftern werden unter dem Gesichtspunkt der **Fortführung** des Unternehmens erstellt. Demgemäß werden die einzelnen Vermögensgegenstände unter Berücksichtigung ihrer Bedeutung für das Unternehmen auch mit **Wiederbeschaffungswerten** angesetzt. Einschränkende Bestimmungen des Steuerrechtes werden im entsprechenden Abschnitt behandelt.

Die Aufstellung von **Kreditbilanzen** (Kreditstatus) erfolgt ebenfalls unter dem Gesichtspunkt der **Unternehmensfortführung**, wobei als zusätzliches Kriterium die **Liquidierbarkeit** des Vermögens bzw. die **Fristigkeit** der Schulden hinzukommt.

Werden Sonderbilanzen anlässlich der Auflösung eines Unternehmens aufgestellt (**Liquidationsbilanzen, Konkursbilanzen**), sind die einzelnen Vermögensgegenstände mit ihren Realisationswerten anzusetzen. Diese werden je nachdem, ob die Liquidation in einem angemessenen Zeitraum erfolgen kann oder unter Zeitdruck ablaufen muss (Konkurs), unterschiedlich hoch sein.

3. Gründungsbilanzen

a) Gründungsbilanz des Einzelunternehmens

Die grundsätzliche Regelung für die Gründungsbilanz gibt § 193 HGB. Die Gründungsbilanz ist die erste Bilanz jedes Unternehmens, und die Wertansätze, die für die Aktiven und Passiven herangezogen werden, wirken nur in die Zukunft. Die Gründungsbilanz ist eine für das Unternehmen wichtige Vermögensaufstellung, da der zwischen ihr und der Liquidationsbilanz zu errechnende Totalerfolg von den ersten Bilanzansätzen beeinflusst wird, was bei deren Fixierung genaue betriebswirtschaftliche Überlegungen notwendig macht.

Die anlässlich der Eröffnung zu errichtende **Geschäftseröffnungsbilanz (Gründungsbilanz)** fällt bei Vollkaufleuten unabhängig vom Datum der Registrierung im Firmenbuch mit dem Datum der Geschäftseröffnung zusammen.

Minderkaufleute können eine Geschäftseröffnungsbilanz freiwillig bei Geschäftseröffnung erstellen. Steuerlich sind sie gezwungen, erstmals eine Bilanz aufzustellen, wenn die Bedingungen des § 125 BAO gegeben sind.

Sollkaufleute müssen ab dem Zeitpunkt Bücher führen (bilanzieren), ab dem sie zur Eintragung ihres Unternehmens in das Firmenbuch verpflichtet sind (§ 189 Abs. 4 HGB), das heißt, auch schon vor der Eintragung in das Firmenbuch.

Bewertung des eingebrachten Vermögens bei der Sachgründung

Während **handelsrechtlich** keine Bindung an etwaige frühere Anschaffungswerte besteht, die eingebrachten Vermögensgegenstände daher mit jenem Wert angesetzt werden können, der ihnen im Zeitpunkt der Einbringung beizulegen ist, soweit sich nicht aus der Nutzungsmöglichkeit im Unternehmen ein geringerer Wert ergibt (§ 202 Abs. 1), unterscheiden die **steuerrechtlichen** Bewertungsbestimmungen zwischen entgeltlichem und unentgeltlichem Erwerb der eingebrachten **Vermögensgegenstände** (steuerlich: **Wirtschaftsgüter**).

Eingebrachte Wirtschaftsgüter sind mit dem Teilwert im Zeitpunkt der Zuführung anzusetzen. Wurden Grundstücke innerhalb von 10 Jahren und sonstige Wirtschaftsgüter innerhalb eines Jahres vor Einbringung erworben, gelten als Höchstgrenze die seinerzeitigen Anschaffungs- oder Herstellungskosten. Wurden die Wirtschaftsgüter außerhalb einer betrieblichen Tätigkeit zur Erzielung von Einkünften verwendet, sind die Anschaffungs- oder Herstellungskosten überdies um die berücksichtigten Beträge an AfA oder die begünstigten Abschreibungen zu vermindern. Beteiligungen, deren Veräußerung nach § 31 EStG zu erfassen wäre, sind jedoch stets mit den Anschaffungskosten anzusetzen (§ 6 Z. 5 EStG 1988).

Wurde das eingebrachte Wirtschaftsgut **unentgeltlich** erworben, so ist dieses maximal mit jenem Wert anzusetzen, den der Empfänger im Zeitpunkt des Erwerbes hätte aufwenden müssen (§ 6 Z. 9 EStG). Wird ein **Betrieb** oder **Teilbetrieb unentgeltlich** erworben, sind die Buchwerte fortzuführen.

Wirtschaftsgüter, die aus einer inländischen Betriebsstätte in einen ausländischen Betrieb verbracht werden, sind gem. § 6 Z. 6 EStG 1988 mit den Werten anzusetzen, die im Falle einer Lieferung oder sonstigen Leistung an einen vom Steuerpflichtigen völlig unabhängigen Betrieb angesetzt worden wären.

b) Gründungsbilanz der Personengesellschaft

Die Geschäftseröffnungsbilanz ist wie bei den Einzelunternehmen mit dem Tag des Geschäftsbeginnes aufzustellen.

Sofern aus dem Privatvermögen Sacheinlagen eingebracht werden, gelten für den Einbringenden steuerrechtlich die §§ 6 Z. 5 und Z. 9 EStG (siehe vorne).

Handelsrechtlich werden die Sacheinlagen mit jenem Wert angesetzt werden, der ihnen im Einvernehmen mit den übrigen Gesellschaftern zukommt. Grundsätzlich gilt § 202 Abs. 1, wonach Einlagen und Zuwendungen mit dem Wert anzusetzen sind, der ihnen im Zeitpunkt ihrer Leistung beizulegen ist, soweit sich nicht aus der Nutzungsmöglichkeit im Unternehmen ein geringerer Wert ergibt. Soweit dieser Wert über den steuerlich zulässigen Wert hinausgeht, ist die daraus resultierende (steuerlich) überhöhte Abschreibung in einer Mehr- oder Wenigerrechnung auszuscheiden.

Beispiel:

Gründung einer Kommanditgesellschaft. Der Komplementär bringt Sacheinlagen mit einem Anschaffungswert von 900 (Anschaffung im letzten Jahr vor der Einbringung) und einem Tageswert (Teilwert) von 1.000 ein. Der Kommanditist bringt eine Bareinlage von 1.000 ein.

Die handelsrechtliche Eröffnungsbilanz zeigt folgendes Bild:

Eröffnungsbilanz zum . . .

Sachanlagevermögen	1.000	Kapital Komplementär	1.000
Barvermögen	1.000	Kommanditeinlage	1.000
	2.000		2.000

Abb. 15

Unter der Annahme einer fünfjährigen Nutzungsdauer der Sachanlagen beträgt die jährliche handelsrechtliche Abschreibung 200, die steuerliche Abschreibung 180. Der Differenzbetrag von 20 ist anlässlich der gesonderten Gewinnfeststellung des Komplementärs diesem zuzurechnen.

c) Gründungsbilanz der Kapitalgesellschaft

Die Aufstellung der Geschäftseröffnungsbilanz **ist auf die Errichtung** (nicht auf das Entstehen der rechtlichen Existenz = Eintragung im Firmenbuch) abzustellen. Die GmbH ist mit **Abschluss des Gesellschaftsvertrages** bzw. bei der Einmanngründung durch die Erklärung über die Errichtung der Gesellschaft, die AG mit der **Feststellung der Satzung und Übernahme der Aktien durch die Gründer** (bei Stufengründung nach einem etwas komplizierten Verfahren durch einen mit der erforderlichen Mehrheit zustande gekommenen Beschluss der Hauptversammlung gemäß § 30 AktG) errichtet.

Wie bei den Personengesellschaften bringt auch bei der Kapitalgesellschaft die Bargründung keine Probleme mit sich.

Für die Bewertung des eingebrachten Sachvermögens gelten die Bestimmungen des § 202 Abs. 1 HGB. Werden Betriebe und Teilbetriebe eingelegt oder zugewendet, so gilt § 203 Abs. 5 sinngemäß. Danach darf als Geschäftswert (Firmenwert) der Unterschiedsbetrag angesetzt werden, um den die Gegenleistung für die Übernahme des Betriebes die Werte der einzelnen Vermögensgegenstände abzüglich der Schulden im Zeitpunkt der Übernahme übersteigt. Wird Vermögen im Sinne des Umgründungssteuergesetzes (Betriebe, Teilbetriebe, Mitunternehmerschaften und wesentliche Beteiligungen) nach den Bestimmungen des Artikel III des Umgründungssteuergesetzes in eine Kapitalgesellschaft eingebracht, gelten für die steuerliche Bewertung die dort angeführten Bewertungsbestimmungen.

Da eine Überbewertung von Sacheinlagen dem Gläubigerschutz zuwiderlaufen würde, verlangt das **Aktiengesetz** bei (auch teilweiser) Sachgründung eine **Gründungsprüfung** durch einen beeideten Buch- oder Wirtschaftsprüfer.

Das **GmbH-Gesetz** beschränkt die Sacheinlage auf die Hälfte des Stammkapitals. Darüber hinausgehende Sacheinlagen sind nur bei Fortführung eines Unternehmens und bei Vorliegen bestimmter Voraussetzungen (§ 6a GmbHG) und nur dann möglich, wenn eine Gründungsprüfung im Sinne der aktienrechtlichen Pflichtprüfung stattfindet (§ 6a Abs. 4 GmbHG).

Beispiel einer Gründungsbilanz einer GmbH*).

Stammkapital 1.900; die zu leistende Bareinlage beträgt 1.000, die zu einem Viertel einbezahlt wird; die Sacheinlagen betragen 1.200, die damit verbundenen Verbindlichkeiten 300. An Gründungskosten sind 120 angefallen (eine Zahlung ist noch nicht erfolgt).

*) Die Beträge in allen folgenden Beispielen verstehen sich in € 1.000,–.

Gründungsbilanz zum . . .

Barvermögen[2])	250	Stammkapital	1.900	
Sachvermögen[2])	1.200	abz. ausst. Einlage[1])	750	1.150
Gründungskosten[3])	120	Fremdkapital		420
	1.570			1.570

1) Die ausstehende Einlage darf maximal 3/4 der zu leistenden Bareinlage betragen.

2) Die Gliederung in Bar- und Sachvermögen wurde hier nur aus Darstellungsgründen übernommen. Die tatsächliche Gliederung hat nach den Bestimmungen des § 224 HGB durchgeführt zu werden.

3) Die Gründungskosten dürfen nur in der Gründungsbilanz aufscheinen. Sie sind im ersten Geschäftsjahr zur Gänze abzuschreiben und dürfen in der Schlussbilanz nicht mehr aufscheinen.

Abb. 16

Gründungsbilanz einer Aktiengesellschaft mit Aktienausgabe über pari

Beispiel:

Grundkapital 18.000, Aktienausgabe zu 110; Bareinlage 9.000, Mindesteinzahlung; Sacheinlagen 13.000, darauf lastende Schulden 4.000; Gründungskosten 1.000 (eine Zahlung wurde für Gründungskosten noch nicht geleistet).

Barvermögen[2])	4.050	Grundkapital	18.000	
Sachvermögen	13.000	abz. ausst. Einlage[1])	6.750	11.250
Gründungskosten	1.000	gebundene		
		Kapitalrücklage		1.800
		Fremdkapital[3])		5.000
	18.050			18.050

1) Ausstehende Einlage = 75 % der Bareinlage von 9.000 = 6.750
2) Die Gliederung in Barvermögen und Sachvermögen wurde der besseren Übersicht wegen gewählt.
   Die tatsächliche Gliederung hat nach den Bestimmungen des § 224 HGB zu erfolgen.

Das Barvermögen ergibt sich aus: ¼ der gesamten Bareinlage von 9.000	2.250
volles Agio	1.800
ergibt	4.050

3) Das Fremdkapital setzt sich aus den auf den Sacheinlagen lastenden Schulden in Höhe von € 4.000,–
   und den Gründungskosten in Höhe von € 1.000,– zusammen.

Abb. 17

4. Liquidationsbilanzen

Unter Liquidation versteht man die freiwillige planmäßige Veräußerung aller Vermögensteile eines Unternehmens, mit dem Ziel, aus dem Erlös die Schulden zu tilgen und einen bleibenden Erlösrest an die Gesellschafter zu verteilen. Die Liquidation kann entweder formell von einem **Liquidationsbeschluss** ausgehen oder als so genannte **stille Liquidation** vor allem bei Personengesellschaften und Einzelunternehmen erfolgen. In letzterem Fall werden die Geschäfte eines Unternehmens in der Art der Liquidation abgewickelt, ohne dass ein formeller Liquidationsbeschluss gefasst worden wäre.

Gemäß § 154 HGB haben die Liquidatoren bei Beginn der Liquidation einer Personengesellschaft eine Liquidationseröffnungsbilanz und bei Beendigung der Liquidation eine Liquidationsschlussbilanz zu erstellen. Eine Gewinnverteilung findet während des Liquidationszeitraumes nicht statt.

Die bei Beginn der Liquidation zu errichtende **Liquidationseröffnungsbilanz** ist das Spiegelbild der letzten Schlussbilanz. Während des Liquidationszeitraumes werden die bestehenden Geschäfte zu Ende geführt und neue insoweit begonnen, als dies zur Beendigung des Unternehmens notwendig ist. Die **Liquidationsschlussbilanz** setzt den Schlusspunkt der Betätigung des Unternehmens und zeigt nur noch das unter die Gesellschafter zu verteilende Vermögen bzw. die von den einzelnen Gesellschaftern direkt zu übernehmenden Schulden.

Die Liquidation einer Personengesellschaft erfolgt in der Regel „still", ohne vorherige Erstellung einer Liquidationseröffnungsbilanz.

Bei der Liquidation von Einzelunternehmen und Personengesellschaften ergeben sich steuerlich keine besonderen Schwierigkeiten. Soweit das Liquidationsendvermögen unter Berücksichtigung der steuerfreien Zu- und Abgänge das Liquidationsanfangsvermögen übersteigt, unterliegt dieser Betrag der Einkommensteuer bei den einzelnen Gesellschaftern. Die Besteuerung des Aufgabegewinnes richtet sich nach den Bestimmungen des § 24 in Verbindung mit § 37 EStG (vgl. Abschnitt 9).

Bei Kapitalgesellschaften ergibt sich aus dem Vergleich der **Liquidationsanfangsbilanz** mit der **Liquidationsschlussbilanz** der **Liquidationsgewinn**. Gewinnausschüttungen der Vorjahre kürzen das Anfangsvermögen, steuerfreie Vermögenszugänge gehören nicht zum Abwicklungsvermögen (Schachteldividenden, Darlehen von Gesellschaftern). Befinden sich in der Liquidationsschlussbilanz auch Sachwerte, die zur Verteilung gelangen, sind diese mit dem gemeinen Wert zu bewerten.

Gemäß § 19 KStG darf der Veranlagungszeitraum während der Liquidation 3 Jahre nicht überschreiten, längere Zeiträume können jedoch von der Finanzverwaltung gestattet werden. Die 3 Jahre sind Kalenderjahre und nicht Wirtschaftsjahre. Beschließt also eine Gesellschaft ihre Auflösung im Juli 2000, endet der Zeitraum von 3 Jahren am 31. 12. 2002. Innerhalb des 3-jährigen Veranlagungszeitraumes findet keine Veranlagung zur Körperschaftsteuer, wohl aber zur Umsatzsteuer statt.

Beispiel:

Liquidationsanfangsvermögen lt. Liquidationsanfangsbilanz		3.000
– Gewinnausschüttung für Vorjahre		500
ergibt		2.500
Liquidationsendvermögen lt. Liquidationsschlussbilanz	4.000	
– Dividenden von inl. Kapitalgesellschaften	50	
– während des Veranlagungszeitraumes von den Gesellschaftern gewährte Darlehen	200	3.750
Abwicklungsgewinn		1.250

Dieser Abwicklungsgewinn unterliegt dem normalen Körperschaftsteuersatz für laufende Gewinne (§ 19 KStG).

5. Konkursbilanz

Die Eröffnung des **Konkurses** setzt im Allgemeinen voraus, dass der Schuldner **zahlungsunfähig** ist; bei **juristischen Personen** ist der Geschäftsführer (Vorstand) gemäß der Konkursordnung dazu verhalten, auch bei **Überschuldung** die Eröffnung des Konkurses zu beantragen. Der Antrag auf Konkurseröffnung kann auch durch einen Gläubiger gestellt werden.

In dem vom Konkursschuldner aufzustellenden und vom Masseverwalter zu prüfenden und zu berichtigenden Vermögensverzeichnis (Konkursbilanz) sind die einzelnen Vermögensgegenstände und Forderungen mit der Angabe, ob und inwieweit sie einbringlich sind, anzuführen. Darüber hinaus müssen alle Schulden, unter Angabe der Adressen der Gläubiger und des zwischen ihnen und dem Gemeinschuldner etwa bestehenden Naheverhältnisses, angeführt werden. Legt der **Gemeinschuldner** ein derartiges Vermögensverzeichnis nicht vor, kann der **Konkurskommissär (Richter)** den Masseverwalter beauftragen, selbst eine Bilanz aufzustellen.

Die Bewertung des Vermögens erfolgt in der Konkursbilanz nicht nach den handelsrechtlichen Bewertungsbestimmungen, sondern nach den voraussichtlichen Realisations-(Veräußerungs-)werten.

Die Gliederung der **Aktivseite** der Konkursbilanz erfolgt im Allgemeinen nach der rechtlichen Zugehörigkeit der Vermögensgegenstände:

(a) Nicht verfügbare Vermögensgegenstände

1. Auszusondernde Vermögensgegenstände (mit Eigentumsvorbehalt behaftete Vermögensgegenstände, Kommissionswaren, gemietete Gegenstände, in Verwahrung befindliche fremde Gegenstände);

2. Abzusondernde Vermögensgegenstände (z. B. hypothekarisch belastete Grundstücke, mit Pfandrechten behaftete Gegenstände).

(b) Verfügbare Vermögensgegenstände

1. Eigentliche Konkursmasse;

2. Ergänzungsposten (z. B. Privatvermögen und Ansprüche aus Bürgschaften).

Die **Passivseite** ist in der Regel nach den unterschiedlichen Ansprüchen im Konkurs zu gliedern. Die Konkursordnung unterscheidet dabei:

(a) **Aussonderungsansprüche**: Ansprüche auf Sachen, die dem Gemeinschuldner ganz oder zum Teil nicht gehören.

(b) **Absonderungsansprüche**: Ansprüche auf eine abgesonderte Befriedigung aus einer bestimmten Sache des Gemeinschuldners (Pfandrechte, Sicherungsübereignung, abgetretene Forderungen).

(c) **Masseforderungen**: Zu den Masseforderungen gehören die **Kosten des Konkursverfahrens** einschließlich der von den Gläubigern zur Eröffnung, Wiederaufnahme oder Weiterführung des Verfahrens geleisteten Vorschüsse, der Barauslagen des Masseverwalters, die notwendigen Auslagen der Mitglieder des Gläubigerausschusses und der Gebühren von Sachverständigen, die zur Mitarbeit herangezogen werden. Weiters gehören dazu die **Auslagen für die Erhaltung, Verwaltung und Bewirtschaftung der Masse** einschließlich der öffentlichen Abgaben in dem Umfang, als die Abgabepflicht durch einen während des Konkursverfahrens ausgelösten Sachverhalt verwirklicht wird, **Forderungen der Arbeitnehmer** aus der Zeit nach der Konkurseröffnung, **Ansprüche aus Rechtshandlungen des Masseverwalters**, **Kosten einer einfachen Bestattung des Gemeinschuldners** und die **Kosten der bevorrechteten Gläubigerschutzverbände**.

(d) **Konkursforderungen**: Im Gegensatz zum früheren Konkursrecht wird eine Rangeinteilung der Konkursforderungen nach 3 Klassen nicht mehr vorgenommen.

6. Sanierungsbilanzen

Alle Maßnahmen, die der Gesundung eines durch größere Verluste und/oder Illiquidität gefährdeten Unternehmens dienen, können als **Sanierung** bezeichnet werden.

Die Sanierung kann einerseits in rein **bilanzkosmetischen Vorgängen (formelle Sanierung)** bestehen und andererseits als **materielle Sanierung** zu Lasten der Gesellschafter und/oder zu Lasten der Gläubiger erfolgen. Im Zuge der materiellen Sanierung haben entweder die Gesellschafter Zahlungen zu leisten oder die Gläubiger auf einen Teil ihrer Forderungen zu verzichten.

a) Buchmäßige (formelle) Sanierung

Durch die **buchmäßige (formelle) Sanierung** soll das Bilanzbild insoweit bereinigt werden, als vorhandene buchmäßige Verlustvorträge ausgebucht werden.

Die **formelle Sanierung** kann durch die **Auflösung stiller Reserven**, die Verwendung vorhandener (gebundener und nicht gebundener) **Rücklagen** zur Verlustabdeckung und durch eine **Kapitalherabsetzung**, die nicht mit der Rückzahlung von Einlagen verbunden ist (**vereinfachte Kapitalherabsetzung**), erfolgen.

Die Auflösung **stiller Reserven** kann insoweit erfolgen, als es die handels- und steuerrechtlichen Bewertungsvorschriften erlauben (Beschränkung durch die Anschaffungswerte, Beachtung des strengen Niederstwertprinzips beim Umlaufvermögen). Die Auflösung stiller Reserven stellt daher, wenn damit keine Realisierung verbunden ist, ein sehr beschränktes Mittel zur Bilanzsanierung dar.

Die Verwendung offener Rücklagen zur Bilanzsanierung erfolgt durch die Auflösung derselben zur Eliminierung eines Verlustvortrages. Die Auflösung erfolgt unter Z 24 und 25 der GuV gem. § 231 Abs. 2 bzw. unter Z 23 und 24 der GuV gem. § 231 Abs. 3.

Durch die **Herabsetzung des Grund-(Stamm-)kapitals ohne gleichzeitige Kapitalrückzahlung** ergibt sich ein buchmäßiger Gewinn, der mit dem vorhandenen Verlustvortrag saldiert werden kann. Die **vereinfachte Kapitalherabsetzung** ist im Aktiengesetz, §§ 182–191, und im GmbH-Gesetz, § 59, geregelt. Sie darf nur zum Ausgleich von Wertminderungen, zur Deckung sonstiger Verluste oder zur Einstellung in die gebundene Kapitalrücklage vorgenommen werden. Sie ist nur zulässig, nachdem der 10 von Hundert des nach der Herabsetzung verbleibenden Grundkapitals übersteigende Teil der gebundenen Rücklagen (§ 130 AktG) und alle nicht gebundenen Kapitalrücklagen sowie alle satzungsmäßigen und andere Gewinnrücklagen vorweg aufgelöst sind.

Die vereinfachte Kapitalherabsetzung ist wesentlich einfacher abzuwickeln als die ordentliche Kapitalherabsetzung (Kapitalherabsetzung mit Rückzahlung an die Aktionäre), da die Gläubigerschutzbestimmungen gemäß § 178 AktG (Aufgebotsverfahren) nicht zur Anwendung kommen.

Erträge aus der Kapitalherabsetzung gelten als Ergebnis rein gesellschaftsrechtlicher Maßnahmen, stellen somit keine steuerlich wirksamen Erträge dar und vermindern auch nicht einen eventuell vorhandenen steuerlichen Verlustvortrag.

b) Materielle Sanierung

aa) Sanierungsmaßnahmen zu Lasten der Gesellschafter

Sanierungsmaßnahmen zu Lasten der Gesellschafter sind dann gegeben, wenn die Gesellschafter Einzahlungen zur Wiedergesundung des Unternehmens leisten. Derartige Einzahlungen können im Zusammenhang mit einer vereinfachten Kapitalherabsetzung erfolgen, bei der zunächst das Kapital zur buchmäßigen Eliminierung vorhandener Verluste herabgesetzt und anschließend das Kapital neuerlich erhöht wird.

bb) Materielle Sanierung zu Lasten der Gläubiger

Sanierungsmaßnahmen zu Lasten der Gläubiger erfolgen im Rahmen des **Ausgleichsverfahrens**, dessen Ziel die Abwendung des Konkurses ist. Wirtschaftlich bedeutet der Ausgleich, dass der Betrieb erhalten wird, während der Konkurs zur Liquidation des in Schwierigkeiten geratenen Unternehmens führt.

Gleichzeitig mit dem Antrag auf Eröffnung des Ausgleichsverfahrens, welcher nur durch den Schuldner gestellt werden kann (**mit Ausnahme des Zwangsausgleiches, der vom Masseverwalter in die Wege geleitet wird**), hat der Schuldner ein Vermögensverzeichnis vorzulegen, das den Gläubigern und dem Gericht als Nachweis dafür dienen soll, dass der Gemeinschuldner in der Lage sein wird, die gesetzlich vorgeschriebenen Mindestquoten innerhalb der festgesetzten Zeit an seine Gläubiger zu zahlen.

Die **Ausgleichsbilanz** unterliegt nicht den handelsrechtlichen Bewertungsbestimmungen und stellt daher einen Vermögensstatus dar. Sie soll Aufschluss darüber geben, welchen Teil der Verbindlichkeiten das Unternehmen mit flüssigen Mitteln abdecken kann, die sie durch Veräußerung einzelner Teile des Betriebsvermögens aus eigener Kraft aufbringen kann, und welcher Teil der Verbindlichkeiten durch Stundung oder Schuldenerlass seitens der Gläubiger des Unternehmens abgedeckt werden muss.

Auch in der Ausgleichsbilanz sind die Ansprüche der **Aussonderungs- und Absonderungsberechtigten** gesondert darzustellen, da diese durch den Ausgleich nicht berührt werden.

7. Bilanz anlässlich der Veräußerung des Einzelunternehmens

Wenn ein Einzelunternehmer seinen Betrieb veräußert, wird der Preis in der Regel auf Grundlage der Berücksichtigung der stillen Reserven und des Firmenwertes festgelegt werden.

Zur Ermittlung des der Preisfeststellung zugrunde zu legenden Firmenwertes können verschiedene Verfahren herangezogen werden (siehe Abschnitt: Der Wert des Unternehmens als Ganzes). Während allerdings die Unternehmenswertermittlung im Wesentlichen auf objektiven Tatbeständen und Erwartungen aufbaut, wird der Preis vielfach durch individuelle Vorstellungen und Möglichkeiten der beiden Partner geprägt.

Wurde zwischen den beiden Vertragspartnern ein Preis festgelegt, tritt an die Stelle des (nach welcher Methode immer) errechneten Firmenwertes der nunmehr bezahlte (**derivative**) **Firmenwert**, der sich aus der Differenz von vereinbartem Kauf-(Übernahms-)preis und Substanzwert ergibt. Der **Substanzwert** seinerseits ist das um sämtliche stille Reserven bereinigte Eigenkapital.

Der **Veräußerungsgewinn** des Verkäufers ergibt sich aus der Differenz zwischen buchmäßigem Eigenkapital und Veräußerungspreis. Er setzt sich somit aus den stillen Reserven und dem Firmenwert zusammen und ist nach den Bestimmungen des § 24 in Verbindung mit § 37 EStG zu besteuern (siehe Abschnitt 9).

Während die Unterscheidung zwischen stillen Reserven und Firmenwert für den **Veräußerer** ohne Bedeutung ist, ist sie für den **Erwerber** des Unternehmens deswegen notwendig, weil die stillen Reserven jenen Wirtschaftsgütern bzw. Schulden zuzurechnen sind, in denen sie enthalten sind, während der Firmenwert als eigener Posten in der Bilanz auszuweisen ist.

Die den einzelnen Wirtschaftsgütern zugeschlagenen **stillen Reserven** teilen das Schicksal derselben, d. h., sie sind im gleichen Ausmaß abzuschreiben wie diese. Der **Firmenwert** ist handelsrechtlich planmäßig auf die Geschäftsjahre, in denen er voraussichtlich genutzt wird, zu verteilen. Steuerrechtlich ist er über 15 Jahre abzuschreiben.

Beispiel:

Die anlässlich des Verkaufes erstellte Schlussbilanz eines Einzelunternehmens zeigt folgendes Bild (Zahlen in 1.000 €):

Schlussbilanz zum ...

Anlagevermögen	3.000	Eigenkapital	2.700
Umlaufvermögen	4.000	Fremdkapital	4.300
	7.000		7.000

Der vereinbarte Verkaufspreis beträgt 4.000, wovon 500 auf im Anlagevermögen enthaltenen stille Reserven entfallen. Der Firmenwert wird folgendermaßen ermittelt:

Kaufpreis	4.000
abzüglich Buchwert des Eigenkapitals	2.700
Differenz (Veräußerungsgewinn)	1.300
abzüglich im Anlagevermögen enthaltene stille Reserven	500
Firmenwert	800

Die Eröffnungsbilanz des Erwerbers zeigt folgendes Bild:

Eröffnungsbilanz zum ...

Firmenwert	800	Eigenkapital	4.000
Anlagevermögen	3.500	Fremdkapital	4.300
Umlaufvermögen	4.000		
	8.300		8.300

Sind zum Stichtag der Veräußerung noch unversteuerte Rücklagen vorhanden, sind diese aufzulösen und zu versteuern, wobei der Investitionsfreibetrag Bestandteil des Veräußerungsgewinnes ist, während die übrigen unversteuerten Rücklagen (Bewertungsreserve gem. § 12) dem laufenden Gewinn zuzurechnen sind.

Die Vorsorge für Abfertigungen ist dann nicht aufzulösen, wenn der Erwerber des Unternehmens die Abfertigungsverpflichtung übernimmt.

8. Bilanzen anläßlich des Ein- und Austrittes von Personengesellschaftern

Der **Eintritt** eines neuen Gesellschafters kann durch **Erwerb eines Anteiles** von einem bestehenden Gesellschafter oder durch **Erhöhung des Unternehmenskapitals** erfolgen. Der Austritt erfolgt durch **Übertragung des Anteils** entweder auf bereits vorhandene oder auf einen oder mehrere neue Gesellschafter.

Im Falle eines Gesellschafterwechsels bzw. Eintrittes eines neuen Gesellschafters werden in der Regel die vorhandenen **stillen Reserven und der Firmenwert** abgegolten. Beschränkungen können im **Gesellschaftsvertrag** insofern vorgesehen werden, als ein austrittswilliger Gesellschafter seinen Anteil ausschließlich den übrigen Gesellschaftern anbieten kann, wobei die rechnerische Ermittlung des Abtretungspreises im Gesellschaftsvertrag vielfach bereits festgelegt ist (z. B. Buchwertabgeltung, Buchwerte zuzüglich der durch in Anspruch genommene steuerliche Begünstigungen gebildeten stillen Reserven etc.).

In gleicher Weise wie bei Übergang des Einzelunternehmens werden die stillen Reserven den einzelnen Bestandskonten zugeschlagen, während der abgegoltene Firmenwert gesondert aktiviert wird.

Soweit der von einem ausscheidenden Gesellschafter übertragene Anteil nicht zu gleichen Teilen allen übrigen Gesellschaftern zugeschlagen wird (in diesem Fall werden die abgegoltenen stillen Reserven und der Firmenwert in der Gesamtbilanz des Unternehmens ausgewiesen) oder sämtliche Anteile von einem Gesellschafter erworben werden, ist für jenen Gesellschafter, der den oder die Anteile erworben hat, eine (steuerliche) **Ergänzungsbilanz** zu erstellen, in welcher die stillen Reserven und der Firmenwert ausgewiesen werden. Die aus den aufgelösten stillen Reserven und (soweit steuerlich zulässig) aus dem Firmenwert resultierenden Abschreibungsbeträge können als Sonderbetriebsausgaben durch diesen Gesellschafter geltend gemacht werden.

Beispiel:

Eine OHG mit den 3 Gesellschaftern A, B und C, die zu gleichen Teilen am Unternehmen beteiligt sind, zeigt nachstehende Bilanz:

Bilanz zum ...

Aktiva	3.000	Eigenkapital: A	600
		B	600
		C	600
		Fremdkapital	1.200
	3.000		3.000

In den Aktiven sind stille Reserven in Höhe von 1.200 enthalten. Der auf Grund einer Unternehmenswertermittlung berechnete und auch tatsächlich realisierbare Wert beträgt 3.600.

Der Firmenwert ergibt sich aus:

Eigenkapital zu Buchwerten	1.800
+ stille Reserven	1.200
Substanzwert (Eigenkapital inkl. stille Reserven)	3.000
Wert des Unternehmens	3.600
Firmenwert	600

Folgende Fälle sind zu berücksichtigen:

1. D tritt in das Unternehmen ein; sein Anteil soll ¼ der Gesamtwertes betragen:
   a) er leistet Zahlung in das Privatvermögen der Gesellschafter;
   b) er leistet Zahlung an das Unternehmen.

2. C verkauft an D, der nunmehr anstelle von C zu ⅓ beteiligt ist.

3. C tritt aus und verkauft seinen Anteil an A und B, die den Kaufpreis aus ihrem Privatvermögen bezahlen.

4. C bekommt den Kaufpreis seines Anteils aus dem Unternehmen ausbezahlt.

zu 1. a): Der Kaufpreis beträgt ¼ des Unternehmenswertes von 3.600 = 900. Dieser Kaufpreis setzt sich wie folgt zusammen:

¼ des Buchwertes von 1.800	=	450
¼ der stillen Reserven von 1.200	=	300
¼ des Firmenwertes von 600	=	150
		900

D hat an jeden Gesellschafter 300 zu leisten. Für die drei Gesellschafter entsteht ein Veräußerungsgewinn von je 150, der sich aus der Differenz des Veräußerungspreises von 300 und dem Buchwert des veräußerten Anteiles ergibt.

Berechnung des Veräußerungsgewinnes

Veräußerungspreis je Gesellschafter	300
– Buchwert je veräußertem Anteil	150
Veräußerungsgewinn je Anteil	150

Die Bilanz des Unternehmens zeigt nach Eintritt von D folgendes Bild:

Bilanz zum ...

Aktiva	3.000	Fremdkapital	1.200
		Eigenkapital:	
		A 600 – 150	450
		B 600 – 150	450
		C 600 – 150	450
		D 0 + 450	450
	3.000		3.000

Für den Gesellschafter D ist eine Ergänzungsbilanz in Höhe des über die Buchwerte hinaus bezahlten Preises seines Anteiles zu errichten:

Ergänzungsbilanz D

Aktiva	300[1]	Eigenkapital	450
Firmenwert	150[2]		
	450		450

1) Der Betrag von 300 stellt die von D übernommenen und durch die Zahlung des Kaufpreises realisierten stillen Reserven dar. D kann die daraus resultierende anteilige Absetzung für Abnutzung als Sonderbetriebsausgabe bei der Ermittlung seines Anteiles am Gewinn aus Gewerbebetrieb geltend machen.

2) Ein Viertel des Gesamtfirmenwertes, der handelsrechtlich auf den Zeitraum der Nutzung abgeschrieben werden kann und steuerlich auf 15 Jahre abzuschreiben ist.

zu 1. b): D zahlt den Kaufpreis in das Unternehmen ein.

Ermittlung des Kaufpreises:

Unternehmenswert vor Eintritt D	3.600
Zutritt D: ¼ in Hundert	1.200
	4.800

Um eine Quote von ¼ zu erhalten, hat D 1.200 in das Unternehmen einzuzahlen.

Bilanz nach Eintritt von D

Aktiva	3.000		Fremdkapital	1.200
+ Einzahl. D	1.200	4.200	Eigenkapital:	
			A 600 + 150	750
			B 600 + 150	750
			C 600 + 150	750
			D 1.200 – 450	750
		4.200		4.200

Durch den Eintritt von D hat eine Realisierung der stillen Reserven und des Firmenwertes bei den übrigen Gesellschaftern von je 150 stattgefunden, die als Veräußerungsgewinn zu versteuern sind.

D kann für die Differenz des Kaufpreises in Höhe von 1.200 und dem in der Bilanz auszuweisenden Wert des erworbenen Anteiles eine Ergänzungsbilanz errichten:

Ergänzungsbilanz D

Aktiva	300	Eigenkapital	450
Firmenwert	150		
	450		450

zu 2.: C verkauft an D.

Der Kaufpreis ergibt sich aus folgender Berechnung:

Buchwert des Anteiles	600
+ stille Reserven (1200/3)	400
+ Firmenwert (600/3)	200
Kaufpreis	1.200

Bilanz nach Gesellschafterwechsel

Aktiva	3.000	Fremdkapital	1.200
		Eigenkapital:	
		A	600
		B	600
		D 0 + 600	600
	3.000		3.000

Ergänzungsbilanz D

Aktiva	400	Eigenkapital	600
Firmenwert	200		
	600		600

C hat einen Veräußerungsgewinn von 600 erzielt, der als Veräußerungsgewinn zu versteuern ist.

zu 3.: C verkauft seinen Anteil an die beiden Gesellschafter A und B, die den Kaufpreis aus ihrem Privatvermögen leisten.

Der Gesamtpreis beträgt 1.200 und ist von A und B je zur Hälfte zu leisten.

Bilanz nach Austritt C

Aktiva 3.000 + 400[1])	3.400	Fremdkapital	1.200
Firmenwert 0 + 200[2])	200	Eigenkapital:	
		A 600 + 300 + 300[3])	1.200
		B 600 + 300 + 300[3])	1.200
	3.600		3.600

1) Die realisierten stillen Reserven in den Aktiven betragen 400 (= $^1/_3$ von 1.200).

2) $^1/_3$ des Firmenwertes wurde realisiert (= $^1/_3$ von 600).

3) Die den Kapitalkonten der beiden Gesellschafter zugebuchten Beträge von je 600 (300 + 300) setzen sich folgendermaßen zusammen:

$^1/_2$ Buchwert des Kapitalkontos C	300
$^1/_2$ der realisierten stillen Reserven von 400	200
$^1/_2$ des realisierten Firmenwertes	100
Summe	600

Eine Ergänzungsbilanz für die beiden Gesellschafter A und B ist nicht notwendig, da die stillen Reserven und der Firmenwert von allen verbleibenden Gesellschaftern übernommen wurden. Die realisierten stillen Reserven und der Firmenwert können daher sofort in der Bilanz des Unternehmens ausgewiesen werden.

zu 4.: C bekommt den Veräußerungspreis von 1.200 aus dem Unternehmensvermögen ausbezahlt:

Bilanz nach Austritt C

Aktiva	3.000		Fremdkapital	1.200
	−1.200[1]) + 400	2.200	Eigenkapital:	
Firmenwert	0 + 200	200	A	600
			B	600
		2.400		2.400

1) Anstelle einer Verminderung der Aktiva, welche durch die Zahlung an C erfolgt, könnte das Fremdkapital um 1.200 erhöht werden, wenn der Betrag an C später ausbezahlt würde.

Wird C als „lästiger" Gesellschafter abgefertigt, sind die über den Buchwert hinausgehenden Mehrzahlungen außerordentlicher Aufwand, der im Jahre der Abfertigung gewinnmindernd anzusetzen ist. Sind im Kaufpreis allerdings teilweise die Abgeltung stiller Reserven und die Abgeltung eines Firmenwertes vorhanden, müssen diese aktiviert werden.

Für die Einstufung als „lästiger" Gesellschafter reichen bloße Unstimmigkeiten zwischen den Gesellschaftern alleine nicht aus, vielmehr muss er durch sein Verhalten die Interessen der Gesellschaft objektiv schädigen.

9. Steuerliche Behandlung von Veräußerungsgewinnen bei der Veräußerung (Liquidation) von Einzelunternehmungen und Anteilen an Personengesellschaften

Veräußerungsgewinn ist der Betrag, um den der Veräußerungserlös nach Abzug der Veräußerungskosten den Wert des Betriebsvermögens oder den Wert des Anteils am Betriebsvermögen übersteigt. Bei Ausscheiden eines Gesellschafters, der als Mitunternehmer des Betriebes anzusehen ist, ist als Veräußerungsgewinn jedenfalls der Betrag seines negativen Kapitalkontos zu erfassen, den er nicht auffüllen muss.

Es gelten folgende Alternativen:

1. Der Veräußerungsgewinn wird im Jahr der Veräußerung zur Gänze besteuert. Es kommt der normale Steuersatz nach Abzug des nach dem Prozentsatz der veräußerten Beteiligung am Gesamtunternehmen aliquotierten Freibetrages von S 100.000,– zur Anwendung. Eine Mindestbehaltedauer vom Zeitpunkt der Eröffnung (Erwerb) des Unternehmens oder Mitunternehmeranteiles bis zur Veräußerung ist nicht erforderlich.
2. Liegt eine Mindestbehaltedauer von 7 Jahren vor, wird der Veräußerungsgewinn über Antrag auf 3 Jahre verteilt und mit dem Normalsatz besteuert. Der Freibetrag von S 100.000,– entfällt.
3. Das Unternehmen bzw. der Mitunternehmeranteil wird gegen Leibrente veräußert. Die Einkommensteuerpflicht (normaler Einkommensteuersatz) tritt ein, nachdem die Leibrentenzahlungen den (steuerlichen) Buchwert abgedeckt haben.
4. Der Veräußerer hat das 60. Lebensjahr vollendet und gibt mit der Veräußerung seine Erwerbstätigkeit auf, oder er ist erwerbsunfähig oder er ist gestorben. In diesem Fall kommt unter der Voraussetzung der mindestens 7-jährigen Behaltedauer über Antrag der halbe Steuersatz zur Anwendung.
5. Befindet sich der Anteil im Betriebsvermögen, ist der Veräußerungsgewinn Bestandteil des Jahresüberschusses/-fehlbetrages.

10. Veräußerung von Anteilen an Kapitalgesellschaften

Sollen in eine Kapitalgesellschaft neue Gesellschafter aufgenommen werden, ist durch einen qualifizierten Mehrheitsbeschluss der Gesellschafter (Generalversammlung, Hauptversammlung) das satzungsmäßige Stammkapital bzw. Grundkapital entsprechend zu erhöhen. Der Erhöhungsbeschluss führt in der Bilanz zum Ausweis des erhöhten Stamm-(Grund-)kapitals und, soweit dieses noch nicht einbezahlt ist, zum Ausweis einer Forderung (ausstehende Einlage) gegen jene Gesellschafter, die ihre Einlage noch nicht voll geleistet haben. Die ausstehende Einlage ist, solange sie nicht eingefordert ist, offen vom Nennkapital abzusetzen.

Ein bloßer **Gesellschafterwechsel** findet in der Bilanz der Kapitalgesellschaft keinen Niederschlag; allerdings ist in der GmbH **jeder Gesellschafterwechsel** gem § 26 GmbHG dem Firmenbuch unverzüglich zu melden.

Bei der Aktiengesellschaft ist, **soweit die Anteile durch Namensaktien repräsentiert werden, ein Aktienbuch zu führen (§ 61 AktG)**, in das die Inhaber der Aktien nach Namen, Wohnort und Stand einzutragen sind. Da im Verhältnis zur Aktiengesellschaft nur der als Aktionär gilt, der im Aktienbuch eingetragen ist, ist jeder Gesellschafterwechsel im Aktienbuch zu vermerken.

Im Gegensatz zur GmbH, bei der jeder Anteilsübergang nur mit **Notariatsakt** bewirkt werden kann, kann jede **Namensaktie mit Indossament und jede Inhaberaktie durch einfache Übergabe** übertragen werden. Übertragungsbeschränkungen können satzungsgemäß für die Anteile der GmbH und für Namensaktien (**vinkulierte Namensaktien**), nicht aber für Inhaberaktien festgelegt werden.

Obwohl sich ein **Gesellschafterwechsel** in der Bilanz überhaupt nicht und ein **Hinzutritt neuer Gesellschafter** lediglich in Form der Erhöhung des Nennkapitals auswirkt, richtet sich der Preis für den Übergang der Anteile bzw. für die Ausgabe der neuen Anteile in der Regel entweder nach dem Börsenkurs (bei notierten Aktien) oder nach dem errechneten Unternehmenswert (siehe Abschnitt: Der Wert des Unternehmens als Ganzes).

Der errechnete Anteilswert bildet allerdings lediglich die Grundlage für den Preis, dessen endgültige Festsetzung noch durch verschiedene andere individuelle Gestaltungsmöglichkeiten und Präferenzen beeinflusst wird.

Für den Erwerber ergeben sich folgende Möglichkeiten:

Wird der Anteil im Rahmen des Privatvermögens erworben, gilt der gesamte Preis zuzüglich aller mit dem Erwerb verbundenen Kosten als Anschaffungspreis, der anlässlich eines späteren Verkaufes dem Veräußerungserlös gegenüberzustellen ist, um den erzielten Veräußerungsgewinn zu ermitteln. Zusätzliche Aktivierungs- und Abschreibungsmöglichkeiten, wie dies bei einem Anteil an einer Personengesellschaft der Fall ist, ergeben sich nicht.

Wird der Anteil im Rahmen eines Betriebsvermögens erworben, wird dieser mit seinen Anschaffungskosten je nach Art des Anteiles und Zweck des Erwerbes unter den Finanzanlagen unter Anteile an verbundenen Unternehmen, Beteiligungen bzw. Wertpapiere (Wertrechte) des Anlagevermögens bzw. im Umlaufvermögen unter den Anteilen an verbundenen Unternehmen oder den sonstigen Wertpapieren und Anteilen ausgewiesen.

Für den Veräußerer des Anteils ergeben sich folgende steuerliche Möglichkeiten:

(1) Der Anteil befindet sich in seinem Privatvermögen

Besitzt der Veräußerer den Anteil kürzer als ein Jahr, ist der **Veräußerungsgewinn** (Unterschiedsbetrag zwischen Anschaffungskosten und Veräußerungspreis abzüglich der Veräußerungskosten) entsprechend den Bestimmungen des § 30 EStG als **Spekulationsgewinn** (normaler Steuersatz bei einer Freigrenze von € 440 bzw. bis 2001 S 6.000,–) zu versteuern.

Besitzt er den Anteil **länger als ein Jahr**, so ist der Veräußerungsgewinn **unabhängig von der prozentuellen Quote des Anteils am Gesamtunternehmen bis 10 Jahre nach Erwerb nach den Bestimmungen des § 31 EStG zu versteuern**, wenn der Anteil im Zuge einer **Einbringung** gem. Art. III UmgrStG erworben wurde. Dies gilt auch für den Rechtsnachfolger, der den Anteil unentgeltlich vom Einbringenden erworben hat (§ 20 Abs. 5 UmgrStG).

Besitzt der Veräußerer den Anteil **länger als ein Jahr und** hält er nur einen Anteil von weniger als 1 %, besteht **keine Steuerpflicht** für den Veräußerungsgewinn, sieht man von der Ausnahme des vorigen Absatzes ab.

Besitzt der Veräußerer den Anteil **länger als ein Jahr und** ist er zu **mindestens einem Prozent beteiligt**, unterliegt der Veräußerungsgewinn der **Besteuerung nach den Bestimmungen des § 31 EStG**.

Hat der Veräußerer den Anteil unentgeltlich erworben, beginnt die Jahres- bzw. 10-Jahres-Frist mit dem Zeitpunkt des entgeltlichen Erwerbes seines bzw. seiner Rechtsvorgänger zu laufen.

(2) Der Anteil befindet sich im Betriebsvermögen

Befindet sich der Anteil im Betriebsvermögen des Veräußerers, unterliegt der Veräußerungsgewinn der normalen Besteuerung.

Beispiel wie vorne:

Es handelt sich um eine GmbH mit einem Stammkapital von 1.800, an der die Gesellschafter A, B und C mit Stammanteilen von je 600 beteiligt sind. Die Handelsbilanz vor dem Gesellschafterwechsel zeigt folgendes Bild:

Bilanz zum ...			
Aktiva	3.800	Stammkapital	1.800
		Fremdkapital	2.000
	3.800		3.800

In den Aktiven befinden sich stille Reserven in Höhe von 1.200; der Firmenwert beträgt 600.

Folgende Fälle sind zu berücksichtigen:

1. D tritt in das Unternehmen ein; sein Anteil soll 1/4 des Gesamtwertes betragen:
   a) Er leistet Zahlung in das Privatvermögen der Gesellschafter;
   b) Er leistet Zahlung in das Unternehmen.
2. C verkauft an D.
3. C tritt aus und verkauft seinen Anteil an A und B.
4. C bekommt seinen Anteil aus dem Unternehmen ausbezahlt.

zu 1. a): Die Gesellschafter A und B und C treten je 1/4 ihres Anteiles (= je 150) zum Preis von je 300 an D ab.

Die Bilanz nach Eintritt von D zeigt unverändert folgendes Bild:

Bilanz zum ...

Aktiva	3.800	Stammkapital	1.800
		Fremdkapital	2.000
	3.800		3.800

A und B und C haben ihren Veräußerungsgewinn (Differenz zwischen Veräußerungspreis unter Abzug der Veräußerungskosten und seinerzeitigen Anschaffungskosten) nach den Bestimmungen des § 31 EStG (bei Besitzdauer von weniger als einem Jahr nach den Bestimmungen des § 30 EStG) zu versteuern.

D hat im Falle einer Veräußerung seines Anteiles innerhalb des folgenden Jahres den erzielten Veräußerungspreis abzüglich der Veräußerungskosten seinen Anschaffungskosten in Höhe von insgesamt 900 gegenüberzustellen und den Veräußerungspreis nach § 30 EStG zu versteuern.

Veräußert D nach einem Jahr, unterliegt die Veräußerung der Besteuerung nach den Bestimmungen des § 31 EStG.

zu 1. b): Leistet D seine Zahlung in das Vermögen der Gesellschaft, muß dieser Einzahlung ein Beschluss der Gesellschafter A, B und C auf Kapitalerhöhung um 600 und Übernahme dieses Betrages durch D vorangehen.

D hat auf den Betrag seines Stammanteiles in Höhe von 600 insgesamt 1.200 einzuzahlen.

Bilanz nach Eintritt von D

Aktiva	3.800		Fremdkapital		2.000
Einzahlung D	1.200	5.000	Stammkapital	1.800	
			+ Erhöhung	600	2.400
			Agio = Kapitalrücklage (gebunden)[1]		600
		5.000			5.000

1) Gilt nicht für kleine und mittelgroße GmbHs.

zu 2.: C überträgt seinen Stammanteil von 600 um 1.200 an D. C hat seinen Veräußerungsgewinn nach den Bestimmungen des § 31 EStG zu versteuern. Die Bilanz der GmbH erfährt keinerlei Änderung.

zu 3.: C verkauft seinen Anteil an die beiden Gesellschafter A und B. Der Gesamtkaufpreis von 1.200 ist gleichmäßig von A und B zu leisten, die nunmehr statt je 600, je 900 Stammanteile besitzen. Es erfolgt keine Änderung in der Bilanz. Die Stammanteile von A und B sind auf je 900 zu erhöhen. Der Veräußerungsgewinn von C ist nach den Bestimmungen des § 31 EStG zu besteuern.

zu 4.: Eine Auszahlung des Veräußerungspreises von 1.200 an C aus dem Unternehmen würde zunächst einen mit einem **Aufgebotsverfahren** verbundenen Beschluss über eine Kapitalherabsetzung von 1.800 auf 1.200 erfordern. Eine über 600 hinausgehende Zahlung an C wäre nur dann möglich, wenn freie Rücklagen in entsprechender Höhe vorhanden sind. Die über 600 hinausgehende Zahlung würde in diesem Fall als Gewinnausschüttung angesehen werden.

Da im vorliegenden Beispiel freie Rücklagen nicht vorhanden sind, ist eine über 600 hinausgehende Auszahlung aus dem Betriebsvermögen an C nicht möglich.

11. Handels- und steuerrechtliche Grundlagen für Umgründungsvorgänge

Zu den Umgründungsvorgängen gehören Verschmelzungen, Umwandlungen, Einbringungen, der Zusammenschluss von Personengesellschaften, Realteilungen und Spaltungen. Diese Vorgänge sind handelsrechtlich im § 202 HGB, in den §§ 219 ff. AktG, §§ 96 ff. GmbHG, im Umwandlungsgesetz 1996 und im Spaltungsgesetz 1996 geregelt.

Als steuerliche Grundlage für die angeführten Umgründungsvorgänge dient das Umgründungssteuergesetz 1992. Das Umgründungssteuergesetz ist an die Stelle des Strukturverbesserungsgesetzes getreten und als Dauerrecht konzipiert. Es regelt im Artikel I die Verschmelzung von Kapitalgesellschaften, im Artikel II die Umwandlung von Kapitalgesellschaften sowie die Übertragung des Vermögens einer umzuwandelnden Kapitalgesellschaft auf ihren bisherigen Hauptgesellschafter. Die in Artikel III geregelten Einbringungsvorgänge behandeln die Einbringung von Vermögen (Betriebe und Teilbetriebe, Mitunternehmeranteile und Kapitalanteile, die mindestens 25 % des Nennkapitals von Kapitalgesellschaften oder Erwerbs- und Wirtschaftsgenossenschaften betragen) in eine Körperschaft. Als übernehmende Körperschaft können unbeschränkt steuerpflichtige Kapitalgesellschaften oder Erwerbs- und Wirtschaftsgenossenschaften sowie diesen vergleichbare ausländische Körperschaften dienen. Die in Artikel IV geregelten Anwendungsbereiche des Zusammenschlusses betreffen den Zusammenschluss von Personengesellschaften sowie die Übertragung von Betrieben und Teilbetrieben und Mitunternehmeranteilen auf Personengesellschaften ausschließlich gegen Gewährung von Gesellschafterrechten. Eine Realteilung im Sinne des Artikels V liegt vor, wenn Betriebe, Teilbetriebe und Mitunternehmeranteile von Personengesellschaften auf Grundlage eines Teilungsvertrages zum Ausgleich untergehender Gesellschafterrechte auf Nachfolgeunternehmen übertragen werden, denen das Vermögen zur Gänze oder teilweise zuzurechnen war. Bezüglich der in Artikel VI geregelten Spaltung von Kapitalgesellschaften siehe Punkt 14.

12. Umwandlungs- und Umgründungsbilanzen

Bei der **Umwandlung** findet lediglich ein Rechtsformwechsel ohne Formalliquidation und Neugründung statt. Das Folgeunternehmen hat **Gesamtrechtsnachfolge**.

Zu den Umwandlungsvorgängen gehören die Umwandlung einer AG in eine GmbH und einer GmbH in eine AG (§§ 239–253 AktG) und die Umwandlung einer Kapitalgesellschaft in eine Personengesellschaft nach dem Umwandlungsgesetz 1996.

Unter die Bestimmung des Umwandlungsgesetzes fällt auch die Übertragung einer Kapitalgesellschaft auf den Hauptgesellschafter (andere Kapitalgesellschaft, OHG, KG, natürliche Person), wenn dieser zumindest 90 % des Stammkapitals (Grundkapitals) besitzt.

Zu den **Umwandlungsvorgängen** zählen auch die Umwandlung einer OHG in eine KG sowie einer KG in eine OHG.

Bei der **Umgründung** gehen das **Vermögen und** die **Schulden** eines Unternehmens im Wege der Formalliquidation und anschließenden **Neugründung** auf das neu gegründete Unternehmen über. Es besteht **Einzelrechtsnachfolge**.

Zu den **Umgründungsvorgängen** gehören die Einbringung eines Einzelunternehmens oder einer Personengesellschaft in eine Kapitalgesellschaft.

a) Umwandlungsbilanzen

aa) Umwandlung einer Kapitalgesellschaft in eine andere Kapitalgesellschaft

Bei der **Umwandlung einer AG in eine GmbH** und umgekehrt gibt es keine Besonderheiten. Die Bilanz wird mit den gleichen Buchwerten fortgesetzt; die Eigenkapitalbezeichnung wird geändert. Wegen der Gesamtrechtsnachfolge findet keine besondere Abtretung des Vermögens und der Schulden statt. Im Grundbuch erfolgt keine Auflösung und Neueintragung, sondern lediglich eine Berichtigung.

bb) Umwandlung einer Personengesellschaft in eine andere Personengesellschaft

Findet eine Umwandlung einer **offenen Handelsgesellschaft in eine Kommanditgesellschaft** statt, wird die Bilanz nur insoweit geändert, als die Kapitalkonten der bisherigen offenen Handelsgesellschafter und nunmehrigen Kommanditisten in **Kommanditeinlagen**, denen die gesellschaftsvertraglich bedungenen Einlagen zugebucht werden, umbenannt werden. Die Meldung an das Firmenbuch hat die Bezeichnung der Kommanditisten und die Höhe ihrer Hafteinlage zu enthalten. Bis zur Eintragung haften die nunmehrigen Kommanditisten nach wie vor mit ihrem ganzen Vermögen.

Für alle vor der Eintragung in das Firmenbuch entstandenen Schulden haften die Kommanditisten noch durch 5 Jahre hindurch, wenn nicht kürzere allgemeine Verjährungsvorschriften vorliegen.

In gleicher Weise wie die Umwandlung einer OHG in eine KG geht die **Umwandlung einer KG in eine OHG** vor sich.

cc) Umwandlung einer Kapitalgesellschaft in eine Personengesellschaft oder ein Einzelunternehmen

Für die **Umwandlung einer Kapitalgesellschaft in eine Personengesellschaft bzw. Einzelfirma** (Übergang auf den Hauptgesellschafter) gelten die Bestimmungen des Umwandlungsgesetzes 1996. Da das Umwandlungsgesetz nur handelsrechtliche Bestimmungen enthält, richtet sich die Besteuerung nach den Bestimmungen der §§ 19 und 20 des Körperschaftsteuergesetzes bzw. jenen der §§ 7–10 UmgrStG.

Geht gemäß § 20 des Körperschaftsteuergesetzes das Vermögen einer unbeschränkt steuerpflichtigen Körperschaft auf einen anderen über, sind
1. bei Verschmelzungen, Umwandlungen, Spaltungen mit Liquidation und vergleichbaren Vermögensübertragungen § 19 und
2. bei Einbringungen § 6 Z 14 des Einkommensteuergesetzes 1988

anzuwenden, wenn die **Voraussetzungen des Umgründungssteuergesetzes nicht gegeben** sind oder das Umgründungssteuergesetz dies vorsieht.

Bei Umwandlungen nach den §§ 7–10 UmgrStG sind die Buchwerte der umzuwandelnden Kapitalgesellschaft weiterzuführen, wenn die Besteuerung der stillen Reserven beim Rechtsnachfolger nicht eingeschränkt ist. Rechtsnachfolger ist bei der **verschmelzenden Umwandlung** (Übergang auf den Hauptgesellschafter, der sowohl eine Kapitalgesellschaft als auch eine Personengesellschaft sein kann) der Hauptgesellschafter bzw. dessen Gesellschafter (Mitunternehmer) oder bei der **errichtenden Umwandlung** (Neugründung einer Personengesellschaft, auf die der Betrieb der Kapitalgesellschaft übertragen wird) der Gesellschafter der errichteten Personengesellschaft. Eine Besteuerung der Gesellschafter erfolgt anlässlich der Umwandlung nicht.

Eventuelle Buchgewinne bzw. Buchverluste, die bei der verschmelzenden Umwandlung dadurch entstehen, dass der Beteiligungsansatz beim übernehmenden Hauptgesellschafter vom Eigenkapital der umzuwandelnden Gesellschaft abweicht, sind grundsätzlich steuerneutral.

Gemäß § 9 Abs. 6 UmgrStG gilt der Unterschiedsbetrag zwischen dem sich aus der Umwandlung ergebenden Reinvermögen (vermindert um Gewinnausschüttungen im Sinne des § 8 Abs. 4) einerseits und dem eingezahlten und eingeforderten Nennkapital (vermindert um darin enthaltene Gewinnanteile im Sinne des § 4 Abs. 12 Z 2 EStG) und Einlagen im Sinne des § 4 Abs. 12 EStG andererseits mit dem Tag der Anmeldung des Umwandlungsbeschlusses zur Eintragung in das Firmenbuch als an die Rechtsnachfolger offen ausgeschüttet (25 % Endbesteuerung bei den Empfängern).

Beispiel:
Umwandlung einer GmbH in eine OHG mit 2 Gesellschaftern, die je zur Hälfte beteiligt sind.

Schlussbilanz der GmbH zum 31. 12. ....

Aktiva	5.600	Stammkapital	1.700
		Kapitalrücklage	300
		Gewinnrücklage	1.300
		Bilanzgewinn	100
		Verbindlichkeiten	2.200
	5.600		5.600

In den Aktiven befinden sich stille Reserven von 1.000. Die Kapitalrücklage entspricht dem steuerlichen Evidenzkonto gem. § 4 Abs. 12 EStG. Gemäß § 9 Abs. 5 UmgrStG gelten die Gewinnrücklagen und der Bilanzgewinn mit dem Tag der Anmeldung des Umwandlungsbeschlusses zur Eintragung in das Firmenbuch als an die Rechtsnachfolger offen ausgeschüttet.

Für folgende Fälle sind die Eröffnungsbilanzen der OHG zu erstellen:

1. Die OHG wird neu errichtet (errichtende Umwandlung).

2. Die OHG besteht bereits und ist 100%iger Gesellschafter der GmbH.

a) Die OHG zeigt folgende Schlussbilanz (vor Umwandlung der GmbH):

OHG

Beteiligung	5.000	Eigenkapital A	4.000
Sonstige Aktiva	13.000	Eigenkapital B	4.000
		Verbindlichkeiten	10.000
	18.000		18.000

b) Die Schlussbilanz der OHG zeigt vor Umwandlung der GmbH folgendes Bild:

OHG

Beteiligung	2.000	Eigenkapital A	4.000
Sonstige Aktiva	16.000	Eigenkapital B	4.000
		Verbindlichkeiten	10.000
	18.000		18.000

Lösung:

Fall 1:

Gem. UmgrStG § 8 Abs. 1 **sind steuerlich die Buchwerte fortzuführen.** Handelsrechtlich bestehen im Hinblick auf die stillen Reserven von 1.000 folgende Möglichkeiten (§ 202 HGB): Fortführung der Buchwerte, Aufgehen in den Aktiven, Buchwertfortführung und Aufnahme im Umgründungsmehrwert. Im gegenständlichen Fall würden die stillen Reserven in Höhe von 1.000 den Aktiven zugeschlagen. Die in der Folgezeit durchzuführende Abschreibung auf die realisierten stillen Reserven ist steuerlich als Mehr- oder Wenigerrechnung zu behandeln.

Gem. § 9 Abs. 6 UmgrStG gelten die Gewinnrücklagen und der Bilanzgewinn mit dem Tag der Anmeldung des Umwandlungsbeschlusses als offen ausgeschüttet. Kapitalrücklagen werden so weit der Besteuerung unterzogen, als nicht ein in derselben Höhe bestehendes Evidenzkonto gem. § 4 EStG Abs. 12 vorhanden ist.

Die Kapitalertragsteuer von 25 % ist in der Eröffnungsbilanz des Rechtsnachfolgers (OHG) als Verbindlichkeit gegen das Finanzamt auszuweisen (Endbesteuerung) und bis spätestens eine Woche nach dem Tag der Anmeldung des Umwandlungsbeschlusses zur Eintragung in das Firmenbuch an das Finanzamt abzuführen.

Errechnung des zu versteuernden Betrages:

	Summe	A	B
Gewinnrücklage	1.300	650	650
Bilanzgewinn	100	50	50
Summe	1.400	700	700
Kapitalertragsteuer 25 %	350	175	175
Nettobetrag	1.050	525	525

Eröffnungsbilanz der OHG zum ...

Aktiva (sonstige)	5.600	Kapital A (850^1) + 850^2) + 500^3) – 175^4))	2.025
Umgründungsmehrwert	1.000	Kapital B	2.025
		KESt (175 + 175)^4)	350
		Verbindlichkeiten	2.200
	6.600		6.600

^{1}) ½ Stammkapital
^{2}) ½ GR + ½ BG + ½ Kt
^{3}) ½ stille Reserve
^{4}) = 25 % von 1.400 (Gewinnrücklage und Bilanzgewinn)

Fall 2a:

Ermittlung des Umgründungsmehrwertes und des Firmenwertes

Beteiligungsansatz in der übernehmenden OHG		5.000
übernommenes Reinvermögen	3.400	
abzüglich KESt-Schuld	350	3.050
Differenzbetrag		1.950
abzüglich stille Reserve (Umgründungsmehrwert)		1.000
verbleiben als Firmenwert		950

Steuerlich können weder die stillen Reserven noch der Firmenwert abgeschrieben werden. Für die handelsrechtliche Behandlung gelten die Bestimmungen des § 202 HGB.

Bilanz der OHG nach Umwandlung der GmbH

Sonstige Aktiva			Kapital A		4.000
alt	13.000		Kapital B		4.000
neu	5.600	18.600	Verbindlichkeiten		
Umgründungsmehrwert		1.000^1)	alt	10.000	
Firmenwert		950	neu	2.200	
			KESt	350	12.550
		20.550			20.550

1) Die im Umgründungsmehrwert enthaltenen stillen Reserven könnten auch den jeweiligen Vermögensgegenständen zugerechnet werden.

Fall 2b:

Ermittlung des zusätzlichen Eigenkapitals in der OHG

Beteiligungsansatz in der übernehmenden OHG		2.000
Übernommenes Reinvermögen	3.400	
abzüglich KESt	350	3.050
zusätzliches Eigenkapital A + B		1.050

Bilanz der OHG nach Umwandlung der GmbH

Aktiva: alt	16.000		Eigenkapital A:		
neu	5.600	21.600	alt	4.000	
			neu	525	4.525
			Eigenkapital A:		
			alt	4.000	
			neu	525	4.525
			Verbindlichkeiten:		
			alt	10.000	
			neu	2.200	
		21.600	KESt	350	12.550
					21.600

b) Umgründungsbilanzen anlässlich von Einbringungsvorgängen nach den §§ 12 – 22 UmgrStG

Gegenstand einer Einbringung können Betriebe oder Teilbetriebe, Einzelunternehmen, Personengesellschaften und (wesentliche) Beteiligungen an Kapitalgesellschaften, Mitunternehmeranteile (an Personengesellschaften) sein.

Für die Einbringung gilt grundsätzlich die steuerliche **Buchwertfortführung**. Handelsrechtlich können die Buchwerte fortgeführt (§ 202 Abs. 2 HGB) oder eine Bewertung gemäß § 202 Abs. 1 (Wert zum Zeitpunkt der Einbringung unter Berücksichtigung der Nutzungsmöglichkeit im Betrieb) vorgenommen werden.

Werden die Buchwerte fortgeführt und übersteigt der Gesamtbetrag der Gegenleistung die fortgeführten Werte, so darf der Unterschiedsbetrag unter die Posten des Anlagevermögens aufgenommen werden. Jener Teil des Unterschiedsbetrages, der den Aktiven und Passiven des übertragenen Vermögens zugeordnet werden kann, ist als **Umgründungsmehrwert** gesondert auszuweisen; auf diesen Wert sind die für Vermögensgegenstände und Schulden geltenden Bestimmungen anzuwenden. Ein danach verbleibender Restbetrag darf als **Firmenwert** angesetzt werden (§ 202 Abs. 2 Z 3 HGB). Dieser Firmenwert ist planmäßig längstens auf die Geschäftsjahre, in denen er voraussichtlich genutzt wird, zu verteilen.

Wird der Betrieb eines Einzelunternehmens bzw. einer Personengesellschaft in eine Kapitalgesellschaft eingebracht und werden die Buchwerte handelsrechtlich fortgeführt, ist die Schlussbilanz des einzubringenden Unternehmens gleich der Eröffnungsbilanz der (neu gegründeten) Kapitalgesellschaft. Das Eigenkapital der bisherigen Personengesellschaft oder des Einzelunternehmens wird zum Stamm- oder Grundkapital. Entnahmen, Einlagen und Vorsorgen für Verpflichtungen des einbringenden (Mit-)Unternehmens nach dem Einbringungsstichtag sind in der Einbringungsbilanz durch den Ansatz eines Aktiv- oder Passivpostens zu berücksichtigen.

Wird eine Personengesellschaft oder ein Einzelunternehmen in eine bestehende Kapitalgesellschaft eingebracht, muss das Stamm-(Grund-)kapital im Umfang des eingebrachten Eigenkapitals erhöht werden. Rückständige Abgabeverpflichtungen des Einbringenden können in eine entsprechende Rückstellung eingestellt werden. Aktiva und Passiva des eingebrachten Unternehmens kommen zu den Aktiven und Passiven der bereits bestehenden Kapitalgesellschaft hinzu.

Beispiel:

Die Bilanzen der Kapitalgesellschaft und der Personengesellschaft vor Einbringung der Personengesellschaft lauten:

Schlussbilanz der Kapitalgesellschaft vor Einbringung

Aktiva	2.000	Stammkapital	500
		freie Rücklagen	250
		Fremdkapital	1.250
	2.000		2.000

Schlussbilanz der Personengesellschaft vor Einbringung

Aktiva	1.000	Eigenkapital A	300
		Eigenkapital B	300
		Fremdkapital	400
	1.000		1.000

Vom Eigenkapital in Höhe von 600 sollen 500 als Stammkapital gewidmet werden. Je 50 sollen als Rückstellung zur Abdeckung bestehender Einkommensteuerschulden eingebracht werden.

Die Kapitalgesellschaft hat eine Stammkapitalerhöhung im Umfang von 500 zu beschließen.

Bilanz der Kapitalgesellschaft nach Einbringung

Aktiva	2.000		Stammkapital	500	
	+ 1.000	3.000		+ 500	1.000
			freie Rücklagen		250
			Fremdkapital	1.250	
				+ 400	
				+ 100	1.750
		3.000			3.000

Für den Fall einer Aufwertung gemäß den Bestimmungen des § 16 UmgrStG hat die einbringende Gesellschaft zunächst eine Einbringungsbilanz zu erstellen, die abgesehen vom Eigenkapital mit der Eröffnungsbilanz der (neu gegründeten) Kapitalgesellschaft identisch ist. Besteht die Kapitalgesellschaft bereits, ist im Umfang des eingebrachten Eigenkapitals das Stamm-(Grund-)kapital zu erhöhen.

Beispiel der Ausgliederung eines Teilbetriebes aus einer GmbH und Einbringung in eine neugegründete GmbH gem. Art. III UmgrStG:

Bilanz der GmbH vor Ausgliederung des Teilbetriebes

Aktiva	2.200	Stammkapital	1.000
		Fremdkapital	1.200
	2.200		2.200

Ausgliederung des Teilbetriebes:	Aktiva	1.100
	– Passiva	600
	Eigenkapital	500

Es wird eine GmbH gegründet, deren Stammkapital der Höhe des buchmäßigen Eigenkapitals von 500 entspricht. Die Anteile der neu zu gründenden GmbH kommen zur Gänze in die Hände der Muttergesellschaft.

Bilanz der Muttergesellschaft

Aktiva	2.200		Stammkapital		1.000
– ausgegliederte			Fremdkapital	1.200	
Aktiven	1.100	1.100	– ausgegliedertes		
			Fremdkapital	600	600
Beteiligungen	0				
+ Beteiligungen an					
der neu gegründeten					
Tochtergesellschaft	500	500			
		1.600			1.600

Bilanz nach Ausgliederung:

Bilanz der Tochtergesellschaft

Aktiva	1.100	Stammkapital	500
		Fremdkapital	600
	1.100		1.100

Abb. 18

13. Verschmelzungsbilanzen (Fusionsbilanzen)

a) Verschmelzung von Kapitalgesellschaften

Unter die Verschmelzungstatbestände des Umgründungssteuerrechtes fallen Verschmelzungen gemäß §§ 219 ff. AktG (Verschmelzung von Aktiengesellschaften), § 234 AktG (Verschmelzung durch Aufnahme einer GmbH in eine AG), § 96 GmbH (Verschmelzung von Gesellschaften mit beschränkter Haftung), Verschmelzungen gemäß § 1 Genossenschaftsverschmelzungsgesetz, Verschmelzungen gemäß § 25 Sparkassengesetz sowie Vermögensübertragungen gemäß § 236 AktG und § 60 Versicherungsaufsichtsgesetz.

Grundsätzlich sind Verschmelzungsvorgänge nach dem Umgründungssteuergesetz von den Verkehrssteuern (Kapitalverkehrssteuer, Gebühren nach dem Gebührengesetz) befreit. Sie stellen auch keine umsatzsteuerbaren Vorgänge dar. Steuerlich herrscht (mit gewissen mit den ausländischen Betrieben bzw. Beteiligungen zusammenhängenden Ausnahmen) Zwang zur Buchwertfortführung. Handelsrechtlich gelten die bereits im Zusammenhang mit den Einbringungsvorgängen angeführten Bestimmungen des § 202 HGB.

Aus dem unterschiedlichen Beteiligungs- und Eigenkapitalansatz bei der übernehmenden und übertragenden Gesellschaft entstehende Buchverluste und Buchgewinne bleiben grundsätzlich bei der Gewinnermittlung außer Ansatz. Dies gilt auch für einen eventuellen Firmenwert, der nicht abgeschrieben werden kann.

Der Verlustvortrag der übertragenden Gesellschaft geht unter den Bedingungen des § 4 UmgrStG auf die übernehmende Gesellschaft über.

Grundsätzlich muss die übernehmende Gesellschaft ihr Grund-(Stamm-)kapital insoweit erhöhen, als sie nicht eigene Aktien oder Aktien der übertragenden Gesellschaft besitzt, wobei eine Kapitalerhöhung im Falle des Besitzes von Aktien der übertragenden Gesellschaft insoweit sogar unzulässig ist.

Besitzt die übertragende Gesellschaft **Aktien der übernehmenden Gesellschaft**, sind die Bestimmungen des Erwerbes eigener Aktien (§ 65 AktG) zu beachten. Soweit die übertragende Gesellschaft eigene Aktien besitzt, gehen diese im Zuge der Verschmelzung unter.

Bei der **Verschmelzung** von Kapitalgesellschaften erhalten die Aktionäre der übertragenden Gesellschaft für ihre bisherigen Anteile solche der übernehmenden Gesellschaft, wobei sich das Umtauschverhältnis in der Regel nach dem inneren Wert des Vermögens der beteiligten Gesellschaften richtet (siehe Abschnitt: Der Wert des Unternehmens als Ganzes).

Sind die **stillen Reserven inklusive Firmenwert** der übertragenden Gesellschaft größer als jene der übernehmenden Gesellschaft, erhalten die Gesellschafter der übertragenden Gesellschaft Anteile der übernehmenden Gesellschaft, die einen höheren Wert repräsentieren, als den Buchwerten der übertragenden Gesellschaft entspricht. Der Einkommensbesteuerung unterliegen allerdings nur Zuzahlungen. Diese gelten als Veräußerungsentgelt beim Empfänger.

Beispiel:

Die Bilanz der Gesellschaft A (übernehmende Gesellschaft) zeigt vor der Verschmelzung folgendes Bild:

Bilanz der A-AG

Aktiva ohne Beteiligungen	14.000	Grundkapital	6.000
Beteiligung an der Gesell-		Gesetzl. Rücklage	600
schaft B = Nennwert	1.000	Fremdkapital	8.400
	15.000		15.000

Die in der Bilanz ausgewiesene Beteiligung an der Gesellschaft B entspricht dem Nominalwert der Aktien.

Die Bilanz der Gesellschaft B (übertragende Gesellschaft) zeigt vor der Verschmelzung folgendes Bild:

Bilanz der B-AG

Aktiva	8.000	Grundkapital	2.000
		Gesetzl. Rücklage	200
		Freie Gewinnrücklage	800
		Fremdkapital	5.000
	8.000		8.000

In den Aktiven sind stille Rücklagen in Höhe von 400 enthalten.

Die Gesellschafter der Gesellschaft B erhalten für je eine Aktie (Nominale 1.000) ihrer Gesellschaft drei Aktien (Nominale je 1.000) der Gesellschaft A.

Ermittlung der erforderlichen Kapitalerhöhung bei der Gesellschaft A sowie Ermittlung des Umgründungsmehrwertes und des Firmenwertes:

Grundkapital der Gesellschaft B	2.000
– Beteiligung A an B (Nennwert)	1.000
abzufertigendes Grundkapital	1.000
dafür sind lt. Vereinbarung Aktien	
der Gesellschaft A im Nominale von	3.000
auszugeben	
Differenz	2.000
abzüglich in der Gesellschaft B vorhandene Rücklagen	1.000
Differenz	1.000
stille Reserven = Umgründungsmehrwert	400
Firmenwert	600

Bilanz nach der Verschmelzung der beiden Gesellschaften

Aktiva ohne			Grundkapital	6.000	
Beteiligung	14.000		+ Kapitalerhöhung	3.000	9.000
Zugang	8.000	22.000			
			Gesetzl. Rücklage		600
Beteiligungen	1.000		Fremdkapital	8.400	
– übernommenes			+ Zugang	5.000	13.400
Grundkapital B	1.000	0			
Umgründungsmehrwert		400			
Firmenwert		600			
		23.000			23.000

Der Umgründungsmehrwert ist handelsrechtlich gleich jenen Aktiven zu behandeln, deren stille Reserven er repräsentiert (§ 202 Abs. 2 HGB).

Der Firmenwert ist handelsrechtlich längstens über die Zeit seiner Nutzung abzuschreiben. Steuerrechtlich ist eine Abschreibung nicht möglich.

Wegen des Aktientausches ist bei den Gesellschaftern der Gesellschaft B **keine Gewinnrealisation** und somit keine Einkommensteuerpflicht eingetreten. Wären zum Spitzenausgleich Barzahlungen an die Gesellschafter der Gesellschaft B geleistet worden, wären diese nach den normalen steuerrechtlichen Bestimmungen einkommensteuerpflichtig (½ Steuersatz).

Sind die stillen Reserven inklusive Firmenwert der übernehmenden Gesellschaft größer als jene der übertragenden Gesellschaft, gelten für die übernehmende Gesellschaft die Bestimmungen der Aktienausgabe über pari. Die Mehrbeträge sind in die gebundene Kapitalrücklage einzustellen.

Beispiel:

Die Bilanz der übernehmenden Gesellschaft (A) zeigt vor der Verschmelzung folgendes Bild:

Bilanz der A-AG

Aktiva ohne Beteiligungen	17.500	Grundkapital	9.250
Aktien der übertragenden		Gesetzl. Rücklage	925
Gesellschaft (Nominale)	1.500	Freie Gewinnrücklage	5.075
		Fremdkapital	3.750
	19.000		19.000

Die Bilanz der übertragenden Gesellschaft B zeigt vor der Verschmelzung folgendes Bild:

Bilanz der B-AG

Aktiva ohne Beteiligungen	12.000	Grundkapital	5.000
Aktien der übernehmenden		Bilanzverlust	(500)
Gesellschaft (Nominale)	750	Fremdkapital	8.250
	12.750		12.750

Das Umtauschverhältnis beträgt auf Grund des inneren Wertes der beiden Gesellschaften 2 : 1, d. h. für zwei Aktien der übertragenden Gesellschaft erhalten die Aktionäre eine Aktie der übernehmenden Gesellschaft.

Berechnung der Kapitalerhöhung:

Gesamtes Grundkapital der Gesellschaft B	5.000
– im Portefeuille der Gesellschaft A	
befindliche Aktien der Gesellschaft B zum Nominalwert	1.500
Umzutauschende Aktien der Gesellschaft B	3.500
Umtauschverhältnis 2 : 1	
Bedarf an Aktien der Gesellschaft A	1.750
davon im Portefeuille der Gesellschaft B	
vorhanden	750
Kapitalerhöhung	1.000

Die gebundene Kapitalrücklage der Gesellschaft A ist mit nachstehenden Beträgen zu bilden:

Nominale der an die Gesellschafter der B-AG	
auszugebenden Aktien der Gesellschaft A	1.750
Agio 100 % (Tauschverhältnis 2 : 1)	1.750
– übernommener Bilanzverlust	
der Gesellschaft B	(500)
Zuweisung an die gebundene Kapitalrücklage	1.250

Wegen der auch steuerrechtlich geltenden **Gesamtrechtsnachfolge** kann der (steuerliche) Verlustvortrag der Gesellschaft B, soweit dieser noch nicht aufgebraucht wurde, steuerlich bei der Gesellschaft A geltend gemacht werden.

Bilanz nach der Verschmelzung der beiden Gesellschaften

Aktiva	17.500		Grundkapital	9.250	
+ Zugang	12.000	29.500	+ Kapitalerhöhung	1.000	10.250
			gesetzl. Rücklage		925
			Kapitalrücklage		
			(gebunden)		1.250
			Freie Rücklage		5.075
			Fremdkapital	3.750	
			+ Zugang	8.250	12.000
		29.500			29.500

b) Verschmelzung von Personengesellschaften und Einzelunternehmen

Grundsätzlich kommt es bei der Verschmelzung (= Zusammenschluss) von Personengesellschaften und/oder Einzelunternehmen zu keiner Gewinnrealisierung. Es kann jedoch dann zu einer Gewinnrealisierung kommen, wenn stille Reserven ausgeglichen und auch buchmäßig die richtigen Quoten ausgewiesen werden sollen. Die Aufwertung muss wirtschaftlich begründet sein und nicht nur steuerliche Ursachen haben. Kommt es zu einer Aufwertung und damit zu einer Gewinnrealisierung, unterliegt dieser Gewinn der Einkommensteuer nach den Bestimmungen des § 24 in Verbindung mit § 37 EStG.

Erfolgt eine derartige Verschmelzung nach §§ 23 ff. UmgrG (Art. IV), ist dieser Vorgang von den Gesellschaftsvertragsgebühren nach dem Gebührengesetz befreit. Der Vorgang stellt keinen umsatzsteuerbaren Tatbestand dar.

14. Spaltung

Eine **Spaltung** gemäß Artikel VI UmgrStG liegt vor, wenn auf Grundlage eines **Spaltungsplanes** die spaltende Körperschaft Vermögen in eine oder mehrere übernehmende Körperschaften einbringt und die Gegenleistung den Anteilsinhabern der spaltenden Körperschaft im Verhältnis ihrer Beteiligungen oder im Tauschwege gegen wertgleiche Anteile an der übernehmenden Körperschaft zukommt.

Handelsrechtliche Grundlage der Spaltung bildet das Bundesgesetz über die Spaltung von Kapitalgesellschaften (Spaltungsgesetz) 1996. Gem. § 2 des Spaltungsgesetzes ist vom Vorstand ein sogenannter **Spaltungsplan** aufzustellen, der sämtliche wesentliche Punkte der Spaltung enthalten muss.

Der Vorstand der übertragenden Gesellschaft hat gem. § 4 einen **schriftlichen Bericht** zu erstatten, in dem die Spaltung, der Spaltungsplan im Einzelnen und insbesondere das Umtauschverhältnis der Anteile sowie deren Aufteilung auf die Anteilsinhaber rechtlich und wirtschaftlich ausführlich erläutert und begründet werden. Der Bericht ist nicht erforderlich, wenn alle Anteilsinhaber in der Niederschrift zur Hauptversammlung (Generalversammlung) darauf verzichten.

Gem. § 7 Abs. 1 hat der Vorstand der übertragenden Gesellschaft mindestens einen Monat vor dem Tag der Beschlussfassung durch die Anteilsinhaber den Spaltungsplan nach Prüfung durch den Aufsichtsrat bei dem Gericht, in dessen Sprengel die übertragende Gesellschaft ihren Sitz hat, einzureichen und einen Hinweis auf diese Einreichung in den Bekanntmachungsblättern der Gesellschaft zu veröffentlichen.

Gem. § 7 Abs. 2 sind mindestens während eines Monats vor dem Tag der Hauptversammlung, die über die Zustimmung zur Spaltung beschließen soll, am Sitz der Gesellschaft der Spaltungsplan, die Jahresabschlüsse und Lageberichte der übertragenden Gesellschaft der letzten 3 Jahre, der Spaltungsbericht, der Prüfungsbericht und der Bericht des Aufsichtsrats zur Einsicht der Aktionäre aufzulegen.

Zur Beschlussfassung bedarf es eines qualifizierten Mehrheitsbeschlusses (75 % oder ein in der Satzung festgelegter höherer Prozentsatz) der bei der Hauptversammlung vertretenen Anteilsinhaber (§ 8).

Gem. § 12 Abs. 1 haben sämtliche Mitglieder des Vorstands der übertragenden Gesellschaft und sämtliche Mitglieder der Vorstände aller neuen Gesellschaften die Spaltung und die Errichtung der neuen Gesellschaften mit den erforderlichen Beilagen gem. § 13 zur Eintragung bei dem Gericht am Sitz der übertragenden Gesellschaft anzumelden.

15. Die Übernahme von Beteiligungspapieren nach dem Übernahmegesetz 1999

Unter das Übernahmegesetz fallen alle öffentlichen Angebote durch natürliche oder juristische Personen oder Personengesellschaften zum Erwerb von börsenotierten Beteiligungspapieren, die von einer Aktiengesellschaft im Inland ausgegeben wurden und an einer österreichischen Börse zum amtlichen Handel oder zum geregelten Freiverkehr zugelassen sind.

Derartige Beteiligungspapiere sind Aktien, sonstige übertragbare Wertpapiere, die mit einer Gewinnbeteiligung oder einer Abwicklungsbeteiligung verbunden sind, weiters übertragbare Wertpapiere, die zum Erwerb solcher Wertpapiere ermächtigen. Mit dem Übernahmegesetz soll ein ordnungsmäßiger genau festgesetzter Ablauf einer Beteiligungsübernahme, beginnend mit dem öffentlichen Angebot gewährleistet werden, der dem Empfänger eines solchen Angebotes (Gesellschafter der Ziel-Gesellschaft) genügend Zeit gibt und hinreichende Informationen zukommen lässt, um in voller Kenntnis der Sachlage über Annahme oder Ablehnung des Angebotes entscheiden zu können. Darüber hinaus soll vermieden werden, dass einzelne Aktionäre oder Aktionärsgruppen zu Lasten anderer bevorzugt behandelt oder dass Marktverzerrungen geschaffen werden.

Das gesamte Übernahmeverfahren wird durch die bei der Wiener Börse eingerichtete Übernahmekommission überwacht.

Das Übernahmegesetz unterscheidet freiwillige und Pflichtangebote, wobei Letztere zwingend zur Anwendung kommen, wenn der Anbieter durch die Übernahme der Wertpapiere eine kontrollierende Beteiligung (Erlangung eines beherrschenden Einflusses) erreicht. In diesem Fall muss der Anbieter ein entsprechendes Angebot für die Übernahme aller Beteiligungspapiere der Zielgesellschaft stellen.

Der Preis eines Pflichtangebotes muss mindestens dem durchschnittlichen Börsekurs des jeweiligen Beteiligungspapiers während der letzten 6 Monate vor Erlangung der kontrollierenden Beteiligung entsprechen und darf die höchste vom Bieter innerhalb der letzten 12 Monate in Geld gewährte oder vereinbarte Gegenleistung für dieses Beteiligungspapier der Zielgesellschaft um höchstens 15 % unterschreiten.

VI. Die Konzernrechnungslegung

1. Ziel der Konzernrechnungslegung

Am 13. Juni 1983 wurde die 7. EG-Richtlinie mit dem Ziel der Koordinierung der nationalen Vorschriften über den konsolidierten Abschluss von Unternehmenszusammenschlüssen (Konzernen) erlassen. Nachdem das Rechnungslegungsgesetz 1990 diese Richtlinie bereits fast vollständig in das österreichische Recht übernommen hatte (§§ 244–267 HGB), erfolgte die Resttransformation durch das EU-GesRÄG vom 23. Mai 1996.

Einziger Zweck der Konzernrechnungslegung ist die **Information** des Bilanzlesers, der in der Lage sein soll, die Vermögens-, Finanz- und Ertragslage der in einem Konzern vereinigten Unternehmen so zu sehen, als wäre es ein einziges Unternehmen (§ 250 Abs. 3). Man spricht in diesem Zusammenhang auch von der **Einheitstheorie**, die durch die **Interessentheorie**, dem Interesse der Muttergesellschaft an den Tochtergesellschaften, ergänzt wird.

2. Pflicht zur Aufstellung eines Konzernabschlusses

Die Pflicht zur Aufstellung eines Konzernabschlusses liegt dann vor, wenn durch 2 Abschlussstichtage hindurch mindestens 2 der 3 nachfolgenden Merkmale zutreffen:

	Alternativ	
	Additive Zahlen von Mutter- und Tochtergesellschaften (Bruttomethode)	Zahlen des Konzernabschlusses (Nettomethode)
Umsatzerlöse	30 Mio € (bis 1999 900 Mio S)	25 Mio € (bis 1999 750 Mio S)
Bilanzsumme	15 Mio € (bis 1999 450 Mio S)	12,5 Mio € (bis 1999 375 Mio S)
Arbeitnehmeranzahl	250 (bis 1999 500)	250 (bis 1999 500)

Die Konzernrechnungslegungspflicht gilt auch, wenn die Muttergesellschaft eine Genossenschaft ist (§ 22 GenG).

Die in Euro angeführten **Schwellenwerte** waren erstmals auf Geschäftsjahre anzuwenden, die nach dem 31.12.1999 begannen.

Österreich hat von der in der 7. Richtlinie gegebenen Möglichkeit Gebrauch gemacht, bis Ende 1999 die Größenmerkmale bis auf das 2,5fache und die durchschnittliche Anzahl der während des Geschäftsjahres Beschäftigten bis auf 500 zu erhöhen.

Notieren am Abschlussstichtag Aktien oder andere vom Mutterunternehmen oder einem im Konzernabschluss des Mutterunternehmens einbezogenen Tochterunternehmen ausgegebene Wertpapiere an einer EU- oder EWR-Börse, besteht **jedenfalls** die Pflicht zur Aufstellung eines Konzernabschlusses.

Ist ein österreichisches Unternehmen in einen den österreichischen Vorschriften entsprechenden ausländischen Konzernabschluss einbezogen, braucht in Österreich kein eigener Konzernabschluss aufgestellt werden (befreiender Konzernabschluss), es sei denn, dies wird vom Aufsichtsrat oder einer Minderheit, deren Anteile 10 % des Nennkapitals oder den Nennbetrag von 20 Mio S erreichen, verlangt.

3. Nach international anerkannten Rechnungslegungsgrundsätzen aufgestellte Konzernabschlüsse

Der Konzernabschluss ist grundsätzlich nach dem für das Mutterunternehmen geltenden Bilanzrecht (HGB) aufzustellen, wobei unabhängig von der Anwendung im Jahresabschluss der Muttergesellschaft sämtliche nach dem HGB zulässigen Bilanzierungs- und Bewertungswahlrechte **allerdings für alle verbundenen Unternehmen einheitlich** im Konzernabschluss angewendet werden können. Diese Regel wurde durch die im Jahre 1999 eingefügte Bestimmung des § 245a durchbrochen.

Danach braucht ein Mutterunternehmen, das einen Konzernabschluss nach **international anerkannten Rechnungslegungsgrundsätzen** aufstellt, die Bestimmungen der §§ 248–267 nicht anzuwenden, wenn der Konzernabschluss und der Konzernlagebericht im Einklang mit der 7. EG-Richtlinie stehen und der Anhang zum Konzernabschluss die Bestimmung der angewandten Rechnungslegungsgrundsätze sowie eine Erläuterung der vom österreichischen Recht abweichenden Bilanzierungs-, Bewertungs- und Konsolidierungsmethoden enthält. Voraussetzung für die Anerkennung eines solchen Konzernabschlusses ist die Gleichwertigkeit der Aussagekraft mit einem nach dem HGB aufgestellten Konzernabschluss.

Derzeit kommen als gleichwertig solche nach den US-GAAP (General Accepted Accounting Principles) und nach den Standards des IASC (International Accounting Standard Committee) aufgestellte Konzernabschlüsse in Frage.

Das **IASC** ist eine Einrichtung der International Federation of Accountants (**IFAC**), einer Vereinigung der steuerberatenden und jahresabschlussprüfenden Berufe aus rd. 140 Ländern. Das IASC entwickelt seit 1973 internationale Rechnungslegungsgrundsätze und gibt diese in Form der International Accounting Standards (**IAS**) heraus. Ein nach den IAS erstellter Jahresabschluss dient erklärtermaßen in erster Linie der Information der Kapitalanleger (Investoren).

Das Ziel des IASC ist es zu erreichen, dass ein nach den IAS aufgestellter Jahresabschluss als eine der Bedingungen für die Zulassung eines Unternehmens zur Notierung an jeder internationalen Börse gilt.

4. In den Konzernabschluss einzubeziehende Unternehmen

Zur Feststellung der in den Konzernabschluss einzubeziehenden Unternehmen unterscheidet das Gesetz:

Verbundene Unternehmen (§ 244)

Verbundene Unternehmen sind solche, über die das Mutterunternehmen (bzw. oberstes Mutterunternehmen) einen beherrschenden Einfluss ausübt (auch das Mutterunternehmen selbst ist ein verbundenes Unternehmen). Ein derartiges Unternehmen ist, falls nicht ein Verbot (§ 248) für bzw. ein Verzicht (§ 249) auf die Einbeziehung vorliegt, durch **Vollkonsolidierung** in den aufzustellenden Konzernabschluss einzubeziehen. Läßt man andere Gründe für den beherrschenden Einfluss außer Acht, liegt dieser bei einer Beteiligung von mehr als 50 % vor.

Gemeinschaftsunternehmen (§ 262)

Ein **Gemeinschaftsunternehmen** liegt dann vor, wenn dieses gemeinsam von zwei oder mehreren Unternehmen geführt wird und diese den gleichen Einfluss auf das Tochterunternehmen haben. Dies wird in der Regel bei einer 50%igen Beteiligung der Fall sein. Ein derartiges Unternehmen wird **anteilsmäßig (Quotenkonsolidierung)** in den Konzernabschluss der konzernabschlusspflichtigen Mutter einbezogen. Ein Ausweis dieser Beteiligung nach der „**Equity-Methode**" ist ebenfalls möglich.

Gemeinschaftsunternehmen kommen vielfach dann vor, wenn zwei Unternehmen zu Exportzwecken eine gemeinsame Tochtergesellschaft im Ausland gründen.

Assoziierte Unternehmen (§ 263)

Ein **assoziiertes Unternehmen** liegt dann vor, wenn ein Unternehmen auf dieses einen maßgeblichen Einfluss ausüben kann, das heißt, wohl nicht an der laufenden Willensbildung teilnimmt, aber bei Satzungsänderungen und wesentlichen Änderungen der Geschäftspolitik ein Mitsprache- bzw. Einspruchsrecht besitzt.

Dieses wird, abgesehen von anderen Gründen, in der Regel bei einer Beteiligung zwischen 25 und 50 % der Fall sein.

Assoziierte Unternehmen werden nicht im Wege der Vollkonsolidierung in den Konzernabschluss einbezogen. Der Beteiligungsansatz in der Konzernbilanz erfolgt aber abweichend vom Einzelabschluss des Mutterunternehmens nach der **Equity-Methode** (§ 264 HGB).

Sonstige Beteiligungen

Sonstige Beteiligungen sind solche, für die wohl die Kriterien des Beteiligungsbegriffes vorliegen, auf die aber kein maßgeblicher Einfluss ausgeübt wird. Diese werden in der Einzelbilanz und in der Konzernbilanz gleich behandelt.

a) Verbundene Unternehmen

Wie schon dargelegt, sind diese zur Gänze (mit allen Aktiven und Passiven) in den Konzernabschluss einzubeziehen. Eventuelle Minderheitsanteile sind mit ihrer Kapitalquote gesondert in der Konzernbilanz auszuweisen.

Verbundene Unternehmen gelten auch dann als solche, wenn sie aus den in den §§ 248 und 249 angeführten Gründen nicht in den Konzernabschluss einbezogen werden.

§ 248 verbietet eine Einbeziehung in den Konzernabschluss, wenn sich die Tätigkeit eines Tochterunternehmens derart von der Tätigkeit der anderen einbezogenen Unternehmen unterscheidet, dass die Einbeziehung in den Konzernabschluss mit der Verpflichtung, ein möglichst getreues Bild der Vermögens-, Finanz- und Ertragslage des Konzerns zu vermitteln, unvereinbar ist. So darf beispielsweise ein Bank- oder Versicherungsunternehmen nicht mit einem Industrie-, Transport- oder Handelsunternehmen konsolidiert werden.

§ 249 erlaubt den Verzicht auf die Einbeziehung in den Konzernabschluss, wenn

1. erhebliche und andauernde Beschränkungen in der Ausübung der Rechte der Muttergesellschaft in Bezug auf das Vermögen oder die Geschäftsführung bei der Tochtergesellschaft vorliegen,

2. die für die Aufstellung des Konzernabschlusses erforderlichen Angaben nicht ohne unverhältnismäßige Verzögerung oder Kosten zu erhalten sind und

3. wenn ein Tochterunternehmen für die Verpflichtung, ein möglichst getreues Bild der Vermögens-, Finanz- und Ertragslage des Konzerns zu vermitteln, von untergeordneter Bedeutung ist.

Wird ein **verbundenes Unternehmen** aus den oben genannten Gründen nicht in den Konzernabschluss einbezogen, ist die Beteiligung an diesem Unternehmen im Konzernabschluss nach der **Equity-Methode** auszuweisen.

b) Gemeinschaftsunternehmen

Gemeinschaftsunternehmen sind entweder anteilsmäßig in den Konzernabschluss einzubeziehen (Quotenkonsolidierung) oder die Beteiligung an diesen Unternehmen ist im Konzernabschluss nach der Equity-Methode auszuweisen.

Quotenkonsolidierung bedeutet, dass die Aktiven und Passiven des Tochterunternehmens mit jenem Prozentsatz in den Konzernabschluss einzubeziehen sind, mit dem die Muttergesellschaft an diesem Unternehmen beteiligt ist.

c) Assoziierte Unternehmen

Für diese gilt, wie schon dargelegt, im Konzernabschluss ausschließlich die **Equity-Bilanzierung**.

4. Aufstellung des Konzernabschlusses

Der Konzernabschluss besteht aus

der **Konzernbilanz**,
der **Konzern-Gewinn- und Verlustrechnung** und
dem **Konzernanhang**.

Zusätzlich ist ein **Konzernlagebericht** zu erstellen.

Wie schon dargelegt, ist der **Konzernjahresabschluss** kein Ersatz für die Einzeljahresabschlüsse, die jedenfalls erstellt und, wenn die gesetzlichen Voraussetzungen vorliegen, geprüft und veröffentlicht werden müssen. Der Konzernjahresabschluss ist **keine Grundlage** für die **Besteuerung** und **Gewinnausschüttung**.

Bei der erstmaligen Aufstellung des Konzernjahresabschlusses (Erstkonsolidierung) ist der Bilanzansatz der dem Mutterunternehmen gehörenden Anteile an einem in den Konzernabschluss einbezogenen Tochterunternehmen mit dem auf diese Anteile entfallenden Betrag des Eigenkapitals des Tochterunternehmens zu verrechnen (**Kapitalkonsolidierung**).

Bei der **Kapitalkonsolidierung** können sich zwischen dem Beteiligungsansatz bei der Muttergesellschaft und dem Eigenkapital der Tochtergesellschaft positive oder negative Differenzbeträge ergeben. Ein positiver Differenzbetrag (der Beteiligungsansatz ist höher als das Eigenkapital der Tochter) ist **nach den vorhandenen stillen Reserven** bei der Tochtergesellschaft und einem **eventuellen Firmenwert** zu teilen. Während die stillen Reserven den Vermögensgegenständen und Schulden zuzurechnen und in der Folge wie diese zu behandeln sind, ist der Firmenwert gesondert in der Konzernbilanz auszuweisen und längstens über einen Zeitraum von 5 Jahren abzuschreiben. Entspricht der Firmenwert allerdings einem erworbenen Firmenwert im Sinne des § 203 HGB, ist er längstens planmäßig auf die Geschäftsjahre, in denen er voraussichtlich genutzt wird, zu verteilen. Der Firmenwert kann jedoch auch offen mit jeder Kapital- oder Gewinnrücklage verrechnet werden.

Ein passiver Unterschiedsbetrag ist als solcher auf der Passivseite auszuweisen. Er kann unter gewissen Umständen (§ 261 Abs. 2 HGB) auch ergebniswirksam aufgelöst werden.

Bei der erstmaligen und allen Folgekonsolidierungen sind neben der Kapitalkonsolidierung die gegenseitigen Forderungen und Verbindlichkeiten aufzurechnen (**Schuldenkonsolidierung**), die Innenumsätze zwischen den in den Konzernabschluss einbezogenen Unternehmen auszuscheiden (**Erfolgskonsolidierung**) und Zwischengewinne, soweit sie nicht als realisiert gelten, zu eliminieren (**Ergebniseliminierung**).

Bei der **Schuldenkonsolidierung** ist darauf zu achten, dass sich Forderungen und Verbindlichkeiten gegenseitig ausgleichen. Hat beispielsweise die Muttergesellschaft eine Forderung gegenüber der Tochtergesellschaft teilweise oder vollständig abgeschrieben, während die entsprechende Verbindlichkeit bei der Tochtergesellschaft noch ausgewiesen wird, ist im Zuge der Erstellung des Konzernabschlusses die Abschreibung erfolgswirksam rückgängig zu machen.

5. Equity-Bilanzierung

Für die nicht in den Konzernjahresabschluss konsolidierten verbundenen Unternehmen und Gemeinschaftsunternehmen sowie für assoziierte Unternehmen gilt die **Equity-Bilanzierung**.

In diesem Fall wird bei erstmaliger Anwendung der Equity-Bilanzierung der Differenzbetrag zwischen dem Buchwert der Beteiligung und dem Eigenkapital der Tochtergesellschaft unter Berücksichtigung eventuell erkennbarer stiller Reserven als Firmenwert in der Konzernbilanz entweder gesondert ausgewiesen oder in der Bilanz bzw. im Anhang angemerkt.

In den folgenden Jahren werden die Beteiligungsansätze in der Konzernbilanz, soweit sie stille Reserven und den Firmenwert enthalten, abgeschrieben und der Beteiligungsansatz darüber hinaus im Ausmaß der erzielten Gewinne und Verluste der Tochtergesellschaft, Gewinnausschüttungen und Gesellschafterzuschüsse laufend fortgeschrieben.

Wird der Firmenwert gesondert ausgewiesen, wird dieser direkt abgeschrieben. Nach vollständiger Abschreibung des Firmenwertes und der stillen Reserven entspricht der in der Konzernbilanz ausgewiesene Beteiligungsansatz der Höhe des im assoziierten Unternehmen ausgewiesenen **anteiligen** Eigenkapitals.

Anzumerken ist, dass für die Bewertung und den Ausweis der Beteiligung im Einzelabschluss der Muttergesellschaft die normalen Ansatz- und Bewertungsvorschriften des Einzelabschlusses nach wie vor gültig bleiben.

VII. Kostenrechnung

1. Begriff und Aufgaben der Kostenrechnung

a) Das Wesen der Kosten

Kosten entstehen durch den bewerteten Einsatz von Produktionsfaktoren zur Erstellung von Sach- und Dienstleistungen. Sie ergeben sich in der Regel aus dem Produkt aus Einsatzmengen und Preis eines Produktionsfaktors.

Vereinfacht kann man die **Kosten** als

Werteinsatz zur Leistungserstellung

bezeichnen.

Bei der Formulierung des Kostenbegriffes muss man allerdings bedenken, dass es nicht möglich ist, dem einheitlich ausgelegten Kostenbegriff auch grundsätzlich einheitliche Rechengrößen zuzuordnen. Die Kostenrechnung hat nämlich verschiedene Aufgaben zu erfüllen, die ihrem Wesen nach stark voneinander abweichen können. Dies aber hat zur Folge, dass **Umfang und Bewertung der Kosten von der Zwecksetzung abhängen**, welcher die jeweilige Rechnung dient.

b) Die Aufgaben der Kostenrechnung

Die Aufgaben der **Kostenrechnung** sind vielfältig. Sie hat insbesondere **Grundlagen** zu liefern **für**:

1. die **Preisbildung**; Determinanten der Preisbildung in marktwirtschaftlichen Systemen sind neben den Kosten des anbietenden Unternehmens die Reaktionen von Kunden und Lieferanten auf Preisforderungen der konkurrierenden Betriebe,

   die **Preisrechtfertigung** (z. B. für staatlich geregelte Preise) und

   die **Preiskontrolle**; bilden sich die Preise auf dem Markt, dann wird „kontrolliert", wie sich in Bezug auf diese die Kosten des Betriebes verhalten;

2. die **kalkulatorische Ergebnisermittlung**; in Gegenüberstellung zu den Erlösen wird der kalkulatorische Gewinn für den gesamten Betrieb, die Betriebsabteilungen und die einzelnen Kostenträger ermittelt;

3. die **Kontrolle der innerbetrieblichen Wirtschaftlichkeit**; sie erfolgt durch Gegenüberstellung von Soll-Kosten und Ist-Kosten auf Grund entsprechender Gliederung der relevanten betrieblichen Teilbereiche;

4. die **Optimierung des** betrieblichen **Leistungsprogrammes in Breite** (welche Leistungen?) **und Tiefe** (wieviel von welchen Leistungen?); bei der Lösung von Optimierungsaufgaben dieser Art müssen neben den Kosten, insbesondere den Teilkosten (Grenzkosten, ausgabenbezogene Kosten), die Erlöse (Stückerlöse) bekannt sein;

5. die **Bewertung der Halb- und Fertigerzeugnisse in Handels- und Steuerbilanz**; da in der Bilanz nicht Kosten, sondern Aufwendungen aktiviert wer-

den, können die Ergebnisse der Kostenrechnung nicht unmittelbar für die Bilanzrechnung herangezogen werden, sondern bedürfen einer Umwertung in einem Hilfs-Betriebsabrechnungsbogen, in welchem die Zusatzkosten ausgeschieden, dafür die entsprechenden Aufwendungen eingesetzt werden.

Bilden die auf Grund der in den Punkten 1 bis 4 aufgebauten Kostenrechnungen primär Entscheidungsgrundlagen, so ist die Kostenrechnung gemäß Punkt 5 ein Mittel der Dokumentation.

2. Aufwand und Kosten

a) Die Überleitung

Grundlage der Kostenrechnung ist die Aufwandsrechnung der Finanzbuchführung.

Aufwand in der Abrechnungsperiode ist der zu Anschaffungspreisen bewertete Vermögenseinsatz. Kosten dagegen sind Werteinsatz zur Leistungserstellung mit einer vom Zielsystem des Unternehmens abgeleiteten Wertkomponente.

Die Bewertung der Kosten ist, wie bereits ausgeführt, vom Zweck abhängig, der mit der Kostenrechnung verfolgt wird. Da sich die Kostenrechnung in vielen Fällen von den Anschaffungswerten der Bilanzrechnung löst und auf Tagespreise bzw. Wiederbeschaffungspreise übergeht, liegen **zwischen Aufwendungen und Kosten Bewertungsunterschiede** vor.

Neben den Bewertungsunterschieden gibt es **zwischen Aufwendungen und Kosten auch Umfangsunterschiede**, weil einzelne Aufwendungen von den verschiedenen Formen der Kostenrechnung nicht oder nur teilweise übernommen werden. Zum Beispiel wird ein in der Erfolgsbilanz verrechneter betriebsfremder Aufwand nicht in die Kostenrechnung übernommen, weil in Letzterer nur der durch den Betriebsprozess verursachte Einsatz zu berücksichtigen ist; anderseits fehlen in der Aufwandsrechnung Werteinsätze (z. B. in der Einzelfirma oder in der Personengesellschaft ein Unternehmerlohn), die in der Kostenrechnung unterzubringen sind.

Aus diesen Abweichungen, begründet in den Erfordernissen der Aufwandsrechnung und in den Notwendigkeiten der Kostenrechnung, ergibt sich die Veranlassung für eine Überleitung der Aufwendungen in Kosten, die auf die aufgezeigten Bewertungs- und Umfangsunterschiede Bedacht nimmt.

Der Aufwand, der in die Kostenrechnung nicht aufgenommen wird, weil er zum Betriebsprozess in keiner Beziehung steht bzw. den tatsächlichen Einsatz betragsmäßig nicht richtig wiedergibt, wird als **neutraler Aufwand** bezeichnet.

Zusatzkosten hingegen sind Rechnungselemente, die in der Kostenrechnung an Stelle ausgeschiedener Aufwendungen untergebracht bzw. für solche Werteinsätze erfasst werden, die in der Aufwandsrechnung nicht erfasst wurden.

Jene Aufwendungen, die unmittelbar in die Kostenrechnung übergeführt werden können, da sie nach Umfang und Wert den Anforderungen der Kostenrechnung entsprechen, bezeichnet man als **kostengleiche Aufwendungen**.

Diese Auffassungen zur Kostenüberleitung werden praktisch nicht immer uneingeschränkt angewendet, denn sie erfordern nicht nur eine Lösung von der Anschaffungspreisrechnung und den Übergang auf eine Tagespreis- oder Wiederbeschaffungspreisrechnung, sondern auch die Erstreckung auf den gesamten, von Unregelmäßigkeiten in der betragsmäßigen Höhe freien Werteinsatz. Zwischen einer Kalkulation auf Aufwandsbasis und einer Kalkulation auf Kostenbasis nach dem Tagespreisprinzip bzw. dem Wiederbeschaffungspreisprinzip gibt es in der Praxis Übergänge, die in ihren Formen und in ihrem materiellen Inhalt vom Zweck abhängen, dem die Rechnung dient.

b) Der neutrale Aufwand

Die in die Kostenrechnung nicht zu übernehmenden Aufwendungen (neutralen Aufwendungen) setzen sich zusammen aus

den **außerordentlichen Aufwendungen**,
den **betriebsfremden Aufwendungen** und
den **sonstigen neutralen Aufwendungen**.

aa) Außerordentliche Aufwendungen

Diese betreffen zwar den Betriebszweck, sie sind aber von außergewöhnlichem Umfang und/oder von solcher Art, dass ihnen der „ordentliche" Charakter fehlt.

Außerordentliche Aufwendungen sind z. B. Schadensfälle, die zeitlich unregelmäßig und in sehr unterschiedlicher Höhe auftreten (Schwund, Diebstahl, durch Versicherung nicht gedeckte Schäden, Forderungsverluste, Kursverluste, Schadensfälle durch Ausschuss und Nacharbeit bzw. durch Gewährleistungen und fehlgeschlagene Entwicklungen).

bb) Betriebsfremde Aufwendungen

Betriebsfremde Aufwendungen, die in der betrieblichen Kostenrechnung nicht zu erfassen sind, betreffen Vermögensabgänge, die nicht die eigentliche Unternehmens-(Betriebs-)Aufgabe betreffen. Betriebsfremde Aufwendungen sind u. a. Aufwendungen für betrieblich nicht genutzte Gebäude, Aufwendungen für nicht betriebsnotwendige Beteiligungen, Aufwendungen für nicht betriebsnotwendige Zuwendungen an Betriebsfremde, Schadensfälle bei betrieblich nicht genutzten Anlagen, Aufwendungen für vermietete bzw. verpachtete oder stillgelegte Anlagen (soweit sie nicht betriebsnotwendige Reserveanlagen darstellen), Aufwendungen für nicht betriebsnotwendige Vorräte, Aufwendungen für nicht dem Betriebszweck dienende Lizenzen, Konzessionen, Patente u. dgl.

cc) Sonstige neutrale Aufwendungen

Üblicherweise werden als sonstige neutrale Aufwendungen die bilanzmäßigen Abschreibungen und die Fremdkapitalzinsen genannt; darüber hinaus zählen dazu aber auch alle jene Aufwendungen, die dem Bewertungsprinzip der jeweiligen Form der Kostenrechnung nicht entsprechen.

Die **buchmäßigen Abschreibungen** sind auszuscheiden, wenn sich die Kostenrechnung vom Anschaffungspreisprinzip löst. Eine Ausscheidung ist überdies erforderlich, wenn die buchmäßigen Abschreibungen dem betrieblich bedingten Verbrauch umfangmäßig nicht Rechnung tragen, z. B. dann, wenn Abschreibungen bilanzmäßig auf nicht betriebsnotwendige Güter vorgenommen werden bzw. die planmäßigen Abschreibungen auf eine geringere oder höhere Nutzungsdauer bzw. geringere oder höhere Leistungsfähigkeit ausgelegt sind als die kalkulatorischen Abschreibungen.

Die **buchmäßigen Zinsen** sind deshalb auszuscheiden, weil die Erfolgsbilanz nur die Fremdkapitalzinsen erfasst, während in der Kostenrechnung nach herrschender Auffassung Fremd- und Eigenkapitalzinsen zu verrechnen sind. Werden die gesamten Zinsen als Zusatzkosten in die Kostenrechnung aufgenommen, dann sind die Fremdkapitalzinsen als neutraler Aufwand auszuscheiden.

Zu den **sonstigen neutralen Aufwendungen** zählen schließlich noch jene Aufwendungen, die dem Bewertungsprinzip der spezifischen Form der Kostenrechnung widersprechen. Dazu gehören z. B. Rohstoffaufwendungen oder Lohnaufwendungen, für die zwischen Anschaffungs- und Wiederbeschaffungstag Preissteigerungen eingetreten sind.

c) Die Zusatzkosten

Der um die neutralen Aufwendungen verminderte Gesamtaufwand (Zweckaufwand) wird direkt in die Kostenrechnung übernommen. Ergänzt wird er durch die Zusatzkosten (kalkulatorische Kosten).

Zusatzkosten sind kalkulatorische Wagnisse, kalkulatorische Zinsen, der kalkulatorische Unternehmerlohn (nur bei Einzelfirmen und Personengesellschaften) und die auf Tagespreis- oder Wiederbeschaffungspreisbasis zu berücksichtigenden Posten, die jene neutralen Aufwendungen ersetzen, welche bei der Kostenüberleitung ausgeschieden werden, weil sie infolge eines geänderten Preisniveaus für die Kostenrechnung nicht brauchbar sind.

Zusatzkosten und der aus der Erfolgsrechnung direkt in die Kostenrechnung übernommene Aufwand ergeben zusammen die Kosten des Betriebes.

aa) Kalkulatorische Wagnisse

Die kalkulatorischen Wagnisse stellen einen die realen Gegebenheiten wiedergebenden **Durchschnitt der Schadensfälle** einer Zahl als repräsentativ betrachteter Jahre dar. Eine Verrechnung kalkulatorischer Wagnisse kommt nur dann in Frage, wenn die Schadensfälle nicht durch Versicherung gedeckt sind. Ist der

Betrieb gegen die verschiedenen ihn bedrohenden Risiken versichert, dann sind die Versicherungsprämien als Kosten zu verrechnen.

Kalkulatorisches Wagnis ist, was **statistisch erfassbar**, d. h. messbar und berechenbar ist. Das sind Einzelwagnisse, wie Anlagenwagnisse, Beständewagnisse, Gewährleistungswagnisse, Entwicklungswagnisse und Debitorenwagnisse.

Zum kalkulatorischen Wagnis zählt **nicht das** im Gewinnzuschlag abzugeltende **allgemeine Unternehmerwagnis** (immanente unternehmerische Restrisiko), das nicht messbar ist und auf die allgemeine Gefährdung der betrieblichen Tätigkeit zurückgeht. In einzelnen betriebswirtschaftlichen Abhandlungen wird versucht, prozentuelle Durchschnittssätze für das allgemeine Unternehmerwagnis festzulegen (z. B. ein Prozent vom Umsatz). Diese Annahmen sind fragwürdig und nehmen auf den Charakter des allgemeinen Unternehmerwagnisses keine Rücksicht.

bb) Kalkulatorische Abschreibungen

Die kalkulatorischen Abschreibungen bilden den rechnerischen Gegenwert für die **verbrauchsbedingte Wertminderung** technischer und wirtschaftlicher Art der dem Leistungsprozess gewidmeten Anlagegüter. Die kalkulatorischen Abschreibungen werden unabhängig von den buchmäßigen Abschreibungen ermittelt und sollen der effektiven Wertminderung Rechnung tragen. Sie sind auf die voraussichtliche Nutzungsdauer oder die gesamte Leistungsfähigkeit der Anlage abgestimmt.

Die Bewertung erfolgt unter Berücksichtigung des der Kostenrechnung unterstellten Rechnungszwecks (z. B. Wiederbeschaffungspreise am Kalkulationsstichtag).

Die Bemessung der voraussichtlichen Nutzungsdauer hat technische und wirtschaftliche Einflüsse zu berücksichtigen. An sich wäre die leistungsabhängige Abschreibung vorzuziehen, doch ist sie nur möglich, wenn der voraussichtliche Einsatz klar erfassbar ist und die tatsächliche Leistung aufgeschrieben wird.

Die Kostenrechnung ist von der **Möglichkeit mehrmaliger Abschreibungen** beherrscht, d. h. Fehlschätzungen der Nutzungsdauer sind zu korrigieren. Bilanzmäßig ist dagegen nur eine einmalige Abschreibung möglich.

Geringwertige Wirtschaftsgüter, die auf Grund steuerrechtlicher Regelungen (§ 13 EStG) im Anschaffungsjahr voll abgeschrieben werden dürfen, sind kalkulatorisch auf Basis der Jahre der Nutzungsdauer abzuschreiben.

cc) Kalkulatorische Zinsen

Die Aufwandsrechnung enthält Zinsen für das Fremdkapital, nicht aber für das Eigenkapital. In der Kostenrechnung nur die Fremdkapitalzinsen zu berücksichtigen, würde bedeuten, dass Betriebe mit wenig Eigenkapitalanteil am Gesamtkapital hohe Zinsen, Betriebe mit hohem Eigenkapitalanteil am Gesamtkapital nur geringe Zinsen zum Ausweis brächten.

Der maßgebliche Grund für die Verrechnung auch von Eigenkapitalzinsen aber ist der, dass durch die Verrechnung von Eigenkapitalzinsen in der Kostenrechnung der **Nutzenentgang abzugelten** ist, der dadurch entsteht, dass man eigenes Kapital außerhalb des Betriebes nicht ertragbringend anlegt (Opportunitätskosten).

Die Berechnung der kalkulatorischen Zinsen wird in der Kostenrechnung sehr unterschiedlich vorgenommen. Eine einfache Möglichkeit besteht darin, neben den tatsächlichen Fremdkapitalzinsen die Zinsen vom eingesetzten Eigenkapital durch Multiplikation mit dem marktüblichen Zinssatz für langfristiges Kapital zu ermitteln. Die kalkulatorischen Zinsen ergeben sich in diesem Fall aus den Fremdkapitalzinsen und den ermittelten Eigenkapitalzinsen.

Eine andere – bereits seit 60 Jahren angewendete – Methode basiert auf der Verzinsung des betriebsnotwendigen Kapitals (zinsenberechtigtes Kapital). Ihren Ursprung hat diese Methode in der Forderung nach Vergleichbarkeit der Kosten verschiedener Unternehmen.

Zur Ermittlung des betriebsnotwendigen Kapitals wird von der Aktivseite der Bilanz ausgegangen; von den Vermögensteilen sind jene Posten auszuscheiden, die nicht betriebsnotwendig sind. Die Bewertung der verbleibenden Vermögensgegenstände nimmt Rücksicht auf den Rechnungszweck (z. B. Tagespreise oder Wiederbeschaffungspreise).

Nach Ausscheidung der nicht betriebsnotwendigen Vermögensteile und nach Umwertung der verbleibenden Aktiva erhält man das **betriebsnotwendige Vermögen**.

Ermittlung des betriebsnotwendigen Kapitals

Zur Ermittlung des betriebsnotwendigen Kapitals sind **vom betriebsnotwendigen Vermögen abzuziehen**:

> das **Abzugskapital** (bestimmte Arten von Lieferantenkrediten, unverzinsliche Anzahlungen von Kunden und passive Rechnungsabgrenzungsposten);
> **Lieferforderungen**, die einen **Skontoaufschlag** enthalten;
> **Vermögenspositionen**, die einen **gesonderten Ertrag** abwerfen.

Begründung für den Abzug oben genannter Posten

Die **zinsenfreien Lieferverbindlichkeiten** werden vom betriebsnotwendigen Vermögen abgezogen, weil die Verrechnung kalkulatorischer Zinsen unbegründet wäre, wenn der Betrieb selbst keine Zinsen bezahlt.

Wurden die **Lieferverbindlichkeiten mit dem Zielpreis** verbucht, sind sie vom betriebsnotwendigen Vermögen gleichfalls abzuziehen, da die Materialabfassungen zu Zielpreisen erfolgen und die anteiligen Zinsenkosten enthalten (ein Abzug der Lieferverbindlichkeiten unterbleibt jedoch, wenn auf den Materialkonten nur der reine Warenpreis [Barpreis] verbucht ist und der in Rechnung gestellte Lieferantenskonto gesondert erfasst wird).

Die **Kundenanzahlungen** und **passiven Rechnungsabgrenzungen** sind abzuziehen, da es sich um Fremdkapital handelt, das dem Betrieb unverzinslich zur Verfügung steht.

Die **Lieferforderungen, welche** einen **Skontoaufschlag beinhalten**, werden abgezogen, weil die Zinsen von den Kunden durch Mitverrechnung in den Forderungen hereingebracht werden. Voraussetzung für diesen Vorgang ist, dass im Forderungsbetrag Skonti enthalten sind, die im Falle der Barzahlung zu einem Skontoabzug führen.

Aktiva, die einen **gesonderten Ertrag abwerfen**, sind von der Verrechnung kalkulatorischer Zinsen ebenfalls ausgeschlossen. Dazu gehören z. B. betriebsnotwendige Beteiligungen und vermietete Reserveanlagen. Auf diese Weise unterbleibt die Doppelverrechnung von Zinsen bzw. Erträgen.

Das solcherart ermittelte betriebsnotwendige Kapital ist Basis für die Ermittlung der kalkulatorischen Zinsen.

Anzuwendender Zinssatz

Die kalkulatorischen Zinsen werden in der Regel auf Basis eines der jeweiligen Kapitalmarktlage entsprechenden Zinssatzes (des **landesüblichen Zinssatzes**) errechnet. Kritisch ist dazu festzustellen, dass der landesübliche Zinsfuß häufig ein Äquivalent für die Geldentwertung einschließt, so dass es, folgt man dieser Regel, bei zusätzlicher Auflösung der stillen Reserven zu „doppeltem" Ausgleich der Geldentwertung kommt. Die Auflösung der stillen Reserven ließe es daher angemessen sein, bei der Zinsenermittlung in der Kostenrechnung einen Prozentsatz zu verwenden, der unter dem landesüblichen Zinsfuß liegt.

Kalkulatorisch ist es möglich, die Zinsen auch im Gewinnzuschlag abzudecken; der Kostencharakter der Zinsen wird dadurch jedoch nicht in Frage gestellt.

dd) Kalkulatorischer Unternehmerlohn

Der kalkulatorische Unternehmerlohn wird nur **in Einzelfirmen und Personengesellschaften** angesetzt, weil bei den anderen Rechtsformen die Unternehmerlöhne, z. B. in der Form von Vorstandsbezügen, im Aufwand ausgewiesen sind und von der Erfolgsrechnung direkt in die Kostenrechnung übernommen werden.

Der kalkulatorische Unternehmerlohn ist Kostenart und hat mit dem kalkulatorischen Gewinnzuschlag, der gesondert anzusetzen ist, nichts zu tun.

Der kalkulatorische Unternehmerlohn berücksichtigt die **vertretbaren (fungiblen) Unternehmerleistungen**, die objektbezogen sind und auch von anderen Personen im Betrieb erbracht werden könnten. Der Gewinnzuschlag hingegen ist Ausdruck für die nicht fungible Unternehmerleistung, die dispositiven Charakters und nicht oder nicht ohne weiteres durch andere Arbeitskräfte ersetzbar ist.

Die Höhe des kalkulatorischen Unternehmerlohns ist mit dem **durchschnittlichen Gehalt oder Lohn** des im Betrieb höchstbezahlten Angestellten oder Arbeiters **zuzüglich** eines **Dispositionszuschlages** zu bemessen; allenfalls kommt auch eine Orientierung nach den Entlohnungsverhältnissen in **vergleichbaren Berufsgruppen** in Frage.

In der Kostenrechnungspraxis verwendet man für die Ermittlung kalkulatorischer Unternehmerlöhne **auch andere Methoden**:

Orientierungsgrundlage für die Ermittlung des kalkulatorischen Unternehmerlohnes können die erzielten betrieblichen **Umsätze** sein bzw. die Zahl der im Betrieb **beschäftigten Arbeiter**, aber auch Schlüssel, die sich aus einer Kombination von Umsätzen und der Zahl der im Betrieb beschäftigten Arbeitnehmer ableiten.

ee) Sonstige Zusatzkosten

Sonstige Zusatzkosten sind Rechengrößen, die solche Aufwandselemente ersetzen, die dem Bewertungsprinzip der Kostenrechnung (z. B. Wiederbeschaffungspreisprinzip) nicht entsprechen.

d) Schematische Darstellung der Überleitung

Die Kostenüberleitung zeigt schematisch folgendes Bild:

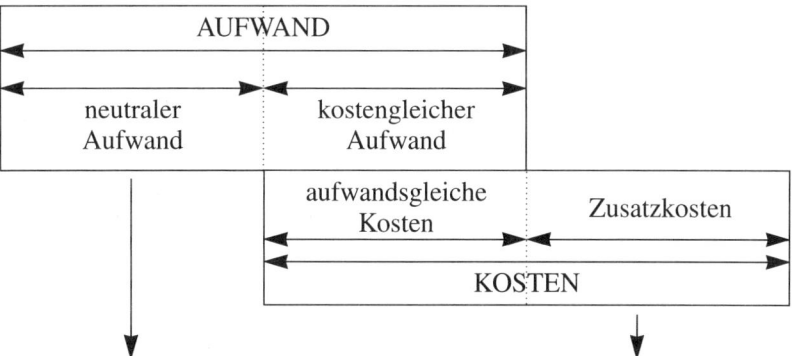

Abb. 19

3. Die Bewertung in der Kostenrechnung

Während die Handelsbilanz und die Steuerbilanz pagatorische Rechnungen (d. h. Anschaffungswertrechnungen mit bestimmten Abwertungsrechten bzw. -pflichten und Ausweisrechten bzw. -pflichten) darstellen, ist die Kostenrechnung (meist) kalkulatorische Rechnung, deren Wertansätze vom jeweiligen Rechnungszweck bestimmt sind (z. B. Preiskalkulation oder Budgetkostenrechnung).

Was die Kostenrechnung als Grundlage für die Preisermittlung betrifft, war lange Zeit hindurch unbestritten, dass für deren Zwecke mit Tagespreisen bzw. mit Wiederbeschaffungspreisen zu rechnen ist.

Neuerdings wird jedoch, zumindest von einigen Autoren, das Tagespreis- bzw. Wiederbeschaffungspreisprinzip in der Kostenrechnung für Zwecke der Preisbildung in Frage gestellt. So führt Peter Swoboda aus, dass bei fremdfinanzierten Gütern des Anlagevermögens die Refundierung der Abschreibungen auf Anschaffungspreisbasis (und die Refundierung der tatsächlichen Zinsbelastung) die Rückzahlung des aufgenommenen Kredites ermögliche. Nach Swoboda würde die Erzielung von Abschreibungen auf Tages- oder Wiederbeschaffungspreisbasis eine nicht notwendige Vermögensvermehrung der Kapitaleigner bewirken.

Dieser Standpunkt wird von Swoboda aber auch für die eigenfinanzierten Anlagegüter vertreten. Die Anteilseigner seien an der Aufrechterhaltung des Unternehmens interessiert, sobald die Erlöse die Abschreibungen zu Anschaffungspreisen und eine dem Risiko und der Inflationsrate entsprechende Rendite auf das Kapital zu Buchwerten deckten (vgl. P. Swoboda, zfbf 1977, S. 683 ff.).

Der größere Teil der Fachautoren vertritt jedoch nach wie vor den Standpunkt, dass unabhängig von der Finanzierungsform das Kalkulieren mit Wiederbeschaffungspreisen für Zwecke der Preiserstellung unerlässlich sei. Bei Eigen- und Selbstfinanzierung deshalb, weil die Reinvestition nur auf der Basis einer Kalkulation mit Wiederbeschaffungspreisen gesichert werde. Doch auch bei Fremdfinanzierung seien Wiederbeschaffungspreise anzusetzen, um dadurch dem Druck des „billigeren" fremden Kapitals auf das eigene Kapital zu entgehen und dem Risiko Rechnung zu tragen, das mit Fremdfinanzierung verbunden ist.

Die Auseinandersetzung um die Bewertung in der Kostenrechnung ist im Flusse; sie ist nicht zuletzt von der Blickrichtung bestimmt (unternehmensorientiert oder anteilseignerorientiert).

4. Kostenabhängigkeiten

Zu diesem Thema siehe Abschnitt: Grundlagen der Kostentheorie sowie Abschnitt: Gesamt- und Stückkostenverläufe.

a) Die Kosten in ihrer Abhängigkeit vom Beschäftigungsgrad

Für die praktische Durchführung der Kostenrechnung ist die Erkenntnis Gutenbergs und anderer Autoren, dass empirische Untersuchungen einen **grundsätzlich linearen Verlauf** ergeben haben, d. h. dass die variablen Kosten trotz einzelner Abweichungen in ihrer Tendenz linear sind, von grundlegender Bedeutung. Denn erst diese Erkenntnis ermöglicht die heute allgemein angewendete Deckungsbeitragsrechnung (Grenzplankostenrechnung), da diese ja auf einem linearen Verlauf der Grenzkosten (variablen Kosten) aufbaut.

Auch wenn die Aussage des linearen Kostenverlaufs für den gesamten Kapazitätsbereich eines Unternehmens nur beschränkt gilt, gilt sie jedoch regelmäßig für den Bereich jener Beschäftigungsschwankungen, innerhalb derer sich ein Betrieb üblicherweise bewegt.

Grundsätzlich ist aber zu beachten, dass der lineare Kostenverlauf in der Nähe der Vollauslastung in der Regel in einen progressiven Verlauf übergeht (Überstunden, erhöhte Reparaturen etc.).

Daraus ergibt sich folgende graphische Darstellung:

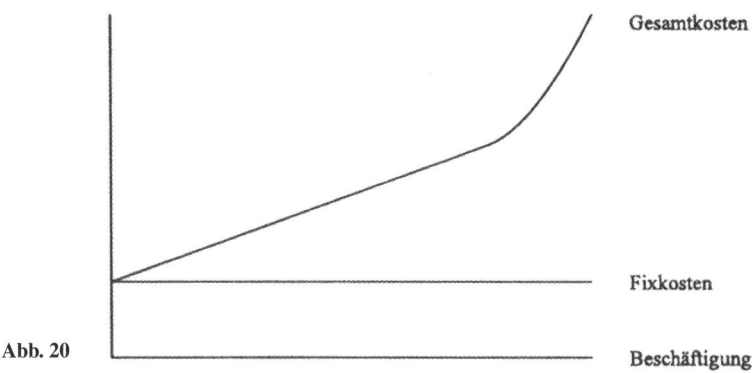

Abb. 20

Bei einem **linearen Kostenverlauf** sind die Stückkosten degressiv und die Grenzkosten linear.

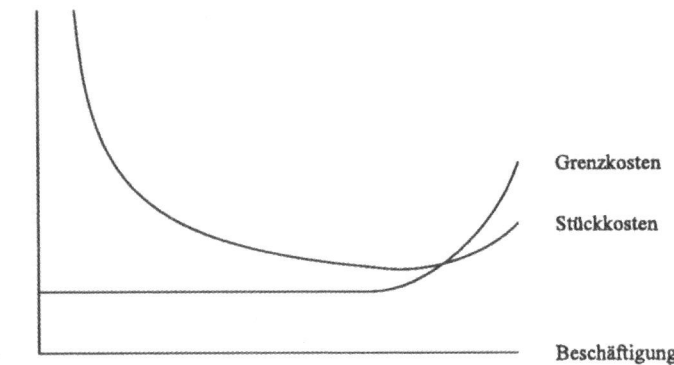

Abb. 21

787

b) Die Kostenauflösung

Die fixen Kosten lassen sich von den variablen Kosten in der Praxis nicht immer eindeutig abgrenzen. Das hängt damit zusammen, dass es Schwierigkeiten bei der Abgrenzung des Zeitraumes gibt, für den die Kostenanalyse zu gelten hat; umgekehrt sind einzelne Kostenelemente teilweise fix und teilweise variabel. Löhne für das Stammpersonal z. B. sind fixe Kosten; Löhne für Beschäftigte, die bei Beschäftigungsrückgang sofort gekündigt werden, sind variable Kosten. Fix sind die zeitabhängigen Abschreibungen, variabel die leistungsbedingten Abschreibungen.

Für die **Kostenauflösung** gibt es **verschiedene Wege**, u. a. die Verwendung (vgl. H. K. Weber, Betriebswirtschaftliches Rechnungswesen, 2. Auflage, München 1978, S. 360 ff.):

des „**proportionalen Satzes**" von Schmalenbach;
der „**High-Point-Low-Point-Methode**";
des **Streupunktdiagrammes**;
einer **Kombination mehrerer Methoden**.

1) Die Kostenauflösung mit Hilfe des „**proportionalen Satzes**" zeigt nachstehendes **Beispiel**:

Monat	Maschinenstunden	Beschäftigungs-grad in %	Kosten in €
Jänner	2.000	100	4.000
Juli	1.600	80	3.400
Differenz	400	20	600

Abb. 22

Die variablen Kosten lassen sich auf Grund obiger Zahlenangaben wie folgt ermitteln:

$$600 : 400 = € \ 1,50 \text{ pro Maschinenstunde}$$

$$€ \ 1,50 \times 2.000 \text{ Maschinenstunden} = 3.000 =$$
proportionale Kosten bei dieser Beschäftigung

Fixkosten daher: 4.000 – 3.000 = 1.000,–

2) Die Kostenauflösung mit Hilfe der „**High-Point-Low-Point-Methode**" sei an folgendem Beispiel demonstriert:

Monat	Maschinenstunden	Kosten in €
Jänner	2.000	6.000
Februar	900	2.500
März	1.300	4.400
April	1.700	5.000
Mai	1.000	3.000
Juni	400	2.000
Juli	1.600	4.800

Abb. 23

Aus diesen Zahlenangaben werden die extremen Ansätze ausgewählt. Es wird dann in gleicher Weise vorgegangen, wie dies beim proportionalen Satz der Fall ist:

$$\frac{6.000 - 2.000}{2.000 - 400} = € \ 2,50 \ \text{pro Maschinenstunde}$$

Fixkosten daher: 6.000 − (2,5 × 2.000) = <u>1.000,–</u>

3) Bei der Kostenauflösung mit Hilfe des **Streupunktdiagrammes** werden **Beschäftigung und Kosten in** ein **Koordinatensystem** eingetragen. In die sich ergebende Punkteschar zieht man eine Gerade. Die Abstände von den einzelnen Werten sind möglichst gering zu halten. Die **Höhe der Fixkosten** wird **durch den Schnittpunkt der Ausgleichsgeraden mit der Y-Achse festgestellt.**

4) Zahlreiche hier nicht näher erläuterte Möglichkeiten der Kostenauflösung ergeben sich aus der **Kombination mehrerer Methoden.**

5. Die Kostenartenrechnung

Kostenarten sind **nach verrechnungstechnischen Erfordernissen** aufgegliederte Werteinsätze des Betriebes. Grundlage der Aufgliederung ist die Überleitung des Aufwandes der Geschäftsbuchführung in Kosten der Betriebsbuchführung, und zwar durch Ausscheidung des neutralen Aufwandes, die Überführung der kostengleichen Aufwendungen in die Kostenrechnung und die Hinzufügung der Zusatzkosten.

Die Tiefe der Gliederung der Kostenarten ergibt sich einerseits aus der Rechnungsorganisation, andererseits aus den Erfordernissen, die der jeweilige Rechnungszweck stellt. Das betriebliche Kostengefüge ist umso transparenter, je weiter gehend die Kostenartengliederung ist. Eine differenzierte Kostenartengliederung erleichtert die Umlage des Werteinsatzes auf die Kostenstellen und dessen Analyse.

Ist die Finanzbuchführung nach dem Einheitskontenrahmen des ÖPWZ aufgebaut, dann ist von vornherein weitgehend auch eine den Anforderungen moderner Kostenrechnung gerecht werdende Kostenartengliederung gesichert.

Im Übrigen ist zu unterscheiden:

die Gliederung der **Kostenarten nach der Entstehung**:
diese ergibt sich auf Grund der „natürlichen" Erfassung, z. B. nach dem Einheitskontenrahmen des ÖPWZ;

die Gliederung der **Kostenarten nach** ihrer **Abhängigkeit vom Beschäftigungsgrad**:
in diesem Falle erfolgt eine Trennung des Werteinsatzes in dessen fixe, sprungfixe und variable Teile;

die Gliederung der **Kostenarten nach der Zurechenbarkeit**:
hier wird auf die Differenzierung zwischen Gemeinkosten, Sonderkosten und Einzelkosten Bedacht genommen;

die Gliederung der **Kostenarten durch Zusammenfassung typischer Gruppen**:
diese Gliederung dient dem zwischenbetrieblichen und zwischenzeitlichen Vergleich; sie ist stets nur als Ergänzung anderer Kostenartengliederungen zu verstehen. Eine Zusammenfassung typischer Kostenartengruppen könnte z. B. wie folgt gestaltet sein:

Personalkosten (Unternehmerlöhne, Fertigungslöhne, Hilfslöhne, Nichtleistungslöhne, Gehälter, gesetzliche und freiwillige Sozialaufwendungen, lohn- und gehaltsabhängige Steuern und Gebühren);

Materialkosten (Roh-, Hilfs- und Betriebsstoffverbrauch, Verbrauch bezogener Teile, materialähnlicher Aufwand);

Vermögenskosten, die auch als **Kapitalkosten** bezeichnet werden (Zinsen, Wagniskosten, Abschreibungen, Steuern auf das betriebliche Vermögen, z. B. Grundsteuer);

Steuerkosten (soweit diese nicht schon unter anderen Kostenarten erfasst sind);

Fremdleistungskosten (Transporte durch Dritte, Versicherungen, Energiekosten usw).

6. Die Kostenstellenrechnung

a) Die Gliederung der Kostenstellen

Kostenstellen sind Leistungs- bzw. Verantwortungsbereiche, die nach funktionalen (abgrenzbaren) Verrichtungen oder nach räumlichen Gesichtspunkten gebildet werden.

aa) Funktionale Gesichtspunkte

Die Kostenstellenbildung nach funktionalen Gesichtspunkten ergibt sich auf Grund der Arteigenheiten des Betriebsprozesses. In den Kostenstellen sollen möglichst einheitliche Verrichtungen ausgeführt werden. Eine der funktionalen Abgrenzung angepasste Gliederung der Kostenstellen im Industriebetrieb könnte folgendes Bild haben:

Materialbereich

1. Materialübernahmestellen und Materialprüfstellen
2. Materiallagerstellen
3. Materialverwaltungsstellen
4. Materialnebenbetriebe

Fertigungsbereich

1. Fertigungshauptstellen (dienen der unmittelbaren Erzeugung)
2. Fertigungshilfsstellen

Konstruktions- und Entwicklungsbereich

Verwaltungsbereich (dazu gehören im Allgemeinen Stellen, die mit Verwaltungsarbeiten befasst sind, soweit sie durch den Betrieb in seiner Gesamtheit verursacht werden)

1. Stellen des Rechnungswesens
2. Sonstige allgemeine Verwaltungsstellen

Vertriebsbereich (Vertriebsleitung, Werbung, Fakturierung, Angebotsprojektierung, Vertriebslager, Versand- und Verpackungsstellen)

Allgemeiner Bereich

1. allgemeine Werkstellen: Technische Leitung, Ausbildungsstellen, Werkschutz usw.
2. allgemeine Stellen des Werkes und der Betriebe (Gebäudeverwaltung, Energiestellen, Transportstellen, Instandhaltungswerkstätten)

bb) Räumliche Gesichtspunkte

Räumliche Gesichtspunkte in der Kostenstellenbildung sind z. B. für die Kontrolle der innerbetrieblichen Wirtschaftlichkeit heranzuziehen, die sich auf räumlich abgegrenzte Bereiche erstrecken soll. Üblicherweise ist für diese Form der Kostenstellenbildung das Vorliegen einheitlicher Verrichtungen im Raume Voraussetzung. Von Wert ist die Gliederung nach räumlichen Gesichtspunkten, wenn mehrere Räume mit gleichem Aufbau und gleicher Aufgabe kostenmäßig zu vergleichen sind.

Dominanz des funktionalen Aspektes

Die Bildung der Kostenstellen in der Praxis erfolgt überwiegend nach den Möglichkeiten einer Abgrenzung zusammengehöriger Verrichtungen im Betriebsprozess (funktionaler Aspekt), doch kommt es auch zu Vermischungen der angeführten Kriterien für die Kostenstellenbildung.

cc) Kostenstellen als Verantwortungsbereiche

Abgesehen von der Funktion als Verrechnungsstellen dient die Bildung von Kostenstellen vor allem der **Kostenkontrolle**. Durch die Gegenüberstellung der **Sollkosten (Plankosten)** mit den **Istkosten** können die Wirtschaftlichkeit der Führung einer Kostenstelle festgestellt und bei Wirtschaftlichkeitsabweichungen die notwendigen Maßnahmen ergriffen werden. Kostenstellen sind daher auch die Bereiche für die Planung der einzelnen Kostenarten.

Folgende Voraussetzungen sind jedoch für eine erfolgreiche Gestaltung der einzelnen Kostenstellen als Verantwortungsbereiche erforderlich:

1. Der Leiter einer Kostenstelle muss für die wirtschaftliche Führung einer Kostenstelle verantwortlich sein.

2. Es müssen Sollkosten (Plankosten) als Vergleichswerte gegeben sein, an deren Feststellung der Kostenstellenverantwortliche mitzuwirken hat. Der Kostenstellenleiter kann darüber hinaus nur für jene Kosten verantwortlich gemacht werden, auf deren Ausmaß und Gestaltung er Einfluss nehmen kann.

3. Nur solche Kosten unterliegen der Verantwortlichkeit des Kostenstellenleiters, die der **Kostenstelle direkt** zugerechnet werden können (Kostenstelleneinzelkosten) und direkt an der Kostenstelle erfassbar sind. Alle nicht direkt einer Kostenstelle zurechenbaren Kosten (**Kostenstellengemeinkosten**) sind verantwortungsgemäß jenem übergeordneten Bereich zuzuordnen (etwa dem gesamten Fertigungs- oder Verwaltungsbereich), dem sie direkt zugerechnet werden können. Diese Tatsache ändert nichts daran, dass die Kosten anschließend aus verrechnungstechnischen Gründen schlüsselmäßig auf die einzelnen Kostenstellen umgelegt werden.

Sind in einem Unternehmen beispielsweise sämtliche Kostenstellen mit Stromzählern ausgestattet, obliegt die Verantwortung für die Höhe der Stromkosten dem jeweiligen Kostenstellenleiter; ist für einen bestimmten Bereich (z. B. Produktion) nur ein Stromzähler installiert, sind die Stromkosten vom Bereichsleiter zu verantworten. Die schlüsselmäßige Aufteilung der Stromkosten auf die einzelnen Kostenstellen hat in diesem Fall nur verrechnungstechnischen Charakter. Ist im gesamten Unternehmen überhaupt nur ein Stromzähler installiert, erfolgt die Aufteilung nach einem bestimmten Schlüssel (z. B. Anzahl der installierten KW unter Berücksichtigung der Laufzeit der Anlagen).

Die gleichen Probleme wie im Zusammenhang mit den Stromkosten können sich auch bei einer Reihe anderer Kostenarten, wie etwa den Postkosten oder dem Büromaterialverbrauch, ergeben.

b) Hauptkostenstellen und Hilfskostenstellen

Die Kostenstellenrechnung erfordert die Unterscheidung in Hauptkostenstellen und Hilfskostenstellen.

Hauptkostenstellen haben eine direkte Beziehung zu den Kostenträgern. Die entstandenen Kosten können den erstellten Leistungen unmittelbar zugerechnet werden. Die **Hilfskostenstellen** haben mit den Kostenträgern hingegen nur einen indirekten Zusammenhang; sie erbringen Leistungen den einzelnen Hauptkostenstellen, zuweilen aber auch anderen Hilfskostenstellen. Die Kosten der Hilfskostenstellen werden mit Hilfe verschiedener Verfahren auf die die Leistungen empfangenden Stellen umgelegt.

Typische Hilfskostenstellen sind die Reparaturwerkstätte, die Energiestelle, die innerbetriebliche Transportstelle usw.

Erbringen Hilfskostenstellen Leistungen für den gesamten Betrieb bzw. für mehrere betriebliche Teilbereiche, spricht man von allgemeinen Stellen. (Die Gesamtzahl derallgemeinen Stellen bildet den allgemeinen Bereich.) Werden Leistungen nur für eine bestimmte Hauptkostenstelle erbracht, liegen spezielle Hilfskostenstellen vor.

c) Die innerbetriebliche Leistungsverrechnung

Als **innerbetrieblich** bezeichnet man Leistungen, die im Betrieb für diesen selbst erbracht werden, z. B. selbst erstellte Maschinen und Werkzeuge, selbst erstellte Energie (Strom, Dampf) und Reparaturen.

Aktivierbare innerbetriebliche Leistungen werden von den leistenden Stellen ausgeschieden und den empfangenden Stellen periodengerecht in gleicher Weise angelastet wie die zeitabhängigen Kosten angeschaffter Anlagegegenstände (z. B. Abschreibung und Zinsen).

Nichtaktivierbare innerbetriebliche Leistungen sind den betreffenden Kostenstellen in der Rechnungsperiode zur Gänze anzulasten.

Als **Verfahren für die Verrechnung der innerbetrieblichen Leistungen** werden in der Regel angewendet:

Umlageverfahren,
Kalkulationsverfahren (Kostenträgerverfahren, Stellenausgleichsverfahren).

Sind Kostenstellen umzulegen, die ihrerseits von anderen Kostenstellen Leistungen empfangen, sind zunächst jene Stellen umzulegen, die von anderen Kostenstellen keine Kosten mehr empfangen. Stehen mehrere Kostenstellen in gegenseitigem Leistungsaustausch, kann die gegenseitige Belastung simultan (mittels Gleichungen) oder schätzungsweise erfolgen. Die Simultanbelastung ist jedoch aus rechnungstechnischen Gründen nur für eine beschränkte Anzahl von Kostenstellen möglich.

Während die einer Stelle direkt oder indirekt zugerechneten Gemeinkostenarten als **Primärkosten** bezeichnet werden, werden die einer Stelle zugerechneten

Kosten der innerbetrieblichen Leistungen als **Sekundärkosten** bezeichnet. Sekundärkosten sind grundsätzlich zusammengesetzte Kostenarten.

Umlageverfahren

Die Umlegung der Kosten der Hilfsstellen auf die leistungsempfangenden Stellen erfolgt mit Hilfe von Schlüsseln.

Beispiele:

Kostenstelle Gebäude:	Umlage nach m^2 oder m^3
Kostenstelle Energiezentrale:	Umlage nach bezogenen Energieeinheiten
Kostenstelle Werksküche:	Umlage nach verabreichten Essen
Kostenstelle Lohnbüro:	Umlage nach der Beschäftigtenanzahl

Kalkulationsverfahren (Stellenausgleichsverfahren)

In diesem Fall wird die innerbetriebliche Leistung wie jeder andere Kostenträger kalkuliert:

Schema: Auftragsmaterial
+ eventuelle anteilige Materialgemeinkosten aus der Materialstelle
+ Auftragslohn
+ anteilige Gemeinkosten der leistenden Stelle
= Wert der innerbetrieblichen Leistung

Die empfangende Kostenstelle wird mit dem Wert der innerbetrieblichen Leistung belastet und die leistende Stelle von den anteiligen (Gemein-)Kosten entlastet. Eine Entlastung von Auftragslohn und Auftragsmaterial bei der leistenden Stelle ist dann nicht erforderlich, wenn Auftragslohn und Auftragsmaterial unmittelbar der innerbetrieblichen Leistung zugerechnet und somit in den Gesamtkosten der leistenden Stellen nicht enthalten sind.

Eine verrechnungstechnische Abart des Kalkulationsverfahrens ist das **Stellenausgleichsverfahren**. In diesem Fall werden Auftragslohn und Auftragsmaterial unmittelbar als Hilfslohn und Hilfsmaterial bei den empfangenden Stellen erfasst, womit diese nur noch mit den anteiligen Gemeinkosten der leistenden Stellen zu belasten sind. In der Kalkulation der innerbetrieblichen Leistung tritt gegenüber dem Kalkulationsverfahren keine Änderung ein.

d) Die Schlüsselung der Kosten

Die Brauchbarkeit der Kostenrechnung hängt von der exakten Zurechnung der Kostenarten auf die Kostenstellen ab. Es gibt Kostenarten, die den Kostenstellen direkt zurechenbar sind. Andere Kostenarten wieder erlauben nur eine indirekte Zurechnung.

Werden Gemeinkosten den Kostenstellen **direkt** zugerechnet, handelt es sich um **Stelleneinzelkosten** (nicht zu verwechseln mit den **Kostenträgereinzelkosten**!). Erfolgt die Umlage der Kosten auf die Kostenstellen durch **Schlüsselung**, spricht man von **Stellengemeinkosten**.

Der Umlage der Kostenarten auf die Kostenstellen dienen ständig vorhandene allgemeine Unterlagen bzw. Einzelbelege (besondere Unterlagen).

aa) Allgemeine Unterlagen für die Kostenschlüsselung

Die allgemeinen Unterlagen werden laufend geführt und bei Veränderung der Grundwerte korrigiert bzw. ergänzt.

Zu den allgemeinen Unterlagen zählen:

Angaben über Flächenverhältnisse im Betrieb,
Zusammenstellungen über die Zahl der Beschäftigten
(mit Hinweisen auf deren Zuordnung innerhalb des Betriebes),
Angaben über die Vermögensverteilung (Kapitalverteilung).

Die **Angaben über die Flächenverhältnisse** dienen der Aufteilung jener Kosten, die von den dem Betrieb gewidmeten Flächen abhängig sind. Dazu zählen z. B. die Grundsteuer, Mieten und Beleuchtungskosten (wenn keine Zähler für den kW/h-Verbrauch vorhanden sind).

Die **Zahl der Beschäftigten** ist Bestimmungsgröße für die Umlage der Kosten der Unfallversicherung, der Haftpflichtversicherung, der Urlaubslöhne und dgl. mehr. Meist ist eine Gliederung nach Lohn- und Gehaltsempfängern notwendig und innerhalb der Lohnempfänger nach Gesellen und Lehrlingen.

Der **Vermögensverteilungsbogen** enthält Angaben über das in den Stellen gebundene betriebsnotwendige Vermögen und Kapital und erlaubt die verursachungsgerechte Verrechnung der kalkulatorischen Zinsen, von Versicherungskosten (Feuerversicherungskosten auf Basis des investierten Vermögens), der Vermögensteuer usw.

bb) Besondere Unterlagen für die Kostenschlüsselung

Unter besonderen Unterlagen versteht man **Einzelbelege** bzw. solche **Zusammenstellungen**, die die Aufgliederung von Kosten zum Inhalt haben, welche mehrere Kostenstellen betreffen.

Typische Einzelbelege sind Materialentnahmescheine, aus welchen hervorgeht, ob es sich um Einzelkosten- bzw. Gemeinkostenmaterial handelt, und Lohnzettel mit Angaben über den Fertigungslohn und den Gemeinkostenlohn. **Zusammenstellungen**, die der Zergliederung angefallener Kosten auf mehrere Kostenstellen dienen, betreffen z. B. Reparaturkosten, Transportkosten und Wagniskosten.

7. Die Kostenträgerrechnung

a) Der Begriff „Kostenträger"

Kostenträger sind jene betrieblichen (**Teil- bzw. Gesamt-**)**Leistungen** (Produkte oder Dienstleistungen), die anteilig mit den angefallenen Einzelkosten und Gemeinkosten belastet werden. Es können dies sowohl für den Absatz bestimmte wie auch innerbetriebliche Leistungen sein. Die anteilige Kostenbelastung erfolgt durch die Kostenträgerrechnung.

Die Kostenträgerrechnung ist die dritte Phase der Kostenrechnung, sie schließt sich an die Kostenartenrechnung (erste Phase) und die Kostenstellenrechnung (zweite Phase) an. Den Kostenträgern werden die Einzelkosten und Sonderkosten direkt, die Gemeinkosten mit Hilfe von Zuschlagssätzen indirekt angelastet.

b) Einzelkosten, Gemeinkosten, Sonderkosten

Einzelkosten stehen mit der Leistungserstellung in unmittelbarem Zusammenhang. Die Einzelkosten können den Leistungen daher direkt zugerechnet werden. Wegen der Möglichkeit der direkten Zurechnung werden die Einzelkosten (vornehmlich Fertigungslöhne und Fertigungsmaterial) im Schrifttum auch als **direkte Kosten** bezeichnet.

Die **Gemeinkosten** umfassen jenen Werteinsatz, der den einzelnen Kostenträgern direkt nicht zugerechnet werden kann (= **indirekte Kosten**). Im Einzelnen handelt es sich um Posten,

a) bei welchen es nicht möglich ist, technologisch einen direkten Zusammenhang zwischen Leistung und Kosten herzustellen (z. B. Raummieten, Reparatur-, Energieaufwendungen),

b) die sich auf das gesamte Unternehmen beziehen (z. B. bestimmte Steuern, Bezüge von Vorstandsmitgliedern, Gebäudekosten) und

c) bei welchen es aus Wirtschaftlichkeitserwägungen unterlassen wird, dem direkten Zusammenhang zwischen Leistung und Kosten nachzugehen (z. B. bestimmte Hilfsstoffe).

Gemeinkosten werden, worauf bereits hingewiesen wurde, nach der Zurechenbarkeit auf die einzelnen Kostenstellen in Kostenstelleneinzelkosten und Kostenstellengemeinkosten gegliedert. Kostenstelleneinzelkosten sind solche Gemeinkosten, die den einzelnen Kostenstellen direkt zugerechnet werden können. Die Kostenstellengemeinkosten sind den einzelnen Kostenstellen nur schlüsselmäßig zurechenbar.

Sonderkosten können den einzelnen Kostenträgern direkt zugerechnet werden (insofern sind sie Einzelkosten), sie entstehen aber stets nur im Hinblick auf bestimmte Erzeugnisse. Zu unterscheiden ist zwischen

Sonderkosten der Beschaffung, z. B. Zölle, Provisionen, Frachtaufwendungen,

Sonderkosten der Fertigung, z. B. auf Grund von Sonderleistungen bei bestimmten Erzeugnissen, Produktionslizenzen,

Sonderkosten des Vertriebes, z. B. Verkaufsprovisionen, Rabatte, Verpackungen, soweit sie nicht zur Aufmachung, sondern zum Versand bestimmt sind, Verkaufslizenzen.

c) Die Bildung der Kostensätze in den (Haupt-)Kostenstellen als Grundlage für die Zurechnung der (variablen) Gemeinkosten auf die Kostenträger

Wie bereits dargestellt, müssen die Gemeinkosten den Kostenträgern schlüsselmäßig zugerechnet werden, da eine unmittelbare Verbindung zwischen Entstehung der Gemeinkosten und Kostenträger fehlt. Jene Größen, auf Basis deren die Zurechnung der Gemeinkosten auf die Kostenträger erfolgt, werden als Bezugsgröße (Bezugsbasen, Zuschlagsbasen, cost drivers) bezeichnet. Der Begriff **„cost driver"** kommt aus den USA. Als cost driver werden jene (mengenmäßigen) Bezugsgrößen bezeichnet, die den Umfang der Kosten und damit die Zurechnung auf den Kostenträger bestimmen.

Die Kostenrechnung basiert auf dem Grundsatz des Verursachungsprinzips. Man muss daher jene Größen als **Bezugsbasis** heranziehen, die einerseits mit dem Kostenträger in einem unmittelbaren Zusammenhang stehen (Einzelkosten, Fertigungsstunden, Maschinenstunden, Kilogramm etc.) und andererseits den Umfang der Gemeinkosten bestimmen. Dieser Zusammenhang ist in der Regel mit den variablen Gemeinkosten ohne Schwierigkeiten herzustellen, umso mehr, als sich, wie bereits hingewiesen, der Verlauf der variablen Kosten in der Regel proportional zum Leistungsumfang darstellt.

Diese Aussage gilt für die fixen Kosten nicht, da sie als Kosten der Leistungsbereitschaft im Wesentlichen von der Leistung unabhängig sind.

Dennoch handelt man bei der Ermittlung der Bezugsgrößen häufig so, als gelte das für die variablen Kosten Gesagte in gleicher Weise auch für die Fixkosten. Da man aber für einige Aufgaben der Kostenrechnung die Gesamtkosten (Selbstkosten) der einzelnen Kostenträger benötigt (z. B. Bewertung des Bestandes an Halb- und Fertigfabrikaten, Preisrechtfertigungen gegenüber Preisbehörden und -verbänden), werden für diese Zwecke sämtliche Gemeinkosten in den Kostensatz einbezogen (**Vollkostenrechnung**). Man muss sich allerdings darüber im Klaren sein, dass der so ermittelte Kostensatz nur für **jene Beschäftigung** gilt, auf deren Basis der Betriebsabrechnungsbogen erstellt wurde. Jede Veränderung des Beschäftigungsgrades führt sofort zu einer Veränderung des Verhältnisses zwischen Fixkosten einerseits und der Bezugsgröße andererseits, womit der ermittelte Kostensatz nicht mehr den Tatsachen entspricht.

Für alle entscheidungsorientierten Aufgaben der Kostenrechnung würden auf Basis der vollen Gemeinkosten ermittelte Kostensätze zu falschen Entscheidungsgrundlagen führen; in diesen Fällen (preispolitische Maßnahmen, Verfahrensüberlegungen, Programmentscheidungen) dürfen, um das Verursachungsprinzip zu wahren, nur die variablen Gemeinkosten in den Kostensatz einbezogen werden (**Teilkostenrechnung**).

Je nachdem, ob in einer Kostenstelle nur eine oder mehrere Verursachungsgrößen vorhanden sind (homogene oder heterogene Kostenverursachung), werden ein oder mehrere Kostensätze (Zuschlagsätze) gebildet, wobei die Bezugsgrößendifferenzierung bis auf den Arbeitsplatz hinuntergehen (**Platzkostenrechnung**), aber auch kostenstellenübergreifend sein kann.

Die **Platzkostenrechnung** nimmt auf den Umstand Rücksicht, dass unterschiedlich aufgebaute Arbeitsplätze unterschiedliche Kostensätze aufweisen. Würde man für die ganze Kostenstelle, die beispielsweise Maschinen verschiedenen Alters bzw. Qualität umfasst, einen einzigen Zuschlag ermitteln, käme es zu einer Durchschnittsbildung, die den differenzierten Maschinenkosten nicht Rechnung tragen würde.

Kostenstellenübergreifend wird eine Bezugsgröße dann sein, wenn es sich bei dieser um einen Leistungsprozess handelt, der über mehrere Kostenstellen hinweggeht (vgl. hiezu den Abschnitt: Prozesskostenrechnung).

Folgende Kostensätze (Bezugsgrößen) kommen in den einzelnen Kostenstellen in Betracht:

Kostenstelle	Bezugsgröße	Kostensatzermittlung
Materialstelle	Fertigungsmaterial	$\dfrac{\text{Materialgemeinkosten} \times 100}{\text{Fertigungsmaterialverbrauch}}$
Materialstelle	Gesamter Materialverbrauch	$\dfrac{\text{Materialgemeinkosten} \times 100}{\text{Gesamter Materialverbrauch}}$

In diesem Fall muss jener Anteil an Materialgemeinkosten, der auf die Hilfs- und Betriebsstoffe entfällt, anteilig auf jene Kostenstellen umgelegt werden, in denen die Hilfs- und Betriebsstoffe als Gemeinkosten erfasst werden.

Kostenstelle	Bezugsgröße	Kostensatzermittlung
Materialstelle	Verbrauchte Materialmenge	$\dfrac{\text{Materialgemeinkosten}}{\text{verbrauchte Materialmenge}}$

Der Schlüssel kann nur angewendet werden, wenn die Mengeneinheiten der verschiedenen Materialien nicht heterogen sind.

Kostenstelle	Bezugsgröße	Kostensatzermittlung
Fertigungsstellen	Fertigungslöhne	$\dfrac{\text{Fertigungsgemeinkosten} \times 100}{\text{Fertigungslöhne}}$
Fertigungsstellen	Fertigungsstunden	$\dfrac{\text{Fertigungsgemeinkosten}}{\text{Fertigungsstunden}}$
Fertigungsstellen	Fertigungsstunden	$\dfrac{\text{Fertigungsgemeinkosten} + \text{Fertigungslöhne}}{\text{Fertigungsstunden}}$

In diesem Fall wird bei der Ermittlung der Kosten eines Kostenträgers der Fertigungslohn nicht mehr gesondert verrechnet, da er im Fertigungsstundensatz enthalten ist.

Fertigungsstellen   Maschinenstunden

$$\frac{\text{Fertigungskosten}}{\text{Maschinenstunden}}$$

Der Maschinenstundensatz kommt dann zur Anwendung, wenn der Fertigungslohn an Bedeutung zurückgeht (Mehrmaschinenbedienung) oder die Fertigung vollautomatisch erfolgt.

Mengen (Stück, kg, l etc.)

$$\frac{\text{Fertigungskosten}}{\text{erzeugte Mengeneinheiten}}$$

Falls in einer Stelle einheitliche oder kostenverwandte Leistungen erstellt werden, können diese nach dem Divisionsverfahren oder dem Äquivalenzverfahren abgerechnet werden.

Im Falle einer **heterogenen** Kostenverursachung gelangen in einer Kostenstelle mehrere Kostensätze zur Anwendung. Voraussetzung hiefür ist, dass die Gemeinkosten der Kostenstelle entsprechend geschlüsselt werden und die Bezugsgrößen auch kostenträgerbezogen erfasst werden. So kann etwa das Gewicht der Fertigware nur dann als Bezugsgröße herangezogen werden, wenn das Gewicht jedes einzelnen Kostenträgers bekannt ist (differenzierte Zuschlagsbasen).

Verwaltungsstellen   Herstellkosten:
    Fertigungsmaterial
+ Materialgemeinkosten
+ Fertigungslöhne
+ Fertigungsgemeinkosten

= Herstellkosten

$$\frac{\text{Verwaltungsgemeinkosten} \times 100}{\text{Herstellkosten}}$$

Die Verteilung der Verwaltungsgemeinkosten auf die Kostenträger auf Basis der Herstellkosten geht von der Vorstellung aus, dass der Umfang der Verwaltungsgemeinkosten von der Höhe der Herstellkosten abhängig ist.

Vertriebsstelle	Herstellkosten	$\dfrac{\text{Vertriebsgemeinkosten} \times 100}{\text{Herstellkosten}}$

Weicht die Absatzmenge von der Erzeugungsmenge ab, werden als Basis für die Verteilung der Vertriebsgemeinkosten die **Herstellkosten der verkauften Produkte** herangezogen. Man spricht in diesem Fall vom **Umsatzkostenverfahren**.

Der undifferenzierte Pauschalzuschlag der Verwaltungs- und Vertriebskosten auf die Herstellkosten kann zu einer ungerechtfertigten Verteilung derselben auf einzelne Produkte führen, da diese die Leistungsprozesse des Verwaltungs- und Vertriebsbereiches in unterschiedlichem Ausmaß in Anspruch nehmen. Dieses Problems hat sich die **Prozesskostenrechnung** angenommen, die versucht, die Kosten der Nichtfertigungsstellen in leistungsmengenneutrale und leistungsmengenabhängige (leistungsmengeninduzierte) Kosten, die von bestimmten mengenmäßigen kostentreibenden Faktoren (z. B. Stückzahl, Bestellmenge, Verkaufsakte, Angebotsverarbeitung, Versandpapiererstellung) abhängig sind, einzuteilen.

Während die leistungsmengenneutralen Kosten der Verwaltungs- und Vertriebsstellen mangels anderer Zurechnungsmöglichkeit nach wie vor auf die Herstellkosten bezogen werden, werden die leistungsinduzierten Kosten nach einer oder mehreren der oben genannten Bezugsgrößen auf die Kostenträger aufgeteilt.

d) Ist-Gemeinkostensätze und Normal-Gemeinkostensätze

Die Praxis der Kalkulation unterscheidet Ist-Gemeinkostensätze und Normalbzw. Durchschnitts-Gemeinkostensätze.

Die **Ist-Gemeinkostensätze** gehen auf die Zuschlagssätze der Betriebsabrechnung einer einzigen Rechnungsperiode zurück. **Normal-Gemeinkostensätze** und **Durchschnitts-Gemeinkostensätze** beruhen auf den Ansätzen einer als Normalperiode betrachteten Abrechnungseinheit bzw. auf einem Durchschnitt mehrerer Ist-Gemeinkostensätze.

In der Kalkulation werden regelmäßig die Normal- bzw. Durchschnittsgemeinkostensätze verwendet. Liegen nachhaltige Änderungen der Ist-Gemeinkostensätze vor, dann sind die Normal-Gemeinkostensätze bzw. Durchschnitts-Gemeinkostensätze anzupassen.

In der Betriebsabrechnung werden mit Hilfe von Ist-Gemeinkostensätzen einerseits und Normal- bzw. Durchschnitts-Gemeinkostensätzen andererseits **Überdeckungen** und **Unterdeckungen** errechnet (= Differenz zwischen den tatsächlich angefallenen und den verrechneten Gemeinkosten). Die in absoluten Beträgen ermittelten Abweichungen, ebenso wie die Abweichungen der Prozentsätze, ermöglichen ein Urteil darüber, ob die Normal-Gemeinkostensätze an die Ist-Gemeinkostensätze anzupassen sind.

e) Vor-, Zwischen- und Nachkalkulation; Bestandsermittlung

In der Kostenrechnung wird zwischen Vorkalkulation, Zwischenkalkulation und Nachkalkulation unterschieden. Die **Vorkalkulation** ist Grundlage der Angebotserstellung. Die **Zwischenkalkulation** dient der innerbetrieblichen Kontrolle und der Teilabrechnung von Leistungen gegenüber den Auftraggebern. Die **Nachkalkulation** wird aus Kontrollgründen, aus Gründen der Preisbildung bzw. der Preisrechtfertigung und Preiskontrolle durchgeführt.

Die **Nachkalkulationszusammenstellung** dient der Ermittlung der Herstellkosten bzw. der Selbstkosten der fertig gestellten Erzeugnisse. Zusammen mit dem **Bestandsermittlungsblatt**, in dem der theoretische Endbestand an unfertigen Erzeugnissen ermittelt wird, ist sie wichtiger Bestandteil jeder Kostenrechnung.

Dem **Bestandsermittlungsblatt** liegt folgendes Schema zugrunde:

Anfangsbestand an unfertigen Erzeugnissen (zu Herstellkosten)
+ Herstellkosten der Abrechnungsperiode
− Herstellkosten der fertig gestellten Produkte lt. Nachkalkulationszusammenstellung

Endbestand an unfertigen Erzeugnissen

Im Bestandsermittlungsblatt wird also, ausgehend von den Anfangsbeständen der unfertigen Erzeugnisse, durch Hinzurechnung sämtlicher in der Rechnungsperiode erbrachter Leistungen (fertiger und unfertiger Art) und durch Abzug der fertig gestellten Leistungen der Endbestand an unfertigen Erzeugnissen ermittelt.

Diese Rechnung kann zeitweilig, insbesondere bei unterjähriger Erfolgsrechnung, an die Stelle der körperlichen Inventur treten, sie jedoch grundsätzlich nicht verdrängen, weil Letztere als Ist-Feststellung durch Soll-Rechnungen auf die Dauer nicht ersetzt werden kann. Eine Kombination beider Verfahren aus Kontrollgründen ist empfehlenswert.

Die praktische Gestaltung der Nachkalkulationszusammenstellung und des Bestandsermittlungsblattes zeigen beispielhaft die nachstehenden Zusammenstellungen (Abb. 24 und 25):

NACHKALKULATIONSZUSAMMENSTELLUNG
FÜR DIE PERIODE . . .

(Die Kostensätze entstammen dem BAB aus Abb. 28.)

Materialkosten

Fertigungsmaterialverbrauch der fertiggestellten Erzeugnisse	9.800
20 % Materialzuschlag	1.960
	11.760

Fertigungskosten
Teilefertigung:

95.000 Maschinenstunden zu € 188,74	17.930
Montage	
800.000 Fertigungsstunden zu € 45,69	36.552
Herstellkosten der fertig gestellten Erzeugnisse	66.242

Abb. 24

BESTANDSERMITTLUNGSBLATT FÜR DIE FESTSTELLUNG
DER UNFERTIGEN ERZEUGNISSE

Anfangsbestand an unfertigen Erzeugnissen		7.500
Fertigungsmaterialverbrauch	12.000	
20 % Materialgemeinkosten	2.400	14.400
Kosten Teilefertigung		18.874
Fertigungslöhne Montage	10.080	
Fertigungsgemeinkosten Montage	28.303	38.383
		79.157
abzüglich Herstellkosten der fertig gestellten Erzeugnisse		66.242
Endbestand an unfertigen Erzeugnissen		**12.915**

Abb. 25

Bei der Aufstellung des Bestandsermittlungsblattes und der Nachkalkulations-zusammenstellung werden in der Regel Standard- bzw Plankosten herangezogen. Abweichungen der Istkostensätze gegenüber den Standardkostensätzen werden in diesen Fällen gegen die Gewinn- und Verlustrechnung ausgebucht.

8. Die Kalkulationsverfahren (Kalkulationsformen, Kalkulations-methoden)

Die Art des zu verwendenden Kalkulationsverfahrens, d. h. die Rechentechnik, nach der die Werteinsatzbelastung der Kostenträger vor sich geht, hängt ab von der Gestaltung des Leistungsprogrammes (einheitliche Leistungen, uneinheitliche Leistungen; Leistungen mit Produktions- und Kostenverwandtschaft bzw. ohne Produktions- und ohne Kostenverwandtschaft) und von der Erfassbarkeit bzw. Erfassung einzelner Kostenelemente.

Demgemäß bietet sich eine Gliederung der Kalkulationsformen wie folgt an:

a) Einfache Divisionskalkulation,

b) Einfache Divisionskalkulation unter Berücksichtigung von Kostengruppen,

c) Stufenförmige Divisionskalkulation (Stufendivisionskalkulation),

d) Äquivalenzzahlenrechnung (Kostenverhältniszahlenrechnung, Sortenkalkulation),

e) Zuschlagskalkulation,

f) Kuppelproduktkalkulation.

a) Die einfache Divisionskalkulation

Voraussetzung für deren Anwendung ist die Herstellung einheitlicher, d. h. gleichartiger Leistungen (Massenfertigung).

Der Vorgang der Leistungserstellung muss gleichmäßig und unter vollkommener Abstimmung der einzelnen Leistungsakte (Fertigungsakte) erfolgen. Änderungen im Bestande der Halbfertigerzeugnisse in den verschiedenen Abrechnungsperioden dürfen nicht ins Gewicht fallen. Diese Voraussetzungen sind, bezogen auf die Gesamtfertigung, selten erfüllt; die einfache Divisionskalkulation ist daher eine vorwiegend in Kostenstellen mit einheitlicher Leistung angewendete Kalkulationsform.

Die Einheitskosten (k) ergeben sich aus der Division der Gesamtkosten der Rechnungsperiode (K) durch die Zahl der erzeugten Einheiten dieser Rechnungsperiode (M), d. h.

$$k = \frac{K}{M}$$

b) Die einfache Divisionskalkulation unter Berücksichtigung von Kostengruppen

Die einfache Divisionskalkulation unter Berücksichtigung von Kostengruppen entspricht der einfachen Divisionskalkulation. Aus analytischen Erwägungen (Wirtschaftlichkeitskontrolle) werden die Gesamtkosten jedoch in Kostengruppen gegliedert, die mit Kostenstellen nicht identisch sind. Als Kostengruppen kommen z. B. in Frage **Personalkosten**, **Materialkosten**, **Vermögenskosten**, **Steuern** und **Kosten für sonstige Fremdleistungen**.

Auch andere Gruppierungen sind, betriebsindividuellen Ansprüchen gemäß, denkbar. Die Formel lautet:

$$k = \frac{K_1}{M} + \frac{K_2}{M} + \dots + \frac{K_n}{M}$$

c) Die stufenförmige Divisionskalkulation (Stufendivisionskalkulation)

Die stufenförmige Divisionskalkulation ist anzuwenden, wenn sich, bedingt durch die Art des Leistungsprozesses, Zwischenprodukte bzw. Zwischenbestände ergeben.

Die Kalkulation der Kostenträger setzt sich aus so viel Divisionskalkulationen zusammen, wie Stufen vorliegen. Die Fertigungsstufen sind so abzugrenzen, dass in ihnen einheitliche Leistungen erfasst werden. Ihrem Wesen nach entsprechen die Fertigungsstufen den Kostenstellen.

Man unterscheidet das **Kostenwälzungsverfahren** und das **Veredelungsverfahren**.

Der Ansatz für die Ermittlung der Einheitskosten im Rahmen des Kostenwälzungsverfahrens lautet:

$$\text{Stufe I: } \frac{K_I}{M_I} = k_I$$

$$\text{Stufe II: } \frac{k_I \cdot VM_I + K_{II}}{M_{II}} = k_{II}$$

$$\text{Stufe N: } \frac{k_{N-1} \cdot VM_{N-1} + K_N}{M_N} = k_N$$

VM_I, (VM_{N-1}) sind die Vorproduktmengen der Stufe I (bzw. N–1). Die Erklärung für die übrigen Symbole ergibt sich aus den Ausführungen zur einfachen Divisionskalkulation.

Beim **Veredelungsverfahren** werden jeweils die Einheitskosten der Teilleistung einer Stufe ermittelt. Die gesamten Einheitskosten des Kostenträgers ergeben sich aus der Addition der Einheitskosten der einzelnen Stufen:

$$\text{Einheitskosten Stufe I } \quad \frac{K_I}{M_I} = k_I$$

$$\text{Einheitskosten Stufe II } \quad \frac{K_{II}}{M_{II}} = k_{II}$$

$$\text{Einheitskosten Stufe N } \quad \frac{K_N}{M_N} = k_N$$

Gesamte Einheitskosten (k) des Kostenträgers:

$$k = k_I + k_{II} + \dots + k_N$$

d) Die Äquivalenzzahlenrechnung (Kostenverhältniszahlenrechnung, Sortenkalkulation)

Die Äquivalenzzahlenrechnung ist eine spezielle Form der Divisionskalkulation. Sie wird angewendet bei Erstellung von Leistungen, die produktionsverwandt und daher kostenverwandt sind.

Zur Durchführung der Rechnung werden hinsichtlich der erstellten Leistungen Kostenverhältniszahlen ermittelt. Die Leistungsmengen der einzelnen Leistungsarten werden mit den für sie festgestellten Äquivalenzzahlen vervielfacht, sodass man die Zahl der sog. Einheitsleistungen erhält. Die Division der Gesamtkosten durch die Summe der Einheitsleistungen ergibt die Kosten je Einheitsleistung. Multipliziert man die Kosten je Einheitsleistung mit der Äquivalenzzahl der jeweiligen Leistungsart, so erhält man die effektiven Kosten der einzelnen Leistungseinheit, die im Betrieb erbracht wurde.

Beispiel:

Gesamtkosten € 742.500,–

Produktart	Leistungs-menge	Äquivalenz-zahl	Rechnungsmäßige Einheitsleistung	Kosten der rechnungs-mäßigen Einheitsleistung	Kosten je Leis-tungseinheit
I	200	0,5	100	1.350,–	675,–
II	100	1,5	150	1.350,–	2.025,–
III	300	1,0	300	1.350,–	1.350,–
			550		

Abb. 26

$$742.500,– : 550 = \underline{\underline{1.350,–}}$$

e) Die Zuschlagskalkulation

Die Zuschlagskalkulation beruht auf der Trennung von Einzelkosten, Sonderkosten und Gemeinkosten. Einzelkosten und Sonderkosten (ihrem Charakter nach Einzelkosten) werden den Kostenträgern direkt zugerechnet. Die Gemeinkosten (d. s. Kosten, die für mehrere oder alle Leistungen zusammen entstehen) werden in Kostenstellen erfasst und mit Hilfe von Schlüsseln auf die Kostenträger umgelegt.

Von der Wahl der richtigen Schlüssel hängt die Genauigkeit der Kalkulation ab. Die Schlüssel haben dem Zusammenhang der Kostenentstehung mit den Besonderheiten des Leistungsvorganges Rechnung zu tragen.

Kalkulationsschema

In der Regel ergibt sich als Schema für die Ermittlung der Selbstkosten unter Berücksichtigung des kalkulatorischen Gewinnzuschlages der nachstehende Aufbau:

Fertigungsmaterial	Material-kosten			
Materialgemeinkosten		Herstellkosten		
Fertigungslöhne	Fertigungs-kosten		Selbstkosten ausschließlich der Sonderkosten des Vertriebs	Volle Selbstkosten zuzüglich kalk. Gewinnzuschlag
Fertigungsgemeinkosten				
Sonderkosten der Fertigung				
Verwaltungsgemeinkosten				
Vertriebsgemeinkosten				
Kalk. Gewinnzuschlag				
Sonderkosten des Vertriebes (z. B. Skonto, Vertreterprovision)				
Umsatzsteuer				

Abb. 27

f) Der Betriebsabrechnungsbogen (BAB)

Die Gestaltung des Betriebsabrechnungsbogens (des BAB) nimmt auf die Phasenfolge Kostenartenrechnung, Kostenstellenrechnung, Kostenträgerrechnung Bedacht. Die drei Phasen werden durch den BAB organisch miteinander verbunden. Die im BAB erfassten Rechengrößen ermöglichen die Ermittlung der Kostensätze für die Kostenträgerrechnung.

Konkretes Beispiel eines Betriebsabrechnungsbogens (BAB)

Die konkrete Gestaltung eines Betriebsabrechnungsbogens wird beispielhaft durch die nachfolgende Zusammenstellung wiedergegeben. Sie zeigt die zeitliche und kalkulatorische Abgrenzung, die Umlage der Einzelkosten und der Gemeinkosten auf die Kostenstellen und die Errechnung der Ist-Gemeinkostensätze.

Betriebsabrechnungsbogen in 1.000 €

Text	Aufwendungen	zeitliche Abgrenzung +	zeitliche Abgrenzung −	kalkulator. Abgrenzung neutr. Aufw.	Zusatzkosten	Einzelkosten	Gemeinkosten	Material-stelle	Teile-fertigung	Montage	Verwaltung und Vertrieb
Hilfs- und Betriebsst.	1.270						1.270	150	400	300	420
Hilfslöhne	7.450	50					7.500	500	3.600	2.500	900
Nichtleistungslöhne und Lohnnebenkosten	18.231	52					18.283	520	3.744	13.083	936
Gehälter	12.800						12.800	250	1.500	1.500	9.550
Gehaltsnebenkosten	3.840						3.840	75	450	450	2.865
Sonst. Steuern	600						600	90	230	90	190
Planm. Abschreibungen	10.000			10.000			0				
Sonstige Aufwendungen	12.520		40				12.480	215	2.650	5.880	3.735
Zinsenaufwand	1.500			1.500			0				
Kalk. Zinsen					2.000		2.000	300	700	400	600
Kalk. Abschreibungen					10.200		10.200	200	5.300	4.000	700
Betr. Schadensfälle	800			800			0				
Kalk. Wagnisse					700		700	100	300	100	200
Summe	69.011	102	40	12.300	12.900		69.673	2.400	18.874	28.303	20.096
Fertigungsmaterial	12.000					12.000		12.000			
Fertigungslöhne	10.080					10.080				10.080	
										38.383	

Bezugsgrößen								Material-stelle	Teile-fertigung	Montage	Verwaltung und Vertrieb
Fertigungsmaterial								12.000			
Maschinenstunden									100.000	840.000	
Fertigungsstunden											
Herstellkosten											71.657
								20 %	188,74	45,69	28 %

Kostensätze:

- Materialzuschlag = Materialgemeinkosten × 100 : Fertigungsmaterial
- Maschinenstundensatz = Gemeinkosten : Maschinenstunden
- Fertigungsstundensatz = (Gemeinkosten + Fertigungslohn) : Fertigungsstunden
- Verwaltungs- und Vertriebszuschlag = (VwGk + VtGk) × 100 : Herstellkosten

Abb. 28

Kostenträgerrechnung:

Auf Grund der im BAB ermittelten Kostensätze soll der Verkaufspreis des Artikels A ermittelt werden:

Materialverbrauch € 1.250,00
Fertigungszeiten:
  Maschinenstunden in der Abteilung Teilefertigung: 30
  Fertigungsstunden in der Montage: 120
Gewinnzuschlag: 10 %
Vertriebssonderkosten:
  Provision: 5 % des Listenpreises
  Skonti: 3 %

Lösung:

Fertigungsmaterialverbrauch	1.250,00	
20 % Materialgemeinkosten	250,00	1.500,00
Fertigungskosten Teilefertigung:		
30 Maschinenstunden zu € 188,74		5.662,20
Fertigungskosten Montage:		
120 Fertigungsstunden zu € 45,69		5.482,80
Herstellkosten		12.645,00
Verwaltungs- und Vertriebszuschlag 28 %		3.540,60
Selbstkosten		16.185,60
10 % Gewinnaufschlag		1.618,56
		17.804,16
Vertriebssonderkosten 8 % in /100		1.548,19
		19.352,35
20 % Umsatzsteuer		3.870,47
Listenverkaufspreis		**23.222,82**

Abb. 29

g) Die Kuppelproduktkalkulation

Kuppelerzeugnisse sind dann gegeben, wenn in einem einheitlichen Arbeitsgang zwei oder mehrere Erzeugnisse in einem nicht oder nur wenig beeinflussbaren Mengenverhältnis anfallen. Hierbei sind die gesamten Kosten der Kuppelerzeugnisse feststellbar, nicht aber die der beiden oder mehreren Gruppen von Erzeugnissen. Bei Kuppelerzeugnissen ist eine direkte Kostenbelastung durch kausale Zurechnung also nicht möglich.

Zum Zwecke der Preisbildung wird häufig die **Restrechnungsmethode** angewendet. Von den Gesamtkosten der Kuppelerzeugnisse sollen die zu Verkaufserlösen, Marktpreisen oder Verrechnungspreisen abzüglich der Vertriebskosten (und wohl auch abzüglich eines fiktiven Gewinnzuschlages) bewerteten Nebenerzeugnisse abgezogen werden. Die sich ergebende Differenz wird als Summe der Kosten des Haupterzeugnisses betrachtet.

Eine andere Möglichkeit zur Kalkulation der Kuppelprodukte bietet die **progressive Methode**, die auch als **Äquivalenzzahlen-Methode** bezeichnet wird.

808

Es handelt sich dabei um ein Kalkulationsverfahren, das die Aufteilung der Gesamtkosten auf die Erzeugnisse durch Verhältniszahlen vorsieht. Die Festlegung der Verhältniszahlen erfolgt unter Berücksichtigung der Marktpreise der Kuppelerzeugnisse.

9. Die Korrektur des BAB für die Beständebewertung in der Bilanz

Aus dem Betriebsabrechnungsbogen in der vorstehenden Form wird für die Bewertung der Bestände in der Bilanz ein Hilfs-Betriebsabrechnungsbogen abgeleitet.

Die Aktivierung von Zusatzkosten, welchen niedrigere oder keine buchmäßigen Aufwendungen gegenüberstehen, führt bekanntlich zu nicht realisierten Erträgen und ist verboten. Deshalb müssen für die Bewertung in der Bilanz die in Rede stehenden Zusatzkosten aus dem BAB ausgeschieden und durch die entsprechenden Aufwendungen im Hilfs-BAB ersetzt werden.

Verfahrenstechnisch ist dies ohne weiteres dadurch möglich, dass die Zusatzkosten im BAB erst nach Addition der kostengleichen Aufwendungen erfasst werden, so dass im Hilfs-Betriebsabrechnungsbogen von den Zwischensummen der Kostenstellen vor Zurechnung der kalkulatorischen Kosten ausgegangen wird: die Zwischensummen werden mit den an die Stelle der Zusatzkosten tretenden neutralen Aufwendungen addiert.

a) Herstellkosten und Herstellungskosten

Bezüglich der aus den Betriebsabrechnungsbögen bzw. Hilfs-Betriebsabrechnungsbögen (für die Bewertung der Halb- und Fertigerzeugnisse in der Bilanz) ableitbaren Wertgrößen ist festzuhalten, dass zwischen den Herstellkosten der Kostenrechnung und den Herstellungskosten der Steuerbilanz und der Handelsbilanz wesentliche Abweichungen bestehen.

In allen Fällen ist der grundsätzliche Kalkulationsaufbau ident:

Fertigungsmaterial
+ Materialgemeinkosten   Materialkosten
Fertigungslöhne
Fertigungsgemeinkosten   Fertigungskosten
                                Herstellkosten (Kostenrechnung)
                                Herstellungskosten (Handels- und Steuerrecht)

Die **Herstellkosten der Kostenrechnung** unterscheiden sich von den **Herstellungskosten in Handels- und Steuerbilanz** durch Umfangs- und durch Wertunterschiede. Umfangsunterschiede liegen in Bezug auf Zusatzkosten vor, welchen keine Aufwendungen gegenüberstehen. Die Wertunterschiede ergeben sich daraus, dass in Handels- und Steuerbilanz mit pagatorischen Ansätzen (Anschaffungspreisen), in der Kostenrechnung hingegen meist mit kalkulatorischen Ansätzen (z. B. Tagespreisen) gerechnet wird.

Die Herstellkosten der Kostenrechnung enthalten keine Verwaltungs- und Vertriebsgemeinkosten und keine Sonderkosten des Vertriebes. Die Herstellkosten im Sinne der Kostenrechnung umfassen demnach nur einen Teil der Selbstkosten.

Das **Einkommensteuergesetz** sieht ebenfalls die Außerachtlassung der Verwaltungs- und Vertriebsgemeinkosten vor. Dies ergibt sich aus der Bestimmung des § 6 Abs. 2 EStG, wonach zu den Herstellungskosten auch angemessene Teile der Materialgemeinkosten und der Fertigungsgemeinkosten gehören.

Die durch Kalkulation ermittelten Herstellungskosten nach Steuerrecht sind im Regelfall Ober- und Untergrenze zugleich; eine niedrigere Bewertung ist nur bei niedrigerem Teilwert möglich.

In die **handelsrechtlichen Herstellungskosten** dürfen neben den Materialkosten und den Fertigungskosten ebenfalls keine Verwaltungsgemeinkosten eingerechnet werden (§ 203 Abs. 3).

Die durch Kalkulation ermittelten Herstellungskosten nach Handelsrecht bewegen sich in einer Spannbreite, die sich von den Einzelkosten (Fertigungsmaterial und Fertigungslohn) bis hin zu den vollen Herstellungskosten erstreckt.

b) Die Berücksichtigung einer offensichtlichen Unterbeschäftigung

Gemäß § 203 Abs. 3 HGB dürfen für den Fall, dass die Gemeinkosten durch offenbare Unterbeschäftigung überhöht sind, nur die einer **durchschnittlichen Beschäftigung entsprechenden Teile dieser Kosten** eingerechnet werden. Dieser Satz bedeutet, dass die durch die Unterbeschäftigung nicht ausgelasteten Fixkosten (Leerkosten) nicht aktiviert werden dürfen.[1] Es müssen daher vor Ermittlung der Zuschlagssätze für die Bewertung der Halb- und Fertigfabrikate die Leerkosten aus den Gesamtkosten der einzelnen Kostenstellen ausgeschieden werden. Diese Bestimmung gilt allerdings nur dann, wenn zur Bewertung die vollen Herstellungskosten incl. der fixen Kosten herangezogen werden.

Welchen Einfluss übt die **Unterbeschäftigung** auf die Herstellungskosten aus?

Das der Ermittlung der Herstellungskosten zugrunde liegende Verfahren der Kostenrechnung geht von Vollkosten aus. Durch die Umlegung der Vollkosten (= fixe und variable Kosten) auf einzelne Kostenträger (Erzeugnisse) tritt eine künstliche (nicht den Tatsachen entsprechende) Proportionalisierung jener Kostenteile ein, die unabhängig vom Beschäftigungsgrad (Erzeugungsmenge) sind (fixe Kosten).

---

1) Die Ermittlung der Leerkosten erfolgt in diesem Fall nicht auf Basis der gegebenen Kapazität, sondern auf Basis der **durchschnittlichen Beschäftigung**.

Die Abhängigkeit der Stückkosten vom Beschäftigungsgrad lässt sich wie folgt veranschaulichen:

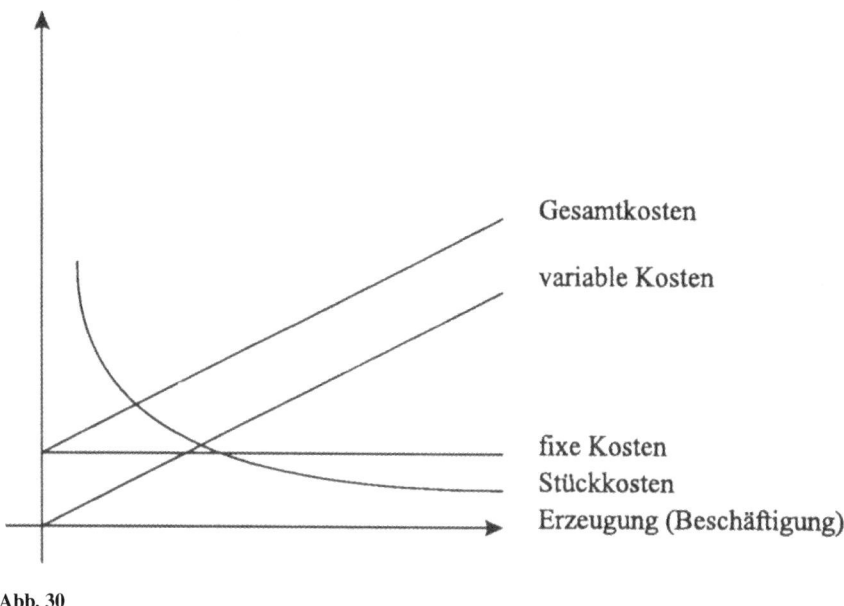

Gesamtkosten

variable Kosten

fixe Kosten
Stückkosten
Erzeugung (Beschäftigung)

Abb. 30

Aus dieser Abbildung geht deutlich hervor, dass mit abnehmender Beschäftigung die Stückkosten steigen. Auf diese Weise besteht theoretisch bei Unterbeschäftigung die Gefahr, dass die Herstellungskosten in den künftigen Verkaufserlösen (abzüglich aller noch entstehenden Aufwendungen) nicht mehr ihre Deckung finden. Gegen eine derartige erhöhte Aktivierung besteht eine zweifache Sicherung: einerseits in Form des strengen Niederstwertprinzips für das Umlaufvermögen und andererseits durch die Bestimmung über die Bewertung bei Unterbeschäftigung.

Die Vorschrift, dass nur die einer durchschnittlichen Beschäftigung entsprechenden Teile der Kosten aktiviert werden dürfen, berührt ausschließlich die Aktivierungsfähigkeit der Fixkosten, da sich die variablen Kosten definitionsgemäß automatisch dem tatsächlichen Beschäftigungsgrad anpassen.

Die Fixkosten werden durch die Aufrechterhaltung einer bestimmten **Betriebsbereitschaft** verursacht und sind von der Inanspruchnahme der betrieblichen Produktionsfaktoren zumindest innerhalb gewisser Grenzen unabhängig. Wird die bereitgestellte Kapazität nur zum Teil genutzt, so entstehen auch für die nicht genutzten Teile der Kapazität fixe Kosten, die als **Leerkosten** bezeichnet werden. Dementsprechend wird für die auf die genutzte Kapazität entfallenden Teile der Fixkosten der Ausdruck **Nutzkosten** verwendet.

Beispiel:

Die Kosten der Normalbeschäftigung betragen in einer bestimmten Periode:

Fertigungsmaterial		1.500
Materialgemeinkosten		
a) fix	100	
b) variabel	50	
Fertigungslöhne		2.000
Fertigungsgemeinkosten		
a) fix	3.000	
b) variabel	2.000	
Herstellungskosten		8.650

Der Beschäftigungsstand beträgt 70 %.

Folgende Kosten fallen tatsächlich an:

Fertigungsmaterial		1.050
Materialgemeinkosten		
a) fix	100	
b) variabel	35	
Fertigungslöhne		1.400
Fertigungsgemeinkosten		
a) fix	3.000	
b) variabel	1.400	
Herstellungskosten gesamt		6.985

Berechnung der aktivierungsfähigen Herstellungskosten:

Herstellungskosten gesamt	6.985
Überhöhte Kosten wegen Unterbeschäftigung:	
Fixe Materialgemeinkosten	
30 % von 100	30
Fixe Fertigungsgemeinkosten	
30 % von 3.000	900
Aktivierungsfähige Herstellungskosten	6.055

Abb. 31

Die Ermittlung der nicht aktivierungsfähigen Leerkosten stellt große Anforderungen an das Rechnungswesen. Zur Ermittlung der Leerkosten ist eine Teilkostenrechnung (Grenzkostenrechnung, Direktkostenrechnung) erforderlich. Sind diese Voraussetzungen im Bereich des Rechnungswesens nicht gegeben, kann dieser Bestimmung des HGB bei einer wesentlichen Unterbeschäftigung nur durch einen mehr oder weniger pauschalen Abschlag von den Herstellungskosten Rechnung getragen werden.

10. Vollkostenrechnung und Teilkostenrechnung auf Ist-Kosten-Basis

a) Grundsätzliches

Die Vollkostenrechnung lastet den einzelnen Kostenträgern sämtliche durch sie verursachten Kosten an. Bei Teilkostenrechnungen begnügt man sich mit der Verrechnung nur von Teilen der entstandenen Kosten.

Als wichtigste Form der Teilkostenrechnung gilt gegenwärtig die **Grenzkostenrechnung**. Unter Grenzkosten werden in der Teilkostenrechnung die variablen Kosten verstanden. (Die Gestaltung eines Betriebsabrechnungsbogens zu Grenzkosten zeigt beispielhaft die Darstellung in Abb. 32.) Das betriebswirtschaftliche Schrifttum verwendet statt des Ausdrucks Grenzkostenrechnung auch die Begriffe **Kostendeckungsbeitragsrechnung** bzw. **direct costing** oder **marginal costing**.

Eine besonders in Zeiten von Liquiditätsengpässen wichtige Form der Teilkostenrechnung ist die **ausgabenbezogene Kostenrechnung**. Bei der ausgabenbezogenen Kostenrechnung werden in den Rechnungsgang nur solche Werteinsätze einbezogen, die unmittelbar (auf bestimmte Zeitspannen bezogen) mit Ausgaben verbunden sind.

Als weitere Formen der Teilkostenrechnung sind die **stufenweise Fixkostendeckungsrechnung** und die **relative Einzelkostenrechnung** zu nennen.

b) Die Kritik an der Vollkostenrechnung

Die Kritik an der ausschließlichen **Anwendung von Vollkostenrechnungen** geht von der Überlegung aus, dass

1. auf Grund von Vollkostenrechnungen **Fixkostenproportionalisierungen** erfolgen, die im Zusammenhang mit Änderungen des Beschäftigungsgrades zu „falschen" Kostensätzen führen;

2. bei Marktpreisen, die die vollen Kosten nicht decken, die exakte Ermittlung von **Preisuntergrenzen** erforderlich wird; dies ist bei ausschließlicher Vollkostenrechnung jedoch deshalb **nicht möglich**, weil die Höhe der variablen Kosten, die als „äußerste" Untergrenze für die Preisbildung heranzuziehen wären, nicht bekannt ist;

3. **Produktprogrammentscheidungen** im gewinnoptimierenden Unternehmen auf Basis der Gegenüberstellung von Erlösen und Vollkosten **falsch** sein können; das Gewinnoptimum wird nämlich durch ein Leistungsprogramm herbeigeführt, das sich nach der Höhe der Deckungsbeiträge richtet, wie das rechnerische Beispiel in Abb. 34 überzeugend nachweist;

4. sich bei Kenntnis nur der Vollkosten **kein Break-even-Point** ermitteln lässt;

5. Vollkostenrechnungen oft nur eine **unzureichende Kontrolle der Wirtschaftlichkeit** erlauben, weil Kostenabweichungen nicht so erfasst werden kön-

nen, dass sie die dafür verantwortlichen Instanzen mit ausreichender Deutlichkeit erkennen lassen;

6. es bei der Bilanzbewertung im Falle der Unterbeschäftigung zur **Aktivierung von Leerkosten** kommt, was nach handelsgesetzlicher Regelung unzulässig ist.

Diese Einwendungen dürfen nicht so verstanden werden, dass die Verfahren der Ist-Kostenrechnungen auf Vollkostenbasis vollkommen unbrauchbar seien und grundsätzlich ersetzt werden müssten. Man sollte aber ihre Fehlerquellen kennen und die möglichen Grenzen bedenken.

c) Teilkostenrechnungen

aa) Grenzkostenrechnung (Direct Costing)

In der Grenzkostenrechnung werden nur die **variablen Kosten erfasst** (siehe Abb. 32). Hierbei wird unterstellt, dass die variablen Kosten einen **linearen Verlauf** nehmen. Die bloße Erfassung der variablen Kosten schaltet, auf die Leistungseinheit bezogen, das kostenmäßige Auf und Ab auf Grund von Beschäftigungsvariationen weitgehend aus.

Die Förderungswürdigkeit einzelner Leistungen bzw. Leistungsgruppen ergibt sich auf Grund der Deckungsbeiträge je Mengeneinheit bzw. bei Engpässen auf Basis der Deckungsbeiträge je Engpasseinheit.

Das rechnerische Beispiel zur Grenzkostenrechnung in Abb. 34 lässt erkennen, dass die Förderungswürdigkeit eines Gutes in bestimmten Fällen von Deckungsbeiträgen pro Mengeneinheit nicht richtig abgeleitet werden kann, sondern dass dazu Deckungsbeiträge pro Zeiteinheit erforderlich sind, etwa je Arbeitsstunde. Für die Breite des Leistungsprogrammes bzw. für die Zahl der zu erzeugenden Einheiten pro Leistungsgattung geben Rechnungen dieser Art unentbehrliche Hinweise.

Das Wissen um Deckungsbeiträge pro Zeiteinheit z. B. lässt auf Grund der Berücksichtigung von Engpässen demnach Rangfolge und Umfang der zu erstellenden Leistungen genau festlegen. Existieren mehrere Engpässe, dann müssen zur Bestimmung der Deckungsbeiträge (in der Terminologie Riebels handelt es sich um spezifische Deckungsbeiträge bzw. relative Deckungsbeiträge) die Verfahren der **linearen Programmierung** herangezogen werden.

Betriebsabrechnungsbogen zu variablen Kosten (in 1.000 €)

Text	Kosten			Materialstelle		Teilefertigung		Montage		Verw. und Vertrieb	
	gesamt	fix	variabel	fix	variabel	fix	variabel	fix	variabel	fix	variabel
Kostenträgereinzelkosten											
Fertigungsmaterial	12.000		12.000		12.000						
Fertigungslöhne	10.080		10.080						10.080		
Kostenträgergemeinkosten											
Hilfs- und Betriebsst.	1.270		1.270		150		400		300		420
Hilfslöhne	7.500	3.750	3.750	500		2.450	1.150	200	2.300	600	300
Nichtleistungslöhne und Lohnnebenkosten	18.283	3.900	14.383	520		2.548	1.196	208	12.875	624	312
Gehälter	12.800	12.800		250		1.500		1.500		9.550	
Gehaltsnebenkosten	3.840	3.840		75		450		450		2.865	
Sonst. Steuern	600	600		90		230		90		190	
Sonstige Aufwendungen	12.480	7.500	4.980	125	90	1.650	1.000	2.800	3.080	2.925	810
Kalk. Zinsen	2.000	2.000		300		700		400		600	
Kalk. Abschreibungen	10.200	10.200		200		5.300		4.000		700	
Kalk. Wagnisse	700	500	200	100		150	150	100		150	50
Summe Gemeinkosten	69.673	45.090	24.583	2.160	240	14.978	3.896	9.748	18.555	18.204	1.892
									28.635		
Bezugsgrößen											
Fertigungsmaterial					12.000						
Maschinenstunden							100.000				
Fertigungsstunden									840.000		
Versandeinheiten (Kartons zu je 1, 2, 3 oder 4 Stück)[1]											14.000

Kostensätze:

- Fertigungsmaterialzuschlag   2 %
- Maschinenstundensatz = variable Gemeinkosten : Maschinenstunden   € 38,96
- Fertigungsstundensatz = (variable Gemeinkosten + Fertigungslohn) : Fertigungsstunden   € 34,09
- Kosten pro Versandeinheit   € 135,14

1) Auf Grund von Ablaufuntersuchungen wurde festgestellt, dass die variablen Kosten in der Vertriebsstelle zum überwiegenden Teil von den Versandeinheiten, die kunden- und länderspezifisch sind, abhängen.

Abb. 32

Beispiel:

Ermitteln Sie die Deckungsbeiträge der beiden Produkte A und B:

	A	B
Fertigungsmaterialverbrauch	200,78	200,78
Maschinenstunden Teilefertigung	5	4
Fertigungsstunden Montage	29	29
Verpackungseinheiten	4/Karton	1/Karton
Vertriebssonderkosten	10 %	10 %
Verkaufspreis ohne USt	2.500	2.500

Kalkulation (Deckungsbeitragsrechnung)	A		B	
Fertigungsmaterial	200,78		200,78	
Materialgemeinkosten 2 %	4,02	204,80	4,02	204,80
Teilefertigung 38,96/Maschinenstunde		194,80		155,84
Montage 34,09/Fertigungsstunde		988,61		988,61
var. Vertriebskosten 135,14/Verpackungseinheit		33,79		135,14
Vertriebssonderkosten 10 % des Verkaufspreises ohne USt		250,00		250,00
variable Selbstkosten		1.672,00		1.734,39
Verkaufspreis ohne USt		2.500,00		2.500,00
Deckungsbeitrag		**828,00**		**765,61**

Durch den Verzicht der Zurechnung der fixen Kosten auf die einzelnen Produkte kann sich das Unternehmen einen erheblich größeren Preisspielraum verschaffen. Dabei ist jedoch darauf zu achten, dass die Summe der Deckungsbeiträge der in der Periode verkauften Produkte jedenfalls die Fixkosten in Höhe von 45.090 abdecken muss, soll das Unternehmen nicht mit Verlust abschließen.

Abb. 33

Die Vorteile der Grenzkostenrechnung

1) Bestimmbarkeit der (kurzfristigen) **Preisuntergrenzen** bei Verfall der Marktpreise bzw. bei nicht ausgenutzten Teilkapazitäten; Erhöhung des Spielraumes für preispolitische Maßnahmen.

2) Ermittlung des **Beitrages**, den bestimmte Leistungen oder Leistungsgruppen **zur Abdeckung** der zeitbezogenen **Fixkosten** bzw. **zur Gewinnerzielung** erbringen. Dadurch ergeben sich Grundlagen für die Festlegung des Leistungsprogrammes.

3) Möglichkeit der Ermittlung von **Opportunitätskosten**, die dann bekannt sein müssen, wenn erwogen wird, statt einer bestimmten Leistung eine andere Leistung zu erstellen. Soll ein Auftrag einen anderen Auftrag verdrängen, so ist die Preisuntergrenze dieses anderen Auftrages (des Zusatzauftrages) zu ermitteln. Die Preisuntergrenze ergibt sich aus den variablen Kosten des Zusatzauftrages und dem Deckungsbeitrag des verdrängten Auftrages (= Opportunitätskosten).

4) **Verbesserung der Kontrolle** von Verantwortungsträgern in den Kostenstellen, weil diese für vorhandene Fixkosten nicht immer verantwortlich gemacht werden können.

5) Erleichterung des **Soll-Ist-Vergleiches** durch gesonderte Erfassung der Fixkosten, was bei starken Beschäftigungsschwankungen wichtig ist.

6) Zweckentsprechende Berechnung der **optimalen Losgröße** und der minimalen Auftragsgröße.

7) Auswahl jener (bereits vorhandenen) **Fertigungsverfahren**, die die **niedrigeren Grenzkosten** aufweisen. Dies auch dann, wenn sich rechnerisch höhere Durchschnittskosten ergeben. Dadurch wird bei Unterbeschäftigung z. B. die Forcierung alter Maschinen vermieden, die voll abgeschrieben und daher mit niedrigeren Stundensätzen belastet sind.

8) Erleichterung der Entscheidung, ob bei Vorhandensein entsprechender Kapazität bestimmte Güter durch **Fremdbezug** angeschafft **oder** in **Eigenleistung** erstellt werden sollen. In diesem Fall werden die Grenzkosten mit den Preisen der Lieferanten verglichen. Bei Vollkostenrechnung werden, betriebswirtschaftlich unvertretbar, Entscheidungen oft zugunsten des Kaufs bei Lieferanten getroffen.

Die Grenzen der Grenzkostenrechnung

Die Grenzen der Grenzkostenrechnung lassen sich zweckmäßig durch folgende Fragen andeuten:

1) Besteht die Gefahr, dass bei den Entscheidungsträgern infolge vorwiegender positiver Deckungsbeiträge bereits **Zufriedenheit** besteht, ohne zu prüfen, ob die Deckungsbeiträge ausreichen, die Fixkosten zu decken und Gewinne zu erzielen?

2) Werden durch Forcierung eines hohen Deckungsbeitrages, der nur vorübergehend erwartet werden kann, **Kunden verdrängt**, bei deren Belieferung sich zwar nur geringe Deckungsbeiträge ergeben, die dafür aber langfristig erzielbar sind?

3) Ist es möglich, die Erstellung **ertragsschwacher Leistungen** so zu **begrenzen**, dass nur solche Kapazitäten beansprucht werden, für die eine Gewinn bringende Verwendung nicht besteht?

4) Wird geprüft, ob es **Möglichkeiten** in der Leistungserstellung gibt, die zu **höheren Deckungsbeiträgen** führen?

5) Wird sich die Einstellung eines bestimmten Produktes mit negativem oder geringerem Deckungsbeitrag **ungünstig auf** den **Absatz anderer Güter** auswirken?

Das nachstehende **Beispiel** zeigt den Rechenmodus der Grenzkostenrechnung unter Einschluss eines Engpasses.

Annahmen:

Ein Produktionsunternehmen erzeugt die Produkte I, II, III. Die Erlöse je Produkt betragen für I 18,–, für II 16,– und für III 25,–. Die Vollkosten belaufen sich in der angegebenen Reihenfolge der Produkte auf 19,–, 15,– und 22,–, die Grenzkosten auf 13,–, 10,– und 21,–. Der Engpass wird durch das Produkt I 20 Minuten, durch das Produkt II 60 Minuten und durch das Produkt III 30 Minuten belegt.

Welche Förderungswürdigkeit der Produkte ergäbe sich, läge kein Engpass vor? Welche Förderungswürdigkeit liegt unter Berücksichtigung des Engpasses vor?

Lösung:

	PRODUKT		
	I	II	III
Erlöse	18,–	16,–	25,–
Vollkosten	19,–	15,–	22,–
Gewinn/Verlust	– 1,–	1,–	3,–
Förderungswürdigkeit	③	②	①
Variable Kosten je Produkt	13,–	10,–	21,–
Deckungsbeitrag je Produkt	5,–	6,–	4,–
Förderungswürdigkeit	②	①	③
Dauer der Belegung des Engpasses durch die Produkteinheit	20 Minuten	60 Minuten	30 Minuten
Deckungsbeitrag je Zeiteinheit (je Stunde)	15,–	6,–	8,–
Förderungswürdigkeit	①	③	②

Abb. 34

Das Beispiel, obwohl in den Ansätzen extrem formuliert, ist in der betrieblichen Realität ohne weiteres denkbar. Es zeigt, dass Vollkostenrechnungen u. U. unrichtige Entscheidungen veranlassen.

Aber auch Teilkostenrechnungen, in welchen Deckungsbeiträge nur mengeneinheitsbezogen ermittelt werden, können in ihren Aussagen zu falschen Schlüssen führen. Die Berücksichtigung von Engpässen ist bei Überbeschäftigung daher unerlässlich.

Auf der Grundlage der Vollkostenrechnung ergibt sich nach obiger Zusammenstellung eine Förderungswürdigkeit der Produkte in der Reihenfolge III, II, I. Nach der Grenzkostenrechnung auf Mengeneinheiten bezogen tritt eine Änderung der Förderungswürdigkeit (II, I, III) ein. Die Berücksichtigung des Engpasses erweist jedoch, dass die Rangfolge I, III, II gewinnoptimal ist.

bb) Ausgabenbezogene Kostenrechnung

Grenzkostenrechnungen sind **erfolgsorientiert** und nicht auf die Liquiditätssituation des Unternehmens abgestimmt. Bei Liquiditätsschwierigkeiten kann die verantwortliche Unternehmensinstanz aber gezwungen sein, anstelle von Preisuntergrenzen, die sich an den Grenzkosten orientieren, Preisuntergrenzen auf Grund der ausgabewirksamen Kosten festzulegen. Über den Preis muss dann mindestens die Summe jener Geldbeträge „verdient" werden, die kostenwirksam von dem Unternehmen selbst ausgegeben wurde.

Die Ausgabekosten eines Unternehmens sind meist höher als die Grenzkosten, da ein großer Teil der variablen Kosten Ausgabekosten darstellt und ein Teil der fixen Kosten unmittelbar ebenfalls mit Ausgaben verbunden ist.

cc) **Stufenweise Fixkostendeckungsrechnung**

Die Entwicklung der stufenweisen Fixkostendeckungsrechnung geht auf die Kritik an der einfachen Kostendeckungsbeitragsrechnung zurück, in der die Fixkosten als einheitlicher Block behandelt werden.

Agthe und Mellerowicz weisen darauf hin, dass sich die Fixkosten in unterschiedlicher Höhe Erzeugnissen, Erzeugnisgruppen, Kostenstellen und Bereichen zurechnen lassen; erst der verbleibende Fixkostenrest entspreche den Unternehmensfixkosten.

Die **Erzeugnisfixkosten** sind durch Entwicklung, Produktion und Vertrieb eines bestimmten Erzeugnisses verursacht und können daher diesem Erzeugnis zugerechnet werden. Die Zurechnung ist jedoch nicht auf eine Erzeugniseinheit möglich, sondern lediglich auf die im Rechnungsabschnitt produzierte Gesamtzahl der Leistungen eines bestimmten Erzeugnisses. Beispiele: Patentkosten, Kosten für Spezialwerkzeuge und Spezialfahrzeuge.

Erzeugnisgruppenfixkosten sind einer Erzeugnisgruppe unmittelbar zurechenbar. Beispiele: bestimmte Beratungskosten, Lizenzkosten, Patentkosten, Anlagekosten, die sich auf spezifische Erzeugnisgruppen beziehen.

Kostenstellenfixkosten sind nicht mehr Erzeugnissen oder Erzeugnisgruppen, sondern bestimmten Kostenstellen direkt zurechenbar. Die Kostenstellenfixkosten beziehen sich auf eine Zahl von Erzeugnisgruppen, die die betreffende Kostenstelle beanspruchen. Beispiele: Versicherungskosten, Raumkosten und Vorarbeiterkosten, die eine direkte Zurechnung auf bestimmte Stellen erlauben.

Bereichsfixkosten kann man einzelnen Bereichen zurechnen, nicht jedoch den Erzeugnissen oder Erzeugnisgruppen, von welchen sie in Anspruch genommen werden. Beispiele: Personalkosten des Bereiches, Zwischenlagerkosten, Kosten der Administration, die unmittelbar mit dem Bereich zusammenhängen.

Unternehmensfixkosten erstrecken sich auf das ganze Unternehmen und sind weder Erzeugnissen noch Erzeugnisgruppen, Kostenstellen oder Bereichen direkt zurechenbar. Beispiele: Vorstandsbezüge, Fixkosten der Zentralverwaltung.

Das nachstehende **Beispiel** zeigt die bei der stufenweisen Fixkostendeckungsrechnung anzuwendende Vorgangsweise.

Annahmen:

Die Fa. Schlaumeier & Co KG, Salzburg, erzeugt die Produkte 1 und 2, die die Kostenträgergruppe A bilden, und die Produkte 3 und 4, die zur Kostenträgergruppe B zusammengefasst sind. Für die Kostenträger liegen in der Reihenfolge 1 bis 4 folgende Angaben vor:

Erlöse: 12.000   27.000   18.000   24.000
Variable Kosten: 6.000   12.000   9.000   12.000
Erzeugnisfixkosten: —   3.000   6.000   6.000

Erzeugnisgruppenfixkosten für A = 6.000; für B = 3.000
Unternehmensfixkosten 12.000

Wie hoch ist der Betriebsgewinn?

Lösung:

	Kostenträgergruppe				
	A		B		
	Kostenträger				
	1	2	3	4	Summe
Erlöse	12.000	27.000	18.000	24.000	81.000
– Variable Kosten	6.000	12.000	9.000	12.000	39.000
Deckungsbeitrag I	6.000	15.000	9.000	12.000	42.000
– Erzeugnisfixkosten	—	3.000	6.000	6.000	15.000
Deckungsbeitrag II (Erzeugnisrestdeckungsbeitrag)	6.000	12.000	3.000	6.000	27.000
	18.000		9.000		27.000
– Erzeugnisgruppenfixkosten	6.000		3.000		9.000
Deckungsbeitrag III (Erzeugnisgruppendeckungsbeitrag)	12.000		6.000		18.000
– Unternehmensfixkosten					12.000
Betriebsgewinn					6.000

Abb. 35

Vorstehende Rechnung geht davon aus, dass die Fixkosten des Unternehmens in Erzeugnisfixkosten, Erzeugnisgruppenfixkosten und Unternehmensfixkosten zerlegbar sind.

Der Vorteil der stufenweisen Fixkostendeckungsrechnung ist in erster Linie darin zu erblicken, dass sie eine verursachungsgerechtere Vorgangsweise gewährleistet als die reine Grenzkostenrechnung. Man kann mit der stufenweisen Fixkostendeckungsrechnung zielsicherere Investitionsentscheidungen, gesichertere preispolitische Entscheidungen und präzisere Entscheidungen über den Abbau von Fixkosten treffen, als dies mit Hilfe der einfachen Grenzkostenrechnung möglich wäre.

dd) Relative Einzelkostenrechnung

Das von Paul Riebel entwickelte System der relativen Einzelkostenrechnung beruht darauf, dass sowohl die Proportionalisierung der Fixkosten wie auch die schlüsselmäßige Verteilung der Gemeinkosten unterbleibt. Deckungsbeitrag ist die auf eine Entscheidung zurückgehende Differenz von Erlösen und Kosten.

Im Einzelnen beruht die relative Einzelkostenrechnung auf folgenden Forderungen:

Es ist das **Identitätsprinzip** zu beachten; nur solche Erlöse und Kosten werden einander gegenübergestellt, die auf dieselbe Entscheidung zurückgehen;

Soweit es die Wirtschaftlichkeit erlaubt, sollen **alle Kosten** ohne Schlüsselung als **Einzelkosten** verrechnet werden. Die Abgrenzung von Einzelkosten und Gemeinkosten erfolgt nicht absolut, sondern relativ, und zwar in Abhängigkeit von der jeweiligen Bezugsgröße. Unter Bezugsgröße versteht man die betreffende betriebliche Entscheidung. Die Bezugsgrößen befinden sich in einem hierarchischen Zusammenhang. Die Kosten sind als Einzelkosten einer der Bezugsgrößen zuzurechnen. Bei der Zurechnung ist die unterste Stelle in der Hierarchie der Bezugsgrößen heranzuziehen, in der die betreffenden Kosten als Einzelkosten gerade noch erfasst werden können;

Die Kosten sind nach zweckabhängigen Merkmalen aufzugliedern. Als **Gliederungsmerkmale** kommen in Frage:

die Kostenabhängigkeit von Einflussgrößen, wie Leistungsprogramm, Losgröße, Menge usw.,
die Differenzierung der Kostenabhängigkeit in Leistungs- und Bereitschaftskosten,
der Ausgabencharakter, was die Aufspaltung in ausgabennahe, ausgabenferne und nicht ausgabenwirksame Kosten voraussetzt,
die Zurechenbarkeit auf Zeitabschnitte (Monats-, Halbjahres-, Jahreseinzelkosten).

Für Kosten, die den Leistungen nicht zurechenbar sind, ebenso wie für den kalkulatorischen Betriebserfolg müssen **Deckungsbudgets** festgelegt werden. Die Deckungsbudgets werden den diversen Betriebsbereichen vorgegeben. Die Vorgabe folgt unternehmenspolitischen Überlegungen.

Der **Betriebserfolg** wird, ähnlich der Fixkostendeckungsrechnung, **retrograd errechnet**.

Beispiel:

Kostenträgergruppe	A		B		Summe
Kostenträger	1	2	3	4	
Bruttoerlöse	12.000	15.000	20.000	16.000	63.000
– absatzbedingte variable Einzelkosten der Erzeugnisse	500	900	1.000	500	2.900
Nettoerlöse	11.500	14.100	19.000	15.000	60.100
– erzeugungsbedingte variable Einzelkosten der Erzeugnisse	4.000	7.000	9.000	3.000	23.000
Erzeugnisdeckungsbeitrag I	7.500	7.100	10.000	12.500	37.100
– Erzeugnisfixkosten	500	600	2.000	500	3.600
Erzeugnisdeckungsbeitrag II	7.000	6.500	8.000	12.000	33.500
	13.500		20.000		33.500
– variable Einzelkosten der Erzeugnisgruppe	7.000		5.000		12.000
Erzeugnisgruppendeckungsbeitrag I	6.500		15.000		21.500
– Erzeugnisgruppenfixkosten	3.000		10.000		13.000
Erzeugnisgruppendeckungsbeitrag II	3.500		5.000		8.500
	8.500				8.500
– variable Einzelkosten des Unternehmens					3.000
Restdeckungsbeitrag					5.500
– Unternehmensfixkosten					2.000
Betriebsgewinn					3.500

Abb. 36

11. Voll- und Teilkostenrechnung auf Soll-Kostenbasis (Plankostenrechnung)

Die Verwendung der Ist-Kostenrechnung als Instrument für Gegenwarts- und Zukunftsentscheidungen ist nur vertretbar, wenn unterstellt werden kann, dass in der Vergangenheit entstandene Kostensituationen für die Gegenwart und für die Zukunft maßgeblich sind.

Muss für die Zukunft eine sich ändernde Entwicklung angenommen werden (Änderungen der Beschaffungspreise, Änderung der Beschäftigung, Änderung der

Fertigungsprogramme und deren Zusammensetzung usw.), so sind Soll-Kostenrechnungen notwendig, deren Wertansätze auf Erfahrung, auf das Wissen um zukünftige Gegebenheiten, auf Schätzungen und auf Planungen bzw. Budgets zurückgehen.

Im Gegensatz zur Istkostenrechnung, die auf Vergangenheitswerten aufbaut und bereits bekannte Daten der Rechnung zugrunde legt, beruht die Kostenermittlung bei der Sollkostenrechnung auf der Kostenvorschau. Je nach der Intensität der Kostenplanung und der Normativität, die man den geplanten Kosten zugrunde legt, unterscheidet man die Prognosekostenrechnung und die eigentliche Plankostenrechnung. In gleicher Weise wie bei der Istkostenrechnung kann auch die Plankostenrechnung zu Vollkosten und Teilkosten, starr bzw. flexibel durchgeführt werden.

Schematische Darstellung:

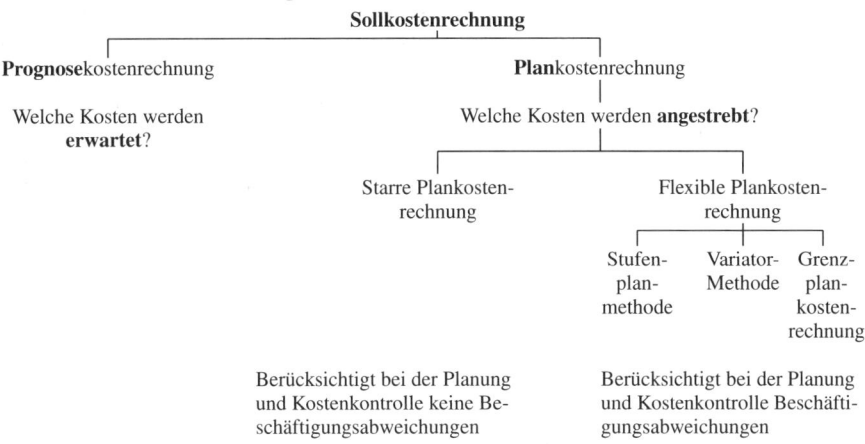

Abb. 37

a) Die Plankostenrechnung

Die Plankostenrechnung beruht auf der **Kostenvorgabe** an die Verantwortungsstellen für einen bestimmten Zeitraum bei einem bestimmten festgesetzten Beschäftigungsgrad und unter der Voraussetzung einer bestimmten Kapazität, eines bestimmten Faktorpreises und eines bestimmten Leistungs-(Fertigungs-)verfahrens.

Die Plankostenrechnung ist immer Sollrechnung: Man geht von der Problemstellung aus, wie hoch die Kosten einer bestimmten Periode sein **sollen,** und stellt diese Kosten entweder während oder nach Ablauf der Periode den Istkosten gegenüber.

Erst durch die laufende Gegenüberstellung der Soll- und Istkosten wird die Plankostenrechnung zu einem wichtigen Kontrollmittel über die Einhaltung der Kostenvorgaben und die Arten und Ursachen der in der Kostenstellen- und Kostenträgerrechnung auftretenden Abweichungen, deren Analyse neuerlich Steuerungsmaßnahmen verursacht.

aa) Starre Plankostenrechnung

Bei der starren Plankostenrechnung erfolgt die Kostenplanung nur für eine bestimmte Planbeschäftigung, wobei die in der Planungsperiode (in der Regel ein Jahr) zu erwartende durchschnittliche Beschäftigung zugrunde gelegt wird. Den auf dieser Basis ermittelten Plankosten (Planmenge mal Planpreis) werden die Istkosten (bewertet zu Planpreisen: Istmenge mal Planpreis) gegenübergestellt. Die sich hierbei für die einzelnen Kostenstellen und ihre Kostenarten ergebenden Mengenabweichungen sind aber nur so lange aufschlussreich, als die Istbeschäftigung gleich der Planbeschäftigung ist.

bb) Flexible Plankostenrechnung

Die flexible oder bewegliche Plankostenrechnung ist eine Vollkostenrechnung, die aus der Erkenntnis entstanden ist, dass die Gesamtkosten einer Periode je nach dem Anteil an variablen Kosten maßgeblich von der Höhe des Beschäftigungsgrades beeinflusst sind. Zur Angleichung der Sollkosten an den Beschäftigungsgrad gibt es zwei Wege, und zwar die direkte Methode, auch **Stufenplanmethode** genannt, und die indirekte oder **Variatormethode**.

Nach der ersten Methode werden die Plankosten einer Kostenstelle unmittelbar für verschiedene Beschäftigungsstufen (z. B. 110, 90, 80 und 70 %) ermittelt. Die sich hierbei für die verschiedenen Beschäftigungsgrade ergebenden Kosten werden tabellarisch zusammengestellt, so dass die Istkosten eines bestimmten Beschäftigungsgrades den Sollkosten der nächstliegenden Beschäftigungsstufe gegenübergestellt werden können.

Nach der zweiten Methode werden die Plankosten zunächst für eine bestimmte Planbeschäftigung ermittelt und daraus mittels Variator die Sollkosten für andere Beschäftigungsgrade abgeleitet.

Der Variator gibt an, um wie viel Prozent sich die vorzugebenden Kosten bei einem um 10 % steigenden oder fallenden Beschäftigungsgrad ändern. Fixe Kosten haben den Variator 0, da sie bei einer Änderung des Beschäftigungsgrades unverändert gleich bleiben.

Proportionale Kosten haben den Variator 10, da sie sich bei einer Änderung der Beschäftigung um 10 % im gleichen Ausmaß verändern sollen. Der Variator 7 würde also beispielsweise bedeuten, dass sich die Kosten um 7 % ändern, wenn sich die Beschäftigung um 10 % ändert.

Beispiel einer flexiblen Plankostenrechnung (Kosten in 1.000 €):

1. Stufenplanmethode

		Beschäftigungsgrad		
		100 %	90 %	80 %
Fertigungslöhne	proportional	2.000	1.800	1.600
Strom	20 % Grundgebühr			
	80 % Laufgebühr	500	460	420
Miete	fix	300	300	300

2. **Variatormethode**		Plankostenvariator[1])	
Fertigungslöhne	proportional	2.000	10
Strom	20 % Grundgebühr		
	80 % Laufgebühr	500	8
Miete	fix	300	0

1) Die Sollkosten der verschiedenen Beschäftigungsgrade werden im Zuge der Planung nicht dargestellt, da sie sich ohnehin aus der Multiplikation der Plankosten mit dem Variator ergeben.

cc) Grenzplankostenrechnung

Die Grenzplankostenrechnung ist nach dem System der Deckungsbeitragsrechnung aufgebaut: Sie versucht, eine strikte Trennung zwischen variablen und fixen Kosten herbeizuführen. Sie hat den Vorteil, dass die Planung der Fixkosten unabhängig von der geplanten Beschäftigung erfolgen kann.

Die Grenzplankostenrechnung baut auf dem Grundsatz der mengen- und wertmäßigen Vorgabe der Leistungen und des Produktionsfaktoreneinsatzes auf. Durch den Einbezug des Absatzes und damit der Vorgabe des Betriebserfolges wird die Grenzplankostenrechnung zur **Budgetrechnung (Leistungsbudget)**.

Schema der Grenzplankostenrechnung

Geplanter Absatz
abzüglich variabler Kosten der verkauften Produkte

geplanter Deckungsbeitrag
abzüglich geplanter Fixkosten der Periode (getrennt nach Kostenstellen)

geplanter Betriebserfolg

Die Grenzplankostenrechnung geht in gleicher Weise wie die Deckungsbeitragsrechnung von einem linearen Kostenverlauf aus, das heißt, sie unterstellt den variablen Kosten im Wesentlichen einen proportionalen Verlauf.

b) Die Kostenüberwachung (Soll-Ist-Vergleich)

aa) Allgemeines

Die Kostenüberwachung hat grundsätzlich die Aufgabe, die Wirtschaftlichkeit bzw. den Erfolg der erbrachten Leistungen festzustellen.

Eine Wirtschaftlichkeitsüberwachung ist an sich nur dann möglich, wenn der Ist-Zustand an einer Norm gemessen wird, die in Form der Plankostenrechnung oder des Budgets gegeben sein kann.

Bei Fehlen einer derartigen Norm werden als **Ersatznorm** häufig das Ergebnis der Vorperiode, eines Vergleichsbetriebes, aber auch allgemeine betriebswirtschaftliche Grundsätze wie erwünschte Rentabilität etc. herangezogen.

bb) Abweichungen und Abweichungsanalyse

Eine Kostenplanung hat nur dann Erfolg, wenn durch die nachfolgende Kontrolle die Einhaltung der Vorgaben festgestellt, entstandene Abweichungen analysiert und daraus notwendige Konsequenzen gezogen werden.

Abweichungen können sich im Wesentlichen aus drei Ursachen ergeben:
1. Preisabweichungen
2. Verbrauchsabweichungen (Wirtschaftlichkeitsabweichungen)
3. Beschäftigungsabweichungen

Preisabweichungen

Preisabweichungen liegen dann vor, wenn die Produktionsfaktoren teurer oder billiger als geplant beschafft wurden. Dazu gehören Preisänderungen beim Materialeinkauf, höhere Anschaffungspreise bei den Anlagen, Lohnsteigerungen.

Die Ermittlung der Preisabweichungen erfolgt nach folgendem Schema:

Istmengen mal Planpreis
– Istmengen mal Istpreis
_____
Preisabweichung

Verbrauchsabweichungen

Verbrauchsabweichungen ergeben sich, wenn im Zuge der Leistungserstellung (Erzeugung) mehr oder weniger an Produktionsfaktoren (Fertigungsmaterial, Arbeitsstunden) verbraucht wird, um die geplante Leistung zu erreichen. Verbrauchsabweichungen können durch Ausschuss, Nacharbeit, geringere oder höhere Leistungsintensität, Maschinenstörung, fehlendes Material, Kapazitätsengpässe, Verwendung falschen Materials etc. entstehen.

Treten derartige Abweichungen auf, sind die Ursachen zur Vermeidung zukünftiger Unwirtschaftlichkeiten genau zu untersuchen.

Die Ermittlung der Verbrauchsabweichungen erfolgt nach folgendem Schema:

Planmenge mal Planpreis
– Istmenge mal Planpreis
_____
Verbrauchsabweichung

Die Verbrauchsabweichung kann unter anderem in die

Intensitätsabweichung
Verfahrensabweichung
Losgrößenabweichung und
Ausbeutegradabweichung

unterteilt werden.

Die **Intensitätsabweichung** ist dann gegeben, wenn das geplante Verhältnis von Produktionszeit und Produktionsmenge nicht eingehalten wird. Sie entspricht der Differenz der Leistung, die bei der gegebenen Beschäftigung erbracht hätte werden sollen, und der tatsächlich erbrachten Leistung; sie kann durch **Maschinenleerlauf** und geringere **Arbeitsintensität** entstehen.

Zur **Verfahrensabweichung** kann es dann kommen, wenn gegenüber dem geplanten Produktionsverfahren ein anderes Fertigungsverfahren angewendet wird (Einsatz einer handbedienten Maschine statt einer automatischen Maschine, Beschaffung von Fertigteilen anstatt Bearbeitung des Rohmaterials im Werk etc.).

Die **Losgrößenabweichung** liegt vor, wenn die tatsächliche Losgröße von der geplanten Losgröße abweicht und die Rüstkosten nunmehr auf mehr oder weniger Stück aufzuteilen sind.

Die **Ausbeutegradabweichung** ergibt sich dann, wenn der Abfall bzw. Ausschuss bezogen auf die erzeugte Menge größer oder kleiner ist als geplant.

Ist die Istmenge höher als die geplante Menge, wird im Falle von Preisabweichungen die Preisabweichung des Mehrverbrauchs häufig als **gemischte Abweichung** bezeichnet. Die gemischte Abweichung wird jedoch in der Regel der Preisabweichung zugezählt werden.

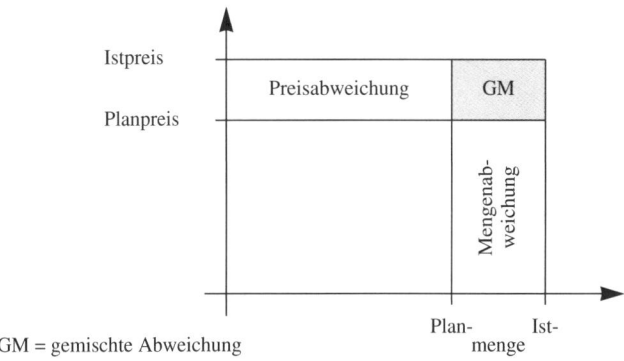

GM = gemischte Abweichung

Abb. 38

Das folgende (auf die knappste Form gebrachte) **Beispiel** zeigt den Grundgedanken der Plankostenrechnung, der sich mit der Gesamtabweichung, der Preisabweichung und der Wirtschaftlichkeitsabweichung verbindet.

Annahmen:

Geplant sei das Produkt X. Die Plankosten belaufen sich auf € 800,–. Der Mengeneinsatz beträgt 50 l; der Literpreis ist € 16,–. Der effektive Kostenanfall beträgt 55 l bei einem Literpreis von € 18,–; Gesamtkosten daher € 990,–.

Lösung:

Auf Grund dieser Angaben lassen sich, die **Einzelkosten betreffend**, **Gesamtabweichung**, **Preisabweichung** und **Wirtschaftlichkeitsabweichung** ermitteln, und zwar:

Gesamtabweichung	$= 990 - 800 = 190{,}-$
Preisabweichung	$= 55\,l \times \ \ 2 = 110{,}-$
Wirtschaftlichkeitsabweichung	$= \ 5\,l \times \ 16 = 80{,}-$

Beschäftigungsabweichungen

Durch die Beschäftigungsabweichung sollen die **Leerkosten** ermittelt werden.

Leerkosten sind jener Teil der Fixkosten, der der nicht ausgelasteten Normal- und Durchschnittsbeschäftigung entspricht. Als **Nutzkosten** werden die durch die Beschäftigung ausgelasteten Fixkosten bezeichnet. Die Beschäftigungsabweichung ist eine rein theoretische Größe.

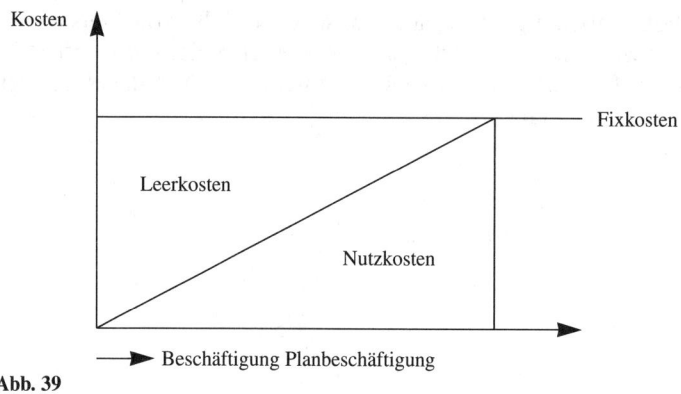

Abb. 39

Beispiel zur Ermittlung der Gemeinkostenabweichungen

Die Ermittlung der **Gemeinkostenabweichungen** aus der Sicht der flexiblen Plankostenrechnung soll an folgendem Beispiel (die Kostenart Hilfslöhne der Kostenstelle X betreffend) demonstriert werden:

Plan:

Planbeschäftigung 1.000 Einheiten, geplante Hilfslöhne (10.000 Stunden à € 10,–) 100.000,– (Variator 8).

Ist:

Erreichter Beschäftigungsgrad 90 %,
Lohnerhöhung 5 %,
Istleistung 850 Einheiten,
Istkosten € 96.600,– (9.200 Stunden).

828

Lösung:

Gesamtabweichung:

$$\frac{100.000}{1.000} \times 850 = \qquad 85.000,- \text{ (verrechnete Kosten bei Istleistung)}$$
$$96.600,- \text{ (Istkosten)}$$

$$(-)\quad 11.600,- \text{ Gesamtabweichung}$$

Beschäftigungsabweichung:

$$\frac{100.000}{1.000} \times 900 = \qquad 90.000,- \text{ (verrechnete Kosten bei Istbeschäftigung)}$$

$$20.000 + \frac{80.000}{1.000} \times 900 = \qquad 92.000,- \text{ (Sollkosten)}$$

$$(-)\quad 2.000,- \text{ Beschäftigungsabweichung}$$

Wirtschaftlichkeitsabweichung:

$$92.000,- \text{ (Sollkosten)}$$
$$92.000,- \text{ (Istmenge} \times \text{Planpreis)}$$

$$0,- \text{ Wirtschaftlichkeitsabweichung}$$

Preisabweichung:

$$92.000,- \text{ (Istmenge} \times \text{Planpreis)}$$
$$96.600,- \text{ (Istmenge} \times \text{Istpreis)}$$

$$(-)\quad 4.600,- \text{ Preisabweichung}$$

Intensitätsabweichung:

$$85.000,- \text{ verrechnete Kosten bei Istleistung}$$
$$90.000,- \text{ verrechnete Kosten bei Istbeschäftigung}$$

$$(-)\quad 5.000,- \text{ Intensitätsabweichung}$$

Grafische Darstellung der Abweichungen

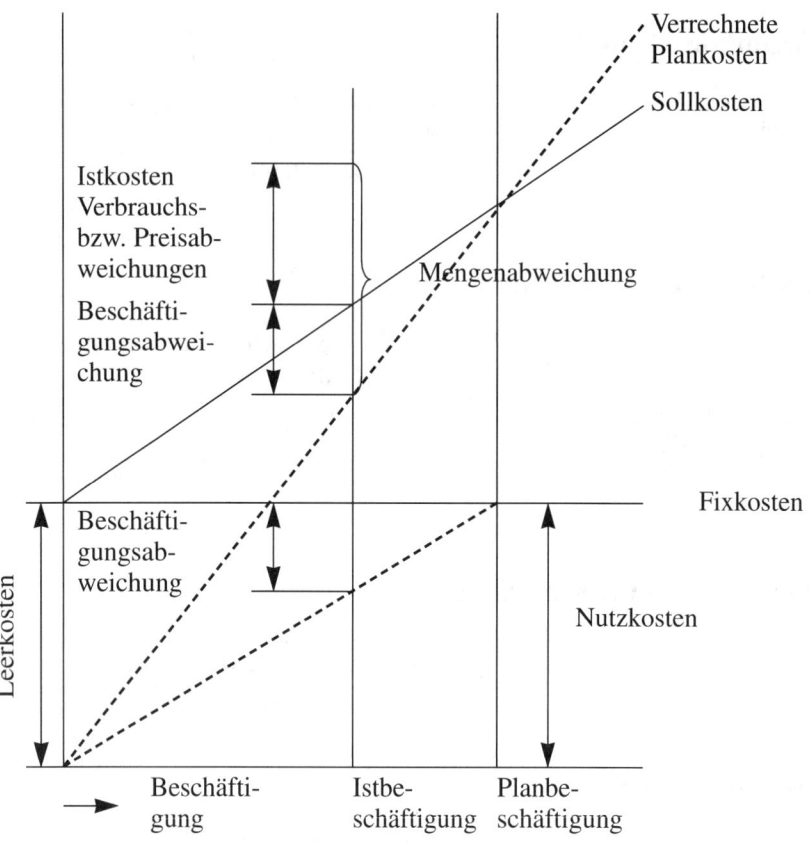

Abb. 40

12. Die Prozesskostenrechnung

a) Grundlagen

Eine in den USA unter dem Namen „Activity Based Costing", „Activity Based Cost Accounting", „Transaction-Based Costing", „Process Costing" propagierte Kostenrechnungsform hat in Europa unter dem Namen „Prozesskostenrechnung", „aktivitätsorientierte Kostenrechnung", seit Anfang der 80er-Jahre eine Reihe von Befürwortern gefunden. Auslösendes Moment für die Befürworter der Prozesskostenrechnung bildet die stetige prozentuale Zunahme der (fixen) Gemeinkosten bei gleichzeitiger Abnahme der direkt zurechenbaren Einzelkosten, insbesondere der Fertigungslöhne, mit der Folge, dass die Gemeinkostenzuschläge immer größer werden und damit die Richtigkeit der für die einzelnen Produkte festgestellten Kosten nicht mehr gegeben ist. Als Konsequenz ergeben sich häu-

830

fig Entscheidungen, die das falsche Produkt bevorzugen, und Produkte, die durchaus mit gutem Erfolg abschneiden würden, eliminieren.

Die Prozesskostenrechnung ist eine Vollkostenrechnung, die der pauschalen Verrechnung von Gemeinkosten vor allem in der Kostenträgerrechnung begegnen will. Es soll eine verursachungsgerechtere Produktkalkulation erreicht werden, als dies nach Meinung der Befürworter mit den derzeit gängigen Kostenrechnungsformen möglich ist.

Die Prozesskostenrechnung geht von der die (fixen) Gemeinkosten undifferenziert verrechnenden Kostenstellenbetrachtung zu einer bereichs-(kostenstellen-) übergreifenden Prozessbetrachtung über. Einsatzgebiet der Prozesskostenrechnung sind vor allem die Nichtfertigungsbereiche (Beschaffung, Arbeitsvorbereitung, technische Leitung, Verwaltung, Vertrieb, Forschung und Entwicklung etc.). Ihre Hauptaufgabe ist die Analyse, Bewertung und Kalkulation abteilungsübergreifender Leistungsprozesse, mit dem Ziel, deren Kosten den diese Prozesse in Anspruch nehmenden Produkten zuzurechnen.

Grundlage der Prozesskostenrechnung ist die Bestimmung der im Betrieb anfallenden Prozesse, bei denen es sich um „repetitive Tätigkeiten in den verschiedenen Kostenstellen oder Abteilungen eines Unternehmens handelt, die bei der Ausführung der übertragenen Aufgaben anfallen" (Coenenberg/Fischer, Prozeßkostenrechnung – Strategische Neuorientierung in der Kostenrechnung, in: DBW 5/91, S. 25).

Durch die kostenstellenübergreifende Zusammenfassung von mehreren sachlich zusammenhängenden **Teilprozessen** entstehen so genannte **Hauptprozesse**, die die Grundlage der prozessorientierten Kalkulation darstellen.

So können beispielsweise in der Kostenstelle Einkauf folgende Teilprozesse anfallen (Coenenberg/Fischer, S. 26):

1. Bestellungen abwickeln für Rohstoffe

2. Bestellungen abwickeln für Hilfs- und Betriebsstoffe

3. Bestellungen abwickeln für Maschinen und Anlagen

4. Verwaltung der Einkaufsstelle

In der Auftragsabwicklung können etwa folgende Teilprozesse festgestellt werden (R. Mayer, Prozeßkostenrechnung, in: krp 5/90, S. 307):

1. Kommissionierung

2. Versandpapiere Inland erstellen

3. Versandpapiere Ausland erstellen

4. Verwaltungstätigkeit durchführen

Die in verschiedenen Kostenstellen anfallenden sachlich zusammenhängenden Teilprozesse werden zu kostenstellenübergreifenden Hauptprozessen verdichtet.

Beispiel für die Zusammensetzung des Hauptprozesses „Materialbeschaffung" (Coenenberg/Fischer, S. 27):

Teilprozesse:

K	TP	
220	2201	Material einkaufen
282	2821	Materiallieferung entgegennehmen
110	1102	Eingangsprüfung für Material vornehmen
112	1122	Material lagern

Hauptprozess = Material beschaffen

K = Kostenstelle
TP = Teilprozess

b) Aufbau der Prozesskostenrechnung

1. Feststellung der Prozesse (Aktivitäten) innerhalb des Unternehmens, soweit diese nicht unmittelbar produktionsbezogen sind, und Zerlegung in Teilprozesse bzw. Verdichtung zu Hauptprozessen.

   Die in den einzelnen Kostenstellen anfallenden Kosten werden nach bestimmten, meist kapazitätsorientierten Gesichtspunkten (Beschäftigte, Arbeitsstunden, Mannjahre etc.) global auf die Teilprozesse aufgeteilt. Um diese Aufteilung durchführen zu können, ist es erforderlich, festzustellen, welchen Kapazitätsprozentsatz ein bestimmter Teilprozess einnimmt. Die Aufteilung kann auch auf Grund sonstiger analytischer Untersuchungen erfolgen.

2. Zur Weiterverrechnung der den Teilprozessen schlüsselmäßig zugerechneten Kosten werden die Teilprozesse danach unterschieden, ob sie **prozessmengenvariabel**, also „leistungsmengeninduziert", oder „leistungsmengenneutral" sind (R. Mayer, Prozeßkostenrechnung, in: krp 5/90, S. 307 ff.).

   Sind sie **leistungsmengeninduziert**, werden sie zur Ermittlung der Kosten/ Leistungseinheit durch die Bezugsgrößen bzw. Maßgrößen dividiert.

   Da die Bezugsgrößen zugleich die hauptsächlichen Einflussgrößen sind, werden sie auch als **„cost drivers"** bezeichnet.

   Beispiele für Bezugsgrößen, nach denen die Kosten von Teil- bzw. Hauptprozessen zugerechnet werden können:

Teilprozess:	**Bezugsgröße (Prozessmenge):**
Kundenaufträge bestätigen	Anzahl der Aufträge
Kommissionierung	Anzahl der Aufträge
Versandpapiere Inland erstellen	Anzahl der Aufträge Inland
Angebote bearbeiten	Anzahl der Angebote
Material beschaffen	Anzahl der Bestellungen
Fertigungsplätze rüsten	Rüstzeit
Fertigerzeugnisse lagern	m^3 Lagerraum

Als Bezugsgrößen dürfen nur solche gewählt werden, die einen unmittelbaren Bezug zum Kostenträger haben, da andernfalls eine Zurechnung zum

Produkt nicht möglich ist. So bringt der m³ Lagerraum kein Ergebnis, wenn nicht das Volumen der Fertigware bekannt ist. Die Anzahl der Aufträge kann nur dann kostenträgerrelevant sein, wenn feststeht, aus wie viel Stück ein Auftrag besteht.

Jene (Teil-)Prozesse, die **leistungsmengenneutral** sind, wie beispielsweise die Kostenstellenleitung, das Erstellen von Fertigungsplänen, die Arbeitsvorbereitung etc., werden in der Regel zuschlagsmäßig den Kosten der mengenvariablen Prozesse zugeschlagen. Coenenberg/Fischer (S. 30) schlagen vor, die Kosten der leistungsunabhängigen Prozesse kostenstellenübergreifend in einem Sammelposten zusammenzufassen und dann mit prozentuellen Zuschlägen auf die Gesamtsumme der bereits produktspezifisch vorliegenden Einzel- und Prozesskosten zu verteilen. Diese Methode hat den Vorteil, „daß sämtliche im Betrieb erhobenen prozeßorientierten Kosteninformationen in der Kostenträgerstück- bzw. -zeitrechnung unverfälscht gezeigt werden".

3. Übertragung der Kosten der einzelnen Teilprozesse auf die sachlich zugehörigen Hauptprozesse und Ermittlung der Kosten pro Hauptprozessmengeneinheit.

4. Kostenträgerkalkulation, bestehend aus

   a) Zurechnung der Einzelkosten
   b) Zurechnung der Prozesskosten

c) Kritische Würdigung der Prozesskostenrechnung

Zunächst fällt auf, dass alle Befürworter der Prozesskostenrechnung, darunter auch Autoren wie Cooper/Kaplan, die Prozesskostenrechnung nicht der Grenzplankostenrechnung, sondern der in weiten Bereichen nicht mehr zur Anwendung kommenden herkömmlichen Vollkostenrechnung gegenüberstellen. Bei diesem Vergleich sind die Vorteile der Prozesskostenrechnung, nämlich

a) verursachungsgerechtere Kostenzurechnung und damit richtigere Kalkulation und

b) bessere strategieorientierte Gestaltung des Produktmixes durch Förderung der Produkte mit einer größeren Spanne zwischen Selbstkosten und Verkaufspreis, evident.

Anders zeigt sich das Ergebnis, wenn man die Prozesskostenrechnung der Deckungsbeitragsrechnung (Grenzplankostenrechnung) gegenüberstellt;

1. Wie schon hingewiesen, ist die Prozesskostenrechnung eine Vollkostenrechnung mit einer verursachungsgerechteren Zurechnung der (fixen) Gemeinkosten, als dies bei der herkömmlichen Vollkostenrechnung geschieht. Als Vollkostenrechnung enthält die Prozesskostenrechnung aber auch alle Nachteile, die im Zusammenhang mit der Kostenanpassung an den schwankenden Beschäftigungsgrad der herkömmlichen Vollkostenrechnung zugeschrieben werden: Sie **proportionalisiert die Fixkosten**.

2. Die Prozesskostenrechnung ist nicht für kurzfristige Verfahrensentscheidungen (make or buy, Maschinenbelegung) bzw. preispolitische Maßnahmen (Feststellung von Preisuntergrenzen) geeignet.

3. Die Prozesskostenrechnung gibt keine Möglichkeit der Ermittlung des Break-even-points.

4. Die Prozesskostenrechnung arbeitet in einem wesentlichen Bereich der Kostenverteilung (Aufteilung der Kostenblöcke auf die [Teil-]Prozesse) mit Näherungswerten, obwohl diese Kostenverteilung letztlich die Grundlage für die Kosten der Prozessmengeneinheit bildet. Die Aufteilung der Kostenblöcke auf die einzelnen (Teil-)Prozesse geschieht in einer relativ groben Form.

5. Da die den einzelnen Prozessen zugerechneten Kostenblöcke in überwiegendem Ausmaß Fixkosten sind, führen Beschäftigungsschwankungen sofort zu geänderten Prozesseinheitskosten.

6. Der große Vorteil, den die Befürworter in der Prozesskostenrechnung sehen, nämlich die verursachungsgerechte Zurechnung der indirekten Gemeinkosten auf den Kostenträger, ist in der Grenzplankostenrechnung im Zusammenhang mit einer stufenweisen Fixkostendeckungsrechnung ebenfalls zu erzielen, wobei aber der große Nachteil der Proportionalisierung der Fixkosten entfällt.

7. In den Nichtfertigungsbereichen, in denen die Prozesskostenrechnung in erster Linie eingesetzt werden kann, ist sie dann sinnvoll, wenn sie zu Rationalisierungsmaßnahmen Anlass gibt, die in der Folge zu einem Kostenabbau führen. Sollte dies nicht möglich sein, müsste das Unternehmen zumindest die bei bestimmten Produkten entstehenden höheren Kosten weiterverrechnen können oder die Produkte, falls sich auf Grund der Prozesskostenrechnung herausstellt, dass sie nicht kostendeckend sind, abbauen. Ist allerdings mit der Auflassung eines Produktes kein Abbau der diesem Produkt zugerechneten Prozesskosten möglich, erleidet das Unternehmen höhere Verluste als vorher.

Im Zusammenhang mit der Deckungsbeitragsrechnung kann die Prozesskostenrechnung eine sehr gute Ergänzung in den indirekten Leistungsbereichen sein. Vgl. hiezu die Abrechnung der Verwaltungs- und Vertriebsstelle in Abb. 32 und 33: Die Verwendung des üblichen Aufschlages auf die Herstellkosten hätte nicht gezeigt, dass das Produkt A durch die kleinere Versandeinheit wesentlich höhere Kosten verursacht als das Produkt B.

Zusammenfassend kann zum Ausdruck gebracht werden, dass die Prozesskostenrechnung, soweit sie auf reiner Vollkostenbasis entwickelt ist, kostentheoretisch und in der Kostenrechnungspraxis einen Rückschritt gegenüber der Grenzplankostenrechnung mit sich bringt.

13. Die Betriebsergebnisrechnung

a) Grundsätzliches

Rechnungskategorien der Betriebsergebnisrechnung, die einen Zweig des internen Rechnungswesens darstellt, sind Erlöse und Kosten, aus deren Gegenüberstellung das vom Betrieb in der Rechnungsperiode erzielte Ergebnis (Gewinn/Verlust) ermittelt wird. Die Aufzeichnungen der Kostenrechnung bilden nur einen Teil der Betriebsergebnisrechnung.

Anstelle des Terminus **„Betriebsergebnisrechnung"** werden auch die Ausdrücke **„kurzfristige Erfolgsrechnung"** bzw. **„Erfolgsrechnung"** verwendet. Statt von „Gewinn" („Verlust") wird in der Betriebsergebnisrechnung auch von **„kalkulatorischem Ergebnis"**, **„kalkulatorischem Erfolg"** und **„kalkulatorischem Gewinn"** (**„kalkulatorischem Verlust"**) gesprochen.

Die **Betriebsergebnisrechnung** ist

Ist-Rechnung, wenn das in einer abgelaufenen Rechnungsperiode erzielte Ergebnis ermittelt wird,

Soll-Rechnung, falls man auf Grund geeigneter Kriterien festlegt, welches Ergebnis in einer zukünftigen Rechnungsperiode erzielt werden soll, und

Prognose-Rechnung, wenn die Überlegungen darauf gerichtet sind, festzustellen, welches Ergebnis in einer zukünftigen Rechnungsperiode erwartet werden kann.

Die Betriebsergebnisrechnung ist auch in differenzierter Form möglich, und zwar

je **Kostenträger**,
je **Kostenträgergruppe**,
je **Betriebsabteilung**.

Aus der Addition der Einzelergebnisse in der Periode ergibt sich das Betriebsergebnis der Periode (**Periodenergebnis**).

b) Die Verfahren der Betriebsergebnisrechnung

Grundlegende Formen der Betriebsergebnisrechnung sind das **Gesamtkostenverfahren** und das **Umsatzkostenverfahren** (entweder auf Vollkostenbasis oder auf Grenzkostenbasis):

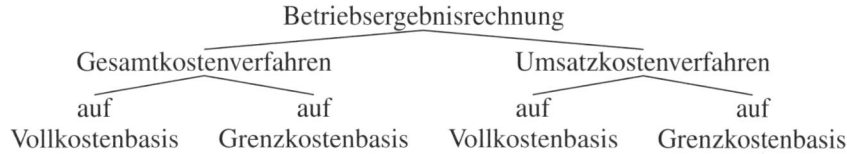

Abb. 41

835

aa) Gesamtkostenverfahren

Die (um die Erlösschmälerungen bereinigten) Erlöse der Periode werden den gesamten Kosten der Periode gegenübergestellt. Die Bestandsveränderungen an Halb- und Fertigerzeugnissen sind zu berücksichtigen. Wenn sich das Gesamtkostenverfahren auf Vollkosten abstützt, erfolgen auch die Bestandsveränderungsrechnungen auf Vollkostenbasis. Die Betriebsergebnisermittlung hat daher folgendes Aussehen:

Periodenerlöse
– Periodenkosten
+ Bestandsmehrungen
– Bestandsminderungen

Betriebsergebnis (Periodenergebnis)

Geht man beim Gesamtkostenverfahren von den Zahlen der Grenzkostenrechnung aus, dann wird zunächst der Periodendeckungsbeitrag errechnet: Von den um die Erlösschmälerungen bereinigten Periodenerlösen werden die variablen Periodenkosten abgezogen und die Bestandsveränderungen an Halb- und Fertigerzeugnissen entsprechend berücksichtigt. Das Betriebsergebnis erhält man, wenn die gesamten Fixkosten der Periode vom Periodendeckungsbeitrag abgezogen werden:

Periodenerlöse
– variable Periodenkosten
+ Bestandsmehrungen zu variablen Kosten
– Bestandsminderungen zu variablen Kosten

Periodendeckungsbeitrag
– gesamte Fixkosten der Periode

Betriebsergebnis (Periodenergebnis)

bb) Umsatzkostenverfahren

Beim Umsatzkostenverfahren stellt man, wie der Name sagt, dem Umsatz (den Erlösen) die Kosten dieses Umsatzes (Erlöses) gegenüber. Als Kosten werden entweder die Vollkosten oder die Grenzkosten in die Rechnung eingeführt. Im ersten Fall spricht man von Umsatzkostenverfahren auf Vollkostenbasis, im zweiten Fall von Umsatzkostenverfahren auf Grenzkostenbasis.

Das Umsatzkostenverfahren auf Vollkostenbasis

Periodenerlöse sind die Erlöse der in der Abrechnungsperiode abgesetzten Leistungen. Den Periodenerlösen werden nicht die Gesamtkosten der Periode, sondern nur die (fixen und variablen) Kosten der abgesetzten Leistungen gegenübergestellt:

Periodenerlöse
– Vollkosten
(variable und anteilige fixe Kosten der abgesetzten Leistungen)

Betriebsergebnis (Periodenergebnis)

Das Umsatzkostenverfahren auf Grenzkostenbasis (Grenzplankostenrechnung)

Beim Umsatzkostenverfahren auf Grenzkostenbasis werden den Erlösen lediglich die variablen Kosten der abgesetzten Leistungen gegenübergestellt. Das ergibt den Periodendeckungsbeitrag. Das Betriebsergebnis erhält man nach Abzug der gesamten Perioden-Fixkosten vom Periodendeckungsbeitrag:

Periodenerlöse
– variable Kosten der abgesetzten Leistungen

Periodendeckungsbeitrag
– gesamte Periodenfixkosten

Betriebsergebnis (Periodenergebnis)

Unterschied der Betriebsergebnisermittlung

Die Betriebsergebnisse der beiden Umsatzkostenverfahren stimmen nicht überein. Beim **Umsatzkostenverfahren auf Vollkostenbasis** wird das Betriebsergebnis unter Berücksichtigung nur der den abgesetzten Leistungen anteilig zugerechneten Fixkosten ermittelt. Beim **Umsatzkostenverfahren auf Grenzkostenbasis** werden jedoch vom Periodendeckungsbeitrag die gesamten Fixkosten der Periode abgezogen.

Dieselben Unterschiede ergeben sich auch bei dem Gesamtkostenverfahren.

Beispiel:

Der Anfangsbestand an Halb- und Fertigerzeugnissen beträgt null. In der Abrechnungsperiode sind folgende Aufwendungen (zusammengefasst), verteilt auf die Kostenstellen Material, Fertigung, Verwaltung und Vertrieb, angefallen.

	Kosten	Mat.-Stelle		Fertig.-Stelle		Verwaltung		Vertrieb	
		fix	var.	fix	var.	fix	var.	fix	var.
Fertigungsmaterial-verbrauch	4.000								
Fertigungslöhne	3.000								
Sonstige Personalkosten	6.300	300	–	2.700	1.800	700	–	600	200
Sonstige Kosten	10.460	460	40	6.300	1.200	1.280	–	1.180	–
	23.760	760	40	9.000	3.000	1.980	–	1.780	200
Bezugsgröße		4.000		3.000		19.800		19.800	
Kostensätze auf Vollkostenbasis		20 %		400 %		10 %		10 %	
Kostensätze auf variabler Kostenbasis		1 %		100 %		–		1 %[1])	

1) Vertreterprovision vom Verkaufspreis

Der Endbestand an Halb- und Fertigerzeugnissen beträgt: FM 1.000, FL 800; die Verkaufserlöse betragen 20.040.

a) Es ist die Betriebsergebnisrechnung nach dem Gesamtkostenverfahren bei Bewertung der Halb- und Fertigerzeugnisse
   aa) mit vollen Herstellungskosten (ohne Verwaltungsgemeinkosten)
   bb) mit variablen Herstellungskosten aufzustellen.

b) Es ist die Betriebsergebnisrechnung unter den gleichen Bedingungen wie unter a) nach dem Umsatzkostenverfahren aufzustellen.

Ermittlung des Endbestandes:

aa) Bewertung des Endbestandes zu vollen Herstellkosten

FM	1.000	
+ 20 % MGK	200	1.200
FL	800	
+ 400 % FGK	3.200	4.000
Herstellkosten		5.200

bb) Bewertung des Endbestandes zu variablen Herstellkosten

FM	1.000	
+ 1 % MGK	10	1.010
FL	800	
+ 100 % FGK	800	1.600
		2.610

zu a) Gesamtkostenverfahren

	aa) Kosten	aa) Erträge	bb) Kosten	bb) Erträge
Erlöse		20.040		20.040
Bestandsveränderungen		5.200		2.610
Fertigungsmaterial-verbrauch	4.000		4.000	
Fertigungslöhne	3.000		3.000	
Sonstige Personalkosten	6.300		6.300	
Sonstige Kosten	10.460		10.460	
Reingewinn (Reinverlust)	1.480			1.110
	25.240	25.240	23.760	23.760

zu b) Umsatzkostenverfahren

aa) Bewertung des Endbestandes zu vollen Herstellungskosten

	Kosten	Erträge
Erlöse		20.040
Herstellkosten der verkauften Produkte[1]	14.600	
Verwaltungsgemeinkosten	1.980	
Vertriebskosten	1.980	
Reingewinn	1.480	
	20.040	20.040

bb) Bewertung des Endbestandes zu variablen Herstellungskosten

	Kosten	Erträge
Erlöse		20.040
Variable Vertriebskosten	200	
Variable Herstellkosten der verkauften Produkte[1]	7.430	
Fixe Materialgemeinkosten	760	
Fixe Fertigungsgemeinkosten	9.000	
Fixe Verwaltungsgemeinkosten	1.980	
Fixe Vertriebsgemeinkosten	1.780	
Verlust		1.110
	21.150	21.150

[1] Ermittlung der Herstellkosten der verkauften Produkte:

		Volle Herstell-kosten		Variable Kosten
Summe Fertigungsmaterial	4.000			
abzüglich Endbestand	1.000	3.000		3.000
+ 20 % Materialgemeinkosten		600	1 %	30
Summe Fertigungslöhne	3.000			
abzüglich Endbestand	800	2.200		2.200
+ 400 % FGK		8.800	100 %	2.200
		14.600		7.430

14. Die Ziel-Kostenrechnung (Target Costing)

Dem japanischen Ganzheitsdenken entspricht die Methode der Ziel-Kostenrechnung (Target Costing). Es handelt sich um eine Art von retrograder Gesamterfolgsrechnung für die Entwicklung und Herstellung eines neuen Produkts mit systematisch vorgenommenen Soll-Ist-Vergleichen. Bezugszeitraum für die Planungen ist der gesamte erwartete Produktlebenszyklus eines (neuen) Produkts und nicht eine genormte Rechenperiode (z. B. Jahr, Quartal). Die Zielkostenrechnung baut auf einer produktbezogenen Wertanalyse mit Kostenzielvorgaben auf, die sich aus den Gewinnzielen des Unternehmens ableiten. Aus den für den gesamten Produktlebenszyklus erwarteten Absatzmengen und -preisen wird noch vor Produktionsbeginn ein Plan-Cashflow abgeleitet, der die Gewinnziele realisieren lassen soll. Mit Beginn der Produktion setzt ein System von Soll-Ist-Vergleichen und somit von Controlling-Maßnahmen ein, die eine weitere Verbesserung der Kostenstruktur ermöglichen sollen. Hiebei wird auf den der japanischen Tradition entsprechenden umfassenden horizontalen und vertikalen Kommunikationsbeziehungen im Unternehmen aufgebaut. Das Target Costing ist als ein neuer strategischer Ansatz zur Kostenplanung und -überwachung und somit des Kostenmanagements anzusehen (G. Seicht, Ziel-Kostenrechnung, in: RWZ 1994/4, S. 107).

VIII. Betriebliche Kennzahlen unter besonderer Berücksichtigung der Jahresabschlussanalyse (Bilanzanalyse)

1. Allgemeines

Betriebliche Kennzahlen sind Zahlen oder Zahlenverhältnisse, insbesondere von Aufwands-, Ertrags- und Bestandsgrößen, die für ein betriebswirtschaftliches Erkenntnisziel unmittelbaren Aussagewert besitzen. Als Verhältniszahlen sind sie Maßstabsgrößen bzw. Abbilder von Wirtschaftstatbeständen und Wirtschaftsabläufen.

Die einzelne Kennzahl kann isoliert von sonstigen Kennzahlen Betrachtung finden, sie kann auch in Verbindung mit anderen Kennzahlen innerhalb eines geordneten Ganzen gesehen werden. Bezieht sich dieses geordnete Ganze in seiner Struktur auf die unternehmerischen Zielvorstellungen, stehen die verschiedenen Richtwerte also zueinander in logischer Beziehung bzw. in gegenseitiger Abhängigkeit, dann ist von einem auf die Einzelwirtschaft bezogenen Kennzahlensystem zu sprechen.

Ein betriebswirtschaftliches **Kennzahlensystem** ist demnach ein geschlossenes Gebäude, dessen Kennzeichen darin besteht, dass es das Betrachtungsobjekt „ökonomische Einheit" in den wesentlichen Markierungspunkten durch Zahlen im Ganzen bzw. im Detail abbildet. Kennzahlensysteme sind keine starren Gebilde; sie erfahren Änderungen und Anreicherungen, soweit sich diese aus neuen Gegebenheiten, etwa wegen Änderung der unternehmerischen Zielvorstellungen, als notwendig erweisen.

Die **einzelwirtschaftlichen Kennzahlen** dienen dem **zwischenbetrieblichen** oder dem **zwischenzeitlichen** sowie dem **Soll-Ist-Vergleich**. Volle Aussagekraft besitzen sie in der Gegenüberstellung üblicherweise nur dann, wenn man den ökonomischen Hintergrund kennt, auf dem sie beruhen. Oft genügen wenige Kennzahlen, um einen ausreichenden Einblick in die Lage eines Unternehmens zu erhalten, umgekehrt reichen umfassende Zusammenstellungen für die Beurteilung von Wirtschaftsabläufen dann nicht aus, wenn die Kennzahlenauswahl unsystematisch ist und den Gesamtzusammenhang nicht ausreichend berücksichtigt.

2. Kennzahlen als Informationsinstrument

Der Zweck der Erstellung betrieblicher Kennzahlen richtet sich nach den unterschiedlichen Informationsbedürfnissen der daran interessierten Gruppen.

Während die Unternehmensleitung (Betriebsleitung) in erster Linie an **Leistungskennzahlen und Kennzahlen der Unternehmenserhaltung** interessiert ist, sind die **Eigentümer** (Anteilsbesitzer), sofern sie nicht mit der Unternehmensleitung identisch sind, daran interessiert, Informationen über **Ausschüttungsmöglichkeiten** zu erhalten und für den Fall des Verkaufes **den Gesamtwert des Unternehmens** festzustellen. Sie sind aber auch daran interessiert, dass das Unternehmen als **Quelle zur Erzielung von Einkommensströmen** erhalten bleibt, solange sie es wünschen. **Gläubiger** suchen Informationen darüber, **ob das Unternehmen seine Verbindlichkeiten ihnen gegenüber voraussichtlich erfüllen kann**. Ihr Interesse gilt daher allen Kennzahlen, die **Aufschluss über das finanzielle Gleichgewicht, die Liquidität, die Verschuldung und die Krisenanfälligkeit** des Unternehmens geben. Nicht zuletzt haben die Arbeitnehmer oder die deren Interessen vertretenden Personen und Gruppen Interesse an der **Erhaltung des Unternehmens** und damit indirekt ebenfalls an der Liquidität und der Fähigkeit, zumindest kostendeckend zu wirtschaften.

3. Externe und interne Betriebs- und Unternehmensanalyse für die Erstellung von Kennzahlen

Externe Interessenten für Kennzahlen, vor allem Gläubiger, haben in der Regel nur zu den vom Unternehmen veröffentlichten Daten Zugang. Als solche stehen normalerweise die veröffentlichten Jahresabschlüsse mit eventuellen Zusatzangaben im Geschäftsbericht, Anhang und Lagebericht zur Verfügung. Die Beurteilungsmöglichkeiten auf Grund dieser Quellen sind jedoch relativ begrenzt.

Jede externe Analyse wird an folgenden nicht auszuschaltenden Mängeln leiden:

1. Es fehlen in den Bilanzen grundsätzlich alle jene betriebswirtschaftlichen Daten, die sich aus dem internen Wertefluss eines Unternehmens ergeben.

2. Der Bilanzleser hat es ausschließlich mit Vergangenheitsdaten zu tun, aus denen sich wohl Trends ableiten lassen, die aber keineswegs zwingend den erwarteten Verlauf nehmen müssen. Jeder Managementwechsel, jede Ände-

rung der Umweltsituation und unternehmenspolitische **Maßnahmen** nach dem letzten Bilanzstichtag können derartige Trends schlagartig in eine andere Richtung drängen, ohne dass dies dem externen Leser zunächst zur Kenntnis gelangt.

3. In den europäischen Ländern ist im Gegensatz zu den USA die Zeit zwischen Bilanzstichtag und Veröffentlichung der Bilanz manchmal so groß, dass die aus der Bilanz gewonnenen Daten bereits historischen Wert haben.

Auch Heinhold (M. Heinhold, Grundfragen der Bilanzierung, München 1985, S. 128 ff.) weist auf diese seiner Meinung nach im Allgemeinen unheilbaren Mängel der aus **Jahresabschlüssen abgeleiteten Kennzahlen** hin:

1. **Die Kennzahlen sind ungenau**: Dies gilt insbesondere für die meisten finanzanalytischen Kennzahlen, da die Fristigkeiten von Vermögensteilen und die Restlaufzeiten von Verbindlichkeiten nur in groben Zügen feststellbar sind.

2. **Die Kennzahlen sind veraltet**: Wegen des statischen Charakters der Bilanz sind die Kennzahlen einerseits nur für den Bilanzstichtag gültig und andererseits bei der Veröffentlichung der Bilanz bereits veraltet, so dass sie wenig über die aktuelle oder künftige Lage im Unternehmen aussagen können.

3. **Die Kennzahlen sind unvollständig**: Es fehlen vor allem erhebliche Teile künftiger Zahlungsströme (Löhne, Gehälter, Leasingraten, Rohstoffeinkäufe, Anlageninvestitionen, Umsatzerlöse), die aber für die künftige Liquidität des Unternehmens von ausschlaggebender Bedeutung sind.

Als Konsequenzen für den externen Bilanzadressaten und hier insbesondere den Kreditgeber sieht Heinhold über die Befolgung bestimmter Kennzahlenrelationen hinaus die Notwendigkeit, der Beachtung des qualitativen Umfeldes deutlich mehr Augenmerk zuzuwenden als gewohnt. Als Beispiel führt er die Art, Zusammensetzung und den Innovationsgrad des Produktionsprogrammes, die Führungsorganisation und den Führungsstil und die Organisationsstruktur des Rechnungswesens an.

Wenn dieser Kritik auch nicht in allen Punkten zugestimmt werden kann, da sich beispielsweise bei Kennzahlenreihen über mehrere Jahre hinweg verschiedene von Heinhold dargestellte Mängel ausgleichen und auch kurzfristige Bilanzmanipulationen unmöglich machen, trifft sie dennoch den Kern der Problematik der externen Bilanzanalyse.

Im Gegensatz zu den beschränkten Möglichkeiten im Rahmen der externen Analyse stehen dem **Insider** (Unternehmer, Unternehmensführung, Gläubiger, soweit besondere Abmachungen über Einblicksmöglichkeiten in das Unternehmen getroffen wurden) eine Reihe von **Zusatzinformationen** aus den innerbetrieblichen Aufzeichnungen zur Verfügung (**interne Betriebsanalyse**). Dadurch ist es möglich, die **Kennzahlen** zu einem wirksamen **Kontrollinstrument** der Unternehmensführung, darüber hinaus aber auch zu einem **Planungs- und Führungsinstrument** auszubauen. Die Bedeutung der Kennzahlen als Kontrollinstrument ergibt sich aus der Möglichkeit, wirtschaftliche Tatbestände des Unternehmens knapp und aussagekräftig darzustellen und mit den entsprechenden Kennzahlen der Vergangenheit zu vergleichen. Im Rahmen dieses **Zeitvergleiches** werden Kennzahlen verschiedener Zeitpunkte bzw. Zeiträume eines Betriebes gegenübergestellt.

Sind die entsprechenden Daten nicht nur für den eigenen, sondern auch für andere Betriebe (z. B. gleichartige Betriebe eines Konzerns) vorhanden, kann durch einen **zwischenbetrieblichen Kennzahlenvergleich** (Vergleich wirtschaftlicher Tatbestände zweier oder mehrerer Betriebe für denselben Zeitpunkt oder Zeitraum) die Stellung des eigenen Betriebes im Verhältnis zu anderen gleichartigen Betrieben derselben Branche erkannt werden.

Da jedoch der **zwischenbetriebliche Vergleich** nicht nur volle Einsicht in die Daten des oder der anderen Betriebe, sondern auch völlige **Gleichartigkeit** der dargestellten Begriffe und Inhalte verlangt, stößt dieser auf große Schwierigkeiten. Dennoch werden zwischenbetriebliche Vergleiche häufig von Interessenvertretungen und sonstigen Institutionen durchgeführt (Grundlage hiefür bieten Datenerhebungen bei den branchenzugehörigen Betrieben) und in der Regel zu Branchendurchschnittszahlen verdichtet. Diese **zwischenbetrieblichen Vergleiche** sind wegen der **mangelnden Vergleichbarkeit** der Betriebe (Standort, technische Ausrüstung, Betriebsgröße, Produktionsprogramm, Beschäftigungsgrad, Rechtsform) und der **unterschiedlichen Gewinnung** und **Aufbereitung** des **Zahlenmaterials** oft sehr problematisch und daher mit der entsprechenden Vorsicht auszuwerten.

4. Die Kennzahlenrechnung als Planungs-(Führungs-)Instrument

Durch die Heranziehung der **innerbetrieblichen Kennzahlenrechnung** zur Planungs- und Budgetrechnung soll den Verantwortlichen ein rascher Überblick über die wichtigsten Plandaten des Unternehmens gegeben und dabei jene Gefahrenherde und Schwachstellen des Unternehmens aufgezeigt werden, bei deren Auftreten jedenfalls Maßnahmen gesetzt werden müssen (z. B. Mindestumsatz, Verschlechterung des Cashflow im Verhältnis zu den Schulden).

Kennzahlen werden in diesem Zusammenhang **Vorgabewerten** (**Sollwerten**) gleichgesetzt, deren nachfolgender Vergleich mit den **Istwerten** und der sich daran anschließenden **Abweichungsanalyse** der Unternehmensführung wertvolle Aufschlüsse über die leistungs- und finanzwirtschaftliche Entwicklung des Unternehmens geben soll.

Der **Soll-Ist-Vergleich** bildet damit gleichzeitig die Entscheidungsgrundlage für Mittel- und Zielanpassungsmaßnahmen.

Damit die Kennzahlenrechnung zu einem **Führungsinstrument** ausgebaut werden kann, dürfen einzelne Kennzahlen nicht für sich allein betrachtet werden, sondern müssen zu einem System gegenseitig abhängiger und einander ergänzender Kennzahlen zusammengefasst werden. Ein derartiges **Kennzahlensystem** muß von einem Oberziel (z. B. Rentabilität) ausgehen und den gesamtbetrieblichen Überblick sicherstellen, das heißt, es dürfen keine für das Unternehmen wichtige Sachverhalte fehlen. Durch die Ableitung von weiteren Kennzahlen aus der dem Oberziel entsprechenden Spitzenkennzahl entsteht eine **Kennzahlenpyramide**, die gleichzeitig Ausdruck des **Zielsystems** des Unternehmens ist (siehe Abschnitt B. II. 3.).

Derartige **Kennzahlensysteme** werden sowohl in der betrieblichen Praxis als auch in der Literatur seit langem verwendet und dargestellt, wobei sie ursprünglich vor allem als Kontrollinstrument und in der Folge als Instrument der Unternehmenssteuerung gedacht waren. Als wichtigste Beispiele nennt Staehle (W. Staehle, Kennzahlen und Kennzahlensysteme, Wiesbaden 1969, S. 69 ff.) das Du-Pont-System (siehe Abschnitt B, Abb. 6 und 7), das Managerial Control Concept von Tucker, die Pyramid Structure of Ratios (in der angelsächsischen Literatur), die ratio au tableau du bord (Lauzel und Cibert, Frankreich) und das von Heinen mit Hilfe induktiv orientierter Mittel-Zweck-Überlegungen entwickelte Zielsystem (siehe Abschnitt B. Abb. 8). Zu erwähnen ist weiters das ZVEI-Kennzahlensystem, das vom betriebswirtschaftlichen Ausschuss des Zentralverbandes der elektrotechnischen Industrie e. V. (ZVEI) entwickelt wurde.

In jüngster Zeit gewinnen Wertbeitragskonzeptionen zunehmend an Bedeutung. A. Wagenhofer/R. Ewert (Rechnungslegung und Kennzahlen für das wertorientierte Management, in: A. Wagenhofer/G. Hrebicek, Wertorientiertes Management, Konzepte und Umsetzungen zur Unternehmenswertsteigerung, Stuttgart 2000) führen unter anderem als Beispiele die auf dem Residualkonzept beruhenden Kennzahlen EVA (Economic Value Added), EP (Economic Profit), CVA (Cash Value Added) und den SVA (Shareholder Value Added) an.

Dabei ist der Residualgewinn definiert als Gewinn einer Periode abzüglich der Verzinsung des gebundenen (Eigen- und Fremd-)Kapitals. Der über diesen Residualgewinn hinausgehende Mehrgewinn ist der Wertbeitrag, um den der Wert des Unternehmens in einer Periode gestiegen ist.

5. Die Darstellungsmöglichkeiten von Kennzahlen

Kennzahlen können als absolute Zahlen in Form von **Einzelzahlen** (z. B. Umsatz, Gewinn), von **Summen** (z. B. Bilanzsummen), von **Differenzen** (z. B. Working Capital als Differenz zwischen Umlaufvermögen und kurzfristigen Schulden) und als **Mittelwerte** (z. B. durchschnittlicher Lagerbestand) dargestellt werden.

In der Mehrzahl der Fälle werden Kennzahlen als **Verhältniszahlen** (Relativzahlen) dargestellt. Derartige Verhältniszahlen entstehen dadurch, dass betriebswirtschaftlich relevante Größen zueinander in Beziehung gesetzt werden. Diese Beziehung kann in Folgendem bestehen:

1. **Gliederungszahlen**: sie geben das Verhältnis eines Teiles zum Ganzen (üblicherweise in Prozenten) an. Beispiele: Anteil des Eigenkapitals am Gesamtkapital; Anteil des Umlaufvermögens am Gesamtvermögen; Anteil der Gebäudewerte am Anlagevermögen usw.;

2. **Beziehungszahlen**: sie nehmen auf die Beziehung begrifflich verschiedener Größen oder Massen Bezug, zwischen welchen ein Sachzusammenhang besteht. Beispiel: die Lohnquote je Beschäftigten;

3. **Indexzahlen**: sie drücken die Veränderung von Zahlenwerten begrifflich gleicher Größen aus. Die Indexzahl bezieht sich auf eine Grundzahl (Index = 100).

6. Jahresabschlussanalyse (Bilanzanalyse) und Kennzahlenermittlung

a) Von der Bilanzanalyse zur Jahresabschlussanalyse

Der Begriff **Bilanzanalyse** wurde jahrzehntelang als Bezeichnung für die Analyse des Jahresabschlusses verwendet, obwohl die verwendeten Daten in der Regel über jene der Vermögensbilanz und Erfolgsbilanz hinausgegangen sind. Durch die Erweiterung des Jahresabschlusses um den Anhang und die erhöhte Bedeutung des Lageberichtes wird der Ausdruck Bilanzanalyse nicht mehr dem tatsächlichen Umfang der Analyse gerecht und ist daher durch den Ausdruck **Jahresabschlussanalyse** zu ersetzen.

Durch die **Jahresabschlussanalyse** soll die Aussagekraft bzw. der Erkenntniswert des Jahresabschlusses hinsichtlich der Vermögensstruktur, der finanziellen und wirtschaftlichen Lage, der Liquidität, der Rentabilität und sonstiger wesentlicher Daten verbessert werden.

Unter Jahresabschlussanalyse versteht man die statistische Aufbereitung, d. h. Gruppierung, Zusammenfassung, Umbildung und Inbeziehungsetzung der Zahlen der Vermögens- und Erfolgsbilanz einer oder mehrerer Bilanzstichtage oder Perioden, um mit Hilfe weiterer Informationen aus dem Anhang, dem Lagebericht und sonstigen zugänglichen Daten eine kritische Durchleuchtung des Unternehmens hinsichtlich der oben genannten Daten zu ermöglichen.

b) Der Aufbau der Jahresabschlussanalyse

Die Jahresabschlussanalyse erfolgt in den Stufen Vorbereitung, Aufbereitung und Auswertung.

aa) Vorbereitung

Zum Zwecke der Jahresabschlussanalyse sind die Zahlen einer oder mehrerer Bilanzen hinsichtlich Inhalt, Gliederung und Bewertung auf ihre Brauchbarkeit zu überprüfen und notwendigenfalls entsprechend zu berichtigen, zu ändern und zu gliedern.

Folgende vorbereitende Arbeiten ergeben sich im Wesentlichen:

1. Auflösung stiller Reserven, soweit sie in Vermögens- und Schuldposten enthalten sind. Stille Reserven in Vermögensposten entstehen aus zu hoher Abschreibung des abnutzbaren Anlagevermögens, aus der Wertsteigerung einzelner Vermögensteile über die seinerzeitigen Anschaffungskosten hinaus oder aus der neuerlichen Wertsteigerung nach einer früher vorgenommenen Abwertung. Bei den Passivposten entstehen stille Reserven aus zu hoch dotierten Rückstellungen oder aus dem Sinken der Kurse bei Fremdwährungsverbindlichkeiten.

Soweit stille Reserven im Anlagevermögen enthalten sind, sollte bei deren Auflösung vermieden werden, diese aus dem Unterschied der Wiederbeschaffungswerte (abzüglich der anteiligen Abschreibung) und der Buchwerte zu ermitteln, da in einem solchen Fall unter Umständen Vermögen in einer betragsmäßigen Höhe ausgewiesen ist, in welcher es weder durch den Erlös aus den damit erzeugten Produkten noch durch Veräußerung der Anlagen selbst realisiert werden könnte. Stille Reserven im Anlagevermögen sollten nur soweit aufgelöst werden, als sie durch überhöhte Abschreibungen bzw. durch einen über den Buchwert hinausgehenden Veräußerungswert (z. B. unbebaute Grundstücke) gedeckt sind.

Bei der Auflösung der stillen Reserven ist weiters zu bedenken, dass diese nicht zur Gänze dem Eigenkapital zuzuweisen sind, sondern bis zu einem gewissen Ausmaß Steuerschulden beinhalten, die dem Fremdkapital zuzuweisen sind. Ein Problem bildet allerdings die Feststellung des Fälligkeitszeitpunktes dieser Steuerschulden, da dieser infolge der durchzuführenden Diskontierung maßgeblich die Höhe der auszuweisenden **latenten Steuern** beeinflusst.

2. Leasingverpflichtungen auf Grund eines „Finance-Leasings", bei denen der Mieter keine Rücktrittsrechte hat bzw. ein solches nur bei voller Bezahlung der noch ausstehenden Raten in Anspruch nehmen kann, sind mit ihrem Gegenwartswert sowohl auf der Aktivseite als auch auf der Passivseite der Bilanz auszuweisen. Ein – gegenwärtig weit verbreitetes – Unterlassen dieses Ausweises kann zu einem völlig verzerrten Vermögens- und Kapitalstrukturbild des Unternehmens führen.

3. Die einzelnen Bilanzposten sind auf ihren Bilanzinhalt zu prüfen, das heißt, es ist festzustellen, wie weit unterschiedliche Größen zu einem Bilanzposten zusammengezogen wurden. Liegen mehrere Bilanzen vor, ist darauf zu achten, dass die Posten in den einzelnen Bilanzen inhaltsmäßig keine Verschiedenheiten aufweisen.

4. Für die Bilanzgliederung kommen im Wesentlichen die funktionale und liquiditätsmäßige Darstellung in Frage, wobei Erstere in der Regel bereits in der Gliederung des veröffentlichten Jahresabschlusses zum Ausdruck kommt. Im Rahmen der Liquiditätsgliederung werden die einzelnen Vermögens- und Schuldposten nach ihrer Liquidierbarkeit bzw. Fälligkeit gegliedert derart dargestellt, dass alle bis zu einem Jahr liquidierbaren bzw. fälligen Posten als kurzfristig und alle darüber hinausgehenden Posten als langfristig ausgewiesen werden.

5. In gleicher Weise wie die Vermögensbilanzen sind auch die korrespondierenden Gewinn- und Verlustrechnungen zu bereinigen. Abgesehen davon, dass sich in der Gewinn- und Verlustrechnung durch die Vornahme von Umwertungen in der Bilanz andere Abschreibungs- und Steuerbeträge ergeben, sind die außerordentlichen von den ordentlichen Erträgen und Aufwendungen zu trennen, wobei zu den außerordentlichen Posten nur jene gezählt werden dürfen, die tatsächlich außerordentlichen Charakter tragen, mit deren

Wiederauftreten nicht oder kaum gerechnet wird. Dies geschieht allerdings bereits durch die Gliederung der Gewinn- und Verlustrechnung gem. § 231 HGB.

6. Bei Saisonbetrieben können bei Stichtagsanalysen falsche Schlüsse gezogen werden, selbst dann, wenn Jahresabschlüsse mehrerer Jahre vorliegen. Bei der Durchführung interner Analysen sind daher nach Möglichkeit die Bilanzen verschiedener Monate (Quartale) bzw. gesonderte Vermögensaufzeichnungen (Anlagenkartei) heranzuziehen.

bb) Aufbereitung

Durch die Aufbereitung der auf Grund der vorbereitenden Arbeiten bereinigten, gegliederten und neu bewerteten Bilanz soll diese unmittelbar für die Auswertung hergerichtet werden.

Die Aufbereitung besteht in der Erstellung von **Prozentbilanzen** (Darstellung der einzelnen Bilanzposten in Prozent der Bilanzsumme), von **Indexbilanzen** (Darstellung der einzelnen Posten einer Bilanz in Prozent einer Vergleichsbilanz), der Aufstellung von **Bewegungsbilanzen** (Darstellung der Veränderung einzelner Bilanzposten in absoluten Zahlen), der Bildung von Mittelwerten, verschiedenen statistischen Darstellungen etc.

Die in den nachfolgenden Beispielen verwendeten Zahlen sind dem **Jahresabschluss der Getriebebau AG** (Abschnitt I. IV. 12.) entnommen.

Schematisches Beispiel einer Prozentbilanz:

	Mio. €	%		Mio. €	%
Anlagevermögen	360,1	49,7	Eigenkapital	193,8[1])	26,8
Umlaufvermögen	364,5	50,3	Fremdkapital	530,8	73,2
	724,6	100,0		724,6	100,0

1) Bei der Darstellung des Eigenkapitals wurde die geplante Gewinnausschüttung von 16 Mio € dem Fremdkapital zugerechnet. Die unversteuerten Rücklagen wurden dem Eigenkapital zugerechnet. Latente Steuern auf die Bewertungsreserven wurden nicht berücksichtigt.

Erstellung von Indexbilanzen

Diese Aufstellung wird dann erfolgen, wenn eine Analyse der Veränderung einzelner Posten innerhalb bestimmter Zeiträume durchgeführt werden soll.

Die Posten der zu untersuchenden Bilanz werden in Prozent einer Vergleichsbilanz ausgedrückt, um so einen besseren Einblick in die Entwicklung der einzelnen Bilanzposten zu erhalten, wobei vor allem festgestellt werden soll, wo die wesentlichen Änderungen liegen und worauf diese Änderungen zurückzuführen sind.

Beispiel einer Indexbilanz:

	Bilanz 31. 12. 2001		Bilanz 31. 12. 2002	
	Mio. €	%	Mio. €	%
Anlagevermögen	367,6	100	360,1	98,0
Umlaufvermögen	300,5	100	364,5	121,3
	668,1	100	724,6	108,5
Eigenkapital	180,4	100	193,8	107,4
Fremdkapital	487,7	100	530,8	108,8
	668,1	100	724,6	108,5

Erstellung von Liquiditätstabellen

In der Liquiditätstabelle wird festgestellt, ob der Unternehmer in absehbarer Zeit seine Verbindlichkeiten abdecken kann. Die zu beantwortende Hauptfrage ist, ob sich das Unternehmen in einer finanziell erträglichen Situation befindet.

Beispiel einer Liquiditätstabelle:

AKTIVA		kurz- und mittel- fristig[1]) (bis 1 Jahr)	langfristig
Anlagevermögen			
Firmenwert	26,0		26,0
Grundstücke	169,1		169,1
Maschinen, Betriebs- und Geschäftseinrichtung	145,0		145,0
Anleihen	20,0		20,0
Umlaufvermögen			
Vorräte	158,3	158,3	
Forderungen	105,0	105,0	
Kassa, Bank	101,2	101,2	
	724,6	364,5	360,1

PASSIVA		kurz- und mittel- fristig[1]) (bis 1 Jahr)	langfristig
Eigenkapital	193,8		193,8
Rückstellungen	127,7	81,6	46,1
Verbindlichkeiten	387,1	186,0	201,1
Dividende	16,0	16,0	
	724,6	283,6	441,0

1) In der Bilanzanalyse ist es in der Regel nicht möglich, eine weitere Untergliederung zu treffen. Man spricht daher in der Regel von „kurzfristig" und versteht darunter den Zeitraum bis zu einem Jahr.

Erstellung von Bewegungsbilanzen

Die **Bewegungsbilanz** zeigt durch Vergleich der Vermögensbilanzen zweier Stichtage die Veränderung der Bestände.

Diese Darstellung gibt ein gutes Bild über die **Aufbringung** und **Verwendung** der Mittel, zeigt also, wohin die durch **Selbstfinanzierung**, durch **Eigenfinanzierung** und durch **Vermögensabbau** bzw. **Fremdkapitalaufbau** gewonnenen Mittel geflossen sind (Verlust, Entnahmen, Vermögensaufbau, Fremdkapitalabbau) und zeigt die Veränderung der liquiden Mittel.

Die Wirkungsweise der Bewegungsbilanz kann aus nachfolgendem **Beispiel** ersehen werden (Getriebebau AG):

AKTIVA		31. 12.	1. 1.	Mittelher-kunft	Mittelver-wendung
A.	Anlagevermögen				
I.	Immaterielle Vermögensgegenstände	26,0	28,6	2,6	
II.	Sachanlagen	314,1	321,1	65,1[1])	58,1
III.	Finanzanlagen	20,0	17,9	0,5	2,6
B.	Umlaufvermögen				
I.	Vorräte	158,3	123,2		35,1
II.	Forderungen				
1.	Lieferforderungen	87,7	108,5	20,8	
2.	Sonstige Forderungen	17,2	15,0		2,2
III.	**Kassa Bank = liquide Mittel**	**101,2**	**53,4**		
C.	Rechnungsabgrenzungsposten	0,1	0,4	0,3	
		623,4	614,7	89,3	98,0
PASSIVA					
A.	Eigenkapital	191,7	125,5	66,2	
B.	Unversteuerte Rücklagen	18,1	54,9		36,8
C.	Rückstellungen				
1.2.	Abfertigungen und Pensionen	46,1	40,1	6,0	
3.	Steuern	15,2	0,0	15,2	
4.	sonstige	66,4	62,4	4,0	
D.	Verbindlichkeiten				
1.	gegenüber Kreditinstituten	286,8	286,4	0,4	
2.	aus Lieferungen und Leistungen	61,5	64,7		3,2
3.	sonstige (kurzfristige)	38,8	34,1	4,7	
		724,6	668,1	96,5	40,0
Summen				185,8	138,0
Zuwachs der liquiden Mittel					**47,8**

1) inklusive Buchwert der abgegangenen Anlagen

Liquide Mittel 1. 1.	53,4
Liquide Mittel 31. 12.	101,2
Zuwachs der liquiden Mittel	**47,8**

Durchführung einer Kapitalflussrechnung (Geldflussrechnung)

Die **Kapitalflussrechnung** stellt eine Fortentwicklung der Bewegungsbilanz dar, da sie versucht, Mittelabfluss und Mittelverwendung einer Periode nach Herkunft und Verwendungsart bzw. nach Aktivitätsbereichen analytisch zu erfassen.

Sie ist aber ebenso wie die Bewegungsbilanz keine Liquiditätsrechnung im engeren Sinn. Sie ist nicht in der Lage, über die unmittelbare Liquiditätssituation des Unternehmens Auskunft zu geben. Sie ist aber ein wesentliches Hilfsmittel, die Entwicklung der grundsätzlichen Zahlungsbereitschaft über längere Zeiträume hinweg festzustellen und die Ursachen und Wirkungen von Liquiditätsverschiebungen aufzuzeigen. (Bezüglich der unterschiedlichen Formen der Kapitalflussrechnung siehe den Abschnitt: Liquiditätsanalyse.)

cc) Auswertung

Im Anschluss an die Vorbereitung und Aufbereitung erfolgt die Auswertung der Jahresabschlussdaten und deren kritische Durchleuchtung, meistens mit Hilfe von Kennzahlen (Richtzahlen), die entweder in der Form absoluter oder relativer Zahlen über betriebswirtschaftliche Tatbestände Auskunft geben und deren Interpretation jenen Erkenntniswert vermitteln soll, für den die Jahresabschlussanalyse durchgeführt wurde.

Bei der Auswertung der Bilanz ist zu beachten, dass der Aussagewert von aus der Bilanz gewonnenen Kennzahlen durch Vergleichszahlen erhöht oder sogar erst geschaffen wird.

Im Zusammenhang mit den aus Jahresabschlüssen und kurzfristigen Vermögens- und Ergebnisrechnungen abgeleiteten Kennzahlen unterscheidet Coenenberg (A. Coenenberg, Jahresabschluß und Jahresabschlußanalyse, 16. Auflage, Landsberg am Lech 1997, S. 587ff.) **finanzwirtschaftliche** und **erfolgswirtschaftliche** Bilanzanalyse:

1. Finanzwirtschaftliche Kennzahlen
   a) Investitionsanalyse
   b) Finanzanalyse
   c) Liquiditätsanalyse
2. Erfolgswirtschaftliche Kennzahlen
   a) Ergebnisanalyse
   b) Rentabilitätsanalyse
   c) Break-even-Analyse
   d) Wertschöpfungsanalyse

7. Die Kennzahlen im Einzelnen

a) Finanzwirtschaftliche Kennzahlen

aa) Investitionsanalyse

aaa) Vermögensstruktur

Die **Investitionsanalyse** beschäftigt sich mit der Vermögensstruktur, wobei die daraus abgeleiteten Kennzahlen nur einen bedingten Aussagewert haben, da die Vermögensstruktur eines Unternehmens von unterschiedlichen Einflussgrößen bestimmt wird, welche im Einzelnen positive oder negative Auswirkungen auf den Stand eines Unternehmens haben können.

So kann ein im Verhältnis zum Umlaufvermögen kleines Anlagevermögen eine hohe Auslastung, hohe Zulieferungsleistungen, die Verwendung gemieteter Anlagen, aber auch die Verwendung veralteter Anlagen oder übermäßig hohe Bestände an Umlaufvermögen bedeuten.

Steigt das Anlagevermögen im Vergleich zum Umlaufvermögen, kann dies auf größere Investitionen oder auf eine längerfristige Senkung der Beschäftigung des Unternehmens, aber auch auf eine Rationalisierung in der Lagerhaltung zurückzuführen sein.

Grundsätzlich erhöht geringes Anlagevermögen die Flexibilität des Unternehmens, ist aber bei normaler bis steigender Beschäftigungslage mit höheren laufenden Kosten verbunden, die als variable Kosten mit der Beschäftigung mitsteigen und den sonst möglichen Vorteil der Fixkostendegression nicht zulassen.

Ein zu hohes Anlagevermögen bringt die Gefahr mit sich, dass die gesamte Kapazität des Betriebes nicht ausgelastet ist und infolge der hohen Fixkostenbelastung die **Risikobelastung** steigt.

bbb) Umschlagshäufigkeit – Umschlagsdauer

Zu den wesentlichsten Kennzahlen aus der Investitionsanalyse gehören die Umschlagshäufigkeit und die daraus abgeleitete Umschlagsdauer.

Die **Umschlagshäufigkeit** gibt an, **wie oft** sich ein bestimmter **Vermögens**- bzw. **Kapitalposten** bzw. das **gesamte Vermögen** in einer bestimmten Periode **erneuert**. Daraus ergibt sich die **Umschlagsdauer**, das ist jener Zeitraum, innerhalb dessen sich ein bestimmter Bestand **einmal** erneuert.

Die **Umschlagshäufigkeit** wird in der Regel für alle mit dem Waren- bzw. Leistungsdurchlauf zusammenhängenden Bestände ermittelt.

Die Umschlagshäufigkeit gehört zu den wichtigsten Kennzahlen in der Vermögens- und Kreditwirtschaft des Unternehmens, da sie sowohl die Vermögens- als auch Kapitalstruktur erheblich beeinflusst. Je höher die Umschlagshäufigkeit, desto kürzer ist die Umschlagsdauer. Daraus ergeben sich bei gleichem Umsatz **geringere Vermögensbestände** und eine **kürzere Kapitalbindung**.

Geringere Vermögensbestände bedeuten weniger Raumbedarf und damit verbunden weniger Kosten sowie eine Verringerung des Vermögenswagnisses (Schwund, Überalterung).

Eine **kürzere Kapitalbindung** bedeutet die Inanspruchnahme weniger Kredite, was zur Verbesserung sowohl der Kreditstruktur (Ausschaltung teurer Kredite) als auch des Verschuldungsgrades (Verbesserung des Kreditpotentials) führt. Außerdem kann die Fristenkongruenz verbessert werden.

Eine hohe Umschlagshäufigkeit bzw. deren Verbesserung im Zeitablauf zeigt aber auch, welche Aufmerksamkeit die Unternehmensführung dem „Vermögensmanagement", etwa der Lagerorganisation bzw. dem Mahnwesen, gewährt.

Umschlagskennzahlen werden vor allem für die Warenbestände (Rohstoffe, unfertige und fertige Erzeugnisse, Waren) und für die Forderungsbestände ermittelt, wobei exakte Analysen natürlich noch zusätzliche Informationen (z. B. vertraglich gewährte Zielfristen bei den Forderungen, Unsicherheiten in der Beschaffung der Rohstoffe, Dauer des Fertigungsdurchlaufes) erfordern, die dem externen Analytiker in der Regel aber nicht zugänglich sind.

Die Umschlagskennzahlen im Einzelnen

Umschlagshäufigkeit des eingesetzten Vermögens =

$$= \frac{\text{Umsatz}}{\text{durchschn. Vermögenseinsatz}}$$

Bei Ermittlung der Umschlagshäufigkeit des eingesetzten Vermögens ist von den bereinigten Vermögenszahlen auszugehen, d. h. stille Reserven sind aufzulösen, da sich sonst ein verzerrtes Bild ergeben würde.

Umschlagshäufigkeit des Warenlagers

Handelsbetrieb:

Umschlagshäufigkeit des Warenlagers =

$$= \frac{\text{Wareneinsatz (Umsatz zu Einstandspreisen)}}{\text{durchschn. Lager}}$$

Bei der Ermittlung der Umschlagshäufigkeit ist darauf zu achten, dass Zähler und Nenner den gleichen Inhalt haben. Es würde zu einem falschen Ergebnis führen, würde man etwa das durchschnittliche Lager auf den Umsatz zu Verkaufspreisen beziehen, da letzterer die gesamte Spanne des Unternehmens beinhaltet. Es würde damit eine höhere Umschlagshäufigkeit gezeigt, als tatsächlich vorhanden ist.

Aus der Umschlagshäufigkeit wird die durchschnittliche Lagerdauer abgeleitet:

$$\text{durchschn. Lagerdauer} = \frac{\text{Anzahl der Tage der Periode}}{\text{Umschlagshäufigkeit der Periode}}$$

Erzeugungsbetrieb:

Im Erzeugungsbetrieb ergibt sich das Problem, dass eine für alle Vorräte errechnete Umschlagskennzahl insoweit zu unrichtigen Ergebnissen führt, als im Zähler und Nenner ungleiche Größen enthalten sind.

Umschlagshäufigkeit der gesamten Material- und Warenbestände:

$$\frac{\text{Umsatz zu Herstellungskosten}}{\text{durchschn. Rohstoff-, Halbfabrikate- und Fertigfabrikatelager}}$$

Während im Umsatz zu Herstellungskosten auch die anteiligen Fertigungskosten (Fertigungslöhne, Fertigungsgemeinkosten) enthalten sind, enthalten die Materialien (Rohstoffe) keine und die Halbfabrikate (in Produktion befindliche Erzeugnisse) Fertigungskosten in unterschiedlicher Höhe. Der Quotient zeigt somit ein grundsätzlich **besseres Bild**, als tatsächlich gegeben ist.

Zur (teilweisen) Ausschaltung dieses Mangels zerlegt man häufig diese Kennzahl nach den einzelnen Bereichen:

Abb. 42

Durch die Zerlegung der Kennzahl der Umschlagshäufigkeit, bezogen auf die drei Stufen Rohlager, Produktion (Halbfabrikatelager) und Fertigfabrikatelager, gelingt es, den Fehler der Gesamtformel jedenfalls in den beiden Bereichen Rohlager und Fertigfabrikatelager auszuschalten, da es sich hier um so genannte „ruhende Lager" handelt, in denen keine Wertsteigerung während der Lagerung eintritt.

Das Problem bleibt allerdings bei der Ermittlung der Umschlagshäufigkeit der unfertigen Erzeugnisse bestehen, weil es sich hier um die in Produktion befindlichen Erzeugnisse handelt, die zum Teil noch gar keine Fertigungskosten enthalten (wenn sie gerade aus dem Rohstofflager angeliefert wurden) oder im anderen Extrem sich knapp vor der Ablieferung an das Fertiglager befinden und bereits sämtliche Fertigungskosten enthalten.

Trotz ihrer Mängel wird die Gesamtumschlagskennzahl sehr häufig angewendet. Im Vergleich mit den vorhergehenden Jahren ergibt sich ein gutes Bild über die Lagerpolitik des Unternehmens.

Umschlagshäufigkeit der Debitoren

$$= \frac{\text{Umsatz}}{\text{durchschnittl. Debitorenstand}}$$

$$\text{bzw.}$$

$$= \frac{\text{Debitoreneingang}}{\text{durchschnittl. Debitorenstand}}$$

Da im ausgewiesenen Umsatz bzw. Materialeinkauf die Umsatzsteuer in der Regel nicht enthalten ist, sind bei Anwendung der jeweils erstgenannten Formel zur Ermittlung der Umschlagshäufigkeit **entweder die Debitoren (Kreditoren) um die darin enthaltene Umsatzsteuer zu vermindern oder die Umsatzsteuer dem Umsatz (Gesamteinkauf) zuzuschlagen**. Geschieht dies nicht, wird ein schlechteres Ergebnis ausgewiesen, als tatsächlich gegeben ist.

Werden auf Grund verschiedener Vertriebswege sowohl Barumsätze als auch Kreditumsätze getätigt, darf lediglich der Kreditumsatz für die Ermittlung der Umschlagshäufigkeit der Debitoren herangezogen werden.

Für die Feststellung der Einbringlichkeit der Debitoren und des Umfanges der durch die Debitoren verursachten Finanzierungskosten kann es von Vorteil sein, die Forderungen nach ihrem Alter festzustellen, z. B.:

0–30 Tage
31–60 Tage
61–90 Tage
mehr als 90 Tage

Diese Einteilung zeigt unter anderem auch, wieweit dem Kunden dahingehend Finanzierungshilfe gewährt wird, dass die in Rechnung gestellte Umsatzsteuer am 15. des übernächsten der Lieferung folgenden Monats an das Finanzamt abgeführt und von Letzterem dem Kunden als Vorsteuer vergütet wird, Letzterer aber den Umsatzsteuerbetrag mit der Gesamtforderung einen längeren Zeitraum kreditiert erhält.

Von Erkenntniswert in Bezug auf das eigene Mahnwesen und die Zahlungsfreudigkeit der Kunden ist die Ermittlung der Über- oder Unterschreitung des gewährten Zahlungszieles:

vereinbartes Zahlungsziel
– tatsächliche Zielinanspruchnahme (durchschnittliche Debitorendauer)

Über- oder Unterschreitung

$$\text{Sollstand der Debitoren} = \frac{\text{Umsatz} \times \text{gewährtes Ziel (in Tagen)}}{360}$$

$$\text{Angemessener Debitorenstand} =$$

$$= \frac{\text{Umsatz} \times [\text{gewährtes Ziel (in Tagen)} + \text{Manipulationsfrist}]}{360}$$

Die **durchschnittliche Debitorendauer**, das ist jener Zeitraum, den die einzelnen Debitoren durchschnittlich gebunden sind, ergibt sich folgendermaßen:

$$\varnothing \text{ Debitorendauer} = \frac{\text{Tage der Rechnungsperiode}}{\text{Umschlagshäufigkeit der Rechnungsperiode}}$$

Der zur Ermittlung der Umschlagshäufigkeit notwendige Durchschnittsbestand einzelner Vermögensposten wird bei Vorliegen zweier Bilanzen aus Anfangs- und Endbestand gewonnen. Der auf diese Weise ermittelte Betrag kann jedoch insoweit nach oben oder unten verzerrt sein, als der Bestand am Bilanzstichtag (besonders bei Saisonbetrieben) unter Umständen sehr hoch oder sehr niedrig ist. Um ein brauchbares Ergebnis zu erhalten, müsste der Bestand quartalsweise oder monatlich oder – als genaueste Methode – kontokorrentmäßig ermittelt werden.

$$\text{Durchschnittsbestand auf monatlicher Basis} =$$

$$= \frac{\text{Anfangsbestand} + 12 \text{ Monatsendbestände}}{13}$$

Umschlagshäufigkeit der Kreditoren

$$\text{Umschlagshäufigkeit der Kreditoren} = \frac{\text{Gesamteinkauf}}{\varnothing \text{ Kreditorenstand}}$$

bzw.

$$= \frac{\text{Zahlungen an Kreditoren}}{\varnothing \text{ Kreditorenstand}}$$

Kreditgeber schließen aus einer fallenden Umschlagshäufigkeit bzw. steigenden Umschlagsdauer, dass das Unternehmen andere (günstigere) Kreditquellen nicht mehr in Anspruch nehmen kann und auf die Lieferantenfinanzierung ausweicht.

Für den externen Analytiker ergibt sich bei der Ermittlung der Umschlagshäufigkeit der Kreditoren das Problem, dass der Kreditorenstand auch andere Leistungen als den reinen Roh-, Hilfs- und Betriebsstoffeinkauf umfasst, der Zähler somit nicht eindeutig festgestellt werden kann. Wegen des Fehlens der sonstigen Fremdleistungen im Zähler wird daher in der Regel ein schlechteres Bild gezeigt, als tatsächlich vorhanden ist. Aus diesem Grund ist die Kreditorenumschlagshäufigkeit vorsichtig zu betrachten.

ccc) Investitionsdeckung

Kennzahlen der **Investitionspolitik**, wie etwa das Verhältnis von **Neuinvestitionen zu den Abschreibungen**, sollen zeigen, ob das Unternehmen seine Kapazität erweitert, gleich hält oder verkleinert. Abgesehen davon, dass solche Kennzahlen nur dann aussagefähig sind, wenn man diese in Form einer Zeitreihe ermittelt, um echte Durchschnittswerte zu erhalten, darf nicht vergessen werden, dass es sich bei den Neuinvestitionen um Tageswerte handelt, während die Abschreibungen auf historischen Anschaffungswerten basieren und auf diese Weise bei allmählich steigenden Preisen kleiner sein müssen, wenn die Kapazität gleich gehalten werden soll. **Verfahrens-** und **Programmänderungen** führen ebenfalls zu nicht aussagefähigen Verzerrungen.

Des Weiteren ist zu beachten, dass sich die Anlagenabschreibungen aus der tatsächlichen Nutzung ergeben müssen und nicht als bilanzpolitisches Instrument benützt werden. Werden die Investitionen stoßweise durchgeführt, kommt es in einzelnen Jahren zu Verzerrungen.

bb) Finanzierungsanalyse

Durch die Finanzierungsanalyse sollen die **Kapitalstruktur** (Verschuldungsgrad) sowie die **Kreditstruktur** (Verhältnis der einzelnen Kreditformen zueinander) festgestellt und daraus das **Kreditpotential** sowie in Verbindung mit den Zinskosten die **kostengünstigste Finanzierung** des Unternehmens ermittelt werden.

aaa) Kapitalstruktur

Kennzahlen der **Kapitalstruktur** sollen über die **Quellen** und die **Zusammensetzung**, die **Art** und **Fristigkeit** des Kapitals Auskunft geben.

Der Ermittlung des **Verschuldungsgrades** dienen das Verhältnis von Eigenkapital bzw. Fremdkapital zu Gesamtkapital oder das Verhältnis von Eigenkapital zu Fremdkapital. Zur Feststellung der **Kreditstruktur** werden verschiedene Kreditposten, wie Wechselschulden, Warenverbindlichkeiten, Bankkredite, Kundenanzahlungen, Rückstellungen und sonstige Kredite, entweder auf das gesamte Fremdkapital bezogen oder zueinander in ein Verhältnis gesetzt.

Die Ermittlung der **Kapitalstruktur** ist für die Lösung der Frage **der kostengünstigsten Finanzierung**, des **Kreditpotentials** des Unternehmens und der Aufrechterhaltung des **finanziellen Gleichgewichtes** von Bedeutung.

Verschuldungsgrad

$$\text{Fremdkapitalquote} = \frac{\text{Fremdkapital} \times 100}{\text{Gesamtkapital}}$$

Ermittlung des Verschuldungsgrades

(1) Feststellung des Eigenkapitals

Grundkapital (Stammkapital, Eigenkapitalkonto)
+ versteuerte Rücklagen inkl. Gewinnvortrag
− Verlustvortrag
+ unversteuerte Rücklagen abz. diskontierte Ertragsteuern
+ stille Reserven

a) im Anlagevermögen[1]):	Anschaffungswerte abz. normaler Abschreibung bzw. höhere Veräußerungspreise	
	− Buchwerte	
	stille Reserven	
	− Diskontierte Ertragsteuern	
	Aufwertungsbetrag	
b) in den Rückstellungen:	stille Reserven	
	− Diskontierte Ertragsteuern	
	Aufwertungsbetrag	

Berichtigtes **Eigenkapital**

---

[1]) Stille Reserven können ebenso in den Vorräten oder in den Wertpapieren des Umlaufvermögens enthalten sein.

(2) Feststellung des Fremdkapitals

Buchmäßiges Fremdkapital inkl. Rückstellungen

- Stille Reserven, soweit in Fremdkapitalposten enthalten und bei der Ermittlung des Eigenkapitals diesem zugezählt
- Flüssige Mittel (Kassa, PSK, Bankguthaben)

Berichtigtes **Fremdkapital**

Die Zurechnung im Leasing genutzter Anlagen zum Vermögen und zum Fremdkapital hängt von der Art des Vertrages ab und kann somit nur individuell festgestellt werden.

Die Verminderung des Fremdkapitals um die flüssigen Mittel erfolgt deshalb, weil deren Höhe zum Bilanzstichtag zufälligen Charakter tragen kann und diese jederzeit zur Rückzahlung von Fremdkapital (z. B. Kontokorrentkredit) verwendet werden könnten.

Sind (realisierbare) Aktiva zur Deckung bestimmter Fremdkapitalposten vorhanden, können auch diese vom Fremdkapital abgezogen werden. Dies gilt beispielsweise für die zur Deckung der Vorsorge für Abfertigungen angeschafften Wertpapiere, die ja explizit die Aufgabe haben, den finanziellen Polster für künftige Abfertigungszahlungen zu bilden.

(3) Gesamtkapital

Berichtigtes Eigenkapital
+ berichtigtes Fremdkapital

Gesamtkapital

In der Literatur und Praxis wurden verschiedene (**vertikale**) **Finanzierungsregeln** für das „optimale" Verhältnis von Eigen- und Fremdkapital entwickelt, wobei die Skala dieser Regeln von einem Verhältnis von Eigenkapital zu Fremdkapital von 3 : 1 bis 8 : 92 (Banken) reicht, ohne dass hierfür, außer für die Forderung nach ausreichendem Eigenkapital bzw. die Einhaltung bestehender gesetzlicher Vorschriften, entsprechende Begründungen angegeben werden können. Es steht jedoch fest, dass die **Fremdkapitalquote** im Laufe der Jahrzehnte immer größer geworden ist und heute in der österreichischen Industrie unter Berücksichtigung vorhandener stiller Reserven bei etwa 75–80 % (Verhältnis von Fremdkapital zu Gesamtkapital) liegt.

In der Tat gibt es allerdings keine allgemein gültige Regel, da bei der Bestimmung des „**optimalen**" Verschuldungsgrades zwei Gesichtspunkte betrachtet werden müssen:

1. der Gesichtspunkt der **Rentabilität**,
2. der Gesichtspunkt des **Risikos**.

zu 1. Gesichtspunkt der **Rentabilität**

Ist die Rentabilität des im Unternehmen eingesetzten Gesamtkapitals höher als die Kosten des Fremdkapitals, führt der Einsatz von Fremdkapital zu einer Erhöhung der Rentabilität des Eigenkapitals. Bezüglich dieser als „**Leverage-Effekt**" bezeichneten Auswirkung (vergleiche den Abschnitt: Finanzierung).

Dieser Chance steht allerdings das Risiko gegenüber, dass die gesamte Kapitalrentabilität unter die Fremdkapitalkosten sinkt, wodurch es zu einer Umkehr des Leverage-Effektes kommt. Dieses Risiko nimmt mit steigendem Verschuldungsgrad zu.

zu 2. Gesichtspunkt des **Risikos**

Mit zunehmender Verschuldung vermindern sich jene Funktionen des Eigenkapitals, die dem Schutz des Unternehmens und der Gläubiger dienen. Dazu gehören insbesondere folgende Aufgaben:

Das Eigenkapital als Krisenvorsorge

Eigenkapital ist liquiditätsschonend, da in Zeiten schlechter Konjunktur Tilgungsquoten und Zinsbelastung entfallen. Ein Unternehmen kann trotz erlittener Buchverluste noch längere Zeit hindurch seinen Zahlungsverpflichtungen nachkommen, wenn der Mittelzufluss (bedingt durch nicht ausgabewirksame Aufwendungen) noch positiv ist.

Umfangreiche Fremdmittelaufnahme erhöht die Gefahr von Liquiditätsengpässen und **Rückzahlungsschwierigkeiten** und macht das Unternehmen konjunkturanfälliger; mit steigenden Zinsen kann das Unternehmen in eine Liquiditätsklemme kommen, umso mehr dann, wenn die zu erzielende Rentabilität unter die Fremdkapitalzinsen sinkt (Umkehr des Leverage-Effektes).

Das Eigenkapital als Risikoträger

Je risikoreicher Investitionen sind, desto höher müsste der Eigenkapitalanteil sein, da die Wahrscheinlichkeit eines Misserfolges und des damit verbundenen Auftretens von Zahlungsschwierigkeiten steigt; d. h. **die Höhe eines möglichen Verschuldungsgrades hängt nicht von der Chance der Erzielung eines bestimmten Ertrages, sondern vom Risiko des Ertragsausfalles ab.**

Das Eigenkapital als Instrument zur Sicherung der Unabhängigkeit

Bei hoher Fremdfinanzierung besteht stets die Gefahr verschiedenartigster unerwünschter Einflussnahme der Kreditgeber auf die unternehmerische Autonomie des Kreditnehmers.

Das Eigenkapital als Wettbewerbsvorteil

Das Unternehmen kann in Krisenzeiten in der Preisgestaltung vorübergehend auf nicht ausgabewirksame Kosten (Zinsen vom Eigenkapital, Abschreibungen, die nicht mit Tilgungsquoten verbunden sind) verzichten.

858

Die Grenze des Verschuldungsgrades

Wo die **oberen Grenzen für den Verschuldungsgrad** liegen, kann nicht eindeutig beantwortet werden. Allgemein kann jedoch gesagt werden, dass die Grenzen dort liegen, wo die Vorteile eines steigenden Verschuldungsgrades (Verbesserung der Rentabilität, Verbesserung des betrieblichen Wachstums, Expansionseffekt, Ausschaltung des Einflusses eines Partners) durch die zunehmende Gefahr des Eintrittes finanzieller Schwierigkeiten und durch den wachsenden Einfluss des Kreditgebers kompensiert werden.

Hat das Unternehmen einen **Verschuldungsgrad** erreicht, der seitens der Kreditgeber als unternehmensgefährdend angesehen wird, werden zusätzliche Kredite entweder gar nicht oder nur unter erschwerten Bedingungen (Mitspracherecht des Kreditgebers, Einräumung sonstiger Sicherheiten, höhere Zinsen) gegeben werden. Dies kann sich dann für das Unternehmen besonders unangenehm auswirken, wenn solche Kredite nur vorübergehend zur Abdeckung kurzfristig auftretender Liquiditätsengen benötigt werden.

Die absolute Grenze des Verschuldungsgrades liegt bei jenem Punkt, ab dem die Kreditgeber nicht mehr bereit sind, weitere Kredite zu gewähren.

bbb) Kreditstruktur

Für die Auswahl der aufzunehmenden Fremdmittel sind die Kosten und die Fristigkeit (Fälligkeit) von besonderer Bedeutung. Darüber hinaus ist zu beachten, inwieweit Fremdmittel das **Kreditpotential** des Unternehmens belasten. Grundsätzlich kann jedoch gesagt werden, dass das **Kreditpotential** bezüglich **langfristiger Kredite** bedeutend niedriger ist als für **kurzfristige Kredite**, da langfristige Kredite in der Regel noch besichert werden müssen. Zur **Besicherung** langfristiger Kredite eignet sich im Wesentlichen jedoch nur das **Sachanlagevermögen**, in selteneren Fällen **Wertpapiere**, **Patente** oder **Forderungen**.

Soweit langfristiges Fremdkapital nicht aus Gründen des Risikos des Entstehens von Zahlungsschwierigkeiten erforderlich ist, richtet sich die Reihenfolge der Fremdmittel nach den Zinskosten.

cc) Liquiditätsanalyse

Durch die **Liquiditätsanalyse** soll festgestellt werden, ob die für den Bestand des Unternehmens neben dem vorrangig zu erfüllenden Rentabilitätsziel notwendige Bedingung der dauernden Aufrechterhaltung der **Zahlungsfähigkeit** erfüllt ist.

Versucht man die **Liquidität**, das heißt die Fähigkeit eines Unternehmens, seine Schulden ohne wesentliche Beeinträchtigung des Betriebsablaufes zu bezahlen, auf Grundlage einer Jahresabschlussanalyse zu ermitteln, muss man sich bewusst sein, dass es nicht möglich ist, aus der Bilanz die unmittelbare Liquidität des Unternehmens zu ersehen, da die Bilanz einerseits nur einen Augenblickszustand wiedergibt und andererseits die Analyse zu einem Zeitpunkt erstellt wird, an dem der zum Bilanzstichtag bestehende Liquiditätszustand bereits überholt ist.

Die Bilanzanalyse ist daher nur geeignet, die grundsätzliche Liquidität eines Unternehmens bzw. deren Entwicklung (Verbesserung oder Verschlechterung) über mehrere Jahre hinweg festzustellen. Zu diesem Zweck werden einerseits reine **Bestandsgrößen** und andererseits **Stromgrößen** herangezogen.

aaa) Bestandsgrößen als Grundlage der Liquiditätsanalyse

Obwohl mit der Höhe des Verschuldungsgrades die Gefahr von Zahlungsschwierigkeiten steigt, ist die Frage der Aufrechterhaltung des finanziellen Gleichgewichtes nicht vornehmlich eine Frage von Eigen- und Fremdkapital, sondern eine Frage der Fristentsprechung von Vermögen und Kapital. Die Kapitalstruktur wird sich daher in einem zahlungsfähigen Unternehmen weitgehend in ihrer Fristigkeit der Vermögensstruktur anpassen.

Aus dieser Aussage leiten sich horizontale Finanzierungsregeln (siehe auch Abschnitt D. IV.) ab, die man auch als **Deckungsregeln** bezeichnet. Die engste Auslegung findet diese **horizontale Finanzierungsregel** in der so genannten **goldenen Bilanzregel**, die fordert, dass zumindest das Anlagevermögen mit eigenen Mitteln finanziert sein müsse. Im weiteren Sinne fordert die goldene Bilanzregel, dass darüber hinaus auch die eisernen Bestände des Umlaufvermögens durch Eigenmittel gedeckt seien.

Es ist jedoch zur goldenen Bilanzregel kritisch zu bemerken, dass sie nicht in dieser schematischen Form angewendet werden kann, da eine Reihe von **Eigenkapitalteilen kurzfristigen Charakter** trägt, wie etwa der zur Ausschüttung bestimmte Bilanzgewinn einer AG (der im Rahmen der Bilanzanalyse daher auch zu den kurzfristigen Verbindlichkeiten gezählt wird), Eigenkapitalbeträge der Gesellschafter bei Personengesellschaften bzw. des Eigentümers eines Einzelunternehmens, die für Steuerzahlungen oder sonstige Entnahmen bereitgehalten werden müssen, womit diese Beträge zur Deckung langfristig gebundener Vermögensteile nicht geeignet erscheinen. Andererseits können Schulden, deren Laufzeit mindestens der Lebensdauer der Anlagen entspricht, wie etwa ERP-Kredite und langfristige Hypothekardarlehen, ohne weiteres als Deckung für das Anlagevermögen dienen.

Die **horizontale Finanzierungsregel** darf auch nicht so ausgelegt werden, dass bestimmte Kapitalteile zur Deckung bestimmter Vermögensteile dienen, sondern dahingehend, dass der Umfang des langfristig gebundenen Vermögens der Größe des langfristig gebundenen Kapitals entsprechen soll. Das Gleiche gilt für mittelfristig und kurzfristig gebundene bzw. liquidierbare Vermögensteile.

Im Wesentlichen gelangen in der jüngeren Zeit zwei grundlegende, einander komplementär entsprechende Kennzahlen zur Anwendung:

860

Anlagevermögen	$\leq$ Eigenkapital[1]) + langfristiges Fremdkapital
Umlaufvermögen	$\geq$ kurzfristiges Fremdkapital
Vermögen	= Kapital

1) Es ist darauf zu achten, dass kurzfristige Eigenkapitalteile zum kurzfristigen Fremdkapital zu rechnen sind (erwartete Dividendenausschüttungen).

$$\frac{\text{Anlagevermögen}}{\text{Eigenkapital + langfristiges Fremdkapital}} \leq 1$$

$$\frac{\text{Umlaufvermögen}}{\text{kurzfristiges Fremdkapital}} \geq 1$$

Working capital

In der Bilanzierungspraxis der Vereinigten Staaten wird in großem Umfang das **working capital** als Ausdruck für die grundlegende Liquidität des Unternehmens herangezogen. Das working capital stellt den Saldo aus dem kurzfristigen (innerhalb des Jahres liquidierbaren) Umlaufvermögen und den kurzfristigen (innerhalb eines Jahres fälligen) Verbindlichkeiten dar.

Umlaufvermögen
– kurzfristige Verbindlichkeiten
working capital

Diese Differenz steht zur Deckung der durch die Geschäftstätigkeit bedingten laufenden Aufwendungen zur Verfügung und bietet einen mehr oder weniger großen Spielraum zum Ausgleich der rhythmischen oder unregelmäßigen Schwankungen und Anspannungen.

Der Quotient aus der Division des kurzfristigen Umlaufvermögens durch die kurzfristigen Verbindlichkeiten zeigt das Verhältnis der Überdeckung an und gibt bei Gegenüberstellung der Bilanzen mehrerer Jahre ein deutliches Bild über die Entwicklung der finanziellen Lage des Unternehmens.

$$\frac{\text{Umlaufvermögen}}{\text{kurzfristiges Fremdkapital}} = \begin{array}{l}\text{Mobilitätsgrad oder} \\ \text{working capital ratio oder current ratio}\end{array}$$

Eine weitere Kennzahl ist die quick ratio, die sich aus nachstehender Formel ergibt:

$$\frac{\text{jederzeit liquide Umlaufvermögensgegenstände}}{\text{kurzfristiges Fremdkapital}}$$

Die aus den Beständen der Bilanz ermittelte Liquidität stellt grundsätzlich eine Vergangenheitsrechnung dar, die die finanzielle Lage des Unternehmens für einen in der Vergangenheit liegenden Zeitpunkt zeigt. Die daraus ermittelten Kennzahlen können daher keine Dispositions- oder Entscheidungsgrundlage für die Unternehmensführung sein. Aus der Entwicklung der einzelnen Kennzahlen durch mehrere Jahre hindurch kann aber geschlossen werden, ob sich die Liquiditätslage des Unternehmens grundsätzlich gebessert oder verschlechtert hat.

bbb) Stromgrößen als Grundlage der Liquiditätsanalyse

Cashflow

Obwohl der Vergleich der Liquiditätskennzahlen mehrerer Jahre ein gutes Bild über die Entwicklung der finanziellen Lage des Unternehmens geben kann, können die aus Bilanzbeständen ermittelten Kennzahlen aus mehreren Gründen nicht zur Ermittlung der zukünftigen Liquidität des Unternehmens herangezogen werden. In den meisten Fällen ist zum Zeitpunkt der Bilanzerstellung bereits jener Zeitraum vorüber, für den die kurzfristige Liquidität ermittelt wird. Darüber hinaus können weder die Termine für die Verflüssigung der Vermögensbestände noch die sich aus den Beständen ergebenden Einnahmen exakt aus der Bilanz abgeleitet werden.

Eine **entscheidungsorientierte Liquiditätsrechnung** muss daher von **Stromgrößen** (Einnahmen, Ausgaben) ausgehen und **zukunftsorientiert** sein. Ein Ansatzpunkt hierfür wurde in der Ermittlung des **Cashflow** gesehen.

Der Cashflow zeigt an, welche Mittel in einer bestimmten Periode (Vergangenheit oder Zukunft) aus der Tätigkeit des Unternehmens zur **Innenfinanzierung** herangezogen werden könnten. Im Wesentlichen handelt es sich um eine Transformation der Aufwands- und Ertragsrechnung in eine Einnahmen-Ausgaben-Rechnung. Der Cashflow gibt den Bargeldüberschuss an, der in der Rechnungsperiode aus dem Leistungsprozess i. e. S. resultiert (zur Ermittlung des Cashflow vgl. Abschnitt D. II. 2. d).

Abgesehen von der bereits vorne (im Abschnitt D.) ausgedrückten Kritik muss man sich bei Verwendung der Kennzahl des Cashflow der Problematik bewusst sein, die darin besteht, dass der Cashflow mit der Höhe des Anlagevermögens steigt, erfolgsneutrale Vermögens- und Kapitalumschichtungen nicht berücksichtigt und keine Aussage über die Verwendung der freigesetzten Mittel trifft.

Um daher zu einem aussagekräftigen Ergebnis zu kommen, ist der Cashflow entweder in Relation zu den bestehenden Verbindlichkeiten zu setzen oder durch eine allumfassende **Kapitalflussrechnung** zu ersetzen.

Der **Quotient aus der Division der Verbindlichkeiten durch den Cashflow** zeigt an, innerhalb welchen Zeitraumes das Unternehmen theoretisch in der Lage wäre, seine Schulden abzustatten. Je größer dieser Quotient ist, desto schlechter ist es um die Finanzierungskraft des Unternehmens bestellt, und desto vorsichtiger ist bei einer eventuellen Kreditvergabe vorzugehen.

$$\frac{\text{Verbindlichkeiten}}{\text{Cashflow}} = \text{Theoretische Schuldentilgungskraft}$$

Vergleiche hiezu auch die Errechnung der fiktiven Schuldentilgungsdauer nach dem URG (Abschn. D.IV.10.).

Verwendet man den Cashflow als Kennzahl oder Bestandteil einer Kennzahl, ist er noch um alle außerordentlichen (zahlungswirksamen) Aufwendungen und Erträge zu bereinigen, da ein nicht um diese Größen bereinigter Cashflow zu falschen Schlüssen für die Zukunft verleiten kann.

862

Kapitalflussrechnung (Geldflussrechnung)

Die Kapitalflussrechnung (Geldflussrechnung) ist eine alle Zahlungsvorgänge einer Periode umfassende **Mittelflussrechnung**, welche die Veränderung eines unterschiedlich weit gefassten **Finanzmittelfonds** auf Grund der zahlungswirksamen Vorgänge des betrieblichen Produktions- und Absatzprozesses sowie auf Grund der Investitions- und Finanzierungsaktivitäten in der Periode aufzeigen soll.

Wie schon im Zusammenhang mit der Bewegungsbilanz hingewiesen, ist die Kapitalflussrechnung keine **Liquiditätsrechnung** im engeren Sinn. Sie ist nicht in der Lage, über die unmittelbare Liquiditätssituation des Unternehmens Auskunft zu geben. Sie ist aber ein wesentliches Hilfsmittel, die Entwicklung der grundsätzlichen Zahlungsbereitschaft festzustellen.

Sie zeigt die Fähigkeit zur Erwirtschaftung von Zahlungsüberschüssen, die Fähigkeit zur Erfüllung von Zahlungsverpflichtungen und vor allem die Gründe für die Divergenz zwischen dem Jahresergebnis der Gewinn- und Verlustrechnung und der Veränderung des Finanzmittelfonds. Es darf aber nicht übersehen werden, dass die Kapitalflussrechnung als retrospektive Rechnung eine **Finanzplanung** keinesfalls ersetzen kann.

Der Finanzmittelfonds

Bis vor wenigen Jahren wurden für die Kapitalflussrechnung unterschiedlich weit gefasste Finanzmittelfonds herangezogen, die sich nachfolgend einteilen lassen:

a) Fonds der flüssigen Mittel: Kassa, PSK, Bankguthaben, Wechsel, Schecks

b) Fonds der flüssigen Mittel – Netto: flüssige Mittel abzüglich kurzfristiger Verbindlichkeiten gegenüber Kreditinstituten

c) Fonds des Netto-Geldvermögens: flüssige Mittel zuzüglich kurzfristiger Forderungen abzüglich kurzfristiger Verbindlichkeiten

d) Fonds des Netto-Umlaufvermögens (Working Capital): Netto-Geldvermögen zuzüglich Vorratsvermögen und Rechnungsabgrenzungsposten abzüglich kurzfristiger Verbindlichkeiten und Rechnungsabgrenzungsposten

Die einzelnen Finanzmittelfonds umfassen folgende Bilanzpositionen:

Erfasste AKTIVA	a) Flüssige Mittel	b) Flüssige Mittel-Netto	c) Netto-Geld-vermögen	d) Netto-Umlauf-vermögen
Liquide Mittel (Kassenbestand, Bank, PSK-Guthaben usw.)	×	×	×	×
Wertpapiere des Umlaufvermögens	1)	1)	×	×
Kurzfristige Forderungen	–	–	×	×
Vorräte	–	–	–	×
Geleistete Anzahlungen	–	–	–	×
ARA	–	–	–	×
Erfasste PASSIVA				
Kurzfristige Verbindlichkeiten gegenüber Kreditinstituten	–	×	×	×
Wechselverbindlichkeiten	–	–	×	×
Andere kurzfristige Verbindlichkeiten	–	–	×	×
Kurzfristige Rückstellungen	–	–	×	×
Erhaltene Anzahlungen	–	–	–	×
PRA	–	–	–	×

1) Soweit mit einer maximalen Gesamtlaufzeit von 3 Monaten und jederzeit in Geld umwandelbar

Abb. 43

In jüngerer Zeit, insbesondere inspiriert durch den vom amerikanischen FASB (Financial Accounting Standard Board) herausgegebenen FAS 95 (Financial Accounting Standard) und den IAS 7 (International Accounting Standard), werden weltweit der Fonds a) (cash and cash equivalents) und ausnahmsweise der Fonds b) verwendet.

Bei Verwendung der Fonds c) und d) war es notwendig, neben der eigentlichen Kapitalflussrechnung noch eine Fondsveränderungsrechnung über seine Zusammensetzung durchzuführen, da die Information darüber, ob etwa die aktiven Fondsmittel hauptsächlich aus liquiden Mittel oder aus Vorräten und Forderungen bestehen, für den Leser von Bedeutung war. Besteht der Fonds nur aus den unter a) und b) angeführten Posten, kann eine Veränderungsrechnung bezüglich der Zusammensetzung des Fonds entfallen.

Wegen der Reduzierung des Finanzmittelfonds auf die flüssigen Mittel des Unternehmens wird aus der bisherigen Kapitalflussrechnung eine reine Geldflussrechnung. Dieser Begriff entspricht am ehesten dem Begriff „Cashflow".

Gliederung der Geldflussrechnung

Gliederung nach Mittelherkunft und Mittelverwendung

Ausgehend vom Finanzmittelfonds zu Beginn der Periode wird bei Gliederung nach Mittelherkunft und Mittelverwendung festgestellt, woher die dem Finanzmittelfonds zufließenden Mittel kommen und wofür sie verwendet werden. Der Saldo aus Mittelzufluss und -abfluss vergrößert oder verkleinert den Fonds.

Schema

Ergebnis der gewöhnlichen Geschäftstätigkeit gem. § 231 HG

± finanzunwirksame Aufwendungen und Erträge:	Abschreibungen Dotierung und erfolgswirksame Auflösung von Rückstellungen Abwertungen und Zuschreibungen

ordentliches finanzwirksames Ergebnis

± a. o. Ergebnis

− Steuern

+ Mittelzufluss aus erfolgsneutralen Vorgängen (Herabsetzung von Vermögensposten, die nicht im Fonds enthalten sind, Aufnahme von Krediten, die nicht im Fonds enthalten sind, Einlagen der Gesellschafter)

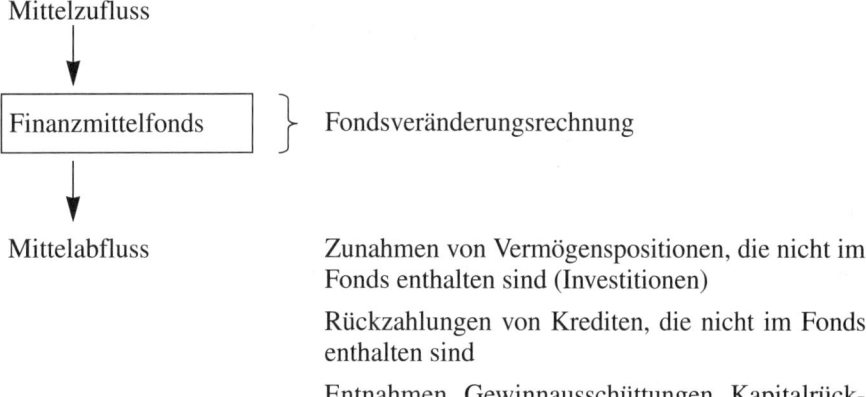

Mittelzufluss

Finanzmittelfonds ⎬ Fondsveränderungsrechnung

Mittelabfluss

Zunahmen von Vermögenspositionen, die nicht im Fonds enthalten sind (Investitionen)

Rückzahlungen von Krediten, die nicht im Fonds enthalten sind

Entnahmen, Gewinnausschüttungen, Kapitalrückzahlungen an die Gesellschafter

Gliederung nach Aktivitätsbereichen

(Zu den folgenden Ausführungen vgl. Egger/Samer: Der Jahresabschluß nach dem HGB, 6. Auflage, Wien 1997, S. 589 ff.)

Während die Gliederung der Kapitalflussrechnung in der Vergangenheit fast ausschließlich nach den Kriterien der Mittelherkunft und Mittelverwendung erfolgte, hat mit dem FAS 95 und dem IAS 7 ein Umdenken begonnen, wonach eine Kapitalflussrechnung die gewünschten Kennzahlen zur Ermittlung und Analyse der Finanz- und Liquiditätslage eines Unternehmens nur geben kann, wenn die Zahlungsströme je nach Informationsbedarf in mehrere Aktivitätsbereiche gegliedert werden, wobei jeder Bereich mit einem Saldo (Nettozufluss/-abfluss) abschließt.

Als Aktivitätsbereiche werden vom FAS 95 und IAS 7 die Bereiche der

operating activities (Geschäftstätigkeit)

investing activities (Investitionstätigkeit) und

financing activities (Finanzierungstätigkeit)

vorgeschlagen.

Diese Gliederung wurde bereits vom deutschen IDW (Institut der deutschen Wirtschaftsprüfer) und dem Fachsenat für Betriebswirtschaft der Kammer der Wirtschaftstreuhänder übernommen.

Daraus ergibt sich folgendes Schema:

Nettogeldfluss (Cashflow) aus der Geschäftstätigkeit (operating activities)
± Nettogeldfluss (Cashflow) aus der Investitionstätigkeit (investing activities)
± Nettogeldfluss (Cashflow) aus der Finanzierungstätigkeit (financing activities)

Zu- bzw. Abnahme der liquiden Mittel
+ Liquide Mittel zu Jahresbeginn

= Liquide Mittel zum Jahresende

Nettogeldfluss (Cashflow) aus der Geschäftstätigkeit

Die Geldflüsse aus der Geschäftstätigkeit zeigen an, inwieweit das Unternehmen in der Lage war, Finanzmittel zur Aufrechterhaltung der Geschäftstätigkeit, zur Kredittilgung und Dividendenzahlungen sowie für Investitionen ohne Zugriff auf externe Finanzmittel zu schaffen.

Die Zahlungsströme müssen mangels besserer Informationen aus dem Jahresabschluss abgeleitet werden. Die Ableitung kann nach der **direkten** oder der **indirekten** Methode erfolgen, wobei beide Methoden zu einem identischen Ergebnis führen müssen.

Direkte Methode

Die direkte Methode geht von den Posten der Gewinn- und Verlustrechnung aus und entwickelt daraus durch Hinzufügen der entsprechenden Posten der Bewegungsbilanz die Ein- und Auszahlungen im Rahmen der gewöhnlichen Geschäftstätigkeit. Unter Berücksichtigung der gesondert auszuweisenden Geldflüsse aus außerordentlichen Posten und Ertragssteuerzahlungen ergibt sich die Mindestgliederung der Geldflussrechnung im Bereich der Geschäftstätigkeit.

1. Umsatzeinzahlungen
2. + andere Einzahlungen aus der betrieblichen Leistungserstellung
3. − Auszahlungen für die betriebliche Leistungserstellung
4. + Einzahlungen aus Beteiligungs-, Zinsen- und Wertpapiererträgen
5. − Auszahlungen für Zinsen und ähnliche Aufwendungen
6. + sonstige Einzahlungen, die nicht der Investitions- oder Finanzierungstätigkeit zuzuordnen sind
7. − sonstige Auszahlungen, die nicht der Investitions- oder Finanzierungstätigkeit zuzuordnen sind
8. = Netto-Geldfluss aus der gewöhnlichen Geschäftstätigkeit
9. ± Netto-Geldfluss aus außerordentlichen Posten
10. − Zahlungen für Ertragsteuern

11. Netto-Geldfluss aus laufender Geschäftstätigkeit

Indirekte Methode

Die indirekte Methode zeigt keine (Brutto)zahlungsströme, sondern leitet den Jahreserfolg aus der Geschäftstätigkeit in den Nettogeldfluss über, indem der Jahresüberschuss (bzw. Ergebnis der gewöhnlichen Geschäftstätigkeit) um die zahlungsunwirksamen Aufwendungen erhöht und um die zahlungsunwirksamen Erträge vermindert sowie um erfolgsneutrale, nicht in der G&V erfasste Vorgänge im Bereich der laufenden Geschäftstätigkeit ergänzt wird.

Schema

1. Ergebnis der gewöhnlichen Geschäftstätigkeit
2. Überleitung auf den Nettogeldfluss aus der gewöhnlichen Geschäftstätigkeit
   a) ± Verlust/Gewinn aus dem Abgang von Vermögensgegenständen des Investitionsbereiches
   b) ± Abschreibungen/Zuschreibungen auf Vermögensgegenstände des Investitionsbereiches
   c) ± Sonstige zahlungsunwirksame Aufwendungen/Erträge
   d) ± Abnahme/Zunahme der Vorräte, Forderungen aus Lieferungen und Leistungen sowie anderer Aktiva
   e) ± Zunahme/Abnahme der Rückstellungen ausgenommen für Ertragsteuern
   f) ± Zunahme/Abnahme der Verbindlichkeiten aus Lieferungen und Leistungen sowie anderer Passiva
3. = Netto-Geldfluss aus der gewöhnlichen Geschäftstätigkeit
4. ± Netto-Geldfluss aus außerordentlichen Posten
5. − Zahlungen für Ertragsteuern

6. Netto-Geldfluss aus laufender Geschäftstätigkeit

In der Praxis findet die direkte Methode der Ermittlung des Nettogeldflusses aus der laufenden Geschäftstätigkeit kaum Anwendung, da sie einerseits relativ kompliziert ist und andererseits keinen erhöhten Aussagewert besitzt. Aus der jährlich vom AICPA (American Institute of Certified Public Accountants) durchgeführten Erhebung der 600 größten amerikanischen Unternehmen geht hervor, dass die direkte Methode von insgesamt 6 Unternehmen angewendet wird.

Nettogeldfluss aus der Investitionstätigkeit

Die gesonderte Darstellung der Geldflüsse in diesem Bereich ist deshalb von Bedeutung, weil sie das Ausmaß jener Investitionen aufzeigt, die künftige Erträge und Einzahlungen bewirken sollen. Sie betreffen sowohl die der Produktion von Gütern und Dienstleistungen dienenden Investitionen (Sachanlagen und immaterielle Vermögensgegenstände) als auch Finanzinvestitionen, das sind Finanzanlagen und sonstige selbständige (nicht unmittelbar mit Beschaffungs- und Absatzvorgängen verbundene) Finanzinstrumente, wie Aktiva des Umlaufvermögens, die weder der laufenden Geschäftstätigkeit zuzuordnen noch Bestandteil des Finanzmittelfonds sind.

Zu den Geldflüssen aus Investitionsaktivitäten gehören:

7. + Einzahlungen aus Anlagenabgang (ohne Finanzanlagen)

8. + Einzahlungen aus Finanzanlagenabgang und sonstigen Finanzinvestitionen

9. – Auszahlungen für Anlagenzugang (ohne Finanzanlagen)

10. – Auszahlungen für Finanzanlagenzugang und sonstigen Finanzinvestitionen

11. **Nettogeldfluss aus der Investitionstätigkeit**

Die Nummerierung wurde nach dem vorne dargestellten Schema der indirekten Methode zur Ermittlung des Nettogeldflusses aus der Geschäftstätigkeit fortgesetzt.

Nettogeldfluss aus der Finanzierungstätigkeit

12. + Einzahlungen von Eigenkapital

13. – Rückzahlungen von Eigenkapital

14. – Auszahlungen aus der Bedienung des Eigenkapitals

15. + Einzahlungen aus der Begebung von Anleihen und aus der Aufnahme von sonstigen (Finanz-)Krediten

16. – Auszahlungen für die Tilgung von Anleihen und sonstigen Finanzkrediten

17. **Nettogeldfluss aus der Finanzierungstätigkeit**

Nettogeldfluss gesamt

18. ± Zahlungswirksame Veränderungen des Finanzmittelbestandes (6 + 11 + 17)

19. + Finanzmittelbestand am Beginn der Periode

20. Finanzmittelbestand am Ende der Periode

Finanzplanung

Wegen der retrospektiven Betrachtungsweise der Geldflussrechnung kann diese, wie bereits hingewiesen, nicht als Dispositions- bzw. Planungsunterlage verwendet werden. Erst durch die Integration in eine die geplanten Aufwendungen und Erträge (**Plan-G&V**) sowie Bilanzplanung (**Planbilanz**) umfassende Rechnung wird die nunmehr in die Zukunft gerichtete Kapitalflussrechnung zu einem tauglichen Mittel der **finanzwirtschaftlichen Disposition**.

In diesem Zusammenhang werden die finanzwirtschaftlichen Vorgänge ähnlich wie bei der retrospektiven Geldflussrechnung nach folgenden Bereichen gegliedert, wobei es sich um geplante Daten handelt, auf Grund deren der Mittelbedarf bzw. -überschuss festgestellt werden soll (vgl. Egger/Winterheller, Kurzfristige Unternehmensplanung, 10. Auflage, Wien 1999, S. 131 ff. und 208).

Vergleiche hiezu die Ausführungen im Abschnitt D.III.3.c) dieses Buches.

dd) Indikatoren nahender finanzieller Schwierigkeiten

Im Zusammenhang mit der Kapital- und Vermögensstruktur stellt sich die Frage, wieweit aus einzelnen Kennzahlen bzw. aus der Entwicklung bestimmter Posten auf zunehmende Zahlungsschwierigkeiten und letztlich Zahlungsunfähigkeit des Unternehmens geschlossen werden kann.

Man kann aus verschiedenen **Indikatoren** die voraussichtliche Entwicklung des Unternehmens bezüglich seiner Finanz- und Ertragslage feststellen. Es wäre jedoch falsch und kann zu falschen Schlüssen führen, würde man sich isoliert auf den einen oder anderen Indikator verlassen. So kann beispielsweise eine **steigende Verschuldung** die absichtliche Herausnahme von Eigenkapital und Ersatz durch Fremdkapital bedeuten, um den **Leverage-Effekt** auszunützen; ein sinkender **Cashflow** kann beispielsweise bedeuten, dass der Unternehmer sein Erzeugungsprogramm bzw. sein Erzeugungsverfahren ändert und dadurch allmählich Anlage- in Umlaufvermögen umwandelt. Um daher Schlüsse auf die Entwicklung des Unternehmens zu ziehen, muss das Zusammenwirken mehrerer Indikatoren über einen längeren Zeitraum hin betrachtet werden.

Nachstehend sollen die wichtigsten Faktoren, die auf das Nahen finanzieller Schwierigkeiten hinweisen, dargestellt werden:

aaa) Fallende Gewinne bei gleich bleibender Ausgabenentwicklung

Werden trotz **fallender Gewinne** weitere Investitionen getätigt bzw. Lager- oder andere Vermögensgegenstände erhöht und werden weiterhin Entnahmen in alter Höhe getätigt, können diese noch eine Zeitlang aus dem Cashflow bezahlt werden. Reicht jedoch der Cashflow nicht mehr aus, tritt als Folge zunehmende Verschuldung auf, die nicht zu einer gewollten, sondern zwangsweisen Verschlechterung der Kapitalstruktur führt.

bbb) Abgehen von einer fristenkongruenten Finanzierung

Dieses Abgehen wird durch den **Ersatz langfristiger durch kurzfristige Schulden** signalisiert: Es ist z. B. ein ERP-Kredit fällig. Der Rückfluss aus den ERP-Investitionen wurde aber wieder reinvestiert. Die Rückzahlung des Kredites erfordert daher die Aufnahme kurzfristiger Schulden. Die Folge besteht darin, dass die Neuinvestitionen kurzfristig finanziert sind und damit die Fristenkongruenz gestört ist.

ccc) Umschichtung von Umlauf- in Anlagevermögen bei gleich bleibender Kapitalstruktur

Durch die Änderung des Produktionsprogrammes, durch den Übergang vom Handel auf Eigenfertigung, kann das bisher kurzfristig finanzierte Umlaufvermögen in Anlagevermögen umgeschichtet werden, ohne dass eine Änderung in der Finanzierung eintritt. Damit entstehen Zahlungsschwierigkeiten, da der Rückfluss nicht in der notwendigen Geschwindigkeit gegeben ist. Dazu kommt in einer Aufschwungphase meist ein weiterer Aufbau eines langfristigen Sockelbestandes des Umlaufvermögens, in der Regel Warenbestände, der mit kurzfristigen Lieferantenkrediten finanziert ist.

Der Einwand, dass auch ein Teil der kurzfristigen Schulden tatsächlich langfristig sei und somit wie langfristige Schulden behandelt werden könne, stimmt wohl unter normalen Verhältnissen. Er stimmt nicht mehr bei Einsetzen von Kreditrestriktionen, bei Konjunkturrückgang, bei Verschlechterung der Gewinnsituation des Unternehmens, da in all diesen Fällen die Kreditgeber häufig eine Verlängerung der in der Regel auf ein Jahr terminisierten Kredite nur zum Teil oder gar nicht gewähren und auf Rückzahlung der Kreditbeträge dringen.

ddd) Betriebsvergrößerung bei nicht fristentsprechender Finanzierung

Der häufigste Fall, der zu Zahlungsschwierigkeiten führt, besteht darin, dass Unternehmen die Chance einer Betriebsvergrößerung infolge guter Absatzmöglichkeiten ausnützen, ohne für eine fristentsprechende Finanzierung zu sorgen oder sorgen zu können. Die Anschaffung der zusätzlich benötigten Anlagen bzw. des zusätzlich aufzubauenden Bestandes an Umlaufvermögen wird mangels eines entsprechenden Potentials für langfristige Kredite (fehlende Sicherheiten) mit kurzfristigen Lieferanten- oder Bankkrediten finanziert. Da der Rückfluss der Mittel entweder in einem längeren Zeitraum (Anlagen) als die Rückzahlung der Schulden erfolgt, oder, wie bei dem Aufbau zusätzlichen Umlaufvermögens, ein Rückfluss in absehbarer Zeit nicht gegeben ist, kommt es zu Zahlungsschwierigkeiten, die trotz guter Ertragslage zum finanziellen Untergang des Unternehmens führen können.

eee) Verschlechterung des Cashflow im Verhältnis zum Fremdkapital und Veränderung des Working Capital im Verhältnis zum Gesamtvermögen

Obwohl, wie vorne dargelegt, die Kennzahl des Cashflow für sich allein problematisch ist, kann sie im Zusammenhang mit dem Fremdkapital zu den aussagekräftigsten Finanzierungskennzahlen gezählt werden. Je größer der **Cashflow im Verhältnis zum Fremdkapital** ist, desto günstiger kann die grundsätzliche Finanzlage des Unternehmens gesehen werden. Tritt nunmehr eine Verschlechterung dieses Verhältnisses ein, bedeutet dies, dass das Unternehmen in Zukunft einen längeren Zeitraum für die Rückzahlung der Schulden aus eigenen Mitteln benötigen würde, was mit der Konsequenz verbunden ist, dass das finanzielle Risiko des Unternehmens steigt.

In gleicher Weise zeigt das Sinken des **Working Capital** im Verhältnis zum Gesamtvermögen an, dass entweder die kurzfristigen Schulden bei gleich bleibendem Gesamtvermögen steigen, oder Umlauf- zu Anlagevermögen umgeschichtet wird, ohne dass in der Kapitalstruktur eine Änderung eintritt.

ee) Feststellung negativer Unternehmensentwicklungen mit Hilfe linearer multivariater Diskriminanzanalysen

In den letzten 20 Jahren wurde verschiedentlich versucht, aus den veröffentlichten Jahresabschlüssen auf Grund verschiedener Frühwarnindikatoren die Insolvenzwahrscheinlichkeit eines Unternehmens abzuleiten.

Neben Beaver (W. H. Beaver, Financial Ratios as Predictors of Failure, in: Empirical Research in Accounting: Selected Studies 1966), der auf Grund einer empirischen Untersuchung die Entwicklung nachstehender Kennzahlen in den letzten 5 Jahren vor Eintritt der Zahlungsunfähigkeit

- Cashflow zu Fremdkapital
- Gewinn zu Gesamtvermögen
- Fremdkapital zu Gesamtvermögen
- working capital zu Gesamtvermögen
- Umlaufvermögen zu kurzfristigem Fremdkapital

als signifikant für den Eintritt der Zahlungsunfähigkeit bezeichnet, war es Altman (E. J. Altman, Corporate Bankruptcy Prediction and its Implications for Commercial Lean Evaluation, in: The Journal of Commercial Bank Lending, London, December 1979), der mit Hilfe der **Diskriminanzanalyse** versuchte, kommende Zahlungsschwierigkeiten zu orten. Zu diesem Zweck untersuchte er die Bilanzen guter und schlechter Unternehmen 2 Jahre vor deren Zahlungsunfähigkeit. Er verwendete folgende Kennzahlen mit jeweils unterschiedlichen Diskriminanzfunktionen:

x_1: working capital zu Gesamtvermögen
x_2: nicht ausgeschüttete Gewinne zu Gesamtvermögen
x_3: Gewinn vor Zinsen und Steuern zu Gesamtvermögen
x_4: Eigenkapital zu Fremdkapital
x_5: Umschlagshäufigkeit des Vermögens
z (Gesamtindex) = 0,012 x_1 + 0,014 x_2 + 0,033 x_3 + 0,006 x_4 + 0,999 x_5

	gute Firmen	schlechte Firmen
x_1	41,4 %	– 6,1 %
x_2	35,5 %	–62,6 %
x_3	15,3 %	–31,8 %
x_4	247,7 %	40,1 %
x_5	1,9fach	1,5fach

$z \geq 3$:   gute Firmen
$z \geq 1,8$:   schlechte Firmen
$1,8 < z < 3$:   graue Zone

Beispiel:

Bilanz zum 31. 12.

Anlagevermögen	1.000	Stammkapital	500
Umlaufvermögen	1.200	Rücklagen	200
		kurzfristiges Fremdkapital	800
		langfristiges Fremdkapital	700
	2.200		2.200

Gewinn- und Verlustrechnung

Aufwendungen ohne Zinsen	3.180	Erträge	3.500
Zinsen	120		
Ertragsteuern	100		
Gewinn	100		
	3.500		3.500

Auf Grund der dargestellten Zahlen ergeben sich folgende Kennzahlen:

x_1:	Umlaufvermögen	1.200			
	– kurzfristiges				
	Fremdkapital	800			
	working capital	400	bezogen auf 2.200	=	18,2 %
x_2:		200	bezogen auf 2.200	=	9,1 %
x_3:		320	bezogen auf 2.200	=	14,6 %
x_4:		700	bezogen auf 1.500	=	46,7 %
x_5:		$\dfrac{3.500}{2.200}$	=		1,6

$z = 0,012 \cdot 18,2 + 0,014 \cdot 9,1 + 0,033 \cdot 14,6 + 0,006 \cdot 46,7 + 0,999 \cdot 1,6 = 2,71$

Das Unternehmen kann noch als gut angesehen werden.

In der Folge erschien eine Reihe weiterer Veröffentlichungen (Beermann, Gebhardt, Schmoll, Baetge u. a.), in denen versucht wurde, ähnliche Diskriminanzanalysen zu erstellen, wobei unterschiedliche Kennzahlen und unterschiedliche Diskriminanzfunktionen verwendet wurden.

Da es sich bei allen Arbeiten um „Ex-post"-Untersuchungen handelt, bei denen die Autoren die Bilanzen der in Schwierigkeiten geratenen Unternehmen im

Nachhinein für eine bestimmte Zeit vor der Zahlungsstörung untersuchten, können die Ergebnisse derartiger Analysen wohl einen groben Hinweis über die Gefahr einer Zahlungsstörung (einen Trend) geben, aber nicht mehr.

Baetge ist es gelungen, die Trefferquote der Diskriminanzanalyse durch den Einsatz künstlicher neuronaler Netzanalyse erheblich zu verbessern (Baetge, J., Bilanzanalyse, Düsseldorf 1998, S. 572 ff.).

b) Erfolgswirtschaftliche Kennzahlen

Mit Hilfe der erfolgswirtschaftlichen Kennzahlen soll die **Ertragskraft** des Unternehmens beurteilt werden, wobei einerseits der tatsächlich erzielte Erfolg festgestellt werden (**Ermittlungsfunktion**) und andererseits eine Analyse des Zustandekommens des Erfolges und der Ursachen einer von den Erwartungen bzw. der Planung abweichenden Entwicklung durchgeführt werden soll (**Erklärungsfunktion**).

aa) Ergebnisanalyse

Bei der Analyse des Ergebnisses ist bei externen Untersuchungen zu beachten, dass der ausgewiesene Jahreserfolg bis zu einem gewissen Ausmaß durch bilanzpolitische Maßnahmen beeinflusst sein kann (z. B. Bildung und Auflösung stiller Reserven).

Im Zuge der Ergebnisanalyse wird das Ergebnis entsprechend § 231 HGB in seine Komponenten zerlegt:

	Betriebsergebnis
±	Finanzergebnis
	Ergebnis der gewöhnlichen Geschäftstätigkeit
±	A. o. Ergebnis
	Unternehmensergebnis vor Steuern
–	Ertragsteuern
	Jahresergebnis nach Steuern
±	Rücklagenbewegung
	Bilanzergebnis

Die Gliederung des Ergebnisses nach den Ergebnisquellen ist deswegen von Bedeutung, weil der Bilanzleser über die Ertragsfähigkeit des Betriebes und die Nachhaltigkeit der daraus erfließenden Erträge informiert sein möchte.

Kennzahlen der Aufwands- und Ertragsstruktur

Die Feststellung der Aufwands- und Ertragsstruktur und ihre Entwicklung über mehrere Perioden hinweg ergänzt die Ergebnisquellenanalyse.

Durch das Verhältnis von

Personalaufwand zu Gesamtaufwand,
Materialverbrauch zu Gesamtaufwand oder
Materialverbrauch zu Personalaufwand

kann die **Lohn-** bzw. **Materialintensität** des Betriebes festgestellt werden und zu Untersuchungen Anlass geben, ob die Höhe des Materialanteiles oder des Personalkostenanteiles gerechtfertigt ist und ob nicht in irgendeiner Form Ersparnisse erzielt werden können. Diese Kennzahlen spielen etwa im zwischenbetrieblichen Vergleich, aber auch im Zeitvergleich eine große Rolle, da sie die Stellung des Betriebes im Vergleich zu anderen Betrieben aufzeigen oder darlegen, wie sich einzelne Bereiche des Betriebes entwickelt haben.

Setzt man die **Anlagekosten** und die **Energiekosten** zu den **Personalkosten** in ein Verhältnis, kann man daraus bei steigendem Anteil der Anlage- und Energiekosten den **Fortschritt der Mechanisierung** des Betriebes erkennen, oder aber, wenn eine Mechanisierung nicht gegeben ist, auf einen rationelleren Personaleinsatz bzw. eine Verschlechterung der Wirtschaftlichkeit des Anlageneinsatzes schließen.

bb) Rentabilitätsanalyse

Die **Rentabilität** des Eigen- und Gesamtkapitals gehört zu den bedeutendsten Kennzahlen im Rahmen der erfolgswirtschaftlichen Analyse. Während sich die **Rentabilität des Eigenkapitals** aus dem Verhältnis von Gewinn zum durchschnittlichen Eigenkapital ergibt, ist die **Rentabilität des Gesamtkapitals** aus der Relation des gesamten Kapitalertrages (Gewinn + Fremdkapitalkosten) zum durchschnittlichen Gesamtkapital zu ermitteln.

$$\text{Rentabilität des Eigenkapitals} = \frac{\text{Gewinn} \times 100}{\text{Eigenkapital}}$$

$$\text{Rentabilität des Gesamtkapitals} =$$
$$= \frac{\text{Gewinn} + \text{Kosten des Fremdkapitals}) \times 100}{\text{Gesamtkapital}}$$

Bezieht man den Gewinn (+ die Kosten des Fremdkapitals) auf den Umsatz, erhält man die Umsatzrentabilität.

Bei Einzelunternehmen und Personengesellschaften ist darauf zu achten, dass das im Gewinn enthaltene Äquivalent für die Leistung des Unternehmers (Unternehmerlohn) abgezogen wird.

$$\text{Rentabilität des Eigenkapitals} = \frac{(\text{Gewinn} - \text{Unternehmerlohn}) \times 100}{\text{Eigenkapital}}$$

Da die Rentabilität des Gesamtkapitals eine rein leistungswirtschaftliche Größe ist und die Finanzierungsart unberücksichtigt lässt, spricht die amerikanische Literatur und Praxis von der **Rentabilität des eingesetzten Vermögens**. Der **ROI** (Return on Investment) oder **ROA** (Return on Assets) soll die Rentabilität des durchschnittlichen Vermögenseinsatzes zeigen.

Rentabilitätsberechnungen können auch für betriebliche Teilbereiche, wie etwa Beteiligungen und Wertpapiere durchgeführt werden.

Die Gewinngröße für die Ermittlung der Eigenkapitalrentabilität ist in der Regel das im Abschnitt aa) ermittelte **Ergebnis der gewöhnlichen Geschäftstätigkeit**, während die Gesamtkapitalrentabilität auf Basis des Ergebnisses der gewöhnlichen Geschäftstätigkeit zuzüglich Zinsen ermittelt wird.

Bezugsgröße ist das in der Periode durchschnittlich gebundene Eigenkapital bzw. Gesamtkapital (Vermögen).

cc) Break-even-Analyse

Die für ein Unternehmen wesentliche **Break-even-Analyse** soll bestimmen, bei welchem Umsatzvolumen gerade Vollkostendeckung eintritt. Sie kann bei externen Analysen in der Regel überhaupt nicht und im Rahmen interner Analysen nur dann ermittelt werden, wenn das Verhalten der Kosten (Aufwendungen) im Verhältnis zum wechselnden Beschäftigungsgrad bekannt ist, wenn also eine Gliederung der Kosten in fixe und variable vorliegt, und der **Deckungsbeitrag** für die einzelnen Artikelgruppen und insgesamt bekannt ist.

Die Ermittlung des Mindestumsatzes zeigt, wie weit bei gleich bleibenden Preisen der Umsatz des Unternehmens zurückgehen kann, damit gerade noch die Gesamtkosten gedeckt sind. Ein darüber hinausgehender Rückgang würde bei Unterlassen von entsprechenden Maßnahmen einen Verlust mit sich bringen oder zu Einsparungen bei den Fixkosten zwingen.

Bei Vorliegen eines Einproduktbetriebes kann der Mindestumsatz nach der Formel

$$xp = xk_v + K_f$$

ermittelt werden.

p = Preis pro Einheit

k_v = variable Kosten pro Einheit

K_f = fixe Kosten

x = Mindestumsatzmenge

Da ein Einproduktbetrieb in der Regel nicht oder nur in Teilbereichen vorliegt, wird der Mindestumsatz normalerweise wertmäßig ermittelt:

$$x = \frac{100 \times K_f}{d}$$

x = wertmäßiger Mindestumsatz

d = der Deckungsbeitrag in Prozent des Umsatzes

Die Kennzahl des Mindestumsatzes geht von der Voraussetzung der **automatischen Anpassung** der **variablen Kosten** und der **völligen Starrheit** der **Fixkosten** bei Änderung des Beschäftigungsvolumens aus. Beide Aussagen stimmen in der Praxis nur bedingt, da der Verlauf der variablen und fixen Kosten wohl tendenziell stimmt, im Einzelnen aber Abweichungen, insbesondere in der Nähe der Vollbeschäftigung, auftreten.

Die Kennzahl des **Mindestumsatzes** soll daher in erster Linie ein Gefahrensignal sein, das der Unternehmensführung anzeigt, dass bei Annäherung der Situation an einen bestimmten Punkt Maßnahmen gesetzt werden müssen, die in verstärkten Verkaufsanstrengungen, Änderung der Verkaufs- und Produktpolitik, Senkung der variablen Einheitskosten oder aber Senkung der Fixkosten bestehen können, soll der Betrieb nicht in Schwierigkeiten geraten.

dd) Wertschöpfungsanalyse

Mit der Errechnung der Wertschöpfung will man einerseits den Beitrag des Unternehmens zum Sozialprodukt ermitteln (**Entstehungsrechnung**) und andererseits feststellen, wie der Wertschöpfungsbetrag auf Kapitaleigner (Gewinn), Arbeitnehmer (Personalkosten), Fremdkapitalgeber (Zinsaufwand) und öffentliche Hand (Abgaben) aufgeteilt wird (**Verteilungsrechnung**).

Rechnerisch wird die Wertschöpfung als Differenz zwischen Gesamtleistung des Unternehmens und den Vorleistungen ermittelt. Zu den Vorleistungen gehören alle Fremdleistungen (Anlagenabschreibungen, Materialien, Energiekosten, Postkosten, Rechts- und Beratungskosten etc.).

Entstehungsrechnung:	Gesamtleistung
	– Vorleistungen
	Wertschöpfung

Verteilungsrechnung:	Anteil Arbeitnehmer (Personalkosten)
	Anteil öffentl. Hand (Abgaben)
	Anteil Fremdkapitalgeber (Zinsaufwand)
	Anteil Eigentümer (Gewinn)
	Wertschöpfung

ee) Neuere Ansätze von Ertragskennzahlen in internationalen Jahresabschlüssen

Basis aller Rentabilitätsberechnungen sind die vorne (Punkt bb) angeführten traditionellen Kennzahlen der **Gesamtkapitalrentabilität (Vermögensrentabilität)** sowie der **Eigenkapitalrentabilität** und der **Umsatzrentabilität**. In den letzten Jahren kommen in den internationalen Jahresabschlüssen gegenüber diesen traditionellen Ertragskennzahlen häufig abgeänderte Kennzahlen zum Einsatz, um damit eine, wie die Anwender glauben, bessere Informationswirkung zu erreichen.

Neben den reinen (**periodisierten) Ertragsgrößen** kommen auch zunehmend **cash flow return-Größen** zum Ansatz, weil man meint, damit Verzerrungen, die etwa durch eine unterschiedliche Bewertungspolitik entstehen können, zu verhindern. Man sollte dabei aber nicht vergessen, dass auch Cashflow-Größen relativ leicht durch die Verschiebung von Ein- und Auszahlungen manipulierbar sind.

Die oben genannten Kennzahlenansätze stammen zum erheblichen Teil aus dem angloamerikanischen Bereich, weswegen sie auch überwiegend in englischer Sprache abgebildet sind. **Zu beachten ist, dass die verwendeten Ausdrücke nicht immer mit dem vollständig gleichen Inhalt ausgestaltet sind.**

Nachfolgend sollen die häufigsten gebrauchten Ausdrücke und Kennzahlen dargestellt werden.

ROS	Return on Sales (Umsatzrentabilität)	EBIT × 100/Revenue (Gewinn + Zinsen bezogen auf den Umsatz) alternativ: EBT × 100/Revenue (Gewinn bezogen auf den Umsatz) Bei der letzteren Kennzahl wird auch häufig der Gewinn nach Steuern herangezogen.
EBIT	Earnings before interest and tax	
ROC	Return on Capital	EBIT × 100/average asset EBIT × 100/asset of beginning of the year

Zur **ROC-Kennzahl** ist allgemein zu sagen, dass diese dem **ROI** (Return on Investment) bzw. dem **ROA** (Return on Asset) entspricht, wobei diese beiden Kennzahlen aber dem Return-Gedanken besser Rechnung tragen, weil in einem Unternehmen als Ganzes betrachtet nicht das eingesetzte Kapital, sondern das eingesetzte Vermögen den Erfolg bringt.

Bei den Rentabilitätskennzahlen wird neben dem Durchschnittsvermögen bzw. Durchschnittskapital häufig das Anfangsvermögen (Anfangskapital) als Basisgröße herangezogen, wie dies z.B. bei Wertpapieren der Fall ist.

Während der **ROI (ROA)** in der Regel eine Rentabilitätskennzahl ist, deren Aufgabe es ist, zunächst die Rentabilität des gesamten Unternehmens unabhängig von der Finanzierung zu ermitteln (**entity-Betrachtung**), um in der Folge daraus die Rentabilität des Eigenkapitals abzuleiten (Feststellung des Leverageeffektes), geht die **ROC**-Kennzahl mit der nachstehenden Kennzahl von der Fiktion eines unverschuldeten Unternehmens aus.

ROC alternativ		EBILAT × 100/average asset
EBILAT	Earnings before interest less adjusted tax.	= Jahresergebnis nach Steuern + (1-s) × Zinsaufwand s = Steuersatz Die Steuerberichtigung erfolgt auf die Zinsen vom Fremdkapital
NOPAT	Net operating profit after tax	
NOPLAT	Net operating profit less adjusted tax	= Jahresergebnis nach Steuern + (1-s) × Zinsaufwand

EBILAT, NOPAT und NOPLAT drücken im Wesentlichen dieselbe Ergebnisgröße aus, wobei EBILAT und NOPLAT noch ausdrücklich darauf hinweisen, dass die Ertragsteuer um die Ertragsteuer auf die Zinsen vom Fremdkapital korrigiert wird.

ROCA	Return on Controllable Asset	Rentabilitätskennzahl für dezentrale Geschäftseinheiten.
CFROI	Cash Flow Return on Investment	
	Bei dieser Kennzahl tritt an die Stelle der Ertragsgröße der Cashflow aus der laufenden Geschäftstätigkeit.	

RONA	Return on Net Asset	NOPLAT × 100/Net Asset
Net Asset	Jenes Vermögen, das der Höhe des Eigenkapitals + verzinslichen Fremdkapitals entspricht.	
Invested Capital	Ist identisch mit dem Net Asset	
ROIC	Return on Invested Capital Der ROIC entspricht dem RONA	
ROCE	Return on Capital employed	NOPAT × 100/Capital Employed
Capital Employed	Eigenkapital + verzinsliches Fremdkapital – verzinsliches Vermögen	
ROE	Return on Equity	EBT × 100/average equity EBT × 100/equity at the beginning of the year Earnings after tax × 100/average equity
	Diese Kennzahl entspricht der Eigenkapitalrentabilität.	

Für die **Unternehmensführung** werden neben den bekannten Kennzahlensystemen (siehe Punkt 4 dieses Abschnittes) unter anderem folgende Kennzahlen verwendet:

Shareholder Value	Barwert der mit dem Eigenkapitalkostensatz abgezinsten Flow to Equity (FTE) (Equity-Ansatz)	
Flow to Equity	Free cash flow (FCF) abz. Fremdkapitalzinsen plus Unternehmenssteuerersparnis aus Fremdkapitalzinsen plus Aufnahme von verzinslichem Fremdkapital abz. Tilgung von verzinslichem Fremdkapital Flow to equity (FTE)	
Eigenkapitalkostensatz	Risikofreier Zinssatz + Risikofaktor, errechnet nach der CAPM-Methode: **Risikofaktor** = Marktrisiko × Betafaktor Der Betafaktor drückt grundsätzlich die Volatilität des Börsenkurses eines Unternehmens im Verhältnis zur Änderung des Börsenindex aus. Bei nicht notierten Unternehmen richtet sich der Betafaktor nach der Branche und der Verschuldung des Unternehmens. Ein Betafaktor von 1 bedeutet, dass der Risikofaktor des Unternehmens mit dem Marktrisiko identisch ist.	
Fremdkapitalkostensatz	Risikofreier Zinssatz für Fremdkapital	
Free cash flow	Der free cash flow entspricht dem Cashflow aus der laufenden Geschäftstätigkeit plus dem Cashflow aus der Investitionstätigkeit (siehe Abschnitt Geldflussrechnung)	
EVA	economic value added	operating profit less the cost of all of the capital employed to produce those earnings Der EVA entspricht jenem Residualgewinn, der sich ergibt, wenn man vom Gesamtergebnis vor Zinsen die Zinsen des eingesetzten Kapitals (Eigen- plus Fremdkapital) abzieht.
EVA-Kennzahl		(NOPAT-WACC) × 100/investiertes Kapital
WACC	weighted average cost of capital	Fremdkapitalkostensatz × (1-s) × FK/GK +Eigenkapitalkostensatz × EK/GK

IX. Die Verfahrensforschung (Operations Research)

1. Die Grundlagen unternehmerischer Entscheidungen

Die Entscheidungen der Unternehmensführung beruhen auf **Intuition** und auf **Überlegungen**, welche, verfahrensmäßig gesichert, **rational** begründbar und begründet sind. Die **intuitiven**, die betrieblichen Dispositionen beeinflussenden Elemente werden durch die wissenschaftliche Betriebsführung auf **rationaler** Basis zwar stark zurückgedrängt, sie sind jedoch nicht völlig ausmerzbar, weil es einen mechanischen, bis in die Einzelheiten vorhersehbaren Ablauf in der Wirtschaft nicht gibt, eine alles umfassende Programmierbarkeit also ausgeschlossen ist. Dieser Umstand begründet erst echtes Unternehmertum, das u. a. auch durch Erfahrung, Überblick und Intuition Handlungen setzt, von denen es annimmt, dass sie für die betriebliche Entwicklung fruchtbringend sind.

Diese Annahme schließt automatisch neben der **Chance** das **Risiko** ein. Unternehmerische Entscheidungen beeinflussen technische sowie wirtschaftliche Abläufe und schließen dabei immer den Einsatz der menschlichen Arbeitskraft mit ein. Sie im Besonderen richtig zu lenken und zu führen, ist auf rationaler Grundlage allein nicht möglich. Andererseits ist aber doch unverkennbar, dass dem intuitiven Handeln nicht mehr jener weite Bereich zur Verfügung steht, der früher für leitende unternehmerische Tätigkeiten kennzeichnend war. Dazu trägt die wissenschaftliche Betriebsführung bei, das vornehmlich auf den **Produktionsbereich bezogene Scientific Management**, welches durch die (allerdings **allen** Betriebsbereichen dienenden) Methoden des **Operations Research** wesentlich bereichert wurde.

2. Modellansätze in der Betriebswirtschaftslehre

Mit dem Eingang der Methoden des Operations Research (oftmals abgekürzt: OR) in die Betriebswirtschaftslehre ist automatisch die Verwendung von **Modellen** verbunden, da diese die Basis für die zu verwendenden OR-Techniken sind. Aufgabe der Wissenschaften ist es, die für sie wichtigen einschlägigen Probleme zu lösen. Dies gilt auch für die Betriebswirtschaftslehre. Die Lösung von Problemen setzt voraus, dass diese in klarer Weise durch Fragestellungen ausgedrückt werden. Wenn die Formulierung der Problemstellungen in mathematischer Form erfolgt, was bevorzugt zur mathematischen Problembehandlung und zur mathematischen Problemlösung führt, handelt es sich um ein **mathematisches** Modell.

Das **Modell** gibt einen bestimmten konkreten Sachverhalt wieder, nimmt gegebenenfalls Vereinfachungen vor und zeigt auf, wodurch der beschriebene Sachverhalt ausgelöst und beeinflusst ist. Insbesondere werden die Abhängigkeiten gezeigt, die zwischen diesen auslösenden und einander beeinflussenden Faktoren existieren. Besteht im Modell die Notwendigkeit zur vereinfachten Darstellung, dann darf Letztere nicht dazu führen, dass das Grundgerüst der Tatsachen verzerrt oder überhaupt unerkennbar wird.

Aus der Art der in der Betriebswirtschaftslehre zu behandelnden Probleme folgt die Unterscheidung in **Beschreibungsmodelle** und in **Entscheidungsmodelle**. **Beschreibungsmodelle** sind solche, bei denen festgehalten wird, welche Folgerungen sich durch das Vorliegen bestimmter Gegebenheiten einstellen können. **Entscheidungsmodelle** gehen von einer Zielfunktion (z. B. Gewinnmaximierung) aus und dienen der Formulierung und der Beantwortung der Frage, welches die günstigste Entscheidung bei gegebener Situation ist. Etwas vereinfachend kann man in der Gegenüberstellung sagen, dass das Beschreibungsmodell einen Verfahrensablauf dokumentiert und erläutert, während das Entscheidungsmodell auf eine Entscheidung zur optimalen Verfahrensgestaltung hinweist.

3. Entscheidungsorientierte Planungsverfahren

Die Betriebswirtschaftslehre als Entscheidungslehre entwickelt ihr System unter dem Aspekt, dass die einzelwirtschaftlichen Dispositionen organisch dem Rationalprinzip zu genügen haben. Die **Planung** als Entwurf für betriebliche Abläufe geht von diesem Grundgedanken aus und hat Vorsorge zu treffen, dass unternehmerischen Zielvorstellungen im Ganzen Rechnung getragen wird. Entscheidend ist nicht die isoliert auf einen einzigen betrieblichen Teilbereich feststellbare Wirkung einer Maßnahme, sondern ihr **Einfluss auf den Betrieb als Ganzes**, dessen erfolgsmäßige Resultate sich aus dem Zusammenwirken einer Reihe von Funktionsbereichen ergeben. Der Begriff der **Planungsrechnungen** darf daher nicht eng gesehen werden. Er umfasst **alle** Überlegungen rechnerischer Art, die mithelfen, betrieblich optimale und auf das Rationalprinzip abgestellte Entscheidungen zu finden. Hierbei nehmen die modernen wissenschaftlichen Verfahren speziell mathematischer Art eine dominierende Stellung ein, und die **Planungsverfahren** werden durch die Zuhilfenahme der Methoden des Operations Research wesentlich exakter.

4. Operations Research

a) Das Wesen des Operations Research

Operations Research umfasst die wissenschaftlichen, vornehmlich mathematischen Methoden, mit deren Hilfe alle für Entscheidungen relevanten **rechenhaften Daten simultan** verarbeitet werden, um **Entscheidungsgrundlagen** zu gewinnen.

Da es neben den rechenhaften auch nicht quantifizierbare Daten gibt, die für zu treffende Entscheidungen Bedeutung besitzen können, ist das durch die Methoden des Operations Research erzielte Ergebnis nicht immer ausschließlicher Entscheidungsmaßstab.

Der mathematische Modellansatz bedingt, dass aus solchen Rechnungen **nur so viel** an Erkenntnis gewonnen werden kann, als vorweg als Einflussgrößen definiert wurde. Der Festlegung der **Entscheidungsprämissen** und **Entscheidungs-**

ziele kommt daher größte Bedeutung zu. Die mathematische Sprache **begünstigt** die exakte Problemformulierung und bietet in Verbindung mit dem Einsatz von EDV-Systemen den Vorteil, dass auch komplexere Problemstellungen in vertretbarer Zeit mit wirtschaftlichem Aufwand **einer Lösung zugeführt** werden können.

Andererseits muss Beachtung finden, dass in den mathematischen Modellen kausale Beziehungen zwischen den einzelnen Variablen vorherrschen, wie sie in der Realität zufolge der intuitiv bedingten menschlichen Entscheidungsfreiheit nicht immer gegeben sind. In diesem Sinne ist die Zuverlässigkeit der formal ermittelten Ergebnisse zu überprüfen.

Für den Ausdruck „**Operations Research**" wurden die verschiedensten Übersetzungen versucht: Operationsforschung (wohl in Ableitung aus dem ursprünglichen Wortsinn, wonach unter Operations Research die Methoden für die optimale Lenkung militärischer Operationen verstanden wurden), Unternehmensforschung, Verfahrensforschung, Programmforschung, Ablaufforschung, Optimierungskunde und dgl. Trotz der Begriffsvielfalt in der deutschen Sprache ist den Verfahren des Operations Research gemeinsam, dass die günstigste, d. h. die in Bezug auf ein Ziel optimale Lösung aus verschiedenen Lösungsmöglichkeiten ermittelt werden soll. Das **Optimum** ist ein **Maximum** (z. B. der höchste Gewinn, die höchste Produktivität, die höchste Wirtschaftlichkeit) oder ein **Minimum** (z. B. die geringsten Kosten, der geringste Verschnitt, der geringste Ausschuss).

Es könnte eingewendet werden, dass es seit eh und je ein Bemühen wirtschaftlichen Handelns war, optimal vorzugehen.

Das ist zwar zutreffend, doch nie zuvor waren die heranziehbaren **Rechentechniken** so entwickelt wie die des Operations Research mit dem hoch ausgebildeten Instrumentarium. Operations Research hat die Betriebswirtschaftslehre nicht auf eine grundsätzlich neue Ebene gestellt. Nach wie vor geht es in ihr um die Durchsetzung des Rationalprinzips, nur kann jetzt den auftretenden Aufgaben zielsicherer gegenübergetreten werden; in manchen Fällen ist es nun möglich, Probleme zu formulieren und zu lösen, an die bislang infolge ihrer Kompliziertheit nicht herangetreten werden konnte.

Solange die Methoden des Operations Research nicht bekannt waren, wurde versucht, schwierigere Fragestellungen mit Hilfe der **Differentialrechnung** zu lösen. Die Formeln für die Ermittlung optimaler Bestellmengen bzw. optimaler Losgrößen sind Beispiele dafür. Komplizierteren Aufgaben begegnete man mit ausgebildeteren Formen der Differentialrechnung. Während des 2. Weltkrieges wurden im militärischen Bereich zur Lösung von Transport- und Nachschubproblemen mathematisch-statistische Verfahren entwickelt, die zu exakteren Ergebnissen führten, als es mit dem traditionellen mathematischen Rüstzeug möglich war. Diese Recheninstrumente fanden in der Folge vielfach auch bei der Lösung wirtschaftlicher Probleme Einsatz.

b) Die Methoden des Operations Research

Für die Gliederung der Teilgebiete des Operations Research gibt es verschiedene Anhaltspunkte. Zunächst kann von **Problemklassen** (von der **Struktur** der einzelnen **Probleme**) ausgegangen werden:

1. Programmierungsprobleme:
   - Zuteilungs- und Mischungsprobleme,
   - Transport- oder Verteilungsprobleme (Wegeprobleme),
   - Zuordnungsprobleme,
   - Ausstattungs- oder Investitionsprobleme (Knapsackprobleme),
2. Engpassprobleme (Warteschlangenprobleme),
3. Konkurrenzprobleme,
4. Lagerhaltungsprobleme.

Andererseits kann man die in Frage kommenden Problemlösungs-**Methoden** allein als Gliederungskriterien heranziehen, weil diese einen Überblick über das „Werkzeug" geben, das durch das Operations Research für die betrieblichen Entscheidungen zur Verfügung steht. Solche **Methoden** sind:

1. die lineare Programmierung (linear programming),
2. die dynamische Programmierung (dynamic programming),
3. Simulationsverfahren (Monte-Carlo-Methode),
4. heuristische Verfahren,
5. Anwendungen der Warteschlangen-Theorie,
6. Anwendungen der Spieltheorie,
7. Netzplantechnik.

Aus der Kenntnis der **Methoden** wird umgekehrt eine Gruppierung der ihnen zuzuordnenden Aufgabenstellungen (**Problemklassen**) ermöglicht, so dass gedanklich eine Synthese beider Kriterien zum Verständnis der Aufgabenstellungen in der wirtschaftlichen Realität beiträgt.

aa) Lineare Programmierung

aaa) Das Planungsverfahren

Die lineare Programmierung (lineare Planungsrechnung) ist als das bedeutendste Verfahren des Operations Research anzusehen, wenn man sich am breiten Spektrum der Anwendungen in der betriebswirtschaftlichen Forschung und in der Wirtschaftspraxis orientiert. Das Verfahren dient der Lösung von **Planungsproblemen**, im betrieblichen Bereich in der Regel von Produktionsplanungs-

oder Absatzplanungsaufgaben, die sich in ihrer Struktur durch eine Reihe von **linearen** Gleichungen bzw. Ungleichungen darstellen lassen und unter Beachtung eines Planungszieles einer **Optimierung** zugeführt werden sollen.

Die rechnerische Auflösung des Gleichungssystems erfolgt in der Regel mit der sog. **Simplex-Methode** auf der Basis der Darstellung des Gleichungssystems in Matrizenform. Dabei handelt es sich um ein iteratives (schrittweises) Lösungsverfahren. Es ist universell anwendbar und kann insbesondere mit dem Einsatz von EDV-Systemen leicht organisiert werden. Für die Simplex-Methode stehen in so gut wie allen EDV-Systemen Standardprogramme zur Verfügung. Für einfachere Problemstellungen, wie Verteilungsaufgaben und Zuordnungsprobleme, wurde aus Gründen der Praktikabilität eine Reihe von Verfahren aus der Simplex-Methode abgeleitet, wie etwa die **Transportmethode** oder die **Modi-Methode** (Modified Transportation Method). Sie wurden entwickelt, um jene Transportwege zur Verteilung von Gütern zu finden, die im Ganzen gesehen die geringsten Transportkosten verursachen. Die Lösungsverfahren sind jedoch grundsätzlich für jede Art von Verteilungs- oder Zuordnungsproblemen anwendbar.

Bei der Anwendung der linearen Programmierung ist zu beachten, dass sich jeder Betrieb in seiner Tätigkeit ganz bestimmten Situationen aus sich heraus und aus dem Markt gegenübergestellt sieht. Das betrifft den Betriebsaufbau im Ganzen, eingegangene Verpflichtungen, Gegebenheiten im Fertigungsablauf, Kapitalbeschaffungsmöglichkeiten u. dgl. Es treten dabei „Engpässe" auf, die im Rechengang berücksichtigt werden müssen, z. B. durch Bedachtnahme auf Mindest- und Höchstmengen, auf Kapazitätsbeschränkungen in den Betriebsmitteln, in den Werkstoffen und in den Arbeitsleistungen. Die Auseinandersetzung mit den Problemen der linearen Programmierung ist im Übrigen auch dann interessant, wenn es sich um Klein- und Mittelbetriebe handelt, die ihre Entscheidungen gegebenenfalls ohne den Einsatz der genannten Methoden treffen können. Mit Hilfe der linearen Programmierung wird aufgezeigt, welche Größen die betrieblichen Entscheidungen im Detail beeinflussen, an die oft infolge Betriebsblindheit in der laufenden Routinearbeit nicht gedacht wird. Sie treten aber ins Blickfeld, wenn das Denken „in Engpässen" geschult wird.

Auf die Methoden der linearen Programmierung wird man, außer aus Gründen der Suche nach besserem betrieblichem Überblick, nicht zurückgreifen, wenn die Sachverhalte klar gekennzeichnet sind, festgelegte Mengen abgesetzt werden müssen, keine Engpässe bestehen bzw. diese bekannt sind und durch gegebene betriebliche Elastizität ohne weiteres beseitigt werden können. Die Grenzen der **linearen Programmierung** liegen darin, dass die zu maximierenden oder zu minimierenden Funktionen linear sein müssen.

Der Anwendungsbereich der linearen Programmierung ist vielfältig. Das Rechenverfahren eignet sich besonders zur **simultanen** Planung von Optimalprogrammen für den **Absatz-** und **Produktionsbereich** einschließlich der **Investitionsplanung**. Beispielhaft seien folgende praktische Anwendungen angeführt:

(1) Ermittlung kostenminimaler **Mischungen** von Produktionsmitteln (z. B. in der Eisen- und Stahlindustrie oder in der chemischen Industrie);

(2) Bestimmung zieladäquater, optimaler **Produktionspläne** mit Berücksichtigung der Belegung von Fertigungsstätten und der Lagerhaltung bei zu beachtenden Maschinen-, Lager- und Personalkapazitäten sowie Absatzmengen;

(3) Ermittlung optimaler **Investitionspläne**, Werbepläne, Finanzpläne usw.;

(4) Ermittlung kostenminimaler **Verteilungen** zwischen Versandstellen und Empfangsstellen von Gütern (Transportprobleme);

(5) Bestimmung bewertungsabhängiger, optimaler **Zuordnungen** von Ressourcen zu Bedarfsträgern (z. B. Personalzuordnungen, Stundenplanerstellung).

Die **lineare** Programmierung stellt ein Teilgebiet der mathematischen Programmierung dar. Hiezu gehören noch:

(a) die **ganzzahlige** Programmierung: das Verfahren lässt nur ganzzahlige Werte für die Planungsgrößen (Variablen) zu und ist nur bei relativ kleinen Modellen praktikabel;

(b) die **parametrische** Programmierung: das Verfahren zeigt die Auswirkung der Variationen einzelner Planungsgrößen (Parameter) auf die Lösung (auch „sensitivity analysis" genannt);

(c) die **stochastische** Programmierung: das Verfahren geht nicht von bekannten, sicheren Daten (deterministische Modelle) aus, sondern baut auf unsicheren, dem Zufall unterliegenden (stochastischen) Größen auf;

(d) die **nichtlineare** Programmierung: wenn die Zielfunktion und/oder die Nebenbedingungen der Linearitätsbedingung nicht genügen und auch eine Substitution nichtlinearer Verläufe durch lineare Beziehungen nicht möglich ist, kann versucht werden, mit Methoden der nichtlinearen Programmierung (meist: quadratische Programmierung) eine Lösung zu finden. Die Verfahren sind in der Regel auf Spezialfälle orientiert.

bbb) Die Simplex-Methode als Entscheidungsmodell

Im Folgenden sollen die Grundzüge der linearen Programmierung als Planungsverfahren im Sinne der Simplex-Methode dargestellt werden. Dabei wird bewusst eine einfache Form gewählt und auf die sonst übliche mathematische Notation verzichtet, um auch dem in dieser Schreibweise nicht geübten Leser einen einführenden Einblick in das Lösungsverfahren zu ermöglichen. (Eine ausführliche Darstellung ist bei H. Müller-Merbach, Operations Research, München 1973, S. 88 ff. oder bei M. Sasieni/A. Yaspan/L. Friedman, Operations Research, Würzburg 1966, zu finden.)

Die Simplex-Methode berücksichtigt folgende entscheidungsrelevanten Elemente:

Zielfunktion (Maximierungs- oder Minimierungsaufgabe)
Darstellung der Planungsbedingungen in Form von sog. Nebenbedingungen
Linearität in der Sachverhaltsdarstellung

Die **Zielfunktion** dokumentiert das Ausmaß, in dem gleichzeitig (simultan) zu berücksichtigende Verfahrensalternativen zur Erreichung eines vorgegebenen Zieles beitragen. Die Formulierung des Problems als Maximierungs- oder Minimierungsaufgabe ergibt sich aus der Wahl der Wertgrößen, die zum Gegenstand der Zielfunktion gemacht werden. Erfolgsgrößen werden maximiert, Kostengrößen minimiert, das mathematische Lösungsverfahren bleibt in beiden Fällen gleich.

Die **Planungsbedingungen** (Nebenbedingungen, auch Beschränkungen, Restriktionen oder Parameter genannt) haben alle produktionstechnischen, marktbezogenen oder finanziellen Bedingungen, die eine Auswirkung auf die Bestimmung des optimalen (Produktions-)Programmes haben, zu berücksichtigen. Diese Bedingungen werden in Form von Ungleichungen bzw. Gleichungen dargestellt und konkretisieren Engpasssituationen, auf die bei der Programmplanung Rücksicht zu nehmen ist. Da die zu planende Produktionsmenge nicht nur von den Kosten der Produktion, sondern auch von einer Folge von kapazitativen Einschränkungen abhängig gemacht wird, ergibt sich ein mehrdimensionaler Rechnungsansatz.

Sowohl die Zielfunktion als auch die Planungsbedingungen müssen in Form von **linearen** Beziehungen ausgedrückt werden können. Diese Prämisse macht verständlich, dass die Verfahren der linearen Planungsrechnung eine gewisse Affinität zu jenen Formen der Teilkostenrechnung (z. B. Deckungsbeitragsrechnung) haben, die lediglich auf direkt zurechenbaren (meist variablen) Kosten aufbauen, wo die Bedingung der Linearität der Kostenverläufe erfüllt ist. Hingegen ist bei Wertgrößen, die auf Ergebnissen von Vollkostenrechnungen aufbauen, wegen der Fixkosten und ihres degressiven Verlaufes bei einer Mengenvariation diese Linearitätsbedingung nicht erfüllt, so dass Ergebnisse einer Vollkostenrechnung nicht als Grundlage einer linearen Planungsrechnung in Frage kommen.

ccc) Der grundlegende Verfahrensablauf

Der grundlegende Ablauf des Rechnungsverfahrens ist aus dem folgenden Fluss-diagramm ersichtlich:

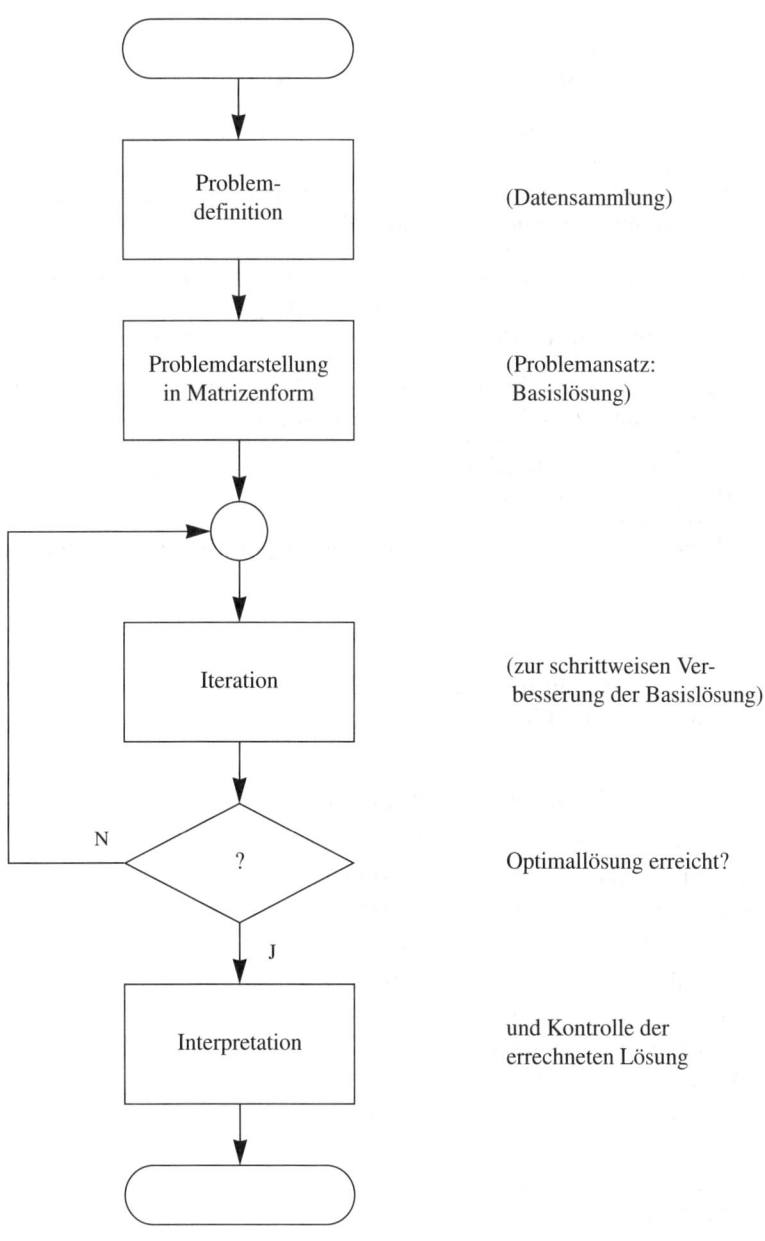

Abb. 46

1. Problemdefinition

Ausgangspunkt des Verfahrens ist die Datensammlung zur Definition des zu lösenden Optimierungsproblems. Generell sind hiermit folgende Teilschritte zu verstehen:

1.	Festlegung der **Variablen**: z. B. Produkte A, B, C, D ... oder Verfahren P_1, P_2, P_3 ...
2.	Festlegung der **Kapazitäten** der in Frage kommenden Ressourcen (Engpassbereiche): z. B. Kapazitäten einzelner Maschinen, gemessen in Leistungseinheiten (LE), Zeiteinheiten oder anderen Maßeinheiten
3a.	Festlegung des Ausmaßes der Beanspruchung der einzelnen Kapazitäten für die Leistungserstellung: **Prozessdarstellung** (= Zuordnung von **Koeffizienten** zu den obigen Variablen)
3b.	Festlegung etwaiger Teilbeschränkungen (Nebenbedingungen) in der Kapazitätsnutzung: z. B. Mindest- oder Höchstmengen
4.	Festlegung der **Zielfunktion** für die Nutzenoptimierung (z. B. Gewinnmaximierung, Kostenminimierung)
5.	Festlegung jener Faktoren, die eine **Nutzenquantifizierung** ermöglichen (z. B. Nettoerlöse und variable Kosten)

Die Teilschritte sollen an folgendem Beispiel Verdeutlichung finden, das in der Folge die Basis für die Erörterung zur Problemlösung bildet.

Beispiel:

1. Ein Unternehmen erzeugt die Produkte A und B.

2. Hiezu werden die Maschinen M, N und O benötigt.
   Kapazität der Maschine M: max. 1.400 Stunden
   Kapazität der Maschine N: max. 3.600 Stunden
   Kapazität der Maschine O: max. 2.200 Stunden

3. Für Produkt A werden je Mengeneinheit benötigt:
   auf Maschine M   2 Stunden
   auf Maschine N   3 Stunden
   auf Maschine O   4 Stunden

   Für Produkt B werden je Mengeneinheit benötigt:
   auf Maschine M   1 Stunde
   auf Maschine N   4 Stunden
   auf Maschine O   2 Stunden

4. Es soll jenes Produktionsprogramm ermittelt werden, mit welchem ein maximaler Deckungsbeitrag erzielt wird.

5. Erlöse: A: 800,– je Stück
             B: 900,– je Stück

   Variable Stückkosten:
             A: 200,– je Stück
             B: 500,– je Stück

2. Problemlösung

(1) Ansatz des Problems in Form von Ungleichungen

Durch ein **System von Ungleichungen** wird zunächst die Art der Verwendung der Fertigungsressourcen dargestellt. Die Darstellung erfolgt deswegen in Form von Ungleichungen, weil die zur Verfügung stehenden Kapazitäten durch das zu bestimmende Produktionsprogramm nicht in jedem Fall voll ausgelastet sein müssen.

	Produkt A		Produkt B		max. Stunden
Kap. M	$2 x_1$	+	$1 x_2$	$\leq$	1.400 Std.
Kap. N	$3 x_1$	+	$4 x_2$	$\leq$	3.600 Std.
Kap. O	$4 x_1$	+	$2 x_2$	$\leq$	2.200 Std.

Aus den **Spalten** wird der **Prozess** ersichtlich, der zur Erzeugung einer Mengeneinheit der Produkte A bzw. B notwendig ist. Die **Zeilen** zeigen die mögliche Beanspruchung der einzelnen Maschinen (Fertigungskapazitäten), die in der Bestimmung des Produktionsprogrammes zu **Engpassbereichen** werden können.

Die Variablen x_1 und x_2 stellen die noch unbekannte Anzahl der Produkte A und B innerhalb des gesuchten optimalen Produktionsprogrammes dar.

(2) Umwandlung des Problemansatzes in ein System von Gleichungen durch Einführung von „Schlupfvariablen"

Zur Lösung der Optimierungsaufgabe ist die uneingeschränkte Matrizentransformation notwendig. Deshalb ist der Problemansatz aus einem System von Ungleichungen in ein System von Gleichungen umzuwandeln. Diese Umwandlung erfolgt durch Einführung von „Scheinprodukten", denen im Gleichungsansatz „Schlupfvariable" entsprechen.

Jeder Ressourcen-Kapazität ist ein Scheinprodukt zuzuordnen. Scheinprodukte und damit Schlupfvariable werden notwendig, um im Zuge der Berechnung des Fertigungsprogrammes formal – und damit fiktiv – eine Zuordnung nicht voll ausgelasteter Ressourcen-Kapazitäten zu einem – tatsächlich gar nicht gefertigten – Produkt zu ermöglichen.

Die im berechneten Fertigungsprogramm **für ein Scheinprodukt ausgewiesene Zahl von Mengeneinheiten** stellt dann in Wirklichkeit das Ausmaß der Minderauslastung einer Ressourcen-Kapazität, gemessen in Mengeneinheiten, dar und dokumentiert damit **das Ausmaß der nicht beanspruchten Leistungskapazität**.

Im rechnerischen Ansatz wird jeder Schlupfvariablen der Koeffizient 1 zugeordnet, d. h. dass das Scheinprodukt vom Verfahren her die jeweilige Ressourcen-Kapazität mit **einer** Maßeinheit (gedanklich) belastet.

Da drei Ressourcen-Kapazitäten (nämlich die Maschinen M, N und O) als mögliche Engpassbereiche zu berücksichtigen sind, müssen drei Scheinprodukte (nämlich C, D und E) und damit drei Schlupfvariable eingeführt werden: x_3, x_4 und x_5.

	Produkt A	Produkt B	Schein-produkt C	Schein-produkt D	Schein-produkt E	max. Stunden
Kap. M	$2\,x_1$ +	$1\,x_2$ +	$1\,x_3$ +	$0\,x_4$ +	$0\,x_5$ =	1.400
Kap. N	$3\,x_1$ +	$4\,x_2$ +	$0\,x_3$ +	$1\,x_4$ +	$0\,x_5$ =	3.600
Kap. O	$4\,x_1$ +	$2\,x_2$ +	$0\,x_3$ +	$0\,x_4$ +	$1\,x_5$ =	2.200

Die Überführung von **Ungleichungen in Gleichungen** ist die Vorbedingung für den später notwendigen Problemansatz in Matrizenform. Dabei werden die **Zeilen**indikatoren (im Beispiel M, N und O) durch die Bezeichnungen der Scheinprodukte (C, D und E) ersetzt. Der Koeffizient 1 in Spalte C und Zeile C (analog auch D/D und E/E) bringt zum Ausdruck, dass in dieser ersten Lösung, die als **Basislösung** bezeichnet wird, **nur Scheinprodukte** erzeugt werden, die Kapazitäten (der Maschinen M, N und O) demnach zur Gänze frei stehen.

Die Basislösung im vorliegenden Beispiel erhält folgende Form:

	A	B	C	D	E	
C	$2\,x_1$ +	$1\,x_2$ +	$1\,x_3$ +	$0\,x_4$ +	$0\,x_5$ =	1.400
D	$3\,x_1$ +	$4\,x_2$ +	$0\,x_3$ +	$1\,x_4$ +	$0\,x_5$ =	3.600
E	$4\,x_1$ +	$2\,x_2$ +	$0\,x_3$ +	$0\,x_4$ +	$1\,x_5$ =	2.200

Im weiteren Verlauf der Rechnung soll durch laufende Lösungsverbesserung (Iterationen) versucht werden, im Einklang mit der Zielfunktion die Zahl der Scheinprodukte so weit durch eine Anzahl echter Produkte zu ersetzen (und damit Kapazitätsbelegungen vorzunehmen), bis eine Nutzenoptimierung erreicht ist.

(3) Berücksichtigung der Zielfunktion

Die Nutzenoptimierung stellt sich in der Regel als Maximierungsaufgabe dar. Die den einzelnen Produktionseinheiten zuzuordnenden Stückgewinne oder Deckungsbeiträge sollen mit Hilfe der Programmplanung ein Maximum erreichen.

Die Zielfunktion ist unter Bezug auf die Nutzengrößen je Leistungseinheit daher auf folgende Weise zu bilden:

$N_1 x_1 + N_2 x_2 + 0 x_3 + 0 x_4 + 0 x_5 = $ Max.!

N_i ... Nutzengröße je Leistungseinheit für ein Produkt

Den Scheinprodukten ist keine Nutzengröße (damit 0) zuzuordnen. Das ergibt im folgenden Beispiel:

Produkt	Erlös/Stk.	Var. Kosten/Stk.	Deckungsbeitrag/Stk.
A	800,–	200,–	600,–
B	900,–	500,–	400,–

Zielfunktion:

$600x_1 + 400x_2 + 0x_3 + 0x_4 + 0x_5 = $ Max.!

Da in der Basislösung formal **nur** Scheinprodukte erzeugt werden, ist der Ausgangswert für die Nutzenoptimierung mit dem Wert 0 anzusetzen. Dadurch entsteht folgende Gleichung:

$600x_1 + 400x_2 + 0x_3 + 0x_4 + 0x_5 = 0$

Diese Gleichung ist an das Gleichungssystem der Basislösung anzufügen:

	A	B	C	D	E		
C	$2\,x_1\ +$	$1\,x_2\ +$	$1\,x_3\ +$	$0\,x_4\ +$	$0\,x_5\ =$	1.400
D	$3\,x_1\ +$	$4\,x_2\ +$	$0\,x_3\ +$	$1\,x_4\ +$	$0\,x_5\ =$	3.600
E	$4\,x_1\ +$	$2\,x_2\ +$	$0\,x_3\ +$	$0\,x_4\ +$	$1\,x_5\ =$	2.200
	$600\,x_1\ +$	$400\,x_2\ +$	$0\,x_3\ +$	$0\,x_4\ +$	$0\,x_5\ =$	0

(4) Darstellung des Gleichungssystems in Matrizenform

Für die nun folgenden Iterationen zur Lösungsverbesserung ist der Ansatz des Gleichungssystems in Matrizenform zweckmäßig. Dabei werden die Variablen $(x_1, x_2, ...)$ als Spalten- oder Zeilenindikatoren herausgehoben, die Matrix enthält lediglich die Koeffizienten. (Auf das Anschreiben des Rechenoperators „+" wird verzichtet.) Die Koeffizienten der Zielfunktion werden aus Gründen der Rechentechnik mit einem negativen Vorzeichen ausgestattet.

Die Matrix erhält im vorliegenden Beispiel folgendes Aussehen:

	x_1	x_2	x_3	x_4	x_5		
x_3	2	1	1	0	0	=	1.400
x_4	3	4	0	1	0	=	3.600
x_5	4	2	0	0	1	=	2.200
Z	– 600	– 400	0	0	0	=	0

Z ... Zielfunktionszeile

(5) Iterationen zur Bestimmung des optimalen Programmes

Die Basislösung (dargestellt in Matrizenform) ist nun durch systematisch vorzunehmende Teilschritte so lange im Hinblick auf die Zielfunktion zu **verbessern**, bis die geforderte Nutzenoptimierung erreicht ist.

Die **Iterationen** unterliegen folgendem Algorithmus:

1. Es ist jene **Spalte** aufzusuchen, die den **größten** Nutzen ausweist; das ist die Spalte mit der größten negativen Zahl in der Zeile der Zielfunktion. Diese Spalte wird als **Schlüsselspalte** bezeichnet.

2. Danach ist jene **Zeile** zu ermitteln, bei der die Beziehung zwischen dem Koeffizienten der Schlüsselspalte und der jeweiligen Kapazität den **geringsten** (positiven) Quotienten ergibt.

$$\frac{\text{Kapazität}}{\text{Koeffizient}} = \text{Min.!}$$

Diese Zeile wird als **Schlüsselzeile** bezeichnet. Sie dokumentiert, durch welche Ressource die Erzeugung des von der Schlüsselspalte gekennzeichneten Produktes am stärksten im Sinne eines Engpasses behindert wird.

Der im Schnittpunkt von Schlüsselzeile und Schlüsselspalte stehende Koeffizient wird als **Schlüsselzahl** bezeichnet.

3. Die Schlüsselzeile ist mit jenem **Faktor** zu multiplizieren, der die **Schlüsselzahl zu 1 werden läßt**.

4. Durch die Addition bzw. Subtraktion in die übrigen Zeilen ist vorzusorgen, dass die übrigen **Koeffizienten in der Schlüsselspalte 0** werden. Dies geschieht dadurch, dass zu den Koeffizienten der anderen Zeilen ein entsprechendes Vielfaches (oder ein Bruchteil) der jeweiligen Koeffizienten der Schlüsselzeile hinzuaddiert oder subtrahiert wird, um in der Schlüsselspalte 0 als Ergebnis zu erreichen. Mit den Verfahrensschritten gemäß Punkt 3 und 4 wird erreicht, dass im Lösungsansatz ein Scheinprodukt durch ein echtes Produkt ersetzt wird.

5. Das Verfahren (Punkt 1–4) ist so lange zu **wiederholen**, bis in der Zeile der Zielfunktion keine negative Zahl mehr aufscheint. Dann ist das geforderte Optimum erreicht.

Für das vorliegende Beispiel ergeben sich folgende Iterationen:

1. Iteration

a. Schlüsselspalte: 1. Spalte (Produkt A, x_1; –600 als größte negative Zahl)

b. Schlüsselzeile: Der kleinste Quotient aus der Beziehung zwischen Kapazität und Koeffizient

$$(\frac{1.400}{2} \cdot \frac{3.600}{3} \cdot \frac{2.200}{4})$$ ist in der 3. Zeile gegeben

(x_5; Quotient 550)

Schlüsselzahl daher: 4.

c. Die Schlüsselzeile ist durch 4 zu dividieren, sie wird zu:

$$1 \ \tfrac{1}{2} \ 0 \ 0 \ \tfrac{1}{4} = 550$$

Im Zeilenindikator wird x_5 durch x_1 (das Scheinprodukt E durch das echte Produkt A) ersetzt.

d. Um in der 1. Zeile statt der Zahl 2 in der Schlüsselspalte die Zahl 0 zu erhalten, ist ein entsprechendes Vielfaches der Schlüsselzeile (hier: das Zweifache) abzuziehen.

Alte Zeile 1 (x_3):	2	1	1	0	0	=	1.400
– 2-mal Schlüsselzeile	–2	$–^2/_2$	0	0	$–^2/_4$	=	–1.100
Neue Zeile 1 (x_3):	0	0	1	0	$–^1/_2$	=	300

Analog wird bei den anderen Zeilen verfahren:

Alte Zeile 2 (x_4):	3	4	0	1	0	=	3.600
– 3-mal Schlüsselzeile	–3	$–^3/_2$	0	0	$–^3/_4$	=	–1.650
Neue Zeile 2 (x_4):	0	$^5/_2$	0	1	$–^3/_4$	=	1.950

Alte Zeile 4 (Z):	–600	–400	0	0	0	=	0
+ 600-mal Schlüsselzeile	+600	$+^{600}/_2$	0	0	$+^{600}/_4$	=	330.000
Neue Zeile 4 (Z):	0	–100	0	0	150	=	330.000

Folgende Matrix ist das Ergebnis der 1. Iteration:

	x_1	x_2	x_3	x_4	x_5		
x_3	0	0	1	0	$–^1/_2$	=	300
x_4	0	$^5/_2$	0	1	$–^3/_4$	=	1.950
x_1	1	$^1/_2$	0	0	$^1/_4$	=	550
Z	0	–100	0	0	150	=	330.000

Die ausgewiesenen Zahlen sind formal auf folgende Art zu interpretieren: Es sollen 550 Stück des Produktes A (x_1) sowie 300 Einheiten des Scheinproduktes C (x_3) und 1.950 Einheiten des Scheinproduktes D (x_4) erzeugt werden. Der dabei erzielbare Deckungsbeitrag beträgt 300.000 (550 Stück à 600).

Da noch eine negative Zahl in der Zeile der Zielfunktion (Z) aufscheint, ist eine weitere Iteration notwendig.

2. Iteration

a. Schlüsselspalte: 2. Spalte (Produkt B, x_2; –100 als größte negative Zahl)

b. Schlüsselzeile: Der kleinste Quotient aus der Beziehung zwischen Kapazität und Koeffizient

$$\left(\frac{300}{0}, \quad \frac{1.950}{2,5}, \quad \frac{550}{0,5}\right) \text{ ist in der 2. Zeile gegeben}$$

(x_4; Quotient 780)

Schlüsselzahl daher: $^5/_2$ (oder 2,5)

c. Die nunmehrige Schlüsselzeile ist durch $^5/_2$ zu dividieren, sie wird zu:

$$0 \quad 1 \quad 0 \quad ^2/_5 \quad –^3/_{10} \quad = \quad 780$$

Im Zeilenindikator wird x_4 durch x_2 (das Scheinprodukt D durch das echte Produkt B) ersetzt.

d. Die übrigen Koeffizienten der Schlüsselspalte werden durch das oben beschriebene Verfahren auf 0 gesetzt: Für Zeile 1 (x_3) erübrigt sich dieser Schritt, da in Spalte 2 als Koeffizient bereits 0 gegeben ist.

Zeile 3 (x_1):	1	$^1/_2$	0	0	$^1/_4$	=	550
– ½-mal Schlüsselzeile	–0	$–^1/_2$	–0	$–^1/_5$	$+^3/_{20}$	=	–390
Zeile 3 (x_1):	1	0	0	$–^1/_5$	$^2/_5$	=	160
Zeile 4 (Z):	0	–100	0	0	0	=	330.000
+ 100-mal Schlüsselzeile	0	+100	0	$+^{200}/_5$	$–^{300}/_{10}$	=	+ 78.000
Zeile 4 (Z):	0	0	0	40	120	=	408.000

Mit der 2. Iteration ergibt sich folgende Matrix:

	x_1	x_2	x_3	x_4	x_5		
x_3	0	0	1	0	$–^1/_2$	=	300
x_2	0	1	0	$^2/_5$	$–^3/_{10}$	=	780
x_1	1	0	0	$–^1/_5$	$^2/_5$	=	160
Z	0	0	0	40	120	=	408.000

Da in der Zielfunktion Z keine negativen Zahlen mehr aufscheinen, ist das Lösungsoptimum bereits erreicht.

(6) Interpretation der errechneten Lösung (optimales Programm)

Die in der letzten Matrix ausgewiesenen Zahlen können nunmehr so interpretiert werden:

(a) Im Rahmen des optimalen Produktionsprogrammes sollen 160 Stück des Produktes A (x_1) und 780 Stück des Produktes B (x_2) erzeugt werden. Die Kapazität von Maschine M (x_3) bleibt im Ausmaß von 300 Stunden ungenützt.

Der erzielbare maximale Deckungsbeitrag beläuft sich auf 408.000 (160 Stück A à 600 = 96.000 plus 780 Stück B à 400 = 312.000).

(b) Den Maschinen N (x_4) und O (x_5) kommt Engpasseigenschaft zu, ihnen ist ein positiver Grenznutzen zuzuordnen, der je Leistungseinheit (Stunde Bearbeitungszeit) aus der Zielfunktionszeile abgelesen werden kann.

Maschine N: 40 je Leistungseinheit

Maschine O: 120 je Leistungseinheit

Für die nicht voll ausgelastete Maschine M (x_3) ist der Grenznutzen mit 0 ausgewiesen.

Der **Grenznutzensatz** lässt folgende Aussage zu:

Wird die Engpassgröße, also die Maschinenkapazität, um eine Einheit erweitert, dann erhöht sich der Deckungsbeitrag um den ausgewiesenen Grenznutzensatz, solange es sich um geringfügige Anpassungen handelt (z. B. Überstunden).

Damit können folgende **Informationen** aus dem Lösungstableau entnommen werden:

a. optimales Produktionsprogramm,
b. maximal erreichbare Nutzengröße,
   (Gewinn; Deckungsbeitrag),
c. Grenznutzen in den Engpassbereichen,
d. nicht zur Gänze ausgelastete Kapazitäten.

Bei komplexeren Problemstellungen ist es möglich, dass **nicht alle** in Frage kommenden Produkte in das optimale Produktionsprogramm Aufnahme finden. In diesem Falle weist die in Frage kommende Matrix-Spalte in der Zielfunktionszeile nicht den Wert 0 aus, sondern einen **positiven** Wert. Dieser Wert sagt nur aus, um wie viel das betreffende Produkt zu wenig an Deckungsbeitrag und damit an Erlös erbringt. Deswegen war es nicht in das Optimalprogramm aufzunehmen.

Die ausgewiesenen **Grenznutzensätze** (auch **Grenzerfolg** genannt) haben eine große Bedeutung für die betriebliche Disposition. Sie entsprechen dem Bruttogewinn eines Produktes. Unter Berücksichtigung des Anteils der fixen Kosten ist eine Überleitung in den Nettogewinn je Produkteinheit möglich.

In der **Kalkulation** einzelner Aufträge können die Grenznutzensätze (Grenzerfolge) generell an die Stelle der zuzurechnenden Fixkostenanteile treten. Für die (gewinnoptimierende) **Preispolitik** kann davon ausgegangen werden, dass Grenznutzensatz (Grenzerfolg) und direkt dem Produkt zurechenbare (in der Regel variable) Kosten den Produktpreis ergeben. Damit können die Nachteile der Vollkostenrechnung einerseits und der Grenzkostenrechnung andererseits ausgeglichen werden.

Bei der Entscheidung über die Hereinnahme von **Zusatzaufträgen** wird positiv zu befinden sein, wenn der Zusatzauftrag zumindest die direkten Kosten und die Grenzerfolge der von ihm in Anspruch genommenen Engpasseinheiten deckt (bei noch nicht gegebener Vollauslastung von Kapazitäten beträgt dort der Grenzerfolg 0). Allerdings muss beachtet werden, dass durch mehrere Zusatzaufträge die bisherige Programmstruktur nicht eine so weitreichende Änderung erfährt, dass die ausgewiesenen Grenznutzensätze ihre Gültigkeit verlieren. In einem solchen Fall müsste das Optimalprogramm einschließlich der Zusatzaufträge neu ermittelt werden.

In gleicher Weise kann man errechnen, wie viel man einem Sublieferanten höchstens zahlen sollte, wenn durch seine Teillieferung Engpassbereiche im Betrieb Entlastung finden.

(7) Kontrollmöglichkeiten

Die gewonnenen Ergebnisse können durch Kontrollrechnungen überprüft werden. Die Kontrollverfahren eignen sich nicht nur für die Überprüfung der Rechenergebnisse in der letzten Iteration, sondern können im Grundsätzlichen nach jeder Iteration vorgenommen werden. Insofern kommt ihnen der Charakter von Fehlerfeldabgrenzungen zu. Hinsichtlich ihrer materiellen Aussage erläutern sie den betriebswirtschaftlichen Gehalt der gewonnenen Ergebnisse. Im Einzelnen können kontrolliert werden:

a. die Auslastung der vorhandenen Kapazitäten,

b. die Nutzenoptimierung,

c. das optimale Produktionsprogramm.

(a) Kapazitätsauslastung

Die Aussagen zur Auslastung der vorhandenen Kapazitäten können durch die folgende Rechnung überprüft werden:

Produkt	Stück	Belegung der Maschinen		
		M	N	O
A	160	320 Std.	480 Std.	640 Std.
B	780	780 Std.	3.120 Std.	1.560 Std.
Belegungszeit		1.100 Std.	3.600 Std.	2.200 Std.
Kapazität		1.400 Std.	3.600 Std.	2.200 Std.
Restkapazität		300 Std.	0 Std.	0 Std.

(b) Nutzenoptimierung

Der maximal erzielbare Deckungsbeitrag ist im vorliegenden Beispiel mit 408.000,– ausgewiesen. Die Höhe des ausgewiesenen Nutzens lässt sich auf zwei Arten belegen: über das berechnete Produktionsprogramm sowie über die ermittelten Grenznutzensätze in den Engpassbereichen.

Alternative I (Programm):

160 Stück Produkt A à 600,–	=	96.000,–
780 Stück Produkt B à 400,–	=	144.000,–
Deckungsbeitrag insges.		408.000,–

Alternative II (Grenznutzensätze):

Maschinenkapazität M: 1.400 Std. à 0,–	=	0,–
Maschinenkapazität N: 3.600 Std. à 40,–	=	144.000,–
Maschinenkapazität O: 2.200 Std. à 120,–	=	264.000,–
		408.000,–

(c) Kontrolle des optimalen Produktionsprogrammes

Die Grenznutzensätze der einzelnen Engpasseinheiten (Kapazitäten), vermehrt um die den Produkten direkt zurechenbaren Kosten, ergeben den „Grenzpreis" für das Produkt. Ist das Produkt Bestandteil des optimalen Produktionsprogrammes, ist der Grenzpreis mit dem (Netto-)**Erlös** des Produktes **ident**. Andernfalls kann ein Mindererlös errechnet werden, der aussagt, in welchem Ausmaß der

Produkterlös gesteigert werden müsste, damit dieses Produkt Aufnahme in das Optimalprogramm finden könnte.

Produkt A:

Variable Stückkosten		200
Grenznutzensätze je Engpasseinheit:		
M: 2 Std. à 0 =	0	
N: 3 Std. à 40 =	120	
O: 4 Std. à 120 =	<u>480</u>	<u>600</u>
Grenzpreis		800
Erlös je Stück		<u>800</u>

Produkt B:

Variable Stückkosten		500
Grenznutzensätze je Engpasseinheit:		
M: 1 Std. à 0 =	0	
N: 4 Std. à 40 =	160	
O: 2 Std. à 120 =	<u>240</u>	<u>400</u>
Grenzpreis		900
Erlös je Stück		<u>900</u>

3. Erweiterungen des Entscheidungsmodelles

Das beschriebene Grundmodell kann durch eine Reihe verschiedenartiger weiterer Entscheidungsbedingungen aus allen betrieblichen Bereichen erweitert bzw. variiert werden.

(1) Variationen in der Zielsetzung

Statt der Gewinnmaximierung bzw. Deckungsbeitragsmaximierung kann auch jede **andere** Zielfunktion, soweit sie sich **linear** quantifizieren lässt, herangezogen werden. Wird zum Beispiel eine Umsatzmaximierung angestrebt, dann werden in die Zielfunktionszeile die Verkaufspreise aufgenommen. Im vorliegenden Beispiel ergäbe das folgende Variante:

$$800x_1 + 900x_2 + 0x_3 + 0x_4 + 0x_5 = \text{Max.!}$$

Neben Gewinn, Deckungsbeitrag oder Umsatz könnten auch die Kapazitätsauslastung, die Arbeitsproduktivität oder die Materialausbeute u. Ä. maximiert werden.

(2) Berücksichtigung von Mindestmengen

Verschiedene betriebliche Gründe können es notwendig machen, von einem Produkt eine bestimmte Mindestmenge zu erzeugen. Diese **Mindestmenge** stellt eine Prämisse für die zieloptimale Programmplanung dar und **verringert** das Ausmaß der **frei** verfügbaren Kapazitäten. Für die Programmplanung verbleiben daher nur jene Kapazitätsleistungseinheiten disponierbar, die sich nach Abzug jener Leistungseinheiten von der Gesamtkapazität ergeben, die für die Produktion der Mindestmenge benötigt werden.

Das berechnete Produktionsprogramm muss dann um jene Mindestmengen erweitert werden, die vorweg schon festzulegen waren. Daraus ergibt sich dann das Gesamtprogramm.

Beispiel: Als Variante zum eingangs definierten Problem soll berücksichtigt werden, dass vom **Produkt A in jedem Fall 150 Stück** zu produzieren sind.

Dadurch kann nur mehr über folgende Kapazitätsteile frei verfügt werden:

Maschine M: 1.400 Std. minus 150 A à 2 Std. = 1.100 Std.

Maschine N: 3.600 Std. minus 150 A à 3 Std. = 3.150 Std.

Maschine O: 2.200 Std. minus 150 A à 4 Std. = 1.600 Std.

Die Basislösung für die verfügbaren Restkapazitäten erhält dann folgende Struktur:

	x_1	x_2	x_3	x_4	x_5		
x_3	2	1	1	0	0	=	1.100
x_4	3	4	0	1	0	=	3.150
x_5	4	2	0	0	1	=	1.600
Z	–600	–400	0	0	0	=	0

Das Simplex-Tableau weist dann für Produkt A (x_1) nur 10 Einheiten sowie einen Deckungsbeitrag von 318.000,– aus. Unter Berücksichtigung der vorweg definierten Mindestmenge von 150 Stück für Produkt A ergibt sich dann der schon bekannte Gesamtplan (A: 160 Stück, B: 780 Stück und Deckungsbeitrag 318.000 + 150 × 600 = 408.000,–).

Beispiel: In einer weiteren Variante soll berücksichtigt werden, dass ein bereits abgeschlossener Liefervertrag die Produktion von **200 Stück des Produktes A** erforderlich macht.

Als Basislösung ergibt sich dann:

	x_1	x_2	x_3	x_4	x_5		
x_3	2	1	1	0	0	=	1.000
x_4	3	4	0	1	0	=	3.000
x_5	4	2	0	0	1	=	1.400
Z	–600	–400	0	0	0	=	0

In der 1. Iteration ergeben sich wie in der Grundvariante Spalte 1 als Schlüsselspalte und Zeile 3 als Schlüsselzeile. In der 2. Iteration wird Spalte 2 zur Schlüsselspalte, Zeile 3 bleibt jedoch Schlüsselzeile, so dass der Zeilenindikator in Zeile 3 (x_1) auf x_2 abzuändern ist.

Folgende Matrix ist das Endergebnis:

	x_1	x_2	x_3	x_4	x_5		
x_3	0	0	1	0	$-^1/_2$	=	300
x_4	-5	0	0	1	-2	=	200
x_2	2	1	0	0	$^1/_2$	=	700
Z	200	0	0	0	200	=	280.000

Damit wird formal nur Produkt B (x_2) mit einer Produktionsmenge von 700 Stück ins Produktionsprogramm aufgenommen, Produkt A (x_1) hingegen nicht, da in der Zielfunktionszeile ein positiver Wert ausgewiesen ist. Zusätzlich zur bereits bekannten Restkapazität bei Maschine M (x_3) von 300 Stunden fällt jetzt auch bei Maschine N (x_4) eine Restkapazität von 200 Stunden an. Das Gesamtprogramm lautet wegen der vorweg vorgenommenen Definition der Mindestproduktion für Produkt A dann:

Produkt A	200 Stück
Produkt B	700 Stück
Deckungsbeitrag	400.000,– (200 × 600 + 280.000)

(3) Berücksichtigung von Höchstmengen

Aus der **Absatz**planung kann sich ergeben, dass von einem oder mehreren Produkten nur eine bestimmte Höchstmenge erzeugt werden soll. Diese Restriktion muss als Nebenbedingung in Form einer zusätzlichen Ungleichung in die Basislösung aufgenommen werden. Da von vornherein nicht bekannt ist, ob diese absatzseitige Beschränkung zu einer tatsächlichen Engpasssituation werden wird (weil man nicht weiß, inwieweit der optimale Plan die Beschränkung auf der Absatzseite über- oder unterschreitet), wird dem Problem durch die Einführung einer weiteren Schlupfvariable begegnet.

Beispiel: Für das eingangs definierte Problem soll gelten, dass vom Produkt B höchstens 750 Stück abgesetzt werden können. Eine Lagerhaltung ist nicht vorgesehen.

Die Beschränkung von der Absatzseite wird durch folgenden Gleichungsansatz berücksichtigt:

$$0x_1 + 1x_2 + 0x_3 + 0x_4 + 0x_5 + 1x_6 = 750$$

Die **neue Schlupfvariable** x_6 hat eine Funktion nur im Zusammenhang mit Produkt B (x_2), was jeweils durch den Koeffizienten 1 dokumentiert wird, und bringt die absatzmäßige Beschränkung zum Ausdruck.

Daraus ergibt sich folgende Basislösung:

	x_1	x_2	x_3	x_4	x_5	x_6		
x_3	2	1	1	0	0	0	=	1.400
x_4	3	4	0	1	0	0	=	3.600
x_5	4	2	0	0	1	0	=	2.200
x_6	0	1	0	0	0	1	=	750
Z	-600	-400	0	0	0	0	=	0

In der 2. Iteration wird die 4. Zeile (x_6) zur Schlüsselzeile und x_6 durch x_2 ersetzt. Als Lösung ergeben sich für Produkt A (x_1) 175 Stück, für Produkt B (x_2) die Höchstmenge von 750 Stück, der Deckungsbeitrag beläuft sich auf 405.000,–. Maschine M (x_3) verbleibt eine Restkapazität von 300 Std., bei Maschine N (x_4) von 75 Stunden.

(4) Andere Erweiterungsmöglichkeiten

Der Aussagegehalt und damit die betriebswirtschaftliche Bedeutung der linearen Programmierung als Planungskalkül kann gesteigert werden, indem weitere in der Realität zu beachtende Einflussfaktoren in das Verfahren Eingang finden.

Dem Problem der **Preisdifferenzierung** kann entsprochen werden, indem jede Preisklasse eines Produktes formal als Produktart (als eigenes Verfahren) angesehen wird, die zwar in der Herstellung gleich, im ausgewiesenen Bruttogewinn aber unterschiedlich sind. Durch Mindestmengenbedingungen in den niedrigen Preisklassen oder Höchstmengenbedingungen in den höheren Preisklassen ist das Ausmaß der Preisdifferenzierung abzustecken.

Will man berücksichtigen, dass bei steigender Nachfrage der Stückpreis generell absinkt und daher, abhängig von der Stückzahl, unterschiedlich hohe Nutzengrößen zu erwarten sind, teilt man die für ein Produkt insgesamt zu erwartende Produktmenge in mehrere Schichten mit jeweils konstantem Stückerlös und sieht diese Schichten formal als eigene Produktart an. Zur Berücksichtigung dieser (elastischen und in der Regel nichtlinearen) **Preis-Absatz-Relationen** muss im Gegensatz zur Preisdifferenzierung durch entsprechende Restriktionsgleichungen Vorsorge getroffen werden, dass **nur eine** dieser Produktionsarten im Produktionsprogramm aufscheint.

In ähnlicher Weise können saisonale **Absatzschwankungen**, unterschiedliche **Beschaffungsmöglichkeiten** und **Liquiditätsbedingungen** sowie **sprung-fixe Kosten,** die bei der Aufnahme eines neuen Produktes in das Erzeugungsprogramm und damit auch in das Absatzprogramm entstehen, Berücksichtigung finden. Ebenso können **Varianten in der Fertigung,** die qualitative, quantitative sowie zeitliche Anpassungsmaßnahmen darstellen, in das Rechenverfahren aufgenommen werden.

bb) Dynamische Programmierung

Zur **dynamischen Programmierung** wird übergegangen, wenn Planungsüberlegungen auf mehrstufige Prozesse und in diesem Rahmen auf Veränderungen der Rechengrößen Bedacht nehmen müssen, was bei Zeitraumentscheidungen (im Gegensatz zu reinen Zeitpunktentscheidungen) der Fall ist. Die Verfahren der dynamischen Programmierung dienen hauptsächlich der **langfristigen** simultanen Planung von Produktions-, Absatz-, Lager- und Auslastungsproblemen. Die Methoden der dynamischen Optimierung beruhen in mathematischer Sicht auf dem **Prinzip der Rekursion.** Als Ausgangspunkt der Berechnungen ist der Endzustand zu wählen, und der zu planende Vorgang wird rückwärts über alle davor liegenden Planungszeitpunkte bis zum Beginn des Prozesses „aufgespult". Man bedient sich, führt Werner Kern (Operations Research, Stuttgart 1964, S. 34) aus, bei der Lösung einschlägiger Aufgaben häufig der Verfahren der linearen Programmierung, z. B. der Simplex-Methode, doch sei die Zahl der Variablen und Nebenbedingungen bei der dynamischen Programmierung in der Regel größer. Wirke sich das Zeitmoment in nichtlinearen Funktionen aus, dann müssten spezielle dynamische Lösungsverfahren entwickelt bzw. angewendet werden, die üblicherweise nur für den jeweiligen Fall Gültigkeit besäßen.

cc) Simulationsverfahren (Monte-Carlo-Methoden)

Unter der Bezeichnung **„Monte-Carlo-Methoden"** werden verschiedene Techniken zusammengefasst. Sie bestehen, wie Swoboda (Die betriebliche Anpassung als Problem des betrieblichen Rechnungswesens, Wiesbaden 1964, S. 114) darlegt, darin, komplizierte Abläufe, bei welchen es schwierig ist, exakte Informationen zu erhalten, durch brauchbare analoge Vorgänge statistisch zu simulieren, wodurch optimale Vorgangsweisen gefunden werden können. „Diese Simulierung kann in vielen Fällen einfach darin bestehen, dass Tabellen bestimmter Wahrscheinlichkeitsverteilungen für das Durchrechnen einiger Möglichkeiten herangezogen werden. Insbesondere für Warteschlangenprobleme, Standortprobleme, Instandhaltungsprobleme werden diese Methoden mit Erfolg angewendet" (P. Swoboda, a.a.O., S. 114).

dd) Heuristische Verfahren

Als „heuristische Verfahren" bezeichnet man jene Lösungsmethoden, die aus Gründen der Wirtschaftlichkeit (Zeitaufwand, Rechenaufwand) in der Problemlösung lediglich **möglichst gute** Lösungsergebnisse anstreben, eine mathematisch nachweisbare Optimallösung jedoch nicht erbringen. Heuristische Verfahren führen deshalb (nur) zu hinreichend zielentsprechenden Lösungen. Das Streben nach wirtschaftlicher Lösungsfindung ist im Operations Research stark ausgeprägt, so dass eine große Zahl heuristischer Optimierungsverfahren zur Verfügung steht. In ihrer Struktur sind sie jedoch den jeweiligen Problemstellungen weitgehend angepasst.

ee) Anwendungen der Warteschlangen-Theorie

Die Anwendungen der Warteschlangen-Theorie beziehen sich auf **Engpass**modelle (**Warte**modelle, waiting line models, queuing models). In ihrer Grundstruktur sind hier ein oder mehrere Abfertigungsstellen (Kanäle) eingerichtet, die die bei ihnen regelmäßig oder unregelmäßig eintreffenden Objekte (Elemente) zu bedienen haben. Da die Bedienung nur der Reihe nach in zeitlich bestimmter oder unbestimmter Art erfolgen kann, bilden sich vor den Abfertigungsstellen **„Warteschlangen"**: z. B. Kunden vor den Kassen eines Selbstbedienungsmarktes, Autofahrer vor den Autobahn-Mautstellen, Mechaniker vor dem Ausgabeschalter des Materiallagers, Telefongespräche in Bezug auf die Vermittlung usw.

Hieraus entsteht ein **Dimensionierungsproblem**, dessen Lösung in einem Kompromiss zwischen den Kosten der Bereithaltung der Abfertigungsstellen und den Wartekosten der abzufertigenden Objekte besteht. Als Lösungsverfahren kommen Methoden der Wahrscheinlichkeitsrechnung in Betracht, die von durchschnittlichen Ankunfts- und Abfertigungsraten, mittleren oder höchstzulässigen Warteschlangenlängen bzw. Wartezeiten ausgehen. In komplizierteren Fällen werden Simulationsverfahren angewendet. Vielfach dienen die Modelle der Prognose bzw. der Systemanalyse und erst in zweiter Linie der Optimierung.

ff) Anwendungen der Spieltheorie

Die Spieltheorie („theory of games") findet in **Konkurrenzmodellen** Anwendung und untersucht die rationalen Verhaltensweisen zweier oder mehrerer Partner, die sich mit ihren Zielvorstellungen zueinander in Konflikt befinden. Diese **Konfliktsituationen** sind dadurch gekennzeichnet, dass jedem Partner (Spieler) eine Reihe von Handlungsmöglichkeiten (Strategien, Aktionen) offen steht, somit auch mehrere Alternativen der Gegenspieler zu berücksichtigen sind und Ungewissheit herrscht, welche Strategien der Gegner zur Anwendung bringen wird.

Die Zielsetzung in der Anwendung der Spieltheorie liegt in der Bestimmung eines **optimalen eigenen Verhaltens** (einer Optimalstrategie), aus welchem unter Berücksichtigung der Aktionen der Konkurrenz letztlich ein bestimmtes, erwünschtes Ergebnis erzielt werden kann. In diesem Rahmen sind die Modelle auch auf das Vorhandensein von Gleichgewichtsstrategien überprüfbar, die keinem der Partner einen Vorteil zulassen.

In der betrieblichen Realität sind Anwendungen der Spieltheorie z. B. im Bereich des Einsatzes des absatzpolitischen Instrumentariums (vor allem bei preispolitischen Maßnahmen) zu finden. Die von John von Neumann und Oskar Morgenstern begründete Theorie dient generell der Lösung interpersoneller Entscheidungsprobleme in vielen Bereichen der gesellschaftlichen und wirtschaftlichen Realität.

gg) Netzplantechnik

Im Rahmen des Operations Research werden **graphentheoretische** Verfahren angewendet, um einerseits komplexe Abläufe und Strukturen anschaulich darstellen zu können und um andererseits in diesem Beziehungsgeflecht optimale (längste, kürzeste, billigste, ertragreichste) Wege ermitteln zu können. Im Rahmen dieser Verfahren nimmt die **Netzplantechnik** eine vorrangige Stellung ein.

Die Netzplantechnik (Netzwerktechnik, network analysis) dient der Planung, Steuerung und Kontrolle von komplexen Projekten mit einer Vielzahl, zum Teil gleichzeitig ablaufender Arbeitsschritte. DIN 69 900 definiert die Netzplantechnik (NPT) wie folgt: „Alle Verfahren zur Analyse, Beschreibung, Planung, Steuerung, Überwachung von Abläufen auf der Grundlage der Graphentheorie, wobei Zeit, Kosten, Einsatzmittel und weitere Einflußgrößen berücksichtigt werden können." Grundelemente der Netzplantechnik sind einerseits die einzelnen Arbeitsvorgänge (Aktivitäten, Tätigkeiten) und andererseits die Zeitpunkte, zu welchen diese Aktivitäten beginnen bzw. enden (Ereignisse, Knoten).

Aktivitäten und Ereignisse werden in ihrer logischen Aufeinanderfolge in graphischer und/oder tabellarischer Form dargestellt. Dieser Strukturanalyse folgt eine Zeitanalyse, die der Terminplanung und Terminkontrolle von Projekten dient. Im Vordergrund steht die Berechnung des „kritischen Weges (Pfades)" (critical path). Darunter wird jene Abfolge von Einzelaktivitäten verstanden, die die Gesamtdauer des Projekts bestimmt. Verzögerungen auf diesem Weg würden daher auch den geplanten Endtermin des Vorhabens verzögern. Nicht auf diesem kritischen Weg liegende Aktivitäten können innerhalb eines zeitlichen Spielraumes (Pufferzeiten) verschoben werden. In weiteren Verfahrensentwicklungen finden Aspekte der Kostenplanung, Kapazitätsplanung und der Mehrprojektplanung neben der reinen Zeitplanung Berücksichtigung.

Die Netzplantechnik wurde erst um 1957/58 entwickelt. Sie umfasst heute bereits eine Vielzahl von artverwandten Verfahren. Die bekanntesten sind: Critical Path Method (CPM), Program Evaluation and Review Technique (PERT), Metra Potential Method (MPM), Resources Allocation and Multi-Project-Scheduling (RAMPS). In der Anwendung der Netzplantechnik, vor allem bei mittleren und größeren Projekten, stellt der Einsatz von EDV-Systemen eine wesentliche Hilfestellung dar. Die Anwendungsfälle für den Einsatz der Netzplantechnik sind vielfältig: Planung von Bauvorhaben, Maschinenmontagen, Installation von EDV-Systemen, Neueinführung von Produkten, organisatorische Umstellungen, Wartungs- und Reparaturarbeiten, Jahresabschlussarbeiten im Rechnungswesen, Rechnungs- und Gebarungsprüfung usw.

aaa) Das Planungsverfahren

Die Netzplantechnik ist ein taugliches Instrument zur Planung, Kontrolle und Steuerung einzelner **Projekte**, d. h. von Vorhaben, die

- in sich abgeschlossen oder abgrenzbar sind;
- sich über einen größeren Zeitraum erstrecken;
- aus einer Vielzahl einzelner Vorgänge mit gegenseitigen Abhängigkeiten bestehen.

Ziel der Netzplantechnik ist die Koordinierung der einzelnen Aktivitäten im Sinne einer **optimalen** Planung und Realisation der für das Projekt aufzuwendenden **Zeit** (und in weiterer Folge der anfallenden **Kosten** sowie der bereitzuhaltenden **Kapazitäten**).

Kernstücke der Netzplantechnik sind wie erwähnt einerseits die Strukturanalyse und andererseits die Zeitanalyse. In der **Strukturanalyse** wird das Projekt in seinen Einzelaktivitäten dargestellt, gemäß der logischen Aufeinanderfolge der Aktivitäten geordnet und wegen der Anschaulichkeit zumeist in graphischer Form (Netzwerk) dargestellt. Die Berechnung von Netzplänen mit Hilfe von EDV-Systemen knüpft hingegen an eine tabellarische Darstellung an.

In der **Zeitanalyse** werden aus diesem Netzwerk signifikante Termine und andere Planungsdaten errechnet, die zur Terminplanung und Terminverfolgung im Rahmen des Projekts förderlich sind. Verfahrenserweiterungen zur Planung von

Projektkosten oder bereitzuhaltenden Kapazitäten bauen auf den Ergebnissen der Zeitanalyse auf.

Im Folgenden wird ein kurzer Überblick über das Verfahren der Netzplantechnik gegeben. Eine ausführliche Darstellung ist z. B. bei N. Thumb, Grundlagen und Praxis der Netzplantechnik, München 1968, oder bei H.-J. Zimmermann, Netzplantechnik, Berlin 1971, zu finden.

bbb) Der grundlegende Verfahrensablauf

Vorplanung

Vor Beginn der eigentlichen Netzplanerstellung ist zu überprüfen, ob das zu planende Vorhaben im Sinne der obigen Projektkriterien für den Einsatz der Netzplantechnik geeignet ist (längeres zeitlich geschlossenes Vorhaben; viele Einzelaktivitäten mit gegenseitigen Abhängigkeiten). Andernfalls könnten einfachere Planungsverfahren (z. B. Balkendiagrammtechnik) Anwendung finden.

Strukturanalyse

In der Strukturanalyse wird das Gesamtvorhaben in die erforderlichen Einzel-Arbeitsgänge detailliert. Im Mittelpunkt stehen die folgenden beiden Fragen, die an Hand einer vereinfachten Problemstellung (Bau einer Lagerhalle) erläutert werden sollen.

1. **Welche Aktivitäten** fallen an?

Die einzelnen Vorgänge werden in der **Aktivitätenliste** dokumentiert:

Projekt: Lagerhalle	
Aktivität	Bezeichnung
1	Projektierung und Planung
2	Grundaushub und Errichten der Fundamente
3	Vorbereitung der Stahlträger
4	Montage der Stahlträger; Dachkonstruktion
5	Hallenverglasung
6	Lieferzeit der Lagereinrichtung
7	Aufstellung der Lagereinrichtung
8	Aufstellen des Fördersystems
9	Probebetrieb des Fördersystems
10	Gebäudeabnahme

Abb. 47

Die Reihenfolge der Aktivitäten kann in dieser Phase subjektiv und willkürlich sein und braucht noch nicht den Gesichtspunkten der Ablauflogik entsprechen.

2. Welche Aktivitäten müssen unmittelbar **vor** einer bestimmten Aktivität **beendet** sein bzw. welche Aktivitäten können unmittelbar **nach** dieser Aktivität **begonnen** werden?

Das Ergebnis dieser Überlegung ist eine **Strukturliste**:

Aktivität	unmittelbar	
	vorhergehende Aktivität	nachfolgende Aktivität
1	–	2, 3, 6
2	1	4
3	1	4
4	2, 3	5, 8
5	4	7
6	1	7
7	5, 6	10
8	4	9
9	8	10
10	7, 9	–

Abb. 48

Die Strukturliste lässt die logische Aufeinanderfolge der Einzelschritte erkennen. Die Erstellung dieser Strukturliste geht gewöhnlich mit der graphischen Ausarbeitung eines (provisorischen) **Strukturplanes** einher, der die logischen Zusammenhänge deutlicher als eine tabellarische Darstellung erkennen lässt:

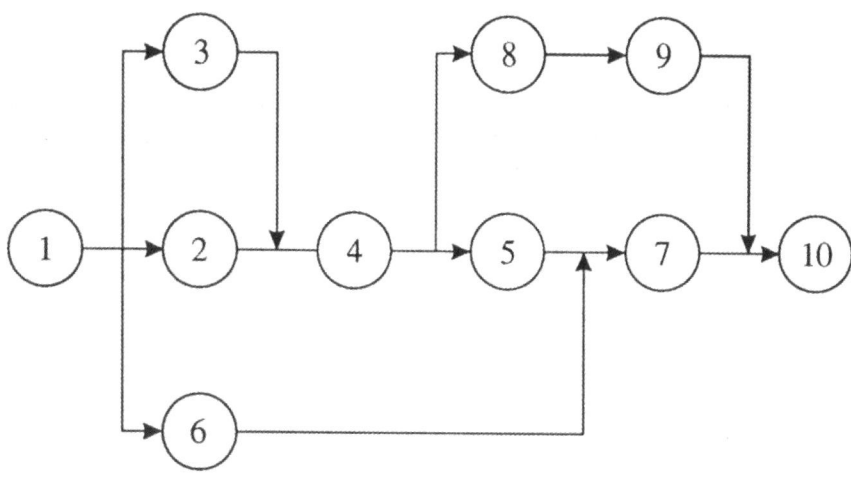

Abb. 49

Zeitanalyse

In der Zeitanalyse wird für jede Aktivität eine erwartete Ausführungszeit festgelegt. Diese Zeitangabe kann auf Schätzungen, Richtwerten, Erfahrungswerten oder genauen Zeitberechnungen beruhen. Es ist wesentlich, dass jeweils die gleiche Zeiteinheit gewählt wird (z. B. nur Stundenangaben). Die meisten Verfahren der Netzplantechnik arbeiten mit nur einer Zeitangabe je Aktivität, PERT jedoch mit drei Zeitangaben: einer optimistischen, einer wahrscheinlichen und einer pessimistischen Zeitschätzung.

Die Ergebnisse der Zeitanalyse finden in einer **Zeitliste** ihren Niederschlag:

Aktivität	Dauer in Wochen
1	12
2	4
3	3
4	3
5	4
6	8
7	2
8	6
9	1
10	1

Abb. 50

Aufbau des Netzplanes

Elemente des Netzplanes sind

a. **Vorgänge** (Aktivitäten),

b. **Ereignisse**.

Die Vorgänge (Aktivitäten) sind als Teile des Projekts anzusehen, die Zeit verbrauchen. Ereignisse hingegen sind (Zwischen-)Stadien in der Projektdurchführung, also Zeitpunkte, die den Anfang oder das Ende einer Aktivität kennzeichnen.

In der graphischen Darstellung des Netzplanes werden verwendet:

a. **Knoten** (Aktivitäten oder Ereignisse) □ ○

b. **Pfeile** zur Verbindung von Knoten ○————▶○

Die verschiedenen Verfahren der Netzplantechnik lassen sich auf drei **Grundtypen** zurückführen:

a. Vorgang-Pfeil-orientiertes Verfahren (z. B. CPM): Es werden Vorgänge (Aktivitäten) in Form von Pfeilen dargestellt; die Ereignisse sind nur von untergeordneter Bedeutung.

b. Vorgang-Knoten-orientiertes Verfahren (z. B. MPM): Es werden Vorgänge (Aktivitäten) in Form von Knoten dargestellt; die Ereignisse sind ohne Bedeutung.

c. Ereignis-Knoten-orientiertes Verfahren (z. B. PERT): Es werden Ereignisse (und nicht Aktivitäten!) in Form von Knoten dargestellt.

Die **Zeitberechnung** im Netzplan erfolgt in zwei Stufen:

a. Berechnung der **frühest**möglichen Anfangs- und Endzeitpunkte der einzelnen Aktivitäten durch eine vorwärtsschreitende Rechnung.

b. Berechnung der **spätest**erlaubten Anfangs- und Endzeitpunkte der einzelnen Aktivitäten durch eine rückwärtsschreitende Berechnung des Netzplans.

Für das vorliegende Beispiel ergibt sich nach der Methode des kritischen Weges (CPM) folgender **Netzplan**, der aus Abb. 51 ersichtlich ist.

Die durchnummerierten Kreise stellen die Ereignisse dar, die die einzelnen Aktivitäten begrenzen. Die Aktivitäten (A1 bis A10) sind als Pfeile dargestellt, die Zahlen unterhalb der Pfeile geben die jeweilige Dauer an. In den Ereignisknoten sind Angaben über den frühesten Zeitpunkt (FZ) und den spätesten Zeitpunkt (SZ) für das Ereignis enthalten.

Eine Differenz zwischen beiden Angaben wird als **„Pufferzeit"** bezeichnet. Sie stellt einen zeitlichen Spielraum dar. Dieser Spielraum hat zur Folge, dass (bei frühestmöglichem Beginn des Vorganges) eine zeitliche Verlängerung dieser Aktivität die Gesamtprojektdauer (noch) nicht gefährdet, wenn der zeitliche Mehrbedarf in der Pufferzeit seine Deckung finden kann. Analog kann bei einem späteren Beginn eines Vorganges argumentiert werden.

Ist die Pufferzeit gleich 0, liegt der **kritische Weg** vor. Es handelt sich dabei um den längsten Weg durch den Netzplan; Verzögerungen auf diesem Weg bewirken eine entsprechend spätere Projektfertigstellung.

Im CPM-Netzplan treten sog. „Scheinaktivitäten" auf, wenn zwei Vorgänge parallel zueinander ablaufen und damit den gleichen Anfangs- und Endpunkt haben. Um formal den Gleichlauf abzuschließen, wird eine Scheinaktivität berücksichtigt (im obigen Beispiel zwischen Ereignis 3 und 4). Sie kennzeichnet nur die logische Abhängigkeit, verbraucht selbst jedoch keine Zeit.

Das Netzwerk muss geschlossen sein, d. h. alle Aktivitäten müssen in einen logischen Ablauf vom Projektbeginn bis zum Projektende eingegliedert sein. Weiters muss das Netzwerk schleifenfrei sein, d. h. es dürfen keine in sich geschlossene Folgen von Vorgängen auftreten (wie z. B. in der Flussdiagrammtechnik). Entweder-oder-Verzweigungen sind nur in speziellen Entscheidungsnetzplänen erlaubt.

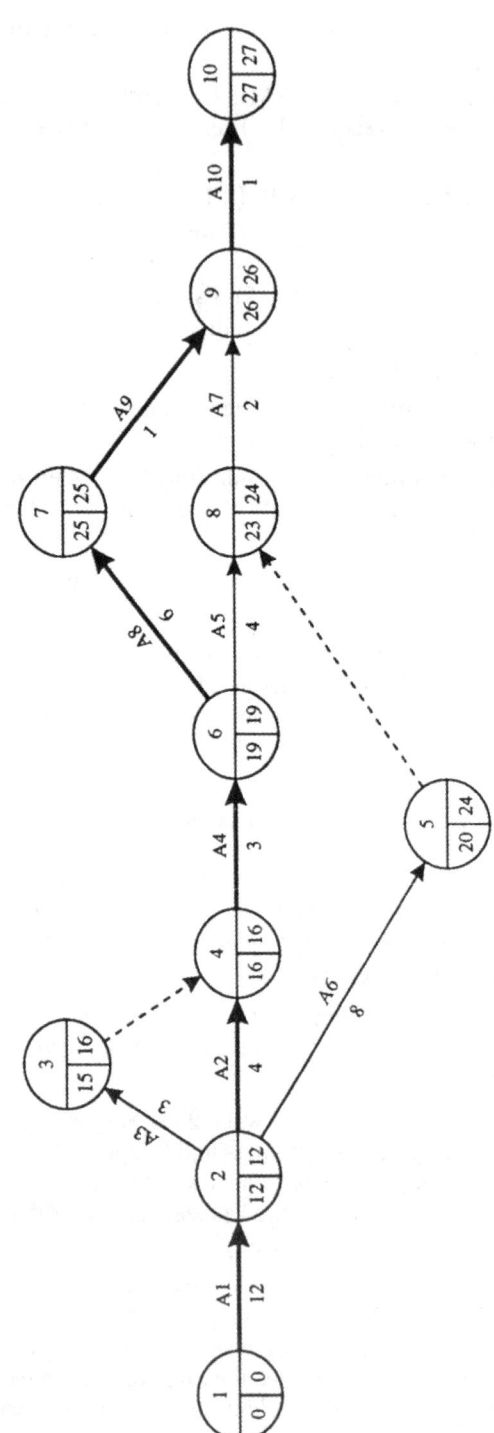

N ...... Ereignis
A ...... Aktivität
FZ ..... Frühester Zeitpunkt für den Beginn
SZ ..... Spätester Zeitpunkt

Aktivität
Kritischer Weg
Scheinaktivität

Abb. 51

Ist der Netzplan erstellt, so ist die Gesamtdauer des Projekts ablesbar (im obigen Beispiel: 27 Wochen, ersichtlich in den Zeitangaben des Schlussknotens). Insbesondere ist zu prüfen, ob die Projektdauer den zeitlichen Rahmenvorstellungen entspricht bzw. ob die Aktivitäten, die den kritischen Weg ergeben, in den Zeitangaben genügend plausibel erscheinen. Wäre dies nicht der Fall, so müssten die Strukturanalyse und die Zeitanalyse modifiziert und der Netzplan neu erstellt werden.

Werden zur Netzplanberechnung EDV-Programme eingesetzt, so basieren die Berechnungen auf den tabellarischen Angaben über Struktur- und Zeitdaten. Die Ergebnisse können in tabellarischer und graphischer Form bereitgestellt werden. Neben der Zeitersparnis in der Berechnung bringt der EDV-Einsatz auch hinsichtlich der Formalprüfung des Netzplanes bedeutende Vorteile.

Anwendung des Netzplanes

Die Netzplantechnik wird zu einem vorteilhaften Instrument der **Wirtschaftlichkeitsanalyse**, wenn mit ihrer Hilfe ein zeit- und/oder kostenoptimaler Einsatz von Arbeitskräften, Maschinen usw. erreicht werden kann. Durch Ausnutzung der Pufferzeiten kann eine möglichst gleichmäßige Kapazitätsauslastung angestrebt werden. Werden neben Zeitangaben auch Kostengrößen in den Netzplan aufgenommen, so führt die Netzplanberechnung auch zu den Gesamtkosten eines Projekts. Bei Netzplan-Alternativen können Kostenvergleiche angestellt werden. Ebenso ist es vorstellbar, dass die Zeitminimierung nicht gleichzeitig auch eine Kostenminimierung bedeutet. Durch Netzplan-Variationen wird eine zielentsprechende Vorgehensweise gefunden werden können.

Neben der **Planungsphase** ist die Phase der **Überwachung des Projekts** von besonderer Wichtigkeit. Die laufende Kontrolle des Projektfortschrittes durch Überprüfung der Einzelaktivitäten in zeitlicher und gegebenenfalls kostenmäßiger Hinsicht erbringt jederzeit die Kenntnis über den Projektstand und hat die plangerechte Projektausführung sicherzustellen, deretwegen die Netzplantechnik schließlich Anwendung fand. Durch eine klare Festlegung von Verantwortungen wird eine größere Disziplin bei der Termineinhaltung erreichbar sein. Verzögerungen oder andere Soll-Ist-Differenzen können frühzeitig erkannt werden, die Auswirkungen dieser Störungen auf das Gesamtprojekt sind rasch erkennbar und ermöglichen zeitgerecht Anpassungsmaßnahmen.

5. Die kybernetische Verfahrensanalyse

Mit den Verfahren des Operations Research wurde nicht nur das betriebliche Rechnungswesen in seinen Möglichkeiten erweitert, es wurden auch starke Impulse für den weiteren Ausbau der betriebswirtschaftlichen Theorienbildung gesetzt. Vor allem wurde die Berücksichtigung von Querverbindungen zwischen den einzelnen Elementen der Betriebswirtschaft begünstigt und der Blick für die Analyse des betrieblichen Geschehens im Zeitablauf geschärft.

Die Erforschung und Gestaltung des Betriebes als **dynamisches** System erfuhr durch die **Kybernetik** als Wissenschaft von der Struktur und dem Verhalten dynamischer Systeme einen entscheidenden Anstoß. Erkenntnisobjekt dieses von Norbert Wiener 1948 mit seiner Abhandlung „Control and communication in the animal and the machine" allgemein fundierten Wissenschaftszweiges ist die Steuerung und Regelung natürlicher und künstlicher Systeme sowie der Gestaltungsprozesse, die zur Bildung dieser Systeme führen. Damit besteht vom Inhalt, aber auch von der historischen Entwicklung her eine enge Verbindung der Kybernetik mit der Systemtheorie. Beide Wissenschaftszweige haben ihre Wurzel in der naturwissenschaftlichen Forschung, ihre Erkenntnisse wurden in späterer Folge auch auf die sozial- und wirtschaftswissenschaftlichen Problemfelder übertragen.

Die kybernetische Argumentation beruht heute auf drei grundlegenden Komponenten:

a. dem **System** als strukturellem Gebilde und Prozessträger;

b. der **Steuerung** und **Regelung** als spezifischen Formen des Systemverhaltens zur Erzielung eines Gleichgewichtszustandes;

c. der **Information** als der funktionellen Grundlage von Steuerung und Regelung.

Steuern bedeutet ein ursachenbezogenes Eingreifen in ein dynamisches System, wobei es allerdings nicht zu Rückwirkungen auf das steuernde System kommt (offene Wirkungskette). **Regeln** bedeutet hingegen eine zusätzliche Überwachung des gesteuerten Prozesses mit Rückwirkungen auf das Verhalten des steuernden Elements (durch Rückkoppelung geschlossener Wirkungskreislauf), um sich einer Zielgröße anzunähern.

Steuerkette und **Regelkreis** werden allgemein wie folgt graphisch veranschaulicht:

i .... Input

o .... Output

w .... Führungsgröße

x .... Steuergröße

y .... Stellgröße

z .... Störgröße

Steuerkette:

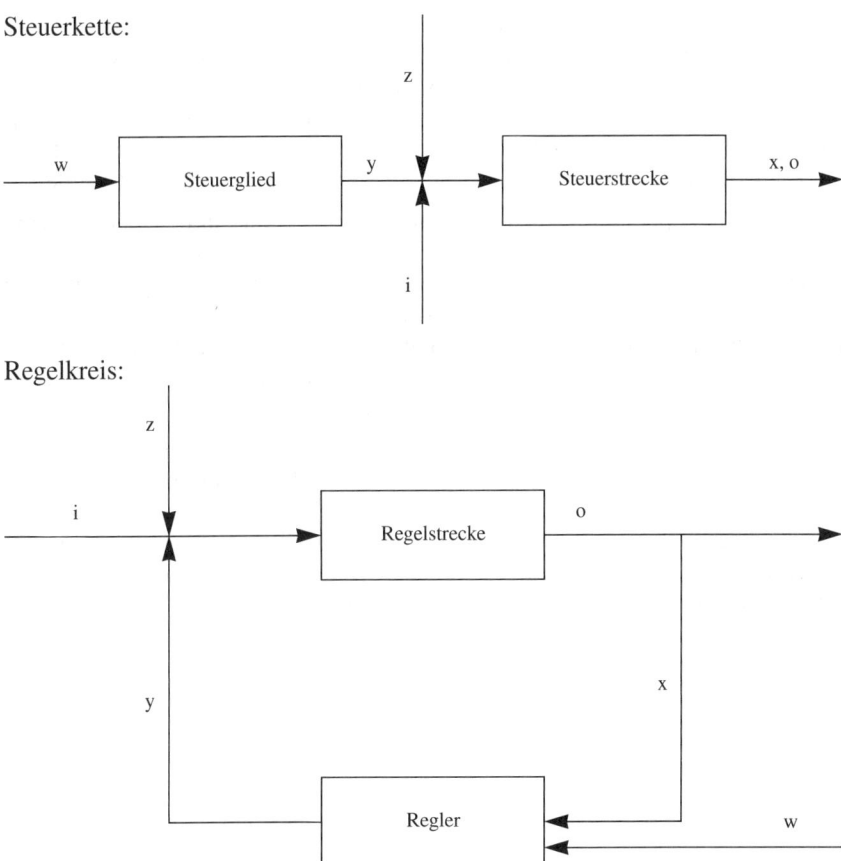

Regelkreis:

Abb. 52

Der **Betrieb** wird vom kybernetischen Standpunkt aus als System angesehen, dessen Elemente einerseits Menschen als Ausführungsorgane und Entscheidungsträger und andererseits Sachapparaturen sind. Wegen der vielfältigen Umweltbeziehungen wird von einem **offenen** System gesprochen, dessen Elemente in einem ständigen Austauschverhältnis von Leistungen (Materie, Energie) und Information stehen. Auf den Betriebsprozess wirkt eine Vielzahl von internen und externen Störungen ein, für die keine ausreichenden Vorhersagen getroffen werden können, sodass sie nur in ihren Auswirkungen erfasst werden können.

„Steuern" bedeutet, auf den Betrieb übertragen, Entscheidungen zu treffen und Maßnahmen zu setzen, um Erstere zu verwirklichen. Die Rückkoppelung erhält aus dieser Steuerung ihren Sinn und besteht in der Meldung an die steuernde Instanz, ob und inwieweit die getroffenen Anordnungen tatsächlich durchgesetzt wurden. Dies ermöglicht den Vergleich zwischen Geplantem und Verwirklichtem, die Gegenüberstellung von Soll und Ist.

Die daraus folgende Anpassung kann zweifacher Art sein. In erster Linie geht es darum, das Ist dem Soll anzupassen, es ist jedoch auch denkbar, dass Soll-Werte, weil nicht (ganz) realistisch ermittelt, Abstriche erfahren und durch neue Inhalte korrigiert werden. Die Steuerung ergibt sich damit im Sinne eines ständigen „Pendelns", das sich aus Entscheidungen und Anweisungen zusammensetzt, die durch Rückkoppelung bestätigt oder neu getroffen bzw. neu formuliert werden.

Die durch Rückkoppelung gemeldeten Abweichungen sind in den Betriebswirtschaften von unterschiedlicher Art; neben jenen, die einen Eingriff in ablaufende Prozesse ausschließen, gibt es solche, welche die Beeinflussung ablaufender Prozesse noch erlauben. Eine dritte Form stellt erwartete (also noch nicht eingetretene) Abweichungen dar, welche, sollten sich bei Prozessverwirklichung Entwicklungen ergeben, die in der Entscheidung nicht unterstellt wurden, eine rasch vollziehbare Änderung der Strategien zur Folge haben.

Die Anwendung der (interdisziplinären) kybernetischen Forschungsergebnisse und des daraus entwickelten Instrumentariums (vor allem im Rahmen der Simulation) erweitert die Möglichkeiten zur systematischen Erklärung der strukturellen und prozessualen Gestaltung des Betriebes. Neben den Impulsen für die Theorienbildung eröffnet die kybernetische Betrachtungsweise auch Nutzen bringende Aspekte zur praktischen **Verfahrensgestaltung**.

LITERATURHINWEISE

(Die nachstehende Zusammenstellung strebt keine Vollständigkeit an. Sie soll dem Leser Hinweise über wichtige einführende Publikationen geben. Lediglich die zur Allgemeinen Betriebswirtschaftslehre genannten Bücher geben einen weitreichenden Überblick über das diesbezügliche grundlegende Schrifttum.)

I. ALLGEMEINE BETRIEBSWIRTSCHAFTSLEHRE

ALBACH, H., Allgemeine Betriebswirtschaftslehre, Wiesbaden 2000

BEA, F. X., SCHANZ, G., SCHWEITZER, M. (Hrsg.), Allgemeine Betriebswirtschaftslehre, 3 Bände, 8. Auflage, Stuttgart/New York 2000

BUSSE v. COLBE, W., LASSMANN, G., Betriebswirtschaftstheorie, 3 Bände, Berlin/Heidelberg/New York,

Band I: Grundlagen, Produktions- und Kostentheorie, 5. Auflage, 1991

Band II: Absatztheorie, 4. Auflage, 1992

Band III: Investitionstheorie, 3. Auflage, 1990

CORSTEN, H. (Hrsg.), Betriebswirtschaftslehre, 3. Auflage, München 1999

CORSTEN, H. (Hrsg.), Lexikon der Betriebswirtschaftslehre, 4. Auflage, München 2000

DIEDERICH, H., Allgemeine Betriebswirtschaftslehre, 7. Auflage, Stuttgart 1992

GAUGLER, E., Hundert Jahre Betriebswirtschaftslehre, Mannheim 1998

GUTENBERG, E., Einführung in die Betriebswirtschaftslehre, Wiesbaden 1990

GUTENBERG, E., Grundlagen der Betriebswirtschaftslehre, 3 Bände, Berlin/Heidelberg/New York,

Band I: Die Produktion, 24. Auflage, 1983

Band II: Der Absatz, 17. Auflage, 1984

Band III: Die Finanzen, 8. Auflage, 1987

HEINEN, E., Einführung in die Betriebswirtschaftslehre, 9. Auflage, Wiesbaden 1992

HEINEN, E., Unternehmenskultur, München 1987 (2. Auflage 1997, fortgeführt von FANK, M.)

ILLETSCHKO, L. L., Betriebswirtschaftslehre für Ingenieure, Wien/New York 1965

ILLETSCHKO, L. L., Unternehmenstheorie, 2. Auflage, Wien/New York 1967 (1. Auflage: 1964)

KAILER, N., MUGLER, J. (Hrsg.), Entwicklung von kleineren und mittleren Unternehmen, Wien 1998

KORNDÖRFER, W., Allgemeine Betriebswirtschaftslehre, 12. Auflage, Wiesbaden 1999

KOSIOL, E., Die Unternehmung als wirtschaftliches Aktionszentrum. Einführung in die Betriebswirtschaftslehre, Hamburg 1978

LINGENFELDER, M. (Hrsg.), 100 Jahre Betriebswirtschaftslehre in Deutschland 1898 – 1998, München 1999

LOITLSBERGER, E., Grundriß der Betriebswirtschaftslehre, 2. Auflage, Wien 1996

LOITLSBERGER, E., Grundkonzepte der Betriebswirtschaftslehre, München/ Wien 2000

MERTENS, P., BODENDORF, F., PLÖTZENEDER, H. D., Programmierte Einführung in die Betriebswirtschaftslehre, 10. Auflage, Wiesbaden 1999

MUGLER, J., Betriebswirtschaftslehre der Klein- und Mittelbetriebe, 3. Auflage, Band 1, Wien 1998, Band 2, Wien 1999

MUGLER, J., Die Wiener Schule der Betriebswirtschaftslehre, in: Journal für Betriebswirtschaft, 48. Jg. (1998), Heft 2, S. 45 – 87

PFOHL, H.-C. (Hrsg.), Betriebswirtschaftslehre der Mittel- und Kleinbetriebe, 3. Auflage, Berlin 1997

POPPER, K. R., Logik der Forschung, 10. Auflage, Tübingen 1994

Projektgruppe im Wirtschafts- und Sozialwissenschaftlichen Institut des Deutschen Gewerkschaftsbundes (WSI), Grundelemente einer arbeitsorientierten Einzelwirtschaftslehre – Ein Beitrag zur politischen Ökonomie der Unternehmung, Köln 1974

RAFFEE, E., Grundprobleme der Betriebswirtschaftslehre, Göttingen 1995

SCHEER, A.-W., EDV-orientierte Betriebswirtschaftslehre, 4. Auflage, Berlin/ Heidelberg/New York/Tokyo 1990

SCHIERENBECK, H., Grundzüge der Betriebswirtschaftslehre, 15. Auflage, München/Wien 2000

SCHMALEN, H., Grundlagen und Probleme der Betriebswirtschaft, 11. Auflage, Köln 1999

SCHNEIDER, D., Geschichte betriebswirtschaftlicher Theorie, 2. Auflage, München 1985

STEPAN, A., FISCHER, E. O., Betriebswirtschaftliche Optimierung – Einführung in die quantitative Betriebswirtschaftslehre, 7. Auflage, München/ Wien 2001

ULRICH, H., Die Unternehmung als produktives soziales System, 2. Auflage, Bern 1970

Vahlens Kompendium der Betriebswirtschaftslehre, 2 Bände, 4. Auflage, München 1998/1999

WITTMANN, W. u. a. (Hrsg.), Handwörterbuch der Betriebswirtschaft, 5. Auflage, Stuttgart 1993

WÖHE, G., DÖRING, U., Einführung in die Allgemeine Betriebswirtschaftslehre, 20. Auflage, München 2000

II. UNTERNEHMENSFÜHRUNG

BOHR, K., DRUKARCZYK, J., DRUMM, H.-J., SCHERRER, G. (Hrsg.), Unternehmungsverfassung als Problem der Betriebswirtschaftslehre, Berlin 1981

BUDÄUS, D., GERUM, E., ZIMMERMANN, G. (Hrsg.), Betriebswirtschaftslehre und Theorie der Verfügungsrechte, Wiesbaden 1988

CHMIELEWICZ, K., Grundstrukturen der Unternehmungsverfassung, in: GAUGLER, E., MEISSNER, H. G., THOM, N. (Hrsg.), Zukunftsaspekte der anwendungsorientierten Betriebswirtschaftslehre, Festschrift für Erwin Grochla zum 65. Geburtstag, Stuttgart 1986

GÄLWEILER, A., Strategische Unternehmensführung, 2. Auflage, Frankfurt/M. 1990

HAMMER, R., HINTERHUBER, H. H., SCHLIESSMANN, C., Aufbruch in die Veränderung – Strategien für eine erfolgreiche Unternehmensführung, Wiesbaden 1995

HINTERHUBER, H. H., Strategische Unternehmungsführung,

Band I: Strategisches Denken, 6. Auflage, Berlin 1996

Band II: Strategisches Handeln, 6. Auflage, Berlin 1997

KAILER, N., PERNSTEINER, H., SCHAUER, R. (Hrsg.), Initiativen zur Unternehmensgründung und Unternehmensentwicklung, Wien 2000

KAPLAN, R. S., NORTON, D. P., Balanced Scorecard, Stuttgart 1997

KORNDÖRFER, W., Unternehmensführungslehre, 9. Auflage, Wiesbaden 1999

MALIK, F., Management-Perspektiven, 2. Auflage, Bern 1999

MALIK, F., Systemisches Management, Evolution, Selbstorganisation, 2. Auflage, Bern 1999

PÜMPIN, C., Strategische Erfolgspositionen, Methodik der dynamischen strategischen Unternehmensführung, Bern 1992

SCHAUER, R., THOM, N. (Hrsg.), Wie leistungsfähig sind die Klein- und Mittelbetriebe? Unternehmensführung in der mittelständischen Wirtschaft, Linz und Fribourg 1988

SCHEEF, J., GUTSCHELHOFER, A. (Hrsg.), Lobby Management, Wien 1998

STAEHLE, W. H., Management, 8. Auflage, München 1999

THOM, N., Innovationsmanagement, Bern 1992

III. PLANUNG
(einschl. Controlling)

AGPLAN, Handbuch zur Unternehmensplanung, Loseblattausgabe, 2. Neuausgabe, Berlin 2000

BAUM, H. G., COENENBERG, A. G., GÜNTHER, T., Strategisches Controlling, 2. Auflage, Stuttgart 1999

EGGER, A., WINTERHELLER, M., Kurzfristige Unternehmensplanung, 11. Auflage, Wien 2001

ESCHENBACH, R. (Hrsg.), Österreichisches Controlling-Institut, Leitbild: Controlling in Österreich, Wien o. J. (1993)

GÄLWEILER, A., Unternehmensplanung, Grundlagen und Praxis, Frankfurt/New York 1986

GRÜNIG, R., Das Planungskonzept – Instrument zur Gestaltung der Planung und ihrer Kontrolle, 2. Auflage, Bern 1996

HAHN, D., PuK: Planung und Kontrolle, 6. Auflage, Wiesbaden 2001

HOFMEISTER, R., STIEGLER, H., Controlling, Gestaltung und Anwendung für Klein- und Mittelbetriebe, 3. Auflage, Linz 1991

HORVÁTH, P., Controlling, 8. Auflage, München 2001

KÜHN, R., GRÜNIG, R., Grundlagen der strategischen Planung – ein integraler Ansatz zur Beurteilung von Strategien, 2. Auflage, Bern 2000

MAYER, E., WEBER, J., Handbuch Controlling, Stuttgart 1990

MAYR, A., STIEGLER, H. (Hrsg.), Controlling-Instrumente in Theorie und Praxis, Linz 1997

SCHNEEWEISS, Ch., Planung, 2 Bände, Berlin 1991/92

WEBER, J., Einführung in das Controlling, 8. Auflage, Stuttgart 1999

WEBER, J., SCHÄFFER, U., Balanced Scorecard & Controlling, Wiesbaden 1999

ZENTRALVERBAND DER ELEKTROTECHNISCHEN INDUSTRIE e. V. Frankfurt/Main, Leitfaden für die Unternehmensplanung, Frankfurt/Main 1974

IV. ORGANISATION

ACKERMANN, K. F., REBER, G. (Hrsg.), Personalwirtschaft, Motivationale und kognitive Grundlagen, Stuttgart 1981

BERTHEL, J., Personal-Management, 6. Auflage, Stuttgart 2000

BLEICHER, K., Organisation, 2. Auflage, Wiesbaden 1991

FRESE, E., (Hrsg.), Handwörterbuch der Organisation, 3. Auflage, Stuttgart 1992

GROCHLA, E. (Hrsg.), Handwörterbuch der Organisation, 3. Auflage, Stuttgart 1992

GROCHLA, E. (Hrsg.), Organisationstheorie, 2 Bände,
Band I: Stuttgart 1975
Band II: Stuttgart 1976

HILL, W., FEHLBAUM, R., ULRICH, P., Organisationslehre, 5. Auflage, Bern/Stuttgart 1994

KAILER, N., (Hrsg.), Betriebliche Kompetenzentwicklung – Praxiskonzepte und empirische Analysen, Wien 2001

KIESER, A., KUBICEK, H., Organisation, 3. Auflage, Berlin/New York 1992

KIESER, A. (Hrsg.), Organisationstheorien, 4. Auflage, Stuttgart 2001

KIRSCH, W., Unternehmenspolitik und strategische Unternehmensführung, 2. Auflage, München 1991

OECHSLER, W. A., Personal und Arbeit, 7. Auflage, München 2000

PICOT, A., DIETL, H., FRANCK, E., Organisation – Eine ökonomische Perspektive, Stuttgart 1997

REBER, G., Personales Verhalten im Betrieb, Stuttgart 1973

REMER, A., Organisationslehre, 5. Auflage, Berlin 2000

SCHMIDT, G., Methode und Techniken der Organisation, 12. Auflage, Gießen 2000

THOM, N., Personalentwicklung als Instrument der Unternehmensführung, Stuttgart 1987

THOM, N., WENGER, A. P., ZAUGG, R. J. (Hrsg.), Fälle zu Organisation und Personal, Bern 1998

THOM, N., ZAUGG, R. J. (Hrsg.), Excellence durch Personal- und Organisationskompetenz, Bern 2001

V. ÜBERWACHUNG

COENENBERG, A. G., v. WYSOCKI, K. (Hrsg.), Handwörterbuch der Revision, 2. Auflage, Stuttgart 1992

HOFMANN, R., Prüfungs-Handbuch, 3. Auflage, Berlin 2000

KOFLER, H., NADVORNIK, W., PERNSTEINER, H. (Hrsg.), Betriebswirtschaftliches Prüfungswesen in Österreich, Wien 1996

LECHNER, K. (Hrsg.), Treuhandwesen, Wien 1978

LOITLSBERGER, E., Treuhand- und Revisionswesen, 2. Auflage, Stuttgart 1966

LÜCK, W., Wirtschaftsprüfung und Treuhandwesen, 2. Auflage, Stuttgart 1991

RICHTER, M. (Hrsg.), Theorie und Praxis der Wirtschaftsprüfung, Berlin 1997

RICHTER, M. (Hrsg.), Theorie und Praxis der Wirtschaftsprüfung II, Berlin 1999

Wirtschaftsprüfer-Handbuch: Handbuch für Rechnungslegung, Prüfung und Beratung, 11. Auflage, Düsseldorf 1996/1998

v. WYSOCKI, K., Grundlagen des betriebswirtschaftlichen Prüfungswesens, 3. Auflage, München 1988

VI. FINANZIERUNG UND INVESTITION

BEHRINGER, S., Unternehmensbewertung der Mittel- und Kleinbetriebe, Berlin 1999

BELLINGER, B., Unternehmensbewertung in Theorie und Praxis, 3. Auflage, Wiesbaden 1996

BIEG, H., KUSZMAUL, H., Investitions- und Finanzierungsmanagement, 3 Bände, München 2000

BLOHM, H., LÜDER, K., Investition, 8. Auflage, München 1995

COPELAND, T., KOLLER, T., MURRIN, J., Valuation – Measuring and Managing the Value of Companies, 2. Auflage, New York 1997

DRUKARCZYK, J., Theorie und Politik der Finanzierung, 2. Auflage, München 1993

DRUKARCZYK, J., Finanzierung, 8. Auflage, Stuttgart 1999

GIRKINGER, W., STIEGLER, H. (Hrsg.), Mergers & Acquisitions, Linz 2001

GUTENBERG, E., Grundlagen der Betriebswirtschaftslehre, Band 3: Die Finanzen, 8. Auflage, Berlin/Heidelberg/New York 1987

HEINHOLD, M., Investitionsrechnung, 8. Auflage, München 1999

HELBLING, C., Unternehmensbewertung und Steuern, 9. Auflage, Düsseldorf 1998

KRUSCHWITZ, L., Finanzmathematik, 3. Auflage, München 2001

KRUSCHWITZ, L., Investitionsrechnung, 8. Auflage, München 2000

KÜPPER, W., Investitionsrechnung, Stuttgart 1987

LÜCKE, W. (Hrsg.), Investitionslexikon, 2. Auflage, München 1991

MANDL, G., RABEL, K., Unternehmensbewertung – eine praxisorientierte Einführung, Wien 1997

MOXTER, A., Grundsätze ordnungsgemäßer Unternehmensbewertung, 2. Auflage, Wiesbaden 1990

PERNSTEINER, H., Die unternehmerische Publikumsfinanzierung – Die Hinwendung an den österreichischen Kapitalmarkt aus wirtschaftlicher und rechtlicher Sicht, Wien 1996

PERNSTEINER, H. (Hrsg.), Wertmanagement – Ein Instrument zur Steigerung des Unternehmenswertes, Wien 2001

PERRIDON, L., STEINER, M., Finanzwirtschaft der Unternehmung, 10. Auflage, München 1999

SCHNEIDER, D., Investition, Finanzierung und Besteuerung, 7. Auflage, Wiesbaden 1992

SEICHT, G., Investition und Finanzierung, 9. Auflage, Wien 1997

SÜCHTING, J., Finanzmanagement, 6. Auflage, Wiesbaden 1995

SWOBODA, P., Betriebliche Finanzierung, 3. Auflage, Heidelberg 1994

SWOBODA, P., Investition und Finanzierung, 5. Auflage, Göttingen 1996

TICHY, G. E., Unternehmensbewertung in Theorie und Praxis, Wien 1994

VII. BESCHAFFUNG

GROCHLA, E., Grundlagen der Materialwirtschaft, 3. Auflage, Wiesbaden 1990

GROCHLA, E., SCHÖNBOHM, P., Beschaffung in der Unternehmung, Stuttgart 1980

HANSEN, U., Absatz- und Beschaffungsmarketing des Einzelhandels, 2. Auflage, Göttingen 1990

KOPPELMANN, U., Beschaffungsmarketing, 3. Auflage, Berlin 1999

KROEBER-RIEL, W., Beschaffung und Lagerung, Betriebswirtschaftliche Grundlagen der Materialwirtschaft, Wiesbaden 1966

WILDEMANN, H., Produktionssynchrone Beschaffung, 3. Auflage, München 1995

ZAUGG, R., Integrierte Personalbedarfsdeckung – Ausgewählte Gestaltungsempfehlungen zur Gewinnung ganzheitlicher Personalpotentiale, Bern 1996

VIII. PRODUKTION

ALTENBURGER, O. A., Ansätze zu einer Produktions- und Kostentheorie der Dienstleistungen, Berlin 1980

DECKER, F., Einführung in die Dienstleistungsökonomie, Paderborn 1975

EGGER, A., Kurzfristige Fertigungsplanung und betriebliche Elastizität unter besonderer Berücksichtigung des Betriebes der Serienfertigung mit saisonalen Absatzschwankungen, Berlin 1971

GUTENBERG, E., Grundlagen der Betriebswirtschaftslehre, Band 1: Die Produktion, 24. Auflage, Berlin/Heidelberg/New York 1983

KERN, W. (Hrsg.), Handwörterbuch der Produktionswirtschaft, 2. Auflage, Stuttgart 1996

KILGER, W., Optimale Produktions- und Absatzplanung, Opladen 1973

MILLING, P., ZÄPFEL, G. (Hrsg.), Betriebswirtschaftliche Grundlagen moderner Produktionsstrukturen, Herne 1993

POHMER, D., BEA, F. X., Produktion und Absatz, 3. Auflage, Göttingen 1994

SCHWEITZER, M., KÜPPER, H.-U., Produktions- und Kostentheorie, 2. Auflage, Wiesbaden 1997

WILDEMANN, H., Einführungsstrategien für die computerintegrierte Produktion (CIM), München 1990

WILDEMANN, H., Fertigungsstrategien, 3. Auflage, München 1997

WILDEMANN, H., Produktionscontrolling, 3. Auflage, München 1997

WILDEMANN, H., Unternehmensqualität – Einführung einer kontinuierlichen Qualitätsverbesserung, München 1993

ZÄPFEL, G., Produktionswirtschaft, Operatives Produktions-Management, Berlin/New York 1982

ZÄPFEL, G., Strategisches Produktions-Management, 2. Auflage, München 2000

ZÄPFEL, G., Taktisches Produktions-Management, 2. Auflage, München 2000

ZÄPFEL, G., Grundzüge des Produktions- und Logistikmanagement, 2. Auflage, München 2001

ZÄPFEL, G., PIEKARZ, B., Supply Chain Controlling – interaktive und dynamische Regelung der Material- und Warenflüsse, Wien 1996

ZIMMERMANN, H. J., SOVEREIGN, M. G., Quantitative Models for Production Management, New Jersey 1974

ZINK, K. J., TQM als integratives Managementkonzept, München 1995

IX. ABSATZ/MARKETING

BIDLINGMAIER, J., Marketing, 2 Bände, 10./9. Auflage, Opladen 1983/1982

BÖCKER, F., Marketing, 6. Auflage, München 1996

BRUHN, M., Marketing. Grundlagen für Studium und Praxis, 5. Auflage, Wiesbaden 2001

BRUHN, M., TILMES, J., Social Marketing, 2. Auflage, Stuttgart 1994

GUTENBERG, E., Grundlagen der Betriebswirtschaftslehre, Band 11: Der Absatz, 17. Auflage, Berlin/Heidelberg/New York 1984

HÄBERLE, S. G., Handbuch der Außenhandelsfinanzierung, 2. Auflage, München 1998

HILL, W., Marketing, 2 Bände, 6. Auflage, Bern/Stuttgart 1988

HILL, W., RIESER, I., Marketing-Management, 2. Auflage, Bern 1993

KOTLER, P., Marketing, Düsseldorf 1999

KOTLER, P., Marketing für Nonprofit Organisationen, Stuttgart 1978

KOTLER, P., Standort-Marketing, Düsseldorf 1994

KOTLER, P., ANDREASEN, A. R., Strategic marketing for nonprofit organizations, 5. ed., Englewood Cliffs 1996

KOTLER, P., ARMSTRONG, G., Principles of Marketing, 8. ed., Englewood Cliffs 1999

KOTLER, P., ARMSTRONG, G., Marketing: an introduction, 3. ed., Englewood Cliffs 1993

KOTLER, P., BLIEMEL, F., Marketing-Management, 10. Auflage, Stuttgart 2001

KOTLER, P., ROBERTO, E., Social Marketing, Düsseldorf 1991

KULHAVY, E., Internationales Marketing, 5. Auflage, Linz 1993

MEFFERT, H., Marketing, Grundlagen marktorientierter Unternehmensführung, 9. Auflage, Wiesbaden 2000

MEFFERT, H., BOLZ, J., Internationales Marketing-Management, 3. Auflage, Stuttgart 1997

NIESCHLAG, F., DICHTL, E., HÖRSCHGEN, H., Marketing, 18. Auflage, Berlin 1997

RAFFEE, H., Marketing und Umwelt, Stuttgart 1979

SCHEUCH, F., Dienstleistungsmarketing, München 1982

SCHEUCH, F., Marketing, 5. Auflage, München 1996

SCHMALEN, H., Kommunikationspolitik, 2. Auflage, Stuttgart 1992

SCHMALEN, H., Preispolitik, 2. Auflage, Stuttgart 1995

TIETZ, B., Binnenhandelspolitik, 2. Auflage, München 1993

TIETZ, B., Marketing, 3. Auflage, Düsseldorf 1993

TIETZ, B. u. a. (Hrsg.), Handwörterbuch des Marketing, 2. Auflage, Stuttgart 1995

WÜHRER, G. A., Internationale Allianz- und Kooperationsfähigkeit österreichischer Unternehmen, Linz 1995

X. VERWALTUNG
(einschl. Informationswirtschaft)

BIETHAHN, J., MUKSCH, H., RUF, W., Ganzheitliches Informationsmanagement,
Band I: Grundlagen, 5. Auflage, München 2000;
Band II: Entwicklungsmanagement, 3. Auflage, München 2000

HANSEN, H. R., Wirtschaftsinformatik I, 7. Auflage, Stuttgart 1996

HEILMANN, H., HEINRICH, L. J., ROITHMAYR, F. (Hrsg.), Information Engineering – Wirtschaftsinformatik im Schnittpunkt von Wirtschafts-, Sozial- und Ingenieurwissenschaften, München 1996

HEINRICH, L. J., Informationsmanagement, 7. Auflage, München 2001

HEINRICH, L. J., Systemplanung, 2 Bände, 7. bzw. 4. Auflage, München 1996/ 1994

HEINRICH, L. J., Wirtschaftsinformatik – Einführung und Grundlegung, 2. Auflage, München 2001

HEINRICH, L. J., LEHNER, F., ROITHMAYR, F., Informations- und Kommunikationstechnik für Betriebswirte und Wirtschaftsinformatiker, 4. Auflage, München 1994

HEINRICH, L. J., ROITHMAYR, F., Wirtschaftsinformatik-Lexikon, 6. Auflage, München 1998

KRAUS, H., Grundriß einer Theorie der Verwaltung, Wien/New York 1969

MERTENS, P., Grundzüge der Wirtschaftsinformatik, 6. Auflage, Berlin 2000

MERTENS, P., Integrierte Informationsverarbeitung, Band I: Administrations- und Dispositionssysteme in der Industrie, 12. Auflage, Wiesbaden 2000

MERTENS, P., GRIESE, J., Integrierte Informationsverarbeitung, Band II: Planungs- und Kontrollsysteme in der Industrie, 8. Auflage, Wiesbaden 2000

MERTENS, P., KNOLMAYER, G., Organisation der Informationsverarbeitung, 3. Auflage, Wiesbaden 1998

MERTENS, P. (Hrsg.), Lexikon der Wirtschaftsinformatik, 3. Auflage, Berlin 1997

SCHAUER, R., Die Verwaltung als betriebliches Teilsystem, Untersuchung über das Ausmaß und die Ursachen der Veränderung der Funktion „Verwaltung" im Rahmen der betrieblichen Aktivitäten in der österreichischen Wirtschaft, Wien 1984

XI. RECHNUNGSWESEN (allgemein)

BERTL., R., MANDL, G. (Hrsg.), Rechnungswesen und Controlling, Festschrift für Anton Egger zum 65. Geburtstag, Wien 1997

BUSSE von COLBE, W., Lexikon des Rechnungswesens, 4. Auflage, München 1998

CHMIELEWICZ, K., Betriebliches Rechnungswesen, 2 Bände, Opladen 1982/1981

CHMIELEWICZ, K., SCHWEITZER, M. (Hrsg.), Handwörterbuch des Rechnungswesens, 3. Auflage, Stuttgart 1993

WEBER, H. K., Betriebswirtschaftliches Rechnungswesen, 2 Bände, 4. Auflage, München 1993/1991

XII. BILANZIERUNG (einschließlich Kennzahlenrechnung)

ADLER, H., DÜRING, W., SCHMALTZ, K., Rechnungslegung und Prüfung der Unternehmen, 6. Auflage, Stuttgart (Lieferungswerk, 2001)

ARIANS, G., Sonderbilanzen, Bilanzen aus besonderem Anlaß und Grundsätze ordnungsgemäßer Bilanzierung, 2. Auflage, Köln/Berlin/Bonn/München 1985

AUER, K., IAS versus HGB – Ein Vergleich für Einzel- und Konzernabschluß, Wien 1999

BAETGE, J., Bilanzen, 4. Auflage, Düsseldorf 1996

BAETGE, J., Bilanzanalyse, Düsseldorf 1998

BAETGE, J., Bilanzanalyse CD – Bilanzanalyse in der praktischen Anwendung, Düsseldorf 1999

BAETGE, J., Konzernbilanzen, 4. Auflage, Düsseldorf 1999

BERTL, R., DJANANI, C., KOFLER, H. (Hrsg.), Handbuch der österreichischen Steuerlehre, Wien 1998

BERTL, R., DEUTSCH, E., HIRSCHLER, K., Buchhaltungs- und Bilanzierungshandbuch, 2. Auflage, Wien 1998

BERTL, R., KOFLER, H., MANDL, D., Praxis der neuen Rechnungslegung: Rechnungslegungsgesetz i.d.F. des EU-GesRÄG 1996, 4. Auflage, Wien 1997

BERTL, R., MANDL, D. (Hrsg.), Handbuch zum Rechnungslegungsgesetz, Wien 1999 (Loseblattwerk, 1.–8. Lfg.)

BUSSE von COLBE, W., ORDELHEIDE, D., Konzernabschlüsse, 7. Auflage, Wiesbaden 1993

COENENBERG, A., Jahresabschluß und Jahresabschlußanalyse, 17. Auflage, Landsberg am Lech 2000

EGGER, A., SAMER, H., Der Jahresabschluß nach dem Handelsgesetzbuch, Band 1: Der Einzelabschluß – Erstellung und Analyse, 7. Auflage, Wien 1999; Band 2: Der Konzernabschluß unter Einbeziehung der International Accounting Standards, 4. Auflage, Wien 2000

GRÜNBERGER, H., Der Jahresabschluß nach US-GAAP, Wien 1999

HALLER, A., Wertschöpfungsrechnung, Stuttgart 1997

HALLER, A., RAFFOURNIER, B., WALTON, P. (Hrsg.), Unternehmenspublizität im internationalen Wettbewerb, Stuttgart 2000

HEINEN, E., Handelsbilanzen, 12. Auflage, Wiesbaden 1986

HEINHOLD, M., Grundfragen der Bilanzierung, 3. Auflage, München 1993

HEINHOLD, M., Der Jahresabschluß, 5. Auflage, München 2001

HELBLING, C., Bilanz- und Erfolgsanalyse, 10. Auflage, Bern 1997

HOFMANN, R., Unternehmensüberwachung, 2. Auflage, Berlin 1993

KOFLER, H., NADVORNIK, W., PERNSTEINER, H., VODRAZKA, K. (Hrsg.), Handbuch Bilanz und Abschlußprüfung (HBA), 3. Auflage, Wien 1999 (Loseblattausgabe, 1.–3. Lfg.)

KÜTING, K., WEBER, C., Internationale Bilanzierung, Herne 1994

KÜTING, K., WEBER, C., Handbuch der Konzernrechnungslegung, 2. Auflage, Stuttgart 1998

KÜTING, K., WEBER, C. (Hrsg.), Konzernmanagement – Rechnungswesen und Controlling, Stuttgart 1993

LEFFSON, U., Bilanzanalyse, 3. Auflage, Stuttgart 1984

LEFFSON, U., Die Grundsätze ordnungsmäßiger Buchführung, 7. Auflage, Düsseldorf 1987

MANDL, D., Handbuch der Buchführung und Jahresabschlußaufstellung, 2. Auflage, Wien 1999

MOXTER, A., Bilanzlehre, 2 Bände, 3. Auflage, Wiesbaden 1991

OLFERT, K., KÖRNER, W., LANGENBECK, J., Sonderbilanzen, 4. Auflage, Ludwigshafen 1994

PLATZER, W., Handbuch der Sonderbilanzen, 2. Auflage, Wien 1987

REICHMANN, T., Controlling mit Kennzahlen und Managementberichten, 6. Auflage, München 2001

SCHOTT, G., Kennzahlen, 6. Auflage, Wiesbaden 1991

SCHULT, E., Bilanzanalyse, Möglichkeiten und Grenzen externer Unternehmensbeurteilung, 10. Auflage, Berlin 1999

SEICHT, G., Bilanztheorien, Wien 1982

SEICHT, G., Buchführung, Jahresabschluß und Steuern, 11. Auflage, Wien 1997

SEICHT, G., Die kapitaltheoretische Bilanz und die Entwicklung der Bilanztheorien, Berlin 1970

SEICHT, G., Bilanzierung auf neuen Wegen, Wien 1999

STREIM, H., Grundzüge der handels- und steuerrechtlichen Bilanzierung, Stuttgart 1988

VODRAZKA, K., Betriebsvergleich, Stuttgart 1967

WAGENHOFER, A., Bilanzierung und Bilanzanalyse, 6. Auflage, Wien 2000

WAGENHOFER, A., International Accounting Standards, 3. Auflage, Wien 2001

WÖHE, G., Bilanzierung und Bilanzpolitik, 9. Auflage, München 1997

WÖHE, G., Die Handels- und Steuerbilanz, 4. Auflage, München 2001

ZENTRALVERBAND DER ELEKTROTECHNISCHEN INDUSTRIE e. V., Frankfurt/Main, ZVEI Kennzahlensystem, 4. Auflage, Frankfurt/Main 1989

XIII. KOSTENRECHNUNG

COENENBERG, A. G., Kostenrechnung und Kostenanalyse, 4. Auflage, Landsberg am Lech 1999

EGGER, A., Die Kostenerfassung, Eine Untersuchung im Hinblick auf moderne Kostenrechnungsformen, Eisenstadt 1968

EWERT, R., WAGENHOFER, A., Interne Unternehmensrechnung, 4. Auflage, Berlin 2000

HABERSTOCK, L., Kostenrechnung, 2 Bände, Hamburg 1998/1999

HEINEN, E., Betriebswirtschaftliche Kostenlehre, 6. Auflage, Wiesbaden 1983

KILGER, W., Flexible Plankostenrechnung und Deckungsbeitragsrechnung, 10. Auflage, Wiesbaden 1993

MÄNNEL, W. Grundlagen der Kostenrechnung, 8. Auflage, Wiesbaden 1997

MELLEROWICZ, K., Kosten und Kostenrechnung, 2 Bände, Berlin/New York,
Band I: Theorie und Kosten, 5. Auflage, 1973
Band II/1: Allgemeine Fragen der Kostenrechnung und Betriebsabrechnung, 5. Auflage, 1974
Band II/2: Kalkulation und Auswertung der Kostenrechnung und Betriebsabrechnung, 5. Auflage, 1980

RIEBEL, P., Einzelkosten- und Deckungsbeitragsrechnung, 7. Auflage, Opladen 1994

SCHÖNFELD, H.-M., MÖLLER, H., Kostenrechnung, 8. Auflage, Stuttgart 1995

SCHWEITZER, M., KÜPPER, H., Systeme der Kostenrechnung, 5. Auflage, Landsberg am Lech 1991

SEICHT, G., Moderne Kosten- und Leistungsrechnung, 10. Auflage, Wien 1999

SWOBODA, P., STEPAN, A., ZECHNER, J., Kostenrechnung und Preispolitik, 21. Auflage, Wien 2001

XIV. VERFAHRENSFORSCHUNG

DINKELBACH, W., Operations Research, Berlin 1992

DOMSCHKE, W., DREXL, A., Einführung in Operations-Research, 4. Auflage, Berlin 1998

KOHLAS, J., Stochastische Methoden des Operations Research, Stuttgart 1977

MÜLLER-MERBACH, H., Operations Research, 3. Auflage, München 1992

NEUMANN, K., MORLOCK, M., Operations Research, München 1993

ZIMMERMANN, W., Operations Research, 9. Auflage, München 1999

XV. ÖFFENTLICHE BETRIEBSWIRTSCHAFTSLEHRE UND NONPROFIT-ORGANISATIONEN

BLÜMLE, E.-B., WITTMANN, W., Verbände, Stuttgart 1976

BREDE, H., Grundzüge der Öffentlichen Betriebswirtschaftslehre, München/ Wien 2001

BUDÄUS, D. (Hrsg.), Leistungserfassung und Leistungsmessung in öffentlichen Verwaltungen, Wiesbaden 2000

BUDÄUS, D., KÜPPER, W., STREITFERDT (Hrsg.), Neues öffentliches Rechnungswesen – Stand und Perspektiven, Wiesbaden 2000

EICHHORN, P., ENGELHARDT, W. (Hrsg.), Standortbestimmung öffentlicher Unternehmen in der Sozialen Marktwirtschaft, Gedenkschrift für Theo Thiemeyer, Baden-Baden 1994

EICHHORN, P., FRIEDRICH, P., Verwaltungsökonomie I, Baden-Baden 1977

EICHHORN, P. (Hrsg.), Doppik und Kameralistik, Baden-Baden 1987

EICHHORN, P., ENGELHARDT, W. W. (Hrsg.), Standortbestimmung öffentlicher Unternehmen in der sozialen Marktwirtschaft, Baden-Baden 1994

FRIEDRICH, P. (Hrsg.), Beiträge zur Theorie öffentlicher Unternehmen, Baden-Baden 1992

MASTRONARDI, P., SCHEDLER, K., New Public Management in Staat und Recht – Ein Diskurs, Bern 1998

NEUMANN, L. F., SCHULZ-NIESWANDT, F. (Hrsg.), Sozialpolitik und öffentliche Wirtschaft, Berlin 1995

OETTLE, K., Grundfragen öffentlicher Betriebe, 2 Bände, Baden-Baden 1976

OETTLE, K., Betriebswirtschaftliche Beiträge zur öffentlichen Finanzwirtschaft, Baden-Baden 1991

RAFFEE, H., FRITZ, W., WIEDMANN, P., Marketing für öffentliche Betriebe, Stuttgart 1994

REICHARD, Ch., Betriebswirtschaftslehre der öffentlichen Verwaltung, 2. Auflage, Berlin/New York 1987

SCHAUER, R., Rechnungswesen für Nonprofit-Organisationen, Bern 2000

SCHAUER, R., u. a., Spezielle Betriebswirtschaftslehre – Öffentliche Verwaltung, Band 1, 2. Auflage, Linz 1988; Band 2, Linz 1984

SCHAUER, R., ANHEIER, H. K., BLÜMLE, E.-B. (Hrsg.), Nonprofit-Organisationen (NPO) – dritte Kraft zwischen Markt und Staat?, Linz 1995

SCHAUER, R., ANHEIER, H. K., BLÜMLE, E.-B. (Hrsg.), Der Nonprofit-Sektor im Aufwind – zur wachsenden Bedeutung von Nonprofit-Organisationen auf nationaler und internationaler Ebene, Linz 1997

SCHAUER, R., BLÜMLE, E.-B., WITT, D., ANHEIER, H. K. (Hrsg.), Nonprofit-Organisationen im Wandel: Herausforderungen, gesellschaftliche Verantwortung, Perspektiven, Linz 2000

SCHEDLER, K., Ansätze einer wirkungsorientierten Verwaltungsführung, 2. Auflage, Bern 1996

SCHEDLER, K., IMBODEN, C., BAUMANN, K., New Public Management, Stuttgart 1997

SCHEDLER, K., PROELLER, I., New Public Management, Bern 2000

SCHWARZ, P., Management in Nonprofit-Organisationen, 2. Auflage, Bern 1996

SCHWARZ, P., Management-Brevier für Nonprofit-Organisationen, 2. Auflage, Bern 2001

SCHWARZ, P., PURTSCHERT, R., GIROUD, C., Das Freiburger Management-Modell für Nonprofit-Organisationen (NPO), 3. Auflage, Bern 1999

THIEMEYER, T., Wirtschaftslehre öffentlicher Betriebe, Reinbek bei Hamburg 1975

THOM, N., RITZ, A., Public Management – Innovative Konzepte zur Führung im öffentlichen Sektor, Wiesbaden 2000

WITT, D., BLÜMLE, E.-B., SCHAUER, R., ANHEIER, H. K. (Hrsg.), Ehrenamt und Modernisierungsdruck in Nonprofit-Organisationen, Wiesbaden 1999.

ABKÜRZUNGSVERZEICHNIS

AB	Anfangsbestand
abz.	abzüglich
AktG	Aktiengesetz 1965
AÖFV	Amtsblatt der Österreichischen Finanzverwaltung
AV	Anlagevermögen
BAB	Betriebsabrechnungsbogen
BAO	Bundesabgabenordnung
BGBl.	Bundesgesetzblatt
BM	Bundesministerium
CAD/CAM	Computer Aided Design / Computer Aided Manufacturing
CIM	Computer Integrated Manufacturing
DBW	Die Betriebswirtschaft (Zeitschrift)
DG	Deckungsgrad
dHGB	deutsches Handelsgesetzbuch
EB	Endbestand
EBK	Eröffnungsbilanzkonto
EHW	Einheitswert
EK	Eigenkapital
ESt	Einkommensteuer
EStG	Einkommensteuergesetz 1988
EWR	Europäischer Wirtschaftsraum
EU	Europäische Union
EU-GesRÄG	EU-Gesellschaftsrechtsänderungsgesetz
FGK	Fertigungsgemeinkosten
FGZ	Fertigungsgemeinkostenzuschlag
FK	Fremdkapital
FL	Fertigungslöhne
FM	Fertigungsmaterial
gem.	gemäß
GewESt	Gewerbeertragsteuer
GewSt	Gewerbesteuer
GK	Gesamtkapital
GmbHG	Gesetz über Gesellschaften mit beschränkter Haftung
GrESt	Grunderwerbsteuer
GrSt	Grundsteuer
HdWW	Handbuch der Wirtschaftswissenschaften
HGB	Handelsgesetzbuch
HuFF	Halb- und Fertigfabrikate
HWB	Handwörterbuch der Betriebswirtschaft

idgF	in der geltenden Fassung
IFB	Investitionsfreibetrag
IRL	Investitionsrücklage
Kap. ges.	Kapitalgesellschaft
KESt	Kapitalertragsteuer
Kl	Klasse
KMU	Klein- und Mittelunternehmen
KommSt	Kommunalsteuer
krp	Kostenrechnungspraxis (Zeitschrift)
KSt	Körperschaftsteuer
KStG	Körperschaftsteuergesetz 1966
kurzfr.	kurzfristig
langfr.	langfristig
LSSt	Lohnsummensteuer
MGK	Materialgemeinkosten
MH	Mittelherkunft
Mio	Million
Mrd	Milliarde
MV	Mittelverwendung
ND	Nutzungsdauer
NEUFÖG	Neugründungs-Förderungsgesetz
ÖBW	Der Österreichische Betriebswirt
RLG	Rechnungslegungsgesetz 1990
RWZ	Österreichische Zeitschrift für Rechnungswesen
SBK	Schlussbilanzkonto
SEBG	Schillingeröffnungsbilanzgesetz
So. Aufw.	Sonstiger Aufwand
SPESt	Spekulationsertragsteuer
StruVG	Strukturverbesserungsgesetz
SWK	Steuer- und Wirtschaftskartei
UmgrStG	Umgründungssteuergesetz
URG	Unternehmensreorganisationsgesetz
USt	Umsatzsteuer
UV	Umlaufvermögen
v.	variabel (variable)
Verw	Verwaltung
Vertr	Vertrieb
VSt	Vermögensteuer
ZfB	Zeitschrift für Betriebswirtschaft
zfbf	Zeitschrift für betriebswirtschaftliche Forschung

STICHWORTVERZEICHNIS

Die Autoren

Univ.-Prof. Dr. Karl Lechner, geb. 3. 11. 1927 in Aue bei Schottwien, NÖ. Ab 1950 Studium an der Hochschule für Welthandel Wien. 1953 Diplomkaufmann. 1954 Doktor der Handelswissenschaften. 1954 Wirtschaftsprüfungsassistent. Ab 1955 Assistent am Institut für Transportwirtschaft der Hochschule für Welthandel. 1960 Hochschuldozent an der Hochschule für Welthandel. 1962 a. o. Professor, 1964 o. Professor an der Rechts- und Staatswissenschaftlichen Fakultät der Universität Graz. Vorstand des Instituts für Revisions-, Treuhand- und Rechnungswesen. 1966/67 Dekan der Rechts- und Staatswissenschaftlichen Fakultät, 1969/70 Rektor der Universität Graz. 1970 Korrespondierendes Mitglied, 1973 wirkliches Mitglied der Österreichischen Akademie der Wissenschaften. Ehrenvolle Berufungen an mehrere Universitäten, die nicht angenommen werden. Verfasser von 5 Büchern, Mitverfasser von 3 weiteren Büchern, Herausgeber von 2 Sammelwerken sowie Verfasser von rund 90 wissenschaftlichen Aufsätzen in Sammelwerken und Zeitschriften des In- und Auslandes. Karl Lechner verstarb am 30. 10. 1982 in Graz.

Univ.-Prof. Dr. Dr. h. c. Anton Egger, geb. 15. 5. 1932 in Öblarn, Steiermark. Ab 1950 Studium an der Hochschule für Welthandel, Wien. 1953 Diplomkaufmann. 1954 Doktor der Handelswissenschaften. Anschließend Industrie- und Steuerberaterpraxis. 1961 Steuerberater. 1965 Wirtschaftsprüfer. Bis 1966 Handelsakademieprofessor für Betriebswirtschaftslehre, Recht und Volkswirtschaft. 1970 Universitätsdozent. 1975 o. Professor an der Sozial- und Wissenschaftlichen Fakultät der Universität Graz. Vorstand des Instituts für Revisions-, Treuhand- und Rechnungswesen (Nachfolge Prof. Lechner). 1977/79 Dekan der Sozial- und Wirtschaftswissenschaftlichen Fakultät der Universität Graz. 1985 o. Professor an der Wirtschaftsuniversität Wien am Institut für Revisions-, Treuhand- und Rechnungswesen. 2000 Ehrendoktorat der Universität Graz. Verfasser und Mitverfasser von 8 Büchern sowie Verfasser von rund 80 wissenschaftlichen Aufsätzen in Sammelwerken und Zeitschriften des In- und Auslandes.

Univ.-Prof. Dr. Reinbert Schauer, geb. 8. 11. 1943 in Wien. Ab 1962 Studium an der Hochschule für Welthandel Wien. 1966 Diplomkaufmann. 1968 Doktor der Handelswissenschaften. 1965 wissenschaftliche Hilfskraft am Institut für Transportwirtschaft der Hochschule für Welthandel. 1968 Assistent am Institut für Organisation und betriebliche Datenverarbeitung an der Sozial- und Wirtschaftswissenschaftlichen Fakultät der Universität Graz. 1978 Universitätsdozent in Graz. 1979 o. Professor an der Universität Linz. Vorstand des Instituts für Betriebswirtschaftslehre der gemeinwirtschaftlichen Unternehmen. 1995 bis 1998 Studiendekan der Sozial- und Wirtschaftswissenschaftlichen Fakultät der Universität Linz. Autor, Herausgeber und Mitverfasser von 25 Büchern sowie Verfasser von rund 150 wissenschaftlichen Aufsätzen in Sammelwerken und Zeitschriften des In- und Auslandes.